U0556843

人大史学研究论集（上）

孙家洲　陈桦　主编

社会科学文献出版社
SOCIAL SCIENCES ACADEMIC PRESS (CHINA)

本书出版得到中国人民大学"985"工程专项经费资助

CONTENTS 目录

下　册

前　言

　　呈现在读者面前的这部论文集，是中国人民大学历史学院的在职教师，从多年来史学研究的成果中精心选择出的心血结晶。我们编选这一论文集，既是为了对前期的研究成果加以总结和分析，也是为了将我们的部分研究心得，与海内外的同行以及社会各界的读者进行有效的交流切磋。欢迎各界朋友给予关注、讨论、指教。中国人民大学历史学科的重要奠基者尚钺教授曾经说过："历史学家研究历史，历史也将考验历史学家的研究。"这本论文集，就是带着这样的学术自觉，呈现给各位读者，同时也是呈现给"历史"加以检验与考验的史学成果结集。

　　中国人民大学历史学院由历史系和清史研究所两个实体单位共同构成。追溯这两个单位的学术渊源，可以远及 20 世纪 40 年代末的"华北大学时期"。在中国人民大学初建阶段，历史学就是其中的一个重要组成部分。此后，中国人民大学历史学科的发展，与中华人民共和国的发展脉搏高度契合。中国人民大学早在 20 世纪 50 年代就开始招收中国古代史、近现代史研究生。1978 年，在中国人民大学复校之后，历史学一级学科取得硕士学位授予权，1979 年中国近现代史成为博士学位授予点，1984 年中国古代史成为博士学位授予点。1988 年中国古代史被确定为国家重点二级学科点。1995 年被教育部确定为本科教学人才培养和科学研究基地，2000 年清史研究所被确定为教育部人文社会科学重点研究基地，同年设立历史学博士后流

动站。2007 年 8 月，中国近现代史成为教育部新增的三个全国二级学科重
点学科之一。2008 年 4 月，我院历史学成功获批为北京市一级重点学科。
2011 年，我院的学科发展取得了重大成果：中国史、世界史、考古学同时
获批为教育部的"一级学科"。三个一级学科鼎足而立，为我院今后的学术
发展奠定了良好的发展平台。尤其令人高兴的是：在老一代历史学家辛勤耕
耘的基础之上，在他们的推动与督导之下，我院已经形成了以中青年教师为
骨干、专业结构较为合理的学术团队。未来的新发展，是完全可以预期的。

多年来，我院教师潜心治学，出版了若干专著，发表了大量研究论文。
这是我们的学科建设不断取得发展的学术基础和根本保障。考虑到老师们的
论文在不同时段发表在多种杂志上，寻求已非易事。为了保留老师们研究心
得的精华，同时也以结集出版的方式，引发史学界同行的关注，以期引发新
的学术讨论，我院于 2012 年决定，每位在职的教师，从已经发表的史学论
文中，自行选择一篇可以代表自己学术水平的文章，汇编成册，整理出版。
因此，它在一定程度上，代表了我院教师当下学术研究的基本水平。

本论文集标注"人大史学"的名号，不仅仅是单位归属的标志，也是
我们的愿望（或者是奢望）寄托——按照"成一家之言"的太史公古训，
努力建立有自己特色的史学境界与治史风范。

在结集出版的过程中，考虑到历史系与清史研究所的相对独立格局，分
作上下两册。各位作者对论文的内容、观点，均不做修改，以求保留文章的
原貌。鉴于各篇论文的写作时间不同，原发刊物不一，此次出版对于引文体
例等技术性问题未作统一处理，而是鼓励作者依据自己的意愿适当加以完
善。由于全书篇幅的限制，我们将"提要"和"关键词"统一删去。

在论文集即将付梓之时，我们衷心希望听到海内外同行与各界朋友的批
评意见。

编者

2012 年 12 月 20 日

人大史学研究论集

（上　册）

汉代执法思想中的理性因素

◎ 孙家洲

在"不别亲疏，不殊贵贱，一断于法"① 的法家政治理论的影响之下，秦王朝的法律体系表现出"严而少恩"的特色。以"尊主"为核心的法律，被推崇为规范一切社会行为、协调所有社会关系的唯一准则，导致法律的刚性化以至于僵化。法律的威严固然确立起来了，但是它与人情（人之常情）、民心的截然对立也同步形成。法律的国家镇压功能被有意彰显，结果是震慑力严重过剩，亲和力明显不足。其积弊所在，仅从上下两个方面稍加注意就可以洞察无疑：就君臣关系而言，与君主专制体制相适应，秦相李斯为邀宠固权，竟然上书秦二世劝其"行督责之术"，公开鼓吹君主应该"独制于天下而无所制""荦然独行恣睢之心而莫之敢逆"，使得"群臣百姓救过不给"②，造成了君臣离心的局面；就国家与民众的关系而言，百姓只能感受到法律对自己的控制和统治，却无从体悟保护和保障功能的存在，以至于陈胜在动员同行戍卒揭竿而起的时候，只需要确认戍守途中"失期，法皆斩"③ 的硬性规定，就足以形成铤而走险、死中求生的共识。这可以说明，过于刚性、刻板而缺乏柔润、变通的法律，与人性、人情存在着太大的距离，难以使人心归向。其实，秦朝政治被汉人屡屡指责为"暴政"，在很

① 《史记》卷一百三十《太史公自序》，中华书局标点本，1959，第3291页。
② 《史记》卷八十七《李斯列传》，中华书局标点本，第2557页。
③ 《史记》卷四十八《陈涉世家》，中华书局标点本，第1950页。

大程度上根源于秦律的酷苛。

汉朝的当政者，不乏借鉴历史教训而调整统治政策的智慧。在立法领域的"汉承秦制"是明确无误的①，而在执法实践中，汉人则非常重视法律与人情、人心之间的谐调，力争使法律的威严不仅仅是来自于国家暴力的高压之下，而且建立于多数人赞同的基础之上。特别是对"法律与民心的谐调""法律与皇帝诏旨的制衡""执法宽平、议法从轻"等问题的讨论，都表现出与秦人大为不同的思路与选择。这些出现在汉代执法思想中的"理性因素"，值得认真加以讨论。

一　法缘人情而制，"安民"成为
评价法律优劣的依据

包括法律在内的治国制度与政策，是否应该顺应民情？法家给予了否定的答案。韩非斥责那些主张为政必须"得民之心"的人根本不懂得治国之道，他毫不掩饰地说"为政而期适民"，是"乱之端，未可与为治也"。②与这种政治理论相一致，秦朝统治者简单地把法律视为治民的工具，以暴力胁迫百姓"奉法""守法""顺令"，根本不在意法律与民心需要调适的问题；甚至对待民间风俗，秦朝当政者也迷信单纯依靠法律政令就足以移风易俗。秦始皇的《会稽刻石》中就有一段充满了霸气的文字："大治濯俗，天下承风，蒙被休经。皆遵度轨，和安敦勉，莫不顺令。黔首修洁，人乐同则，嘉保太平。后敬奉法，常治无极，舆舟不倾。"③ 秦的一位郡守在颁布给属下官员的文告中，也对法度改造民心、风俗的作用津津乐道："圣王作为法度，以矫端民心，去其邪避（僻），除其恶俗。"④ 整个官场充斥着法律无所不能的崇拜意识。

进入汉代，关于法律的政治舆论顿然改观，以人情和民心论礼制、论法

---

① 除传世文献的相关记载外，张家山二四七号汉墓所出土的《二年律令》《奏谳书》等汉初法律文献，把秦汉法律之间的继承关系充分地显示出来。

② 梁启雄：《韩子浅解》第五十篇《显学》，中华书局，1960，第504页。

③ 《史记》卷六《秦始皇本纪》，中华书局标点本，第262页。

④ 《语书》，见《睡虎地秦墓竹简》，文物出版社，1978，第15页。

律，成为一代成规。

汉高祖开国之初，儒者叔孙通自请拟定"朝仪"。他对"礼"的要义表述为："礼者，因时世人情为之节文者也。"① 汉文帝以"明于国家之大体，通于人事之终始，及能直言极谏"三项要求，策试所举贤良文学之士，晁错在"对策"中回答："其为法令也，合于人情而后行之；其动众使民也，本于人事然后为之。取人以己，内恕及人。情之所恶，不以强人；情之所欲，不以禁民。……其立法也，非以苦民伤众而为之机陷也，以之兴利除害，尊主安民而救暴乱也。"② 汉昭帝时期在著名的"盐铁会议"上，文学宣称："法者，缘人情而制，非设罪以陷人也。故《春秋》之治狱，论心定罪。志善而违于法者免，志恶而合于法者诛。"③ 东汉的思想家王符，总结了人情与礼制、法禁之间的渊源关系："先王因人情喜怒之所不能已者，则为之立礼制而崇德让；人所可已者，则为之设法禁而明赏罚。"④ 上述诸人，不论其为儒学之士，还是具有法家情结的经世学者，在论及法律之时，均表达了对"人情"的重视，称之为汉代的学林风气当不为过。

"循吏"的话题，同样直接涉及"法律"与"人情"的关系问题。循吏在汉代的出现，以及《史记》《汉书》各立《循吏传》，成为后世"正史"的既定模式，对此早有学者予以重视和研究。特别是余英时的名文《汉代循吏与文化传播》，更是得到了广泛好评。值得注意的是，关于"循吏"概念的变迁，余英时设专节加以讨论。他的结论是："司马迁所谓'循吏'是指文、景时代黄老无为式的人物"。"'因循'两字即是《史记》'循吏'之'循'的确估。"⑤ 此说固有新意，但依然还有可以从容讨论的余地。在我看来，《史记》和《汉书》的"循吏"概念即便有些许差异存在，但在根本之处是相互一致的：循吏的主要特征是在国家法律与"人情"之

① 《汉书》卷四十三《叔孙通传》，中华书局标点本，第2126页。
② 《汉书》卷四十九《晁错传》，中华书局标点本，第2294页。
③ 桓宽撰，王利器校注《盐铁论校注》卷十《刑德》，中华书局，1992，第567页。
④ 王符著，汪继培笺《潜夫论笺》卷五《断讼》，中华书局，1979，第235页。
⑤ 余英时：《汉代循吏与文化传播》，见氏著《士与中国文化》，上海人民出版社，1987，第155页。

间维持着微妙的平衡。唐代学者颜师古对"循吏"的一个解释最为妥当："循，顺也，上顺公法，下顺人情也。"① 这一解释与司马迁的"循吏观"有着内在的一致性。《太史公自序》自言《循吏列传》的著述缘由"奉法循理之吏，不伐功矜能，百姓无称，亦无过行"②。《循吏列传》开篇称"法令，所以导民也；刑罚，所以禁奸也。……奉职循理，亦可以为治，何必威严哉？"③ 余英时先生也征引过这两段文字，但没有深加考究。我认为，"奉法循理"与"奉职循理"实在是理解"循吏"概念的关键。其中的"奉法"与"奉职"同义，是指居官者以遵行法律为职责所在；而"循理"则是指顺守人情之理④。司马迁两论循吏，都是在"法令""百姓"的语境之中讨论问题的，恰恰可以证明颜师古的注释深得司马迁"循吏观"的要义。与"酷吏"相对照，来理解"循吏"无疑是可取的思路。如果有人把两类官吏的区别表述为执法的"酷重"和"从轻"，恐怕未得确解。应该说，是否重视"执法平"，才是两者之间的分水岭。酷吏惟君主命是从，把国家的法律视为贯彻君主个人意旨的工具，为此，他们可以不惜曲解法律，出入人罪，轻重由己，而完全不顾及"人情"——这是酷吏执法给人以"酷重"印象的真正原因。循吏则致力于维持法律自身的尊严和稳定，并且在执法过程中尽量兼顾合乎人情——这同样是循吏有"轻刑"之誉的成因。

从人情出发讨论立法和执法的得失，在汉代是常见的现象。西汉中期，针对京兆尹张敞允许有罪者入谷边郡以赎罪的奏请，萧望之等人提出反驳："道民不可不慎也。今欲令民量粟以赎罪，如此则富者得生，贫者独死，是

① 《汉书》卷八十九《循吏列传》，颜师古注，中华书局标点本，第 3623 页。《史记索隐》对循吏的解释是："谓本法循理之吏也。"（中华书局标点本，第 3099 页）亦有相通之处。

② 《史记》卷一百三十《太史公自序》，中华书局标点本，第 3317 页。

③ 《史记》卷一百一十九《循吏列传》，中华书局标点本，第 3099 页。

④ 在《史记》、《汉书》中出现的"循理"，可以理解为顺守人情之理的至少还有以下两例：《史记》卷一百一十二《平津侯主父列传》（中华书局标点本，第 2957 页）引徐乐上书之语："间者，关东五谷不登，年岁未复，民多穷困，重之以边境之事，推数循理而观之，则民且有不安其处者矣。"《汉书》卷九十一《货殖列传·序》（中华书局标点本，第 3682 页）"其为编户齐民，同列而以财力相君，虽为仆虏，犹亡愠色。故夫饰变诈为奸轨者，自足一世之间；守道循理者，不免于饥寒之患。"

贫富异刑而法不壹也。人情，贫穷，父兄囚执，闻出财得以生活，为人子弟者将不顾死亡之患，败乱之行，以赴财利，求救亲戚。"① 又如，主张"尚德缓刑"的路温舒，曾经批评治狱之吏以严刑罗织罪名而造成冤案泛滥："夫人情安则乐生，痛则思死。棰楚之下，何求而不得？故因人不胜痛，则饰辞以视之；吏治者利其然，则指道以明之；上奏畏却，则锻练而周内之。盖奏当之成，虽咎繇听之，犹以为死有余辜。何则？成练者众，文致之罪明也。是以狱吏专为深刻，残贼而亡极，偷为一切，不顾国患，此世之大贼也。"② 他们讨论问题的思路各有不同，而把人之常情作为估测法律实效的出发点则是相同的。

在汉代的执法实践中，人情时常作为判刑量罪的一个参考指数。如，汉初，赵国大臣贯高极力辩白赵王张敖没有参与刺杀汉高祖刘邦的密谋，刘邦命人以私交身份核实贯高供词的真伪，贯高答以："人情岂不各爱其父母妻子哉？今吾三族皆以论死，岂以王易吾亲哉！顾为王实不反，独吾等为之。"刘邦据此认定贯高证词为实，"乃赦赵王"。③

汉代的一种现象，尤其具备研究的特殊价值：某些本身不精通法律的官员，却可以出任廷尉，并且竟然"大胆"到可以凭借洞晓人情的优势而试断狱案。朱博堪称为典型。"复征为光禄大夫，迁廷尉，职典决疑，当谳平天下狱。（朱）博恐为官属所诬，视事，召见正监典法掾史，谓曰：'廷尉本起于武吏，不通法律，幸有众贤，亦何忧！然廷尉治郡断狱以来且二十年，亦独耳剽日久，三尺律令，人事出其中。掾史试与正监共撰前世决事吏议难知者数十事，持以问廷尉，得为诸君覆意之。'正监以为博苟强，意未必能然，即共条白焉。博皆召掾史，并坐而问，为平处其轻重，十中八九。"④ 朱博所谓的"三尺律令，人事出其中"之说，强调的是法律可以通过人情而测知。朱博和他的属吏的举动，尽管是官场游戏，而非真正的审案。但是这一"游戏"的进行以及最终的结论，可以证明即便是在专职的司法官员内部，人们也相信，法律与人情有内在的一致性。

① 《汉书》卷七十八《萧望之传》，中华书局标点本，第3275页。
② 《汉书》卷五十一《路温舒传》，中华书局标点本，第2370页。
③ 《汉书》卷三十二《张耳传附子敖传》，中华书局标点本，第1841页。
④ 《汉书》卷八十三《朱博传》，中华书局标点本，第3404页。

把法律与人情的相关性，上升到执法理论的高度，就是在汉代颇具影响的"原心定罪"之说。"原心定罪"（又称"论心定罪"）是儒家的一种政治理念，经过董仲舒的解释与发挥，在汉代广为人知，而且成为量刑判案时常加引用的原则。董仲舒说："《春秋》之听狱也，必本其事而原其志。志邪者不待成，首恶者罪特重，本直者其论轻。"① 这一主张的核心是，执法者在断案时，不仅要弄清犯罪的事实，更要追索涉案人的动机。只要有邪恶的犯罪动机，不必待其犯罪行为实际发生，就应当加以惩罚；对首犯必须从重论处；对虽有犯罪行为但动机出于善良或情有可原的人，则应当从轻论处。参加盐铁会议的儒生，把这种"动机论"表述得更为明确，"《春秋》之治狱，论心定罪。志善而违于法者免，志恶而合于法者诛"②，就是把"人情"渗透到法律之中，甚至置于法律之上，以涉案人的动机善恶作为量刑的首位标准，而把客观的犯罪行为和危害结果置于次要地位考量。

这一原则，在执法中的有效性是无需质疑的。西汉后期，发生了一场围绕着前丞相薛宣涉及权力之争的"毁容"案件，在讨论量刑时，出现了御史中丞、廷尉两种处置方案之争，丞相孔光、大司空师丹和将军、博士、议郎各自支持一说。在这场"高规格"的刑事案件讨论中，廷尉等人就是高标"《春秋》之义，原心定罪"③之说而得以占据优势。在另一场涉及收捕在职丞相王嘉的"诏狱"之案中，也还有永信少府等十位朝臣出面，巧妙地缓解皇帝的"邪火"，争取为王嘉保留一丝人格尊严，他们借重的名义是"圣王断狱，必先原心定罪，探意立情，故死者不抱恨而入地，生者不衔怨而受罪"④。面对此说，皇帝也不得不有所收敛。东汉中期的一个政治性案件的处置也可以说明问题。少年儒生霍谞的舅父宋光受人诬告，大将军梁商以宋光"妄刊章文，坐系洛阳诏狱，掠考困极"。霍谞上奏记于梁商，为舅父宋光洗刷冤屈，同样引用"《春秋》之义，原情定过，赦事诛意"之说，并且进一步以"人情"证明宋光的冤情："（霍）谞与（宋）光骨肉，义有相隐，言其冤滥，未必可谅，且以人情平论其理。光衣冠子孙，径路平易，位极州郡，日望征

① 苏舆：《春秋繁露义证》第五《精华》，中华书局，1992，第92页。
② 桓宽撰，王利器校注《盐铁论校注》卷十《刑德》，天津古籍出版社，1983，第579页。
③ 《汉书》卷八十三《薛宣传》，中华书局标点本，第3395页。
④ 《汉书》卷八十六《王嘉传》，中华书局标点本，第3501页。

辟，亦无瑕秽纤介之累，无故刊定诏书，欲以何名？就有所疑，当求其便安，岂有触冒死祸，以解细微？譬犹疗饥于附子，止渴于鸩毒，未入肠胃，已绝咽喉，岂可为哉！"大将军梁商被霍谞的才志所打动，"即为奏原（宋）光罪"。①

汉代士人对"原心定罪"的一片喝彩之声，除了它是儒家理论、符合常人心态之外，可能还有一个原因——在执法实践中有援救善人的实效。对此，思想家王符表述为"先王议谳狱以制，原情论意，以救善人"②。以上所举事例，确实可以证明它有这样的功效。

当代学者对汉代"原心定罪"的批评，主要集中在执法依据的不确定性、非客观性上。李泽厚先生对此所表现的担忧颇值得玩味："'原心论罪'的原则给法律判决留下了极为宽泛的伸缩余地，大为削减了法的理性形式所要求的普遍性。"③ 如果对李泽厚先生的话题"接着说"，大可以设问：在法律判决中存有"极为宽泛的伸缩余地"，是否对保持法的理性有特殊作用？力求把人们的一切社会活动都纳入成文法律的管辖之下，这样的追求，不仅见之于秦朝，也见之于王莽"新政"，但它们都以失败而告终。任何时代的法律条文，只能是针对社会的一般状况做出规定，法律的确定性自然带来了它的僵化性；而任何一个案件所涉及的法律问题，都可能带有特殊性、复杂性。针对这个永存的矛盾，现代法律学尝试以赋予法官"自由裁量的权力"来加以解决。即在法律没有规定或按法律规定不能恰当处理案件时，法官有权力根据公平、正义原则以及自己的良心自由地裁判案件。④ 汉代的"原心

① 《后汉书》卷四十八《霍谞传》，中华书局标点本，1965，第 1616 页。
② 王符著，汪继培笺《潜夫论笺》卷四《述赦》，中华书局，1979，第 196 页。
③ 李泽厚：《说儒法互用》，见氏著《己卯五说》，中国电影出版社，1999，第 91 页。
④ 王春华《刑事审判自由裁量权探析》一文称："刑事审判工作中的自由裁量权，是法官所拥有的基于自己的判断而裁判的权力。自由心证制度，也称之为内心确信制度，是指证据的取舍和证明力的大小，以及案件事实的认定，均由法官根据自己的良心、理性自由判断，形成确信的一种证据制度。……自由裁量权正是为了寻求司法公正，而鼓励法官在查明犯罪事实，认定犯罪性质的基础上，考察所有的量刑情节而做出正确裁判。"转引自"依法治市综合网，http：//www.yfzs.gov.cn/"。美国斯坦福大学法学教授劳伦斯·M.弗里德曼在其所著《法律制度》一书中，有"论法律裁量"一节，讨论了法律裁量的四类正式的规则，有如下表述："许多规则在纸上看来很明确，不容怀疑，但在现实世界中则不同了。""任何法律理论都必须设想制度中会有许多松散之处，活动余地，裁量，甚至直截了当的不服从。"引者还对他的一个注文颇感兴趣："严密的规则不能保证没有腐败。事实上，可以说，规则太严，必然产生腐败。"见《法律制度》中文版，中国政法大学出版社，1994，第 37 页，第 41 页。

定罪"，所赋予法官的权利，似乎与"自由裁量的权力"颇为相通。它以执法的灵活性，力图兼顾"个案公正"和"社会公正"的一致性（至于如何防范执法者借机故意出入人罪等枉法行为，那是另外的话题了）。在这个意义上说来，"原心定罪"体现了法律的实质上的理性，这远比形式上的理性更为重要。

重视法与"人情"、民心的内在一致性，对理性立法的影响也是极为明显的。

汉文帝为了敦促废除"收孥相坐法"，特旨晓谕大臣："朕闻之，法正则民悫，罪当则民从。且夫牧民而道之以善者，吏也；既不能道，又以不正之法罪之，是法反害于民，为暴者也。朕未见其便，宜孰计之。"① 汉文帝大胆承认"不正之法"的存在，并且把害民之法斥之为暴政暴法，其理性精神是值得充分肯定的。汉宣帝有诏曰："律令有可蠲除以安百姓，条奏。"② 元帝初立，下诏："夫法令者，所以抑暴扶弱，欲其难犯而易避也。……其议律令可蠲除轻减者，条奏，惟在便安万姓而已。"③ 这些以"安民"为宗旨的议法诏书，或许有"政治作秀"的成分在内，指望让皇帝真正代表民意也难免有幼稚之嫌，但它确实可以使得政治运作在理性的框架内进行。

二 法律与皇帝诏旨的制衡

应该如何看待法律与皇帝诏旨之间的关系？汉代一直存在着以酷吏、循吏为代表的两种不同观点的对立。

如下一段文字，是治秦汉史的学者耳熟能详的："（杜）周为廷尉，其治大抵放张汤，而善候司。上所欲挤者，因而陷之；上所欲释，久系待问而微见其冤状。客有谓周曰：'君为天下决平，不循三尺法，专以人主意指为狱，狱者固如是乎？'（杜）周曰：'三尺安出哉？前主所是著为律，后主所是疏为令，当时为是，何古之法乎！'"④ 杜周之说，集中代表了酷吏惟皇帝

---

① 《汉书》卷二十三《刑法志》，中华书局标点本，第 1105 页。
② 《汉书》卷八《宣帝纪》，中华书局标点本，第 245 页。
③ 《汉书》卷二十三《刑法志》，中华书局标点本，第 1103 页。
④ 《汉书》卷六十《杜周传》，中华书局标点本，第 2659 页。

之命是从的执法思想，把皇帝的诏令当做国家法律的直接来源，将诏令的法律效力置于国家法律之上，身为执法官则甘当皇帝的鹰犬。这样的理念，确实可以得到皇帝的青睐，酷吏的得宠在很大程度上受益于此。然而，问题在于，这样的观点是否代表了当时执法观点的主流？答案应该是否定的。

得到主流舆论肯定的观点是：对国家有责任感的执法官员，首先要尊重和维持法律的尊严，在面对法律与君主旨意相冲突的场合，执法官员不可曲法阿主。

被尊为汉代执法良吏的张释之，在这一方面做出了表率。汉文帝出行，有一人无疑中惊扰乘舆马。文帝使人捕之，押送廷尉张释之审判。不久，张释之奏报审案结论：按照"犯跸"之法处以罚金。汉文帝大怒："此人亲惊吾马，吾马赖柔和，令他马，固不败伤我乎？而廷尉乃当之罚金！"张释之从容解释："法者，天子所与天下公共也。今法如此而更重之，是法不信于民也。且方其时，上使立诛之则已。今既下廷尉，廷尉，天下之平也，一倾而天下用法皆为轻重，民安所错其手足？唯陛下察之。"① 至此，汉文帝也不得不承认张释之是依法断案。张释之的"执法观"有两点最为重要：其一，法律是天子与天下人共同拥有、应该共同遵守的；其二，廷尉作为最高的专职司法官，一旦经手案件，就只能依法办事，而不能顺从皇帝个人的意旨。张释之的观点当然有其局限性②，但在要求皇帝尊重执法官的独立办案权力上，他无疑走在了当时人的前列。

汉武帝时期的名臣汲黯对酷吏张汤的批判，正是集中于此流人物的阿谀皇帝、玩弄法律："御史大夫汤智足以距谏，诈足以饰非，非肯正为天下言，专阿主意。主意所不欲，因而毁之；主意所欲，因而誉之。好兴事，舞文法，内怀诈以御主心，外挟贼吏以为重。"③ 张汤、杜周之流酷吏，固然

---

① 《史记》卷一百二《张释之传》，中华书局标点本，第2754页。

② 张释之论执法的主要欠缺在于：他承认了皇帝在执法官经手之前，有不顾法律规定而任意处置当事人的特权，从而使得皇帝居于国家法律之上。如果真正要保持法律的尊严不使失衡，首先应该要求皇帝遵法守法。最早意识到张释之的理论欠缺并给予公开批评的是魏晋之际的学者王肃。他针对张释之"方其时，上使诛之则已"的说法，加以抨击："臣以为大失其义，非忠臣所宜陈也。廷尉者，天子之吏也，犹不可以失平，而天子之身，反可以惑谬乎？斯重于为己，而轻于为君，不忠之甚也。"参见《三国志》卷十三《魏书·王朗传附子肃传》，中华书局标点本，1959，第416页。

③ 《汉书》卷五〇《汲黯传》，中华书局标点本，第2322页。

可以官场得势，但永远得不到舆论的好评，倒是张释之和汲黯这样尊重法律、敢于面折廷争的官员，才能够得到人们（包括皇帝在内）真正的尊重。

最为难得的是，汉代的智者，非常理智地将某些根据皇帝个人意旨而制定的法规，赋予临时性、权宜性的界定，使之与作为治国大法的律令之间的法律效力呈现出明显的高低之别。东汉中期的张敏就是此类智者的翘楚。

章帝建初年间，有一位孝子杀死了侮辱其父的仇人，按照"杀人者死"的法律规定，孝子应该受诛。章帝垂怜其孝心，特旨宽宥免其死刑。此后执法官审案遇到类似事件多引以为判案的依据。稍后，以章帝的诏旨和案例为基础，制定了《轻侮法》。到汉和帝时，时任尚书的张敏，针对《轻侮法》滋长了为"复仇"而私相杀人之风的积弊，两度提出驳议："夫《轻侮》之法，先帝一切之恩，不有成科班之律令也。夫死生之决，宜从上下，犹天之四时，有生有杀。若开相容恕，著为定法者，则是故设奸萌，生长罪隙。……《春秋》之义，子不报仇，非子也。而法令不为之减者，以相杀之路不可开故也。今托义者得减，妄杀者有差，使执宪之吏得设巧诈，非所以导'在丑不争'之义。又《轻侮》之比，浸以繁滋，至有四五百科，转相顾望，弥复增甚，难以垂之万载。""臣伏见孔子垂经典，皋陶造法律，原其本意，皆欲禁民为非也。未晓《轻侮》之法将以何禁？"① 史称汉和帝采纳了他的建议，《轻侮》之法即便没有废止，至少滥加援引的现象应该是被制止了的。张敏把《轻侮》之法定性为"先帝一切之恩，不有成科班之律令"，最应该引起研究者的注意。此处的"一切"绝非寻常所理解的"全部""所有"之意，在汉代"一切"有个特定的含义——"权时"②，即根据时势需要而做出的权宜性、临时性规定。在张敏的语言环境之中，与

① 《后汉书》卷四十四《张敏传》，中华书局标点本，第1503页。
② "一切"的特定含义为"权时"，在对汉代史籍的名家注释中，多次出现，可谓言之凿凿。如，《汉书》卷十二《平帝纪》"一切满秩如真"，颜师古注："一切者，权时之事，非经常也。犹如以刀切物，苟取整齐，不顾长短纵横，故言一切"，所论最为明晰。其他还有：《汉书》卷五十一《路温舒传》"偷为一切"，如淳注："一切，权时也。"《汉书》卷八十四《翟方进传》"奏请一切增赋"，张晏注："一切，权时也。"《汉书》卷二十二《礼乐志》"以意穿凿，各取一切"，颜师古注："苟顺一时，非正道。"《后汉书》卷二十《王霸传》"以徼一切之胜"，李贤注"一切犹权时也"。

"先帝一切之恩"相对的"成科班之律令",应该是指更为根本、更为恒久、更为尊崇的国家律令体系。可以理解为习惯上所泛称的"汉律六十篇"①。关于"成科班之律令",两汉史籍仅此一见,但它的存在是不必质疑的。笔者认为,"正法"的概念,应该就是"成科班之律令"的标准表达,张敏所用的表述则有一定的通俗性、描述性。

"正法"是代指国家的主体性法律体系,至少可举出以下例证。

淮南厉王刘长骄恣违法,汉文帝指使薄昭出面,致书刘长加以切谏,其中有谓"汉法,二千石缺,辄言汉补,大王逐汉所置,而请自置相、二千石。皇帝骫天下正法而许大王,甚厚"②。

汉武帝崩,昭帝初立,燕王刘旦谋为叛逆,朝廷派遣吏员前往处置。"侍御史乃复见王,责之以正法,问:'王欲发兵罪名明白,当坐之。汉家有正法,王犯纤介小罪过,即行法直断耳,安能宽王!'惊动以文法。"③

翟方进为丞相司直,弹劾司隶校尉涓勋,要求加以罢免。时为太中大夫、给事中的平当,上奏揭露翟方进弹劾涓勋是出于排斥异己的目的,并表彰涓勋"素行公直,奸人所恶",请求加以留任,但皇帝的判断却是:即便平当所言为实,但只要翟方进弹劾涓勋的罪名于法有据,涓勋就应该受到处理,不能因为推测翟方进的弹劾可能另有不当意图,就对涓勋不加以追究。于是,就出现这样的结果,"上以方进所举应科,不得用逆诈废正法,遂贬(涓)勋为昌陵令"④。

京兆尹王章借日食弹劾王凤专权,得罪屈死,舆论对王凤颇多批评。杜钦对王凤有如此一段分析:"京兆尹(土)章所坐事密,史民见(王)章系好言事,以为不坐官职,疑其以日蚀见对有所言也。假令章内有所犯,虽陷

---

① 《晋书》卷三十《刑法志》所列"汉律六十篇"为:萧何定律,合为九篇。叔孙通益律所不及,《傍章》十八篇,张汤《越宫律》二十七篇,赵禹《朝律》六篇,合六十篇。近年间,学者根据对新出《张家山汉墓竹简》的研究,对《晋书·刑法志》关于《傍章》、《越宫律》、《朝律》篇目的记载是否有误,展开过极有新意的讨论,参见张建国《帝制时代所中国法》,法律出版社,1999,第59~67页。当然,笔者认为,"汉律六十篇"作为一般泛称,依然可以沿用。

② 《汉书》卷四十四《淮南厉王长传》,中华书局标点本,第2137页。

③ 《史记》卷六十《三王世家》,中华书局标点本,第2118页。

④ 《汉书》卷八十四《翟方进传》,中华书局标点本,第3415页。

正法，事不暴扬，自京师不晓，况于远方。恐天下不知（王）章实有罪，而以为坐言事也。"①

不论是"成科班之律令"，还是"正法"，这些概念的提出，都是为了提高正式的国家法律的地位，而与之同步呈现的是皇帝意旨和据以追加的临时性法条的法律效力被有意贬低。其意义实在不下于张释之对循吏执法观的阐述、杜周之客对酷吏执法观的抨击。生活在帝制时代的人们，根本不可能设计出使皇帝诏旨"屈尊"于国家法律之下的制度和政治伦理，排除了这种苛求之后，我们就应该承认，汉代士人在现实环境所提供的既定框架之内，为了保持法律与皇帝诏旨之间微妙的制衡，他们做出了各种形式的努力，提出了含有深意的论说，其成就实在值得后人钦佩。

三　执法宽平，议法从轻

秦朝法律的酷苛无情，一直是汉人批评秦政的中心话题之一。而对执法宽平的推崇和褒奖，则是汉代官场的主流舆论。

一批以执法宽平为其标志的官员，被奉为吏治的楷模。除去前述张释之之外，西汉的于定国父子、东汉的郭躬父子，最为著名。

于定国，东海郡人。其父于公官职不过县狱史、郡决曹，但却盛名满天下。"（于公）决狱平，罗文法者于公所决皆不恨。郡中为之生立祠，号曰于公祠。"于定国"为人谦恭，尤重经术士"，官至廷尉、御史大夫、丞相，"其决疑平，法务在哀鳏寡，罪疑从轻，加审慎之心。朝廷称之曰：'张释之为廷尉，天下无冤民；于定国为廷尉，民自以不冤。'"② 这一对比之语，实际上褒奖于定国更超过了张释之。颜师古的两个注释可以说明其间的区别：对张释之的称赞在于"言决罪皆当"，而对于定国的称赞则是"言知其宽平，皆无冤枉之虑"。可见执法的"宽平"，较之于"明断"，

---

① 《汉书》卷六十《杜周传附杜钦传》，中华书局标点本，第02678页。其他相关材料还有：《汉书·陈汤传》"不道无正法"；《汉书·王尊传》"猥历奏大臣，无正法，饰成小过"；《后汉书·冯绲传》"罪无正法，不合致纠"。可见，"正法"是指国家的基本法律体系无疑。

② 《汉书》卷七十一《于定国传》，中华书局标点本，第3043页。

更为得人心。

郭躬，颍川郡人。其父郭弘，"太守寇恂以弘为决曹掾，断狱至三十年，用法平。诸为弘所决者，退无怨情，郡内比之东海于公"。郭躬少传父业，官至廷尉，史称"家世掌法，务在宽平，及典理官，决狱断刑，多依矜恕，乃条诸重文可从轻者四十一事奏之，事皆施行，著于令"。郭躬在尚未腾达之前，就因为"明法律"而多次奉命参与疑难案件的审理，多有依法断案、宽平为本的表现。仅录一事，以见其风范。"有兄弟共杀人者，而罪未有所归。帝以兄不训弟，故报兄重而减弟死。中常侍孙章宣诏，误言两报重，尚书奏（孙）章矫制，罪当腰斩。帝复召躬问之，（郭）躬对'（孙）章应罚金'。帝曰：'（孙）章矫诏杀人，何谓罚金？'（郭）躬曰：'法令有故、误，（孙）章传命之谬，于事为误，误者其文则轻。'帝曰：'（孙）章与囚同县，疑其故也。'（郭）躬曰：'……君王法天，刑不可以委曲生意。'帝曰：'善。'"① 在这个案件的审理中，郭躬与汉明帝从容讨论法理，强调了两个观点：其一，法令中有关故意犯罪、过失犯罪在量刑上有所区别的规定（"法令有故、误"，"误者其文则轻"），在判案时一定要加以落实。这就为从轻发落于无意中触犯法禁的涉案人找到了直接的法理依据。其二，执法量刑只能以已经查明的事实为依据，而不可将不利于涉案人的某些推论（即便这些推论有可能成立）作为判案加刑的因素加以考量。郭躬的"刑不可以委曲生意"的执法原则，与上引"不得用逆诈废正法"之说，递相呼应，表明宁可失之于错纵也不可失之于滥杀的"慎刑"思想，在汉代的执法实践中是客观存在的。

"为吏赏罚明，用法平而必行，所居皆有条教可纪，多仁恕爱利"，可以换来官场上下的交口称誉。② "案法平允，务存宽恕"，可以成为居官者引以为豪的仕宦声誉，甚至可以作为福佑子孙仕途腾达的自信所在。③ 在汉宣

① 《后汉书》卷四十六《郭躬传》，中华书局标点本，第1544页。
② 《汉书》卷八十三《薛宣传》，中华书局标点本，第3390页。
③ 《后汉书》卷五十八《虞诩传》："虞诩……祖父经，为郡县狱吏，案法平允，务存宽恕，每冬月上其状，恒流涕随之。尝称曰：'东海于公高为里门，而其子定国卒至丞相。吾决狱六十年矣，虽不及于公，其庶几乎！子孙何必不为九卿邪？'故字诩曰升卿。"中华书局标点本，第1864～1865页。

帝的诏书中，我们可以看到，"能使生者不怨，死者不恨"的执法官得到表彰，而那些"用法或持巧心，析律贰端，深浅不平"①的执法官受到申斥。

上述诸端，足以说明，在汉代的官场中，虽有酷吏出入其间，但崇尚"宽平"的执法精神依然是稳居主流地位的。

执法宽平的舆情，对改善当时刑罚体系所发生的积极作用，集中体现在运用"恶恶止其身"②的儒家政治理论，反对株连之法的存在。"秦政酷烈，违牾天心，一人有罪，延及三族。"③汉人类似对秦政的批判所在多有，表明了他们对包括"灭族"在内的株连刑的深恶痛绝。汉文帝废止收孥相坐之律，作为汉家推行仁政的典型而一再被强调、被歌颂。我们同样应该知道，各种形式的株连刑，实际上是终两汉之世而没有根本绝迹的。即便是在政风较为宽缓的时期，由各级官吏舞文弄法而导致的株连之祸，就足以使百姓无容身之地。在盐铁会议上，文学之士揭露当时所谓"良吏"的行径："不本法之所由生，而专己之残心，文诛假法，以陷不辜，累无罪，以子及父，以弟及兄，一人有罪，州里惊骇，十家奔亡，若痈疽之相泞，色淫之相连，一节动而百枝摇。"④这是何等可怕的局面。由此而言，我们对史书所见关于汉代"慎刑""省刑"的歌颂之辞，在其实际效果究竟如何的层面上，当然应该保持质疑的态度。但同时，我们也应该肯定，"恶恶止其身"确实产生过轻刑之效。"刑罚务于得中，恶恶止其身"，⑤是汉代朝廷对执法官员的原则性要求。而一旦出现了株连之刑，即便主持其事的是独断朝政的权臣乃至于皇帝，也会有耿直大臣出面提出尖锐的批评。对这些批评，当政者确实既可以采纳，也可以置之不理⑥，但是，作为一种舆论存在，还是能够在不同的层面上发挥牵制作用，甚至使得

---

① 《汉书》卷八《宣帝纪》，中华书局标点本，第255页。
② 《春秋公羊传·昭公二十年》："君子之善善也长，恶恶也短。恶恶止其身，善善及子孙。"
③ 《后汉书》卷四十八《杨终传》，中华书局标点本，第1597页。
④ 王利器：《盐铁论校注》卷第十《申韩》，中华书局，1992，第580页。
⑤ 卫宏：《汉旧仪》卷上，孙星衍等辑《汉官六种》，中华书局，1990，第74页。
⑥ 参见《汉书》卷六十七《梅福传》。梅福论王章一案的株连之非："及至陛下，戮及妻子。且恶恶止其身，王章非有反畔之辜，而殃及家。折直士之节，结谏臣之舌，群臣皆知其非，然不敢争，天下以言为戒，最国家之大患也。"但却不获采纳。中华书局标点本，第2922页。

某些案件的处理结果，发生根本性的变化。①

　　还有一个很有意思的现象也值得注意：东汉安帝时期新立法规，对于犯有贪赃之罪的官员，禁锢父子两代。这本来是一种加大惩治贪官力度的举措，同时也对其他官员带有预警、震慑的意义。只是，它的株连属性是明确无误的。就一般的社会舆论而言，出于对贪官的痛恨，人们可以理解乃至拥戴这样的立法；但是，从法理的角度而言，它确实与"恶恶止其身"的理念相悖。不久，就有太尉刘恺这样的重臣对此公开提出质疑，"《春秋》之义，'善善及子孙，恶恶止其身，'所以进人于善也。《尚书》曰：'上刑挟轻，下刑挟重。'如今使臧吏禁锢子孙，以轻从重，惧及善人，非先王详刑之意也"，而且皇帝接受了他的见解。② 这足以说明，汉代君臣讨论法理之得失时，已经理智到"论理而不论人"的程度，不因为事涉贪官就杜口裹足。这种超越了道德范畴而进行的法理学的讨论，是如此的纯粹，它以典型个案的方式证明，"恶恶止其身"的执法理念，确实是得到相当普遍的认可了。

　　议法从轻的主张，同样在汉代的执法思想中，闪耀出它的理性光彩。

　　西汉后期的杜钦，虽然依托于秉权外戚王凤门下，但遇事多有自己的独立判断，希望以其学识，对王凤的失当之举有所规谏和补益。针对王凤寻衅贬抑意在罢免贤臣冯野王的举动，杜钦明确提出了反对意见。他援引古训，主张"罚疑从去"。③ 颜师古对此有个极好的解释："疑当罚不当罚则赦之，疑轻重则从轻。"就是在某种行为处于难以判断是否属于犯罪的临界点上，就加以赦免，不予以治罪；如果在轻罚与重罚之间难以判明时，就从轻处理。据此我们得以知晓，杜钦的"罚疑从去"之说，与现代法学理论的"疑罪从无"原则，应该有着内在的一致性。

　　东汉中期与郭躬齐名的陈宠，同样官至廷尉，同样有世传法律之学的家

---

① 请看下列两证：汉章帝建初元年（公元76年），杨终针对此前发生的广陵、楚、淮阳、济南等诸侯王国的案狱，"徙者万数，又远屯绝域，吏民怨旷"的情况，上疏纵论"'善善及子孙，恶恶止其身'，百王常典，不易之道也。"建议停止株连，章帝立即加以采纳，"听还徙者，悉罢边屯"。（《后汉书》卷四十八《杨终传》，中华书局标点本，第1597页。）赵憙出任平原太守时，当地"多盗贼，（赵）憙与诸郡讨捕，斩其渠帅，余党当坐者数千人。憙上言'恶恶止其身，可一切徙京师近郡'。帝从之，乃悉移置颍川、陈留"。（《后汉书》卷二十六《赵憙传》，中华书局标点本，第914页。）

② 《后汉书》卷三十九《刘般传附刘恺传》，中华书局标点本，第1309页。

③ 《汉书》卷七十九《冯奉世传附冯野王传》，中华书局标点本，第3304页。

族文化背景。其曾祖父陈咸是两汉之际的法学名家，他留给子孙的规诫就是："为人议法，当依于轻，虽有百金之利，慎无与人重比。"陈宠本人"及为理官，数议疑狱，常亲自为奏，每附经典，务从宽恕，帝辄从之，济活者甚众。其深文刻敝，于此少衰"①。史家此说可以证明，议法从轻的思想及其指导下的执法实践，确实有效地缓和了急苛之政的负面影响。

通过以上讨论，可以廓清令人感到困惑的一个问题：汉人津津乐道其"轻刑""省禁"之功，历代论史者似乎也没有谁指责汉代存在暴政；但是，汉末的大政治家曹操在考虑法律改革时却"嫌汉律太重"②。那么，汉代的法律究竟是轻是重？现在是否可以循此思路回答：汉朝的法律，从立法层面而言，是根源于秦律，因而也就带有其酷苛繁重的本质属性（当然，汉朝时期经历的几次法律改革，有"轻刑"的主观意图，也收到了一定的客观效果），因此曹操的判断是准确无误的；但是，在执法的层面上，汉代士人表现出高度的智慧和理性，在具体的法律程序的运作之中，他们把僵硬的法律规定赋予了人性化的解释，缓和了专制皇权对法律的非良性操控，减轻了法律残酷无情的色彩。由于这一重要的"修补"，使得原本苛重的汉律，演变为刚柔兼济、变通有度的"社会形象"。汉代统治者从中所表现出的理性，对于维系民心、维持稳定，是发挥了积极作用的。

（原文发表于《南都学坛》2005 年第 1 期）

---

① 《后汉书》卷四十六《陈宠传》，中华书局标点本，第 1554 页。

② 《晋书》卷三十《刑法志》，中华书局标点本，第 922 页。

读《张家山 247 号墓汉简法律文献 研究及其述评（1985.1 ~ 2008.12）》[*]

◎ 张忠炜

湖北荆州江陵张家山 247 号墓汉简，自 2001 年完全刊布图版、释文至今，已近十年。此批汉简数量不多，但对秦汉史及中国法制史的研究影响甚为深远，故受到国内外学术界高度而持久的关注。在 20 世纪初至今百余年间出土的简帛文献中，张家山汉简足与居延汉简、敦煌汉简、睡虎地秦简及郭店楚简媲美，各类论文、专著数量之多无疑是个重要表征。[①] 在这种背景下，较为系统、全面地收集各类成果，并就现有研究中所存在的问题，以及今后应该用力的方向，作一番述评并阐述个人研究心得，自然成为必要。李力教授新著《张家山 247 号墓汉简法律文献研究及其述评（1985.1 ~ 2008.12）》（以下简称《述评》），就是这样的著作。也许，在著者看来，忽略乃至无视既有之研究成果，进行毫无意义的重复性研究，与研究中所存在的抄袭一样，均为学术之蠹。

一 本书的基本情况及特点

著者李力，中国青年政治学院法律系教授，长年从事中国法律史研究。

[*] 本文系教育部人文科学重点研究基地项目"秦汉法律研究"（项目批准号 2007JJD810169）资助成果之一。
[①] 参见骈宇骞、段书安编著《二十世纪出土简帛综述·论著目录篇》，文物出版社，2006。按：笔者未精确统计，仅是初步估算。

2007 年 9 月至 2008 年 8 月，他被东京外国语大学亚非语言文化研究所聘为客员教授，进行为期一年的客座研究。《述评》一书即其研究报告的最终成果，2009 年 11 月由东京外国语大学出版。

全书由四部分构成。

第一部分"研究概况"。此部分对张家山汉简法律文献的出土（主要是 247 号墓、336 号墓汉简），张家山 247 号墓汉简基本材料的公布、修订，中日学者对 247 号墓汉简法律文献的研读成果，以及中外学者（以中、日为主，兼有韩国）对 247 号墓汉简的研究概况，进行了迄今为止最为全面、系统，也最为细致的梳理。

第二部分"相关书评"。此部分收录书评五篇，以张家山 247 号墓汉简的不同整理文本，以及现有的集释、译注成果为评价重心。作者在评论张家山汉简释文修订本及"红外线释读本"时，从字、句、标点等细微处入手而进行校勘，各文本之得失，以及如何取舍，一目了然。《评籾山明〈中国古代诉讼制度研究〉》及《评冨谷至编〈江陵张家山二四七号墓出土汉律令研究（译注篇）〉》两篇，介绍并评价日本学界研究张家山汉简的新成果。

第三部分"专题讨论"。此部分收录文章五篇：《〈二年律令〉题名再研究》《〈奏谳书〉题名再研究》两篇，围绕张家山 247 号墓汉简法律文献本身展开；《关于〈二年律令〉简 121 排列的再探讨》《关于〈二年律令〉简 93 ~ 98 之归属问题的补充意见》两篇，围绕竹简编序及部分条文的归类问题（是归入《具律》还是《囚律》）展开；《张家山汉简所见"隶臣妾"身份再研究》一篇，大体源于作者博士学位论文的部分章节，但有所改订①。

第四部分"附录"。系统收集中、日两国学者对张家山 247 号墓汉简法律文献的研究论著目录，"以便于可以从地域的角度来俯瞰当今世界两个重要的秦汉简牍研究重镇之研究状况和学术交流的动态"（p.4）。较之已发表的中文目录②，此目录最为全面且精良。相关日文研究论著目

---

① 李力：《"隶臣妾"身份再研究》，中国法制出版社，2007，第 486 ~ 679 页。

② 张小锋：《2002 ~ 2004 张家山汉简〈二年律令〉研究论著目录》，载中国社会科学院简帛研究中心编《张家山汉简〈二年律令〉研究文集》，广西师范大学出版社，2007，第 374 ~ 379 页；朱红林：《张家山汉简〈二年律令〉集释》，社会科学文献出版社，2005，第 349 ~ 370 页。

录，作者似先投稿于《简帛研究 2007》，只是该书迟至今年 3 月方面世。① 但《简帛研究》在国内便于找寻，故日文目录的潜在影响力，过于原书似可断言。

综观全书，以下几点给人印象极深。一则，资料收集宏富：国内研究成果自不用说，对日本学者研究成果的收集尤见功力，且能适当采择、用于学术研究之中。二则，立足文本本身，扎扎实实，条分缕析，对之进行详细解读。著者尊重前辈时贤，在他们成果的基础上，或提出新知灼见，如《二年律令》《奏谳书》题名诸篇；或是锲而不舍、小题大做，如对"隶臣妾"问题的关注，实际持续二十余年之久。从某种情况而言，这与作者的研究取向应有一定关系：虽出身法学，但熟稔历史，重科际整合，兼收法学、历史之长。此外，作者对国内学术生态及学人浮躁、不实乃至封闭学风之批评，亦颇能虏获读者之心。故而，展读此书获益匪浅，实非虚言，尽管某些观点或仍有商榷余地。

二 对各部分之延伸阅读

在简要介绍本书基本情况、特点后，以下仅就个人所知、所思，略述拙见。

（一）研究概括部分

作者在叙述北京地区的张家山汉简读书班时，提到中国政法大学的基础法制史料研读会，仅一语带过（p.36）。作为此读书班的最早成员之一，笔者对其情况还比较清楚。仅就记忆所及以及成员补充（主要是支强），叙述如下。

中国文物研究所张家山汉简读书班创立之初，学生参与不多，支强、冯申（时为中国政法大学法律史硕士生）、蔡秀萍及我本人（时为中国人民大学历史系硕士生）受各自导师推荐，中途加入。有鉴于此，也鉴于

---

① 李力：《日本张家山汉简法律文献研究相关论著目录（1985.1～2008.7）》，载卜宪群、杨振红主编《简帛研究 2007》，广西师范大学出版社，2010，第 328～350 页。

一些问题可以再思考，故徐世虹先生在中国政法大学法律古籍研究所创立此读书班。研读活动开始于 2003 年 9 月初，地点在古籍所狭小的办公室内，时间是每周五下午 4 点至 6 点。研读活动由徐老师主持，成员以中国政法大学法律史专业的硕士为主，最初只有支强、冯申、石凡三人，笔者约是在一个月后加入。成员在徐老师的带领下，逐字研读《二年律令》。研读活动持续一年有余，成员并不固定，少则四五人，多则十余人。支强、冯申、石凡及笔者，是比较固定的成员，笔者手边的几张照片可以为证。支强曾设计了一个挂靠古籍所的网页，名称是"中国基础法制史料研读会"，报道了读书班的一些早期活动，现在或许还能在互联网上检索到。

2004 年下半年，《二年律令》研读结束，开始研读《晋书·刑法志》。2004 年 12 月 31 日，读书班举行年终汇报，报告个人之读书心得。支强的发言就《秩律》所见汉初政区展开。笔者的汇报有两部分。一是完成初稿的《〈秩律〉所见职官疏证》。是文将张家山汉简《秩律》、新出土的秦封泥（包括相家巷封泥）结合起来，一定程度上证实《汉书·百官公卿表》"汉承秦制"之论断。二是所报告的《读〈二年律令〉札记三则：以〈秩律〉为切入点》一文的雏形，亦即次年在"中国秦汉史研究会第十届年会暨国际学术讨论会"上提交的会议论文。这两文并未正式发表，却是笔者研究的起点。2008 年发表的《〈二年律令〉年代问题研究》，实际上不过是札记论断的进一步扩展。

2005 年以来，研读围绕《唐律疏议》展开。支强、冯申、石凡及我本人，或是写作毕业论文，或是考虑找工作，逐渐淡出读书班的活动。虽如此，但读简活动对诸人产生了深刻影响，不少成员的学位论文多以此为研究对象①；家住北京的支强，毕业后为能从事法律史教学研究，离京赴济南任教，数年后重新回到学校，跟徐老师攻读学位，赓续前缘。

---

① 冯申：《汉唐律杀人罪之比较研究》，中国政法大学（指导教师徐世虹）2005 年 3 月；仪浩：《中国古代谋杀罪考：以一般主体为考察对象》，中国政法大学（指导教师南玉泉）2007 年 3 月；又，蔡秀萍虽未参加古籍所读书班，但其学位论文也以张家山汉简为对象：《汉代家庭伦理犯罪研究》，中国人民大学（指导教师孙家洲）2004 年 4 月。

（二）相关书评部分

如前所述，文本是该书第二部分讨论的重点。笔者对文本本身的关注不多，但有自己不成熟的看法，此处就"红外线释读本"略言几点。

将红外线摄影技术应用于简牍释文，是推动"简帛学"发展的重要动力。"红外线释读本"的成就，即补释、改释、增释，正如作者逐一比对的结果那样（p.268～315），绝大多数都是可取的，故受到学者的高度评价①。红外线的部分图版或影像，确实较最初的整理本为佳，此毋庸讳言。不过，采用红外线技术拍摄新图版是在 2004 年，此时距竹简出土已近二十年之久，某些新图版的影像或墨迹反不如整理本清晰。对此，郭永秉的两篇文章是不能忽略的②。比如，著者关注的《二年律令》简 286 中的"勾"字（p.277、278），郭氏据《战国纵横家书》中的相关文字"勾"，提出此字当释为"匄"，训"匄者"为乞者。就个人而言，他的意见似较"红外线释读本"的说法可信。既然两套图版各有所长，如郭氏所言，两套图版自不能互相取代。如此，《述评》所提建议，"从经济的角度与研究的便利性上考虑，如果将来能把两份图版并列（即每支简都并排两份图版），将方便于张家山汉简法律文书的研究"（p.226），个人认为可行。毕竟，各有所长的张家山汉简文本，写作中到底该如何标示或引注，是个棘手问题。只是不知道这样的书籍何时能出版。

张家山汉简的编联问题，笔者并未刻意关注。只是在考察汉律章句时③，发现此问题较为复杂。对此，张家山汉简释文修订本中，采取了较为审慎的做法，"考虑到有的看法尚未形成共识，同时随着研究进展还会有更多意见，平装本暂不改动简的次第和编号"④，就"红外线释文本"改动的

---

① 徐世虹：《出土法律文献整理研究的新成果：读〈二年律令与奏谳书：张家山二四七号墓出土法律文献释读〉》，待刊稿，第 2～5 页。

② 郭永秉：《读张家山汉简〈奏谳书〉释文小记》、《张家山汉简〈二年律令〉释文校读记》，载复旦大学出土文献与古文字研究中心网站：www.gwz.fudan.edu.cn，2008 年 3 月 19 日、4 月 4 日。

③ 参见拙篇《汉代律章句学探源》，《史学月刊》2010 年第 4 期。

④ 张家山二四七号汉墓竹简整理小组：《张家山汉墓竹简［二四七号墓］：释文修订本》，文物出版社，2006，第 229 页。

编联个案看，似仍有商榷余地①。

从秦汉律篇的构造来看，虽然是"律以'章'分"②，但并不意味着分章就是合理的。实际上，汉律篇的分章原本就不那么合理，故唐人撰修《晋书·刑法志》时指责道：

> 世有增损，率皆集类为篇，结事为章。一章之中或事过数十，事类虽同，轻重乖异。而通条连句，上下相蒙，虽大体异篇，实相采入。《盗律》有贼伤之例，《贼律》有盗章之文，《兴律》有上狱之法，《厩律》有逮捕之事，若此之比，错糅无常。③

这段话大意是说汉律篇章不合理，一章本该围绕同一中心展开，但事实上错糅无常。今见张家山汉简的某些条文，可与上述记载相印证：

> 《二年律令·贼律》：诸食脯肉，脯肉毒杀、伤、病人者，亟尽孰（熟）燔其余。其县官脯肉者，亦燔之。当燔弗燔，及吏主者，皆坐脯肉臧（赃），与盗同法。
>
> 《二年律令·兴律》：县道官所治死罪及过失、戏而杀人，狱已具，勿庸论，上狱属所二千石官。二千石官令毋害都吏复案，问（闻）二千石官，二千石官丞谨录，当论，乃告县道官以从事。彻侯邑上在所郡守。④

上引《贼律》简是说干肉如毒害、毒伤人的话，应尽快将剩余的全部烧掉，官府所藏纳者亦如此。应该焚烧而不焚烧（的人），以及负责干肉的官吏，

---

① 相关内容可参见徐世虹《出土法律文献整理研究的新成果：读〈二年律令与奏谳书：张家山二四七号墓出土法律文献释读〉》，待刊稿，第 5~10 页。

② 邢义田：《秦或西汉初和奸案中所见的亲属伦理关系——江陵张家山二四七号墓〈奏谳书〉简 180~196 考论》，载柳立言主编《传统中国法律的理念与实践》，历史语言研究所，2008，第 101~147 页。

③ （唐）房玄龄等：《晋书》卷三〇《刑法志》，中华书局，1974，第 923 页。

④ 张家山二四七号汉墓竹简整理小组：《张家山汉墓竹简［二四七号墓］》，文物出版社，2001，第 136、186 页。

将被视为盗赃而以盗律论处。此简似可与"《贼律》有盗章之文"相对。更典型的例子，应是《兴律》简的条文：此律文确实是治狱条文，也确实出现于《兴律》之中。如此，似乎只能说明上面的观点：汉律篇分章原本就不是那么合理，各律篇中可能杂糅有性质不同的律文。

此点对考察《二年律令》编序尤为重要。《二年律令》整理本编序确实不尽合理，但目前调整编序的思路似也存在问题。学界对《二年律令》编序的调整，多少都存有以下倾向：同类、类似的行为或规定，应该处在同一律篇之中。比如，或将《钱律》中的"捕盗铸钱及佐者"条归入《捕律》，"无论是从文义还是从出土位置来看，这两简（即"捕盗铸钱及佐者"条）归入《捕律》都比归入《钱律》稍优。"[1] 然而，笔者并不认为如此调整的编联，会比整理小组的编联合理。毕竟，《钱律》的内容并不仅限于规范货币的使用，为确保《钱律》相关规定的贯彻、执行，涉及一些刑事行为也并不是不可能的。考虑到汉律分章本来就存在不合理之处，以今人看似"合理"之思路来揣测古人，这样做可取吗？除非有相同或类似汉律文献出土，否则很难从整体上调整《二年律令》的编联，虽然局部的调整是有可能实现的。

又，在"红外线释读本"中，"校释"也是重要部分，但《述评》对此关注似不多。"校释"不仅仅是汇集诸家说法，更重要的是面对众说如何取舍。在这方面，"红外线释读本"似有改进余地。比如，《二年律令·钱律》"钱径十分寸八以上"条，校释者罗列张家山二四七号汉墓竹简整理小组、李均明、闫晓君、吴荣曾等诸家说法，欲解决简文中"钱"的指代对象，并欲解答何谓"行钱""行金"。从资料收集看，确实比较翔实，只是取舍尚可商榷。首先，对"行钱""行金"中"行"的理解，校释者似倾向于"行"为"流通"。实际上，吴先生在《秦汉时的行钱》文中明确指出："行"非"通行"或"现行"之意，读"行"为"航"，表示物之滥恶、粗恶。其次，校释者推断简文中的"钱"，"很可能是吕后二年七月币制改革所行用之'八铢钱'"，并引蒋若是《秦汉钱币研究》的观点以支持

---

[1] 王伟：《张家山汉简〈二年律令〉编联初探》，载武汉大学简帛研究中心主办《简帛》（第一辑），上海古籍出版社，2006，第 362 页注释 1。

己见。实际上，吴先生指出，"在律文中看不出当时使用的钱为厚重的八铢半两钱"，"（行钱）应该说和荚钱的大小较为接近"。① 对这些关键的问题，校释者并未作辨析②。京都大学人文研"三国时代出土文字资料研究"班译注此条时，是在简略考察汉初钱币及八铢钱的形制后，得出其不为八铢钱而是"汉初荚钱"的结论③，印证了吴先生的推论。

（三）专题讨论部分

专题讨论部分的多数主题，笔者关注不多，自是无缘置喙。《二年律令》及《奏谳书》的文本性质，笔者曾写过论文，提出不同观点，亦无需多言④。在此，仅对《奏谳书》中的"春秋案例"，补充邢义田先生的一点意见。

三年多前，笔者将拙文《读〈奏谳书〉"春秋案例"三题》发送给邢先生，请他指正。他在回复的邮件中说道（2008 年 10 月 8 日电子邮件）：

> 春秋案例非实有其事，属虚构，也合我心。趁便补充一下，汪文台辑《八家后汉书谢承书》（笔者按：似为《七家后汉书》）卷六《陈正传》也有发贯炙的故事，主角却变成了东汉初的陈正和光武帝。这个故事也见于《艺文类聚》卷五十五"读书条"引北周薛寘撰《西京记》。如果比较韩非子将这个故事归之于晋文公，就可以知道同一个故事套用在不同人和不同的时代，这就不会是真有其事。这也好像您举唐判集里李膺的故事。看来正如您所分析，比较像是为学习断案，搜集起来的参考资料。

---

① 吴荣曾：《秦汉时的行钱》，《中国钱币》2003 年第 3 期。

② 按：《钱律》校释的执笔者是周波。校释大体源于其硕士学位论文，参见周波《〈二年律令〉钱、田、□市、赐、金布、秩律诸篇集释》，武汉大学（指导教师李天虹）2005 年 5 月，第 3 页、第 83 页。在第七章《从三种律文的颁行年代谈〈二年律令〉的"二年问题"》中，他直言《钱律》所指为"八铢钱"。

③ 冨谷至编《江陵張家山二四七號墓出土漢律令の研究・譯注篇》，朋友书店，2006，第 128 页注释 1。

④ 参见拙篇《读〈奏谳书〉"春秋案例"三题》，载中国政法大学法律古籍整理研究所编《中国古代法律文献研究（第三辑）》，中国政法大学出版社，2007，第 236～253 页；《〈二年律令〉年代问题研究》，《历史研究》2008 年第 3 期。

今校以周天游的《八家后汉书辑注》，确如邢先生所言。现将文字迻录下：

> 鲁国陈正字叔方，为太官令。时黄门郎宿于正有隙，因进御食，以发穿贯炙。光武见发〔怒〕，敕斩正。正已陛见，曰："臣有当死罪三：黑山出炭，增冶吐炎，燋肤烂肉，而发不销，臣罪一也。拔出佩刀，砥砺五石，亏肥截骨，不能断发，臣罪二也。臣〔朗月书奏章，侧光读五经，旦临食〕，与丞及庖人六目齐观，不如黄门一人，臣罪三也。"诏〔赦之〕，敕收黄门。①

《艺文类聚》所载与上引文字相类，但叙述简略不少，此不赘引。如此一来，结合《韩非子》《奏谳书》及谢承《后汉书》之记载，便会发现，故事内容大同小异，故事中的人物却屡有改变：主角分别是宰人→史猷→陈正，配角是晋文公（或晋平公）→卫君→光武帝。情节演变中增加的内容，似正如拙文所说的那样，"比较明白但不为人所注意的是司法程序——宰人治食不谨被'劾'，接着有史猷'治狱'，然后有调查案件的'察'，最后是史猷的判决'当'。"从这个角度来说，《奏谳书》未必是判例集的结论可能是成立的。

在读书、学习的过程中，笔者发现拙文仍有待增补处。在致学界前辈的一封信中，我写了这样两段话：

> 一则是因为自己考虑不周，忽略了《白居易集》的"判词"。"判词"中有"春秋决狱"的例子，学者多将之视为汉代的产物。从某种情况而言，这些判词似乎并不是真实发生的案例，更多的是以儒家的基本观点为依托，通过造作一些"案例"来讲明道理，从而使法吏学习"春秋决狱"之施行。如此猜测无误，或可断言：依托"故事"来造作案例，并附之当时的律令规定，似并不始于武帝时的董仲舒，《奏谳书》中的托名案例年代更早。虽说这仅是猜测，问题还是要考虑：《奏谳书》中的托名案例与"春秋决狱"是否存在关联？

---

① 周天游辑注《八家后汉书辑注》，上海古籍出版社，1986，第 196 页。

一则是《天圣令》之新见史料，可补充对"奏谳"的认识。2006年十一月出版的《天一阁藏明钞本天圣令校证（附唐令复原研究）》一书中，载有宋《狱官令》一条："诸州有疑狱不决者，奏谳刑法之司。仍疑者，亦奏下尚书省议。有众议异常，堪为典则者，录送史馆。"由此令文可知自秦汉至唐宋，疑狱奏谳的程序大致相同。"众议异常"句，应引起注意。一方面可与《奏谳书》"令曰：狱史能得微难狱，上"之秦令相参照，一方面或可解释正史中记录的司法案例之来源。与之同时，《奏谳书》记载案例之"典型"性，由此亦可见一斑。

待增补处所言是否可取，需要再进一步思考。

（四）附录部分

《述评》虽未标明体例，但通读目录可知有三：按时间先后排序；单篇论文若再刊，标注所收入之文集；分类汇编。《述评》一书的目录，大致按时间顺序排列，但也有例外者，如604（序号系目录编号）；"著作与文集"类中，此类事例更多。单篇论文收入文集之例，《述评》似也未能很好遵循。比如，朱绍侯关于张家山汉简的研究论文，如36、161、202、306诸篇，部分收入《朱绍侯文集》（河南大学出版社，2005），但更为全面的汇总则是《军功爵制考论》（商务印书馆，2008）。又如，中国社会科学院简帛研究中心编《张家山汉简〈二年律令〉研究文集》（广西师范大学出版社2007），收录国内外较有代表性的研究论文三十多余篇。部分论文确实标注收入其中，但也有不少未标注，如112、117、119、120、130、131、158、159、161、162、163、170、172、173、174、177、178、179、183、194、199、210、213、445。此外，蔡万进、邹水杰、朱红林、南玉泉等人的论文，或部分收入个人专著之中，如《张家山汉简〈奏谳书〉研究》（广西师范大学出版社，2006）、《两汉县行政研究》（湖南人民出版社，2008）、《张家山汉简〈二年律令〉集释》（社会科学文献出版社，2005）及《张家山汉简〈二年律令〉研究》（黑龙江人民出版社，2008）、《中华法律文明探赜》（华龄出版社，2005）。

偶有遗漏、重复或失误。比如，在祝贺朱绍侯先生八十华诞的论文集

《史学新论》（河南大学出版社，2005）一书中，收录黄今言的《张家山汉简〈钱律〉的几个问题》、臧知非的《张家山汉简〈奏谳书〉所见战国秦汉主奴关系试析》两文。又如，高恒先生新著《秦汉简牍中法制文书辑考》（社会科学文献出版社，2008）中，有《〈奏谳书〉注释》一文。再如，《安作璋先生史学研究六十周年纪念文集》（齐鲁书社，2007）中，《述评》注意到张荣芳、曹旅宁的论文，但忽略业师孙家洲先生与笔者合作之论文，即《由新出汉简看汉初朝廷与诸侯王国之法律关系》（文章标题未提及张家山汉简，但确实是据张家山汉简而写成）。此外，在罗列相关报道时，似遗漏一篇，即沈立农、滕壬生、彭浩、饶正洲：《江陵张家山汉墓出土大批珍贵竹简——我国文物考古工作者首次发现西汉早期律令和一些失传的古文献》，载《湖北日报》1985 年 1 月 17 日第 1 版。重复登录的论著，有 132 与 491（名称略有不同，疑内容同），390 与 395，552 与 555，647 与 653，656 与 657（主标题同，副标题或不具，疑内容同），755 与 797，1124 与 1132，1187 与 1195，1189 与 1192，1190 与 1193，1191 与 1195，1206 与 1207，1227 与 1231，1228 与 1232，1229 与 1233，1230 与 1234，1236 与 1237。

失误处主要如下：437 页，↓2，沈立本→沈立农；438 页，↑4，《从奏谳书看汉初军功爵制的几个问题》→《从〈奏谳书〉看汉初军功爵制的几个问题》；441 页，↑4，2002 年第 3 期→2002 年第 4 期；442，↓3，《郑州大学学报（哲学社会科学版）》2002 年→《郑州大学学报（哲学社会科学版）》2002 年第 3 期；442 页，↑11，《南都学坛（人文社会科学报）》→《南都学坛（人文社会科学学报）》（此问题多次出现）；446 页，↑13，《张家山汉简〈二年律令〉中的"宦皇帝"》→《论张家山汉简〈二年律令〉中的"宦皇帝"》；446 页，↑2，《再论矫制——读〈张家山汉墓竹简〉札记》→《再论"矫制"——读〈张家山汉墓竹简〉札记之一》；448 页，↓10，《张家山二年律令简中的损害赔偿之规定》→《张家山〈二年律令〉简所见损害赔偿之规定》；448 页，↑1，↑3，湖南人民出版社 2003→中华书局 2005 年；450 页，↑1，《内蒙古大学学报（人文社会科学报）》→《内蒙古大学学报（人文社会科学版）》；453 页，↓13，《中国文化研究所学报》第 44 卷→《中国文化研究所学报》第 44 期；454 页，↓14，中国文物研究所编《出土文献研究》→中国文物研究所编《出土文献研究》；457页，↓15，《从"平价"一词的词义看秦汉时期的平价制度——对〈从张家山汉简看西汉初期的平价制度〉的几点辨正》→《从"平价"一词的词义看秦汉时期的平价制度——对〈从张家山汉简看西汉初期的平价制度〉的几点辨正》；460页，↑13，《台大历史学报》、（台北）2005年12月→《台大历史学报》、（台北）2005年12月（《述评》以繁体汉字出版，此处针对繁体字而言，下同）；464页，↓15，李根→李根蟠。

就《述评》各部分陈述己见后，现在围绕全书再赘言一二。

著者在《后记》中写道，本书的部分内容，或在此前已经发表过，收入本书中基本保持原样。其初衷，恐是欲留存其真，保持文章的完整性。这样做无可非议，但对读者而言，难免会有重复之感，特别是"释文修订本""红外线释读"两篇书评，重复处不少。比如，187页（21）条与276页（27）条（《二年律令》简170释文）、191页（32）条与283页（45）条（简377释文）、193页（37）条与247页（28）（简397释文）、200页（58）条与296页（80）条（简493释文）、206页（72）条与300页（1）条（《奏谳书》简15释文）、208页（79）条与300页（2）条（简46释文）、208页（80）条与301页（3）（简47释文）、209页（82）条与301页（4）（简51释文）、211页（87）条与302页（8）条（简107释文）、213页（95）条与305页（15）条（简162释文）、216页（103）条与307页（18）条（简195释文）、244页（15）条与277页（32）条（围绕《二年律令》简286中的"日"字）等，此外，36页注释1与158页注释4（述及文研所读书班情况及谢桂华先生去世事）、153页与260页正文及部分注释（关于"辜"的理解）、159页与171页（"三环"问题）、252页与381页（讨论《二年律令》简121的编序）、370页与414页正文及部分注释（关于《奏谳书》性质的讨论）等，此类问题该做如何处理，确实要考虑。

与上述问题相关者，是注释太过于繁复。隐约记得田余庆先生说过，注释不仅仅是为了标注出处，补正文、辨疑惑方是注释要义所在。"研究概况"部分，特别是"张家山247号墓汉简法律文献研究概述"一篇，篇幅近百页，正文、注文几相当，几占全书篇幅五分之一。此部分所出注释，绝大多数是标注出处。若无第四部分"论著目录"，这样做绝对无可厚非。问题是，全书正文后附有"论著目录"，据此查找相关研究成果，应该比较容易。对此，个人认为概述部分的这类注释，似可省去并明确标识：为避免繁复，相关成果出处，可参见论著目录。又如，在评价冨谷至主编的《江陵张家山二四七号墓出土汉律令研究·译注篇》一文中，不少注出自"三国时代出土文字资料研究"班的《江陵张家山汉墓出土"二年律令"译注（一）、（二）、（三）》，及其结集成果《江陵张家山二四七号墓出土汉律令研究·译注篇》。《述评》不避繁复的出注，多是出于页码之考虑。对著者来说，这样会精详些；对读者而言，未必如此考虑。私意认为，如参照"释文修订本""红外线释读本"书评，尤其是后者，未必不能想出一两全其美之法：页码随文标注。

繁简字转化及制版过程中出现种种问题。就个人所见来说，一些字确实要注意：高→高（与高敏、高凯、高大伦、高村武幸、高叶青、高荣、高文出版社等"高"字起头的作者或出版社相关）、线→綫（主要与"红外綫"相关）、稻→稻（主要与早稻田大学相关）、遊→游（主要与周天游相关）、関→關，台→臺（主要与台北、台中、台湾等"台"字相关），等等。这些字国内常用的繁体字为后者，为符合国内读者的习惯，统一更正为好。文字印刷方面的错误或问题尚有：250 页，↓10，盒→和；272 页，↑12，［校释］：→［校释］（按：［校释］后是否加冒号，体例似不统一。多数情况下不加，但也有加者。"红外线释读本"书评中，此类问题较多见）；339 页，↓11，2 为衍文；351 页，↓3，宫斋潔→宫宅潔；397 页，↑3，注释 3，12 月 21 日→12 月 22 日（按：其他部分均写作 12 月 22 日。《关于〈二年律令〉简 93～98 之归属问题的补充意见》一篇，所引王伟文章的日期均有误）；412 页，↑17 及419 页，↑4，注释 1、注释 4，北京大学出版社→商务印书馆；422 页，↑6，注释 2，胜义雄→川胜义雄；422 页，↑5，注释 2，1986→1987。

三　出土文献的性质及其他

简帛类出土文献的重要性或学术价值，一直备受国内外学术界的高度肯定。但是，我们很少或完全没有考虑这样的问题：墓葬中出土的简帛文献具有什么样的性质，又为什么要以简帛文献为随葬品？近年来，秦汉史研究的前辈学者邢义田、冨谷至，不约而同地对此问题提出新看法。

2005 年，由内田智雄编、冨谷至补的《译注中国历代刑法志》出版。冨谷先生在书中简要介绍相关出土法律资料后，着重说明这些文献对法制史研究的贡献。随即提出问题：为何法律方面的书籍或条文、记录会从墓中出土？对此问题的解答，冨谷先生认为有待更多的简牍、纸质文书出土，不过在现今情况下他提出假说：

> 法律文书、律条文乃至律的注释作为殉葬品埋入墓中，不正是作为赶走妨碍墓主长眠于地下的恶魔、邪气的避邪物吗？①

2006 年，他在《江陵张家山二四七号汉墓出土汉律令研究》一书"绪言"中，重申上述观点：

> 律令是以镇墓、辟邪的目的被随葬的，如果说与法律有关系的话，那么在现世社会中具有作为威吓恶行为效果的律与令，转而用于对黄泉世界的邪气、恶鬼进行威吓。即，作为随葬品的法律，其目的就是除魔、辟邪。
>
> 兵法书、医书、经书、道家的书，还有关于授予王杖的文书等亦然，可以说都是有赶走妨碍墓主之眠、除魔作用的简牍。②

冨谷的上述提法已隐约透漏出这样的信息：作为随葬品的法律文书具有"明器"性质。此认识与邢先生的观点遥相呼应。邢先生依据简牍的体积、重量、编联及时人的阅读习惯，曾有这样的推测：

> 墓葬中出土的简册，凡一册多达数百简者，都比较可能是为陪葬而特别抄制的明器，非供实用。

---

① 冨谷至著《论出土法律资料对〈汉书〉、〈晋书〉、〈魏书〉"刑法志"研究的几点启示：〈译注中国历代刑法志·解说〉》，薛夷风译，载韩延龙主编《法律史论集》（第六卷），法律出版社，2006，第 365 页。
② 冨谷至编《江陵張家山二四七號墓出土漢律令の研究·譯注篇》，第 16 页。

并举随州孔家坡汉墓日书简为例（七百余枚简编为一册），参照居延简而推测孔家坡简册的长度、重量：

> 这份出土日书册，全长四、五公尺，重达 2.6 公斤以上。试想这样的简册，卷成一卷，直径约 24.88 公分，如果不置于几案，而是单手持握，不论坐或站，边展边读，将是何等不便？①

据此标准，由 500 余枚简构成的《二年律令》，当也属"明器"了。紧接着，他在另外一篇文章中更明确地说道：

> 我估计西汉墓，甚至秦墓出土的竹木简文书和帛书，基本上都不脱明器的性质。由于是"貌而不用"的明器，不免露出他们的"不实用性"，例如不顾使用上的困难，将数百简编连成一册（如随州孔家坡日书简）；内容有错误脱衍，却不见任何在使用过程中应有的更正痕迹。②

较之早先的提法，此处"明器论"所指，实际上又有所发展：文书、书籍乃至地图，都不脱"明器"性质，具有"貌而不用"的象征性。

墓葬中出土的简帛文献若诚然如此，更棘手的问题将随之而至。冨谷说道：

> 如果古墓出土的法律是面向冥界的东西的话，将其无条件地视为现实世界的资料，或者将其作为与埋葬的时代相同时期的资料来利用，是否完全没有问题呢？③

换言之，作为"明器"而面向冥界的出土文献，所记载内容的可信度是要

---

① 邢义田：《汉代简牍的体积、重量和使用——以中研院史语所藏居延汉简为例》，《古今论衡》2007 年第 17 期；修订本见武汉大学简帛研究中心简帛网 www.bsm.org.cn，2008 年 4 月 5 日。引文据后者录入。

② 邢义田：《从出土资料看秦汉聚落形态和乡里行政》，《中国史新论——基层社会分册》抽印本，联经出版公司，2009，第 85 页。

③ 冨谷至著《论出土法律资料对〈汉书〉、〈晋书〉、〈魏书〉"刑法志"研究的几点启示：〈译注中国历代刑法志·解说〉》，薛夷风译，载《法律史论集》（第六卷），第 366 页。

打折扣的。需要注意的是，不论冨谷，还是邢先生，在表达上述意见的同时，又有这样的说法：

　　为了避免误解，在此必须申明，我并没有把出土的法律资料走极端地论证为是虚构的、非现实的拟制文书的意思。本来，它们在现实世界中被执行、被运用的概率就极高。当法律成为殉葬品时，转用现行法不用说也是最便利的。只是，现行法如果被说成仅具有厌胜驱邪的效果将会怎么样呢？还有，当初殉葬的是现实世界的法令，之后逐渐演变为非现实的内容的现象，这种倾向目前已经可以从买地铅券中看到。在现阶段所发现的法律方面的出土资料，尚未见到这一特征，但今后发现的，也许有包含拟制文书的可能性。果真如此，那将是现实世界实施的公文书的符号化所致。①

　　虽为明器，内容上却又决不是如魏晋以降地券之程式化。迄今所知，除了类别大体相近，没有任何内容重覆或据同一范本复制的迹象。它们比较像是据墓主生前所用，真实的文书抄录或摘节而成。内容上包括地方性的户口、赋役簿籍、律令、历谱以及和个人相关的"大事记"或典籍等等。②

他们的补充说明，或许可消除学者对出土文献可信性的顾虑，但一些问题仍然有待进一步关注、讨论。《述评》对冨谷假说提出质疑③，不赘言，此处

① 冨谷至著《论出土法律资料对〈汉书〉、〈晋书〉、〈魏书〉"刑法志"研究的几点启示：〈译注中国历代刑法志·解说〉》，薛夷风译，载《法律史论集》（第六卷），第366～367页。
② 邢义田：《从出土资料看秦汉聚落形态和乡里行政》，《中国史新论——基层社会分册》抽印本，第85页。
③ 按：冨谷在《绪言》中重申此假说的依据，与竹简出土时放置的位置似有关联，"为什么'书一笥'之简与遣策简被分开放在不同的地方呢？这是因为41支遣策简不包括在'一笥'之中吗？这是因为遣策简与放入竹笥之中的竹简有不同的用途、作用吗？"对此，《述评》从四方面加以反驳：其一，立论依据并不充足。秦汉墓中出土的遣策并不多见，以张家山汉简之孤证（即出土书籍被列入遣策中），并不能说明：遣策与其所载竹简是否放置一起，与竹简的用途或作用有必然的联系。其二，文书、典籍若具有镇墓、辟邪作用，则其他随葬品是否亦具同样作用？其三，作为镇墓、辟邪作用的随葬品，东汉以后日多，秦及汉初人的头脑中，是否确实有书籍等随葬品具有镇墓、辟邪作用的认识？其四，引用王仲殊、鲁惟一等学者的论述，说明秦汉时以文献典籍作随葬品较普遍，是当时"奉死如生"丧葬观念的体现。（pp. 236－240）私意认为，《述评》反驳之言，是较有说服力的。

仅对"明器论"陈说拙见。

从考古学的角度讲，"明器"（或作"鬼器"，后代多写作"冥器"）概念似有广、狭之分。从广义来说，明器为陪葬器物。《中国明器》是国内学者最早研究明器的专著，书中认为明器为陪葬器，用以供死者神灵之用①；研究汉代墓葬及丧葬礼俗的学者，如王仲殊、李如森等，在其研究中也是将简帛视为随葬品②。显然，视墓葬中出土的简帛文献为明器的观点并非不能成立，但从明器特征、作用及早期随葬品历史来看，这样的界定似又太过于笼统、宽泛。狭义的明器，似有特定所指。《中国明器》书中声称，秦汉以来的明器，通指瓦器而言③，有俑（人像俑、动物俑）、仓、灶、井、杵臼，等等。此书实际收录的明器，大体以上述所列为准。此似本于罗振玉《古明器图录》：是书所收录、影印的明器，分俑、器物、家畜等类（另附圹砖），并非将随葬品泛列于间。④ 但考古发现丰富了人们的认知，即瓦器或陶器为明器殆无疑，但木器或少数石制、铅制器物，亦可归入明器。⑤ 从汉代以来的相关记载看，明器并非随葬品的泛称，仅是其中的一个类别而已。《后汉书·礼仪志》记载有皇帝大丧所用明器的种类及数量，文繁不引⑥；唐朝的律令或典章中对明器的使用有较为扼要的叙述，时代虽晚，对理解狭义的明器颇有益，故转引如下：

> 诸明器，三品以上九十事，五品以上六十事，九品以上四十事。当

---

① 郑德坤、沈维钧：《中国明器》，上海文艺出版社，1992（据 1933 年版影印），第 8 页。
② 王仲殊：《汉代考古概说》，中华书局，1984，第 97～104 页；李如森：《汉代丧葬礼俗》，沈阳出版社，2003，第 182～188 页；蒲慕州：《墓葬与生死——中国古代宗教之省思》，中华书局，2008，第 176 页。按：王书在叙说"汉代的墓葬"时，主要叙述汉代墓葬形制，以及汉墓出土的随葬品，书籍类简帛（未提及文书简牍）属陪葬品之列；李书中将简帛等出土文献，专门归为随葬品的一类，但又专列"模型明器"一列；蒲书中将随葬品分为五类，在竹木漆器类中略提及"简"，这可能是因为蒲书初版时（1993 年），居延简仍为简牍之大宗、墓葬中出土的秦汉简并不多见所致。
③ 郑德坤、沈维钧：《中国明器》，第 33 页。
④ 罗振玉：《古明器图录·目录》，载氏著《罗雪堂先生全集续编》，文华出版公司，1969，第 2417～2420 页。
⑤ 李如森：《汉代丧葬礼俗》，第 130～164 页；黄晓芬：《汉墓的考古学研究》，岳麓书社，2003，第 204 页。
⑥ （南朝·宋）范晔：《后汉书志》卷六《礼仪下》，中华书局，1965，第 3146 页。

圹、当野、祖明、地轴、马、偶人，其高各一尺；其余音声队与僮仆之属，威仪服玩，各视生之品秩所有，以瓦木为之，其长率七寸。①

"当圹、当野、祖明、地轴"的具体所指虽不清，但属于陶俑、镇墓兽之类的器物应该没有问题。由此可知：明器范围实有所指，其数量、长短、大小乃至制作材质，均有规定。

又，古代礼书经传之中，分丧礼用器为明器、生器和祭器三类。生器，系生人日常生活所用之器，故又称养器、用器；祭器，用于宗庙祭祀等特定礼仪活动，又称人器、礼器。从形制、制工、质地看，生器必能合乎实用且可在市场上交易，祭器、明器虽模仿之，但又有本质上的差异：祭器或礼器，体现着重要礼仪意义和政治权力，而且是无法出售或赠与他人的，其由技艺高超或娴熟的工匠用珍贵材料制成，器形虽与日常用器一致，然故意抹杀实用之功能；明器或鬼器，一般来说质料、制工较粗糙，或不堪使用，或仅为象征。② 三者作为随葬品，在墓葬中并不鲜见。那么，若以明器来统称谓之，则与经传的记载不相符。更重要的是，龙山时代的墓葬遗物中，如薄至极点的蛋壳陶器、薄至半透明的玉器等特殊器形及其纤细"体质"亦符合"貌而不用"的原理，然似属于礼器或祭器范畴。如将粗糙、低温烧制的陶器视为明器，诸如此类的丧葬器又该如何称谓？若称为"明器"，则问题是礼书经传中明器、祭器是严格分开的。当然，可以"宗庙之器，可用也，而不可便其利也"③ 为解释，但不得不承认的是：出土实物已对《荀子·礼论》篇所述"明器"概念及特征提出挑战④。所以，将随葬品泛称明

---

① 吴丽娱：《唐丧葬令复员研究》，载天一阁博物馆、中国社会科学院历史研究所天圣令整理课题组校证《天一阁藏明钞本天圣令校证》，中华书局，2006，第690页；有关唐代明器制度的规定，参见郑德坤、沈维钧：《中国明器》，第55~58页及吴丽娱：《以法统礼：〈大唐开元礼〉的序例通则——以〈开元礼·序例〉中的令式制敕为中心》，载中国人民大学历史学院编《实践中的唐宋思想、礼仪与制度国际学术研讨会暨中国唐史学会理事会论文集》，2010年5月，第480~481页。

② 林素英：《古代生命礼仪中的生死观——以〈礼记〉为主的现代诠释》，文津出版社，1997，第119页及第173页注释114；又参见巫鸿著《中国古代艺术与建筑中的"纪念碑性"》，李清泉、郑岩等译，上海人民出版社，2009，第23、86~87页。

③ 王文锦：《礼记译解》，中华书局，2001，第349~350页。

④ 巫鸿：《"明器"的理论和实践——战国时期礼仪美术的观念化倾向》，《文物》2006年第6期。

器，恐怕是不太合适的。

此外，暂置名、实之问题不论，若将简牍帛书等出土文献视为"貌而不用"之物，似乎也可再商。从某种情况而言，作为随葬的律令简或书籍简，即便是带有"明器"的性质，所记载的内容也非出于臆造。譬如，武威汉简所见甲本"泰射"篇，由 114 枚木简编联而成；出土时缺失 8 简，现存 106 简。所载内容与传世文本固然有别，或属于不同家法，或属于异文所致。① 究其实而言，无根本不同。以下几点，或有助于认识墓葬出土简牍文本内容之真实性或可靠性。

首先，不少律令简、书籍简中，都有抄、雠痕迹存在。《张家山汉墓竹简·二年律令》中，抄录者姓名见简 81 的"郑（？）书"；《张家山汉墓竹简·筭数书》中，校雠者之名不止一次出现，如简 42 的"王已雠"、简 56 的"杨已雠"。② 律令简如此，书籍简亦如是。黄人二钩稽先秦、秦汉书籍简校勘实例十余条③，尽管某些例子或有待商榷，但大体反映出了校雠之实。古人以简帛为随葬品，看来也是郑重其事的。其次，简牍帛书中的特殊符号，一定程度上亦说明问题。简牍上的符号标识，多被整理者忽略不录，现在看来是个疏失。④ 这些符号标识的意义，如陈梦家所言，或表明篇、章、句所在，或是诵习者所作之钩识；陈槃据汉简句读、标识、因论古人之"离经辨志"，虽未提及陈梦家，但彼此暗合处似可揭示文本实用性之一斑。⑤ 若

---

① 参见甘肃省博物馆、中国科学院考古研究所编著《武威汉简》，文物出版社，1964，第40～52 页。
② 张家山二四七号汉墓竹简整理小组：《张家山汉墓竹简〔二四七号墓〕》，文物出版社，2001，第 145、254、256 页。按：释文修订本及红外线释读本中，均将"郑妷书"改释为"郑妷书"。
③ 黄人二：《简论先秦两汉书手抄写后之校勘大概》，载氏著《出土文献论文集》，高文出版社，2005，第 93～100 页。
④ 按：《述评》中有这样的话语，"无论是整理本还是修订本，其释文中都没有真实地再现简文中原本所有的符号、标记等。这多少会影响到对释文的解读，如能全部在释文中如实地保留这些符号或标记，将会提高其学术价值"（P225），个人相当认可。日本学者对《二年律令》中简 102 与简 103、简 386 与简 387 接续的质疑，在一定程度上是以竹简上特有的符号"∠"为依据（P251、255），充分证明此点。
⑤ 陈梦家：《由实物所见汉代简册制度》，载氏著《汉简缀述》，中华书局，1980，第 308～309 页；又见甘肃省博物馆、中国科学院考古研究所编著《武威汉简》，第 70～71 页；陈槃：《汉晋遗简识小七种》，历史语言研究所，1975，第 100a～101a 页；又参见马先醒《简牍文书之版式与标点符号》，载简牍学会编辑部编《简牍学报（第七期）》，简牍学会，1980，第 119～124 页。

就单个墓葬出土简帛而论，简牍符号或许为抄录所致，未必是诵习者或墓主人所为；但今所见不同地域、时代及内容的简帛文献，普遍存在着这种现象，应该引起学界的重视。最后，尚未公布的张家山 336 号汉墓简，确确实实的揭示出简牍文本的实用性。若干已不合时宜而废弃之法律，如"肉刑""刖刑"，校雠者则括去"肉""刖"字。① 此例系整理者所言，具有较高的可信度。目前虽为孤证，未必能印证他类简牍；但表明张家山 336 号墓汉简并非"貌而不用"，应该是可以确定的事实吧。

简言之，将随葬简牍视为"明器"，于名于实似均有不妥。与此相关的另一个问题是：墓葬中出土的简帛文献，即便为实用物而非明器，所载内容是否就绝对属实可信？学界一般认为：较之传世文献，出土文献较少经后人改动，可信度自然高，甚至可信不疑、无可争议。更有甚者，信出土文献而否传世典籍，据出土文献而补正传世典籍，走入"新信古时代"。然而，出土文献真的那么绝对可信吗？墓葬中的簿籍类简牍，或有与户籍相关之记载，故多被用来讨论家庭结构。这类简牍确实出土于墓葬，无后人篡改或捏造之嫌，似乎可信不疑。但转化问题分析的视角及整合其他学科方法，就会发现看似记载真实的文献或数字，实际大有问题。高大伦对尹湾汉简"集簿"的研究②，可以说明：出土文献与记载可信之间并无因果或必然联系。简牍类如此，金文亦如此，夏含夷的研究亦可以说

① 黄人二：《简论先秦两汉书手抄写后之校勘大概》，载氏著《出土文献论文集》，第 97 页注释 26。

② 高大伦：《尹湾汉墓木牍〈集簿〉中户口统计资料研究》，《历史研究》1998 年第 5 期；又，韩国学者也注意到此类现象，他们对尹湾汉简及松柏汉简的研究，清楚证明高氏文中所指出的问题，参见金庆浩《秦汉时期户口簿的记载样式和郡县支配》，载香港中文大学历史系《汉帝国的制度与社会秩序国际学术会议论文汇编》，2010 年 5 月，第 231 页注释 3。按：簿籍类简牍所载内容，与"上计"制或相关，使用时尤其要多加小心。从战国晚期以来的制度看，朝廷多据"上计"来考核官吏，考核优异者受嘉奖，故弄虚作假之问题并不罕见。汉宣帝诏书中语，"上计簿，具文而已，务为欺谩，以避其课"，足以显见问题之严重。胶东相王成"劳来不怠，流民自占八万余口，治有异等之效"，受宣帝褒奖，但事实上"或对言前胶东相（王）成伪自增加，以蒙显赏，是后俗吏多为虚名云"，亦见问题严重性之一斑。参见（汉）班固：《汉书》卷八《宣帝纪》、卷八九《循吏传》，中华书局，1962，第 273、3627 页。

明此点①。所以，不论是对出土文献，还是对传世典籍，都需持以理性而审慎的态度②，既不厚古薄今，又不是今非古。对此，池田知久所言值得引以为鉴：

> 出土资料也好，文献资料也好，都需要进行史料批判。并不是说出土资料讲的就是纯粹的事实，没有任何的加工成分；同样地，并不是说文献资料描述的历史就容易出问题，引用出土资料就可以反映真确的历史了：出土资料并没有这种特权。这一点很容易被误解。总之，出土文献不见得比传世文献更可靠，尽管它是数千年前的东西，但它只是将数千年前的思想面貌呈现了出现，并不等于所反映的数千年前的历史事物就真实可靠了。③

就墓葬出土的律令简而言，以下几个方面值得多留意。

文献记载与出土律令不相符，乃至冲突，该如何面对、解答此类问题？譬如，文献记载的"九章律"篇目明确，长久以来为学术界所认可。然而，从睡虎地秦律、张家山汉律，以及尚未公布的睡虎地汉律看④，并未见所谓的"九章律"（并不能说没有"九章律"）。据此，学界或否定萧何"九章律"，或因此提出新的解释，诸说迭见，未有定论。⑤ 证实或解释两种不同

---

① 夏含夷说道，"新出土文物的价值当然不须我现在再来鼓吹提倡；学术界早有共识。然而，治西周史的学者也不应过于轻信，对铜器铭文所记载的史实之可信性不加分析，便用来重新论述西周时代的历史演变，骤然地形成新的史观。我们须知，尽管这种新史料未经后人删改润饰，可是对史实也并非都是客观公允的加以记载，因而不能看待为档案或客观中实。"诸如此类论述不少，参见氏著《温故知新录：商周文化史管见》，稻禾出版社，1997，前言第4页，正文第150～151、157～158、165页。

② 参见裘锡圭《中国古典学重建中应该注意的问题》，载氏著《中国出土文献十讲》，复旦大学出版社，2004，第2～16页；叶国良、郑吉雄、徐富昌编《出土文献研究方法论文集初集》，台湾大学出版中心，2005。

③ 池田知久、西山尚志：《出土资料研究同样需要"古史辨"派的科学精神——池田知久教授访谈录》，《文史哲》2006年第4期。

④ 湖北省文物考古研究所、云梦县博物馆：《湖北云梦睡虎地 M77 发掘简报》，《江汉考古》2008年第4期。

⑤ 新近有代表性的论述，参见李振宏《萧何"作律九章"说质疑》，《历史研究》2005年第3期；孟彦弘：《秦汉法典体系的演变》，《历史研究》2005年第3期；王伟：《论汉律》，《历史研究》2007年第3期；杨振红：《出土简牍与秦汉社会》，广西师范大学出版社，2010，第1～125页。

的思路①，在今后研究中仍将继续存在，有一点似乎也是可以确定的：历史研究固然讲求实证，另一方面也不能排斥解释，在实证与解释中寻找彼此的契合点，将对秦汉法律问题的解答大有裨益。

与上述问题密切相关者，是秦汉时代的法律编纂、书写及传布。今所见秦汉律令的书写载体多为简牍，如将简牍的体积、重量及使用等因素考虑在内，则不得不思考：当时是否存在由政府统一编纂的律令集？若当时确实有这样的律令集存在，则书写时是依据律令篇目分卷书写，还是将诸律令依次接续书写于简牍？如果是接续书写律令，是否会形成大型简册？② 若当时不存在统一编纂的律令集，则朝廷律令是如何在全国范围内传布，又该如何解释不同墓葬中出土的类似法律文书？

律令简的校读应受到关注。不同墓葬中出土内容相近或类似的律令文书，已有数例。譬如，"王杖诏书令"，较完整的"版本"有二，残缺较多的"版本"有一③；张家山 247 号墓及 336 号墓律令简；睡虎地秦简与岳麓书院秦简④；睡虎地秦简中的两种《效律》，以及王家台秦简中的

---

① 所谓证实，即简单勘对传世记载与出土文献，彼此互参而判定对错；所谓解释，在认可文献记载的前提下，来解释传世文献与出土法律之间的差异。

② 按：或许，"写本时代"的敦煌纸卷，会给我们一些启示意义。一般纸卷展开的长度有 9 米至 12 米，最长的达 30 余米。比如，2010 年国家图书馆"国家珍贵古籍特展"中，有隋大业十一年（615 年）写本"涅槃义记"卷第一，长度超过 20 米。从实际使用角度看，此类写本只能置于桌案，阅读时边展读、边收卷。这种阅读方式既然存在于隋唐乃至更晚的时代，则秦汉时存在大型、实用的简册似乎也是可能的。从某种情况而言，这种大型简册的存在，与抄录内容有一定关系。譬如，经传诸篇长短有别，篇短者用简少，篇长者用简多。武威《仪礼》简七篇，少者如"士相见"共 16 简，多者如上述"泰射"百余简。当然，不排除这种情况：篇幅太长的文字，或许也可分册书写。大型简册是否因此而少见呢？总之，若对书写史进行系统考察，或许会有益于问题的解决。敦煌纸卷的情况，参见钱存训《书于竹帛：中国古代的文字记录》，上海书店出版社，2006，第 115 页。

③ 李均明：《秦汉简牍文书分类辑解》，文物出版社，2009，第 205～209 页；李均明：《武威旱滩坡出土汉简考述——兼论"挈令"》（与刘军合著），载氏著《初学录》，兰台出版社，1999，第 196～209 页。

④ 陈松长：《岳麓书院所藏秦简综述》，《文物》2009 年第 3 期；陈松长：《岳麓书院藏秦简中的行书律令初论》，《中国史研究》2009 年第 3 期；肖永明：《读岳麓书院藏秦简〈为吏治官及黔首〉札记》，《中国史研究》2009 年第 3 期；陈松长：《岳麓书院藏秦简〈为吏治官及黔首〉略说》，载中国文化遗产研究院编《出土文献研究（第九辑）》，中华书局 2010，第 30～36 页。

《效律》①，等等。相同处不必言，对于不同之处，我们没有理由粗率的是此非彼：以抄本或节本面貌出现的律令，也会有其错乱或无法解释之处，彼此虽然可互校，但更需综合、全面的比较，才能确立一合理、准确、可信的文本，为研究打下坚实而牢固的基础。

以上，围绕《述评》一书，细述笔者读书感受。笔者能力有限且业有专攻，仅就个人感兴趣处陈述己见，故不能算做严格意义上的书评。指出《述评》一书的问题或不足，系个人之见，也未必正确，实无损《述评》一书的学术价值及意义。通过阅读《述评》一书，对所谓"入流"亦有真切体会。置身时代学术之新潮流是个人追求，但能否入流又非个人所能决定：当新材料因种种原因而迟迟不公之于世时，欲利用新材料来解答新问题实无异于梦想。何四维的 *Remnants of Han Law* 第一卷出版于 1955 年，第二卷之出版却遥遥无期。之所以如此，一个重要原因是出土秦汉律令迟迟未能出版，直至其去世前张家山 247 号汉墓竹简也未能公布。② 大庭脩亦如此，简牍资料迟迟不公布，令其不得不改变研究方向。③ 他虽有幸等到张家山 247 号墓竹简的正式出版，但一年后因急性白血病去世，实际上亦未能充分利用到这批资料做研究。此情此景，叫人如何不感慨！

2010 年 1 月 31 日初稿

2010 年 7 月 12 日修订

2010 年 7 月 16 日三稿

〔附记〕

笔者收到李力老师惠赠的《述评》一书后，一周时间阅读，一周时间

---

① 荆州地区博物馆：《江陵王家台 15 号秦墓》，《文物》1995 年第 1 期；王明钦：《王家台秦墓竹简概述》，载邢文、艾兰编《新出简帛研究》，文物出版社，2004，第 39 页。按：整理者认为可据王家台《效律》简校定睡虎地《效律》简的排列顺序。显然，整理者是将王家台《效律》简视为定本或足本，亦即不作任何改动的国家律令"摹本"。就目前的材料来看，无法得出此种结论。

② 吕宗力：《何四维、鲁惟一与简帛学》，载陈文豪主编《简帛研究汇刊（第二辑）》，中国文化大学文学院，2004，第 188 页。

③ 大庭脩著《汉简研究》，徐世虹译，广西师范大学出版社，2001，中译本序第 1~2 页。

写作，完成本文初稿并发送给他。文中所提意见，部分已被《〈张家山 247号墓汉简法律文献研究及其述评（1985.1～2008.12）〉勘误表》采纳。又承著者鼓励笔者发表本文，故对初稿进行了较大修订，增"出土文献的性质及其他"一节。对著者所表现出的宽容及对后学的无私帮助，笔者于此致以深深谢意。又，明器部分的讨论，承马利清、张明东两位老师不吝提示，谨致谢忱。文中不当之处，笔者文责自负。

（原文发表于中国政法大学法律古籍整理研究所编《中国古代法律文献研究（第四辑）》，法律出版社，2010，第 270～283 页）

魏晋法律体例的变化与学术风气之关系

◎ 韩树峰

半个多世纪前，陈寅恪论及西晋法律的特点时说："古代礼律关系密切，而司马氏以东汉末年之儒学大族创建晋室，统制中国，其所制定之刑律尤为儒家化，既为南朝历代所因袭，北魏改律，复采用之，辗转嬗蜕，经由（北）齐隋，以至于唐，实为华夏刑律不祧之正统。"[①] 晋律儒家化的命题首次出现。数年之后，瞿同祖在此基础上，进一步指出："中国法律之儒家化自魏已然，并不始于晋。"[②] 祝总斌则对以上观点进一步发扬光大，从诸多方面对魏晋法律的儒家化进行了精辟论述[③]。自此，儒家化成为理解汉唐之间法律制度发展变化的一条主线，学界谈及魏晋法律，无不将儒家化视为其主要特点之一[④]。

上述诸家观点有理有据，毋庸置疑。不过，细绎诸家之说，儒家化这一命题是以具体法律内容为对象而生发的，例如祝总斌提及的礼律并举、官吏终三年之丧、私复仇、继母等同亲母、父子无异财、不得以妻为妾、八议入律等典型反映儒家化的七个方面，均属法律的具体内容，因此之故，他们所

---

① 陈寅恪：《隋唐制度渊源略论稿》，上海古籍出版社，1982，第100页。

② 瞿同祖：《中国法律之儒家化》，《中国法律与中国社会》，中华书局，1981，第337页。

③ 祝总斌：《略论晋律之"儒家化"》，《材不材斋史学丛稿》，中华书局，2009，第483~508页。

④ 凡谈及魏晋法律特点的论著，几乎无一例外地将儒家化包括其中，这一观点也几乎出现在所有中国法制史教材中。鉴于魏晋法律儒家化已成常识，此处不再列举相关论著。

说的法律儒家化可以称之为"法律内容的儒家化"。如果从法律形式即体例方面进行观察，可以说，魏晋法律与儒学没有太大关系，而是具有浓厚的名理学和玄学色彩，对此，我们称之为"法律形式的玄学化"（亦可称之为"名理学化"）。

玄学对魏晋法律的影响，学界并非没有涉及①，但是，其所关注的重点在玄学与律学的关系，其与法律体例关系如何似未曾有人措意。至于魏晋法律体例的变化发展，学界论述甚多②，但对新体例何以出现在此时，或者说新体例出现的原因未做解释。有鉴于此，本文从当时的文化与学术角度入手，探讨新体例出现的动因，借此反映在魏晋法律制度发展史上，名理学与玄学所具有的不可替代之功。

一　魏晋法律体例变化诸方面

魏明帝时期，刘劭等人制定了《新律》18 篇，这次制定的《新律》以汉《九章律》为基础，但较诸《九章律》在体例方面变化巨大。具体而言，变化如下：首先，对《九章律》中的《具律》进行处理。第一，将《具律》改为《刑名律》；第二，调整《具律》（即《刑名律》）的位置，由律中调至律首；第三，增删《具律》的内容，如原有的"出卖呈"即"出卖之法式"③ 被剔除，而将"罪条例"及 37 种罪名全部归入《刑名律》。其次，增删析分具体律目，分门别类，将汉律 9 章调整为《新律》18 篇。

与汉、魏法律的变化相比，西晋制定的《泰始律》在体例方面对《新律》的改动并不太大，比较显著的变化是，在保留《刑名律》原名的基础上，又从中析分出《法例律》。前者规定罪刑的类别、轻重及科刑加减的方

---

① 可参蒋集耀《中国古代魏晋律学研究》；刘笃才：《论张斐的法律思想——兼及魏晋律学与玄学的关系》；高恒：《张斐的〈律注要略〉及其法律思想》（何勤华主编《律学考》，商务印书馆，2004，第 87 ~ 140 页）。

② 《晋书》卷三〇《刑法志》对体例的变化叙述甚详，现代学者论述虽多，却少有创新。为省篇幅，此处仅列三位著者的论著，以代表早、中、晚三期的研究情况：韩玉林：《魏晋律管窥》，中国法律史学会主编《法律史论丛》（第 3 辑），法律出版社，1983，第 74 ~ 79 页；张晋藩：《中华法制文明的演进》，中国政法大学出版社，1999，第 207、211 页；薛菁：《魏晋南北朝刑法体制研究》，福建人民出版社，2006，第 101 ~ 105 页。

③ 可参沈家本《历代刑法考》（三），中华书局，1985，第 1375 页。

法，后者则规定篇章律条的文例；另外，对《新律》篇名有增有删，且总篇数由 18 篇上升为 20 篇。①

按《晋书·刑法志》所说，《泰始律》是在《九章律》的基础上制定的，与《新律》无关："就汉九章增十一篇……改旧律为《刑名》、《法例》。②"沈家本进一步肯定了这种说法，他认为："律"前当有"具"字，并云："《晋律》就《汉九章》增定，故与《魏律》不同。无《魏律》之《劫略》、《惊事》、《偿赃》、《免坐》四篇，而增《法例》、《卫宫》、《水火》、《关市》、《违制》、《诸侯》六篇，复汉之《厩律》一篇，而无《囚律》。"③ 沈家本认为晋律新增篇目或系源自汉律如《刑名律》《法例律》，或系自创如《卫宫》等律，总之，与《新律》无关。至于晋律恢复汉有魏无的《厩律》，似乎更能证成其说。刘俊文则指出："《晋律》系就汉《九章律》增定，其《法例律》非自魏《刑名律》析出，乃就汉《具律》分为《刑名》、《法例》两篇。"④ 否认晋律与汉律的关系，肯定是不客观的，如《厩律》的存废就说明晋律确曾借鉴过汉律。但是，晋律与魏律之间存在的继承关系，更显而易见。曹魏咸熙元年（264 年），司马昭命贾充等人开始修律（即后来的《泰始律》）之时，曹魏创制的《刑名律》已行用了三十余年之久（案：魏制《新律》在太和三年即公元 229 年）。《泰始律》修成后，《刑名律》这一汉律所无，魏律新创的篇目在其中再次出现。除此而外，曹魏制律，废除了汉《囚律》这一篇目，将其"解体消融于二篇新律（案：指《系讯》、《断狱》两篇）之中"⑤。西晋定律，亦废《囚律》，将其内容析分为《告劾》《系讯》《断狱》三篇。而且曹魏之《告劾律》亦含《囚律》内容。可见，晋律废《囚律》，将其一分为三的做法，与《九章律》毫无关系，完全是对魏律的继承、沿袭。沈、刘两人无视魏晋律之间

---

① 魏晋法律在体例上的这些变化，《晋书》卷三〇《刑法志》（中华书局，1974）概述甚为明晰，为省篇幅，兹不征引，也可阅前引韩玉林、张晋藩、薛菁等人论著。

② 《晋书》卷三〇《刑法志》，第 927 页。

③ 沈家本：《历代刑法考》（三），中华书局，1985，第 892、1350 页。

④ 刘俊文：《唐律疏议笺解》卷一《名例律》，中华书局，1996，第 10 页。

⑤ 关于《新律》18 篇包含的具体篇目，学术界看法并不相同。日本学者滋贺秀三对这些观点进行了检讨，并认为《新律》不含《囚律》，见氏著《西汉文帝的刑法改革和曹魏新律十八篇篇目考》，姚荣涛译，刘俊文主编《日本学者研究中国史论著选译》第八卷，中华书局，1992，第 89～90 页。

如此明显的因袭关系，而只拘泥于《刑法志》所载，未免有胶柱鼓瑟之嫌。韩国磐认为，《九章律》只有6篇为晋律所沿用，"其余三篇均已离合调整而为新篇，而这些调整改定不少在魏律中已明白看到，晋律沿用之……故晋律是远承汉而近沿魏而来"①。这个看法较沈、刘之说更切合实际。综合来看，魏律对晋律的影响远胜汉律，因为魏律对汉律所作的最大变革即改《具律》为《刑名》，并将其置于律首，完全为晋律所继承，《泰始律》从《刑名律》中析分出《法例律》，并不是对曹魏改革汉律的否定，恰恰是在此基础上的进一步发展和完善。魏、晋两代创制的这种新体例经北朝各政权的损益沿革，终于在唐代得到定型。

所以，《新律》与《九章律》在体例上的不同是本质的不同，而《泰始律》与《新律》的不同只是程度的不同。从法律发展史的角度而言，《九章律》独成体例，《新律》《泰始律》则属另外一个体例，单就体例而言，魏、晋法律未尝不可以等同视之。

《刑名律》为刘劭所创，他在《新律·序》中说："旧律因秦《法经》，就增三篇，而《具律》不移，因在第六，罪条例既不在始，又不在终，非篇章之义，故集罪例以为《刑名》，冠于律首。"②刘劭只是指出《具律》的位置存在问题，但没有对《具律》（即《刑名律》）为何不能处于律中，而必须置于律首的原因进行说明。西晋律学家张斐对这个疑问进行了解答，他在《注律表》中深刻阐述了《刑名律》《法例律》的性质和作用："《刑名》所以经略罪法之轻重，正加减之等差，明发众篇之义，补其章条不足，较举上下纲领。……名例齐其制，自始及终，往而不穷，变动无常，周流四极，上下无方，不离于法律之中也。"按张斐所说，《刑名律》《法例律》所体现的原则"周流四极，上下无方"，具有统摄全篇的作用，所有法律原则和精神均涵盖其中。张斐用"理"来指称这种原则："夫理者，精玄之妙，不可以一方行也。"虽然社会情况纷繁复杂，犯罪行为层出不穷，具体的法律条文很难和其一一对应，但却可以以《刑名律》《法例律》体现的"理"为原则，来处理法律条文没有涉及的犯罪行为。《刑名》《法例》两篇具有

① 韩国磐：《中国古代法制史研究》，人民出版社，1993，第255~256页。
② 《晋书》卷三〇《刑法志》，第924页。下文出于此志者不再出注。

高度的概括性和抽象性，可以"明发众篇之义，补其章条不足，较举上下纲领"，当然必须置于律首。刘劭所说"罪条例即不在始，又不在终，非篇章之义"，也暗含着同样的意思。因为罪条例是对一般犯罪的规定，相当于唐律中的《名例律》或现代刑法总则，这样的篇目既不在前又不在后，自然不伦不类，"非篇章之义"。所以，刘劭制定《新律》，首先改变《具律》的位置，将其置于律首，以起到提纲挈领、统率全篇的作用。也许张斐对这个问题的认识较刘劭更为深刻，但两人看问题的角度显然是一脉相承的。

刘劭对《具律》包含的具体条文也进行了调整，这一改革是在将《具律》视为刑法原则的前提下进行的。按《晋书·刑法志》所载，《具律》的主要内容是"具其加减"，即规定刑罚的加重、减免原则，但作为统率全律的刑法总则，涵盖面显然过窄。同时《具律》中也含有对具体犯罪行为的规定，如刘劭所说的"出卖呈"。出土的张家山汉简《二年律令·具律》中则有"证不言情"罪、"译讯人为诈伪"罪的法律条文①，这些条文在某种程度上冲淡了《具律》的总则性质，使其与具有高度概括性、抽象性的刑法总则相悖。基于这样的认识，刘劭制定《新律》，进一步充实了《具律》的内容，将死刑、髡刑、完刑、作刑、罚金、杂抵罪等所有罪名全部归入《具律》中，其概括性较之汉《具律》大大加强②。同时将"出卖呈"等与刑法原则无关的条文析出，归入其他篇目。为使篇名与内容相副，刘劭又将《具律》改为《刑名律》。

经过以上调整，《刑名律》真正具有了刑法总则的性质，在《新律》中，可以起到提纲挈领、统率全篇的作用了，这一变化直接奠定了中华法系的体例。

魏增《新律》篇目，是因为看到了此前法律的缺陷，即："篇少则文荒，文荒则事寡，事寡则罪漏。"因此，"今制《新律》，宜都总事类，多其篇条"。不过，刘劭增加的新篇目，多数是在对汉律篇目析分整合的基础上

---

① 彭浩、陈伟、工藤元男主编《二年律令与奏谳书——张家山二四七号汉墓出土法律文献解读》，上海古籍出版社，2007，第136～137页。

② 孟彦弘：《从〈具律〉到〈名例律〉》，《中国社会科学院历史研究所学刊》（第4辑），商务印书馆，2007，第129～130页。

产生的。按刘劭所说，汉律篇目与内容多有不合之处，如"《盗律》有劫略、恐猲、和卖买人，科有持质，皆非盗事，故分以为《劫略律》"。如此之类，不一而足，所谓"盗律有贼伤之例，贼律有盗章之文，兴律有上狱之法，厩律有逮捕之事，若此之比，错糅无常"。刘劭等人将汉律不同篇目中内容相近的法条重新整合集中，另立新目，这样，《新律》较之汉律，在篇目和内容上可以做到名实相副，从而解决了两汉法律名实相违的混乱现象。

《泰始律》对《新律》改动不大，已如上述，其调整《刑名律》及整合析分《新律》篇目的原因，也与刘劭等人相同，稍有不同的是，可能晋律制定者对同一问题的认识，较刘劭诸人更为深刻。

总括上述，刘劭、贾充等魏晋时代的法学家，在制定《新律》《泰始律》时，有两个追求目标：第一，置于律首的篇目是统率全律的纲领，应高度概括、抽象，其体现的法律原则和精神贯彻全律始终。第二，篇目与具体内容应做到名实相副。我们的问题是：他们为什么对《刑名律》《法例律》有如此独到的认识？他们为什么能够做到篇目和内容的名实相副？这样的体例结构是在怎样的思想原则下制定的？

二 《新律》的名理学特征

《具律》在《九章律》中的位置，意味着汉人并不将其视为具有刑法总则性质的篇目，尽管其中也不乏体现刑法原则的规定，如刑罚的减轻或加重①，但总的说来，《具律》较之后来的《刑名律》，缺少高度的概括性和抽象性。《具律》特点如此，大概与儒生的治学特点及其对法律的影响有关。两汉儒生治学繁杂琐细，缺乏整体通贯的宏观眼光，这使他们无法意识到法律通则的重要性，或者说，既令意识到，本身的学术素养也无法支撑他们制定出如后代那样概括性、抽象性、理论性兼备，能够统率全律的《刑名律》《法例律》②。

---

① 可参彭浩、陈伟、工藤元男主编《二年律令与奏谳书——张家山二四七号汉墓出土法律文献解读》，第 123～141 页。

② 关于这个问题，在此仅提供大致看法，具体内容另文详论。

　　《刑名律》《法例律》出现在魏晋，不是偶然的，与当时的学术思潮存在着密切的关系，是魏晋学术文化理论化的产物。

　　脱离事物的具体事象而追求抽象原理，并非始自曹魏，东汉中叶以后儒学的发展已呈现此种迹象。余英时曾指出，"自马、郑以至荆州，皆以鄙章句之烦琐而重经典之本义，为其间一贯线索。其流变所及则渐启舍离具体事象而求根本原理之风，正始之音乃承之而起"。汉魏之际，延笃、曹植《仁孝论》、朱穆《崇厚绝交论》、刘梁《破群论》《和同论》等，俱舍事象而求原理，开启了魏晋论文的先河。曹魏时期，追求事物的最高原理已蔚成风尚，不唯儒学，文学、音乐在这方面也有十分突出的体现①。正始以后，玄学兴盛，更以追求宇宙万物的原理为其主旨。在学术思潮理论化的影响之下，魏晋制定新律，崇尚法律理论，追求法律通用原则和精神，也就在情理之中了。可以说，汉魏之际的学术风尚，成为《刑名律》《法例律》的催生剂。

　　以上是从宏观方面略论整体学术风尚对魏晋时期法律新体例的影响。具体说来，曹魏《新律》的出现，与当时名理学的兴盛密不可分。东汉末年，追求声名的弊病日益严重，以名教标准选拔出来的官吏，大多是一些沽名钓誉、名不副实之徒，并最终影响了东汉政治的稳定。曹魏之际兴起的名理学，研究名与实的关系，希望求得名之理，以使"官无废职，位无非人"②。可见，名理学是为解决现实政治问题服务的，修订法律要达到的目标无疑与此一致。《晋书·傅玄传》云："魏武好法术，而天下贵刑名。"③"刑名"即"形名"，是名理学的重要内容。"法术"当然不就是法律，但应该包含法律。魏武帝好法术导致天下贵刑名，可见法律与刑名之间存在着密切关系。正是由于这个原因，擅长名理学者，亦多长于法制④。如魏明帝，《三国志·魏志·明帝纪》注引《魏书》说："好

---

① 余英时：《汉晋之际士之新自觉与新思潮》，《士与中国文化》，上海人民出版社，1987，第362～369页。
② 唐长孺：《魏晋玄学之形成及其发展》，《魏晋南北朝史论丛》，三联书店，1955，第320页。
③ 《晋书》卷四七《傅玄传》，第1317页。
④ 汤用彤在《读〈人物志〉》中已涉及此点，但未进行详细讨论，见氏著《读〈人物志〉》，《魏晋玄学论稿》，人民出版社，1957，第14页。

学多识，特留意于法理。"① 同书《卢毓传》则记明帝与卢毓讨论选举人才应否"循名"的问题②。卢毓著有《九州人士论》，为考察人物的专门著作，《隋书·经籍志》将其列入名家③。明帝与作为名家的卢毓讨论名实问题，其对名理学有相当程度的了解，应该是没有疑问的。至于卢毓，曾对"士亡法"提出异议；刘劭受诏定律未就之时，他又上疏"论古今科律之意"④。可见，他是一位集名理学与律学于一身的人物。出身于律学世家的钟会，《魏志》本传说他"博学精练名理"，著有《道论》一书，"实刑名家也"⑤。另有刘廙，《魏志》本传载其与丁仪共论刑礼，《群书治要》载有其所著的《政论》⑥，其中《正名篇》讨论名实关系，为典型的名理学著作。至于创制《刑名律》的刘劭，其《人物志》是现存讨论人物最为系统、完善的著作，可以视为名理学的扛鼎之作⑦。因此，钟会、二刘与魏明帝、卢毓一样，是名理、律学兼修的。

名理学的特点是抽象、概括，以理论见长。《太平御览》引东晋李充《翰林论》曰："研核名理而论难生焉。论贵于允理，不求支离，若嵇康之论成文美矣。"⑧嵇康之文，以抽象见长，其《声无哀乐论》借琴音而论乐理，不追求对乐声的细致描绘，正是"允理，不求支离"的典型之作。时人既以嵇康论文作为名理研讨的参照系，则舍具体而求抽象正是名理学的基本特征。人伦识鉴为名理学的重要内容，余英时认为，当时的人物评论不以观察外形而以精神为最高原则⑨，这是名理学特征的一个具体表现。唐长孺则言，名理学论著都很重视逻辑关系，以精当条理为贵⑩。名理学的这些特征，与曹魏通过制定《刑名律》以追求法律的原则与精神，讲究篇章体例

---

① 《三国志》卷三《魏书·明帝纪》注引《魏书》，中华书局，1959，第91页。
② 《三国志》卷二二《魏书·卢毓传》，第651～652页。
③ 《隋书》卷三四《经籍志》，中华书局，1973，第1004页。
④ 《三国志》卷二二《魏书·卢毓传》，第650、651页。
⑤ 《三国志》卷二八《魏书·钟会传》，第784、794页。
⑥ 《三国志》卷二一《魏书·刘廙传》，第616页。
⑦ 关于刘劭及《人物志》的讨论，可参汤用彤《读〈人物志〉》，《魏晋玄学论稿》，第5～25页。
⑧ （宋）李昉：《太平御览》（三）卷五九五《文部》，中华书局，1960，第2678页。
⑨ 余英时：《汉晋之际士之新自觉与新思潮》，《士与中国文化》，第365页。
⑩ 唐长孺：《魏晋玄学之形成及其发展》，《魏晋南北朝史论丛》，第327～328页。

之间的逻辑关系，以及对汉人增加法律条文"更与本体相离"的认识恰相符合。据此可以推定，《新律》的制定，特别是《刑名律》的出现，与名理学的发展之间有相当的连贯性。

按《晋书·刑法志》记载，曹魏《新律》的制定者为陈群、刘劭、韩逊、庾嶷、黄休、荀诜诸人。陈群时任司空，位居诸人之首，据此，似制定《新律》诸人以陈群为首。但《三国志·魏志·陈群传》未载陈群修律之事，同卷《卢毓传》也只是说"散骑常侍刘劭受诏定律"，《刘劭传》则记载："与议郎庾嶷、荀诜等定科令，作《新律》十八篇，著《律略论》。"① 亦未及陈群。这似乎说明，修订《新律》时，陈群并不是一个主要的人物。可能因为修订《新律》是一件关乎国家政治生活的大事，政府只是令资深位重的陈群监修，以示重视，而真正主持其事的，则是刘劭。所以，陈群尽管没有表现出与如下刘劭等人相似的文化素养，但对《新律》的制定不会有太大影响。刘劭的学术风貌已见上文，《刘劭传》又载，时人"慕其玄虚退让"、"贵其化略简要"。"化略简要"其意甚明，即"简约"之意，至于"玄虚"之意，当与"玄远""虚胜"相近，即重抽象原理之意②。其余修律诸人除庾嶷外，史籍无载。《魏志·胡昭传》载庾嶷荐胡昭之辞曰："玄虚静素，有夷、皓之节。宜蒙征命，以励风俗。"③ 则庾嶷亦是崇尚"玄虚"之人，其文化特征与刘劭相同。刘劭诸人修撰的《新律·序》，《晋书·刑法志》载其全文。从内容看，这是为解释修订《新律》的目的及其所追求的法律原则、精神而作，其所具有的抽象、概括特征，与张斐《注律表》相比有一定的差距，但二者仍有很大的相似之处。至于刘劭单独撰写的《法论》，现已亡佚，《隋书·经籍志》将其归入法家。从名称推测，可能是一部更为抽象、综合的法理学著作，性质当与其名理学代表作《人物志》相近。

在名理学兴盛的学术氛围影响之下，由"精于法理"的魏明帝下令修律，加之以修律的刘劭、庾嶷等人又均为崇尚"玄虚""简约"之士，曹魏《新律》一改汉律的驳杂不纯、支离散漫，以逻辑严谨、讲求法律原则与精

① 《三国志》卷二一《魏书·刘劭传》，第618页。
② 余英时：《汉晋之际士之新自觉与新思潮》，《士与中国文化》，第374页。
③ 《三国志》卷一一《魏书·胡昭传》，第362页。

神、崇尚简约为特征，从而呈现出与汉律截然不同的风貌，也就不是令人惊异的事情了。

循名责实、追求名实相副，是名理学的主要内容，这个特点对刘劭等人制定《新律》影响巨大。刘劭《人物志·效难篇》说："夫名非实，用之不效。"刘廙《政论·正名篇》说："名不正则其事错矣，物无制则其用淫矣。""行不美则名不得称，称必实所以然，效其所以成。故实无不称于名，名无不当于实也。"刘劭、刘廙就人之名实是否相称及名实不副的消极后果立论，属人伦识鉴的范畴。但法律也不例外，各篇内容与篇名不一致，必然也会出现"用之不效""事错"的后果。这种"循名责实"的原则对《新律》篇目的确定产生了直接影响。

《新律·序》说："旧律因秦《法经》，就增三篇，而《具律》不移，因在第六。罪条例既不始，又不在终，非篇章之义。""《具律》有出卖呈，科有擅作修舍事。"按刘劭等人的看法，《具律》存在着三方面的名不副实：首先，从名称上看，《具律》内容应该是关于刑罚的加减，但其中却又有一些具体犯罪行为的处罚规定，这就是所谓"名非实"，即名不副实。其次，《具律》作为体现刑法原则和精神的通则，只有刑罚加减的规定，无刑名规定，这也是"名非实"。再次，《具律》在《九章律》中所处的位置与其内容不符，无法起到统率全律的作用，这是位不副名，实际上与名理学追求的人尽其才，官称其职的原则相矛盾。如上所论，刘劭定律，舍具体重抽象，因此，必然要制定一篇体现法律原则与精神、能统率全律的法律通则，这就是后来玄学家王弼所说的"物无妄然，必由其理，统之有宗，会之有元"原则。但《具律》多方面的名实不副，使其难以起到"宗""元"的作用。有鉴于此，刘劭对《具律》进行了如上文所述的改造：首先，将"出卖呈"等不能体现法律原则与精神的条文从《具律》析出。其次，在《具律》中加入刑名的内容，以使其起到统贯全律的作用。为使篇名与内容相符，又将《具律》改为《刑名律》[①]。最后，将《刑名律》"冠于律首"，因为只有这

① "循名责实"的名理学也称作"形名学"，有时亦作"刑名学"。刘劭将《具律》改称《刑名律》，可能并不单纯反映具体刑名，也有借"刑名"这一概念体现其追求律名与律文相副之意。

样，才能体现《刑名律》的重要地位。有了这一番改造，《刑名律》"实无不称于名，名无不当于实"，可以完全发挥它应当发挥的效用了。

除《刑名律》外，《新律》对其他篇名的调整与增加，也贯穿着"循名责实"的精神。《新律·序》对《九章律》的析分及《新律》各篇所应包含的内容进行了详细说明。如《九章律》中的《盗律》有劫略、恐猲，《贼律》有欺谩、诈伪，《囚律》有诈伪生死，《金布律》有毁伤亡失县官财物。制律者认为这样的内容与律目不符，所以从原篇目中析出，另立《劫略律》《诈律》《毁亡律》。类似这样的析分和调整，尚有许多，限于篇幅，兹不征引。从中可以看到，修律者尽量追求篇名与内容的一致，这正是名理学所强调的"循名责实""名实相副"的具体体现。

需要注意的是，曹魏对法律分类的上述认识，可能受到了学术界"推类辨物"思想的影响，而"推类辨物"是名理学的另一个特点。刘劭的《人物志》在"推类辨物"方面最具代表性，该书将人物分为三大类：英、雄、英而且雄，可以说这是一种人物分类学。"才性同异"是当时名理学的一个重要论题，钟会讨论这个问题时，也采取了"推类辨物"的方法，将论才、性的思想分为四类：才性同、才性异、才性合、才性离①，可以说是一种社会思想分类学。曹丕《典论·论文》曰："夫文，本同而末异。盖奏议宜雅，书论宜理，铭诔尚实，诗赋欲丽。此四科不同，故能之者偏也，唯通才能备其体。文以气为主，气之清浊有体，不可力敌而强。"②曹丕在这里把文学作品分为奏议、书论、铭诔、诗赋"四科"，这又是一种文学作品分类学了。这种对作品的分类直接影响到西晋陆机的《文赋》。《文赋》将作品分为诗、赋、碑、诔、铭、箴、颂、论、奏、说十类，并说明每类的特点，而后总结说："虽区分之在兹，亦禁邪而制放。要辞达而理举，故无取乎冗长。"③

---

① （南朝宋）刘义庆著，（南朝梁）刘孝标注，余嘉锡笺疏《世说新语笺疏·文学》（上），上海古籍出版社，1993，第195页。关于才性论的研究，可参陈寅恪《书〈世说新语·文学类〉"钟会撰〈四本论〉始毕"条后》，《陈寅恪史学论文选集》，上海古籍出版社，1992，第143~149页。唐长孺：《魏晋才性论的政治意义》，《魏晋南北朝史论丛》，第298~310页。

② （南朝梁）萧统编，（唐）李善注《文选》（六）卷五二《典论·论文》，上海古籍出版社，1986，第2271页。

③ （南朝梁）萧统编，（唐）李善注《文选》（二）卷十七《文赋》，第766页。

《典论·论文》受东汉以来人物评论的影响很大，《文赋》则是魏晋玄学思想的体现①。但二者之间的联系十分清楚，只是后者较前者分类更为细致精微，认识也更为深刻独到罢了。

我们再来看一下作为《新律》理论说明的《序》。《序》开宗明义，说明分类对法律的重要性："旧律所难知者，由于六篇篇少故也。篇少则文荒，文荒则事寡，事寡则罪漏。是以后人稍增，更与本体相离。今制新律，宜都总事类，多其篇条。"刘劭等人认为，《九章律》的最大弊端在于篇数过少，也就是对法律分类不够细致，因而导致"罪漏"。而两汉政府并没有真正认识到问题的症结所在，只是本末倒置地去增加法律条文，这当然不能解决问题。②因此，刘劭制定《新律》，在法律篇目的分类上做了很大努力，对旧律篇目或合或分，或增或削，最终定为《刑名》《盗》《贼》《捕》《杂》《户》《劫略》《诈伪》《毁亡》《告劾》《系讯》《断狱》《请赇》《兴擅》《乏留》《惊事》《偿赃》《免坐》等，共18篇③。对何种法律条文应入何篇，修律者在《律略论》中均做了说明，这反映刘劭等人对每篇律应包含什么内容，应具有什么特征，都有很清楚的认识。这种看问题的角度显然受到了循名责实、推类辨物的深刻影响，而对法律条文的析分，也未尝不可以视作法律分类学。

在上述认识的基础之上，绎出各篇蕴含的共同法律原则与精神，编为《刑名律》，就是水到渠成的事情。这与曹丕、陆机在对文学作品进行分类后，总结各类作品的共同特征，从而概括出"文以气为主""辞达而理举，无取乎冗长"的文学理论的做法如出一辙。可以说，《新律》篇目的制定，正是学术界"分类辨物"的方法论运用于法律的结果。当然，这并不意味着曹魏以前法律制定者就没有分类的观念。无论《法经》6篇，还是《九章律》9篇，都代表了法律制定者对法律类别的认识所能达到的高度。但是，汉律各篇的驳杂不纯说明，汉人对《九章

① 王瑶：《文论的发展》，《中古文学史论》，北京大学出版社，1986，第64~72页。
② 这个问题如前注所说，将另文专论，在此不赘。
③ 参滋贺秀三著《西汉文帝的刑法改革和曹魏新律十八篇篇目考》，姚荣涛译，刘俊文主编《日本学者研究中国史论着选译》第八卷，第88页。

律》各篇及法律精神的认知程度，较之魏人是粗疏肤浅得多了。之所以如此，是因为汉代本就不具备"推类辨物"和学术高度理论化的文化氛围。

三 《泰始律》《注律表》的玄学化

如上文所论，西晋《泰始律》主要承袭了曹魏《新律》的篇目和立法原则，与汉《九章律》关系并不密切，之所以如此，与西晋对汉魏之际学风的承袭和发展有密切关系。

魏正始（240～248 年）以后，由于理论本身的发展，更由于现实政治的发展，名理学归本于道家，形成了玄学①。自王弼注《老子》《周易》，玄风大盛，当时的士人深受其影响，制定晋律的法学家如裴楷、杜预、羊祜、荀顗、郑冲、荀勖等人也未能例外，玄风深染。

《晋书·裴楷传》载：律成之后，"诏楷于御前执读，平议当否。"则裴楷深谙晋律之精神殆无可疑，由此可以推定其为晋律的主要制定者。但是，裴楷又是著名的玄谈家。《世说新语·赏誉》注引《晋阳秋》曰："太尉王夷甫、光禄大夫裴叔则能清言。"《晋书》本传说他"尤精《老》、《易》"，"特精理义"。所以，当时人把他与最著名的玄谈家王衍并列。袁宏作《名士传》，所收人物均以谈玄著称，裴楷即被列为中朝名士②。杜预的思想亦带有浓厚的玄学色彩。《晋书·杜预传》载其所上疏，称赞"因循之然，虚己委诚"的上古之政，认为末世"简书愈繁，官方愈伪，法令滋章，巧饰弥多"③，这明显有玄学家主张的"无为而治"的色彩。至于其注《春秋左传》，则采用了"割裂传文，附入经文"的做法，这是魏晋新学注解经传的特点之一。正是由于这个

---

① 唐长孺：《魏晋玄学之形成及其发展》，《魏晋南北朝史论丛》，第 323 页。汤用彤：《读〈人物志〉》、冯友兰《玄学的先河——刘劭的〈人物志〉和钟会的〈四本论〉》〔《三松堂全集》（九），河南人民出版社，1991，第 366～383 页〕两文也对名理学向玄学的演变有比较详细的讨论，读者可以参看。
② 《晋书》卷三五《裴楷传》，第 1047 页；（南朝宋）刘义庆著，（南朝梁）刘孝标注，余嘉锡笺疏《世说新语笺疏·赏誉》（上），第 435 页；《文学》，第 272 页。
③ 《晋书》卷三四《杜预传》，第 1026 页。

原因，《春秋经传集解》为重视玄理的南方学术界所推崇①。羊祜"博学能属文，善谈论"，著有《老子传》②。荀顗"博学洽闻，理思周密"，"难钟会《易》无互体"③。"博学"、长于"理义"等，都是对当时玄学家的评价，这证明羊、荀二人均受到了玄学的影响。郑冲其人，《世说新语·政事》注引王隐《晋书》谓其"有核练才，清虚寡欲，喜论经史，草衣缊帽，不以为忧"④。按"核练"即精当有条理之意⑤，实即名理之学；"清虚寡欲"亦有道家之风范。《晋书·荀勖传》载荀勖"省吏之议"云："省吏不如省官，省官不如省事，省事不如省心。昔萧曹相汉，载其清静，致画一之歌，此清心之本也。"⑥ 则荀勖与杜预"简书愈繁，官方愈伪，法令滋章，巧饰弥多"的思想主张十分相近，颇合玄学家"无为而治"的宗旨。

裴楷诸人或以玄学思想闻名当世，或深受玄学思想熏染，其所制定的晋律自当有浓厚的玄学色彩。在学术背景十分相近的情况下，晋律在体例和立法原则等方面继承魏律，实是题中应有之义。

当然，晋律对魏律并不只是继承，也有很大发展。从学术演变的角度看，名理学发展到玄学，更重视理论辨析和抽象思维，尤其"本""末"、"有""无"即一般和特殊的关系是玄学家讨论的主要内容。开一代风气的玄学大师王弼，在《周易略例》中就对一般和特殊的关系问题，进行了深刻的论述。他说："物无妄然，必由其理，统之有宗，会之有元，故繁而不乱，众而不惑。""故自统而寻之，物虽众，则知可以执一御也。由本以观之，义虽博，则知可以一名举也。""理"即一般，"物"即特殊。按王弼之意，在某类事物共性基础上绅绎出来的原理即

① 汤用彤：《王弼之〈周易〉〈论语〉新义》，《魏晋玄学论稿》，第88页；唐长孺：《魏晋南北朝隋唐史三论》，武汉大学出版社，1992，第226页。
② 《晋书》卷三四《羊祜传》，第1013、1022页。
③ 《晋书》卷三九《荀顗传》，第1150页。
④ （南朝宋）刘义庆著，（南朝梁）刘孝标注，余嘉锡笺疏《世说新语笺疏·政事》（上），第169页。
⑤ 参唐长孺《魏晋玄学之形成及其发展》，《魏晋南北朝史论丛》，第321~322页。唐长孺引李充《翰林论》，将"研核"误为"研至"，其意应为"校练""研核"，即"精当有条理"之意。"核练"应与"校练""研核"同义。
⑥ 《晋书》卷三九《荀勖传》，第1154~1155页。

"宗"和"元"统率着某类事物，这也是各类事物井然有序的主要原因。如果懂得了"理"即一般，就可以了解特殊、控制特殊①。这里所讲的一般和特殊的关系是相当简明扼要的，而且这种浓厚的学术思辨风气深刻影响了西晋的法律学家。晋律在魏律《刑名律》基础上增加的《法例律》，就是正始以后玄学家高度抽象思维的产物。至于张斐的《注律表》，对《泰始律》的基本精神、篇章体例、主要法律名词、术语以及司法审判原则等，均有精湛的论述，从风格上看，这是一篇玄学色彩极为浓重，探讨法律中一般和特殊关系的典型之作。

张斐把晋律各篇看成是具有内在联系的一个整体，所谓"相须而成，若一体焉"。而《刑名律》和《法例律》体现的法律原则与立法精神，就是王弼所说的"宗"和"元"，具有一般的性质，它起着统率全篇的作用。如上文所言，张斐将其称为"理"，这个"理"的特点是："自始及终，往而不穷，变动无常，周流四极，上下无方，不离于法律之中。""精玄之妙，不可以一方行。"张斐所说的这个法律之"理"，无形无常、无所不在，真是"玄之又玄，众妙之门"，这与玄学家经常提及的万物所从出的"无""道"等，性质完全相同，也是王弼所说的"物无妄然，必由其理"的"理"。这种无所不在、无所不能的"理"，自然可以"明发众篇之义，补其章条不足，较举上下纲领"。了解了这个"理"的重要性，审判案件如无具体条文相对应，就可"以例求其名"，以"名例齐其制"，从而做到"理直刑正"。张斐的意思是说，只要抓住法律的原则与精神，就可以解决所有具体的法律问题。这也就是用一般控制特殊的问题，即王弼所谓"执一御""一名举"。可见，张斐在《注律表》中，无论概念的使用，还是论述问题的方式和思路，采用的都是玄学家的方法。

张斐注律，经常引用《周易·系辞》中的一些论点，作为自己论证问题的理论根据②。侯外庐谓"汉代的经学形式是以《春秋》为中心"，而魏晋则"退《春秋》而进《论语》与《周易》"③，似有以《周易》代表新学

① 参冯友兰《三松堂全集》第九卷，河南人民出版社，1991，第414页。
② 高恒：《张斐的〈律注要略〉及其法律思想》，何勤华编《律学考》，第125页。
③ 侯外庐：《中国思想通史》（三），人民出版社，1957，第96页。

风气之意。但是，汉人对《周易》并不是没有研究，如京房、孟喜、费直、马融、郑玄、荀爽等都曾注《周易》。只是汉人注《周易》，"偏于象数，率以阴阳为家"，而创通玄学的王弼注《周易》，则"摈落象数而专敷玄旨"，"渐趋纯理，遂常以老庄解易"①。可见，汉与魏晋学风的区别，并不在于是否研究《周易》，而是研究的方法有所不同。因此，张斐注律引用《周易》，不能直接说明其受到玄学影响。《注律表》说：晋律中的五刑，"皆拟《周易》有变通之体焉，欲令提纲而大道清，举略而王法齐，其旨远，其辞文，其言曲而中，其事肆而隐。"张斐引《周易》，丝毫不夹杂其原有的阴阳色彩，而是纯从理论上说明晋律的特点。这与王弼"摈落象数"、专以义理解《易》的做法如出一辙。从这个角度说，张斐注律引用《周易》，受到了玄学影响。也就是说，《注律表》这篇代表中国古代法学理论最高水平的论文是在玄学的直接影响下产生的，它与其母体《泰始律》共同具有的特征，充分反映了当时的玄学风气对法律所起的巨大作用。

导致法律制度发生变化的动因是相当多样的，魏晋法律制度的变化也不能例外。我们无意否认其他因素对魏晋法律制度变化的影响，在此想强调的是，当时的学风即名理学和玄学的兴起，促成了新体例的确立。中国法律体例的巨大转变恰恰发生在魏晋而不是其他时期，原因端在于此。从这个角度，我们不妨说，魏晋法律制度打上了浓厚的玄学烙印。法律形式的玄学化与法律内容的儒家化，如双峰并峙，构成了中国法律发展史上的奇观，二者共同作用于魏晋法律，使其以全新的面貌出现在中国历史的舞台上，并深刻影响了东晋南朝以及北朝隋唐的法律，其间虽不无损益沿革，但篇章名目、体例结构，基本不脱魏晋法律窠臼。对此，《唐律·名例律》疏议有很好的总结："魏因汉律为一十八篇，改汉《具律》为《刑名》第一，晋命贾充等，增损汉、魏律为二十篇，于魏《刑名律》中分为《法例律》。宋齐梁及后魏因而不改。爰至北齐，并《刑名》、《法例》为《名例》。后周复为《刑名》。隋因北

———

① 汤用彤：《王弼大衍义略释》，《魏晋玄学论稿》，第 62~63 页。

齐，更为《名例》。唐因于隋，相承不改。"① 如果说，隋唐法律是一座巍峨的大厦，魏晋法律则是奠定这座大厦的基石，而在构筑这块基石的过程中，名理学、玄学和儒学一样，起着至关重要的作用。

（原文《魏晋法律体例的变化与学术风气之关系》发表于《中国人民大学学报》2007 年第 4 期）

---

① 刘俊文：《唐律疏议笺解》卷一《名例律》疏议，第 2 页。

北魏史官制度与国史纂修

◎ 牛润珍

　　魏收《魏书》是二十四史中甚具特色的一部书，它的撰成端赖北魏史官制度与国史纂修所奠立的基础，如《序纪》《释老志》的创设，正是参用了邓渊《国记》与历代国书的资料及史官阳尼提出的"佛道宜在史录"的主张。因此，本文所考并不仅仅在于辨明北魏史官制度与官修国史，亦在于明了《魏书》之由来及东魏北齐乃至隋唐史官与官修制度之源自。

一　从刻木记事到设置史官

　　拓跋氏起于"大鲜卑山"，即今东北大兴安岭，"启辟之初，祐我皇祖，土彼土田，历载亿年，聿来南迁，应受多福，光宅中原。惟祖惟父，拓定四边，庆流后胤，延及冲人，阐扬玄风，增构崇堂，克翦凶丑，威暨四荒"①。李敞奉旨于北魏太平真君四年七月二十五日到拓跋鲜卑"石室旧墟"祭祖，并铭文于洞壁，追念先人之功，同时也确定了拓跋氏兴起的"圣地"所在。拓跋氏先世"统幽都之北，广漠之野，畜牧迁徙，射猎为业，淳朴为俗，简易为化，不为文字，刻木纪契而已，世事远近，人相传授，如史官之纪录焉"。② 这

---

① 内蒙古鄂伦春族自治旗嘎仙洞石室铭文拓片。
② 《魏书》卷1《序纪》，中华书局，1974，第1页。

· 60 ·

是其早期的原始部落记事制度，刻木纪事，人相传授，主要由萨满巫师职掌。北朝陶俑出土有巫师形象，反映了北魏先世之遗制。大兴安岭茂密的原始森林孕育了鲜卑拓跋氏及其民族文化，冷杉、松树、白桦等都是其先民"刻木纪契"的材料，如同后来的满洲老档、档子、牌子，同样取材于森林。

从"大鲜卑山"到呼伦贝尔草原，以后又宅居中原，拓跋氏政权性质和典章制度，逐渐发生了质的变化。至代王什翼犍时，擢许谦为郎中令，"兼掌文记"，① 从原始记事方式过渡到册簿书记。拓跋珪称魏王后，更加注意学习汉文化，礼接汉族士大夫，并将他们吸收到统治集团中来。登国十年（395）十月，参合陂（今内蒙古凉城东北岱海）一战，大败后燕慕容宝，"于俘虏之中擢其才识者贾彝、贾闰、晁崇等与参谋议，宪章故实"。② 皇始元年（396），"初建台省，置百官，封拜公侯、将军、刺史、太守，尚书郎以下悉用文人。帝初拓中原，留心慰纳，诸士大夫诣军门者，无少长，皆引入赐见，存问周悉，人得自尽，苟有微能，咸蒙叙用"。③ 在汉族士人的帮助下，拓跋魏朝章典仪逐步建立并完善，且愈益封建化。于此功劳最大者要数崔玄伯和邓渊二人，这二人都是博学的史官。崔玄伯"少有俊才，号曰冀州神童"，他"立身雅正，与世不群，虽在兵乱，犹励志笃学"。前秦苻坚曾任用他为著作佐郎，后仕慕容垂，入魏"与张衮对总机要，草创制度"④，裁定官制、朝仪、音乐、律令、科禁等。他又是拓跋珪的重要历史顾问，"太祖常引问古今旧事，王者制度，治世之则。玄伯陈古人制作之体，及明君贤臣、往代废兴之由，甚合上意　太祖曾引玄伯讲《汉书》，至娄敬说汉祖欲以鲁元公主妻匈奴，善之，嗟叹者良久。是以诸公主皆厘降于宾附之国，朝臣子弟，虽名族美彦，不得尚焉"。⑤ 邓渊"性贞素，言行可复，博览经书，长于《易》筮。太祖定中原，擢为著作郎……渊明解制度，多识旧事，与尚书崔玄伯参定朝仪、律

① 《魏书》卷24《许谦传》，本传曰：许谦"少有文才，善天文图谶之学"，第610页。
② 《魏书》卷2《太祖道武帝纪》，第27页。
③ 《魏书》卷2《太祖道武帝纪》，第27页。
④ 《魏书》卷24《崔玄伯传》，中华书局，1974，第620页。
⑤ 《魏书》卷24《崔玄伯传》，第621页。

令、音乐，及军国文记诏策，多渊所为"。魏收评曰："邓渊贞白干事，才业秉笔"。^① 邓渊入魏约在皇始年间，拓跋氏定中原在天兴元年（398），渊为著作郎，时当在天兴初。

此外，拓跋珪还置有占授著作郎。《魏书·太祖道武帝纪》：天赐三年四月，"占授著作郎王宜弟造《兵法孤虚立成图》三百六十时"。同书《礼志》亦云："太祖天赐三年十月，占授著作郎王宜弟造兵法"，二处记载时间虽稍异，但为一回事。从占授著作郎看，北魏早期著作官巫史不分。所见记载仅此一例，这说明在拓跋嗣以后，著作官专掌史事，与巫分离。

继邓渊之后，崔浩、高允、宗钦、段承根、游雅、阴仲达等先后任著作郎。崔浩是崔玄伯之长子，"少好学，博览经史，玄象阴阳，百家之言，无不关综，精研义理，时人莫及……天兴中，给事秘书，转著作郎。太祖以其工书，常置左右"。高允"性好文学，担笈负书，千里就业。博通经史天文术数，尤好《春秋公羊》……凉州平，以参谋之勋，赐爵汶阳子，加建武将军。后诏允与司徒崔浩述成《国记》，以本官领著作郎"。^② 时当在太延五年（439）平凉之后。"宗钦字景若，金城人也……少而好学，有儒者之风，博综群言，声著河右。仕沮渠蒙逊，为中书郎、世子洗马……世祖平凉州，入国，赐爵卧树男，加鹰扬将军，拜著作郎"。^③ "段承根，武威姑臧人……好学、机辩，有文思，而性行疏薄，有始无终。司徒崔浩见而奇之，以为才堪注述，言之世祖，请为著作郎，引与同事"。^④ "游雅……少好学，有高才。世祖时，与勃海高允等俱知名，征拜中书博士、东宫内侍长，迁著作郎"。^⑤ "阴仲达，武威姑臧人……少以文学知名。世祖平凉州，内徙代都。司徒崔浩启仲达与段承根云，二人俱凉土才华，同修国史。除秘书著作郎"。^⑥ 这七位著作郎都是才学之士，崔浩、高允、游雅出自河北大姓，邓

---

① 《魏书》卷24《邓渊传》，第638页。
② 《魏书》卷48《高允传》，第1067页。
③ 《魏书》卷52《宗钦传》，第1154页。
④ 《魏书》卷52《段承根传》，第1158页。
⑤ 《魏书》卷54《游雅传》，第1195页。
⑥ 《魏书》卷52《阴仲达传》，第1163页。

渊、宗钦、段承根、阴仲达来自西域，他们都是拓跋氏灭后燕、北凉时被罗织至平城的名士。

北魏太武帝以前，不置著作佐郎，而有著作令史。《魏书·高允传》曰："著作令史太原闵湛、赵郡郄标素诣事浩，乃请立石铭，刊载《国书》，并勒所注《五经》。"《魏书·崔浩传》曰："著作令史闵湛、郄标性巧佞，为浩信待。见浩所注《诗》、《论语》、《尚书》、《易》，遂上疏，言马、郑、王、贾虽注述《六经》，并多疏谬，不如浩之精微。乞收境内诸书，藏之秘府。班浩所注，命天下习业。并求敕浩注《礼传》，令后生得观正义。浩亦表荐湛有著述之才。既而劝浩刊所撰国史于石，用垂不朽，欲以彰浩直笔之迹。允闻之，谓著作郎宗钦曰：'闵湛所营，分寸之间，恐为崔门万世之祸。吾徒无类矣。'未几而难作。"闵湛、郄标为史籍所仅见二位著作令史。

以他官兼史事者则称"参著作"，或曰"参著作事"。崔玄伯次子简，"一名览。好学，少以善书知名。太祖初，历位中书侍郎、征虏将军，爵五等侯，参著作事"。[1] 太武帝拓跋焘诏崔浩集诸文学，撰述国书，神䴥二年（429），"浩弟览、高谠、邓颖、晁继、范亨、黄辅等共参著作"。[2] 太延五年（439）以后，崔浩再次修史，"以中书侍郎高允，散骑侍郎张伟参著作"。[3] 截至太平真君十一年（450），参著作者前后有崔简（览）、高谠、邓颖、晁继、范亨、黄辅、高允、张伟等八人见于史书。

拓跋氏先世"刻木纪契"，建立代国后，始有文记制度，北魏天兴初，置著作官。著作官不常设，有撰事则置，无撰事则阙。史官多取自秘书、中书二省有才学的官员，诚如刘知幾所云"杂取他官，不恒厥（或作常）职"，[4] 著作官有著作郎、著作令史，无著作佐郎；"参著作"为兼任史官。史官员额视撰事而设，并无定制。史官的任务是撰著北魏"国史"，办公地点在秘书省，秘书监领史事，但无专门修史机构。

---

① 《魏书》卷24《崔玄伯传附简传》，第623页。
② 《魏书》卷35《崔浩传》，中华书局，1974，第815页。
③ 《魏书》卷35《崔浩传》，第824页。
④ （唐）刘知幾撰，（清）浦起龙释《史通通释》卷11《史官建置》，上海古籍出版社，1978，第315页。

二 著作局与著作官

北魏著作局又称著作省。《通典·职官》云："后魏著作省置校书郎"。《唐六典·秘书省》亦云："后魏著作省置校书郎，史阙其员品。"刘知幾说："元魏初称制，即有史臣……其后始于秘书置著作局。"① 著作局为北魏官方修史机构，其建置年代，史无明文。但从史书反映的情况看，置著作局当在和平元年（460）以后。

太平真君十一年（450）六月，拓跋焘借"国史案"诛杀崔浩等，遂废史官。至文成帝和平元年（460）复置史官，② 北魏前后十年史官空缺，自然也无修史机构。修史机构之置，可从《魏书》卷48《高允传刘模附传》有关"史阁"的记载中推测出来。云："初，允所引刘模者，长乐信都人也……颇涉经籍，微有注疏之用。允领秘书、典著作，选为校书郎。允修撰《国记》，与俱缉著，常令模持管钥，每日同入史阁，接膝对筵，属述时事。允年已九十，目手稍衰，多遣模执笔，而指授裁断之。如此者五六岁。"按照张森楷、唐长孺二先生的考证，"允年九十"，"九"当为"八"。③ 允卒于孝文帝太和十一年，享年98。由此上推18年，时为献文帝皇兴四年（470）。高允与刘模入史阁缉著国史当在皇兴中，"史阁"即著作局，其建置年代至晚不过皇兴五年（471）。由此推断：北魏著作局之置当在和平元年（460）以后，皇兴五年（471）之前。

刘知幾又云："普泰以来，参史稍替，别置修史局，其职有六人。"④ 修史局不见他书，从其职六人编制看，与著作局正郎二人，佐郎四人的编制相同，修史局疑即著作局。

著作局隶于秘书省，由秘书监领史事，秘书丞1人具体负责。高祐为秘书令，著作由秘书丞李彪专掌，令则"时相关豫而已"。⑤ 所置史官有著作

---

① （唐）刘知幾撰，（清）浦起龙释《史通通释》卷11《史官建置》，第315页。
② 见《魏书》卷5《高宗纪》：和平元年六月，"崔浩之诛也，史官遂废，至是复置"，第118页。
③ 见张森楷《魏书》校本、中华书局1974年校点本《魏书》卷48校勘记（十三），第1096页。
④ （唐）刘知幾撰，（清）浦起龙释《史通通释》卷11《史官建置》，第315页。
⑤ 《魏书》卷57《高祐传》，中华书局，1974，第1261页。

郎，员额 2 人；著作佐郎，员额 4 人。据《魏书》卷 113《官氏志》："秘书著作郎，官第五品上；秘书著作佐郎，官从第五品上。"此为孝文帝时官制。太和二十三年（499）修正官制，至宣武帝元恪景明初颁行，著作郎降为从第五品，佐郎降为第七品。此外，还有校书郎、国史典书等，为著作局工作人员；另有"白衣修史"，是李彪在秘书省著作的一个特例。

自和平元年（460）至孝武帝永熙三年（534），见于史籍的著作郎计有 22 人，其姓名、字号、籍贯、官职、任官时间等基本情况簿列如下：

游雅，字伯度，广平任县人。"征为秘书监，委以国史之任。不勤著述，竟无所成。"[1] 时约在和平初。

高允，字伯恭，勃海人。"高宗拜允中书令，著作如故。"[2] 时约在和平年间。

赵柔，字元顺，金城人。"少以德行才学知名河右……世祖平凉州，内徙京师。高宗践阼，拜为著作郎。"[3] 时约在和平年间。

程骏，字驎驹，广平曲安人。"六世祖良，晋都水使者，坐事流于凉州……骏少孤贫……师事刘昞，性机敏好学，昼夜无倦……太延五年，世祖平凉，迁于京师，为司徒崔浩所知。高宗践阼，拜著作佐郎，未几，迁著作郎。"[4] 时约在和平中。

邢祐，字宗祐，河间鄚人。"少有学尚，知名于时。征除著作郎，领乐浪王傅。"[5] 乐浪王万寿，和平三年封。祐任著作郎当在此前后。

成淹，字季文，上谷居庸人。"皇兴中，降慕容白曜，赴阙，授兼著作郎。"[6]

崔光，字长仁，东清河鄃人。"太和六年，拜中书博士，转著作郎……以参赞迁都之谋，赐爵朝阳子，拜散骑常侍，黄门、著作如故……太和之末，彪解著作，专以史事任光……永平四年，以黄门侍郎孙惠蔚代光领著

---

① 《魏书》卷 54《游雅传》，第 1195 页。
② 《魏书》卷 48《高允传》，中华书局，1974，第 1076 页。
③ 《魏书》卷 60《赵柔传》，第 1162 页。
④ 《魏书》卷 60《程骏传》，第 1345 页。
⑤ 《魏书》卷 65《邢峦传附叔祖祐传》，第 1449 页。
⑥ 《魏书》卷 79《成淹传》，第 1751 页。

作……（延昌四年三月）诏光还领著作……（正光二年）夏四月，以光为司徒、侍中、国子祭酒，领著作如故"，① 直至正光四年十一月卒。太和十八年（494）十一月，孝文帝幸邺，"甲申，经比干之墓，伤其忠而获戾，亲为吊文，树碑而刊之"。② 碑阴题名有"给事黄门侍郎、领著作郎臣清河郡崔光"。③

李彪，字道固，顿丘卫国人。太和十一年至二十二年领著作，景明初，在秘书省"白衣修史"。④

阳尼，字景文，北平无终人。"少好学，博通群籍……征拜秘书著作郎，奏佛道宜在史录。"⑤ 时在太和年间，《魏书·释老志》正是采用了阳尼的编纂主张。

傅毗，渔阳人。《魏书》卷 62《李彪传》："而故著作渔阳傅毗、北平阳尼、河间邢产、广平宋弁、昌黎韩显宗等，并以文才见举，注述是同，皆登年不永，弗终茂绩。"考《魏书》卷 63《宋弁传》、卷 65《邢峦传附邢产传》，弁、产为著作佐郎。

韩显宗，字茂亲，昌黎棘城人。《魏书》卷 107 上《律历志》上："著作郎韩显宗博闻强识，颇有史才，粗解音律。"同书卷 27《穆宗传》："高祖追思崇勋，令著作郎韩显宗与（崇子穆）真撰定碑文，建于白登山。"时在太和十八年（494）。

傅思益，见《魏书》卷 53《李冲传》。著作郎傅思益参与"立三长"的讨论。

李琰之，字景珍，陇西狄道人。"早有盛名，时人号曰神童……侍中李彪启兼著作郎，修撰国史。稍迁国子博士，领尚书仪曹郎中，转中书侍郎、司农少卿、黄门郎、修国史……琰之少机警，善谈，经史百家无所不览……前后再居史职，无所编缉。"⑥

---

① 《魏书》卷 67《崔光传》，第 1487 页。
② 《魏书》卷 7《孝文帝纪》，第 174 页。
③ 见（清）王昶编《金石萃编》卷 27《北魏》，清嘉庆十年经训堂刊本。
④ 《魏书》卷 62《李彪传》，中华书局，1974，第 1397 页。
⑤ 《魏书》卷 72《阳尼传》，第 1601 页。
⑥ 《魏书》卷 82《李琰之传》，第 1797 页。

孙惠蔚，字叔炳，武邑武遂人。"永平四年，以黄门郎孙惠蔚代光领著作，惠蔚首尾五载，无所措意。"① 《魏书》卷84《儒林·孙惠蔚》："正黄门侍郎，代崔光为著作郎，才非文史，无所撰著，唯自披其传注数行而已。迁国子祭酒、秘书监，仍知史事。"惠蔚领著作，时在永平四年至延昌四年（511～515）。

李谐，字虔和，顿丘人。"风流闲润，博学有文辩……崔光引为兼著作郎，谐在史职，无所历意。"②

韩子熙，字元雍，昌黎棘城人。"少自修整，颇有学识……寻修国史，加宁朔将军。未几，除著作郎……出帝初，还领著作郎。"③ 任史官约在孝昌年间和永熙元年（532）。

陆恭之，字季顺，代人。"释褐侍御史、著作佐郎，建义初，除中书侍郎领著作郎。"④

裴景融，字孔明，河东闻喜人。"笃学好属文……永安中，秘书监李凯以景融才学，启除著作佐郎，稍迁辅国将军、谏议大夫，仍领著作。"⑤

山伟，字仲才，河南洛阳人。"其先代人……领著作郎。前废帝立，除安东将军、秘书监，仍著作。"⑥ 领著作郎在河阴之变后，约为永安、建明年间。

李同轨。赵郡高邑人。"学综诸经，多所治诵，兼读释氏，又好医术。年二十二，举秀才，射策，除奉朝请，领国子助教。转著作郎，典仪注，修国史。"⑦ 时在永熙初。

刘仁之，字山静，河南洛阳人。"其先代人……少有操尚，精涉书史，真草书迹，颇号工便……出帝初，为著作郎，兼中书令，既非其才，在史未尝执笔。"⑧ 任史官当在永熙年间。

---

① 《魏书》卷67《崔光传》，第1491页。
② 《魏书》卷65《李平传附子谐传》，中华书局，1974，第1456页。
③ 《魏书》卷60《韩麒麟传附孙子熙传》，第1334页。
④ 《魏书》卷40《陆俟传附恭之传》，第907页。
⑤ 《魏书》卷69《裴延儁传附景融传》，第1534页。
⑥ 《魏书》卷81《山伟传》，第1793页。
⑦ 《魏书》卷84《儒林·李同轨传》，第1860页。
⑧ 《魏书》卷81《刘仁之传》，第1774页。

郑敬祖，荥阳开封人。《魏故司徒昌乐王（元诞）墓志》："□□妃郑氏，父敬祖，秘书著作郎，持节督豫州诸军事、平东将军、豫州刺史。"《魏书》卷56《郑羲传附敬祖传》："起家著作佐郎。"《北史》卷35《郑羲传附敬祖传》："起家著作郎。"起家之选应为佐郎，后迁正郎。时当在北魏末年。

见于史籍的著作佐郎有35人，其姓名、字号、籍贯、官职、任官时间等基本情况亦一一簿列如下：

平恒，字继叔，燕国蓟人。"恒耽勤读诵，研综经籍，钩深致远，多所博闻。自周以降，暨于魏世，帝王传代之由，贵臣升降之绪，皆撰录品第，商略是非，号曰《略注》，合百余篇……征为中书博士……后拜著作佐郎，迁秘书丞。时高允为监，河间邢祐、北平阳嘏、河东裴定、广平程骏、金城赵元顺等为著作佐郎，虽才学互有短长，然俱为称职，并号长者。允每称博通经籍无过恒也。"① 时约在皇兴中。

邢祐，河间人。皇兴中，任佐郎，见《魏书》卷84《儒林·平恒传》。

阳嘏，北平人，皇兴年间任佐郎。

裴定，河东人，任佐郎在皇兴年间。《魏书》卷52《胡叟传》有"著作佐郎博陵许赤虎、河东裴定宗。"裴定宗、裴定似为一人。

赵柔，字元顺，金城人，任佐郎约在和平初。

程骏（见著作郎表），"高祖践祚，拜著作佐郎"。

许赤虎，博陵人。"涉猎经史……延兴中，著作佐郎。"②

韩显宗（见著作郎表），"太和初，举秀才，对策甲科，除著作佐郎。"

程灵虬，广平曲安人。"（骏）弟子灵虬幼孤，颇有文才……会骏临终启请，得擢为著作佐郎。"③ 骏卒于太和九年，灵虬任佐郎当在此时。

宋弁，字义和，广平列人人。"弁才学俊赡，少有美名……与李彪州里……彪为秘书丞，弁自中散彪请为著作佐郎。"④ 时在太和中。

---

① 《魏书》卷84《儒林·平恒传》，第1845页。
② 《魏书》卷46《许彦传附赤虎传》，第1038页。
③ 《魏书》卷60《程骏传附灵虬传》，第1350页
④ 《魏书》卷63《宋弁传》，中华书局，1974，第1414页。

邢产，字神宝，河间鄚人。"好学，善属文……举秀才，除著作佐郎。"① 产为著作郎邢祐之子，任佐郎在太和年间。

裴延儁，字平子，河东闻喜人。"少偏孤，事后母以孝闻。涉猎坟史，颇有才笔。举秀才，射策高第，除著作佐郎。"②

裴聿，字外兴，河东闻喜人。"以操尚贞立，为高祖所知。自著作佐郎出为北中府长史。"③ 聿为延儁族兄，任佐郎似在太和中。

封轨，字广度，勃海修人。"沉谨好学，博通经传……太和中，拜著作佐郎，稍迁尚书仪曹郎中。"④

成淹，字季文，上谷居庸人。"太和中，著作佐郎成淹上表理白曜。"⑤

李叔胤，赵郡人。"举秀才，著作佐郎。历广陵王谘议、南赵郡太守。在位九年，有政绩。景明三年卒，年三十六。"⑥

房景先，字光胄，清河绎幕人。"幼孤贫，无资从师，其母自授《毛诗》、《曲礼》……昼则樵苏，夜诵经史，自是精勤，遂大通瞻。太和中……解褐太学博士。时太常刘芳、侍中崔光当世儒宗，叹其精博，光遂奏兼著作佐郎，修国史。寻除司徒祭酒、员外郎。侍中穆绍又启景先撰《世宗起居注》。"⑦ 太学博士兼佐郎，时在太和中。

袁翻，字景翔，陈郡项人。"少以才学擅美一时……景明初，李彪在东观，翻为徐纥所荐，彪引兼著作佐郎，以参史事。"⑧

张洪，景明初，为佐郎。"延昌四年冬，侍中、国子祭酒领著作郎崔光表曰：'……太和十一年，臣自博士迁著作，忝司载述……臣中修史；景明初奏求奉车都尉、领太史令赵樊生，著作佐郎张洪，给事中、领太乐令公孙崇等造历。'"⑨

李郁，赵郡人，相州刺史李安世之子。其兄谧"少好学，博通诸

① 《魏书》卷65《邢峦传附邢产传》，第1449页。
② 《魏书》卷69《裴延儁传》，第1528页。
③ 《魏书》卷69《裴延儁传附聿传》，第1535页。
④ 《魏书》卷32《封懿传附轨传》，第764页。
⑤ 《魏书》卷50《慕容白曜传》，第1120页。
⑥ 《魏书》卷49《李灵传附叔胤传》，第1102页。
⑦ 《魏书》卷43《房法寿传附景先传》，第978页。
⑧ 《魏书》卷69《袁翻传》，第1536页。
⑨ 《魏书》卷107上《律历志》上，第2661页。

经……以公子征拜著作佐郎，辞以授弟郁，诏许之。"① 时约在正始年间。

李邕，字修穆，顿丘人。"幼而俊爽，有逸才。著作佐郎。"② 时约在世宗时。

张始均，字子衡，清河东武城人。"端洁好学，有文才。司徒行参军，迁著作佐郎……改陈寿《魏志》为编年之体，广益异闻，为三十卷。"③ 始均为张彝之子，任佐郎在世宗时。

张珉，为张彝之小儿子。任佐郎似在世宗时。④

王遵业，太原晋阳人。"风仪清秀，涉历经史，位著作佐郎，与司徒左长史崔鸿同撰起居注。迁右军将军，兼散骑常侍，慰劳蠕蠕。乃诣代京，采拾遗文，以补《起居》所阙。与崔光、安丰王延明等参定服章。"⑤ "始玄伯父潜为兄浑诔手笔草本，延昌初，著作佐郎王遵业买书于市而遇得之。"⑥

邢劭，字子才，河间鄚人。"释巾为魏宣武挽郎，除奉朝请，迁著作佐郎。"⑦ 似在延昌年间。

江式，字法安，陈留济阳人。"正光中，除骁骑将军，兼著作佐郎，正史中字。"北魏杰出的文字学家、书法家，"篆体尤工，洛京宫殿诸门板题，皆式书也"。他上表，求撰《古今文字》，曰："参预史官，题篆宫禁。"⑧

李瑾，字道瑜，陇西狄道人。"颇有才学……（清河王）怿为司徒，辟参军，转著作佐郎，加龙骧将军。"⑨

卢观，字伯举，范阳涿人。"少好学，有俊才，举秀才，射策甲科，除太学博士、著作佐郎。与太常少卿李神儁、光禄大夫王诵等在尚书上省撰定朝仪，拜尚书仪曹郎中。孝昌元年卒。"⑩

---

① 《魏书》卷90《逸士·李谧传》，第1932页。
② 《魏书》卷65《李平传附子邕传》，第1491页。
③ 《魏书》卷64《张彝传附始均传》，第1433页。
④ 《魏书》卷64《张彝传附珉传》，第1434页。
⑤ 《魏书》卷38《王慧龙传附遵业传》，第878页。
⑥ 《魏书》卷24《崔玄伯传》，第624页。
⑦ 《北齐书》卷36《邢劭传》，中华书局，1972，第475页。
⑧ 《魏书》卷91《艺术·江式传》，中华书局，1974，第1965页。
⑨ 《魏书》卷39《李宝传附瑾传》，第888页。
⑩ 《魏书》卷85《文苑·卢观传》，第1871页。

崔谦，字士逊，博陵安平人。"幼聪敏……历观经史，不持章句，志在博闻而已……孝昌中，解褐著作佐郎。"①

陆恭之，字季顺，其先代人。"有操尚释褐侍御史、著作佐郎。"② 约在孝昌年间。

李业兴，上党长子人。"建义初，敕典仪注，未几除著作佐郎。"③

裴景融（见著作郎表）。永安中，任著作佐郎。

王衍，字文舒，琅琊临沂人。"自著作佐郎，稍迁尚书郎、员外常侍、司空谘议、光禄大夫、廷尉……徙太常卿。"④ 任佐郎时约在北魏末。

元庆智，"美容貌，有几案才。著作佐郎、司徒中兵参军"。⑤ 拓跋熙后人，任佐郎似在北魏末。

郑敬祖，"起家著作佐郎"。⑥ 起家之选应为佐郎，后迁正郎，时当在北魏末年。

皇兴元年以后，以别职参著作事、修国史者有韩兴宗、李彪、崔鸿、孙搴、江绍兴、綦俊、阳休之、魏收、李同轨等。

著作局校书郎，见于史籍者有刘模。他持管钥每日到"史阁"，笔录高允口述国史，是史官的助手，史阁的编务人员。

国史典书有高法显。《魏书》卷81《山伟传》："初，尔朱兆之入洛，官守奔散，国史典书高法显密埋史书，故不遗落。"真可谓是中国古代史学上的一大幸事，这一幸事成就了后来魏收的《魏书》。由此亦见典书职掌史稿保管之任。

此外，还有"白衣修史"。李彪因犯罪罢官，"上表求成《魏书》，诏许之，彪遂以白衣于秘书省著述"。⑦ "在秘书省同王隐故事，白衣修史"。⑧

---

① 《周书》卷35《崔谦传》，中华书局，1972，第612页。
② 《魏书》卷40《陆俟传附恭之传》，中华书局，1974，第907页。
③ 《魏书》卷84《儒林·李业兴传》，第1862页。
④ 《魏书》卷63《王肃传附衍传》，第1413页。
⑤ 《魏书》卷16《阳平王熙传附庆智传》，第394页。
⑥ 《魏书》卷56《郑羲传附敬祖传》，第1243页。
⑦ 《魏书》卷67《崔光传》，第1488页。
⑧ 《魏书》卷62《李彪传》，第1397页。

著作官是皇权政治中一种特殊的官职，其职掌除修史外，还参与国号议定、皇统问题的讨论、历法修订、礼仪论议、音律修正、哀策碑文撰作、规范并统一文字等。

议定国号。拓跋珪平定中原，诏有司博议国号，崔玄伯议曰："夫'魏'者大名，神州之上国，斯乃革命之征验，利见之玄符也。臣愚以为宜号为魏。""太祖从之。于是四方宾王之贡，咸称大魏矣"。①

参与皇统问题的讨论。"（太和）十四年八月诏曰：'丘泽初志，配尚宜定，五德相袭，分叙有常。然异同之论，著于往汉，未详之说，疑在今史。群官百辟，可议其所应，必令合衷，以成万代之式。'"中书监高闾议，提出"以魏承秦，魏为土德"；秘书丞李彪、著作郎崔光等议，主张"绍晋定德"。十五年正月，长乐王穆亮等上言："彪等职主东观，详究国史，所据之理，其致难夺。今欲从彪等所议，宜承晋为水德。"诏曰："便可依为水德，祖申腊辰。"②

著作官参与造历。延昌四年（515）冬，侍中、国子祭酒领著作郎崔光表曰："《易》称'君子以治历明时'；《书》云'历象日月星辰'，'乃同律度量衡'……是以昔在轩辕，容成作历；逮乎帝唐，羲和察影。皆所以审农时而重民事也。太和十一年，臣自博士迁著作，忝司载述，时旧钟律郎张明豫推步历法，治己丑元，草创未备。及迁中京，转为太史令，未几丧亡，所造致废。臣中修史，景明初奏求奉车都尉、领太史令赵樊生、著作佐郎张洪，给事中、领太乐令公孙崇等造历，功未及讫，而樊生又丧，洪出除泾州长史，唯崇独专其任。暨永平初，云已略举。时洪府解停京，又奏令重修前事，更取太史令赵胜、太庙令庞灵扶、明豫子龙祥共集秘书，与崇等详验，推建密历……崇及胜前后并丧。洪所造历为甲午、甲戌二元，又除豫州司马……洪至豫州，续造甲子、己亥二元。唯龙祥在京，独修前事，以皇魏运水德，为甲子元。兼校书郎李业兴本虽不豫，亦和造历，为戊子元。三家之术并未申用。故贞静处士李谧私立历法，言合纪次，求就其兄玚追取，与洪等所造，递相参考，以知精粗。臣以仰测昏度，实难审正，又求

① 《魏书》卷24《崔玄伯传》，第621页。
② 《魏书》卷108《礼志》一，中华书局，1974，第2447页。

更取诸能算术兼解经义者前司徒司马高绰、驸马都尉卢道虔、前冀州镇东长史祖莹、前并州秀才王延业、谒者仆射常景等日集秘书，与史官同检疏密，并朝贵十五日一临推验得失，择其善者奏闻施用。"灵太后令曰："可如所请。"①

议定礼仪。"（太和）十三年五月壬戌，高祖临皇信堂，引见群臣"，诏议禘祫之礼。尚书游明根、左丞郭祚、中书侍郎封琳、著作郎崔光等引郑玄之义，禘祭圆丘，认为禘、祫二礼异；中书监高闾、仪曹令李韶、中书侍郎高遵等据王肃之义，认为禘、祫一名。孝文帝主张"互取郑、王二义。禘祫并为一名，从王；禘是祭圆丘大祭之名，上下同用，从郑"。②熙平二年（517）三月，侍中、领著作郎崔光等议配祭配庙礼仪。同年十二月，任城王元澄、度支尚书崔亮奏"请移禘祀在中旬十四日，时祭移二十六日"。又曰："臣等伏度国之大事，在祀与戎。君举必书，恐贻后诮。"主张不以禘祀废元会，故有此请。③李同轨"转著作郎，典仪注，修国史"。④李业兴"敕典仪注，未几除著作佐郎"。⑤

修正音律。太和十八年（494），相州刺史高闾在邺上表，请求修正音律。曰："《书》称'同律度量衡'，论云'谨权量，审法度'。此四者乃是王者之要务，生民之所由。四者何先？以律为首。岂不以取法之始，求天地之气故也……臣恐音律一旷，精赏实难，司业差怠，转乖本意。今请使崇参知律吕钟磬之事……又著作郎韩显宗博闻强识，颇有史才，粗解音律，亦求令时往参知。"⑥

撰写哀策、碑文及其他书籍等。《魏书》卷27《穆崇传》："高祖追思崇勋，令著作郎韩显宗与（崇子穆）真撰定碑文，建于白登山。"裴景融"领著作……时诏撰《四部要略》，令景融专典，竟无所成"。⑦

规范并统一文字。《魏书》卷91《艺术·江式》："六世祖瓊……善虫

① 《魏书》卷107《律历志》上，第2661页。
② 《魏书》卷108《礼志》一，第2743页。
③ 《魏书》卷108《礼志》二，第2766页。
④ 《魏书》卷84《儒林·李同轨传》，第1860页。
⑤ 《魏书》卷84《儒林·李业兴传》，第1861页。
⑥ 《魏书》卷107《律历志》上，第2658页。
⑦ 《魏书》卷69《裴延俊传附景融传》，第1534页。

篆、诂训。永嘉大乱，瓘弃官西投张轨，子孙因居凉土，世传家业。祖疆……太延五年凉州平，内徙代京。上书三十余法，各有体例，又献经史诸子千余卷，由是擢拜中书博士……父绍兴，高允奏为秘书郎，掌国史二十余年……式少专家学……以书文昭太后尊号谥册，特除奉朝请……式篆体尤工，洛阳宫殿诸门板题，皆式书也。"延昌三年（514）三月，式上表，纵论古来书体演变，请撰《古今文字》四十卷。曰："驱驰文阁，参预史官，题篆宫禁，猥同上哲……是以敢藉六世之资，奉遵祖考之训，窃慕古人之轨，企践儒门之辙，辄求撰集古来文字，以许慎《说文》为主，爰采孔氏《尚书》、《五经音注》、《籀篇》、《尔雅》、《三仓》、《凡将》、《方言》、《通俗文》、《祖文宗》、《卑仓》、《广雅》、《古今字诂》、《三字石经》、《字林》、《韵集》、诸赋文字有六书之谊者，皆以次类编联，文无重复，纠为一部。其古籀、奇惑、俗隶诸体，咸使班于篆下，各有区别。诂训假借之谊，佥随文而解；音读楚、夏之声，并逐字而注。其所不知者则阙如也。""正光中，除骁骑将军、兼著作郎，正史中字。"

三　集书省与记注官

北魏献文帝以前，不置起居注官，皇帝言行及朝政活动的记录由掌文书簿记的侍官兼管，或任以著作官。邓渊撰《国记》，"惟次年月起居行事"，近于起居注。神䴥二年（429），拓跋焘"始命史职注集前功，以成一代之典"，编年纪事犹如记注、实录。孝文帝时，于门下省置集书省，"掌讽议左右，从容献纳，领诸散骑常侍、侍郎及谏议大夫、给事中等官，兼以出入王命，位在中书之左"。① 集书省还掌记注起居。孝文帝尝以起居不修批评集书省长官元羽、卢渊和元景，"谓守尚书尉羽曰：'卿在集书，殊无忧存左史之事，今降为长兼常侍，亦削禄一周。'又谓守尚书卢渊曰：'卿始为守尚书，未合考绩。然卿在集书，虽非高功，为一省文学之士，尝不以左史在意，如此之咎，罪无所归。今降为长兼王师，守常侍、尚书如故，夺常侍禄一周。'又谓散骑常侍元景曰：'卿等自任集书，合省通坠，致使王

---

① 《通典》卷21《职官》三，中华书局影印本。

言遗滞，起居不修，如此之咎，责在于卿。今降为中大夫、守常侍，夺禄一周。'"① 守尚书、散骑常侍典领起居记注，考绩不合格，则要受到处罚。此事似在迁洛之后，集书省之置亦当在此之前不久。

起居注制度定立于太和十四年（490）。《魏书》卷7《高祖纪》：太和十四年二月"戊寅，初诏定起居注制"。次年正月，孝文帝"初分置左、右史官"。② 起居注官制形成。左、右史即起居令史。《通典》卷21《职官》云："后魏始置起居（注）令史，每行幸宴会，则在御左右，记录帝言及宴宾客训答，后又置修起居注二人，以他官领之。"刘知幾《史通》卷11《史官建置》亦如是言。《魏书》卷113《官氏志》有"起居注令史"，官从第七品上。《唐六典》卷8《门下省》亦云：后魏"集书省领起居注令史之职，从第七品上。"因事定制，因制立官，因官置省，这当是北魏记注制度、记注官、集书省前后建置的次第顺序。

起居注官平时掌记言记事。孝文帝欲借言事注记规劝君臣慎重言行，"常从容谓史官曰：'直书时事，无讳国恶。人君威福自己，史复不书，将何所惧。'"③ 他推行汉化政策，改服饰，曾因尚书元澄工作疏忽，检察不严，责备说："朕昨入城，见车上妇人冠帽而著小襦袄者，若为如此，尚书何为不察？澄曰：'著犹少于不著者。'高祖曰：'深可怪也！任城意欲令全著乎？一言可以丧邦者，斯之谓钦？可命史官书之。'"④ 经过一段时间，再将这些记录材料整理成册，即起居注。

北魏起居注撰修似始于太和十六或十七年（492或493），所撰第一部起居注为《太和起居注》。《魏书》卷39《李宝传附李伯尚传》云："弱冠除秘书郎。高祖每云'此李氏之千里驹'。稍迁通直散骑侍郎，敕撰《太和起居注》。寻迁秘书丞。世宗初，兼给事黄门侍郎。景明二年，坐与咸阳王禧谋反诛，时年二十九。"其弱冠之年当在太和十六年，稍后即是其始撰起居注的时间。李伯尚是第一位奉敕撰起居者，其撰起居的时间亦即北魏始修起居的时间。

---

① 《魏书》卷21上《广陵王羽传》，中华书局，1974，第549页。
② 《魏书》卷7《高祖纪》，第167页。
③ 《魏书》卷7《高祖纪》，第187页。
④ 《魏书》卷19《任城王元澄传》，第469页。

自李伯尚始，起居注时有撰修，见于史籍的修起居注官有崔鸿、王遵业、邢峦、封肃、邢昕、温子升、魏收、裴延俊、羊深、祖莹、裴伯茂、李神俊、阳休之、卢元明、郑伯猷、许绚等 17 人，其籍贯、任官撰注时间、史籍记载等情况，可簿列如下：

李伯尚，陇西狄道人，太和十六或十七年撰《太和起居注》。

崔鸿，字彦鸾，东清河鄃人，"少好读书，博综经史……景明三年，迁员外郎，兼尚书虞曹郎中。敕撰起居注……正光元年，加前将军。修高祖、世宗起居注。（崔）光撰魏史，徒有卷目，初未考正，阙略尤多。每云此史会非我世所成，但须记录时事，以待后人，临薨言鸿于肃宗。五年正月，诏鸿以本官修缉国史……鸿在史甫尔，未有所就，寻卒。"景明三年（502）或之后，撰起居注；正光元年（520）修高祖、世宗起居注，五年（524）正月修国史。

裴延俊，字平子，河东闻喜人。"肃宗初，迁散骑常侍，监起居注。"①时当在熙平中（517～518）。

郑伯猷，荥阳开封人，"博学有文才……迁尚书外兵郎中，典起居注"。②时似在肃宗初。

封肃，字元邕，勃海人。"博涉经史……位太学博士，修起居注，兼廷尉监。"③时约在正光初（520～521）。

王遵业，"位著作佐郎，与司徒左长史崔鸿同撰起居注。迁右军将军。兼散骑常侍，慰劳蠕蠕。乃诣代京，采拾遗文，以补起居所阙"。④

裴伯茂，河东人。"学涉群书，文藻富赡……迁散骑常侍，典起居注。"时约在孝昌中（526～527），"伯茂曾撰《晋书》，竟未能成"。⑤

阳休之，字子烈，右北平无终人。永安中，参撰起居注。

温子升，字鹏举，太原人。"博览百家，文章清婉……建义初，为南主

---

① 《魏书》卷 69《裴延俊传》，中华书局，1974，第 1529 页。
② 《魏书》卷 56《郑羲传附伯猷传》，第 1244 页。
③ 《魏书》卷 85《文苑·封肃传》，第 1871 页。
④ 《魏书》卷 38《王慧龙传附遵业传》，第 878 页。
⑤ 《魏书》卷 85《文苑·裴伯茂传》，第 1872 页。

客郎中，修起居注。"①

李神俊，陇西狄道人。"博学多闻，朝廷旧章及人伦氏族，多所谙记，笃好文雅，老而不辍，凡所交游，皆一时名士"。② 孝庄帝时，"李神俊监起居注，启（阳）休之与河东裴伯茂、范阳卢元明、河间邢子明等俱入撰次"。③

祖莹，字元珍，范阳遒人。"累迁国子祭酒，领给事黄门侍郎，幽州大中正，监起居事，又监议事。"④ 时约在庄帝永安年间（528～530）。

邢昕，字子明，河间人。"好学……吏部尚书李神俊奏昕修起居注。"⑤ 时约在永安中（529～530）。

阴道方，武威姑臧人。"性和雅，颇涉书传……孝庄初，迁尚书左民郎中，修起居注。"⑥

羊深，字文渊，太山平阳人。"学涉经史……普泰初，迁散骑常侍、卫将军、右光禄大夫，监起居注。"⑦

魏收，字伯起，巨鹿下曲阳人。"迁散骑侍郎，寻敕典起居注，并修国史，兼中书侍郎，时年二十六。"⑧ 是年应为节闵帝普泰二年（532）。⑨

许绚，字伯礼，高阳新城人。"颇有业尚……自侍御史累迁尚书左民郎、司徒谘议参军，修起居注。"⑩ 时似在北魏末。

卢元明，字幼章，范阳涿人。"涉历群书，兼有文义"。"天平中，兼吏部郎中，副李谐使萧衍，南人称之，还，拜尚书右丞，转散骑常侍，监起居。积年在史馆，了不厝意"。⑪

起居注官大多取自散骑常侍、侍郎、著作佐郎、太学博士及台省僚吏

---

① 《魏书》卷 85《文苑·温子升传》，第 1869 页。

② 《魏书》卷 39《李宝传附神俊传》，第 896 页。

③ 《北齐书》卷 42《阳休之传》，中华书局，1972，第 561 页。

④ 《魏书》卷 82《祖莹传》，第 1800 页。

⑤ 《魏书》卷 85《文苑·邢昕传》，第 1874 页。

⑥ 《魏书》卷 52《阴仲达传附道方传》，第 1164 页。

⑦ 《魏书》卷 77《羊深传》，中华书局，1974，第 1704 页。

⑧ 《北齐书》卷 37《魏收传》，中华书局，1972，第 483 页。

⑨ 缪钺先生撰《魏收年谱》（《四川大学学报》1957 年第 3 期），系此事于普泰元年（531），综合分析有关史料，断在普泰二年，较为稳妥。

⑩ 《魏书》卷 46《许彦传附绚传》，中华书局，1974，第 1037 页。

⑪ 《魏书》卷 47《卢玄传附元明传》，第 1060 页。

等，所撰起居注见于记载者有《太和起居注》《高祖、世宗起居注》《孝文起居注》。宣武帝之后，历朝递修起居，但史书缺载其名。《隋书·经籍志》著录有《后魏起居注》336 卷，不载撰人，似是后人辑成。

孝文帝时，守尚书、散骑常侍典领起居记注，到了孝明帝熙平初，演成监典官，"监起居注"。裴延俊（肃宗初）、崔鸿（约在正光、孝昌年间）、李神俊、祖莹（孝庄帝时）、羊深（普泰初）、裴伯茂等先后监典起居注。监典多由散骑常侍、给事黄门侍郎一类的官兼掌，这一制度也被后来的东魏、北齐所因循，并影响隋唐。

四　北魏国史纂修

北魏国史修撰似肇始于天赐年间（404～409），"太祖诏（邓）渊撰《国记》，渊造十余卷，惟次年月起居行事而已，未有体例"。① 《国记》又称《代记》，曾取材《代歌》。《魏书》卷 109《乐志》："天兴元年冬，诏尚书吏部郎邓渊定律令，协音乐。及追尊皇曾祖、皇祖、皇考诸帝，乐用《八佾》，舞《皇始》之舞。《皇始舞》，太祖所作也，以明开大始祖之业……凡乐者乐其所自生，礼不忘其本，掖庭中歌《真人代歌》，上叙祖宗开基所由，下及君臣废兴之迹，凡一百五十章，昏晨歌之，时与丝竹合奏，郊庙宴飨亦用之。"《魏书》卷 113《官氏志》又云："天兴元年十一月，诏吏部郎中邓渊典官制，立爵品。"邓渊定律令，协音乐，典官制，既熟悉中原王朝制度，又熟悉拓跋氏的民族传统。拓跋氏国史编撰，邓渊自然是合适的人选。崔简也参与了这次修史活动。《魏书》卷 24《崔玄伯传附次子简传》："太祖初，历中书侍郎……参著作事。"邓渊《国记》为编年体，内容有《太祖记》，记道武帝拓跋珪事迹，高允曾云："《太祖记》，前著作郎邓渊所撰。"② 由相关材料推测，《国记》还当包括拓跋氏先世及代国史事，这部分材料被保存下来，构成了魏收《魏书·序纪》的基本内容。

始光四年（427）灭赫连夏，神𪉟二年（429），击败蠕蠕，北魏版图扩

---

① 《魏书》卷 24《邓渊传》，第 635 页。
② 《魏书》卷 48《高允传》，第 1070 页。

大，国力增强，在此形势下，崔浩撰《国书》，是为第二次国史修撰。《魏书·崔浩传》云："初，太祖诏尚书郎邓渊著《国记》十余卷，编年次事，体例未成。逮于太宗，废而不述。神麚二年，诏集诸文人撰录《国书》，浩及弟览、高谠、邓颖、晁继、范亨、黄辅等共参著作，叙成《国书》三十卷。"这次修史是以邓渊《国记》为基础，编年记事，并续成《太宗纪》及《今上纪》，其下限似在始光四年。崔览即崔简，邓颖为邓渊之子，由此亦见此次修史与邓渊《国记》的继承关系。

太延五年（439）平凉之后，拓跋焘下诏续修国史。"乃诏浩曰：'昔皇祚之兴，世隆北土，积德累仁，多历年载，泽流苍生，义闻四海。我太祖道武皇帝，协顺天人，以征不服，应期拨乱，奄有区夏。太宗承统，光隆前绪，厘正刑典，大业惟新。然荒域之外，犹未宾服。此祖宗之遗志，而贻功于后也。朕以眇身，获奉宗庙，战战兢兢，如临渊海，惧不能负荷至重，继名丕烈。故即位之初，不遑宁处，扬威朔裔，扫定赫连。逮于神*，始命史职注集前功，以成一代之典。自尔已来，戎旗仍举，秦陇克定，徐兖无尘，平通寇于龙川，讨孽竖于凉域。岂朕一人获济于此，赖宗庙之灵，群公卿宣力之效也。而史阙其职，篇籍不著，每惧斯事之坠焉。公德冠朝列，言为世范，小大之任，望君存之。命公留台，综理史务，述成此书，务从实录。'浩于是监秘书事，以中书侍郎高允、散骑侍郎张伟参著作，续成前纪。至于损益褒贬，折中润色，浩所总焉。"① 这是第三次修国史，仍由崔浩典领，高允、张伟参与撰修，此外还有著作郎宗钦、段承根、阴仲达，著作令史闵湛、郄标等。太平真君十一年（450）六月"国史案"发，崔浩被诛，自沽以下，僮吏以上，"同作死者百二十八人"②。可见这次修史人数之多，规模之大，均超出以往。案发时，"世祖召允，谓曰：'《国书》皆崔浩作不？'允对曰：'《太祖记》，前著作郎邓渊所撰。《先帝记》及《今记》臣与浩同作。然浩综务处多，总裁而已。至于注疏，臣多于浩。'"③ 崔浩与高允为两位主修。所修国史或称《国记》，或曰《国书》，仍为编年体，是在前两次

---

① 《魏书》卷35《崔浩传》，中华书局，1974，第824页。
② （唐）刘知幾撰，（清）浦起龙释《史通通释》卷12《古今正史》，第364页。
③ 《魏书》卷48《高允传》，中华书局，1974，第1070页。

修史的基础上重新撰著，《太祖记》沿用邓渊旧稿，《明元帝记》依据神䴥二年旧稿改撰，《今记》为新作。《国书》的撰修遵从了拓跋焘"务从实录"的旨意，由于用笔过实，触及帝讳。"著作令史太原闵湛、赵郡郄标素谄事浩，乃请立石铭，刊载《国书》"①，"用垂不朽，欲以彰浩直笔之迹。允闻之，谓著作郎宗钦曰：'闵湛所营，分寸之间，恐为崔门万世之祸。吾徒无类矣。'未几而难作"。② 石版国书被毁，但纸质稿本并未焚烧，而是被保存下来。

"国史案"之后，虽无史官，但仍有撰事。拓跋焘晚年，命高允撰天文灾异志，书成之后，高允上"表曰：'往年被敕，令臣集天文灾异，使事类相从，约而可观。臣闻箕子陈谟而《洪范》作，宣尼述史而《春秋》著，皆所以章明列辟，景测皇天者也。故先其善恶而验以灾异，随其失得而效以祸福，天人诚远，而报速如响，甚可惧也。自古帝王莫不尊崇其道而稽其法数，以自修饬。厥后史官并载其事，以为鉴诫。汉成帝时，光禄大夫刘向见汉祚将危，权归外戚，屡陈妖眚而不见纳。遂因《洪范》、《春秋》灾异报应者而为其传，觊以感悟人主，而终不听察，卒以危亡。岂不哀哉！伏惟陛下神武则天，睿鉴自远，钦若稽古，率由旧章，前言往行，靡不究鉴，前皇所不逮也。臣学不洽闻，识见寡薄，惧无以裨广圣德，仰酬明旨。今谨依《洪范传》、《天文志》撮其事要，略其文辞，凡为八篇。'世祖览而善之，曰：'高允之明灾异，亦岂减崔浩乎？'"③ 此也是后来魏收撰《天文志》的材料。

约于和平初，游雅"委以国史之任，不勤著述，竟无所成"④。皇兴中，置著作局，由高允领著作，国史撰著又被提上日程。因高允参决朝政，"虽久典史事，然而不能专勤属述，时与校书郎刘模有所缉缀，大较续崔浩故事，准《春秋》之体，而时有刊正。"⑤ 高允主持，刘模执笔，二人合作同修，模"颇涉经籍，微有注疏之用。允领秘书、典著作，选为校书郎。允

---

① 《魏书》卷35《崔浩传》，第825页。
② 《魏书》卷48《高允传》，第1070页。
③ 《魏书》卷48《高允传》，第1073页。
④ 《魏书》卷54《游雅传》，第1195页。
⑤ 《魏书》卷48《高允传》，第1086页。

修撰《国记》，与俱缉著……如此者五六岁。允所成篇卷，著论上下，模预有功焉。"① 所修国史，接续崔浩《国书》，沿用编年体，依《春秋》凡例，有所刊正增删。修史时间持续了五六年，似于太和初搁笔，是为第四次修撰国史。

太和十一年（487），秘书令高祐与丞李彪奏修国史。曰："臣等闻典谟兴，话言所以光著；载籍作，成事所以昭扬……惟圣朝创制上古，开基长发，自始均以后，至于成帝，其间世数久远，是以史弗能传。臣等疏漏，忝当史职，披览《国记》，窃有志焉。愚谓自王业始基，庶事草创，皇始以降，光宅中土，宜依迁、固大体，令事类相从，纪传区别，表志殊贯，如此修缀，事可备尽。伏惟陛下先天开物，洪宣帝命，太皇太后淳曜二仪，惠和王度，声教之所渐洽，风泽之所罩加，固已义振前王矣。加太和以降，年未一纪，然嘉符祯瑞，备臻于往时；洪功茂德，事萃于曩世，会稽伫玉牒之章，岱宗想石记之列。而秘府策勋，述美未尽。将令皇风大猷，或阙而不载；功臣懿绩，或遗而弗传。著作郎已下，请取有才用者，参造国书，如得其人，三年有成矣。"② 孝文帝从之，依纪传改续国史，李彪以秘书丞"专统著作，（高）祐为令，时相关豫而已"③。《魏书》卷62《李彪传》亦记此事。曰："自成帝以来至于太和，崔浩、高允著述《国书》，编年序录，为《春秋》之体，遗落时事，三无一存，彪与秘书令高祐始奏从迁固之体，创为纪传表志之目焉。"

太和十一年（487），孝文帝与文明太后"召名儒博达之士，充麟阁之选"。并诏史官李彪等："平尔雅志，正尔笔端，书而不法，后世何观"。李彪等"奉以周旋，不敢失坠，与著作等鸠集遗文，并取前记，撰为国书"。参与这次修史的著作官有崔光、傅毗、阳尼、邢产、宋弁、韩显宗、程灵虬等。太和十五年以后，李彪出使南朝，并随孝文帝南伐，后又被治罪，"故载笔遂寝，简牍弗张"，"唯崔光一人，虽不移任，然侍官两兼，故载述致阙"。④ 这是第五次修史，虽有创意，改编年为纪传，但效率甚差。孝文帝

---

① 《魏书》卷48《高允传附刘模传》，第1096页。
② 《魏书》卷57《高祐传》，中华书局，1974，第1260页。
③ 《魏书》卷57《高祐传》，第1261页。
④ 《魏书》卷62《李彪传》，第1390页。

与韩显宗、程灵虬论著作，曰："著作之任，国书是司"，谓显宗曰："卿为著作，仅名奉职，未是良史也"。显宗曰："臣仰遭明时，直笔而无惧，又不受金，安眠美食，此臣优于迁、固也"。高祖哂之。①

第六次修史时在宣武帝初。李彪再次上书求修国史，曰："窃寻先朝赐臣名彪者，远则拟汉史之叔皮（班彪），近则准晋史之绍统（司马彪）。推名求义，欲罢不能，荷恩佩泽，死而后已。今求都下乞一静处，综理国籍，以终前志，官给事力，以充所须。虽不能光启大录，庶不为饱食终日耳。近则期月可就，远也三年有成。正本蕴之麟阁，副贰藏之名山。"宣武帝允之，彪"遂在秘书省同王隐故事，白衣修史"。② 时崔光"虽领史官，以彪意在专功，表解侍中、著作以让彪，世宗不许"。③ "彪在秘书岁余，史业竟未及就，然区分书体，皆彪之功"。④ 这次修史，袁翻以兼著作佐郎，帮助李彪撰作。景明二年秋彪卒，修史中断。

李彪之后，崔光独掌史任。永平四年（511），黄门郎孙惠蔚代光领著作，前后五年，"无所措意"。延昌四年（515），崔光还领著作，正光二年（521），任司徒、侍中、国子祭酒，领著作如故。大约在此时，崔光撰国史。"光撰魏史，徒有卷目，初未考正，阙略尤多。每云此史会非我世所成，但须记录时事，以待后人。临薨，言（崔）鸿于肃宗。（正光）五年正月，诏鸿以本官修缉国史。……鸿在史甫尔，未有所就。"⑤ 孝昌初，崔鸿卒，修史又停。此可谓第七次修史。

"河阴之变"后，由代人山伟、谷纂更主史籍。《魏书》卷81《山伟传》云："国史自邓渊、崔琛、崔浩、高允、李彪、崔光以还，诸人相继撰录，綦俊及伟等诪说上党王天穆及尔朱世隆，以为国书正应代人修缉，不宜委之余人，是以俊、伟等更主大籍。守旧而已，初无述著。故自崔鸿死后，迄终伟身，二十许载，时事荡然，万不记一，后人执笔，无所凭据，史之遗阙，伟之由也。"所言崔琛修史，史籍无考。北魏国势衰落，国史撰著逐渐

---

① 《魏书》卷 60《韩麒麟传附子显宗传》，第 1341 页。
② 《魏书》卷 62《李彪传》，第 1394 页。
③ 《魏书》卷 67《崔光传》，第 1488 页。
④ 《魏书》卷 62《李彪传》，第 1389 页。
⑤ 《魏书》卷 67《崔光传附崔鸿传》，第 1502 页。

沉寂。至普泰时，稍稍复兴。《北齐书》卷 42《阳休之传》："普泰中，兼通直散骑侍郎……寻敕与魏收、李同轨等修国史。"这可算是北魏第八次修史，也是最后一次。至于这次修史的效果如何，史书缺载，但值得注意的是，魏收参与了北魏末的国史撰修，这对于其以后编纂《魏书》关系重大。《魏书》之所以能够撰成，是与北魏多次修史、材料长期积累分不开的。

本文为教育部人文社科重点研究基地 2006 年度重大项目（06JJD 770005）研究阶段成果之一。

（原文发表于《史学史研究》2009 年第 2 期）

《首罗比丘经》文本内容及创作时代考

◎ 杨 梅

一　研究史概述

　　敦煌文献中，有佛教伪经《首罗比丘经》，这是一部中国本土造作的佛教伪经。该经融合佛道思想，阐述了佛教的末法观，宣扬月光童子出世及太平世界的社会理想，提倡"三归""五戒""十善"等简易法门。存世经录中皆作《首罗比丘见月光童子经》，入伪经类。宋代以后，该经佚失。所幸在敦煌文献中尚有遗存。敦煌所藏各卷中又有《五百仙人在太宁山中并见月光童子经》《首罗比丘见五百仙人并见月光童子经》《首罗比丘经》之称，同卷抄写。日本辑《大正藏》时，根据 S. 2697 号残卷录文，刊入该藏第 85 卷。目前，该经已有白化文先生《〈首罗比丘见五百仙人并见月光童子经〉校录》①。白氏录文以京重 26 号为底本，校之以京日 87 号、S. 6881、2697、1811、P. 2464 等各卷，几为完本。日本学者佐藤智水也对这部杂糅了佛教、道教及中国民间信仰的伪经倍感兴趣，并在白氏录文的基础上做了更为完备的校勘工作，集中体现于《敦煌本〈首罗比丘经〉のテキストについて》及《敦煌本〈首罗比丘经〉点校》二文②。这些成果为本文写作提供了很

---

① 敦煌学研究会编《敦煌学》第十六辑，台北新文丰出版公司，1990，第 47~59 页。
② 分别发表于《冈山大学文学部纪要》第 17 号，1992，第 27~46 页；《冈山大学文学部纪要》第 20 号，1993，第 11~21 页。

大的方便。

《首罗比丘经》在谶记类伪经中占有举足轻重的地位，这不仅是因为在敦煌发现了若干钞本，据此足以恢复其原貌，而且因为与之相关的月光童子信仰在中古中国留下了比较多的痕迹，我们可以根据这些蛛丝马迹考察这一信仰的大致发展脉络，及其与中国中世纪的政治及民众生活的关系。推而广之，我们可以从这一个个案看出谶记类伪经的整体发展轨道，即它们是如何被创作的，后来又如何在流传中分化，和当时的政治活动、民众生活密切结合，从而对中国式佛教产生了深刻的影响的。

对于该经的研究，目前最重要的成果仍是许理和（Erik Zürcher）于1982年发表的《月光童子：中古中国早期佛教中的弥赛亚主义与末世论》①，许氏长文中将中国中世道教及佛教所发展的救世主信仰的特性、历史发展过程及有关资料做了非常详细的分析；不仅如此，他还对4世纪中期之后的中国伪经及佛教文献中所见的月光童子信仰，做了历史及经典的考察。但是，许氏关心的问题是佛教文献中救世主论及末世信仰的问题，而且就对《首罗比丘经》的研究而言，没有将它们三个独立部分的历史脉络理清楚，也没有对经中的一些具体问题做出合理的解释。他忽视了其中一个重要的主题，就是月光童子在经中是作为一位"圣君"出现在中国的。而这一点，对我们了解月光童子信仰的历史发展脉络意义重大。

砂山稔《月光童子刘景晖の反乱と首罗比丘经——月光童子谶お中心として》② 一文通过对"月光出世"的考察，认为《首罗比丘经》出现的重要根据是北魏延昌四年（515）的月光童子刘景晖案和延昌四年（515）至熙平二年（517）间发生的冀州沙门法庆发起的大乘之乱，该经批判的大魔就是法庆。由此得出结论：该经是北魏肃宗明帝时代，也就是6世纪初在以冀州为中心的中原地带制作的。不过很显然，砂山稔忽视了佛教史籍及其他史料中的相关信息，由此得出的结论需要重新审视。

温玉成亦有《〈首罗比丘经〉若干问题研究》一文③，他认为该经是北

---

① Erik Zürcher, "Prince Moonlight: Messianism and Eschatology in Early Medieval Chinese Buddhism", *T'oung Pao* LXⅧ, 1 – 3, 1982, pp. 1 – 59.

② 载《东方学》第51辑，1976，第55 ~ 71页。

③ 载《佛学研究》1999年号，第205 ~ 209页。

齐僧人僧庆所造或所集，时间约在6世纪70年代；该经最后部分作为本文的解释，是北齐邑师所造，时间约在6世纪80年代，造作地域是以太宁山为中心的河北地区。温氏虽然试图对经中的一些细节问题做出解释，但从他的论述来看，大多属于推测或臆测，缺少足够证据。如他将该经内容中的申酉之谶的源头推溯至《申日兜本经》中的"申日"，事实上，《申日兜本经》中的"申日"正是月光童子的父亲，是人名而非纪年。另外，他对该经创作者的结论，也稍嫌牵强。但他对本经的分段考察的思路值得充分肯定，这正是本文要继续做的工作。

古正美对中世纪的月光童子信仰也非常关注，尤其她从一个完全区别于许理和的末世论的角度，即"圣君"信仰的角度来阐释月光童子信仰，在这一点上，她是独具慧眼的。只是，她对月光童子的关注，主要是为了将其嵌入到她所谓的"佛教治国意识形态"中去①。而她的"佛教治国意识形态"概念是否成立，恐怕还需要更多的论证。

以上学者在文本的校录及内容探讨等方面做了很多工作，对笔者有很大启发作用。但他们的研究有一个明显的弱点：除了温玉成试图对整部文献做出时间上的分段整理（此整理尚不完善），其余的或者笼统归之为讲述末法思想，或者单独强调它在某一历史时期的作用，对于文本的形成、演变，及在社会中的信仰状态则缺乏探讨，没有用历史的、发展的思路来考察。事实上，仔细研究之后，我们可以很明显地看出，该经是由各成系统而又相互联系的三个独立部分组成的。作为系统的月光童子信仰牵涉很多方面的内容，本文的任务主要是从文本和内容分析的角度分析其结构及成立时代。

二 《首罗比丘经》：文本及内容的考察

1. 《首罗比丘经》的著录情况

如前所述，《首罗比丘经》的敦煌各卷有不同的经名。而存世经录中著录者皆作《首罗比丘见月光童子经》一卷，著录情况如下：

---

① 古正美：《从天王传统到佛王传统——中国中世纪佛教治国意识形态研究》，商周出版社，2003。

《大隋众经目录》（《法经录》）卷二，入"众经伪妄六"；

《隋仁寿内典录》（《彦琮录》）卷四，入"五分疑伪"；

《大唐内典录》卷十，入"历代所出疑伪经论录第八"；

《大周刊定众经目录》卷十五，入"伪经目录"；

《开元释教录》卷十八，入"别录中伪妄乱真录第七"；

《大唐贞元新定释教目录》卷二十八，入"别录中伪妄乱真录第七"。

就敦煌本来看，它包括三个部分。这三部分是否在成立时间上有先后顺序？不理清这一问题，就很容易犯以前研究者的错误，把它们作为一个经本，完全忽视它们在流传过程中的发展与变动，以及由此引起的佛教信仰内容的不同。在这样的前提下，再来考察此经及相关信仰在历史中的作用，结论就不会很可靠。因此，首先要将敦煌本《首罗比丘经》的形态和结构整理清楚。

2. 经文内容分析

仔细研究之后，笔者认为此《首罗比丘见月光童子经》事实上包括三个独立的部分。为研究方便，以下将分别称之为 A、B、C 部。

北京大学藏敦煌卷子 D.99 号首题完整，作《首罗比丘见五百仙人并见月光童子经》①；白化文作为校录底本的京重 26 号（胶卷编号北 8274）首题残缺，仅存六字"见月光童子经"；B 部尾题《五百仙人在太宁山中并见月光童子经》。从内容来看，这两个题名确实包括了 A、B 两部的内容，前者为首罗比丘与五百仙人的对话，而后一部分则是仙人带君子国君臣向月光童子问法。A 部中，经文通过首罗比丘与大仙的对答来宣扬月光童子出世之法。所有关于月光童子的预言都是出自大仙的解说，月光童子没有亲自演说。在 B 部中，则完全没有首罗比丘的形象。事实上，五百仙人的作用也仅止于带路，其后的正文部分是君子国国王和月光童子就月光童子的"法"进行问答。所以，A 部准确的名称应为《首罗比丘见五百仙人经》或《五百仙人在太宁山中经》，B 部应为《见月光童子经》。C 部没有出现首罗比丘及仙人的形象。这一部分内容非常杂乱，间有咒语、秘密手势、口语等内

---

① 张玉范：《北京大学图书馆藏敦煌遗书目》，载北京大学中古史研究中心编《敦煌吐鲁番文献研究论集》第五集，北京大学出版社，1990，第 536 页。

容，温玉成认为这一部分是北齐邑师对前两经内容的说明或发挥，其时约当6世纪80年代初。但温氏没有提出明确可靠的证据，因此，对这一部分的创作时间，还不能给出一个比较准确的说法，只能暂时界定为在 A 部之后，在 B 部之后或差不多同时的时期。

从内容和结构来看，A 部是 B、C 两部的母本，或者说原型（下文将对此进行论述）。《首罗比丘见月光童子经》只是众经录对它的笼统或方便的经名，而敦煌各卷本尾题大都为《首罗比丘经》，此题和 C 部内容不能吻合，不会是 C 部的单名，而应该是全经名。敦煌各卷本中三部分连写的形态说明 A、B、C 部完全形成后，确实是被当做一个整体来传抄流传的，至少在隋前它们已经被混为一部了。为方便起见，在下文中，需要单独提到某一部的时候，将以《首罗比丘经》A、B、C 分别称之，而在需要将它们作为一个整体来对待的时候，仍循以往的惯例，称之为《首罗比丘经》，这实在是一种无奈之举。

A 部

1. 出经因缘	首罗比丘在君子国太宁山中修道，一日，见五百仙人经过。因请供养仙人。仙人告诉首罗月光将要出世，并为说月光童子之法。
2. 月光之"王境"	"王在汉境"，具体来说是"弱水以南，葭河以北，于其中间，出现于世"。
3. 人民是否得见	改往修来，奉持戒者尽见之。
4. 持戒之法	行斋戒，一心念佛法，口咏法言。
5. 五逆者是否得见	但使改往修来，亦得见之。
6. 预示灾祸	当来大水灾至，兼有疾病流行。百姓饥馑，英雄竞起，无有宁日。
7. 如何得免灾祸	比丘、比丘尼：坐禅、诵经、劝化兴福；不犯五逆、饮食得法； 优婆塞、优婆夷：受持三归五戒、行十善、岁三月六斋（即后面重复所说的"岁三长斋，月六斋"）。
8. 治理时间	52 年。
9. 何时出世	古月末后，时出境阳。
10. 月光大众人数	"不可称计"。包括菩萨、天人、诸天童子、阿难、舍利弗、龙王、象、雨师等。
11. 首罗再问如何得免当来水灾	免水灾：恒山五岳、渤海、雍卢庭、甘晨山、覆舟山、颇资山、乳罗山可免水灾。 除此之外，"敬信三宝，礼佛念法，敬比丘僧，持斋礼拜，敬信不懈，专念不煞"之人亦得免水灾。 免疫病之灾：持戒奉斋、皆使清洁。 免妖邪之灾：慎莫信之。
12. 人民是否得见	月光出世，唯有善者尽得见之，五逆大恶众生终不见也。

13. 城池巷陌	纵广七百余里,高千尺,下基千尺。激城五百余尺,开七十二门。城作紫磨金色,中有兜率城。高千尺,下基千尺。激城亦五百尺,亦作紫磨金色。明中五百余里,亦开七十二门。中有八城,各三十余里,亦作紫磨金色。各有千巷,巷巷相当,门门相望,出见法王。如此城郭等,男女皆悉充满。
14. 相随之琴乐	琴戏吹咏,振大法鼓,吹大法雷……
15. 大魔	月光出世之时,必有大魔出。"如此大魔三十六人,各乘龙马,腰带四十二金杖。左手捉金刚杵,右手捉颇梨斧。走来扰去,踏石没踝,但言唱煞,无有当者。"
16. 却魔之人	唯有三十三天一童子,名赫天。
17. 大魔之外,更有何灾?	七日暗,夜叉、罗刹等食人。
18. 避免之法	唯有受持三归五戒、奉行斋法之人可得度脱。
19. 何处可免	阳州、玄兔(兔)、固都、棘城柳城、颇资阳河涧。
20. 大灾之地	三相大灾皆起,血流成河,白骨如山,唯有东南乃得无为。
21. 世间贤圣	八贤:石贤德、严贤明、孙贤奇、花贤德、吴贤使、郑贤当、观贤宝、赵贤思。(姓氏后的"贤"字应该是尊称。八贤之名:石德、严明、孙奇、花德、吴使、郑当、观宝、赵思)。 更有十一贤士:秦超世、潘道成、卢惠愿、板国兴、扶男阳、刘道贵、王延寿、赵显宗、张道板、故世安、李罗刹。
22. 如何得值贤圣	唯有平等。
23. 首罗劝告四众(以月光童子口气)	大灾将至……得吾经者皆示之,莫问远近。得吾经者,勤行流布,使一切闻之。不听、隐匿吾经者,当之世,必堕恶道。 若有善吾经者,勤行流布城邑聚落,男女大小皆使闻之。其有匿吾经者,现世不吉,当来得病。

注:经文主要是采用首罗比丘和大仙的问答方式表达的。其中,得度之人的限定范围前后矛盾。3、5 都说不管何人,"但使改往修来,奉持戒者尽得见之",但 12 又言"唯有善者尽得见之,五逆侵恶众生终不见也"。考虑到这类经典在民间传抄流传的情况,不排除有被篡改的成分在其中。

这部分的结构基本是仿照 A 部而来,只不过加入了新的内容,如经首把问法之人换成君子国君臣。其后关于月光童子的教化的内容都是通过一问一答的形式展开的,很多语句两经说法非常一致,如关于月光童子出于汉境的疆域范围、水灾时人民受苦的描述,及以受持三归五戒以得度恶世等内容。但两部分也有重大区别。将 B 部与 A 部相区分开的另一个明显标志是月光童子出世为王所发挥的具体作用。从 A 部中已经得知,月光童子将于中国为王 52 年,他发挥威力,在各处建立道场,使犯五逆者奔逃。另外,月光出世之时,必有大魔出,作乱世间。唯有"赫天童子"能却此大魔。据

B 部

1. 出经因缘	君子国君臣闻太宁山上有五百仙人，因来拜访，并被告知月光童子将出世之事。大仙因与君子国君民去向月光童子请法（以下内容均为君子国王与月光童子的问答）。
2. 月光童子现在居止地	蓬莱山中海陵山下闵子窟所。
3. 大王奉问月光童子	月光童子告大王：但当修善，勤行精进。
4. 预示水灾	当来之年，必有水灾，高于平地四十余里。当水来时，从西北角出东南而流。
5. 如何得免水灾	此持戒净洁，"设复有人造《观世音经》一卷，设复有人禅思一心，设复有人于恶世勤行劝化，设复有人流通是经，不令隐匿，章句文字，勤行劝乐。如此人等，皆得度世，不为水灾之所夭没。"受三归五戒、奉行善法、劝化众人。
6. 再告灾祸	"当来三灾疾病流行，十伤九亡。种种异患，皆当夭命"；"世将欲末，渐令恶起，来年难过"；"妖邪不详，英雄竞起"。
7. 如何得免	"诵'观世音'千遍……设复有人流布此经，处处流传，使人闻知，得度身命"；"受吾救者，城邑聚落国王大臣一切人民皆得闻之。能有信心，崇奉此经，莫问远近，应往流通，使人闻之。千城百国皆使闻之。"
8. 月光童子之"王境"	黄河以北，弱水以南，于其中间，王于汉境。
9. 何人造作此经	海陵大圣三千余人参议所造。
10. 月光童子出世记	迦叶石像："向者所说汝若不信，但看迦叶石像，是吾出世记耳。"
11. 受法后	大仙国王并及臣民欢喜奉行，作礼而去。

砂山稔的观点，此"赫天童子"即月光童子[①]，那么，月光童子还有直接对抗恶势力的形象。而在 B 部中，月光之出趋向于抽象化，借月光之出来宣扬如何度恶世。度世之法除了受三归五戒之外，最主要的是宣扬《观世音经》。不多的经文中，反复强调："设复有人造《观世音经》一卷，设复有人禅思一心，设复有人于恶世勤行劝化，设复有人流通是经，不令隐匿，章句文字，勤行劝乐，如此人等，皆得度世。""受吾教者，诵'观世音'千遍，防身度世……勤行此经，若老若少皆使闻之，得度恶世"。其次，A 部对月光童子出世时相随大众、其城池巷陌、他出世时相随之琴乐，尤其是对现隐在人间的"贤者"的作用和活动都做了非常详细的描述，而这些内容

---

① 砂山稔：《月光童子刘景晖の反乱と首罗比丘经——月光童子谶お中心として》，《东方学》第 51 辑，1976，第 7 页。

在 B 部则被省略或简化了。

3.《首罗比丘经》C 部

对第三部分，也就是矢吹庆辉称之为"咒语"部分①的《首罗比丘经》C 部的考证，颇为困难。事实上，讲说咒语在其中只占了极少的分量，且对此咒语的神效的描写只两句"读此咒时，师子、虎狼，复恶邪、祝帝、百鬼自然去"；"读此咒，使人晨夜安稳，即见菩萨"，无足轻重。这部分的重点在于宣扬以上两经的神力，及菩萨、维摩等在人间度化众人的思想。也就是说，是对 A 部和 B 部的引申。无论从行文和内容来看，它都和前面两部分相差甚远，而更接近于《大慈如来告疏》等传帖类的伪经形式。所以，温玉成认为这部分是北齐邑师所作，是对经文的进一步阐发②。但他将这部分经文中对末法情形的描述完全搬到现实世界来，认为是揭露当时道义师僧的罪恶，则有失客观。因为末法思想在十六国南北朝时期影响甚大，加上当时战乱不止，人民生活荡荡不安，有关末法世界的描述很容易成为当时一些佛经尤其是伪经青睐的主题，虽然有些也会有比照现实的地方，但用经中描写的现象来说明当时的历史状况，显然是不准确的。

从该部内容来看，它主要是附在前两部宣扬月光出世的伪经后面流通的，说明它的产生肯定与前两经相关。也就是前两经产生后，又有人对之进行阐释，形成此经，并一起流通。所以，它宣扬的主题和前两经一样，是关于月光童子出世信仰的。经中也明确说："法王欲待，圣君欲下""月光童子欲出，圣成（城）欲现"。只是这部分结构零散，语意混乱，很多语句的确切含义我们无从得解。作为整体的《首罗比丘经》，一些被认为最晦涩难懂的口语或手势都集中在这一部分，如"解吾口语，即吾弟子""指手心上，乃思惟思之，不但看后头有杆，十手相指，唤'赫赫'自去""由欲末后，两手相拍，穆然自去"。许理和据此猜测当时应该存在一个秘密社会，他名之为"月光派"③。这些内容对现在的我们来说确实

---

① 《鸣沙余韵解说》第二部《疑伪佛典概说》，东京岩波书店，1934 年初版；此据京都临川书店，1980 年再版，第 224 页。

② 温玉成：《〈首罗比丘经〉若干问题研究》，《佛学研究》，1999，第 208 页。

③ Erik Zürcher, "Prince Moonlight: Messianism and Eschatology in Early Medieval Chinese Buddhism", T'oung Pao LX Ⅷ, 1–3, p.45.

有相当的神秘性。这些肢体动作和语言，可以认定是当时某一团体的认同方式。

三 《首罗比丘经》创作时代考

《首罗比丘经》A 部反复提到"古月"之谶。这一谶言的核心思想是：古月在末法时代兴盛，它最终将被月光童子取而代之，从而成就太平之世。在以往研究中，这一谶言被不同程度地忽视了。由于这一谶言只出现在该经的第一部分，通过对这一谶言的考察，有理由认为这部分乃是该经的母本，其后两部分是它的衍生及阐释部分。换言之，"古月"之谶是理清《首罗比丘经》创作年代和月光童子信仰发端的重要线索，对它的考察结果，直接关系到对《首罗比丘经》的创作和流传过程的认识。

1. 《首罗比丘经》中的"古月"之谶

"古月"之谶只出现于《首罗比丘经》A 部，而完全不见于 B、C 两部，似乎也可以说明 A 部与后两部出现时间的不同。

"古月"之谶在《首罗比丘经》A 部反复出现。这一部分是以首罗比丘与大仙的问答形式来宣传月光童子出世之"法"的。大仙明确指出，月光童子将于"弱水以南，黄河以北"的汉境出世为王，救度人民。但对月光童子出世的准确时间，传达"圣意"的大仙没有给出明确的答复，而是以隐语的方式来回答的。经中数次强调：

> 首罗问大仙曰："月光出世，当用何时？""古月末后，时出境阳。"
> 首罗问曰："月光出世，古月末后，乃当出现？"

在另一处大仙向首罗解释世间存在的"仙人贤圣"的对话中，也提到"古月"：

> 首罗问大仙曰："而今世间颇有仙人贤圣以不？"大仙答曰："贤圣仙人世间无量。"首罗问曰："何人是也？"大仙答曰："贤〔者〕，古月兴盛，是故不见耳。"首罗问曰："贤士之人名号是谁？"大仙答曰：

"我说其名。"首罗曰:"唯愿说之。"大仙答曰:"石贤德、严贤明、孙贤奇、范贤德、吴贤使、郑贤当、观贤宝、赵贤思。此是八贤名字。汝今可往就之。真汝导师,能运生死。"首罗曰:"今在何处?"大仙答曰:"今当出世,何复问也。但当严心,时至有之。"首罗复稽:"除此八人,更有贤不?"大仙答曰:"觚更有之。""何人是也?"大仙答曰:"秦超世、潘道成、卢惠愿、板国兴、扶南阳、刘道贵、王延寿、赵显宗、张道板、故世安、李罗刹。如诸贤士,皆游巡世间。汝今肉眼,不能别之。"

这段内容主要阐述人间隐藏着无数"仙人贤圣"的思想,也涉及他们与"古月"的关系。其中"贤古月兴盛,是故不见耳"一句,其意似不可解。因为从后文可以看出,不可见的并不是古月,而是贤者。经文接着说这些贤者"皆游巡世间。汝今肉眼,不能别之"。这样看来,"贤古月兴盛"一语,其中定有漏字。推测其意,"古月兴盛"应该是如今"贤者"尚不可见的原因。换言之,由于有古月的兴盛,所以贤者隐匿起来,不能轻易得见。这和中国传统文化中一直存在的"乱世圣贤隐匿"的思想是一致的。

"贤者"隐匿的条件是什么呢?对此,可从不同的角度加以解释。汉刘安《淮南子》卷十四《诠言训》:

> 虽有圣贤之宝,不遇暴乱之世,可以全身,而未可以霸王也。汤、武之工也,遇桀、纣之暴也;桀、纣非以汤、武之贤景也,汤、武谴桀、纣之暴而王也。故虽贤王,必待遇。遇者,能遭于时而得之也,非智能所求而成也①。

非常强调圣贤起之前的"遇"。遇,就是一种机会,这种机会与当时社会的政治治乱有关。也就是说,只有暴乱之社会,才是圣贤乘机而起的"遇"。而智者要懂得"藏无形":"非藏无形,孰能形!"② 圣贤要等待机会才可以

① 何宁:《淮南子集释》,中华书局,1998,第1010~1011页。
② 何宁:《淮南子集释》,中华书局,1998,第1019页。

得天下。淮南子举例说周之取代商，是"得"而非"取"。"天下可得而不可取也，霸王可受而不可求也。"所以在成就霸王之前，圣贤会有暂时的隐匿行为。

《法言·问明》云：

> 或问"君子"。"在治曰若凤，在乱曰若凤。"或人不谕。曰："未之思矣。"曰："治则见，乱则隐。"①

《太平经》亦云：

> 凡大小甲申之至也，除凶民，度善人。善人为种民，凶民为混斋。未至少时，众妖纵横互起，疫毒冲其上，兵火烧其下，洪水出无定方，凶恶以次沉没。此时十五年中，远至三十年内，岁灾剧，贤圣隐沦②。

"治见乱隐"的不唯贤圣，连一些祥瑞的出现也和社会有关。《论衡·指瑞》云："儒者说凤皇麒麟为圣王来，以为凤皇麒麟，仁圣禽也，思虑深，避害远，中国有道则来，无道则隐。"③ 这其实是汉以来中国社会的一种"常识性"认识。

可见，贤人（贤者、贤圣）隐匿，是由于政治无道、社会混乱。这也是他们出世救度的前提条件。理解了这一点，对古月的意义就可以做出比较合理的解释了。

可以肯定的是，这里的古月是暗喻，指的是乱世或乱世的统治者。但它的具体所指，至少本经没有给出足够的明示。要明白它的准确所指，还要去寻找其他的数据。

所幸的是，确有史料记载历史上曾有"古月"之谶的流行。《晋书·苻

① 汪荣宝撰、陈仲夫点校《法言义疏》，中华书局，1987，第194页。
② 王明编《太平经合校》（上），中华书局，1997，第4页。
③ 黄晖：《论衡校释》卷十七，中华书局，1995，第741～742页。

坚载记》云:

> 初,坚即伪位,新平王彤陈说图谶,坚大悦,以彤为太史令。尝言于坚曰:"谨案谶云:'古月之末乱中州,洪水大起健西流,惟有雄子定八州。'"①

王彤以此预言苻坚将统一北方。坚访之王猛。猛以彤为左道惑众,劝坚诛之。至太元七年(382),新平郡献"帝王宝器"之瑞,坚以彤言有征,追赠光禄大夫。

王彤所上谶言,反映了后赵晚期的一些社会政治现实。石虎于349年去世后,诸子相争,中原大乱。"于是人物歼矣。贼盗蜂起,司、冀大饥,人相食。自季龙末年,而闵尽散仓库以树私恩,与羌胡相攻,无月不战。"②这引起了又一次民族大迁徙:"青、雍、幽、荆州徙户及诸氐、羌、胡、蛮数百余万,各还本土,道路交错,互相杀掠,且饥疫死亡,其能达者十有二三。诸夏纷乱,无复农者。"这些民族迁移其实是一次"回流",因为早在333年,石虎曾经徙关中豪族及羌戎到关东,他们主要被安置在枋头(今河南浚县西南)。冉魏战乱中,枋头这支移民主要集中在苻洪的统率下。在这次民族大回迁中,不少流民归于苻洪,使之力量大增。这就是谶言中说的"洪水大起"暗含的意思③。苻洪死后,其子苻健继立,带领众人从枋头西归,并占有关陇。351年,苻健自称"大秦天王",建元"皇始"。352年即皇帝位,国号"秦",史称"前秦"。王彤所上谶言中"健西流"即指这一故事。至于"雄子定八州",则是预言苻雄之子苻坚将统一北方了。

王彤的经历,我们所知不多。他是新平人(今陕西彬县),并自述于后赵建武四年(338)从京兆刘湛学图记。据此,他是从后赵入秦的,应该是苻健入关中后归顺苻氏的。

王彤被王猛指为"左道"而下狱死。"左道"之称,一般用来指离经叛

---

① 《晋书》卷一一四《苻坚载记》下,中华书局,1974,第2910页。
② 《晋书》卷一〇七《冉闵载记》,第2795页。
③ 《晋书》卷一一二《苻洪载记》,第2867页记其名是因当时陇右民谣曰"雨若不止,洪水必起"而起的。这当然是附会之说,不过对我们理解王彤所上谶言是有帮助的。

道的言论或行为，但在中国的典籍中，常将之与"异端思想"等挂钩，而不仅仅是"离经叛道"①。王彤所传谶言，一定有其宗教来源，而此来源又为王猛所知，所以不加采用，反而要严加限制。

王彤所引谶言并非空穴来风。早在苻健皇始四年（354），新平已有类似谶言。当时传言有"长人"出现，告知百姓张靖曰："苻氏应天受命，今当太平，外面者归中而安泰。"新平令以闻，健以为妖，下靖狱。会大雨霖，河渭溢，岸边出现"长人"灵迹，苻健才信其言有征，并赦免张靖②。张靖所托"长人"，无疑是附会之说。他所上谶言虽没有"古月"字样，其内容实质和王彤所引谶言相同。应该说，王彤所上的谶言并非自己制作的，而是有所依据的。联系到其中"古月"暗含的意思，该谶最早的源头应该可以追溯到石赵晚期。

2. "古月"之谶与后赵时期的反胡斗争

后赵时流传的"古月"之谶，古月很明显是指"胡"，也即前秦之前几乎统治了整个黄河流域的后赵③。它采取了中国谶言经常利用的"离合"方式④，来表达后赵时期汉人的反胡思想。

后赵是一个少数民族政权，建立者是羯族人石勒。后赵国内，一直采取羯汉分治的政策。羯族当时又被其他民族称为"羯胡"或"胡羯"，或直接称之为"胡"。石赵政权明显具有"崇胡"特色，国内严禁称"胡"字，号"胡人"为"国人"，对一切带有"胡"字的物品也做了相应的改称⑤。石勒与石虎之崇佛，其中一个重要原因也是因为"佛是戎神"⑥，和自己的胡人身份都是有别于汉人的。

---

① 参葛兆光《妖道与妖术：小说、历史与现实中的道教批判》，原刊日本京都大学《中国文学报》1998 年第 57 期；此据氏著《屈服史及其它：六朝隋唐道教的思想史研究》，三联书店，2003，第 118~145 页。

② 《晋书》卷一一二《苻健载记》，第 2871 页。

③ 后赵的土地差点奄有整个黄河流域。参王仲荦先生《魏晋南北朝史》，上海人民出版社，1981，第 242 页所附的《石勒称帝时北方形势图》。此图所示，除了前燕在今东北，前凉在今河西走廊之外，中原地区都在后赵的版图内。

④ 刘勰：《文心雕龙》中所言："至于三六杂言，则出自篇什；离合之发，则明于图谶。"（宋）李昉等撰《太平御览》卷五八六《文部》二《诗》，第 2639 页，引作"萌"。

⑤ （唐）欧阳询撰、汪绍楹校《艺文类聚》卷八十五"豆"（上海古籍出版社，1965，第 1453 页）引《邺中记》曰："石勒讳胡，胡物皆改名。胡饼曰'麻饼'，胡绥曰'香绥'，胡豆曰'国豆'。"

⑥ 《高僧传》卷九《佛图澄传》，第 352 页。

冉闵称帝后，曾遣使告东晋："胡逆乱中原，今已诛之。若能共讨者，可遣军来也。"① 冉闵与石祇战于襄国，有道士法饶进曰："太白经昴，当杀胡王，一战百克，不可失也。"② 反映了当时反胡是石赵晚期的一种号召。甚至在石虎在位时，就已有人以"晋当复兴"为旗帜，倡言反胡。建武十二年（346），沙门吴进向石虎建言："胡运将衰，晋当复兴。宜苦役晋人以厌其气。"石虎采用了他的建议，发汉人十六万，筑华林苑及长墙于邺北，给汉人带来极大的灾难③。这说明当时"胡（羯胡）——晋（汉人）"的矛盾与对抗已经到了令统治者高度警惕的程度。"胡运将衰，晋当复兴"的表达形式，显示它很可能是以谶言的形态被制作出来的。而且，以沙门吴进向石虎建言的积极姿态，这一预言石赵将衰亡的谶言应该也不是吴进本人制作的，更像是吴进将汉族人民相号召的谶言反映给石虎，并针对性地提出消除这一谶言效力的应对方法，其结果当然是以镇压汉人为前提的。如果这一谶言确实如以上推断的那样，是由汉人反抗石虎而制作的，也就更好地理解为何当众臣极力劝谏石虎停止这一劳役时，石虎绝不肯从，而且变本加厉，逼迫汉人连夜赶工，并恨言："墙朝成夕没，吾无恨矣"了。

《首罗比丘经》中"古月末后"，月光童子将出于"汉境"为王的谶言，与石虎时"胡运将衰，晋当复兴"的谶言无论在表达形态上，还是思想内容上都具有可比性。"古月"与"胡"的一致更使我们相信二者之间有因果关系。我们已经知道，石赵政权严禁"胡"字，在严密的文字控制下，有反抗情绪的汉人不敢直说"胡"字，而是采用离合的方式，把一字拆开，成"古月"二字。由此，"胡——汉"矛盾就以"古月——汉"的对抗形式展开④。

"古月"之谶中的"古月"象征着残暴、腐朽且注定被消灭的势力；而以月光童子为代表的，则是一股新兴势力，是能力挽狂澜的力量。选择月光

---

① 《晋书》卷一〇七《冉闵载记》，第2793页。
② 《晋书》卷一〇七《冉闵载记》，第2794～2795页
③ 《晋书》卷一〇七《石季龙载记》下，第2782页。
④ 萧登福认为道经《太上灵宝天地运度自然妙经》（简称《天地运度经》）中"玄运金马末，古月侵神州"的"古月"，泛指西晋末乱华之五胡，见《月光明王出世信仰及敦煌写卷〈首罗比丘经〉借明王以聚众抗胡的思想研究》，《敦煌学》第二十七辑，2008，第352～353页。西晋末较早起事的有匈奴族刘渊和羯族石勒，联系到王彤所上"古月"之谶所言前秦苻氏政权是在"古月"末年天下大乱之时乘机而立的，把此处的"古月"确定为石赵政权应该是可以成立的。

童子为代言人，应该不是偶然的，其中关键的因素应该就是"古月"一词的原始含义，即它指代的是石赵胡人政权。所以我们判断"古月"之谶及与此相关的《首罗比丘经》第一部分内容是后赵时期由后赵统治下的汉人佛教徒利用当时汉人普遍的反胡心理创作的，其主题是反抗胡人的残暴统治，期待太平之世的到来。

许理和也注意到王彤上书中所引谶言。他还提到另一处"古月"字样，即道经《天地运度经》中有"古月侵神州"一语①。他同意此两处的"古月"暗喻胡人，但他同时认为《首罗比丘经》中的"古月"，同这两处不是同一个意思，因为"月光童子绝非中国对抗胡人的象征。"他并引《申日经》中"秦土及诸边国，善乌长归兹疏勒大宛于填，及诸羌虏夷狄，皆当奉佛尊法，普作比丘"之语，认为既然月光童子宣布佛法的范围及于诸边国的少数民族，则不当有反胡的思想②。

事实上，《申日经》中，佛授记月光童子"出于秦国，作圣君"，这本身已经具有潜在的颠覆性。在一个基本统一了北方中国的政权下，还宣扬有"圣君"将于"汉境"为王，且其王境同现实政权的统治区域一致。这难道不是对现实政权的反动吗？许理和既然认定了其他两处的"古月"是指现实中的"胡"人，再来说《首罗比丘经》中的"古月"另有所指（但他没有给出具体所指），其论断颇显牵强。不过，这和许氏对该经创作年代的判断有关。许氏从文献学的角度认为该经产生于 518～589 年。其中，518 年是梁僧佑《出三藏记集》完成的年代，而首次登录该经的《隋众经目录》（《法经录》）完成于 589 年。许氏以《出三藏记集》没有登录为根据，断言当时该经尚未产生。但从经录及其他佛教经典中可以看出，月光童子将出于中国为王的说法早在西晋末、东晋初即已在北方流传③，北魏孝明帝熙平年

① 《太上灵宝天地运度自然妙经》，《道藏》，文物出版社、上海书店、天津古籍出版社，1988，5 册，第 866 页。

② Erick Zürcher, " Prince Moonlight: Messianism and Eschatology in Early Medieval Chinese Buddhism", *T'oung Pao LX Ⅷ*, 1 - 3, 1982, p. 33.

③ 西晋竺法护译《佛说申日经》中，释迦预言月光童子当出于秦国作圣君。见《大正藏》卷 14，第 817～819 页。《高僧传·释道安传》载习凿齿与道安书中有"月光将出，灵钵应降"之语，与他同时代的支通（314～366 年）也作有《月光童子赞》："灵通绥神理，忏和自交忘。弘规愍昏俗，统体称月光。"（《广弘明集》卷十五）说明至少在道安的时代已经有月光童子信仰的存在。

间（516～517），冀州已有以月光童子为号召的刘景晖叛乱。刘景晖以月光童子为号，且其年龄9岁，符合经典中月光童子的童贞形象，表明是《首罗比丘经》系统的月光童子信仰，显示出月光童子信仰在民间早已具有一定的影响力①。所以，该经的产生及在民间的流传应该在516年之前。联系到对"古月"之谶的考察，可以大致将其年限上溯到石赵晚期。当时北方基本统一于后赵，统治者正是作为"胡人"而被讳言为"国人"的羯族。在这样一个国家里，汉人是受压迫的。而经中反复强调的月光临出前的种种灾难及"古月"统治下圣贤隐匿的事实，也说明了"胡人"统治是腐朽破败的，其灾难性后果同于佛教宣扬的末法时代。

具有明显政治色彩的月光童子信仰必将成为统治者忌讳的对象，伴随它的也必定是被压制的命运。所以，武则天之后，罕有记载，只是以零星的成分残存于后代的民间社会中。有意味的是，在后代沿用了"古月"原始含义的民间宗教中，这一词仍然被用来指暗中反抗的对象——胡人。

3. 明末清初民间宗教的"平胡"思想

"古月"之谶中的"古月"指"胡"，也可以从后代民间宗教中的"平胡"思想中一窥其意。明末清初的诸多民间宗教中，有不少是公开或暗地以"平胡"，也即反抗少数民族统治者的清朝为号召的。如残存下来的龙天教经典《家谱宝卷》中讲述明末大动乱之际，龙天教是如何应谶救劫的。其第八卷："老母传留宝卷，时年有准。皇胎儿女，提防牛八天尽。五百年间，古月又募了一位。暗换朝纲，天下大乱。……有王位，先受惊，隐姓埋名。""戊辰年，己巳岁，流寇作反……庚午年，至辛未，人民遭难……丙子年，丁丑岁，达子作反。你不信，看戊寅，都是胡兵。"其中，"牛八"指朱氏明朝；"五百年间，古月又募了一位"，暗含着自元朝以来，又以少数民族统治汉人的清朝。此处的"古月"，也很明显是指"胡"。宝卷中又称达子为胡兵，这都是其平胡思想的表现②。

这些民间教派中的反清思想十分显著。如《定劫宝卷》："十八孩儿兖

---

① 《魏书》卷一一一《刑罚志》，第2884～2885页。
② 《家谱宝卷》第八品，参马西沙、韩秉方《中国民间宗教史》，上海人民出版社，1982，第705页。

上生，自小从来好杀人。手提钢刀九十九，杀尽胡人是太平。……九分恶人都死尽，一分善人住太平。燕赵魏地起贤民，九秋关上拜明王。"①

乾隆三十七年（1772）的八卦教案中，乾隆发现：

> 王中所传递书内有"平明不出周刘户，进在戊辰己巳年"之句。朕阅平明之明左旁日字有补改痕迹，细察笔法，系胡字迁就改易而成，其为大逆显然。即后叶"也学太公渭水事，一钩周朝八百秋"二语，亦俨然有自居太公与周之意，不可不彻底严究，以申国法。②

王中死后不久，教徒龙居泾等就供认了"王中原本及递抄各书，俱系平胡字样。前以河南抄送书内改为明字，王中籍端狡饰，是以随同附合"③。

王森闻香教《弥勒尊经》中有令清当局"愤切"的政治内容：

> 至书内逆词，不一而足。如清朝以尽，四正文佛落在王门；胡人尽，何人登基；日月复来属大明，牛八元来是土星④。

清入主中原后，尖锐的民族矛盾提供了新的内容，反抗异族压迫的"平胡"思想不断出现在各类宗教预言和"经书"中，这正是八卦教教首刘姓家族"平胡"反满的思想来源之一，也是这个家族妄图登基的宗教理论根据。

我们无法说明明清时的各个民间教派的准确来源，虽然他们一般都有自己比较明确的"家谱"，但他们的教义思想及说辞上吸收了各种元素，包括佛、道、俗信的内容，及社会上一直流传下来的谶言。"木子弓长""十八

① 《定劫宝卷》，转引自马西沙、韩秉方前揭书，第931页。
② "谕那彦成将石佛口王姓为首传教者照律问拟"条，故宫博物院明清档案部编《清代档案史料丛编》第三辑，中华书局，第36页。参看马西沙《清干嘉时期八卦教案考》，《历史档案》1986年第4期。
③ "谕那彦成将石佛口王姓为首传教者照律问拟"条，故宫博物院明清档案部编《清代档案史料丛编》第三辑，中华书局，第36页。参看马西沙《清干嘉时期八卦教案考》，《历史档案》1986年第4期。
④ "谕那彦成将石佛口王姓为首传教者照律问拟"条，故宫博物院明清档案部编《清代档案史料丛编》第三辑，中华书局，第36页。参看马西沙《清干嘉时期八卦教案考》，《历史档案》1986年第4期。

子""卯金刀"等,都是在社会上流传了一千多年的宗教及政治谶言①,在明清教派的经典宝卷里依然活跃,甚至被广泛应用。说明某种思想(或其载体语言)一旦形成,很容易在民间扎根,拥有长久的生命力。依据"木子弓长""十八子""卯金刀"诸例的情况,还可推测,"古月"在明清民间宗教中很可能也保留了一千多年前的真实含义②。这一谶言虽然有时被埋没在历史的洪流之中,但在特定的时机,仍会被民间力量挖掘出来,加以利用。或者说,它们在中国民间的影响是一直存在的,只是由于各种原因,不能时时得见。

作此结论,不是为了说明明清的教派和五胡十六国时期的月光童子信仰有直接继承关系,而是试图说明在不同的时期,"古月"之谶具有明显的可比性,这对理解这一谶言及《首罗比丘经》创作时期有借鉴作用。

综上所述,笔者认为,后赵时期已经产生了古月之谶,它的产生是后赵汉人反抗胡人统治的结果。由于后赵佛教盛行,制作者采用了伪经的方式,将反抗胡人的思想以佛经的形式流传,并表达了对圣明君主及太平之世的向往和期待。对这一谶言的利用,除了王彤用以说明坚将于石赵之后统一北方外,更多则见于佛教伪经《首罗比丘经》及相关的月光童子信仰。因此,该谶对探讨《首罗比丘经》的创作年代有着重要的作用,是我们研究这一伪经不应忽视的内容。

(原文发表于《敦煌吐鲁番研究》第十一卷,上海古籍出版社,2009,第183~198页)

---

① "木子弓长""十八子"指"李","卯金刀"指"刘"。李氏谶言与刘氏谶言的渊源及流传,详见杨梅《也谈"李氏将兴"与"刘氏当王"》,《兰州大学学报》2006年第3期。
② 在有些地方则被误解,被当做和"木子弓长""十八子""卯金刀"一样,是指姓氏。如李、刘、胡等四姓。不过,四大姓之说,恰恰也说明了其中的"胡"是"古月"二字的离合方式,如同"十八子"指代李氏,"卯金刀"指代刘氏一样。

靖恭杨家

——唐中后期长安官僚家族之个案研究

◎ 王　静

社会流动是人与社会关系动态的表现。社会流动包括两种基本形式：一是不同阶层的人在社会地位体系中的垂直流动，根据流动的方向，可分为向上与向下的流动。二是由于各种原因而产生的个体或群体在区域间的空间移动，称为水平流动。这与社会地位的变动未必是同步的。实际上，二者并非泾渭分明，而往往是结合在一起的①。社会流动的产生包括自然、人口、社会原因。一定意义上，社会原因是最根本的原因，社会的价值观，社会的变革，社会生产的发展，都能引起个人地位与社会结构的改变。因此，在历史过程中观察社会流动，更有助于我们来观察人和社会动态的互动关系。

社会个体要从一个较低阶层渗透进一个较高的阶层，需要阶梯。因此如果社会分层是绝对的、刚性的、不流动的，则无法打破壁垒，开放的、有弹性的、可渗透的或流动的社会则可能产生垂直的社会流动②。因此在社会变革中，政府、社会主动提供、创造技术上的帮助，它使中下层人员有可能借助这种合法化的制度（机制）步入权力结构的核心。在王朝的众多创造中科举制度更好地提供了这种可能性，于是，它便得到王朝的垂青和进一步的建设，从而应运而盛。而以前以政治制度运作和社会认可来维持的社会构成

---

① 参考〔美〕戴维·格伦斯基编《社会分层》第四篇《不平等的形成》，华夏出版社，2005，第264页。

② 参考〔美〕戴维·格伦斯基编《社会分层》第四篇《不平等的形成》，第264～265页。

已渐不能维持，在这样的情况下，不仅是当初没有社会地位之人，即便是士族（包括依托及旧有门风沦尽者），也只能走这样一条路。前者欲借新制度在新的社会流动过程中赢得地位，后者则欲保持自己社会地位不坠，故大部分逐渐转向科举，以此作为进入朝廷官僚体制的阶梯。在这样的社会形势下，昔日的门阀士族凭借自己的优势，也能在科举考试中一展身手。研究表明，唐史中所见博陵崔氏家族有十二支，其中只有八支的祖先可以追溯到北朝和隋代①，很可能这十二支崔氏主要是依靠科举取得地位的②。这说明一些南北朝时期的士族，到了唐代后期，也逐渐顺应了时代潮流，选择最有利的上升途径。他们要循着社会制度与结构，寻找并开拓个人、家族的发展空间。这样，他们的社会地位继续得以保持和巩固，只不过采用了不同的方式而已。而一些社会中低层人士，为了改变现有地位，就会积极响应并选择这样的上升途径来为自己的上升奠定起点。正是"三百年来，科甲之设，草泽望之起家，簪绂望之继世。孤寒失之，其族馁矣；世禄失之，其族绝矣"。

在统治者的推行下，社会不同阶层的响应下，科举制度的作用被巩固，成为唐代后期社会大部分人认可的方式，成为人们在社会地位体系中上升的重要方式之一，甚至一些官僚以此来世袭高位③。

社会流动的多种表现，正体现了社会流动的多层次，也深刻地体现了社会结构的变动。而新的社会流动方式带来的家族郡望、新贯、归葬等问题，均为治史者所关注，其中包含：氏族居住地迁徙与地方势力迁移的关系④；中古选举制与士族权力转变对唐代士族中央化的作用⑤；唐代官僚制度所造成的士人因追求仕途而丧失故里，沦为纯粹的官僚，对其生活所产生的

---

① P. Ebrey, *The Aristoctratic Families of Early Imperial China: A Case study of the Po-ling Ts'ui Family*, Cambridge University Press, 1978.

② 周一良：《〈博陵崔氏个案研究〉评介》，《中国史研究》1982 年第 1 期；此据所撰《魏晋南北朝史论集续编》，北京大学出版社，1991，第 191~201 页。

③ 吴宗国：《进士科与唐朝后期的官僚世袭》，《中国史研究》1982 年第 1 期。

④ 陈寅恪：《论李栖筠自赵徙卫事》，所撰《陈寅恪集·金明馆丛稿二编》，三联书店，2001，第 1~8 页。

⑤ 毛汉光：《从士族籍贯迁移看唐代士族之中央化》，《史语所集刊》第 52 本第 3 分，1981，第 421~510 页；后收入所撰《中国中古社会史论》，上海世纪出版集团、上海书店出版社，2002，第 234~333 页。

影响①；士族在唐代政治社会发展过程中的分化、组合、升降的过程②；文学士族由科举仕进所进行的流动迁徙，以及由此形成的丧葬地迁移③。上述问题的研究均能体现，在新的选官制度下，人们在社会变迁的过程中，逐渐调整自己的发展方式，以维持或者争取社会地位。

在唐代长安城，有着许多官僚家族，在时代的演变中，他们荣辱升沉。本文要分析唐代后期长安的一个官僚家族——靖恭杨家。选择这一家族作为研究的对象，一是由于他们是因仕宦而在长安长期居住，有助于我们了解随着科举仕进逐渐迁移到京城的官僚家族，选择怎样的方式来维持和巩固社会地位？二是这一家族与唐代后期政治史上所谓的"牛李党争"有着千丝万缕的联系，他们在仕宦过程中的人际关系、社会活动和价值取向均能体现他们在社会中向上流动的特征，是了解唐代后期官僚阶层社会流动的一个很好个案。他们依靠科举考试进入仕途，同时在政治生涯中，仍选择科举作为巩固家族地位的手段。不仅如此，他们还利用掌握科举考试的关键来为自己赚取政治利益。由此而带来他们籍贯、归葬地的变迁都能说明科举制度、官僚制度对长安社会流动所产生的影响。

第一节 "靖恭杨家"称呼的来历背景

元和十二年（817）撰写的《杨宁墓志》称：

有唐建元元和，乃岁丁酉，四月孟夏，其日乙卯（817年5月15日），大司成杨公得谢之二年，寝疾革，顾谓子弟启手足曰……。言绝而薨。于是复者升号于靖恭里第，三日而殡于侔。……公讳宁，字庶玄，弘农华阴人也。……公而上六代隋内史令曰文昪，五代皇朝银青光

---

① 甘怀真：《唐代官人的宦游生活——以经济生活为中心》，《第二届唐代文化研讨会论文集》，台北学生书局，1995，第39～60页。

② David Johnson, "The Last Years of A Great Clan: The Li Family of Chao Chün in Late T'ang and Early Sung", *Harvard Journal of Asiatic Studies* 37.1, 1977, pp. 5 - 102；郭锋：《唐代士族个案研究——以吴郡、清河、范阳、敦煌张氏为中心》，厦门大学出版社，1999。

③ 李浩：《唐代三大地域文学士族研究》，中华书局，2002，第144～153、298～318页。

禄大夫瀛州刺史曰峻，高祖贺州临贺令讳德立，大王父檀州长史讳余庆，大父同州郃阳令隐朝，王考汝州临汝令赠华州刺史讳燕客，继以天爵自贵，位不求达，门高有待，德远而兴。①

据《新唐书·宰相世袭表》可知，弘农杨氏为魏晋以降的阀阅世家，宗族有观王房、扶风、河中、越公房四个支系②。"靖恭杨家"为弘农越公房的一支，在晚唐时候尤为显赫，并累世居于唐代京城长安的靖恭坊，因此得名。

通过宋代刘一止所撰《杨宗闵墓碑》，我们可以大体了解这个杨家自魏晋至宋的发展脉迹。碑云：

> 杨姓出姬姓，晋大夫羊舌氏至叔向食邑于杨，其子食我以邑为氏，食我党于祈盈，得罪于晋，子孙或逃居华阴山谷中。战国时，有名章者出焉，实始为华阴人，祖望至汉乃大。魏晋隋唐，冠冕蝉联，代不乏人，在唐尤盛，其任于朝者，居第列于三坊，曰靖恭，曰修行，曰新昌，子孙分为四院，曰关西，曰蜀中，曰淮南，曰浙中。今散居麟府、雁门等郡，都皆关西院子孙也；在江南'闽越者'皆浙中院子孙也。名卿才大夫，将帅相臣以勋德著见于史，名字不可疏举。③

墓碑特别强调杨氏在唐代的发展，叙述了弘农杨氏在长安显盛的几支及其繁衍情况。墓碑中除了提及郡望、族望外，唐代弘农杨氏的官宦尤受到重视。他们通过为官中央，移居京城，逐渐脱离自己的本贯后，便以京城所居坊来区别标识，同样他们也因社会地位而为公众所关注，成为时人茶余饭后的谈资。

---

① 《唐故朝议大夫守国子祭酒致仕上骑都尉赐紫金鱼袋赠右散骑常侍杨府君墓志铭并序》，周绍良、赵超主编《唐代墓志汇编》（下文简称《汇编》）元和105，第2023页；亦见于《全唐文补遗》第1辑，三秦出版社，1994，第251页。

② （宋）欧阳修、宋祁撰《新唐书》卷七一《宰相世袭表》一下，中华书局，1975，第2346～2386页。

③ （宋）刘一止：《宋故武功大夫贵州刺史永兴军路马步军副都总管特赠右武大夫光州防御使累赠太师魏国公杨公墓碑》，《苕溪集》卷四八，景印文渊阁四库全书集部71·别集类，台北商务印书馆，1986，第1132～1228页。

类似的记载也见于别处，《宋史》卷三〇七《杨覃传》云：

> 杨覃，字申锡，汉太尉震之后。唐有京兆尹凭居履道坊，仆射於陵居新昌坊，刑部尚书汝士居靖恭坊，时称"三杨"，皆为盛门，而靖恭尤著。汝士弟虞卿、汉公、鲁士皆显名。虞卿至工部侍郎、京兆尹，生堪，为太子少师。堪生承休，昭宗朝，以兵部员外郎使吴越，会杨行密据淮甸，绝其归路，因留浙中。承休生岩，即覃祖也，署为镇海军节度副使，奏领春州刺史。岩生郁，早卒。①

又《宋史》卷三〇〇《杨大雅传》云：

> 杨大雅字子正，唐靖恭诸杨虞卿之后。虞卿孙承休，唐天祐初，以尚书刑部员外郎为吴越国册礼副使，杨行密据江、淮，道阻不克归，遂家钱塘。大雅，承休四世孙也。钱俶归朝，挈其族寓宋州。②

欧阳修在所撰《杨大雅（原名杨侃）墓志》中，虽然在追述代系上存在舛误③，但是仍重点强调墓主人前代居于长安靖恭坊的显赫时期：

> 扬（杨）氏尝以祖显于汉，为三公者四世。……比数百岁，下而及唐，然杨氏之后，独在太和、开成之间，曰汝士者，与虞卿、鲁士、汉公，又以名显于唐。居靖恭坊，杨氏大以其族著。④

可见，正史、墓志都在着意强调靖恭杨家在唐文宗时（828～840）的显赫，这背后蕴藏着深刻的社会背景以及世人变化的观念。

至明代，已经以"长安靖恭坊"来指代这一家族。杨士奇《南雄杨氏族谱序》，云：

---

① 《宋史》卷三〇七《杨覃传》，中华书局，1977，第10130页。
② 《宋史》卷三〇〇《杨大雅传》，第9979页。
③ 岑仲勉：《郎官石柱题名新考订》（外三种），上海古籍出版社，1984，第453～455页。
④ 欧阳修：《谏议大夫杨公墓志铭》，《居士外集》卷一一，《欧阳修全集》，中国书店，1986，第437页。

南雄杨氏谱者，杨氏之孙有文，念其先世徙处不常，惧远而失其源本而作也。其先出唐之长安靖恭坊，自祭酒膳，从僖宗幸蜀，遂家眉州而代有显仕，九世至宋昭庆节度使遐。……呜呼，靖恭启自汉太尉，史称太尉累叶载德，是以其后子孙散之四方者，往往皆至通显，固源于太尉清白之遗。①

此时，靖恭坊似乎已经成为这个家族谱系中的特定标志，象征着一定的身份与地位。

靖恭为唐代京城的一个坊，位于长安城朱雀门街街东第四街②。史传与出土墓志，为我们提供了这样一个事实：中晚唐时，这里为高官集中居住的地方。杨家聚居于该坊，其盛时，是一个为社会所关注的有特色的官僚家庭。

我们注意到，追述籍贯与族望是传记、墓志中常见之事，但上述墓志于"靖恭杨家"却着墨甚多，不再只强调其弘农杨氏的郡望。这样的记述表明，唐代"靖恭杨家"社会地位对后世的影响，使得"靖恭"已经超越或者等同于其郡望了，这深刻地反映了社会制度的演变与社会观念的转变，也反映了一个家族在社会中的发展。以所居坊里称之的习俗，不知道始于何时，此或反映了人们社会观念的某种转变，这种转变至少从晚唐开始。钱易《南部新书》已载：

近俗以权臣所居坊呼之，安邑，李吉甫也；靖安，李宗闵也；驿坊，韦澳也；乐和，李景让也；靖恭、修行，二杨也；皆放（仿）此。③

钱易此书作于北宋大中祥符（1008～1012）年间，故其称"近俗"，可推知应为唐末五代时期。实际上，以所居坊里名称冠于姓氏或一个家族之前亦见于唐代墓志，如《汇编》残志三一载："故今之勋人者，举曰修行郑氏……修行

---

① 《东里集续集》卷一二，《东里集》一，上海古籍出版社，1991，第521～522页。
② （清）徐松撰，张穆校补，方严点校《唐两京城坊考》，中华书局，1985，第70页。
③ （宋）钱易撰，黄寿成点校《南部新书》己，中华书局，2002，第80页。

其第之里名也。"① 但是，修行郑氏家族成员墓志中，对郡望和婚姻的强调，与社会上"修行郑氏"的称呼，却恰好说明社会新旧交替过程中，社会的认知与一些家族自身观念的错位。在官僚体制的运作下，宦游生活使官僚家族逐渐产生了郡望、居住地、归葬地的不统一性，而唐代后期，这种郡望与居住地混淆的情况，说明人们已经不理解郡望的本来意义，人们往往刻意地表明自己是家世悠久的名门显族，而不在意是否是某个现有世家大族的一员②。于是，在这种情况下，个人郡望的重要性便要小得多。分析唐代官私《姓氏书》的修纂，其形式在唐代中叶以后发生的变化正体现了氏族等第的不复存在，《姓氏书》的作用是使各姓在必要时选择郡望而已③。在某种情况下出于某种目的，人们总是很愿意、也很乐意地忘却或制造自己所经历的过去，不管这是否是有意识的、还是无意识的行为。通过越公房各支的杨氏在京城分别以所

① 《汇编》残志31，第2558页。通过出土的墓志，我们可以简单勾勒一个修行郑氏的谱系。可以看出，这也是一个累代同居于一坊的家族。该家族仍冠以郡望，与冠以所居坊里名称的做法并列，正好说明了社会认知的变化。《大唐故赠博州刺史郑府君墓志并序》，后半残泐严重，但墓主郑进思夫人归于西京修华里（修行里）第，归葬于广武原。其中提到四子为宜尊、昂、颍、绮。四子后分列子嗣，绮子之一为游（《汇编》开元361，第1405～1406页）。据《唐两京城坊考》，修行坊有郑宜尊宅，知进思后代继续居于此坊。关于郑游一支居于此坊，见《汇编》残志31，墓主讳鲁，字子隐，自北齐侍中述祖至府君，已七世。其大王父进思，皇朝赠博州刺史；王父游，晋州临汾令，赠太常少卿；父宝，秘书省著作郎，赠左散骑常侍；府君为其第四子。又知其二兄曰敬，官至绛州刺史；曰□易，官至工部郎中。其两位兄长夫人均为范阳卢氏。郑鲁夫人为陇西李氏，生四子：长男曰绩，商州上洛尉，中男曰绛，早损。幼男曰繾，女子字观音（其夫人李氏墓志见《汇编》元和125，第2036～2037页）。《唐故朝散大夫绛州刺史上柱国赐紫鱼袋郑公墓志铭并序》为其季弟朝散大夫工部郎中易所述，墓志中云：墓主讳敬，其王父游，学为士师，行为士表，其父亲宝，学通今古，道映当时，中立不倚，身否道亨。其重德硕学为当时所师仰，第一流者毕至其门，研赜经术，商榷古今。以经明为郎，继室生一子三女（《汇编》元和088，第2010～2011页）。又据《故宋州砀山县令荥阳郑府君墓志铭并序》，墓主讳纪，字龟年。曾祖游，汾州临汾县令赠太常少卿；祖宠，皇尚书库部郎中；父正，皇扬州江阳县主簿；妣陇西李氏，皇同州刺史敷之女。公取范阳卢氏，有子二人，长子总，次惠（《汇编》会昌016，第2223页）。据其夫人墓志，有子二人，长曰总，娶清河崔氏，次子曰特，经明登第，亦娶清河崔氏（《唐故宋州砀山县令荥阳郑府君故范阳卢氏夫人墓志铭并序》，《汇编》咸通006，第2383页）。依据这些墓志，我们至少可以推测郑家自郑进思以来，至少有三代居于修行坊。同时，这个家族大部分都归葬于河南县梓泽乡续村郑氏之先茔。通过这些墓志，我们见到郑家主要与陇西李氏、范阳卢氏通婚。总之，这个家族成员的几通墓志透露了家族成员居住地、婚姻状况及归葬地。

② 包弼德：《斯文：唐宋思想的转型》，刘宁译，江苏人民出版社，2001，注126，第400～401页。

③ 唐长孺：《魏晋南北朝隋唐史三论——中国封建社会的形成和前期的变化》，武汉大学出版社，1993，第404页。

居坊里而显明，我们可以看到这一趋势。而且，以所居名"家"而非"氏"这一点，也向我们透露了一种世族制度变化的信息。这个趋势是因为从晚唐开始世族式微；同时也因为唐代的世族为了出仕要参加科举考试，移居两京，为宦京城有关。出自越公房的靖恭杨家，从杨宁（？~817）开始，即以经学入仕①。

众所周知，弘农杨氏乃阀阅之家，于唐代及前朝有着显赫的声势②，尽管靖恭杨家号称源出弘农杨氏未免有冒称之嫌③，在这样的背景下分析靖恭杨家在当时社会发迹的过程，我们将更能分析唐代社会的一些变化，也可以看出这一家族于当时社会背景下的价值取向。居住于唐代首都长安靖恭坊的杨家之所以家世显赫，与其所处时代的政治、社会状况有着莫大的联系。本文之所以着眼于显赫于京城的家族来反映这一族的发展变化，正是因为这样一房中的一支或许更能反映中晚唐社会的变化。

从杨宁开始，杨家通过科举与入仕而定居京城。杨宁夫人为长孙氏，据《长孙氏墓志》知长孙氏伯姊适杨绾，长孙氏"在幼而孤，依于杨公之室，视犹女也"。而杨宁"受知司徒，婚姻之故，由司徒选"④。因此两人结成秦晋之好。宁有四子，即汝士、虞卿、汉公、殷士⑤。兄弟累世同居，且皆登科第，门庭日渐显赫。由于其家门的荣显，于是所居的坊里也就以此而显名。通过分析，我们可以看出，弘农杨氏越公房的一支，在官僚体系中发展，与其所处时代的政治与社会有着密切的关系。其极盛时期，自然会对京城社会产生一定的影响。

根据《新唐书·宰相世袭表》、赵超《新唐书宰相世系表集校》⑥ 及相关墓志可勾勒杨宁以降的杨家谱系如次（图1）：

① 《唐故朝议大夫守国子祭酒致仕上骑都尉赐紫金鱼袋赠右散骑常侍杨府君墓志铭并序》，《汇编》元和105，第2023~2024页。
② 欠端实：《隋代の弘农杨氏をぐつて》，早稻田大学文学部东洋史研究室编《中国正史の基础的研究》，早稻田大学出版部，1984，第199~219页；竹田龙儿：《门阀弘农杨氏一考察》，《史学》31卷，1—4号，1958，第613~643页。
③ 陈寅恪：《陈寅恪集·唐代政治史述论稿》中篇《政治革命及党派分野》，三联书店，2001，第268页。
④ 《（上阙）大理司直兼殿中侍御史赐绯鱼袋弘农杨公（下阙）志铭并序》，《全唐文补遗》第1辑，第251页。
⑤ "杨殷士"即"杨鲁士"，长庆元年（821）进士擢第，其年覆落，因改名。劳格、赵钺《唐尚书省郎官石柱题名考》卷一八，中华书局，1992，第818页。有时也将"杨殷士"讹作"杨颖士"，岑仲勉：《唐史余渖》，上海古籍出版社，1979，第178页。本文在行文中都称"杨鲁士"。
⑥ 赵超编著《新唐书宰相世系表集校》，中华书局，1998，第139~145页。

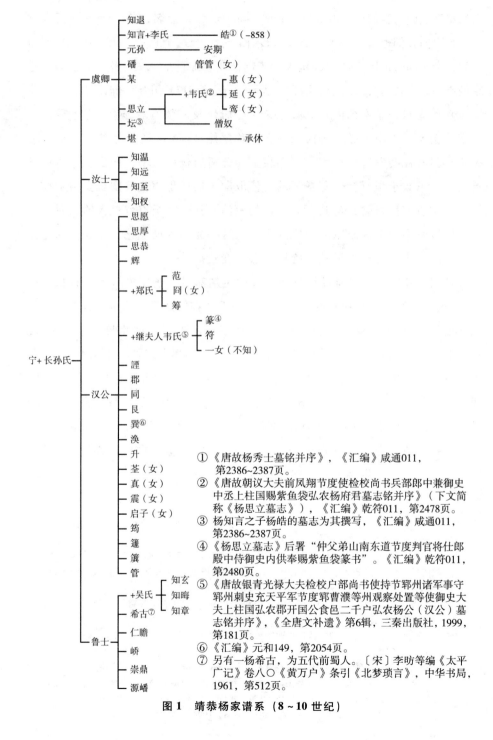

① 《唐故杨秀士墓铭并序》，《汇编》咸通011，
　第2386~2387页。
② 《唐故朝议大夫前凤翔节度使检校尚书兵部郎
　中兼御史中丞上柱国赐紫鱼袋弘农杨府君墓志铭并序》（下文简
　称《杨思立墓志》），《汇编》乾符011，第2478页。
③ 杨知言之子杨皓的墓志为其撰写，《汇编》咸通011，
　第2386~2387页。
④ 《杨思立墓志》后署"仲父弟山南东道节度判官将仕郎
　殿中侍御史内供奉赐紫鱼袋篆书"。《汇编》乾符011，
　第2480页。
⑤ 《唐故银青光禄大夫检校户部尚书使持节郓州诸军事守
　郓州刺史充天平军节度郓曹濮等州观察处置等使御史大
　夫上柱国弘农郡开国公食邑二千户弘农杨公（汉公）墓
　志铭并序》，《全唐文补遗》第6辑，三秦出版社，1999，
　第181页。
⑥ 《汇编》元和149，第2054页。
⑦ 另有一杨希古，为五代前蜀人。〔宋〕李昉等编《太平
　广记》卷八〇《黄万户》条引《北梦琐言》，中华书局，
　1961，第512页。

图 1　靖恭杨家谱系（8～10世纪）

此表反映的是杨宁以后杨家的谱系，囿于材料，它未必完整，但仍可反映出其家族发展的脉络①。

本节主要分析了"靖恭杨家"成长的时代背景，他们的社会特征、人际关系和社会流动过程则是这个时代背景的产物，与社会的变迁有着莫大的关系，下面我们将逐一论证。

第二节　靖恭杨家的社会特征

靖恭杨家自入仕后，就在靖恭坊居住下来，自此发展成京城社会有影响的家族。在这里，他们建立了包括姻亲与政治的社会关系网。如果我们对这些关系进行梳理分析，即可见其社会地位及价值趋向，并由此来透视当时社会的某些特征。

杨家的特征，概而论之有四：（一）这是一个阀阅之家，后又科举入仕；（二）这是一个累代同居一坊的家族，兄弟合住，子孙出自一地；（三）杨家一门多高官，成为社会企羡的对象；（四）因世代居于同一坊，家族的名望使得所居坊也因此扬名。

唐代长安城中基本居住单位为坊，它们以朱雀大街为界分为东西两部。我们知道，空间，比如居住地，由于其所处地理位置及周围环境的某种特殊性，而被人为地赋予社会、政治及权力等级的意义或功能。随着这种空间的形成，该功能也得以固化。唐后期长安城东部官员居住地的形成即为一种体现②。当这成为一种社会的公共认识以后，其合理性便不仅不为人所怀疑，反而成为人们追崇、追求的合法目标了。同样的，各坊中的居民，尤其是名门显贵，也会因为某种特征而为当时社会所熟知；而且随着社会的发展，此种特征往往会因其家族而名于时并为社会所趋，甚至为帝王所瞩目。《唐语林》卷一载：

---

① 可参高桥继男、玉野卓也、竹内洋介《唐〈杨汉公墓志考释〉（上）》，《东洋大学アジア文化研究所研究年报》第40号，2005，第36~49页；高桥继男、玉野卓也、竹内洋介：《唐〈杨汉公墓志考释〉（下）》，《东洋大学アジア文化研究所研究年报》第41号，第36~49页。

② 关于唐代中后期官员居住地的形成，具体可参考妹尾达彦《唐长安の官人居住地》，《东洋史研究》第55卷第2号，1996，第74页。

　　博陵崔倕，缌麻亲三世同爨。贞元已来，言家法者，以倕为首。倕生六子，一为宰相，五为要官。太常卿郊，太原尹郾，外壶（台）尚书郎郿，廷尉郇，执金吾鄯，左仆射平章事郸。［原注］郾及郸，五知贡举，得士百四十八人。兄弟亦同居光德里一宅。宣宗尝叹曰："崔郸家门孝友，可为士族之法矣。"郸尝构小斋于别寝，御书赐额曰：德星堂。①

同样的，任官于朝的弘农杨氏族支中也有多家因在长安某坊累世居住且有数位要官而名显于世，其中除履道坊为东都一坊外，靖恭、新昌、修行均位于长安城朱雀大街东（图2）。自从隋代开始实行科举制度，促进了作为都城的长安与地方都市的紧密结合，也起到了文化传递的作用②。同时，一些地方家族通过入仕朝廷，而迁移到京城，并且在此累世居住，形成京城的显赫家族，以其独特的家法（门风）著称于世，其居住的坊里也成为其标识之一，从而使地域空间被添加了某种社会特征。其实，这种兄弟同居或者累世同居，并且同居高位的现象在唐代长安并不乏见，诸如修行杨家（杨收）、新昌杨家（杨於陵）、修行郑家等，都因为其兄弟叔季繁盛、高官众多及某一特殊的门风而在社会中扬名。有的坊曲也因为一个显赫家族的聚居而以此家族的姓氏相称，胜业坊的"薛曲"即为一例。《唐两京城坊考》卷三胜业坊条云：

　　十字街北之东，银青光禄大夫薛绘宅。绘兄弟子侄数十人，同居一曲。姻党清华，冠冕茂盛，坊人谓之薛曲。③

　　这些家族以兄弟同居乃至几代同居的形式在京城长安定居下来，并依循当时的官僚制度达至社会的上层。累世同居在古代中国早有来自，有着深刻

① （宋）王谠：《唐语林》卷一，上海古籍出版社，1978，第7～8页。又见于白居易原本，孔传续撰《白孔六帖》卷一〇《堂八》，《白孔六帖》（一），上海古籍出版社，1992，第168页上栏；《新唐书》卷一六三《崔邠传》，第5019页。
② 妹尾达彦：《都市の生活と文化》，《魏晋南北朝隋唐时代史の基本问题》，汲古书院，1997，第365～442页。
③ 《唐两京城坊考》卷三，胜业坊条，第74页。

的社会政治、经济背景①。累世同居的社会影响力极大，尤其是自中唐以降，若一门数人都科举及第，并且有着良好家风时，则更为上层社会所称道。中晚唐以后，靖恭杨家因为科举中第与位居高官而闻名，杨家也因兄弟数人同居要官而为显族。《唐会要》卷三二戟条载：

> 咸通二年（861），杨汝士与诸子，位皆至正卿，所居静（靖）恭里，兄弟并列门戟，时人荣之。②

门户在中国古代社会，也是身份、家族的象征，同时也代表家族的社会地位③。上层官僚门前施戟，殊其门户。前引《杨侃墓志》，即着重突出了靖恭杨家为晚唐盛门。据谱系来看，靖恭杨家是一个门第与进士相结合的家族。自杨宁以明经入仕后④，子弟都参加科举，并大多为进士第，以此致身通显。尤其是汝士兄弟四人时期，奠定了这个家族的基础，为一时名门。辛文房《唐才子传》云："〔鲍〕溶，字德源。元和四年韦瓘榜第进士。在杨汝士一时。"⑤ 特标举出杨家人，充分表现了时人以与杨家人士同时登第为荣。

个人的身份对家族是很重要的。社会权力结构发生变化，使得这些原先因血缘而获得高贵权力世袭的家族为了挽留往日的辉煌不得不对它做出反应，适时调整生存策略。隋唐开始，科举考试逐渐成为入仕的主要途径之一，尤其是天宝以后，进士科发展成为选拔官吏的一个主要途径，并成为高级官吏的主要来源。唐代中叶以后政治上、文化上最活跃的人物便是科举出身特别是进士科出身的人物⑥。宪宗朝以后，门阀通过科举有显著的增长⑦，通过科

---

① 守屋美都雄曾分析了汉代累世同居的情况。详所撰《累世同居起源考》，《东亚经济研究》1958 年第 26 卷第 3 期，第 82～95 页；又《东亚经济研究》1958 年第 26 卷第 4 期，第52～74 页。

② 《唐会要》卷三二《戟》，第 688 页。

③ 刘增贵：《门户与中国古代社会》，《历史语言研究所集刊》第 68 本第 4 分，1997，第 817～897 页。

④ 《汇编》元和 105，第 2023 页。

⑤ 傅璇琮主编《唐才子传校笺》，中华书局，1987，第 3 册，第 52 页。

⑥ 唐长孺：《魏晋南北朝隋唐史三论——中国封建社会的形成和前期的变化》，第 404 页。

⑦ 渡边孝：《中唐"门阀"官僚的动向》，《中国の传统社会と家族——柳田节子先生古稀纪念》，汲古书院，1993，第 21～50 页。

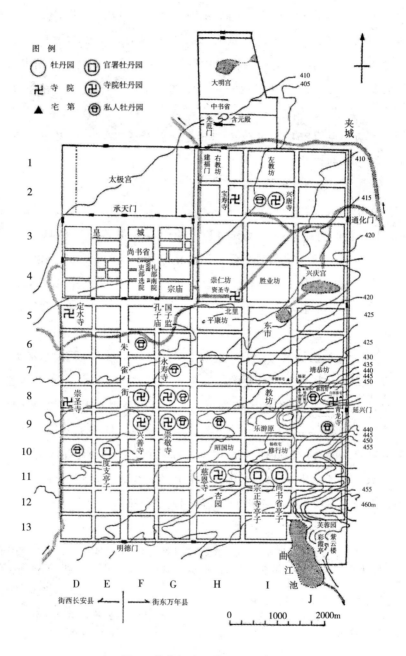

图 2　靖恭杨家及其周围示意图

（据妹尾达彦《唐代の科学制度と長安の合格儀禮》，《律令制——中国朝鲜
の法と国家》，1986，第250页，图3改制。）

举入仕更是跻身显赫的重要途径。于是，社会等级秩序也开始变动，等级构成产生变化。虽有的家族依靠旧有势力也能维持地位，但科举成为一些旧有家族最大限度发展的方式和手段，同时，一些新门户也因此诞生，成为社会的新贵。于是，不同社会阶层之间的流动扩大了。通过这一官僚选拔方式跻身社会上层者，也注重利用这一制度使自己以及本家族在上层社会的地位稳固而壮大。于是，这种社会流动方式也就被肯定，逐渐受到社会的推崇。

作为弘农杨氏一支的"靖恭杨家"，自杨宁始，通过科举入仕，在京城长安定居下来。不论在此之前，他们真实的社会地位如何，由此开始，杨家子孙便不断参加科举，以此作为家族在社会上立身的基础，更因位至公卿而益加显贵。可以说，杨家几代人正是通过科举考试得以在社会地位体系中不断攀升。

曾为盛族的"靖恭杨家"正是这样一步步地枝繁叶茂，立足于京城社会的。然而，科举及政治立场也为杨家的政治命运带来了沉浮。由于长期为官京城，在科举制度中又发挥着不容忽视的作用，靖恭杨家更是卷入政治纷怨之中，也因此在宦途上有了跌宕起伏。我们知道，中晚唐之际，内廷士大夫之间由于出身、政见的不合，多有私怨，同好之间往往结党营私。杨家因科举在政治活动中产生了诸多恩怨，同时，正因为杨家多是科举出仕，更由于座主门生的关系，也形成了一定的利益团体。所以，显赫的杨家亦随着当时的政治形势而进退于庙堂。中晚唐社会变革之际的家族在政治场中怎样沉浮，通过分析，在一定程度上我们是可以了解的。

不管此前靖恭杨家的家世背景如何，在社会体系转型过程中，他们是在逐渐顺应着社会制度而使自己发展的。分析杨家主要成员的起家经历，我们不难看出，自杨宁以后，这个家族是在科举体制下保持持续发展势头的。通过史书与墓志的记载得知：

> 杨汝士，元和四年（809），进士擢第；子知温、知权、知远皆登进士第。
>
> 杨虞卿（？～835），元和五年（810）进士擢第；子知退、坛皆登进士第。
>
> 杨汉公，大和八年（834）进士擢第；其子范、筹、篆、筠皆登进士第。又有两子蕡、簴举进士，无成而亡。

可见，杨家主要是通过科举一途入宦，是一个主体的累世同居的科举家庭，形成了靖恭杨家的社会影响力。官僚制度是士大夫社会成立的重要媒介与孔道，而科举考试又是他们进驻京城并且世代居住下去的途径。在此基础上，渐渐地进一步产生了地方望族的中央化①。至唐代晚期，社会崇重科举，中第成为个人与家族的一个标签，被视为后者身份的重要象征，而个人与家族本身也将此作为攀登中央要职的阶梯，科举中第为家族的莫大荣誉。杨家自身自然也将举进士作为家族的荣誉，特别重视。《唐摭言》卷三载：

> 杨汝士尚书镇东川，其子知温及第。汝士开家宴相贺，营妓咸集。汝士命人与红绫一匹。诗曰：郎君得意及青春，蜀国将军又不贫。一曲高歌绫一匹，两头娘子谢夫人。②

中第虽为踏入仕途的开始，但却是个人与家族前途的重要基础，是身份的象征。所以，科举中的起落也就悲喜相随。《唐摭言》卷一一云：

> 杨知至，会昌五年王仆射重奏五人：源重、杨知至、杨严、郑朴、窦缄，奉敕特放杨严，其余四人皆落。知至感恩自吊诗曰："由来梁燕与冥鸿，不合翻翻向碧空。寒谷谩随邹氏律，长天独遇宋都风。当时泣玉情虽异，他日衔环事亦同。二月春光花澹荡，无因得醉杏园中。"③

似杨氏这样兄弟皆进士，并且位至达官而受当时社会关注的家族在长安为数不少。《旧唐书》卷一七七《崔珙传》载："崔珙，博陵安平人。……父

---

① 关于唐代士族的中央化趋势，毛汉光研究了十姓十三家在唐代迁徙的规律表明，至唐代，这些大士族之主要人物从各方面走向京兆、河南这条线上，地方人物设籍或归葬于两京地区，表示其重心已迁移至中央而疏离了原籍，聚集在两京附近的士族子弟仍是唐代官吏的主要成分。但是，其研究以杨家地望在两京一带，所以只是列出，暂未研究（毛汉光：《从士族籍贯迁移看唐代士族之中央化》，所撰《中国中古社会史论》，第 247 页）。其实杨家也是通过科举入仕，在官僚制度中，投身到官僚层，在中央化与官僚化的螺旋进程中交互推移。

② （五代）王定保：《唐摭言》卷三，上海古籍出版社，1978，第 37 页。

③ 《唐摭言》卷一一《已得复失》条，第 123 页；类似的记载又见同书卷八《已落重收》条，第 90 页。

颛，贞元初进士登第，元和初累官至少府监。……颛有子八人，皆至达官，时人比汉之荀氏，号曰：'八龙。'……崔氏咸通乾符间，昆仲子弟纡组拖绅，历台阁、践藩岳者二十余人。大中以来盛族，时推甲等。"① 考崔氏居京城昭国坊。《唐两京城坊考》卷三云："山南西道节度使崔琯宅。柳玭云：崔氏居昭国宅，子孙昌盛，衣缨不绝。"② 崔琯为崔珙兄。可见，这种兄弟同居的现象在唐代并非少数。兄弟同居更容易为社会所关注，由此产生的规模效应更便于提高整个家族在京城社会中的地位。靖恭里的杨家也是这样的盛门之一，无论杨家是冒称著族还有旧有门风沦尽，在唐末五代之间，这个家族却多由进士出身，复以累代贵仕，转而成为乔木世家③。

京城长安的坊里成为像靖恭杨家这样家族聚居的空间基础，而唐代后期的官僚选拔制度则为这些家族成长提供了重要的途径。在京城社会里，官僚体系使得原先的世家大族地位并不稳定。在这样的官僚体系下，靖恭杨家乘间而起，利用制度与社会观念在新的社会形势下维系自己家族的发展，这也是京城社会中一些世家大族在新形势下共同采取的措施。靖恭杨家的发展，成为在新形势下的新的生存模式。此时，郡望等多已蜕化成一个不很重要的因素，科举取而代之成为在官僚体系中不断上升的阶梯。进士第在一定程度上决定了同一门第士族的仕进与升迁，是延长政治地位的手段之一④。杨家的经历也正说明，唐代中晚期开始，新出门户和旧有门户在社会上寻求生存发展的新模式。但科举制度又扩大了官僚体系的开放性和流动性，已经使官僚结构中的阶层扩大化，也就很难形成门阀制度下那样，高门世族垄断仕途，尽管有的官僚可以通过把持科举考试来营私。

第三节　杨家与"牛李党争"

靖恭杨家通过科举进入社会上层，曾在科举中举足轻重，而为举选阶层

① （后晋）刘昫等撰《旧唐书》卷一七七《崔珙传》，中华书局点校本，1975，第4587～4591页。
② 《唐两京城坊考》卷三，昭国坊条，第67页。
③ 关于靖恭杨家的身世，陈寅恪疑为伪托或是旧有门风沦尽。详见陈寅恪《陈寅恪集·唐代政治史述论稿》中篇《政治革命及党派分野》，第268页。
④ 毛汉光：《唐代大士族的进士第》，载所撰《中国中古社会史论》第九篇，第334～364页。

所竞相奔趋。通过科举相关礼仪活动的次第展开，靖恭杨家自然地利用职权之便建立了看似错综复杂却较单一的朋党关系，由此而盛极一时。在当时所谓"牛李党争"①的政治环境之下，靖恭杨家在政治立场上被视为牛党中不可忽视的一员。杨家在科举中的所作所为和他们的政治归属，一度成为"树党背公"的话柄。他们在党争中的政治归属也使得杨家沉浮宦海，诸杨主要成员逐渐时有因此而遭贬谪外地。此后，靖恭坊的宅第也渐自冷落，再不见往日之景象。

杨家不由自主地卷入当时的政治斗争——"牛李党争"，原因何在？现在看来，大概主要有如下两个方面。

第一，杨家在科举中的权力，是当时举选人员竞趋其门的主要原因。科举制度中先后呈现的一系列礼仪在客观上又给杨家的朋党提供合法的遮蔽。一方是需要举选人员的助阵以壮声势，另一方则是需要进入王朝的权力阶层。于是，彼此的需求在杨家现有的权力中达成了默契。

杨家的虞卿曾在礼部、吏部任职，而汝士曾参与知贡举，加之他们由权力形成的社会关系，这样杨家兄弟一度在科举中举足轻重，甚至左右举子的命运。《太平广记》卷一八一云："太和中，苏景胤、张元夫为翰林主人。杨汝士与弟杨虞卿及弟汉公，尤为文林表式。"② 又《唐语林》卷四云："进士举人各树名甲，元和中语曰：'欲入举场，先问苏、张。苏、张犹可，三杨杀我。'"③ 这正道出杨家弟兄为参加科举者竞相奔趋的奥秘，尽管不免有夸大之辞。

《新唐书》卷一七五《杨虞卿传》云：

　　　　李宗闵、牛僧孺辅政，引为右司郎中、弘文馆学士。再迁给事中。

---

① 所谓"牛李党争"，通常是指唐代统治后期以牛僧孺、李宗闵为领袖的牛党与李德裕、郑覃为领袖的李党之间的政治斗争与个人恩怨，所涉人物、社会颇广且历时久远，为唐代后期政治一件大事。时人与后人亦争讼纷纭，意见不一。牛李党争的研究史以及个案的研究概要，渡边孝曾有概括总结，兹不赘述。渡边孝：《牛李の党争研究の研究の现状と展望——牛李党争研究序说——》，《史境》第 29 号，1994，第 69～107 页。
② 《太平广记》卷一八一《苏景、张元夫》条引《卢氏杂说》，第 1352 页。文中"三杨"指杨汝士、杨虞卿、杨汉公。见方积六、吴冬秀编撰《唐五代五十二种笔记小说人名索引》，中华书局，1992，第 368 页注⑤。
③ 《唐语林》卷四，第 139 页。

虞卿佞柔，善谐丽权幸，倚为奸利。岁举选者，皆走门下，署第注员，无不得所欲，升沉在牙颊间。当时有苏景胤、张元夫，而虞卿兄弟汝士、汉公为人所奔向，故语曰："欲趋举场，问苏、张；苏、张犹可，三杨杀我。"宗闵待之尤厚，就党中为最能唱和者，以口语轩轾事机，故时号"党魁"。①

杨虞卿兄弟正是利用掌握的权力与已经形成的交往关系②，在举选中扩大自己的政治权力以壮声势的。杨家兄弟对举子命运的改变，《唐摭言》卷八《已落重收》条也有体现：

> 元和九年韦贯之榜，殷尧藩杂文落矣；杨汉公尚书，乃贯之前榜门生，盛言尧藩之屈，贯之为之重收。或曰：李景让以太夫人有疾，报堂请暂省侍，路逢杨虞卿，恳称班图源之屈，因而得之也。③

小说家之言难免有史实之出入，但却有创作之真实时代背景。我们在谨慎对待之余，也可以体察出当时杨家兄弟在科举中的地位。杨家兄弟在科举、选官中具有如此之影响力，为举子、选人阶层所趋奔自在情理之中。既然命运升沉在杨氏的"牙颊"间，欲在政治仕途中腾达的举子就会奔竞其门，而杨氏自然也会不失时机地借此增强自己的影响力。进士及第后，有参见宰相，向主司谢恩、同年期集等仪式④。谢恩与期集多在主司的门庭、主司住宅附近进行。通过这些公开又合乎礼法的程序，无异于告知世人某种利益关系正在形成。这种关系甚至影响到他们今后的前程。于是，长安城中那些在科举中有影响力的官员的宅第也就成为趋之若鹜的目标。

---

① 《新唐书》卷一七五《杨虞卿传》，第5248～5249页。
② 如钱徽与杨宁相善，杨宁与其夫人的墓志均为钱徽所撰。《汇编》元和105，第2023～2024页；又《全唐文补遗》第1辑，第242～243页。而钱徽又曾同杨汝士同掌贡举。
③ 《唐摭言》卷八《已落重收》条，第90页。
④ 对这个礼仪的具体过程，可参看吴宗国《唐代科举制度研究》，第44～66页。妹尾达彦在《唐代の科挙制度と长安の合格仪礼》中，又从制度与空间两方面进行了详细讨论。见唐代史研究会编《律令制——中国朝鲜の法と国家》，汲古书院，1986，第249～252页。

　　杨家以此途得以在仕途中发展，深知掌握这一渠道对维系官场势力的作用。而这势力的最终形成，则需一定的社会关系来辅翼和实现。以科举为媒介可形成诸多关系，比如座主、门生和故吏。这些人群为了某种利益，往往很容易形成朋党，进退与共，可能平日私下交往也就频繁。座主、门生和同年关系为唐代后期结党的重要纽带，官吏借此巩固、扩大自己的权势。《玉泉子》云：

　　　　杨希古（杨鲁士之子），靖恭诸杨也，朋党连结，悉相期以死。权势熏灼，力不可拔，与同里崔氏相埒，而叔季过之。①

这种场面的形成与上述科举礼仪、社会习俗不无关系。他们的地位与势力也恰在这样的社会关系中得以形成和体现，并沉淀在他们的社会活动中。这样，容易形成私人的利益群体，故会昌三年（843），李德裕遂以此风易"树党背公"为由倡议禁止：

　　　　奉宣旨，不欲令及第进士呼有司为座主，趋附其门，兼题名、局席等，条疏进来者。伏以国家设文学之科，求贞正之士，所宜行敦风俗，义本君亲，然后升于朝廷，必为国器。岂可怀赏拔之私惠，忘教化之根源？自谓门生，遂成胶固。所以时风寖薄，臣节何施？树党背公，靡不由此。臣等商量，今日已后，进士及第，任一度参见有司，向后不得聚集参谒及于有司宅置宴。其曲江大会朝官，及题名、局席，并望勒停。缘初获美名，实皆少隽，既遇春节，难阻良游。三五人自为宴乐，并无所禁。惟不得聚集同年进士，广为宴会。仍委御史台察访闻奏。谨具如前。②

围绕科举形成的必要程序，如到主事人的宅第拜谒、宴请、曲江大会等，显

---

① （唐）阙名撰，阳羡生校点《玉泉子》，上海古籍出版社编《唐五代笔记小说大观》（下册），上海古籍出版社，2000，第1427页。

② 《停进士宴会题名疏》，傅璇琮、周建国校笺《李德裕文集校笺》《丛刊》李卫公集补，河北教育出版社，2000，第718页。

然同样容易形成私人之间的利益关系。私人空间的同年之交，也难免其外。此举的流弊皆于朝廷不利，遂为朝廷所顾忌和制约。所以，朝廷希望只需在衙署等公共行政之地拜谒有司即可。

在当时的社会制度体系之下，在举选中具有举足轻重地位的杨家为人所奔趋。而靖恭杨家也凭借科举的同年与同门的关系，在政治上互相援助，错综复杂，以至于在唐时与后世都被目为朋党。

掌贡举的主司被称为座主，座主与门生关系的形成有一个过程，大约始自开元二十四年（736）前后，建中、贞元之际最终确定①。无论在礼仪上，还是在后来的政治生涯中，座主与门生都有着特殊关系，往往成为"结党"的途径之一。

除了通过座主门生关系形成层层的关系之外，在官僚任用晋升体制与世人的观念下，科举考试成为延续家族最大限度发展的重要方式。因此，杨家在自己跻身科举并得以依恃已有之权位，遂再度借以争权夺利。当时，科举之中，请托颇为盛行。

《旧唐书》卷一六《穆宗本纪》记载长庆元年的诏书表明朝廷对科举营私舞弊、结党庇护之事的忧心忡忡。诏书云：

> 国家设文学之科，本求才实，苟容侥幸，则异至公。访闻近日浮薄之徒，扇为朋党，谓之关节，干扰主司，每岁策名，无不先定。永言败俗，深用兴怀。郑朗等昨令重试，意在精核艺能，不于异常之中，固求深僻题目，貴令所试成就，以观学艺浅深。孤竹管是祭天之乐，出于《周礼》正经，阅其呈试之文，都不知其本事，辞律鄙浅，芜累何多。亦令宣示钱徽，庶其深自怀愧。诚宜尽弃，以警将来。但以四海无虞，人心方泰，用弘宽假，式示殊恩。孔温业、赵存约、窦洵直所试粗通，与及第；卢公亮等十一人可落下。自今后礼部举人，宜准开元二十五年敕，及第人所试杂文并策，送中书门下详覆。②

---

① 吴宗国：《唐代科举制度研究》，第 211、214 页。
② 《旧唐书》卷一六《穆宗本纪》，第 488 页。

可见，科举制度中形成的习俗与程序，很容易让掌贡举者利用来通关节，进退取舍，本乎自己的意志行事，拉拢士人，积聚自己在政治上的势力与资本。

除此以外，杨家家族成员又涉及科举选拔案，所以朝廷对科举的陋习与弊端及杨家兄弟借此交游进行了谴责。《旧唐书》卷一八《武宗本纪》云：

> 〔会昌四年（844）〕十二月……时左仆射王起频年知贡举，每贡院考试讫，上榜后，更呈宰相取可否。后人数不多，宰相延英论言："主司试艺，不合取宰相与夺。比来贡举艰难，放人绝少，恐非弘访之道。"帝曰："贡院不会我意。不放子弟，即太过，无论子弟、寒门，但取实艺耳。"李德裕对曰："郑肃、封敖有好子弟，不敢应举。"帝曰："我比闻杨虞卿兄弟朋比贵势，妨平人道路。昨杨知至、郑朴之徒，并令落下，抑其太甚耳。"德裕曰："臣无名第，不合言进士之非。然臣祖天宝末以仕进无他伎，勉强随计，一举登第。自后不于私家置《文选》，盖恶其祖尚浮华，不根艺实。然朝廷显官，须是公卿子弟。何者？自小便习举业，自熟朝廷间事，台阁仪范，班行准则，不教而自成。寒士纵有出人之才，登第之后，始得一班一级，固不能熟习也。则子弟成名，不可轻矣。"①

由此看来，在很长一段时间里，杨家兄弟的"结党营私"都受到指斥与议论。他们的朋比权贵，操纵科举与官员选拔遭到了反对。往往由于利益、立场不同而起争执，杨家的人员也因此起落沉浮。《资治通鉴》卷二四一云：

> 右补阙杨汝士与礼部侍郎钱徽掌贡举，西川节度使段文昌、翰林学士李绅各以书属所善进士于徽；及榜出，文昌、绅所属皆不预。及第者，郑朗，覃之弟；裴譔，度之子；苏巢，宗闵之婿；杨殷士，汝士之弟也。……贬徽江州刺史，宗闵剑州刺史，汝士开江令。②

---

① 《旧唐书》卷一八《武宗本纪》，第 602～603 页。
② （宋）司马光等著《资治通鉴》卷二四一长庆元年三月"翰林学士李德裕，吉甫之子也"条，中华书局，1956，第 7790～7791 页。

此事也因此引起关于科举考试制度的一些争议。在政治斗争迭起的官场中，杨家也因此受到处罚。

第二，正是杨家居住的空间环境，使得杨家不由自主地也卷入当时的政治斗争。此处我们并不想从出身门第与地位去论证杨家与"牛李党争"的关系，而只想从居住空间与杨家的社会地位去分析其生活方式与京城社会之风习。

那些大家公认的牛李两党人物，都聚居于长安城街东的中南部，两党人物在时间与空间上殊难隔绝，政治与私人的立场、利益、恩怨错综复杂，是促成官场中多种关系的纽带。科举既为靖恭杨家晋升社会主流的途径，朋党交游又是它被社会关注的另一原因，所以杨家与科举、党争有着密切的关系，而这又决定它在社会中的地位与命运的沉浮。这种通过政治利益形成的人际关系和社会活动，恰是官僚阶层内部的社会流动。

我们不妨分析一下杨家所居的靖恭坊及其周围环境。杨家居住的靖恭坊，与牛僧孺所居的新昌坊紧邻，这是其政敌大做文章的依据之一。同时，杨家的宗族和姻亲也在毗邻坊里居住，其族人杨嗣复就居于新昌坊。《唐摭言》卷三记载了杨家与这些人的往来：

> 宝历年中（825~827），杨嗣复相公具庆下继放两榜。时先仆射（杨於陵）自东洛入觐，嗣复率生徒迎于潼关。既而大宴于新昌里第，仆射与所执坐于正寝，公领诸生翼坐于两序。时元、白俱在，皆赋诗于席上。唯刑部杨汝士侍郎诗成后，元、白览之失色。诗曰："隔坐应须赐御屏，尽将仙翰入高冥。文章旧价留鸾掖，桃李新阴在鲤庭。再岁生徒陈贺宴，一时良史尽传馨。当年疏傅虽云盛，讵有兹筵醉醑醽！"汝士其日大醉，归谓子弟曰："我今日压倒元、白。"①

这反映了僚属、故旧与座主门生之间的来往宴聚。在此更应注意的是，毗邻而居的杨嗣复亦是京城盛族，也在科举制度下形成了繁杂的人际关系。两个盛大家族的往来，必定会引起社会的关注。这也是他们在社会流动与重构过

---

① 《唐摭言》卷三，第32页。岑仲勉考证，"宝历"应为"元和初"，杨嗣复致仕宴。详见岑仲勉《跋〈唐摭言〉（学津本）》，《岑仲勉史学论文集》，中华书局，1990，第682~684页。

程中人际关系模式的一种。

《牛羊日历》云：

> 大和九年（835）七月一日甲辰，贬京兆尹杨虞卿为虔州司马。虞卿，字师皋，祭酒宁之子；弟汉公。兄弟元和中并登进士第，二十年来，上扰宰政，下干有司。若党附者，朝为布衣，暮拾青紫。……由是，轻薄奔走，以关节紧慢为甲乙，而三史六经曾不一面。风俗颓靡，波及举子，分镳竞路，争趋要害，故有东甲、西甲之说。主司束手，公道尽矣。①

又云：

> 僧孺新昌里第与虞卿〔靖恭里第〕夹街对门，虞卿别起高榭于僧孺之墙东，谓之南亭②，列烛往来，里人谓之"半夜客"，号此亭为"行中书"。

题名为刘轲所作的《牛羊日历》，作者或为伪托③，此暂且不论。但此文实为党争之结果，有其依托之社会背景。我们至少可从中获得以下信息：（一）当时的社会风习；（二）杨家在科举中的作用；（三）杨家与朋党有着密切的关系。其他史书记载均突出了杨家兄弟与所谓的"牛党"首领之一李宗闵的关系，而《牛羊日历》的作者主要指责的是杨虞卿与牛僧孺，在大和年间，二人均为当时权贵李宗闵所引，被目为其党④。杜撰者充分利用客观存在的地理空间位置，即利用杨、牛二人宅第比邻的地理位置进行攻

---

① 《牛羊日历》，缪荃孙：《藕香零拾》，中华书局，1999，第 104 ~ 105 页。
② 白居易亦有《杨家南亭》诗："小亭门向月斜开，满地凉风满地苔。此院好弹《秋思》处，终须一夜抱琴来。"白居易著，朱金城笺校《白居易集笺校》卷二六，上海古籍出版社，1988，第 1790 ~ 1791 页。
③ 关于《牛羊日历》的作者及其党派所属，参看王梦鸥《〈牛羊日历〉及其相关作品与作家辨》，所撰《唐人小说研究四集》，台北艺文印书馆，1978，第 106 ~ 134 页；卞孝萱：《文、武、宣三朝党争与〈周秦行纪〉等四篇作品》，所撰《唐人小说与政治》，鹭江出版社，2003，第 313 ~ 326 页。
④ 傅璇琮：《李德裕年谱》，河北教育出版社，2001，第 167 ~ 170 页。

击。可以说，地理位置的接近使作者着意突出了官员私下在宅第中的交往，这往往被看做是不正当的有失磊落之举。所以，在朝中政治立场一致的官僚在居宅空间的日常生活，也往往被目为政治活动的延伸。《牛羊日历》的目的在于攻击对方党派，所以在地理位置及环境上必有真实之凭依，此为有力攻击的现实基础。杨家的南亭也因宾客络绎而被人视作结党营私的场所之一，而杨家兄弟也因为会宾客于私第而予人口实，就连与其相善的李宗闵都说："虞卿日见宾客于〔靖恭里〕第，世号'行中书'，故臣未尝与美官"①。

看来杨家与朋党的关系，是这个家族另一不能忽视的着眼点。如同后世讨论"牛李党争"的莫衷一是，关于此点，史籍因著作者的时代与立场不同而有出入。但是，无论如何当时杨家确曾因为官场政治、科举而形成各种社会关系。这种关系的形成与当时主要的官僚选拔体系是紧密相连的，可谓社会风气的一个缩影。杨家的朋比交游，除了政治拉拢结势以外，还缘于当时科场的请托盛行，以及座主门生关系。杨家究竟是否结党营私我们实难确知，但是攻击必以客观事实为基础，这就是空间之真实与宾客往来之现实。当时闻名的两个党魁起居空间的比邻，在反对者看来，这无疑为他们的结党营私与交游提供了便利。通过小说，我们似乎可以感受出靖恭坊与周围地域空间被所谓牛李党争的气氛所笼罩。

我们可以描绘出一幅杨家生活环境的画面，族人、姻亲居所相近，并不时诗酒相娱。朋友、同僚之间的往来益发使得杨家门庭喧嚷。当时杨家兄弟日迎宾客，必定招人耳目并致非议，因而博得了"朋党"之嫌。而杨家也在官场中与一些权贵交接，形成自己的利益团体。可见，所谓的党争并非只是个人的恩怨之争，而是有着深刻的社会原因。杨家通过科举获得仕途，又通过权力结成各种社会关系，这也体现了社会流动过程中社会结构的变化与重构。

在这种社会关系中，又夹杂着姻亲、血缘关系。被视为"牛党"分子的白居易（772~848）与杨家有姻亲关系，其妻乃汝士之从妹，白氏为宦长安时，曾居于靖恭坊南面的新昌坊，且与杨氏兄弟交情匪浅②。婚姻关系

---

① 《新唐书》卷一七四《李宗闵传》，第5236页。

② 关于白居易在长安与洛阳的政治生涯、交游情况，详见妹尾达彦《白居易と长安·洛阳》，《白居易研究讲座》第1卷，《白居易の文学と人生》，勉诚社，1993，第270~296页。

加之居住地的比邻，使得他们之间平日里往来频繁，白居易于大和元年（827）所作《新昌闲居招杨郎中兄弟》一诗①，就反映了他与杨家兄弟诗酒相娱的情形②。其实，这种诗酒相娱，也是当时文人在社会上的一种生活方式。这样的姻亲关系和社会交往关系，或许是白居易被视为与"牛党"成员的原因之一。

白居易于大和三年春称病免归，以太子宾客分司东都，自此不再复出③。在此期间，白与杨家兄弟常有诗书往来。由于所处环境政治气氛的不同，他们之间的诗信往来自也有了两种互不相同的心境。开成元年（836），白居易曾以诗代书劝杨汝士也在洛阳置宅为邻，诗云：

> 劝君买取东邻宅，与我衡门相并对。云映嵩峰当户牖，月和伊水入池台。林园也要闲闲置，筋力应须及健回。莫学因循白宾客，欲年六十始归来。④

又白居易作于开成五年（840）的《和杨尚书罢相后夏日游永安水亭兼招本曹杨侍郎同行》诗云：

> 道行无喜退无忧，舒卷如云得自由。良冶动时为哲匠，巨川济了作虚州。竹亭阴合偏宜夏，水栏风凉不待秋。遥爱翩翩双紫凤，入同官署出同游。⑤

此处流露了白居易对宦途的某种向往。白居易此时以太子少傅分司洛阳，杨汝士开成四年九月自东川节度入为吏部侍郎。身在仕途的汝士，有时候不免也由于政治中的争斗或是失意而萌生隐退之心，故白氏赠诗加以劝说。会昌元年（841）有诗云：

---

① 《白居易集笺校》卷二五，第1712~1713页。〔笺〕：作于大和元年（827），五十六岁，长安，秘书监。杨郎中兄弟即杨汝士兄弟。
② 平冈武夫：《白居易とその妻》，《东方学报》第36册，1964，第349~387页；又见所撰《白居易——生涯と岁时记》，朋友书店，1998，第157~160页。
③ 傅璇琮：《李德裕年谱》，第166~167页。
④ 《白居易集笺校》卷三三，第2265页。
⑤ 《白居易集笺校》卷三五，第2425~2426页。

君年殊未及悬车，未合将闲逐老夫。身健正宜金印绶，位高方称白髭须。若论尘事何由了？但问云心自在无？进退是非俱是梦，丘中阙下亦何殊。①

这一切正好成为李德裕攻击的话端。家居安邑坊（西邻靖恭坊）的李德裕处事风格却与之形成鲜明的对比。《玉泉子》云："李相德裕抑退浮薄，奖拔孤寒。于时朝贵朋党，德裕破之，由是结怨，而绝于附会，门无宾客"②。他厌恶请托、同年之交的流弊，并以此来攻击对方。《新唐书》卷一八○《李德裕传》记载了他于官衙公署里杜绝通宾客：

> 故事，丞郎诣宰相，须少间乃敢通，郎官非公事不敢谒。李宗闵时，往往通宾客。李听为太子太傅，招所善载酒集宗闵阁，酣醉乃去。至德裕，则喻御史："有以事见宰相，必先白台乃听。凡罢朝，由龙尾道趋出。"遂无辄至阁者。③

又长庆元年（821），李德裕上《驸马不许至要官私第状》云：

> 伏见国朝故事，驸马缘是亲密，不合与朝廷要官往来。玄宗开元中，禁止尤切。臣访闻近日驸马公至宰相及要官私第。此辈无他才技可以延接，惟是漏泄禁密，交通中外，群情所知，以为甚弊。其朝官素是杂流，则不妨往来。若职在清列，岂可知闻？伏望宣示宰相，其驸马诸亲，今后公事即于中书见宰相，不令诣私第。④

李德裕的公私空间界限是很明确的，他严加防范官员朝政之外，私第之间的往来。他与李宗闵及牛党行为作风的截然不同，正是李德裕抵制后者之处。

① 《杨六尚书频寄新诗诗中有思闲相就之志因书鄙意报而谕之》，《白居易集笺校》卷三五《律诗》，第 2447 页。

② 《唐五代笔记小说大观》（下册），第 1422 页。

③ 《新唐书》卷一八○《李德裕传》，第 5333 页。

④ 《李德裕文集校笺》别集卷五，第 507～508 页。

李德裕认为这样便于结党营私，"诬善蔽忠，附下罔上，车马驰趋，以趋权贵，昼夜合谋，美官要选，悉引党为之"①。

唐人言"朋党"在宪宗即很盛，使得帝王也忧心不已②。至文宗太和七年（833），依附李宗闵且利用科举来拉拢、树立自己势力的杨家兄弟即被指为"朋党"而迁官于外。《资治通鉴》卷二四四云：

> 丙戌，以兵部尚书李德裕同平章事。德裕入谢，上与之论朋党事，对曰："方今朝士三分之一为朋党。"时给事中杨虞卿与从兄中书舍人汝士、弟户部郎中汉公、中书舍人张元夫、给事中萧澣等善交结，依附权要，上干执政，下挠有司，为士人求官及科第，无不如志，上闻而恶之，故与德裕言首及之；德裕因得以排其所不悦者。③

陈寅恪曾云，李德裕此处所指朋党为新兴阶级浮薄之士借科举制度座主门生、同门等关系缔结之牛党④。后来，杨家兄弟因为当时的政治斗争而遭贬官降职，大和七、八年（833~834），杨虞卿坐李宗闵党，出为常州刺史⑤，白居易《晚春闲居杨工部寄诗杨常州寄茶同到因以长句答之》中，也曾提到这段日子："……闲吟工部新来句，渴饮毗陵远到茶。兄弟东西官职冷，门前车马向谁家？"这表现了杨氏兄弟坐流外地以后，京城靖恭坊的邸宅被人冷落，也不见举子再竞趋其门了。世态炎凉、人情冷暖由此可见一斑。

杨家的显耀京城及其在唐代社会中的地位与影响，我们可以看出当时靖恭杨家与科举考试及所谓"牛李党争"的关系，他们的升降盛衰体现他们与时代的政治、社会的紧密相关。杨家社会关系的形成，以及他们围绕着这种社会关系的活动，是社会流动和社会重构的一种体现。

---

① 《新唐书》卷一八〇《李德裕传》，第5340页。
② 《资治通鉴》卷二三九，宪宗元和八年十月条"上问宰相条"，第7702~7703页。
③ 《资治通鉴》卷二四四，文宗太和七年二月"丙戌，以兵部尚书李德裕同平章事"条，第7883~7884页。
④ 陈寅恪：《陈寅恪集·唐代政治史述论稿》中篇《政治革命及党派分野》，第268页。
⑤ 《旧唐书》卷一七六《杨虞卿传》，第4563页。郁贤皓：《唐刺史考全编》卷一三八，第3册，安徽大学出版社，2000，第1892页。

第四节　靖恭杨家的佛教信仰

靖恭杨家的宗教信仰，史书没有明确的记载，但是文献还是为我们留下这个家族与佛教关系的些许线索。实际上，他们的宗教信仰与政治活动、人际关系也存在联系。本小节目的不在于说明其宗教信仰的性质，而欲探讨在对待佛教上，杨家的价值取向及与社会的互动关系，以及这种关系对杨家的影响。《宋高僧传》卷六《唐彭州丹景山知玄传》略云：

> 释知玄，字后觉，姓陈氏，眉州洪雅人也。……复从本师下三峡，历荆襄，抵于神京资圣寺。此寺四海三学之人会要之地，玄敷演经论，僧俗仰观，户外之屦日其多矣。文宗皇帝闻之，宣入顾问，甚惬皇情。后学《唯识论》于安国信法师。又研习外典，经籍百家之言，无不该综。玄每恨乡音不堪讲贯，乃于象耳山诵《大悲呪》，梦神僧截舌换之。明日，俄变秦语矣。有杨茂孝，鸿儒也，就玄寻究内典，直欲效谢康乐注《涅槃经》，多执卷质疑，随为剖判。致书云："方今海内龙象，非师而谁？"次杨刑部汝士、高左丞元裕、长安杨鲁士咸造门，拟结莲社。①

资圣寺位于长安的崇仁坊②。《入唐求法巡礼行记》卷三记圆仁曾寄住资圣

① 赞宁：《宋高僧传》卷六，中华书局，1987年，第130页。其中杨茂孝为杨敬之，字茂孝，元和年间进士及第，累迁至屯田、户部二郎中，坐李宗闵党，贬连州刺史。可见也为牛党人物。李宗闵被贬，高元裕曾出城饯送，为李训所怒，遭贬（《旧唐书》卷一七一，第4452页）。杨汝士、杨鲁士更被目为李宗闵之党，此不待论。他们又为共同的宗教信仰而拟结莲社，与共同的政治立场结合，更能显示这种党争关系的复杂性。

② 《长安志》卷八崇仁坊资圣寺条记载，寺本为长孙无忌宅，龙朔三年（663）为文德皇后追福，立为尼寺，咸亨四年（673）改为僧寺。在代宗时期，资圣寺尤为兴盛，据《旧唐书》卷一一载永泰元年（765）："时以星变，羌虏入寇，内出《仁王佛经》两舆付资圣、西明二佛寺，置百尺高座讲之。及奴虏寇逼京畿，方罢讲。"又同年"冬十月己未，复讲《仁王经》于资圣寺。"详《宋元方志丛刊》第一册，中华书局，1990，第280页。据史书的记载，在会昌年间，资圣寺曾一度改为宝应寺，宣宗即位以后，又复旧名（《旧唐书》卷一八下《宣宗本纪》，第615页）。此尚有混乱不清之处，因为长安另有一宝应寺位于道政坊，本为宰相王缙所建。由于史料缺乏，这里存疑。

寺：“〔开成五年八月〕廿三日。斋后，到左街功德巡院，见知巡押衙、监察御史，姓赵名炼。通状，请寄住城中诸寺寻师。……知巡侍御，差巡官一人，领僧等，于资圣寺安置。”① 圆仁在此得以与知玄熟识②。曾拟与知玄结“莲社”的杨茂孝（杨敬之）、杨鲁士与住在资圣寺的日僧圆仁也有往来。

会昌废佛期间，杨家仍与资圣寺僧人的交往，从他们和知玄与圆仁的交往来看，他们是在抵抗会昌年间朝廷打击佛教的做法。会昌废佛为唐代佛教及僧人最大之厄难，与杨家交往的知玄和圆仁亦受冲击③。但是，这并没有阻断他们之间的往来。在会昌废佛之际，杨家兄弟无论自己官场的命运如何，都保持与知玄、圆仁往来。《入唐求法巡礼行记》卷四记载：

〔会昌五年五月〕十五日，出府，到万年县。府家差人送到。大理卿中散大夫赐紫金鱼袋杨敬之——曾任御史中丞——令专使来问："何日出城，取何路去？"兼赐团茶一串。在县中修状报谢。内供奉谈论大德（即知玄）去年归乡，不得消息。今潜来，裹头，隐在杨宅里，令童子清凉将书来，书中有潜别之言，甚悲惨矣。……。李侍讲与外甥阮十三郎同来相问，一头勾当行李，来去与买毡帽等，又入寺检校文书笈驮等。云栖座主亦勾当笈驮，相共排比，恐不得随身将去。晚际，出城。县司与差人递送照应县去——去城八九十里。李侍御、栖座主同相送到春明门外吃茶。杨卿差人送书来云："弟子书状五通兼手书付送前路州县旧识官人处，但将此书通入，的有所益者。"职方郎中赐绯鱼袋杨鲁士前曾相奉，在寺（资圣寺）之时殷勤相问，亦曾数度到寺检校，曾施绢褐衫裈等，今交郎君将书来，

① 白化文、李鼎霞、徐德楠校注《入唐求法巡礼行记校注》，花山文艺出版社，2007，第338页。

② 关于知玄与圆仁的交往关系，小野胜年曾就《入唐求法巡礼行记》作过研究，《知玄と圆仁——〈入唐求法巡礼行记〉研究の一节》，《东洋史研究》第15卷第2号，1955，第43~65页。

③ 小野胜年：《会昌废佛と圆仁》，《入唐求法巡礼行记の研究》第四卷，第二章第八节，铃木学术财团，1964，第544~563页。

送路绢二疋，蒙顶茶二斤，团茶一串，钱两贯文，付前路书状两封，别有手札。①

此时，朝廷已下灭佛诏书，知玄在包括宦官仇士良等朝廷官员关照下，离开京城回乡，又秘密潜回，裹头躲藏在杨敬之宅，并传书信与圆仁送别。杨鲁士也在圆仁出京之际到资圣寺——在皇宫旁的崇仁坊，给予了帮助。尽管朝廷对佛教、寺院与僧人的禁断正酷，但杨家仍然与其来往，并不惜性命隐藏僧人，足见他们的信仰之坚定。而知玄于会昌四年离开京师，"即归岷旧山，例施巾帻……方扁舟入湖湘间，时杨给事汉公廉问桂岭，延止开元寺"②。可以看出，任官于外的杨汉公也与知玄有交往，并且在会昌废佛的敏感时刻对其仍然眷顾③。

实际上，不止杨家的三兄弟与知玄大师有密切往来，鲁士之子杨仁赡也与知玄过从。赵璘《因话录》卷六记载：

汉州开元寺，有菩萨像，自顶及焰光坐趺，都是一段青石，洁腻可爱，雕琢极工，高数尺。会昌毁寺时，佛像多遭摧折刓缺，惟此不伤毫丝。及再立寺，僧振古宝而置放西廊。余（赵璘）与京大德知玄法师、西川从事杨仁赡同谒，杨深于释氏，好古之士也。赡敬弥日，而玄心精识多闻，话其本末云："先是匠人得此石异之，虔心镌刻，殆忘湌寝。有美女常器食给之。其人运思在像，都无邪思。久之，怠而妄心生，女乃不全。饥尚眈道，兼毒疠匝体，遂悟是天女。因使昏叩首，悔谢以

① 《入唐求法巡礼行记校注》，第465~466页。
② 《宋高僧传》卷六，第130页。唐代两京及诸州的开元寺一般是一个州的最重要寺院，即官寺，开元二十六年（738）六月一日改为开元寺（《唐会要》卷四八《寺》，第996页）。
③ 此处有一点值得我们注意，即今后有必要从另一个角度来分析唐代官员贬官或迁官于外的问题（辻正博：《唐代贬官考》从官职及任官制度方面研究关唐代的贬官，《东方学报》第63册，1991，第265~325页；八重津洋平：《唐代官人の贬をめぐる二三の問题》从法律史的角度研究，笔者未见）。贬官于外并不意味着完全与京城社会的隔离，官员之间的人际往来，往往是中央、京城社会与地方交往与流动的渠道。地方僧道及名士进入京城社会上层往往通过外任官的引荐。而这种往来，除了政治的程序与关联外，往往是京城与地方在文化与习俗上相互传递的途径。

至，女复来，其病立愈，而像即成。亦尝有记录，因毁寺失其传焉。寺今再立矣。"①

这说明杨家人不仅广泛信仰佛教，而且深于佛教。即便为官于外，也与当地的寺院有着密切的接触，杨汉公和杨仁赡为宦剑南道，与当地开元寺的来往就是很好的例子。

正是在这些朝廷官员的暗通消息、竭力相助下，待当政者的政策一变，则知玄得以重出，并更加受到朝廷的礼遇："大中三年，朝廷诏李贻孙、杨汉公缁黄鼎列议论，大悦帝情。因奏天下废寺基各敕重建，大兴梵刹，玄有力焉。命画工图形于禁中，其优重如是"②。后广明二年（881）春，僖宗违难西蜀，肩舆诏赴行在，赐号"悟达国师"。

杨家的佛教信仰非常普遍。杨鲁士的另一子杨希古亦沉溺于佛法，《玉泉子》云：

〔杨希古〕性酷嗜佛法，常置僧于第，陈列佛事，杂以幡盖，是谓道场者。每凌晨辄入其内，以身俯地，俾僧据其上诵《金刚经》三遍。③

杨汉公夫人韦媛也精信佛教，释号圆明性，据其《墓志》记载，"崇福之本，释氏为先，夫人尤所精信。大中初，从京兴善三藏师智慧轮受灌顶法，得金刚光，为本尊故师，以'圆明性'为称号。夫人虔志上乘，冥心三密，未尝一日不坐道场"④。白居易的宗教信仰为大家所熟知，而其妻子杨氏也有佛教的信仰。白居易《修西方帧赞》中记载：

西方阿弥陀佛与阎浮提有愿，此土众生与彼佛有缘。故受一切苦

---

① 赵璘：《因话录》卷六，《唐国史补·因话录》，上海古籍出版社，1979，第 116 页。
② 《宋高僧传》卷六《知玄传》，第 131 页。
③ 《玉泉子》，《唐五代笔记小说大观》（下册），第 1427 页。
④ 《杨公（汉公）夫人越国太夫人韦氏（媛）墓志铭并序》，《全唐文补遗》第 6 辑，第 200 页。

者，先念我名；祈一切福者，多图我像。至于应诚来感，随愿往生，神速变通，与三世十方诸佛不伴。噫！佛无若干，而愿与缘有若干也。有女弟子弘农郡君，姓杨，号"莲花性"，发弘愿，舍净财，绣西方阿弥陀佛像，及本国土眷属一部，奉为故李氏长姐杨夫人减宿殃，追冥祐也。夫范铜设绘，不若刺绣文之精勤也。想形念号，不若度覩相好之亲近也。即造之者诚不得不著，感不得不通；受之者罪不得不灭，福不得不集。尔时莲花性焚香合掌，跪唱赞云："金方刹，金色身。资圣力，福幽魂。造者谁？弘农君，杨夫人。"①

白居易也与佛教有着很深的渊源，与杨家兄弟有着密切的往来，且与杨家有姻亲关系，他们在信仰上的互相影响也不是不可能的。

最后，我们再分析杨家兄弟拟结莲社一事。拟结莲社结果如何，我们不得知。但据此我们也可窥见长安官僚士大夫之间的结社现象，此"莲社"很可能与净土信仰有关，我们可以结合资圣寺与知玄的情况进行讨论。

关于唐宋的结社问题，学界已有不同角度研究②，为我们提供了当时社会结社的具体情况。但是长安的结社囿于史料，我们仍不得详知。前面我们

---

① 《白居易集笺校》卷七〇，第 3760～3761 页。
② 那波利贞：《唐代の社邑に就きて》，原载《史林》1938 年第 23 卷第 2、3、4 期（后收入所撰《唐代社会文化史研究》，创文社，1974，第 459～574 页）；《佛教信仰に基きて组织せられたる中晚唐五代时代の社邑に就きて》（上、下），原载《史林》1939 年第 24 卷第 3、4 期（后收入所撰《唐代社会文化史研究》，创文社，1974，第 575～673 页）；宁可：《述"社邑"》，原载《北京师范学院学报》1985 年第 1 期（后收入《宁可史学论文集》，中国社会科学出版社，1999，第 440～457 页）；宁可、郝春文：《敦煌写本社邑文书述略》，《首都师范大学学报》1994 年第 4 期；郝春文：《隋唐五代宋初传统私社与寺院的关系》，《中国史研究》1991 年第 2 期；《魏晋南北朝时期的佛教结社》，《历史研究》1992 年第 1 期；《中古时期儒佛文化对民间结社的影响及其变化》，郑学檬、冷敏述主编《唐文化研究论文集》，上海人民出版社，1994，第 201～212 页；土肥义和：《唐·北宋间の"社"の组织形态に关する一考察——敦煌の场合を中心に》，《堀敏一先生古稀纪念·中国古代の国家と民众》，汲古书院，1995，第 691～763 页；孟宪实：《关于唐宋民间结社的几个问题——以敦煌社邑文书为中心》，首都师范大学 2000 年"敦煌藏洞发现一百周年敦煌学国际学术研讨会"论文，部分章节以《敦煌社邑的分布》为题载郝春文主编《敦煌文献论集——纪念敦煌藏经洞发现一百周年国际学术研讨会论文集》，辽宁人民出版社，2001，第 422～435 页。

提到的光德崔氏，因为宣宗曾赐其家"德星堂"额，后京兆民即其里为德星社①。咸通十四年，僖宗迎法门寺佛指舍利真身入长安宫中供养，"京城坊曲，旧有迎真身社，居人长幼旬出一钱。自开成之后，迄于咸通，计其资积无限，于是广为费用"，知晚唐长安有"迎真身社"②。这些零星记载，为我们提供了长安坊里之间结社的证据。洛阳龙门古阳洞北一小龛刻有永昌元年（689）北市香行社供养题记，为我们提供了唐代前期洛阳城居民的结社情况③。

官僚士大夫与僧侣的结社是否在长安流行，史料虽未备载，但是，通过零散记载，我们可以看出，无论是普通的居民还是官僚，在京城社会中都存在着结社现象。这个判断应该是可以成立的。

关于杨家的汝士、鲁士等曾登门造访知玄拟结"莲社"一事，或可为我们透露中晚唐长安士大夫结社的一点情况以及此间的宗教信仰问题。"十八贤"结"白莲社"的故事，虽然历代各书所载互有不同，但是在中唐以后流行起来的④。慧远结莲社的故事一定程度上反映了士大夫与高僧的交往情况。汤用彤曾指出，有唐一代，净土教深入民间，且染及士大夫阶层⑤。资圣寺所在的崇仁坊与杨家所在的靖恭坊分别位于长安城东北部和东部，相距并不太远，分别位于东市的西北角与东南角。这样的空间也为结社与往来提供了便利。莲社，前人认为是与净土有关的一种法社，杨氏兄弟等拟结的"莲社"也应和净土信仰有一些联系。

文献记载，资圣寺中有净土院。《寺塔记》称："崇仁坊资圣寺净土院门外，相传吴生一夕秉烛醉画，就中戟手，视之恶骇。"⑥ 又，圆仁在《入唐求法巡礼行记》卷三中多次提到资圣寺的净土院："〔开成五年（840）八月〕廿六日，暮际，纲维安排房院，于净土院安置。"⑦ 又："〔会昌元年

① 《新唐书》卷一六三《崔邠传》，第5019页。
② 《剧谈录》卷下《真身》条，《唐五代笔记小说大观》（下册），第1495～1496页。
③ 刘景龙、李玉昆：《龙门石窟碑刻题记汇录》下，中国大百科全书出版社，1998，第424页。
④ 汤用彤：《隋唐佛教史稿》，中华书局，1982，第258页。
⑤ 汤用彤：《隋唐佛教史稿》，中华书局，1982，193页。
⑥ （唐）段成式撰，方南生点校《酉阳杂俎续集》卷六《寺塔记》下，中华书局，1981，第261页。
⑦ 《入唐求法巡礼行记校注》，第347页。

（841）二月〕八日，又敕令章敬寺镜霜法师于诸寺传阿弥陀净土念佛教。廿三日起首，至廿五日，于此资圣寺传念佛教。"①

净土教，大别有二，一为弥勒，一为弥陀。据周绍良考证，隋、唐之际，弥陀信仰迅速发展，弥勒信仰逐渐减少，开元以后以致无踪，而弥陀信仰则代之而起②。而且，从白居易之妻号"莲花性"与所绣之西方阿弥陀佛像及本国士眷属一部也反映出他们的弥陀信仰，这也从一个方面反映出杨家兄弟结莲社的性质。

通过上述对杨家与佛教有关活动的剖析，我们可以看出一个长安官僚家庭及其亲属的宗教信仰，尤其是与知玄与圆仁交往的事实，更能说明他们的佛教信仰之坚固。尤应注意的是，在会昌灭法中，杨家及其在朝中友僚对待佛教的态度，恰与提倡废佛的李德裕截然相反，这其中或也掺杂政治上的纠纷和社会观念的不同。总之，杨家的佛教信仰也与他们的人际交往、政治立场纠缠在一起，这也是唐代官僚士大夫生活状态之侧面。同时，这也是杨家建立社会关系的又一途径。

第五节　归葬祖茔

从东汉以来，死后"葬在北邙"为世人所向往，杨家先祖也不例外。为宦京城的官员，有陪葬帝陵的，但此为少数，有葬在长安周围的，也有权葬京畿，后又费尽周折迁归祖坟。杨家成员的墓志中皆记载，无论是为官京城还是洛阳，在去世以后，最后都葬于洛阳的金谷乡尹村。虽有极个别权葬某地，也要在以后迁祔此处。这虽为天下之风习，但也可反映出为宦朝廷并定居于京城的杨家的家族观念。杨家为宦京城以后，在靖恭坊发展，然后又归葬族人聚居地。哪怕是为宦京城，也仍然与祖坟息息相关。《杨宁墓志》称：

有唐建元元和，乃岁丁酉，四月孟夏，其日乙卯，大司成杨公得谢之

---

① 《入唐求法巡礼行记校注》，第 373 页。
② 周绍良：《隋唐以前之弥勒信仰》，汤一介主编《中国宗教：过去与现在——北京国际宗教会议论文集》，北京大学出版社，1992，第 105 ~ 125 页。

二年，寝疾革，顾谓子弟启手足曰："吾齿七十四龄，生奉遗体，大惧不克，今幸全而归之。所不暝者，唯先故未襄事。"言绝而薨。于是复者升号于靖恭里第，三日而殡于倅。粤八月壬申望，其子汝士等祗服理命，卜宅先祖考妣于河南府河南县金谷乡尹村之北原，启公从之，以故夫人河南长孙氏合之①。呜呼！得礼之顺矣，毕先君之志，尽孝子之心。善夫！②

汝士等遵先父遗嘱，葬先祖考妣于河南府县金谷乡，自此该地便成为祖茔，杨家后人多归葬于兹。根据出土墓志，统计杨家部分成员的卒年、地点和葬年、地点如表2。

通过表2，可清楚地看出，自从元和十二年，杨汝士卜宅于河南府河南县金谷乡尹村之北原③，其家族的大部分成员，无论是身亡西京，还是逝于任上，即便是由于时地限制不能葬于此地，也会觅机归祔④。归葬是中古士族的大事，士族归葬地的改变，反映该家族重心的转移。归葬地的选择，也体现出唐代士族之迁移动向。宦海沉浮，四游天下，但是最终还是有一个共同的归依。而为宦京城，归葬北邙也是唐代官僚士大夫所崇尚的一种人生范式。

家族墓地是研究某家族的重要课题，改葬是唐代氏族迁移活动的一个标志，是士族为求科举仕进不得不放弃地方地表趋于中央化的结果⑤。在唐代后期以后，郡望之意义已不是很重要。杨家故里为唐代河南道虢州，属故弘农郡。杨宁卒时，杨家尚居于长安靖恭坊，却将祖茔迁于河南府河南县，陈寅恪先生曾指出中古之人，祖坟与田产皆有连带关系⑥。这证明杨家已离故里渐远，以长安为常住之地，洛阳为归葬之地，这也体现出杨家郡望——新贯——归葬地的迁徙流动途径。同时，新贯、归葬地的选择也体现了杨家作为中央官僚体制一员的价值取向。

---

① 杨宁夫人墓志载于《全唐文补遗》第1辑，第250～251页。
② 《汇编》元和105，第2023页。
③ 金谷乡尹村于邙山上，其地"北背瀍水，东接魏陵"。这是中古时期世人向往的葬地。详《博陵崔氏改卜墓志》，《全唐文补遗》第4辑，三秦出版社，1997，第259～260页。
④ 杨思立、杨皓都权葬后归窆。
⑤ 毛汉光：《从士族籍贯迁移看唐代士族之中央化》，《中国中古社会史论》，第244～251页。
⑥ 陈寅恪：《论李栖筠自赵徙卫事》，所撰《陈寅恪集·金明馆丛稿二编》，三联书店，2001，第1～8页。

表2　杨家成员葬地表（以葬年位序排列）

姓名	卒时间、地点	埋葬时间、地点	出处
六代杨文异、五代杨峻、高祖杨德立、大王父杨余庆、大父杨隐朝、王考杨燕客（此上为杨宁之先祖考妣）		元和十二年（817），杨汝士等卜宅先祖考妣于河南府河南县金谷乡。	《杨宁墓志》，《汇编》元和105，第2023页。
杨宁	元和十二年（817）终于靖恭里第。	元和十二年八月申望，葬于河南府河南县金谷乡尹村之北原。	《杨宁墓志》，《汇编》元和105，第2024页。
杨宁夫人长孙氏	贞元二十年（804），殁于故鄡。	元和十二年与杨宁合祔于河南府河南县金谷乡尹村之北原。	《杨宁墓志》，《汇编》元和105，第2024页。
杨鲁士夫人吴氏	长庆四年（824）七月七日终于东都上东门里。	权殡于洛阳积润村。开成五年（840）二月二日，改卜于河南县平乐乡翟村瀍涧里。	《唐故濮阳郡夫人吴氏墓志并铭》，《汇编》开成035，第2193～2194页。
杨知退夫人卢氏	大中十三年正月廿九日捐于靖恭里第。	大中十三年（859）四月廿三日，权窆于京兆府万年县东城之陈村。乾符三年岁次景申八月乙巳朔十六日庚申，自长安城东迁祔于洛都城北尹村先茔。	《唐故范阳卢氏夫人墓志铭》，《汇编》乾符010，第2477～2478页。
杨汉公	咸通二年（861），薨于宣教坊之私第。	咸通二年（861）十一月廿日，归葬于河南县金谷乡尹村北邙山之南麓。	《杨汉公墓志》，《全唐文补遗》第6辑，第178～18?页。
杨汉公夫人郑氏	长庆四年（824）。	咸通二年十一月廿日，祔于河南县金谷乡尹村北邙山之南麓。	《杨汉公墓志》，《全唐文补遗》第6辑，第181页。
杨皓（知言之子）	大中十二年（858）三月十五日；上都靖恭里之私第。	咸通二年十一月十四日；归窆河南县尹村祔先茔。	《唐故杨秀士墓铭并序》《汇编》咸通011，第2386～2387页。
杨喆喆①（杨璠之女）	咸通十二年四月二十二日寝疾于唐州之官舍。	咸通十二年十一月二十七日，归葬于河南洛阳县尹村之南原。	《唐唐州杨使君第四女墓志铭并序》，《汇编》咸通090，第2449页。
杨思立（虞卿之子）	乾符二年（875），终于上都靖恭里之私第。	乾符三年（876），归窆于河南府河南县西尹村祔先茔。	《杨思立墓志》，《汇编》乾符011，第2478页。
杨汉公夫人韦媛	广明二年（881）五月二十一日，由于战乱，潜隐，后至蒲坂，奄至倾背。	广明二年（881）五月二十八日，由于兵戈尚扰，从权礼，奉葬于河中府河东县孝义乡青台村。十月廿二日，孤子篆自河中府启举，以 中 和 三 年 岁次癸卯（883）十一月廿一日甲申归尹村，合祔于杨汉公之茔。	《杨汉公夫人韦氏墓志》，《全唐文补遗》第6辑，第200页。

①郁贤皓：《唐刺史考全编》卷一九一，第四册，第2626～2627页。

第六节　小结

以上我们从几个方面勾勒了一个中晚唐官僚家庭在社会变迁过程中社会流动的方式和状态。自杨宁开始至杨皓，杨家在长安居住历时至少六十年，这个家族在京城的发展，可以反映出中晚唐社会发展的趋势，他们与社会的各种关系也恰反映出当时政治与社会的形势。

靖恭杨家为唐代晚期一个典型的官僚家族，但本文不同于士族门阀的个案研究，而是以一个家族为线索，考察在时代与制度的潜移过程中，官僚阶层在官僚体制中流动的情况。从唐代中晚期开始，尽管一个家族可以累世显宦，并且可以兄弟同登显位，但是已不可能如同前朝那样左右国家的政治。因为科举制度的实行，毕竟使得官僚制度具有更大的开放性，使得官僚集团成员的社会成分出现多元化，可在一定程度上避免某一阶层的垄断。但是，在社会流动与重构的过程中，却往往形成与社会阶层有关的各种关系。这种关系也是人与社会互动关系的表现，体现出社会的变迁。科举制度引起了社会等级的再编制，同时也使得社会观念发生了变化，社会上新、旧两门户的人物，均可沿着这条路径进入到官僚阶层。一些原本在社会地位上不突显的个人或家族，因为在新制度产生的过程中乘机而起，选择了这条路，而具备了社会地位，因此对前代的士族概念也产生了改变。人们开始推尚那些以进士科入仕并维持家族辉煌的家族，而一些旧时盛族为了维持旧有地位也转向此途。于是，坚守着旧风尚的群体与崇尚新风尚的群体，便由此就社会观念、行为方式产生了矛盾，甚至转向政治生涯，影响整个王朝的政治，"牛李党争"就是一例。因此，对社会流动过程中所产生的人际关系进行分析，有助于我们对社会流动的动态研究。

（原文发表于《唐研究》2005 年第十一卷）

"瑟瑟"考

——兼论外来物品与唐诗语汇

◎ 刘后滨

唐代是一个开放的时代，中外文化交流频繁，外来文明对唐代文化的影响至深。唐诗中反映的外来事物，是研究唐代文化受外来文明影响的一个重要方面。相关的研究，成就卓著，论著繁多。其影响最著者，如中国学者向达著《唐代长安与西域文明》（三联书店，1957）、美国学者谢弗（Edward Schafer）著《唐代的外来文明》（吴玉贵译，中国社会科学出版社，1995，原版于1963年，美国加利福尼亚大学出版社）等。荣新江著《中古中国与外来文明》（三联书店，2001），也在探讨唐代外来文明的时候，涉及唐诗的材料。美国学者劳费尔（Berthold Laufer）著《中国伊朗编——中国对古代伊朗文明史的贡献》（林筠因译，商务印书馆，1964；原版于1919年，芝加哥），则主要通过语言学的工具，研究汉语文献中保留的一些栽培植物及产品之传播历史。劳费尔在利用唐朝时期的汉文资料时，除了两《唐书》《唐会要》和《册府元龟》等，主要是参考了《酉阳杂俎》《杜阳杂编》《岭表录异》《岭外代答》《北户录》等笔记小说的资料，而基本不引用唐诗的资料。劳费尔书中提到的许多内容，如关于郁金香①、关

---

① 如"清晨宝鼎食，闲夜郁金香"（王绩《过汉故城》）、"双燕双飞绕画梁，罗纬翠被郁金香"（卢照邻《长安古意》）、"兰陵美酒郁金香，玉碗盛来琥珀光"（李白《客中行》）、"郁金香汗裛歌巾，山石榴花染舞裙"（白居易《卢侍御小妓乞诗座上留赠》）等。

于胭脂①等，是可以从唐诗的材料得到印证的，作者并未采用。

唐诗中反映的外来事物，原本非常繁富。不过，大量的都是直接反映的外来名物，许多的研究也就是针对名物及其来源而展开的。而唐诗中最为引人注目的涉及中外文化交流的外来语汇，当数"瑟瑟"一词。这不仅是因为"瑟瑟"在唐诗中用得很多，在《全唐诗》中能够检索出至少 55 处；②也不仅是白居易在诗中多次用到"瑟瑟"，且用在了《琵琶行》和《暮江吟》这样著名的诗篇中，更主要的是因为"瑟瑟"在唐诗中发生了词性的转化，外来事物的名称成为了唐诗中的形容词。"瑟瑟"原本是一种碧色的宝石，但在唐诗中，瑟瑟经常用来形容颜色，详见后文。由于词性的转换，使"瑟瑟"一词脱离其所依托的外来物品，成为一个用以形容颜色的本土汉语词汇。而汉语词汇中原本又有不同语意的"瑟瑟"一词。这就使得关于"瑟瑟"的解释呈现出特有的文化史意义。

以往关于"瑟瑟"的研究，主要从两个方面展开。或者在白居易诗的解释中纠缠于"瑟瑟"到底是状声之词还是碧色之意，或者着力于考证"瑟瑟"来源所自的外来物品为何物。在这些研究的基础上，本文拟作一综述，并结合文献所记载的作为宝石的"瑟瑟"在唐代和其时周边民族中的使用情况，就前人未曾措意的"瑟瑟"在唐诗语汇中词性变化问题，尝试进行探讨。

一　白居易诗中"瑟瑟"释义之争

白居易诗中大量地运用"瑟瑟"一词。陈才智依朱金城《白居易集笺校》（上海古籍出版社 1988 年 12 月版），列出白居易诗集中"瑟瑟"一词凡十五见，③ 如"坐酌泠泠水，看煎瑟瑟尘"（《山泉煎茶有怀》）、"烟月苍苍风瑟瑟，更无杂树对山松"（《题清头陀》）、"未秋已瑟瑟，欲雨先沈沈"

---

① 如"腻粉梨园白，胭脂桃径红。郁金垂嫩柳，罨画委高笼"（元稹《春六十韵》）、"胭脂耀眼桃正红，雪片满溪梅已落"（元稹《琵琶歌》）、"疑香薰罨画，似泪着胭脂"（白居易《草词毕遇芍药初开因咏小谢红药当阶翻诗以为一句未尽其状偶成十六韵》）、"三千宫女胭脂面，几个春来无泪痕"（白居易《后宫词》）、"天赐胭脂一抹腮，盘中磊落笛中哀"（罗隐《梅》）等。

② 不包括有的异体字，如"槭槭"等。

③ 陈才智：《关于白居易诗中"瑟瑟"一词的解释》，《中国典籍与文化》1999 年第 4 期。

（《太湖石》）、"沙头雨染斑斑草，水面风驱瑟瑟波"（《早春忆微之》）、"出游爱何处，嵩碧伊瑟瑟"（《咏兴五首·出府归吾庐》）、"猩猩凝血点，瑟瑟蹙金匡"（《裴常侍以题蔷薇架十八韵见示因广为三十韵以和之》）、"一片瑟瑟石，数竿青青竹"（《北窗竹石》）等。对于"瑟瑟"的解释，历来有重大分歧。尤其是《琵琶行》中的"枫叶荻花秋瑟瑟"和《暮江吟》中的"半江瑟瑟半江红"，歧异纷纭。

明朝人杨慎（号升庵）已经指出，"今详者多以（瑟瑟）为萧瑟，非也。瑟瑟，本是宝（石）名，其色碧。此句言枫叶赤、荻花白、秋色碧也"。杨慎列举了白居易诗中众多的"瑟瑟"，包括《暮江吟》中的"半江瑟瑟半江红"，为"瑟瑟"非"萧瑟"之辨。[1]

霍松林著《白居易诗选译》将《琵琶行》中的"瑟瑟"释为"寒冷颤抖的样子"，后来又修订为"草木被秋风吹动的声音"[2]。顾学颉、周汝昌选注《白居易诗选》，解释"枫叶荻花秋瑟瑟"时，认为"瑟瑟"为"风吹草木声；一作索索，字通义同"[3]。不过，该书在《琵琶引》诗注释之后，附有"备考"五条，其中包括明人杨慎《升庵外集》和明人何良俊《四友斋丛说》[4] 关于白诗中"瑟瑟"的考证文字。杨慎明确指出，瑟瑟是碧色的宝石，何良俊同意杨慎的说法，指出"杨又引白'一道残阳照水中，半江瑟瑟半江红'正之，尤为妙绝"，说明选注者顾学颉、周汝昌还是对将瑟瑟解释为风吹草木声心存疑虑的。而顾学颉、周汝昌在解释《暮江吟》句"一道残阳铺水中，半江瑟瑟半江红"中的"瑟瑟"时，径注为"一种碧色宝石的名称"，并引用了《唐书·于阗国传》德宗派人去于阗求取玉器之事而得"瑟瑟百斤"的记载。

---

① 杨慎：《升庵外集》卷七，台北学生书局，1971，第 953 页。

② 霍松林：《白居易诗选译》，百花文艺出版社，1959。如陈才智所指出，该书修订本（1986年2月版）中修订为"风吹草木声"。其《白居易诗译析》第 354 页（黑龙江人民出版社，1981）亦释为"草木被秋风吹动的声音"。霍松林对瑟瑟一词解释的转变，参见陈才智《关于白居易诗中"瑟瑟"一词的解释》。

③ 顾学颉、周汝昌选注《白居易诗选》，人民文学出版社，1963，第 220 页。顾学颉点校《白居易集》中的《琵琶引并序》，将通行本中的"枫叶荻花秋瑟瑟"句作"枫叶荻花秋索索"，见《白居易集》第一册，中华书局，1979，第 242 页。

④ 何良俊对白诗"瑟瑟"一词的考证，见《四友斋丛说》卷 36《考文》，《四库全书存目丛书（大陆版）》子部 103 册，齐鲁书社，1995，第 544 页。

　　针对杨慎的解释，陈友琴认为："瑟瑟可以在某处作碧色解，但在'枫叶荻花秋瑟瑟'中，决不能作秋色解。'秋色碧也'四字费解。白氏《题清头陀》诗云，'烟月苍苍风瑟瑟'，难道风也会是碧色的吗？升庵好奇，有时说不可通。"① 针对何良俊引"半江瑟瑟半江红"来证明"枫叶荻花秋瑟瑟"，陈友琴则指出："何良俊为升庵之说作辩护，以为瑟瑟可作碧色解。不知'半江瑟瑟半江红'之'瑟瑟'可作碧色解，残阳在照，半碧半红，固有是景色也，至于'浔阳江头夜送客，枫叶荻花秋瑟瑟'，夜间何能见出碧色耶？时间地点有所不同，不能胶柱鼓瑟，强作解人。况'秋瑟瑟'释为'秋色碧'，亦太牵强。"②

　　其后，唐代文学史研究中多有关注白居易诗中"瑟瑟"之意者。王同策认为瑟瑟一词有风声和碧色两解，明清以来多有将"枫叶荻花秋瑟瑟"解释为碧色，是不合情理的。他提出，"瑟瑟"之解作风声，古已有之，且至唐时多有应用，白居易在不同的诗篇中，分别就不同词义来使用"瑟瑟"一词。就《琵琶行》而言，既然是夜送客，"虽然当夜有月，但月下观物，毕竟只是蒙胧模糊，哪能那样清晰地看见枫荻之色，尤其月光下的红色更难辨认；即令看见，又不是画家的调色板，这'枫叶红、荻花白'又怎样能产生象落日照江水一样的'映秋色碧也'的景色呢？"③

　　鲍维松从白居易的用词习惯和《琵琶行》所描写的环境加以分析，认同杨慎的说法。同时，又针对霍松林的说法解释云，"'瑟瑟'，即'瑟索'或'瑟缩'。可解作'颤抖'或'哆嗦'。用来形容枫叶荻花被风吹的情状"，并指出"这种拟人的解法挺新颖，在别的地方还没有见到过"④。

　　宋万学对《暮江吟》中的"瑟瑟"提出了新解，干脆否定"瑟瑟"的碧色一说。他一方面认为，林庚、冯沅君主编之《中国历代诗歌选》（1979）将"半江瑟瑟半江红"解释为以风声喻寒意，以对应红色象征的暖意，很有启发；同时，又提出了自己的新解，认为"瑟瑟"乃江水抖动状。

---

① 陈友琴：《白居易资料汇编》，中华书局，1962，第196页。
② 陈友琴：《白居易资料汇编》，第207页。
③ 王同策：《且说"瑟瑟"》，《吉林大学社会科学学报》1979年第6期。
④ 鲍维松：《关于白居易〈琵琶行〉中"瑟瑟"一词的注释问题》，《古典文学论丛》第三辑，齐鲁书社，1982，第388页。

他对这句诗的解释是：夕阳落映下，江水背阴的一面因色暗，见其抖动不歇；江水受光的一面则红艳夺目（因其红艳夺目，则不觉其动）。①

陈才智在前引文中对白居易诗中"瑟瑟"一词的不同解释进行了综述，指出白诗中"瑟瑟"一词有风声、碧色两解，取何解应视文义而定。②

孙雍长对《琵琶行》中的"瑟瑟"进行了"定谳"。他归纳历来对"枫叶荻花秋瑟瑟"的解释形成了三种不同意见：一是形容"色之碧"，二是写"陨落貌"，三是写萧瑟之声响。他本人认为，此句中的"瑟瑟"系状声之词，因为在夜晚，即使在月夜，人们见到的水面只能是漆黑一片，说"瑟瑟"指"秋色碧"有悖于特定时间下的事理。③

上述对于白居易诗中"瑟瑟"的考证和解释，似乎都有一些就事论事的局限，相对于明清时期人们的争论，并未有多少新意，尤其没有把"瑟瑟"的用法看成唐代的一个文学现象加以系统考察。而美国学者谢弗的研究，则更多地把白居易诗中"瑟瑟"状色的用法看做唐代文学中一种普遍的修辞现象。谢弗认为，"瑟瑟"一词在 9 世纪之前就已经用于诗歌，但是它与颜色无关，而是一种象声词，表示风中树叶的响声。谢弗引用杨慎关于《琵琶行》诗句"枫叶荻花秋瑟瑟"的考证，同意杨慎所谓"瑟瑟"形容"秋色碧"的看法，并指出：在白居易诗歌中大量出现的"瑟瑟"，并不像普遍认为的那样，只具有平常的意义，而是一种生动的颜色比拟。他还引用了多首唐诗说明，在 9 世纪初年，这种以外来物品构成的颜色对仗，是一种真正新奇的修辞手段，但是在 10 世纪那些讲究修辞的诗人中，它已成了一种固定的格式，这些人沿用白居易的新发明，而且将"瑟瑟"与被称之为"猩猩血"的鲜艳的深红色对仗使用。④

按照译者吴玉贵先生的检索，谢弗列举的唐诗包括：方干《孙氏林亭》（《全唐诗》卷六五〇）"瑟瑟林排全巷竹，猩猩血染半园花"、韦庄《乞彩

---

① 宋万学：《白居易〈暮江吟〉新解》，《社会科学辑刊》1987 年第 2 期。
② 陈才智：《关于白居易诗中"瑟瑟"一词的解释》。
③ 孙雍长：《"瑟瑟"定谳》，《湖北大学学报》2007 年第 2 期。又，同氏《此"瑟瑟"非彼"瑟瑟"》，《学术研究》2005 年第 4 期。
④ 谢弗（Edward Schafer）著《唐代的外来文明》，吴玉贵译，中国社会科学出版社，1995，第 505 页。

笺歌》"留得溪头瑟瑟波，泼成纸上猩猩色"、殷文圭《题吴中陆龟蒙山斋》"花心露洗猩猩血，水面风披瑟瑟罗"等。谢弗将方干诗中的"瑟瑟林"理解为深青色的树林，用以对比猩猩血色的花；将韦庄诗中的"瑟瑟波"和殷文圭诗中的"瑟瑟罗"理解为深蓝色的河水波纹，与水彩颜料中的血红色和花蕊中血红色作为对仗来描写。①

谢弗还引用了贯休《梦游仙四首·之二》（《全唐诗》卷八二六）诗中的"三四仙女儿，身着瑟瑟衣。手把明月珠，打落金色梨"，将其中的"瑟瑟衣"理解为天青色的衣料，与"金色"对比，说明这种新的颜色比喻，正适合 9 世纪末道教和佛教混合的梦想。② 又引用温庭筠《瑟瑟钗》（《全唐诗》卷五八三）诗，诗曰"翠染冰轻透露光，堕云孙寿有余香。只因七夕回天浪，添作湘妃泪两行"，说明瑟瑟（天青石）被广泛用于唐朝妇女的头饰。

总之，谢弗关于天青石和瑟瑟的考证，引证了大量的汉文唐代史料，包括记载于阗、石国、吐蕃、南诏的汉文史料，对于白居易诗中"瑟瑟"一词的解释，是有力的推进。

二 作为宝石的"瑟瑟"及其在唐代和 周边民族中的应用

诗无定诂，"枫叶荻花秋瑟瑟"到底作何解释，也许是没有结论的争论，所谓"定谳"也只能是一家之言。但是，"瑟瑟"在唐代是一种宝石名，而且从白居易以后，开始被用作状颜色之词进入诗歌的创作中，这是一个事实。那么，"瑟瑟"到底是一种什么宝石呢？

德国汉学家夏德（Friedrich Hirth）和法国汉学家沙畹（Edouard Chavannes）认为"瑟瑟"就是绿松石，劳费尔经过考证，认为这个说法是错误的。但是，正如谢弗所指出的，劳费尔提出唐朝的"瑟瑟"包含三种宝石，这使识别工作变得更加复杂化了。③ 劳费尔后来做了进一步补充，认

---

① 谢弗（Edward Schafer）著《唐代的外来文明》，吴玉贵译，第 505 页。
② 谢弗（Edward Schafer）著《唐代的外来文明》，吴玉贵译，第 506 页。
③ 谢弗（Edward Schafer）著《唐代的外来文明》，吴玉贵译，第 533 页。

为 "瑟瑟" 是萨珊朝波斯的宝石，这种宝石主要在唐朝见于汉文文献，"宋人不知唐朝的瑟瑟为何物，唐朝的瑟瑟在宋朝已失传了；当时所流行的代替瑟瑟的宝石仍然袭用这名称而已"①。谢弗则明确提出，唐朝人用来指深蓝色宝石的 "瑟瑟" 这个词，通常就是指 "天青石"，有时也指 "方钠石" 和 "蓝宝石"。②

张永言引用了一些外国学者的观点，如 Wilfrid Stott 在关于南诏的研究中，倾向于认为 "瑟瑟" 是绿松石③，李约瑟在《中国科技史》中认为 "瑟瑟" 是一种 "尖晶石"（Spinel）或玫红尖晶石（balas ruby），谢弗认为 "瑟瑟" 是天青石（lapis lazuli）。不过，他却偏偏没有引用劳费尔的《中国伊朗编》。张永言并不同意李约瑟和谢弗的观点，指出 "瑟瑟" 是一个外来词，是从绿松石的波斯语名称中省译而来的。他从语源学的角度进行推论：古代伊朗所产绿松石很驰名，波斯语称一种质地较粗的绿松石为 jamsat，"瑟瑟" 大约就是这个词的省译。由于这种宝石呈好看的绿蓝色，故 "瑟瑟" 又由物名而引申以指颜色。这样，汉语里这个词的语义和语源就比较明确了。④ 正如谢弗指出的，"瑟瑟" 的古汉语发音就是 "*sat-sat"，⑤ 这种语源学上的推论，似亦成立。但是，谢弗并不认为 "瑟瑟" 就是绿松石，而强调它是 "天青石"。王守春也从语源学的角度分析了 "瑟瑟" 一词为外来物品的音译，指出：这些（琥珀、瑟瑟等）以音译的方式为西域传至内地的物品命名，都是在中原地区没有相类似的也无相近的物品。⑥

其实，"瑟瑟" 具体是哪一种宝石，仅仅依靠语源学的研究，或许还是不够的。如劳费尔指出的，中国历史上不同时期所用 "瑟瑟" 一词，其所

① 劳费尔（Berthold Laufer）著《中国伊朗编——中国对古代伊朗文明史的贡献》，林筠因译，商务印书馆，1964，第345~347页。
② 谢弗（Edward Schafer）著《唐代的外来文明》，吴玉贵译，第500页。
③ Wilfrid Stott, *The Expansion of the Nan-chao Kingdom*, T'oung Pao 50 (1963), p. 214.
④ 张永言：《汉语外来词杂谈》，《语言教学与研究》1989年第2期。本文补订稿收录于《浙江大学汉语史研究中心简报》2007年第3~4期。
⑤ 谢弗（Edward Schafer）著《唐代的外来文明》，吴玉贵译，第500页。
⑥ 王守春：《胡桐一词的语源与古代楼兰地区的生态环境》，《西域研究》2002年第1期。该文参用元代史料论证唐代的 "瑟瑟"，显然没有注意到谢弗关于宋人不知唐朝的瑟瑟为何物的看法。而且，文中 "瑟瑟" 的出处之一《明皇杂录》（唐郑处晦撰）注明转引自《辞源》，不合规范。

指并不一致。还有一种可能，即使在唐代时期的文献中出现的"瑟瑟"一词，也不是针对今天矿物学意义严格区分的某种矿石，而是某一类宝石。因为从以下唐代时期文献中出现的"瑟瑟"来看，所指并不完全相同。

唐代文献中的"瑟瑟"，明显是一种外来物品。《唐会要》卷99《拂菻国》（《旧唐书·西戎传》拂菻国略同）：[1]

> 拂菻，一名大秦国，在西海之北。……其殿以瑟瑟为柱，黄金为地，象牙为门扇，香木为栋梁，无瓦。……诸珍宝多出其国。隋炀帝常欲通之，竟不能致。

唐代文献中的"拂菻"是拜占庭帝国的别称。[2] 唐人在描写拂菻的风俗时提到其人用作房柱的"瑟瑟"，谢弗认为是一种建筑装饰用的天青石。

《旧唐书·高仙芝传》载，天宝九载，"将兵讨石国，平之，获其国王以归。仙芝性贪，获石国大块瑟瑟十余石、真金五六驮驼、名马宝玉称是"。[3]《旧唐书·李嗣业传》载，天宝十载，"又从平石国，及破九国胡并背叛突骑施，以跳荡加特进，兼本官。初，仙芝绐石国王约为和好，乃将兵袭破之，杀其老弱，虏其丁壮，取金宝、瑟瑟、驼马等，国人号哭，因掠石国王东，献之于阙下。其子逃难奔走，告于诸胡国。群胡忿之，与大食连谋，将欲攻四镇。仙芝惧，领兵二万深入胡地，与大食战，仙芝大败"。[4]

---

[1] 《唐会要》卷99《拂菻国》，中华书局，1990，第1778页。《旧唐书》卷198《西戎传·拂菻国》，中华书局，1987，第5313~5314页。

[2] 参见林英《唐代拂菻丛说》，中华书局，2006。据张绪山综合伯希和《"拂菻"名称考》（P. Pelliot, Sur l'origine du nom de Fu-lin, Journal Asiatique, vol. 13, 1912, pp. 497-500）、白鸟库吉：《"拂菻"问题新论》（《东洋文库》第15卷，东京，1956，第186~195页）以及劳费尔《中国伊朗编》（第262页）等论著的研究结论，"拂菻"系从"罗马"一词转化而来。东罗马帝国在与外族交往的时候还是称 Rūm。Rūm 这个词在往东方传播的时候，先是传到波斯语当中，波斯语 R 音是发不出来的，"R"音发成 Hr，于是 Rūm 发成 Hrūm。Hrūm 传到中亚粟特语中，Hr 音又发不出来，Hrūm 转成 Frūm，其中的"rū"或者发成"Ri"，Frūm 转成了 Frim。到了汉语里就转作"拂菻"。见张绪山《6~7世纪拜占庭帝国与西突厥汗国的交往》，载《世界历史》2002年第1期；《景教东渐及传入中国的希腊—拜占庭文化》，载《世界历史》2005年第6期等。

[3] 《旧唐书》卷104《高仙芝传》，第3206页。

[4] 《旧唐书》卷109《李嗣业传》，第3298页。

《新唐书·西域传上》记载:"德宗即位,遣内给事朱如玉之安西,求玉于于阗,得圭一,珂佩五,枕一,带胯三百,簪四十,奁三十,钏十,杵三,瑟瑟百斤(《册府元龟》作"三百斤"),并它宝等。及还,诈言假道回纥为所夺。久之事泄,得所市,流死恩州"。①此外,《通典》卷193《边防》记康居、波斯等国的土贡,以及《册府元龟》卷961《外臣部·土风》记康国、波斯的方物,皆有瑟瑟,说明瑟瑟是方外之物,是来自西域诸国的外来物品。

"瑟瑟"作为一种宝石,其在唐代的应用主要有以下几种情况。

一是作为珍宝,可供赏赐和支付用。唐人郑处晦在《明皇杂录》中记载杨贵妃姊虢国夫人强行拆除韦嗣立的旧宅后,"虢国中堂既成,召匠圬墁,授二百万偿其值,而复以金盏(贮)瑟瑟三斗为赏"。②《唐国史补》载:"卢昂主福建盐铁,赃罪大发,有瑟瑟枕大如半斗,以金狀承之。御史中丞孟简案鞫旬月,乃得而进。宪宗召市人估其价直,或云至宝无价,或云美石,非真瑟瑟也。"③负责审查此案件的孟简,应为卢简辞。《旧唐书·卢简辞传》载:又福建盐铁院官卢昂坐赃三十万,简辞按之,于其家得金床、瑟瑟枕大如斗。昭愍见之曰:"此宫中所无,而卢昂为吏可知也!"④"瑟瑟"作为一种稀世珠宝,来自海外,所以福建盐铁院官卢昂有机会得到。在唐代流传的灵异故事中,就有海上的大蛇为报答救命恩人而赠与"瑟瑟"的传说。《广异记·海州猎人》载,猎人射死大蛇救了小蛇后,"小蛇首尾俱碎,乃衔大真珠、瑟瑟等数斗,送人归至本所也"。⑤

二是作为服饰或佛具上装饰用的珠宝或首饰。《旧唐书·玄宗杨贵妃传》载:"玄宗每年十月幸华清宫,国忠姊妹五家扈从,每家为一队,着一色衣,五家合队,照映如百花之焕发,而遗钿坠舄,瑟瑟珠翠,灿烂芳馥于路"。⑥

① 《新唐书》卷146上《西域传上》,中华书局,1975,第6236页。又见《册府元龟》卷669《内臣部·贪货》,中华书局,1960,第8000页。
② 郑处晦撰、田廷柱点校《明皇杂录》,中华书局,1994,第29页。
③ 李肇:《唐国史补》(学津讨原本),上海古籍出版社,1957,第45页。又见《太平广记》卷243《治生(贪附)》,中华书局,1961,第1883页。
④ 《旧唐书》卷163《卢简辞传》,第4270页。
⑤ 戴孚撰、方诗铭辑校《广异记》,中华书局,1992,第226页。又《太平广记》卷457《蛇二》,第3743页。
⑥ 《旧唐书》卷52《玄宗杨贵妃传》,第2179页。

《太平广记·卢顼》记载贞元时期卢顼家婢小金遇到的怪事，"常有一妇人不知何来，年可四十余，着瑟瑟裙，蓬发曳漆履，直诣小金坐"。① 《太平广记·芸辉堂》载唐代宗时宰相元载造芸辉堂于私第，其装修完全是西域风格，"芸辉，香草名也，出于阗国，其香洁白如玉。入土不朽烂，春之为屑，以涂其壁，故号芸辉。而更以沉香为梁栋，金银为户牖。内设悬黎屏风紫绡帐，其屏风本杨国忠之宝也。其上刻前代美女妓乐之形，外以玳瑁水晶为押，络饰以真珠、瑟瑟。精巧之妙，殆非人工所及"。② 装饰璎珞用的"瑟瑟"，当与服饰上的装饰品相类似。《新唐书·李蔚传》载咸通十四年春，懿宗下诏迎佛骨于凤翔，"乃以金银为刹，珠玉为帐，孔翠周饰之，小者寻丈，高至倍，刻檀为檐注，陛墄涂黄金，每一刹，数百人举之。香舆前后系道，缀珠瑟瑟幡盖，残彩以为幢节，费无赀限"。③ 唐人传说的精怪故事中，有一则借用木偶人的话说，前朝宣城太守谢某，在死后佩带有"瑟瑟环"，"少顷，二贼执炬至，尽掠财物。谢郎持舒瑟瑟环，亦为贼敲颐脱之"。④ 前引温庭筠《瑟瑟钗》诗，则说明瑟瑟被广泛用于唐朝妇女的头饰。

三是作为建筑或家具装饰材料。《明皇杂录》中记载，"玄宗幸华清宫。新广汤池，制作宏丽。……又尝于宫中置长汤屋数十间，环回甃以文石，为银镂漆船及白香木船置于其中，至于楫橹，皆饰以珠玉。又于汤中垒瑟瑟及沉香为山，以状瀛洲方丈"。⑤ 又杜甫《石笋行》诗云："雨多往往得瑟瑟，此事恍惚难明论"。宋人吴曾《能改斋漫录》卷七"杜石笋行"条引宋人赵抃（字阅道，谥清献）《蜀郡故事》："石笋在衙西门外，二株双蹲，云真珠楼基也。昔有胡人，于此立寺，为大秦寺，其门楼十间，皆以真珠翠碧，贯之为帘。后摧毁坠地，至今基脚在，每有大雨，其前后人多拾得真珠、瑟瑟、金翠异物。"⑥ 学者们大多依据这条材料论证巴蜀地区是否有大秦寺和景教，⑦

---

① 《太平广记》卷340《鬼二十五》，第2695页。
② 《太平广记》卷237《奢侈二》，第1821页。
③ 《新唐书》卷181《李蔚传》，第5354页。
④ 《太平广记》卷371《精怪四·凶器上》"曹惠"条，第2951页。
⑤ 郑处晦撰、田廷柱点校《明皇杂录》，第28~29页。又见《太平广记》卷236《奢侈一》，第1818页。《太平广记》卷227《伎巧三》引《谭宾录》与此略同，第1741页。
⑥ （宋）吴曾：《能改斋漫录》，上海古籍出版社，1979，第190页。
⑦ 参见荣新江《中古中国与外来文明》，生活·读书·新知三联书店，2001，第358~359页。

但这个遗址上的建筑当年曾用"瑟瑟"装饰，当无疑问。《旧唐书·文宗本纪》载宝历二年十二月庚申诏："先造供禁中床榻以金筐瑟瑟宝钿者，悉宜停造"①，说明晚唐时期有用瑟瑟装饰禁中床榻的情况。

到德宗时期以前，唐朝境内并未开采出称为"瑟瑟"的宝石。《旧唐书·德宗本纪》载：

> ［贞元二年四月］辛巳，陕州观察使李泌奏卢氏山冶出瑟瑟，请禁以充贡奉。上曰："瑟瑟不产中土，有则与民共之，任人采取。"②

又见《册府元龟·帝王部》：

> 贞元二年四月辛巳，陕虢观察使李泌奏：虢州卢氏县山冶近出瑟瑟，请充贡献，禁人开采。诏曰：瑟瑟之宝，朕不饰器玩，不尚珍奇，常思反朴之风，用明躬俭之节。其出瑟瑟处，任百姓求采，不宜禁止（原注：瑟瑟，玉名）。③

此后，唐朝所用"瑟瑟"，或许有本土出产者。

在唐朝时期的周边民族中，"瑟瑟"作为一种宝石，亦多见用于装饰。如吐蕃和南诏的章饰和告身。《新唐书·吐蕃传》载："其官之章饰，最上瑟瑟，金次之，金涂银又次之，银次之，最下至铜止，差大小，缀臂前以辨贵贱"。④《册府元龟》载吐蕃风俗，谓"大略其冠章饰有五等，一谓瑟瑟，二谓金，三谓金饰银上，四谓银，五谓熟铜，各以方圆三寸褐上装之，安髆前以别贵贱"。又谓"爵位则以宝珠、大瑟瑟、小瑟瑟、大银、小银、大石俞石、小石俞石、大铜、小铜等为告身，以别高下"。⑤藏文史料《贤者喜

---

① 《旧唐书》卷17上《文宗本纪上》，第524页。
② 《旧唐书》卷12《德宗本纪上》，第353页。
③ 《册府元龟》卷56《帝王部·节俭》，第628页；《册府元龟》卷106《帝王部·惠民第二》，第1264页。又《旧唐书》卷130《李泌传》，第3622页。
④ 《新唐书》卷216上《吐蕃传上》，第6072页。
⑤ 《册府元龟》卷961《外臣部·土风第三》，第11308～11309页。

宴》就有关于松赞干布时期告身制度的记载，"所谓告身，最上者为金、玉两种，次为银与颇罗弥，再次为铜与铁文字告身。总为六种。告身各分大小两类，总为十二级"。①《贤者喜宴》与《册府元龟》的记载并不完全吻合，众多藏学研究的学者进行了考证，也还存在争议。但是，吐蕃时期有"瑟瑟告身"却是无疑义的，而且，"瑟瑟"也可称为"玉"。②

据《资治通鉴》记载，景龙三年十一月乙亥，"吐蕃赞普遣其大臣尚赞咄等千余人逆金城公主"。《考异》引《文馆记》云："吐蕃使其大首领瑟瑟告身赞咄、金告身尚钦藏以下来迎金城公主"。③ 法藏敦煌文献中有一件《大蕃敕尚书令赐大瑟瑟告身尚起律心儿圣光寺功德颂》（P2765）。④ 说明吐蕃贵族的身份是通过不同材质告身的等级来区分的。而吐蕃的"瑟瑟"同样是外来物品，是从今撒马尔罕、布哈拉等地直接或间接地输入的。⑤

南诏告身等级亦分瑟瑟、金、颇罗弥、银、铜、石俞石六等，每等又分大小两级，共六等十二级。立于唐代的《南诏德化碑》，碑文中有一处提及告身，在记752年（唐天宝十一载）吐蕃册封南诏王阁罗凤为"赞普钟南国大诏"时，又记吐蕃"授长男凤伽异大瑟瑟告身都知兵马大将"，说明大瑟瑟告身也应为南诏最高等级的告身。而碑文残缺的碑阴题名中的段忠国，可能是获得吐蕃的小瑟瑟告身者。⑥

以上罗列了"瑟瑟"作为一种宝石在唐代及周边民族中的应用情况，说明其时"瑟瑟"的使用是非常普遍的。而且，在不同场合使用的"瑟

---

① 巴卧·祖拉陈哇著、黄颢译注《贤者喜宴摘译（二）》，《西藏民族学院学报》1981 年第 1 期。关于吐蕃告身制度，参见陈楠《吐蕃告身制度》，载《藏史丛考》，北京民族出版社，1998；赵心愚：《吐蕃告身制度的两个问题》，《西藏研究》2002 年第 1 期；格桑央京：《敦煌文献所见吐蕃时期的告身》，《敦煌研究》2006 年第 1 期。

② 关于吐蕃时期告身与章饰的区别，及其中瑟瑟的用途，可看陈波《公元 10 世纪前西藏的黄金、黄金制品及相关问题研究》，《中国藏学》2000 年第 2 期。

③ 《资治通鉴》卷 209，中华书局，1956，第 6637～6638 页。由于不了解吐蕃的告身制度，点校本此处标点有误，作"吐蕃使其大首领瑟瑟告身赞咄、金告身尚钦藏以下来迎金城公主"。

④ 《法藏敦煌西域文献》，上海古籍出版社，2001，第 18 册，第 132 页。

⑤ 参见杨铭《唐代中西交通吐蕃—勃律道考》，《西域研究》2007 年第 2 期，及其所引 Christopher I Beckwith, *Tibet and the Early Medieval Florissance in Eurasia: A Preliminary Note on the Economic History of the Tibetan Empire*, Central Asiatic Journal, Vol. 21, 1977, pp. 100 – 102.

⑥ 参见赵心愚《南诏告身制度试探》，《民族研究》2002 年第 4 期。

瑟",如服饰上的"瑟瑟"和建筑装饰中的"瑟瑟",不是同一种矿石,而应为颜色相同的一类矿石。

三 从"瑟瑟"看外来物品进入唐诗语汇

综上所述,瑟瑟原本是外来的宝石,何时传入中国并未有明确记载。随着唐朝与西域诸国交往的日渐频繁,"瑟瑟"在唐代及周边民族中使用的情况越来越普遍。到中唐时期,由于在内地也开采出"瑟瑟",这种宝石因此进入到上层贵族的日常生活之中。随着"瑟瑟"在贵族日常生活中使用的普及化,"瑟瑟"一词也就进入到唐诗的语汇之中了。唐诗中反映"瑟瑟"及其他各种外来物品,大量出现在中唐以后。正如谢弗所说,"文学作品中反映外来事物的高峰时期比造型艺术中大量反映外来事物的时期几乎晚了整整两个世纪。文学作品中的这种转变开始于八世纪末期,……绚烂的色彩、奇丽的想象、浪漫的意境等等,吸引了九世纪许多优秀的诗人的注意力"。[①]

这是一个重要的文学现象,其实折射出一种复杂的社会心态。安史之乱以前唐代社会最开放的时期,外来物品大量进入到人们的日常生活之中。但是,这种中外文化交流的盛况,并未在文学作品中得到反映。等到安史之乱以后,对外开放的社会心态走向拢缩,而此前传入的各种外来物品或生活习俗,却继续在人们生活中更加广泛地被使用或流行。如同新乐府诗中大量的作品体现出来的那样,在心态上对胡风胡俗有一种排斥,但是并不会改变人们早已形成的接纳外来事物的习惯。一方面是接纳外来事物的现实,另一方面是排斥外来事物的心态,这种矛盾就导致文学作品中反映外来事物的情况日渐普遍起来。所以说,8世纪末期以后文学作品中大量反映外来事物,并不完全是因为文人墨客被异域文化所吸引,更重要的是唐代社会呈现出一种特有的矛盾。唐代文化史的研究中,人们常常用中唐以后的文学作品尤其是新乐府诗来说明唐代对外开放的盛况,而恰恰是新乐府诗中体现出鲜明的排斥胡风胡俗的反思心态。也正是在这个矛盾运动之中,外来事物及相关语汇,才逐渐进入到汉语文学作品中。也许需要经过类似于排斥胡风胡俗这样

---

① 谢弗(Edward Schafer)著《唐代的外来文明》,吴玉贵译,第55页。

的文化反思，外来事物和外来语汇才能真正进入到主流文学作品之中。

唐诗中的外来语汇，主要是外来物品的名称，即大量的是名词。这方面的例子非常多，历来也有充分的关注。尤其是一些边塞诗、描写乐舞和对外交往的诗中，运用体现外来物品的名词性外来语汇非常丰富。如岑参《酒泉太守席上醉后作》：①

酒泉太守能剑舞，高堂置酒夜击鼓。
胡笳一曲断人肠，座上相看泪如雨。
琵琶长笛曲相和，羌儿胡雏齐唱歌。
浑炙犁牛烹野驼，交河美酒归巨罗。
三更醉后军中寝，无奈秦山归梦何。

诗中写酒泉太守为作者举办了一个极富边地特色的军中酒会。宴会上的酒肴就包括"浑炙犁牛烹野驼，交河美酒归巨罗"。犁牛，解为毛色黄黑相杂的牛，浑炙犁牛是一种外来的烹饪方法，就是烤全牛。具体怎么烤法，尚待考证。

唐诗中来自外来物品的名词，有的是音译的，如觱篥②、叵罗（金叵罗）③；有的是用汉语词汇描述性翻译的，如绳床④、鸡香（鸡舌香）⑤、沉香⑥。从语

---

① 此诗各选本有所不同，明人唐汝询《唐诗解》仅有前四句，见王振汉点校《唐诗解》，河北大学出版社，2001，第 674 页。清人编《全唐诗》，分为二首，前四句为一首，在卷 201，后六句为一首，在卷 199。亦有选本将其合为一首，如何立智等选注《唐代民俗和民俗诗》，语文出版社，1993，第 525 ~ 526 页。

② 如"南山截竹为觱篥，此乐本自龟兹出"（李颀《听安万善吹觱篥歌》）、"夜闻觱篥沧江上，衰年侧耳情所向"（杜甫《夜闻觱篥》）、"龟兹觱篥愁中听，碎叶琵琶夜深怨"（刘商《琴曲歌辞·胡笳十八拍》）。

③ 如"葡萄酒，金叵罗，吴姬十五细马驮"（李白《对酒》）、"白虹走香倾翠壶，劝饮花前金叵罗"（唐彦谦《送许户曹》）。

④ 如"石室无人到，绳床见虎眠"（王昌龄《遇薛明府谒聪上人》）、"木槿花开畏日长，时摇轻扇倚绳床"（钱起《避暑纳凉》）。

⑤ 如"金门石阁知卿有，豸角鸡香早晚含"（李贺《酒罢张大彻索赠诗》）、"燕体伤风力，鸡香积露文"（李商隐《槿花二首之一》）、"始从豸角曳长裾，又吐鸡香奏玉除"（罗隐《淮南送工部卢员外赴阙》）、"豸角戴时垂素发，鸡香含处隔青天"（黄滔《遇罗员外衮》）。

⑥ 如"解释春风无限恨，沉香亭北倚阑干"（李白《清平调词三首之三》）、"五侯焦石烹江笋，千户沉香染客衣"（韩翃《别李明府》）、"沉香火暖茱萸烟，酒觥缩带新承欢"（李贺《屏风曲》）。

源学或文化传播学的角度来研究这些词汇，是一个非常复杂的课题，劳费尔和谢弗等西方汉学家的工作，许多是从这方面展开的。如谢弗引用杜佑《通典》的记载，很好地解释了沉香一词的起源。《通典·边防典》记林邑国的特产有："其国有金山，石皆赤色，其中生金，金夜则出飞，状如萤火。又出玳瑁、贝齿、古贝、沉木香。……沉木香，土人破断之，积以岁年，朽烂而心节独在，置水中则沉，故名曰沉香。次不沉者曰栈香也"。[①]

胡风的盛行，不仅体现在衣食住行等日常生活层面，还波及语言文字领域。如谢弗指出的那样，唐朝有些汉人是懂得突厥语的，当时有一部供正经学者使用的突厥—汉语词典，而且在唐朝的一些诗歌中，也表现出了突厥民族对唐诗诗体的影响。[②] 在这种情况下，作为外来物品的名词进入唐诗语汇，这是自然而然的事情。

但是，唐诗中的外来语汇，主要是外来物品的名称，即大量的是名词，而通过名词转化而来的形容词非常少见。"瑟瑟"从名词而成为状颜色的形容词，是外来物品进入唐诗语汇的一个特殊例子。唐诗中"瑟瑟"一词的应用及其演化过程，生动地反映出唐代文学艺术对外来文化的吸纳，以及其时中外文化的深层交流。

"瑟瑟"原本是汉魏以来就入诗的一个常用词，用来形容秋风之声音。如建安时期咏物诗代表诗人刘桢（？～217）《赠从弟·其二》，就有"亭亭山上松，瑟瑟谷中风"。这种用法一直行用到唐朝前期，如卢照邻《琴曲歌辞·明月引》中的"洞庭波起兮鸿雁翔，风瑟瑟兮野苍苍"，刘希夷《相和歌辞·从军行》中的"秋来风瑟瑟，群马胡行疾"，李颀（？～约750）《郑樱桃歌》中的"鸣鼙走马接飞鸟，铜驼瑟瑟随去尘"，萧颖士《过河滨和文学张志尹》中的"瑟瑟寒原暮，冷风吹衣巾"等，其中"瑟瑟"都是形容秋风之声音。

今存唐诗中最早提到作为外来宝石"瑟瑟"的，是杜甫的《石笋行》："君不见益州城西门，陌上石笋双高蹲。古来相传是海眼，苔藓蚀尽波涛痕。雨多往往得瑟瑟，此事恍惚难明论。恐是昔时卿相墓，立石为表今仍

---

① 《通典》卷188《边防四·南蛮下》"林邑"条，中华书局，1984，第1007页。

② 谢弗（Edward Schafer）著《唐代的外来文明》，吴玉贵译，第48页。

存"。这里的"瑟瑟"是名词。其后，中唐诗人张又新《中界山》中的
"瑟瑟峰头玉水流，晋时遗迹更堪愁"、晚唐诗人陆龟蒙《开元杂题七首·
汤泉》中的"上皇初解云衣浴，珠棹时敲瑟瑟山"等，都是将"瑟瑟"作
为名词来用的，指的就是宝石。

用"瑟瑟"来形容颜色，按照谢弗的说法，是白居易的发明。到 10 世
纪那些讲究修辞的诗人笔下，它已成了一种固定的格式，将"瑟瑟"与被
称为"猩猩血"的鲜艳的深红色对仗使用。[1] 具体的例子已见前述。白居易
本善于以外来词和外来事物入诗，其《蛮子朝》诗云："德宗省表知如此，
笑令中使迎蛮子。蛮子导从者谁何，摩挲俗羽双隈伽。清平官持赤藤杖，大
将军系金呿嗟。异牟寻男寻阁劝，特敕召对延英殿。"又元稹《蛮子朝》诗
云："鸟道绳桥来款附，非因慕化因危悚。清平官系金呿嗟，求天叩地持双
珙"。陈寅恪指出："新传（《新唐书·南诏传》）云：'佉苴，韦带
也。'……'呿嗟'、'呿嵯'皆'佉苴'之异译"。[2] 又据唐人樊绰《蛮
书》，南诏"谓腰带曰佉苴"。[3]

白居易以后，用"瑟瑟"形容颜色的诗句很多。如"到还僧院心期在，
瑟瑟澄鲜百丈潭"（司空图《漫书》）。而且，"瑟瑟"不仅可以用来形容水
的颜色，也可以形容云的颜色，如"纷纷雨外灵均过，瑟瑟云中帝子归"
（韦庄《泛鄱阳湖》）；或者形容竹林、绫罗等的颜色，如前引"瑟瑟林排全
巷竹，猩猩血染半园花"（方干《孙氏林亭》）、"花心露洗猩猩血，水面风
披瑟瑟罗"（殷文圭《题吴中陆龟蒙山斋》）及五代时诗人和凝《杂曲歌辞
·杨柳枝之二》中写的"瑟瑟罗裙金缕腰，黛眉偎破未重描。醉来咬损新
花子，拽住仙郎尽放娇"等。

不过，并不是"瑟瑟"被用于形容颜色之后，就不再在诗中用以形容
声音。和白居易同时的元稹，就依然用"瑟瑟"来形容声音，如"绕院松
瑟瑟，通畦水潺潺"（《台中鞠狱忆开元观旧事呈损之兼赠周兄四十韵》）。
写于后梁贞明七年（921）的敦煌变文《大目干连冥间救母变文》，其中有

---

① 谢弗（Edward Schafer）著《唐代的外来文明》，吴玉贵译，第 505 页。
② 陈寅恪：《元白诗笺证稿》，上海古籍出版社，1978，第 205 页。
③ 樊绰著、向达校注《蛮书校注》卷 8《蛮夷风俗》，中华书局，1962，第 208 页。

诗句曰"天边海气无遐换（焕），陇外青山望戍楼，秋风瑟瑟林中度，黄叶飘零水上浮"。①

随着"瑟瑟"作为一种外来物品进入唐诗语汇，也就逐渐进入到人们日常生活用语之中。神仙故事中有用到"瑟瑟"的情况，如《太平广记》载唐宪宗见术士伊祁玄解所出仙药，有"一曰双麟芝，二曰六合葵，三曰万根藤。双麟芝色褐，一茎两穗，穗形如麟，头尾悉具，其中有子，如瑟瑟焉"。② 又《太平广记》载唐懿宗为同昌公主出降所赐物品中，"更有瑟瑟幕、纹布巾、火蚕绵、九玉钗。其幕色如瑟瑟，阔三尺，长一百尺，轻明虚薄，无以为比。向空张之，则疏朗之纹，如碧丝之贯其珠。虽大雨暴降，不能沾湿，云以蛟人瑞香膏所傅故也"。③ 在这两处小说语汇中，"瑟瑟"反而用来状写一些更新奇的物品。

综括言之，从杜甫在诗中提到"瑟瑟"这种外来的宝石，到白居易在诗中用"瑟瑟"来描写颜色，到后来"瑟瑟"成为状写描摹新奇物品的语汇，正是从一个侧面反映了外来文明对唐代文化的深刻影响。不过，瑟瑟一词流传至今，只保留了其原本具有的风吹草木声的一重意思，其碧色之义则已经在现代语汇中丧失了。

（原文发表于《文史》2009 年第一辑）

---

① 王重民等编《敦煌变文集》，人民文学出版社，1957，第 716～717 页。
② 《太平广记》卷 47《神仙四十七》，第 291 页。
③ 《太平广记》卷 237《奢侈二》，第 1826 页。

意象与现实：宋代城市等级刍议

◎ 包伟民

今人讨论中国古代城市发展水平，一个重要的指标是人口数量。城市所聚集的人口达到一定的规模，不仅可以反映它们各自在经济上与政治上独特的地位，综合起来分析，更可以使我们从一个极为重要的侧面观察当时社会的发展水平。

学界讨论两宋时期城市人口数量，历时已久。其间大体上可分为讨论单个城市人口数量与综合观察所有城市居民占总人口比例这样两个研究取向。相对而言，又以讨论单个城市——主要是京城——人口数量者为多。早在20 世纪 30 年代，加藤繁就刊布有《论南宋首府临安的户口》一文，提出了"从南宋末年到元代，临安的户数在三十万左右，人口在一百五十万左右"的意见。[①] 此后，不少学者致力于北宋京城开封与南宋行都临安人口数量的探讨。关于开封，由于有天禧五年（1021）城内外九厢人户统计数记载的存世，[②] 分析其城市居民的数据相对容易。1984 年，吴涛估计至北宋后期的

---

① 加藤繁：《论南宋首府临安的户口》，第 844 页。此文原载 1933 年 11 月（日本）《社会经济史学》第三卷第八期，后收入氏著《中国经济史考证》第二卷，商务印书馆，1959 年吴杰中译本，第 839 ~ 846 页。加藤氏后更撰有《临安户口补论》一文，重申旧说，见同前书第 847 ~ 854 页。

② （清）徐松辑《宋会要辑稿·兵》三之三，上海东大书局，1936 年影印本。参见《全宋文》卷二六一，上海辞书出版社、安徽教育出版社，2006，第 13 册，第 114 ~ 115 页。

崇宁年间（1102～1106），开封城市人口达到 140 万，[①] 此后不同论著所提出的数据，均与其相去不远。如周宝珠、吴松弟两人都认为在 150 万左右，[②] 陈振认为在 120 万左右，[③] 久保田和男认为仁宗朝在 140 万、北宋末年在 120 万以下，[④] 等等。南宋临安城市人口的探讨则比较困难一些，在加藤繁上述意见之后，更有桑原隲藏与池田静夫提出 500 万的估计数，[⑤] 被多数学者视为失实。林正秋认为至咸淳（1265～1274）末年，临安城区人口当在 43 万左右。[⑥] 赵冈提出："城厢合计，大临安可能有接近 250 万居民。"[⑦] 沈冬梅同意加藤繁关于 150 万的估计，[⑧] 吴松弟则以为到南宋后期，"临安城外约有人口四十余万，城内人口八九十万"，总之在 120 万上下。[⑨] 但各家的意见，无不根据一些相当含混的记载反复估算而得出，带有明显的试探性。关于两宋时期全部城市人口占总人口比例的讨论，更为困难，虽然也有一些大体的估计，[⑩] 但均未提出详细的文献依据，无法取信于人。

因此，不少学者都改变讨论的方法，将宋代的城市分类，按类提出各自不同的、关于其城市人口数量的大体估计，其中最重要的当属梁庚尧先生于

① 吴涛：《北宋都城东京》，河南人民出版社，1984，第 37 页。

② 周宝珠：《宋代东京研究》，河南大学出版社，1992，第 345～349 页。葛剑雄主编、吴松弟著《中国人口史》第三卷"辽宋金元时期"，复旦大学出版社，2000，第 574 页。

③ 陈振：《十一世纪前后的开封》，载《中州学刊》1982 年第 1 期，第 129～136、152 页。

④ 久保田和男：《宋都開封の人口数についての一試論——在京禁軍数の推移を手がかりとして》，载《東洋學報》2000 年第 82 卷第 2 期，第 163～194 页。

⑤ 转引自加藤繁《论南宋首府临安的户口》。

⑥ 林正秋：《南宋都城临安人口数考索》，载《杭州大学学报》（哲学社会科学版）1979 年第 1～2 期合刊。

⑦ 赵冈：《南宋临安人口》，载《中国历史地理论丛》1994 年第 2 期，第 117～126 页。

⑧ 沈冬梅：《宋代杭州人口考辨》，载漆侠主编《宋史研究论文集——国际宋史研讨会暨中国宋史研究会第九届年会编刊》，河北大学出版社，2002，第 373～386 页。

⑨ 吴松弟：《中国人口史》第三卷，第 584 页。

⑩ 如 William Skinner（施坚雅），*The City in Late Imperial China*，Stanford：Stanford University Press，1977. 叶光庭等中译本《中华帝国晚期的城市》，中华书局，2000. 其中施坚雅《导言：中华帝国的城市发展》第 29 页有如下论断："相当广泛详尽的证据指明，同一地区十三世纪时的城市化比率至少是百分之十，还可能比这高得多。"斯波义信认为南宋鼎盛时期，"城市化率或许达到了 30%"。参见氏著《宋代江南経済史の研究》，日本汲古书院，1988，方键、何忠礼等中译本，江苏人民出版社，2001，第 329 页。又赵冈《从宏观角度看中国的城市史》也提出南宋时城市人口比重达到了 22%，载《历史研究》1993 年第 1 期，第 3～16 页。

20 世纪 80 年代所刊布的《南宋城市的发展》一文。① 梁文通过几乎竭泽而渔式的广征博引，分析关于宋代城市人口数量的现存记载，提出了他关于当时城市规模的等级划分意见，认为第一类为五万户以上的大城市，第二类为五千至五万户之间的次级城市，第三类为一千至五千户之间的一般城市，最后是一千户以下的小城市。梁文的分析不仅落实于严格的文献考证，更注意到了城市人口规模与它们的行政地位与经济地位之间的关系。例如，他指出：除都城临安府之外，作为第二类的次级城市，"虽然有沿海和沿江两条比较明显的地带，但是一般讲来，却是分散于全国各路，并非集中于某一地域"②。梁文的研究不仅深化了我们对宋代城市发展水平的认识，更成为近年来一些专书的主要引述来源。③ 此外如韩光辉、吴松弟等也提出过类似的意见。④ 总之在对不同类别城市的居民数提出相应的估计之余，均未得出总的城市人口比例数率。

可见，经过多年的研究，关于两宋时期城市人口问题的探讨虽已取得不少成绩，存在的困难也是显而易见的。学者们对宋代城市人口比例问题所持的审慎态度，说明了由于存世记载的零散、含混，尤其是不少记载信息量不足，无法深入探究它们的统计口径，以至实际上很难利用这些记载。⑤ 如果继续恪守于实证归纳的讨论方法，恐难有进一步的发现。因此本文试图转换

---

① 载梁庚尧《宋代社会经济史论集》上卷，允成文化实业股份有限公司，1997，第 481 ~ 583 页。
② 载梁庚尧《宋代社会经济史论集》上卷，允成文化实业股份有限公司，1997，第 536 页。
③ 虽然有相当一部分专书并未注明受惠于梁著的事实。
④ 参见韩光辉《12 ~ 14 世纪中国城市的发展》（《中国史研究》1996 年第 4 期，第 3 ~ 15 页），及吴松弟《中国人口史》第三卷，第 588 ~ 600 页。按韩光辉所讨论的有些为元代的城市人口数据，不过集庆、广州、镇江、嘉兴等城市的例证，其所反映的应该属于南宋时期的情形。
⑤ 典型的例证，可举南宋《临汀志》所载人口数据，见中华书局 1986 年影印残本《永乐大典》第 86 册，原书第 7890 卷，第 11 页。据其记载，汀州一地的人户，从南宋初期的 150331 户，增长到宝祐年间（1253 ~ 1258）的 223433 户，其间乡村户增长率不到五成，而坊郭户的增长率竟达到 14 倍，也就是说，一百余年间，此地城市人口狂增，相比之下，乡村的增长率差不多可以忽略不计，有违常识。梁庚尧认为这"说明在南宋初年，汀州农村的人口容纳量已经接近饱和，新增的人口不得不转而流入城市"（《宋代社会经济史论集》上卷，第 525 页）。笔者则以为仍须进一步了解这些统计数据背后所可能隐含的信息，尤其是当年汀州关于乡村户与坊郭户的统计口径，在厘清这些数据的真实内涵之前，不宜直接引为信史。

视角，从宋代城市实际所拥有的人口数量，转向对当时文人士大夫意念中关于城市规模的认识——即本文所说的"意象"的探讨，也许可以在前人研究的基础之上，略作推进。

所谓"意象"，指由存世文献所反映的宋人关于城市规模的描述，一般由人口数量来表示。由于这种描述并非总是依据于不同城市实际的人口规模，而是掺杂了其他对时人来说在某种程度上更重要的要素，因此值得讨论。

这里主要指的是城市的行政等级。

一　京城

无论在行政地位上，还是在实际人口规模上，中国历代的京城无乎都无例外地处于位于城市等级序列的顶端，两宋时期也不例外。

宋人对于京城的认识，除了它作为帝都，地位崇高，繁华浩穰，就是它的规模巨大，"都城百万家，漠漠浮云生"①。差不多从北宋建国时起，民居达到"百万家"，一直是文人笔下所流露的关于京城的意象。淳化二年（991）六月，宋太宗赵光义（976～997在位）因汴河决堤，出宫巡视，对宰臣解释自己必须亲临视察的理由，也说："东京养甲兵数十万，居人百万家，天下转漕仰给在此一渠水。"② 可见京城民户百万，已是当时的一般认识。北宋杨侃（965～1033）所撰《皇畿赋》，对京师聚人之多提出了自己的解释："皇宋之受命也……平江表，破蜀都，下南越，来东吴，北定并、汾，南取荆湖，是故七国之雄军，诸侯之陪臣，随其王公，与其士民，小者十郡之众，大者百州之人，莫不去其乡党，率彼宗亲，尽徙家于上国，何怀土之不闻。甲第星罗，比屋鳞次，坊无广巷，市不通骑。……"③ 总之是强调京城作为全国政治中心地位对其人口规模的特殊影响。同时，文献中偶尔还可见有别样的描述。宋神宗时，程颢（1032～1085）上奏论事，其中提

① （宋）刘攽：《彭城集》卷三《雪中退朝与诸同舍登秘阁》。影印文渊阁四库全书本。
② （元）脱脱：《宋史》卷九三《河渠志三》。中华书局，1977年点校本，第7册，第2317页。
③ （宋）吕祖谦编《宋文鉴》卷二，中华书局，1992年点校本，上册，第20页。

到，当时仅"京师浮民"，即已"数逾百万"①，合计全部居民，数量当然就更为可观了。元丰元年（1078）九月，刘攽（1023～1089）撰《开封府南司判官题名记》，称"京师至三百万家"②；南宋初庄季裕也说："昔汴都数百万家，尽仰石炭，无一家燃薪者。"③ 这样的"意象"，夸耀的意味当然就更为显露。

实际上，人们关于"都城百万家"的意象并非初始于北宋开封城，早在唐代，诗人笔下对京城长安已有这样宏大的想象。如韩愈（768～824）就有"长安百万家，出门无所之"之句④。元稹（779～831）心目中的长安，也是"城中百万家，冤哀杂丝管"⑤。稍晚一点的贾岛（779～843），也写出了"长安百万家，家家张屏新"这样的诗句⑥。前人关于宏伟京城的这种文化意象为宋代文人所继承，顺理成章。于是，在宋人的笔下，也仍然是"更将梦逐残红去，遍入长安百万家"⑦。甚至回溯到更早一点的时代，也称"君不见咸阳百万家，长城白骨埋泥沙"⑧，全然不考虑宋代的京兆府（汉、唐长安城），物是人非，已无帝都气象。

与此相应，宋代还有两个城市时常能够激发起人们产生"百万家"的意象。其一是曾为唐代东都、宋代则建为西都的洛阳城，北宋刘敞（1019～1068）说它是"冠盖百万家，车马十二衢"⑨。另一则是南宋的行都临安城了。楼钥（1137～1213）《粮料院葵向亭》一诗，有"涛江渺莽三千顷，烟瓦参差百万家"之句⑩。程公许（？～1251）《游灵隐寺》，也称

① （宋）程颢：《河南程氏文集》卷一《论十事札子》，见中华书局1981年点校本《二程集》第2册，第454页。
② 《彭城集》卷三二《开封府南司判官题名记》，第314页。
③ （宋）庄绰：《鸡肋编》卷中《石炭》，中华书局，1983年点校本，第77页。
④ 屈守元、常思春主编《韩愈全集校注》，四川大学出版社，1996，第914页。
⑤ （唐）元稹：《元稹集》卷三《遣兴》（十首之二），中华书局，1982年点校本，上册，第33页。
⑥ （唐）贾岛原著、李嘉言校点《长江集新校》卷一《望山》，上海古籍出版社，1983，第1页。
⑦ （宋）张耒：《张右史文集》卷三二《依韵和晁十七落花二首》（之一），四部丛刊初编本，第3b页。
⑧ （宋）李吕：《澹轩集》卷一《沧海行》，影印文渊阁四库全书本。
⑨ （宋）刘敞：《公是集》卷九《煌煌京洛行》，新文丰出版公司，1985年《丛书集成新编》第61册，第167页。
⑩ （宋）楼钥：《攻媿集》卷七《粮料院葵向亭》，四部丛刊初编本，第7a页。

它是"京华百万家，鳞鳞瓦迭鳞"①。赵善括还将它比拟于长安："形胜视京兆，警跸驻钱塘……几百万家和气，五十余年创见……"② 完全是京华帝都的意象。

有意思的是，在宋代文人的笔下，对洛阳与临安两城之帝都意象似乎偶有歧见。司马光（1019～1086）描述洛阳城春色，称它是"红绿阴中十万家"③，其所反映的城市规模与前述帝都意象就大相径庭。北宋后期的赵鼎臣赋诗称颂"壮哉洛阳都"，也只说它是"城中十万家，古来豪侠窟"④。这显然是因为北宋时期的洛阳城，虽被建为西京，毕竟只是一个区域性中心城市，实际地位已今非昔比了。至于临安城，南宋孙应时（1154～1206）也有"风日都门外，楼台十万家"等诗句，⑤ 或者可以反映在时人心目中，临安虽为帝都，不免偏安一方之局蹙，难以比肩于中原旧都。待到入元以后，临安沦落，地位下降，偶因淫雨多日，诗人担心"旧畿十万家，大半忧为鱼"⑥，更加可以理解了。

"都城百万家"当然并非实况写真，北宋开封城的人口虽在前期就可能接近百万，后期自然更多，合计户数当不会超过三十万，似可肯定。⑦ 南宋临安府的人口数量，学者有不同的估算。本人估计即便到南宋后期，其城市人口也不可能超过百万，合计不过二十万户左右而已。⑧

总之，"都城百万户"作为一种文人意象，反映的是京城至高无上的行政地位。

---

① （宋）程公许：《沧洲尘缶编》卷三《游灵隐寺》，影印文渊阁四库全书本。
② （宋）赵善括：《应斋杂著》卷六《水调歌头·赵帅生日》，豫章丛书本，第 7b 页。
③ （宋）司马光：《增广司马温公全集》卷二四《看花四绝句》，线装书局，2004 年《宋集珍本丛刊》第 11 册影印南宋蕲州刻本，第 571 页。
④ （宋）赵鼎臣：《竹隐畸士集》卷二《乙未寒食前一日陪姚季一吴和甫登崇德寺阁赋诗以驾言出游以写我忧为韵分得我出二字》（之二）。影印文渊阁四库全书本。
⑤ （宋）孙应时：《烛湖集》卷二〇《和李季章校书西湖即事三首》，影印文渊阁四库全书本。
⑥ （宋）俞德邻：《佩韦斋集》卷三《连雨独坐旅楼有作》，天禄琳琅丛书本，第 4a 页。
⑦ 参见周宝珠《宋代东京研究》第九章第二节，第 345～349 页。按周氏估计北宋东京人口最多时达 150 万左右，户则仅 13.7 万。不过这一人口数据是合计在籍民户之外的官宦、军队等等人员在内的，若按户均 5 口计，大致在 30 万户之谱。
⑧ 参见拙作《试论宋代城市发展中的新问题》，载韩国《中国史研究》2006 年 2 月第 40 辑，第 235～266 页。

二 区域中心城市

宋承唐制，京城而下，推行州、县两级地方行政。与此同时，宋廷还在全国设置了二十余个监察区——路，路一级行政机构称为监司。从北宋到南宋，随着监司行政管辖权的不断强化，路区就越来越行政化了，所以也有学者直接将路视为地方行政区。与此同时，由于历史的沿袭，更由于"山川形便"地理因素的影响，路的辖区不仅具有了区划的意义，往往也相应形成对内具有明显共性，对外相对独立的经济文化区域，以转运使、安抚使治所为代表的路治城市一般都是本区域的中心城市。这一史实，也在宋人关于城市规模的意象中得到了清晰的印证。亦即在"都城百万户"而下，宋代文人笔下还描述了一批居民"十万家"的城市，它们多半是路治城市。当然，由于文献存世的偶然性，记载中涉及的路治中心城市有限，但仍颇能说明问题。

前文提到"城中十万家"的北宋洛阳城，即为京西北路的路治，其在政治与经济上的特殊地位，毋庸置疑。自此向西北，有秦凤路的仪州，梅尧臣（1002～1060）《寄题知仪州太保蒲中书斋》诗云："中条插远近，黄河泻直斜。蒲坂之城在其涯，渠渠碧瓦十万家。官商工农共扰扰，侯独理斋窗照纱。侯方守边听胡笳，满屋蓄书凡几车。"① 仪州（今甘肃平凉华亭县）既非路治，亦非经济名郡，城市居民理当有限。梅尧臣从京城遥寄诗篇给友人，却称其"渠渠碧瓦十万家"，当然并非写实。除了恭维友人位处要职，职典名郡，无非是因为仪州处宋夏前线，属军事要地，有其特殊的重要性。所以，梅尧臣对仪州夸张的意象也就合乎情理了。

其他记载多集中在南方地区。北宋中期郑獬（1022～1072）的《荆江大雪》诗，提到荆州（今湖北荆州）"天工斗巧变物境，玉作荆州十万家"②。

---

① （宋）梅尧臣：《宛陵先生集》卷五四《寄题知仪州太保蒲中书斋》，线装书局，2004年《宋集珍本丛刊》第4册影印明正统四年刻本，第105页。

② （宋）郑獬：《郧溪集》卷二五《荆江大雪》，影印文渊阁四库全书本。

按荆州后改为江陵府，从北宋时起为本路安抚司治所，为荆湖北路要郡，虽时人偶亦有不同的描述①，但它被归为"十万家"的区域中心城市，名符实至。至南宋时期，因重兵在此集结，它的地位就更加重要了。此外如洪州（今江西南昌），为江南西路转运司、安抚司治所，江西地区的中心城市，夏竦（985～1051）《滕王阁》诗描述它"面临漳水势凌霞，却倚重城十万家"②。估计此城实际户口绝不可能达到十万家。此外又有梓州，为梓州潼川府路安抚、提点刑狱司之治所，城市规模估计不大，不过文同（1018～1079）《送冯允南倅梓》诗却说："梓州城中十万家，家家尽喜见君面"③。

同一时期记载比较多的是越州、杭州与苏州。治平元年（1064），毛维瞻为越州撰《新修城记》："越为浙东大府，户口之众寡，无虑十百万。金谷布币，岁入于县官帑庾，数又倍之。"④虽为纪实文体，说到户口，称"十百万"，则属典型的写意语句，难以深究。稍晚一些，程俱（1078～1144）的《越州置酒暮夜乃归作诗一首》，写得就相当明确了："遥岑出西南，杳蔼川原平，城中十万家，烟云隐飞甍。"⑤按越州为两浙路提点刑狱司治所，并在两浙转运司分置两地时期，为浙东路转运司治所，⑥秦汉以来向为"浙东大府"，两宋时期虽被杭州超越，瞠乎其后，但无论在政治上还是经济上，其在浙东的中心地位则不可替代，至南宋不变。

自隋代开通江南运河以后，杭州城市出现跳跃性发展，自唐中期后被称为"东南名郡"⑦，自然成为两浙地区的中心。两宋时期，杭州一直为两浙路转运司治所，南宋更升为行都，成为全国政治、经济中心。嘉祐四年（1059），欧阳修（1007～1072）作《有美堂记》，称"钱塘……其俗习工

① 如（宋）梅尧臣：《宛陵先生集》卷一八《送周谏议知襄阳》："蔼蔼荆州几万家，竟持壶酒望高牙。"线装书局，2004年《宋集珍本丛刊》第3册影印明正统四年刻本，第651页。
② （宋）夏竦：《文庄集》卷三四《滕王阁》，影印文渊阁四库全书本。
③ （宋）文同：《新刻石室先生丹渊集》卷四《送冯允南倅梓》，线装书局，2004年《宋集珍本丛刊》第9册影印明万历刻本，第139页。
④ （宋）毛维瞻：《新修城记》，载（宋）孔延之辑《会稽掇英总集》卷十九，广陵古籍刻印社，1987。
⑤ （宋）程俱：《北山小集》卷五《越州置酒暮夜乃归作诗一首》，四部丛刊续编本，第12a页。
⑥ 参见李昌宪《中国行政区划通史·宋西夏卷》，复旦大学出版社，2007，第65页。
⑦ （唐）李华：《杭州刺史厅壁记》，见（清）董浩等编《全唐文》卷三一六，中华书局，1983，第3206页。

巧，邑屋华丽，盖十余万家"①，当属纪实文字，符合杭州城市人口的实际情况。咸平二年（999），张咏（946～1015）出知杭州，因当地发生饥荒，上奏朝廷，认为"余杭十万户，饥者七八，弗挟盐利，无复生意。若暴禁之，彼将圜视衡击，以扰居者，则为祸大矣"②，可以印证；90 年后，元祐五年（1090），苏轼（1037～1101）出知杭州，又恰逢灾荒，他向朝廷上状投诉转运使分配赈灾款不公，称"窃缘杭州城内生齿不可胜数，约计四五十万人……"③，也就是约十万户。这些都印证了北宋杭州城市的实际人口在十万户左右，但时人吟咏之文，却并未见对它的人口数据有更多的夸张。如赵抃（1008～1084）《次韵岁暮有感》诗，有"春元便欲休官去，谁顾杭州十万家"之句，④ 即如苏轼《病后醉中》诗，也自嘲"堪笑钱塘十万户，官家付与老书生"⑤。北宋末年郭祥正《钱塘行送别签判李太博（献甫）》诗，同样称钱塘城"门前碧瓦十万户，晓色满城烟雨香"⑥。可见对时人说来，像杭州这样的区域中心城市，其城市居民十万户，是一个一般性的、"标准"的意象。因此，甚至到了南宋，杭州（临安）城市人口明显超过了十万户，仍偶见诗人以"十万户"来描述它。

与杭州的情形相类似的有苏州（平江府）。两宋时期，苏州的政治地位虽不若杭州，仍长期为浙西路提点刑狱司与提举常平司的治所，经济地位更与杭州相去不远。据孙觌（1081～1169）的记载："平江自唐白公为刺史时，即事赋诗，已有八门六十坊三百桥十万户，为东南之冠。……自盖长庆讫宣和，更七代三百年，吴人老死不见兵革，复露生养，至四十三万家。"⑦

① （宋）欧阳修：《欧阳修全集》卷四〇《有美堂记》，中华书局，2001 年点校本，第 585 页。
② （宋）宋祁：《景文集》卷六二《张尚书行状》，影印文渊阁四库全书本。
③ （宋）苏轼：《东坡文集》卷五六《论叶温叟分擘度牒不公状》，中华书局，1986 年点校本，第 3 册，第 861 页。
④ （宋）赵抃：《清献集》卷四《次韵岁暮有感》，影印文渊阁四库全书本。
⑤ （宋）苏轼：《东坡诗集》卷四七《病后醉中》，中华书局，1982 年点校本，第 8 册，第 2545 页。
⑥ （宋）郭祥正：《青山集》卷二《钱塘行送别签判李太博（献甫）》，清密韵楼影宋刊本，第 4b 页。
⑦ （宋）孙觌：《南兰陵孙尚书大全文集》卷二二《枫桥重修普明禅院记》，线装书局，2004 年《宋集珍本丛刊》第 35 册影印宋刻本，第 520 页。按孙觌所引白居易诗句，见《白氏长庆集》卷二一《九日宴集醉题郡楼兼呈周殷二判官》。

若说当时苏州城市人口"至四十三万家"，当然过于夸张，但到北宋末年已超过十万户，可以肯定。南宋则更多。① 但在时人咏吟的诗文中，苏州城市人口仍不出十万户之谱。如范仲淹（989～1052）《虎丘山》诗："吴都十万户，烟瓦亘西南。"② 稍晚一点的王洋（1087～1154）《僧求诗往平江》诗，更明确说"自古吴门十万户，莫疑开口告人难"③。赵蕃（1143～1229）《平江寻吴恭叔不获》诗也称此地"城中十万户，历问无乃劳"④。可见这些诗文所表达的，并非城市人口的纪实信息，而是时人对某类城市地位的一般性意象。

此外还有一些例证，主要反映南宋时期的情况，可以引述。

如成都，其作为四川地区中心城市的地位毋庸赘言，无论在政治上还是经济上都是如此，陆游（1125～1210）甚至称它"九衢百万家"⑤，当然是为了强调此城雄居一方的特殊地位，这也是在存世文献中唯一被以"百万家"相称颂的宋代州郡城市。不过，差不多在同一时期，陆游在另一诗篇中，却又称成都"城中繁雄十万户，朱门甲第何峥嵘"⑥，让它回归到了路治中心城市的地位。

如鄂州（今湖北武昌），荆湖北路转运、安抚司治所，属荆湖地区最重要的城市，南宋姜夔（1155？～1221？）《春日书怀》作"武昌十万家，落日紫烟低"⑦；又戴复古（1167～1252？）《鄂州南楼》亦称"江渚鳞差十万家，淮楚荆吴一都会"⑧。不过鄂州城的实际人口，估计是与十万户相去颇远的。

如襄阳（今属湖北襄樊市），位于荆湖北路北端，邻近京西南路，北宋

---

① 参见梁庚尧《宋代社会经济史论集》上卷，第三章第七节《宋元时代的苏州》。

② （宋）范仲淹：《范仲淹全集·范文正公文集》卷四《苏州十咏·虎丘山》。四川大学出版社，2002年点校本，上册，第104页。

③ （宋）王洋：《东牟集》卷六《僧求诗往平江》，影印文渊阁四库全书本。

④ （宋）赵蕃：《乾道稿·淳熙稿》卷二《平江寻吴恭叔不获》，影印文渊阁四库全书本。

⑤ （宋）陆游：《剑南诗稿》卷八《登城》，中华书局，1976年点校《陆游集》第1册，第223页。

⑥ 《剑南诗稿》卷九《晚登子城》，第245页。

⑦ （宋）姜夔：《白石道人诗集》卷上《春日书怀》（四首之四），四部丛刊初编本，第4a页。

⑧ （宋）戴复古：《石屏诗集》卷一《鄂州南楼》，四部丛刊续编本，第27页。

时期地旷人稀，城市规模自然有限。至南宋，因其北临金国，为边境要郡，重兵集结，因此也就成了诗人心目中"城中十万家，碧瓦生烟雾"的重要城市。①

如潭州（今湖南长沙），荆湖南路转运、安抚司治所，湖南地区的中心城市，北宋宋祁（998～1061）作《渡湘江》诗，称颂"长沙十万户，游女似京都"②，可见此城作为湖湘间一都会，在时人心目的地位之高。直至南宋初年，李纲（1083～1140）回忆此城昔年风光，仍无限感慨："昔年假道过长沙，烟雨蒙蒙十万家，栋宇只今皆瓦砾，生灵多少委泥沙。"③ 潭州城市的实际户口，北宋包拯（999～1062）称"在城数万家"④；南宋时期，据梁庚尧的估计不出两万户，⑤ 总之与文人诗文中所表述的意象有相当差距。

如镇江府，北宋时期地位并不突出，至南宋，成为江防要地，建炎四年（1130）于此置沿江安抚大使司，并为两浙西路提点刑狱司之治所，实际城市户口在一两万户之间，⑥ 但时人诗文，仍称其"铁瓮城中十万家，哀弦促管竞繁华"⑦，为心目中的中心城市。

如福州，因地狭城小，偶见文人以"万家城"等句描述此城⑧。但福州既为一方都会，福建路安抚司治所，自然不失"十万家"的地位。黄榦（1152～1221）《游鼓山登大顶峰》就有"城中十万家，嚣杂不到耳"之句。⑨

---

① （宋）王之望：《汉滨集》卷一《赠襄阳帅吴彦猷》，影印文渊阁四库全书本。

② 《景文集》卷十二《渡湘江》。

③ （宋）李纲：《梁溪先生文集》卷二九《初入潭州二首》（第二首），线装书局，2004 年《宋集珍本丛刊》第 36 册影印清道光刊本，第 502 页。

④ （宋）包拯撰、杨国宜整理《包拯集编年校补》卷一《弹王逵》（第七章），黄山书社，1989，第 58 页。

⑤ 参见梁庚尧《南宋城市的发展》，第 511 页。

⑥ 参见俞希鲁《至顺镇江志》卷三《户口》原注引《嘉定志》："府城厢户一万四千三百，口五万六千八百。江口镇户一千六百，口六千九百。……"江苏古籍出版社，1999 年点校本，第 86 页。

⑦ （宋）刘宰：《漫塘文集》卷二《寄范黄中（炎）运管》，线装书局，2004 年《宋集珍本丛刊》第 72 册影印明万历刻本，第 109 页。

⑧ （宋）韩淲：《涧泉集》卷一五《南台》，影印文渊阁四库全书本。

⑨ （宋）黄榦：《勉斋先生黄文肃公文集》卷十六《游鼓山登大顶峰》，线装书局，2004 年《宋集珍本丛刊》第 68 册影印清钞本，第 487 页。

应该指出的是：诗文吟咏，多率性之作，其中诗人关于城市规模的描述，不可能有严格的类别规定，偶见例外不可避免。如前引陆游称成都城"九衢百万家"，杨万里（1127～1206）描写他的家乡吉州城"阛阓数十万家，如在井底"①，又如汪藻（1079～1154）至称福州长乐县"重城十万家"②，均属极度夸张。同时，那些兼具州军与路府两种性质的城市，因诗人在咏吟时意指的不同，"意象"游离于两个侧面之间，也可以理解。不过，前引文献所反映具有一般倾向性的意象，是相当清晰的。

三　州县城市

区域中心城市而下，就是一般的州县城市。这是一个城市规模实际情形最为复杂的层级，因此文人士大夫们的描述也最为多样化。不过，细心观察，仍可发现某种规律性的现象，也就是：对于一般州军的城市规模，时人多颂以"万户"。规模略大一些或作"数万户"，稍逊色一些者则有称"幾万户"者，总之在万户上下。

在唐人诗文中，以"万家"规模来描述州邑的，已不少见。如晚唐李频（818～876）笔下的宣州城，就是"万家间井俱安寝，千里农桑竞起耕"③。至两宋，这种意象就更为明确了。大约在熙宁元年（1068）前不久，刘敞（1019～1068）以诗寄上当时在濠州的母舅，称其"贵为千骑长，富有万家居"④。前文引梅尧臣为恭维友人，夸张仪州城规模，几十年后，范纯仁（1027～1101）作《题河中府名阁堂》诗，就让它回归到一般州军的地位上来了："谁擘中条太华开，万家填郭耸楼台。"⑤ 南宋初，晁公遡写给蜀中彭州黎某，因为尚未"瞻奉"尊容，信中就多了一份客套，特别称颂黎某的才干："剑西盖多才矣，虽未瞻奉，已知其出于名国万家之城，必非

① （宋）杨万里：《诚斋集》卷七四《山月亭记》，线装书局，2004 年《宋集珍本丛刊》第 55 册影印明汲古阁钞本，第 14 页。
② （宋）汪藻：《浮溪集》卷二九《题叶尚书普光明庵》，四部丛刊初编本，第 9b 页。
③ （唐）李频：《宣州献从叔大夫》，见（清）彭定求等编《全唐诗》卷五八七，中华书局，1960，第 18 册，第 6811 页。
④ 《公是集》卷二六《寄上濠州舅氏》，第 220 页。
⑤ （宋）范纯仁：《范忠宣公全集》卷四《题河中府名阁堂》，清吴县范氏刻本。

生于三家市者比也。"① 着意指出 "必非生于三家市者比也"，无非在强调友人出生于相当规模的名邑，这就与诗文中的意象相近了。又时人咏吟两浙路的常州："列屋万家当舟车之孔道，环地千里亦辇毂之辅藩。"② 在楼钥笔下的台州，也被描述为 "顷年登临赤城里，江绕城中万家市"③。南宋后期的嘉兴府被誉为 "东南方奥区"，就是因为此城 "民物稍蕃庶，烟火万家"④。

关于州军城市这种 "万家之城" "万家市" 的意象，似乎在两宋时期前后并无变化。与此相应的，倒是那些居民不能达到 "万家" 规模的州邑，文人的笔触就常常会明确指向它们 "小" 的特征。如在北宋王禹偁（954~1001）笔下的商州："居人且艰食，行商不通货。郡小数千家，今夕唯愁呵。"⑤ 在王禹偁看来，"数千家" 显然就属于小郡了。同样的，南宋黄榦出知汉阳军，称 "其为郡最小，事权最轻"，也是因为 "郭内之民仅千家"⑥。至如位于边地的昌州，文献谓其 "郡云云，其民才千百家"⑦，就属于规模特小的例子。因此只有 "云屋万家" 的州邑，才有可能称得上为 "乐地"⑧。

与这些小郡不同，时人为了夸耀某个县城地位的重要性，或在时人印象中某个县城规模比较大，就会用 "万家邑" 等词句来描述它。北宋神宗时，刘攽赠诗贺贾延平知光化县，称其地 "曾为都尉治，今亦万家居"⑨。因其重要，所以友人得以出知此邑，可见才干不凡。同样的，南宋李流谦称颂成都府郫县 "子男古所尊，而此万家邑"⑩，也是为了祝贺友人出知此邑。南宋初王洋作诗咏弋阳城中的真意堂，渲染城中居屋拥

---

① （宋）晁公遡：《新刊嵩山居士文全集》卷三二《小束·黎彭山·之二》，线装书局，2004年《宋集珍本丛刊》第 45 册影印清钞本，第 712 页。
② （宋）祝穆：《方舆胜览》卷四《常州》，中华书局，2003 年点校本，第 1 册，第 91 页。
③ 《攻媿集》卷三《寄题台州倅厅云壑图》，第 5a 页。
④ （元）徐硕：《至元嘉禾志》卷一《沿革》，中华书局，1990 年《宋元方志丛刊》第 5 册影印道光十九年刻本，第 4417 页。
⑤ （宋）王禹偁：《小畜集》卷三《七夕（商州作）》，四部丛刊初编本，第 6a~b 页。
⑥ 《勉斋先生黄文肃公文集》卷七《与李侍郎梦闻书》，第 363 页。
⑦ 《方舆胜览》卷六四《昌州》，下册，第 1122 页。
⑧ 《清献集》卷四《次韵见寄》。
⑨ 《彭城集》卷十六《送贾士彦延平知光化县》，第 153 页。
⑩ （宋）李流谦：《澹斋集》卷一《送宣孺摄邑古郫》，影印文渊阁四库全书本。

挤，"弋阳千万家，比屋接修栋"，自然也就突出了主人于居屋"三间良足用"，却能"积钱宽买园"的高行雅兴。① 南宋范浚（1102～1150）致书县官，强调地方政务繁杂，就称"兰溪地虽小，亦万家邑也"②，意在强调地方官致治之不易。又林亦之（1136～1185）描述福清县"螺纹江头乃万家之繁市，龟山塔下有百年之精庐"③，刘子翚（1101～1147）称颂东阳县"小箔鸣机幾万家，时清犹想旧繁华"④，则是在直接夸耀当地经济发达，城市繁华。

由此可知，在时人看来，一般县邑的规模是不足万家的，文献的记载与这个推断可以相互印证。北宋苏辙（1039～1112）吟诵绩溪县城："南看城市北看山，每到令人意豁然。碧瓦千家新过雨，青松万壑正生烟。"⑤ 其中提到的县城规模是"碧瓦千家"。南宋叶適（1150～1223）作《漳浦县圣祖殿记》，称"漳浦五千户，良山蔽其西南"⑥。看来从千家到数千家，就是宋人意象中县邑的规模。不过县城在各级城市的行政等级中，地位最低，千家之邑也确乎不得不属于小城市了，因此王安石（1021～1086）《寄沈道原》一诗，就称扬州蜀冈县"城郭千家一弹丸"⑦；韩元吉（1118～1187）《送赵任卿芜湖丞》，也将当涂县描述成了"孤城千家邑"⑧。总之若非繁华的万家之邑，一般的县城给时人的印象是偏小的。

最后还需要附带讨论一下镇市。两宋时期的镇市并未构成独立的地方行政区划，少数镇市驻有兵卒，置有镇官，因此有其相应的治安或商税等赋税征收的管理范围。多数镇市作为一般农村聚落，其居民仍以务农者占大多

① 《东牟集》卷一《真意堂》。
② （宋）范浚：《范香溪先生文集》卷十六《与林权县书》，线装书局，2004年《宋集珍本丛刊》第42册影印清刻本，第477页。
③ （宋）林亦之：《网山集》卷八《重建龟山塔院》，影印文渊阁四库全书本。
④ （宋）刘子翚：《屏山集》卷一七《过东阳》，影印文渊阁四库全书本。
⑤ （宋）苏辙：《苏辙集》卷十四《绩溪二咏·豁然亭》，中华书局，1990年点校本，第1册，第266页。
⑥ （宋）叶適：《叶適集·水心文集》卷十《漳浦县圣祖殿记》，中华书局，1961年点校本，第179页。
⑦ （宋）王安石：《临川先生文集》卷三一《寄沈道原》，线装书局，2004年《宋集珍本丛刊》第13册影印宋刻、元明递修本，第357页。
⑧ （宋）韩元吉：《南涧甲乙稿》卷一《送赵任卿芜湖丞》，影印文渊阁四库全书本。

数，恐怕不应该归为"城市"。少数镇市商业繁盛，非农业人口已占居民的多数，才有可能将其归入城市的范畴。长期以来学界讨论常忽略这一区别，有所不足。① 如南宋后期定海县鲒埼镇，据载"居民环镇者数千家"②。不过直至 19 世纪后期，这一带镇市聚居的居民，仍"业农者多，经商者少"③。因此笔者曾将其归纳为其人口的乡村属性多于城镇属性的"鄞县类型"，并认为具有一定的普遍意义。④ 早在南宋时期，这类情形理应更为普遍。如福州的海口镇，"居民余二千户"⑤；湖南的桥口镇，"市户二千余户"⑥，看来都属于此类情形。多数镇市，如薛季宣（1134～1173）所记南宋中期之鄂州金牛镇，"人烟近四百户，市井比之本县大段蠚集"⑦，数百户人烟，已称商业活动超过县城，所以"墟市数百家"，当属繁盛镇市的一般情形。⑧

不过总的看，两宋时期镇市经济发展达到新的水平，是不容忽视的。表现之一，就是不少商业性镇市的人口规模确乎远远超越了前代，于是在文人的诗文咏吟中，产生了"千家市"这样相当典型的意象。如前述"人烟近四百户"的鄂州金牛镇，在稍晚的地志记载中，就被称作了"民旅蠚聚，亦千家市也"⑨。这里"千家市"概念，显然并非纪实，而是类型化的意象。刘宰吟诵真州沙头市："仪真来往几经秋，风物淮南第一州。山势北来开壮

---

① 如傅宗文《宋代草市镇研究》第三章第三节"市民类型"，即将草市镇居民一概视作"市民"。参见此书第178～197页，福建人民出版社，1988。又陈国灿《宋代太湖流域农村城市化现象探析》，也如此处理南宋太湖流域市镇人口的属性，并提出了"到南宋时期，太湖流域的农村城市化率已达到10%左右"的看法。此文载《史学月刊》2001年第3期，第132～137页。

② （宋）吴潜：《宋特进左丞相许国公奏议》卷三《奏禁私置团场以培植本根消弭盗贼》，上海古籍出版社，2002年《续修四库全书》第475册影印南京图书馆藏清钞本，第177页。

③ 以上引文皆据陈训正等纂《鄞县通志·舆地志》辛编《村落》，1935年铅印本，第545页。

④ 参见包伟民主编《江南市镇及其近代命运》第七章，知识出版社，1998。

⑤ （宋）梁克家：《淳熙三山志》卷十九《松林巡检（今福清）》，中华书局，1990年《宋元方志丛刊》第8册影印崇祯十一年刻本，第7942页。

⑥ 《宋会要辑稿·职官》四八之一四〇，庆元四年三月十八日条记事。

⑦ （宋）薛季宣：《艮斋先生薛常州浪语集》卷二六《上诸司论金牛置尉札子》，线装书局，2004年《宋集珍本丛刊》第61册影印清抄本，第373页。

⑧ （宋）洪迈：《夷坚志·三志壬》卷九《古步王屠》，中华书局，1981年点校本，第4册，第1536页。

⑨ 佚名：《宝祐寿昌乘》，中华书局，1990年《宋元方志丛刊》第8册影印光绪二十三年武昌柯氏息园刻本，第4810页。

观，大江东下峥危楼。沙头缥缈千家市，舻尾连翩万斛舟。"① 更是明显的夸耀了。又如邵武军邵武县杨坊镇，据谢枋得（1226～1289）所记："杨坊千家市，习俗于市道相尚，以诗书名家者，皆异邦人"②，强调其习俗重市道而轻儒术，"千家市"云云，在于突出它的商业经济发展而已。又荆门军长林县，南宋周紫芝（1082～1155）有云"忽从冈阜间，稍得千家市"③，这个"千家市"，自然也属于写意。

从一般的州军城市到镇市，宋人在写意诗文中对它们的描述尽管各有千秋，其间意象所反映的不同城市类别还是比较清晰的。

小　结

前文描述的宋人——主要指文人士大夫，相应不同行政层级的城市，在其笔下形成了"一般化"的城市意象，这或许可以从观念与现实两个不同层面去解读。

所谓观念的层面，指古代城市长期以来作为行政中心的事实，对人们的观念产生了深刻的烙印，所以尽管因发展步伐快慢不同，同一行政层级城市实际规模相互间已有了相当大的差距，但在时人的意象中，仍习惯将其归为同一类型。如前文提及的杭州、苏州等地的事例，文人写意诵吟，"钱塘十万户""吴门十万户"，有时竟然还要少于它们实际的人口规模，出现明显的"夸张倒挂"，比较典型。另一方面，更多的事例则是视城市相应的行政层级，意象的规模远远超越现实，在诗文中做出颇为夸张的描述。尤论是十万户、万户，还是千家市等这些典型的意象，都是如此。所谓现实的层面，我们可以发现，尽管有如杭州、苏州等事例的存在，同时州县城市在同一层级上相互间规模差距也相当明显，但总体看来，不同行政层级的城市，其实际人口规模与时人的意象，至少大体还是相对应的。因此，无论从哪一层面来讨论，我们都可以发现，行政层级仍然是城市地位的决定性因素。或者，

---

① 《漫塘文集》卷二《送邵监酒兼柬仪真赵法曹呈潘使君二首》之二，第100页。
② （宋）谢枋得：《叠山集》卷三《宁庵记》，四部丛刊续编本，第3a页。
③ （宋）周紫芝：《太仓稊米集》卷十三《夜宿长林明日游仙坛宫》，影印文渊阁四库全书本。

从另一略有差异的视角来阐述，这表明当时行政城市等级架构与它们的经济地位，在总体上是相吻合的。唐宋间城市的发展，可能在局部地区出现了城市的行政地位与其经济地位相脱节的现象，但这并未改变城市的行政与经济关系的总体格局。

此外，从前述百万户、十万户、万户、千家市的城市人口规模这样类型化概念的形成，我们也可以觉察到在宋人的意象中，城市规模确乎比前代扩大了。这或许在一定程度上就是唐宋间城市发展的客观现实在人们观念中的反映。不过，鉴于学人对前代城市意象的讨论仍属缺如，笔者的这个"感觉"是极为表面的，有待于识者的批评。

（原载《史学月刊》2010 年第 1 期）

通进银台司与宋代的文书运行[*]

◎ 李全德

一　前言

决策和政策的有效执行可以看做是信息从下属机构向中央政府的流动以及随之发生的命令、批示发向有关专门机构的问题，因此权力的关键在于对信息的控制[②]。对于君主或政府来说，一方面需要不断地拓展其信息的来源，以争取获得尽可能多的信息；一方面又需努力保证信息传递渠道的畅通——不管是信息的上传还是基于此种信息所形成的政令的下达，而文书的传递正是各类信息沟通的最主要的渠道。文书上行下达的运行过程，也就是情报信息和指示命令的流动过程。在这一信息流动的过程中，文书所指向的每一个关节点，从各个不同层次的官署到高高在上的君主，都意味着一种政治权力。经由文书的流向，我们可以从中窥见古代中国不同时期中央集权体制的运行模式。

北宋时已经建立起多层次的信息沟通渠道和比较完备、系统的文书传递渠道。皇祐四年（1052），宋仁宗曾对辅佐大臣言道："比日上封言政事得

---

[*]　本研究得到中华社科基金项目"唐宋中央考察地方的信息渠道"（97BZS006）支持。

[②]　Robert M. Hartwell. "Demographic, Political, and Social Transformation of China, 750–1550," *Harvard Journal of Asiatic Studies*, Volume 42, Issue 3 (1982), p. 394.

失者少，岂非言路壅塞所致乎？其下阁门、通进银台司、登闻、理检院、进奏院，自今州县奏请及臣僚表疏，毋得辄有阻留。"① 至高无上的皇权面对信息的缺失也难免有失落之感，仁宗之言表达出对于言路壅塞的焦虑和畅通信息的渴望。更重要的是，仁宗的这段话向我们展现出一条较为完整的宋代"言路"。所谓言路，也就是文书传递的渠道，即：阁门、通进银台司、登闻、理检院、进奏院。其实在这条言路上发挥作用的还有御药院、内东门司等机构，但就沟通臣僚与君主、地方与中央而言，阁门、通进银台司、登闻、理检院、进奏院无疑是最主要的文书运行渠道。其中通进银台司不但因其处在这条言路的上端，更因其在北宋时期一度具有的封驳职能而在宋代的文书运行体制中扮演了尤为特殊的角色。

本文的目的即在于考察宋代通进银台司的渊源流变，并通过信息流动的过程与变化，从文书的运行视角观察宋代君主专制体制之下的权力构造与政务运行模式②。

二　通进银台司的职掌及其沿革

通进银台司最初是通进司与银台司二司的连称。通进、银台二司的职能，据《宋史》卷一六一《职官志一·门下省》的记载：

> 旧制，通进银台司，知司官二人，两制以上充。通进司，掌受银台司所领天下章奏、案牍，及阁门、在京百司奏牍，文武近臣表疏，以进御，然后颁布于外。银台司，掌受天下奏状、案牍，抄录其目进御，发

---

① 《续资治通鉴长编》（以下简称《长编》）卷一七三，皇祐四年十月庚寅条。
② 有关通进银台司的专门研究学界迄今仍付诸阙如。进奏院作为宋代信息渠道的一个方面，自 20 世纪二三十年代起便在关于驿传制度的研究中受到关注，可参见曹家齐《宋代驿传制度研究述评》（收入包伟民主编《宋代制度史研究百年（1900～2000）》，商务印书馆，2004）。最近有关进奏院的专文研究主要有梅原郁的《進奏院をめぐって——宋代の文書伝達制度》（《就实女子大学史学论集》第 15 号，2000），在文章的第二部分中对通进银台司的职掌做了初步梳理；以及游彪的《宋朝邮政管理体制的一个侧面——以进奏院的职责与官方文书的分类为中心》（《云南社会科学》2003 年第 3 期）。关于阁门及内东门司的研究，可参看赵冬梅《试论宋代的阁门官员》，《中国史研究》2004 年第 4 期；友永植：《内东门司考》（别府大学史学研究会编《史学论丛》第 21 辑，1990）。

付勾检，纠其违失而督其淹缓。

此段记载与《宋会要辑稿》所引《两朝国史·志》的记载基本相同①，故此所谓"旧制"，实即北宋元丰改制之前的制度。

从这段记载看，通进、银台二司在所领文书上有明确的职事分工：银台司所领文书有"天下奏状、案牍"两类，是来自于地方的文书；通进司所领为"阁门、在京百司奏牍，文武近臣表疏"，主要是来自于在京机构以及京城内外"近臣"的文书。

同时银台司所领文书在经过前期的管理程序后，须经过通进司方得"进御"，并不是直接送达皇帝处；而二司统一由知司官两人负责，故通进司又确乎可视作是银台司的上端机构。

由此，也带来一些称谓上的问题："通进银台司"或可指实为通进司、银台司二司，或可作为同一长官领导下的一个文书管理机构。实际上，北宋时期的通进银台司不管是其组织还是职能都经过了一个发展的过程：在其最初，固为二司之组合，而在太宗淳化四年（993）之后，则渐渐整合为一个由通进、银台、发敕与封驳等四司组成，由两名知司官统一领导的主管文书运行的机构。

（一）

通进、银台司在唐、五代均无设置，为宋代所新设之机构甚明。然文书通奏之职事一日不可或缺，唐肃宗时李辅国即已有银台门决事之举②，银台门自中晚唐起便已经是分隔内外，内侍授受文书之处③。五代后梁时期的文

---

① 此处"及阁门、在京百司奏牍"，点校本《宋史》作"及阁门门在京百司奏牍"。点断与否对于阁门门、京百司与通进司之间的文书承受关系会产生不同理解。根据《宋会要辑稿》职官二之二六所引《两朝国史·志》及二之二九所引之《哲宗正史·职官志》，似以点断为宜。
② 《旧唐书》卷一一二《李岘传》。
③ 《册府元龟》卷六五《帝王部·发号令》第四：（文宗大和）九年七月，勅右银台门："自今不得与诸县主簿进文状"；《册府元龟》卷一六九《帝王部·纳贡献》：（宪宗元和十四年）九月，考功郎萧佑诣右银台进《古今书画》二十卷。

书传递机构有四方馆，银台门也受事，但两者所受文书有轻重之别①。银台门在唐德宗时曾设有监右银台门进奏使②，至五代后梁末帝时期又有"知银台门事"一职的设立③，然终五代亦不见有银台置司的记载。银台受事，历唐、五代至宋，从设专职到设专司，几乎是其发展的必然，然银台司在宋代开始设置的确切时间，仍是难以考知。

仁宗康定元年（1040），时任知通进银台司兼门下封驳事的李淑上言本司事宜时曾经说道：

> 银台帝门邃严，门侧置司，故选侍从之臣典领书奏……初置此司，便是枢密学士主判。④

李淑所言枢密学士为张咏、向敏中。据《宋会要辑稿》职官二之二六记载："太宗淳化四年八月十八日，命枢密直学士向敏中、张咏同点检银台、通进二司公事。"庆历四年（1044）知谏院余靖在《上仁宗乞宣敕并送封驳司审省》的奏议中也说道：

> 国朝淳化中，始自枢密院分出银台、通进二司，兼领门下封驳事，令两制已上主判。凡制敕有所不便者，准故事封驳。张咏、向敏中咸领此职。⑤

则李淑、余靖二人之意，显然都是以淳化四年（993）张咏、向敏中两人掌司事为通进、银台二司之创始。

淳化四年的确是通进银台司发展过程中的一大转折，但绝非通进银台司

---

① 《五代会要》卷五《杂录》：开平元年八月敕："诸道所有军事申奏，令直至右银台门，委客省使画时引进，寻常公事依前四方馆收接。"
② 《唐故扈从监右银台门进奏使朝议郎守内侍省掖庭局丞上柱国赐绯鱼袋张府君（明进）墓志铭并序》，《全唐文补遗》第3辑，三秦出版社，1996，第137页。
③ 《旧五代史》卷九《梁末帝纪》卷中。
④ 《宋会要辑稿》职官二之三八。
⑤ （宋）赵汝愚编，北京大学中国中古史研究中心校点整理《宋朝诸臣奏议》卷五十六，上海古籍出版社，1999，第618页。

始建的时间。不管是《会要》还是《长编》，在记载张、向二人在淳化四年八月掌通进、银台司一事时，皆有二司"旧隶枢密院"之语。"旧隶"云云，则二司当然不会是此时新设，张、向二人也非初领此司者。向敏中在任枢密直学士之前，即曾上奏太宗，请求整顿通进银台司。据《续资治通鉴长编》卷三四记载："向敏中初自岭南召还，即上言通进、银台司受远方疏多不报，恐失事几，请别置局署，命官专莅，较其簿籍，以防壅遏。"① 可见此次对通进银台司的整顿，恐怕正是二司设立已久，积弊过深的结果。又，据《宋会要辑稿》记载，淳化元年五月曾有诏云："诸州奏案即时于银台司通下，不得住滞，其断敕须当日入递。"② 银台司所领甚广，而此诏乃专为奏案所发而不及其他，故银台司的建立更应在淳化元年之前。记载中虽未明言该诏书之承受者，但从上下文看，显然是针对进奏院的。太平兴国八年（983）建都进奏院，其职责之一便是"受天下章奏、案牍以奏御，分授诸司"。银台司所受之"天下奏状、案牍"正是来源于进奏院，故银台司作为都进奏院文书传递的上端机构，很可能也是建立于太平兴国年间。北宋通进司与银台司的建置则应该是同时的事情，因为它们是处于同一信息传递渠道之上的两个不可或缺的环节。

（二）

通进、银台司最初的建置情况同样是没有明确记载的。值得注意的是《宋会要辑稿》职官二之二六首段关于通进司的记载：

> 通进司在垂拱殿门内，掌受银台司所领天下章奏、案牍，阁门门、京百司、文武近臣表疏进御，复颁布之。内侍二人领之。又有枢密院令史四人。

《宋会要辑稿》并没有交代这段话的任何背景，但结合后来的情况，我认为这段话所记载的正是淳化四年之前通进、银台司的情况。

---

① 《长编》卷三四，淳化四年八月癸酉条。
② 《宋会要辑稿》职官二之四五。

按照李淑的说法，银台司是以地处银台，"门侧置司"；通进司则是在垂拱殿门内，处于更接近君主的禁中。与唐代大明宫内有三重宫墙，两重横街将宫城分为外朝、中朝、内朝不同，北宋东京大内只有一重横街，如张舜民《画墁录》所言："今东京内城一重横街，文德殿正衙，与大庆殿排行，殿后即是横街。"此即为连接东华门与西华门的横街。横街以南有文德殿、大庆殿的后门、东西上阁门门、左右银台门。横街以北正门为宣祐门。宣祐门西为紫宸殿，是视朝之前殿。次西垂拱殿门，门右柱廊接文德殿后，东北有角门通紫宸殿。垂拱殿为常日视朝之所。殿后即为正寝殿福宁殿，已经与皇帝的生活空间相连①。

正是这条横街，将东京大内分割为内朝、外朝：

> 本朝视朝之制，文德殿曰外朝，凡不理务朝臣日赴，是谓常朝；垂拱殿曰内朝，宰相以下要近职事者并武班日赴，是谓常起居；每五日，文武朝臣并赴内朝，谓之百官大起居。②

北宋高层政治运作即是围绕着以大庆殿、文德殿为中心的外朝和以垂拱殿、崇政殿为中心的内朝而展开。通进司与银台司分处垂拱殿门内与银台门侧，沟通内朝与外朝，内外奏覆必关二司，形成信息传递链条上的互相链接的两环。

通进银台司一方面由内侍主掌，另一方面其吏员又全部来自于枢密院，吏员有缺，亦是由枢密院补。故实际上通进银台司又成为枢密院的下属机构，正如《宋史》和《宋会要辑稿》中多处提到的"二司旧隶枢密院"。同时，各种文书在经过内官与枢密吏人之后，"内则尚书内省籍其数以下有司"，造成了"或行或否，得缘而为奸，禁中不知"的弊端③。《宋史》卷二八二《向敏中传》亦云："时通进、银台司主出纳书奏，领于枢密院，颇多壅遏，或至漏失。"可知此一阶段的通进银台司主要弊端有二：一是壅

---

① 可参见傅熹年据《宋会要辑稿》及《东京梦华录》所绘之《北宋汴梁宫城主要部分平面示意图》，《中国古代建筑十论》，复旦大学出版社，2004，第 266 页。
② （宋）宋敏求：《春明退朝录》卷中，中华书局，1997，第 27 页。
③ 《宋会要辑稿》职官二之二六；《长编》卷三四，淳化四年八月癸西条。

遏，一是泄密。其原因恐怕与二司的政出多门不无关系。及向敏中自岭南召还，提出整顿通进银台司，其要点有二："别置局署，命官专莅"，即针对此中弊端而发。

淳化四年八月，太宗按照向敏中所提出的"别置局署，命官专莅"的建议开始整顿通进银台司：

> 诏以宣徽北院厅事为通进银台司，命敏中及张咏同知二司公事。凡内外奏章案牍，谨视其出入而勾稽焉，月一奏课，事大小不敢有所留滞矣。①

太宗的这次整顿要点有三：一是通进司移出垂拱殿；二是通进司与银台司合并在一处单独置局；三是确立了以文官为知司官的制度，首命枢密直学士向敏中、张咏同知二司公事。改制后的通进银台司虽单独置局，但其知司官以及院吏仍是出自于枢密院系统，故而太宗的两项措施，主要还是针对宦官的弄权②，使事有专掌，旨在提高效率，而不是针对枢密院。

那么通进司所移居之宣徽北院厅又是在什么位置呢？元丰五年十二月，肇新官制，"以旧中书东西厅为门下、中书省，都台为三省都堂。徙建枢密院于中书省之西，以故枢密、宣徽、学士院地为中书、门下后省。"③ 则北宋前期的宣徽院或是与枢密院并列在中书门下之后。通进司从垂拱殿门迁移到朝廷附近，由文官专掌，通进司开始步出内廷走向外朝。从此通进司与银台司改变了此前分处内、外朝的局面，统一了机构与领导，其职能合中有分，改制后的通进银台司职责为："凡内外奏章、案牍，谨视其出入而勾稽焉。月一奏课，事无大小，不敢有所留滞。"通进银台司与二府等行政部门的联系也变得更为紧密，更加有效地起到了沟通内廷和外朝的作用。

---

① 《长编》卷 34 八月癸酉，《宋会要辑稿》职官二之二六。

② 宋光宗时刘光祖曾上《圣范》札子，云："……太宗始诏宣徽北院厅事为通进银台司，命向敏中、张咏同知二司公事。然则祖宗之良法美意，所以杜中常侍用事之渐又如此也。"（见《历代名臣奏议》卷七〇）即认为机构变迁之因在于杜绝宦官用事。

③ （宋）徐自明著，王瑞来校补《宋宰辅编年录校补》，中华书局，1986，第 497 页。此处标点本文与《校补》稍异。

在这次整顿之后不久，通进银台司的机构又得到进一步的扩大，发敕司和封驳之职都改隶银台，与此相适应的则是其职能的扩展。

发敕司本来隶属中书，掌受中书、枢密院宣敕，著籍而颁下之。通进银台司整顿不久，"寻令银台司兼领之"①。

给事中封驳之职，自唐末已废。淳化四年六月，宋太宗任命左谏议大夫魏庠、司封郎中知制诰柴成务同知给事中事，"凡制敕有所不便者，宜准故事封驳"。三个月之后，同年九月，下诏封驳一职改隶通进银台司，并重申了发敕司隶银台的规定。事见《宋会要辑稿》职官二之四二：

> 九年，诏停废知给事中封驳公事，令枢密直学士向敏中、张咏点检、看读、发放敕命，不得住滞、差错，所有行下敕文依旧编录。仍令发敕院应承受到中书敕令，并须画时赴向敏中等处点检，候看读，发放逐处。内有实封敕文，并仰逐房候印押下，实封送赴向敏中等看读、点检了却，实封依例发放。②

此后封驳之职隶银台，即以银台封驳司为名。真宗咸平四年（1001）五月，吏部侍郎陈恕知通进银台封驳司，"言封驳之任实给事中之职，隶于左曹。虽别建官局，不可失其故号。"遂根据陈恕建议，改为门下封驳司，仍隶银台司③。九月，陈恕请铸本司印，"诏如有封驳事，取门下省印用之。"于是又改知封驳司为兼门下封驳事④。发敕司和封驳司同隶主管文书运行的通进银台司，避免了文书运行经隔许多官司，显然有利于提高效率。

因此从淳化四年（993）起，通进银台司实际上已经成为一个由"知通进银台司兼门下封驳事"统一领导下的，由通进司、银台司、发敕司、封驳司等四司所组成的一个主管文书运行的组合性机构，其下端机构则是都进奏院。

---

① 《长编》卷三四，淳化四年八月癸酉条。
② "九年"，为九月之误，参见《长编》卷三四，淳化四年九月乙巳条。
③ 《长编》卷四八，咸平四年五月辛卯条。
④ 《长编》卷四九，咸平四年九月己巳条。

（三）

尽管通进银台司与进奏院有业务上非常密切的上下承受关系，但两者各自独立，并无组织上的上下统属关系。然而到了神宗时期，这种状态发生了一些变化。熙宁四年（1071）二月十一日，神宗下诏：

> 诸道进奏院自今以知银台司官提举，其勾当进奏院官，令枢密院选差京朝官两员替现任官年满阙，今后更不差三班使臣，臣僚之家不得仍乞子弟勾当。①

"提举"即主管、掌管之意。神宗基于两者在业务上的密切关系，加强了两者在组织上的联系，将进奏院置于知通进银台司的主管之下，从而强化了对文书运行工作的统一领导。都进奏院由知通进银台司主管之后，其职能如故；其地位，则与通进司等其他四司等。其机构的独立性虽较此前已大为减弱，然相对于其他四司而言仍表现出较高的独立性。其表现有二：一则其组织远较其他四司庞大，须有异于他司的管理方式；二则与其他四司皆直属于知司官不同，进奏院有自己的长官。进奏院长官人选资格提高，直接掌于枢密院，其监管则掌于知通进银台司，知司官通过对勾当进奏院官的监管施行其对都进奏院管理。熙宁八年（1075）四月二十六日，知通进银台司陈绎上言进奏院弊端，提出"惟是监官得人，可绝其弊"，而勾当进奏院林旦在任台官时曾因言事不实降黜，不堪其任，请"别与差遣"。② 结果是神宗从其所请，林旦罢勾当进奏院③。陈绎此举正是履行熙宁四年诏书所规定的职责的反映。

神宗在熙宁四年的举措可以看做是继太宗之后对各文书相关机构的又一次整合。然十年之后随着元丰官制改革的施行，通进银台司的隶属关系及内部组织结构再次发生了重大变化。按照循名责实的原则，总领通进司等文书

---

① 《宋会要辑稿》职官二之四六。

② 《宋会要辑稿》职官二之四七。

③ 《长编》卷二六二，熙宁八年四月丁亥条。

机构的知通进银台司一职废罢，其原先职能大部归属门下省给事中。据《宋史·职官一》记载：

> 通进司，隶给事中，掌受三省、枢密院、六曹、寺监百司奏牍，文武近臣表疏及章奏房所领天下章奏案牍，具事目进呈，而颁布于中外。

> 进奏院，隶给事中，掌受诏敕及三省、枢密院宣札，六曹、寺监百司符牒，颁于诸路。凡章奏至，则具事目上门下省。若案牍及申禀文书，则分纳诸官司。凡奏牍违戾法式者，贴说以进。

通进司与进奏院一起成为给事中统一领导下的两个并行机构，其职能也相若；章奏房处两环节之间，所取代的正是原银台司的职能。

三省制既行，封驳之职亦当属给事中，而改制之初犹循旧制送银台封驳司。元丰五年（1082）六月，给事中陆佃言"三省、枢密院文字已读讫，皆再送令封驳，虑成重复"，于是下诏罢银台司封驳房①。银台司的原先职掌已经归属给事中所领之章奏房，现在又失其相对独立之封驳权，实际上已名实俱亡，此后再无一独立建置之银台司。

（四）

南宋初期值军兴之际，驻跸无常，各司职事多旷废，此时建立起通畅的信息沟通渠道尤为重要。高宗即位一月后，建炎元年（1127）六月四日，即根据李纲的建议，"置检、鼓院于行宫便门之外，差官权摄"，以达四方章奏②。用以通下情、收接四方士民上书的检院、鼓院既然都已重建，想必作为臣僚上奏途径的通进司在此之前即已设立。检、鼓院设于行宫便门之外，通进司则设立于行宫宫殿之内，颇类似北宋淳化四年以前的状况。一直到绍兴七年（1137）八月，通进司自请移出，于"殿门外宫门里东廊上空闲屋权拨两间置司"③，与检、鼓院相表里。此时的通进司，规模、地位、

---

① 《宋会要辑稿》职官二之四〇、《长编》卷三二七，元丰五年六月乙亥。
② 《建炎以来系年要录》卷六，建炎元年六月壬戌条。
③ 《宋会要辑稿》职官二之三一。

职能等较之于北宋元丰改制以前已不可同日而语，其隶属关系似也不完全属给事中。绍兴十四年（1144）二月四日通进司上奏：

> 本司承受进降文字，事干机密。近申明旧制，系门下省长官提举，所有昨降指挥许检正检察，系一时申请，合行冲罢。①

以中书检正官检察通进司公事，是从黄龟年所请，始于绍兴二年②，至十四年废罢，已有十二年之久。

南宋时的通进司已只是一个纯粹的文书传递机构，如袁甫所说："通进一司，所以达庶僚之言也。"③ 然而，在南宋初期尤其是高宗时期，通进司在文书通进方面的职能有相当一部分被宦官侵占，其主要原因在于军兴之后诸军承受的设置。

北宋时在沿边诸路置走马承受，平时一年一入奏，有警则不定时驰驿上闻④，是可以直达君主的另一信息渠道。建炎初，沿旧制设走马承受，但数年之后此职便废罢。据李心传所见之《光尧会要》云："诸路走马承受废罢年月阙。"⑤ 李心传认为建炎末五路既没，遂不复置，但并没有明文废罢。因此绍兴三年十一月犹有广西经略司走马承受公事俞似的罢职，此后走马承受遂不复除⑥。

走马承受既废，其原先所掌之信息传递遂入进奏院、通进司一途，然而后来却又置承受文字官，以宦者担任。绍兴十一年御史中丞何铸上言，奏罢韩世忠、张俊、岳飞三枢密府承受文字宦者员，曾言及其设置原因为"两淮湖北宣抚司奏报军期文字，进奏院不以时进，故各置承受文字官。"⑦ 而

---

① 《宋会要辑稿》职官二之三二。
② 《建炎以来系年要录》卷五七，绍兴二年八月甲午条。
③ 袁燮：《絜斋集》卷一，《轮对陈人君法天札子》，四库本。凡文集无特别注明者，均为四库本。
④ 《文献通考》卷六二、《宋史》卷一六七。
⑤ 《建炎以来系年要录》卷三八，建炎四年十月丁丑条；《宋会要辑稿》职官四一之一三六："废罢月日缺"。
⑥ 《建炎以来系年要录》卷七十，绍兴三年十一月丙辰条。
⑦ 《宋会要辑稿》职官二之三二及《中兴小纪》卷二九均未载言者何人，据《建炎以来系年要录》卷一四〇绍兴十一年五月丙辰条，建此议者为何铸。

以宦者为承受文字官，实始于李纲。

绍兴二年，李纲出任湖广宣抚使，上奏状请差遣内使一员承受文字，其奏云：

> 臣伏蒙圣恩，除臣荆湖广南路宣抚使，见起发前去之任。窃缘荆湖广南见今军兴，招捕盗贼，朝廷札降指挥与本司奏请文字，皆系军期急速。荆湖南北广南东西四路，去行在道里最远，虽入急，例多稽迟，实封奏状赴都进奏院、通进司投进，经隔官司，伺候时刻，亦有留滞。窃虑申奏事宜，等待报应，坐费时月，有失机会，伏望圣慈特降睿旨，许臣申奏，如系事干军期急速，听径赴内侍省投进，差入内内侍省一员专一承受，所有朝廷札降圣旨、指挥并用金字牌入急脚递，不得入铺，星夜传送前来，庶几报应疾速不致误事。①

李纲认为实封奏状赴都进奏院、通进司投进，"经隔官司，伺候时刻，亦有留滞"，且"等待报应，坐费时月，有失机会"，请特设以宦官担任的专门承受文字官。李纲首建此议，尽管有湖广的特殊情况，然此例一开，遂为故事，诸军皆请。

宋高宗曾经说道："今之承受即祖宗朝走马承受，专令掌边将奏报，后改为廉访使者。"② 将诸军承受与北宋之走马承受混为一谈。实际上二者不仅身份有所不同，执行功能的方式也不尽相同。沿边诸路所设之走马承受，不尽以宦者担任，有警则奏，奏毕即还，在某种程度上可谓是皇帝派驻军中之监军；诸军承受则是由宫中宦官担任，承接诸军奏状。从文书传递的角度看，后者是绕过了文书传递的常规渠道进奏院和通进司而直达御前。李纲之倡议，本意在于提高文书运行的效率，然而设置既久，却不惟失其初衷，反而弊端丛生。绍兴三十年（1160）校书郎王十朋因轮对上言诸军承受威福

---

① 李纲：《梁溪集》卷六七，《乞差内使一员承受发来文字奏状》。
② 《宋会要辑稿》职官二之三二。

自恣，甚于唐之监军；起居舍人兼权中书舍人虞允文亦论此辈交通贿赂①。十月二日遂下诏：

> 昨依故事，差内侍官承受内外诸军奏报文字，虑恐稽滞，可尽罢承受官。今后诸军奏状、札子并实封于通进司投进，三衙有公事，即时上殿奏禀。②

李心传在此纪事下有按语云："按绍兴十一年五月丙辰已罢三宣抚司承受文字官者，不知何时复置，当考。"十一年之罢，实是专门针对韩、岳、张三枢密而言。何铸在奏章中说：

> 今韩世忠、张俊、岳飞既除枢密使副，各已治事，稽之典故，朝廷大臣投进文字自有通进司，而承受文字官未罢，臣恐纲纪不正，失朝廷之尊，中外有所不服也，望减罢承受文字官，则纲纪正，朝廷尊，而中外服矣。③

韩世忠等三人已为宰执，其文书投进应经通进司，而犹袭军中旧规，故何铸认为不妥，主要是从仪制角度着眼，不及承受文字官之弊，其意也只是减罢三枢密之承受文字官。三十年之诏则是鉴于宦者承受之弊而尽罢诸军承受文字官，"诸军奏状、札子并实封于通进司投进。"

尽管三十年已诏罢内侍承受诸军奏报文字，此后奏状等皆于通进司投进，然很多将官有奏报文字及陈乞等事，仍是依托皇帝左右宦官以进，因而孝宗于隆兴元年（公元1163）九月札付张浚、王彦重申一律经通进司投进④，而朝中臣僚陈乞则在绍兴三十年起已由纳札都堂改为投状通进司⑤。

---

① 熊克：《中兴小纪》卷三九绍兴三十年冬十月，福建人民出版社，1985，第473页；《建炎以来系年要录》卷一八六，绍兴三十年冬十月丙午条。
② 《宋会要辑稿》职官二之三二。
③ 《宋会要辑稿》职官二之三二。
④ 楼钥：《攻媿集》卷二〇，《论玉牒圣语》，丛书集成初编本。
⑤ 《建炎以来系年要录》卷一百八十五，绍兴三十年四月乙丑条。

乾道八年（公元1172）十二月又下诏通进司，禁止陈乞文字经通进司投进：

> 自今后朝廷百司、诸路州军急速文字等并依法收接、投进，其余陈乞恩泽、差遣文字不应投进，不许收接，即时退回，令经由合属官司陈乞。①

此前尚可经通进司投进的陈乞文字被排除在收接范围之外，使各种文书分类以进，各从所属，可以看做是通进司进一步振作其职的反映。从高宗时期诸军承受的废置到孝宗时期的渐次严格其制度，提高其地位，南宋时通进司的职能实是经历了一个从削弱到重振的过程②。

南宋时期的通进司由于受政治、军事形势的影响，经历了一个重建的过程。然而不管是就其性质还是职能来讲，南宋时期的通进司都是北宋元丰改制之后的通进司的延续。尽管"通进银台司"这一称谓，在元丰改制之后直至南宋的记载中仍不时出现，偶尔还有"银台司"或"银台通进司"之称③，但都不过是旧称呼的沿袭，其实皆为通进一司，已不复如宋前期为二司之连称，其职事亦只限于"通进"文书而已。通进银台司作为一个由"知通进银台司兼门下封驳事"所统一领导的、由通进司、银台司、发敕司、封驳司等四司所组成并一度监管都进奏院的主管文书运行的实体机构只存在于元丰改制之前的北宋时期。

三　通进银台司的文书运行与宋代政务运作

通进银台司作为全国文书收发的总机关，掌握全国信息，虽没有决事的

---

① 《宋会要辑稿》职官二之三五。
② 《历代名臣奏议》卷一百四十四载有孝宗时赵汝愚请罢诸军承受的奏章，不见于它书，具体时间亦不详。另据《宋史》卷三五《孝宗纪三》：淳熙九年正月癸未，"罢枢密都承旨王抃为在外宫观，因罢诸军承受。"则孝宗晚期，诸军承受似一度复置。
③ （宋）叶绍翁：《四朝闻见录》乙集"倪文节请以谏议大夫入阁"条，中华书局，1997，第82页。

权力，却可以操控信息的流通，知通进银台司门下封驳事的官员利用自己在此文书运行中的特殊地位，凭借对信息的掌握而积极参与到政治中去。王禹偁在至道元年（995）曾以翰林学士兼知审官院及通进、银台、封驳司，他后来描述自己的经历云：

> 臣在内庭一百日间，五十夜次当宿直，白日又在银台通进司、审官院、封驳司勾当公事，与宋湜、吕祐之阅视天下奏章，审省国家诏命，凡于利害知无不为，三日一到私家，归来已是薄暮。①

王禹偁作为翰林学士晚上宿直宫中，白日则作为通进银台司的长官，阅视章奏，省审诏命，能够"制敕有不便，多所论奏"②，正是因为他处在文书上传下达的中心环节上。真宗时田锡在任知通进银台司的时候，"每览天下章疏，有言民饥盗起及诏敕不便者，悉条奏其事。"③ 同样是充分利用了这种职务上的便利。同时，通进银台司在履行自己的通进、封驳的职能时，由于点检、审核文书等工作需要，也不免得同一些相关部门发生联系。如王嗣宗在知通进银台司兼门下封驳事时曾上言："京朝官受差遣者，其中有苛刻踰违、犯法虐民之人，倘朝廷未能审察，臣等复不能举驳，深非沮劝之道。乞今后风闻滥状，许臣于审官院取索家状，按其由历，如得事实，特许上言。"④ 王的建议得到允许。元丰三年（1080），又规定朝廷凡有差除，封驳司要即日关报御史台和谏院⑤。因此，通进银台司在文书运行中的关键地位，为相关人员参与、影响政治提供了条件，而北宋时期它所享有的封驳权，尤其为其影响政治之一大凭借，兹不赘论⑥。

① 王禹偁：《小畜集》卷二一，《滁州谢上表》。
② 《续资治通鉴长编》卷三七至道元年五月甲寅条。
③ 《长编》卷五一，咸平五年正月戊申条。
④ 《长编》卷五五，咸平六年七月癸丑条。
⑤ 《长编》卷三〇六，元丰三年七月戊寅条；卷三〇八，元丰三年九月庚申朔条。
⑥ 关于经由通进银台司的文书传递、保密等管理制度，主要见于《宋会要辑稿》仪制七之三一，《宋会要辑稿》职官二之二六、二七、二八、三三、三四、三五、四五、四六等，可参看。通进银台司与宋代的封驳问题，可参看李全德《封驳制度与北宋前期政治》，上海师范大学"国际宋史研讨会暨中国宋史研究会第十二届年会"论文，2006年8月。

（一）

在经过必要的文书点检、登记等一系列程序之后，通进银台司会将所承受的各种文书，根据其性质而分送至皇帝、中书、枢密院或其他相关机构。对于臣僚而言，具体到某件事情，该奏上还是申省（或政事堂），有时候可以有多种选择。那些需要奏请得旨的必须上奏皇帝；有些事情如地方官到任之后的谢表，则既有上皇帝的，也有上宰相的①。有时候为了同一事情，也可能会连上两状，分别上皇帝和宰相②。常程文字可直接付相关诸司的事例，如诸处奏到的案牍等法律文书，在北宋前期都是通进银台司先送中书，后送刑部看详。仁宗乾兴元年（1022）十一月，以此种程序，虚滞日数，于是令通进银台司此后不再送中书，而是直接送刑部③。当然，除了部分奏牍之类的文书外，经过通进司的文字绝大多数还是应该先"进御"的。

经由通进银台司直接送至皇帝处的章奏、表疏等，皇帝多声称会——亲览，如宋太宗即多次声称"事无细大，必务躬亲"，"近有上章者，朕皆——亲览"。④ 仁宗皇祐四年正月亦下诏说："御史台谏院，其务尽鲠直，以箴阙失。仍令通进司，或有章奏，画时进入，必当亲览，或只留中。"⑤ 实际上在文书繁多的情况下皇帝——亲览很难办到。咸平五年（1002），田锡为侍御史知杂事，真宗特使中使传宣：

> 或有所见，逐旋闻奏，不欲召卿，兼今后不更差人，并降札子去与卿便稳，及今后奏状，不要泄漏，字上更著白帖子，言里面有贴黄。卿自来奏状，朕——亲览，但祗状内著黄贴子者。⑥

---

① 如张咏文集有表一卷，为谢表和贺表，皆是上于皇帝的；而韩琦《安阳集》卷三八中有赴郓州后的谢表则是上于两府的。

② 如张咏在任湖北转运使期间，监船场官郑元祐不法，且令其子进状，诬谤张咏。张咏自陈缘由，即是一上皇帝，一上政事堂。参见张咏《张乖崖集》卷一一，《奏郑元祐事自陈状》《申堂自陈状》，中华书局，2000，第120、122页。

③ 《长编》卷九九，乾兴元年十一月癸巳。

④ 《宋会要辑稿》帝系九之一、之二。

⑤ 《长编》卷一七二，皇祐四年正月十九日丙寅。

⑥ 《咸平集》卷二七《知杂后谢传宣》。

皇帝对田锡的眷顾，正说明他对于其他大臣的奏状根本不可能一一亲览。所以皇帝一般对于自己亲信的大臣的章奏会格外注意。我们经常可以看到皇帝命令通进司对于某些特定的官僚的奏章要迅速奏上的规定。

再者，就文书的种类而言，皇帝重视的是实封奏章，而通封者则往往忽略。据王巩《随手杂录》：

> 初吴处厚笺蔡持正诗进于朝，邸官已传本报之。凡进入三日而寂无闻。执政因奏事禀于帘前，宣仁云："恁诗未尝见也。"执政云已进入，未降出。帘中云待取看。至午间遣中使语执政曰："已降出矣。"三省皆云不曾承领，上下疑之。明日乃在章奏房，与通封常程文字共为一复，盖初进入亦通封也。

知汉阳军吴处厚所做之蔡确诗笺释，因为在进入时乃是通封，故而并未引起高太后的注意，于是"只作常程，便降付尚书省"，直至刘安世等人连续上章弹劾蔡确，太后"令再进入要看"，"遂同后疏进入，寻复降出"①。

由于皇帝不能尽览所上章奏而是有选择性的阅读，大致形成了处理章奏的三种方式。一是留中不出。留中有很多种情况。如果"事干机密，人主所当独闻"②，则文书必留中。真宗咸平四年（1001）五月，真宗曾下诏，文武官所上章疏，不得请求留中，"如事干机密，朕即临时相度，自余并付所司依理施行。"③ 临时相度，即皇帝根据情况，或留中，或行内降。因此当孟州通判李邈上书请追寝此诏时，真宗认为李邈并没有吃透诏书精神，"殊未明朕意。倘军国机密大事不可付外者，即不在此限。"④ 如皇帝认可其奏又不宜示众人，可能会将文书留中而派专使对上书者有所回应；即使不认可，也会既不施行，也不黜责。皇帝本人有时候也会以留中为保证，鼓励大

---

① 《长编》卷四二五，元祐四年四月壬子条。
② 《苏辙集》卷三六，《论台谏封事留中不行状》，中华书局，1999，第624页。
③ 《宋会要辑稿》帝系九之五。
④ 《宋会要辑稿》帝系九之七；《宋朝诸臣奏议》卷一八李邈《上真宗乞追寝章疏不得留中诏书》，第164页。

臣尽职尽言。对于臣僚而言，有的大臣唯恐其奏流传，触怒执政，因而在上书陈述己见的时候，会主动请求留中不出，如田锡便经常如此；有的臣僚则唯恐皇帝寝其奏不行，而极力要求将自己的章奏降出，以供讨论而反对留中。因此，在很多情况下，皇帝将文书留中不出便成为其控制朝政的一种手段，言者从皇帝的态度中或可得到明确的暗示，有时则又陷于狐疑，莫测高深。

第二种方式是降出文书付外。送达皇帝的文书，皇帝除了部分自行决断外，"事关深密者则留中不出，事系政体者则下中书，事属兵要者则下枢密院，两府覆奏，又下群有司及郡邑，至于无所行而后止。"① 这也是皇帝处理文书的最为经常的一种方式②。在这种方式中，降出文书会再经过通进银台司送至中书、枢密等政务机构处理。宰执或商量处理后奏闻，或再转其他相关诸司。如真宗咸平二年（999）四月曾对宰相所说："近览言事封章，日不下百数，时亦有得，卿等更详之。如文理可采者，别取进旨。"③ 在这种情况下，政务处理或行或否主要是掌于宰相之手，倘事属宰相所不欲，则往往不得施行。元祐七年（1092）六月十六日，知扬州苏轼为浙西地区饥荒之事，上书要求减免当地所欠赋税，

> 臣已具积欠六事及旧所论四事上奏。……臣前所论四事不为不切，而经百余日略不施行，臣既论奏不已，执政乃始奏云初不见臣此疏，遂奉圣旨令臣别录闻奏。意谓此奏朝上而夕行，今又二年于此矣，以此知积欠之事，大臣未欲施行也。④

苏轼认为本可朝上而夕行之事却两年不得施行，原因正在于执政大臣的阻挠。

---

① 《长编》卷二〇六，治平二年八月乙未郑獬奏。
② 平田茂树《政治の舞台里を读む——宋代政治史研究序说》中有"宋代文书流程图"，据此流程图，则臣下文书先经通进司送二府，再由此送皇帝处，与实际运行恰相反。平田文载伊原弘、小岛毅编《知识人の诸相——中国宋代を基点として》，勉诚出版，2001，第31～49页。
③ 《宋会要辑稿》帝系九之四。
④ 《苏轼文集》卷三四，《再论积欠六事四事札子》，中华书局，1996，第970页。

　　而皇帝处理文书的第三种处理方式便是对文书直接做出批示或降手札，赴外执行。仍以苏轼的札子为例。苏轼在札子中接着说道：

> 　　若非陛下留意，痛与指挥，只作常程文字降出，仍欲作熟事进呈，依例送户部看详，则万无施行之理。臣人微言轻，不足计较，所惜陛下赤子，日困日急，无复生理也。臣又窃料大臣必云今者西边用兵，急于财用，未可行此。

苏轼认为因为大臣不欲，故此事若通过一般程序处理，则"万无施行之理"，因而苏轼希望皇帝能亲自留意，痛下指挥，请求皇帝内降手诏，苏轼甚至都替哲宗拟好了手诏的内容①。

　　以上三种方式互有关联，留中多则付外少而内降随之增多。仁宗时期章疏多有留中，也是内降频繁的时期。如欧阳修在权知开封府时，"未及两月之间，十次承准内降"②。"内降之名，古今以为非是"③，内降被看做非盛世之事，最易招致反对④。至和二年（1055）孙抃上疏论章疏多留中不降出，即怀疑章疏是留中不观还是已经别有特旨，"欲望陛下敕中书申明自来条约指挥，通进银台司及内中经历处所，应文字并须立便批凿投进或降出，不得稍违时刻，仍一一与大臣商量可行可止之状，以慰中外物议。"请求凡事与大臣同议。

　　内降的降出有付宰执（三省、枢密院）者，亦有直付有司者。付三省、枢密院，则宰执犹可执奏，直付有司，则有关机构往往急速奉行，因而最为臣僚所诟病，请求"官司被受，审覆取旨乃得施行"⑤。

---

① 《苏轼文集》卷三四，《再论积欠六事四事札子》，第 971 页。
② 《宋朝诸臣奏议》卷二三《上仁宗乞执奏干求内降并根究因缘干请之人》，第 225 页。
③ 《宋朝诸臣奏议》卷二三，傅尧俞《上仁宗乞止绝内降凡进用悉与大臣议其可否》，第 227 页。
④ 参见《宋朝诸臣奏议》卷二三《诏令下》之诸臣奏议。
⑤ 参见《宋朝诸臣奏议》卷二三，曾肇：《上徽宗论内降指挥不可直付有司》；任伯雨：《上徽宗乞今后内降所属无得辄受》；许翰：《上钦宗论御笔手诏不由三省而下者取旨方行》，第 231～234 页。

（二）

文书付外或者文书留中而发内降，除部分是经过内侍传递外，主要是经过通进银台司。在这一过程中，通进银台司所出现的问题除了文书留滞之外，最主要的就是漏泄。绍兴二十七年（1157）二月二三日，中书门下后省上奏言通进司亲从亲事官承受发放内降文字，多是稽滞，还有盗拆的迹象，因此下诏："今后本司承受内降，并用黄复袋外封，历上书时刻，付亲从亲事官发放，所属依时收画，被受官司常切检察施行。"① 这一措施并没有完全杜绝泄密的现象，因而才有了绍兴三十一年二月十四日给事中黄祖舜就内降文书承受官的人选、文书封装、签发等问题所提出的一系列详细规制②。

通进司漏泄文书当然不会仅仅限于内降，正如仁宗时林大年所说："两府近臣台谏所言事件，多致通进司传达出外。"③ 仁宗天圣九年（1031）闰十月十五日，诏：

> 如闻诸路进奏官报状之外，别录单状，三司、开封府、在京诸司亦有探报，妄传除改，至惑中外。自今听人告捉，勘罪决停，告者量与酬赏。④

这种进奏官所别录的"单状"以及"三司、开封府、在京诸司亦有探报"可谓是南宋"新闻"之渊源。南宋时有所谓"新闻"，据赵昇《朝野类要》，朝报之外，"其有所谓内探、省探、衙探之类，皆衷私小报，率有漏泄之禁，故隐而号之曰新闻。"⑤ 实际上即南宋的小报。高宗时期周麟之奏札云："小报者，出于进奏院，盖邸吏辈为之也；比年事有疑似，中外不知，邸吏比竞以小纸书之，飞报远近，谓之小报。"台静农先生据此认为小

---

① 《宋会要辑稿》职官二之三二。
② 《宋会要辑稿》职官二之三三。
③ 《宋会要辑稿》仪制七之二三。
④ 《宋会要辑稿》刑法二之一七。
⑤ 《朝野类要》卷四"朝报"条。

报消息大抵为邸报尚未发表者，其来源为进奏院，其采访者即邸吏①。这并不是很确切。"邸报尚未发表者"应该即是仁宗时进奏官所录之"单状"，小报编成于邸吏之手，并经邸吏而发行天下，然其消息决非单一来自于从"单状"，还有来自于内探、省探、衙探之类各种名目的探报。这些探报与上述之三司、开封府、在京诸司的探报显然是同一性质。小报的信息来源如此之广，其中必有来自于通进银台司者。周麟之认为这种小报混淆视听，有害于治，请求"严立罪赏，通行禁止"。而绍兴三十一年黄祖舜奉诏措置通进司弊端的原因正在于当时臣僚有言：

> 内降、诏旨未经朝廷放行而外人已相告语，是皆通进司漏泄之过，乞行检察，令给事中措置。②

则此两事即使没有必然的联系，亦足见当时之情实。朝廷未行之命令，经外人互相告报，演而为街市之剽闻，成为小报之来源，虽不可能"皆通进司漏泄"；然通进司作为信息中枢，又系进奏院之上端，为众探子所瞩目之地，进而成为小报消息网络中的主渠道，经其所漏泄也必多。

在这些所谓内探、省探、衙探之类的探子中，甚至还包括有宰执所派的探子。

田锡好言事务，但其言事经常是要求皇帝留中。前文述及真宗对田锡曾有"自来奏状一一亲览"的承诺，田锡为此上谢状云：

> 俯伏闻命，释愚臣危惧之心；兢荣失图，感英主照临之德。臣盖念于通进司每下奏状，执政间或有探人。古谓禁闱有九重之严，中堂喻千里之远。盖虞左右辄蔽聪明，所以下之情诚少得上达闻听。③

田锡曾两度任职通进银台司，熟悉其中事务，故其所言必实。或许这也正是

① 台静农：《南宋的小报》，收入《台静农论文集》，安徽教育出版社，2002，第394页。
② 《宋会要辑稿》职官二之三五。
③ 田锡：《咸平集》卷二七《知杂后谢传宣》。

田锡素怀"危惧之心"的原因。就像皇帝经常特许一些不够资格的人可经通进银台司上书，以拓宽其信息来源一样，宰执也极力想从通进银台司得到更多的信息，尤其是对其不利的信息。

除了派遣探人刺探通进银台司的情况外，宰执试图控制信息的另一种途径就是拦截送往通进银台司的章奏，尤其是与个人或集团利益有冲突的信息，比如有关地方官员的考察、弹劾等。淳祐十二年（1252）湖南提刑赵嘉庆弹劾知衡阳牟溁，没有消息。赵嘉庆怀疑其状为牟溁的宰相同乡谢方叔所匿，于是再次上疏弹劾，并指责宰相私匿文书。谢方叔向理宗面陈此事，称未见按章，又言："寻令临安府追上承受及通奏进银台司等人根究，俱称即不曾有奏投进。"结果赵嘉庆以诬谤宰臣罢任。次年谢方叔罢相，董槐继任。赵嘉庆复上申省状，云：

> 承受苏镛，久已叛去，忽得其状，具述前相之子，使其仆任康祖诱胁，打回元奏因依。乃是事未发以前，牟溁自知在郡酷虐有罪，惧为民诉，先已驰告谢修，修遂令任康祖诱胁苏镛，遇有嘉庆章奏，预先袖呈相府。先奏实被谢修吩咐以水湿打回。第二奏既到，谢修自知败露，却将苏镛送狱，妄令供析①。

赵嘉庆的第一奏本应是经承受官苏镛送通进银台司以上之皇帝，结果却被宰相设法中途拦截。此事之真伪不足深究，从中我们可一窥当政官员控制信息之一斑。

当政者出于个人目的也为控制此言路而费尽心机；而其他臣僚则或是努力争取经由通进银台司上书的资格，或是不惜采取特别手段获取经通进司上书的机会。例如神宗时有郑侠擅发马递事。监安上门郑侠先是诣阁门投状不纳，遂于本门"勾马递于通进银台司投下状，云奏为密急事，"终得通进②。郑侠以擅发马递冒密急事得奏，南宋慈湖杨简则以贿赂吏员得进。据叶绍翁《四朝闻见录》记载：

---

① 周密：《齐东野语》卷五"赵嘉庆"条，中华书局，1997，第89~90页。
② 郑侠：《西塘集》卷一"三月二十六日以后所行事目"。

> 嘉定初，倪公思以礼部侍郎上疏，乞以谏议大夫随宰相班奏事，上手答甚宠，且许之。时相疑其为伪，归咎奏邸报吏妄撰圣旨，杖背而黥之。时山东归附者众，荆襄帅臣列强弩射之使还，慈湖杨公简手疏其事以白上，谓此非仁术且失中原心，以少缗钱赂银台通进司吏缴进，上至以杨公疏宣谕。①

杨简本无资格经通进银台司上书，但通过贿赂属吏而得以通进。结果为时相所发，台吏亦受到惩罚。

由此我们看到，在经由通进银台司的文书运行的每一个关节点上，庶僚、宰执乃至君主都可能发挥各自独特的作用，而种种明枪暗箭、刀光剑影也早已展开于文字运行之间。

四　小结

如前所述，宋代已经建立起比较系统的信息沟通机制，形成了阁门、御药院、内东门司、通进银台司、登闻、理检院、进奏院等多层次的文书传递渠道。其中通进银台司尤其是沟通君主与臣僚、中央与地方的核心机构，更因其在北宋时期一度具有的封驳职能而在宋代的文书运行体制中扮演了特殊的角色。尽管元丰官制改革之后那个曾经辖四司并一度监管都进奏院的通进银台司就不复存在，但这样一条言路仍以其他形式存在着，通进司也仍然在其中担任着总领文书的职责。虽然自北宋到南宋，通进银台司有关文书运行与管理的制度建设总是在不断健全，但迟滞漏泄等现象却仍是一如既往屡禁不止，以至于单状、小报流行。其原因也正在于通进银台司的独特地位：它联结了太多的信息和权力。保密还是泄密，信息的掌控还是失控，总是与政治相关的，通进银台司沟通君主、宰执与臣僚及其联系中外的喉舌地位决定了它在宋代政治运作中所扮演的角色。

"政犹水也，欲其长通，无壅遏之患。"通进司在宋太宗时期发展成为

---

① 叶绍翁：《四朝闻见录》乙集"倪文节请以谏议大夫入阁"条，中华书局，1997，第82页。

相对独立、只对君主负责的文书总领机构，一方面的确是提高了效率，另一方面也使得君主借此信息的掌控，强化了君权的运用。宋亡两百年后，深嫉相权之专的朱元璋在废除宰相之前所能想到的最主要的办法就是设置通政使司，以保证文书的直达御前①。尽管朱元璋声言是对唐代门下省的仿效，实际上却是对宋代通进司的取法。以通进银台司为主的宋代言路的建设，从一个侧面体现了宋代较之于前代君主专制的加强和政务处理方式的转变，然而此后朱明之废宰相与满清军机处之设和密折制度的出现则又远非宋代君臣所能梦见的了。

（原文发表于《中国史研究》2008 年第 2 期，第 119～134 页）

① 《明太祖实录》卷一一三，洪武十年七月甲申条。

南宋赵汝愚《宋朝诸臣奏议》辅文研究

◎ 李晓菊

《宋朝诸臣奏议》（以下简称《诸臣奏议》）①，150 卷，南宋赵汝愚（1140~1196）编纂。该书收录北宋九朝 241 位臣僚奏议 1630 篇，是一部大型北宋时期奏议文献的分类汇编。作为宋代档案文献编纂最重要的成果之一，《诸臣奏议》不仅对全书正文（即正式编题收录的 1630 篇奏议）严谨选择与编辑，还精心设计编写了内容丰富、功能明确的辅文，对于人们深入了解、充分利用这部文献汇编，起到非常重要的作用。本文试就《诸臣奏议》辅文编纂问题进行探讨，以期更好地理解揭示该书的编纂意旨及其在宋代档案文献编纂学上所取得的成就。

《诸臣奏议》辅文的编纂具体包括序文、目录、篇题、注释四个部分，以下依次讨论。

一

《诸臣奏议》原书卷首当载有两篇由赵汝愚撰写的序文性质的文字，即

---

① 《宋朝诸臣奏议》，原名《皇朝名臣奏议》，又名《国朝诸臣奏议》，1999 年 12 月上海古籍出版社出版由北京大学中国中古史研究中心校点整理本改题今名。本文引文及论述，主要依据此本，以下简称"校点本"。

《乞进〈皇朝名臣奏议〉札子》和《进〈皇朝名臣奏议〉序》①，这两篇文字是了解《诸臣奏议》编纂思想和编纂方法的最为重要的原始文献。

《乞进〈皇朝名臣奏议〉札子》，当奏进于淳熙十二年（1185）赵汝愚出任福建路安抚使兼知福州期间②，时《诸臣奏议》正在编纂中。该文核心事宜是请求准许《诸臣奏议》"每缮写成十卷，即作一次投进"，行文不足千字，但对《诸臣奏议》编纂思想与编纂方法的表述非常明确。首先，为什么要编纂本朝臣僚的奏议文献，赵汝愚说：

　　臣尝读汉《魏相传》，见相好观汉故事及便宜章奏，以为古今异制，方今务在奉行故事而已。臣窃惟自古以来，凡有国家者，莫不自有

①　按：此处所说"原书"，是指"校点本"以前的传世版本。《诸臣奏议》的最初刊本为"蜀刻本"，宋孝宗淳熙十三年（1186）赵汝愚任四川安抚制置使兼知成都之时或稍后刊印于成都，后理宗端平初年蒙古军队攻掠四川，此本书版被毁，没有刊本传世。理宗淳祐五年（1245），赵汝愚之孙赵必愿知福州，"尝命工刊刻而未就"。数年后，史季温出任福建路提点刑狱公事，"捐金"继刻，至淳祐十年（庚戌，1250）最终完成，此即"闽刻本"，为《诸臣奏议》现存最早刊本。此本海内外现存二十余部，均为残本，其中重要者有（1）宋刻元印本，今藏美国国会图书馆，现存九十五卷，刻印时间当在元大德四年（1300）以前，为现存刻印时间最早之本，校点本用为工作底本，称"美国国会本"。（2）宋刻元修明印本，今藏国家图书馆（原北京图书馆），此本仅缺一、一〇九、一四四至一五〇卷，共九卷，缺卷情况与张金吾《爱日精庐收藏志》卷十二《国朝诸臣奏议》提要所载同（见《续修四库全书》史部目录类，上海古籍出版社，925 册，第 336 页），是现存诸本中，阙卷最少之本，校点本称"北图本"。（3）宋刻元明递修本，原书今藏台湾"中央图书馆"，现存一三八卷，国家图书馆存有该本的缩微胶卷。台湾文海出版社 1970 年影印出版，校点本称"文海本"。（4）《四库全书》本，该本卷首辅文较之"北图本"有很大不同，如序跋部分无赵希瀞跋；目录部分无作者总目和全书篇目（见《影印文渊阁四库全书》，台湾商务印书馆，1986，第 431 册，第 3～9 页）。关于《诸臣奏议》版本及其流传情况，详见孔繁敏《赵汝愚〈国朝诸臣奏议〉初探》（下），《文献》1989 年第 2 期；校点本卷首陈智超《序》，校点本，上册，第 12～13 页。

　　　　本文关于《诸臣奏议》卷首辅文构成情况的讨论，以"北图本"为据，参考"文海本"。"北图本"卷首辅文由四序跋和三目录组成，依次为赵希瀞跋、史季温跋、赵汝愚《乞进〈皇朝名臣奏议〉札子》、赵汝愚《进〈皇朝名臣奏议〉序》、国朝诸臣奏议总目（按：此为全书门类目录）、国朝诸臣奏议总目（按：此为全书作者目录）、国朝诸臣奏议目录（按：此为全书奏议目录），今"校点本"将四序跋均作为"附录"收载于全书卷末，依次为赵汝愚《乞进〈皇朝名臣奏议〉札子》、赵汝愚《进〈皇朝名臣奏议〉序》、赵希瀞《序》和史季温《跋》（校点本，下册，第 1724～1726 页）。

②　关于赵汝愚生平仕履情况，参见孔繁敏《赵汝愚〈国朝诸臣奏议〉初探》（上），《文献》1989 年第 1 期。又，此札文末尾有"淳熙十三年正月一日，三省同奉圣旨，依。"一行文字，可供参考。

一代规模制度，其事切于时而易行，不必远寻异世之法。故相为丞相，数条汉兴以来国家便宜故事，及贤臣贾谊、晁错、董仲舒等所言，奏请施行之，此最明于治体之要者也。①

这段话对于理解该书乃至整个宋代史学注重当代史以及当代历史文献编纂的倾向颇具意义，质言之，是宋代谨守"祖宗家法"的政治传统在历史编纂学上的反映。

其次，关于该书的材料来源、编纂体例、去取原则以及编纂目的等问题，赵汝愚逐一做出说明：

> 臣学术浅陋，不足仰晞古人万一。然尝备数三馆，获观秘府四库所藏及累朝史氏所载忠臣良士便宜章奏，论议明切，无愧汉儒。臣私窃忻慕，收拾编缀，历时寖久，箧中所藏殆千余卷。而臣识性迟钝，不能强记，每究寻一事首尾，则患杂出于诸家，文字纷乱，疲于检阅。
>
> 自昨蒙恩假守闽郡，辄因政事之眼，与数僚友因事为目，以类分次，而去其复重与不合者，犹余数百卷，厘为百余门。始自建隆，迄于靖康，推寻岁月，粗见本末。上可以知时政之得失、言路之通塞，下可以备有司之故实、史氏之阙遗。然虽广记备言，务存圣代之典，若匪芟烦举要，恐劳乙夜之观。臣欲更于其间择其至精至要尤切于治道者，每缮写成十卷，即作一次投进。伏望时于闲燕，深赐考详。庶因药石之规，能致涓尘之益②。

在赵汝愚时代，官方"秘府四库所藏及累朝史氏所载"，并非一般人所能看到，赵汝愚能利用供职秘书省的特殊条件③，留意搜集到"千余卷"的

---

① 《汉书》卷74《魏相传》载："（相）好观汉故事及便宜章奏，以为古今异制，方今务在奉行故事而已。数条汉兴已来国家便行事，及贤臣贾谊、晁错、董仲舒等所言，奏请施行之。"（中华书局，1962，10册，第3137页。）
② 校点本，下册，1724页。
③ 按：乾道五年（1169）至七年（1171），任秘书省正字等官；淳熙七年（1180）至八年（1181）任秘书少监。

奏议资料，确实为《诸臣奏议》的编纂提供了最可靠的原始文献保证。

淳熙十三年（1186），赵汝愚由福州调充四川安抚制置使兼知成都。时《诸臣奏议》的编纂尚未完成，于是又邀请"蜀之名流"李壁、史容（史季温祖父）等继续讨论修订①，并在成书后上《进〈皇朝名臣奏议〉序》。

这篇序文表明，随着《诸臣奏议》编纂工作的深入展开和最终完成，赵汝愚对本书的编纂宗旨及其价值的认识更加成熟；他更加深入地认识到"言路"的通塞，是关乎一代政治兴衰的关键。他说：

> 臣窃惟国家治乱之原，系乎言路通塞而已。盖言路既通，则人之邪正、事之利害，皆得以其实上闻。人君以之用舍废置，罔有不当，故其国无不治。言路不通，则人之邪正、事之利害皆壅于上闻，虽或闻之，亦莫得其实。人君以之用舍废置，不得其当，故其国无不乱。臣尝以是历观前古，上自周秦，下及五季，相望数千载间，或治或乱，俱同一辙。然则天地之至理、古今之常道，无易于是矣。

关于对北宋的奏议兴衰与政治成败，赵汝愚总结说：

> 臣伏睹建隆以来诸臣章奏，考寻岁月，盖最盛于庆历、元祐之际，而莫弊于熙宁、绍圣之时。方其盛也，朝廷庶事微有过差，则上自公卿大夫，下及郡县小吏，皆得尽言极谏，无所讳忌。……然而圣君贤相，卒善遇而优容之，故其治效卓然，士以增气。及其弊也，朝廷有大黜陟、大政令，至无一人敢议论者，纵或有之，其言委曲畏避，终无以感悟人主之意；而献谀者遂以为内外安静，若无一事可言者矣。殊不知祸乱之机发于所伏，今尚忍言哉！
>
> 推观庆历、元祐诸臣，其词直，其计从，而见效如此；熙宁、绍圣诸臣，其言切，其人放逐，而致祸如彼。然则国家之治乱，言路之通

---

① 参见孔繁敏《赵汝愚〈国朝诸臣奏议〉初探》（上），《文献》1989 年第 1 期。史季温：《〈国朝诸臣奏议〉跋》。

塞，盖可以鉴矣。①

　　然而，在这段文字中，赵汝愚也明显表现出"法祖宗"、抑新法的政治倾向，这一点对于《诸臣奏议》的编纂是有直接影响的。邓广铭先生在分析该书"去其复重与不合者"的取材原则时就指出："赵汝愚所谓合与不合，作为其厘定全书时录用或丢弃标准的，基本上只是依其是否为熙宁新法的参与者来作决定。"《诸臣奏议》全书一百五十卷，收入司马光章疏多达一百四十六篇，对于推行和赞助新法的人物，"除收录了王安石的六篇外，对吕惠卿、曾布、章惇等人的奏疏则全部连一篇也未收录②"。

　　序文最后提到孝宗"尝命馆阁儒臣编类《国朝文鉴》，奏疏百五十六篇，犹病其太略。兹不以臣既愚且陋，复许之尽献其书。③"据李心传《建炎以来朝野杂记》记载，淳熙四年（1177）十一月，孝宗命吕祖谦校正坊刻本《圣宋文海》，吕祖谦"尽取秘府及士大夫所藏本朝诸家文集，旁求传记他书，悉行编类，凡六十一门，为百五十卷"，于淳熙六年（1179）正月奏进。孝宗认为"采取精详，且如奏议之类，有益于治道"，令周必大撰序，并定名《皇朝文鉴》④。《皇朝文鉴》的编纂以及宋孝宗"奏议之类，有益于治道"之语，对《诸臣奏议》的编纂应有一定的积极影响。

二

　　《诸臣奏议》原书卷首目录部分由三种内容、功能各不相同的一组目录构成。前两种均称"国朝诸臣奏议总目"，第三种称"国朝诸臣奏议目录"，以下分别讨论。

　　1. "国朝诸臣奏议总目"之一，点校本题为"宋朝诸臣奏议总目（门

---

① 校点本，下册，第 1274～1275 页。
② 邓广铭：《校点本〈宋诸臣奏议〉弁言》，《邓广铭治史丛稿》，北京大学出版社，1997，第381 页；校点本《诸臣奏议》卷首。
③ 校点本，下册，第 1275 页。
④ 李心传：《建炎以来朝野杂记》乙集卷 5《文鉴》，中华书局，2000，第 595～597 页。

目）"，是全书的门类总目，如同一张全书类目总表，冠于诸目之首，具有开篇揭示全书体例结构与"事"类名目的作用。

《诸臣奏议》门类总目计 12 大类（门）、114 小类（子目），为便于讨论，引录如下[①]：

君道门

君道、帝学、政体、慈孝、恭俭、法祖宗、用人、广言路、勤政、听断、诏令（内降）、风俗（12 类）。

帝系门

尊号、皇太后、皇后、嫔御、皇太子、宗室、公主、郡县主、外戚（9 类）。

天道门

祥瑞、灾异（2 类）。

百官门

宰执、侍从、学士待制、经筵、台谏、给舍、六部、寺监、馆阁、史官、东宫官属、内侍、三衙、诸将、帅臣、奉使、监司、守令、官制、谨名器、省官、优礼、荐举、考课、重外任、久任、致仕、荫补、戒敕、辞免、朋党、转对、见谢辞（33 类）。

儒学门

学校、贡举、制科、武举、学术、释老、方技（7 类）。

礼乐门

郊祀、明堂、祖宗侑祀、宗庙、濮议、褒崇先圣、群祀、朝会、燕飨、临幸、丧礼、谥法、恤典、士庶五礼、议乐（15 类）。

刑赏门

赏罚、法令、禁约、恤刑、议狱、赦宥、锡赉（7 类）。

财赋门

理财、税赋、宽恤、劝课、营屯田、荒政、内帑（封桩库）、常平义

---

① 按："北图本"此目录所列类目，核之正文有衍误、倒错、脱漏等情况，"文海本""四库全书本"之误亦往往相同。如"帝系门"之"嫔御"与"皇太子"二小类顺序颠倒，又脱去"郡县主"类；"边防门"脱去"交趾"类；"百官门"之"致仕辞"，正文作"致仕"，"辞"为衍文等。"北图本"此目录之诸多讹误，校点本均——做了校改，此处的统计和引录以校点本为据。

仓、茶法、盐法、新法（11 类）。

兵门

兵议、禁卫、州郡兵、民兵、蕃兵、马政（6 类）。

方域门

宫禁、都城、河议、营造（4 类）。

边防门

辽夏、青唐、高丽、女真、交趾、蛮猺、盗贼（7 类）。

总议门

总议（1 类）。

以上《诸臣奏议》门类总目，可以说是对北宋政治诸方面相当全面的概括归纳，正如赵希瀞跋文所评："冠君道，跗边防，而以总论脉络之。凡天人之感通，邪正之区别，内外之修攘，刑赏之惩劝，利害之罢行，官民兵财之机括，礼乐刑政之纲目，靡所不载。"① 这些类目的拟立和编排渗透着编者对北宋政治得失的观察和总结。如以"君道门"为全书第一大类，即表明"君主"以及"为君之道"是决定国家治乱兴衰的首要因素，而《君道门》下面 12 个子目的拟立，则具体传达出编者对"君道"内涵的理解，其中"法祖宗""广言路"，都是赵汝愚在《进〈皇朝名臣奏议〉序》中反复强调的观点。此外如《百官门》的"经筵""台谏""重外任""久任""朋党"，《儒学门》的"学校""学术"，《礼乐门》的"濮议"，《财赋门》的"理财""新法"，《兵门》的"兵议"，《边防门》的"青唐"，《总议门》的"总议"等类，都无不是与北宋政治兴衰关系密切而"尤切于治道"的重要问题，具有强烈的针对性。《诸臣奏议》"因事为目，以类分次"的优长之处②，首先通过门类目录直观地体现出来。

2."国朝诸臣奏议总目"之二，校点本题为"宋朝诸臣奏议总目（作

---

① 校点本，下册，第 1725 页。
② 赵汝愚：《乞进〈皇朝名臣奏议〉札子》，校点本，第 1724 页。对于赵汝愚"分门编奏议"，朱熹曾说："只是逐人编好。……逐人编，自始终有意"。（《朱子语类》卷 132，岳麓书社，1997，4 册，第 2872 页）《四库全书总目》卷 55《诸臣奏议》提要评曰："今此集仍以门分，不以人分，不用朱子之说。盖以人而分，可以综括生平，尽其人之是非得失，为论世者计也；以事而分，可以参考古今，尽其事之沿革利弊，为经世者计也。平心而论，汝愚所见者大矣"。（《四库全书总目》，中华书局，1960，上册，第 502 页。）

者)"，是全书的作者总目，按帝后顺序编排①，具有揭示全书作者及其活动年代的作用。值得注意的是，同一位作者如果其奏议进呈于不同的政治时期，他的名字也被分别系于不同的帝后名下，如"赵普"，既系于太祖项下，也系于太宗项下②。又如"司马光"，则分别见于仁宗、慈圣光献皇后、英宗、神宗和哲宗项下。这一方法实际是将奏议作者还原到当时特定的历史阶段与政治环境中，其中意旨与《诸臣奏议》全书"以事而分"的编纂思想是一致的。

3. "国朝诸臣奏议目录"，是全书所收奏议的总目录，是由集、卷、门、类、篇题、作者诸层次构成的一个非常详尽的目录，具有全书篇目索引的作用，其中卷次是贯穿始终的线索。在这个目录中，全书四集③、12门、114类、1630篇奏文、241位作者被有序地组织在一起，一些门类信息亦较之门类总目有所细化④，具有很强的检索利用与辅助阅读的功能，这一点在同时代的文献汇编中是很突出的。

三

《诸臣奏议》对所收录奏章的编题非常重视。为了更明确地揭示奏议的内容要点，并使之与所在类目很好地配合，《诸臣奏议》对凡所收录的诸家奏议，都统一做了编题，不仅全书篇题格式上统一（"上某某宗论某某事"，有时作"上某某宗乞某某事"），并且题目的拟立也力求以简明的文字概括全篇主旨。如果把《诸臣奏议》载文与宋人文集或奏议集所载相同文章进行比较，就可以看到《诸臣奏议》在编题方面所下的工夫。略举数例⑤：

---

① 其顺序为太祖、太宗、真宗、章献明肃皇后、仁宗、慈圣光献皇后、英宗、宣仁圣烈皇后、神宗、哲宗、徽宗、钦宗。
② 按：《诸臣奏议》全书共收赵普四篇奏议，一上于太祖时期（《上太祖请行百官考绩》），三上于太宗时期（《上太宗论彗星》、《上太宗荐张齐贤可任为相》、《上太宗请班师》）。
③ 全书共分四集，甲集卷1～35；乙集卷36～77；丙集卷78～119；丁集卷120～150。
④ 如第六卷君道门"帝学中"，下有小注"阅经史"；第七卷君道门"帝学下"下有小注"亲儒生"。
⑤ 此处所列别集篇题参考校点本"校勘记"。

《诸臣奏议》	别　集
曾巩《上神宗乞兢兢寅畏以保祖宗基业》（卷12《君道·法祖宗》）	《移沧州过阙上殿札子》（曾巩《曾巩集》卷30）
刘安世《上哲宗论岁旱地震星陨》（卷43《天道·灾异》）	《为岁旱地震星陨乞下诏罪己许中外极言阙政诸路赈济警备盗贼等事》（刘安世《元城先生尽言集》卷6）
范仲淹《上仁宗论驾驭诸将赏罚当谨》（卷97《刑赏·赏罚》）	《奏议许怀德差遣》（范仲淹《范文正公集·政府奏议》卷上）
宋庠《上仁宗论编敕当任达识大儒》（卷98《刑赏·法令》）	《论蠲除杂税札子》（宋庠《元宪集》卷31）
苏辙《上神宗乞去三冗》（卷103《财赋·理财下》）	《上皇帝书》（苏辙《栾城集》卷21）
苏轼《上哲宗乞预备来年救饥之术》（卷106《财赋·荒政》）	《奏浙西灾伤第一状》（苏轼《苏东坡全集·奏议》卷7）
陈襄《上神宗乞罢均输》（卷109《财赋·新法一》）	《论三司条例乞行均输法札子》（陈襄《古灵集》卷8）

　　总的来看，《诸臣奏议》编题较之原集篇题主旨更明确，更具有针对性。《诸臣奏议》正是通过编题，把文章和类目（事类）有机结合起来，从而传达出编纂者的思想意旨。再以卷13《君道门·用人一》中的一组编题为例：

《诸臣奏议》	别　集
蔡襄《上仁宗论用韩琦范仲淹不宜使后有谗间不尽所长》	《乞用韩琦范仲淹》（蔡襄《蔡忠惠公集》卷15）
欧阳修《上仁宗乞力拒浮议终责任范仲淹等》	《论乞主张范仲淹富弼等行事札子》（欧阳修《欧阳文忠公文集》卷101）
尹洙《上仁宗论用人太察之弊》	《论朝政宜务大体疏》（尹洙《河南先生文集》卷18）
欧阳修《上仁宗论用人之要在先察毁誉之人》	《论贾昌朝除枢密使札子》（欧阳修《欧阳文忠公文集》卷110）

　　对比可见，《诸臣奏议》的编题，注意配合所在类目要求，用简明的文字揭示奏疏中有关"用人"的主张。但有个别编题在揭示文章要旨方面，不如原集题目。如卷48《百官门·宰执下》载刘安世《上哲宗论执政事简

得留心远业》，该文核心议题是关于宰相堂除侵权吏部的问题，原集（刘安世《尽言集》卷11）题为《论堂除之弊》，似更为切当①。《诸臣奏议》在编题方面还有一事值得注意，即全书统一使用"上某某宗论某某事"的编题形式，明确揭示出奏章呈奏的对象以及奏章所论事宜，非常符合奏议文书的特点。对于针对同一事件的一组奏议，《诸臣奏议》有时会采用同一篇题，这就难免出现篇题与内容不尽相符的情况。如卷43《天道门·灾异七》所收吕大防、邢恕和吕大钧三篇奏议，都题名为《上神宗答诏论彗星上三说九宜》，其中只有第一篇吕大防的奏议中确实论及"三说""九宜"，而其余两篇则找不到明确与之对应的内容②。

<h2 style="text-align:center">四</h2>

《诸臣奏议》的注释文字，主要是指每篇文章末尾的小字注释。注释的内容除一般性的进奏时间与时任官职的说明外，还包括诸如写作原因、事情经过、处理结果、相关文件与议论以及"同上"或"代作"情况的说明。值得注意的是，《诸臣奏议》个别篇末注释中有对正文去取之由的说明，如卷85陈襄《上神宗论天地合祭为非礼》篇末小字注曰："元丰元年二月上，时为枢密直学士。先是，诏襄同王存、李清臣、张璪、黄履、陆佃、何洵直、杨全等，讨论《郊庙奉祀礼文》，清臣、佃等各有奏，意皆主分祭，与陈襄议略同，故不具载。"③ 则知李清臣、陆佃奏议因所论"与陈襄议略同"，故没有收录。

《诸臣奏议》也有篇前注释，一种是题下注，用以说明本篇是该作者就

---

① 按：这里仍有一个问题值得讨论，即如果一部文献汇编对所收录的文章重新进行编题，是否应该对其原题作注加以说明呢？作为与文集对校的结果，"校本本"有一项非常好的凡例，即在"校勘记"中以"此奏即""此奏载""此奏见"等形式注明该文所在文集名称及卷数等，其中尤以"此奏即"的形式最好，既指明该篇所在原集名称、卷数，又列出其在原集中的题目。如卷23赵抃《上仁宗论内降旨挥差台官勘张怀恩等事》，"校勘记"云："此奏即《赵清献公全集》卷四《奏状乞追还内降指挥》"（校点本，上册，第225页）。如果一部文献汇编根据需要对所收录的文章重新拟题，但同时又以辅文形式对其原题情况加以说明，无疑是更为严谨而有意义的。

② 校点本，上册，第440～446页。

③ 校点本，上册，第919页。

相同事项所上诸奏疏中的第几疏；另一种情况就是在"答诏""乞追寝某某诏"一类奏议前，附载相关诏文并略述史事，这部分内容是一般文集没有的。如卷18《君道门·广言路上》苏舜钦《上仁宗乞追寝戒越职言事诏书》，篇前注释附录了景祐三年（1036）五月丁亥仁宗"敕榜朝堂"的一篇诏文①，文集篇前不载②。

综观全书，《诸臣奏议》注释文字大致可归纳为以下三方面的内容。

（一）文件进呈时间与进呈者情况的说明

《诸臣奏议》每篇奏议末尾，均以小字说明该文件进呈时间与进呈者时任官职，此为全书之注释通例③。以卷24《君道门·风俗》所收7篇奏议为例④：

·司马光《上仁宗论谨习》，注曰："嘉祐七年五月上，时以天章阁待制知谏院。"

·彭汝砺《上神宗论以质厚德礼示人回天下之俗》，注曰："熙宁九年十月上，时为监察御史里行。"

·苏辙《上哲宗论帝王之治必先正风俗》，注曰："元丰八年十月上，时初除为左司谏。"

·游酢《上徽宗论士风之坏》，注曰："元符三年上，时为监察御史。"

·张叔夜《上徽宗论士气不振节义不立》，注曰："不得年月。尝为中书舍人、给事中，迁礼部侍郎。"

·余应求《上钦宗论风俗由大臣倡导》，注曰："靖康元年上，时为监察御史。"

·范宗尹《上钦宗乞革欺罔之风》，注曰："靖康元年上，时为监察御史。"

---

① 校点本，上册，第166页。
② 苏舜钦文集题为《乞纳谏疏》，见《苏舜钦集》卷11，上海古籍出版社，1981，第126页。
③ 如前后奏章作者相同，一般只在第一篇注明，其他则略。如月份不详，则仅注年而阙注月份；如年月均不详，则注"不得年月"或"年月未详"；如时任官职未明，则注"官职未详"。至如卷105范祖禹《上哲宗乞留意农政》，惟注"元祐元年六月日上"（校点本，下册，第1130页），于时任官职情况未有任何说明，恐系编者疏漏。
④ 校点本，上册，第235~242页。

奏议是一种具有很强时效性与针对性的公文，呈文时间以及呈文者当时的身份，是了解和利用这类文件不可或缺的因素。宋代别集的奏疏部分，有很多采用题下注形式标注进呈时间以及时任官职，但《诸臣奏议》作为一部奏议总集，能把该项内容作为全书的通例，逐一"推寻"，并以统一的格式标注于每篇奏议的末尾，应该说是宋代奏议文献汇编在编纂方法上的一个进步。

此外，关于进呈者情况还包括同进呈者及实际执笔者（即"代作"）的说明，前者如卷103韩忠彦等《上哲宗乞裁减冗费》，注曰："同苏辙、韩宗道上。"① 后者如卷90彭思永《上英宗乞罢濮王称亲》注曰："疏实程颐代作。"②

（二）相关史事与相关文件的介绍与附录

文件总是与一定的"事由"联系在一起，文件的运行也常常伴随着事件的发展。《诸臣奏议》正文在体例上因"事"为目，以"事"系文，在辅文方面则充分利用注释手段，对文件所涉及的具体事件及相关文件、言论加以必要的介绍和补充，具有很高的参考价值。

1. 相关史事的介绍

在《诸臣奏议》注释文字中，"先是""诏""批""遂降诏曰""中书批"等一类词语，常用以介绍相关事件的起因、结果，乃至全过程，北宋君臣议政、奏诏互动的情形，在这类注释中往往得到生动体现。略举数例：

> ·卷11何郯《上仁宗谏猎》，注曰："庆历七年三月上，时为殿中侍御史。先是，上再畋近郊。南城之役，卫士不及整而归。夜，有雉殒于殿中，占者以为不祥。是月，诏将复出，谏者甚众，郯上此疏。明日有旨罢猎。③"

---

① 校点本，下册，第1107页。
② 按：此奏载《二程集》之《河南程氏文集》卷5，题为《代彭思永上英宗皇帝论濮王典礼疏》，中华书局，1981，第2册，第515页。
③ 校点本，上册，第96页。

· 卷 132 范仲淹《上仁宗论夏贼未宜进讨》，注曰："康定元年十二月上，时为陕西经略安抚副使、知延州。先是康定元年十二月，朝廷诏鄜延、泾源两路取正月上旬进兵入讨西贼，故仲淹上此奏。"①

· 卷 18 苏舜钦《上仁宗乞追寝戒越职言事诏书》，注曰："景祐三年五月上，时为光禄寺主簿。范仲淹言事无所避，大臣权倖忌恶之。……由是降黜。侍御史韩渎希（吕）夷简意，请以仲淹朋党榜朝堂，戒百官越职言事者。遂降是诏。"②

· 卷 59 王岩叟《上哲宗乞依治平故事诏执政举馆职》（第二状）注："元祐元年四月上。翌日，遂降诏曰：'……执政大臣，吾之所甚重也，宜各举文学政事行谊之臣可以充馆阁之选者三人，亟以名闻，朕将考观其材器而甄升之。'"③

对有关北宋历史上诸如仁宗朝茶、盐法、立皇子，英宗朝濮议、神宗朝新法等重要时政问题的奏议，《诸臣奏议》的注释，更是精心，其中"新法"类注释文字尤多。在这些注释中，编者力图通过奏议的线索，辅以相关的史实、文件，勾勒出事件的全过程。一个比较典型的例子是在卷 31《帝系·皇太子下》中，编者通过韩琦、司马光、吕诲、王陶等人奏议的篇后注释，一步步地记述了仁宗晚年最终妥善解决"建储"问题，确立宗子宗实（即英宗）为皇位继承人的过程④，合而观之，确能使人对这一事件"粗见本末"，感受到宋代士大夫与天子"共治天下"的政治特征。

2. 相关文件的附录与说明

《诸臣奏议》利用篇后注形式，附录与正文内容有关的文件，可见如下几种情况：

（1）对正文有重要参考价值的文件。如卷 76 尹洙《上仁宗论公论朋党系于上意》附录欧阳修《朋党论》⑤；卷 115 司马光《上神宗论王安石》附

---

① 校点本，下册，第 1463 页。
② 校点本，上册，第 167 页。
③ 校点本，上册，第 651 页。
④ 校点本，上册，第 299～310 页。
⑤ 校点本，上册，第 823～824 页。

录孔文仲长篇对策①；卷 12 范祖禹《上哲宗乞法仁宗五事》附录范祖禹"进读此奏毕"之后的进言②。

（2）与正文意见不同或相反的文件。如卷 10 司马光《上英宗乞因降逐任守忠诣皇太后阁陈谢》附录傅尧俞的奏言③；卷 109 陈襄《上神宗乞罢均输》附录由王安石主持的制置三司条例司所制定的"均输法"原始文献④；卷 141 文彦博《上神宗论进筑河州》附录王韶的长篇上书⑤。

（3）世罕流传，不易见到的重要文件。如卷 28 富弼《上仁宗论废嫡后逐谏臣》附录范仲淹《到睦州谢表》，并加按语曰："仲淹当日奏疏，世无传本，故附见其表。⑥"

《诸臣奏议》还有一种文件附录形式，就是篇前小字附录相关诏文。如卷 116 文彦博《上神宗论市易》，篇前附录熙宁五年（1072）三月二十六日神宗发布的诏文⑦。以《诸臣奏议》篇前附诏与《宋大诏令集》相同诏令比较，《诸臣奏议》基本上属于全文引录⑧，但亦颇有删节改动的情况。比较中还发现，《诸臣奏议》篇前附诏之于《宋大诏令集》，具有佚文补阙、异文互校的文献价值⑨。如《宋大诏令集》卷 151～155《政事门·儆灾》收录时间最晚的一篇诏令，是宣和元年（1119）三月二十三日发布的《正

---

① 校点本，下册，第 1255～1256 页。

② 校点本，上册，第 109 页。

③ 校点本，上册，第 90 页。

④ 校点本，下册，第 1184 页。邓广铭先生评论说："尽管是小字附录，却毕竟可藉以与反对派的议论互相对照，既能反映立法本身之有无失误，也可反映反对者意见是否真能击中要害。"（《校点本〈宋诸臣奏议〉弁言》，《邓广铭治史丛稿》，北京大学出版社，1997 年 6 月，第 382 页；校点本，上册，第 3 页。）

⑤ 校点本，下册，第 1590～1591 页。

⑥ 校点本，上册，第 272 页。

⑦ 按：此诏《宋大诏令集》卷 184 题为《置市易务诏》，中华书局，1962，第 668 页。

⑧ 孔繁敏：《赵汝愚〈国朝诸臣奏议〉初探》（上）亦指出这一点："宋代皇帝在裁处军国大事，或遇天象异常、地震水灾之时，常下诏书征求元老大臣的意见。元老大臣则以'答诏'形式上奏。对已发布的诏书，大臣亦可上疏提出异议。《国朝诸臣奏议》收录此类奏议，一般前附诏书全文。"（《文献》1989 年第 1 期。）

⑨ 可供对读的例证有卷 32 刘敞《上神宗论封太祖后》篇前附诏与《宋大诏令集》卷 50《封艺祖后一人为王诏》；卷 41 旦诲《上英宗应诏论水灾》篇前诏与《宋大诏令集》卷 153《雨灾求直言诏》；卷 44 陈并《上哲宗答诏论彗星陈四说》篇前诏与《宋大诏令集》卷 155《彗星见避殿损膳罢秋宴求直言诏》；卷 44 韩宗武《上徽宗答诏论日食》篇前诏与《宋大诏令集》卷 155《日变求直言诏》等。

阳之月日有食之御笔手诏》①，而《诸臣奏议》卷45《天道门·灾异九》吕好问《上钦宗论彗星》篇前附诏，是靖康元年（1126）八月发布的一篇求言诏令②，为《宋大诏令集》所不载。

《诸臣奏议》还在注释中对收录于不同类目的相关文献，通过指出"互见"加以说明。如卷66欧阳修《上仁宗论台官所言按察使不当》，注曰："庆历四年（1044）七月上。修所旨台官即包拯也。拯议见'监司门'。"③

（三）对文件运行情况的说明

《诸臣奏议》注释文字中还有少量有关文书制度方面的内容，主要涉及文书进呈途径与裁决批转情况，这是《诸臣奏议》辅文中颇具特色的一项。

关于文书进呈途径方面，可见以下几种情况：

1. "赐对上殿"，即通过上殿奏事的机会进呈奏文。如卷4李朴《上徽宗论人君之要道三》，注曰："建中靖国元年（1101），因陈瓘荐，赐对上殿，上此札"④。

2. "附递"，即所谓"附递以闻"。这是宋代自太宗时代起为使下情及时上达而特许的制度⑤，自是以后，几乎所有在地方任职的各级官员都可以通过递铺（国家公文信息传递系统）向朝廷上书奏事。如卷36齐唐《上仁宗论麒麟》，注曰："嘉祐二年（1057），唐附南雄州递上此奏，职未详⑥。"又如卷145王禹偁《上真宗论军国大政五事》，注曰："至道三年（997）四月肆赦，五月诏御史台告谕内外文武群臣，自今人君有过、时政或亏、军事否臧、民间利害，并许直言极谏，抗疏以闻。十八日，禹偁以刑部郎中知扬

---

① 《宋大诏令集》卷155，中华书局，1962，第582页。
② 校点本，上册，第478页。
③ 校点本，下册，第734页。此处"旨"，原文如此。包拯奏议（《上仁宗乞监司不用苛细矫激之人》），见卷67《百官门·监司》，校点本，上册，第740页。
④ 点校本，上册，第37页。
⑤ 李焘：《续资治通鉴长编》卷25载，雍熙元年（984）五月壬辰，（太宗）诏："天下幕职、州县官，或知民俗利害、政令否臧，并许于本州附传置以闻。所言可采，必行旌赏，若无所取，亦不加罪。"先是，转运使及知州、通判皆得上书言事，而州县官属则否。上虑下情壅塞，故降是诏。（中华书局，2004，第2册，第581页。）
⑥ 点校本，上册，第359页。

州，附递上此奏。即召还朝，用其策，以夏、绥、银、宥、静五州赐赵保吉，且命复知制诰"①。

3. "朝见""入辞"，指官员通过赴阙朝见、赴任前上殿辞谢等机会上书奏事。如卷 3 吕公著《上哲宗论修德为治之要十事》，注曰："元丰八年六月上，时召为侍读，提举中太一宫，到阙朝见，未对，先上此奏。"② 卷 111 张方平《上神宗论变更旧制》，注曰："熙宁三年（1070）正月，方平自留守西京入觐，除判都省，固辞不受，遂知陈州。入辞，上此奏。"③ 此外，还有新任官员通过上谢表的机会上书言事，如卷 3 苏轼《上哲宗论王道六事》，注曰："元祐七年（1092）十一月上，时为端明殿学士，兼翰林侍读学士，守礼部尚书。轼上谢表，因以规谏④"。

4. "与制书具上"，卷 148 张方平《上仁宗答诏条画时务》，注文载："庆历八年（1048）三月上，时为翰林学士。退朝，会锁院草制，即条对所问，夜半与制书具上。上得奏惊异，诘旦，更赐手札，问诏所不及者。"⑤ 根据奏文，张方平于当日曾被仁宗召对，又受赐手诏一道，令就"朝廷急务"，"条画以闻"。这是一个比较特别的情况，即翰林学士于"锁院草制"同时赶写奏札，并将奏札与制草一同奏进。

还有一种情况就是大臣去世后，由家人将其奏议进呈朝廷，如卷 47 司马光等《上哲宗乞合两省为一》，注曰："元祐元年（1086），光作奏欲与吕公著、韩维、张璪同上。会光薨，四年八月，光之子康始录进呈"⑥。

关于文书裁决与批转情况，主要是指有些注文中提到的"留中"（留在宫中）和"送中书"（送往"中书门下"⑦）。如卷 1 司马光《上仁宗论人君

---

① 校点本，下册，第 1652 页。
② 校点本，上册，第 26 页。
③ 点校本，下册，第 1205 页。
④ 校点本，上册，第 33 页。按：此即苏轼文集中之《谢除两职守礼部尚书表》（其二），见岳麓书社 2008 年 8 月顾之川校点本《苏轼文集》，下册，第 1181 页。
⑤ 校点本，下册，第 1685 页。
⑥ 校点本，上册，第 507 页。
⑦ 按：宋初承唐中后期及五代之制，在宫城内设"中书门下"，作为宰相集体处理行政事务的最高权力机构。其题榜曰"中书"，故常简称为"中书"。详见张希清《宋朝典章制度》，吉林文史出版社，2001，第 21 页。

之大德有三》，注曰："嘉祐六年（1061）七月，初除谏官，上殿进。有旨留中。"① 卷 1 司马光《上仁宗论致治之道有三》，注曰："嘉祐六年（1061）七月上。有旨送中书。"② 此外还有出榜公示的情况，如卷 55 陈尧臣《上徽宗乞重惜宪台之权》，注曰："宣和二年（1120）十月上，时为御史。诏所陈甚当，出榜朝堂及吏部"③。

奏议，本质上是一种上行的公文。历代公文无论是行文格式、传递途径、审批程序等都有一整套的制度。公文汇编通过辅文形式，对有关的公文制度以及文书运行过程中的具体情况加以必要的介绍，既是公文的性质决定的，也是公文解读和利用的需要。《诸臣奏议》注释文字中关于文书运行情况的说明，尽管数量不多，却反映出编纂者对奏议文献性质的认识和重视，这一点对于《诸臣奏议》辅文的编纂是非常重要的。

结　语

司马光是赵汝愚十分敬慕的本朝名臣④。《资治通鉴》"专取关国家盛衰，系生民休戚"的编撰原则⑤，会通古今、注重考据的史学风格，对赵汝愚及其《诸臣奏议》的编纂具有深刻影响。为了探求"言路通塞"与国家治乱的关系，他通考本朝，"历观前古"，"上自周秦，下及五季"。⑥《诸臣奏议》不仅在"资治"的史学精神上与《资治通鉴》一脉相承，而且《资治通鉴》对君道、风俗、用人、谏议等问题的特别关注，对历史上变法与朋党问题的态度⑦，也同样体现在《诸臣奏议》一书（包括辅文部分）的编纂中。在具体的编纂实践上，《诸臣奏议》继承了《资治通鉴》广征博采，去粗取精，比较异同，注重考据等史学方法，并取得突出的成绩。《宋

---

① 校点本，上册，第 2 页。
② 校点本，上册，第 3 页。
③ 校点本，上册，第 614 页
④ 《宋史》卷 392《赵汝愚传》载："汝愚学务有用，常以司马光、富弼、韩琦、范仲淹自期。"中华书局，1977，34 册，第 11989 页。
⑤ 司马光：《进〈资治通鉴〉表》，标点本《资治通鉴》，20 册，第 9607 页。
⑥ 校点本，下册，附录。
⑦ 参见王德保《司马光与〈资治通鉴〉》第三章，中国社会科学出版社，2001。

朝诸臣奏议》的成功编纂，是在《资治通鉴》的直接影响下，宋代档案文献编纂发展进步的一个显例。

（原文原载《档案学通讯》2004 年第 4 期，本次发表有较大的修改）

他乡之神

——宋代张王信仰传播研究

◎ 皮庆生

一　引言：从"祭不越望"到"行祠"林立

按照早期儒家的观念，人们的祭祀权力与其社会地位紧密相关。如《礼记·曲礼下》便说，"天子祭天地，祭四方，祭山川，祭五祀，岁遍；诸侯方祀，祭山川，祭五祀，岁遍；大夫祭五祀，岁遍；士祭其先"[①]。统治天下者可以祭祀所有的神灵，诸侯只能祭祀境内的神灵，一旦失去土地的统治权，也就意味着丧失该地神祇的祭祀权。这是一种将现实世界秩序与虚拟世界秩序重叠并给予整齐化的观念，用春秋时期楚昭王的话来说，也就是"祭不越望"[②]。不过，这种观念或原则在对人们祭祀对象加以规定的同时，也限制了信仰世界神灵传播的可能性。既然人们只能按政治权力、社会地位供奉与本地有关的神灵，那么神灵也就无法超越边界，因而大部分神灵在最初只可能是地方性的。[③]

---

①　另如《礼记·王制》："天子祭天地，诸侯祭社稷，大夫祭五祀。天子祭天下名山大川，五岳视三公，四渎视诸侯。诸侯祭名山大川之在其地者。"《祭法》："有天下者祭百神，诸侯在其地则祭之，亡其地则不祭。"分见《十三经注疏》，中华书局，1980，第1268、1336、1588页。

②　楚昭王关于祭祀的观念被孔子称赞为"知大道"。《春秋左传集解·哀公六年》，上海人民出版社，1977，第1741页。

③　詹鄞鑫：《神灵与祭祀——中国传统宗教综论》，江苏古籍出版社，2000，第179~181页。

当然，现实不可能完全符合理想中的观念或原则。早在春秋战国时期，已经出现了某些非礼祭祀，如越望之祭、越份之祭，遭到一些传统维护者的批评。东汉末还出现了单个祠神广泛传播的现象。例如，助汉室平定诸吕、立文帝的城阳王刘章死后，在其封地内立祠祭祀，"自琅琊、青州六郡，及渤海都邑乡亭聚落，皆为立祠，造饰五二千石车，商人次第为之，立服带绶，备置官属，烹杀讴歌，纷籍连日，转相诳曜，言有神明，其谴问祸福立应，历载弥久，莫之匡纠"①。据王沈《魏书》记载，当时奉祀刘章的神祠共有六百多座，推动该信仰的群体除了巫觋之外，最重要的可能是商人。②

但是，据我所知，宋代以前这类违背"祭不越望"原则的现象并不普遍，往往是作为批评对象，或者是当做特例为士人、官员们所注意。更常见的是祠神信仰的范围一般在与祠神有关系的地区，如果是人物神，则是在与其生前有关之地区，如果是山川神，须是山川所在之地。这也是宋以前祠神信仰的大致状况。

变革出现在宋代，尤其是南宋。宋人记载祠神信仰的文献中，与"祖庙""本庙"相对的"行祠""别祠""行庙""行宫""别庙"等用语已十分普遍，官私所修方志"祠庙门"，也经常提到某某行祠，首都临安的方志更有"外郡行祠"一目。③ 这说明宋代已经有相当数量的祠神信仰走出其源发之地，向其他地区，甚至向首都传播，当拥有一定数量的信众之后，又在他乡建立起比较稳定的祠宇，形成新的信仰中心。这些外乡来的行祠遍布各地，影响甚大，通常能够得到传入地的民众和官方的认可，以至于官修的《咸淳临安志》需要为之单立一目。

应该说，从"祭不越望"到"行祠"林立是中国民间信仰发展历程中的重要变革之一，也是唐宋变革中民间信仰世界所出现的诸多新现象之一，对后世影响深远。对此，国外学者贡献比较突出，较早的是祁泰履（Terry

---

① 应劭撰、王利器校注《风俗通义校注》卷9，《怪神》，"城阳王祠"条，中华书局，1981，第394～395页。

② 另参《三国志·魏书·武帝纪》注引《魏书》，中华书局，1982，第4页。

③ 参潘说友《咸淳临安志》卷73，《宋元方志丛刊》，中华书局，1990，第4011～4015页；《梦粱录》卷14，山东友谊出版社，2002，第196～198页。

Kleeman）对梓潼神的研究，他指出梓潼神的传播与南宋末年的四川移民、道教有密切关系；[1] 韩森（Valerie Hansen）则对宋代的四位地区性祠神——五通、张王、天妃、梓潼——做了全景式的分析，认为新庙宇的增加是沿水路推进的，地区性祠神的崇拜最先都出现在经济发达地区，行商和任职于外乡的官员是其主要支持者和传播者，祠神信仰传播是商业革命在信仰世界的反映。[2] 最近，万志英（Richard von Glahn）针对韩森的观点，提出信徒和宗教人士在五通信仰传播中的作用不亚于商人，并谈到朝圣信仰中心对信仰传播的重要意义。[3] 这些见解都从各自的具体研究对象、视角揭示出宋代祠神信仰传播的某一方面，也为该问题的进一步研究开辟了道路。例如，信仰传播与唐宋变迁中的商业革命之间的关系，是否如韩森、万志英所说的那么直接，商人不仅向顾客推销他们的商品，还顺带推销家乡的神祇？佛教、道教人士在传播祠神信仰中扮演着何种角色，出于什么动机？商业经济之外，唐宋变迁中的其他因素，如政治因素引发的交通路线的变革对于信仰传播的路径、行祠的分布有何影响？等等，这都是值得进一步探讨的问题。

因此，本文拟在时贤研究的基础上，以张王信仰为例，尽可能多地搜集文献中存在的宋代张王行祠，分析各个行祠的传播动力、路径及其与社会变迁之间的关系，从而对上述问题重加检讨，希望能够得出一个关于张王信仰传播的可靠结论，并对认识整个宋代民众祠神信仰传播有所助益。限于学力，不当之处在所难免，尚乞方家赐正。

二　张王信仰及其在南宋之前的传播

张王信仰起源于江南东路的广德军（今安徽广德县），祖庙在军治西五

[1] Terry Kleeman："The Expansion of the Wen-chang Cult", in Patricia Buckley Ebrey and Peter N. Gregory eds., *Religion and Society in T'ang and Sung in China*,（Honolulu：University of Hawaii Press, 1993), pp. 45 - 73. 祁泰履对梓潼从蛇精到负责全国士人科举功名的文昌帝君的过程有很细致的研究，见氏著 *A God's Own Tale：The Book of Transformations of Wenchang, the Divine Lord of Zitong*（Albany：State University of New York Press, 1994).

[2] 韩森：《变迁之神》第六章《区域性祠祀的兴起》，包伟民译，浙江人民出版社，1999。后来她进一步认为宗教上的变迁在现实社会的变化之前发生，参该书中译本序。

[3] 参王锦萍对《左道：中国宗教文化中的神灵与恶魔》一书的评论，载《唐研究》卷11，北京大学出版社，2005，第 673～680 页。

里的横山之上。① 所崇奉的神祇张渤，或说是附近吴兴乌程（在今浙江湖州市）人，或说是武陵龙阳（今湖南常德东）人，"欲自长兴之荆溪凿河至广德，以通舟楫之利。工役将半，俄化为异物，驱役阴兵。夫人李氏见而怪之，遂隐形遁去。居民思之不已，即横山立祠以祀之，祈祭不辍。"② 据说庙宇初创于汉代，一直是当地民众的信仰中心。

到南宋和明代，张王信仰曾盛极一时。宋代张王被加封为最高的八字王（或八字真君），信众称之为张大帝，形成了一个以张王为中心的神祇群体，先后受封赐 30 余次，受封神灵达 43 位，行祠散布于江南各地。在明代，南京城由太常寺官员祭祀的十座最重要的神祠之一便有张王庙。关于张王信仰的文献资料也相当丰富，不仅散见于普通的文集、方志、笔记、碑刻资料集之中，宋人周秉秀还编著了一部关于张王的专著——《祠山事要指掌集》，书中保存了大量官方文告、碑记、灵应故事，反映了宋代张王信仰真实情况。③ 客观地说，就单个宋代民众祠神信仰而言，张王的现存材料应该是最充分的之一。笔者根据《指掌集》、方志、文集等材料，一共勾辑出 75 座宋代以前（含宋代）的张王行祠（见表 1，图 1）。鉴于民众祠神信仰兴废不常的特征，我们只能肯定这些张王行祠都在某个时期内曾经存在，而不是说其建立之后一直继续得到地方民众的信仰。此外，当时张王信仰以广德为中心，遍及两浙、江西，乃至湖南、福建地区，但只有一部分行祠被文献资料记载并保存下来，我勾辑出的 75 座张王行祠自然不可能是宋代张王行祠的全部。④

令人吃惊的是，早期的张王庙宇的修建活动却并不太多。据说最早的张王庙建于汉代，是张王显灵后乡人为他和夫人分别在横山西南隅、县东五里修建的。此后，一直到唐代咸通年间，一位名叫王殼的人外出经商获张王保

---

① 据说由于山上有张王之祠，所以在唐代改名为祠山，而信众也径称张王为祠山，见乐史《太平寰宇记》卷 103，中华书局影印宋本，2000，第 132 页。

② 张津等：《乾道四明图经》卷 10，高闶《烈港新建张王行庙记》，《宋元方志丛刊》，第 4947 页。

③ 此书经元、明两代续辑、增改，现存的明宣德八年本《指掌集》共十卷，主体基本保存了宋本原貌。

④ 张王信仰外传中形成的某个家庭、家族供奉的神龛、神像基本上可以视为某座张王庙的衍生物，缺乏足够的独立性，信众少、影响相对较小，本文不予讨论。

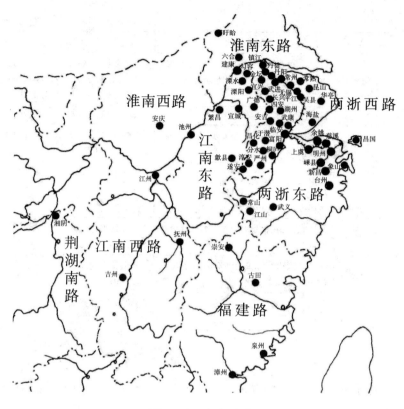

图1　张王行祠分布图

佑，于是在家乡为张王建楼绘像，此外再也没有其他修庙的记录保存下来。
修建活动比较频繁是在唐末五代，不仅祖庙一再修建，并且出现了外地行
祠。在北宋灭亡之前，张王至少有11处行祠（见表1）：

表1　南宋以前张王行祠分布表

时间	地点	情况说明	材料出处
894～899	湖州	广德邑人避难湖州卞山，立草堂祀神，刺史李师悦梦神，建祠于卞山之隅。	《指掌集》卷5
894～899	湖州	在湖州南十八里，时间在卞山行祠之后不久，不知创建者身份。	《指掌集》卷5引吴《张仆射庙记》
唐末	丹阳县	相传为贩货者钦公创建，天圣中重建，崇宁中邑人谢存率众大姓大修。	《至顺镇江志》卷8，《宋元方志丛刊》，第2732页。

续表

时间	地点	情况说明	材料出处
984※	句容县	1172 年由邑士许恭、李立率众重修，由县令撰碑记，一直是地方官祈祷之所。	《至大金陵新志》卷 11 上，《宋元方志丛刊》，第 5688 页。《句容金石记》卷五《重修建康府句容县南庙记》。
984※	长兴县	吕山山北，离广德十五里。	《指掌集》卷 5、10。
1017※	丹阳县	在府西南一里一百七十步，崇宁间新而广之。	《至顺镇江志》卷 8，《宋元方志丛刊》，第 2731 页。
1064～1067	乌程县	在南浔镇，创建者不明。	《南浔镇志》（五编）《重建张王庙碑记》。
1095	湖州	在四安镇西北山上，顾临感梦而立。	《指掌集》卷 5。
1101	湖州	在子城西，在报恩观之右，知州事徐铎始创。	《嘉泰吴兴志》卷 10，《宋元方志丛刊》，第 4742 页。
1101	丹徒县	在县东六十三里华山，是境内及江淮的张王信仰中心之一。	《至顺镇江志》卷 8，《宋元方志丛刊》，第 2731 页。
1104※	宜兴县	在胥村，邑人单子发撰碑。	《咸淳毗陵志》卷 14、29，《宋元方志丛刊》，第 3077、3206 页。

按：※为此祠在当时已经存在。

从上表可知，张王信仰最初的传播方向是东部的湖州地区，这也是传说中张王的故乡。传播的方式是广德人避难逃至湖州（今浙江湖州）卞山，在迁居地建立家乡神祇的简易奉祀场所，此举得到湖州刺史李师悦的支持，于是有卞山山麓正式的张王行祠。不久，湖州南十八里又建立了一座行祠。太兴平国九年（984），何夷素在《宋朝重修广德王庙后殿记》中还提到长兴县（今浙江长兴县）吕山也有张王行祠，考虑到吴越纳土在太平兴国三年，吕山的行祠很可能是五代时期建立的。① 到了南宋，这里的张王行祠已成为地方官府祈祷雨旱的场所。② 湖州地区的三座行祠是否都像卞山行祠一样由外出逃难的广德人建立，已不可考。但值得注意的是，张王向东传播的行祠离祖庙距离都比较近，而且外传伊始就得到行祠所在地的地方官员的支持。

大约与此同时，张王信仰也开始向北传播。北部的第一座行祠可能位于

---

① 见周秉秀《祠山事要指掌集》（以下简称《指掌集》）卷 10，何夷素《宋朝重修广德王庙后殿记》，明宣德八年本。

② 《指掌集》卷 10 保存了一份南宋时期长兴知县的谢雨祝文。

镇江府丹阳县（今江苏丹阳县）东北的七里湾。《至顺镇江志》提及地方父老相传的一个故事：

> 唐季有钦公者以贩货往来常、润间，每行以神像自随。一日至此，担重如压，肩不能胜。祷曰："神欲庙食于此乎？"言毕，荷担如故。遂即其地诛茅草创，左山右湖，前临漕河，亦一胜境，又号七里庙。①

这则故事无非是要强调此祠历史的久远，这也是民众祠神信仰中的惯常做法，其真实性无法确考。但张王在唐末传播到丹阳也是有可能的，因为从唐末以来，虽然战乱不断，但广德基本上受以扬州（今江苏扬州）、建康（今江苏南京）为中心的地方势力控制。吴、南唐政权曾多次派使前去广德祭祀祈祷，修建庙宇，② 丹阳正处在扬州、建康前往广德的交通要道之上。句容县（今江苏句容县）的张王行祠的情况与之类似，相传张王曾饮马于此，庙东有石柱，前有陂池，庙北还有张墓数百亩，至明清时期这座行祠居然要与广德祖庙分庭抗礼，声称这里是张王的家乡。③

以上五座张王行祠基本奠定了北宋张王信仰传播的格局，信众们多次重修旧的行祠，还在两个方向各新建了三座行祠。湖州地区的三座新祠分别位于乌程县南浔镇（今浙江湖州南浔镇）、湖州城内以及与广德交界处的四安镇（今安徽广德东）。其中城内行祠位于报恩观右侧，由知州徐铎所建，房屋有三十四间，规模很大。铎，莆田人，《宋史》卷三百二十九有传，徽宗即位，以龙图阁待制知青州，随后罢知湖州。④ 四安镇的行祠由翰林学士顾临所建。顾临于绍圣二年（1095）路经广德，张王托梦，《指掌集》卷三常安民《灵济王行状》称顾氏因此"惊惕出囊金市小松数百，植诸（张王祖庙）

---

① 俞希鲁：《至顺镇江志》卷8，《宋元方志丛刊》，第2732页。
② 分见《指掌集》卷3《前后事迹》，卷4《显应事实》。
③ 见《指掌集》卷10，何夷素《宋朝重修广德王庙后殿记》；曹袭先《［乾隆］句容县志》卷10《艺文》，《重修云塘庙碑》。《至大金陵新志》的作者提到此庙之额由"忠佑灵济庙"改为"正顺忠佑灵济昭烈行祠"之后，也特意说了一句，"以显迹桐汭，反以此为行祠"，似乎对广德张王的正统地位颇有些不满。见张铉《至大金陵新志》卷11上，《宋元方志丛刊》，第5688页。
④ 《宋史》卷329《徐铎传》，中华书局，第10606～10607页。

垣外而去"，卷五又说顾氏在当年"立行庙于四安镇西北山"。顾氏为会稽人，《宋史》卷三百四十四有传，据《新安志》卷九，他在绍圣中曾知歙州，途经广德，或在此时。①北面的行祠位于宜兴、丹徒、丹阳三地，其中丹阳的两处行祠还先后在北宋天圣、崇宁年间得到重修，可知其影响不断扩大。

从张王的早期传播格局中，我们可以发现信仰传播受制于多重因素。许多资料表明张王与东部的湖州地区有密切联系，张王是从外地来到湖州，或者直接就是湖州乌程横山人，他的两位夫人赵氏、柳氏分别是白鹤山人与乌程桑丘人。而张王发迹显灵之地又是长兴县的顺灵乡，从长兴的荆溪开凿河渠西通广德的青林塘，欲打通长兴与广德的水路通道，此后开溪的故事被不断提起和放大，也反映了广德信众开通东部水路通道的愿望。当面临北部的压力时，广德民众也是到湖州去避难，甚至张王最早的一块碑文也保存在湖州。可以说，张王的神话及其早期的外传都反映了广德与湖州地区之间的自然地理关联，信仰东进的背后是信众进入水网密布的太湖流域的愿望与现实。不过，早期张王神话中还有一部分值得注意的内容，那便是张王能够在广德以外的地区施展神力。在《指掌集》中，紧接着开溪神话的两个神迹分别是梁天监五年（506）建康祈雨和唐天宝中的长安祷旱，这至少说明在信众的观念中，张王信仰与政治中心的关系十分密切。从行政地理的归属角度而言，广德与湖州的联系不如与北部的建康、扬州地区紧密，这也可以得到相关史实的印证。唐末五代以来，广德相继由吴、南唐政权控制，而湖州则由吴越控制，②广德一直是吴、南唐与吴越争夺的前线，《指掌集》所载吴天祐十年（913）广德之围与南唐保大十四年钱塘兵攻宣城之役亦说明当时广德处在要冲之地。天祐十年的广德之围在《资治通鉴》卷二百六十八，后梁均王乾化三年（913）亦有记载：

（五月）吴遣宣州副指挥使花虔将兵会广德镇遏使涡信屯广德，将

---

① 《宋史》卷344《顾临传》，第10939~10940页；《新安志》卷9，《宋元方志丛刊》，第7748页。
② 《资治通鉴》卷261，乾宁四年（897）九月，"湖州刺史李彦徽欲以州附杨行密，其众不从，彦徽奔广陵，都指挥使沈攸以州归钱镠。"胡注：钱镠自此遂有湖州，中华书局，1987，第8508页。

复寇衣锦军。吴越钱传瓘就攻之……六月，吴越钱传瓘拔广德，虏花虔、涡信以归。①

　　而据《指掌集》卷三的记载，吴军虽败，广德并未为吴越攻破，所以事后吴还"遣使祭谢，重新祠宇"。广德是否为吴越所拔并不重要，须注意的是吴越胜后即归，事实上此后吴越与吴、南唐虽和战不常，广德则一直受控于后者，从局部地区而言则属于宣城地区，吴、南唐政权对张王信仰也都十分支持。北宋时期的广德虽自太平兴国年间设广德军，但其与北方地区的联系也比湖州密切，直到南渡之初还有以建康府、太平、宣、徽州、广德军为建康府路之举。② 了解这一事实对于理解张王信仰传播的方向十分重要，从中可以看到政治性因素对神灵信仰传播的制约。③

　　由以上的分析可知，南宋以前张王信仰的传播规模不大，受行政归属、自然条件等因素的影响，一方面向东部的湖州地区推进，有一些行祠还得到当地官员的支持，甚至由地方官创建；另一方面沿广德通往区域性政治中心建康、扬州方向分布，这一带的行祠大多在北宋末年重修，说明张王在该地区的信仰延续下来，当然重修也可能和这一特定时期张王多次得到朝廷封赐，以及整个国家的宗教气氛有关。不过，从《指掌集》所记载的张王神迹和朝廷加封等级来看，北宋灭亡之前的张王更主要还是一个广德地区的地方性信仰，这种状况直到宋室南渡后才被彻底改变。

三　南宋张王行祠的分布

　　南宋人为张王行庙撰写庙记，经常会提到张王信仰遍布各地的盛况。如庆元二年（1196）钱塘县主簿赵师白在给霍山张王行祠撰写庙记时便说：

① 《资治通鉴》卷268，第8772~8773页。
② 李心传：《建炎以来系年要录》卷23，建炎三年（1129）六月丁未条，中华书局，1988，第489页。
③ 韩森在讨论丹阳的张王行祠时，特别指出"祠庙正好在运河边上，这强调了张王与商人们的联系"。但按照本文的分析，丹阳行祠的建立者固然是贩货的钦公，但背后的制约性因素则是广德与扬州、建康之间政治联系并由此形成的交通网络。参韩森《变迁之神》，第149页。

"光灵之远，旁加横被。于是离宫行庙，金碧丹腹之辉，连城夸郡，苕莞相望焉。"① 沈榖在记文中称"夏屋渠渠，广殿耽耽。飞阁层台，流丹耸翠。自江之东，建神祠者，罕与伦比"②。曹至给江州祠山行祠写庙记时，甚至说张王"庙貌雄严，盛于浙右、江左，而江西、岭表多见"③。行在临安也有三座张王行祠，其中霍山张王行祠还是临安最重要的宗教场所之一，南宋灭亡后，士人在回忆昔日临安繁华景象时都免不了要提到霍山张王行祠庙会的热闹情景。④ 广德祖庙的张王圣诞更是热闹非凡，"江、浙、荆、淮之民奔走徼福者，数千里间关不辞"，⑤ 声被之远，可以想见。

在韩森的著作中，商人在张王信仰传播方面的作用被一再强调，其观点对于认识南宋信仰与商业经济的关系很有启发，但她只分析了少数几座支持其观点的行祠，这直接影响到其结论的可靠性。下面，我们将对南宋所有张王行祠做一全面分析，以期切实了解张王信仰的空间分布格局和推动信仰传播的真正动因。⑥

1. 江南东路的张王行祠

这里是张王祖庙广德军所属路分，但行祠并不多，只有 6 处，而且散布在宁国府的宣城（1 座）、太平州繁昌县（1 座）、池州（1 座）、建康府（1 座）、徽州（2 座）五地。宣城（今安徽宣城）的张王殿由进士赵孟燫所建，时间大约在南宋末。⑦ 根据《指掌集》卷三、四所载张王灵应事迹，有不少与宣城有关，张王信仰进入该地很可能在赵孟燫建祠之前，但文献缺失，只好存而不论。繁昌县（今安徽繁昌北）的张王庙由著名诗人陈造修建。陈为淳熙二年（1175）进士，调繁昌尉。"尝旱祷于祠山昭烈王，即大

---

① 《咸淳临安志》73，《宋元方志丛刊》，第 4012 页。
② 《指掌集》卷 5。
③ 《江州志》，《永乐大典方志辑佚》，中华书局，2004，第 1650 页。
④ 如《梦粱录》卷 1，第 13～15 页；《武林旧事》卷 3，山东友谊出版社，2002，第 48 页。
⑤ 见黄震《黄氏日钞》卷 87《广德军沧河浮桥记》，文渊阁四库全书影印本（台北商务印书馆，1986 年）第 708 册，第 912 页（以下类此简作四库 708 册，第 912 页）。黄震在这则记文中还说，桥修后可使"江、浙、荆、淮数十万众咸获其惠"，从中可知南宋末张王诞会之盛况。
⑥ 由于某些张王行祠只简单交代了其位置、存在的大致时间，我们只能阙而不论。但只要言及创建或重建的原因、主持者等基本要素，本文都将逐个论列。
⑦ 见陈梦雷《古今图书集成·职方典》卷 801《宁国府部·祠庙考》，中华书局影印本，1934，第 124 册，第 2 页。

雨有年。建庙，偕民事之所欲，必请，请必酬。"① 徽州（今安徽歙县）二祠有一处具体情况已不可考，另一处由知州赵希远所建，位于报恩寺旁边。②

池州（今安徽贵池）行祠始建于何时已无法详考，只知道袁甫在绍定二年（1229）年提举江东常平之后不久曾重修庙宇。修庙的原因很有意思，袁甫之父袁燮在淳熙十年（1183）大病中梦与神遇而获愈，"后三十一年，先公复病，乃卜医于神，良验"。二事皆袁甫所亲见，但他说自己修庙并非要"侥福于神"，而是为民祈祷，是为了"表吾思亲之心"。在记文的最后，袁甫还希望"凡吏于池，家于池，与我同是心者，其世世葺治焉，俾勿坏。"③ 袁氏父子是陆象山心学在四明的代表人物，袁燮更是"甬上四先生"之一，其对经典解释见《絜斋家塾书钞》十二卷，另有《絜斋集》二十四卷，皆收入四库全书，《宋元学案》卷七十五专列《絜斋学案》，其对地方信仰的态度大是耐人寻味，而作为袁燮之子兼思想传人的袁甫对张王的态度也很有意思，如果说前者还是个人行为，后者则是个人观念影响其为政理民的绝好例证。④

建康广惠庙在城东三里。⑤《景定建康志》卷四十四附《淳熙省札》一道，是资正殿学士、正奉大夫、知建康军府事钱良臣的奏状，由此可知庙由建康军民"自行盖造"，不久钱良臣因雨水愆期前去祈求，获应后即为之申请庙额，结果"赐广惠庙为额"。钱氏除资政殿学士知建康府在淳熙十二年（1185）正月，十四年八月除资政殿大学士。⑥ 则行祠的建立时间距此不远，

---

① 陈造：《江湖长翁集》卷21《重建祠山庙记》，四库1166册，第264页。

② 见《［嘉靖］徽川府志》卷10《祀典》，第10页，《北京图书馆古籍珍本丛刊》29册，书目文献出版社，1990，第231页。

③ 袁甫：《蒙斋集》卷13《池州重建祠山庙记》，四库1175册，第483页。

④ 《蒙斋集》中还有多篇庙记，多为袁甫任职地方时修建祠宇的记录，如卷12的《衢州徐偃王庙记》《徐偃王行宫记》《衢州重修灵顺庙记》《衢州重修岳帝殿记》，卷13的《池州西祠偃楼记》，卷14的《信州自鸣山孚惠庙记》，其中在池州昭明太子祠乃袁甫赴任江东常平之初所修，他给幕僚下达了七项重要事务，每三日检查一次落实情况，所以他说这几条"无非切务，分委幕属，各司其事"，其中之一便是修建昭明灵祠。见《蒙斋集》卷11《示倦序示江东幕属》，四库1175册，第461~463页。他在多处提到自己对民众祠神信仰的态度是本着"顺民心""从民愿"的原则，强调"事神之礼"仍儒家传统。作为当时思想界的精英人士，袁甫对民众信仰的这种观念、行为显然与时下的各种著作中提到的有较大区别，有必要细加探究。

⑤ 周应合：《景定建康志》卷44，《宋元方志丛刊》，第2057页。

⑥ 徐自明撰、王瑞来校补《宋宰辅编年录校补》卷18，中华书局，1986，第1246~1247页。

且系民众自发修建，后来官方出面为其取得赐额，钱良臣在奏状中说申请的目的之一在于"使一方军民转至钦崇"。开禧三年（1207）旱，知建康府叶适亦"祷于祠山庙，期以三日，逾日而雨大降，"作诗刻石于庙。[①]

句容张王旧祠在南宋的情况也值得注意。地方官员曾于此祈祷，"香炉移转不已，有碑记其事"。[②] 乾道八年（1172），邑士许恭、李立等倡议重修庙宇，县令赵善言为之撰写庙记。此庙在南宋中期已成为一方祈祷中心，"远近之人岁以王之诞日集祠下"，其灵应主要为"水旱必祷，痛疾必呼，是皆感于精神，发于梦寐，曰雨曰旸，如操左券"。[③]

2. 两浙西路的张王行祠

这个地区新增的张王行祠数量最多，共有 32 处，占南宋张王行祠的一半。

镇江府（治今江苏镇江）在南宋又添了 3 座新祠，丹阳县的两处应该是在旧庙基础上衍生出来的。其中一处位于县南五十里竹塘，一位名叫洪秉权的人与乡人郭之奇赌博，发生争执，后许愿建庙。洪是否为丹阳人，不详。又，丹阳县之东城有灵惠王庙，即威济李侯庙，但不知兴于何时。[④] 延陵镇建于嘉熙间，创建不明，1256 年由地方官员赵良锗"率众增广"，这中间相距不到二十年。[⑤] 金坛县（今江苏金坛）的行祠位于县治西二里，绍兴三年（1133）重建。当然，此庙很可能北宋已经存在，但无确切证据，只好根据重建时间置于南宋。[⑥] 丹徒县的旧祠此时影响进一步扩大，不仅出现了与防江军、地方政府相关的神迹，还成为江淮一带张王信众的信仰中心之一，"每岁仲春，江淮及境内士民拜奠祠下者，凡月不绝"[⑦]。

常州（治今江苏常州）过去只有与广德接界的宜兴有张王行祠，南宋时至少增加了 4 处行祠，武进（今江苏武进）、无锡（今江苏无锡）、宜兴

---

① 诗见《水心集》卷 6《祷雨题张王庙》,《叶适集》, 中华书局, 1961, 第 47 页。
② 张铉:《至大金陵新志》卷 11 上,《宋元方志丛刊》, 第 5688 页。
③ 杨世沅:《句容金石记》卷 5《重修建康府句容县南庙记》, 国家图书馆善本金石组编《宋代石刻文献全编》第 2 册, 北京图书馆出版社, 2003, 第 160 页。
④ 《至顺镇江志》卷 8,《宋元方志丛刊》, 第 2732 页。
⑤ 《至顺镇江志》卷 8,《宋元方志丛刊》, 第 2732 页。
⑥ 《至顺镇江志》卷 8,《宋元方志丛刊》, 第 2735 页。
⑦ 《至顺镇江志》卷 8,《宋元方志丛刊》, 第 2731 页。

新祠具体情况不明，① 州城行祠在崇胜寺西，由知州王圭所建。② 常州东北的江阴军（治今江苏江阴）也出现了张王行祠，由乡豪陈氏子起愿心建立，在卜地建庙的过程中有神异事迹发生，张王托梦于军学录蒋永达，蒋再转告他人，"自是肇修香火，一殿岿然，郡县祈祷感应，祠祀甚谨"③。此事周秉秀辗转从薛齐谊处获知，而薛闻之于蒋，蒋在江阴张王行祠的建立过程充当了代言人的角色，此次行动实际上是曾任广德军学录的蒋永达与江阴乡豪陈氏联合操纵的。蒋是江阴张王行祠与广德张王信仰发生关联的重要媒介。

平江府（治今江苏苏州市）的张王行祠共 4 座。昆山县（今江苏昆山县）的行祠大约建于 1171 年，在永怀寺内，香火维持了一百多年。④ 常熟（今江苏常熟市）的行祠依托乾元宫，是邑人从外地迎奉神像建立的，不久乡人筹集资金加以扩建。⑤ 吴江县（今江苏吴江县）的行祠建于嘉定十六年（1223）之前，《指掌集》卷四记载了该祠的一个神迹，与太湖水灾有关。平江府治所在地吴县的张王行祠位于雍熙寺东。国家图书馆所藏碑刻拓片有两则碑记提到该庙，一是莫子纯所撰《平江府新建广惠行祠记》，提到庆元三年（1197）的一次地方祈雨；另一则是《张真君庙免赋执照碑》，主持张王庙的僧人在咸淳六年（1270）向平江府申请庙田免赋，获准后立碑。⑥ 此外，黄震在开庆元年（1259）任吴县尉之初所拜谒的五处祠庙也包括张王行祠。⑦ 也就是说，平江府的张王行祠至少存在了近百年，并获得官方承认，一直是地方信仰的重要场所。庙最初在寺东，后来完全由僧人管理。⑧

嘉兴府（治今浙江嘉兴市）有张王行祠 4 处，其中海盐县（今浙江海

① 分见史能之《咸淳毗陵志》卷 14，《宋元方志丛刊》，第 3075、3076、3077 页。
② 《咸淳毗陵志》卷 14，《宋元方志丛刊》，第 3073 页。又据《咸淳毗陵志》卷 8《秩官》，王圭知常州在淳祐八年（1248）至十二年，《宋元方志丛刊》，第 3022 页。
③ 《指掌集》卷 4《显应事实》。
④ 凌万顷等：《淳祐玉峰志》卷下，《宋元方志丛刊》，第 1090 页。永怀寺即永怀报德禅院，"在县西南二百步，旧为景德寺普贤教院，有诸天阁，范浩为记，后敕赐今额，以奉显恭皇后香火。"见《淳祐玉峰志》卷下，《宋元方志丛刊》，第 1086 页。
⑤ 孙应时：《琴川志》卷 10，《宋元方志丛刊》，第 1242 页。
⑥ 分见《北京图书馆藏中国历代石刻拓本汇编》第 44 册，中州古籍出版社，1990，第 20、137 页。
⑦ 《黄氏日钞》卷 94《祠山祝文》，四库 708 册，第 1003 页。
⑧ 雍熙寺的位置在"（吴）县北十步"，见王謇《宋平江城坊考》，江苏古籍出版社，1999，第 70 页。

盐县）南一里的行祠绍熙二年（1191）由文林郎、绍兴府察推蔡与义建，淳祐十一年（1251）知县何三寿再建。① 该县澉水镇的南市行祠，嘉泰三年（1203）立，绍定三年（1230）重建。宝祐二年（1254），因泊户以庙门为酒肆，监镇张焯与茶院陶监酒拆去酒店，在庙门的对面立李太尉小殿，"以免秽杂"。② 华亭县（今上海松江区）两处行祠的具体情况则不清楚。③

湖州是张王信仰东传的主要地区，南宋时又增加了 5 处行祠。安吉县（今浙江安吉县北）行祠在县西北常乐寺东，④ 武康县（今浙江德清县武康镇）行祠在县治，⑤ 德清县（今浙江德清县）行祠建于宋末，情况不明。⑥ 长兴县新增行祠在县西五峰山，由道士陈静逸所建，此祠至明代仍由道士主持。⑦ 州治新增行祠位于定安门外，亦即湖州州城南门，⑧ 周密曾提及他母亲向此处的张王祈祷，问的是他父亲的仕途。⑨

南宋临安府新增的张王行祠数量最多，共 7 处，其中临安城就有 3 处。临安霍山的张王行祠可能是广德以外最有名的张王庙，几部描写南宋临安的笔记小说都提到它，从二月八日开始的张王圣诞也是临安士民最热闹的节日之一，"倾城士女咸集焉"。⑩ 然而，此庙的建立却不太顺利，乾道庚寅（1170）开始修建，绍熙甲寅（1194）始成，费时二十五年，庙成后钱塘县主簿赵师白、监潭州南岳庙裴梓先后为之撰写庙记，是了解建庙经过的主要材料。这座张王祠建在临安钱塘门外西湖之北霍山上，与都城有一定距离。建庙原因为"临安岁每涸，帅阃遣吏走数百里告，波余露积，家怀户感"，但出面建庙的并非临安地方官府。不过，也应该不是纯粹由普通百姓建立

① 徐硕：《至元嘉禾志》卷 12，《宋元方志丛刊》，第 4496 页。
② 常棠：《澉水志》卷上，《宋元方志丛刊》，第 4664 页。
③ 分见朱端常等《云间志》卷中，《宋元方志丛刊》，第 28 页；《至元嘉禾志》卷 12，《宋元方志丛刊》，第 4492 页。
④ 谈钥：《嘉泰吴兴志》13，《宋元方志丛刊》，第 4746 页。
⑤ 《嘉泰吴兴志》卷 13，《宋元方志丛刊》，第 4745 页。
⑥ 《吴兴续志》，《永乐大典方志辑佚》，第 839 页。
⑦ 《浙江通志》卷 29《寺观四》，四库 519 册，第 744~745 页；并参《古今图书集成》卷 971《湖州府部》。
⑧ 《嘉泰吴兴志》卷 13，《宋元方志丛刊》，第 4742 页。
⑨ 周密：《齐东野语》卷 13，中华书局，1983，第 239~240 页。
⑩ 施锷：《淳祐临安志》卷 8，《宋元方志丛刊》，第 3301 页。

的，如出资最多的张宗况乃判院，① 检《止斋集》卷十八有《张宗况、张宗愈转一官与干官差遣》制词，称其为"勋阀世臣"，若二者为一人，② 则张氏不仅担任朝廷判院之职，且有相当背景，所以庙宇建成后能让钱塘县主簿赵师白撰写庙记，也可知修庙实际上是得到地方政府的承认甚或是支持的。庙宇修建久拖不成，问题可能出在资金筹集方面，所谓"集于积劝之久"也，之所以在绍熙五年大功告成，原因之一可能是广德军在绍熙二年（1191）申请朝廷在张王原有的八字王封号更改二字获得成功，③ 此举对临安的建庙者们是极大鼓励，二十余年未成之事乃在数年内最终完工。景定二年（1261）、咸淳四年（1268）安抚使洪焘、潜说友相继主持霍山张王行祠的修葺。霍山庙建立后不久，朝廷下令修内司在金地山另建新祠。④ 据说朝廷在金地山建张王庙是为了便于民众祈祷，但"都人士女竞趋霍山，不以一关为惮也"⑤。事实上此后金地山的张王行祠一直默默无闻，即便朝廷遣使向临安的张王祈雨，也是到霍山。庆元六年（1200）僧善彬又在木子巷北的千顷广化院建张真君行祠。⑥ 属县的 4 处行祠，昌化县（今浙江临安市昌化镇）行祠由县令张任所建，在上清宫之西，⑦ 于潜县（今浙江省临安市

---

① 此判院我怀疑是判临安都税院，《咸淳临安志》卷 93 引洪迈《夷坚志》的一则故事反映了张王与临安都税院有着特殊关系，且此事正好发生在霍山行祠建成后不久。《宋元方志丛刊》，第 4208、4209 页。

② 昌彼德等编《宋人传记资料索引》（台北鼎文书局，1973）未收此二人，不过，据《指掌集》卷 5 所载，嘉泰三年（1203），直秘阁张宗愈出钱百万重建诸殿，与创建霍山行祠的张宗况应该就是《止斋集》制词中的张氏兄弟。又，张宗愈见《淳熙严州图经》卷 1《正倅题名》，在庆元六年二月以朝奉郎提辖左藏库，嘉泰二年二月任满。《宋元方志丛刊》，第 4305 页。

③ 据《指掌集》卷 2，《世系》，张王在绍兴五年即封为正顺忠祐灵济昭烈王，这是当时神祠封号制度中的最高荣誉，但随后广德军不断提出在八字中更改二字以示褒崇，由于未有突出的神迹，一直未允，至绍熙二年八月方援例易灵济为威德。

④ 修内司隶将作监，由内侍充任，掌皇城内宫殿垣宇及太庙修缮之事，南宋时兼制造御前军器，其官厅在临安孝仁坊青平山口，离金地山很近。金地山在临安城内，离大内、三省六部官衙、大庙等地都很近，山下即为雄七营、雄八营，附近有妙果尼寺、上方寺等佛教寺院。见龚延明《宋代官制辞典》，中华书局，1997，第 369 页，《梦粱录》卷 11，第 142 页。

⑤ 《咸淳临安志》卷 73，《宋元方志丛刊》，第 4011 页。

⑥ 《咸淳临安志》卷 76，《宋元方志丛刊》，第 4041 页。

⑦ 《咸淳临安志》卷 71，《宋元方志丛刊》，第 4039 页。

于潜区）行祠由官员骆嗣业建，道教的无极宫在其右，① 余杭县（今浙江杭州余杭区）行祠在著名的洞霄宫，开禧间内廷赐神像及左右侍从，② 富阳县（今浙江富阳县）的情况不太清楚。③

严州（治今浙江建德市东北）有张王行祠 5 处，州治行祠旧在兜率寺东庑间，淳祐元年（1241）知州王佖拓展寺东废址，建立独立的祠山行宫，南临通道，庙貌更新。④ 桐庐县（今浙江桐庐县）的行祠在县西一里，绍熙中（1190～1194）邑令陈准感梦立，据说开禧初（1205～1207）方秘科举夺魁与之有关。⑤ 淳安县（今浙江淳安县）广惠行祠在县治南，嘉定乙亥（1215）知县应与权建。应氏为淳安人，"性孝友，嘉定间游太学，以亲老乞归养。上美其意，授本邑令。公勤廉恕，兴学劝人，甚称之"⑥。另外两处行祠位于遂安（今浙江淳安南）、分水县（今浙江浙江桐庐北），情况不明。⑦

3. 两浙东路的张王行祠

目前尚未发现南宋之前张王信仰在该地区传播的记载，而宋代居然出现了 13 处张王行祠，应该是前面谈到的交通路线变化的间接产物，也可以理解为两浙西路的临安府、严州地区张王信仰传播的进一步延伸。

绍兴府（治今浙江绍兴市）的 4 处张王行祠情况都不太清楚，但余姚县（今浙江余姚县）行祠"在县西二百六十步"，嵊县（今浙江嵊县）行祠"在县北一百八十步"，离县衙极近，⑧ 或许暗示它们与地方官府有着某种关联（前面的平江府行祠即如此）。

明州（治今浙江宁波市）也有 4 处张王行祠，最早的一座在海中的昌

---

① 并见《咸淳临安志》卷 26、73，《宋元方志丛刊》，第 3612、4020 页。

② 邓牧：《大涤洞天记》卷上，《道藏》第 18 册，文物出版社、上海书店、天津古籍出版社影印本，1988，第 143 页。

③ 《咸淳临安志》卷 73，《宋元方志丛刊》，第 4021 页。

④ 兜率寺是严州官员祝圣寿满散道场的地方。佖为金华人，淳祐元年（1241）三月十四日到任，二年九月二十六日去任，救荒有大功，修州学，行乡饮酒礼，修钓台书院。分见方仁荣《景定严州续志》卷 2、4，《宋元方志丛刊》第 4360、4379 页；《浙江通志》卷 29，四库 519 册，第 744、745 页。

⑤ 《景定严州续志》卷 7，《宋元方志丛刊》，第 4400 页。

⑥ 《景定严州续志》卷 6，《宋元方志丛刊》，第 4396 页；凌迪知：《万姓统谱》卷 57，四库 956 册，第 864 页。

⑦ 分见《景定严州续志》卷 8，《宋元方志丛刊》，第 4404、4408 页。

⑧ 分见《嘉泰会稽志》卷 6，《宋元方志丛刊》，第 6810、6807 页。

国县（今浙江舟山市定海区）。此庙建于绍兴二十年（1140），由于有昌国教授高闶的庙记，我们对这座张王祠的了解相对多一些。高闶在记文详细叙述了张王信仰的起源以及部分神灵感应故事，朝廷对张王的态度，可知当时一般士人关于张王的知识和观念与广德地区的张王信仰关系十分密切，后者所塑造的张王形象直接影响到其他地区的士人、民众对张王的认识。庙记中也提到建庙缘起，建庙者为烈港都巡检使李全，曾经担任广德都监，"事王甚恭"，绍兴十八年（1148）初调任烈港都巡检使，正逢海寇出没，上司督责甚严，李全祈祷张王，任务得以顺利完成，"遂出已俸就建行庙以严奉之，一王四公十一侯有九夫人亦皆塑像以从其祀。烈港之人从而向信，又增侈而丹艧之"。庙记最后高氏系衔为"左迪功郎新广德军学教授"。① 烈港张王庙建立的两位主角——修庙者李全、庙记撰写人高闶都与广德有关系，前者是离任的广德都监，后者是即将上任的广德军学教授，但都不是广德本地人。李全可能是在广德任官时接受了张王信仰，到昌国烈港履新遇到难题时不求助于本地神灵，而继续向张王祈祷，获得灵验之后在烈港发起建立了一座张王行祠，此举后来又得到当地人的支持，正如庙记中所云"烈港之人从而乡信，又增侈而丹艧之"。该地另一座张王行祠则"附祖印寺之右"②。

鄞县（今浙江宁波市）二灵山的张王行祠在宋元四明方志《祠庙门》中均未记载，只在山水部分提及，实则此祠大有来头。③《指掌集》卷四称，乾道七年（1171）史越王浩遣客将范时升以祝文请香火归明州供养，史早先乡举失利，往宁国府谒亲，过桐川，托宿祠下，卜以前途，所梦皆得应验，遂"请香火归乡奉安，以报洪德，近已于鄞邑之二灵山建立圣像云云"，祝文《史浩请香火归明州供养文》收入《指掌集》卷10。据《宝庆四明志》卷十，史浩与高闶皆为四明鄞县人，且都是绍兴十五年（1145）榜进士。④ 四明史氏、高氏乃当地大族，他们或为张王撰写庙记，或直接为张工建立行祠，其行为对于张王信仰传播的作用虽不可夸大，但他们在地方社会乃至朝廷都有相当影响力，他们的态度有时很可能变成推动张王信仰的

---

① 《乾道四明图经》卷10，《宋元方志丛刊》，第4947页。
② 郭荐：《大德昌国州图志》卷7，《宋元方志丛刊》，第6105页。
③ 方万里等：《宝庆四明志》卷12，《宋元方志丛刊》，第5148页。
④ 方万里等：《宝庆四明志》卷10，《宋元方志丛刊》，第5117页。

重要力量。史浩与张王发生联系固然与其乡举失利有关，但张王之所以能在其面临早年人生挫折的关口闯入其梦境，则有赖于他宁国府谒亲之行，这也是前文所说的交通网络变化影响张王信仰传播的一个例证。

慈溪县（今浙江慈溪市）张王行祠于开禧初（1205～1207）由县尉施子升创建，宝庆二年（1226）县令周符、县尉庄镐向本地信众募集资金扩建。"水旱疾疫，邑人必祷焉"。① 明州州城的张王行祠旧附灵济院佛殿之右，隘陋卑湿，"淳祐六年（1246）夏，制帅集撰颜公颐仲卜院之南偏，鼎新创建"。南宋灭亡前夕，黄震奉命置司庆元府团结军民，所拜谒的神灵也有张王，则此时明州张王行祠已纳入官方祀典。②

衢州（治今浙江衢州市）的张王行祠2处，常山县（今浙江常山县）行祠在县学东，因县令郑元鼎祈雨有应建立，江山县（今浙江江山县）行祠情况不明。③ 婺州（治今浙江金华市）行祠1处，在武义县（今浙江武义县），信众称之为"张车骑庙"，说张王是汉代的张安世。④ 台州（治今浙江临海市）张王行祠在《嘉定赤城志》中只记载了一处，在州城栖霞宫东，但作者随后又说"诸邑类有之，今不尽载"。所以，台州的张王行祠很可能有四五处。⑤ 温州（治今浙江温州市）的张王行祠也至少有一处，嘉定四年（1211）、宝祐七年（1259）杨简、吴泳先后知温州，上任之初都曾向张王祷告，而且往往是与当地的最重要的神祇城隍或海神一同祈祷，可见张王在温州在1211年已纳入地方祀典，并且一直维持到宋代末年。⑥

---

① 《宝庆四明志》卷17，《宋元方志丛刊》，第5217页。施子升在开禧二年（1206）曾受命修县学（《宝庆四明志》卷16，《宋元方志丛刊》，第5204页），周符任慈溪县令在宝庆元年（1225）七月二十八日至绍定元年（1228）十月二十七日（《宝庆四明志》卷16，《宋元方志丛刊》，第5203页），绍定元年还曾在县治之后修揽秀亭（《延祐四明志》卷8，《宋元方志丛刊》，第6275页），然二人籍贯以及修张王祠之动因均不可考。

② 黄震：《黄氏日钞》卷94《张真君祝文》，四库708册，第1015页。

③ 见《古今图书集成·职方典》卷1014，《衢州府部·祠庙考》，第139册，第55页。

④ 王象之：《舆地纪胜》卷24，江苏广陵古籍刻印社影印，1991，第292页。

⑤ 陈耆卿：《嘉定赤城志》卷31，《宋元方志丛刊》，第7519页。

⑥ 杨简：《慈湖遗书》卷18《海神、祠山祝文》，四库1156册，第905页；吴泳：《鹤林集》卷14的相关祝文，卷16《知温州到任谢表》，分见四库1176册，第126、129、131、155页。叶适也曾提到嘉定四年杨简曾守温州，修缮社稷，并且谈自己年幼时看到温州社稷不修，不受地方官重视，批评水旱祈祷往往到"行庙之祠山"等地方，实则杨氏也曾祈雨祠山（《水心集》卷11《温州社稷记》）。

4. 福建路的张王行祠

共有 5 处张王行祠，散布在福建各处。建宁府崇安县（今福建崇安县）在 1238 年之前已有张王行祠，[①] 而且，张王甚至不再是张渤的专利，而是可以由死去的人充当的职位，1257 年建宁知府孙梦观死前，"民有梦从者甚都，迎祠山神，出视之，则梦观也"[②]。该故事的产生和流传似乎还暗示，建宁府府治所在地也有张王神祠。

福州古田县（今福建古田县东）的张王行祠最初依附于古田本地的惠应祠，嘉定九年（1216）县令刘克逊因祈雨、捕贼等事祈求获应，遂与县丞洪某、主簿、县尉等人共同倡议重修庙宇。从刘克庄撰写的庙记来看，广惠在新庙中似乎占据了主导位置。修庙过程中"士民咸乐助"，庙基用地由谢某提供，记中未言姓名乡里，应该是乐助的众多士民中较有钱财或地位之人。发起修庙的包括古田的主要官员，刘克逊是刘克庄之弟，莆田人；县丞洪某为鄱阳人，据说是三洪之后；县尉之一诸葛氏泉州人，是捕贼求神的主角，因功改京秩；其他两人皆为福州本地人。张王在古田的传播模式是邑人率先建祠，官方接受，并成为积极支持者，但民众仍为张王的主要信众，他们积极参加了官方发起的庙宇重修活动。[③]

另外三处张王行祠位于漳州（今福建漳州市）、泉州（今福建泉州市）和汀州莲城县（今福建连城县），具体情况都不太清楚。[④] 我们只知道莲城行祠紧靠着一座佛教寺院，而泉州张王庙在嘉定十年（1217）之后已经纳入地方祀典，真德秀的文集中有五首他两次知泉州时祈祷张王的祝文，说到泉州地方官员要向张王行祠"春祈秋报"，并负责出资修缮庙宇。

5. 江南西路、淮南西路、淮南东路、荆湖南路的张王行祠

这四个地区或者位广德西部或北部，距离都比较远，我们只勾辑到 7 处张王行祠，当然会有漏略，或者有些行祠在文献失载，但与这些地区同广德

---

① 管声骏：《［康熙］崇安县志》卷 3，《稀见中国地方志汇刊》第 32 种，中国书店，1992，第 976 页。

② 《宋史》卷 424《孙梦观传》，第 12655 页。

③ 刘克庄：《后村先生大全集》卷 88《古田广惠惠应行祠》，四部丛刊本。

④ 分见《福州通志》卷 65，《杂纪》，四库 530 册，第 321 页；《西山文集》卷 52～54 相关祝文；《临汀志》，《永乐大典方志辑佚》，第 1284 页。

的关系基本吻合。其中，江南西路与广德最为接近，所以有 3 处行祠。抚州（治今江西抚州）行祠在报恩禅寺之左庑，是郡中祈雨场所。① 吉州（治今江西吉安）行祠在能仁寺右侧，由寺僧负责祠中香火。② 江州（治今江西九江）张王庙乃知州曹至所创。他在记文中云："予来九江，凡雨暘有祷，应如响答。欲祠之，未有其所，通籍奸吏居近阛阓，据寻阳之胜，于是即而广之为行庙。"庙基靠官方权力获得，修庙之费也似乎是官方所出，所以曹至说庙成"而民不知"。曹至还说，触发修庙之机的深层原因是传说张王曾随庐山归宗寺的智常禅师听法，"此距山南不远，人皆能诵其详，则江人尊敬，盖非一日"③。佛教与张王信仰的关系成为修庙的媒介，不过，仅就张王在江州的传播而言，曹至的态度无疑具有决定作用。

淮南西路的张王庙只有一处，位于安庆（今安徽潜山县）城墙边上。④ 淮南东路则有两处，六合县（今江苏六合县）行祠由县令刘昌诗所建，盱眙（今江苏盱眙县）祠山庙由知军鲍某所创，大约在同年春，鲍氏主持祈雨获应，"自是千里之间，祗率奉事如严君，敬共朝夕。潜格阴化，如得良傅。师政益乎，民益易谕"。庙记中语难免夸饰，意在说明鲍某在盱眙引进张王信仰之举因祈雨灵验得到地方民众的肯定。这是张王在宋代最北的一座行祠，难怪陈造在写庙记时一再强调张王的神力无大江南北此厚彼薄之分了。⑤

荆湖南路湘阴县（今湖南湘阴县）的行祠在宋代张王祠中位置最靠西部。此祠由僧人祖发创建，原因是"楚尾之民，奉祠山者多，"于是，在修

---

① 《临川志》，《永乐大典方志辑佚》，第 1930 页。

② 《古今图书集成·职方典》卷 900，《吉安府部·祠庙考》，第 131 册，第 46 页；刘辰翁：《须溪集》卷 4《吉州能仁寺重修记》，四库 1186 册，第 478 页。

③ 《江州志》，《永乐大典方志辑佚》，第 1650 页。

④ 见《勉斋集》卷 34《晓示城西居民筑城利便》。榜文中或称张王庙，或称祠山庙，知此庙即广德张王行祠。据《宋史》卷 430《黄干传》，他知安庆府之前有金人破光山之事，而安庆近边，所以黄干上任之初即修城备边，检《宋史》卷 40《宁宗本纪四》，事在嘉定十二年（1219）二月，由此推知安庆在此前已有张王庙。

⑤ 陈造：《江湖长翁集》卷 21《重建祠山庙记》，记中只云"永嘉鲍侯守于台"，所守之地不明，但同集卷 22《槐衮堂记》提到今鲍侯时谈的正是盱眙军之事，且与记中"淮民""淮之流"等语亦相合。记言"重建"，或是庆元二年祈雨获应后鲍某在盱眙民众支持下的修葺之举，见四库 1166 册，第 264、265、275 页。又，《盱眙县志稿》卷 7 上云："鲍□□，庆元二年知盱眙军。"见李之亮《宋两淮大郡守臣易替考》，巴蜀书社，2001，第 304 页。

建万岁寺时特别设立祠山大帝殿，"以为往来祈福之地"①。

综上所述，宋人对张王信仰传播的概括基本属实。南宋的150多年中，每不到3年就有一座新祠出现，② 尤其值得注意的是，绍熙五年（1194）临安霍山张王行祠建立之后，整个东南地区出现了一个张王信仰热，在不到20年时间里，临安就出现了3座张王祠，而各地至少建了十几座张王行祠，还不包括旧祠宇的重建、维修活动。③ 从空间分布来看，以广德、建康、临安三个地区为中心，西起湖南的湘阴，东到海中的昌国，北部到达淮河附近的盱眙，长江以北的安庆，最南到福建路的泉州，都有张王的行祠，传播的地域十分广泛。具体而言，分布最密集的地区为建康、淮西经广德通往临安的通道附近，建康、临安为中心的周围地区，以及东部运河沿线地带，而广德以西明显比东部地区要少。④

---

① 《古罗志》，《永乐大典方志辑佚》，第2345页。又，明《湘阴县志》卷2，有"祠山，在县治，其神为张渤，能凿河通舟，有功于民，或曰武陵人，或曰黄帝子大禹时居武陵，未知孰是。"古罗即湘阴也，则宋代或宋以后张王在此地又有传播，其在县治可知官方认可。《稀见中国地方志汇刊》第38册，第501页。

② 这64座张王行祠在时间上的分布为：1133年前（金坛县）；1133年（常山县）；1135年（安吉县）；1140年（昌国县）；1171年前（昆山县）；1171年（鄞县二灵山）；1174~1189年前（常熟县）；1176年（长兴县，繁昌县）；1181年前（于潜县）；1181年（华亭县）；1183年前（建康府）；1185年（武康县）；1186年（台州）；1190~1194年（桐庐县，吉州）；1191年（昌化县，海盐县）；1194年（临安城霍山）；1190~1194年（临安金地山）；1196年（余姚县，盱眙）；1197年（平江府）；1200（临安千顷广化院）；1201年前（湖州，嵊县，上虞县，新昌县）；1203年（海盐县）；1205~1207年（丹阳县，慈溪县，余杭县）；1208年前（温州）；1208年（江山县）；1210年前（歙县）；1210年（徽州）；1215年（淳安县）；1216年前（古田县）；1216年（六合）；1217年前（泉州）；1219年前（安庆）；1220年（湘阴县）；1221年前（武义县）；1222年（江州）；1223年前（吴江县）；1228年前（漳州）；1229年前（池州）；1237~1240年前（丹阳县延陵镇）；1238年前（崇安县）；1241年前（严州）；1246年前（明州）；1248~1252年（常州）；1252年（昆山县）；1258年前（莲城县）；1262年前（遂安县，分水县）；1268年前（富阳县，武进县，无锡县，宜兴县）；宋末（昌国县，华亭县，德清县）；南宋（抚州，宣城）。

③ 临安霍山张王行祠最初由民众兴建，费时25年方建成，目前尚无明确证据表明随后兴建的各地行祠与临安行祠之间存在关联。但是，临安行祠修建的最后阶段逐渐有官方力量参与，建成之后很快为朝廷承认，据《宋会要辑稿》记载，此后的30年中，朝廷曾24次派侍从官到霍山张王庙祈雨，足见朝廷此期对张王信仰之重视，各地官员、民众受此影响建立张王行祠也是有可能的。见《宋会要辑稿》礼18之25、26。

④ 张王信仰传播的东西差异应该与东部地区经济发展较西部发达、人口流动也更快有关。但同样不可忽视的是，东部地区在文献保存方面较西部完整，所以对这一分布特征的解释尚有待未来其他文献及相关问题的研究，方可下一相对确定之断语。

不过，即使是东部运河沿线一带，张王信仰的传播路径在两宋之交也发生了变化。北部镇江、建康，东部湖州两个方向仍持续外传，并进一步向常州、平江等地拓展，但其势头远不如临安、严州，以及绍兴、明州等地。信仰传播新格局背后是整个社会的变革。

对两宋之间的各种变化，学者们已有充分讨论，如伴随政治中心南移带来的人口、经济向南推进，东南地区的开发等。从信仰方面而言，韩森曾提到南宋经济发展、地区性开发程度的差异对神灵信仰的影响。① 这些研究成果都很有价值。但对于广德地区的张王信仰而言，国家政治中心从东京南迁至临安，更有非同寻常的意义。

周秉秀曾提到"宋家驻跸吴会，桐川旧都天密迩，郡守监司治其境，士夫往来经其途"②，一语道破迁都临安之后广德在新的交通网络中所处的重要位置，北部建康、两淮至临安的驿路之一须经广德，而长江中上游地区至临安也可以先走水路，再到太平州等地登岸经广德进京。③ 新的交通网络使广德与东部湖州地区与南部临安联系日益加强，也推动了张王信仰朝这两个方向传播的力度，并进一步向两浙东路甚至福建路渗透。

当然，通过以上分析我们对南宋张王信仰传播的路径、空间分布有了一个比较合理的解释，由此也可以看出政治社会的变迁以及由此带来的交通路线等方面的变革对某一特定信仰的巨大影响力，但这种转变只可视为影响南宋张王信仰传播的总体背景，更进一层的问题是：是什么力量在推动张王向各地传播？

四　推动张王信仰传播的力量

从我们所分析的七十多座行祠的情况来看，张王信仰向外传播主要有两种方式：一是普通民众率先崇信，而后得到官方的认可、支持，二是士人、地方官员、朝廷出于各种原因在各地建立张王行祠，后来为民众所接受。第

---

① 《变迁之神》第五章《湖州个案》，第 102 ~ 125 页。
② 《指掌集》卷 6。
③ 曹家齐：《宋代南方陆路交通干线沿革述考》，载张其凡主编《宋代历史文化研究》（续编），人民出版社，2003，第 188 页。

一种方式或者如常熟信众那样将神像迎请回来建祠，或者如江阴军的乡豪，假托神意，并利用在广德做官的蒋某为中介。传统文献对这类行祠的记载一般很简略，但假以时日，也可能获得地方官府的认可，至少有 12 座行祠后来由官方出面重修。① 还有 4 座行祠没有提到创建之人，后来也成了地方官府雨旱祈祷的场所，或者纳入春秋祀典。② 第二种模式的行祠有比较明确的记载，共有 18 例，③ 此外邻近县衙建立的行祠有 3 例，④ 就我目前阅读到的材料来看，民众自行修建的神灵庙宇很少是在官府衙门附近的，所以这 3 例也基本可以视同官建。⑤ 如果以上统计、推断合理，75 座张王行祠中明确由士人、官方修建的占 24%，如果加上地方官员主持重建或扩建，或者是较大程度参与或控制的则有 37 座行祠，占总数的一半以上，可以说，地方官员群体及其流动可能是推动张王信仰向各地传播的最大动力。这些在任地建立张王行祠或支持张王信仰的官员，或者曾任职于广德，或者曾任职于有张王行祠的州县，或是个人途经广德与张王信仰发生关联而后为官时支持张王信仰。在张王信仰波及的各个地区中，最能体现地方官作用的大概是明州。四明的大族史氏、袁氏都曾乞灵于张王，史浩请香火还乡，建祠二灵山，袁甫则在任地重新张王祠宇，高氏在四明也有一定影响力，其子弟高闶有为张王行祠撰写庙记之举。⑥

---

① 湖州卞山、句容县、建康、临安霍山、古田县、池州、严州、明州、海盐澉水镇南市、丹阳县延陵镇、平江府、泉州。

② 丹徒县华山、长兴、温州、抚州。

③ 宣城县、繁昌县、徽州、常州、临安金地山、于潜县、湖州四安镇、乌程县、海盐县、桐庐县、淳安县、鄞县二灵山、慈溪县、昌国县、常山、江州、六合县、盱眙。

④ 余姚县、嵊县、分水县。

⑤ 相反，地方官府为控制民众信仰将民众自行创建的祠宇迁至离县治较近的地方或在便于控制之处另创新祠。前者的典型例子如元祐年间山西威胜军绵上县对东岳庙的处理，此庙原为民众私创，经常因为供献祭品的先后顺序问题发生争吵，甚至有斗殴致死之事发生，新县令将庙迁往县衙之侧，强化了对民众信仰活动的控制，后者可参金地山的张王祠。见胡聘之《山右石刻丛编》卷 15，齐仲驰：《威胜军绵上县移建天齐仁圣庙记》，《宋代石刻文献全编》第 1 册，第 712 ~ 713 页。

⑥ 明州附近的慈溪、海盐、昌国的张王庙都由地方官员建立或控制，余姚、上虞、嵊县的张王庙亦在离县治不远处。根据前面提出的交通路线变迁影响祠神信仰传播、发展的解释路径，四明及其附近地区与广德关联度甚小，显然不易解释。但如果充分认识到此期地方官员在神灵传播中的重要性，并考虑到地方大族的信仰倾向对地方社会的一定影响，就不难理解该地在南宋出现众多张王行祠这一现象了。

由于官员任职之所有很大随意性，这就使得张王能传播到那些与广德的自然地理、行政区划、经济交往上关联度极低的地区，包括远在海中的昌国，北部的盱眙。也正因为如此，张王行祠在朝向政治、经济中心地区密集分布的同时，又具有很大的分散性，或者说不规律性。士人、官员们支持张王传播，与张王在水旱祈祷方面的特殊神力有关。各地张王行祠不断显示、或支持者们不断强调的正是这种神力，这也是地方官员在信仰领域最关注方面之一。此外，自绍兴九年（1139）起，朝廷遣官向张王祈雨，而据《宋会要辑稿》所载，从淳熙十三年（1185）至嘉定十四年（1221）朝廷便八次遣官往广德祈雨，大约与之同时，朝廷在绍熙五年（1194）至嘉定十七年（1224）间曾 24 次命侍从官到霍山行祠祈雨，其规格与上天竺灵感观音寺相同，比所有首都和地方性神祠的待遇都要高，朝廷对张王信仰之重视由此可见。① 张王的封号也不断上升，一直到最高的八字王，又改封为真君。朝廷的态度无疑会推动张王的传播，南宋大部分张王行祠都在这个时期创建或得到重修，二者之间应该有一定关联。②

在祠神信仰传播中，释道二教的作用也需要特别注意。这两种组织性宗教有时是民众接受他乡之神的中间桥梁，有时则是祠神信仰传播的直接推动者。除了士人和官员，佛教和道教也是推动张王信仰传播的重要力量。各地的张王行祠，至少有 23 例（约占 75 座的 31%）与释道寺观有关。③ 其中 14 座行祠在寺观之内，这中间又有 5 处是由僧人或道士主持创建或重修，它们都完全成为寺观的组成部分之一。佛教寺院者如湘阴万岁寺有张大帝殿是出于僧人祖发的安排，临安千顷寺的祠山行宫也是由僧人善彬建立的，而道教宫观中也有专门的张王祠，如常熟县正顺忠祐威德圣烈王殿就在乾元宫三清殿之西，余杭县的洞宵宫中有祠山张帝祠，而且似乎也很有名，内廷曾特赐张王及左右侍从之像，长兴五峰山的张王庙便是由道士陈静逸建立的，

---

① 《宋会要辑稿》礼 18 之 25、26。

② 如刘克庄在记文中谈到古田奉祀张王的合理性时，便要强调它是"被衮服冕，极国家之封册者"，与一般的"依草附木以惑人者"不同。其他庙记，甚至方志中谈到这位外地祠神时，经常会标明朝廷对它的封赐情况。

③ 湖州乌城县、句容县、常熟县、安吉县、于潜县、台州、昌化县、霍山、平江府、临安千顷广化院、慈溪县、歙县、湘阴县、常州、严州、明州、昆山县、昌国、抚州、余杭、长兴、莲城、吉州。

明代仍由道士负责。另外 9 座行祠都在寺观之傍，有的明确提到二者之间的关系，如著名的霍山张王行祠，即由长庆寺僧主香火，① 有的虽未明言，但二者关系十分紧密。明州的张帝庙很有代表性，该庙原附灵济院佛殿之右，淳祐六年（1246）知府颜颐仲卜地于院南，建立起独立的张帝庙，似乎与灵济院脱离了关系，但后来的发展表明，二者之间原本是貌离神合，张帝庙遭火之后，出来重建庙宇的正是院里的僧人。②

那么，佛教和道教为什么会支持张王信仰的传播呢？《指掌集》有不少张王与道教的故事，如张王曾参北斗，并有醮斗法相传。南宋后期的施宿撰写《嘉泰会稽志》时，注意到江浙一带张王信仰十分普遍，而张王的信众"必诵《老子》，且禁食豕肉"。③ 到南宋后期，张王已经成为进入道教斋仪神谱名单的少数几位民间神祇之一。④ 至于与佛教的关系，北宋时信众们便相传"王生前遵奉真空，尝看藏教，后于庙之西南隅造看经院一所"⑤。横山张王祖庙旁明教禅院（其后曾改名天宁寺、报恩寺）的僧人在张王信仰中也扮演着重要角色。⑥ 不过，张王信仰本身与释道之间的关系可能只是佛教和道教支持张王传播的部分原因。我曾经对宋代五位跨地区神祇（五通、天妃、张王、仰山、梓潼）的传播做过一个统计，发现五大神的行祠至少有 28% 与释道寺观关系密切，实际情况可能比这个数字还要高。⑦ 许多祠神传播者都是先将行祠安置于寺观之内，等待时机为祠神创建独立的殿宇，可见这是宋代祠神信仰传播的共同现象。比较合理的解释是，传播者将寺观当

① 《咸淳临安志》卷 80 云："长庆院崇奉祠山香火，旧系华严庵，绍兴四年（1134）请今额，淳祐四年（1244）赵熨抚与□增建宝阁。"《宋元方志丛刊》，第 4097 页。

② 袁桷：《延祐四明志》卷 15，《宋元方志丛刊》，第 6353 页。

③ 《嘉泰会稽志》卷 6，《宋元方志丛刊》，第 6810 页。明代张王信众忌食猪肉见周瑛《祠山杂辨》"州民讳食豕辨"，不过当时的人又将之解释为佛教方面的影响，其间的转变已难详考。

④ 蒋叔舆（1156～1217）编纂的《无上黄箓大斋立成仪》是一部南宋指导大型道教斋仪的著作，法师可以在重要场合主持书中的仪式，其神谱名单多达 3600 位，其中提到的有具体名称的地方神祇只有十几位。见蒋叔舆《无上黄箓大斋立成仪》，卷 56，第 28 页上，《道藏》9 册，第 726 页。

⑤ 《指掌集》卷 9。到南宋后期，又有张王听名僧智常讲经的传说，见曹至为江州张王行祠撰碑记，《江州志》，《永乐大典方志辑佚》，第 1650 页。

⑥ 这与明教院的位置有关，此院在张王庙正南，官员前往祈祷都由院中僧人接待。

⑦ 因为有相当数量的行祠在材料中只注明地点，而未谈及其与释道二者的关系，我们所能统计的只是那些明确记载在寺观之中或其兴建、维持与释道关系密切者。

成了传播外地祠神的中介，一方面利用组织性宗教超越空间限制的特征逐渐消解本地民众接受外来祠神的心理障碍，另一方面由于寺观之中有僧道宗教人士常住，行祠的香火、日常管理也可以委托他们照应。而对于寺观而言，这些被传播的祠神都属于获得国家承认的"正神"，在一定范围具有相当的影响力，传播者又通常是地方社会的有影响力的群体，如果属于迎请香火类型的传播，这位祠神在当地还拥有一定数量的信众，寺观从实际利益的角度也会乐意接受这些外地祠神。①

最后，我们来看商人。各种资料表明，张王信仰中一直有商人的身影。如唐代王殼外出经商时祈求张王平安脱险，于是回乡为张王建楼绘像，这也是广德人早期信奉张王的重要证据之一。《指掌集》所载南宋时期张王祖庙的诸多修建活动，偶尔也会提到商人的捐助。然而，七十多座张王行祠中，唯一提到由商人创建的是丹阳七里湾行祠，建庙的贩货小商钦公也未必是广德人，也就是说，广德商人不可能像韩森所说的那样在向他乡的民众推销商品时顺带推销了家乡的张王。② 我认为，商人、经济性因素在张王外传中的作用主要还是隐性的。前面谈到两宋之交政治中心的迁移导致新的交通网络的出现，推动并制约着张王信仰的传播路径，而政治中心的转移也带动了东南地区之间的经济文化交流。正是依托着东南地区内部联系的加强，张王才能突破地域认同的障碍，到他乡安家落户，而对于行祠所在地民众来说，也只有在这一背景下，才能做到不仅接受他乡之人之物，也接受他乡的文化习俗，他乡之神。这样才会有张王诞会时"江、浙、荆、淮

① 这里可以举一个例子，嘉兴五通行祠由乡人奉迎回来，在德藏寺建阁供奉，不久产生灵应，行祠前的井水可以治病，"寺僧利其资，每汲一水则必令请者祷于神，得筊杯吉然后饮水，并以小黄旗加之上。"见鲁应龙《闲窗括异志》，《中华野史》宋朝卷3，泰山出版社，2000，第2892页。

② 宋代有钱商人主持庙宇修建的事例不胜枚举，商人也是五通以及某些神灵故事的主角之一，从中不难感觉到人们要求发财的迫切心情。但传播祠神信仰与接受、支持某一信仰还是有些差别的，商人在其经商之地建立家乡祠神的事例十分少见。现存的数十则张王神迹中主角为商人的也只有三条，其中两条谈的是保佑商人外出经商时路途（水运）平安，一条是使违法贩运行为未遭官方检查从而避免了损失，其他的神迹基本上是祈祷雨旱。也许，张王神力的这一特征客观上降低了商人传播其信仰的热情，而文献中亦未显示出贫瘠的广德拥有足够的本土商人来宣传家乡的祠神信仰。再加上南宋以来广德所处的陆路交通路线并非当时商业要道，这些都使得商人群体只是张王信仰的附和者、参与者，他们对张王信仰传播的作用也不宜高估。

之民奔走徼福"的盛况，与张王相隔不远的徽州婺源（今江西婺源县）五通神"余威遗德，溢于四境之外，达于淮甸、闽、浙，无不信向,"① 参加庙会的"无虑百万众"。② 祠神诞会与信仰传播之间相互推动，而庙会的参加者能够跨越自然地理、行政区划的界限，除了信仰本身的力量之外，应该是建立在地区之间既有的经济文化联系的基础之上，同时又会推动、强化这种联系。

五　余论

通过以上探讨，可知张王从广德一地的神灵到行祠遍布东南各地，关键时期在南宋。此前只有 11 座行祠，而南宋则剧增至 60 余座，1200 年前后，在临安霍山行祠的带动下，东南地区甚至出现了张王行祠修建的高潮。从传播的方向来看，南宋以前主要分布在东部的湖州地区，以及广德通往区域性政治中心建康、扬州沿线，而南宋张王行祠在此基础上的分布区域大为拓展，在建康、临安为中心的周围地区，东部运河沿线地带尤为密集。除了自然条件、行政区划之外，两宋之交政治中心的迁移导致新的交通网络的出现，以及东南各地之间的经济联系，都制约着张王信仰传播。

在推动张王走向他乡的过程中，转任各地的官员、士人和释道人士作用明显，而商人在异乡建立张王行祠的资料则不多。我的这一发现与海外学者的研究很不相同，这无疑是中国民间信仰中十分有趣的现象。众所周知，中国民众祠神信仰的重要特征之一是非组织性，这是它与释道组织性宗教之间的根本区别，在二者的神谱、仪式、宗教活动者等方面均有不同程度的体

---

① 王炎：《双溪类稿》卷 25《五显灵应集序》，四库 1155 册，第 720 页。
② 方回：《桐江续集》卷 36《辅德庙碑》，四库 1193 册，第 725~726 页。元代前期的一些材料也反映出五显信仰的广泛性，如元初《雪楼集》卷 13《婺源山万寿灵顺五菩萨庙记》云："五显神莫知何所始，在徽之婺源，吴、楚、闽、越之间，皆祀之"。见四库 1202 册，第 170 页；《礼部集》卷 12《婺源州灵顺庙新建昭敬楼记》云："婺源五显之神闻于天下尚矣……每岁夏初，四方之人以祈福会集祠下者，上穷荆越，下极扬吴，衔舟塞川，重雾翳陌，百贾列区，珍货填积，赋羡于官，施溢于庙，浃旬日乃止，尤为一邦之盛。"见四库 1212 册，第 152 页。

现。但在非组织性的祠神信仰向外传播的过程中，我们看到的是组织性力量的强大支持，官员是传统社会中依托国家组织机构的强势群体，而士人则属于即将进入或刚刚脱离权力机构的群体，释道人士则是国家承认的组织性宗教人士，他们构成了推动祠神信仰向外传播的最主要的社会群体。不过，在传统中国社会，也正是这些群体具有较强的能力动员社会资源，而祠神传播亦即意味着从故乡走向他乡，传播与接受的主要障碍都在于地方观念的限制，而他们恰好是传统社会中受地方观念限制相对较少的群体。

那么，官员、士人、释道人士为什么要在当地建立外来的张王行祠呢？当然，最简单的回答是张王的灵验能满足官员、士人、释道人士，以及行祠所在地民众的各种需求。不过这种回答还不够，因为具备这一条件的祠神在宋代之前也有不少，但只有在宋代（尤其是南宋）出现了张王等一批跨地区神祇。神祇大量越界在宋代出现，我认为应该与唐宋社会的变化有着紧密关联。首先是人口流动、迁徙政策的变化。唐代前期，国家对均田制和府兵制下民众的迁徙有十分严格的控制，至唐中后期这两种制度开始破坏之后对人口流动限制才逐渐放松，客户的地位慢慢被承认。到了宋代，客户已完全取得合法地位，主、客户之分主要是土地所有者和佃户之间的区分，客户的外来者身份被淡化，所以宋代城乡之间、地区之间的人口流动也大大超过唐代。唐宋社会的这一变化是祠神信仰传播的深层原因，只有在各个社会群体（而不是只有某些特殊群体、阶层）都能合法流动的环境之下才能使地方性祠神的灵应故事为其他地区的民众所共享，也只有人们能承认外地人合法地位的情况下才能认可并接受这些外地人所信奉的祠神。其次，宋代社会出现的城市与市场的发展，商业交通路线的形成，地方官员的转任以及战争、自然灾害所带来的人口流动与迁徙等，也都推动了祠神信仰的传播，但这些推动力都应该是在整个国家对人口流动、迁徙政策变化的大背景下发生作用的，官员可以在任地建立一座外地祠神的庙宇，但其存在与维持，不仅要看灵应程度，更关键的是当地民众对外来祠神的态度，很难想象连外来的客户都无法获得合法性的情况下外来的祠神能够得到承认。第三，宋代的祠神封赐制度客观上也为地方性祠神传播扫除了障碍。这些原本是具有很强地方色彩的祠神成为朝廷统一封爵等级的一员，有如官僚制度中的设官分职一样，王、公、侯等称谓在某种程度上冲淡了祠神原有的地方性色彩，也有利于其他地区的民众接受它们。当然，我们要想全面解决这个问题，还必须对更多的宋代跨地区神祇进行个案研究，毕竟，不同神祇的传播模式也可能存在差异。

（原文刊于《历史研究》2007年第3期）

从全国市场看 18 世纪中国的经济发展

——80 年来中国大陆史学界清代经济史研究的回顾与反思

◎ 牛贯杰

中国经济史研究中，对康乾时期经济显著增长现象的认识似乎已为不争之论。清代前期，"经济的发展在时间和空间上都超过历代有为的王朝"①，"诸如粮食生产、农业和手工业中的商品生产、市场一体化，以及财政制度、租佃制度、雇工制度等方面的发展变化，均大大超越前代"，"是中国封建经济发展的高峰"②。

就中国经济史学的地位而言，"中国经济史研究在中国史学研究中确实占有一种'一家独大'的特殊地位"，"20 世纪大部分时间内我国的史学研究的主要力量，基本上都集中在中国经济史研究上"③。因此，清代经济史可谓中国史学研究的"重中之重"。然而，究竟什么是康乾时期经济发展最为鲜明的外在标志，或者说，理解康乾时期的经济发展由何入手，何以集中体现其发展水平，这一问题的答案直到今天似乎仍不明确。20 世纪 30 年代初至 80 年代末，资本主义萌芽问题，一直是"中国经济史学中最重要的研究课题之一"，也是"我国史学工作者着力最多、争议最久的重要问题之一"④，

---

① 吴承明：《吴承明集》，中国社会科学出版社，2002，第 177 页。

② 方行、经君健、魏金玉主编《中国经济通史·清代经济卷》，经济日报出版社，2000，第 1 页。

③ 李伯重：《理论、方法、发展趋势：中国经济史研究新探》，清华大学出版社，2002，第 216 页。

④ 李伯重：《理论、方法、发展趋势：中国经济史研究新探》，第 5 页。

当然更是清代经济史研究的理论起点与终极关怀。

然而何谓"资本主义萌芽",学界却莫衷一是,存在很大分歧,仅萌芽产生时间就有"战国说""西汉说""唐代说""宋代说""元代说""明代说""清代说"等不同观点。其中,资本主义产生于明清之际无疑是最为重要的一种看法①。

吴承明为我们从宏观上提供了资本主义萌芽的权威看法。他指出,资本主义萌芽应从三方面来考虑:第一,资本主义萌芽是资本主义生产关系的发生过程,而不是指一种内含的因素或发展趋势。萌芽是一渐进过程,总是在封建社会内部稀疏地存在着。萌芽的历史是平淡的,往往是默默无闻的,而这也正是我们考察它的难处。第二,资本主义萌芽是一种生产关系,而不是一厂一店,因而不能用举例子的方法来论证。它是一种社会关系,而不是个别人之间的关系,因而不能孤立地看待,必须有一定的量。真正的资本主义萌芽,总是具有多发性,是可以重复观察到的。第三,资本主义萌芽,对于它所出现的社会和时代来说,是一种新的、先进的生产关系,它具有新生事物的生命力。因而,真正的资本主义萌芽,应具有延续性。以上分析不难看出,"资本主义萌芽"具有平淡性、反复性和延续性等特点,是一开放的研究视角,同时自然也充满了歧异与不确定性。具体到清代经济史研究,"资本主义萌芽"的开放性为我们提供出极大的讨论空间,出现大量扎实的实证研究成果;然伴生而来的歧异、不确定性又难以切中康乾时期经济发展的要害与关键,往往流于量的积累、频度、广度的增加等泛泛而论。②

90 年代后,"资本主义萌芽"的研究视角在中国经济史研究中渐趋冷落。李伯重在充分肯定"萌芽"研究历史贡献的同时,从学理上进行反省和批判,将其定性为一种学术"情结"。他指出,"资本主义萌芽"研究对中国经济史学的贡献主要有三点:首先,体现出一种比较史观,把中国作

---

① 刘永成对资本主义萌芽产生于明清的论述简单清晰,即"指封建社会后期,即自然经济开始解体时所产生的资本主义生产关系的最初形态。它首先是稀疏地出现在个别城市的手工业生产部门中,然后缓慢地通过多种多样的形式渗透到农业生产部门。这是封建社会经济发展的普遍规律"。参见刘永成《论中国资本主义萌芽的历史前提》,引自《明清资本主义萌芽研究论文集》,上海人民出版社,1981,第 1 页。

② 许涤新、吴承明主编《中国资本主义发展史》第一卷《中国资本主义的萌芽》,人民出版社,1985,第 5~6 页。

为世界的一部分进行研究。其次，打破和摆脱了"中国停滞论"与"冲击——反应"模式，指明中国历史变迁动力来自本土的正确方向。第三，基本弄清诸如商品经济、雇佣劳动、早期工业化等重大问题的历史事实，为进一步研究奠定基础。然而，"资本主义萌芽"究竟是什么，这一问题至今仍然没有弄清。从学理上分析，其关键原因在于，迄今为止，西方学界对什么是"资本主义"仍然"谁也说不清"，更遑论何谓其"萌芽"了。"萌芽"概念未弄清前，其研究自然也为一种建立在假设预置基础之上的讨论，因此李伯重将之归结为研究者的"一种愿望"，即"资本主义情结"①。

由上所述，尽管康乾时期的经济面貌已有大量"萌芽"研究的深厚基础，然对其进行学术史疏理，从混杂、多面向的历史实貌中找出能够恰当鲜明体现其时经济发展水平的主体，实有必要。

尽管学界对清康乾时期的"盛世"提法持有争议，然对其时经济发展显著却存在共识。"我们从事经济史的研究，毫无疑义，应当把各个历史时期交换的发展和变化置于首要地位，大力去探索它。那么，从何着手去进行这种探索呢？回答是——从市场着手"②。

综观清代经济发展的历史实况，结合经济史研究的理论进展，可以看出，市场，无疑是解读清代经济史的绝佳切入点，亦最能集中体现、衡量这一时期的经济发展水平。

一 市场：触摸"康乾盛世"经济脉动的不二法门

康乾时期的市场问题并非单纯的在前代基础上的承袭与发展，而是在市场内涵、市场机制方面均开始或正在发生着根本性转变，这或许才是康乾"盛世"真正重要的经济成绩。概括而论，17～19世纪的中国经济开始步入"经济全国化"与"经济全球化"的全新阶段。

---

① 李伯重：《理论、方法、发展趋势：中国经济史研究新探》，《中国经济史学中的"资本主义萌芽情结"》，清华大学出版社，2002，第5～21页。

② 李埏：《中国传统市场发展史·序》，引自龙登高所著该书"序"，人民出版社，1997，第2页。

近年来，随着中国市场经济的逐步确立和中国经济史学"国际化"倾向的不断增强，市场史研究越来越受到学界的关注和重视，"在经济史的研究中要注意交换，不宜只重生产；在商业史的研究要扩大视野，不宜只着眼于商品"①。西方经济学的理论脉络中，"市场"始终居于核心地位。这与欧洲的历史经验紧密相连。西欧市场"16世纪开始的根本性转变，18世纪晚期完成，西欧进入市场经济。市场经济面临的已是全社会和国际性的大市场"②。对西方历史学家而言，"似乎没有比'民族市场'这一古典概念更言之成理的了。这一概念确指某个政治地域业已取得的经济统一性，该地域必定相当宽广，其范围首先是今天我们所说的'领土国家'，也即是从前人们更常说的'民族国家'"③。"如果没有单一的民族国家与国内和国际市场，现代世界是无法想象的"④。

可见，在西方史家眼中，"市场经济"与"民族国家"共同构成西欧崛起的两大主因。而且，西欧的市场经济发展与民族国家建构完全交织缠绕在一起，在双方对抗融合的矛盾互动中完成各自的历史使命。彭慕兰将这种思路引入中国研究，指出尽管"民族国家"与"市场经济"通常被认为是"现代"社会的产物，"但这并不意味着以前的社会就是由零散和孤立的小区组成"。具体到清代而言，"尽管这个帝国不具备忽略地方特性的现代民族国家的势力，但它确实在其整个地域中引导着重要的人口、资源和观念的流动。这些早期的网路不仅是现代国家和市场粗陋的雏形；它们还因不同的原因和以不同的逻辑联系着一个融为一体的世界"⑤。

当然，中国的实际情况与西欧不同。也正因如此，相对于西方学界在"民族市场的出现改变了欧洲历史的发展方向"这一命题基本达成共识的情

① 吴承明：《试论交换经济史》，载于《中国经济史研究》1987年第1期。
② 吴承明：《市场经济和经济史研究》，引自其论文集《市场·近代化·经济史论》，云南大学出版社，1996，第293页。
③ 〔法〕费尔南·布罗代尔：《15至18世纪的物质文明、经济和资本主义》，三联书店，1993，第311页。
④ 〔美〕彭慕兰：《腹地的构建：华北内地的国家、社会和经济（1853~1937）》，社会科学文献出版社，2005，"序言"第14~15页。
⑤ 〔美〕彭慕兰：《腹地的构建：华北内地的国家、社会和经济（1853~1937）》，"导言"第1页。

形，关于中国历史上市场内涵、发展水平、作用、动力等问题的讨论与分歧则要激烈、复杂得多。上述彭氏循此思路，通过对中西历史的比较，却得出与从前东西方经济史学界均大相径庭的结论。他认为，自己的研究是"对建立一个不是简单模仿西方模式的市场经济所作的努力"，其结论可归结为："中国比较富裕的地区迟至 18 世纪中后期，在相对意义上极具经济活力，相当繁荣"。① 其结论正确与否姑且不论，然其研究过程却不失为清代市场复杂性的一个绝好注脚。

清代是否形成了统一的国内市场，是清代市场史研究的核心问题，也是市场是否能集中反映清代经济发展水平的要旨所在。如前论及，民族市场在西欧历史发展进程中发挥了重要作用，成为西方经济学理论及经济史研究的主要内容。费尔南·布罗代尔于 1979 年在法国巴黎出版了巨作《15 至 18 世纪的物质文明、经济和资本主义》，其中将市场经济标于显著位置，被定位为西欧 400 年来经济活动的第二层次（第一层次为人们最基本的物质生活，第三层是资本主义）。②

相比而言，中国史学家对本国市场史的研究及理论反省并不逊色。从时间上讲，中国学者对中国民族市场和国内统一市场的关注，早于布氏著作问世近二十年，在 1960 年代初一度成为争鸣焦点③。以研究基础而论，中国学者对民族市场问题发生兴趣主要源自对马克思经典著作的解读，而马克思的著作在西方经济史理论脉络当中占据着不可逾越的重要地位，因此西方学者即使在理论探讨方面也不具强势地位。希克斯在《经济史理论》一书中指出，马克思的贡献恰恰在于对市场兴起的强调④，当然马克思对经济史理

---

① 〔美〕彭慕兰:《大分流:欧洲、中国及现代世界经济的发展》,《中文版序言》,江苏人民出版社, 2003, 第 5 页。

② 张芝联:《费尔南·布罗代尔的史学方法》,引自〔法〕费尔南·布罗代尔《15 至 18 世纪的物质文明、经济和资本主义》,《中译本代序》,三联书店, 1993, 第 1、9 页。

③ 关于此次讨论热点情形,详见动态报导《中国历史上民族市场形成问题的讨论》,载于《新建设》1962 年第 12 期。

④ 希克斯指出,"我们为什么不能把世界经济史看成是一个单一的过程——具有一个可认识的趋势（至少到目前为止）的过程呢? 连文明的兴衰都可以在强加于它的周期中找到一席之地。我们应从何处着手呢? 有一个转变是马克思的资本主义的兴起的前提。按现代经济学的看法,这一转变似乎更加重要。这就是市场的出现,交易经济的兴起"。引自〔英〕希克斯《经济史理论》,商务印书馆, 1999, 第 9 页。

论的贡献并不及此①。其后布罗代尔集大成式的研究，从一个侧面更证明关于中国民族市场的研究意义重大。布氏发现，"市场经济与资本主义经济是两个不同的概念，市场经济不一定是资本主义性质的，它有时甚至是反'资本主义经济'"②。

二　20 世纪 60 年代：围绕"民族市场"与
"统一市场"的讨论

有关国内统一市场热烈讨论的起点，出自伍丹戈 1959 年编著的《鸦片战争前中国社会经济的变化》一书。该书批评了研究中国近代经济史"从外国资本侵入中国时开始"的做法，主张应首先"对这个大变动以前的中国社会经济的情况和它本身已经有的变动"入手，（可见 80 年代以后中国史学界对"欧洲中心论"的批判早在"资本主义萌芽"的讨论中就已涉及，并非新解）进而提出，19 世纪上半叶中国经济已经发生了显著变化，其重要标志便是全国统一市场的形成。作者认为，"鸦片战争以前，中国社会经济的变化是缓慢的和逐渐的，它经历了一个很长的时期，即从第十世纪开始显露了一些迹象，到十六世纪发生了比较巨大的变化，最后到十九世纪初叶才表现出了和以前有显著不同的新的情况"。③

伍丹戈首次提出"统一的国民经济"概念，"其所谓'统一的国民经济'或'全国各地的经济联系'，实际上就是指统一市场或民族市场而言"④，其构成要素有三，即"商品经济的发展、商业资本的活动以及商业交

---

① 如经济史理论的另一位领军人物诺斯对马克思主义于经济史的总体构架方面亦贡献卓著，评价道："很难将马克思主义模型加以约束"，"马克思主义的框架之所以是目前对长期变革最有力的论述，恰好是因为它将新古典框架舍弃的全部要素都包括在内：制度、所有权、国家和意识形态。马克思之强调的所有权在有效率的经济组织中的重要作用以及现存所有权体系与新技术之间紧张关系在发展的观点，堪称一项重大的贡献"。引自〔美〕道格拉斯·C.诺斯《经济史上的结构和变革》，商务印书馆，1998，第 61 页。

② 张芝联：《费尔南·布罗代尔的史学方法》，引自〔法〕费尔南·布罗代尔《15 至 18 世纪的物质文明、经济和资本主义》，《中译本代序》，第 9 页。

③ 伍丹戈：《鸦片战争前中国社会经济的变化》，上海人民出版社，1959，第 1 页。

④ 此概念从论述本身来看，孔经纬认为与"统一的国内市场"实质并无明显区别，无怪乎要就此与其商榷。参见孔经纬《鸦片战争前中国社会是否形成了统一市场——与伍丹戈同志商榷》，载于《学术月刊》1961 年第 5 期。

通的发达"。伍氏认为"统一的国民经济"初步形成于明代中叶，到了清代，"全国各地的经济联系进一步加强，国民经济获得进一步的发展"[①]，"鸦片战争以前中国已经形成了一个经济联系比明代更密切的国民经济整体"[②]。

同时，作者也看到"明代中叶以后，全国各个地区经济发展显著的不平衡"，并不否认广大落后地区"仍旧停留在自给自足的闭塞状态"[③]。

然而，作者在分析此种不平衡性的原因时，并未将"小农经济"与"商品经济"置于简单的二元对立框架之中，恰恰表示出极大的宽容和谨慎的乐观，强调二者间的连通转化作用。作者指出，"但是这种贫困的、广大的农业和家庭手工业结合的小农经济，固然有妨害商品经济发展的一面，却也有促进商品经济发展的一面。如经营纺织的农民家庭，虽然不向市场购买布匹，可是有些地方却需要向市场购买原料和工具。因此，明清以来的江南地区，既是封建国家赋税和地主阶级地租剥削最惨重的地区，也是商品经济全国最发达的地区。这个特点产生了全国经济发展的不平衡，也产生了全国范围的密切的经济联系，产生了一个具有发达的商业城市、商业交通和商业机构的国民经济体系"[④]。

孔经纬则不同意伍氏"鸦片战争前中国社会已形成统一市场"的观点。他指出，"统一市场"或"民族市场"的主要标志有二：一是国内已有各区域间的密切经济联系，二是卷入市场交换关系中的人要有广泛性。孔经纬认为，伍丹戈之误在于"把通常的大小市场和社会劳动分工的发展状况与统一市场或民族市场的形成混为一谈"。而当时国内统一市场的条件并不具备，"绝大多数农民并没有变成商品生产者，并依赖市场。在生产品中真正变成商品并按照一定的市场价格与广大下层人民发生交换行为的部分，甚为少见"。孔氏认为，明清之际促成资本主义萌芽的动力并非"商品经济的不断增长"，未能冲破"封建经济的分割性和地方性"，然却未作出具体解释。[⑤]

---

① 伍丹戈：《鸦片战争前中国社会经济的变化》，上海人民出版社，1959，第75页。
② 伍丹戈：《鸦片战争前中国社会经济的变化》，第79页。
③ 伍丹戈：《鸦片战争前中国社会经济的变化》，第82页。
④ 伍丹戈：《鸦片战争前中国社会经济的变化》，第107页。
⑤ 孔经纬：《鸦片战争前中国社会是否形成了统一市场——与伍丹戈同志商榷》，《学术月刊》1961年第5期。

孔经纬将中国"统一民族市场"的形成时间界定为在鸦片战争之后。他认为，民族市场是一历史产物，既"不是在资产阶级夺得政权或实现其专政以后才形成的"，如"英、法早在十五世纪末以前即已有了民族市场"；也"并非意味着封建制度和封建割据状态的完全消灭"，因此不能把"民族市场"和"资本主义国内市场"混为一谈。然而，作者对明清时期的市场问题并未过多论及，仅归结为"资本主义萌芽"阶段；而是将"统一的民族市场"的形成直指"1840 年鸦片战争发生以后"。孔氏根据乔启明《中国农民生活程度之研究》[①] 得出，其时绝大多数农民与市场发生密切联系。如安徽、河北、河南、山西、福建、江苏六省的 2370 户农家中，通过市场购买来满足的数量与全部消费数量的比例如下：食物占 16.8%，衣服占 81.7%，燃料占 11.3%，医药与生活改进方面为 100%，个人嗜好占 99.7%，器具设备占 95.1%，杂项占 99.2%。农民也开始广泛使用货币：1922 年河北盐山农民的货币收入占总收入的 56%，支出占总支出的 71%；1925 年四川成都附近的农民，佃农货币收入占 84%，货币支出达 93%，半自耕农货币收入占 88%，支出占 65%，自耕农货币收入占 87%，支出则占 40%。至于鸦片战争以后，国内港口贸易的变化则更为显著。

孔经纬着重强调鸦片战争以后中国经济的显著变化，认为"不能在近代中国农村经济与鸦片战争前中国农村经济之间划等号"。但他同时也指出，中国的民族市场"正是在封建制度尚存在，封建割据状态还未完全消灭，资本主义还未在社会经济结构中占统治地位的情况下形成的"，所以起点较低，不宜估计过高。他总结近代中国农村市场有二个突出特点：一是中国农村内部的市场仍带有某种程度的地方性质；二是农产品的价格波动不完全受价值规律所支配，有许多人为因素；三是绝大多数的贫农，甚至在乡村内部的市场上往往还不能以直接出卖者的资格出现。此三个特点，其实无非是想进一步强调中国近代市场发育的复杂性，既有外国列强介入，又有封建势力的盘剥。[②]

李湘对此观点并不同意，认为"鸦片战争以后，在中国所形成的市场

① 冯和法编《中国农村经济资料》第一章，上海黎明书局，1933。
② 孔经纬：《中国经济史上的几个问题》，上海人民出版社，1957，第 48~63 页。

是半殖民地、半封建的市场，而不是'民族市场'"，继续重申伍丹戈观点，认为统一市场形成于鸦片战争之前。李湘强调中西历史的不同差异，指出民族市场其实仅仅反映了商品经济的发展水平，并不存在欧洲各国要求打破封建割据问题，欧洲"促成民族市场形成的一些动力，在中国也是不存在的"。李湘的结论为：中国在明清时代所形成的统一的国内市场，其情形与欧洲国家所出现过的"民族市场"是不能混淆的。统一的国内市场不一定就是"民族市场"。中国到明清时代，在政治统一和经济发展基础上，全国有了频繁的商业往来，逐步形成统一的国内市场。但这种情况与欧洲"民族市场"不同，没有出现城市新兴"市民阶级"促进"民族市场"情形，"资本主义商品经济在全国市场内没有占主要地位"。[①]

陈诗启、杨志信对"统一市场"问题未多涉及，而是就"民族市场"问题阐述了自己的看法。陈诗启强调民族市场概念中"民族"两字的分量，认为民族市场必然体现民族的利益而独立发展，如果抽掉民族利益而单纯从市场发展的范围和程度来研究民族市场的形成问题，则不能得出正确的结论。因此，中国历史上没有形成民族市场，鸦片战争后的中国市场是半封建半殖民地市场。[②] 杨志信则认为，明代的统一国内市场就是民族市场，民族市场是在封建社会末期和资本主义萌芽时期出现的，并不一定以资本主义商品经济在市场上占统治地位为前提[③]。

李家寿以《中国近代经济史统计资料选辑》《中国近代工业史数据》为史料基础，在此次争鸣中实证方面可谓最为有力，提出"中国民族市场形成于甲午战后至 20 世纪初年"的观点[④]。他亦强调"民族市场"的"民族"性，与国内市场的含义并不相同。他论证了这一时期民族市场的形成有七大特征。第一，交通运输在这个时期内获得较快发展；第二，地处偏僻的边远地区逐渐卷入全国统一市场；第三，民族工业产品在全国获得广大市场；第四，重要工业原料和出口物资蚕丝中，新式缫丝工业逐渐替代手缫丝

---

① 李湘：《关于"中国民族市场"的形成问题——与孔经纬先生商榷》，《学术月刊》1961 年第 7 期。
② 陈诗启：《近代中国没有民族市场形成》，《中国经济问题》1961 年第 5、6 期。
③ 杨志信：《中国民族市场是明末开始形成的》，《学术月刊》1962 年第 10 期。
④ 李家寿：《试论中国民族市场的形成问题》，《光明日报》1963 年 5 月 13 日。

业；第五，形成了举足轻重的大工商业城市；第六，市场势力和货币权力对农民具有统治作用；第七，中国民族资产阶级发展壮大。

此次学术争鸣未能推动"中国民族市场形成问题"的解决，反使问题更加复杂化。而问题没有澄清，却恰恰是这场争鸣的意义所在。

首先，争鸣因双方对马克思列宁主义经典史论界线的不同理解而起。本来，双方均从解读马克思列宁主义经典入手，在理论指导方面别无二致；且双方均承认中西史实的差异。然在理解马克思列宁主义经典著作中何为西方史实、何为基本理论问题上双方存在分歧，这是导致这场争鸣的主要原因。正如孔经纬响应中所讲，李湘虽不同意中国有民族市场，但他所谓的"全国统一的国内市场"，"在颇大程度上也不过是欧洲民族市场的翻版"，"问题的实质在于他要在否认中国社会有民族市场的同时，作出中国统一市场（即民族市场）早在秦汉以后特别是明清和鸦片战争前即已形成的结论"①。

其次，明清市场研究的理论困境。关于明清时期商业及市场经济得以巨大发展的结论，学者似乎并无异议。然而，学者往往在封建主义向资本主义线性演进的前提下，陷入到一方面是封建社会的自然经济占统治地位，另一方面又为资本主义性质的统一市场（至少具有萌芽性质）的两难选择。"西欧所以在十五世纪末以前形成了民族市场或统一市场，是因为在资本主义关系和商品经济有了一定发展的条件下，封建自给自足自然经济的基础已开始解体"，而"直到鸦片战争前中国封建地主经济和农民经济主要仍属于自然经济。请问在封建自给自足自然经济的基础没有开始解体的情况下，怎能设想有'全国统一的国内市场'的形成呢？"②

再次，近代经济发展的历史定位问题。争鸣背后亦反映出学者对近代经济发展水平认识上的分歧。此种分歧背后其实是关于如何看待外国侵略对中国经济的影响问题。陈诗启认为，对近代中国经济的发展水平不能过高估计，除沿江沿海及铁路所及地区外，广大农村内部的经济联系相当薄弱，国内市场存在分裂状态，这与帝国主义经济入侵有直接关系，因此近代中国丧失了形成民族市场的可能性，发展起来的是依附于外国资本主义的半殖民地

① 孔经纬：《中国民族市场形成问题——与李湘同志商榷》，《学术月刊》1962 年第 2 期。
② 孔经纬：《中国民族市场形成问题——与李湘同志商榷》。

市场①。而主张"鸦片战争前已形成国内统一市场"的学者则认为，"外国资本主义的入侵，不是根本堵塞民族市场的形成机会，只起一些阻碍作用，有时甚至还刺激了民族市场的发展"②。

三　20世纪80年代：吴承明及其清代国内市场研究

20世纪80年代，随着中国经济政策的转变和经济史研究的累积进展，市场在清代经济发展中所起的作用及其重要地位再次受到关注。"过去半个世纪以来对中国农村经济的研究总体上由阶级斗争学说与市场经济学说主宰"，"1980年代初以来流行的则是市场经济学说"。③ 市场成为衡量清代经济水平的焦点，牵涉整个清代经济发展还是停滞，或发展与制约并存的根本性问题。近年来由此引发关于清代经济史的讨论更加深入，进而形成一场从国外波及国内、涉及中西历史比较的学术论争④。

吴承明无疑是清代市场问题研究的领军人物，"八十年代初，当人们还在重生产、轻流通的圈子里打转的时候，先生已经着手研究市场问题了"⑤。吴承明回顾个人研究经历时谈道，他从1981年起转而从事市场和商业史的研究，"先是从商路、商镇、主要商品的运销和大商人资本等方面，分别考察了明代、清代和近代的国内市场；90年代，又从人口、物价、财政、商税、货币等问题上，考察了16～17世纪和18～19世纪上叶的中国市场"，并将最终的落脚点放在"现代化因素"考察上，即"用市场和商业来研究现代化因素的产生和发展，符合这时期需求牵动生产的历史情况"。吴承明主张清代经济史研究的视角应该从原来的"资本主义萌芽"转换为"市场发展"。一方面，原来的史料不足问题可以解决，"资本主义萌芽的史料在17世纪几乎消失，18世纪再现，仍是稀疏的点，难以作宏观考察。市场发

---

① 陈诗启：《近代中国没有民族市场形成》。
② 杨志信：《中国民族市场是明末开始形成的》。
③ 张家炎：《环境、市场与农民选择——清代及民国时期江汉平原的生态关系》，载于黄宗智主编《中国乡村研究》（第三辑），社会科学文献出版社，2005，第1页。
④ 可参见何爱国《众说纷纭〈大分流〉》，《史学理论研究》2005年第3期。
⑤ 叶坦：《吴承明教授的经济史研究》，载于台湾《近代中国史研究通讯》第26期，1998年9月。

展的轨迹则远较明显，它是连续的，并可利用物价、货币量等多少作一些计量分析，作出周期性曲线"。另一方面，代之以"现代化即市场经济"的预设前提，可解决"现代化即资本主义化"的理论矛盾，从"实现现代化不一定必须经过资本主义社会"出发，推理证明为何中国能够"由半封建社会进入社会主义"①。

当然吴承明也很谨慎地提出，市场经济是一漫长的历史化过程，"不能把历史上商品经济的发展等同于市场经济的发展"，言下之意，即不能把明清时期的市场发展抬高到现代市场经济的高度进行理解和分析②。例如考察清代市场中最大宗的粮食贸易时，吴承明对当时市场的狭隘性就有深刻分析，指出：清代粮食的长距离运销，"并不都是为了与手工业品或经济作物相交换"，"由于北方缺粮，需要南粮北调，但北方甚少工艺品供应南方，以致粮船回空。由于东南缺粮，东北有大批豆麦海运上海，而回头货即东南的布、茶、糖等，却常不满载，需以泥压舱。川、湘每年有大量粮米接济江、浙，后者以盐、布、广杂货等作为补偿。但这些工业品在长江上游并无多大市场，后来川、湘来米少了，淮盐也滞销"③。

近些年来中外学界在评估清代经济的变化时产生很大分歧，甚至出现"两种截然相反的看法"：一派持保守的悲观态度，认为清代经济深受"内卷化"威胁，从而"较多讨论的是长江三角洲怎么未经历根本性的经济突破，而对这一地区如何取得经济成就，则谈得较少"；另一派则持乐观态度，认为"明清中国与欧洲有着类似的经济成长的动力"，表现为"有效的市场机制的继续扩大"④。然两派对清代市场巨大发展这一背景却并无分歧。即使前者也相当认可清代市场之发达，认为当时已出现"全国性的市场范围"："在清代，长江三角洲的粮食运到华北，华北的棉花运到长江三角洲，东北的小麦和大豆也运到长江三角洲"⑤，只不过"商品化并不必然导致资

① 吴承明：《中国的现代化：市场与社会》，三联书店，2001，"代序"第 8 ~ 9 页。
② 吴承明：《市场经济和商业史研究》，《中国商业史学会通讯》第 7 期。
③ 吴承明：《中国资本主义与国内市场》，中国社会科学出版社，1985，第 259 页。
④ 王国斌：《转变的中国——历史变迁与欧洲经验的局限》，江苏人民出版社，1998，第 20 ~ 21 页。
⑤ 黄宗智：《长江三角洲小农家庭与乡村发展》，中华书局，2000，第 103 ~ 104 页。

本主义"、"商品经济不能简单地等同于向资本主义过渡"而已①。

吴承明系统考察了明清以来国内市场的发展变化，为我们大致描绘出清代市场的整体面貌。清代的市场是在明代市场的基础上发展而来。关于明代的市场特征，吴承明将其概括为三点。首先，国内市场显著扩大，主要体现在商运路线的增辟和新商业城镇的兴起。明代商路的增辟主要是在南北贸易方面，尤其是大运河的利用，然其数量有限。除漕粮外，其时还未出现南粮北调；长江流域的贸易仍基本局限于中下游地区；地方小市场，也仅在个别丝的集中产区发展为初级市场。其次，长距离贩运贸易有很大发展，逐步由奢侈品以及特产品贸易转向以民生用品的贸易为主，即由产品与收入的交易转化为小生产者之间的交换，使市场性质为之一变。部分工业品也开始加入到市场流通中来。但其时长距离贩运贸易在整个市场交易中仍很有限，工农业产品的交换并不占据主要地位；农村产品大半还是单向流出，得不到补偿和交换。第三，徽商、山陕商等大商帮已开始出现，国内市场已有相当的积累货币资本能力。但这种积累主要是从经营盐以及茶、布等商品而来，与国家政权联系紧密；大商人的资本关系限于家族范围，尚缺乏社会信用；资本数量也较小，基本在银五十万两至一百万两之间。②

清代的国内市场较明代更有显著发展。从商路方面看，清代东西贸易有重大突破，尤其是长江一线。在"湖广填四川"的移民风潮下，长江上游宜宾至宜昌段的商路被开拓出来。长江中游由于洞庭湖流域的开发，贸易亦有迅猛发展，出现诸如四大米市之一的长沙、商业重镇汉口等贸易中心。南方的珠江水系也有巨大发展，尤以西江船运最为兴盛。东北黑龙江、松花江流域也出现吉林、扶余、嫩江等商业城市。南北贸易方面，北方由上海经山东半岛至天津的北洋船线重新开辟，并延伸至营口，与辽河联运；南方一路源于福建茶叶的大量出口，由江西赣江南行，过庾岭，经北江到广州的商路十分兴盛，另一路由湖南湘江南行，过桂林，沿西江到广州，也开始成为重要商路。鸦片战争前，中国的内河航程达五万公里以上，沿海航线则约一万

---

① 侯且岸：《资本主义萌芽·过密化·商品化》，《史学理论研究》1994 年第 2 期。

② 吴承明：《论明代国内市场和商人资本》，《中国资本主义与国内市场》，中国社会科学出版社，1985，第 245～246 页。

公里。

　　清代的商人资本，除明代的徽商、山陕商、海商外，粤商、宁绍商、沙船商和经营国际贸易的行商渐次兴起。清代商人一改明代携家眷在交易城市占籍的做法，纷纷在城市中设立庄号。商人组织亦有进一步发展，会馆林立。嘉庆以后，会馆又逐渐被全行业组织工商业公所取代。清代的大商人资本，随着盐成为清代市场上的第三位商品，盐商开始衰落。布、茶、丝等商品陆续加入市场，洋货和广杂货成为一大行业。嘉庆以后，广东十三行的行商势力已凌驾盐商。明代大商人的资本组织还限于家族范围，清代则已有信贷的发展。市场积累货币资本的能力也大幅度提高，商人资本有银数百万两已属常见，更有诸多千万两银以上资本出现。鸦片战争前，七种最主要商品年均流通总额大致为银 3.87 亿两，人均近一两。

　　从对鸦片战争前国内市场商品流通情况的考察中，吴承明得出结论：当时的国内市场，是以粮食为基础、以布和盐为主要对象的小生产者之间交换的市场模式。其时市场结构的基本模式有三个特征：第一，粮和布是市场上最大量的两项商品，市场上最大量的交换也就是粮与布的直接或间接交换，其次是粮与盐的交换；第二，布和盐虽属工业品，但实际都在农村生产，绝大部分市场交易，实际仍是农民小生产者之间的交换，不过假手于商人和地主而已；第三，城乡间的交换商品量不大。鸦片战争前的城市手工业虽有一定发展，其产品却主要供应城市消费，很少与农村进行交换。清代市场结构中，几乎所有商品都是直接或间接与粮食相交换。然而市场上的粮食一般并非作为商品来生产，而是农民已生产出来，由商人的资本运作而变成商品。商人收购的粮食，亦非直接生产者的余粮，多半是由地主出售。尽管如此，从一定意义上讲，粮食输出的数量仍可作为衡量市场规模以及经济作物和手工业发展水平的外在标志。同时，粮食的长距离运销尽管在其商品量中仅占15% 至 20% 的比重（其余仍属于区域市场和地方小市场的交换），却基本上都与手工业品或经济作物相交换，能够集中反映商品经济的发展水平。吴承明以为，清代粮食长距离贩运贸易量约为明代 2 ~ 3 倍，其运输路线约计 10条。

　　除却对清代全国市场的整体性描述外，吴承明还对清代市场的整合过程进行考察。他指出，清代市场的周期性表现为：在总体繁荣趋势中，有两次衰退，一次出现在 17 世纪下叶，一次出现在 19 世纪初年。17 世纪后期的市场衰退，又称"康熙萧条"，吴承明认为主要原因不是供给问题，而是市面缺银，需求萎缩所致。19 世纪上叶的市场衰退，或称"道光萧条"，出现农业生产不景气与财政拮据局面，其伴随着早已出现的银贵钱贱的银钱比价波动而来。吴承明认为，银贵原因除鸦片进口泛滥、白银外流之外，还应从整个市场货币需求量和供给量方面考虑。①

关于"道光萧条"的成因，似乎有进一步的讨论必要。在吴承明看来，"道光萧条"乃一经济周期，因此"其基本原因，概属经济因素，与战乱、灾荒无关"②，然却未能揭示具体成因。李伯重则从江南区域入手，探讨了"道光萧条"的成因。李伯重发现，江南经济确实在道光初年开始出现衰退迹象，其成因却与当时的气候条件密切相关。他以松江府为例，指出松江经济衰退的直接原因恰恰是"1823 年开始的气候反常所导致的严重水灾"。而水灾的根本原因则取决于当时的气候变化："在中国气候史上，十九世纪初期是一个转折时期"，具体表现为温度剧降和湿度偏大③。

四 20 世纪 90 年代以后：清代全国性市场的提出

20 世纪 90 年代以后，随着中外学界交流的频繁，中外学者开始给清代市场以更多关注，进而提出"全国性市场"的概念。"全国性市场"，和 20 世纪 60 年代提出的"统一市场"概念相比，在内容上其实并无太大差别。如李伯重明确提出的"中华全国市场"概念，是指"在一个全国市场中，各地的商品、劳动、资金及信息都必须能够在全国范围内大规模地自由流动。只有做到了这一点，这个市场才能称为全国市场"④。

---

① 吴承明：《18 世纪与 19 世纪上叶的中国市场》，载于《吴承明集》，中国社会科学出版社，2002，第 178～181 页。

② 吴承明：《18 世纪与 19 世纪上叶的中国市场》，载于《吴承明集》，第 178 页。

③ 李伯重：《十九世纪江南的经济萧条与气候变化》，载于清华大学历史系编《十九世纪的危机："重新认识十九世纪"会议系列之二论文集》，参见 http://michigan.ccast.ac.cn/conference/August2005/libozhong.doc。

④ 李伯重：《中国全国市场的形成：1500～1840 年》，《清华大学学报（哲社版）》1999 年第 4 期。

关于清代市场的讨论，30 年后重回讨论起点，并不是一种"低水平重复"的简单回流而恰恰呈现出"否定之否定"的螺旋上升轨迹。60 年代关于"统一市场"的讨论，因其囿于封建社会向资本主义社会线性演进的理论脉络中不能脱身，故交锋尽管激烈，却总给人以自说自话、隔靴搔痒之感，终未勾勒出清代市场发展的整体面貌。魏永理对此总结道：有的说，民族市场"是资本主义关系在一个封建国家内开始生长起来，要求打破封建割据，加强各个地区间的经济关系，而形成了的全国统一的国内市场"。但又说："中国在明清时代所形成的统一的国内市场，其情形与欧洲国家所出现过的'民族市场'是不能混淆的。统一的国内市场不一定就是'民族市场'"。有的说，"国内市场和民族市场是有差别的，但它们之间却有着有机的联系。它们都是商品经济发展的产物，仅仅是程度不同而已。前者是从人类社会中刚产生的市场，一直到资本主义国内市场，而民族市场是国内市场在发展阶段上的某一个时期的状态，是资本主义市场确立的前奏曲"。有的说，"所谓民族市场，通常指在封建社会末期，随着资本主义出现和基本消除封建经济分割性的同时而形成的统一市场"。"实际上，民族市场与所谓'全国统一的国内市场'根本就是一个东西，中国也不能例外。民族市场之所以形成，是因为卷入市场关系中的人们已具有全国性和群众性；而所以把民族市场称之为'全国统一的国内市场'，也是根据同一理由"①。

近年来随着"全球化"理论的兴起，有学者通过对中国和西欧的历史比较，发现"一系列均衡性比较显示出，迟至 1750 年，欧亚大陆的许多地区在农业、商业和原始工业（即为市场而不是为家庭使用的手工制造业）的发展中仍存在着一些令人吃惊的相似之处"②，然而这种相似性却一直未被切实理解。"从某种意义上而言，这是因为我们中的许多人，一直在寻求另外的某种东西。我们一直在寻找中国的资本主义发展。事实上，欧洲的原始工业化的原动力，与中国情况最为相类，但未必会导向 19 世纪的工业化。

---

① 魏永理：《论近代中国曾否形成统一的国内市场》，《兰州大学学报》1983 年第 1 期。
② 〔美〕彭慕兰：《大分流：欧洲、中国及现代世界经济的发展》，江苏人民出版社，2003，第 6 页。

为什么中国的农村工业出现，就一定会导向赞本主义呢？或许，探寻'资本主义萌芽'的中国史学家们，不应再继续寻求那种使得明清经济发展不可能变成城市工业资本主义的东西"①。有些学者甚至走得更远，"注意到中国作为整个世界经济的中心的可能性"，出现诸如"中国（17世纪）的国内危机实际上促成了全球危机"；"我们把白银看作是全球贸易兴起的一个关键性动力"，"中国至少在世界白银市场上处于中心地位"等强调明清中国是全球经济中心的观点②。贡德·弗兰克更是旗帜鲜明地强调："整个世界经济秩序当时名副其实地是以中国为中心的。哥伦布以及在他之后直到亚当·斯密的许多欧洲人都清楚这一点。只是到了19世纪，欧洲人才根据新的欧洲中心论观念名副其实地'改写'了这一历史"③。"全球化"理论的提出，也为90年代以后清代市场史的研究注入了新鲜的活力。

正是在前两者基础上，李伯重提出，清代前期最终形成一个整合良好的"全国市场"。他认为，全国市场形成的基础有五，即政治环境的改善、交通运输的发展、地区专业化与劳动分工的发展、商人集团与商人资本的成长和农村商业化与工业化。全国市场形成的标志有四：一是商品流动；二是劳力流动；三是资金流动；四是信息流动④。

与李伯重的宏观描述不同，朱大为则从远程贸易入手，将全国分为五大核心经贸区，大经贸区与其他地区之间进行的大宗商品贸易，使全国各层次市场融为一体，全国性市场即由这一商业网络的形式得以体现并最终确立。他对其"经贸区"的概念解释道：所谓"经贸区"并不等同于"经济区"。经济区主要是基于经济地理条件而形成的经济区域特征，其特征表露又主要是生产状况，因此经济区的界定是以生产状况为主要指标。所谓经贸区则是从交换角度界定的商品市场圈。当然，一个地区的交换，取决于该地区的生产。经济区与经贸区之间有着紧密的联系。经贸区需具备两个要素：一是便

---

① 〔美〕王国斌：《中国与西欧农村工业与经济发展的比较研究》，《中国社会经济史研究》1992年第4期。

② 〔德〕贡德·弗兰克：《白银资本——重视经济全球化中的东方》，中央编译出版社，2000，第168~169页。

③ 〔德〕贡德·弗兰克：《白银资本——重视经济全球化中的东方》，第169页。

④ 李伯重：《中国全国市场的形成：1500~1840年》，《清华大学学报（哲社版）》1999年第4期。

捷的交通；二是有城市作为其中心点。据此，他认为当时出现五大经贸区，即江南经贸区、珠江三角洲经贸区、长江上中游经贸区、华北经贸区和西北经贸区。五大经贸区可分为三种类型。第一种建立在比较发达的手工业和农业生产基础上，如江南经贸区和珠江三角洲经贸区；第二种是大宗商品过境贸易区，如长江上中游经贸区和华北经贸区中的临清、天津、朱仙镇等经贸中心点；第三种是以生活数据交换为主的经贸区，如华北经贸区中的京师及西北经贸区。①

许檀则通过对清代商品流通宏观布局的考察，认为全国性市场已经形成。她指出，清代全国商品流通最重要的变化，即从运河流通为主转向以沿海、长江流通为主。清代随着海禁的开放和长江中上游诸省的经济发展，沿海、长江航运渐取代运河成为全国最主要的流通干线，沿海、沿江一批重要的流通枢纽城市迅速崛起。清代中叶，长江、沿海、运河三条水道在全国性商品流通中三分天下的格局已经确立。清代流通格局的变化，既是全国性经济布局变化的重要表征和组成部分，也代表着经济发展的必然趋势。清代全国性市场确立的一个重要标志，是城乡市场网络体系的形成。城乡市场网络体系的形成过程，实际上就是市场机制的逐渐形成过程。这一过程既是区域经济发展的结果，也是大规模的商品流通的产物。因地制宜的地区发展和大规模商品流通是相互促进的：一方面，各区域自身的发展使之对市场的依赖不断增加，区域间的交流日益频繁，市场网络逐渐形成；另一方面，区域之间经济联系的加强，商品流通的扩大，又使各区域扬长避短，形成各自的经济特色，并获得较高的收益。明清时期中国传统经济在生产力和生产关系没有重大突破的条件下，仍然保持着内在的动力与活力，主要就是市场机制在起作用。明清时期城乡市场网络体系的形成和发展，同时也是中国近代化过程的一项重要内容。中国近代市场体系的形成并非始于开埠之后，至少从明代中叶已经起步，到清代中叶已具相当规模。19 世纪中叶外国资本主义的入侵，并非创建了一个新的市场体系，不过是利用和部分改造中国原有的市场体系来为之服务。鸦片战争后，帝国主义列强选择的通商口岸都是原来重

---

① 朱大为：《16～18 世纪中国远距离贸易和全国性市场的形成》，《福建论坛》2003 年第 6 期。

要的流通枢纽，其洋货倾销和原料掠夺也都利用了中国原有的市场网络——从城市直至农村集市。①

姜守鹏、刘慧文从市场层次入手强调全国性市场的形成。清代各个层次市场——农村集市、城镇市场和区域市场比前代均有很大发展，随着不同层次市场之间的勾连，全国性市场最终得以形成。最基层的市场是农村集市，北方称集市，南方称墟市，西南称场市，还有称街子、圩、亥、务等。一般来讲，清代乡村 40~50 里之间就会有一个集市，部分经济发达地区集与集间的距离甚至达到 20 里。相对乡村而言，第二层次的市场是城镇市场。清代城镇市场可分两种：一是市镇集市；二是商业店铺。区域性市场是第三层市场，在本区域范围内，调剂着农村集市市场和城镇市场的余缺。在此基础上，清代逐渐形成了全国性市场。清代前期形成的全国性市场中心被时人称作"四大聚"，即"天下有四聚：北则京师，南则佛山，东则苏州，西则汉口"。由此可见，清代已经形成一个比较完整的市场网络②。

当然，学界对清代全国性市场也有不同看法。

唐文基认为，清代的市场体系尚未建立。他指出，所谓完整的市场体系，是指相互关联的商品市场、金融市场、劳动市场、技术市场、信息市场等各种市场组成的有机市场体系。中国清代的商品市场兴旺，而劳动力市场、金融市场刚刚起步，技术市场偶尔有之，信息市场还远未产生，因此，对此不宜估计过高。区域经济多样性是大宗商品远距离贸易发展的诱因。然而区域经济发展的失衡，却严重阻碍大宗商品远距离贸易的进一步展开。清代地区间经济发展的失衡，不仅严重制约市场的扩大，也制约了商业向纵深拓展。③

郑学檬认为，清代的市场经济仍停留在"萌芽阶段"。首先，货币体制不能适应市场经济发展的需求，是清代经济的一个症结，或者说一个缺陷。其次，清代市场主体和外部环境存在着结构性限制，使其难成气候。第三，清代商人本身存在着许多缺陷。④

综上所述，20 世纪 90 年代后，学者对清代市场给予高度关注。关于清

① 许檀：《明清时期城乡市场网络体系的形成及意义》，《中国社会科学》2000 年第 3 期。
② 姜守鹏、刘慧文：《明清时期的国内市场》，《史学集刊》1995 年第 2 期。
③ 唐文基：《16~18 世纪中国商业革命和资本主义萌芽》，《中国史研究》2005 年第 3 期。
④ 郑学檬：《16~17 世纪中国的市场和市场经济萌芽问题》，《福建论坛》1999 年第 3 期。

代是否形成全国性的统一市场，虽未达成共识，却突显出构成全国性市场的几个要素，如国内大宗商品的流通、商路、城乡市场网络，等等。

五　简短的结语

20 世纪 80 年代以后，吴承明在考察中国资本主义的产生和发展时，一改以往"重生产轻流通的老传统"[①]，将"国内市场的变化作为一个重要条件"[②]，发表一系列重要论文，为 90 年代以后清代市场史研究打下坚实基础。相对于 20 世纪 60 年代的学术闭塞状态，90 年代则情况迥异。这也是推进清代市场研究的重要原因。近年来欧洲历史经验的"普世"标准日益受到质疑，"欧洲中心史观"也遭到强烈批评。这种背景下，中国的历史经验也越来越受到国际学界的关注。其实，中国学者很早就注意到清代市场发展的国际关联："愈到晚近，我们的经济恐慌，就愈表现出一种二重性：它一方面尽管像在不顾资本主义世界的经济变动而一直为它自己内在的灾难所困厄着，同时，却又愈把它的恐慌，当作国际市场或资本主义世界的经济大恐慌的一个部分，而有机的发生成长起来"[③]。当然，论者仍从近代中国遭受列强经济侵略的现实情景出发，却毕竟提出中国经济与世界经济的关联，意即中国经济是世界经济的有机组成部分。遗憾的是，论者当时并没有全球意识的理论自觉，其论述自然不可能受到国际学界的瞩目。

（原文刊载于《名古屋大学中国语学文学论集》2006 年 3 月第十八辑）

---

①　吴承明：《市场·近代化·经济史论》，云南大学出版社，1996，"前言"第 4 页。

②　吴承明：《中国资本主义和国内市场·前言》，中国社会科学出版社，1985。

③　王亚南：《中国半封建半殖民地经济形态研究》，人民出版社，1957，第 251 页。

清代西北地区的农业垦殖政策与
生态环境变迁

◎ 赵　珍

　　清代是西北社会经济发展史上的一个重要阶段，在民以食为天的思想指导下，尤其是不同阶段管理层所采取的具有传统延续性的移民垦殖、兴修水利等政策及实施，使这一地区的农牧业经济有了很大的发展。但由于人们只重视对自然的索求，而忽视了这一地区开发早、自然生态脆弱等特点，故而导致区域生态环境不断恶化。以往学者们的研究多注重与农牧业经济发展相关的水土等自然资源的开发和利用，本文试图从经济开发中所采取的传统的移民垦殖政策的负面效应入手，对生态脆弱地区的环境变迁进行尝试性的探析。

　　首先要说明本文所指的西北地区是以今天的陕甘青宁四省区为主体，兼及内蒙古的一小部分。该区在地理范围上属于黄土高原、青藏高原和蒙新高原的一部分，在经济类型上是农牧业交汇带，是历史上开发较早的地区，具有明显的生态环境脆弱特点。我们从人与自然的角度两方面来说明这一脆弱带。就其环境特征来看，这里特殊的自然条件和承载人口的能力偏低，表现为生态环境的稳定性较差和恢复力弱，对人为不利因素和自然脆弱因素影响的承受能力较低。在同样的影响程度下，其他地区的生态环境可能尚能承受，但在这里已经无法承受了。某一较小的自然因素或人为因素的干扰，就会造成生态退化，并且退化后的环境恢复较一般地区困难。从人口密度说，这里因开发程度低，有着"地广人稀"的空间范围，但所提供的环境的承载度却较小，所能承载的人口量也偏低，一旦遇到高人口增长，就会对生态产生极大的负面影响，以至于在人口和环境间产生恶性循环。环境的退化又会使当地的生态环境脆弱性进一步加大，从而形成从脆弱至退化的生态环境的恶性循环。当然，西北地区除去有着上述明显的生态脆弱因素而外，也有着资源优势特征，表现为极易发展畜牧业的丰富的草场资源和优质高产的水生动植物、矿产资源等。只要动态活动不超过生态环境的承载力，生态环境就不会呈现出脆弱性。但事实上，人口增加后所采取的一系列移民垦殖政策、带来的一系列不合理的开发行为，改变突破了限制因素，造成了沙漠化加剧、水土流失严重等生态失衡现象。当然，在这里除了人类不合理的活动外，不能排除自然生态环境自我的分化，如气候、地理等因素的影响，这也是脆弱带形成的前提条件。以这一环境为前提，我们把论述考察的侧重点放在人类与环境相互作用所产生的负效应方面，也就是说，研究人类怎样影响生态环境和环境又怎样影响人类的可持续发展方面。

西北垦殖中，历代实施屯垦政策的目的，除了发展农牧业经济的需要外，大多是由于边防和战争的需要，或供给军需粮秣，或拓殖疆土后移民实边。但清代以降的垦殖在包含上述原因的同时，一个很明显的特征是为了安置过量的人口，解决生存的需要。而各级管理层所倡导的垦殖又都是毫无例外的基于农牧交界处。

一般来说，在清初，多采取兵民屯相结合的兴屯制度与移民就宽乡的垦殖政策，其中包含许多有利于民的休养生息的实惠，大多以发给牛具、籽种、银两和减免或缓征田赋为承诺，鼓励兵士和百姓开垦熟荒地。随着人口的增加和熟荒地的种植无余，人们可维持生计的具有良好农业生态环境的田地越来越少，政府不得不鼓励百姓向生态环境脆弱的山地挺进，政府同时还令各地方官督导垦殖，并以开垦土地的多寡作为考核各级官吏政绩优劣的标准。这就又加强了垦殖力度。尤其是山地森林植被和草原植被破坏，随之而来的水生态恶化，水土流失加重，自然界报复人类的自然灾害加剧。光绪新政以来，伴随着兴办实业和讲求地方垦务事业的进行，各地方纷纷成立垦务机构，尤其加大了对牧业区的开垦。此时的各种开发对生态资源的破坏还没有形成规模，但继此之后，人类以征服自然者的姿态自居，造成不可挽回的毁灭性破坏。在有清一代长时段的生态环境变迁过程中，不同阶段管理层所采取的发展社会经济的政策在某种程度上成为区域生态恶化的催化剂。

一　清初兵民合营的移民垦殖政策及对生态环境的影响

历代在西北的屯垦，与中原王朝对北方游牧民族的战争有极大的关系。西北地旷人稀，军队出征转战，粮秣供给就成为很难解决的问题。因而，由军士就地屯种，自给粮草，成为管理层解决问题的首选方案。清初的西北屯田，也是在康熙年间清廷与准噶尔关系重趋紧张后兴起的。在清准战争中，地处咽喉要道的河西走廊就成为清军粮秣的重要供应地，而且这一地区也有着前朝农垦的基础，明廷在这里设有安定、阿端、曲先、罕东等卫所，开发过屯田。所以清廷为了巩固与准作战的后方基地，根据户部尚书富宁安的建议，于康熙五十六年（1717）起，在嘉峪关外至安西、敦煌间设置赤金、靖逆、柳沟、安西、沙州等卫所，招募陇东一带的民人前往屯垦。次年就招徕 35 户，于金塔寺等处开垦荒地。①

清廷的兵民屯垦政策是一步步完善的，与此相伴随的屯垦规模也逐步展开，对脆弱区生态的影响也就加大。屯垦政策规定，凡迁徙屯垦百姓，沿途及定居建房费用由官府发给，同时借给牛具籽种，并根据水利灌溉条件，按户招领垦种，多的百亩，少的二十多亩，多种不限，三或五年后照章升科。这些编户农民的收获物归地方卫所，平时的劳作也受驻军管理，尤其是农业灌溉的水利渠坝由卫所管辖支配，具有半军事化的性质。雍正二年（1724），清廷根据年羹尧的建议，开始抽调兵丁屯垦。初期也是由官方扶持，发给一定量的牛具籽种，以后节年减半，三年后不再发给牛具籽种等生产资料，而田地则成为屯垦兵丁个人的产业。在上述的开垦政策指导下，很多农民纷纷自发移居垦荒，于是在官府管理的屯垦之外，出现了许多由客民耕种的农田。雍正四年（1726），吐鲁番回民 650 人迁到肃州威鲁堡，还有一部分迁到金塔寺从事垦种。②

---

① 《清圣祖实录》卷 277，康熙五十七年二月戊子、己丑。
② 《清高宗实录》卷 293，乾隆十二年六月戊戌。

雍正十年（1732），随着清准战事吃紧，清廷军需供应量加大。于是决定清丈卫所以外私垦田地，并利用以往屯垦设施的基础，扩大屯垦规模。首先将清理出的田地，全部充作卫所屯田。然后再由官府招募原种客民或新移民者耕种。依然由官方提供生产和生活资料，另"每月给予工价、口粮外，每年再加给赏银一两，皮衣、衣帽银二两。"① 收获物全部充作军饷。虽然农垦区地高气寒，并不一定有利于发展农业种植经济，且迁移来的屯民尚需要一定的保暖装备，投入成本较高，但较有吸引力的政策，还是招募了不少垦民。当然后来由于对民屯管理不善，又改为兵丁屯垦。与此同时，清廷又采纳大学士鄂尔泰的建议，在嘉峪关以东的甘、凉、肃三州进行了更大规模的移民垦殖，并实行陕甘总督刘於义等人制定的《屯田条例》。② 屯田灌溉水利由官府给价兴修；屯民房舍官给银两；屯民牛车农具，由官贷给，分5年扣还；收获物扣去籽种外，双方平分。这是对招民屯垦的规定。

当时招民垦荒，修浚五渠，垦地2498顷50亩，以千字文编号，东渠地38号，西渠地24号，中渠地44号，外西渠、红沙梁、红柳园共地27号。共编号133，每号20户，或十余户，每户地一顷。官给牛车宅舍，银20两，限5年节次归还。每户给京石籽种6石，秋后除原种存官无息，余粮多寡平分。结果所贷银两不到5年时就奉旨豁免其半，显示出生态脆弱地区经济回报率低的后显效应。当时除了种麦外，百谷蔬菜皆有收获。短期效应使得官方认为，"若令民营阡陌，耕东息西，亦镇人之利薮也。"③ 于是又在柳林湖内兴办营田，营中出备籽种一百京石，令兵丁子弟耕种。乾隆元年（1736），特设水利通判1员。次年由官府拨给屯民费用，仅凉州和肃州共借给81870余两，分5年带征。

乾隆四年（1739），官方对卫所屯垦办法又进行了调整，实行招民屯垦或兵丁子弟承种，收获物分配改为民得六分，官得四分，"籽种、牛具、料草官为借给，秋收扣还"④。屯民多垦、多收、多得。随着上述屯田政策的

① 《清世宗实录》卷123，雍正十年九月戊申。
② 乾隆《重修肃州新志·肃州·屯田》，乾隆二年刻本。
③ 乾隆《镇番县志·田亩·柳林湖》。《五凉考志六德集全志》本，简称《五凉全志》本。成文出版社有限公司印行，《中国方志丛书》华北地方，第560号，1976。以下均标明号数。
④ 常钧：《敦煌随笔》卷下《屯田》，禹贡学会据传抄本印，1937。

实施，屯民积极性的提高，开垦的力度也就加大。至乾隆二十七年（1762），柳林湖屯民达 2498 户，散处于 160 余里处。① 而整个镇番县的屯民就达 5，693 户。②

镇番县边外柳林湖一带是凉州的主要垦区，该湖发源于祁连山的三岔河下游，原本就是沙漠化严重的生态脆弱区，镇番县城城墙就因沙害而坍塌。康熙元年（1662），参将王三华重修的城西门楼，因城外流沙严重，只得以人工清理淤沙。康熙三十年以前，"军民顷□搬沙，月无虚日，劳而无功，且沙已掀翻，易于漫溢，故罢其役。"至乾隆后期，沙害更甚。据方志记载："今各楼皆圮，池平桥坏，砌砖剥落，存者十仅二三，女墙□缺，水洞亦淤，西北则风拥黄沙，高于雉堞；东南则土城墳起，危似□墙。惟逻铺粗有形迹耳。"③

如此的生态环境，按理只能进行防沙防风植物的种植，以固定流沙不再无限制的蔓延，由此保护其周围农田不再继续受侵害。可事实上湖边沼泽却一味地被拓殖。在乾隆三年（1738）时柳林湖农业生态已经开始恶化，是年奉文停征仅豁除水冲沙压粮就 1917 石余。④ 至四十多年后的乾隆四十四年（1779），柳林湖所垦农田沙化现象已经极其严重，农田恶化的演替特征已经明显化，田地不仅难以耕种，还要费以人力、肥力加以培殖，也就更谈不上收获了。时人记载："今飞沙流走，沃壤忽成邱墟，未经淤压者遮蔽耕之，陆续现地者节次耕之。一经沙过土脉生冷，培粪数年方熟。又卤湿者出苗不过籽种之二三，人每择种类之贱者俟之。旱涝得宜或有升斗之赏，不宜亦无寻丈之失。盖西北多流沙，东南多卤湿。俯念民瘼者，听民相地移垞，迨至移者成熟，民力已疲，何以计顷亩哉。"⑤ 尤其是"听民相地移垞"，整体破坏了土地植被，导致沙化现象更加严重，恶性循环。

农田垦殖在很大程度上也破坏了镇番县水生态系统的平衡，水流量减少，下游不能受水，农田废弃，百姓生活无着。所引起的一系列生态失衡现

---

① 乾隆《镇番县志·户口·柳林湖》，第 560 号。
② 道光《镇番县志》卷 3《田赋考·户口》，道光五年刊本。
③ 乾隆《镇番县志·建置·县城》，第 560 号。
④ 乾隆《镇番县志·附则·柳林湖附》，第 560 号。
⑤ 乾隆《镇番县志·田亩》，第 560 号。

象在地方史籍中已经有过多的记载，镇番县"上流以移垯开荒者，沿河基布，河水日细，生齿日繁。贫民率皆采野产之沙米、桦豆以糊口。河水既细，泽梁亦涸，多鱼无□。惟蔡旗堡微有孳息，然百步之洼，所产无几，土沃泽绕成往事矣。"① 农田已经是"幅员狭隘，十地九沙"。② 另外，水渠所浇灌的地亩数也在减少，根据乾隆年间藏于镇番县署的康熙四十一年（1702）卫守备童振立所立的大倒坝碑和雍正五年（1727）知县杜振宜立小倒坝碑可知，"按原额粮除移并武威、停征冲压外，现征之数较少于原额者一千余石"③。古浪县的情况也基本相同，"盖缘山土硗瘠，间岁一种，无水浇灌，又虑霜早，不植秋禾"④。

清初除了上述河西走廊的兵民屯垦殖力度较大外，仅兵屯一项"做的稍有成绩的是陕西"。⑤ 顺治十年（1653）为加强长城沿边的屯垦，三边总督孟乔芳下令增调步兵及大批牛具、籽种、银两，在延绥、榆林、神木、靖边一线展开屯垦，前后共派屯垦兵士 2400 名，拨银约 2932 两。⑥ 在顺治七年至十一年的三年中，共垦田 11171 顷，在全国也是数一数二的。⑦ 不过清初在陕北边外的兵屯实行时间不长，就快速转化为民屯，"照民地例起科"。⑧ 但这并不意味着本区屯垦的结束，相反，已经普遍化的百姓垦殖确在一直不间断中实施，特别是逐渐加大了对农牧交界处草场的开辟。

二　向农牧交界地带挺进的垦殖政策及
对生态环境的影响

考察清代在陕、甘、宁北部边外实施垦殖政策的结果，就反映了草原沙漠化的演替特征。毛乌素沙漠横跨陕西榆林市定边、靖边、横山、神木四县

---

① 乾隆《镇番县志·风俗》，第 560 号。
② 乾隆《镇番县志·士农工商执业》，第 560 号。
③ 乾隆《镇番县志·水利图说》，第 560 号。
④ 乾隆《古浪县志·赋则》，第 560 号。
⑤ 郭松义、张泽咸：《中国屯垦史》，文津出版社，1997，第 307 页。
⑥ 据中国第一历史档案馆藏《顺治朝题本》，顺治十一年正月十九日延绥巡抚董宗圣题本统计。
⑦ 郭松义、张泽咸：《中国屯垦史》，文津出版社，1997，第 307 页。
⑧ 康熙《大清会典》卷 20《户部》四《田土》，康熙二十九年刊本。

和榆林区境北部及内蒙古伊克昭盟乌审旗、鄂托克前旗、鄂托克旗等地，用今天人的眼光来看是典型的"人造沙漠"。这里属于温带草原向荒漠草原的过渡地带，多为草原植物群落和荒漠草原群落，生态环境相当脆弱。稍有人类活动的影响，草场便退化、沙漠化。这是因为就其地质形成构造来看在繁茂蒿草和零星树木的植被底下，具有丰富的沙源，只是由于地表黑土或黄土的覆盖而处于暂时的休眠状态而已。一旦人类活动破坏了草原植被和地表土层，其底下的沙源就会暴露出来，引起风沙活动。这种沙漠演替过程在明中叶以后就开始加剧，清代更烈。

康熙三十六年（1697），清廷为了保证马匹等牲畜的供给，在强调北部蒙古民族从事"旧业"的同时，允许汉族进入长城北侧50华里以内的区域垦种。乾隆元年（1736）又规定蒙古王公情愿招汉民与蒙古人合伙种地，听其便。清廷还以官方力量给予垦民一定的经济贷助。如乾隆十三年（1748）以前，"陕省榆林、葭州、怀远、神木、府谷、靖边、定边等七州县沿边农民，每遇春耕，出口种地，向于司库岁拨银内，借给牛具籽种，秋收后照时价收粮，抵补仓储。"① 一面似乎是实行的禁垦草原令，一面对开垦牧场给予实质性的资助，犹抱琵琶半遮面，已经显示出了倡导垦殖的趋势。至道光二十二年（1842）时，边外垦殖已经向北推移了100多里，土地耕种已越界到蒙古部境内。垦殖的同时人们大兴水利事业，开浚渠道。"由同治元年至光绪二十九年，所开渠道大者有五，长者百余里。支渠二百七十余道，垦殖荒地多至二百七十余顷，熟地多至八千六百余顷。每年收粮二十三万余石，并收租银十七万余两。"② 尤其是光绪以后，因全面放垦政策的实施，人们对陕北、宁夏边外的牧场草地进行了掠夺式的农垦，其势不可阻遏，被史学界看做是中国历史上的第三次自南向北、自东向西的大规模开垦。大规模的放垦造成牧场的缩减是不言而喻的，主持垦务官吏的贻谷就直言"不垦牧地，则无可垦矣"③。人们为了种上庄稼，连草原上防沙护林的沙蒿等植物也挖掘殆尽，势必导致日益严重的沙漠化。神木地方的文献中

① 《清高宗实录》卷329，乾隆十三年十一月庚辰。
② 顾颉刚：《王同春开发河套记》，《禹贡》卷2第12期。
③ 贻谷：《蒙垦呈述供状》，民国初年印本。

详细记载了当地沙化的过程。"边外有沙漠田者,能生黄蒿,俗名沙蒿。生既密,频年叶落于地,籍以肥田。如是,或六七年,或七八年,蒿老而地可耕矣。然仅种黍两年,两年后复令生蒿,互相辗转,至成黄沙而止。"① 位居该县西南的靖边,也是"明沙、扒拉、碱滩、柳勃居十之七八,有草之地仅十之二"②,已经没有了昔日的深林茂树软草和肥美之地,仅剩下硬沙梁和草地滩。

当然上述陕北边外草原的开垦一方面反映了由于人口增加,为解决生存而移民垦殖;而另一方面则是经济利益所驱使,白花花的放垦银成为清末放垦的重要原因。我们暂且以与陕西相邻的山西边外放垦银为参照。光绪二十五年(1899),黑龙江将军恩泽奏请放扎赉特旗荒地,计荒价银一半可得四五十万两。至二十七年(1901)时,岑春煊仿恩泽重提放垦银时,认为"今以鄂尔多斯近晋各旗论之,即放一半亦可三四倍……何可胜言,是利于国也"③。为此,清廷设立绥远垦务局,收私垦地为官办。当然官办的借口还在于"从前垦务未经官办,地由民户私垦,渠亦由民户自开。凡来套种地者,甫经得地先议开渠,支别派分各私所有,往往一渠之成时或需至数十年,款或糜至十余万,父子相代,亲友共营,而已成之渠又必每岁涤刷其身,厚增其背,其流沙充满,而浐至溉田千百顷者良非易也。"④ 鉴于私垦的上述弊端,光绪二十九年(1903)由公办垦务,并进一步扩大开垦范围,是年就成为陕北边外鄂尔多斯草原大规模开垦的转折点。至清末时,陕北边外伊克昭盟开垦土地已达"一百四十二万七千七百五十一亩,一千九百四十二村,居民一万六千一百余户。"⑤ 尤其是水草丰美的东胜地方,被陕北府谷、神木等地来的地主,用白银和大烟换取,"于是鄂尔多斯草原的止中间被开了个大'天窗'。"⑥ 继此以往,牧场迅速缩小,大批牧民或被迫弃牧

---

① 民国《神木乡土志》卷1《边外属地疆域》,《乡土志丛编第一集》,民国二十六年铅印本。
② 光绪《靖边志稿》卷4《艺文》。按靖边县令丁锡奎的解释:明沙者,细纱飞流,往往横亘数千里;扒拉者,沙滩陡起,忽高忽陷,累万累千,如阜如阮,绝不能垦;碱滩者,低平之地,土粗味苦,非碱非盐,百草不生;柳勃者……连根盘错,其地亦不能垦。
③ 黄时鉴:《论清末清政府对内蒙古的"移民实边"政策》,《内蒙古大学学报》1964年第2期。
④ 民国《绥乘·水利略》,上海泰东图书局铅印本,1921。
⑤ 民国《河套图志》,民国十一年铅印本。
⑥ 色音:《蒙古游牧社会的变迁》,内蒙古人民出版社,1998,第94页。

经农，或被迫赶着牲畜，钻进偏僻贫瘠的沙窝子。顺便提一下，清末民国初期陕北和宁夏边外不可忽略的事实就是王同春对河套的开发。王同春在河套地区"不是北渡阴山，就是南越黄河"。"本来茫茫荒野，经他一干，居然村落相望，每天下锄和担土的有数万人。"① "后套原为不毛之地，经先生以一匹夫之力治成膏腴之区，斯乃伟哉难矣。统计后套总有人口十一万余，尚有春来秋回之佃民三万余口，陕北晋北暨绥远全省均食后套之粮。"② 取得了暂时的经济效益，加重了日后土壤的盐碱化。

光绪三十四年（1908）对青海草原的垦殖中，清廷厘定出台了优惠的垦荒章程，由官方拨给垦务经费。章程规定：凡承垦熟荒，须立即呈报，并缴纳税粮；生荒地则垦足三年后起科。垦地分上中下三等，征粮每亩依次5升、3升、2升不等，不征收附加草束。所征之粮，以六成为赋税，交西宁办事大臣衙门，四成作为佃租，由所垦地的蒙藏王公千百户收取。凡承垦荒地者，须领取执照，要缴纳执照费银，上中下每亩依次为1钱2分、1钱、8分不等。经由上述手续后，所开荒地即归个人。这种开垦草场行为影响了草原畜牧业经济的发展，不过最终因气候等自然限制因素的影响未能大规模展开。

三　垦殖山地政策对生态环境的影响

在清代，向山地推进的垦殖政策实施最为明显，影响最大的首推陕南地区，尤其是这里乾嘉以后的垦殖山地政策，对森林生态资源的破坏程度是空前的。乾隆中后期以来，与陕南地区山地森林植被砍伐力度加大相伴随的是清廷相应的利好政策，表现在：一是因山内"地广赋轻"，土地肥沃；二是清中央和地方各级大开山禁、鼓励垦殖等优惠政策的出台。

一般来看山内赋税较轻与清朝初年"人烟稀少"相关。清初制定赋额时，陕南老林古木丛篁，尚都没有被开辟，所以科税相对较轻。如"山内地广赋轻，惟商州与汉中之南、城洋西，征银间及万两。同安及四川之保宁

---

① 顾颉刚：《王同春开发河套记》，《禹贡》卷2第12期。
② 王喆：《王同春先生轶记》，《禹贡》卷4第7期。

府，湖北之旬阳、宜昌，各郡县极多，不过三四千小邑，祗数百、数十两。缘当国初定赋之时，多系未辟老林，故率从轻科。"又"国初定赋之时，原定之额不能符数，募人领地承赋，而土著之民无多，其承纳之国课不过几钱几分，领地辄广数里，至离县穷远者，一纸执照之内，跨山逾岭常数十里矣。完课既为无多，故其赁佃之租，亦不似外间之按亩而定也。"① 征收田赋是封建社会统治者维持正常财政经济运转的最基本保障，在陕南山地及周围县份征收极低的田赋，一方面是因人烟稀少，山地未辟，而另一方面也反映了上述地方农业生态条件还是相对脆弱的实际，否则绝不会出现征收极少田赋的美事。

说到陕西地方各级政府大开山禁的垦殖政策，早在康熙年间就已出台，且自此持续有清一代。康熙年间，川陕总督鄂海就"招募客民于各边邑开荒种山，邑多设有招徕馆，又饬州县选报绅士耆民充为乡正，宣讲圣谕。城中朔望，山内场集均为演讲，责成地方官实力奉行"②。雍正帝即位后又上谕户部，膏腴荒弃，岂不可惜？嗣后凡有可垦之处，听民相度自垦，地方官不得勒索，胥吏不得阻挠，百姓开垦多者准令议叙。此成宪也。③ 这就将民随意开垦以法定的形式固定下来。

乾隆二年（1737），清廷又令各地，开垦荒土，免其升科。陕省也题明：五亩以下永不升科，五亩以上如系瘠土，二三亩折算一亩，十年之后方纳钱粮。在具体的实施中，巡抚陈弘谋又多次申饬地方各属开垦山地，"凡尔士民当以食指繁多，得业艰难之时，正可于无主间空山地，端力开种，以广生计，垦得一亩，既有一亩之收，可以养活家口"，日久成熟便成为世业。陈弘谋还安慰道："如一二年后无收，仍可歇耕，另垦另处"④，并声称："倘有阻挠不许开垦，或开垦后方出占，多及胥吏棍勒报需索者，许其赴官告究。"⑤ 在农业社会纳赋升科，是国家财政收入的主要来源之一，也是农民最大的经济负担。一旦开垦地亩不予升科，就会极大地调动农民的开

---

① 严如熤：《三省山内风土杂识》，邵力子署《关中丛书》，陕西通志馆印，1935，第26页。
② 严如熤：《三省山内风土杂识》，邵力子署《关中丛书》，陕西通志馆印，1935，第38页。
③ 张鹏飞：《关中水利议》，关中丛书本，第195页。
④ 陈弘谋：《陕抚陈公申饬官箴言》，乾隆《镇安县志》卷10《艺文》，乾隆二十年刻本。
⑤ 乾隆《镇安县志》卷7《艺文》，乾隆二十年郡学斋刻本。

垦积极性。尤其是政策规定："零星地亩概不升科，报告给照，永为己业。"以更大力度推动了山地垦殖。

另外，雍乾以后，清廷废除了许多压制佃户的法令，使得在人口稀少的山区，劳动力的价值相对有所提高。而与此相对应的是山区以外的多数地区农田不足，地租税收提高，人口压力增大，后辈农民不得不寻找开垦那些原来吸引力相对不大的土地。就在这种形势之下，陕南周边各省的农民大量迁入，他们首先涌入的是山区中交通比较便利和比较容易开垦的肥沃地区。如由宝鸡县渡渭水进山的凤县、留坝厅、褒城等地五百里间遮蔽天日的丛篁古木，"为川楚棚民开垦"，① 继之沿亘南山的汉中、兴安、商州各府州属森林也被开垦，使老林的破坏程度从外围开始向深度挺进。与此同时，秦林一带山区森林也不可避免的遭到毁坏，仅周至所辖的山内地方，西南至洋县 300 公里，山深路远，砍伐林木的人经常不下数万。②

在官府以拓殖土地养活生灵的指导思想下，山区森林生态资源破坏加剧。尤其是到了嘉庆时期，面对已经暴涨的人口，如何给予生计，官府上下不得不挖空心思寻找计策，结果把发展的方向继续投向山区，并进而延伸向不易垦辟的山林深处。嘉庆四年（1799）时，嘉庆帝就坦白了自己的观点："朕意南山内既有可耕之地，莫如将山内老林，量加砍伐，其地亩既可拨给流民，自行垦种，而所伐材木，既可作为建盖庐舍之用。"③ 自此之后，老林砍伐一发不可收拾。周至南山区共有"大小木厢数百十处"。④ 至嘉庆二十五年（1820）时，地方辽阔的老林之中，"客民给钱数串，即可租种数沟数岭"。乃至于侨居其中的无业游民"以数百万计，垦种荒地，架屋数椽，即可栖身"⑤。以至于黑水河上游的老林，在道光二年（1822）时，已退缩到老君岭一带，其地南距渭河汉江间分水岭才不过 20 余公里。所谓辛峪、黑峪、西骆峪等森林地区都已渐次辟为田畴，直达渭河河谷。这种滥

---

① 严如熤：《三省山内风土杂识》，邵力子署《关中丛书》，陕西通志馆印，1935，第 3~4页。
② 严如熤：《三省边防备览》卷 14《艺文志》。
③ 《清仁宗实录》卷 53，嘉庆四年十月戊戌。
④ 嘉庆《汉中府志》卷 1《华阳图说》。
⑤ 《清宣宗实录》卷 10，嘉庆二十五年十二月壬辰。

砍滥伐，只伐不植，过度攫取、垦殖山地现象的出现，政策缺陷是要因之一。

随着老林人口的快速增加和垦殖的加快，清廷在陕南的设官置县也逐渐趋于完善。乾隆年间兴安升州为府。嘉庆三年（1798），秦楚蜀三省大吏会奏，以山深林密，难于稽查，请移凤翔通判于砖坪。道光二年（1822），设砖坪厅治，隶属于兴安府。

清代，如陕南山区的开垦过程和形式在西北的其他地区也无一例外地进行着。甘肃庄浪一带在康熙年间就招民垦殖，并"每于朔望谆嘱各里义民，多方招垦"。康熙三年（1664）朝廷还颁发新旨，"秦地限五年内尽数开垦，有垦多者膺上赏垦，少者受显罚"。[①] 康熙十至十一年（1671~1672）又两次谕令地方官，在安西、高台等地推行垦荒，也是拨给专项银两，以开渠筑坝、购置农具。

在宁夏的开垦中雍正帝曾明确指令："闻彼中得水可耕之地，可安置两万户，朕已谕令广行招募远近人民，给以牛具籽种银两，俾得开垦"[②]，并定三年后起科。由于大力度地提倡垦殖，效果明显，以至于"田野日辟，民力日裕，生齿日繁"[③]。乾隆五年（1740），鉴于"生齿日繁，地不加广，穷民资出无策"的社会现实，朝廷颁布了听民开垦山头地角零星土地的上谕。26年后的乾隆三十一年，又重申此令，并将已经开垦的零星土地法定为"世业"，"永免升科"[④]。

当然，清初开垦耕地的绝大部分是熟荒地。在朝代更替、战乱等因素影响下，导致大量农耕地荒芜，社会安定以后，政府招民垦种，很大成分是休养生息政策的体现，一般情形下是不可能超越自然限制额度的，也就是说尚能保持生态环境系统的平衡。但一个明显的事实是清前期空前的解除人身束缚的政策，使清代成为中国历史上人口涨幅最大的时代。理论上说，要让有限的土地承载不断增量的人口，除了开辟森林、草原、山地外，最好的办法就是求得技术进步，提高经济质量，组织有效的国内外贸易体系，满足人们

① 乾隆《庄浪县志》卷7《田赋》，乾隆三十四年抄本，第335号。
② 《清世宗实录》卷76，雍正六年十二月丁亥。
③ 乾隆《甘肃通志》卷13《贡赋》，乾隆元年刊本。
④ 光绪《大清会典事例》卷164《户部·田赋》。

生活和生存需要。这在当时是不可能的，人们所能做的只有在有限土地上的精耕细作，同时开垦荒地等。但对森林、草原、山地等荒地的垦辟政策，毫无疑问，影响了当地脆弱的环境生态系统，影响了生态正常限度内的循环和修复机能，效果可能显于一时，最终得不偿失。

四　区域间的灾后移民垦殖政策对生态的影响

我们想要说的另一个事实就是清代以来在西北地区生态脆弱的条件下，人为的过度破坏加速了生态的失衡，导致自然灾害严重。同时，接连不断的战乱也成为导致生态失衡的一大原因。乾隆年间，面对被灾严重的甘肃，政府除了不得不给予一年一度的救济外，其垦殖政策中又加进了出资鼓励被灾区百姓迁移他处的办法。乾隆四十一年（1776），甘肃地方官勒尔谨、王亶望等人均认为：年复一年的救济，究非长策，萌生了移民乌鲁木齐一带的想法。并认为乌鲁木齐一带地皆沃壤，"贫民果能往彼垦殖，不但可免饥窘，并可赡及身家，此乃天地自然之美利"。在这样的思想指导下，就竭力劝导百姓"俾其群往谋生，自求乐利"。"此时多送一人往边耕作，将来边内即少一待赈之人。如此远筹，其省更不知凡几，在国家为一劳永逸之计，在闾阎为去苦就乐之图。而出边户外日多，家计日益饶裕，边鄙穷黎自皆闻风趋赴，一举而兼数善"[1]。

这种区域间的灾后移民政策，实质上是反映甘肃地方政府面对脆弱的生态环境和有限的农业生态环境系统失衡后，农业无以为继局面的被动调试政策。暂时看是解决了问题，长远看是错上加错，是将生态破坏力量由已破坏地区向未破坏地区转移。

同光时期，由于长期战乱和自然灾害的影响，甘肃数十里不见人烟，荒芜土地增多，农业生产一副衰败景象。为了恢复社会经济，朝廷的垦荒政策仍倾向于广招流民，并附带许多优惠措施。陕甘总督左宗棠就采取了广招流亡，协助归田的办法，在平凉、华亭、安化、清水、陇西等 27 厅州县广为招垦，并拨给农具籽种，领地垦殖。同治十二年（1873）规定，凡乘垦荒

---

[1]　民国《甘肃通志稿》卷35《民政五·蠲赈》。

地者，从开种之日起，第一年豁免全部田赋，第二年豁免一半。对各厅州县招垦的新户，还解决科考的籍贯，规定"就所领之地扣算，承粮在一石以上者，即以照领之日作为入籍之年，按照册内注明之本户及兄弟子侄，准其一体应试；领地承粮在四、五斗以上者，按照册内注明之本户及子侄，即于下次科试准其报考；领地承粮在二、三斗以上者，俟下次岁考，准其报考"①。与此同时，左宗棠还对起义失败后的回众"分起安置"，实施所谓的"善后"，迁徙他们至"水草不乏"处开垦荒地，将固原的陕西回民数千人迁徙到平凉的大岔沟一带，金积堡的陕西回民一万多人迁移至平凉、化平一带，将河州的陕西回民两万多人迁移至平凉、会宁、安定等处，西宁的陕西回民两万余人迁到平凉、秦安和清水等处垦荒。被迁徙的回众都给以赈粮资斧，大口每口八两，小口每口五两。对前往垦荒者按照所垦地亩发给籽种，所需农具及各器具"必不可少者一律酌给"。迁徙者定居之后，均按一般招徕垦荒之例，减免赋税两年，也根据领地承粮之数，许以入籍应试之条件。不可否认，这些优惠措施在短期内促进了农业的发展，也收到了相对好的经济效益，但从长远上讲，对脆弱生态区农业生态环境的恶化无疑起了催化作用。"水草不乏"处，原本就是生态脆弱区，土层薄，沙层浅，大量的移民垦殖，加快了土地沙化程度。

清代西北垦殖，除了政府政策性的失误以外，人们为了一定的政治、军事目的所采取的某些愚蠢做法也直接影响了生态平衡，比如战乱、烧荒等影响。而用火，则是人类有力地改变环境的第一个标志。早在康熙五十四年（1715）八月，清军为防御噶斯口军事，就采取了"令仪鑾使董大成将噶斯口迤内放火烧荒，令兵日赴肃州"②的焚烧草场命令。总之，当林草被覆的山地丘陵植被都被连根拔掉，渐次开辟成农田后，人与自然所组成的大生态系统也就开始失衡，自然界对人类的报复也就开始加剧了。

（原载《清史研究》2004年第1期）

① 《左宗棠全集·奏稿》，岳麓书社，1996。
② 民国《甘肃通志稿》卷120《纪事五·清一》。

"五岭"考辨*

◎ 刘新光

  "五岭"一名，首见于《史记》。《史记·张耳陈馀列传》：秦"北有长城之役，南有五岭之戍"；《淮南衡山列传》：秦始皇"使尉佗踰五岭攻百越。"①《汉书·张耳陈馀传》《伍被传》略同，《五行志》则说：始皇"南戍五岭，北筑长城，以备胡越。"②《史记》《汉书》虽提及五岭，却没有具体指明五岭为哪五岭及其具体位置。后人言及五岭，包括在为《史记》、《汉书》作注时，对五岭的认识出现了偏差，遂产生众多说法，虽有学者考证，也未能达成一致；反观现代地理学对"五岭"的界定，则较为统一，翻开任意一种涉及该地区的地图或地理教科书，都很容易获得以下资讯，"五岭"分别为南岭山脉中五座著名的山岭：大庾岭（位于今江西大余、广东南雄交界处）、骑田岭（位于今湖南宜章、郴州交界处）、都庞岭（位于今湖南省道县、江永交界处）、萌渚岭（位于今湖南江华与广西贺州交界处）及越城岭（位于今湖南新宁、东安与广西全州交界处）；又因此五岭之重要，五岭又成为南岭山地的别名。③ 然则《史记》《汉书》五岭是否就是今天的五岭？如若不是，它们又是哪五岭？与现代地理学所言五岭有什么不

---

  * 本文为中国人民大学青年科研项目成果（项目编号：2007000301）。
  ① 《史记》卷八十九《张耳陈馀列传》，中华书局，1959，第 2573 页。
  ② 《汉书》卷三十二《张耳陈馀传》、卷四十五《伍被传》、卷二十七《五行志》，中华书局，1962，第 1832、1472 页。
  ③ 如《中国大百科全书·中国地理》卷所言，中国大百科全书出版社，1993，第 342 页。

同？《史记》《汉书》五岭又是如何演化固定成为现代五岭的？这一演化发生的关键时期是什么时候？本文试对这些问题进行初步探讨，求教于方家。

一　唐以前的记载

《史记》《汉书》虽未明言五岭为哪五岭，幸有《史记》三家注及《汉书》颜师古注、《后汉书》章怀太子注，引用先人典籍，对"五岭"及其位置做了注释，列述于下：

南朝宋裴骃《史记集解》："《汉书音义》曰，岭有五，因以为名。在交阯界中也。"

唐司马贞《史记索隐》引晋人裴渊《广州记》："大庾、始安、临贺、桂阳、揭阳，斯五岭。"[1]

唐张守节《史记正义》："《广州记》云，五岭者，大庾、始安、临贺、揭杨、桂阳。《舆地志》云，一曰台岭，亦名塞上，今名大庾，二曰骑田，三曰都庞，四曰萌诸，五曰越岭。"[2]

唐颜师古注《汉书》："服虔曰，山领有五，因以为名。交趾、合浦界有此领。师古曰，服说非也。领者，西自衡山之南，东穷于海，一山之限耳，而别标名则有五焉。裴氏《广州记》云，大庾、始安、临贺、桂阳、揭阳，是为五领。邓德明《南康记》曰，大庾领一也，桂阳骑田领二也，九真都庞领三也，临贺萌渚领四也，始安越城领五也。裴说是也。"[3]

唐章怀太子注《后汉书》："领者，西自衡山之南，东至于海，一山之限耳。别标名则有五焉。裴氏《广州记》云，大庾、始安、临贺、桂阳、揭阳，是为五领。邓德明《南康记》曰，大庾，一也；桂阳甲骑，二也；九真都庞，三也；临贺萌渚，四也；始安越城，五也。裴氏之说则为审矣"。[4]

北魏郦道元《水经注》，以水道山，亦记载了五岭："（连）水出南康县凉

①　以上两条俱见《史记》卷八十九《张耳陈馀列传》注，第2574页。
②　《史记》卷六《秦始皇本纪》注，第253页。
③　《汉书》卷三十二《张耳陈馀传》注，第1832页。
④　《后汉书》卷六十四《吴祐传》，中华书局，1965，第2099页。

热山连溪，山即大庾岭也。五岭之最东矣，故曰东峤山"；①"（黄）水出（郴）县西黄岑山，山则骑田之峤，五岭之第二岭也"；"都山，即都庞之峤也，五岭之第三岭也"；"（萌渚）水南出于萌渚之峤，五岭之第四岭也"；"越城峤水，南出越城之峤，峤即五岭之西岭也。秦置五岭之戍，是其一焉"。②

《史记》《汉书》及《后汉书》的几位注家，最晚为唐时人，其所引诸种注释及所附按语，反映的都是唐及唐以前人们的观点。裴骃所引《汉书音义》，作者当为东汉服虔；③《史记索隐》《正义》及颜师古注《汉书》所引《广州记》五岭名号相同，只是次序稍异，应是同一本书；邓德明，据岑仲勉先生考证，为南朝宋人；④章怀太子注《后汉书》五岭，盖沿袭颜师古的说法，其引邓德明五岭之第二岭作"甲骑"，实为"骑田"之误；⑤《舆地志》为南朝陈顾野王的作品。以上诸种解释纷繁复杂，莫衷一是，归纳起来，可得以下几条线索：

1. 东汉的服虔是对五岭做了目前所知最早的解释，尽管他的解释非常简略，没有指明五岭为哪五岭以及具体位置，但从服说可以知道，五岭之为五岭，不是一个模糊的地理名词，并不能理解为笼统意义上的多岭，而是确有五座山岭。

2. 最早指明五岭为哪五岭的，是晋人裴渊的《广州记》。但此五岭的具体位置，仍不易确定。

3. 南北朝人邓德明不但指明了五岭为哪五岭，而且将五岭的位置一一做了说明，其中第三岭——都庞领（岭）被安置于九真郡（汉九真郡治今越南清化西北）境。参照服虔及《广州记》的说法，可知五岭并未被限定在南岭及其余脉中，五岭位于现代南岭以南，汉九真、交阯以及合浦郡境的可能性也是存在的。

4. 北魏郦道元的说法，除第三岭外，其他四岭与邓德明的说法基本相

---

① 杨守敬：《水经注疏》卷三十九，江苏古籍出版社，1989，第3181页。《后汉书》卷二十四《马援传》章怀注："峤，岭峤也。《尔雅》曰：山锐而高曰峤"，第840页。
② 分别见《水经注疏》卷三十八、三十九，第3211、3205、3125、3121页。
③ 岑仲勉：《评〈秦代初平南越考〉》，《中外史地考证》上册，中华书局，1962，第56页。
④ 岑仲勉：《评〈秦代初平南越考〉》，《中外史地考证》上册，中华书局，1962，第51页。
⑤ 《水经注疏》卷三十九，第3211页。

同。第三岭，郦氏认为在桂阳郡（治今湖南郴州市）境，是仍位于今五岭群山之中。

5. 由颜师古注及章怀太子注，特别是颜师古对于东汉服虔认为五岭在汉交阯、合浦界内的批评，可知，不论唐代有无"五岭"之说，唐人对于秦汉"五岭"及其位置，已经模糊不清。换句话说，假如唐代存在"五岭"之说的话，唐五岭已经和前代，尤其是秦汉五岭有很大差别，五岭及其位置随着时代的发展而发生过变动，大致可以推定。

二 唐人的说法

由于唐以前对五岭的相关记载，不仅简略而且歧义纷出，很难统一；相形之下，唐代典籍中有关五岭的材料则既丰富又具体。因此，后人在考辨五岭时，唐人的记述往往备受重视，甚至以唐人的记载为基础进行探讨。兹先将前代学者提到的、唐人的有关记载分述于后。

《通典》卷一百八十四《州郡十四》：

> 自北徂南，入越之道，必由岭峤，时有五处。塞上岭一也，今南康郡大庾岭是。骑田岭二也，今桂阳郡腊岭是。都庞岭三也，今江华郡永明岭是。甿渚岭四也，亦江华界白芒岭是。越城岭五也，今始安郡北，零陵郡南，临源岭是。西自衡山之南，东穷于海，一山之限也。[①]

《太平御览》卷五五引《南康记》：

> 秦始皇略定扬越，谪戍五方，南守五岭。第一塞上岭，即南康大庾岭是；第二骑田岭，今桂阳郡腊岭是；第三都庞岭，今江华郡永明岭是；第四甿渚岭，亦江华郡白芒岭是；第五越城岭，即零陵郡南临源岭

---

① 《通典》卷一百八十四《州郡十四》，中华书局，1988，第4911页。

　　是也。"①

此五岭与邓德明《南康记》五岭不同。又据岑仲勉先生考订，李昉所引《南唐记》亦不是邓德明的《南康记》，应为唐天宝时人的作品，因而此五岭应是唐人的说法。②

　　按《元和郡县志》对五岭的叙述不够完整，因而学者对其不够重视，今人覃圣敏在《五岭辨正》一文中说：

　　　　李吉甫《元和郡县志》亦叙及五岭，惟有缺卷，仅见二岭："越城峤，在（全义）县城（按：中华本无"城"字）北三里，即五岭之最西岭也。""萌渚峤在（冯乘）县北一百三十里，即五岭之第四岭也。"③

此外，由前引颜师古和章怀太子注文，可知唐人对于秦汉五岭，已经不能确知其指，不过，二人均以裴氏之说为审，又实为一说。

　　对比唐与唐以前五岭诸说，不难发现，唐五岭与南北朝时邓德明《南康记》、郦道元《水经注》、顾野王《舆地志》名号基本一致，④ 五岭位置亦基本相同，唯第三岭都庞改为"江华郡永明岭"了。江华郡治今湖南道县西，与南北朝时都庞岭所在的蓝山县相去甚远。都庞岭的位置，由原来位于骑田、萌渚岭之间，转移到萌渚、越城岭之间了。这一变化是唐五岭较之前代记载的最大不同！

　　唐人对五岭及其位置的解释，不仅未能澄清唐以前五岭诸说，反倒又增添了新的说法。颜师古与章怀太子对于这些异说，大概也不能定夺，因而说："领者，西自衡山之南，东穷于海，一山之限耳，而别标名则有五焉"。

---

① 《太平御览》卷五五引《南康记》，文渊阁四库全书本，台北商务印书馆，1986，第893~592页。
② 岑仲勉：《评〈秦代初平南越考〉》，第49页。
③ 覃圣敏：《五岭辨正》，《文史》第三十二辑，中华书局，1990，第44页。
④ 《通典》与唐《南康记》记第四岭为"甿渚"，与前引诸书记作"萌渚"或"萌诸"稍异。按地名同名异写，古代非常多见，无须多议。又顾野王《舆地志》第五岭记为"越岭"，此处或佚"城"字，或为越城岭的简称。

"一山之限"指的应当就是今天整个南岭山脉；"而别标名则有五"，是南岭又有五个子岭。二人没有辩证诸说，却都直接指认晋人裴渊的说法是正确的。

由上述诸段分析可知，探讨"五岭"及其位置问题，不仅涉及五岭名号及具体空间分布，还应将时间因素考虑在内，也就是说，五岭及其位置，起码在唐以前，在不同的历史时段是各不相同的。只有综合把握时空因素，方有可能对五岭作全面的认识，"五岭"方能实至名归。

三 后人的探讨

唐以后，唐"五岭"的观念则逐渐为世人接受，遂成为一种固定的说法，并一直沿用至今。宋人王应麟《通鉴地理通释》："秦南守五岭：塞上岭一也（今南安军大庾岭）；骑田岭二也（今郴州腊岭）；都庞岭三也（今道州永明岭）；甿渚岭四也（今道州白芒岭）；越城岭五也（今静江府北、永州南临源岭）"。① 《明一统志》"南安府（大庾岭所在）……当五岭最东"；"都庞岭，在永明县北五十里，东北连掩山，西南连荆峡镇。……一名永明岭。秦王翦降百越，以谪戍五万人守五岭，都庞其一也"；"越城岭，在兴安县北三里，即五岭之最西岭也。"② 如文初所引，现代地理学对"五岭"及其位置的界定，正是与唐人的"五岭"一致。

不过，由于五岭诸说差异较大，特别是唐代的五岭说与前代的说法矛盾之处非常明显，学者对"五岭"及其位置的探讨并未停止。宋人周去非在《岭外代答》中说：

> 自秦世有五岭之说，皆指山名之。考之，乃入岭之途五耳，非必山也。自福建之汀，入广东之循、梅，一也；自江西之南安，踰大庾，入南雄，二也；自湖南之郴，入连，三也；自道入广西，之贺，四也；自全入静江，五也。③

① （宋）王应麟：《通鉴地理通释》卷五"北据五岭"，文渊阁四库全书本，第312~82页。

② 分别见（明）李贤：《明一统志》卷五十八《南安府》、卷六十五《永州府》、卷八十三《桂林府》，文渊阁四库全书本，第473~190、380、744页。

③ 杨武泉：《岭外代答校注》卷一，中华书局，1999，第11页。

在这里，周氏提到了从南宋福建路的汀州（治今福建长汀）进入广南东路循州（治今广东龙川县西）、梅州（治今广东梅州）的道路，并认为五岭非山岭之名，而应是五条入岭的通道。周氏的观点正确与否暂且不论，他以入岭之途，即交通路线的方法来阐释"五岭"，则为我们全面认识五岭及相关问题，提供了新的视角。

清代学者赵一清认同《水经注》的记载，并且认为郦道元的说法与邓德明的说法无关，邓德明的说法是错的，"按《后汉书·吴祐传》章怀注引《南康记》曰：五岭，南康大庾一也，桂阳甲骑二也，九真都庞三也，临贺萌渚四也，始安越峤五也。《广州记》则以为大庾一，始安二，临贺三，桂阳四，而以九真为揭阳，合为五岭。是注所言五岭之次与邓《记》合，第考班志，九真郡有都庞县。应劭曰，庞音龙。师古曰音庞。而桂阳之部龙乃岭峤之名。王象之《舆地纪胜》曰，山之绝顶曰都逢，土人语讹曰庞也。不知都、部字相似，庞龙音相连，而强以都逢为土音。山之绝顶之说，殆因岭峤而傅会邪。此与九真之都庞县无涉，邓记误也。当以南平部龙为是。"①

杨守敬在《水经注疏》中，对五岭的问题做了更为深入的考证：

> 《汉书·张耳传》师古曰："裴氏《广州记》大庾、始安、临贺、桂阳、揭阳，是为五领。邓德明《南康记》，大庾领一也，桂阳骑田领二也，九真都庞领三也，临贺萌渚领四也，始安越城领五也。裴说是也。"《后汉书·吴祐传》章怀《注》引二书，亦以裴说为审，盖见邓《记》九真字不合也。不知邓数五岭，由东而西，则第三岭自当在骑田、萌渚之间。若九真之都庞已至极南，何得以为第三？此由南平都庞亦属桂阳，《记》蒙上省桂阳字。浅人不知，以为有脱文。但见九真有都庞县，遂加九真二字，非《记》原误也。至作都庞，毫无疑义。郦氏所言五岭之次与邓合，盖从邓说，此必作都庞，今本作部龙，乃以形近致误，此可望而知者也。②

---

① （清）赵一清：《水经注释》卷三十九，文渊阁四库全书本，第 575~642 页。
② 杨守敬：《水经注疏》卷三十九，第 3205~3206 页。

杨氏进而批判了赵氏的说法：

> 赵氏拘于都庞之在九真，而云此以部龙为是，疏矣。宋本《寰宇记》，蓝山县，本汉南平也，有黄蘗山，今谓之都庞山，在县南九十里，即是五岭从东第三岭也。宋蓝山在今县北十里。《通典》又谓都庞岭在永明县，与《注》异。①

按汉代桂阳郡南平县南邻桂阳县（治今广东连州），两县大概正以都庞岭为界。由于版本的缘故，有些版本的《水经注》记第三岭为"部龙"，杨氏对于赵氏的考证的批判，亦仅限于第三岭名号的争论，即第三岭究竟是都庞岭还是部龙岭？而对于第三岭的位置，他们并没有分歧，都认为应该在汉南平县（即宋蓝山县，治今湖南蓝山县北）境。② 杨氏除认同《水经注》五岭的说法外，经过考证，还认为邓德明之说实际与郦氏观点一致，甚至是郦氏沿袭了邓氏的说法。由杨氏的考证，则唐以前对于五岭的具体解释，除裴渊《广州记》外，不仅五岭名号一致，甚至叙述的次序也都是由东往西。对于裴渊《广州记》的观点，杨氏大概认为错误明显，故没有加以论述。再以杨氏考定的邓德明"五岭"较之唐代"五岭"，可以发现，两说对于五岭为哪五岭，也是惊人的相同；两说的差异，仅仅是第三岭都庞的位置问题，可惜杨氏对这一问题没有作进一步考证。

近代的法国汉学家鄂卢梭（L. Aurouseau）主多岭说。鄂氏考证秦平南越诸事，首先涉及五岭问题。他认为都庞岭在九真不可信，唐人都庞岭的说法亦不足据，都庞岭"应以部庞（音龙）为是……此第三岭应是部山岭了。此山也在湖南省之南境，可是在蓝山县境，距钟水不远。质言之，在广东西北界附近，而处第二岭之西，第四岭之东。此第三岭应接连州江（广东），而由是直接通至番禺；可是他同第二第四两岭很近，虽然可以通到广东都会，然而不能直接达到一条重要的川流之上。他所经行的道路，不久便到北

---

① 杨守敬：《水经注疏》卷三十九，第3206页。
② 又有值得注意者，《南康记》所记五岭，除大庾岭外，其他四岭，三岭之前注以汉县，惟都庞前为九真郡，这大概也能作为"九真"为衍文的一个证明。

江同连州江汇流的处所，而与长沙、番禺的大道合而为一"，因而"此第三岭不甚重要。"鄂氏的观点与杨说有类似之处，但他同时并不否认裴渊的说法，认为第三岭的混乱，正是因其"不甚重要"，以致出现了"两种五岭"甚至"六岭"，"总而言之，此六岭，或此两种五岭，皆属两广北界不远的山岭。别言之，有五岭即在南岭山系之中，至若揭阳岭，则在近于广东海岸一小山系之中"①。

岑仲勉在评价鄂氏的著作时，也对五岭进行了考证，认为"五岭之解释，实随北方势力之消长而变迁；揭阳者，鄂氏所谓西汉自闽入粤之通道，亦最古之说也，故裴氏主之。迨晋穆永和四年（348），升平三年（359），两破林邑，孝武太元六年（381），杜瑗平九真之乱，安帝隆安三年（399），又败范达，宋文元嘉二十三年（446），檀和之大伐林邑，百年之内，屡耀兵威，释五岭者随势力伸张，遂由岭东之揭阳，移为交南之都庞，固顺其自然之趋势者矣"，"《水经注》'部龙之峤'，或作都庞，鄂氏持此为否认九真之证；然道元北人，说许有误，且其书迟于德明当可百年，宋而后交南汉族，势力渐削，沿至中唐，遂代以南方无显然出路之永明岭，得非五岭解释，随民族消长而嬗变耶。"岑氏没有轻易否认历代有关五岭的说法，认为五岭诸说都是对某一历史时期真实情况的反映，"九真"非衍文，"九真都庞"确实存在，五岭并非全部位元于今南岭山脉之中，"五岭解释，应随历史之变化，作自然观也"。②

覃圣敏则否定了除《水经注》之外，包括邓德明《南康记》在内的诸家说法。他认为裴渊之说中的揭阳岭，"汉初已为闽越通道，但其时距秦亡已近百载，不可据此以为秦时此道已通……揭岭为僻塞之地，非为要途"，"揭阳岭道之通，或始自佗时"。对于第三岭，他认为邓德明"置都庞于九真境之误，并非自邓德明始，其前东汉服虔《汉书音义》，已将五岭置于交趾、合浦郡境，早开先河"，而唐及唐以后典籍中记载的"今道县、江永都庞岭非五岭"，"五岭第三岭原名当为部山或部龙。因部龙与都庞字形相近，

① 〔法〕鄂卢梭（L. Aurouseau）：《秦代初平南越考》，冯承钧译《西域南海史地考证译丛》第二卷第九编，商务印书馆，1962，第 8~20 页。

② 岑仲勉：《评〈秦代初平南越考〉》，第 51~52 页。

又因永明境有都庞岭，故后人误以为都庞当部龙，致使五岭第三岭移位"，进一步断言，"此历史悬案，今可释然而决矣！"① 覃氏认为有些版本的《水经注》记第三岭为"部龙"是正确的，又以此分析第三岭在唐代发生位移的原因。殊不知历代学者，特别是杨守敬对于第三岭已有详细考证，第三岭本来就应做都庞岭。

饶宗颐在《揭岭揭阳山辨》一文中谈到"揭岭为秦五岭之一，置戍所"，② 可惜未对五岭作进一步探讨。

综观唐以后对五岭诸说的探讨，多数学者试图肯定唐及唐以前的某一种说法，以此来否定其他诸说，这是较为合理但不一定科学的方法。少数例外者，如鄂卢梭的观点，仅仅罗列了诸家说法，并未做太多的考证，没有得出一个较为确定的结论，只是笼统地认为五岭应位于南岭及其余脉中，对于五岭究竟为哪五岭，实际上是模棱两可；岑仲勉注意到五岭在不同历史时期有不同的具体指向，因而没有否定任何一种说法，并尽力将诸种说法出现的时代与当时的情势联系起来，以证明有关五岭的诸种解释，实与中原势力对岭南地区影响的强弱息息相关。这种观点和方法虽然较为新颖，却过于牵强。

四 由《元和郡县志》的相关记载引出的

覃圣敏在《五岭辨正》中引用了两条《元和郡县志》的相关记载，并说"惟有缺卷，仅见二岭"。《元和郡县志》有缺卷是真，对于五岭的记载，却并非"仅见二岭"。实际上，《元和郡县志》尚有一条有关五岭的材料，似乎没有受到学者的重视，而这条材料对于解决五岭及相关问题，实在非常关键，《岭南道·始兴县》载：

大庾岭，一名东峤山，即汉塞上也。在县东北一百七十二里。从

---

① 覃圣敏：《五岭辨正》，第46、47、49页。

② 饶宗颐：《揭岭揭阳山辨》，原载《大光报·方志周刊》1948年，第52期，转引自《饶宗颐潮汕地方史论集》，汕头大学出版社，1996，第157页。

此至水道所极，越之北疆也。越相吕嘉破汉将军韩千秋于石门，封送汉节置于塞上，即此岭。本名塞上，汉伐南越，有监军姓庾，城于此地，众军皆受庾节度，故名大庾。五岭之戍中，此最在东，故曰东峤。高一百三十丈。秦南有五岭之戍，谓大庾、始安、临贺、桂阳、揭阳县也。①

按"秦南有五岭之戍，谓大庾、始安、临贺、桂阳、揭阳县也"一句，较之裴渊《广州记》："大庾、始安、临贺、桂阳、揭阳，斯五岭"，有值得推敲的地方。这两句话表面看起来极为相似，实则大有不同。《元和郡县志》所记秦五岭，似乎统一认作为五岭所在的五个县名，这应是对《广州记》所记五岭最直接的解释。然而，考五县中揭阳县晋代已废②，至宋代方复置③；大庾县则始置于隋④。唐代以前，五县从未同时出现。所以，若没有缺衍文的话，《元和郡县志》的此处记载，极有可能是没有弄清大庾县的建置年代，进而没能完全正确阐释《广州记》的记载。⑤ 不过，《元和郡县志》的记载，倒是明确指出晋人裴渊的说法，实际上是秦代的五岭，而且《广州记》所记秦代五岭，并不一定都是岭名，除大庾确为岭名外，其他四名应当是另外四岭分别所在的县名，也就是说，其他四岭分别位于四县境内。这四县的建置情况如下：

始安：西汉置，治今广西桂林；

临贺：西汉置，治今广西贺州东南贺街；

桂阳：西汉置，治今广东连州；

---

① 《元和郡县志》卷三十四《岭南道·始兴县》，中华书局，1983，第902页。中华书局本同卷校勘记第九八条："'从此至水道'至'揭阳县也'，今按，此一百四字，殿本同，它本脱。"很多学者没有看到这条材料，可能正是由于版本脱漏所致。

② 《宋书》卷三十六《州郡志二》，中华书局，1974，第1091页。

③ 《宋史》卷九十《地理六》，中华书局，1977，第2237页。

④ 《隋书》卷三十一《地理下》，中华书局，1973，第881页。

⑤ 此外，最大可能是"大庾"后缺一"岭"字，若果真是这样，则秦代五岭及其位置就更容易判断了。还有两种可能：一、"县"字为衍文，则《元和郡县志》的记载与《广州记》完全相同；二、"揭阳"与"县"之间缺"揭阳"二字。"揭阳，县也"，当是对揭阳县这一唐代已消失的古县名的解释。又据前引校勘记，诸多版本《元和郡县志》已脱佚这段话，发生衍文或缺字亦极有可能。

揭阳：秦置，治今广东揭阳西北。①

以上四县，除揭阳外，另外三县都是汉代始置，再参照大庾之名最早出现于汉代，因而《广州记》所记五岭有可能是后人对秦五岭的一种追述。秦代五岭，尤其除大庾之外的四岭，或本无具体所指，仅以四县笼统称之；或四县境内各有同名四岭，设县之时，皆以岭为名。

《元和郡县志》的记载并非只是一条孤证，也不是李吉甫的一家之言。唐颜师古的观点，实际上是与《元和郡县志》基本一致的。按颜师古注"五岭"，出现在《汉书·张耳陈馀传》："秦为乱政虐刑，残灭天下，北为长城之役，南有五领之戍"② 一文之下，颜师古以裴渊的说法为是，所指正是秦代的五岭。而章怀太子没能理解颜师古的意思，在注后汉史事时简单承袭了师古的观点。

较之秦代五岭，汉代五岭的范围开始缩小，由《元和郡县志》可知其最东一岭为塞上岭（汉以后又名东峤或大庾岭），在唐始兴县（治今广东始兴西）东北一百七十二里，与前面诸说中提到的大庾岭实为一岭。其他四岭，据前引《元和郡县志》两条记载及对杨守敬相关考证的分析，可以知道，汉及汉以后乃至今天，五岭的名号再没有发生变化，存在争议的只是第三岭都庞的位置问题，即都庞岭究竟位于汉代桂阳县（治今广东连州）还是唐代江华郡（治今湖南道县西）。这一争议实际上非常容易解决，因为前一种观点至迟在南北朝时已经出现，而后者则出现于唐代。除塞上岭外，汉代其他四岭的位置，应以杨守敬的考定为准：骑田岭和都庞岭，都在今广东连州北；萌渚岭，在今广西贺州北；越城岭，在今广西桂林北。

相对于汉代五岭，唐人所述的五岭，仅是都庞岭由原来骑田、萌渚之间，转到萌渚、越城岭之间，即今湖南道县南（唐代亦称永明岭）了。其他四岭，仍然和汉五岭完全一致。

此外，东汉服虔认为五岭在交阯（合浦）界中。据岑仲勉先生考证，裴骃《史记集解》所引《汉书音义》一书的作者，正是东汉服虔。《汉书音

---

① 以上四县始置年代，俱见《汉书》卷二十八《地理志》，第1596、1629、1594、1628页。
② 《汉书》卷三十二《张耳陈馀传》注，第1832页。

义》理应与颜师古所引服说一致，因此，或《汉书音义》缺、或颜氏所引衍"合浦"二字。颜师古认为"服说非也"；岑仲勉则认为依服氏之说，应有一五岭"在广州之西南"的汉交阯与合浦郡境；① 覃圣敏则否定服虔的说法②。按汉代虽有交阯郡、交阯县，但交阯亦可以代指岭南的广大地区，《史记·五帝本纪》：禹之功，"南抚交阯，北发西戎"③；西汉又设有交阯刺史部，《汉书·地理志上》："南置交阯、北置朔方之州"④。即便交阯、合浦并指汉郡，服虔以二郡指代岭南，亦不是没有可能。

五　结语

由前面对五岭及相关问题的探讨，我们可以得出以下结论：

1. 五岭为哪五岭，秦汉两代发生了变化。秦代甚至秦以前五岭的具体所指较为模糊，后人记载甚至以五岭所在的县来指称。秦代五岭的范围，较之汉代五岭也相对广泛，向东延伸至南岭余脉的最东段，今闽南、粤西北地方。

2. 汉代五岭，方可谓实至名归，也就是说，"五岭"缩小为今天南岭的地理范围。并且，其五座山岭的名号在汉以后亦固定下来，再未发生变化；五座山岭的具体地理指向，除第三岭外，亦从未发生变动。

3. 汉代第三岭都庞岭的位置，至迟在唐代发生了变动。唐代五岭说成为后世乃至今日的"五岭"。

有关五岭的基本问题，可以说已经得到了澄清。然而，五岭为什么在不同的历史时期会发生如此巨大的变动？对于这些问题，宋人周去非的观点兴许可以提供一些线索。周氏认为，"自秦世有五岭之说，皆指山名之。考之乃入岭之途五耳，非必山也"，随后罗列出了五条"入岭之途"。⑤ 周氏以过

---

① 岑仲勉：《评〈秦代初平南越考〉》，第 53 页。
② 覃圣敏：《五岭辨正》，第 46 页。
③ 《史记》卷一《五帝本纪》，第 43 页。
④ 《汉书》卷二十八《地理志上》，第 1543 页。
⑤ 《岭外代答校注》卷一，第 11 页。按周氏的观点，实际以裴渊的观点为是，这又为《元和郡县志》的记载提供了支援。

岭通道的观点解释五岭，虽然较为独特，却并非首创。《晋书·地理志》："自北徂南，入越之道，必由岭峤，时有五处，故曰五岭"①，《通典》亦言："自北徂南，入越之道，必由岭峤，时有五处。"综观三家说法，五岭虽不能按周去非的理解，完全指五条"入岭之途"，但五岭与过岭通道之间关系非常密切，却从可而知。

按整体上呈东西走向的南岭山脉，绵延横亘于今湖南、江西与两广的交界处，对于山岭两侧的交往非常不利。但是，南岭群山之中的一些山岭因为具有独特的地貌特征，或形成低谷走廊，或形成构造断裂盆地，或较为低矮而较易翻越，遂成为南北交通的天然孔道。这些通道旁边的山岭历来为世人所重，至秦"时有五处"，五岭因此得名。②

此外，周氏又言"乃若漳、潮一路，非古入岭之驿，不当备五岭之数。桂林城北二里，有一坯高数尺，植碑其上曰桂岭。及访，其实乃贺州实有桂岭县，正为入岭之驿。全、桂之间皆是平陆，初无所谓岭者，正秦汉用师南越所由之道。桂岭当在临贺而全、桂之间实五岭之一途也。"③ 漳州（治今福建漳州市）、潮州（治今广东潮州市）之间的傍海古道为后代新开，与本文关系不大，暂不讨论。④ 但周氏的论述，尤其他的实地考察却说明了一个简单的道理：过岭诸道并非一时开通，而是随着时代的发展逐渐开辟的；并且，在不同的时代，过岭诸道的地位又是不同的。探讨五岭具体位置的变动原因，正应从这一客观事实出发，考究五岭通道地位的变化与五岭名称变化的互动关系。

仍有值得注意的是，即便唐及唐以后以唐说为准的记载，当叙及都庞岭时，往往仍然按照汉五岭的顺序，以都庞为"第三岭"。都庞岭的位置为什么会发生变动？后人缘何未对五岭重新排序，而是继续沿用汉五岭的顺序？

① 《晋书》卷十五《地理志下》，中华书局，1974，第464页。
② 《中国大百科全书·中国地理》卷，第342页。
③ 《岭外代答校注》卷一，第11页。
④ 杨武泉在《岭外代答校注》中对这一条道路进行了考证："五岭诸说中，惟晋裴渊《广州记》谓五岭中有揭阳岭。揭阳，汉县名，晋无。地在今广东省东部，宋时为潮、梅二州。潮之东为漳州，梅之东为汀州。《代答》盖以揭阳岭在汀、梅之间，与漳、潮无涉也。然汉武帝时，东粤王馀善请以卒八千，从楼船将军击吕嘉等，兵至揭阳，"以海风波为解，不行"（见《汉书·两粤传》）。其进军道路必傍海，与漳、潮一途相合，则揭阳岭亦涉漳、潮。《代答》之说，未可尽信也"又为一说"。见《岭外代答校注》卷一，第12页。

又《淮南子·人间训》："（秦）又利越之犀角、象齿、翡翠、珠玑，乃使尉屠睢发卒五十万为五军，一军塞镡城之领，一军守九疑之塞，一军处番禺之都，一军守南野之界，一军结馀干之水。"[①] 秦五军与五岭有什么关系？这些问题的答案，似乎仍要从历代过岭交通的变迁入手来获取，将另文详析之。

（原载于《国学学刊》2009 年第四期，中国人民大学报刊复印资料《地理》2010 年第 4 期全文转载）

---

① 《淮南子集释》卷十八《人间训》，中华书局，1998，第 1289 页。

"六经皆史" 论与晚清民国经史关系变迁

◎ 张瑞龙

关于晚清民国经史关系的变迁，近年来逐渐引起研究者的注意①，但就目前状况而言，尚无较为全面、深入的研究著作。特别是关于这一问题的基本史料，更缺乏系统的梳理，本文着眼于此，对各种观点时序加以排列，以为进一步的研究略作铺垫。

章学诚说过，"古之糟粕，可以为今之精华"②。他的"六经皆史"，当然不是糟粕之语，然而晚清民国经史关系的变迁，却正是围绕对此语的不同诠释而展开。假使起学诚于地下，当他看到后人对此语远非其本人的理解时，一定会感到惊讶和新奇不已。葛兆光先生在解释思想的连续性时，提出"历史记忆、思想资源与重新诠释"的研究方式，即"固有的思想资源不断地被历史记忆唤起，并在新的生活环境中被重新诠释，以及在重新诠释时的再度重构"③。这一思路对学术史研究也有重大的启发意义。下面谨以晚清

---

① 罗志田：《清季民初经学的边缘化与史学的走向中心》，氏著《权势转移：近代中国的思想、社会与学术》，湖北人民出版社，1999；张越：《五四时期史学：走出经学的羁绊》，《史学理论研究》2002 年第 3 期；周国栋：《现代学术与两种学术遗产》，《齐鲁学刊》2002 年第 7 期。

② 章学诚：《文史通义·说林》，叶瑛校注，中华书局，1985，第 351 页。

③ 葛兆光：《中国思想史》第二卷《七世纪至十九世纪中国的知识、思想与信仰》，复旦大学出版社，2000，第 21 页；并参该书"导言"第二节"历史记忆、思想资源与重新诠释"，第 19~33 页。

民国时期对"六经皆史"的重新诠释为中心，探讨这一时期经史关系的变化。

一 "六经皆史"还是"史皆六经"——章学诚提出"六经皆史"的本意

据余英时先生研究，章学诚的"六经皆史"是针对韩愈的"道在六经"，尤其是顾炎武所主张、经戴震推拓得淋漓尽致的"经学即理学"的观点提出的。① "经学即理学"的观点主张："经之至者道也，所以明道者其词也，所以成词者字也。由字以通其词，由词以通其道。"② 章学诚的"六经皆史"则打破"道"专在"六经"的观念，主张六经不足以尽道，史也是道的载体，要"因史见道"。余先生称章氏此命题带有"尊史抑经"的意味③，恐怕不尽然。因为章学诚首先并非对经持怀疑态度，而是一位尊经者，其"六经皆史"是以"经亦载道"，即"尊经"为前提的；只不过"道"不为"六经"所专有，史亦有载道的功能而已。因此，与其说章氏的"六经皆史"带有"尊史抑经"的意味，不如说它是"尊史而不抑经"，是"尊史为经"。"六经皆史"就是将史学的地位抬高，将其置于与"六经"平等的位置上。至于"六经"与"史"所载之"道"孰多孰少，用章学诚自己的话说，是各得"半之道"④，即各得道的一半而已。

岛田虔次说："章学诚的'六经皆史'可与孔子的'仁'、孟子的'性善'、老子的'自然'、庄子的'齐物'、墨子的'兼爱'、董仲舒的'天人之际'、朱子的'性即理'、王阳明的'心即理'和清朝考证学的'实事求是'相提并论"，是贯串章氏全部思想的原理。⑤ 那么，在"六经皆史"的理论

---

① 余英时：《论戴震与章学诚》，三联书店，2000，第50～52页。
② 戴震：《与是仲明论学书》，《戴震全集》（第五册），清华大学出版社，1997，第2587页。
③ 余英时：《论戴震与章学诚》，第54～55、60页。
④ 章学诚的原话是"史学不明，经师即伏、孔、贾、郑只是得半之道"（《上朱中堂世叔》），"道备于六经，义蕴之匿于前者，章句训诂足以发明之。事变之出于后者，六经不能言。"（《原道下》）参见余英时《论戴震与章学诚》，第179、52页。
⑤ 岛田虔次：《六经皆史说》，收在刘俊文主编《日本学者研究中国史论著选译》第七卷，中华书局，1993，第183～184页。

中，所谓"史"指的是什么？即什么样的史学才可以媲美六经，与之共同载"道"？亦即载道的"六经"应该是什么样的史学呢？对此，他有这样一句名言："道备于六经，义蕴之匿于前者，章句训诂足以发明之。事变之出于后者，六经不能言，固贵约六经之旨，而随时撰述以究大道也。"（《原道下》）

在章学诚的著作中，史有多方面含义。岛田虔次曾从"'史'本来是怎样的""史是怎样变化的""真正的史学必须是怎样的"等三个方面加以论述①，发明颇多。但由于牵涉较广，于"六经皆史"应是什么样的史学反而不明。下面，谨就章氏著作加以疏通证明。

根据"三代以上之为史，与三代以下之为史，其异同之故可知也。三代以上，记注有成法，而撰述无定名；三代以下，撰述有定名，而记注无成法"（《书教上》）之说，在章氏"六经皆史"的理论系统中，史可分为这样几类。即，按时段而言，可分为：三代之时和三代以后；就史的种类和性质而言，可分为记注之史和撰述之史。综合这两个标准，所有的史都不外乎这样四类：三代之时的记注之史（三代时的史官）、三代之时的撰述之史（六经）、三代以下的记注之史（指的是史料，即"凡涉著作之林，皆史学"）和三代以下的撰述之史（即能够媲美六经，具有载道功能的史学）。

在章学诚"六经皆史"的理论中，史的黄金时期是最理想的三代之时。这时的记注之学与撰述之学，有着良好的互动关系。

这种良好的互动关系，是基于三代时的"记注有成法"才得以实现的。六经之所以能够产生，与"三代以上记注有成法"的"记注之史"密不可分。而三代史学所以能记注有成法，是因官制细密："《周官》三百六十，天人官曲之故可谓无不备。"（《书教下》）这时所谓的"史"，就是史官，即《周官》中的府史之史与内史、外史、太史、小史、御史之史（即五史），"府史之史，庶人在官供书役者，今之所谓书吏是也。五史，则卿、大夫、士为之，所掌图书、记载、命令、法式之事，今之所谓内阁六科、翰林中书之属是也"，他们"皆守掌故，而以法存先王之道"（《史释》）。更重要的是，此时"治教无二，官师合一"（《原道中》），"未有以文字为一家私言者"（《经解上》），如此则"官师治教合，而天下聪明范于一，故即器存道，而人心无越思"（《原

---

① 岛田虔次：《六经皆史说》，前揭书，第 190～204 页。

道中》），而"道寓于器，官师合一，学士所肄，非国家之典章，即有司之故事，耳目习而无事深求"（《原道下》），其得道也易。在此情况下，"史守掌故而不知择"，"五史以卿士、大夫之选，推论精微；史则守其文诰、图籍、章程、故事，而不敢自专；然而问掌故之委折，必曰史也"（《史释》）。

三代时"记注有成法"，这样撰述才"可以无定名"（《书教上》）。因撰述乃"传世行远之业，不可拘于职司，必待其人而后行；非圣哲神明，深知二帝三王精微之极致，不足以与此"（《书教下》）。故即使"深知二帝三王精微之极致"的"圣哲神明"一时未出现，而"有成法"的"记注之学"，亦可以守先以待后，等待"深知二帝三王精微之极致"的圣哲神明"首出御世，作新视听，神道设教，以弥纶乎礼乐刑政之所不及"（《易教上》）。六经就是周公因"自有天地而至唐、虞、夏、商，迹既多而穷变通久以大备"的际会，"以天纵生知之圣"，"经纶制作，集千古之大成"（《原道上》），将三代盛时的典章法度，"见于政教行事之实"（《经解上》）。所以他才说："六经皆史也"，"皆先王之政典也"（《易教上》），即六经是周公撰述的"以究大道"的三代之史。

三代以上之所以能"记注有成法，撰述无定名"，是因"官师合一，治教无二"，没有"空言以存其私说"（《原道中》）。但其后"治学既分，不能合一"，又是"气数之出于天者也"，"事之出于不得不然者"（《原道上》），在此情况下，如何维持三代时"记注有成法，撰述无专名"的史学的理想状态呢？孔子就是取法的典范。

孔子生于"治教既分"的东周，"惧先圣王法积道备，至于成周，无以续且继者而至于沦失也"，于是"取周公之典章"，"体天人之撰而存治化之迹"（《经解上》），其成果便是六经。"夫子述六经以训后世，亦谓先圣先王之道不可见，六经即其器之可见者也。后人不见先王，当据可守之器而思不可见之道。故表章先王政教，与夫官司典守以示人，而不自著为说，以致离器言道也。"（《原道中》）① 孔子用这种述而不作的方式，不离事而言道，

---

① 并参章学诚《原道中》："夫子述而不作，而表章六艺，以存周公旧典也，不敢舍器而言道也。"《答客问下》："夫子未删之《诗》《书》，未定之《易》《礼》《春秋》，皆先王之旧典也。然非夫子之论定，则不可以传之学者矣。"《答客问上》："孔子之作春秋也，盖曰：'我欲讬之空言，不如见诸行事之深切著明。'然则典章事实，作者之所不敢忽，盖将即器而明道耳。"

颇能承"治教未分"前"记注有成法，撰述无定名"之余绪。

遗憾的是，孔子所担心的"自著为说""离道言事"等，在"官师分职，治教分途"（《原道下》）的情况下，都发生了："官师治教分，而聪明才智，不入于范围，则一阴一阳，入于受性之偏，而各以所见为固然""官守失传，而吾以道德明其教，则人人皆自以为道德"，夫"道因器而显，不因人而名也。自人有谓道者，而道始因人而异其名矣。"（《原道中》）其弊端不止如此，官师治教分，私家著述起，造成"《周官》之法亡"，也就是"撰述有定名，而记注无成法"（《书教上》）。而"记注无成法，则取材也难；撰述有定名，则成书也易。成书易，则文胜质矣。取材难，则伪乱真矣。伪乱真而文胜质，史学不亡而亡矣。良史之才，间世一出，补偏救弊，急且不支"。（《书教上》）

三代以下"撰述有定名，记注无成法"，造成了史学"不亡而亡"。在这种情况下，如何才能"约六经之旨"，随时撰述媲美六经的史学呢？

首先，必须恢复三代之时"记注有成法"的优良传统。记注有成法是章氏整个"六经皆史"理论的基础，没有"记注有成法"的基础，根本谈不上"随时撰述以究大道"的媲美六经的史学。既然"官师治教分，私家著述起"不可避免，问题在于如何在此新的情况下，以一种新的形式恢复三代那种"记注有成法"的传统，以为"随时撰述，以究大道"的"六经皆史"式的载道史学作准备。

为此，章学诚提出"盈天地间，凡涉著作之林，皆史学"①的主张，此处所言的"史学"，就是史料。他说："整辑排比，谓之史纂；参互搜讨，谓之史考；皆非史学。"（《浙东学术》）无论史纂、史考，都不是能媲美六经、像"六经"那样具有载道功能的史学，而是史料。三代之时，学在官府，无私家著述，所有典籍都为史官所掌（参《书教上》），而"盈天地间，凡涉著作之林，皆史学"的主张，也就是在私家著述已是既成事实的情况下，网罗天下所有典籍、史料，就其实质而言，是以一种新的形式变相地恢复三代时"记注有成法""典籍尽为史官所掌"的传统。

至于三代以后，什么样的史学著作可以媲美"六经"、符合"随时撰述以究大道"的载道史学，章氏有极为严格的标准，他说："史之大原，本乎

---

① 章学诚：《报孙渊如书》，《文史通义》"外篇三"，辽宁教育出版社，1998，第283页。

《春秋》。《春秋》之义，昭乎笔削。笔削之义……固将纲纪天人，推明大道。所以通古今之变，而成一家之言者，必有详人之所略，异人之所同，重人之所轻，而忽人之所谨，绳墨之所不可得而拘，类例之所不可得而泥，而后微茫杪忽之际，有以独断于一心。及其成书也，自然可以参天地而质鬼神，契前修而俟后圣。"（《答客问上》）而符合这一标准的，在他看来，三代以下所有的史学著作中，也只不过《史记》《汉书》（《书教下》）、《通典》（《书教中》）那么几部而已，至于隋唐以下，他甚至得出"晋、隋而下，不得名为一史""唐后史学绝"（《答客问上》）的结论。这是因为"六经皆史"式的史学，是要"经世，固非空言著述"（《浙东学术》）。所以他反复感叹说："史学失传也久矣！"（《书教下》）而之所以出现这样的局面，首先要归咎于"官师治教分，私家著述起"所造成的"撰述有定名，记注无成法"，它不但使"史学不亡而亡"，更使"间世一出"的"良史之才"不得不把精力花费在"补偏救弊"上，以至"惫且不支"（《书教上》）。更何况，"史才不世出"（《书教下》《答客问上》）呢？

所以，在章学诚"六经皆史"的理论系统中，能符合上述标准的史学，是极为难得的。绝非一般的史学著作，更不是后人所理解的章氏所言"凡涉著作之林，皆史学"之中的史学。由此可以看出，章氏提出"六经皆史"，是抬高史学的地位以与经学并尊，绝不是贬经为史。柴德赓先生说："学诚心目中不止以为六经是古代史书，而且是最高标准的史书，为后世所不能及，其精意在此。名为尊史实则尊经"，"他的意图不是抑经以尊史，实际还是为了尊经。"① 确为的论。

在章氏"六经皆史"的理论系统中，"撰述无定名"是核心，"记注有成法"是基础。而"记注有成法"赖以建立的基础，则是三代时细密的《周官》制度，即各种"史"。因此，后人在理解章氏的"六经皆史"时，如果将"史"理解成史官，尚不失章氏原意，尽管只得了章氏整个理论系统中所指称的四种史之中的一种——三代时的"记注有成法"之史而已；

---

① 柴德赓：《试论章学诚的学术思想》，氏著：《史学丛考》，中华书局，1982，第302页。不过，柴氏对章学诚的"六经皆史"说，仍存在一定程度的误解，如他在该文中误以章氏"认为六经是古代的史书和史料"（第301~302页），而不知章氏尽管把六经视作史书——也就是柴氏所谓的"最高标准的史书"，但从未把六经视为史料。

但如果理解成"史学"（没有载道功能的"史"）甚至是"史料"，则正与章氏的原意背道而驰。

　　史学和经学同样具有载道功能，这是章氏的一个创见。但其时知识界所理解的经学和史学，仍是韩愈以来所主张的"道在六经"、"道"为"六经"所专有的观念，史学是没有载道功能的。而用这种观念来解读章氏"六经皆史"——如果不失章氏原义的话——应是"史皆六经"，即史学和六经一样具有载道的功能。章学诚死后11年，78岁的段玉裁在其所刊布的"持此论久矣"的广十三经为"二十一经"之说，就是用传统的经史观念，对章氏此说的正确解读。他说："《礼》益以《大戴礼》，《春秋》益以《国语》、《史记》、《汉书》、《资治通鉴》，《周礼》'六艺'之书数，《尔雅》未足当之也，取《说文解字》、《九章算经》、《周髀算经》益以之。"① 其意即尊史为经，以史为经。但由于章氏本人生前未享盛名，死后更隐而不彰：在他死后不到五年，唐仲勉刻《纪年经纬考》即将其姓氏误写为"张"，而其同乡钱林为邵晋涵作《传》提到他时，也犯了同样的错误，另一位学者在读他的《文史通义》时，更是将其号"实斋"之"实"，误写作"石"②。所以章氏"史学具有载道功能"的创见，在当时和后世并未被太多学者所理解③，便不奇怪了。而当后人用他们所认为不具有载道功能的史学来解读其"六

---

① 段玉裁：《十经斋记》，《经韵楼集》卷九，《段玉裁遗书》，台北大化书局，1977 年影印经韵楼刻本，第 1046 页。又，章学诚本人也有增十三经为十五经的想法："三礼之外，当增《大戴礼记》；三传之外，当增《国语》。"见《章学诚遗书》，文物出版社，1985，第 663 页；并参《报谢文学书》，见该书第 256 页。

② 钱穆：《中国近三百年学术史》，第 459 页。

③ 1796 年，章学诚《文史通义》中的《易教》《诗教》《书教》等篇刊刻后，就有学者批评他"攻史而强说经""有意争衡"（《上朱中堂世叔》），更有人讥其"陈腐取憎"。而章氏本人也不敢持此观点与并世的经学家公然为敌，故写作时下语极为含蓄慎重，加上他在世时"恐惊世骇俗，为不知己者诟厉"，只是"择其近情而可听者稍刊一二"，其所刻之作又只是"为就正同志之资"，"不欲遍示于人"，因此流布不广（参见钱穆《中国近三百年学术史》，第 424～425 页；并余英时《论戴震与章学诚》，第 179、61、54～55 页）。《文史通义》的首次全部刊刻是在他死后三十多年的 1832 年（即"大梁本"），二十年后，学术界流布较广的"粤雅堂丛书"本（1851 年）始问世，又二十多年，《文史通义》才再次刊刻，即"浙江书局补刻本"（1873 年）和"贵阳本"（1877 年）。而《章氏遗书》的全部刊刻，已经迟至 1920 年以后，即"浙江图书馆排印《章氏遗书》"本（1920 年）和刘承幹"嘉业堂《章氏遗书》"本（1922 年）。参见张述祖《〈文史通义〉版本考》，载燕京大学《史学年报》，第三卷第一期，1939 年 12 月。

经皆史"的观念时，则正与章氏原意相反。其结果正是余英时先生所说的"尊史抑经"，甚至是"贬经为史"。

后世对章氏"六经皆史"的理解，就是沿着上述两个方向演进的。且愈到后来，后一倾向愈为明显。可以说，后世对章学诚的理解是以误解为前提的，而且理解越深，误解也越深，越是觉得对章氏"六经皆史"的观念理解得深刻而贴切，离章氏的原意越远。推寻其故，不难发现其与当时的社会环境有极为深刻的关系，且与晚清、民国的学术发展有一脉相承的脉络贯串其间。章氏"六经皆史"之，只不过起到了他们所寻找、凭借的认同"资源"而已。这也就是葛兆光先生所说的"再发现"，尽管后人对它的理解，并非章氏"六经皆史"说所本有，甚至恰与原意相反。

二　六经皆史学——清季、民初的经学和史学

章学诚死后24年（1825），34岁的龚自珍（1792～1841）开始著《古史钩沉论》，八年后（也就是《文史通义》首次全部刊刻的前一年）撰成。他在这部名著中提出了"六经皆史官所掌"之说，称："六经者，周史之宗子也。《易》也者，卜筮之史也。《书》也者，记言之史也。《春秋》也者，记动之史也。《风》也者，史所采于民，而编之竹帛，付之司乐者也。《雅》《颂》也者，史所采于士大夫也。《礼》也者，一代之律令，史职藏之官府，而时以诏王者也……故曰六经者，周史之宗子也。"[①]

据有的学者研究，龚自珍的这些观点大都剽窃自章学诚[②]，但细绎此文，就会发现龚氏此处所说的之"史"，大多是指"史官"而言[③]，而这只不过是章氏"六经皆史"理论系统中所指四类史之中的一种，即"三代之时的记注之史"，远不是章氏"六经皆史"论的中心命题——可以媲美六经、具有载道功能的史学。且龚氏亦另有其命意所在，这在其《宾宾》篇（又名《古史钩沉论四》）中表现得最为明显[④]。而他那篇又名为《尊史》

---

① 龚自珍：《古史钩沉论二》，《龚自珍全集》，上海人民出版社，1975，第21页。
② 钱穆：《中国近三百年学术史》，第593～595、605页。
③ 参见岛田虔次《六经皆史说》，前揭书，第182、197～198页。
④ 参见钱穆《中国近三百年学术史》，第603～605页。

的《古史钩沉论二》所揭橥的"灭人之国，必先去其史；隳人之枋，败人之纲纪，必先去其史；绝人之材，湮塞人之教，必先去其史；夷人之祖宗，必先去其史"① 等史学的重大作用，在晚清民国更成为经学史学化所凭借的重要资源之一。

章学诚所处的乾嘉之时正是史学不十分繁荣的时期，钱大昕对此曾作过这样的描述："戴惠之学盛行于世，天下学者但治古经，略涉三史，三史以下茫然不知。"② 在此史学寝微、经学极发达的情况下，章氏提出"六经皆史"说，以与当时经学家盛行的"经学训诂"争道统③，是可以理解的。问题是，如果在知识界并不普遍重视史学，或史学并不十分发达的情况下，后世学人将"六经皆史"的观点误解作"以经为史""贬经为史"，并自以为是而不知其非，便难以想象。那么，他们之所以有这样的普遍误解，与嘉道以来的学术发展及当时的社会、政治等外在环境，又有什么关系呢？

王国维在总结清代学术的发展时，曾提出一个著名的论断："国初之学大，乾嘉之学精，道咸以降之学新。"④ 道咸以降的"新学"，除从清代考证学内部发展出来的诸子学、今文经学外⑤，还有一门就是史学。确如钱穆先生所说："经学上之问题，同时即为史学上之问题"，"治经终不能不通史"⑥。清代经学发展到此时，其问题也只有靠史学才能解决。而恰在此时，史学由于钱大昕的提倡，逐渐引起学术界的重视⑦。于是，道咸以降今文经学家"龚定庵、魏默深为先起大师，此两人亦既就史以论经矣。而康长素、

① 龚自珍：《古史钩沉论二》，《龚自珍全集》，第 22 页。
② 江藩：《国朝汉学师承记》，中华书局，1983，第 49 页。
③ 余英时：《论戴震与章学诚》，第 177～180 页。
④ 王国维：《沈乙庵先生七十寿序》，《观堂集林》，彭林整理本，河北教育出版社，2003，第 574 页。
⑤ 余英时：《〈中国哲学史大纲〉与史学革命》，收在胡颂平编著《胡适之先生年谱长编初稿》"校订版"（第一册），台北联经出版事业公司，1990，第 64～74 页。
⑥ 钱穆：《两汉经学今古文平议》"自序"，商务印书馆，2001，第 6 页。
⑦ 柴德赓说："乾隆嘉庆年间，把治经看作第一等学问，史学是被看做次要的甚至不重要的，竹汀出而形势一变。嘉庆二年，他为赵翼《廿二史简记》作序，反复论证经学与史学的地位问题，把经学和史学列为同等重要地位。""从经学的考据转到史学的考据，竹汀关系最大，考证最精，其影响也最深远。"柴德赓：《王西庄与钱竹汀》，《史学丛考》，第 263、265 页。

廖季平，其所持论益侵入历史范围"①。如果沿着这样的学术路径，章学诚"六经皆史"论提出的"尊史为经""通史致用"的主张，也未尝不可能发展出来。遗憾的是，近代以来，中国社会内外交困、四夷侵凌的严峻局面，不但把这一可能打断了，反而使之向着完全相反的方向——"贬经为史"的方向发展。

这时列强的侵略，使"载道"的"六经"已不能应对"千古未有之变局"②，"医国手"再也不能"药方只贩古时丹"，而是要向西方学习。而向西方学习的结果，使他们反思中国积贫积弱的原因时，便归咎于当时的各种制度，进而波及这些制度所本的学术、文化，直到将其核心——经学全部否定为止。可以说，晚清以来经学没落的直接原因就是西方列强的侵略。这一点，在甲午战争后表现得尤为明显。如严复在 1895 年那篇著名的《救亡决论》中，便说中国风俗败坏当以六经为祸首③；同年，他在另一篇名文《辟韩》中亦言："苟求自强，六经且有不可用者。"④ 1906 年，他更认为戊戌维新废八股改试策论及此后科举制的废除，"乃吾国数千年中莫大之举动，言其重要，直无异古者之废封建，开阡陌"⑤。列强侵略所导致经学地位的下降，于此可见一斑。

当六经所载之道不断地被证明在中国近代化和应对列强侵略时，不能提供有效资源，那么，向来被认为具有载道功能的六经还有什么用呢？这是当时也是后世经学家所必须解答的问题。

经今文学家对这一问题的回答是，六经仍是载道之具，具有载道功能，只是六经所载之道，由于刘歆所造伪经的玷污，以致隐而不彰。真正的六经是西汉时所传的今文经，其所载之道就是改制，六经是孔子托古改制之工具，其改制的方式和行为正是现在向西方学习所应效法的，这种看法的代表就是康有为。康著《新学伪经考》，将两千年来学者宗奉的经典指斥为伪

① 钱穆：《两汉经学今古文平议》"自序"，第 6 页。
② 参见王尔敏《近代中国知识分子应变之自觉》，氏著：《中国近代思想史论》，社会科学文献出版社，2003，第 323～369 页。
③ 严复：《救亡决论》，王栻主编《严复集》，中华书局，1986，第 53～54 页。
④ 严复：《辟韩》，《严复集》，第 35 页。
⑤ 严复：《论教育与国家之关系》，《严复集》，第 166 页。

经，称是刘歆为王莽篡汉建新而造；又著《孔子改制考》为其变法向西方学习提供理论根据。孔子著经是托古改制，诸子著书也是托古改制，如此"孔子之赞许尧舜文王，无异于老庄之称誉太古，许行之称誉神农，墨翟之称誉夏禹，都是一种宣传的手段"，其结果"孔子的六经与庄生的寓言相等，孔子的手段并不比诸子更高明"，"儒家不过周秦诸子中的一派"而已，① 间接造成经学地位的下降。

经古文学家在回答这一问题时，章学诚的"六经皆史"恰好为他们提供了凭借的资源。只是他们所解读的"六经皆史"，并非章氏原意，而是恰恰与之相反，他们认为六经只是三代之史，并不具有什么载道功能。这样，六经既然是三代之史，那么即使不载什么"道"，也是记载三代史事的史书。何况，戊戌维新废除八股改试策论，直接促进了史学的兴起；而列强的入侵，又使史学的道德价值得以提升，史学在此时得到前所未有的重视。② 如此，则六经仍有其价值和功用。这种观点在清末民初颇为盛行，并推动了这一时期经史关系的变化，即经学的史学化。这种观点的代表人物便是章太炎。

1902 年，35 岁的章太炎在《清儒篇》中提出了"六艺，史也"的观点和"夷六艺于古史，徒料简事类"的治经方法。③ 1906 年，他在《与人论朴学报书》中说，"经者，所以存古，非以是适今也"，"素王修史，实与迁、固不殊，惟体例为善耳"。④ 如果仅将六经视为古史，而不否认其载道功能的话，并不能造成经学的史学化，因为经古文学家素来视六经为古史。⑤ 问题是，章氏根本否认经学有载道功能，而是将六经视为纯粹的历史。同年，他在《论诸子学》中说："今之经典，古之官书，其用在考迹异同，而不在寻求义理。故孔子删定六经，与太史公、班孟坚辈，初无高下。

---

① 周予同：《经今古文学》，顾颉刚编著《古史辨》第二册，上海古籍出版社，1982，第318页。

② 罗志田：《清季民初经学的边缘化与史学的走向中心》，《权势转移：近代中国的思想、社会与学术》，第326~341页。

③ 章炳麟著、徐复注《訄书详注》，上海古籍出版社，2000，第133、161页。

④ 章太炎：《与人论朴学报书》，《章太炎全集》（四），上海人民出版社，1985，第153~154页。

⑤ 参见周予同《经今古文学》及《中国经学史讲义》，朱维铮编《周予同经学史论著选集》（增订本），上海人民出版社，1996，第6~7、847页。

其书既为记事之书，其学惟为客观之学。"① 1907 年，他在《答铁铮》一文中言，"孔氏之教，本以历史为宗"，"《春秋》而上，则有六经，固孔氏历史之学也。《春秋》而下，则有《史记》、《汉书》以至历代书志、纪传，亦孔氏历史之学也"，"不言孔学则已，若言孔学，愿亟以提倡历史为职"。② 在他看来，"从事六经研究工作的最终目的是要显现出先民的生活实况，依靠常理而言，祖宗的生活实况再野蛮落后，后人观之一样感慨流连不置"，这"非但不影响一般人爱念宗国之心，且有助于发思古之情，故揭开上古实况非但不妨碍其所提倡的民族主义，反而更有裨益"。③

这种不承认六经具有载道功能的看法，在清末较为普遍。1905 年，宋恕在山东举办"粹化学堂"，便称"史为记事之书，经、子、集虽杂记事，而要皆为论事之书。记事书为原案，论事书为各断，未详原案之终始，焉知各断之是非？故研究各断之是非，必先调查原案之终始"，"史学极盛，而经、子、集中之精理名言亦大发其光矣"。④ 即将经视为"论事"之书，与诸子无疑，而且论事之书（即经、子）尚须史学来"大发其光"。同年，刘师培《经学教科书》谈到六经的功用时，亦称："六经浩博，虽不合于教科，然观于嘉言懿行，有助于修身，考究政治典章，有资于读史。治文学者可以审文体之变迁，治地理者可以识方舆之沿革。是经学所该甚广，岂可废乎？"⑤ 刘氏"经学所该甚广，岂可废乎"的辩解，从一个侧面反映当时"废经学"的呼声甚高，而其不废经学的理由却是经学有助于修身、读史、考究政治典章、研治方舆地理。即经学本身已经没有独立研究的价值，其价值仅在于对这些学科的研究有辅助作用而已。

经古文学家否认经学的载道功能，但对仍然信奉经学的他们来说，必须

---

① 章太炎：《论诸子学》，朱维铮、姜义华编注《章太炎选集》，上海人民出版社，1981，第357页。

② 章太炎：《答铁铮》，《章太炎全集》（四），第371页。

③ 王汎森：《章太炎的思想（1868~1919）及其对儒学传统的冲击》，时报文化出版事业有限公司，1985，第197页。

④ 宋恕：《粹化学堂办法》，胡珠生编《宋恕集》，中华书局，1993，第380页；并参罗志田《国家与学术：清季民初关于"国学"思想的论争》，生活·读书·新知三联书店，2003，第132~133页。

⑤ 刘师培：《经学教科书》"序例"，劳舒编《刘师培学术论著》，浙江人民出版社，1998，第171页。

建立一套新的价值和信仰体系。1908 年，章太炎写成《原经》一文，完成将六经视为单纯的史籍后对六经价值功能的重建。此文对作为史籍的六经的价值做了系统论述，他说："国之有史久远，则亡灭之难。自秦氏以讫今兹，四夷交侵，王道中绝者数矣。然撝者不敢毁弃旧章，反正又易。藉不获济，而愤心时时见于行事，足以待后。故令国性不堕，民自知贵于戎狄，非《春秋》孰维纲是？禹不治洚水，民则溺，民尽溺，即无苗裔，亦无与俱溺者。孔子不布《春秋》，前人往，不能语后人，后人亦无以识前，乍被侵略，则相安于舆台之分……《春秋》之况悉民，比之天地亡不帱持，岂虚誉哉！"① 即作为史学的六经与中华民族的存亡有着密切的关系：中国民族所以能经历数千年而不致灭亡，是因为有详密而不绝的史籍，而史学的这种守先待后的价值传统则创立于孔子及其纂修的六经。

既然作为史籍的六经具有这种存亡继绝的功能，其价值当然不逊于此前所认为的六经所载之道。那么，如何证明六经是记载三代史事的史籍就成了必须解决的问题，这也是章氏此后学术生涯的一个重要命题。

或许，这是当年知识界所共同面临的重要命题，就在太炎提出此说的 1908 年，有人替他回答了这一问题。这便是张尔田和他的《史微》。

《史微》模仿《文史通义》，在第一篇"原史"开头便说："六艺皆史也。"他说："史之为书也，曰诗、曰书、曰易、曰礼乐、曰春秋。"② 接着，在第二篇"史学"中，论述何以称六经为三代史籍："《周易》为伏羲至文王之史，《尚书》为尧舜至秦穆之史，《诗》为汤武至陈灵之史，《春秋》为东周至鲁哀之史，《礼》《乐》为统贯二帝三王之史……古无断代为史之例，《易》虽终文王，而《尚书》无嫌始尧舜。《书》虽终秦穆而《诗》无嫌始汤武。《诗》虽终陈灵而《春秋》无嫌始隐公。此犹《太史公书》本继《春秋》，而讬始于黄帝以来。班固书本继太史，而断自汉高以降也。是故六艺者，上古之通史也。岂可以后世史法绳之哉。"接着论述《易》《诗》同样是上古史籍："后世之史，纪事而已，记言而已。古史则不然。其纪事

---

① 章太炎撰，陈平原导读《国故论衡》，上海古籍出版社，2003，第 63～64 页。
② 张尔田：《史微（内篇）》卷一"原史"，《民国丛书》第五编第 60 册影印"五屋守卆，1912"。

也，必并其道而载之。其记言也，必并其意而载之。有纪事记言而道与意因之而见者，《尚书》《春秋》《礼》《乐》是焉。有载道载意而事与言因之而见者，则《易》与《诗》是焉。"① 但此处论证六经是上古通史，仍不摆脱六经载道的传统观念。尤其是在回答《周易》《诗经》为什么是上古之史，更是从"载言载意"特别是"载道"的角度论述，不但没摆脱六经载道的观念，反而依靠此观念来论证。而且也没有实实在在地将六经尤其是其中的《周易》证明成是古代史籍，而这正是章太炎"六经皆史学"的命题所必须解决的，只有这个问题解决了，"六经皆史学"之说才算完成。

1910 年，章太炎发表《经的大意》，全面论述"六经皆史学"之说，他说："百年前有个章学诚，说'六经皆史'，意见就说六经都是历史。这句话，真是拨云雾见青天！《尚书》、《春秋》固然是史，《诗经》也记王朝列国的政捐，《礼》、《乐》都是周朝的法制……惟有《易经》似乎与史不大相关，殊不知道，《周礼》有个太卜的官，是掌周易的，《易经》原是卜筮的书，古来太史和卜筮、测天的官，都算一类，所以《易经》也是史……经外并没有史，经就是古人的史，史就是后世的经。"② 此处，章氏论述"六经皆史学"完全摆脱了六经载道的观念，但仍没有彻底解决《周易》何以为一代史籍的问题。

进入民国后，章氏继续论证"六经皆史学"之说，其成果集中表现在1922 年他在苏州国学讲习会所讲的"经学之派别"。此文除证成《诗经》是史外，大都不出前文的范围。另外，他还在提出《周易》是社会学之书，即历史哲学著作，并在 1933 年作《历史之重要》的演讲时，证成此观点。但太炎仍然没有将《周易》确凿地证明成是古代史籍，且终其一生，亦未解决此问题。

将《周易》证成是古代史籍的是胡朴安。1942 年，胡氏撰成《周易古史观》。此书本《序卦》说，就古史立场解说六十四卦，证明："《乾》、《坤》两卦是绪论。《既济》、《未济》是余论。自《屯卦》至《离卦》，

---

① 张尔田：《史微（内篇）》卷二"史学"。
② 章太炎：《经的大意》，吴齐仁编纂《章太炎的白话文》，泰东图书局，1922，第 69 ~ 70 页。

为草昧时代至殷末之史。自《咸卦》至《小过卦》，为周初文、武、成时代之史。本卦辞、爻辞、《彖》辞、《象》辞，字解而句说之，确然知其不可易也。"他说："六十四卦之纪事，衔接而下，毫无前后凌乱之处。且每卦爻辞皆秩然有序，而已日乃孚、先庚三日、后庚三日，皆与《尚书》之《武成》相合，断非偶然之事也。而西南得朋，东北丧朋，利西南，不利东北，东邻杀牛，不如西邻之禴祭，实受其福，皆以西南为周，东北为殷，亦断非偶然之事也。"① 至此，章太炎"六经皆史学"之说完全证成。

综观"六经皆史学"说，其所论多本章学诚"六经皆史"说而来。太炎本人多次征引此说，自不待言；张尔田证明六经乃上古通史，亦称是"得章实斋先生《通义》，服膺之，始于周秦学术之流别稍有所窥见"②；至于胡朴安更以证实此说自任："六经皆史，章实斋尚是一句空言，必如是实实在在证佐出来，与人共见，始得与人共信也。"③ 但这三人对"六经皆史"说的理解是以误解为前提的，因为他们在证明六经是三代史籍时，除张尔田多少承认六经具有载道功能外（而且仅是在证明《诗经》《周易》是三代之史时），都否认六经是载道之具。

"六经皆史学"是针对经学没落而提出的应对策略。问题是六经即使是史书，与普通史籍相较，也不太符合作为史书的基本条件。所以，到了1923 年，钱玄同就说，即使承认六经是孔子所修之史，那么"这几部历史之信实的价值，远在《史记》和《新唐书》之下"④，何况，"《六经》底大部分固无信史底价值，亦无哲理和政论的价值"⑤ 呢？而中国传统史籍，早在1902 年就被梁启超斥为"二十四姓之家谱"，并在学术界掀起了中国"有史"还是"无史"的论争。⑥ 聊可欣慰的是，在整个论争中虽然"无

---

① 胡朴安：《周易古史观》"自序一"，上海古籍出版社，1986，第6~7、8 页。
② 张尔田：《史微（内篇）》"凡例"。
③ 胡朴安：《周易古史观》"自序二"，第13 页。
④ 钱玄同：《研究国学应该首先知道的事》，顾颉刚编著《古史辨》第一册，上海古籍出版社，1982，第105 页。
⑤ 钱玄同：《答顾颉刚先生书》，《古史辨》第一册，第69 页。
⑥ 王汎森：《晚清的政治概念与"新史学"》，《中国近代思想与学术的系谱》，河北教育出版社，2001，第188~196、193 页。

史"论占了上风，但毕竟还有人坚持中国"有史"。① 但是，"六经"即使是史籍，也只是传统史籍而已，绝不是受当时学术界青睐的"新史"。那么，在新史学的视野下，六经又是什么呢？

三　六经皆史料——民国时期新史学视野下的经学研究与传统经学的解体

民国建立，经学作为一种意识形态已不复存在。1912 年，教育部颁发的《普通教育暂行办法》规定："小学读经科一律废止。"第二年公布的《大学规程》规定，大学分为文、理、法、商、医、农七科，其中文科之下有哲学一科，经学中的《周易》《毛诗》《仪礼》《礼记》《春秋·公、谷传》《论语》《孟子》就属"哲学门"的"中国哲学类"，《尚书》《春秋左氏传》则属文科"历史学门"的中国史，《周礼》属此门的法制史。② 这样，经学作为一门独立学科的学术地位也丧失了。1915 年兴起的新文化运动，更以打倒"孔家店"反对经学为职志，经学政治地位、社会地位几乎扫地而尽。

不仅如此，即使在学术领域，经学的地位也下降到一个极为尴尬的境地。这突出表现在学术界关于什么是"经"的讨论上。

1905 年，刘师培在其《经学教科书》说："经字之义，取象治丝，纵丝为经，横丝为纬。引申之，则为组织之义……古人见经文之多文言也，于是假治丝之名，而赐以六经之名。即群书之用文言者，亦称之为经。"推寻其意，只要是"文言"，都可以称为经：《老子》可以称为《道德经》，《离骚》可以称为《离骚经》等。刘氏本人言："不明经字之本训，安知六经为古代文章之祖哉！"③ 他明了"经字之本训"，却将几千年来人们尊奉为治国安邦、修身齐家的经典——"六经"，变成被扬雄讥为雕虫之技——"文

---

① 梁启超：《新史学》，《饮冰室文集之九》，第 3 页，《饮冰室合集》第一册，中华书局，1989。
② 璩鑫圭、唐良炎编《中国近代教育史资料汇编·学制演变》，上海教育出版社，1991，第 597、697~699 页。
③ 刘师培：《经学教科书》，劳舒编《刘师培学术论著》，第 175 页。

章"的祖宗！

1910 年，章太炎在《国故论衡》"文学中略"中说："'经'者，编丝缀属之称。"① 1922 年，他在"国学大概"的演讲中继续论证："经字的原意只是一经一纬的经，即是一根线，所谓的经书只是一种线装书……'经'不过是当代纪述较多而常要翻阅的几部书罢了。"② 第二年，周予同据章氏此说，引申称："经的本义是线，就是订书的线，也就是《论语》上所谓'韦编三绝'的'韦编'。"③ 三年后（1926），他又作出了更令人吃惊的推论："现在书坊流行的'大狗跳小狗叫'的小学国语教科书可称为经，就是他们表面上疾首痛恶而自己偷偷地在被窝里看着的《金瓶梅》，假使不是日本洋装式的翻板，也可以称为经。"确如周氏本人所言："在腐旧的经学里居然有这样大胆的主张；这在不学无术而又喜欢谈经的圣贤们，恐怕又要舌挢不下了！"④

在学者的心目中，经居然沦落为一般的线装书，甚至《金瓶梅》亦可与之比肩。那么，六经呢？六经与孔子在学者的心目中又是什么样的地位呢？

1923 年，钱玄同研究"六经"的"原始面目"，其结论是："孔丘无删述或制作'六经'之事。《诗》、《书》、《礼》、《易》、《春秋》，本是各不相干的五部书。"他说："《诗》是一部最古的总集"，"《书》似乎是'三代'时候底'文件类编'或'档案汇存'，应该认它为历史。但我颇疑心它并没有成书……现在的二十八篇中，有历史价值的恐怕没有几篇。还有一层，《尚书》即无伪篇，也只是粉饰作伪的官样文章，采作史料必须慎之又慎。""《仪礼》是战国时代胡乱钞成的伪书。《周礼》是刘歆伪造的。《两戴记》中，十分之九都是汉儒伪作的。""《易》我以为原始的易卦，是生殖器崇拜时代底东西；'乾''坤'二卦即是两性底生殖器底记号。""《春秋》，王安石说它是'断烂朝报'，梁启超说它像'流水帐簿'，都是极确当

---

① 章太炎：《国故论衡》，第 53 页。
② 章太炎讲演，曹聚仁整理《国学概论》，上海古籍出版社，1997，第 4 页。
③ 周予同：《群经概论》，朱维铮《周予同经学史论著选集》（增订本），第 207 页。
④ 周予同：《僵尸的出祟——异哉所谓学校读经问题》，顾颉刚编著《古史辨》第二册，上海古籍出版社，1982，第 263 页。

的批语。""'六经'之中最不成东西的是《春秋》","至于《左传》，本是战国时代一个文学家编的一部'国别史'即是《国语》，其书与《春秋》绝无关系。……这部书底信实的价值，和《三国演义》差不多；但汉以前最有价值的历史总不能不推它了。"① 两年后，他重申此论："根本不相信孔子定《六经》那件事，对于所谓'经'也者，只认为是古代留下来的几篇文学作品，几本档案粘存，几张礼节单子，几首迷信谶诗，几条断烂朝报而已。这些东西，孔二先生大概是看过的，但他老人家所看的跟传到现在的，多少详略，大概总不见得一致吧?"②

周予同据钱氏此说，将他认作是经学研究中的"新古史学者"，他说："这种'六经孔子关系论'，正可窥见近代经学研究之新的途径"③，进而将根本否认五经与孔子有任何关系的研究者，称作"新古史派"，尊钱玄同为这派的代表。④ 在新古史派的视野中，六经竟堕落到这样一种尴尬的境地。那么，作为中国几千年来政治、学术、思想、文化之渊薮的六经，在学术研究中还有什么价值和功用呢? 这是当时知识界所必须解决的问题。为此，康有为创建孔教会，袁世凯将尊孔读经写进宪法，这都未尝不是解决之道。但是这在民主科学早已深入人心的民国，未免显得有些不合时宜，当然也不会得到社会的普遍接受和认可。那么，如何正确地对待六经呢?

有的学者指出，民国时期从事经学研究的人，与此前有个根本的不同：此前的治经者多为经师，而这一时期从事经学研究的人则多为学者、史家。⑤ 其中的差别就在于，传统经师宗奉六经，而这时的学者、史家则信仰民主科学、进化论。所以在新式学者的眼中，经学早就被剥去了载道、致用的功能。因而一直被认为载有修身治国之道并可经世致用的六经，却不再从"载道""致用"的角度来研究时，就发现六经有些不伦不类。"六经皆史学"的观点，在专业的史家看来也不太准确，因为六经与真正的史学相比，还是相差太远，这种说法似乎是在刻意提高经学的地位。那么，六经是什么

---

① 钱玄同：《答顾颉刚先生书》，《古史辨》第一册，第 69、76~78 页。
② 疑古玄同：《论〈说文〉及〈壁中古文经〉书》，《古史辨》第一册，第 242~243 页。
③ 朱维铮编《周予同经学史论著选集》（增订本），第 218 页。
④ 周予同：《僵尸的出祟——异哉所谓学校读经问题》，《古史辨》第二册，第 267 页。
⑤ 参见周国栋《现代学术与两种学术遗产》，《齐鲁学刊》2002 年第 7 期。

呢？他们又从章学诚的 "六经皆史" 那里找到了答案。

1921 年，胡适撰《章实斋先生年谱》时发现，对章学诚 "六经皆史" 的观点 "百余年来，虽偶有人崇奉，而实无人深懂其所涵之意义"，接着他提出了他所认为的 "先生的本意" ——"六经皆史料"。他证明说："我们必须先懂得'盈天地间，一切著作，皆史也'这一句总纲，然后可以懂得'六经皆史也'这一条子目。'六经皆史也'一句孤立的话，很不容易懂得；而《周易》一书更不容易看作'史'，故先生的《易教》篇很容易露出勉强拉拢的痕迹。其实先生的本意只是说'一切著作，都是史料'。如此说法，便不难懂得了。先生的主张以为六经皆先王的政典；因为是政典，故皆有史料的价值。故他《报孙渊如书》说'六经特圣人取此六种之史以垂训者耳。'……以子集两部推之，则先生所说'六经皆史也'其实只是说经部中有许多史料。此种区别似甚微细，而实甚重要，故我不得不为之辨正。"① 这是 "六经皆史料" 的首次提出和系统论证。第二年此书出版时，胡适在日记中不无得意地说："我费了半年的闲工夫，方才真正了解一个章学诚。作学史真不容易。"② 言下之意，隐然以章学诚百年之后的知己自居。但是胡适所说 "先生的本意"（即六经皆史料），却远非章氏 "六经皆史" 论的初衷，而只是这个理论系统中四类史中 "凡涉著作之林，皆史学" 的 "三代以下记注之史"。而这仅是章氏 "六经皆史" 理论的基础，而不是它的核心——能够媲美六经、具有载道功能的 "撰述之史"。

不过，这也是时代使然，将六经视为史料，几乎是民国时期新一代学人的共识。如钱玄同虽不同意胡适的观点，"此说我不以为然，不但有增高解释之失，实在和《文史通义》全书都不相合。"③ 但他并不是不同意把六经视为史料，而是觉得将 "六经皆史" 解读成 "六经皆史料"，这太高估身处 17 世纪的章学诚了，"有增高解释之失"。因为信奉进化论的他看来，只有身处 20 世纪的他们才可能提出这样的观点。至于他本人，他是将六经视为

① 胡适：《章实斋先生年谱》"嘉庆三年"条，商务印书馆，1922 年初版，第 105 ~ 106 页。
② 曹伯言整理《胡适日记全编》第三册 "1922 年 2 月 26 日"条，安徽教育出版社，2001，第 565 页。
③ 钱玄同：《钱玄同日记》"1922 年 1 月 11 日"条，转引自刘贵福《论钱玄同的疑古思想》，《史学理论研究》2001 年第 3 期，第 66 页，注④。

史料的，他说："旧时说经……没有说到她在史料上的价值。"言下之意，他研究经学正是要注意它的史料价值的，不仅如此，他还主张即使将六经视为史料，也要经过辨伪，因为六经即使作为史料，它的可信价值也是有限的："现在治古史的人仍旧不脱二千年来'考信于《六艺》'的传统见解。他们认经是最可信任的史料，我以为不然。……姑照旧说讲，也不能说经是最可信任的史料。"① 因为"古文经……为伪经，已成定谳矣。今文经对于古文经而言，固是真经……这其中，有真为古代的史实，有儒家讬古的伪史；有真为孔子的思想，有后儒讬于孔子的思想；有全真之书，有全伪之书；有真书之中羼入伪篇的，有书虽真而不免有阙文，误字，错简的。凡此种种，皆应一一分析，疏证明白，方能作古代种种史料之用。"② 他主张"对于《六经》更应当持'志疑''纠谬'的态度，断不可无条件的信任她"，提出"研究国学的第一步便是辨伪"③。

其间，虽亦有人持异议，如姚名达在1924年致函何炳松的信中，表示意胡适将"六经皆史"解释成"六经皆史料"，于"章先生中心见解，不免误释。章先生谓'凡涉著作之林皆是史学'，其下胡先生释之曰：'盈天地间一切著作皆史也'，又曰'其实先生的本意只是说一切著作都是史料'。"④ 但他的这种观点却没有被当时人接受，何炳松在回信中仍同意胡适的观点，认为胡适对章氏的解释是正确的。⑤

1936年，周予同更从辨别"史"与"史料"两个不同概念的角度，阐述"六经皆史料"，他说："在清代末年，章学诚叫出'六经皆史'的口号，确是比较前进的意识；但现在，这口号落伍了，我们现在只能说'六经皆史料'，而不能说'六经皆史'了。'史'与'史料'是不同的：'史料'只是一大堆预备史家选择的原料，而'史'却是透过史家的意识而记录下来的人类社会。"⑥

---

① 钱玄同：《研究国学应该首先知道的事》，《古史辨》第一册，第105、104页。
② 钱玄同：《重论经今古文学问题》，顾颉刚编著《古史辨》第五册，上海古籍出版社，1982，第92~93页。
③ 钱玄同：《研究国学应该首先知道的事》，《古史辨》第一册，第105、103页。
④ 《民铎杂志》1925年第六卷第五期，第1页。
⑤ 房鑫亮著《何炳松年谱》，载《何炳松文集》第四卷，商务印书馆，1997，第707页。
⑥ 周予同：《怎样研究经学》，朱维铮编《周予同经学史论著选集》（增订本），第634页。

传统的经学研究以"通经致用"为鹄的。但近代以来，进化论的传入，尤其是五四时期民主科学思想的传播，使学术研究以求真为目的的观念为新一代学者普遍接受。① 经学的没落，六经皆史料观念的形成，与此不无关系。这样，本以"通经致用"为主旨的传统经学，却用刻意反对"通经致用"的求真求是的方法来研究，其结果不仅是经学的史料化，而且直接导致了传统经学的解体。"六经皆史料"视野下的经学研究正是如此。

"六经皆史料"视野下的经学研究，所运用的方法一是平等的眼光，二是当时研究者所认为的求真求是的"科学方法"。

关于平等的眼光，1919 年胡适明确提出了"学问是平等的。发明一个字的古义，与发现一颗恒星，都是一大功绩"② 的著名论断。同年，朱希祖在讨论整理中国古书时也谈到要"把古今书籍平等看待"，"高文典册与夫歌谣小说一样的重要"。③ 关于科学方法，1921 年，吕思勉在《答程鹭于书》中指出，"科学之所研求者为事实，学说之合不合，验诸事实而是非可明。"他说："治经一事，仍为今后学者所不能免，特其治之之目的，与前人不同耳。"因为"吾辈今日之目的，则在藉经籍以考见古代之事实而已"④。这样，吕氏所主张的科学的治经方法，就是"藉经籍以考见古代之事实"。

平等的眼光与科学的方法，对此时及此后的经学产生了极大的影响。

1923 年，胡适号召"用历史的眼光来扩大国学研究的范围"，他说："在历史的眼光里，今日民间小儿女唱的歌谣，和《诗》三百篇有同等的位置；民间流传的小说，和高文典册有同等的位置，吴敬梓、曹霑和关汉卿、马东篱和杜甫、韩愈有同等的位置……在历史的眼光里，一本石印小字的

---

① 参见张越《五四时期史学：走出经学的羁绊》，《史学理论研究》2002 年第 3 期。

② 胡适：《论国故学——答毛子水》，欧阳哲生编《胡适文集》第二卷《胡适文存》，北京大学出版社，1998，第 327 页。

③ 朱希祖：《整理中国最古书籍之方法论》，《北京大学月刊》1919 年第一卷第三号，第 33、46 页。

④ 《吕思勉遗文集》（上），华东师范大学出版社，1997，第 235、243、233 页。

《平妖传》和一部精刻的残本《五代史平话》有同样的价值，正如《道藏》里极荒谬的道教经典和《尚书》、《周易》有同等的研究价值。"①

1924 年，顾颉刚受胡适此说的影响，用民俗学的眼光研究《诗经·大雅·生民篇》中姜嫄生后稷由于"履帝武"的故事，发现它和"现在上海戏园子里闹翻的《关公出世》，《包公出世》，《薛仁贵出世》一类戏一样"。② 第二年，顾氏又用故事的眼光研究古史，发现："看了八仙的结合，即可说明《尧典》九官的结合；看了薛仁贵、薛平贵的化名，即可说明伯翳、伯益的化名；看了诸葛亮的足智多谋，即可说明伊尹周公的足智多谋；看了曹操秦桧的穷凶极恶，即可说明桀纣的穷凶极恶；看了何仙姑的为武平人，又为歙人，又为零陵人，孟姜女的为杞人，又为同官人，又为澧州人，又为华亭人，即可说明舜的为东夷人，又为冀州人，舜妻的为都于平阳的尧女，又为湘夫人，又为三身之国的母亲。"③

对于这种平等的眼光，1926 年周予同又做了这样的发挥："研究孟姜女与研究禹，她的价值是一样的；研究城隍庙及赛会，与研究明堂及封禅也是一样的，或者反较为有价值。"④ 在这种平等眼光的研究视野下，传统经学的研究价值，比之民间传说、乡俗庙会竟然也有些逊色。这种研究方法，对传统经学所造成的影响可想而知。

关于用科学的方法治经，1924 年吕思勉又做了这样的申述："视经为国故，加以整理……各本所学，求其相关者于经，名为治经，实乃是治此科之学，而求其材料于古书耳。"⑤ 这种"各本所学，求其相关者于经"的治经方法，则直接导致了经学的瓦解，观这一时期经学研究的成果可知。

《周易》　　1926 年，顾颉刚撰写《〈周易〉卦、爻辞中的故事》，发现《周易》中有这样的几个故事："王亥丧牛羊于有易的故事""高宗伐鬼方的故事""帝乙归妹的故事""箕子明夷的故事""康侯用锡鸟蕃庶的故

---

① 胡适：《〈国学季刊〉发刊宣言》，欧阳哲生编《胡适文集》第三卷《胡适文存二集》，北京大学出版社，1998，第 11 页。
② 顾颉刚：《我的古史研究的计划》，《古史辨》第一册，第 214 ~ 215 页。
③ 顾颉刚：《答李玄伯先生》，《古史辨》第一册，第 273、274 页。
④ 周予同：《顾著〈古史辨〉的读后感》，《古史辨》第二册，第 328 页。
⑤ 吕思勉：《经子解题》，华东师范大学出版社，1995，第 11 页。

事"。① 这种史学化研究倾向的成果还有：顾颉刚《论易系辞传中观象制器的故事》②、屈万里《周易爻辞中之习俗》③。1927 年，周予同在《"孝"与"生殖器崇拜"》一文中竟提出："《易》的'—'、'——'就是最明显的生殖器崇拜时代的符号。'—'表示男性的生殖器官，与西方古代民族之以三角形，十字形，尖塔，棍棒等表示者相同；'——'表示女性的性器官，以两—中的空隙显示其意义，与西方古代民族之以圆形，门扉，船等表示者相同……八卦只是生殖器崇拜时代之宗教的魔术。"④ 到 1936 年，周予同明确指出："到了现在，《周易》已却降到'史料'的地位，只有少数的社会科学的研究者想在这里面找些'原始社会'、'氏族社会'与'封建社会'遗留下来的记录。"⑤

《尚书》　　顾颉刚用故事演变的眼光解读《尚书》，他研究大禹治水的故事人们耳熟能详。其他如：1924 年的《纣恶七十事的发生次第》，他在此文中指出，"古代的史实完全无异于现代的传说：天下的暴虐归于纣与天下的尖刻归于徐文长是一样的，纣和桀的相像与徐文长与杨状元的相像是一样的。"⑥ 第二年，他发表的《〈金縢篇〉今译》，认为《金縢篇》所记，"在我们的眼光中只许她为一种传说"，并引《元秘史》卷十五拖雷祈祷金国的山川之神，代他哥哥斡歌歹死之事，来解释《尚书·金縢》篇周公祈祖宗代周武王死的故事。⑦ 另外，这一时期对《尚书》的研究，多运用地下史料，驳正《书序》之误说，如王国维《高宗肜日说》、余永梁《柴誓的时代考》等；又有运用甲骨文、钟鼎彝器等金石史料，解说《尚书》，多有创获，如王国维、于省吾、杨筠如等。⑧

---

① 顾颉刚编著《古史辨》第三册，上海古籍出版社，1982，第 1~27 页。
② 原载《燕大月刊》1930 年第六卷第三期，《古史辨》第三册，第 45~69 页。
③ 参见徐芹庭《六十年来之易学》，程发轫主编《六十年来之国学》第一册"经学之部"，台北正中书局，1975，第 2 版，第 85 页。
④ 周予同：《"孝"与"生殖器崇拜"》，《古史辨》第二册，第 247~248 页。
⑤ 周予同：《〈春秋〉与〈春秋〉学》，朱维铮编《周予同经学史论著选集》（增订本），第 492 页。
⑥ 顾颉刚：《纣恶七十事的发生次第》，《古史辨》第二册，第 92 页。
⑦ 顾颉刚：《〈金縢篇〉今译》，《古史辨》第二册，第 68、74~75 页。
⑧ 许锬辉：《六十年来之诗学》，程发轫主编《六十年来之国学》第一册"经学之部"，正中书局，1975，第 213~214 页。

《诗经》　　1922 年，钱玄同指出："《诗经》只是一部最古的'总集'，与《文选》，《花间集》，《太平乐府》等书性质全同，与什么'圣经'是风马牛不相及的。这书的编纂和孔老头儿也全不相干，不过他老人家曾经读过它罢了。"① 1924 年，吕思勉提出以《诗》证古史，他说："以《诗》作史读……横考列国之风俗，纵考当时之政治……以《诗》证古史，自系治史一法。"② 第二年，胡适提出："完全用社会学的，历史的，文学的眼光从新给每一首诗下个解释。"他说："《诗经》并不是一部经典，确实是一部古代歌谣的总集，可以做社会史的材料，可以做政治史的材料，可以做文化史的史料。万不可说她是一部神圣经典。"③ 1931 年，顾颉刚说："我们读《诗经》时并不希望自己在这部古书上增进道德，而只想在这部古书里增进自己的历史知识（周代的文学史，周代的风俗制度史，周代的道德观念史）。"④ 其意即，将《诗经》变为周代的文学史、风俗史、制度史、观念史的史料。这一点，从这一时期《诗经》的研究成果也可以看出，如顾颉刚《论〈诗经〉所录全为乐歌》、朱湘《三百篇中的私情诗》、李建芳《诗经时代的女性生活研究》等。⑤

《春秋》　　1936 年，周予同用史学演进的方法考察《春秋》，发现："《春秋》不过是中国古代的初期的历史著作。从殷商在甲骨上所契刻的史录，到西周在铜器上所型铸的铭识，再辅以《尚书》上一部分可信的文告，再变为'流水帐簿'似的《春秋》，不是很清清楚楚地显露着中国古代史学演进的途径吗？所以《春秋》是历史；只因为是初期的历史，受当时社会之物质的和意识的限制，只能形成这样的一部东西。离开经学来研究《春秋》，一两句话就可了然；将《春秋》拥上经典的宝座，于是《春秋》的本质愈来愈迷糊了。"⑥

---

① 钱玄同：《论〈诗经〉真相书》，《古史辨》第一册，第 46 页。
② 吕思勉：《经子解题》，第 21 页。
③ 胡适：《谈谈〈诗经〉》，《古史辨》第三册，第 580、577 页。
④ 顾颉刚：《重刻〈诗疑〉序》，《古史辨》第三册，第 411 页。
⑤ 张学波：《六十年来之诗学》，程发轫主编《六十年来之国学》第一册"经学之部"，第 324～325 页。
⑥ 周予同：《〈春秋〉与〈春秋〉学》，朱维铮编《周予同经学史论著选集》（增订本），第 498 页。

《三礼》　　1924 年，吕思勉提出："以经作史读……礼原于俗，故读古礼，最可考见当时社会情形……如冠、昏、丧祭之礼，可考亲族关系、宗教信仰；射、乡、朝、聘之礼，可考政治制度、外交情形是也。"① 1947 年，柳诒徵研究礼学与史学的关系，指出："经即史，礼学与史学，非有二也。世言治礼，皆知宗经，经即史也。……汉唐以降，解经说礼之书，汗牛充栋。清儒治之尤精……几集礼学之大成。要其言礼，实即考订古史，礼学与史学，非有二也。"②

这种新史学视野下六经皆史料趋向的经学研究，使经学失去了作为一门独立学问的研究价值，传统经学的价值仅在于为其他学科提供史料。这样，传统经学作为一门独立学科，至此完全瓦解。其直接原因在于新史学视野下的六经皆史料研究趋向。

四　传统经学的解体及其在现代学科谱系中的分属

1919 年，朱希祖提出捐除经学之名，就各项学术分治的治经方法："属于文学者，须观察其时代精神，不必注重考据；属于哲学及各项学术者，须凭当时确实的语言，不可从事实中妄事臆测；属于历史及各项制度者，用分析、比较、综合的方法，顺序排比，然后以历史、哲学及法制、经济等科学的眼光说明之。"他举例说："《诗》三百篇，用治文学的方法去观察当时社会的现象及心理"，"《易》则用哲学的方法去观察"，"《尚书》、《仪礼》、《春秋》用治史学的方法去观察"。③ 吕思勉同意朱氏此论，他进一步指出："夫以经学为一种学科而治之，在今日诚为无谓"，"经学为一种学问，自此以后，必当就衰，且或并此学之名目而亦可不立，然经为最古之书，求学问之材料于书籍上，其书自仍不能废"。④ 传统经学作为一门独立学科的解体

---

① 吕思勉：《经子解题》，第 50、52、54 页。
② 柳诒徵：《中国礼俗史发凡》，柳曾符、柳定生选编《柳诒徵史学论文续集》，上海古籍出版社，1991，第 610 ~ 611 页。
③ 朱希祖：《整理中国最古书籍之方法论》，《北京大学月刊》1919 年第一卷第三号，第 42 ~ 43 页。
④ 吕思勉：《答程鹭于书》，《吕思勉遗文集》（上），第 243 页。

的过程，就是经学下降到史料、材料的地位，进而为其他学科所瓦解，将经学的各部分归属到相关学科门类之下。这一过程，突出表现在现代学科分类和图书分类中对经学的处理上。

经学在现代学科谱系中的分属，有个较长的过程。早在1902年，宋恕就提出：《周易》《诗经》分属于社会学，《尚书》《春秋》分属于史学，《三礼》（《周礼》《仪礼》《礼记》）分属于礼学，《孝经》分属于论理学，《论语》《孟子》分属于伦理、政治、教育诸学，《尔雅》分属于原语学。①

民国时期，由于经学研究中六经皆史料研究趋向的运用，使这一过程有了更明确的目标。1936年，周予同提出，"将经典当作一种文化遗产，分部的甚至于分篇的探求她的真面目，估计她的新价值，使她合理的分属于学术的各部门。"他说："我们不仅将经分隶于史，而且要明白地主张'六经皆史料'说"，"中国经学研究的现阶级是在不循情地消灭经学，是在用正确的史学来统一经学"。② 同年，他在《怎样研究经学》一文中指出，"经学只是中国学术分类法没有发达以前之一部分学术综合的名称"，号召经学研究者"用最新最近的宗教学、民俗学、文化人类学的观点，窥探中国上古社会的真相……以'史'的观点来治'经'，以社会科学的见地，发掘经典里的沉埋的材料"。③

在图书分类方面，1929年刘国钧为南京金陵大学制定的《中国图书分类法》中，将经部置于丛书类，他解释说："以类例言，所谓六经实一丛书也。"④

1937年，姚名达著《中国目录学史》，他在讨论"丛书目录"时，发展了刘氏"六经为丛书"的观点："诗、书者，上古之丛书也……《易》之为杂凑同类而成之丛书，原非一人系统之作，尤属显然。四经三礼，除《春秋》自有线索，《周礼》组织甚密外，其余皆为丛书。"之所以将六经分

① 宋恕：《代拟瑞安演说会章程》，胡珠生编《宋恕集》，第350页。
② 周予同：《治经与治史》，朱维铮编《周予同经学史论著选集》（增订本），第622、623页。
③ 周予同：《怎样研究经学》，朱维铮编《周予同经学史论著选集》（增订本），第627、635、634页。
④ 刘国钧：《中国图书分类法：导言》，《刘国钧图书馆学论文选集》，书目文献出版社，1983，第57页。

属于丛书类，他说，自刘向父子校理群书后，"有一部分丛书，自前汉各朝即已被经师据为干禄之用，抱残守缺，以少冒多……冒用丛书之名，为一书之名，而《诗》、《书》、《易》、《礼》、《春秋》遂成专家之学，二千一百年来之中国学术遂始终困束于此数部残书之中。此种残书所载之智识原极有限，而后人复不敢'离经叛道'；文化之所以无进步，民族之所以无发展，莫不导源与此。"但如果知道"四经、三礼之为古代丛书百一之残本，则知陋儒所谓文、武、孔、孟之道原不只此区区；欲自立于现代，亟宜广求知识于世界，而不应抱骷髅以寻欢也。"不仅如此，"既为丛书，便非专家之学"，这样，"自汉以辞解经之书虽多至万种以上，至识者观之，不过一种训诂学耳"。并且"纵有若干理解，施于政治，施于哲理，然此乃发言者本身之思想，托古以自圆其说，岂古书之本义哉？"所以，"知其为丛书而非专家之学，为类名而非书名，则后世专家之学尽可离经而独立，同类之书尽可附经而合群。"① 从姚氏解释将经学归属于丛书类的原因，不难看出其贬抑经学及瓦解经学，使之归属到相应的现代学科分类中的意图。不过，这也并非是刘、姚二人的孤见，它是这一时期的学术发展状况在学科分类和图书分类中的具体表现而已。

经学各部在我们现在学科分类中的分属，与民国时期并没有太大的差别，吕思勉的预料不幸言中了，在现代学科谱系中，确无"经学"这一名目。在现代图书分类中，六经或十三经如果还作为一个整体存在的话，也不过只是丛书中的一部而已，在分类体系中连一个小类目也算不上。这一点直接为我们现在的图书分类所继承。至此，在中国传统的学科分类和图书分类中居于首位的经学，在学科分类和图书分类中的地位完全丧失。经学在现代学科分类和图书分类中独立地位的丧失，标志着传统经学的彻底瓦解。

五　结语

从以上对晚清民国经史关系的考察，不难发现章学诚的"六经皆史"论正是考察这一时期经史关系变化的一面镜子。从龚自珍的"六经皆史官

---

① 姚名达：《中国目录学史》，上海古籍出版社，2002，第320页。

所掌"到清末民初章太炎为代表的"六经皆史学"，再到五四以后盛行的胡适之"六经皆史料"等对章氏此说的不同诠释，其一脉相承的发展脉络，正是晚清到民国经史关系变迁的缩影。

章学诚的"六经皆史"、经今文家的"就史论经"，都有尊史学以至经学、经史并尊的意图，进而从中寻出致治的资源，实现"隆比三代"的政治理想。而"六经皆史学"的提出，虽然仍有从传统经史之学中寻求资源以应对西方侵略的成分，但这种成分已经变少，更多的则是为了保存中国的传统文化。至于"六经皆史料"，则完全是为了清理、保存中国传统文化，已经丝毫没有从中寻找有价值或可利用资源的意图了①。因为在"六经皆史料"的视野下，六经已是既陈之刍狗，它的价值仅在于保存了中国的传统文化。② 何况，它所保存的传统文化还良莠并存，需要进行科学的整理。

在中国学术发展史上，经学和史学有两次重大的变化，一次发生在魏晋南北朝时期，另一次就是上文所讨论晚清民国时期。经史关系在魏晋南北朝时期的变化是：在学术分野上，史学摆脱经学，成为一门独立学科③；与之相适应，在图书分类上，史部也成为仅次于经部的第二大部类。晚清民国时期经史关系的变化是，经学逐渐降为史学，进而降为史料，直至在传统学术分类中居于首位的经学，在现代学术（或学科）分类体系中被其他学科瓜分，作为一门独立学科的经学在现代学科谱系中已不复存在。相应的，在现代图书分类中，经学也不再是类目之一，而是被瓜分归入相应的类目。如果说，作为一个整体还存在的话，那也只不过是综合类中丛书中的一部而已，远不是传统图书分类中无论在学科地位还是在种类、数量上都居首位的经部了。

章太炎在逝世的前一年（1935），提出了一个非常值得思考的命题，

---

① 如周予同："经是可以让国内最少数的学者去研究，好像医学者检查粪便，化学者化验尿素一样。"见《僵尸的出祟——异哉所谓学校读经问题》，《古史辨》第二册，第 269 页。

② 如顾颉刚说，我们研究十三经，就"只因它是中国学术的发源地，并不是为它是圣贤的法则"（1924 年 7 月 5 日与履安信），引自顾潮编著《顾颉刚年谱》，中国社会科学出版社，1993，第 97 页。

③ 参见周一良《魏晋南北朝史学发展的几个特点》，《魏晋南北朝史论集》，北京大学出版社，1997；逯耀东：《魏晋史学的思想与社会基础》，台北东大图书股份有限公司，2000；胡宝国：《汉唐间史学的发展》，商务印书馆，2003。

即："承平之世，儒家固为重要，一至乱世，在史家更为有用。"① 作为经古文家，太炎在学术上，一生以提倡"六经皆史学"、发扬民族主义史学为职志，其在去世前一年又揭橥经学与史学关乎国家、世运者如此，则尤不可不注意。何况，经史关系发生重大变化的上述两个时期，都是四夷侵凌、国家民族不绝如线的乱离之世呢？如此，则经史关系之变迁与国家世运之关系，当是考察中国学术史变迁的一个重要内容。

  （原载《中国文化研究》2005 年 12 月冬季卷，题为《"六经
   皆史"论与晚清民国经史关系变迁研究》，此次有较大增补）

试论棉铁主义的历史地位

◎ 马克锋

近十多年来，学界关于张謇及其实业活动的研究，取得了长足的进步。但是，比较而言，研究张謇政治活动、实业活动的较多，研究张謇经济思想、特别是颇有影响的棉铁主义的较少，忽略了棉铁主义在中国近代工业化中的宏观发展战略指导作用。本文试图从工业化的角度，对张謇的棉铁主义做一系统的阐述，从而对其在中国近代工业化中的地位和作用给予新的评价。

一

张謇的棉铁主义工业化主张的提出，经历了十分复杂的心路历程。这一心路历程，也在一定程度上反映了中国近代化思想理论形成的复杂性和艰难性。

1910 年 4 月，南洋劝业研究会在江苏南京成立。张謇是该会发起人之一。在致开幕词中，张謇首次提出棉铁主义工业化主张。遗憾的是，在现已出版的各种有关张謇的著作中，没有发现这篇文章。但庆幸的是，张謇在其日记和随后的文章中，给人们留下了他思想的印迹。在张謇日记中，尽管没有关于棉铁主义的记载，但留下了有关南洋劝业研究会 1910 年 4 月在江苏南京成立的历史记录。1910 年 11 月 28 日，张謇在与友人谈话时，

"反复陈说"其主张:"实业以振兴棉业之纺织为内维,扩充矿业之煤铁为外境。"① 1911年,张謇在《海关进出口货价比较表序》中说:"宣统二年,南洋劝业会开幕,謇既与各行省到会诸君子,发起联合研究会,乃裒光绪一朝之海关贸易,参考其大略,如寐始觉,如割始痛;如行深山,临悬崖,榛莽四出,披而始识无路;如泛雾海,见一岛屿,若隐若见,而始得所趋。则以我国实业,当从至柔至刚之两物质,为应共同注意发挥之事,为预会诸君子告。……至柔惟棉,至刚惟铁。"② 这时张謇虽然还没有将其提升到棉铁主义的理论高度,但其中的"振兴棉业之纺织为内维,扩充矿业之煤铁为外境""至柔惟棉,至刚惟铁"已经跃然纸上,棉铁主义呼之欲出。

1913年10月,张謇出任熊希龄内阁工商、农林两部部长。上任伊始,即在其《宣布就部任时之政策》的施政纲领中指出:"謇于南洋劝业会时,即发表中国现时实业须用棉铁政策之说,复著奖励棉业之议,上之政府;彼时政府不之省也。今謇无以易此。"③ 至此,棉铁主张上升为棉铁政策。在随后的《实业政见宣言书》中,张謇第一次明确提出了棉铁主义。他说:"謇对于实业上抱持一种主义,谓为棉铁主义。……为捍卫图存计,若推广植棉地、纺织厂是;又惟有开发极大之富源,以驰逐于世界之市场,若开放铁矿、扩张制铁厂是。"④ 在此,他试图凭借自己的特殊地位,乘民国初年举国上下大兴实业之东风,将棉铁主义变成一种国家实业政策或国家工业化发展战略。为此,他后半生一直向社会各界以及政府决策部门大声呼吁,并身体力行。这一时期,有关"謇与棉铁,固向持积极主义者""余持棉铁为中国近世要务之说,几二十年""鄙人投身实业,持棉铁主义,二十余年于兹矣"⑤,"謇对于实业上抱持一种主义,谓为棉铁主义","故此一种主义,敢自信为适当","殖产兴业,棉铁最为重要"⑥,中国产业普查"调查之要在棉铁"⑦,

---

① 《张謇全集·日记》,江苏古籍出版社,1994,第643页。
② 《张謇全集·实业》,第784~785页。
③ 《张謇全集·政治》,第276页。
④ 《张謇全集·政治》,第274页。
⑤ 《张謇全集·实业》,第794、802、804页。
⑥ 《张謇全集·经济》,第164、165、335页。
⑦ 《张謇全集·政治》,第373页。

"环顾中国实业之当兴者，孰有大于植棉与纺织者乎！"① 的言论，在其文章、谈话、书信中俯拾皆是，反映了他对中国工业化的不懈追求和一贯努力。

棉铁主义作为一种中国工业化发展战略，其具体设想是："集一银公司，以棉铁为主要，以类之棉之稻、麦，类之铁之煤为从要，其他如水利、如电、如铁路、如汽车等为次从要。如是十五年小效，三十年大效可以预言。"② 具体来说，建立国家银行，以金融业为龙头，广泛筹集国内外资金，作为发展实业的雄厚资本；优先发展棉纺织业和钢铁工业，以发展棉纺织业带动相关的稻米、小麦等粮食产业，形成一个农工商齐头并进的大农业格局，以发展钢铁工业带动相关的水利、电力、铁路、汽车、机械等产业，形成一个以点带面、次序发展、相互促进、协调有序的大工业格局。全国通盘考虑，中央政府宏观调控，地方因地制宜，形成具有自己特色的区域优势产业布局。时间上，15 年初见成效，30 年大见成效。

二

任何一种理论和思想的产生，并不是天才人物空想玄思的结果，而是当时社会历史现实的反映。棉铁主义也不例外，它是时代精英张謇面对个人所处的时代和社会，即内忧外患、积贫积弱的社会总危机情形下，从救亡图存、实业救国、振兴中华的忧患意识出发所做的高度概括和提炼，从内心深处所迸发出的深沉呐喊。

第一，张謇提出棉铁主义，是出于挽救民族危机、振兴民族产业的需要。具体来说，就是争取利权，减少贸易逆差。张謇面对开关以来巨额的中外贸易逆差所表现的担忧和焦虑，绝不是什么杞人忧天，而是忧国忧民。在张謇的言论中，有关民族危机和社会危机的词句比比皆是。诸如"内忧外患，相逼而乘""时事之艰难极矣。謇独居深念，时而忧国计，时而忧民生""政局未定，民困尤深""然我不即治，人将有代我治治者，主权云何？

---

① 《张謇全集·实业》，第 789 页。
② 《张謇全集·实业》，第 826 页。

国体云何？謇不忍言矣"①。张謇以清代光、宣两朝的《海关贸易册》中的进出口货价比较表为依据，对中国的对外贸易状况作了系统分析。通过分析和比较，张謇发现，由于外国资本主义的经济侵略和中国经济落后，中国在对外贸易中存在着大量的逆差，而在进口货物中则以棉、铁所占比例为最大。张謇指出："查前清光宣两朝海关贸易册，进口货之多，估较价格，棉纺物曾达二万万以外。次则钢铁，他货物无能及者。是以謇于南洋劝业会时，即发表中国现时实业须用棉铁政策之说。"② 其中，又以棉纺织品为最甚。张謇说："披览近年海关贸易册，较其进出口之差负，岁计一万万余两，而进口大宗，断推棉织物。"③ "最多之年，值银一万八千万两。照海关八折估价，则卖价实有二万三千万两。宣统第三年，数亦一万四千四百万两，折合一万八千万两。漏卮如此，岂不可骇？"④ 他指出棉纺织品和钢铁是中国进口的最大宗商品，每年进口额高达 3 亿两左右，认为这是造成我国对外贸易严重逆差的主要原因。张謇认为，要改变这种极其不利的局面，防止财富的大量外流，闭关自守、中止中外贸易不是办法，因为这样做不符合"世界工商大势及公理"，而漠视现实存在的巨大的贸易逆差，"坐视二万万两年输出之财，漠不经心，不思挽回本身气血自为养活之理"，更是大错⑤。他认为，只有以棉、铁为中心来发展中国的实业，才可减少外贸的进口，从而堵塞漏卮和收回利权。张謇指出："则以我国实业，当从至柔至刚之两物质，为应共同注意发挥之事"，"至柔惟棉，至刚惟铁"⑥。"就各项实业而言，最为吾所主张者为棉铁二项，以其于近世界中为必不可少之物也。现时吾人所用之棉铁，皆来自外洋，今后正宜努力使此二者皆可由本国供给。"⑦ 1911 年 6 月，张謇利用摄政王载沣召见之机，斗胆进言，简要阐述了自己以发展棉铁业为中心的实业主张。他说："朝廷一面须将农工商各实业已办者，实心保护；未办者竭力提倡，以培元气。国人但知赔款为大漏卮，不知

① 《张謇全集·经济》，第 363、371、374、529 页。
② 《张謇全集·经济》，第 166 页。
③ 《张謇全集·实业》，第 785 页。
④ 《张謇全集·实业》，第 790 页。
⑤ 《张謇全集·实业》，第 791 页。
⑥ 《张謇全集·实业》，第 785 页。
⑦ 《张謇全集·经济》，第 305 页。

进出口货价相抵，每年输出，以棉货一项论，已二万一千余万两。铁亦八千余万两，暗中剥削，较赔款尤甚。若不能设法，即不亡国，也要穷死。此须农工商部通盘筹划，分年进行。"① 在这里，张謇为中国的实业发展立下了坐标，即从关乎国计民生的产业入手，优先发展棉铁产业，挽回利权，走出工业化发展的中国道路。

第二，优先发展棉铁业，不仅关乎国计民生和国家安全，而且符合中国传统资源的实际。张謇认为："凡事不能通于齐民，不能无阻；凡利不能及于妇孺，不能大有功。"② 棉铁业既是国家的基本工业，又是最有利可图的行业。棉制品为人们生活所必需，在中国市场上一直销路最广，而要发展本国的近代工业，则更需要钢铁，故兴办这两种行业，除均可容易得到非常优厚的利润外，更能促进国家工业化的整体发展，从而使国家富强、人民富裕。张謇说："人生所需，惟衣食为必要。今以抚有四万万人口之中国，而衣食所资，事事物物，仰给外人，虽欲不贫，乌可得也。"③ "我国人民衣食所需之最缺乏者，莫如棉糖。"④ 此外，中国是一出产棉铁原料的大国，发展棉铁业，有得天独厚的优势。他说："吾国产棉地，在世界几占十分之三四。"⑤ "中国之棉，南以通海为最，北则直隶、陕西，西则湖北，均有可称。""铁需用极大，而吾国铁产极富。以至富之矿产，应至大之需要，岁可得数千万，一出一入，相差之度，不可以道里计。赢数万万，与绌数万万，在国民生计上，当受何等影响。"⑥ 因此，发展民族纺织业，既可以为民谋利，也可以为国库增加收入。钢铁工业不仅与人民的日常生活密切相关，而且是其他工业部门发展的基础，同时关系到国防安全。张謇说："钢铁工业为各种工艺之母，而关系国防尤为重要。"⑦ "鄙人尚持一说，谓我国铁业发达之日，即日本人降伏于我国旗之下之日。"⑧ 总之，张謇的棉铁主

① 《张謇全集·政治》，第164页。
② 《张謇全集·实业》，第785页。
③ 《张謇全集·实业》，第789页。
④ 《张謇全集·事业》，第140页。
⑤ 《张謇全集·实业》，第799页。
⑥ 《张謇全集·经济》，第331、164页。
⑦ 《张謇全集·经济》，第480页。
⑧ 《张謇全集·政治》，第239页。

义，强调优先发展棉铁工业，对外既可抵制进口，对内又带动其他产业部门的发展，同时可以增强国防实力。所有这些，对经济落后国家如何实现工业化具有启发意义。

第三，优先发展棉铁业，"可以操经济界之全权"。张謇认为，近代中国积贫积弱，百废待兴，加上当时中国的经济力量非常薄弱，发展实业，不可能齐头并进，全面铺开，必须选好行业，重点突破。因此，发展中国的近代工业必须要有重点、有步骤地进行，"救穷之法惟实业，致富之法亦惟实业。实业不能三年、五年、十年、八年，举世界所有实业之名，一时并举。则须究今日如何而致穷，他日如何而可富之业"①。"农工商业为类至多，政府人民，财力均困，若事事并营，力分而益薄。……故与其分而致薄，无宁合而可厚。"② 经过仔细比较和周密权衡，张謇发现，棉纺织业和钢铁业在各种工业部门中具有特别重要的地位和作用，应该优先发展。"棉铁为国家基本工商业。""制铁事业关系国家生存。"③ "煤铁业关系国本。"④ "农工商业之至大者，曰棉铁。"⑤ 中国要振兴实业，必须以建立和发展棉铁工业为中心，以此带动经济的全面发展，建立起独立的民族工业体系，这样才"可以操经济界之全权"。他说："謇尝研究海关贸易册，知棉铁两业，可以操经济界之全权。"⑥ 他认为，棉铁是根本，是振兴中国实业的重中之重，必须重点发展，优先发展。而要做到这些，必须首先确定目标。张謇说："顾所谓农工商者，犹普通之言，而非所谓的也。无的则备多而力分，无的则地广而势涣，无的则趋不一，无的则智不集，犹非计也。的何在？在棉铁。而棉尤宜先。"⑦ 在张謇看来，只要中国大力发展棉铁工业，以棉铁工业为中心来带动各行各业的发展，便"可以操经济界之全权"，从而建立起独立的民族工业体系，以与外国资本主义的经济侵略相抗衡。

---

① 《张謇全集·实业》，第 790 页。
② 《张謇全集·经济》，第 166 页。
③ 《张謇全集·实业》，第 838、839 页。
④ 《张謇全集·经济》，第 274 页。
⑤ 《张謇全集·事业》，第 157 页。
⑥ 《张謇全集·实业》，第 793 页。
⑦ 《张謇全集·政治》，第 155 页。

三

张謇认为，实施棉铁方略应该从以下几个方面着手。

第一，实行"开放主义"，欢迎外国商人到中国投资，特别是发展钢铁工业。因为发展钢铁工业涉及巨额资金和先进技术，而这两者恰恰是当时中国最缺乏的。在当时的中国社会，主张举借外债，而且是大量借债，是有风险的，动辄便会招致"卖国"的罪名。对此，张謇特别声明，在他几十年的实业生涯中，从来没有"外资外股"。他说："下走从事实业二十余年，组织各种公司，如纺织、盐垦等，以数十计，资本总额几达三千万元，是否有外资外股，彰彰共见。"① 但是，为了国家的经济发展和实业的整体进步，必须引进外资。"吾财用缺乏，则取资于外国；人才缺乏，则取资于外国，彼以其资本、学术供吾之用，吾即利用其资本、学术以集吾事。"因此，在中外"条约正当，权限分明"的基础上，从铁矿开采到建立机械工厂，"亦可听欧美人建设"；"至于铁矿需本尤重，非用开放主义，无可措手"②。具体办法有三条，即举借外债、合资、独资③。

第二，建立"三大保障"和"一大机制"。所谓"三大保障"，即法律保障、税则保障和金融保障；所谓"一大机制"，即奖励机制。

建立法律保障，即建立和健全法律体系，为发展实业造就一个良好的法治环境。即国家通过颁布法律，鼓励私人开发此类产业。张謇看到了法律在兴办实业中的作用。他说："法律作用，以积极言，则有诱掖指导之功；以消极言，则有纠正制裁之力。二十年来，所见诸企业者之失败，盖不可以卒数。推原其故，则由创立之始，以至于业务进行，在在皆伏有致败之衅，则无法律之导之故也。将败之际，无法以纠正之；既败之后，又无法以制裁之。"④

建立税则保障，即外争税权、内废"恶税"，建立公平合理的征税制

---

① 《张謇全集·经济》，第416页。
② 《张謇全集·经济》，第259、166页。
③ 参见章开沅、田彤著《张謇与近代社会》，华中师范大学出版社，2001，第35~40页。
④ 《张謇全集·经济》，第162页。

度。所谓外争税权，即就近代以来中外所签订条约中不平等的关税制度，通过协商，争取解决；所谓内废"恶税"，即早日废除常关、厘金税制。张謇说："厘金与常关，皆为通过税，世界皆目之为恶税……百里一税，二百里再税，道途梗阻，节节为厉，行之愈远，则商货成本愈重，是禁制商货之流通，迫其近售，而罚其远行者。"[1] 内贸如此，对外贸易也同样如此。张謇说："各国通例，出口货多无税。吾国则不然。若丝、若茶、若棉、若其他土货，有国际之竞争者，莫不有税，是抑制输出也。抑制输出，是为自敝政策。"[2]

建立金融保障，即建立中国自己独立、统一的金融机构和金融体系。张謇认为，发展农工商业的关键，取决于资金的融通。中国农工商之所以一蹶不振，重要原因是国家缺少一个坚实的金融基础。对此，张謇建议："窃以为为今之计，惟有确定中央银行，以为金融基础；又立地方银行以为之辅，例行银行条例，保持民业银行、钱庄、票号之信用，改定币值，增加通货，庶几有实业之可言。"[3]

建立奖励机制，目的是"使之发展""为国家扩生计""增国力"。关于奖励和保护方面，张謇提出了"保息"措施和"保育主义"。他说："故今日中国为奖励纺织计，根本计划，必先奖励植棉，必也使全国植棉之地，视今日倍之。"[4] 为此，张謇还提出了奖励棉业的具体办法："对于棉产，宜用奖励法。奖励之中，又分扩充、改良二法。扩充则注重大农，改良则注重小农。凡集合公司，垦辟荒地，植棉至一万亩以上者，奖一千元；五万亩以上者，奖六千元；十万亩以上者，奖一万二千元；二十万亩以上者，奖二万元。凡个人改良棉产十亩以上者，每亩奖二元。"[5]

第三，发展棉花生产，要有全国规划，统一组织实施。首先，组织人力、物力、财力，对中国的产棉地区进行系统调查，摸清家底，"调查之要

---

① 《张謇全集·经济》，第 163 页。
② 《张謇全集·经济》，第 163 页。
③ 《张謇全集·经济》，第 163 页。
④ 《张謇全集·实业》，第 787 页。
⑤ 《张謇全集·经济》，第 202 页。

在棉铁，其尤要在欲详知能扩张之植棉地"[①]。其次，系统了解外国棉花生产及棉纺织业发展现状，做到知己知彼。1912 年，张謇发表了《奖励植棉暨纺织业说》，对美国、印度等产棉大国的棉花产地、产量及纺织业状况做了初步分析。1923 年，张謇发表了《商榷世界实业宜供求统计，中国实业宜应供求之趋势书》一篇长文，以文后附表的方式，对英国、美国、德国、法国、意大利、印度、日本、埃及等产棉国家的棉花产地、产量及纺锭用棉、棉量产销百分比做了系统分析，并与中国做了比较。再次，推行奖励植棉政策，颁布植棉法与纺织法。最后，积极开展科学实验，改革品种，推广良种。张謇说："我国地处温带……无不宜棉。依完全办法，必省设一植棉试验场，以为推广改良之范。"[②] 这样，用十年时间，在中国适宜生产棉花的 11 个省份，将棉花产地由 4000 万亩扩大到 5500 万亩。其中，4000 万亩满足国内需求，减少外棉进口；1500 万亩用于出口，增加外汇收入。除原有纺织厂外，增加纺机 160 万锭，增加织机 5 万锭。在此基础上，争取过几年再翻一番，即纺机达到 300 万锭，织机达到 10 万锭。"设使全国上下一致进行，岁岁增加，以五年为一期，三五期后，增至三百万锭，国庶有实业可言矣。"[③] 张謇认为，即便这样，比起英国的 57731500 余锭、南美的 17864399 锭、北美的 10435083 锭、日本的 1731500 余锭，尚有很大差距。中国纺织业要在短时期内缩小差距，迎头赶上，任重而道远。除了发奋图强、永不放弃外，政府的投资和奖励政策，起着举足轻重的作用。清朝末年，国势贫弱，民生憔悴，有人倡议设立救国储金，定额为 5000 万元，"有事则为国家之用，无事则为海陆军及教育之备费"。张謇对此不以为然，主张将 5000 万元全部用来发展棉纺织业。他说："且吾料五千万之棉织业兴，足抵五百万兵之一战，而纺织业之人才且辈出焉。"[④]

第四，发展钢铁工业，应该矿冶并举，钢铁结合，形式多样。相对于不太发达的棉纺织业，中国的钢铁工业更显落后。1890 年，张之洞创办汉阳铁厂，后改名为汉冶萍公司。这是中国第一家钢铁工业企业。该企业开办之

---

① 《张謇全集·政治》，第 373 页。
② 《张謇全集·经济》，第 185 页。
③ 《张謇全集·政治》，第 276 页。
④ 《张謇全集·政治》，第 156 页。

初，连年亏损。对此，张謇忧心忡忡。他希望依此为基础，大力发展钢铁工业。张謇说："我国铁业，只一汉厂，正须借以养成后起之才，备扩充之用"①，"铁业为吾华一线生机，今日为世界各国岁注目者，仅此一厂"②。如何发展中国的钢铁工业，张謇认为，其一，实行开放主义，制定优惠政策，鼓励外商、外资投资于钢铁企业。其二，对中国的铁矿资源进行系统普查，在此基础上做重点开发。他说："查吾国铁矿，如湖北之大冶，如安徽之当涂、繁昌、铜陵、天长，如直隶之永平，如山西之泽潞，如河南之修武，如江苏之利国驿，皆已由本部陆续派员调查。"③ 为使调查更具权威性和科学性，张謇在任农工商部部长期间，先后聘请法国人梭尔格博士为地质调查员，瑞典人安特森博士为顾问，英国人卫勒博士为技术总监，全面负责调查计划的制订和实施。其三，经营方式，除对外开放外，国内实行官营为主、民营为辅的开发模式。具体办法，国家主要对关乎军事、经济的铁、铜、银，实行官办，"择一二矿产富饶之区，作为官矿"④。民营或商办实行特许制度。其四，钢铁结合，矿冶结合，通过发展钢铁工业，带动诸如煤、油等相关产业的开发，实现矿冶同步发展。

四

张謇经历了清朝后期和整个北洋政府时期，先后多次向当政者提出了发展棉铁的主张和设想，要求以发展棉铁为龙头，大力振兴和发展近代工业。但是，张謇这个良好的愿望落空了，没有得到政府的支持。对此，张謇深有感慨，他不止一次说道："是以有棉铁政策之计划。曾言于政府，惜政府不能用"，"是以謇于南洋劝业会时，即发表中国现时实业须用棉铁政策之说，复著奖励棉业之议，上之政府；彼时政府不之省也。""下走所俯仰太息者：下走昔请公布奖励植棉条例时，我国上下视之蔑如者十人而九五不止，即彼

① 《张謇全集·经济》，第189页。
② 《张謇全集·实业》，第793页。
③ 《张謇全集·经济》，第260页。
④ 《张謇全集·经济》，第262页。

政治实业家亦尚未注意。"① "如鄙人所持棉铁主义，倡之于二十年前，尝谓果用吾言，必能杜绝他邦宰割之谋，乃不能见用，夫复何咎。"② 张謇一直认为，"实业之命脉，无不系于政治"，棉铁主义能否实行，成败兴衰，"则视乎人，视乎财，视乎国力。总之，政治能趋于正轨，则百事可为，不入正轨，则自今而后，可忧方大"③。棉铁主义作为一个中国工业化发展的战略蓝图，没有得到政府的强力支持，没有成为政府行为，这是时代的悲剧，是历史的悲剧。但是，我们不能因人废言，抹杀其在中国工业化过程中的地位和作用。相反，我们应该站在历史的高度，对棉铁主义的地位及作用给予新的评价和肯定。

第一，棉铁主义的提出反映了张謇的世界意识，是其追赶世界经济发展大潮，借鉴西方产业革命经验的一次尝试和努力。众所周知，18 世纪率先在英国发生的工业革命，首先是在棉铁业开始的。当时，英国的棉纺织业属于新兴的但又幼弱的工业部门，市场前景不错，但同时受到内外双重压力：内部是毛纺织业的排挤和打击，外部是品质优良的印度棉布的强烈竞争。为了生存和发展，在棉纺织业领域首先开始了技术革新。飞梭、多轴纺纱机、水力纺纱机和蒸汽机的相继发明和广泛使用，使纺纱和织布比翼双飞，促进了英国棉纺织业的长足进步。棉纺织业和其他轻工业部门机器的发明和广泛使用，特别是蒸汽机的发明和普遍应用，也大大推动了冶铁、采煤等重工业部门技术装备的革新。煤的开采及其在冶铁业中的使用，大幅度降低了燃料消耗，形成了"煤铁革命"，使英国一跃而起，成为西方工业革命的发源地。

西方工业革命的历程，在一定意义上展示了工业自身发展的一般轨迹。关于这一点，已经被许多学者的研究所证实。著名学者瓦尔斯·霍夫曼（Walther, Hoffmann）在其《工业化国家类型研究》一书中指出：大多数国家的工业化开始于纺织工业，从食品工业开始工业化的国家属于少数，只有荷兰、丹麦、新西兰及南美几个国家④。法国著名历史学家布罗代尔针对一

---

① 《张謇全集·政治》，第 155、166、373 页。
② 《张謇全集·事业》，第 200~201 页。
③ 《张謇全集·经济》，第 162、165 页。
④ 转引自张培刚《农业国工业化问题》，湖南出版社，1991，第 178 页。

些学者贬低棉纺织业在整个工业革命中的地位的观点，郑重指出："不可小看棉纺织业革命的意义"，并从三个方面重申了棉纺织业在工业革命中的地位和作用。其一，"棉纺织业的勃兴揭开了英国工业革命的序幕"，"在英国工业化的最初阶段，没有别的工业的重要性堪与相比"；其二，"如果说英国经济于1787年后起飞，那都是棉纺织工业的功劳"；其三，"即便棉纺织业对机械化的高涨和对大型冶金企业的兴起没有直接起到巨大作用，棉纺织工业的利润无疑为工业化支付了第一批账单"[①]。张謇提出棉铁主义，正好反映了西方工业化发展的内在逻辑和一般轨迹。对此，我们不能用"巧合"一词来解释。相反，棉铁主义的提出，是张謇"世界眼光""全球意识"的真实体现。张謇认为，当今时代不仅是"列强竞争之时代"，而且是世界文明竞争之时代。中国与西方文明竞争，中国社会经济的综合改造和全盘统筹，必须以世界、全球为参照系。"无论何种政策，皆须有观察世界之眼光，旗鼓相当之手段，然后得与竞争之会……但有本国古代历史之观念者，不足与于列国竞争之会，即不足救我国时局之危"[②]，而且必须明了"世界工商大势及公理"。张謇了解世界的窗口是《海关贸易册》，通过这个窗口，再加上他对日本的实地考察，发现了棉铁在工业化过程中的地位和作用。他说："謇尝研究海关贸易册，知棉铁两业，可以操经济界之全权。"从这个层面来讲，张謇提出棉铁主义是具有世界眼光的。

第二，张謇提出的棉铁主义，已初步触及中国近代工业化的道路模式。优先发展棉铁业，以棉铁业为龙头，实际上已经涉及现代工业中的两大门类——重工业与轻工业。即发展重工业以钢铁工业为重点；发展轻工业以棉纺织业为核心。钢铁工业是重工业的一个重要部门，它能为工业、农业和国民经济其他部门提供动力和现代化技术装备，是实现社会扩大再生产的物质基础。没有钢铁工业的优先发展，很难建立起独立的工业体系。棉纺织业是轻工业的一个重要部门，是城乡居民消费资料的主要来源，直接关系到城乡民众物质和文化生活，具有投资少、建设周期短、资金周转快、积累多的特

---

① 〔法〕布罗代尔：《15～18世纪的物质文明、经济和资本主义》第3卷，生活·读书·新知三联书店，1993，第662～665页。
② 《张謇全集·政治》，第169页。

点，是国家财政收入的重要来源，可以为重工业的发展积累资金。同时，它属于劳动密集型产业，有利于大量吸收劳动力就业。关于工业化初期为什么要优先发展棉纺织业，张培刚有比较系统的论述。张培刚指出：其一，衣服的需要弹性大于食品，因而与其相关的纺织业便成为当时工业的主干，就享有特殊地位和较为有利的机会而首先经历工业转变的过程。其二，从区位的观点来看，粮食作物大都是普遍性的，而棉、丝及羊毛则大都是区位性的。具有区位性的产品之间的贸易较为频繁，而且数量也较大。纺织品的流动性远较食用产品为高，因其运输较便，易腐性较低。其三，从技术的观点着眼，纺织工业在生产上需要更多的技巧，因此，其所需的熟练劳动较其他许多工业为多。就内部生产结构而论，纺织工业所需要的劳动者的数量也多，这对吸收乡村剩余劳动力有好处。[①] 就张謇棉铁主义的实践来看，张謇在棉纺织业方面所做出的成就，是有目共睹的。棉纺织业的发展，也相应激活了其他相关产业，形成了部门产业间的良性互动，使地方经济趋于繁荣。张謇的这一努力，也恰好反映了中国近代企业发展的实际。著名学者吴承明曾经指出："中国近代产业萌发时期的特征：西方拼命地向中国推销纺织品和鸦片，中国人向西方寻求的却是如当时洋务派所说的'机船矿路'。然而，纺织工业后来却成为中国唯一的略有发展的民族工业。"[②] 考诸历史，棉纺织业在近代中国发展迅速，一枝独秀，的确是不争的事实。这也从另一方面印证了张謇的慧眼独识。

而发展钢铁工业，由于资金短缺，非个别人实力所能实现。张謇对此一直引为憾事。他说："铁，吾猝未能业之者；业棉则逾二十年。"[③] "我国铁业，只一汉厂，正须借以养成后起之才，备扩充之用。""近年，謇在苏省，对于纺织、植棉汲汲进行，略著成效。惟铁业尚无萌芽，私心引以为憾。"[④] 其实，这不仅是张謇的遗憾，而是中国近代经济与社会的悲剧，并非张謇个人之力所能解决的。尽管如此，由于张謇的倡导，中国近代钢铁工业也获得了一定的发展，特别是在1920年前后，先后以官办或中外合办的方式，创

① 张培刚：《农业国工业化问题》，湖南出版社，1991，第178~180页。
② 吴承明：《论张謇》，江苏古籍出版社，1993，第158页。
③ 《张謇全集·实业》，第802页。
④ 《张謇全集·经济》，第416页。

办了奉天本溪湖公司、上海浦东和兴公司、鞍山振兴公司、湖北象鼻山铁矿等钢铁企业，钢铁产量从 1912 年的 2521 吨增加到 1921 年的 7.7 万吨，"钢铁工业极一时之盛"①。

第三，棉铁主义超越了近代中国出现的各种经济救国理论。张謇思路清晰、见解过人，其棉铁主义内容具体，且具有可操作性。众所周知，自近代开关以来，面对西方的经济入侵，国人提出了不少救亡图存的理论和主张，经历了一个从"以农立国"到"以商立国"再到"以工立国"的演变过程。其中，刘锡鸿的农业为本论特别典型。作为当时有名的守旧者，刘锡鸿别有心裁地提出了他的经济观点，提倡在新的历史条件下继续实行传统的重农抑商政策，强调农本商末。他认为，中西国情有别，中国和西方国家在疆域大小、土壤肥瘠等自然条件方面有差别，大工业以及火车、轮船等新式交通运输工具，在西方是行之有效的东西，但却不能适合中国的国情，在中国采用这些东西，不会带来好处，而只会把事情弄坏。他以英国的情况和中国相比较说：英国"地狭而不腴"，不适合搞农业，要"养民"就只能靠"拓地通商"；中国情况则相反，土地广大肥沃，"利在劝农"，所以不应效仿西方国家发展新式工业②。对此，张謇从工业至上的角度，运用西方的现代工商理论，对之做了批评，认为西方的包括农工商的大实业观较之中国传统的重农抑商说要高明得多。他说："实业者，西人赅农工商之名，义兼本末，较中国汉以后儒者重农抑商之说为完善。"③ 张謇认为，中国人口众多，仅仅依靠单方面发展传统农业，不能从根本上解决中国的社会问题。说严重一点，就是单纯解决民众的生计问题，也不现实。他说："中国生齿繁而遗利，若仅恃农业一端，断难养赡。"④ 所以应该农工商并举，相互促进，协调发展。

郑观应"商战论"的核心内容是"振兴商务""以商立国"，主张以商务为中心发展资本主义经济。这个理论的提出，显然是受了西方重商主义的

①　张静如、刘志强主编《北洋军阀统治时期中国社会之变迁》，中国人民大学出版社，1992，第 29 页。
②　赵靖：《中国经济思想史述要》（下），北京大学出版社，1998，第 681～682 页。
③　《张謇全集·艺文》（上），第 151 页。
④　《张謇全集·政治》，第 38 页。

影响，它对于反击当时守旧派的"以农立国"论，曾经发挥了积极影响。但是，将经济发展的终极原因归结为通商和贸易，忽视了生产在整个经济发展中的作用，同样失之偏颇，本末倒置。对于当时影响甚广的"以商立国"论，张謇同样做了批评。他说："世人皆言外洋以商务立国，此皮毛之论也。不知外洋富民强国之本实在于工。讲格致，通化学，用机器，精制造，化粗为精，化少为多，化贱为贵，而后商贾有懋迁之资，有倍蓰之利。"①"凡有国家者，立国之本不在兵也，立国之本不在商也，在乎工与农。"②"工苟不兴，国终无不贫之期，民永无不困之望。"他很重视采用新工艺、新技术，认为"能于工艺一端，蒸蒸日上，何至于有忧贫之事哉。此则养民之大经，富国之妙术"③。值得注意的是，张謇提倡"以工立国"，并不是笼统地、漫无目的地齐头并进，而是有重点、有次序、有计划的系统工程，"生平持论，以富中国，当自营棉铁始"④。即以棉铁为突破，以银行为后盾，带动相关产业共同发展，从而使中国工业化有一个明晰和系统的方案。

（原文刊于《广东社会科学》2003 年第 6 期，第 76~84 页）

---

① 《张謇全集·政治》，第 37 页。
② 《张謇全集·经济》，第 13 页。
③ 《张謇全集·政治》，第 38 页。
④ 沃丘仲子：《现代名人小传》（下卷），中国书店，1988 年影印本，第 168 页。

论《甲寅》杂志与"甲寅派"

◎ 郭双林

　　1922 年 3 月，胡适在其撰写的《五十年来中国之文学》一文中率先提出"甲寅派"这一概念，并指出："甲寅派的政论文在民国初年几乎成为一个重要文派。"[①] 一个月后，常乃惪在其出版的《中国思想小史》中指出："《甲寅》为新文化运动的鼻祖。"[②] 一年以后，即 1923 年 12 月 19 日，胡适在给高一涵等人的信中又写道："二十五年来，只有三个杂志可代表三个时代，可以说是创造了三个时代。一是《时务报》，一是《新民丛报》，一是《新青年》。而《民报》和《甲寅》还算不上。"[③] 虽说《甲寅》不足以代表一个时代，但能和革命党人创办的《民报》齐名，作为创办人的章士钊也应知足了。以胡适后来的声名地位，以常乃惪论证的充分明白，后来的研究者理应对《甲寅》和"甲寅派"予以足够的重视。但长期以来，不论是文学界还是史学界，对《甲寅》和"甲寅派"明显重视不够。近年虽然围绕章士钊研究出现了一些有分量的研究成果[④]，但对《甲寅》杂志和"甲寅

---

① 《胡适文存二集》，黄山书社，1996，第 184 页。
② 常乃惪：《中国思想小史》，上海中华书局，1922，第 179～184 页。
③ 《胡适之的来信》，《努力周报》第 75 期，岳麓书社 1999 年影印本。又见中国社会科学院近代史研究所中华民国史组编《胡适来往书信选》（上），中华书局，1979，第 217 页。
④ 其中大陆方面比较重要的专著有邹小站的《章士钊社会政治思想研究 1903～1927 年》（湖南教育出版社，2001）、郭华清的《宽容与妥协——章士钊调和论研究》（天津古籍出版社，2004）和白吉庵的《章士钊传》（作家出版社，2004），而沈松侨的《五四时期章士钊的保守思想》（《中央研究院近代史研究所集刊》第 15 期下册，1986 年 12 月）一文则反映了港台地区这一方面研究的最高水平。

派"，在认识上仍然存在不少模糊之处。本文拟以不久前发表过的《前后"甲寅派"考》① 一文为基础，对《甲寅》杂志和"甲寅派"再作进一步的深入研究。不当之处，敬请方家指正。

一 《甲寅月刊》、《甲寅日刊》和《甲寅周刊》②

章士钊一生办过三次《甲寅》，即《甲寅月刊》《甲寅日刊》和《甲寅周刊》。或许在章士钊看来，《甲寅月刊》《甲寅日刊》和《甲寅周刊》并没有什么本质的不同，只有出版周期的区别，所以不论是月刊、日刊还是周刊，其封面题字只有隶书的"甲寅"二字，英文则为 THE TIGER，并无月刊、日刊、周刊字样。但事实上三份杂志却有着明显的差异。下面依次做一论述。

《甲寅月刊》俗称《甲寅杂志》，于 1914 年 5 月 10 日在日本东京创刊。二次革命失败后，逃亡日本的孙中山鉴于以前革命失败的教训，撇开同盟会和国民党，另组中华革命党。而以黄兴为首的一部分国民党人因与孙中山等人存在分歧，便未加入中华革命党，而另成立欧事研究会。在筹组中华革命党的过程中，一部分国民党员筹划出版《民国》杂志。经胡汉民提议，决定由黄兴出面，邀请章士钊担任主编。章士钊因在《民立报》时期与国民党的合作不愉快，颇为踌躇。他的意思是另办一份杂志，并将此意思透露给黄兴。黄兴致信章士钊说："杂志之事，昨日汉民兄等，仍要求兄主其事"，并认为，"袁氏作恶已极，必不能久于其位"，若"能于此刻出为收拾人心之举，亦不为早"。对章士钊的顾虑和想法，黄兴非常理解，所以在信中表示："兄前所谈，弟亦主张，两者之间，孰缓孰急，唯兄察之。"③ 最后章士钊还是谢绝了国民党的邀请，另外创办《甲寅月刊》。据后来章士钊回忆说："忆愚违难东京，初为杂志时，与克强议名，连不得当，愚倡以其岁牒

---

① 郭双林：《前后"甲寅派"考》，《近代史研究》2008 年第 3 期。
② 以往论者在指称三份《甲寅》时比较混乱，本文凡使用《甲寅》这一名称者，泛指三份杂志。凡使用《甲寅月刊》《甲寅日刊》和《甲寅周刊》者，则具体指称某一份杂志。引文中凡使用《甲寅杂志》者，则指《甲寅月刊》。
③ 湖南省社会科学院编《黄兴集》，中华书局，1981，第 351 页。

之,即曰《甲寅》,当时莫不骇诧。以愚实主此志,名终得立。"① 也就是说,为了杂志的名称,章士钊和黄兴进行过反复讨论,最后才由章士钊敲定。

《甲寅月刊》的创办者,除章士钊、黄兴之外,还有哪些人?对此,不同人有不同的说法。吴弱男之侄吴业新认为:"1914 年夏,在黄兴移居美国后的授意和支持下,先生(指章士钊)在东京创办了《甲寅》,自任主编,以后又请陈独秀和杨永泰帮忙。"② 白吉庵最初以为,1914 年章士钊与陈独秀在东京创办《甲寅月刊》③,后又认为《甲寅月刊》是章士钊创办,后约陈独秀、杨永泰、易培基等协办。④ 而陈万雄则断言,章士钊 1914 年在日本与陈独秀、谷钟秀创办《甲寅月刊》。⑤

《甲寅月刊》从创刊到 1915 年 10 月 10 日停刊,共发行 10 号。根据其发行情况,这 10 号又可分为前后两个时期,其中 1 - 4 号为前期,6 - 10 号为后期。

在第 1 号的《本志宣告》中,章士钊写道:"本志非私人所能左右,亦非一派之议论所能垄断。所列论文,一体待遇,无社员与投稿者之分。任何意见,若无背于本志主旨,皆得发表,惟所主张,作者各自负其责任。"表现出了少有的开放态度。但总的来说,稿源紧张始终是该杂志面临的一大难题,第 4 号就因稿源问题被迫推迟出版。

为改变这种情况,《甲寅月刊》从第 5 号开始,将编辑与出版分开,编辑由在日本的章士钊负责,出版由上海亚东图书馆负责。随后几号的出版的确没有再愆期,但这种情况也就持续到第 9 号。该号由于刊登了章士钊撰写的《帝政驳议》而触怒袁世凯。袁世凯无法禁止《甲寅月刊》在日本编辑,但可以禁止内地邮局寄送。所以当第 9 号《甲寅月刊》送到邮局寄送时,

---

① 《者何》,《甲寅周刊》第 1 卷第 10 号(1925 年 9 月 19 日)。

② 吴业新:《章士钊与吴弱男》,中国人民政治协商会议全国委员会文史资料研究委员会《文史资料选辑》编辑部编《文史资料选辑》第十三辑(总 113 辑),中国文史出版社,1987,第 94 页。

③ 白吉庵:《章士钊传》,见《中国现代社会科学家传略》第 10 集,山西人民出版社,1987,第 386 页。

④ 白吉庵:《甲寅》,《辛亥革命时期期刊介绍》第 4 册,人民出版社,1986,第 529 页。又见白吉庵著《章士钊传》,作家出版社,2004,第 89 页。

⑤ 陈万雄:《五四新文化的源流》,生活·读书·新知三联书店,1997,第 13 页。

被邮局拒绝。在万般无奈的情况下，只得靠零卖收回成本。① 《甲寅月刊》第10号又专门刊发了一个《紧要启事》，指出："本志自发行以来，谬承社会督奖，在事同人理合努力进行，以慰读者诸君之望。……比日以来营业益臻发达，上海亚东图书馆力难兼顾发行之事。业由本志派人驻沪专理，以期久远。此后关于编辑事项，仍祈直函日本东京小石川区林町七十番地本杂志编辑部。关于发行事项，则请向上海江西路五十六号本志总发行所接洽。"上述《启事》说由于营业发达，亚东图书馆力难兼顾发行之事。这很明显是托词。合理的解释应该是，亚东图书馆是纯商业机构，尽管章士钊与汪孟邹交往不浅，但因在国内不能邮寄，只靠零卖肯定解决不了《甲寅月刊》的发行问题。为不使亚东图书馆受损，章士钊只得再次承担起该刊的印刷发行任务。

《甲寅月刊》的办刊宗旨，章士钊在《本志宣告》中明确指出："本志以条陈时弊，朴实说理为主旨，欲下论断，先事考求，与曰主张，宁言商榷。……故本志一面为社会写实，一面为社会陈情而已。"根据这一指导思想，《甲寅月刊》开辟有"论说""时评""评论之评论""通信""论坛""文苑"（包括"文录""诗录"）、"丛谈""小说"等栏目。根据其内容，大致可以分为四类：其中"政论""评论之评论""论坛""译文"为一类，"时评"为一类，"通信"为一类，"文苑"（包括"文录""诗录"）、"丛谈""小说"为一类。

据统计，"论说"类共发表40人撰写、翻译的102篇文章，其中"论说"59篇，"评论之评论"16篇，"论坛"23篇，"翻译"和"笔述"4篇。在40位作者中，文章最多的是章士钊，共35篇，其次为杨端六6篇，运甓（章勤士）②、张东荪、易白沙各5篇，汪馥炎4篇，周鲠生3篇，秉心、渐生、无涯、CZY生（杨昌济）、皮宗石（字浩白）、李大钊、潘力山各2篇，余各1篇。在这些作者中，与章士钊关系比较密切或比较知名的有陈仲（独秀，CC

---

① 汪原放：《亚东图书馆与陈独秀》，学林出版社，2006，第30页。
② 因黄侃在清末曾以运甓为笔名在《民报》刊物上发表《专一之驱满主义》《哀贫民》等文章，加之黄侃与章太炎、章太炎与章士钊的关系，笔者一度以为《甲寅》上的运甓是黄侃的笔名。后发现《甲寅》之运甓非《民报》之运甓，而是章士钊季弟章士戣（字勤士）的笔名。见《甲寅月刊》第1卷第8号所载运甓《人患》一文按语。

生）、高一涵、李剑农、刘叔雅、梁漱溟、易培基、白悒亚（名坚武）等。

"时评"栏共刊登31篇文章，其中渐生19篇，章士钊7篇，秉心2篇，敬庵、洗心、白沙各1篇。

"通信"是《甲寅月刊》最具特色的栏目。章士钊在《本志宣告》中写道："本志既为公共舆论机关，通讯一门，最所置重，务使全国之意见，皆得如其量以发表之。其文或指陈一事，或阐发一理，或于政治学术，有所怀疑，不以同人为不肖，交相质证，俱一律欢待，尽先登录。若夫问题过大，持理过精，非同人之力所及，同人当设法代请东西洋学者，以解答之。"据统计，"通信"栏共刊发72人撰写的90余封来信。其中高一涵、韩伯思、刘陔、张溥、周锐锋各3封，曹工丞、诸亚心、戴承志、李大钊、梁漱溟、王燧石、伍子余、张企贤、周悟民各2封，陈独秀、杨昌济、胡适、桂念祖、蒋智由、张尔田、郁嶷、吴敬恒、黄远庸、黄枯桐、陶履恭等人各一封。

"文苑"共发表各类文章48篇，诗作280多首。"小说"连载了老谈（谈善吾）的《女蜮记》《白丝巾》《孝感记》，烂柯山人的《双枰记》，胡适翻译法国都德撰写的《柏林之围》，昙鸾（苏元瑛）的《绛纱记》，寂寞演生（程演生）的《西泠异简记》等7篇小说。"丛谈"则连载了兹（即李岳瑞）的《说元室述闻》，匏夫的《啁啾漫记》，文廷式的《知过轩随录》，无涯的《读史余记》等。

以上四类作品，共约580篇，作者达150余人。通过以上分析，我们基本可以了解《甲寅月刊》的作者群。

以往论者谈到《甲寅月刊》停刊的原因时，只谈袁世凯政府的查禁，而不言其他。实际上《甲寅月刊》之所以出了10号以后停刊，除袁世凯政府的查禁外，还有一个非常重要的原因：当时章士钊已经开始武装反袁活动，无暇再执笔为文。对此，甲寅杂志社在后来发表的《启事》中写道："癸丑战役既毕，袁氏尽其力所能及，钳制国人，使之噤伏。秋桐先生旅居日本，愤民意之不伸，创作《甲寅》杂志，援证事理，力辟奸邪。一时中外风行，袁氏震骇，帝制议起，通令禁止销售。先生亦适于此时归国，从事义举，海陆奔驰，无暇执笔。"[①] 这一说法也得到了汪孟邹的证实。1916年

---

① 汪原放：《亚东图书馆与陈独秀》，第31页。

5 月 19 日汪在致胡适的一封信中写道："《甲寅》迟未出版之故，一则前被禁止邮递，内地无法寄送，销场顿减；一则秋桐前与西林赴日，又与任公赴粤，仆仆无暇。"汪孟邹同时也表示："秋桐与錬之意，俟时局略定，务必继续出版，以期永久。将来有需于吾兄者甚多，当求竭力相助。"① 当年 9 月，章士钊还专门请章太炎为重刊《甲寅月刊》题过词。也就是说，《甲寅月刊》的停刊，只是暂停，一旦有条件，章士钊还要恢复这份杂志。

不过，章士钊后来恢复的并不是《甲寅月刊》，而是《甲寅日刊》。

《甲寅日刊》是一份日报，1917 年 1 月 28 日创刊，6 月 19 日停刊。从报纸上的排序看，共出版 150 号。如果细心一些，我们会发现该报在编排上存在许多技术性错误，如有两个第 7 号而无第 6 号，有两个第 23、24 号而无第 18 号，有两个第 81 号、第 102 号而无第 103 号，第 109 号以后直接为第 130 号，等等。实际上，《甲寅日刊》共出版 142 号。

长期以来围绕《甲寅日刊》存在一个误传，即认为《甲寅日刊》初为日刊，后改为周刊。白吉庵在《章士钊传》中写得更具体：章士钊在章太炎等人的支持和鼓励下，于 1917 年 1 月 28 日在北京恢复《甲寅日刊》，2 月 17 日改为周刊发行。② 的确，李大钊在《甲寅之新生命》一文中说过："今《甲寅》蜕化而为周刊矣，是一周一《甲寅》也，是《甲寅》一周而有一新生命也。"③ 另外，《甲寅日刊》从第 3 号（1917 年 1 月 30 号）至第 13 号（1917 年 2 月 9 日）曾连续多日刊发一则广告："本社除发行《甲寅日刊》外，仍发行《甲寅周刊》，定于阳历二月十日出版。所有议论仍以条陈时弊、朴实说理为主旨。通讯一门，尤所注重，务使全国所怀之感想，均得如量发抒。……本刊分编辑、发行两部。凡关编辑及收稿事项，归北京朝阳门内竹竿巷第四号一庐接洽。关于发行及广告事项，归上海四马路福华里亚东图书馆接洽。"由此看来，章士钊等人的确曾计划在《甲寅日刊》之外，另出一份《甲寅周刊》。

但是，这一想法后来没有成为现实。查中国社会科学院近代史研究所现

---

① 《章士钊致胡适》，中国社会科学院近代史研究所中华民国史组编《胡适来往书信选》（上），第 2 页。

② 白吉庵：《章士钊传》，第 112 页。

③ 李大钊：《甲寅之新生命》，《甲寅日刊》第 1 号（1917 年 1 月 28 日）。

存的《甲寅日刊》，从1917年1月28日创刊到6月19日结束，从来都是一日一刊，且在正常情况下，逢周六、周日亦不停刊。此外，2月10日（也就是广告中说的《甲寅周刊》出版日）以后未再见到广告，也没见到在《甲寅日刊》之外另行出版的《甲寅周刊》。至于《甲寅日刊》于2月17日改为周刊之说更是明显错误。根据《甲寅日刊》的排序，当日为第21号，时间为民国六年2月17日，阴历正月二十六，星期六。报纸上除刊登各种命令、电报、新闻、广告外，还刊有李大钊的社论及时评各1篇，高一涵的时评1篇。根据上面论述，我们基本可以推断，后人关于《甲寅日刊》改为《甲寅周刊》的误传，很可能是由这一则《甲寅周刊》出版预告引起的。

《甲寅日刊》每日1号，每号6个版面。该报与当时的大多数报纸一样，第一版为社论，第二版和第三版为命令、中外要闻、时评、外电、车站纪事，第四版和第五版为广告，第六版为文学（包括文苑、东来纪事、小说、随笔、来稿等）。6月5日《甲寅日刊》上刊有《本报特别启示》："本报数日来销数陡增一倍，印刷甚为困难，暂将附张停刊，俟布置周备，再行续出。"自当日起，该报只保留了前四版的内容，第五版的广告和第六版的文学不再出现，这种情况一直持续到6月19日停刊。

在第1号的《发端》中，章士钊没有去写《甲寅日刊》创办的缘起，却提出了两个非常重要的观点，即"尊今"和"重我"。他认为当时社会上存在两种错误观点，即"薄今"和"忘我"。所谓薄今，是指一些人为当前的境遇所限制所烦恼所拘挛所戏弄，于是其心思偈游于境外，而不禁生怀旧思古之情。所谓"忘我"，是指人不负责任。针对这种现象，他提出了"尊今"和"重我"的主张。说到底就是面对现实，勇敢地承担自己的责任，从我做起，从现在做起。"此本报之大愿也。"[1] 也就是说，这是章士钊为《甲寅日刊》确定的办报方针。

作为一份政论性的日报，社论在《甲寅日刊》中占据非常重要的地位。章士钊在恢复日刊时，就特别约请曾经留学日本、此时已经回国的李大钊和高一涵为日刊写社论。据后来高一涵回忆说："那时，章士钊在北京创办《甲寅日报》，约我们替他写社论。今天由守常写，明天由我写，后天由守

常写，再后天由我写。如此轮流，每人隔一天给《甲寅日报》写一篇论文。"① 高一涵的回忆基本属实，据统计，在《甲寅日刊》刊发的130多篇社论（或论说、代论）中，李大钊撰写40篇，高一涵23篇，章士钊18篇，大任6篇，蒿目5篇，其他各人均在3篇以下。由上可知，《甲寅日刊》发行时期，由于章士钊忙于政治活动，不仅编辑出版工作主要由李大钊和高一涵负责，该刊所发表的社论亦主要由李大钊、高一涵执笔。

"命令""外电"（包括路透电、东方通讯社电）均及时刊登。不过，内容最丰富的还是"中外要闻"。当时诸多重要事件如孔教是否入宪问题、对德宣战问题、府院之争等，《甲寅日刊》均曾予以详细报道。对一些重要时政问题，则配以时评。据统计，在《甲寅日刊》刊发的170篇时评中，邵飘萍撰写的至少有91篇②，李大钊20篇，章士钊9篇，石鐘11篇，高一涵7篇，其他人均在4篇以下。从2月6日起，《甲寅日刊》还在第三版开辟"通信"栏目。以后虽也不断刊有来信，但其影响远无法和《甲寅月刊》和《甲寅周刊》时期的"通信"栏目相比。4月11日，甲寅日刊社在第72号上登出一则《本馆启示》："本报第二张拟辟本京社会新闻一栏，每日登载关于社会各种新闻"，并公开招聘"征访员"（即记者）。查现存《甲寅日刊》，"本京新闻"栏目并没有放在第二张上，而是放在了第六版的"专件"后面，并从4月13日开始。

广告是《甲寅日刊》的一项重要内容，除了一般的商业广告外，《甲寅日刊》还曾为《新青年》《太平洋》等杂志刊登每期要目。

《甲寅日刊》的第六版也颇有特色。在该版文学栏内，先后连载了王闿运的《湘绮楼未刊稿》，老谈（谈善吾）的滑稽小说《新旅行》《六百万镑》，刘少少的小说《逻辑传》和戏评，以及《瘦郎随笔》《徐州十日记》《东来纪事》《松坡琐谈》《岑西林琐谈》《黄克强琐谈》《沈友丹琐谈》《妙观察斋笔记》《京门闻见录》和《李守常游记》等。

由上可知，《甲寅日刊》当时集中了一批著名的学者和报人，李大钊、

① 高一涵：《回忆五四时期的李大钊同志》，中国社会科学院近代史研究所编《五四运动回忆录》（上册），中国社会科学出版社，1979，第339~340页。
② 章士钊在恢复《甲寅》时，也曾邀请邵飘萍加盟。章士钊离京期间还请邵飘萍主持《甲寅日刊》的工作。

高一涵、邵飘萍自不用说，刘少少和黄远生、丁佛言（一说徐彬彬）被时人誉为"新闻界三杰"。谈善吾在清末曾先后出任《民呼报》《民吁报》和《民立报》的记者，被人称为"三民记者"。他的寓言小说、叶楚伧的散记和徐血儿的政论当时号称"《民立》三妙"。[①]

不过，由于政治理念和立场的不同，随着时间的推移，李大钊、高一涵与章士钊之间逐渐出现分歧。高一涵回忆说："我们在文章中攻击研究系，攻击现政府；而章士钊是维护他们的，他不赞成我们的主张。守常又只顾真理，不顾什么情面，不合心意的，他就要痛骂。章士钊不敢去和守常交涉，便托我去和他商量。这怎么行呢？一个人的主张是不能够随便更改的。后来，彼此谈妥：不谈内政，只写国外新闻。那时，十月革命已经胜利。于是，守常便连续介绍俄国革命。我们把各报上主张较新的消息综合起来，介绍给国人。后来又遭到章士钊的反对。到张勋复辟时，我们便登报声明，脱离了《甲寅日报》。"[②] 事实上，当时不仅李大钊、高一涵和章士钊在认识上出现分歧，邵飘萍和章士钊之间也开始出现裂痕。1917 年 5 月 6 日《甲寅日刊》曾刊登《邵振青声明》："近日政界友朋，颇有以鄙人是否列名某会某社为问题者。鄙人职司新闻记者，言论行动绝对不受一派之拘束，亦从未列名党籍。恐有误会，特再声明。"同日由石公撰写的时评《读者不可不注意某报》也指出："本报自刊行以来，不持党见，力主调和。无论何方面之议论，均许容纳，不受一党派一个人之束缚，自问实为业新闻者之正办。"可见，当时至少在外界看来，《甲寅日刊》的言论越来越激进。到 6 月 11 日，章士钊在日刊上发表《章秋桐紧要声明》："敬启者：秋桐久已离京，与报脱离关系。特此声明。"作为《甲寅日刊》创办人的章士钊，竟要发表紧要声明来与《甲寅日刊》脱离关系，这一情况非常值得注意。最大可能是，章士钊已经无法控制《甲寅日刊》的舆论导向，为了摆脱干系，不得不发表这个声明。换一句话说，当时章士钊已经与《甲寅日刊》社论、时评的主要撰稿人发生严重分歧，即使张勋不复辟，《甲寅日刊》

---

① 郑逸梅：《南社丛谈》，上海人民出版社，1981，第 242～243 页。

② 高一涵：《回忆五四时期的李大钊同志》，中国社会科学院近代史研究所编《五四运动回忆录》（上册），第 340 页。

迟早也要停刊。

《甲寅日刊》停刊后，章士钊一边忙于政事，一边为《新闻报》等报刊撰稿。在这期间，他始终未放弃恢复《甲寅》的想法。经过一段时间准备后，他于1924年1月5日在上海《申报》上刊发《创办甲寅周刊招股广告》，"定十万元，每股五元，计二万股，不分零币。……招足半额，始行开办"。对于章士钊的这种做法，陈独秀颇不以为然。他在一篇文章中写道："更奇怪的是他（指章士钊）近来忽然登报发起集资十万元办《甲寅》周刊。行严君！以十万元办一周刊，在欧美大工业资本社会原不算什么，连工业后进的日本还不配，何况中国?"[1] 也就是说，在陈独秀看来，章士钊很难集够这10万元股金，《甲寅周刊》也很难办起来。陈独秀估计错了，因为《甲寅周刊》在1925年7月18日实实在在地创刊了，只不过在时间上超过了一年的期限。为此，《甲寅周刊》创刊后，章士钊在第1号便发表特别启事，对此事予以说明，并表示"现集股事，仍继续办理"，"或因此要求退股，本社亦当照办"[2]。总的看来，甲寅周刊社对募集资金的管理比较混乱。据该刊第6号所登的《本社特别启事》说，该社前在沪招股时，曾发有临时收条及股据两种。后以人事拘牵，出版延期，招股亦告停顿。当时各方友人代募之股，许多人仅有收条，未更换股据，以致各股东姓名住址无从查考。为此该启事要求入股者将姓名住址、原入股额、收条或股据号数、经收人姓名等项，逐一开示，直寄该社，以便接洽一切。[3] 1926年12月从《甲寅周刊》第36号起，章士钊又擅自改变"以股分公司之法行之"的方针，"全作为一种社会事业办去"。为此甲寅周刊社曾刊登启事，一方面对从前认股的股东表示歉意，另外要和交股款者"协议一种收束办法"[4]。事实上也就说说而已。

《甲寅周刊》于1925年7月18日创刊，每周1号。1926年3月27日出完第35号后，曾停刊半年，直到该年12月18日，才又接着出第36号。

---

① 独秀：《夷场上的农村立国》，《前锋》第3号。又见《陈独秀文章选编》中册，生活·读书·新知三联书店，1984，第405页。
② 《本社特别启事二》，《甲寅周刊》第1卷第1号（1925年7月18日）。
③ 《甲寅周刊》第1卷第6号（1925年8月22日）。
④ 《甲寅周刊》第1卷第36号（1926年12月18日）。

1927 年 4 月 2 日出版第 45 号后停刊，一共存在一年零八个月。编辑部最初设在北京宣外大街 200 号，后移至 205 号，从第 36 号开始，移至天津日本租界须磨街春生里 4 号，后转吉野街 8 号。

《甲寅周刊》先后辟有"时评""论说""征文""特载""通讯""杂记"（后改为"孤桐杂记"）、"光宣点将录""书林丛讯""说林""章氏墨学""逻辑""揣籥录""清华园题解记""诗录""文录"等栏目。这些栏目又可进一步分为时评、论说（包括论说、征文和特载）、通讯、杂记（包括"孤桐杂记""揣籥录""章氏墨学""逻辑"等）和文苑（包括"光宣点将录""清华园题解记""诗录""文录"）、杂录（包括"书林丛讯""说林"）几大类。

据统计，《甲寅周刊》共发表时评 202 篇。除第 35 期开了天窗外，其他各期均登时评 3 篇至 11 篇不等，内容涉及政治、经济、军事、文化、外交等各个方面。在所有刊发的时评中，除 1－9 号、36－45 号外，其他各卷大部分署有作者的笔名或字号。

"论说"栏目是《甲寅周刊》的主体。据统计，《甲寅周刊》共刊登 153 篇论说文章。其中章士钊一个人就撰写了 80 篇，梁敬錞 5 篇，瞿宣颖、汪荣宝、董时进、陈拔、梁家义各 3 篇，其他人各 1 篇至 2 篇不等。由此可见，《甲寅周刊》的作者队伍很成问题，基本上是章士钊一个人在写。

为了解决稿源问题，章士钊采用了有奖征文的办法，一则宣传自己的观点，再则通过此项办法，发现作者，扩大《甲寅周刊》的作者队伍。《甲寅周刊》存在期间共进行过两次有奖征文活动。第一次从 1925 年 7 月 25 日开始，到 8 月 30 日结束，题目为《科道制与代议制之利害得失如何？立法与弹劾二权之分合利弊安在？此项宪法条文应如何规定？其各分别论之》，这很明显是章士钊所拟。第二次有奖特别征文从 1925 年 10 月 3 日开始，题目为《圣贤与英雄异同论》，由段祺瑞拟定，奖金也由段捐出 3000 元廉俸支付，到 10 月底齐稿。根据第一次征文启事，凡获奖的文章都将在《甲寅周刊》上刊载。事实上，两次征文共入选文章达 116 篇，而在《甲寅周刊》上公开刊登的仅 3 篇，即潘大道的《代议不易辨》、文天倪的《科道制与代议制之利害得失如何？立法与弹劾二权之分合利弊安在？此项宪法条文应如何规定？其各分别论之》和唐兰的《圣贤与英雄异同论》，分别为第一次有奖征文的第一、二名和第二次有奖征文的第一名。由此可见征文效果，至少在章士钊看来不怎么样。

《甲寅周刊》共登"特载"8篇，其中包括章士钊的1封电报、3个呈文和段祺瑞的4篇文章。

"通讯"仍是《甲寅周刊》最具特色的栏目。从第1号起，《甲寅周刊》就连续刊登启事，进行宣传。据统计，整个《甲寅周刊》时期，共刊发262封来信。对几乎每一封来信，章士钊都作了简要回答。

杂记类中，"孤桐杂记"和"揣籥录"是章士钊撰写的一些回忆和文章片断，"章氏墨学"为章士钊研究墨学的一些成果，"逻辑"则是其当年在北京大学讲授逻辑课的一些讲义。文苑类中的"光宣点将录"是汪辟疆借用梁山一百单八将对当时诗人的评点，"清华园题解记"是钱基博当时在清华大学讲授文史的部分讲义，"诗录"主要刊登了王揖唐的《今传是楼诗话》和章士钊等与友人唱和的诗作，"文录"刊登了章炳麟、陈三立、王树枏的几篇文章。杂录类中，"书林丛讯"为新书介绍，"说林"为笔记杂录。

《甲寅周刊》刊发的文章，原则上采用实名制。早在1925年8月8日，章士钊就在《甲寅周刊》第1卷第4号刊登《本刊特别启事》："本刊志在以文字易天下，一字一句，皆有责任，故除孤桐先生，读者举知其为何人外，署名悉缘本称，一切别号，均所不取。"在第5号刊登的《启事》中，又曾表示"来稿及通信只署别号者，恕难登载"。但从实际情况看，《甲寅周刊》并没有完全采用实名制，如《时评》前9号就均未署名，36号以后也未再署名，中间几期虽然署了名字，也多是简单的笔名，以致今天很难弄清作者的真实身份。

在章士钊看来，《甲寅月刊》和《甲寅周刊》没有什么不同，但在读者看来却并非如此。一位读者在读了《甲寅周刊》1至4号后投函章士钊，指出："此章君乙丑之文，非甲寅之文也。"为什么这么说呢？作者写道：言为心声，"心有所思，思有所系，然后发之于文。其言出于悲愤者则沉痛，其言出于感叹者则慷慨，其言出于掩饰者则曲就，其言出于私好者则阿谀。……甲寅之岁，章君为文，乃流居异域，处士横议之文也。今年乙丑，章君为文，乃执政府兼长两部，台阁之文章也。文固出于一人，而时地不同矣。斯名也，实不可假借"。① 也就是说，既然事非其时，言非其世，《甲寅周刊》仍沿用《甲寅月刊》之名，就犯了名实不符的错误！

稍后，梁家义在来信中也对《甲寅周刊》作了比较全面的评价。他认为，周刊中"'通讯'一栏最有精采"，"'时评'最为世诟病"，"至全刊重心，自在'论说'"。在他看来，"论说"栏有优点二，不足二，其所以不足之故二，今后改善之道也有二。两个优点即"论度恢大"，"论文渊雅"。两个不足即"材料犹嫌不足"，"主张发挥犹嫌不足"。之所以造成这种结果，在他看来，一是内无特约的优秀主笔，二是外人不肯将其杰作投给周刊。至于今后改善之道，梁家义认为，从人事方面言，应该特约一二主笔，"使其各聚其一星期之心思精力，而发一二篇可咀嚼耐看之文"；从文章方面言，此后讨论问题，应该反复辩论，纵使社外无相辩之题，社内同人也应选择一两个大题目，彼此驳议，使之成为一大时代问题。② 如果撇开梁家义保守的文学观点不讲，他对《甲寅周刊》的评价是比较客观的，特别是对《甲寅周刊》弱点的认识，可以说入木三分。

二　"前甲寅"与"后甲寅"

这里所说的"前甲寅"与"后甲寅"不是指前后"甲寅派"，而是指《甲寅》杂志，即《甲寅》月刊、日刊和周刊。

就目前所知，最早将《甲寅》分为前后两个时期的可能是陈子展。1930 年，他在《最近三十年中国文学史》一书中写道："我们要说这二十年来的'政论文学'，总不会忘记章士钊的《甲寅杂志》，同样，我们要说这十来年文学革命的最后之劲敌，就该不会忘记章士钊的《甲寅周刊》。""平心论之，章士钊的'前甲寅'，使人知道中国文学在'古文范围以内的革新'，最好的成绩不过如此，为后来的文学革命，暗示一个新的方向，自有其时代上的价值。他的'后甲寅'，若是仅从文化上文学上种种新的运动而

---

① 　重世：《不佞》，《甲寅周刊》第 1 卷第 27 号（1926 年 1 月 16 日）。
② 　梁家义：《批评》，《甲寅周刊》第 1 卷第 27 号（1926 年 1 月 16 日）。

生的流弊，有所指示，有所纠正，未尝没有一二独到之处，可为末流的药石。但他根本想推翻这种种新的生机，新的势力，仍然要维持四千年来君相师儒续续用力恢弘的东西。所以他努力的结果，似乎一方面只能表示这是他最后一次的奋斗，他的生命最终的光焰；另一方面只能代表无数的学士大夫之流在文字上在学术思想上失去了旧日权威的悲哀，代表无数赶不上时代前进的落伍者思古恋旧的悲哀，为新潮卷没的悲哀。"① 这是笔者见到的最先使用"前甲寅""后甲寅"这一对概念的史学著作。后来，曹聚仁在《文坛五十年》中谈及章士钊在《甲寅周刊》时期的文学主张时，也使用了"后甲寅"这一提法。他写道："一九二五年，那正是段祺瑞的执政时期；民初，那位逻辑文章家章士钊得位行其道，做了司法总长兼教育总长，忽然要从新办起《甲寅》杂志来，来反对新文化，反对文学革命，做起卫道的战士来了。于是文白论战，就从'后甲寅'导火了。"②

我们知道，《甲寅月刊》与《甲寅周刊》，不仅编撰队伍不同，思想主张更是相差甚远，因此将《甲寅月刊》与《甲寅周刊》区别开来是应该的，甚至是必需的。问题是，怎么处理《甲寅日刊》，换一句话说，应该无视《甲寅日刊》的存在，还是把《甲寅日刊》单独划分一个时期，抑或将其并入"前甲寅"或"后甲寅"呢？

笔者以为，既不能无视《甲寅日刊》的存在，也不能将其单独划分一个时期，更不能将其划入"后甲寅"时期，而应将其划入"前甲寅"时期。理由如下：

第一，作为"甲寅派"的精神领袖，章士钊的思想在民国初年有过几次比较明显的变化。第一次是在 1918 年年底，当时他在纪念北京大学建校二十周年时作了题为《进化与调和》的演讲，公开鼓吹新旧文化的调和，不再谈政治调和。第二次是 1921 年 2 月至 1922 年 9 月的第二次欧游。此次欧游回国后，章士钊的思想从新旧调和完全回归传统，走向所谓的"全面反动"。《甲寅日刊》创刊于 1917 年 1 月 28 日，停刊于 1917 年 6 月 19 日，处于他发表《进化与调和》这一演讲之前。因此从时间上看，《甲寅日刊》

---

① 陈子展：《最近三十年中国文学史》，上海古籍出版社，2000，第 305、313 页。
② 曹聚仁：《文坛五十年》，东方出版中心，2006，第 216 页。

在章士钊的思想发展变化过程中很难构成一个独立的时期，也很难划入"后甲寅"时期。

第二，从编辑队伍看，《甲寅日刊》的编撰人员除章士钊本人外，最为重要的有李大钊、高一涵和邵飘萍，其中李大钊和高一涵都是《甲寅月刊》的作者，虽然未发现邵飘萍在《甲寅月刊》上发表文章，但据章士钊在1926年所写的《书邵振青》一文说："民国四年，愚违难东京，创《甲寅月刊》，好立言语，藉以结纳士友。振青以时来会，温温一美好少年，未见其多所发抒也。后二年，愚至京师，复《甲寅日刊》，振青渐审性行与新闻记者弥近，续续以小文求揭报端，清通简要，雅善讥谈，信良器也。"① 章士钊在这里所谈不完全正确，因为早在1912年，邵飘萍就曾与人合办过《汉民日报》。流亡日本期间，又曾创办东京通讯社。1916年春回国后，先后担任《申报》《时报》和《时事新闻》等报主笔。并非如章士钊所说，邵氏在《甲寅日刊》时期才"渐审性行与新闻记者弥近"，也非靠投文《甲寅日刊》知名。不过，由章士钊此番回忆可以知道，邵飘萍也是章士钊"违难东京"时的旧人。所以，从人事方面讲，《甲寅日刊》与《甲寅月刊》有很强的连续性。

第三，也是最重要的一点，即《甲寅日刊》和《甲寅月刊》在思想方面有很强的连续性。邹小站在研究章士钊《甲寅月刊》和《甲寅日刊》时期的思想后指出："如果说，在《甲寅月刊》上，章士钊还只是在理论上鼓吹调和立国论，那么国会重开后，章士钊则是力图在现实政治生活中，调和各方的情感利害意见希望。"② 强调了章士钊在《甲寅月刊》与《甲寅日刊》时期思想的连续性。其实不仅章士钊在这一时期倡导调和立国，李大钊和高一涵在这一时期也极力鼓吹"调和"。如李大钊先后发表《调和之美》《辟伪调和》《调和之法则》《调和誊言》等文章，高一涵先后发表《调和私解》《忠告国民进步两系》《宪政常轨中政党活动之正当范围》《收拾时局之商榷》等文章。他们或正面拥护章士钊的政治调和主张，或进一步阐释"调和"的本质含义，或揭露批判以梁启超为首的进步党人主张的

---

① 《国闻周报》第3卷第27期。
② 邹小站：《章士钊社会政治思想研究》，湖南教育出版社，2001，第162页。

"伪调和"。高一涵甚至在《甲寅日刊》上公开宣称："本报出版以来，原欲以调和主义与海内同人相商榷。"① 朱成甲认为《甲寅日刊》的"基本精神是'调和'"。这一看法是立得住脚的。而"章士钊的这种'调和'思想，形成于东京《甲寅》时期"。②

三　机关刊物还是同人刊物

诚如陈平原所说，清末民初迅速崛起的报刊，大致形成商业报刊、机关刊物、同人杂志三足鼎立的局面。③ 具体到《甲寅》杂志，包括《甲寅月刊》《甲寅日刊》和《甲寅周刊》，究竟是一份机关刊物还是一份同人杂志？对此学术界有不同看法。

对《甲寅月刊》，学术界至少有两种不同看法：（1）《甲寅月刊》是欧事研究会的机关刊物。这种观点最早可能要追溯到李剑农。李剑农在《戊戌以后三十年中国政治史》一书中曾把《甲寅月刊》称为"欧事研究会派的《甲寅》"④。后来中国社会科学院编写的多卷本《中华民国史》干脆将《甲寅》称为欧事研究会的"喉舌"。⑤ 长期研究章士钊的白吉庵也认为，《甲寅》是欧事研究会的机关刊物。如他在新近出版的《章士钊传》中写道："欧事研究会成立之前，章士钊在黄兴的发动和支持下，创办了一个《甲寅月刊》。该刊物的观点自然会反映出黄、章等人的思想和主张，所以后来有人把它称为'黄克强的私人喉舌'，或谓：此为欧事研究会宣传机关。这并非空穴来风，多少还是有些根据的。"⑥ 朱成甲虽未明说《甲寅月刊》就是欧事研究会的机关刊物，但也认为"它主要代表以欧事研究会为主体的属于国民党温和派的思想观点"⑦。

① 一涵：《忠告国民进步两系》，《甲寅日刊》第138号（1917年6月7日）。
② 朱成甲：《李大钊早期思想与近代中国》，人民出版社，1999，第432、434页。
③ 陈平原：《触摸历史与进入五四》，北京大学出版社，2005，第53页。
④ 李剑农：《戊戌以后三十年中国政治史》，中华书局，1965，第216~217页。
⑤ 李新、李宗一主编《中华民国史》第2编第1卷（下），中华书局，1987，第672页。
⑥ 《章士钊传》，第88页。持此观点的还有郭华清，他在《宽容与妥协》一书中认为："1914年8月，欧事研究会成立，章士钊任该会书记，《甲寅》遂成为该会的喉舌。"（天津古籍出版社，2004，第39页）
⑦ 朱成甲：《李大钊早期思想与近代中国》，第252页。

（2）《甲寅月刊》是一份同人刊物。章士钊在《甲寅月刊》第1号刊发的《本志宣告》中明确指出："本志非私人所能左右，亦非一派之议论所能垄断。"在第3号上刊发的《特别告示》中再次申明："同人创为此报，社友无多，见闻尤隘，纯仗海内外鸿达，相与扶持。"苏州大学中文系2006届硕士研究生袁甜在其毕业论文中也认为："《甲寅》杂志建立在同人共同努力之上，从这个角度上来说，它可以算做一本同人杂志。"① 她甚至提出了《甲寅月刊》不属机关刊物的三条理由：第一，欧事研究会不同于机关、党派，它是一个分散性组织；第二，章士钊素来不喜横空出世的一家之言，与党同伐异之论可以说是不共戴天；第三，章士钊始终坚持新闻独立的行业风俗和职业道德。

对《甲寅周刊》，历史上也出现过两种不同说法：（1）《甲寅周刊》是段祺瑞的机关报。早在1925年9月，即《甲寅周刊》创刊后不久，陈独秀就写过一篇《段执政的〈甲寅〉》，指出："自《甲寅》周报出版，许多人责备章士钊过于开倒车，胡适之竟说《老章又反叛了》，滑稽的吴老头儿更至登报报告《友丧》。其实大家都错怪了章士钊，因为《甲寅》周报乃是段祺瑞的机关报，并不是章士钊的机关报，只看该报登载许多肉麻的话恭维段执政便知道。"② （2）《甲寅周刊》是一份独立的同人刊物。《甲寅周刊》在创刊之初即刊登启事，表示"本刊朴实说理，因时建议，并世党派，一无系属"；"本刊研究事理，悉取公开态度，极愿以此为全国人士之公共言论机关"③。

也许，从主观上讲，章士钊力图把《甲寅月刊》《甲寅日刊》和《甲寅周刊》办成一个"公共言论机关"，但在潜意识中，他把《甲寅》看成了个人的私有物，否则他不会在丁巳年和乙丑年二办三办《甲寅》的，也不会说："愚生《甲寅》生；愚死《甲寅》死。愚德，《甲寅》之文字有光；愚不肖，《甲寅》且覆酱瓿之不足。"他不仅把《甲寅》视为己有，而且把

---

① 袁甜：《〈甲寅〉杂志研究》，苏州大学硕士研究生毕业论文，未刊稿，2006年，第12~13页。
② 实：《段执政的"甲寅"》，《向导》第131期（1925年9月25日）。又见《陈独秀文章选编》下册，第103页。
③ 《甲寅周刊》第1卷第1号（1925年7月18日）。

《新青年》视为陈独秀的刊物，《甲寅日刊》上就曾多次为《新青年》刊登广告，称之"陈独秀之《新青年》"。从事实上讲，虽然《甲寅月刊》和《甲寅周刊》也设有发行人和编辑者，但二者的兴衰完全视章士钊个人的情况而定，只有《甲寅日刊》有所不同。从效果来看，从民国年间到现在，人们只知道章士钊编《甲寅》，对《甲寅月刊》的发行人渐生，《甲寅周刊》的编辑者钟介民、章清吾很少留意。

当然，无论是《甲寅月刊》《甲寅日刊》还是《甲寅周刊》，都非章士钊一个人所有。既然《甲寅》非章士钊一人之刊物，那么作为当时影响甚大的政论性报刊，《甲寅》究竟是某一政治团体、党派的机关刊物，还是一份同人刊物呢？对此，笔者认为有三个要素必须予以关注，即经费来源、主笔依托的政治力量及刊物本身的政治倾向。

《甲寅月刊》是应黄兴的要求创办的，而且创办经费也是由黄兴筹集的，对此，后来参与编辑《甲寅月刊》的陈独秀曾经明确指出过。[①]《甲寅月刊》与欧事研究会有着密切的关系，对此学术界早有共识。尽管欧事研究会只是一个分散的组织，但与保皇会和中国同盟会并没有本质的不同，它是一个具有明确政治倾向的组织。最重要的一点，《甲寅月刊》虽然也刊发了一些革命党人的文章，但其基本倾向是主张政治调和，既反对袁世凯的封建专制，也反对革命党的"暴民"专政，代表了欧事研究会大多数成员的政治倾向。也正因为如此，曾在《甲寅月刊》上刊发过文章，并被胡适视为"甲寅派"（其实为前期"甲寅派"）主将之一的李剑农才将《甲寅月刊》称为"欧事研究会派的《甲寅》"。

现在问题是，为什么早期的《新青年》是同人刊物[②]，而被一些人

<hr>

① 独秀：《放狗屁的甲寅》，《向导》第185号（1927年1月27日）。又见《陈独秀文章选编》下册，第344页。

② 对此，学界的看法颇为不同，陈万雄在《五四新文化的源流》中将《新青年》第1卷称为"同仁杂志时期"，李宪瑜在《〈新青年〉研究》（北京大学博士论文，2000年，未刊）中将《新青年》第4~6卷称为"北京大学的同仁杂志"，而陈平原在《触摸历史与进入五四》中则倾向于将《新青年》第1~9卷全都作为"同人杂志"来分析。在笔者看来，从1920年9月1日出版的《新青年》第8卷起，因其已被改组为中国共产党上海发起组的机关刊物，所以此后就不好再将其视为"同人刊物"。当然，如果考虑到其"依然具有'统一战线'的表面形式"，将第8~9卷纳入"同人杂志"的范围来进行分析自有其道理。

视为《新青年》前身的《甲寅月刊》①却是一份机关刊物？的确，《甲寅月刊》与《新青年》相比，特别是与前两卷的《新青年》相比，不仅在作者队伍上有很多相同之点，在运作上也有相近之处。二者的关键区别在于，《甲寅月刊》依托于欧事研究会，其政治倾向也基本上代表了欧事研究会成员——国民党温和派的观点，而早期的《新青年》主要从事社会批评，它既未依托任何政治组织，也不代表任何政治团体和政党的观点。

《甲寅周刊》的创办经费最初是靠集股而来的。当时究竟集了多少股，不得而知。据章士钊说："《甲寅》初创，费即窘涩。"②看来经费并不宽余。后来陈独秀曾经说过："办理《甲寅》周报的股款，都被章士钊送到交易所了。现在不恭维段祺瑞，这周报那来的经费出版。"③陈独秀这话，究竟有多少根据，也不得而知，但章士钊当时的确在外面有投资，当然是不是用招来股款再投资，也很难说清楚。可以肯定的是，章士钊在办《甲寅周刊》时，用过段祺瑞的钱，如第二期征文的奖金就是由段祺瑞出的。另据陈独秀说，后期《甲寅周刊》复刊所用的钱，是张宗昌送与章士钊的 20 万元赌款。所以他说："《甲寅》有这样多的经费，所以能够送人看不卖钱。"④陈独秀这段话并非完全凭空捏造。1927年 11 月 27 日上海《晶报》记者就曾在一篇文章中这么说过。为此章士钊专门写了《〈晶报〉后题》一文加以澄清。据他说，在他游济南时，张勋曾拟赠其 3 万元，被其婉谢。后期办《甲寅周刊》的钱，一小部分是其卖字所得，多数是由曹汝霖（字润田）、梁士诒（字燕孙）、

---

① 对此，可参阅岳升阳《〈甲寅月刊〉与〈新青年〉的理论准备》〔载《清华大学学报》（哲学社会科学版）1989 年第 1 期〕、陈万雄的《五四新文化的源流》第 1 章、刘桂生的《章士钊与〈甲寅杂志〉和〈新青年〉》（《中国社会科学文摘》2001 年第 1 期）、闵锐武的《〈甲寅杂志〉与〈青年杂志〉的渊源关系》〔《河北师范大学学报》（哲学社会科学版）2001 年第 3 期〕、杨琥的《〈新青年〉与〈甲寅〉月刊之历史渊源——〈新青年〉创刊史研究之一》〔《北京大学学报》（哲学社会科学版）2001 年第 6 期〕等。
② 章士钊：《〈晶报〉后题》，《甲寅周刊》第 1 卷第 36 号（1926 年 12 月 18 日）。
③ 《段执政的"甲寅"》，《向导》第 131 期（1925 年 9 月 25 日）。又见《陈独秀文章选编》下册，第 103 页。
④ 《放狗屁的甲寅》，《向导》第 185 号（1927 年 1 月 27 日）。又见《陈独秀文章选编》下册，第 344 页。

谈荔孙①、张岱杉、吴志唐、李思浩②和商人沈云甫等人捐助的。由此可见，后期《甲寅周刊》虽说没有用张勋的钱，却也是旧官僚、银行家和商人捐助的。就其依托的政治力量而言，此时的章士钊身兼临时执政府教育总长和司法总长，在其背后还有临时执政段祺瑞。当然，关键的问题还在于政治倾向。此时的章士钊既不讲政治调和，也不讲文化调和，而是公然以反动自居，反对新文化运动，主张以农立国。在《甲寅周刊》"特载"栏目中，有3篇是章士钊的呈文，4篇是段祺瑞的文章。不论是在呈文中还是在为段文所附按语中，章士钊一口一个执政，极尽谄媚之能事，难怪陈独秀说《甲寅周刊》并不是章士钊的，而是段祺瑞的。

在这里比较特殊的是《甲寅日刊》。《甲寅日刊》办刊经费来自何方，至今并不清楚。《甲寅日刊》指导思想继承了《甲寅月刊》的指导思想——政治调和，与《甲寅月刊》时期不同的是，此时章士钊只是一个普通议员，其背后没有一个政治集团或政党，再就是李大钊和高一涵较多地介入了《甲寅日刊》的编辑出版工作，二人所撰社论和时评，均超过了章士钊。章士钊固然从其"尊今"的立场出发，拥护北洋政府，而李大钊和高一涵却猛烈抨击北洋政府，反对研究系。因此，如果要说同人报刊，或许《甲寅日刊》最有资格当之。

四　前期"甲寅派"与后期"甲寅派"

"甲寅派"是中国现代思想文化史上一个重要流派，它因章士钊所办《甲寅》杂志而得名。如前所述，章士钊一生办过三次《甲寅》，即《甲寅月刊》《甲寅日刊》和《甲寅周刊》，前后思想主张明显不同，参与编撰人

---

① 谈荔孙（1880～1933年），字丹崖。原籍江苏无锡，后迁居淮安。1904年赴日本留学，学习银行经济，1908年回国后在江南高、中两等商业学校任教并任教务长，后在度支部及大清银行任职。入民国以后历任中国银行行长、天津大陆银行董事长兼总经理。1922年与盐业、金城、中南银行组成四行联合营业事务所，合办四行储备库和储蓄会，发行中南银行钞票。1931年与金城、中南、交通、国华四银行合营太平保险公司并任董事。

② 李思浩（1882～1968年），字赞侯。浙江慈溪人。早年肄业于京师大学堂。历任北洋政府财政次长兼盐务署署长、代财长、财政总长兼盐务署督办、关税特别会议委员会委员、中国银行总裁、边业银行总经理、大中银行总经理。抗日战争时期曾任日伪四明银行董事长兼中国通商、交通银行董事，伪上海市市政咨询委员会主任委员及《新闻报》社长等职。

员也很不一样。既然《甲寅》杂志可分为"前甲寅"与"后甲寅",那么"甲寅派"势必也因此而异。换一句话说,"甲寅派"也可以分为前期"甲寅派"和后期"甲寅派"。然而,以往的史书和研究者在提到"甲寅派"时,多不作区别,一概以"甲寅派"称之。这种情况,具体分梳,又可区别为两种情况:第一种,以《甲寅月刊》时期的章士钊、高一涵、李大钊、李剑农等人为"甲寅派",且主要是个政论文派别。这一主张以胡适、钱基博为代表。第二种,以《甲寅周刊》时期的章士钊、瞿宣颖等人为"甲寅派",且主要是个思想文化派别。这一主张以梅子、贾植芳等人为代表。很明显,这两种观点都有片面性,而且都没有注意到《甲寅日刊》时期"甲寅派"的情况。

首先我们讨论一下前期"甲寅派"。

"甲寅派"这一概念是胡适最先提出来的:"章士钊一派是从严复、章炳麟两派变化来的,他们注重论理,注重文法,既能谨严,又颇能委婉,颇可以补救梁派的缺点。《甲寅》派的政论文在民国初年几乎成为一个重要文派。但这一派的文字,既不容易做,又不能通俗,在实用的方面,仍旧不能不归于失败。因此,这一派的健将,如高一涵、李大钊、李剑农等,后来也都成了白话散文的作者。"① 这是目前所知最早使用"甲寅派"并且把高一涵、李大钊、李剑农三人作为"甲寅派"健将的文章。后来章士钊本人在《李大钊先生传序》中也曾说过:"当时高、李齐名,海内号甲寅派,胡适之曾屡道之,高谓高一涵也。"② 由此看来,对胡适关于"甲寅派"的称谓,章士钊是认可的。尤其值得注意的是,章士钊在这里用了一个"屡"字,如果不是章士钊有意夸张,则说明胡适可能在其他多种场合谈到过"甲寅派"。受胡适的影响,稍后陈子展在《中国近代文学之变迁》和《最近三十年中国文学史》两书中也专门讨论过以章士钊为代表的政论文。③ 甚至文学主张与胡适明显不同的钱基博在《现代中国文学史》一书中也采纳了胡适的这一提法,写道:"士钊始为《甲寅杂志》于日本,以文会友,获二子

① 《胡适文存二集》,第184页。
② 章士钊:《李大钊先生传序》,《章士钊全集》第8卷,文汇出版社,2000,第82~83页。
③ 陈子展:《中国近代文学之变迁》,上海古籍出版社,2000,第78、211~212页。

焉：一直隶李大钊，一安徽高一涵也。皆摹士钊所为文，而一以衷于逻辑，掉鞿文坛，焯有越誉。而一涵冰清玉润，文理密察，其文尤得士钊之神。其后胡适著《五十年中国文学史》，乃以高一涵与士钊骈称，为《甲寅》派。"①

胡适不仅最先提出了"甲寅派"这一概念，而且在《五十年来中国之文学》一文中对章士钊的政论文给予很高的评价，说："自一九〇五年到一九一五年（民国四年），这十年是政论文章的发达时期。这一时代的代表作家是章士钊。……他的文章的长处在于文法谨严，论理完足。……他的文章有章炳麟的谨严与修饰，而没有他的古僻；条理可比梁启超，而没有他的堆砌。他的文章与严复最接近；但他自己能译西洋政论家法理学家的书，故不须模仿严复。严复还是用古文译书，章士钊就有点倾向'欧化'的古文了；但他的欧化，只在把古文变精密了，变繁复了，使古文能勉强直接译西洋书而不消用原意来重做古文；使古文能曲折达繁复的思想而不必用生吞活剥的外国文法。"②

胡适对文学有相当的研究，又与章士钊是同时代人，以上引文当然代表胡适个人的看法，但当时持这种看法的却不是胡适一人。早在 1918 年年底，傅斯年在《怎样做白话文》一文中谈到"直用西洋词法"时就写道："《甲寅》杂志里章行严先生的文章，我一向不十分崇拜。他仍然用严几道的腔调，古典的润色。不过他有一种特长，几百年的文家所未有——就是能学西洋词法，层次极深，一句话里的意思，一层一层的剥进，一层一层的露出，精密的思想，非这样复杂的文句组织，不能表现；决不是一个主词，一个谓词，结连上很少的'用言'，能够圆满传达的。可惜我们使用的白话，同我们使用的文言，犯了一样的毛病，也是'其直如矢，其平如底'，组织上非常简单。"③

稍后，罗家伦在《近代中国文学思想的变迁》一文中不仅把严复、章太炎、章士钊等人的文章概括为"逻辑文"，而且指出："等到后来章行严

---

① 刘梦溪主编《中国现代学术经典·钱基博卷》，河北教育出版社，1996，第 532 页。
② 《胡适文存二集》，第 214 页。
③ 傅斯年：《怎样做白话文》，《新潮》第 1 卷第 2 号。该号刊于 1919 年 2 月 1 日，但文中注明此文写于"民国七年十二月二十六日"。

先生一方面崇拜'吾家太炎先生',一方面对'侯官严先生'也是很恭敬的;又加上民国元二年议政的潮流,制宪的背景,所以《甲寅》杂志出来,可谓集'逻辑文学'的大成了!平心而论,《甲寅》在民国三四年的时候,实在是一种代表时代精神的杂志。政论的文章,到那个时期趋于最完备的境界。即以文体而论,则其论调既无'华夷文学'的自大心,又无策士文学的浮泛气,而且文字的组织上又无形中受了西洋文法的影响,所以格外觉得精密。"他还以章士钊的《政本》一文开首几句为例,指出:"要之,此段文字很能够说明'逻辑文学'的性质与方法。所谓'如剥蕉然,剥至终层,将有见也',正是逻辑的精神,而吾友孟真所谓'螺旋式的文字'"。①

由此看来,胡适在撰写《五十年来中国之文学》一文时,很明显受了傅斯年和罗家伦的影响,而陈子展在1929年和1930年相继出版的《中国近代文学之变迁》和《最近三十年文学史》二书中对《甲寅月刊》时期章士钊政论文学的论述,又是以罗家伦和胡适的研究为基础的。

从上面胡适等人的论述中,我们至少可以读出两点含义:第一,"甲寅派"首先是一个政论文派。第二,"甲寅派"以章士钊为领袖,其主要成员包括李大钊、高一涵和李剑农等人。

现在的问题是:胡适等人的表述是否准确,论证是否充分。下面笔者拟围绕以上两个问题略加讨论。

要讨论第一个问题,我们必须首先明白什么叫政论文。根据一般解释,政论文是从政治角度阐述和评论当前重大事件和社会问题的议论文。既然是从政治角度阐述和评论当前重大事件和社会问题,那么就不可能不持有一定的立场和观点。此其一。胡适在《五十年来中国之文学》一文中明确说过:"章士钊曾著有一部中国文法书,又曾研究论理学;……他从桐城派出来,又受了严复的影响不少;他又很崇拜他家太炎,大概也逃不了他的影响。"②凡对清代文学史略为知晓的人都知道,桐城派在清代虽然主要是一个文学流派,同时也是一个思想流派,其最著名的文学主张即是"文以载道"。章士钊既然出自桐城派,那么桐城派"文以载道"的文学主张不可能不对其产

---

① 罗家伦:《近代中国文学思想的变迁》,《新潮》1920年第2卷第5期。
② 《胡适文存二集》,第214页。

生影响。此其二。章士钊在创办《甲寅月刊》时，虽然声称："本志以条陈时弊，朴实说理为主旨……一面为社会写实，一面为社会陈情"，但这并不意味着他没有自己的政治立场和政治主张。事实上，坚持政治自由、言论自由是当时章士钊的基本政治立场，呼吁为政在"有容"，在"不好同恶异"，强调"调和立国"是其最主要的政治主张。这一主张在当时引起了巨大的反响。直到《甲寅日刊》时期，"调和"仍然是该刊的主旨。此其三。综上所述，前期"甲寅派"固然是一个非常重要的文学流派，但绝不仅仅是一个文学流派，同时也是一个非常重要的思想流派。

要讨论第二个问题，必须首先明了"甲寅派"之"派"的含义。据《说文解字》："派，别水也。"又据《博雅》："水自分曰派。"后引申为流派、宗派、党派。就"派"的本义而言是说水的分支，但引申为流派、宗派、党派后其内涵便发生变化，即无论是文学流派，还是宗派，抑或党派，他们基本上由两部分构成，首先是领袖，然后是追随者。无论是文学流派的宗师，还是宗教派别的教主，抑或政治集团的党魁，至少须具备两种力量：一是思想的号召力，二是人格的感召力。而作为追随者，不仅要服膺至少认可领袖人物的人格，思想者还会进一步阐述、深化或完善领袖人物的思想主张，行动者则会将领袖的思想主张变为自觉的行动，有时甚至赴汤蹈火，在所不辞。换一句话说，领袖乃思想或道德之源，而追随者则为流。没有领袖就不可能产生追随者，而无追随者领袖也就不成其为领袖，二者缺一便构不成所谓的"派"。

根据上面对"派"的解释，再来检视一下前期"甲寅派"。章士钊是前期"甲寅派"的当然领袖，这一点毫无疑问。从名的角度看，胡适在《五十年来中国之文学》一文中讨论当时文学的发展时，主要使用的是"章士钊一派"这一概念，而不是"甲寅派"。从实的角度看，章士钊不仅是《甲寅月刊》的实际创办者，同时也是前期"甲寅派"政论文的宗师，更是前期"甲寅派"调和论思想的首倡者。没有章士钊便不可能有《甲寅月刊》，不可能有"章士钊一派的政论的文章"，更不可能有前期"甲寅派"的调和论。所以，章士钊是前期"甲寅派"的领军人物，是灵魂，这一点毫无疑义。

问题是，李大钊、高一涵和李剑农等人是何时成为前期"甲寅派"的

"健将"的？《甲寅月刊》时期的"甲寅派"主要包括哪些人？由于现在主要从政论文和政治思想的角度来考察"甲寅派"，所以暂时将《甲寅月刊》上"文录""诗录""丛谈""小说""文苑"等栏目的文章及作者忽略不计，仅对"论说""时评""评论之评论""通信（通讯）""翻译""论坛"等栏目发表的文章数量和作者做一统计，可知《甲寅月刊》"论说"栏共刊发 20 人撰写的 59 篇文章，"时评"共刊发 4 人撰写的 29 篇文章，"评论之评论"共刊发 2 人撰写的 16 篇文章，"通信（通讯）"共刊发李大钊等 70 多人的 90 封来信，"论坛"共刊发 18 人撰写的 23 篇文章，"翻译"栏目共刊发 2 人翻译或记录的 3 篇译文。以上六项合计，共刊发 113 人（一人多名未考清者除外）撰写的 220 篇政论文章、译文或通信。在这些作者中，以章士钊撰写的最多，共计 42 篇（其中"论说"20 篇，"时评"7 篇，"评论之评论"13 篇，"翻译"2 篇）；其次为渐生，共 21 篇（其中"论说"2篇，"时评"19 篇）；杨端六 6 篇，排在第 3 位；运甓（即章勤士）、易白沙和张东荪同居第 4 位，各 5 篇；李大钊、高一涵和汪馥炎同居第 5 位，各4 篇，其中李大钊"通信（通讯）"2 篇、"论坛"2 篇，高一涵"通信（通讯）"3 篇、"论坛"1 篇，陈独秀、刘叔雅、李剑农各"论坛"1 篇。

如果从数量上来看的话，以上除渐生这个人不可考外，看不出为什么胡适要把李大钊、高一涵和李剑农作为前期"甲寅派"健将的理由。

但是到《甲寅日刊》创刊后，情况发生了重大变化。此时，李大钊和高一涵是章士钊聘请的主笔，在《甲寅日刊》公开刊发的 130 多篇社论（或论说、代论）中，李大钊撰写 40 篇，高一涵撰写 23 篇，而作为创办人的章士钊仅撰写 18 篇，至于其他人，均在 6 篇以下。在《甲寅日刊》刊发的 170 篇时评中，李大钊撰写 20 篇，仅次于邵飘萍而高于章士钊，高一涵撰写 7 篇，比章士钊少两篇。在思想主张方面，李大钊先后发表的《甲寅之新生命》《调和之美》《辟伪调和》《调和誉言》等文章，高一涵在《甲寅日刊》先后发表了《调和私解》等文章，一起阐发、维护章士钊的调和思想。李剑农虽然没有参加《甲寅日刊》的编辑工作，但在《太平洋》杂志上先后发表了《调和本义》《时局罪言》等文章，批判以梁启超为首的假调和派，维护以章士钊为首的"真调和"主张。章士钊发表《创设特别国务会议增造不管部之国务员议》后，李大钊积极参与讨论，先后发表两篇

《创设特别国务会议增造不管部之国务员问题》，支持章士钊。李剑农也在《太平洋》杂志上发表《读甲寅日刊之舆论一束》，公开支持章士钊。可见，到《甲寅日刊》时期，李大钊、高一涵和李剑农等人才真正成为前期"甲寅派"的健将。

为什么曾代章士钊主持《甲寅日刊》并在该刊刊发大量时评的邵飘萍，不仅没有被胡适列入前期"甲寅派"，甚至邵氏被张作霖杀害之后，章士钊在《书邵振青》一文中还对其不无微词。在笔者看来，章、邵之间的芥蒂，固然与邵飘萍在章士钊任执政府教育总长时对章的声讨有关，但并不是根本的原因。因为高一涵也曾与章士钊分道扬镳，甚至因安徽"二六学潮"与章对簿公堂，但章士钊在后来撰写的《李大先生传序》中，不仅没有对高一涵进行指斥，反而倍加爱惜。因此，更深一层的原因应该是在思想认识方面。通读邵飘萍的文集和其在《甲寅日刊》上发表的主要文字，可以明显地感觉到，邵氏历来是一个激进主义者，并不曾有过丝毫调和的主张。因此章士钊与邵飘萍的根本分歧应该是"道"之不同。

如果稍加留心，还可以发现，被胡适列入前期"甲寅派"健将的李大钊、高一涵和李剑农等人，不仅与章士钊有着相同的政治理想和文字风格，还有着相似的学术背景，即基本都曾受过政治学、法律学的正规教育，因此他们讨论政治，往往比一般人要娴熟、深刻。

当然，前期"甲寅派"不可能只有主将而无基本成员。那么其基本成员包括哪些人呢？大凡熟悉民国史的人都知道，当时人们在介绍章士钊时都喜欢将其与梁启超进行比较。对此似乎不难理解，因为两个人都是当时著名的报人、舆论界的风云人物，而且都主张政治调和，是暴民党（即革命党）和守旧派（即旧官僚）之外第三股势力的代表性人物。但一些人的论述，特别是常乃惪和陈子展对章士钊和梁启超的关系的论述，至今尚未引起足够重视。20世纪20年代初，常乃惪在《中国思想小史》和《中国文化小史》中一再写道："民四、民五，正是政治上极黑暗的时代，梁启超在《大中华》上已主张抛弃政治，专从社会改造入手，章士钊在《甲寅》上驳他的议论，仍主张应注意政治。"① "民国三年袁世凯解散国会，改造《临时约

---

① 常乃惪：《中国思想小史》，第181页。

法》之后，大权独揽，极力压迫反对党，造成了政治上的黑暗时代。……这时候有智识的人都感觉到不能安于现状，想别求一条出路，为这个问题，便生了两种意见，梁启超一派主张政治无望，应该从改良社会根本做起，他在《大中华杂志》上发挥这个意见很多。他的意见很得一班人的赞同……但是章士钊，在东京办《甲寅杂志》，便反对他的主张，仍主张先解决政治问题。"① 陈子展在《中国近代文学之变迁》和《最近三十年中国文学史》中也曾两次提到："迨章士钊的《独立周报》、《甲寅杂志》先后出世，时和梁启超论难，和一般谈政治的人论难，谨严的'政论文学'也就因之发展至于成熟了。"② "迨章士钊的《独立周报》、《甲寅杂志》先后出世，时时和梁启超论难，和一般谈政治的人论难，还时时批评当时政治的现象。"③ 两人论述的侧重点虽有所不同，但都强调《甲寅月刊》时期章士钊曾和梁启超论战一事。

情况究竟怎样呢？据不完全统计，《甲寅月刊》"政论""评论之评论""论坛"三个栏目共发表政论文99篇，其中有26篇是与进步党所办之《庸言》《正谊》《中华杂志》《大中华杂志》刊发的文章展开讨论的。文章的作者除章士钊外，还包括秉心、运甓（章勤士）、易白沙、杨端六、李剑农、刘相无、张东荪。论争的对象除梁启超外，还有严复、吴贯因、谷钟秀、长舆、胡以鲁、周宏业、光昇、丁佛言、汪叔贤、黄远庸等。稍后，李剑农和李大钊分别在《太平洋》杂志上发表的《调和本义》《辟伪调和》，高一涵在《新青年》上发表的《读梁任公革命相续之原理论》也主要是对以梁启超为首的进步党进行批评。因此，《甲寅月刊》时期的"甲寅派"成员除了后来成为该派主将的李大钊、高一涵、李剑农外，其基本成员似还应该包括和章士钊一起与以梁启超为首的进步党人论战的秉心、运甓（章勤士）、杨端六、刘相无，以及虽未参与论战但与其政治主张基本相同的渐生、周鲠生、皮宗石等人。当然也必须指出，虽然张东荪也在《甲寅月刊》上发表文章与梁启超讨论，但他和黄远庸却不属"甲寅派"，因为他们始终

---

① 常乃惪：《中国文化小史》，上海中华书局，1932，第172~173页。
② 陈子展：《中国近代文学之变迁》，第76页。
③ 陈子展：《最近三十年中国文学史》，第210页。

是梁启超的追随者。至于协助章士钊办《甲寅月刊》的陈独秀、刘文典，两人都是激进主义者，也不好硬性划入前期"甲寅派"。只有易白沙比较特殊。从根本上讲，他是一个激进主义者，但在当时他不仅撰写了《教育与卫西琴》一文，批评进步党的教育主张，而且先后撰写了《广尚同》等文章，支持章士钊的思想主张，因此至少在当时看来应该属于前期"甲寅派"。

因此，就前"甲寅派"而言，它酝酿于《独立周报》时期，形成于《甲寅月刊》时期，至于李大钊、高一涵和李剑农在该派中的"主将"地位，要到《甲寅日刊》时期才真正确立。

1925 年 9 月 19～21 日，梅子①在《世界日报》附刊《学库》上连载了《甲寅派思想的解剖》一文，这是到目前为止见到的用"甲寅派"来指称以章士钊为代表的、以《甲寅周刊》为阵地的文化保守主义派别的最早一篇文章。文中虽然多次提到"甲寅派"，甚至说"他们的言行既如此，遗老先生又从而和之，于是造成声势浩大的甲寅派"，但作者始终未对"甲寅派"这一概念予以界定。而且由于作者认为，对"甲寅派"只要采取擒贼先擒王的办法，先揭开其"首领章士钊总长的底细，其余的虾兵小将，也就无能为力了"，所以文章集中批判章士钊，对那些"遗老先生"和"虾兵小将"们的名称、言论及思想未着一笔。因此，在作者心目中，"甲寅派"究竟包括哪些人，不得而知。不过可以肯定的是，梅子在这里所说的"甲寅派"，是指后期"甲寅派"，而非前期"甲寅派"。

目前所能见到最早系统讨论后期"甲寅派"思想文化主张的著作，是由贾植芳主编的《中国现代文学社团流派》（江苏教育出版社，1985）一书。可惜书中没有对前后"甲寅派"进行区分，而只是简单地称之为"甲

---

① 应是《世界日报·学库》主编万枚子的笔名。参见张友鸾等著《世界日报兴衰史》，重庆出版社，1982。万枚子（1905～2005 年），湖北潜江人。1925 年北京大学肄业后投身新闻事业，历任北京《世界日报》编辑，北京《民立晚报》、天津《民主晚报》、开封《革命军人朝报》《北平朝报》总编，汉口《民国日报》《中山日报》主任编辑，汉口《大中报》、上海《时代日报》、重庆《时事新报》总编，南京、上海《和平日报》社长兼主笔，上海《人人周报》主编等。1947 年底登报宣布脱离国民党。1951 年加入中国国民党革命委员会，历任民革中央社会联系工作委员会委员、团结委员会委员、监察委员会委员、对台工作委员会委员和国务院参事。

寅派"。该书在谈到后期"甲寅派"的成员时说："比较来说，'甲寅派'没有'学衡派'的人员整齐，除去章士钊以外，也没有几个能写和有影响的人物。"通观全文，除章士钊，作者提到的后"甲寅派"的成员尚有陈筑枢、梁家义、瞿宣颖、唐庆增、汪吟龙五人。为什么后期"甲寅派"包括这五个人而不包括其他人，作者并没有作进一步的论证。

后期"甲寅派"因《甲寅周刊》而得名。研究后期"甲寅派"的成员及其政治思想文化主张，最为重要的是"时评""论说""通讯""杂记"（后改为"孤桐杂记"）、"特载""征文"等栏目。以上六个栏目中，除"时评"大部分不署作者名称不便考察外，其他五个栏目共发表240多人撰写的近420多篇文章和来信。其中"论说"153篇，"通讯"261封，"杂记"23篇，"特载"8篇，"征文"3篇。章士钊是《甲寅日刊》的主要作者。他不仅对几乎每封公开发表的来信都有答复，而且撰写了"论说""特载"栏目中的一半以上的文章（共计83篇）。除章士钊外，发表文章较多的有梁家义（8篇），钱基博、梁敬錞（各6篇），董时进（5篇），唐铁风、陈筑枢、段祺瑞、张崧年（以上各4篇），唐兰、郑阒古、陈朝爵、龚张斧、杨定襄、叶蓁、陈拔、江亢虎、施畸、石克士、汤济沧、唐大圆（以上各3篇）等，其他人各1篇至2篇不等。

判定一个作者的思想归属不可能不考虑其著作的数量，但是发表文章多的不见得就属后期"甲寅派"，发表少的不见得就不属后期"甲寅派"。关键还是要看作者对这一时期章士钊的思想文化主张的认同情况。纵观《甲寅周刊》时期章士钊的思想文化主张，已经不再是政治调和或新旧调和，而集中表现在以下三点：一是反对新文化运动，二是主张以农立国，三是主张恢复读经和整顿学风。围绕以上三个核心问题，我们来判定《甲寅周刊》作者群的思想归属。

首先，梁家义、杨定襄、瞿宣颖、陈拔、董时进、龚张斧等人应该属于后期"甲寅派"。梁家义先后写了《吾人所请愿于吴稚晖先生者》《白话文学驳义》《盲从苏俄之过》等政论文章和来信，不仅反对新文化运动，而且直接参加了章士钊与吴稚晖的论战。杨定襄发表了《代议非易案其二》《广科举议》《科道平议》，认同并支持章士钊反对代议制、恢复科举制和科道制的主张。瞿宣颖通过发表《科举议》《文体说》《代议非议案书后》等文章和来信，公开支持章士钊的政治文化主张，其中《文体说》曾引起新文学派的猛烈批判。不过，瞿氏始终没有改变自己的观点，直到抗战前夕所写的《北游录话》，仍散发着浓郁的文化保守主义气息。陈拔也借《论语体文》《论清华研究院》《礼与法》等文章，反对白话文，宣扬文化保守主义。董时进、龚张斧是章士钊"农业立国论"的坚定支持者，他们在《释农国》《工化与农化》《农村合作》《农国》《农化蠡测》等文章中，认同、支持并发挥章士钊的观点。

其次，钱基博（发表有《克己复礼为仁荀故》《民治二字解》《前上》等）、陈筦枢（发表有《国故》《评新文学运动书后》等）、唐庆增（发表有《新文化运动平议》）、唐兰（发表有《夙于》《圣贤与英雄异同论》等）、金兆銮（发表有《论学制》）、林治南（发表有《八字辨》）、石克士（发表有《农国》《蠷在》等来信）、陈小豪（发表有《白话不通》等来信）、黄复（发表有《思无邪》《民极》《晶报后题》等）、汪吟龙（发表有《白话与科举》《文中子考信》等）、刘孝存（发表有《白话文》，对白话文极尽攻击之能事）、孙郑师（著有《读经救国论》，在《甲寅周刊》上发表有来信《读经救国》）等人也可被视为后期"甲寅派"。这些人虽然在《甲寅周刊》上发表文章不多，但或部分认同章士钊的观点，或发挥其思想文化主张，根据前面对学派的界定，也可视为后期"甲寅派"的成员。

最后，此外其他的许多人，就不好说是后期"甲寅派"的成员了。如段祺瑞，虽然也在《甲寅周刊》上发表了4篇非驴非马的所谓文章，但不好说段氏是后期"甲寅派"的成员，因为此时是章士钊追随段祺瑞，而非段祺瑞追随章士钊。又如陈朝爵和李镰镗，也很难说属后期"甲寅派"，因为细读陈朝爵的文章和来信后可以发现，此人比章士钊要守旧得多，是个极端保守派，而以章士钊为首的后期"甲寅派"则是一个政治上坚持自由主义立场的文化保守主义派别。李镰镗虽然也在来信中攻击胡适和白话文，反对新文学，但据其自述，此人乃林纾及门弟子，对其师感情甚笃，因此也很难归入后期"甲寅派"。至于其他人，或与章士钊进行论辩，或发泄对当时社会的不满，或请章帮助出版著作，或请章介绍工作，或通款友谊，很难说是后期"甲寅派"的成员。比较特殊的是梁敬錞，先后在《甲寅周刊》上发表《收回会审公廨平议》《为沪案重行调查—敬告使团及各友邦政府书》

《英案解剖敬告国民及南北当局》（两期连载）、《双栝庐》《第三国际与中国》5篇政论文章及1封来信，是章士钊之外刊发文章最多的作者之一，且从第1号起开始刊发文章，一直持续到第45号，可以说与《甲寅周刊》相始终。但由于文章内容多为外交问题，与章士钊思想文化主张关系不大，所以也很难说属于后期"甲寅派"。

由此不难得出如下结论：就人数而言，后期"甲寅派"的人数并不算少，但似前期"甲寅派"中李大钊、高一涵和李剑农那样的作者的确没有，所以基本上是章士钊一个人在支撑着《甲寅周刊》。

总之，长期以来，学术界在对《甲寅》杂志和"甲寅派"的概念、成员的认识上，存在一些模糊、笼统甚至错误之处。实际上，《甲寅》杂志有前后之分，《甲寅月刊》和《甲寅日刊》属于前"甲寅"时期，《甲寅周刊》属于后"甲寅"时期；《甲寅日刊》从创刊到停刊，一直是一日一刊，从未改为周刊；三份刊物中，只有《甲寅日刊》属于同人刊物，而《甲寅月刊》和《甲寅周刊》背后都有政治力量在起作用。相应地，"甲寅派"也有前后之别。前期"甲寅派"酝酿于《独立周报》时期，形成于《甲寅月刊》时期；李大钊、高一涵和李剑农在该派中的"主将"地位，直到《甲寅日刊》时期才最终确立。前期"甲寅派"不仅是个文学派别，同时也是一个政治思想流派。该派之所以在当时能够引起广泛关注，除了明确的政治调和主张、剥蕉式的逻辑文体、灵活的通讯栏目设置等原因外，与其有意同梁启超为首的进步党人展开的论战也密不可分。至于后期"甲寅派"，则是一个典型的文化保守主义思想流派。虽然该派成员不算少，但像样的作者并不多，基本上是章士钊一个人在活动。

（原文发表于《近代文化研究的继承与创新——龚书铎教授八秩初度纪念》，中华书局，2010，第349～376页）

从交往的历史探讨"文化"和
"民族-国家"

——以马长寿20世纪30~40年代的研究为例

◎ 伍婷婷

一 问题提出

晚清以来,在内忧外患之下,如何推进民族-国家(nation-state)的建设成为中国学术界关心的主题之一。1937年"七七"事变之后,内固民族、外御国亡的现实焦虑显得更为迫切,这使得从19世纪中叶起就困扰中国的边疆危机问题,到了此时变得更加尖锐。一时间,认识边疆地区及其民族的边疆研究对国家统一和国家建设的意义完全被凸显了出来。面对边疆危机带来的压力,为建构民族-国家提供必要的学理依据此刻就成为了中国知识界必须完成的任务之一。

20世纪30~40年代,在国民政府的大力资助下,中国人类学对边疆少数民族地区,尤其是西南地区展开了大量的调查与研究,[①] 即可视为学科对时局的一种积极回应。此时人类学调查研究的目的不仅是要直接为国家的边疆建设服务,而且也是为了证明在"五族共和"的前提下,中央政府将幅员广阔的中华帝国版图及其人民纳入民族-国家的框架具有合法性,[②] 其中关键的一点需要回答国家一体性何以可能的问题。在这个层面上,对国家控制

---

① 王建民:《中国民族学史》(上编),云南教育出版社,1997,第1~13页;马玉华,《国民政府对西南少数民族调查之研究1929~1948》,云南人民出版社,2006。

② 李培林、孙立平、王铭铭等:《20世纪的中国:学术与社会·社会学卷》,山东人民出版社,2001,第400~415页;王建民:《中国人类学西南田野工作与著述的早期实践》,《西南民族大学学报(文社版)》2007年第12期。

少数民族地区而言，以研究"人类起源、种族的区分"①为己任的人类学研究变得意义攸关。为了建构民族－国家的一体性，除了论证并强调现代中国境内各民族属于同一种族外，学者在此基础上运用史料文献和实地调查相互印证，探讨现代少数民族的族源问题，从而证明现代少数民族与历史上中国境内古老民族一脉相承的意义也由此变得非同寻常。

可以说，整个国家由抗日激发出来的爱国主义，在进一步弘扬了"中华民族"概念的同时，也让学术研究与国家危亡更紧密地联系在了一起。因此，和当时的众多学者一样，研究西南少数民族的马长寿也确信，自己所研究的边疆少数民族属于中国境内的少数民族，少数民族问题是中国的内政问题，而不是国家间的问题，中国的边疆地区不是中国的殖民地而是其不可分的主权领土。②这一认识促使他在学术研究中不断重申如下前提："吾人必须基本承认中国民族属于一个种族，然而仍有汉、满、蒙、回、藏、苗族之分者，仍由于文化模式不能尽同之故。"③也因此，我们今天若要理解他当时所做的人类学研究，则不能够回避其学术研究与政治间的密切关系。可以说，尽管研究了不同少数民族的社会文化，但是对马长寿而言，他对文化独特性的探讨是在对中国一体性毋庸置疑的前提下完成的，其学术探究的背后明显有着为当时民族－国家建构服务的一面。

自20世纪初以来，中国的国家建设者就在按民族国家一体化的要求，围绕如何创造政治和文化的一体性展开了探索，其目的最终是要把中国改造成一个现代意义上的民族－国家。正因如此，这个过程也促使现代化的民族－国家框架逐渐成为指导中国社会科学研究的一支重要的理论力量。在中国人类学的学科史上，民族－国家框架对学科的影响不仅表现在学科的研究趋向上，如对学科"本土化"的探索以及将学科与解决现实国家建设问题挂钩，重视学科的应用性，④而且也表现在学科的研究主题上，如公民身份

---

① 林惠祥对人类学学科定义的完整表述是："人类学是用历史的眼光研究人类及其文化之科学，包含人类起源、种族的区分，以及物质生活、社会构造、心灵反应等的原始状况之研究。"（林惠祥：《文化人类学》，上海文艺出版社，1991［1934］，第7页）

② 马长寿：《马长寿民族学论集》，周伟洲编，人民出版社，2003［1947］，第8~9页。

③ 马长寿：《马长寿民族学论集》，第10页。

④ 哈正利：《民族学的民族国家形态及其他——中国民族学史散论》，《中南民族大学学报》2006年第6期。

认同、地方社区与国家的关系、民族与国家的关系。其中对民族与国家关系的讨论，自 20 世纪 30 年代被"边政学"提出后，目前主要集中在以"民族问题研究"为形式的探讨上。[①] 当然，无论是民国时期还是当代中国，对这一问题的关注均可以回到一个更本质追问上，即在借用西方的民族－国家理论讨论中国社会实际状况的同时，又需要回答现代民族－国家理论与中国社会现实是否适宜的问题，这一点具体表现就是，现代中国如何解决文化和民族多元与建设政治一体性之间可能存在的矛盾。

其实，早在民国时期，尽管中国人类学者的研究离不开与建构国家一体性之间的关系，但是当时就已有学者对西方民族－国家一体化概念提出了批评性见解，并提出在文化（民族精神）的基础上建立多元民族构成的现代强国的设想，比如吴文藻。吴文藻区分了"民族"与"国家"概念的不同内涵，从梳理西方民族主义思想的脉络入手，富有洞见性地指出，文化的民族与政治的国家应该有所区分，单族建国的方案并不是历史的必由之路。[②] 应该说，基于对中国社会现实的直观判断，吴氏的见解是通过理论分析而得。那么，不同于吴文藻的是，马长寿则是通过经验性的人类学研究，从历史分析的视角，为我们提供了认识中国社会的渠道。尽管他研究的目的是通过讨论历史上中国各民族之间相互依赖的关系，包括政治、经济、社会、文化、血缘各方面的关联，来论证中国国家内部早已存在的一体性。但是，他对历史过程的分析却无意间为我们透露出了另一种思想启示。

二　马长寿的生平及学术脉络

（一）研究经历

马长寿，山西昔阳人。1936 年进入中央博物院筹备处下属的民族组工作，1937 年初被派往四川考察少数民族地区，一行人途经雷波进入大小凉山，又从西昌取道越西、汉源、雅安等地，沿路调查了彝区以及彝汉杂居区。同年夏秋之交，马长寿一行人又向四川西北部的茂县、汶县、理县、松

---

① 王铭铭：《西学"中国化"的历史困境》，广西师范大学出版社，2005，第 73 页。
② 王铭铭：《西学"中国化"的历史困境》，第 93 页。

潘等地进发，调查羌族、番、嘉绒，该年年底才又返回成都。1941年他再次参加川西北的考察活动，经灌县、理县、杂谷河、梭磨、绰斯甲、大小金川，进入当时西康省的巴底、巴旺和康定地区，然后返回成都。除了上述三次大规模的田野考察外，旅居四川的近10年间，马长寿先后多次辗转于川南、川西各地，为撰写《凉山罗彝的族谱》《嘉绒民族社会史》《康藏民族之分类体质种属及其社会组织》等文章积累了丰富的田野素材。可以说，田野调查构成了马长寿当时最主要的学术活动。1946年春，马长寿随金陵大学迁回南京，并于1949年3月起兼任中央大学边政系的教职，为系里开设"边政制度""边疆民族史""民族学调查方法"诸课程，但不久又应浙江大学人类学系的邀请去了杭州，为该系讲授"文化人类学""中国民族志"等课程。

1952年院系调整后他被并入复旦大学历史系，主讲"中国兄弟民族史"，从此马长寿的学术方向发生了转变，研究完全转向了古代民族史领域。1954年马长寿受邀前往西安，先后筹建了西北大学历史系的西北少数民族历史研究室和考古专门化教研室。1957年，马长寿参加少数民族社会历史调查，重赴凉山美姑县九口乡调查，期间他写下《美姑县阿陆马家的迁徙和向外发展的历史》一文。1958年中央下达编写少数民族三套丛书的任务后，他前往云南着手撰写《彝族简史》之古代史部分。20世纪五六十年代，马长寿几部分量颇重的北方民族古代史著作，如《突厥人和突厥汗国》《南诏国内的部族组成和奴隶制度》《北狄与匈奴》《乌桓与鲜卑》等问世。20世纪70年代他本打算再写一部《吐蕃史》，可惜未能遂愿就因病于1971年去世了。[①]

由上可知，大约以新中国成立前后为界，马长寿的学术生涯可分为范畴不同、风格迥异的两个时期[②]：前期从事人类学[③]研究，深入西南彝族、（嘉绒）藏族、羌族的聚居区走访调查，后期则致力于民族史的研究，对古代

① 马长寿的生平主要参考了王宗维所写《马长寿先生传略》（王宗维、周伟洲编《马长寿纪念文集》，西北大学出版社，1993，第65～84页）。
② 马长寿的学术分期参考周伟洲的意见（王宗维、周伟洲编《马长寿纪念文集》，第56～58页）。
③ 一般提法是将马长寿此时期的研究称为民族学研究。但是民国时期，"人类学"和"民族学"这两个名称并行于中国，原因在于二者传入国内时依据了不同的国别学科传统，简言之，英美传统称为"人类学"，而欧陆传统称为"民族学"，但实际上，当时二者在学科内涵上是基本一致的。鉴于本文讨论的范围在民国时期，为讨论方便，因此文中不对这两个名称做严格区分，通篇采用"人类学"一词。下文不再赘述。

中国北方匈奴、突厥、氐羌、鲜卑和乌桓各民族历史的研究都具有开创意义。有意思的是，在今天的中国民族史学界，马长寿仍然是一个不断被提到的名字，但他却似乎被中国人类学界渐渐淡忘了。

历史学界记住马长寿，不仅因为他是新中国运用唯物史观解释古代北方民族史的第一人，[①] 还在于他将西方人类学的田野民族志与史学传统的文献分析有机结合到一起，推进了北方民族史研究方法的革新；而人类学界极少再提及他，固然是与 20 世纪 50 年代初社会学、人类学等学科被取消的历史有关，而更合理的解释还可能是，因为学科重建以后的中国社会学、人类学研究曾一度以非历史的功能分析为主要的旨趣，相比之下马长寿民国时期所做的人类学研究却带有浓厚的历史色彩，这一点让人容易忽略了他真正的学术背景——中央大学社会学系（1929～1936 年）。

（二）治学背景

马长寿的治学最易给人留下广博的印象，这与他在研究中综合运用各家学说的风格分不开，对此林耀华就曾经评价说他是"不为学术界常见的藩篱和界限所束缚，'海阔凭鱼跃，天高任鸟飞'"[②]。据了解，马长寿一生并没有接受过正规的人类学训练，他所掌握的人类学理论和方法，一部分可能是 1933～1936 年留校任教期间，通过系里开设的"文化人类学"和"中国民族文化"等课程习得[③]；另一部分比如比较语言学、体质人类学、考古学和民族调查方法等则均是自学而成。[④]

马长寿关注的范围非常广泛，从体质到文化，从语言到心理均有涉猎，此外他的研究中还显示出了不同的解释路径：一方面是进化论的观点。比如他认为凉山彝族社会经历过从母系氏族社会到父系宗族社会的进化过程；[⑤]

① 王宗维、周伟洲编《马长寿纪念文集》，第 20 页。
② 王宗维、周伟洲编《马长寿纪念文集》，第 3 页。
③ 中央大学社会学系于 1934 年秋增设了这几门课程（陈永龄：《民族学浅论文集》，弘毅出版社，1995［1981］，第 36 页）。
④ 王宗维、周伟洲编《马长寿纪念文集》，第 65 页。关于马长寿的治学无特别师承的问题，笔者 2008 年 9 月 19 日电话访问马先生的弟子周伟洲先生时再次得到确认。
⑤ 马长寿：《凉山罗彝考察报告》（上册），李绍明、周伟洲等整理，四川出版集团巴蜀书社，2006，第 156～162 页。

再如他把流行于四川康区的钵教（现多写作"苯教"）定义为宗教的原始形态，这样理解夹杂泛神信仰和巫术信仰的钵教，① 所依据的正是从泛神信仰到一神信仰的宗教进化观；此外他还会利用"文化遗存法"，通过比较现代嘉绒藏族文化的特征与史书上关于冉駹与唐代嘉良夷的记载，来论证三者是不同时代的异名同族的民族。② 另一方面，还可以从他的研究中看到美国文化历史学派（也称"美国历史具体主义"）的影子（见下文），而且他的人类学研究受到这一派观点的影响是更为明显的。

马长寿能够吸收到美国人类学的观念，应该说与当时中央大学社会学系的学术传统有关。他求学时的中央大学社会学系由孙本文执掌，孙氏留学美国受其老师奥格本（Ogburn）的影响，提倡要在中国建立文化社会学。此文化社会学的部分理论和方法来源于博厄斯（Boas）等人开创的美国文化人类学，因而马长寿在学校里有机会接触到美国文化历史学派的理念自不待言。而且，马长寿深受美国学派影响的表现更在于，他对该派的文化传播理念深信不疑。他曾说："然吾人相信文化传播，在民族演进史上，较独立发明，尤为重要。设使将来世界民族志资料齐备，若干文化或社会现象之联系，当可依传播之原理说明之。"③ 具体的一条例证则体现在他对康藏社会组织的判断上，他说："（故）康藏的社会制度，不只会吸收中国诸民族文化，而且曾吸收有印度诸民族文化。又不只如此，更有曾吸收克什米尔附近诸民族文化。因此现在的康藏社会组织乃是一诸民族文化累积的丛体。"④ 从这句话就可以看出，与文化传播论的认识一样，马长寿也认为文化的传播会导致文化的变迁，文化变迁表现在民族文化的内容上就是，某一文化中可以包含其他诸多文化的特征。

要指明的一点是，强调他受到美国学派文化传播观点的影响，远较德奥学派⑤的传播论为甚，是因为其中牵涉到德奥与美国两个学派对传播的不同

① 马长寿：《马长寿民族学论集》，第 308～316 页。
② 马长寿：《马长寿民族学论集》，第 126～131 页。
③ 马长寿：《凉山罗彝考察报告》（上册），第 296 页。
④ 马长寿：《马长寿民族学论集》，第 246 页。
⑤ 传播学派有德奥派与英国派之分，后者认为世界文明的源头是一元的。此派对美国人类学影响不大，因此本文只讨论德奥学派的问题。

理解。德奥传播论产生的源头之一是人文地理学，所以该派对自然环境决定文化特征的异同尤为重视。固然，美国学派的文化传播理论和德奥学派有着密切的亲缘关系，在博厄斯及其身边一批德裔学生的努力下，文化交流和借鉴是文化改变的主要动力的观点，到了 20 世纪初已在美国学界生根发芽了。① 不过美国学派有关文化传播的观点不同于德奥传播论的地方在于，美国学派认为，决定文化形态的主要因素不是地理环境而是文化自身特殊的历史。在这一点上，马长寿明显更接近于美国学派的认识，因为当他分析少数民族的文化现象时，也并不关心地理环境的制约性（见下文），而更注重从历史的角度去看待文化特征的变化。②

然而，尽管他深受美国历史具体主义的影响，但我们若仔细推敲他的文章就会发现，其研究中潜藏着的内涵已经不是当时美国学派的理论观点所能全部包容的了，也就是说，马长寿所探讨的"历史"和美国学派文化自身的"历史"所指并非一物。

三　人类学研究的历史化

（一）文化背后的历史：变迁的动力

美国学派的传播主义保留了纯粹的文化发展历史的理论，而不是决定论的理论。也就是说，文化改变被看做是不可预测的文化交流和借鉴事件的结果，而不是任何可预测的过程。③ 文化是超有机的、超个人的、超心理的、独立的封闭系统。文化现象只能通过文化现象来解释。简单说，文化决定了文化。④ 因此美国人只要求通过全面细致地搜集文化资料来研究文化特征的

---

① 威廉·亚当斯：《人类学的哲学之根》，黄剑波、李文建译，广西师范大学出版社，2006，第 296 页。

② 这里并非得出结论说，马长寿对历史过程的关注就是因为受到美国文化历史学派的影响，两者固然会有一定的关联，但实际上，"一些学者，特别是国内培养起来的民族学家（这里指人类学家）受史学传统影响较深……对中国古代史籍也更为熟悉和更加强调，有些人甚至一身兼民族学家与历史学家二任"（王建民：《中国民族学史》，第 155 页）。马长寿的史学特征应当也可归于这一类。

③ 威廉·亚当斯：《人类学的哲学之根》，第 276 页。

④ 王铭铭：《西方人类学思潮十讲》，广西师范大学出版社，2005，第 14 页。

分布，而对文化被改变的过程不予考察。

美国学派的文化传播理论之所以不重视实际过程的研究，是与现代美国人类学对其核心概念"文化"的看法有关。"文化"概念来源于德国，是在德国 19 世纪早期的历史情境中产生出来的。当时的德国只是一个松散的公国联盟而非统一的帝国，而在与欧洲各国海外殖民的竞争中，德国也谈不上是一个殖民强国。然而另一方面，德国在思想、学术、艺术等方面却异常的活跃和发达。在这种情境下，德国人唯有通过强调民族精神的独特性和优越性，才能弥补自己现实中因政治分裂以及经济落后所造成的弱势局面，并借此应对来自英、法等国强大的竞争压力。正因如此，德国人创造出了不用参照任何社会和政治背景的"文化"概念，将"文化"从社会中分离出来理解，使得"文化"被当做一个独立实体来研究在社会科学界成为了可能。[1]

受德国思想的影响，美国的文化历史学派同样坚持把"文化"而不是社会或国家作为自己分析、比较和分类的基本单位，[2] 在美国，"文化"依然被当做是一个自为发展的机体。正是在这样的背景下，美国人处理文化的改变时，只看重文化特质本身如何变化，而不会去关心导致文化特征变化的具体历史，因此，他们认为，文化变迁动力正是文化自身的交流和借鉴。这也就是说，美国人所指的历史是文化自身的历史。

这一点马长寿的研究明显与美国学派有所区别，其关键就在于他是把文化特征放入文化传播背后的具体历史过程中把握的，绝非只停留在资料的搜集以及特征分布的研究上。比如考察现代凉山彝族[3]的诸文化特征时，他认为越西地区的彝族有椎髻之风以及东部彝族英雄髻（或称天菩萨）的发式，是古代彝族从云南迁入四川凉山的瓜罗与普雄一带后，受当地原有邛都文化影响所致；而建昌一带彝族有火把节的习俗则是受南诏文化遗风的影响，因为建昌曾经是南诏军民出入的要塞，因此南诏过火把节的风俗也被带到了该地区；而在讨论凉山西部地区的彝族宗教体系中为何有苯教的特征出现时，

---

① 威廉·亚当斯：《人类学的哲学之根》，第 293 页。

② 威廉·亚当斯：《人类学的哲学之根》，第 294 页。

③ 彝族是新中国成立以来经过民族识别以后所用的名称，这里为了讨论和理解的方便，我也直接加以使用。实际上，在马长寿的论述里，他所使用的是"罗彝"或"彝人"。

他还是认为凉山西陲的信仰中有喇嘛教的因子是历史上西番与彝族在此地族际冲突往来的结果。① 在马长寿看来，我们现在看到的这些彝族文化特征，它们的形成其实隐含在各民族交往的历史中。这部历史一旦被他揭示出来，也就让他对文化传播的理解已经不仅仅停留在对文化要素分布的理解上，而进入到对文化传播背后的民族交往史的理解了。

当马长寿把文化和文化背后的具体历史结合起来考察之后就会让我们发现，实际上根本不存在所谓自成一体的"文化"。可以说，正是因为忽略了文化背后的具体历史，把"文化"抽离出具体的社会历史情境来解释的逻辑，创造出了能够自为创造的"文化"概念。马长寿的研究显示，不是文化本身就能够导致文化的改变，是一部民族间交往的历史导致了文化的变迁，文化背后的历史事实才是文化变迁的真正动力所在。当具体历史被引入对文化的分析后，在这个意义上可以说，他的研究就已经超越了美国学派关于文化传播的理论以及"文化"概念的原有内涵。

（二）历史的内容：族际交往

当然，不仅对文化特征的分析如此，马长寿分析少数民族的社会组织，也展现出与其他人类学者不同的路径。以凉山彝族的社会组织为例，不同于林耀华运用结构－功能论横向分析凉山的结构组织、社会制度的做法②，在《凉山罗彝考察报告》中，马长寿仍是在具体历史中理解凉山彝族独特的社会组织的。

凉山一整套社会组织中，黑彝内部以亲属关系和宗法制度维系，实行宗族外婚制；而黑、白彝之间又以族级制度③相区分，严格履行族级内婚制，整个凉山围绕黑、白彝的贵贱区分从上至下构成了由黑彝、白彝，再加上最底层的奴隶组成的等级森严的社会，作为凉山社会一个显著的社会特征，族级间的等级制度可以说是理解彝族社会的枢纽之一。对这一制度成因的解释马长寿没有停留在功能性的判断上，他分析认为，贵贱等级制形成的基础源

① 马长寿：《凉山罗彝考察报告》（下册），第 447、614～616 页。
② 林耀华：《凉山彝家的巨变》，商务印书馆，1994，第 13～53 页。
③ 马长寿在此报告中将黑、白彝之间的等级制度通称为"族级制度"。

于黑彝自命贵胄的牢固观念，而此观念又是古代游牧狩猎的黑彝与周边定居农耕的白彝①在交往接触中逐渐被塑造而成的。

历史上彝族与周边各族族际间的军事、政治、经济交往过程显示：彝族的先民——活跃于云南东北部的游牧部族东爨乌蛮（黑彝）发迹后，从南至北一路挺进四川凉山，好战的东爨乌蛮征服了当地原来的统治阶层西爨白蛮（白彝）。入主凉山以后，黑彝继续凭借强大的军事力量俘掠当地的僰夷、苗、汉等各族，迫使这些民族成为黑彝的奴役对象。不仅如此，强悍的黑彝使得中原王朝仅能用土司制度羁縻凉山。② 即使时值民国，凉山彝区仍处于半独立状态，而凉山彝族也被冠以"独立倮倮"之称或许就能够证明彝族的古风尚存。就这样，族级制度的形成被马长寿复原到了具体的历史情境中，而他又把分析落在了不同民族互动交往的历史中，由此去找寻彝族社会形成的真相。

可以说，从民族交往史出发理解现代少数民族是马长寿始终坚持的研究路径，即使是讨论少数民族的人种，他也沿用了类似的思路。在西方人类学传统下，人种属于体质人类学的研究范畴，一般的做法是测量体质以判定研究对象的种属。考虑到人种的体质具有相当的稳定性，因而马长寿承认体质测量能够有效判定人种属性，但除此以外，他还是强调各族交往的历史会对某一民族人种血缘的塑造具有重要的影响。

根据一些中外学者的体质报告③，当时学界虽已大致认同因为康藏人的体型与汉人，尤其与华北汉人最为接近，所以他们应属于蒙古人种。但是另一派学者的测量却对此提出了反对意见。这些学者认为单凭测量数据来看的话，康藏人的体貌特征明显与印欧人种更为相近，基于这一类报告，一些西方学者认为康藏人应该属于印欧人种。④

面对这一学术争端，马长寿首先指出后一种偏颇看法产生的原因在于，

① 马长寿认为白彝不是指同一个民族，而是"非黑彝民族"的总称，由被黑彝掳掠的各民族构成（马长寿《凉山罗彝考察报告》，上册，第332页）。
② 马长寿：《马长寿民族学论集》，第327～331、344～346页。
③ 这里指的是史蒂文生（Stevenson）和吴定良联合所做的测量，以及哈登（A. C. Haddon）的测量（马长寿：《马长寿民族学论集》，第237～238页）。
④ 指端纳（W. Tuner）和毛伦特（G. Morin）的测量结果（马长寿：《马长寿民族学论集》，第232～233页）。

"若非他（指巴克斯顿［L. H. D. Buxton]）不懂中国民族历史与现状，则其为恶意的宣传，企图离间中藏之关系，而使西藏接近英印之意甚明"①。接下来他用中国历史事实解释了导致上述康藏人形貌差异的原因：一方面康藏人是历史上（北方）汉藏、蒙藏各族间由于政治、军事关系诱发的历次混血后产生的人种，因此体形与汉人类似；另一方面之所以康藏人表现出不丹人和尼泊尔人的血统特征，只是因为经济往来以及共同的宗教信仰，使得康藏人与生活在喜马拉雅山麓一带的这些人群不时会互动往来，从而产生了一定的血统融合现象。② 即便如此，但他明确指出，前种混血才是中国历史的主流，因此结合已有的体质报告就能够确凿无疑地证明康藏人与汉人同属蒙古黄种人。

需要指出的是，今天再看马长寿的这番结论会发现其中仍有值得商榷的地方。在论述过程中，马长寿虽然解释了形貌特征产生的原因，但实际上仍没有彻底解释清楚，何以汉人与康藏人的交往是历史主流。原因在于他所用的史料以中国传统文献为主，在无法比较并排除有其他可能存在的情况下，也就无法完全证明依靠分析这类历史材料所得结论是唯一正确的。

当然，西方学者的体质研究并非没有留意到人群接触对形貌变化的作用，像巴克斯顿讨论康藏人体质特征时，也意识到人群接触可能导致体貌特征的变异，但他仅把产生这种接触的可能性限定在距离较近的区域内，以此去判定人种关系亲疏远近以及血缘的融合可能。③ 但是，只要我们把这个问题放入具体历史中就会知道，此认识显然不符合中国历史的实情，他们不了解中国历史（或者说有意忽略历史），就无法明白中国历史上民族间的交往是如何超越地理限制而实现的，更无法明白这种历史对研究现代民族的意义。的确，当时以"无历史"的部落社会为主要研究单位的西方人类学者都容易犯马长寿上面指出的错误，这些学者中也包括在云南从事民族分类研究的戴维斯（H. R. Davies）。

当时对民族分类主要依据语言学，通过区分语言的支系确定民族的族

---

① 马长寿：《马长寿民族学论集》，第 235 页。
② 马长寿：《马长寿民族学论集》，第 239～244 页。
③ 马长寿：《马长寿民族学论集》，第 234 页。

属。马长寿认为，戴维斯纯粹将语言作为分类标准的背后已经预先有了一个假设，即各民族能否交往受自然环境的制约很大，云南险峻的自然环境必定造成各少数民族的语言不存在与外界接触和交流的可能。当戴维斯排除了由交往接触导致语言变异的可能后，那么他认为只会剩下一种可能——语言是所研究民族原生特有的。[①]

出于上述逻辑，戴维斯注意到，大理民家周围已经不存在蒙古语系的民族，但语言里却存有蒙古语因素，于是他认定蒙古语就是民家的原始语言，因此把大理民家归入了蒙古语系民族。马长寿指出，戴维斯的分类难以解释为何在民家语汇中实际上是汉语占最大比例。在马长寿看来，民家语言问题的实质是民族交往的结果，唯有语言接触才能让民家语言里沾染上蒙古语汇。他通过考察当地的历史说明了自己的判断：元代瓦剌等蒙古诸部曾长期屯军于大理，让蒙古人逐渐与当地人融合，最终成为当地"土著"的一员。戴维斯进行调查时的现代大理地区，虽早已没有蒙古族的踪迹，却在语言里面保留下蒙古语素的原因就在于此。

民族接触会使语言产生变异，因此不能全凭实地语言调查就划分民族类别，为此马长寿明确提出："最要者尤当追溯其民族历史之演变，由历史演变即可辨证语言变迁之所由来矣。"[②] 正是基于这点考虑，所以他自己也从民族交往史出发去把握民家的族类。他认为民家属于与大理当地僰夷同类的掸台语系，因为民家实为明初汉军平定云南后，僰夷与留守的汉人结合而生的混血民族，这段历史也就揭示了何以汉语在当地语言中占重要位置的原因。[③]

总而言之，通过上述分析可以看出，面对"有历史"的中国社会，若把历史与现代割裂开来的话，那么势必会造成以上的研究盲点和误区。马长寿说："中国西南民族，本族无历史记载，赖中国历代有史志以传述之，史志记载之价值直接可辨正语言分类之真伪，其功能远在诸文化物质之上。"[④]承认分析历史的价值，可以说不止体现在马长寿有关民族分类的研究中，正

---

① 马长寿：《马长寿民族学论集》，第 59 页。
② 马长寿：《马长寿民族学论集》，第 64 页。
③ 马长寿：《马长寿民族学论集》，第 62、68~69 页。
④ 马长寿：《马长寿民族学论集》，第 64 页。

如前文揭示的那样，也体现在他对文化要素、社会组织、人种体质等一系列问题的关注上。不仅如此，我们还看到他进入历史分析的路径更为集中地体现在对民族交往史的关注上。

重视从民族实际交往的历史讨论问题让他看到了中国民族在彼此混融的状态下得以形塑的过程，并认识到正是这个过程造成了中国民族血统多源、文化亦多元的景象。因此，他在这个层次上体会到："今日的中国民族血统，我们不能说是汉族血统或其他任何一边疆民族的血统。今日的中国文化，我们也不能说是汉族文化或其他任何一种边疆民族的文化，而是汉族与一切边疆文化同化的文化。"① 这一点正是现代中国有别于西方国家最重要的地方。

（三）族际混融：对民族－国家叙事的反思

那么，从族际交往史的角度意识到中国民族和文化的混融性，其意义何在呢？对于我们今天的认识又会有何种启示呢？

一方面，说明中国内部不存在原生论民族观意义上的纯粹民族及其文化。西方实体论的民族观包括客观实体论与主观实体论，前者认为民族是客观原生的实体，民族间的差异天然存在，而后者认为民族是由民族主义塑造的观念共同体，这种观念共同体的产生，是因为个人或群体产生了同属于某一民族的强烈认同感和归属感。② 但无论哪一种观点，其主旨均在于确立并巩固民族的同质性，其内涵则是要把民族视为或塑造成为一个有共同地域历史、政治经济、文化认同的实在群体。

然而如同马长寿所看到的，无论血缘还是文化，中国包括汉族在内的各民族自古以来一直处于不断混融、彼此塑造的状态。此外，族际交往的历史让马长寿认识到，少数民族从历史上看绝非固定的人群，而是一个相对的概念，比如东爨与西爨，凉山彝族与周边汉族的身份都会因时因地发生变化。因而他认为，少数民族与多数民族不是人数统计意义上的多少划分，而是

---

① 马长寿：《少数民族问题》，载中山文化教育馆编《民族学研究集刊》（第 6 期），商务印书馆，1948，第 21 页。
② 王军：《民族与民族主义研究——从实体论迈向关系实在论初探》，《民族研究》2008 年第 5 期。

"综合社会的、经济的以及政治的各种条件的概念"①,不仅如此,"少数民族并不只限定指一个外来的集团。在世界上,许多土著因侵略者,战胜者,与新移民之入侵皆可能由自由民族变成少数民族集团"②。

从中国民族长期以来的混融性,以及主体民族与少数民族间不断互换的过程可以得知,中国民族实际上是历史的产物,若能看到这一点其实就已为破除并反思从实体论理解和研究中国民族提供了有益的启发。

20 世纪 80 年代以后,美国人类学界出于对民族－国家一体化的反思,借用中心与边缘模式,开始关注中国内部少数民族文化的多元性。这批西方学者关注中国文化的差异性,希望通过描述社会文化的多元性和地方认同感,强调中国境内各民族间在历史和现实中的差异,并以此思考和评价民族－国家对消除差异的举措和影响。③ 尽管如此,此类研究不仅仍落入民族－国家的叙事框架而未实现对其真正的反思,而且也并没有破除用民族－国家的框架研究他者文化的迷思。其原因正在于,他们强调中国少数民族的差异性背后仍然体现出民族实体论的含义,也因如此,中国被美国人理解成了 "民族马赛克"(ethnic mosaic)的拼接图。相较而言,若从马长寿所揭示出的中国民族的混融性出发去理解中国民族,则更可能接近中国民族的本质特征:"汉族文化如政治、经济、法律、礼仪以及其他生活方式远播于四裔民族者……俯拾皆是,可以不论……自古迄今,(汉族)无一日不与四裔文化接触,故无一日不在接受四裔文化……今日中国文化,我们也不能说是汉族文化或其他任何一种边疆民族的文化,而是汉族与一切边疆民族同化的文化。"④ 所以,这是一种混融基础上的多元民族观,它表明在中国无论各民族是否能够实现一致化,但至少它们彼此不存在清晰的内部边界,在这个意义上它们可以构成不可析分的整体。

另一方面,用文明－国家替代民族－国家框架的可能性。前面已经论及,马长寿和他同时代的学者一样,其人类学的研究有着应对边疆问题和

---

① 马长寿:《少数民族问题》,第 12 页。
② 马长寿:《少数民族问题》,第 11 页。
③ 彭文斌、汤芸、张原:《20 世纪 80 年代以来美国人类学界的中国西南研究》,载王铭铭主编《中国人类学评论》,第 7 辑,世界图书出版公司,2008,第 132~133 页。
④ 马长寿:《少数民族问题》,第 21 页。

国族危机的一面，因此他固然意识到并承认国家内部的文化多元现象，但首要还是要强调中国内部的一体性，于他而言，确立国家一体性的基础似乎可以通过承认种族的一致性完成。但同时他又强调："我们中国自始至终对少数民族是采取多元主义的原则的。多元主义的目的在于容纳异种异文的许多民族于同一国族之内，并行不悖，并育不害，而成一共存互倚的社会集团。"① 通过梳理和分析历史过程得出的这一结论却恰好可以说明，中国内部不止是在生物性上能够实现一致，实际上中国各民族是在更高层次上能被视为一体的，而这个更高的层次正是源于中国社会是一个包容性极强的文明体系，在历史上它通过一套"礼"的社会秩序将"异种异文"容纳于其中，而这套秩序不单是文化的同样也是政治的、经济的。尽管这个体系里面始终存在着"异"，但从民族交往史去理解的话则可以看到，这个体系中的"异种异文"早已丧失了它的绝对性。因为自古以来中国各民族及其文化是在你中有我、我中有你中呈现出自身特质的，由此对中国而言，所谓"异"仅在相对意义上方能成立，"异"的基础是在更大范围内的混融中实现的。

当然，马长寿也不讳言历史上这一文明体系存在着以汉文化为核心的，"内中国而外诸夏、内诸夏而外夷狄"的"同化主义"，在他的认识里，这种同化其实应该以另一种方式展开，他说："中国今日之民族政策无疑的应强调少数民族之同化主义。同化主义是中国以往的传统民族政策。此种政策在历史上虽相当成功，然其本身实有两大严重的错误：第一，过去太偏重汉化主义，……第二，以往的同化方法只有德化和强化二途。……同化主义既非无为而治的羁縻不化，亦非片面的单元主义的汉化和无确定制度的德化。同化主义需要与多元主义相互配合，或建设同化主义于多元主义之上。"② 可以看到，马长寿立足于多元基础上对中国内部文明体系的认识，毫无疑问是反对以单一民族，比如汉族为中心的同化论的。而他立足于混融基础上对中国民族多元的认识恰也再次说明，在中国，各民族及其文化的不同不应该成为这个国家分裂的理由，其原因大概就在于中国内部尚保留着文明体系的

---

① 马长寿：《少数民族问题》，第20页。
② 马长寿：《少数民族问题》，第22～23页。

印迹。

综上所述，马长寿有关民族的讨论表明，从西方历史经验发展而来的民族－国家理论，其产生和建构有着独特的历史背景，从最狭义的角度看，它暗含了一族一国的理想。但是这样的理想要运用在有着传统天下式帝国向现代国家转变的中国时，的确产生不尽和谐的地方，这一点在马长寿的研究里可以清楚地看到。对于中国而言，多民族共存情况下如何调适与民族－国家理想暗含的一族一国观念的关系，的确是至为重要的问题，而这一点马长寿的论述已经尝试为我们提供了一种解决问题的可能，这就是一种文明－国家的思路。

四　结语

进入 20 世纪 20 年代，西方社会内部的分化和冲突让人类学失去了从"世界史"角光①把握人类文化的兴趣。随之而来西方与非西方的关系在学科认识中也发生了变化，学者已不再将二者看成是过去与现在的对立关系，而是将它们视为他者和自我的关系，从此西方人类学一定程度上承认了非西方的价值，并企图从对"他者"的理解中寻找到补救自我社会的良方。当学界放弃古典进化论文化进程以及传播论文化分布的宏观考察视角，转向探索他者社会的内部后，人类学学科的新传统随之被建立，从此人类学成为一门以研究当代和当地为主旨的学科。建立在"无时间感"基础上的现代人类学研究，发展出一套适用于研究当代"他者"的方法论，坚持只要通过实地的参与观察就能够读懂当地社会的文化密码。② 这

---

① 人类学中"世界史"的眼光，主要是指以古典进化论和传播论为代表的人类学理论，尽管二者所论的侧重不同，但根据费边的分析，二者都在共同论证一种全球性的历史过程（转引自王铭铭：《20 世纪的中国：学术与社会·社会学卷》，第 367 页）。然而，二者的论证其实大多建立在"猜想历史"（conjectural history）的基础上，而忽略了坚实的历史证据（E. E. Evans-Pritchard, *Social Anthropology*, London: Routledge & Kegan Paul, 1951 [1982], pp. 21 – 42）。

② 但是从 20 世纪 60 年代开始，人类学界又重新回到反思本学科与历史学的关系的路上，从此人类学中掺入历史成为当今国际人类学界的重要议题之一（Emiko Ohnuki-Tierney ed., *Culture through Time: Anthropological Approaches*, Stanford University Press, 1990, pp. 1 – 25）。

也使得西方人类学学者研究中国社会时要么把历史忽略掉①，要么对中国社会做微观解剖观察。由此可以说，马长寿于半个多世纪前所作的具有浓厚历史色彩的人类学研究，正是在上述层面对今天中国的社会科学发展具有一定意义。

通常社会科学理论和方法的建立基本上是以共时性分析为基础的，而他的研究却强调了历史过程的分析，并将对问题本质的理解建立在把握具体过程之上。正如他所看到的，历史上各少数民族交往的过程才是理解现代中国少数民族本质的基础，这一点如前文所述对于理解中国社会有着重要的意义。不仅如此，如果我们可以从马长寿历史化的人类学研究去反思中国社会科学中"无历史"的状况的话，就会看到问题的关键不在于发现了方法论上的缺失，更在于这样的研究潜在的意义是让我们意识到，由西方经验发展而来的社会理论，比如民族 - 国家理论在面对并解释中国社会时可能的缺憾。现代中国社会与其总体历史存在着必然的联系，从天下体系到现代民族 - 国家建构的进程中，中国的内部始终保留有自己的历史遗产以及发展演化的内在理路，仅简单将中国社会的进程类比于西方，直接套用西方社会理论的成果，则完全可能导致对中国社会的误读。马长寿的例子告诉我们，基于对具体历史分析能看到历史上存在一套有效解决民族与国家关系并支配社会运转的内在逻辑，那么，这套逻辑是否支配现代中国？或者现代中国受什么支配？回答这一切是否也意味着应该回到中国历史本身（包括今天）去寻找。

当然不可否认，自 20 世纪 20 年代中国学者陆续在本土展开人类学调查以后，借助西方社会科学的理论和方法来观照中国，与此同时用中国的材料来印证这些理论和方法，成为中国人类学发展上的主要特征。可以说，绝大多数民国学者的研究都未必谈得上是对理论和方法的自觉创新，这一点马长寿当然也不能例外。此外，若以我们今天的眼光看来，马长寿的研究固然为我们的学术留下了一笔丰富的遗产，但同样也存在着一些值得继续思考的地

---

① 实际上，自马林诺夫斯基在 20 世纪 30 年代提出建立文明社会的人类学研究后，几代汉学人类学者均意识到历史对于研究中国社会的重要性，但面对庞杂的中国历史又往往束手无策，因而陷入两难境地（王铭铭：《社会人类学与中国研究》，三联书店，1997，第 18 ~ 22 页）。

方。诚如杜赞奇所说，中国的历史叙述会因为民族－国家的建构意图而导致对很多历史的遮蔽。[①] 马长寿的研究中，比如针对有分裂中国之嫌的西方研究所做的康藏研究，其背后明显存在民族－国家建构的意图，也可能成为他取舍历史材料的原因。此外，当马长寿的学术研究为建构民族－国家或现实政治需要提供依据时，是否又可能导致他对中国各民族所作的人类学观察，与西方同行相比少了很多关注异文化的色彩。[②]

然而，无论如何，他的人类学研究里面，加入历史分析后得出的结论还是能为我们提供两点启示，其一，中国研究里潜藏着超越人类学经典概念（如"文化"）的可能；其二，研究中国社会时，应当仔细反思西方社会科学的现成理论框架和概念，因为对于一个有历史的文明社会而言，历史维度的引入可能恰恰能够破除社会科学业已存在的迷障。

（原文发表于王铭铭主编《中国人类学评论》第 10 辑，2009，世界图书出版公司）

---

① 杜赞奇：《从民族国家拯救历史：民族主义话语与中国现代史研究》，王宪明译，社会科学文献出版社，2003，第 44 页。

② 王铭铭：《西学"中国化"的历史困境》，第 35～36 页。

功力、视野、理论：当代历史研究学术创新之本

◎ 徐兆仁

中国学术博大精深，而自古以来尤以史学一门得天独厚。中国史学史料浩如烟海，研究成果丰硕，学人虽皓首穷经，亦未能尽其万一。

历代史学大师精于治学之道，各有妙得，非悉心总结，不易探获。古有"鸳鸯绣罢凭君看，莫把金针度与人"之说，精妙之法，往往薪火单传，不绝如缕，未能普及；左道旁门，常常借机生势，自吹自擂，贻误后学。加之明清以降，西学东渐，史学研究峰回路转，新法纷出，使人目不暇接，难分轩轾。

学术研究贵在创新，而创新之法则众说纷纭，莫衷一是。总结传统与现代、中土与外域学者治学状况，我们发现，虽然历史研究治学门径各异，学术创新理论方法不同，然究其根本，质其关键，实不出功力、视野、理论三者。

一 功力

历史学是一门特别强调基础知识、注重学术积累的学科，多数历史学家之所以大器晚成，就是因为知识积累需要漫长的时间。科学的、进步的历史观和方法论的形成，都离不开扎实的历史知识，离不开深厚的学术功力。

为了获得这种学术功力，那些最后成功的历史学家们都是坚持走博通之

路，日积月累，在学术上打下宽厚而坚实的基础。他们在古文献和外文等方面，具有深厚的功底，广泛涉猎人文学科甚至自然科学等领域的知识，继而充分占有研究材料，逐步加深知识积累，从而形成广博、厚重的学术优势。

古往今来，那些卓有成就的历史学家们无一例外地认识到，读书、治学绝无捷径可行，必须做好长期和艰苦的思想准备；读书、治学也没有什么特别的秘诀，唯一的诀窍就是有决心、有恒心，刻苦钻研，循序渐进。任何学问，都是靠长期积累所致。正是那种刻苦顽强、持以之恒，数十年如一日的钻研精神，才能在广泛收集材料、去粗取精、去伪存真的基础上完成研究，取得成就。

广泛积累史料，积极搜集史料，尤其是接触第一手史料，多参观访问，多深入实际，才能获得真正意义上的博学和深知。

历史学家陈垣先生把学术创作分为三步：收集材料、考辨材料和论述成文。他特别指出，前两步工作须占十分之八的时间。例如，他为了撰写《旧五代史辑本发覆》，收集史料极多，积累的稿本有三尺之厚。既博览群书，又善于抉择。经删繁去复，选取 190 余条，最后写成文章也只有 2 万多字；《元西域人华化考》一书，依据典籍 220 余种，该书"规模宏大，材料丰富，条例明辨，是在国内外久享声誉的著作，对于治中国民族关系史的学者来说，是一部必须阅读的书"①。他坚持广泛搜集正史、杂史、金石、碑刻、方志、档案、文集、诗赋、画谱、题名录、语录等史料，然后进行深入考证，认为只有确实可据的材料和实事求是的研究，才能经得起时间的考验，"草草成文，无佳文可言也"，陈垣因撰写《元也里可温教考》而蜚声史坛，而该作从初稿到最后定本，历时 18 年之久。

陈垣先生为了全面系统地探讨中国主要宗教，广泛搜集挖掘史料，披沙拣金，终于掌握了大量的、新的宗教史料，并借助于他对历史的把握及研究方法的造诣，开拓了中国近代宗教史学的崭新途径。② 其学术研究之沉潜深入，厚积薄发，常人难以想象，也少有匹敌。

---

① 白寿彝：《要继承这份遗产》，《纪念陈垣诞辰百周年史学论文集》，北京师范大学出版社，1981，第 9 页。

② 陈乐素：《陈垣》，载《中国史学家评传》（下），中州古籍出版社，1985，第 1248～1249 页。

历史学家邵循正熟谙英语、法语，懂德语，通意大利语、俄语，学过波斯语、蒙古文，略知突厥文、女真文、满文，他直接将蒙文资料《元朝秘史》、波斯文资料《集史》与汉文资料《元史》和法、德、英等西欧诸国学者的研究成果糅合参证，发现《元史》存在的缺憾；在中国近代史方面，他十分重视晚清、民国私人笔记内保存的近代史料，并还因此推动组织编辑《近代中国史料笔记丛刊》。① 正因为在史料挖掘上倾注了大量的心血，使得邵循正在研究中能够旁征博引，融会贯通，解决前人无法侦知的问题，使得研究结论建立在坚实的基础之上。

一个学者的知识体系，往往决定他的研究视野、研究范围和研究深度，因此非常有必要形成完善的知识体系，形成深厚的知识积淀。中国学者中，陈寅恪、王国维、钱穆、吕思勉等许多史学大家"风格各异，而造诣均深"②，他们在知识储备、知识结构上拥有一般人所未能具备的优势。通过对上百位垂范当代史家生平治学状况③的统计分析，我们发现，这一代知识分子，往往在少年时代接受严格的国学训练，在诸如经学、小学、史学等中国传统文化方面有坚实的基础；青年时代接受西方学术的训练，具备多个学科的扎实知识。他们学术根底深厚，其中不少人还精通多种外文和中国少数民族语言文字。他们不仅在学术研究起点上优于一般学者，也比现代人从20岁左右开始学习史学的起点高出许多。正是因为拥有相当完善的知识体系和广博的学术积累，从而决定了他们能够取得超越前人的研究成果。

对于历史学研究者学术功力乃至学术水准的考量，以往有许多不同的概括。其中，"史家四长"之说，比较被大家认可。总结和分析其中蕴含的要素，可以证明重视学术功力对于史学研究者进行学术创新，具有多么重大的意义。

（一） 史德

清代史家章学诚在其论著《文史通义》中专门论述了史德问题，提出

---

① 邵循正校注《近代中国史料笔记丛刊》，中华书局，1959。
② 严耕望：《治史三书》，辽宁教育出版社，1998，第219页。
③ 《晋阳学刊》编辑部编《中国现代社会科学家传略》，山西人民出版社，1982；高增德、丁东编《世纪学人自述》，北京十月文艺出版社，2000。

"能具史识者，必知史德，德者何？著书者之心术也"，"盖欲为良史者，当慎辨于天人之际，尽其天而不益以人也。……亦足以称著述者之心术矣"①。章学诚所提出的史德，就是史家的史学思想修养和行为规范品德②，特别是史家治史的客观立场和实事求是的职业操守。章学诚对于史识－史德－心术内在联系的阐发，实际上提出了一个史学批评的新模式。③

历史学研究所必须遵循的基本精神就是实事求是。史实永远是历史学的基石，也是历史学存在与发展的生命之源。实事求是，尊重历史，反对主观主义、形而上学和教条主义等，都是历史学家史德的具体表现。如果学者无德，或歪曲事实，或另有所图，或党同伐异，或掠人之美……即使学富五车、才高八斗，也无济于事。真正具备优良品质的历史学家，必须坚持科学精神，坚持实事求是的原则，勇于探索，客观真实地反映历史实际。

历史学家周一良指出："60年来，我可说是经历了乾嘉朴学、西方近代史学和马克思主义史学三个不同阶段的训练。我认为这三种类型的训练有一共同之处，即要求历史必须真实或尽量接近于真实，不可弄虚作假，编造篡改。只有真实的历史，才能成为'后事之师'，起参考、借鉴以至教育的作用。而研究历史最根本的态度和方法只有四个字：实事求是。如何才能实事求是呢？一个合格的历史学家应当既见树木，又见森林；既能由此而及彼，因小而及大；看到政治、经济、社会、文化等等不同领域之间的关联；看到纷繁错杂的历史现象之间的内在联系；看到历史是辩证地发展。以上所说，似乎陈意甚高，却又像老生常谈。我自己则心向往焉，而愧弗能也。"④

由于历史学家也生活在现实社会，他们的思想以及著述无不受到时代和社会诸多因素的影响，正是在这个意义上，"一切真历史就是当代史"⑤"一切历史都是思想史"⑥等命题有其合理性；也正是在这个意义上，史德作为历史学家的根本素养具有不可忽视的重要性。历史学家贵在实事求是，重在

---

① 章学诚著、叶瑛校注《文史通义校注》，中华书局，1994，第219～229页。
② 仓修良：《"史德"、"史识"辨》，载《史家·史籍·史学》，山东教育出版社，2000，第143页。
③ 瞿林东：《中国古代史学批评纵横》，中华书局，1994，第39页。
④ 周一良：《周一良学述》，浙江人民出版社，2000，第51页。
⑤ 克罗齐：《历史学的理论与实际》，傅任敢译，商务印书馆，1997。
⑥ 柯林武德：《历史的观念》，何兆武、张文杰译，中国社会科学出版社，1986。

据实而书，民族性必须统一到科学性的高度，致用必须以求真为前提，研究必须以史料为基础，所有论著必须坚持"一分材料出一分货，十分材料出十分货，没有材料便不出货"[①] 的史料运用原则，坚决反对捏造和歪曲历史；不隐恶，不虚美；不发违心之论，不曲学阿世，不卖论求荣；追求真理，无畏无私，宁为玉碎，不为瓦全；保持历史学家高尚的道德操守，以捍卫历史科学的尊严和价值。

（二）才、学、识

史学、史识、史才被称为"史家三长"，后来梁启超在此基础上加上史德，概括为"史家四长"，[②] 作为历史学家的基本素养。史才，是指搜集、鉴别和组织史料、叙述事实、记载言语、撰写文章、运用体例、编次内容等历史编纂方面的才能；史学是指掌握丰富的史料、历史知识以及与历史有关的各种知识；史识指的是史家独到的见解、观点、品质和精神。[③] 唐代史家刘知畿在回答为何自古多文士而缺史才的提问时指出，"史有三长：才、学、识，世罕兼之，故史者少。夫有学无才，犹愚贾操金，不能殖货；有才无学，犹巧匠无楩枏斧斤，弗能成室。善恶必书，使骄主贼臣知惧，此为无可加者"[④]，被当时的人们誉为不刊之论。

在古代中国学术传统中，衡量史学水准高下的尺度，是历史学家历史知识的广博、掌握资料的丰富和考证史料的严谨。历史学是一门求真务实的学问，讲究言必有本，来不得半点的虚假和浮夸，研究者必须花大力气掌握第一手史料，才能真正有所作为。历史学家的基本功就是详尽地占有材料，去伪存真、去粗取精，坚持从事实出发，一切面向历史事实。由此及彼、由点而面、由浅入深、由表及里，通过史料发现历史联系，通过个别把握历史全貌，提升认识，获得真知。史识主要包括见解和观点，但是，章学诚指出："能具史识者，必知史德"，所以史识又包括秉笔直书、忠于史实的高尚品质和勇敢精神等。史识针对的是历史学家所持的观念、立场问题，即应该如

---

① 傅斯年：《民族与古代中国史》，河北教育出版社，2002，第475页。
② 梁启超：《中国历史研究法》，上海古籍出版社，1998，第156～172页。
③ 杨翼骧：《学忍堂文集》，中华书局，2002，第231页。
④ 《刘子玄传》，《新唐书》，卷132，中华书局，1975，第4519～4522页。

何认识历史、判断历史的问题。历史的眼光、见识、领悟力和洞察力是历史学研究者最应该具有的素养，否则，在研究中就无法穿透表面现象，容易被一些假象所迷惑，局限于肤浅的认识和简单的结论，缺少理论的总结和升华。史识就是对于历史本质的深刻理解，对于历史演化的准确把握，就是对于历史发展具有见微知著、明察秋毫、鉴古察今、高瞻远瞩的学术能力。历史学研究如果认识不清历史的主流，捕捉不到历史精神，其研究成果必然苍白无力，历史学家也就未能完成自己的神圣使命，当然也就不能满足社会和大众对历史学的期望。

德、才、学、识四者之间相互关系十分密切，史才中包含史识的因素，史识又以史才和史学为根基，能具史识者，必知史德。有学者对四者的关系作了一个形象的比喻：史识是治史的眼睛①，史才和史学是治史的双足，史德则是治史的脊梁。②

二　视野

视野（field of vision），原本指的是我们眼睛所能看到的整个空间范围，而“视野缺损”则无法完整地看到整个空间。如果单纯就肉眼而言，双目视野大于单目视野。引申到研究领域，则有大视野、小视野，局部视野、整体视野，静态视野、动态视野，特殊视野、一般视野，过去视野、当前视野、未来视野等差异。历史世界波澜壮阔、场景宏大，研究者必须具备全方位视野、整体视野，才能观察清楚；历史现象摇曳多姿、琳琅满目，研究者必须具备纵深视野、多元视野才能准确把握；历史演化错综复杂、千变万化，研究者必须具备比较视野、跨学科视野，才能深入理解，合理解释。在历史探索与发现的艰苦历程中，研究者学术视野缺损，必然导致对历史真实的误解甚至曲解；反之，获得并依靠整体视野、多元视野、比较视野和跨学科视野，则为学术创新奠定牢固的根基。

---

①　陈旭麓：《浮想录》，载《陈旭麓文集》第 4 卷，华东师范大学出版社，1997。

②　《史才，史学，史识，史德，何者更重要?》，百年中国论坛（http：www. china. 1840 - 1949. com）。

（一） 整体视野

法国年鉴学派在史学理论与具体的历史研究两个方面都有着卓越的建树，开创了一种"综合的"或曰"整体的"新型历史学，具体说来，就是将历史研究的重点由原来的政治史转向经济、社会和文化领域，从而发动了一场改变历史研究方向与方法的运动。在《封建社会》一书中，布洛赫运用新的研究方法将新型的整体的历史学表现得淋漓尽致。

法国年鉴学派创立的理论冲击了传统史学狭隘的政治史观，年鉴学派总体史学的思想不仅从内容上扩大了历史研究的对象，广泛涉及地理、生态、经济、社会、政治、文化、科技在内的各方面，而且从地域上延伸了历史研究的范围，把历史学的视野投向整个地中海甚至全世界，将历史学的研究推进了一大步。年鉴学派因提出崭新的研究范型，而在推动西方新史学的兴起和发展中影响最大、成就最著。在论及该学派思想渊源的时候，该学派核心人物承认他们受马克思主义的深刻影响。[1]

作为一种研究方法和手段，马克思主义对西方史学流派所产生的广泛而持久的影响，从年鉴学派的形成过程即可见一斑。马克思主义历史学家十分强调研究问题的整体视野，主张从历史的整体联系发展来研究。"世界表现为一个统一的体系，即一个有联系的整体，这是显而易见的，但是要认识这个体系，必须先认识整个自然界和历史，这种认识人们永远不会达到。"[2]"辩证法在考察事物及其在观念上的反映时，本质上是从它们的联系、它们的联接、它们的运动、它们的产生和消逝方面去考察的。"[3] 这表明，研究要从全局出发，要有全局观点，从全国甚至全世界的发展形势看问题，我们就可以站得更高一些。整体视野要求注意历史发展的全面性，学会全面估量历史发展的合力，因为历史的发展、历史的实际运动总是表现为一种合力的结果；要求注意从大角度进行全局的、整体的宏观考察，放开视野，综观全局；要求注意把握历史发展过程中前进性和曲折性的辩证关系；要求在评价

---

① 姚蒙：《法国年鉴学派》，载何兆武、陈启能主编《当代西方史学理论》，上海社会科学院出版社，2003，第 385～431 页。
② 恩格斯：《〈反杜林论〉材料》，《马克思恩格斯全集》，第 20 卷，第 662～663 页。
③ 恩格斯：《反杜林论》，《马克思恩格斯选集》第 2 版，第 3 卷，第 362 页。

成功的经验时，要充分估计到探索的长期性，不要把成功的经验绝对化，而要更多地注意它的局限性和适用的范围；在评价失败的教训时，要充分估计到探索的艰巨性，不要简单地指责、埋怨，而要更多地分析发生错误的主客观原因。

历史学家白寿彝曾经指出："所谓从整个历史发展看问题，一个是横着看，看在全国范围里起了什么作用，发生了什么影响，再一个是纵着看，看上下几千年。""从整个看问题，那才看得清楚，从局部看局部怎么能看得清楚呢？"他强调以联系的观点来看问题，认为"我们研究历史，不能采取割裂历史的方法，从一个历史阶段看问题，固然是必要的，从整个历史发展趋势看问题，则更为重要。"[1] 根据上下几千年的历史进行历史研究，其成果的科学性就远远超出那些停留在局部和个别历史时段的研究。

《白银资本》一书的作者安德烈·贡德·弗兰克（Andre Gunder Frank）在历史理论、研究视野、学术取向方面，都反对"欧洲中心主义史观"，倡导"全球学"（普遍联系史观或全球史观）的研究视野和研究方法，从整体性和联系性的视角去重构世界历史。主张整体不是部分的总和或综合，部分也不是整体的分割，对历史部分和片段的分析不能取代对历史的整体分析，指责当代历史学家和社会理论家缺少整体视野，喜欢用显微镜来考察和猜想在一个很短暂时间里的小片断。[2] 与此主张类似的著作还有《大分流》[3] 等。

主张研究范式革命的科学史家库恩（Th. Kuhn，1922－1996）指出，一个人如果不能掌握他所研究时期和领域中的主要哲学流派，要想对科学史中的许多重要问题研究得好，那是不可能的。[4] 科学是一种历史性、人文性、连续性和整体性的事业，恢复整体性是历史学家的首要任务。[5]

在世界历史研究中，整体视野就是全球视野，就是将所研究的问题自觉

[1] 白寿彝：《关于中国民族关系史上的几个问题——在中国民族关系史座谈会上的讲话》，《北京师范大学学报》1981 年第 6 期。
[2] 安德烈·贡德·弗兰克：《白银资本：重视经济全球化中的东方》，刘北成译，中央编译出版社，2000。
[3] 彭慕兰：《大分流：欧洲、中国及现代世界经济的发展》，史建云译，江苏人民出版社，2003。
[4] T. S. 库恩：《必要的张力》，福建教育出版社，1981，第 10 页。
[5] T. S. 库恩：《科学知识作为历史产品》，《自然辩证法通讯》，第 10 卷（1988），第 5 期。

地放在整个世界的角度来研究。历史学家吴于廑运用整体世界史观，分析了从古代到13、14世纪世界历史变迁的过程，他从全球视野着眼，探讨了亚欧大陆游牧世界与农耕世界的形成与并立，游牧世界对农耕世界的三次大冲击以及三次大冲击对于历史成为世界史的作用等问题，为世界历史的进程解说提供了一个新的模式。[①] 世界没有单一的中心。世界古代史上，希腊、罗马并非驾驭其他各地的文化中心。印度、中国、希腊、罗马的文明与发展实际上是并行的。世界通史是一个有机的统一体，世界各地区都在日趋联系交往之中。文化的交融，只能是消长升沉，相互渗透，既不会由一方取代另一方，也不会各方同归于尽。对某一个国家历史的研究，要树立以"通"为特征的观念，求得历史自身的完整性，要在世界史的总体格局中审视单个国家历史的发展，从政治、经济、文化、社会生活各个角度挖掘和分析历史的丰厚内涵，宏观研究与微观研究相结合，既有宏观的把握，又有具体的分析。

在世界历史发展中，跨国度的联系、交流与互动起着非常重要的作用。世界各民族和国家的交往和冲突、各类文明和文化之间的传播和融合现象十分普遍。由于人们通常将国家作为史学研究的基本单位，而将这些现象推动世界发展的作用忽略了。历史研究者运用全球视野分析世界发展中表现出的一些共性和差异，会使我们更加清楚地认识人类历史进程，也会赋予我们更多解决人类问题的智慧。

（二）多元视野

历史视野狭隘、单向，在研究中就难免会产生"视野缺损"、学术短视，导致历史认识的糊涂和盲目。长期以来，西方史学研究者往往摆脱不了西方中心论的束缚，而中国史学则大多以政治史为研究的中心，很少涉及社会史、心态史、文化史等。实际上，世界由各种文明、各个民族组成，是一个包罗万象的社会，要求研究者注重用多元的视野来看待。有选择地介绍国外新史学如社会史、人口史、民俗史、新经济史、新政治史、心理史、社会生态史、环境史、妇女史、城市史、家庭史等理论与方法，可以拓宽历史研

---

① 吴于廑：《世界历史上的游牧世界与农耕世界》，《云南社会科学》1983年第1期。

究领域，开发新的历史研究资源，在多元视野下对于发展历史学研究具有积极意义和借鉴作用。

多元视野之元是一个充满差异的、无限的和开放的视域，因为视域就是看问题的方位，所以多元视野随时空、认识的变化而变化，这使得历史学研究充满了变化，显得日新月异。过去视野、现在视野、未来视野是从时间序列获得的视野，个人视野、集团视野、民族视野、国家视野是从社会政治角度获得的视野……史学研究要坚持多元视野、多角度观察问题，只有眼光通达，避免偏废，才能所见深远。例如，汤因比在其所著《历史研究》中，从一个宏大的视角出发将人类历史作为一个整体加以考察，从而得到了一个广阔而独特的历史视野。汤因比将文化形态学研究与历史研究相结合，把历史学的研究单位理解为文明，使得历史学有可能突破以专门史、通史或断代史为内容，以编年体、纪传体、纪事本末体等各种著史体例为形式的传统的史学框架，走出一条文化学发生有机联系的新的史学发展道路，以此为主干的历史著述，为他赢得了巨大的学术荣誉。

（三）比较视野

比较方法在历史学中运用的起源及其历史与历史学一样久远。广义的历史比较法，是一般比较方法在历史学中的运用，它的起源及其历史与历史学一样久远。狭义的历史比较法，是二十世纪以后产生的一个史学流派，他们强调理论化、系统化地运用比较法，强调拓宽视野，在更宏阔的背景中分析比较，由此形成"比较史学"① 这一名称，并成为当代新史学的一个特色。历史比较法的运用，有助于我们开阔视野，启发思路，发现新问题，产生新看法。许多历史的课题，按照原来的思路，已经是"山穷水尽"、难以突破了。借助比较方法，无异于转换视角，便能发现一些新问题，产生一些新见解，从而把研究推向深入。

例如，通过中外历史比较研究，可以摆脱欧洲中心论的影响。欧洲中心论的影响，使得不少历史学家形成了学术偏见。我们如果不采用比较研究的

---

① 何兆武、陈启能主编《当代西方史学理论》，上海社会科学院出版社，2003，第303~324页。

方法，不将中外历史进行对照，就很不容易看清其中的学术偏见。通过比较，可以使我们比较容易看出由古代到中世纪时，亚、欧、非三洲政治势力由分区并立到往来交叉的发展趋势。如果一开始就带有欧洲中心论，就不易看出这种历史实际中并立的各种政治势力。

历史地理学家谭其骧曾批评历史研究中因缺乏比较意识而评价失据的现象。他指出，中国是一个世界文明古国，但只是文明古国之一，绝不是唯一的文明古国。中国古代文明有比别人先进的地方，但绝不能说样样都先进。例如，中国最早的古文字甲骨文，距今约三千多年，就比前五千多年已经出现的埃及人写在纸草上的象形文字和苏美尔人刻在泥板上的楔形文字要晚两千年。再如，中国在公元前六世纪郑、晋才铸刑鼎，前五世纪李悝才制定《法经》，比巴比伦《汉谟拉比法典》的制定要晚了一千二三百年。再如，中国长城当然是一项很伟大的工程，但把它说成最伟大的工程，那就不合适了。埃及用石砌的一百四十多米高的金字塔，难道不及这砖土建筑雄伟？何况金字塔诞生于埃及第四王朝，距今四千五百年以上，长城最早筑于战国，距今不过两千多年。①

此外，通过中外历史的比较研究，就可以认识中外历史发展进程的不同特点，帮助我们理解中外历史分期等问题，有助于建立新的世界史体系，有助于认识我国社会发展阶段及其相关问题。

史学研究中微观与宏观的结合和比较，中外历史比较等研究的开展，就有很大的可能对历史研究提出新问题、新思路和新方法。

（四）跨学科视野

20 世纪下半叶以来，随着史学与其他社会科学的结合，史学研究的多元化趋势日益明显，史学研究理论与方法的更新速度加快。21 世纪，历史学与人文学科、社会科学以及自然科学相互交叉、渗透、融合，科学研究呈现整体结合的趋势。跨学科视野下的历史学从其他科学中借用了新的理论、知识、方法，扩大了自己的研究范围，将人类全部生活发展的整个过程纳入了历史学研究的范围，通史与专史研究的结合，宏观与微观研究的结合，打

---

① 谭其骧：《对今后历史研究工作的四点意见》，《社会科学》1985 年第 5 期。

破条块分割，融合政治、经济、文化等领域，从而使历史学克服狭隘、单一、陈旧、静止、局部等研究模式的缺陷，有利于历史学改变面貌，焕发活力。

例如，心理学对人的心理现象的研究，已经取得了丰硕的成果，总结出各种理论和方法。将这些理论和方法引入历史研究，无疑将大大地丰富史学研究的方法和手段。而且，与传统的心理分析相比，这些方法大都角度新颖，视野独特，其形成的结论也往往不落俗套，给人以耳目一新的感觉。近代以来，历史研究的重心越来越多地向政治、外交、军事、经济等领域倾斜，经济因素、经济结构成为历史解释的最终原因，而人的活动及其背后的动机则逐渐淡出历史学家的视野。心理史学的研究，使得历史学重新找回了这一原本就属于历史研究的领域，而且将一般意义上的心理现象，拓展到包括人的心智的整个精神世界。

还有，对"生态学"（ecology）的关注，在西方本来是源于上帝创世的启示，从而其自身就带有一定的神学色彩。① 而当神学家莫尔特曼（Moltman）、大卫·格里芬（D. Griffin）等人讨论所谓的"生态神学"或者"神圣的生态学"时，"生态"显然已经不仅仅是神学的，而是被视为一种公共话语。生态伦理学、生态美学甚至还有"生态女性主义"② 等，也同样都在分享生态学的观念和视野。至于"全球化""现代性""后现代""后殖民""女性主义""技术理性""性别""大众媒体""权力""软实力"等，无一不是多个学科的共同论题。传统的学科分野已经无法限定它们，它们已经不能为任何一个学科所独有，也没有哪一学科能提供回答这些问题的全部概念和逻辑。

历史学的研究更频繁地涉及哲学、宗教学、美学、逻辑学、政治学、军事学、社会学、文学、教育学等人文和社会学科甚至自然科学领域。由于问题的广泛性、复杂性和学科的相关性，研究者具备跨学科的视野，就可以将问题研究得更加深刻，解决得更加有效。

---

① 威廉士：《关键词》，巨流图书公司，2003，第 108～109 页。

② 生态女性主义（ecofeminism, ecological feminism）是一种政治与社会运动。它相信对女人的压迫与自然的退化之间存在着某种关系。生态女性主义考虑性别歧视、对自然的控制、种族歧视、物种至上主义（speciesism）、与其他各种社会不平等之间的交互关联性等问题。

三　理论

创新是一个民族进步的灵魂，也是科学精神的精髓。历史研究要想达到学术创新，必须要在理论上有所突破，提出前所未有的新理论。中外史学发展史表明，史学的每一次重大进步或发展，无不与理论研究的创新相关联。我们生活在一个呼唤理论创新的时代，理论创新的要求十分迫切，积极回应和解决时代发展、学术进步的新问题，就能开拓历史学研究的新境界。

对任何历史现象的认知、分析和判断，都是在一定的历史观支配和指导下进行的。中国有着悠久的历史和灿烂的文化，有着丰富的历史资源，理论创新除了要吸收国外的先进成果外，也应当下工夫从中国历代史学研究和史学著作中挖掘理论素材，进行再创造。

史学理论创新涉及基本体系的构建和具体内容的突破。将史学理论简单地等同于历史唯物主义及其具体运用或仅限于史学主体问题的做法都是有失偏颇的。广义上说，史学理论是对历史考证、历史编纂、历史解释等研究领域反思的理论结晶。史学研究主体、历史时空和时代主题的变化及要求，决定了史学理论的发展方向，而史学面临的重大问题，则直接推动史学理论的创新。历史学理论创新的基本途径，大致有以下几个层次和方面。

（一）开拓一切可能的渠道理解历史

历史客体和研究主体之间，存在着种种通道，人们理解历史，往往通过以下渠道进行，即符号、文献等历史记录，遗存、文物等历史客体遗骸，愿望、观念、情操、人格、人性、理性、信仰、命运等生命表现，道德、哲学、宗教、艺术、科学、制度等文化样态，国家、政治、经济、法律、军事、战争等历史事务的各种领域，整体、全局、系统等历史变迁，商业与交往、社会生活、职业和家庭等历史状况，公共事务、会议、争论、利益、地域、种族、语言、环境、时代、风气等历史事件中的有效因素。此外，还包括各种可能性的广阔领域。历史理解渠道的开拓，有利于人们接近真实历史。

（二） 探索和运用历史解释的基本原理、方法和规律

在历史客体和研究主体之间建立历史理解的通道，决定了历史解释的方式。根据中外学术界的研究实践，这些方式可以有经验性解释，常识性解释，寓言式解释，假设性解释，因果性解释，实用解释，多元解释，以某一观点为中心线索的解释，根据统一模式进行的解释，科学解释（从生物学、物理学等自然科学的范式、逻辑、定律、规则等出发所作的解释和从政治、经济、军事、外交、社会等社会科学角度进行的解释），文化解释（从哲学、宗教、文学、美术等思维定势、价值取向、审美情趣、行为规范、道德信仰等智力和艺术普遍水准出发的解释）……总结各种解释方式的理论与实践，摸索出历史解释的基本原理、方法和规律并加以运用，必能获得有效解决问题的途径。

（三） 始终坚持从历史文化资源中提取现代价值这一研究方向和重要使命，深化、细化现代价值，将研究范围拓展到揭示历史真理、历史精神、历史意义和历史智慧上

历史真理可以具体分为事实真理、启示真理、世界真理、终极真理、普遍真理、永恒真理等；历史精神可以具体划分为民族精神、人类精神、时代精神、世界精神、文化精神、学术精神、内在精神、客观精神等；历史意义则可划分为教育意义、垂鉴意义、生命意义、思考意义、启迪意义、普遍意义、特殊意义等；历史智慧也可以划分为启迪心灵悟性的智慧、提升精神力量的智慧、把握历史命运的智慧、解决冲突对抗的智慧等。所有这一切，以往的研究很少系统、全面、深入地涉及，认识这一巨大的、潜在的学术空间，就有可能获得突破性研究成果，改变原先相对单一的研究模式，取得新的进展。

（四） 大胆吸收和借鉴中外学术研究的广泛成果

在历史学研究中，有许多重大理论问题困扰着人们，例如历史学家如何对客观历史进行理解和解释？这些理解和解释的正当性与合法性何在？对于客观历史理解和解释的界限、极限何在？历史学家凭借什么完成理解和解

释？如何检验理解和解释的有效性和科学性？近年来，西方历史哲学也对历史理解和解释的一些重大问题展开探讨，进行了有益的尝试，也取得了不少有价值的理论成果。只要我们勇于探索，就有可能在历史解释研究领域有所创新，有所进步。

理论创新要求研究者博而能约，广而能深。敢于突破成见、成规以及传统、权威的枷锁，不断前进。当代历史学家应当面对现实，对新的实践进行理论概括，加强史学理论的自身发展、不断创新。创新应该瞄准史学学术发展前沿，拓展历史思维空间。既立足当代又继承传统，既立足本国又学习外国。对于西方重要的史学理论、史学方法、史学流派、史学思潮，以及西方史学理论研究中的一些热点问题、前沿问题，深入研究，正确地加以吸收和运用。在实践中，推进学术观点创新、学科体系创新和科研方法创新。

追踪史学发展前沿，拓宽历史认识视野，扩展历史思维空间，紧密结合新的实践不断进行创新。坚持解放思想、实事求是、与时俱进，进一步强化创新意识，努力研究中外史学发展的新情况，回答新问题。

创新能力是以创新意识、创新精神为基础而形成的一种极富个性化的创造能力，是一般能力的升华，是能力的最高层次。因此，历史学发展的必然途径，必须以百花齐放、百家争鸣的方针，以开拓进取的勇气从事理论创新。

理论上的突破必然引起史学研究方法的革新。史学方法是关于如何获得具体历史认识的一种经验性知识形态，是历史研究实践中具体研究经验的总结。针对史学研究方法的具体性、经验性和应用范围，经常加以总结，将史学方法看作一个有机的整体，探寻各种方法之间的内在联系，弄清各种具体方法在史学认识整体中的地位、作用、合理性、局限性及其适用范围，发现一些具有普遍意义的规律性知识，不断推进研究方法的创新。

现代社会已经进入信息化时代，史学研究的手段和方法随着科技革命的进行，发生了重大的变化。研究者首先要善于利用各种新的手段，尤其是现代发达的通信传媒、电子网络手段检索资料，分析资料，全面汇集各种研究成果，科学比较各类研究模式，积极与国内、国际有关学者进行广泛的学术交流，因为这种学术交流是获取信息的重要途径。在学术日益国际化的21世纪，与国外学者的交流能力，将是学者所必备的能力。这两种能力都对历史学家的外语能力提出了高乎以往任何一个时代的要求。现代史学十分重视吸收包括社会科学、自然科学在内的其他科学的探索方法，吸纳新的研究方法有助于改变旧的研究模式和旧的研究方法，把学术研究创新精神和实践能力落到实处。

史学研究在理论上的突破，也将带来史料开掘与运用的崭新变化。

如前所述，任何一项历史研究工作，都是从搜集史料开始的。历史资料浩如烟海，散乱而无系统，因此，搜集史料既重要又艰难。历史学家均十分重视史料和新史料，如能直接获得第一手史料，并能扩大新史料，便能取得研究的进步；相反，则导致研究的先天不足。学者们之所以普遍重视档案资料和考古发掘资料，目的都在于取得新史料，运用新材料。研究者发现前人从未见过的史料，属于史料开掘意义上的创新。例如殷墟甲骨文、汉晋简牍、敦煌吐鲁番文书、清代内阁大库档案等新史料的开掘，带动了甲骨学、敦煌学、简牍学和档案学等新兴学科的建立，极大地促进了人们对于客观历史实际的了解。此外，宗教史料、民族史料、地方史料等的发现和整理，则为发展宗教史、民族史、地方史的研究提供了可能的条件。历史学家除了利用官修史书之外，还要重视各种野史笔记，相互验证。例如，在研究明清史时，除了实录、档案、文件、契约、地方志书，还要搜集野史笔记资料，重视金石、考古、方志等资料，关注田野调查资料等。

研究者突破原有视域，发现原本长期未被人们当做历史记录的文献，其中蕴含着深刻的历史精神，则属于观念转变，对待、运用史料意义上的创新。例如，章学诚推阐王阳明"五经亦史"之说，提出振聋发聩的"六经皆史"观点："《六经》皆史也。古人不著书，古人未尝离事而言理，《六经》皆先王之政典也。"①

就史学研究而言，史料匮乏，或者史料过多却真伪混杂，都构成研究的困难，如果研究者不在史料占有的量与质上下工夫，就不能取得如期的业绩。这种情况是由历史学的学科属性所决定的。研究者在史识的层面上反映的学术眼光和品位的高低，又都源自在有限的学术生命里尽可能掌握信而有徵的史料，在掌握史料的量与质上展现学术功力的深浅。因此，回到史料，

---

① 章学诚著、叶瑛校注《文史通义校注》，中华书局，1994，第 1~10 页。

在对史料进行深入细致研究的基础上，再走出史料、寻求创新，学术研究的普遍性才能与认同性达到和谐一致。史料开掘和运用的创新价值即在于此。

史学研究在理论上的进步、创新，还将促进史书编纂形式的革新。随着史学研究的发展，史书编纂也在不断创新。以原有史书体裁为基础，博采众长，融会贯通，综合运用，相互配合，尝试探索，不断走出史书编纂的新路，以适应时代的需要，其中"新综合体"编纂模式的出现，就是一个比较成功的例证。

20 世纪 40 年代开始，中国历史学家就开始探索一种新的综合体，先是历史学家罗尔纲创新综合体撰写《太平天国史》①，后来，历史学家白寿彝采用新综合体主编多卷本《中国通史》②。这类新综合体由"序说""综述""纪年""典志""传记""表"等多种体裁配合而成。"叙论"或"序说"置于卷首，或概括全书，或用来说明基本资料、论述总结研究成果，交代编撰意图等；"综述"为全书的主干，用来叙述历史发展的总象；"典志"用以记载典章制度或专史，设有地理、民族、社会经济、政治制度、军事制度、法律等门类；"传记"则是记录人物，是政治家、军事家、理财家、思想家、科学家、文学家、艺术家等历史人物的群象。这种综合体裁已经发挥了当代作用，为新的大型史书体裁体例创新作出了有益的尝试。③

随着信息时代的到来，科学技术迅猛发展，计算机网络日益普及，现代传媒载体及音像制作手段不断更新，传统的、单纯的文本阅读拓展为现代的、多元的知识传播和接受方式。史书编纂需要独辟蹊径，不断创新，使得凝聚人类记忆的历史知识作为巨大的文化资源宝库，向全社会开放，为全体大众所用。

（原文发表于《史学理论研究》2012 年第 3 期）

---

① 罗尔纲：《太平天国史》，中华书局，1991。该书综合了叙论、纪年、表、志、传五种体例。

② 白寿彝主编《中国通史》，上海人民出版社，1989～1999。

③ 国家清史编纂委员会体裁体例工作小组编《清史编纂体裁体例讨论集》，中国人民大学出版社，2004。

浅析西欧中世纪工业组织的变化

◎ 徐 浩

工业组织指以工匠为主体的基本的工业生产或经营管理单位。尽管农户从事部分工业生产，但一般没有人将农民称作工匠（craftsmen，artisan），在此意义上农户不是工业组织，而这并不妨碍农村存在工业组织。西欧中世纪工业史是一个重要的研究领域，国内外学者程度不同地进行过深入研究。不过，工业组织在中世纪（9～15世纪）西欧经历了哪些重要变化？这些变化在城乡有哪些共同表现？如何分析城乡工业组织变化的原因？目前为止，学界对于这些问题还缺少系统化的考察梳理，本文试图回答这些问题。

领地工业阶段的工业组织——庄园工场

中世纪的第一个工业组织是庄园工场（villa or manor workshop），它的历史可以追溯到罗马帝国晚期。当时的庄园不止是农业生产单位，还是工业生产的中心①。罗马帝国灭亡后，古代城市的工商业中心的职能衰落了，而中世纪早期低下的农业生产力，使大地产不可能通过大量出售剩余产品而从市场上交换工业品。这种形势进一步促进了农村工业的普及，迫使王室、修道院和世俗贵族在自己的领地上建立庄园工场，招募奴隶和依附农民生产工

---

① 庞兹：《中世纪欧洲经济史》（N. J. G. Pounds, *An Economic History of Medieval Europe*），朗曼出版社，1994，第64页。

业品①。加洛林王朝时期庄园工场的普遍化使工业的地理分布发生显著变化：墨洛温时期纺织品、工具、武器、铁制品与木制品、玻璃、陶器和盐的生产还主要集中在城镇，加洛林时期上述工业生产已经在庄园和广袤的农村得到推广②。庄园工场独盛于缺少城市生活的中世纪早期的最后几个世纪，以王室和修道院的庄园工场最为典型。查理曼的王庄包括许多庄园工场，由王室经纪人指挥生产。尽管查理曼亲自制定了长达70节的庄园管理手册——"庄园诏令"，但它们"不是一个个别的例子"，从中只能获得王庄工场的工业生产活动非常多样化的印象，而无从进行个案考察。10～11世纪，城市兴起较晚的德意志"在教会的大庄园上，或在大领主的有些大庄园上，设立了'工场'，由职工来制造东西"。在这些工场中，工匠是依附者。他们在庄园工作时得到原料和一定数量的食品、饮料。在剩余时间，他们被授予一块比份地小的工业田地维持家庭生活③。

中世纪早期庄园工场的档案以修道院最为丰富。修道院一般建在定居点附近，这些定居点或为城市或为农村。在前种情况下，修道院可以直接利用城市工业与工匠，以满足修道院所需要的大部分工业品。后种情形下，同样封建化的修道院必须建立自己的庄园工场。825～830年圣·加尔修道院绘制的平面图上，各种工业以及酿酒和磨面集中在一个大的工场中，此外还有一个漂洗工场和其他工场。在圣·里基耶修道院，工匠按行业集中居住，他们是修道院不自由或半自由的奴隶（familia）。桑·樊尚修道院的新工场生产各种奢侈品，产品不仅可以满足修道院的需要，也供应所属的地产和修道院捐赠者家庭。后来考古所发掘的4个工场分别制造各种骑士装备和玻璃器皿，而陶器、皮革制品、日常金属用品或工具以及象牙和骨制品则在其他工场生产。尽管本尼狄克教规和12世纪的西多会将劳动作为僧侣的精神需要，但在大多数时候，劳动由农奴或世俗弟兄代做，僧侣只从事监督性质的劳动

---

① 杜哈德：《中世纪早期的西方：经济和社会》（R. Doehaerd, *The Early Middle Ages in the West: Economy and Society*），北方荷兰出版公司，1978，第127～128页；斯密指出，制造业和国外贸易等"这一类职业，在雅典和罗马，全由富人的奴隶经营"（斯密《国民财富的性质和原因的研究》下卷，商务印书馆，1997，第249页）。

② 维赫尔斯特：《加洛林经济》（A. Verhulst, *The Carolingian Economy*），剑桥大学出版社，2002，第72页；庞兹：《中世纪欧洲经济史》，第64页。

③ 汤普逊：《中世纪经济社会史》（上册），商务印书馆，1984，第289、365页。

而已①。为此，鲍比欧修道院的庄园账册表明，该修道院的一个管家（chamberlain）负责管理毛皮匠、鞋匠、裁缝的劳动，为他们提供所需要的原料。另一个管家负责向铁匠、制盾者、鞍工、镟床匠、羊皮纸匠等供应原料，分发铁制工具。还有一个年轻僧侣监控其他工匠的生产。

尽管修道院的庄园工场集中了多种行业，但以纺织、金属加工、玻璃制造、制陶和制盐等行业的工场为要。8 世纪以来，西欧各地都有专门的妇女工场（gynaecea），主要生产衣被和家居织物，无持有地的女奴隶和处于奴役地位、但拥有持有地的半自由妇女必须在那里承担纺织劳役。不仅如此，伦巴德国王罗萨里（636～652）的诏书（Edict of Rothari）谕令，任何与奴隶结婚的自由妇女，在双方共同生活期间必须在王室妇女工场中劳动。② 查理曼的庄园诏令中也有如下证明妇女工场生产活动的条款："为使朕的妇女工作，应按照所指定的适当时间，来给予她们材料，如亚麻、羊毛、大青染料、朱红、茜草根制的颜料、理羊毛梳、起绒草、肥皂、润滑油、器皿及其他必须的东西。"③ 在王室地产上，妇女工场是独立建筑，用篱笆和大门与外界隔开。但这些织女究竟是在一个大建筑的不同房间，还是在几个独立的半地下茅屋从事劳动，目前尚不清楚。在后一种情况下，庄园妇女工场的面积很小，一般仅有 2.5～2.7 平方米、深 0.5～1 米，只能容纳 1～3 个人在其中工作。中世纪早期，织布是典型的妇女劳动，修道院中的僧侣从来不亲自织布，而是选择建立妇女工场，规模可达几十人。巴伐利亚小修道院有24 人，缪巴赫修道院有 40 人，菲尔达修道院的一个庄园有 55 人。

金属加工等行业的庄园工场也很重要，主要生产农具、武器、食盐、器皿和教堂用品。中世纪普通自由人对于在他土地上所发现的矿产不得享有权利，矿产属于王室或其他封建主，不经他们同意其他人不能随意采矿。考古发掘证明在修道院地产上存在 8～10 世纪铁矿石的采矿遗址，炼铁设备也建造于加洛林时期，许多地区发现了冶铁炉（forge or furnace）。查理曼曾命人起草王室领地铁矿和铅矿的年度生产报告，这是庄园金属工场存在的重要证

---

① 汤普逊：《中世纪经济社会史》下册，第 213、219 页。
② 杜哈德：《中世纪早期的西方：经济和社会》，第 133 页。
③ 汤普逊：《中世纪经济社会史》上册，第 288 页。

据①。庄园武器制造工场的存在见于记载。随着武器需求数量日益增长，某些修道院设立了为服军役的附庸生产武器的工场。这些工场生产的武器只能分配给自己的附庸使用，法令明令禁止将它们卖给其他人，特别是商人。圣·加尔等不少修道院都设立了庄园武器工场，并与军事装备有关的皮革加工置于同处。玻璃制造和制陶在前朝属于城市工业，加洛林朝时进入农村。除了在修道院建设工地生产窗户玻璃外，庄园工场还在庄园自营地为主人生产薄如圣饼的碗、碟和灯罩等各种器皿。② 制盐也是重要的庄园工业，许多教会领主在其领地上拥有盐矿（salt-works）、煮盐炉（furnaces）和煮盐锅（salt-pans），相关的例子不胜枚举。8 世纪初，巴伐利亚公爵泰奥多不仅将自己在瑞辰霍尔 1/3 的盐矿捐赠给萨尔兹堡教堂，同时还赠送了 20 个煮盐炉和同样数量的煮盐锅③。

中世纪早期的工业组织向中期转变的前提是庄园工场的解体。9～10 世纪本尼狄克修道院的庄园是西欧工业生产的中心，12 世纪西多会修道院的庄园又在中东欧扮演了相同角色，而此时西欧和南欧的制造业已经转移到城市工匠手中④。"制造业劳务在 12 世纪初就在（法国）各地几乎结束了。"⑤ 庄园工场在城市与商业不发达的状态下是必要的，但"随着商业的再起，庄园中的很多设施就成为多余的了；在每个重要庄园的家庭作坊里，总是有几十个农奴在制造纺织品和农具，但是这种家庭作坊现在还有什么用呢？其产物还不如邻近城市里的工匠们所制造的一半好。在 12 世纪，几乎各地方的作坊都没有了，人们也就让它们这样消失下去"⑥。这种消失不一定是由于具有农奴身份的工匠逃亡所致，在此之前领主可能实行了部分改革。城市工业的迅速发展阶段明显发生在 12 世纪，而当时庄园工场的工匠已经拥有一定的支配自己劳动权的自由度，向外面的顾客出售自己生产的部分产品。如位于桥梁附近的庄园面包房起初只向领主家庭供应面包，后来面包师傅也

---

① 杜哈德：《中世纪早期的西方：经济和社会》，第 132 页。
② 维赫尔斯特：《加洛林经济》，第 72～83 页。
③ 杜哈德：《中世纪早期的西方：经济和社会》，第 287 页。
④ 庞兹：《中世纪欧洲经济史》，第 50、61 页。
⑤ 布洛克：《法国农村史》，商务印书馆，1991，第 108～109 页。
⑥ 皮朗：《中世纪欧洲经济社会史》，上海人民出版社，1964，第 73～74 页。

将面包卖给香客等旅行者。随着消费者的增加，他的生意也日益兴隆。1109年，富利兹莱的修道院院长允许庄园工匠在市场上出售自己所生产的任何工业品。根据 1170 年斯特拉斯堡制订的法规，教会领主庄园的任何工匠在城市出售他自己生产的工业品时都无须缴税[1]。可见，这种转换在一定程度上是领主适应交换经济的兴起而自行调整生产关系的结果，并为中世纪中期工匠在村庄和城市的独立家庭作坊的普及创造了前提。庄园工场的消失也非一刀切，世俗和修道院的庄园就存在时间差。当世俗贵族已经认识到农奴劳动的高成本和低效率，因此纷纷放弃强制性劳役，采用自由劳动的时候，"所有被雇佣在教会和寺院的大工场内作为手艺人和手工业者的农奴情况，是与教会领地上种田的农奴的情况相同的。……教会反对解放手工业的农奴，反对组织独立的手工业者团体"，教会的保守性推迟了教会地产工业组织的变化，导致 12、13 世纪教会土地上的农民奋起反抗教会的庄园制度[2]。

个体生产阶段的工业组织——城乡工匠家庭作坊

中世纪的第二种工业组织是城乡个体工匠的独立家庭作坊（domestic crafts workshop）。

建立在庄园工场劳役制基础上的人身依附关系削弱或解体，实物地租或货币地租使城乡工匠可以自由支配自己的劳动力，而城市法和庄园习惯法也不同程度地维护了他们的财产权利[3]，这些变化为独立的个体工匠及其工业组织的成长创造了必要的社会环境。城乡个体工匠来自庄园工匠或农奴。同领主庄园一样，农户也承担了繁重的工业生产任务，为工匠提供了后备队伍；中世纪中期工业品市场空前扩大，为城乡工匠阶层的兴起带来前所未有的机遇。

城乡个体工匠阶层产生的前提不仅需要庄园工场解体，还依赖农户男耕

---

① 杜比：《欧洲经济的早期增长》（G. Duby, *The Early Growth of the European Economy*），康奈尔大学出版社，1974，第 236 页。

② 汤普逊：《中世纪经济社会史》（下册），第 304～305 页。

③ 伯尔曼：《法律与革命——西方法律传统的形成》，中国大百科全书出版社，1993，第 480、482、400、404 页。

女织的传统生产方式的部分改变。中世纪早期和中期，为了交纳实物地租和满足家庭消费，农户承担了繁重的工业生产任务。农奴缴给庄园的实物租税既有农产品，也有林产品和工业品①。除了通过庄园工场生产部分工业品外，加洛林时期以来的庄园领主还向佃户收取各种工业品的实物地租。例如圣·日耳曼修道院向佃农征收亚麻和羊毛内衣、桶、制桶用的木板、桶箍、木瓦、火把、肥皂、锅，以及锄、犁铧、镰刀、十字镐等铁制工具。普兰修道院向各领地上的不自由芒斯（份地单位）的持有者征收亚麻线、羊毛和亚麻布、内衣、裤子和各种木制品。萨尔兹堡教堂庄园的佃户有义务交纳枕头、袋子和皮革瓶。圣·朱丽亚修道院向所属领地的农民征收犁铧、镰刀、耙、斧头、粗布、羊毛帐幕和丝绸②。为了交纳实物地租和满足家庭消费，农户生产的工业品达几十种之多。在谈到中世纪中期农民的家庭劳动时，贝内特转述的厄恩利爵士所概括的农户工业生产项目多达30余种③。工业品的实物地租在西欧各国持续时间长短不一，12～14世纪的德意志、12世纪早期的英格兰和法兰西还程度不同地存在。伴随西欧城市兴起，作为城市最早顾客的领主可以方便地买到物美价廉的工业品。因此，1100年以前的意大利，12世纪上半叶前的法兰西（应该还有英格兰），最后是德意志，工业品的实物地租逐渐消失④。随着农民收入水平的提高和工业生产的日趋专业化，农户的农业和工业生产活动逐步分离，村庄和城市工业品的消费市场蓬勃兴起。

中世纪中期以来西欧农民在一定程度上依赖购买工业品，这种新的需求是工业商品化的先决条件。普通农户用于购买消费品的支出，约占全年现金收入的22%，主要用于购买厨房器皿、各种用具、蜡烛、衣服、鞋子、盐等⑤。

---

① 汤普逊：《中世纪经济社会史》下册，第379页。
② 杜哈德：《中世纪早期的西方：经济和社会》，第131页。
③ 贝内特：《英国庄园生活：1150～1400年农民生活状况研究》（S. H. Bennett, *Life on the English Manor, A Study of Peasant Condition 1150－1400*），剑桥大学出版社，1956，第227～228页。但这种概括仍不能视为面面俱到，如其中就没有关于酿酒这种甚为普遍的农户工业的只言片语。
④ 杜比：《中世纪西方的农业经济和乡村生活》（G. Duby, *Rural Economy and Country Life in the Medieval West*），南加利福尼亚大学出版社，1968，第153页。
⑤ 基斯科珀洛斯：《黑死病以前英格兰的生活标准和资本形成：农民的预算模式》（H. Kitsikopoulos, "Standards of Living and Capital Formation in Pre-plague England：A Peasant Budget Model"），《经济史评论》（*Economic History Review*）2000年第2期，第237～261页。

村庄中存在的木匠、铁匠、酿酒者、漂洗工和裁缝等职业姓氏表明，工匠已经构成乡村社会的组成部分，他们的产品在农民中拥有稳定的消费市场。英格兰中世纪农民住房主要是土木结构，而法国部分地区和意大利农民居住石头房屋。无论土木（但有石头地基）或石头结构，木匠和石匠在建房中都不可缺少。英格兰相同经济地位农民的住房，建筑样式和面积整齐划一，说明在关键的工艺上离不开木匠、石匠和葺屋顶匠的参与①。以往认为农户自己织布、做衣服、酿酒和烤面包。但许多农妇并不烤面包，而是从拥有大面包炉专门制作面包的邻居那里购买。纺线（包括毛线、大麻线和亚麻线）一直是典型的妇女劳动，卷线杆成了中世纪农民妇女的象征符号，但她们从不被当做工匠。在城市纺织业兴起后，妇女使用的立式织机被男子使用的卧式织机取代，农村妇女的纺线和织布劳动在一定程度上分离，她们通常将纱线卖给织工，较少亲自织布。甚至原始工业化开始的中世纪晚期，农户也不是家家户户织布，相反那时织布的地域性更强。不仅布匹不能做到自给自足，许多农民的衣服也是村庄裁缝加工的②。因此，那种"流行的看法认为农民只购买铁器农具和盐，而依赖他们的妻子制造他们所需要的其他东西……这种说法不再站得住了"③。中世纪中晚期，农户逐步减少家庭工业生产，越来越依赖村庄和城市工匠向他们提供产品与劳务，城乡独立的工匠阶层由此而兴。

12世纪早期以前，村庄没有独立的个体工匠。12世纪作为农民共同体的村庄中的第一批工匠曾经是完全依附于领主的奴隶。他们最初只在庄园工场做工，后来被领主许可也为其他人生产。以庄园工场的衰落为契机，主要为农民服务的村庄工匠的家庭作坊发展起来④。人口压力也促成部分小土地持有者转移到工业活动中。普通农民的最低家庭土地需要量为10~15（英亩）土地，小土地所有者约为8（英亩）⑤，否则农民就要以主要精力从事

---

① 戴尔：《中世纪的生活：850~1520年的英国人民》（C. Dyer, *Making a Living in the Middle Ages: The People of Britain 850–1520*），耶鲁大学出版社，2002，第169、172页。

② 哈纳沃特：《紧密的纽带：中世纪英格兰的农民家庭》（B. A. Hanawalt, *The Ties That Bound: Peasant Families in Medieval England*），牛津大学出版社，1986，第92、113~114、116页；杜比：《欧洲经济的早期增长》，第239页。

③ 奇波拉：《欧洲经济史》第1卷，商务印书馆，1988，第181页。

④ 杜比：《欧洲经济的早期增长》，第195页。

⑤ 徐浩：《农民经济的历史变迁——中英乡村社会区域发展研究》，社会科学文献出版社，2002，第397页。

非农业活动。"在这种情况下，手工业工人（即村庄工匠）都是不能单独依靠份地产品维持生活的小农。他们依附于村落，受任何一个需要工业服务的人的支配。他们基本上是领取一份产品或货币报酬的村落农奴。"① 11 世纪末英格兰小持有者至少占 1/3，而 13 世纪末在东南部的部分地区该比例超过 50%，西欧其他国家也大抵相同②。在英格兰东南部的埃塞克斯，黑死病没有减少小持有者的比例。此前工资劳动者和工匠已经超过 1/2，其后达到 3/4，即农村中农民占 1/4，工匠和零售商占 1/4，工资劳动者占 1/2③。农村职业姓氏中很少见到持有全份地和半份地（40 和 20 英亩）的农民，因而村庄工匠主要来自小持有者④。

12 世纪以来每个村庄都有常住工匠及其家庭作坊。村庄工匠与其他小持有者和无地者的差别在于前者掌握了一门手艺（craft）。12 世纪以后重犁和马在农民中的广泛使用，推动了乡村铁匠铺（smithy）的普及⑤。铁匠是村庄最重要的工匠，他占有小块土地和家庭作坊，修理犁铧和马车上的铁零件，钉马掌，制作和磨锐镰刀、斧头，向建筑工人供应吊钩和钉子等产品与服务，铁匠铺成为村庄生活的中心。虽然村庄铁匠铺的出现比磨房要晚，但它在农民社会中引入了专业工人。木匠制作犁、马车和风车的转轮和传动装置，建筑房屋，为农民住房生产木结构的框架。此外，村庄还有磨房主、面包师傅、酿酒者、裁缝、皮匠和漂洗匠等，各有自己的家庭作坊。其他建筑工匠如石匠、石膏匠、葺屋顶匠、砖瓦匠以及陶匠，一般是流动性的或生产的地域性较强，不属于常住的村庄工匠⑥。1381 年时，英国有些地区的人头税报告已经将工匠与农场主、雇工和佣工作为村庄三个主要的阶层并称⑦，

---

① 维贝尔：《世界经济通史》，上海译文出版社，1981，第 99 页。
② 希尔顿：《农奴争得自由》（R. Hilton, *Bond Men Made Frees*），坦普尔·史密斯出版公司，1973，第 33~34 页。
③ 普斯：《黑死病后的农村社会：1350~1525 年的埃塞克斯》（A. L. Poos, *A Rural Society after the Black Death: Essex 1350–1525*），剑桥大学出版社，1991，第 17、18、23、40、57 页。
④ 贝利：《边际经济？中世纪晚期东盎格利亚的布雷克兰》（M. Bailey, *A Marginal Economy? East Anglian Breckland in the Later Middle Ages*），剑桥大学出版社，1989，第 187~188 页。
⑤ 奇波拉：《欧洲经济史》第 1 卷，第 113 页。
⑥ 希尔顿：《农奴争得自由》，第 36 页。
⑦ 贝利：《边际经济？中世纪晚期东盎格利亚的布雷克兰》，第 189 页；杜比：《欧洲经济的早期增长》，第 195 页。

已然显示了他们在农村社会中的重要性。

中世纪中期，城市逐步成为工业生产的中心。12 世纪制造业经历了从修道院和农村向城市的扩散。英格兰的织工 12 世纪起向城市迁移。1175 年在诺丁汉郡的纽瓦克城，拥有职业姓名的 78 个居民中包括 10 名织工和 2 名染工。12 世纪末和 13 世纪，法国某些小城镇的第一批工匠是铁匠和鞋匠。在工商业发展的基础上，这些城镇获得城市特权①。中世纪中期人口、收入和需求扩大，推动了农村以小城市、小城市以较大城市作为商业中心，内陆城市又以沿海城市作为贸易枢纽。城市规模在一定程度上体现了市场力量，而兴旺的市场又吸引了工匠迁徙。随着城市人口的增加，"从前满足城镇和城堡有限需要的少数工匠，显然不能满足新来者日益增多的要求。因此最不可少的行业的工人（面包师、酿酒师、屠夫、铁匠等）必须来自外面"。随着对工业品需求的增加，其他行业的工匠也接踵而至。因此，"举凡农村进行工业生产的地方，商业……首先把工业吸引过来，然后很快把工业集中到城市"②。工业向城市扩散的意义是巨大的，工匠越来越集中于城市。从职业姓氏研究看，12～14 世纪早期拥有职业名者占城镇被统计地人口的20%～30%，同期某村庄有职业名者占佃农总数的 18%，某修道院占 10%③。

村庄个体工匠由于同业工匠数量少而无法组成同业行会，仍然隶属领主和庄园法庭。村庄以外的工业活动由于所处地域和性质的不同，分为行会工业和非行会工业。城市是中世纪行会制度的唯一家园，而行会制度也是城市工业的基本特征。但这并不意味着城市的所有工业都组成同业行会。1387 年和 1440 年法兰克福的行会师傅分别是 1190 人和 825 人，而非行会师傅的数量却分别高达 1554 和 1493 人④，非行会师傅在两个时期的师傅总数中分别占 23% 和 45%。在城市工业和村庄工业以外，中世纪中期还有其他工匠从事工业活动，如流动性工业（非城市建筑业）、森林工业（烧炭和木板加

---

① 杜比：《中世纪西方的农业经济和乡村生活》，第 154 页。

② 皮雷纳：《中世纪的城市》，第 94 页。

③ 布里特奈尔：《1100～1300 年英格兰的劳动专业化》（R. H. Britnell，"Specialization of Work in England，1100‒1300"），《经济史评论》（*Economic History Review*）2001 年第 1 期，第 2～3、5 页。

④ 北京师范大学历史系世界古代史教研室编《世界古代及中古史资料选集》，北京师范大学出版社，1991，第 445～446 页。

工）、农村工业（采矿、冶炼、采石、制陶、制盐、烧石灰和制造玻璃等）。由于流动性和分散性，上述行业无同业行会。同业行会的基础是行业内部的分工。城市比农村具备专业化发展的更大空间，庄园工场和村庄工匠的家庭作坊则没有过类似的发展。行会非工业组织，它相当于维护城市各个行业的工业组织与工匠的宗教、社会和经济利益的行业协会，是工匠、作坊与城市政府之间的"中间人"，村庄对农民、农户与领主来说也是这种角色①。工匠从城市的领主那里获得了自由，但行会和城市当局又成为他们新的人格化主人："既然奴隶制实际上已在城市里被废除，劳动便以契约为依据；不过，劳动契约条款根据工作种类的不同严格地由行会和城市的习惯和法令来规定。"同业行会设立自己的仲裁法庭，会员被要求在到法院打官司之前先去这个仲裁法庭②。

家庭作坊同样是村庄以外工匠的典型生产组织。行会工业的基本生产单位是行东（craft master）独立的家庭作坊（domestic workshop），包括夫妻、一个或更多居住在一起的佣工（living in servants，即学徒、帮工），以及行东数量不定的未成年子女。除行东的儿子外，成年亲属一般不留在家庭作坊内。普罗旺斯的卡彭拉斯城的平均家庭规模为5.2人，法国南部的某些城市平均家庭规模是7~8.5人。但英国考文垂城1377年的人头税册表明，工匠的家庭规模为3.91~4.58人，只有一个堂区的户均人口超过5人③。城市规模只制约着工业、同业行会及其作坊的数量，但作坊的经济状况相差无几。决定中世纪行东作坊规模偏小的原因是佣工数量，很多商人拥有三五个以上的佣工，而只有少数工匠的佣工超过一个④，商人与工匠的经济实力由此可见一斑。1327年约克为征收世俗赞助金而进行的财产估价表明，绝大多数拥有5镑以上财产者是商人，而大多数工匠的财产在2镑以下⑤，工匠在经

① 希尔顿：《阶级冲突与封建主义危机——中世纪社会史论文》（R. Hilton, *Class Conflict and the Crisis of Feudalism, Essays in Medieval Social History*），汉布尔顿出版社，1985，第181页。
② 伯尔曼：《法律与革命——西方法律传统的形成》，第474页。
③ 斯旺森：《中世纪的工匠：中世纪晚期英格兰的城市阶级》（H. Swanson, *Medieval Artisans, An Urban Class in Late Medieval England*），巴兹尔·布莱克韦尔出版社，1989，第7~8页。
④ 哈维：《中世纪的工匠》（J. Harvey, *Medieval Craftsmen*），B. T. 巴茨福德出版公司，1975，第27~29页。
⑤ 斯旺森：《中世纪的工匠：中世纪晚期英格兰的城市阶级》，第151页。

济上属于城市中等偏下阶层。城市个体工匠作坊的规模和财力使其只能将行业内部分工和家庭作坊的工业组织结合起来，不可能形成作坊内部的分工或将其扩大为手工工场。

中世纪中期的工业组织绝大部分是家庭作坊，只有采矿业和建筑业例外。1100~1350年各类采矿业全面扩张。领主控制的采矿业如同自营地农业，为满足需要而生产。1384年英国诺桑伯兰的班伯格城堡的看护人接到指示，要求开采足够的煤以供应居住在城堡中的人们使用。但越来越多的采矿业和冶炼业日趋以市场为导向。中世纪采矿业或冶炼业缺少固定资本，以矿工和冶炼者个人、家庭和小的合伙组织进行生产，商人负责销售。采矿一般不是专门职业。在维克菲尔德庄园，挖铁矿石和海煤的大多数人是农业佃户。在德文和康沃尔的锡矿，在繁忙季节雇佣6000~8000名锡矿工，许多人是流浪工人。他们一部分时间用于农业生产或其他职业，甚至专职锡矿工也要从事少量农业作为副业。建筑业需要多种技术的工匠的合作，城堡和修道院尤其需要大量工匠（mason）的劳动。1295年夏天，卡纳翁城堡在一周使用的劳动力上升为528人，1344年春天温莎城堡的劳动力有710人[①]。

商人控制产销阶段的工业组织——城乡外包工工场

一般来说，行东的家庭作坊是独立的生产单位。但实际情况是，部分工匠在资金和市场方面不得不受制于商人，致使工匠与商人形成经济依附关系。大多数城市工业不需要很多的固定资本，织工的织机和补鞋匠、木匠的工具花费不多。但也有例外，皮匠、面包师傅、磨坊主和铁匠则需要更大的工作场所和价格不菲的设备，商人在生产设备上控制工匠从这些行业开始。1303年伦敦调查的53个面包师傅中，只有7人拥有自己的面包房，大多数人的面包房租自批发商。承租固定资本只是行东依附商人的一个原因，在拥有区域和海外市场的城市工业中，商人通过控制销售达到使工匠依附于自己

① 米勒、哈彻：《中世纪英格兰：城市、商业和工业1086~1348》（E. Miller & J. Hatcher, *Medieval England, Towns, Commerce and Crafts, 1086 - 1348*），朗曼出版社，1995，第66、87页。

的目的。1275 年温切斯特的漂洗工和织工被剥夺了城市特权，成为城市的二等公民。这种二等公民的最好说明是，尽管同业行会成员垄断城市生产，但在英国的马尔伯勒城，他们只能为城市的商人劳动，不许出城贸易，产品只可卖给本城商人。在失去贸易权后，工匠被迫依附于作为商人的染工。染色一般是布匹生产的最后工序，染工在购买染料和销售成品布时可能与外商打交道，有机会上升为商人行会的会员和城市统治阶级。在牛津、贝弗利、温切斯特和林肯等城市，织工和漂洗工对商人形成经济依附，被禁止涉足布匹生产的染色和整饰，不许批发和零售布匹。在牛津，没有商人的同意工匠甚至不能织布和漂洗。这样的企业家不止来自染工，织工和漂洗工也乐于仿效。在温切斯特和马尔伯勒等城市，富裕起来的织工和漂洗工放弃自己的生产手艺，成为专营布匹贸易的小商人（dealer）。他们可以成为商人行会的会员，但必须停止生产活动，否则就要被罚款直至失去商人行会的会员资格。工匠一旦成为布商，其经济地位便令其他工匠望尘莫及，1282 年伊普斯威奇的布商休·戈尔丁的存布价值达 76 英镑①。

在此基础上，商人被称为布商（cloth merchant、mercer、dealer）、商人企业家（merchant entrepreneur）或呢绒商（clothier），工匠与其顾客不再通过市场发生联系，商人切断了这些关系。商人拥有较多的生产资本，用于垫付羊毛、纱线、半成品布的开支，垄断了主要产品的贸易权，资本优势和贸易垄断使 13 世纪的商人首先控制了城市纺织业。13 世纪的英国既有生产规模、生产单位和地理分布范围很大的工业，也有虽然广泛分布，但生产单位很小的工业。大规模工业包括织布、石头建筑、金属和非金属矿石的开采和金属冶炼、制盐、海洋渔业，其中高度组织化并具有资本主义性质的行业有织布业、建筑业和采矿业。在城市织布业中，大规模的资本主义企业家与每年生产和销售少量布匹的织工并存，而两者的社会地位和生产组织却截然不同②。13 世纪中叶的英国城市纺织业已经具有外包工的特点。莱斯特城的企

---

① 庞兹：《中世纪欧洲经济史》，第 290～292 页；博尔顿：《中世纪的英国经济 1150～1500》（J. L. Bolton, *The Medieval English Economy 1150–1500*），比利和桑斯出版公司，1980，第 156 页；米勒、哈彻：《中世纪英格兰：城市、商业和工业 1086～1348》，第 95、104～105、117、112～115 页。

② 博尔顿：《中世纪的英国经济 1150～1500》，第 152～155 页。

业家亨利·霍希尔和希尔顿控制了织布过程。他们购买羊毛、进行洗涤和染色，将原料分配给梳毛工和纺线工；在全城雇佣织工和漂洗工，监督生产并支付计件工资；最后这些企业家负责在东英格兰的波士顿和圣－艾夫斯市集销售成品，整个过程事实上已经建立在外包工制基础上。伦敦的商人（bureller）督促市政府责成有关部门修订同业行会章程，规定当织工与呢绒商发生纠纷时不能停工，取消织 40 码长的呢绒至少需要 4 天的规定，将圣诞节假日的结束时间从 2 月 2 日提前到 1 月 6 日①，将工匠的经济依附硬化成为规章制度的强制。

城市商人控制产销过程的终极标志是呢绒商的出现。利普森最早研究了城市呢绒商的产生。14 世纪晚期，在向城市织布业供应原料的羊毛贩子以及剪绒、织布、漂洗和染色等工序的师傅中，某些人转变为统管呢绒生产与销售整个过程的呢绒商，呢绒商与师傅形成家内制的雇佣关系。呢绒商供应羊毛和收购布匹，以前的师傅仍然在自己的作坊并使用自己的工具进行生产，但他已经丧失了对原材料和销售的控制权，沦为出卖自己劳动力的计件工资劳动者。呢绒商地位上升，曾从事织布业的坎特伯雷市长，生活得像一个绅士。在英格兰西部，呢绒商被称为"绅士呢绒商"②。从此，商人与工匠形成真正的雇佣关系。工匠在家中从事劳动，这种雇佣劳动具有"家庭"（domestic）性质。在其中居核心地位的商人叫"包买商"（Verleger），因而它在德国被称为"包买商制度"（Verlagssystem）。以上两词很难译成法文、意大利文或西班牙文，英文译成"外包工制度"（output system）。外包工工场在农村的推广是中世纪晚期工业组织变革的尾声。卡勒斯－威尔逊认为漂洗水车是纺织业转移到农村的催化剂，但反对意见像英国 13 世纪的水车一样多③。该论点的缺点是将工业转移的原因过于简单化。工匠向农村的迁徙最早发生在 12 世纪末和 13 世纪初，漂洗水车不是主要原因。当时越来越多的城市交不起承包金，拖欠和逃税现象愈演愈烈。城市织工既要拼命维护他们在城市工业生产中的垄断权，又不堪忍受国王和城市政府像挤奶牛一样在

---

① 米勒、哈彻：《中世纪英格兰：城市、商业和工业 1086～1348》，第 112～113 页。

② 利普森：《羊毛及其纺织简史》（E. Lipson, *A Short History of Wool and Its Manufacture*），伦敦：威廉·海涅曼出版公司，1953，第 49～50、56、68～73 页。

③ 博尔顿：《中世纪的英国经济 1150～1500》，第 157～158 页。

经济上对他们的榨取。当亨利二世提高承包金（farm）时，温切斯特城的织工便迁徙到农村。商人在迁徙问题上持积极态度。城市的商人和工匠对农村工业的态度经常是对立的，工匠捍卫自己垄断城市工业生产的权利，以减少农村工业的竞争；商人更关注如何使利润最大化，而由谁生产并不重要。从布匹生产成本看，漂洗占 7% ~ 12%，纺织占 30% ~ 40%[①]，纺织是原料以外成本支出最多的部分。因此，商人对农村织布业采取利用和鼓励的实用主义态度，甚至将部分生产环节转移到农村。1275 年在牛津城附近某些地方的农村织工确认，该城商人已经将织机发给他们。1260 年莱斯特城的商人在城外建立了漂洗水车，1300 年林肯城购买农村布匹进行染色，1298 年和1310 年伦敦由于使用异地漂洗水车而酿成纠纷。城市资本家一方面与城市同业行会进行斗争，企图打破它们对工资和劳动条件的控制；另一方面他们不仅在漂洗更在纺线和织布上使用廉价的农村劳动，以最大限度地降低生产成本[②]。无论城市工业向农村的扩张还是迁徙，它们在 15 世纪以前还只是初步的，不过主要推动力与后来一样都来自正在转变为企业家的城市商人[③]。

15 世纪外包工工场向农村的推广主要是新的需求与供给形势决定的。在需求上，中世纪晚期由于城市中产阶级的成长和富裕农民阶层的形成，廉价织物的消费市场迅速扩大。这种新织物（new draperies）需求增加后，可以大规模生产，为新型工业组织在农村的推广提供了契机。在供给上，15世纪城市人口下降和经济困难，造成同业行会的垄断性进一步加强，成为城市工业向自由的农村迁徙的动力之一。而新兴纺织业中心具备丰富的劳动力资源，当地的地方共同体的社会结构和将工业与农业相结合的能力至关重要。这些地区的畜牧业和森林业较为发达，加之可分割继承制度盛行，比农业区有更多剩余劳动力[④]。农村拥有长期生产廉价织物的历史，中世纪晚期这类织物的生产规模迅速扩大。以往生产高档布的商人开始将羊毛分发给

---

① 纺织业各工种的成本比例详见米勒、哈彻：《中世纪英格兰：城市、商业和工业 1086 ~ 1348》，第 96 页表 2.1。

② 博尔顿：《中世纪的英国经济，1150 ~ 1500》，第 158 ~ 159 页。

③ 米勒、哈彻：《中世纪英格兰：城市、商业和工业 1086 ~ 1348》，第 107 页。

④ 博尔顿：《中世纪的英国经济，1150 ~ 1500》，第 264 ~ 265、269 ~ 270 页。

农村的织工。由于使用普通羊毛作为原料,简化了布匹的后期工序,以及在纺织上低廉的劳动力价格,因此这种布匹价格便宜,在市场上极具竞争力。中世纪晚期需求和供给都有利于城市工业向农村转移,促进了新的制造业中心的崛起。诚然,农户在市场销售方面处于劣势,缺乏资金购买大量原材料,商人资本家解决了这个难题。虽然商人阶级在村庄独立家庭作坊阶段没有存在的必要,但此时商人成为农村织工与区域或海外市场的桥梁。他们定期向纺纱工提供羊毛,为织工提供纱线,收集前面工作阶段的产品,同时经常自己控制着资本密集型的布匹的后期加工过程。没有商人供应原料他们就不能工作,没有商人提供市场,他们也无法销售自己的产品①。表面来看小土地持有者重新从事织布业是一种轮回,但市场扩大了,工业组织也从独立生产的家庭作坊,转变成在专业化的工业村庄中由商人控制的、失去独立经营权的"分散的手工工场"。布罗代尔称之为分散的制造厂,认为它是适应工业资本主义要求的一种原始形态②。这些分散的手工工场就是剩余劳动力极其丰富的畜牧区和森林区等地的广大农户,工业组织的数量和性质前所未有地得到扩大、转换,从而启动了西欧原始工业化的进程。

综上所论可以认为,中世纪工业组织在六个世纪左右发生了翻天覆地的变化:建立在农本经济基础上的早期中世纪是农业社会,工匠和工业生产虽然存在,但没有独立的工匠阶层和工业组织。而中世纪中期以来,不仅工匠阶层和工业组织独立于农民和农业组织,而且企业家登上历史舞台,从此揭开了农业的欧洲向工业的欧洲转变的序幕。在生产关系上,工匠经历了从庄园工场的封建集体劳役制下的农奴,到城乡家庭作坊下交纳产品或货币租税的独立个体劳动者,再到在生产与销售上完全依附于商人企业家的雇佣工资劳动者;在生产方式上工业组织从中世纪早期直接生产使用价值的小生产者,到中世纪中期城乡家庭作坊转变为小商品生产者,直到中世纪晚期商人主导的、具有资本主义性质的城乡外包制的商品生产者。值得注意的是,所

---

① 庞兹:《中世纪欧洲经济史》,第311、284、288~289页。
② 费尔南·布罗代尔:《法兰西的特性》卷三(人与物·下),商务印书馆,1997,第258页。

有这些变化都是在城乡协调、互动与分工下完成的，从而导致中世纪城市和农村经济与社会的共同进步，城乡生产商业化的扩大和城乡中产阶级群体的涌现即是这种共同进步的绝佳体现。

（原文发表于《世界历史》2005 年第 4 期，第 78～88 页）

试论福特斯鸠的"有限君权"学说

◎ 孟广林

作为中古后期英国最著名的法学家和政治思想家，约翰·福特斯鸠爵士（Sir. John Fortescue，约 1385？ ~ 1479）的"有限君权"学说在宪政思想史上地位十分凸显，一直为当代史家所瞩目。有人指出，福氏的政治主张适应了十五世纪议会君主制的发展，是"这个世纪这个国家中最著名的政治理论家"①，也是"自索尔兹伯尼的约翰以来的第一位天才的政治理论家"②。也有人认为，福氏的政治学说堪称其所处时代代表性政治理论，"很大的程度上，我们对十五世纪英国的政治思想的评估，必须以对他的作品的理解为基础"③。其实，探讨福氏的思想，也有助于我们深化对中古后期英国政治史的认识。

多年来，欧美史家不仅对福氏的政治学说深有研究，而且也存在不同的解读乃至争论。而我国史学界则对之比较陌生，至今尚无专论问世。笔者试对其"有限君权"学说内涵、意旨作一剖析，并对西方人的观点谈一点看法。

一 福特斯鸠及其时代

在政治学说史上，任何突显的或系统的理论、思想，都是当时社会政治

---

① B. Wilkinson, *Constitutional History of England in the Fifteenth Century*, London, 1964, p. 198.

② B. Wilkinson, *Constitutional History of England in the Fifteenth Century*, p. 202.

③ S. B. Chrimes, *English Constitutional Ideas in the Fifteenth Century*, London, 1936, p. 306.

发展与变动的产物，是思想家依据个人的经验对这些发展和变动反思的结晶。只有参照福特斯鸠所处的社会背景及其个人经历，才有可能揭示出福氏学说的真实的思想底蕴。

福特斯鸠生活在英国社会政治急剧动荡的历史时代。其时，王权与大贵族的权益冲突日益激化，与法国的"百年战争"也时断时续，国内外的矛盾相互交织涤荡，对封建王权统治秩序形成有力冲击，并演化出以王朝更替为轴心的政治大改组与大裂变。早在十四世纪末，由于转嫁战争所带来的财政负担而多次征收人头税，导致了1381年瓦特·泰勒领导的农民大起义爆发，起义波及大多数的郡和城镇，起义队伍一度进入伦敦，给封建王权的统治以强烈震撼。接着，以兰加斯特家族为首的大贵族结成帮派，与王权进行多次较量，最终于1399年底废黜了安茹王朝的理查二世而建立新朝。然而，兰加斯特王朝的统治并不稳固。在其开国君主亨利四世统治时期（1399～1413），由于其不具有严格的合法性，贵族以其"非法继承王位"为由不断反叛。有史家就指出，"没有任何一个英王像亨利四世那样一生遭受到如此反复的图谋，或像他那样多地随意谈自己的统治权和作为国王的权利"[1]。亨利五世在位时（1413～1435），虽然王权因在大陆对法战争的胜利而比较稳固，但动荡根源依然存在。亨利六世即位后，局势渐趋紧张。不少学者认为亨利有精神疾病而难以有效统治，"'软弱'的王权带来灾难"是必然的[2]。但实乃当时的政治形势使之所然。其时，教、俗贵族结党营私，利用金钱财物的赏赐笼络一批追随者，缔结成不同的政治集团而互相争夺[3]，进而威胁王权。对法战争的沉重财政负担，战争失败和在大陆领地的丢失，更弱化了国王的权威形象，引起国内的普遍不满。因此在1450年的春夏，在肯特爆发了小贵族凯德领导的起义，起义波及南部许多郡和城镇。而国王的军队竟然拒绝受命前往镇压，反倒要求国王"清君侧"，致使起义者一度闯

---

[1]　C. Valente, *The Theory and Practice of Revolt in Medieval England*, Cornwall, 1988, p. 234.

[2]　John Watts, *Henry VI and the Politics of Kingship*, Cambridge, 1999, p. 14.

[3]　这被史家称为"畸形的封建主义"，指大贵族为了维持地方影响和从事战争而用周期性付款的方式来笼络封臣长期服务，由此而对王权的公共秩序形成巨大的挑战。参见 M. Hicks, *Bastard Feudalism*, London, 1995; J. G. Bellamy, *Bastard Feudalism and the Law*, London, 1989.

入伦敦，国王被迫撤离①。尤其严重的是，约克家族乘此动荡而在朝野拉帮结派，积聚力量，并在垄断国政的图谋被挫败后，发动争夺王位的"玫瑰战争"，几经反复，最终在 1461 年推翻了兰加斯特王朝的统治，亨利六世虽然在此后苟延残喘，但仍然无力回天，其本人也在 1471 年被杀害。在 1469 ~ 1471 年间，这种复辟与反复辟的斗争可以说达到了白热化的程度，被史家称为"自 1066 年以来英国历史上政治最动荡的时期"②。另外，在动荡纷争的局势中，教、俗贵族和正在兴起的市民和乡绅（gentry）阶层越来越多地参政议政，十三世纪末形成的议会君主制也得到发展。议会不仅获得了制定法令、批准税收乃至某种程度发司法审判权，而且卷入对君主废立的活动。大贵族家族将议会作为其争权夺利的公共政治平台，甚至以议会的名义来作为其实施改朝换代的政治幕布。在 1399 年和 1461 年的王朝更替中，大贵族家族就试图利用议会来废黜君主和对新王的确认，尽管议会成员的意见并非一致和自愿，但这至少表明议会已在王国政治中扮演重要的政治角色。因此，面临财政危机与继位合法性之尴尬的亨利四世，不仅设法拉拢上议院的大贵族，而且"对反叛的担忧导致他在实践上更多地与他的下议院合作"③。此后的兰加斯特诸王在一些重大政务上也不得不对议会作出让步。

福特斯鸠不仅参与了这一时期议会君主制的运作，而且直接卷入了王朝鼎革的政治大动荡。对长期日常王国政务和"沧桑之变"的亲身体验，构成了其政治学说的源头活水，因而被看做是"事实上是以观察和实践为其政治理论的第一个中世纪作家"④。福特斯鸠出生在德汶南部温斯通的军功贵族家庭，其父曾经参加亨利五世在大陆对法国军队的阿金库尔战役，并成为梅奥耶要塞的总管，因战功而晋封爵士。有关福氏年轻时的受教育状况不详。传说他曾是牛津大学埃克塞特学院的学生，但这并不为史家所采信。在 1420 年，他进入林肯法学院（Lincoln's Inn），并在 1424 ~ 1430 年担任院长。该院是一个世俗法律人士的专业团体，从事法律问题的研究与教学，有不少

---

① A. Tuck, *Crown and Nobility 1272 – 1461*, London, 1985, p. 298.

② A. Tuck, *Crown and Nobility 1272 – 1461*, p. 319.

③ C. Valente, *The Theory and Practice of Revolt in Medieval England*, p. 235.

④ H. D. Hazeltine, ed. & Translated. Sir John Fortescue, *De Laudibus Legun Anglie*, General Preface, xlv.

法官和律师加入。由于熟悉法理和审判，加之十分忠诚，福氏不久就受命参与王国的政务。据统计，从 1430 年开始的 25 年中，他曾经在 17 个郡以及一些市镇，担任过王家维护和平的法官 35 次，接受了 70 余次王家的司法调查任务。1442 年，他又被任命为王座法庭（King's Bench）的主审法官（chief justice），不久更因政绩卓著而被封为爵士。福氏调查审判的不仅有包括大贵族谋反在内的刑事案件，也有涉及国王宗主权的民事案件。如 1443 年初在肯特郡的司法调查，就包括了国王对封臣之监护、婚姻、封地继承金、无主继承的封地等诸多的封建权利问题，也涉及对羊毛以及其他商品出口的逃税、囚犯逃亡的问题乃至地方为国王提供军役的情况。在这期间，福特斯鸠还八次被选入议会参与议政，并在 1444～1456 年还担任议员请愿书的裁决人。可以说，深厚的社会阅历和政治经验，为福特斯鸠的政治思考提供了丰富的素材。

事实上，对福特斯鸠的思想予以极大刺激和影响的，还是从 1450 年开始的"玫瑰战争"。这场约克家族发动的旨在夺取王位的战争，不仅颠覆了福特斯鸠效忠的兰加斯特王朝，而且也迫使他多年流亡于法国，饱受颠沛困顿的煎熬。在战争中，他先后参加了王家对"约克派"的两次圣阿尔班之战，并参与 1461 年王家军队被彻底击溃的托顿之战。之后，他被篡位者宣布剥夺财产和爵位。此后就随国王亨利六世及王后玛格利特逃到苏格兰的爱丁堡，被任命为大中书令（Lord Chancellor），负责反对约克家族篡位的宣传，两年中他撰写了包括《论自然法的本质》（De Natura Legis Nature）一著在内的诸多作品，论证兰加斯特家族对王位的合法继承权。1463 年夏，获法王路易十一世的允准，他和王后玛格利特、王子爱德华等一起流亡到法国，蜗居在巴尔的科耶尔城堡。在流亡期间，他为兰加斯特王朝的复辟呕心沥血。1468～1471 年，他撰写了《英国法律颂》（De Laudibus Legun Anglie）一著。1470 年，他曾经访问巴黎，致函路易十一世，规劝其出兵英国以恢复亨利六世的王位，在英国和法国之间建立和睦关系。同时，他促成了不满约克家族的英国的沃威克伯爵与王后玛格利特之间的联盟协定。然而，由于该伯爵的动摇，他支持亨利六世复位的理想落空。1471 年 4 月 14 日，当他与王后、王子抵达威茅斯时，亨利六世却在巴勒特被俘，沃威克伯爵被杀。不久福特斯鸠也被宣布为阴谋者，并于 5 月 4 日在决定两大家族命运的特沃克斯伯雷之战中被俘。此后，他撰写了《有关在苏格兰发表的某些作品的声明》一文，对自己有关兰加斯特继位权的宣传作品作出辩解，得到新王朝的宽恕，成为爱德华四世之王廷会议的成员。在重新登上议政舞台后，福氏还参与了为财政署制定征调标准、王室给贵族赐地等重要事务，直至 1479 年去世①。大约从他归顺新朝时开始，他着手撰写《英国的统治方式》，并将此著呈献给约克家族的爱德华四世，陈述安邦治国之道。可以说，福特斯鸠的后半生亲自卷入了英国历史上空前持久、异常剧烈的大内战，目睹了两个王朝在血雨腥风中的新旧交替，切身体会到了自己从忠臣到战俘再到"贰臣"身份的演变。这样的社会政治经历，是以前诸如索尔兹伯尼的约翰、布克莱顿、威克里夫那样的政治思想家所没有的。这一空前的政治大震荡、大改组给予了福氏以巨大的思想震撼，促使他对王朝的兴衰更替作出深刻反思，由此而提出"有限君权"的政治理想。

在政治思考的过程中，福特斯鸠充分地借鉴了古典文化与基督教神学的两大资源。作为当时英国最有学问的思想家，福氏对希腊罗马的政治文化遗产深有研究。他熟谙亚里士多德的《政治学》《伦理学》《物理学》《修辞学》和柏拉图的《理想国》等著作，也知晓西塞罗、塞尼卡等罗马作家和罗马法。受基督教神学的熏陶，福氏对《圣经》多有研究，其中的许多章节烂熟于心。对中世纪的教会法和经院哲学，他也多有涉猎。他对经院哲学大师托玛斯·阿奎那的学问十分崇拜，尤其是阿氏有关君主政治原理的学说。有史家就指出，"作为一个中世纪基督徒，福特斯鸠尤其在理论上依靠柏拉图、亚里士多德和托玛斯·阿奎那，以此为基础将法学和哲学综合起来，并为之添加了圣经的权威"②。当然，作为一位王家法官，福氏长期的司法实践也使他感受到社会上流行的法律观念，"日耳曼的和封建的法律、习惯，特别是英国的普通法都影响了他的思想"③。正是依据现实的政治变

---

① H. D 哈哲尔廷对福特斯鸠的一生活动作了比较细致的编年表。参见 Sir John Fortescue, *De Laudibus Legun Anglie*, ed. & Translated by H. D. Hazeltine, Cambreidge, 1942, Chronology of Fortescue's Life.

② Bllis Sandoz, *The Roots of Liberty*: *Magna Carta*, Missouri, 1993, p. 7.

③ Sir John Fortescue, *De Laudibus Legun Anglie*, General Preface, xliv – xlv.

动，福特斯鸠将不同的思想资源作一解析与吸收，构建起"有限君权"的政治学说。

二　两类王国的划分和"王在法下"的图景

福特斯鸠的"有限君权"学说，是基于对君权的属性和地位的界定而阐发的。在中世纪前期，由于民族国家还处于萌发阶段，也由于封君封臣制的影响，人们对君权之属性和地位的认识并不清晰。包括英国在内的西欧的国王，既是基督教的神命的一国之君，"承蒙上帝的恩典"来行使公共政治权威；也是各级封臣的最高宗主，根据封建习惯来统御私家的臣属。因此，王权是公共的君权与私家的宗主权的融合体。因此，封建国王的政令和政举，蒙上一层浓厚的"朕即国家"或"朕即天下"的色彩，而流行的政治观念也常常把王权看做是"公""私"不分的个人权威。此外，在基督教神权政治文化传统的熏陶下，王权也被看做是神的统治机构，俗权和教权常常纠葛在一起，政治观念中常常是教、俗不分。大约从十三世纪开始，这些流行的观念逐渐发生明显变化。一方面，随着国王与教、俗贵族乃至骑士、市民的权益冲突的展开，特别是随着议会君主制的产生提供了国王与各主要阶层协商的政治平台，将国王私家的与公共的权力分离开来的意识逐渐萌发。而教权、俗权之间的激烈冲突，也将两种权力的属性、范畴的区别突显出来，王权作为"公共"世俗权威的色彩日益鲜明。另一方面，随着罗马法的复苏，特别是随着亚里士多德政治学说的传播，一些神学家、法学家开始注重探讨王权的公共属性问题。受大陆以阿奎那为首的"托玛斯主义"政治理论的影响，英国的学者如布莱克顿、奥卡姆、威克里夫都在自己的学说中将国王和王位区分开来，阐发王权作为王国之公共权威的特性。由此，"君权（Crown）"政治概念逐渐酝酿，"作为一种永久性机构并与一种个人的统治相区别的君权的观念"，在十四世纪开始萌发①。而这一观念的流播，又与现实制度的演进相互影响，为福特斯鸠对君权属性的审视和界定提供了参照的资源。

---

① M. Prestwich, *Plantagenet England*, *1225 – 1360*, Oxford, 2005, p. 34.

在福特斯鸠的政治视野中，虽然实行君主制统治的国家都是王国，然而可以根据其统治的方式将它们划分为两种王国：一种是"王家统治（dominium regale）"的王国，另一种则是"政治的和君主的统治（dominium political et regale）"的王国。在前一类王国中，君主根据自己制定的法律来统治民众，由此可以凭自己的意志向民众征调税物，不需要经过他们同意。而在后一类的王国中，君主则是以反映了民众意愿的法律来统治，不经过民众同意则不取一物①。福特斯鸠认为，作这样的界定并非是自己的发明，这两类王国的统治方式的差异，在托玛斯·阿奎那的《论君主政府》以及他的学生吉勒斯的《论君主统治》以及十四世纪的《道德哲学纲要》中就已经被明显地加以区分。阿奎那就曾经指出，显示出上帝之惩罚的典型事例，是以色列人选出一个独裁国王来取代上帝的公正统治，导致其受到暴君摧残，《旧约全书》的"王书"第八节记载了此事。这就清楚地表明，早在那一段时期，"'政治的和君主的统治'，已经区别于'唯有王家的统治'。对于民众来说，处于政治的和君主的统治下，要好于受唯有王家的统治。托玛斯在他那本著作中也称颂'政治的和君主的统治'，因为用这种权力来统治的君主，不可以像实行'唯有王家的统治'的国王那样随便地堕入暴政"②。

基于上述界定，对福特斯鸠这两种君主制的运作特征作了大量的诠释。在他看来，"王家统治"的君主制实行的是独裁暴政，而"政治的和君主的统治"的君主制则是依据法律来治理国家。他指出，在古代，宁禄（Nimrod）依据自己的荣耀和力量，创建了第一个王国，但却按照自己的意志来统治，用武力来压迫臣民，"因此，他是一位暴君，被称为'第一位暴君'"，圣经上称他为"上帝面前的强大猎手"，他擅长打猎，将野兽杀掉吃掉，"因此，宁禄为了获得民众的服役与税物，对他们实施被称为'唯有王家的统治'的权力，用武力迫使民众屈服于他"③。此后，众多君主，包括异教的国王纷纷仿效宁禄进行独裁统治，由此，才有法律宣称："君主喜欢的东西就有法律的效力"，而这正是""'唯有王家的统治'在诸王国中的滥

---

① Sir John Fortescue, *On the Laws and Governance*, ed. by S. Lockwood, Cambridge, 1997, p. 83.
② Sir John Fortescue, *On the Laws and Governance*, Cambridge, 1997, p. 84.
③ Sir John Fortescue, *On the Laws and Governance*, p. 85.

筋"①。不过在后来，人类社会逐渐文明化。在英格兰，在第一个国王布鲁图斯（Brutus）时，许多共同体因联合需要一个首领，于是就遵循哲学家的教导，选布鲁图斯为王，建立了被称为王国的政治实体。基于这样的联合与制度，这个王国被他们都一致赞同的法律来统治，"因此，那个法律被称为'政治的'"；同时，它又被一位君主来实施，它被称为'君主的'②。政治有着"智慧"的意思，据此，"政治的政府被称为由多数人的智慧和建议来实施权力的政府"③。据史书记载，苏格兰的君主是用法律统治，就是说，"用政治的和君主的政府"来统治，埃及王国、阿拉伯、非洲的大多数王国都是如此，这对民众和君主都有利，确保民众获得君主的公正统治，获得福利。

福特斯鸠还对法国和英国的君主政治加以比较，期以为自己的观点提供经验事实的支撑。他指出，法国君主制是"王家的统治"的典型。本来，最初的法国君主尊重民众的意愿，征调税物要事先听取三级会议的意见。但随着与英国战争的展开而需要经费与物资，法王就开始独自滥征税物，又因不愿激怒贵族而只向民众征调，且常常低价强买。那里的民众虽然愤怒，"却不反抗或不敢反抗"。因此，尽管法国土地肥沃，但民众是"如此被搜括和摧残，以至于难以维持生计"④，食不果腹，衣着褴褛。在此情况下，他们"不能够战斗，也不能够保卫王国；既没有武器，也没有钱来为自己买武器"⑤。这样一来，法国国王除了贵族以外，没有人能够保卫他，为此，他被迫去招收国外的人如苏格兰人、德意志人、阿拉岗人等来补充军队，否则，他就会被摧毁，除了他的城堡与要塞外，他没有力量来加以保卫，而"这就是他的'王家法律'的后果"⑥。另一方面，法国的民众如果被指控犯罪，并非是有法官来按照正规的司法程序对之审判，而是被带到君主的私人宫室中进行审问，最终常常是根据其他人提供的信息按照君主的意见来定罪，导致一大批人无辜丧生。这些都说明，在法国，"君主所喜好者就有法

---

① Sir John Fortescue, *On the Laws and Governance*, p. 86.
② Sir John Fortescue, *On the Laws and Governance*, p. 86.
③ Sir John Fortescue, *On the Laws and Governance*, p. 86.
④ Sir John Fortescue, *On the Laws and Governance*, p. 88.
⑤ Sir John Fortescue, *On the Laws and Governance*, p. 88.
⑥ Sir John Fortescue, *On the Laws and Governance*, p. 89.

律的力量",君主实行的是独裁暴政①。

在福特斯鸠看来,英国的情况则与法国截然不同。英国乃一海岛,对外拓殖不易,如像法国那样实行君主独裁,势必民穷国弱,"将容易成为所有想征服它、掠夺它和吞并它的国家的牺牲品"②。幸运的是,在英国,由于法律的力量,不会发生不经许可而削夺他人财产、强买他人货物的状况。"如果没有在他的议会中所表达出的他的整个王国的承认或同意,那里的君主也不能自己或通过大臣来对臣民征调税收、支助金或其他任何财物,也不能改变他们的法律或制订新法律。"③ 因此,在英国,民众的财产权利受到尊重,都能"任意享用他的土地所生长出来的果实",食物丰足,财产殷实,甚至可以穿金佩银。人们被指控犯罪后,要经过正规司法程序的审理。不经审理,他们就不得被逮捕,其财产也不得被罚没。而"这些都是政治的和君主的统治的结果"④。也正是因为有了"更好的法律的统治",英国民众富裕和强大,"能够抵抗这个王国的敌人,打败其他对他们或想要对他们实施邪恶的王国。这就是'政治的和王家的法律的结果'"⑤。

中世纪作家在描述君主政治时,常常采取一种"应然"的憧憬而非考虑到是否"已然",福特斯鸠对英、法两种君主制运作的比较也是如此。正是在这种纯主观性的"扬英贬法"的对照中,他演绎出自己的"有限君权"主张。

首先,福特斯鸠诠释了"君权"的政治功能。在他看来,王国是一民众的政治共同体,而君权则是置于这个共同体之上的最高公共权威。"正如圣·托玛斯指出,'国王为王国所设,而不是王国为国王所设',为此,他所做的一切应当归诸于他的王国。因为虽然他的地位是世界上的最高的世俗地位,然而它是一个由他负责他的王国的安全与正义的职位。"⑥ 既然王权不是私家权力,君主的职位对国家和民众就负有这样的重要责任,"一个就

---

① Sir John Fortescue, *De Laudibus Legum Anglie*, p. 85.
② Sir John Fortescue, *On the Laws and Governance*, p. 89.
③ Sir John Fortescue, *De Laudibus Legum Anglie*, p. 87.
④ Sir John Fortescue, *De Laudibus Legum Anglie*, p. 89.
⑤ Sir John Fortescue, *On the Laws and Governance*, p. 90.
⑥ Sir John Fortescue, *On the Laws and Governance*, p. 100.

是用剑来保卫他的王国、抗击他们的外敌。另一个，就是用正义来保卫他的人民，反对内部的奸邪之人"①。一个君主如果不能履行这两种职能，特别是用"王家的和政治的政府"来统治国家的君主，才是理想的、为民的君主。如果一个君主单纯地以"王家的政府"来统治，不征求民众的意见就任意改变法律和征税，那他将"堕落成暴君"②。这样的君主正如圣·托玛斯所指的那样，"仅仅按照他自身的而不是他的臣民的利益来统治王国"③，他们信奉"凡君主喜好者即有法律效力"的专制准则，来压迫臣民甚至残杀臣民，并宣称自己的意志和举措就是"国王的法律"，这实际上无异于"宣告它们是国王的权力"而已④。

沿着这样的理路，福特斯鸠阐发了君主独裁的危害性和建立"有限君权"的合理性。他指出，一个君主如果仅仅实行"王家"的统治，那就会为一己之私而敲剥天下，侵害民众的财产和人身权利。这样的暴君期望以专横的方式来集中权力，治理国家，但最终的结果恰恰与其初衷相反，"不仅不能像他们所希望的那样获得比他们所拥有的更大的权力，而且将会使他们自己的福利和他们的王国的福利面临着风险与威胁"⑤。由此他强调，"国王进行王家统治的权力在实践中会产生更多的麻烦，给自己和他的民众带来更少的安全，以致一个深谋远虑的国王不愿意将政治的统治改变成一种仅仅是王家的统治"⑥。那么，究竟应当如何消除这样的独裁暴政呢？福特斯鸠认定只有建立"有限君权"的体制才能做到。这就是他所说的"政治的和君主的统治"。唯有如此，才能促使君主履行自己的公共权威职能，确保民众的生命财产权利和王国的长治久安。

对福特斯鸠来说，这种"有限君权"体制的根本，在于将君主置于法律的限制之下。在他看来，法律应当体现民众的意愿，君主应当尊重与遵守法律。只有这样，才能消除君主独裁暴政。由此，君主不能将自己的意志当

① Sir John Fortescue, *On the Laws and Governance*, p. 90.
② Sir John Fortescue, *De Laudibus Legum Anglie*, p. 25.
③ Sir John Fortescue, *On the Laws and Governance*, p. 91.
④ Sir John Fortescue, *On the Laws and Governance*, p. 91.
⑤ Sir John Fortescue, *De Laudibus Legum Anglie*, p. 91.
⑥ Sir John Fortescue, *De Laudibus Legum Anglie*, p. 91.

成法律，向民众征调税物时应当得到他们的同意。在英国就是如此，"国王不能够任意改变他的王国的法律，因为他用一个不仅是王家的而且是政治的政府统治他的民众"①。尽管此前罗马法的"凡君主喜好者即有法律效力"的信条传播进来，但"英国的法律不认可这样的准则，因为英国的君主对民众实行的不仅是王家的统治，而且是政治的统治。因此，他为他在加冕典礼上的遵守他的法律的誓约所约束"②。当然，也有一些英王纯粹使用王家的权力，"用罗马法来统治人民"，任意改变和制定法律、实施惩罚、征调税物等③，危及民众的利益和王国的稳定。

福特斯鸠对两类王国的划分和"王在法下"的主张，旨在消除当下英国政治动荡无序的严酷现实。在他看来，英王国的稳定繁荣，从根本上讲取决于政治体制的优劣，古罗马的兴衰就是典型。罗马因元老院这一"议会"的主政而崛起，但后来因政治家独裁而陷入内战，致使"八万多人被杀害和流放"。此后出现的罗马皇帝利用"议会"建立了"世界的君权"④，但后来的皇帝如尼禄、多米尼安等"杀掉大部分议员，用他们的私人顾问来统治"，导致了皇权开始衰落⑤。而在英国原先因有挑选的朝臣来辅政，使之"一直是世界上最强有力的君主"。但后来君主依赖于"私家的朝臣"而独裁，致使民众贫穷，贵族势大，"像罗马人在没有一个主宰但却有许多统治者的时期一样"，内战一触即发，"我们的王国由此而在停滞和贫困中堕落"⑥。因此，福氏规劝君主从法国国王的暴政和先王的独裁统治中吸取教训，遵守法律，尊重"议会"，实现王国的长治久安和繁荣。

三　开源节流以巩固君权

福特斯鸠反对罗马法的"凡君主喜好者即有法律效力"的信条，抨击

---

① Sir John Fortescue, *De Laudibus Legum Anglie*, p. 25.

② Sir John Fortescue, *De Laudibus Legum Anglie*, p. 79.

③ Sir John Fortescue, *De Laudibus Legum Anglie*, p. 81, Sir John Fortescue, *On the Laws and Governance*, p. 90.

④ Sir John Fortescue, *On the Laws and Governance*, p. 137.

⑤ Sir John Fortescue, *On the Laws and Governance*, p. 138.

⑥ Sir John Fortescue, *On the Laws and Governance*, p. 138.

君主随意征收税物的独裁举措，但为了维护君权的地位和尊威，他仍然伸张君主征调税物的天然权利。

在中古英国，按照封建法的原则，拥有王领的国王"靠自己的收入来生活（The king shall live of his own.）"。不过，君主毕竟不是私家领主，他承担着维护王国和平与安宁的公共职责，难以仅靠王领的收入去履行。为了有效处理国政和对外战争，英国君主也征收一些国税，并利用宗主权来征调封地继承金等扩大财源。但这样的举措常常导致王权与贵族之间的权益纷争。罗马法传播过来后，其有关公民对国家经济支助的"必要性"这一概念，对君主的财政权产生了重要的法理支撑①，为英国君主所援用。有史家就指出，在14世纪的英国，"如果君主能够表明一个迫切的必要性，其臣民将负有一个明显的义务为他提供所需要的支助。假如有必要性，税收还得要被接受，而没有任何拒绝的权利"②。不过，贵族和市民常常设法利用议会来限制君主的这一权力。受贵族武力篡政所刺激的福特斯鸠，深感财源对于巩固君权的关键。因此，他吸取罗马法的这一主张，对此"必要性"的合理的"度"作了详尽的诠释，借以阐发君主征调税物的必要性。

福特斯鸠是基于英、法两王国的比较来提出这一主张的。他始终认为，法王因非法索取而拥有大量财富。而英王用法律来统治，征调合法且有限，对民众"更为有利和慈善"，但收入却大为逊色，缺乏牢固的物质基础，因此，"我们就应当对他更慷慨和更有益"③，这样才能确保王国的稳定和安宁。他声称，"依据这种考虑，我并非想要这个王国的君主用任何手段获得更大收入。然而在必需品上，国王应当拥有充裕的收入"④。因为如果君主贫穷，就要借贷而付利息，其收入必然减少，"由此而不断地越来越穷"，进而更多地去借贷，形成恶性循环，最终成为比其封臣还穷的、最穷的领主。这样一来，君主应有的荣耀、地位被贬低，效忠的贵族日益减少，君主

---

① 十三世纪的神学大师托玛斯·阿奎那对此"必要性"的概念解释说："一个为了其国家利益而战的君主，可以使用这个共同体的资源，要其支付费用。这既可采取正规的税收形式，如果这不够的话，也可以通过个人捐献的形式。"参见 G. L. Harriss, King, *Parliament and Public Finance in Medieval England to 1369*, Oxford, 1975, p. 22。

② M. Prestwich, *Plantagenet England*, *1225 – 1360*, p. 33.

③ Sir John Fortescue, *On the Laws and Governance*, p. 90.

④ Sir John Fortescue, *On the Laws and Governance*, p. 92.

自身的安全也就无法保障。另外，因缺乏必需品，君主只得用极端手段去获取财物，如剥夺某些无辜臣民，对富人实施更多征调等。由是，公正、正义将被践踏，王国的和平与安宁就会随之消解。对此，福氏强调，任何有识之士都应当认识到这些严重后果，"必须毫无疑问地坚持认为，在一个贫穷国王的统治下，没有一个国家可以繁荣，也没有一个国家值得人尊敬"①。

为了强化自己的观点，福特斯鸠还对国王所需的费用作了论证。他指出，如果王领的年收入难以维持君主的耗费，那么让君主富裕就只是空谈。年收入不仅应与耗费成比例，而且应当超过耗费，以应付其本人和整个王国的某些突发性灾难。在他看来，君主所需费用有如下三类。

第一类是"君主的日常费用"，由五部分组成。其一是王室生活费，应占日常费用的四分之一或五分之一，在此费用上不应有任何权力去限制，这既是君主的必须，也是"君主的特权"，"通过这一特权他被提升到所有臣民之上"②。这其中还包括国王内府和锦衣库的费用，君主为了安全和荣耀，使其中的贵族、骑士、卫兵保持一个较大数目，或超过通常的数目，费用也就相应较多。其二是君主支付朝臣高官的薪酬。这部分费用较多且需及时支付，国王的贫穷不仅会失去他们的崇敬，而且还将造成很多危害。其三是保持与苏格兰交界地区安全所需的费用。其四是维持对大陆加来港占领的费用。其五则是维持君主为政的费用。

第二类是君主维持海上安全与优势的花费。国王为此所征的税收，不应计入"日常费用"。尽管海战并非常有，但君主必须保有战舰以保护商人、渔民和海岸的居民不受海盗的侵扰，同时也要防范来自海上的外敌攻击③。

第三类则是"君主的特别费用"。此类包括四项。其一是外交费用。君主派大使出国去朝见教、俗君王，接见他们的使节，都需慷慨花费，以保持君主和王国的荣耀。其二是新建宫室费。君主为维系王家的尊严与高贵而修建新的宫室，且要购买珍贵皮毛布料来装饰，购买马匹、雇佣看护等，就需大的花费。这十分必要，"因为假如一位君主不行此举，或者无力为之，那

---

① Sir John Fortescue, *On the Laws and Governance*, p. 93.

② Sir John Fortescue, *On the Laws and Governance*, p. 95.

③ Sir John Fortescue, *On the Laws and Governance*, pp. 95 – 96.

其生活将与其地位不符，处于一种可怜状态，处于比一个私家身份的人更为受支配的状态①。其三是治安费。君主要派司法官员去惩罚反叛者与罪犯，有时还亲自率军队前往戡乱，没有经费就难以成行，"因为没有人在这样的情况中必定要花费自己的钱来服务于他"②。其四是防务费。如果有敌军突然从水路、陆路进犯，而国王来不及得到民众支助，就只能自己出资来招募军队，"否则，将置他的整个王国于危难之中"③。

福特斯鸠在考量君主的财政费用时，始终着眼于君权之属性和功能的需要。福氏的理路是，既然"王位"是一覆盖了整个王国的最高公共职位，既然君权是治理王国共同体的最高公共权威，那么国王的巨大花费是必需的，君主的税物征调和臣民对君主的支助也就是天经地义的，这关系到整个国家的兴衰安危。由此他强调，王领收入能确保君主支付其"日常费用"，但君主所难以承担的"特别费用"应由王国承担。只有君主的财政来源大于任何一个领主，才能从根本上消除贵族反叛和政局动荡。这是因为每人都有渴望更大权威的本性，"当一个臣民拥有像他的君主那样多的生活来源时，他很快就会渴望达到他的君主的地位，这一地位会很快被这样的人所取得"。这样一来，臣民就会纷纷效尤，为谋取权益而追随那些有望篡夺王位的反叛者，促使其阴谋最终得逞。因为"当反叛者拥有超过他的国君所拥有的财富时，……民众将跟随他，他可用最好的供养来回报他们"④。这样的事例史不绝书，圣经《列王纪》多有记载。在法国，751年矮子丕平的篡位、987年休·加佩的篡位更是典型。而在英国，亨利三世时，财源充足的莱斯特和格罗彻斯特两伯爵就武装反叛国王，并将国王与太子俘虏囚禁。显然，"对君主说来，不可滋长出权力与自己相等的臣民，这是一个更大的危险"⑤。而在当下的英国，"国王的财政收入必须很大地超过王国中的任何一个人，但毫无疑问他在目前还没有这样的收入"⑥，故而贵族的收入充裕，

---

① Sir John Fortescue, *On the Laws and Governance*, p. 98.
② Sir John Fortescue, *On the Laws and Governance*, p. 99.
③ Sir John Fortescue, *On the Laws and Governance*, p. 99.
④ Sir John Fortescue, *On the Laws and Governance*, p. 101.
⑤ Sir John Fortescue, *On the Laws and Governance*, p. 103.
⑥ Sir John Fortescue, *On the Laws and Governance*, p. 103.

权力显赫，"这是整个世界最害怕的情况"。因此，君主须整固其统治的物质基础，唯有如此，才能消除封建割据和篡夺君权的隐患。福氏这样写道，"我相信，如果国王拥有的财政来源可以支撑他在大领主中的地位的话，他将完全获得民众的拥护，在领主权上超过所有王国的贵族，……因为那样一来，要不了几年，在他的王国内，他们借此所发展到如此强大的领主权，就将在他的王国消失"①。

那么，君主究竟应当怎样发掘和巩固财源呢？福特斯鸠提出了一些具体措施。其一是收回某些封地。他指出，本来英王在领主权和地产等方面的收入，相当于其王国的五分之一，是整个基督教世界中最富有的国王。但后来情况发生变化。因为一些人通过继承权与国王认为合理的其他理由，重新获得封地。又因君主缺乏金钱，只好赐予地产，让效忠之臣属的继承人和王族成员获得永久性的封地恩赐。为了增加君主财源，须让所有这些恩赐，在受封人死后归还给"君权"（crown）。其二是民众支助。如果收回封地还解决不了问题，民众就应"乐意支助君主"，让他在盐、酒、牲畜等商品的买卖上征税②。不过，所有这些收入要"永久性地归于君权"，不得挪作他用③。为此，福氏还参照法国来加以论证。他指出，加佩王朝之初，法王统治区域仅限于"法兰西岛"，权力孱弱，周围大诸侯不纳王命。后来为增加财源，三级会议允许国王征收盐务税和部分酒税，王权获得巨大支撑。因此，"在民众同意下，这样的财政支助方式，并不是不合理的"。当然，"如能够找到更好的办法去增加国王的收入"，英王应像先辈那样不开征这样的新税④。这是因为让国王拥有充足财源是为了让王国稳定与发展，而这一目标与民众的生活状态息息相关，如民众贫穷，就无力购买弓箭、盔甲和进行军事训练，王国安全就无保障，"由此我们将成为我们所有敌手的牺牲品"⑤。同时，民众贫困容易被鼓动造反，富人因要保住产业也只好卷入其中。只有消除贫穷，才能避免这样的动荡。"没有什么将使君主的人民起义，除了缺乏

① Sir John Fortescue, *On the Laws and Governance*, p. 105.
② Sir John Fortescue, *On the Laws and Governance*, pp. 107 – 108.
③ Sir John Fortescue, *On the Laws and Governance*, p. 108.
④ Sir John Fortescue, *On the Laws and Governance*, p. 105.
⑤ Sir John Fortescue, *On the Laws and Governance*, p. 108.

财物或缺乏正义外。"① 而且，为民众谋福利乃君主之神圣天职，"如果没有合法理由从他们那里获取财物，将是严重违背他的良心的耻辱，因为他应当保卫他们和他们的财物"②。其三是审慎赐予。原来的君主对许多臣下官员随意恩赐，是其财源缺乏的一大原因。因此，君主须谨慎行事，依靠议会的建议来作决定，只对那些收入不够或达不到同一等级之水平的人进行赏赐③。福氏还建议，组建一个"会议"来接受和讨论有关获得恩赐的祈求，看其是否合理。如果值得恩赐，还要考虑国王的收入在留下足够的部分后是否有盈余恩赐。否则，这样的恩赐"只能是一种挥霍"，难以促使"君权的提升"④。这样一来，私家贵族对财富的渴望就会受到遏制，王国的公共利益就有了保障。此外，为了使官员退休后能有所赡养，又不减少君主的收入，国王可行使慈善的特权，在"国王的会议"赞同下修建教堂、修道院等，让他们从中获得退休金。这些财产当然也必须与国王的地产一样，"不经过他的议会的同意，将永远不可被转让，这样它们就会成为他的君权的新的基础"⑤。当然，国王不经过宗教会议的同意，也不能取回他所恩赐的东西，"正如不经过他的整个王国的同意，将永远不能从它那里拿走任何财产一样"⑥。

福特斯鸠开源节流以巩固君权的主张，阐明了物质基础对君权正常运作和王国稳定和平的重要性。在他看来，王室的征调和花费并非是私家的经济行为，而是最高公共权威的合理的职能与安排。尽管他在国王本人和"君权"之间作了区分，并认定是后者对王国财政拥有支配权，但其中仍然折射了维护君主权威、遏制贵族权势的政治理想。

四　重组"国王的会议"辅政

福特斯鸠在阐发"有限君权"的运作原则时，不仅倡导"王在法下"

① Sir John Fortescue, *On the Laws and Governance*, p. 110.
② Sir John Fortescue, *On the Laws and Governance*, p. 109.
③ Sir John Fortescue, *On the Laws and Governance*, p. 112.
④ Sir John Fortescue, *On the Laws and Governance*, p. 113.
⑤ Sir John Fortescue, *On the Laws and Governance*, p. 121.
⑥ Sir John Fortescue, *On the Laws and Governance*, p. 121.

或"法大于王",而且也把议会对君主的约束看做是法律的限制。然而,当他审视现实的政治变动时,却对君权的拓展深感忧虑,由此在政治的层面提出了重组"国王的会议(King's council)"来辅佐君主。

在议会形成之初,作为英王的议政决策机构,"国王的会议(王廷会议)"在召开的时间、地点与参加人员上常常与议会叠合。随着议会的发展,这一"会议"逐渐与议会分野。虽然议会逐渐有了立法与批准税收的功能,但"国王的会议"(特别是王廷随时召集的"小会议")却仍具有重要的咨政决策功能。此外,参与其中的一些教、俗贵族朝臣也是上议院的成员。从十五世纪初开始,该会议中一些被议会任命的特别朝臣,将可留在"国王个人身边"①。而且,随着王国政务的日益增多和复杂,该"会议"实际上也承担了不少财政、司法上的行政功能。正因为如此,该"会议"的大贵族在议会和朝廷中都有显赫影响,并聚集起一批追随者,最终对君主构成了强大的挑战,玫瑰战争的缘起就与此密切关联。由是,如何改革"国王的会议",使之有效地服务于君权,就成为福氏关注的重大问题。

在福特斯鸠看来,君主要安邦治国,须有高效而可靠的咨议机构来辅政,这样才能在决策上精心谋划,确保施政的顺利进行。而设置已久的"国王的会议",正是君主所需要的这类机构。它的构成和运作,对王国大政的成败兴衰十分关键,有诸多的史例堪可为证。古罗马正是由于有元老院的集体智慧,才得以由蕞尔小邦发展成为强大的帝国。依靠元老院的好建议,罗马的"第一个皇帝"恺撒获得了统治几乎整个世界的王权,其"第二个皇帝"屋大维则让整个世界臣服。但不久,诸如尼禄、多米尼安等昏君,杀掉大部分议员,摈弃了元老院,"罗马的等级和他们的皇帝开始衰落并最终衰微"②。福氏征引这些事例来表明,如果国王拥有有效的咨议机构来辅佐,"他的王国不仅富有和富裕,而且他将非凡的高贵,拥有制服他的敌人和他希望统治的其他人的权力"③。此外,许多编年史,特别是拉西第

---

① B. Wilkinson, *Constitutional History of England in the Fifteenth Century*, pp. 219 – 220.
② Sir John Fortescue, *On the Laws and Governance*, p. 117.
③ Sir John Fortescue, *On the Laws and Governance*, p. 117.

梦人（斯巴达）和雅典人的编年史都记载了这样的事例。这两个民族通过这样的"会议"而繁荣，"但当他们离开这样的会议，就堕入无权力和贫穷的困境"，雅典这个曾经最受人崇敬的希腊城市，"而今只是一个贫穷的村庄"①。

福特斯鸠认为，君主要依靠"国王的会议"，必须进行改革重组，将其构建成一个具有高效而保密的王国统治的中枢机构。因为在以往，参加这一"会议"的教、俗贵族以及官员，常在其中讨论私家事务，对君主的政务很少关注，地位低微的人不敢出来发表异议，更有人贿赂这些贵族的随员、谋士来影响他们的倾向。此外，大贵族要依靠随员提出议案，又使"会议"讨论的内容难以保密。由是，该"会议"的辅佐功能大受削弱，恩赐地产和授予官职不能顺利进行，反而激起臣民的权益欲望。为此，君主应按新的方式组建"国王的会议"，即在各地挑选最为忠诚、明智的世俗贵族、教会贵族各十二名参加，让其呈献切实可行的建议。如果这些人端正有为，不专己见，那就让其成为经常性的朝臣辅佐君上。同时，还需从他们中挑选出教、俗贵族各四名，负责每年的"会议"，由国王再从这八人中挑选一人作为"首席朝臣（Capitalis consiliarius）"，让他"根据国王的喜好"来履行职责②。这八位核心朝臣因有贵族身份和地产，应被看做是"天然的朝臣"，在任何时候，只要国王愿意，他们就应当为之提供建议，在其负责的这一年会议中也不需付给他们大量薪水。所有世俗朝臣，应被任命为郡守一年，也不付给其报酬。这样，"国王的会议"就成为为君所用的决策机构。

按福特斯鸠的构想，重组的"国王的会议"在诸多要政上需向君主承担咨议任务，如怎样限制出口货币，如何将条金、珠宝等带到国内，如何维持国内商品的价格与降低进口商品的价格，如何保持和增强海军力量，以及该"会议"成员的更换、请假、缺席等事宜。值得注意的是，福氏还主张该"会议"参与王国议会的立法过程，即就"如何在有关的事务需要改革时怎样修订法律"提出意见。他指出，通过这样的参与，"如果

---

① Sir John Fortescue, *On the Laws and Governance*, p. 118.

② Sir John Fortescue, *On the Laws and Governance*, p. 115.

这种修订没有争议，被这样的会议酝酿成熟而交到议会那里，那么议会将在一个月内在修订法律方面能做的事，要比它们在一年中能做的事更为有效得多"①。这样，这一"会议"在诸多要政甚至是立法上都能发挥其辅佐君主的政治功能。

福特斯鸠进一步认为，既然"国王的会议"对君主为政至关重要，那么君主就需要对其加强控制，牢牢掌握支配权。因此，当该"会议"举行时或朝臣希望举行时，应由国王的诸如像中书令、国库长这样的重要官员来负责。"当君主出席时，可以作为主席，拥有对整个会议的至高无上的支配权"，国王的法官、财政署的署员和管理档案的吏员，可以参加会议，与朝臣一起参加某些疑难很大的事务的商议②。此外。还要让该"会议"在许多要政的决策上听从君命。例如，在授予官职上，该"会议"就应当与君主保持一致意见，注重能力品质而非血统家世，使君主能够将重要职位授予那些地位低下却笃于效忠的人。这样，"即使国王不用付给他们以薪金，这些人也会只服务于国王一人，便于国王指令"。此外，"这些人虽然不如王国的大贵族那么有强权，但却能够有效地统治他们的职位所管辖的地区"。不对大贵族的臣仆奖赏职位，是因为他们不能专注服务于君主，这"正如我们的国君所云，'没有人能够服务于两个主子'"③。如果该"会议"违背君意，授予这些人职位，他们只会服务于其主子，在地方为所欲为，君权将由此而遭到削弱④。

福特斯鸠重组"国王的会议"来辅政的主张，流露出明显的整固君权的思想趋向。在他的构思中，这一"会议"不仅应秉承君主的意志来商议诸多的军国要政，成为君主可以信赖与依靠的咨询决策机构。同时，它也可以涉足于议会的立法进程，以便使议会的立法贯彻君主的意志。在议会立法权日益突显、对君权的限制明显趋强的情况下，福氏的这一主张值得注意。从表面上看，由这一机构商定出成熟的法律修订方案交付议会表决，以便减少议员的争执，提高议会工作的"效率"。但这样一来，议会所表决的只是

① Sir John Fortescue, *On the Laws and Governance*, p. 116.
② Sir John Fortescue, *On the Laws and Governance*, p. 116.
③ Sir John Fortescue, *On the Laws and Governance*, p. 119.
④ Sir John Fortescue, *On the Laws and Governance*, p. 120.

事先准备好的议案，其立法权实际上将被大大地削弱乃至剥夺。其中所暗含的政治意旨，可谓不喻自明。

五　对福特斯鸠之学说的再认识

长期以来，西方史学界对福特斯鸠政治学说的评价，盛行着这样的一种诠释模式，即将福氏视为"议会"权威的倡导者、近代宪政思想的先驱。早在十九世纪末，著名的英国宪政史研究泰斗、"牛津学派"的代表斯塔布斯当是这一模式的构建者。受近代"辉格"派的宪政主义史学观的影响，斯塔布斯在探讨 1399~1461 年的兰加斯特王朝的统治时，夸大君主对"议会"的依赖，对君主和"议会"的关系作了颇具近代宪政色彩的解读，将之看做是近代宪政制度萌发的标志，并冠之以所谓的"兰加斯特宪政主义（Lancastrian Constitutionalism）"[1]。基于这样的研判，斯塔布斯认定，福特斯鸠的学说是近代宪政理想的萌发，因为它"表达了被选定为兰加斯特的政纲并被兰加斯特君主所实施的英国宪政的观点"[2]，"包含了那些在亨利四世和亨利五世的统治下所采用的原理或实践中所具有的东西"[3]。这一诠释模式在西方史坛影响深远，为诸多史家所沿袭。有人就借此发挥说，"英国的有限王权基本上就是议会王权，正是通过伟大的议会制度，福特斯鸠能够将统治者塑造成既是有限的又是强大的。通过主张君主的这二重特征，他对十五世纪的政治作出了一个重大的贡献，并对英国的政治思想作出了一个影响持久的贡献"[4]。还有人指出，"福特斯鸠是第一个唯一的摈弃了有关王权的封建和前封建概念的作家、大胆地断言它不仅是受限制的而且带有议会特征的作家"[5]。类似这样的评价可以说不绝如缕。随着有关研究的深入，著名政治史家麦克法兰以及瓦伦、卡蓬特等通过对英国贵族之生存状态与政治活

[1] W. Stubbs, *The Constitutional History of England*, V. 111, Oxford, 1896, pp. 8、73、74.
[2] W. Stubbs, *The Constitutional History of England*, V. 111, Oxford, 1896, p. 252.
[3] W. Stubbs, *The Constitutional History of England*, V. 111, Oxford, 1896, p. 247.
[4] B. Wilkinson, *Constitutional History of England in the Fifteenth Century*, London, 1964, p. 199.
[5] Bllis Sandoz, *The Roots of Liberty: Magna Carta, Ancient Constitution and the Anglo-American Tradition of Rule of Law*, University of Missouri Press, 1993, p. 9.

动的研究，辨析出所谓的"兰加斯特主义"其实是一个"宪政主义"的神话①。这样的修正尚未颠覆西方史坛对福特斯鸠政治学说的传统解释，不过，还是有史家尝试着提出别样的观点。克里默斯就指出，福特斯鸠仍然像其先辈那样主张"王在法下"，没有从整个国家政治体制上来考虑是否应该和究竟怎样限制君主的问题，"由此可见，福特斯鸠的王家的统治和政治的统治的理论，绝对不是一种宪政王权的理论，而基本上与那种王权不是暴政、国王依据法律统治的典型的中世纪理论是一致的"②。不过，他并没从社会根源上来阐明福氏学说的本质及其所包纳的矛盾性。

如果我们从历史背景和个人经历上来解析福特斯鸠学说的特定语境和政治主张，那就有可能对其思想的内涵与主旨有一个更为符合历史实际的认识。

在当时的英王国，封建贵族以及市民、乡绅对议会的参与和议会的成长，推动了政治观念的发展。福特斯鸠突破了基督教神权政治传统的禁锢，摈弃了"王权神授"的陈旧信条，而以世俗的"人"的眼光来考量王权的属性与功能，将君主统治的神圣性与合法性寄寓在君权的运作方式上。此外，福特斯鸠将君主制划分为"唯有王家的统治"和"政治的与君主的统治"这两类，以代表公共权益的"君权"来突显后者的公共政治权威，在此基础上不仅强调法律对君主的观念限制，而且提出了议会对君主的制度限制。这些主张，为十七世纪近代宪政思想的酝酿的确提供了思想营养。

但总的来说，十五世纪的英国君主政治，并没有告别传统的统治模式，这决定了福特斯鸠不可能用新的思维与话语方式来进行思考。作为一个正统的中世纪政治思想家，福特斯鸠对"王在法下""法大于王"之传统理想十分向往。因此，他仍然崇奉他的前辈索尔兹伯尼的约翰、布克莱顿等人，像他们那样强调法律对君主的限制，并进一步将其引申为议会对君主的限制。但必须注意到，作为亲身经历了血腥内战和王朝鼎革并仕于两朝的王国大

---

① 请参见 K. B. McFarlane, *The Nobility of Later Medieval England*, Oxford, 1973, pp. 281–293; *Lancasterian Kings and Lollard Knights*, Oxford, 1972, pp. 99–100; C. Valente, *The Theory and Practice of Revolt in Medieval England*, p. 235; Christine Carpenter, *The Wars of Roses*, Cambridage, 1999, pp. 18–39.

② S. B. Chrimes, *English Constitutional Ideas in the Fifteenth Century*, London, 1936, p. 321.

臣，福特斯鸠必定要正视君权孱弱所引发的动荡纷争与严重后果，由此而在思想中形成传统理念和现实抉择的"二律背反"。这种复杂的政治情结，使他在总结君主独裁之历史教训的同时，也看到了当时维护君主权威的必要性和紧迫性。因此，他在经济上提出开源节流，以削弱大贵族的实力，巩固君权的物质基础。对此，有史家认定，福氏在这里阐述了一个"基本的原理"，即"财政上的优势是国王权力的基础"。大贵族的财政实力大于国王将会让"他们拥有反叛的欲望和手段"，而福氏这一主张就是"告诉国王怎样去做"[1]。而在政治层面，福特斯鸠力倡重组"国王的会议"来辅政，希望通过君主对这一中枢机构的控制来有效地处理要政，并为议会准备讨论的议案，以削弱议会的立法权。对此，也有史家作出这样的分析，"如果被实施的话，福特斯鸠改革方案中最重要的部分将使英国的宪政发展陷入衰退"[2]。在当时的历史条件下，君主受不受法律的限制和议会的限制，从根本上讲是由君权与其他政治集团的实际力量对比决定的，福特斯鸠对此深有体悟与理解。他所描绘的"有限君权"的政治图景，其主旨其实并不在于限制君权，而是聚焦在这样的鹄的上，那就是，促使英国君权走出窘境，重新崛起，确保王国的长治久安与繁荣。这样看来，片面强调与演绎福特斯鸠的某些话语，进而为这一学说贴上"近代宪政"的标签，无疑是值得推敲的！

（原文发表于《世界历史》2008 年第 1 期）

---

[1]　John Watts，*Henry VI and the Politics of Kingship*，p. 46.

[2]　S. B. Chrimes，*English Constitutional Ideas in the Fifteenth Century*，p. 332.

近现代英国政府的医疗立法及其影响

◎ 赵秀荣

英国医疗行业的发展经历了从不成熟到成熟，从不完善到完善的发展阶段。在规制医疗行业健康发展的过程中，政府的立法发挥了不容忽视的作用，当然在这一过程中，基督教传统的影响及一些有道德医生的模范作用也不可忽视。本文介绍了近代早期英国医疗行业发展的状况，梳理了英国政府从都铎王朝开始以来对医疗行业管理的立法（其中包括规制内科医生、外科医生、药剂师的立法，整顿游医、行医的立法，并最终建立了医疗行业准法院），并且分析了这些立法的意义及作用，以期对中国的医疗改革提供些许启示，同时填补国内关于西方医疗史研究的空白。

一 近代早期医疗行业的状况及面临的问题

近代早期，英格兰的医疗行业由三个有组织的、在法律上有确定地位的群体实践着"内科医学""外科技术"和"药剂师生意"。① 这三个等级享受着不同的社会地位，构成了一种职业上的劳动分工。这种分层模式体现了前工业时代的社会结构模式、分层模式。他们属于不同的社会等级、享受着

---

① 珍妮·皮特森：《维多利亚中期伦敦的医疗行业》（M. Jeanne Peterson, *The Medical Profession in Mid-Victorian London*），伯克利加利福尼亚大学出版社，1978，第12页。

不同的地位和财富。内科医生被认为是社会和医疗界的精英。他们拥有大学文凭，对药物有深刻的了解。在诊断病人时，人们看重的是他们的言谈举止而不是他们手上的功夫。① 内科医生拥有最高的社会地位，享受最大的法律特权。其成员可以免于市政的审讯、服兵役及税收，在协会内部有权进行协会的选举、担任协会的官职。其次是外科医生，外科医生当时还被看作是一种手艺活，被认为是体力劳动，而不是智力劳动。② 药剂师属于最低层，被认为是商人而不是医疗从业者。这三个等级分别属于皇家内科协会、皇家外科协会和药剂师协会。每个协会都拥有国王政府颁发的特许状。这样限定了医疗行业的职业结构，至少在理论上划分了医疗行业的分工。

各行业之间有严格的界限，不能逾越。内科医生不能从事外科医生、药剂师的行当，不能卖药给患者。内科协会的成员只能作为一名纯粹的内科医生，检查患者、诊断疾病、开出药方，药剂师负责根据药方配药。如果一位内科医生在行医过程中进行外科诊断或开药，他就不得不放弃"内科医生的资格"或面临被协会罚款甚至被开除的危险。当时只有牛津和剑桥毕业的学生才可以获得内科医生协会成员的资格。特殊的教育背景，牛津或剑桥共同的生活经历，协会的成员资格使得伦敦的内科医生成为一个独特的社会群体。他们凭借所拥有的特许状维持着内科医生与其他行医者的区别。并且，他们为了自己的利益严格限制人数的扩大。内科医生协会的成员主要居住于伦敦，服务于王室和贵族。所有这些使皇家内科医生协会成为最有势力、地位最高的医生组织。

虽然外科医学在实践上与内科医学一样古老，但在近代早期，它的制度、性质与内科完全不一样，因此地位低于内科医生。外科医学的显著特点是它涉及切割、手术等处理人体外部的不适，例如烫伤、枪伤、刀伤等。③ 外科医生进行手术，接合骨折和治疗意外伤害、皮肤病及妇科疾病。许多外

---

① 安·迪格比：《以医学为生：1720~1911 年英国医疗市场中的医生与患者》，（Anne Digby, *Making a Medical Living: Doctors and Patients in the English Market for Medicine, 1720 – 1911*），剑桥大学出版社，1994，第 170 页。

② 珍妮·皮特森：《维多利亚中期伦敦的医疗行业》，第 9 页。

③ 安德鲁·威尔：《社会中的医学：历史论文》（Andrew Wear, *Medicine in Society, Historical Essays*），剑桥大学出版社，1992，第 93 页。

科的手术即使在发明麻醉剂之后仍旧要求速度、灵巧、力气和专门技术。因此，当时人认为外科医生的工作主要是手工的劳动，外科医生被人们看作是一种匠人，与理发师处于同等地位。除此之外，外科医生与内科医生最重要的区别是他们接受的教育方式不同。不像内科医生，外科医生不接受大学教育。与传统的手艺人一样，外科医生通过做学徒学习技艺，学徒期限通常是7年。他们的训练是实践的、技术性的，而不像内科医生一样是理论的或经典的，因此他们的社会地位不能与内科医生相提并论。但一些外科医生为了生存不得不在进行外科手术的同时还经营一些药品生意，因为他们的职业特点也要求他们常备一些药物在身边，以备手术时使用。因此，有时他们还有另外一个称号就是外科医生兼药剂师。

药剂师的地位最低，药剂师协会处于整个医疗行业的第三等级。1617年前药剂师是伦敦杂货商行会的一部分，这一年他们获得皇家特许状，成立药剂师协会。他们的权力和功能与其他行会一样，由他们的特许状限定。他们负责在伦敦供应、配制、销售药品，那时他们不是医疗从业者，而是药商，他们负责根据内科医生的处方为患者配药。

虽然三个协会都享有国王颁发的特许状，但在政府规制医疗行业之前，英国的医疗行业的组织结构还是非常混乱。当时英国有不同的执照颁发机构，他们没有统一的标准，彼此的权力相互冲突。医生有的有大学文凭，有的没有，有的有营业执照，有的没有，有的两者兼有，有的什么资历也没有。医疗教学也很混乱，有人接受古典大学教育，研读希腊、拉丁课本，有的在外科医生那里做学徒，有的在药剂师的药店做学徒，甚至还有人接受偏方、庸医的口传耳授。骗子、江湖医生、卖药的小贩都可以自由地行医，因为没有相关的法律禁止他们这样做。

此外行业间的界限也面临被打破的危险，由于医疗市场的需求大于供给，内科医生、外科医生由于人数有限（1572年时，英国皇家内科医生协会的成员是18人，14人是英国人，4人是外国人。[①] 1514年，伦敦拥有开业执照的外科医生是72人，但在1560年时人数减少到34人，1578年时又

---

① 查尔斯·韦伯斯特：《16世纪的健康、医学及死亡率》（Charles Webster, *Health, Medicine and Mortality in the Sixteenth Century*），剑桥大学出版社，1792，第171页。

增加到 100 人①），不能及时为大量患者提供必要的医疗服务，并且由于他们高额的医疗费用，许多普通人也根本看不起医生。因此一些患者开始求助于药剂师，药剂师由于熟悉药物的作用，在患者的要求下，他们经常会为患者提供一些建议。从 17 世纪开始药剂师越来越多地开始行医和卖药，这遭到内科医生们的强烈抗议。例如 1670 年，皇家内科医生协会的医生克里斯托夫·麦瑞特（Christopher Merrett）抱怨道："最近，药剂师开始侵入我们的行业，一些内科医生在出诊的时候带着药剂师，因此他们也获得了一些关于诊断的知识，大约十年前他们的活动还局限在一定范围内，但此后，他们越来越多地侵入我们的行业。"②

为了维护医疗行业各等级之间的界限，维护内科医生的特权，整顿医疗市场，从都铎王朝开始，英国政府颁布了一系列法令来管理医疗市场。

二 政府的医疗立法

政府尝试对医疗行业进行管理始于 1421 年，但真正开始通过立法始于都铎王朝的亨利八世时期。政府通过了大量的立法规制内科行业、外科行业、药剂师行业，并且治理违规行医：主要是把一些没有受过正规大学教育的游医、行医纳入政府管理之下，给他们颁发行医执照，对他们定期检查等等，最终在 19 世纪中期建立起医疗行业准法院——医疗行业委员会。下面我们逐一进行考察。

牛津和剑桥大学在 1421 年向政府请愿，要求政府采取措施对医疗行业进行管理。这些正规大学毕业的医生向议会提出请求，要求限制非法行医者，因为许多不够资格的人行医，冲击了他们的市场。这份请愿书在 1421 年 5 月 2 日召开的议会中被宣读，这一年是亨利五世在位的第 9 年。议会意识到让没有受过正规教育的人和技术不过关的人行医的害处，但并没有制定法律禁止这些人行医。枢密院制定了法律，管理大学的内科医生以及经过师

---

① 查尔斯·韦伯斯特：《16 世纪的健康、医学及死亡率》，第 174 页。
② 欧文·朗顿：《1750～1850 年的医疗照顾及全科医生》（Irvine Loudon, *Medical Care and the General Practitioner 1750 - 1850*），牛津大学出版社，1986，第 21 页。

傅训练的外科医生。限定行医者必须经过严格的训练，无论是内科医生还是外科医生（这时还没有提及药剂师，因为这时他们还没有与零售商、小商品批发者区分开来，他们出售的商品也不仅限于药品），严惩那些欺骗公众者。其实枢密院 1421 年的法令并没有被严格执行，许多人仍在非法行医。在当时，药剂师和外科医生都需要通过学徒阶段获得知识和手艺以及自己开设店铺的资格。但是英国大多数普通百姓生病时主要求助这些人，由于这种需求的存在，任何人也无法阻止他们行医。他们需要考虑的是不能对患者造成伤害，因为如果对患者造成伤害或治疗出现失误要负法律责任，要被起诉。亨利五世病逝后，60 多年英国历史上没有强有力的政权建立，因此也就没有相关的法律被制定。

这部法令是政府首次对医疗行业进行管理的尝试。但当时的条件并不成熟，相对于已经比较成熟的神学和法学来说，医学在当时还根本不算一门学科。如果医疗实践仅限于在大学取得学位或由大学颁发给执照的医生，那么广大的普通民众则享受不到任何医疗照顾，因为这样的人实在太少，并且他们主要服务于贵族及王室。这些医生在大学接受理论及哲学方面的训练，但他们的实践其实与他们所反对的江湖医生并没有什么两样。外科医生在他们行会的监督和管理下还接受实践的训练，即使是这些人人数也非常有限，因为当时的外科还没有列入大学的教学科目里，外科医生也被人们看作是没有学问的人。这种情况的存在说明医学还没有成为专门职业，因此不是枢密院的一纸立法就能解决问题的。

到了都铎王朝，英国建立起强有力的君主制，在亨利八世时，他开始着手通过行政手段巩固他父亲的成果，完善民族国家的建制，特别是他支持的政府机构改革为现代国家奠定了基础。这一时期，议会制定了许多法令管理医疗行业。1511 年议会制定了《医疗法》（按今天的日历应该是 1512 年，因为当时每年的结束时间是 3 月 24 日）①，这份法案是在 1512 年 2 月 4 日的议会中通过的。议案获得伦敦大主教理查德·费茨吉姆斯、圣保罗教堂的执事——著名的约翰·考内特的支持。考内特是沃尔西（当时国王的牧师）、

---

① F. N. L. 波恩特：《英国医疗实践的发展》（F. N. L. Poynter, *The Evolution of Medical Practice in Britain*），伦敦皮特曼医学出版公司，1961，第 6 页。

托马斯、林奈克的朋友，这三人都是枢密院有影响的人物。起草这个法案的原因在绪论中有说明："本国的内科和外科医学都由许多无知的人操纵，例如手工业者、铁匠、纺织工甚至还有一些妇女，他们肆意地进行治疗，其中还有人使用巫术来伤害国王善良的子民。"① "为了保护那些不能分辨行医者水平的普通百姓的利益"，伦敦大主教和圣保罗教堂的主教（Dean）召集了4名内科医生及1名外科医生，由他们组成"委员会"审查那些申请行医者。立法规定，除非行医者在他自己所在的教区取得大主教颁发的执照——在伦敦是伦敦主教和圣保罗大教堂的执事颁发的执照——否则不可以开展内科和外科诊断（那些毕业于牛津和剑桥的毕业生除外）。并且在颁发给执照前，候选人应该接受大主教召集的内科专家和外科专家组织的考试。对于无照行医者的罚款是每月5镑（在当时来说这是很大一笔钱）。②

议会把批准行医资格的权力赋予教会是因为医学不仅仅是技术的问题，还涉及医生的品德问题，也就是说，因为医学是救死扶伤的行业，因此对医生的人品会有更高的要求，要认真负责、富有同情心等。主教们负责颁发的行医执照不仅要考察持照人是否有能力行医，并且还要考察他是否是一个负责的人和受人尊重的人。当时人们认为"医生应该具有绅士一样的品质，但这种品质不是他高贵的出身能带来的，而是要通过他的学识获得"③。因此，教会的管理对行医者的人品，或者说医生的道德提出要求。在这个法令的要求下，一些行医者，他们既不是大学毕业者，也不是各医疗行会的成员，第一次被纳入政府的管理之下。数以千计的人按这个法令的要求接受审查，合格者获得执照，在乡村和城镇开始合法行医。这些行医者当时还没有严格的专业划分，行医者承担着一个地区百姓的基本医疗救治，在以后的250年里，这些全科医生，或者说家庭医生的活动对整个英格兰的医疗行业产生很大影响。

---

① F. N. L. 波恩特：《英国医疗实践的发展》，第6页。

② 《政府立法：根据乔治三世陛下的御令刊印》（第三卷）（*The Statutes of the Realm: printed by command of His Majesty King George the Third.* Vo. III），W. S. 海因出版社，1993，第32页。

③ 波妮丝·汉密尔顿：《18世纪的医疗行业》（Bernice Hamilton, *The Medical Professions in the Eighteenth Century*），《经济史评论》（*The Economic History Review*）1951年第4卷第二期，第147页。

这是政府开始采取措施对医疗行业进行调整的开始，是逐步建立法治的第一步，并且取得一定的实效。法案在外省的执行情况历史上没有详细的记载。1514年3月28日，在伦敦有72名医生（其中包括托马斯·维克瑞）收到了伦敦主教颁发的开业执照，并且通过了委员会组织的考试。①

1522年（1523年），议会又通过了一个法案，肯定了颁发给内科医生协会的特许状中赋予他们的权力，为了保护伦敦内科医生的特权，法案还规定：除非毕业于牛津、剑桥，否则不可以在英国行医；设立会长、评议员（Fellowship）和八个推选人（Elect）。会长和三个推选人组成委员会对申请行医者进行考察，除非经过他们的首肯，否则都是非法行医。此外法案再次重申了内科医生协会的权力以及伦敦的特权。但是提出医生行医执照的颁发权应该由各协会负责，而不是还是由教会掌握。由于"在英格兰，除了伦敦之外，其他地方不容易找到四个颁发行医执照的评审者"②。因此，应该由内科医生协会颁发全国的开业执照（牛津、剑桥的毕业生除外），而不是再由主教颁发，因为他们找不到1512年法令要求的4个医生评审员来负责评审执照的颁发。对外科医生的管理则不一样，由于很容易在一些城市找到理发师兼外科医生，因此把外科医生行医执照的颁发权仍旧留给了教区。

但这一法案并没有达到预期的目的，并且这个法案的起草显得仓促、草率，它的所有的参考资料都是引用1512年的法案。但它存在的时间很长，直到1858年的《医疗法》通过后才被取代。这份法案规定的条款与1421年的法案一样，都是不现实的，因为内科医生协会根本没有那么多的人手可以胜任这一工作。因此，在整个英格兰，即使在伦敦，对行医者颁发执照仍旧由教会进行，教会在宗教改革之后成为国家一个部门，所以更是理所当然地承担起这一责任。文献资料表明内科医生协会的成员经常在主教颁发执照时成为考官。

1540年又有两个法案获得通过，第一个涉及内科医生协会的特权，第二个建立了外科医生联合会。第一个法案还免除内科医生担任市政官员的义务（当时的市政官员都是一种荣誉职务，没有任何的薪俸）。它还规定，内

---

① F. N. L. 波恩特：《英国医疗实践的发展》，第7页。
② F. N. L. 波恩特：《英国医疗实践的发展》，第8页。

科医生协会每年应该从他们的成员中任命 4 位检查员，检查药物及药剂师使用的药品，收缴、销毁有害或变质的材料。最后，法案认为内科包括了外科的知识，内科协会的医生可以看外科的疾病——因为外科是内科的一部分。虽然很少有人使用法案赋予他们的权力，但大多数内科医生都庆祝这一法案的通过。因为它再一次肯定了内科医生的特权地位。第二个法案就是努力协调医药行业的统一，把理发师行会（Company of Barbers）和外科医生行会合并为一个行会（外科医生行会早在 14 世纪就存在，当时他们与理发师之间经常发生纷争，1493 年两个行会之间曾签订过协议，但冲突并没有停止，直到 1540 年法案的通过），对每个行业的范围和权力都明确界定，例如禁止理发师进行外科手术，不过可以拔牙。新成立的协会每年有权要求 4 名被执行死刑的罪犯的尸体做解剖教学用。① 后来托马斯·盖明诺在伦敦发表了解剖图集；维萨里发表了人体彩图，并呈送给亨利八世，此后外科医学教学取得显著进步。法案并允许外科医生可以免除教区事务、军事义务、参加陪审团的义务。另一个有意思的地方是根据这个法案，每位外科医生在他们临街的住所或诊所门上都应该有明显的标记，以便让经过的人都能随时就诊。

亨利八世时期最后通过的一项医疗立法是 1543 年通过的所谓的"庸医的特许状"（Quacks Charter）②。其实这项法案是在修正 1512 年的法案的基础上提出的，放宽了对一些无照行医者的限制，规定："靠上帝赋予他们关于自然、草药、水等知识行医的诚实的男女，在为了荣耀上帝，照顾邻居的前提下可以行医。"③ 当时许多正规行医者为了限制从业人数增加，从而不影响自己的收入，告发那些在穷人中行医的人，而这些穷人如果得不到这些人的照顾，就根本得不到任何医疗照顾。法案特别要求那些实行义诊的人应被免予起诉，这一点首席法官理察森在"内科医生协会诉巴特勒"的案子里阐述得很清楚。这一法案受到百姓和一些游医的欢迎，但遭到内科医生等

① 克里斯托夫·马瑞特：《涉及内科协会的议会法令、特许状、审判及法官意见汇编》（Christopher Merrett, A Collection of Acts of Parliament, Charters, Trials at Law, and Judge Opinions Concerning Those Grants to the College of Physicians），伦敦，1660，第 23 页。
② 哈诺德·库克：《斯图亚特时期伦敦旧的医疗体制的衰败》（Harold J. Cook, The Decline of the Old Medical Regime in Stuart London），康奈尔大学出版社，1986，第 85 页。
③ F. N. L. 波恩特：《英国医疗实践的发展》，第 9 页。

正规医生的强烈反对。

内科医生协会一直没有放弃控制整个医疗行业、控制从业人数的企图，虽然这种努力从实效上看从未获得过成功。但还是有一系列维护他们地位的法案获得通过。1553年，玛丽女王上台的第一年也通过了一项管理医疗行业的法案，重申了赋予内科医生的权利，甚至授予协会起诉那些妨碍他们进行研究的人的权利，并且要求市政官员和教会牧师，协助内科医生协会会长及检察员工作。

1565年，伊丽莎白在位的第7年通过的法案授予内科医生协会每年可以解剖4个犯有重罪被处死的罪犯的尸体，以供研究之用，目的是为提高医疗技艺及水平。在解剖研究之后，应自己出钱把尸体庄重的埋葬。①

1618年，詹姆士在位的第15年，授予内科医生协会一张特许状，肯定了他们在以前的法律中获得的一切特权，肯定了内科医生有权召集药剂师和零售商，审查他们的资格，处罚违法者（包括使用罚款和监禁的手段），药剂师们被迫答应不做不利于内科医学的事情，拒绝承诺的人要被罚款20先令。②

1675年，查理二世在位的第15年，又授予内科医生一张新的特许状，肯定了他们在以前的法律中获得的一切权力及特权，把评议员的人数增加到40人，推选人的人数增加到10人，包括4个检察员（Censor）；规定了对协会内部事务的管理，对于非法的或不合格的内科行医者的惩罚，以及对那些出售药品的内科医生的惩罚。③

政府除了颁布立法对内科医生进行管理外，还颁布了管理外科医生的立法。我们前面提到亨利八世的时候，1540年政府曾经颁布法令把理发师协会和外科医生协会统一成一个协会，但是外科医生协会经过了一段与理发师协会的联合后，发现这种联合不利于外科医生，于是他们要求与其脱离关系。1745年，乔治二世在位的第15年，通过了《外科医生与理发师应成立独立协会的法令》。法案的序言说明了两个协会应该分开的理由："外科医

① 罗伯特·马斯特·克里森：《英国医疗职业现状初探》（Robert Masters Kerrison, *An Inquiry into the Present State of Medical Profession in England*），伦敦，1814，第12~13页。
② 罗伯特·马斯特·克里森：《英国医疗职业现状初探》，第15页。
③ 罗伯特·马斯特·克里森：《英国医疗职业现状初探》，第15页。

学经常研究外科技术，并且经过多年的发展，为国家带来福祉。而理发师们从事的工作与外科基本不相干。"① 立法授予外科医生协会可以选择一个会长（Master）、多个主管（Governors）及助手，可以建立他们自己的法庭、制定内部规则、任命主考官（Examiner），这些规定从 1745 年 6 月 24 日开始生效。实际的情况是，18 世纪后半期，外科医学在英国有很大的发展，许多出色的外科医生的技术提高了外科医学在社会上的地位，特别是威廉·亨特和约翰·亨特兄弟对外科医学的发展功不可没。人们认为"自亨特以后，外科医学真正开始成为科学的外科学"②，并且获得极大的发展。为了服务于外科教学的需要，许多教学医院建立起来，威廉·亨特在 1746 年就在伦敦的大风车街建立过自己的解剖学校，亨特也曾经在莱斯特广场有过自己的教学医院。1800 年 3 月以后，外科医生协会的许多海军和陆军的军医转而为市民服务，使这一行业的人数大增。外科医生的地位也获得提高。

英国政府对药剂师的管理始于詹姆士一世时期。1607 年，詹姆士一世颁布法令，要求伦敦的零售商和药剂师合并为一个协会（英美一直有一些零售商店兼售药品的传统，即使在今天也是这样）。但 1616 年詹姆士一世的一纸法令又令零售店与药店分开，分别成立独立的协会。这主要是应一些药剂师们的请求而采取的措施，并且国王的两位御医迈耶尼和阿肯斯也支持这一法令，目的是排除那些无知的人和卖假药的人。这一法案是非常睿智的，制止了那些贩卖假药的药商，并且排除了那些不学无术之人。

法案规定设立师傅、学监（Warden）及其他管理人员，他们有权力制定内部的法规，接收学徒，对那些违法者可以征收罚金或进行其他惩罚。还规定零售商不能经营药店，药剂师要跟随师傅学徒 7 年才能成为药剂师或独立开店，每个学徒在学徒期满后必须经过师傅及学监的考试才能独自开业。为了保证药品的质量，法令还赋予药剂师协会检查所有的药店的权力。允许外科医生储备一些外用药，以备他们手术时使用，但禁止外科医生卖药，因为这是药剂师的特权。

---

① 罗伯特·马斯特·克里森：《英国医疗职业现状初探》，第 16 页。
② 托马斯·吉普森：《约翰·亨特，科学的外科学之父》（Thomas Gibson, John Hunter, the Father of Scientific Surgery），《女王季刊》（*Queen's Quarterly*）1928 年第 2 卷，第 438 页。

这些法案保证了医药行业的健康发展，确立了医药分家的传统，不仅对英国甚至对后来美国医疗行业的发展都产生重要影响。

1694 年，威廉三世在位的第 6 年，通过了一个法案，免除药剂师担任市政官员的义务，药剂师不必担任治安管、税吏和承担其他教区事务的职责，也不必参加陪审团。"由于药剂师行业是非常重要的行业，并且是惠及大众的，与百姓的生活息息相关，因此应该让他们专心于自己的工作，而不要让他们心有旁骛。"① 这样的规定也适用于学徒期间的药剂师。

自从药剂师协会建立以后，药剂师们也以法律的手段维护他们的权利，进行了长期的反对内科医生协会的行动，争取他们的处方权和开药权。其实药剂师是普通百姓的主要求助对象——因为下层百姓看不起正规的医生——而药剂师们的建议、咨询不收取费用，并且根据 1543 年的法案，他们为患者和病人提供建议、咨询是合法的。而这势必与想垄断这一行业的内科医生发生冲突，这种冲突在整个 17 世纪时起时落，直到 1703 年药剂师协会在罗斯案件后取得胜利，② 从此他们获得处方权。此后向他们求诊的患者远远多于内科医生。1793 年约翰·莫森·古德说道："在伦敦，平均每名内科医生要负责 1 名患者，而药剂师要负责 20 人，这个比例在乡村还要翻倍。"③

法国大革命后，药剂师们开始要求新的立法，这样不仅可以保护他们现有的权利，而且可以确立公平的颁发执照的体系，当然要经过正规的训练和考察。但新的药剂师法案的出台并不是一帆风顺的，主要是受到内科医生协会和外科医生协会的阻挠，这一法案从 1812 年开始酝酿，直到 1815 年 2 月 27 日才在下院经过"一读"，5 月 11 日经过"二读"并被送交上院，6 月

① 罗伯特·马斯特·克里森：《英国医疗职业现状初探》，第 15 页。
② 罗斯案件是药剂师历史上的一个转折点。1703 年，一个名叫约翰·塞尔的肉商向药剂师威廉·罗斯求诊。由于罗斯没有行医执照，他免费地给予约翰一些建议，同时卖药给他，并收取了药费。在经历了一年的治疗后，塞尔发现他在花费了 50 英镑后自己的身体状况并没有好转。于是他去找了内科医生，据称内科医生仅仅用了 40 先令在 6 个星期内就把他的病治好了。内科医生协会决定将罗斯事件作为一个案例，起诉罗斯在伦敦 7 公里以内不具有行医资格。最初王座法庭判内科医生协会获胜，但药剂师协会不满意判决，将这个案件上诉到上院，后来上院宣布药剂师协会获胜。见波妮丝·汉密尔顿：《18 世纪的医疗行业》，第 163 页。
③ S. W. F. 豪洛维：《1815 年的药剂师法：重新评论》（第一部分）（S. W. F. Holloway, The Apothecaries' Act of 1815, A Reinterpretation），《医疗史》（*Medical History*）1966 年第 10 卷第 2 期，第 108 页。

28 日，上院只是提出一些稍微的修改意见，返回了提案。议会最终在 7 月 11 日通过了这一法案，第二天得到国王的签署，最终成为法律，1815 年 8 月 1 日起开始执行。① 法案的全称是《为在整个英格兰和威尔士更好地管理药剂师行业的 1815 年立法》。无论对专业人士还是公众来说，这个开明的法令是迄今为止所有法律中最成功的。它主要的内容包括：扩大了以前颁发给它的特许状中授予的权力，授予协会的会长、学监和助理执行这一法令，"审查委员会"由 12 人组成，由他们负责审查申请者，对考试合格者颁发执照，对那些在伦敦及周围 10 里以内行医的药剂师收费 10 几尼（英国的旧金币，值 1 镑 1 先令），此范围之外的收费 6 几尼，所有候选人的年龄必须在 20 岁以上，并且申请人必须完成 5 年的学徒后才可以申请考试。还规定英格兰及威尔士的所有药剂师，在 1815 年 8 月 1 日以后，都要由药剂师协会考察、颁发执照，没有执照的药剂师要被罚款 20 镑，并且协会有权力起诉违反本法案的人。②

药剂师法带来了职业的转型，并为今天药剂师行业的发展奠定了基础，正是在这些受过良好教育，经过很好训练的医疗从业者的推动下，发生了医疗改革运动，诞生了英国医疗协会。也许认为这些可喜的变化是由于一个法案带来的结果过于简单。但这一法案的作用功不可没，药剂师协会的成员们不断地探索，候选人需要什么样的新型的训练——这种训练不仅包括跟随开业的医生做学徒，而且要听讲座，并在医院实习。药剂师协会在实际的考试形式改革方面也走在前列。因为它是第一个采取笔试的实体机构，而不像自中世纪以来那样在大学采取口试或者辩论，这在当时还是新举措。为了帮助学生完成考试，许多医学院在伦敦和外省建立起来。最初，这些学校是私立的，后来被大学和教学医院吸收。《柳叶刀》杂志也开始创办，报道这些学校和医院的演讲。即使那些对药剂师法持批评态度的人，也惊讶于药剂师法颁布后取得的巨大成功。医疗教育选举委员会 1834 年注意到了这些变化，皇家内科医生协会的主席宣布："药剂师法执行得非常好，自从药剂师的权

---

① 欧文·朗顿：《1750~1850 年的医疗照顾及全科医生》，第 166 页。
② 欧文·朗顿：《1750~1850 年的医疗照顾及全科医生》，第 167 页。

利受到保障以后，这一行业的特点被充分地体现了出来。"① 外科医生协会的主席也表达了类似的观点，认为药剂师协会尽到了他们对公众的责任。

但最能说明这一行业发生激进变化的证据还是关于开业执照的统计数字。1842～1844 年牛津大学颁发了 7 个开业执照，剑桥大学颁发了 9 个，皇家内科医生协会颁发了 37 个，爱丁堡大学颁发了 331 个，药剂师协会颁发了 953 个。②

如果 1815 年的法案取得如此成功，我们可能会问，为何还会有后来的医疗改革运动？为何还需要 1858 年的医疗法？这是因为 1815 年的法案非常成功，带来了从业人数的激增，受过正规学校教育的年轻的医生和严格的开业者认为他们的艰辛的训练应该为他们赢来权利和特权，应该排除那些没有经过训练和检查的开业医生，这些人还是由古老的执照颁发机构发给开业执照的。随着工业革命的进展出现了许多新城镇，同时也增加了许多无照开业医生，对此药剂师协会束手无策。起诉是一项昂贵的耗时的行为，改革者们认为，这项工作应该由国家来负责。因此，1832 年由外省的医疗从业者和外科医生协会牵头——这个协会成立于 1832 年，后来成为英国医疗联合会——提出医疗改革计划。他们想建立唯一的执照颁发机构，并形成统一的医疗标准，可以授权开业医生在任何地方从事任何方面的治疗。

在此期间不断有人在议会提出医疗改革的议案，如 1841 年 2 月 26 日，由霍斯先生、万伯顿先生、艾瓦特先生和赫特先生在议会中提出"关于更好地管理大不列颠及爱尔兰的医疗行业的议案"③。1844 年 8 月 7 日的议会中格雷厄姆先生、曼莫斯·萨顿先生提出了"在全英国更好地管理医疗实践的议案"。④ 此后两人又在 1845 年 2 月 25 日议会中提出了"管理内科和外科医学的议案"，建议成立"健康委员会"（Council of Health），议案对委

① F. N. L. 波恩特：《英国医疗实践的发展》，第 12 页。
② F. N. L. 波恩特：《英国医疗实践的发展》，第 12 页。
③ 《议会文件》，1841 年 2 月 26 日，"关于更好地管理大不列颠及爱尔兰的医疗行业的议案"（House of Commons Parliament Papers, 26 February 1841, "A Bill for the Better Government of the Medical Profession in Great Britain and Ireland"）。
④ 《议会文件》，1844 年 8 月 7 日，"在全英国更好地管理医疗实践的议案"（House of Commons Parliament Papers, 7 August 1844, "A Bill for the Better Regulation of Medical Practice throughout the United Kingdom"）。

员会的成员构成、选举、替换、任命、薪水及委员会的开会地点、出版物等都有详细的规定。①

经过长期的酝酿，1858 年的《医疗法》由议会通过，新的医疗法确保了现存的执照颁发机构的权力，但在其上设立了一个权力更大的机构。这就是"医学教学与注册联合委员会"（General Council of Medical Education and Registration），现在称"医学委员会"（General Council of Medical），由一些代表各医疗行会的成员及来自大学、王室的代表组成，1886 年以后又有许多医生参加。新的联合会听命于枢密院，枢密院可以干涉、要求联合会的行动。它的第一项工作就是编纂注册医生的登记册，因为法律宣称它的目的就是能使公众区分正规的注册医生与非注册的医生。没注册的医生应该受到法律的惩罚，但只有当他们声称自己是注册医生，独自签署死亡确认书，并且在国王的名义下开设正规的诊所的时候才会受到惩罚。"医学委员会"的另一个任务是确立正确的医学教学标准。它的权力最初限于推荐一些证明能力可以胜任的人担任医生，排除持有合法执照但被委员会认为不合格者。后来法案还赋予委员会任命视察员到医院的权力，并有权监察考试。这份法案还要求新的医学开业者在取得充分的就业资格前，还应该在医院实习一段时间。

这个法案，像英国历史上其他的法案一样，证明是非常成功的。委员会是第一个对医疗行业进行管理的法院——对整个职业有准司法权。它的法律目标是在某些方面维护公共的利益，不仅仅只促进医学界的利益，虽然促进公共利益的同时也必然促进医学的利益。此后英国医学的发展得益于委员会的建立，因为委员会长期致力于提高医学的教学标准，并且坚持较高的道德准则。委员会成功地建立了医疗行业的道德标准，为其他行业树立了楷模，也为当时的法国和德国树立了榜样。

三　政府立法的影响

从以上的论述我们可以看到，英国政府从 15 世纪就开始尝试对整个医

---

① 《议会文件》1845 年 2 月 25 日，"管理内科和外科医学的议案"，第 2～4 页。（*House of Commons Parliament Papers*，25 February 1845，"A Bill for Regulating the Profession of Physic and Surgery"，pp. 2－4.）

疗行业进行管理，在整个 16 ～ 17 世纪政府的立法基本都是为了维护原有的医疗行业的体制及分层，即内科医生处于最高等级，其次是外科医生，最后是药剂师。并且这两个世纪的立法也是主要维护内科医生的特权和地位的。当然，在亨利八世时期，也有考虑到大众的需求放宽过对非正规医生的限制，如亨利八世在位时的 1843 年通过的"庸医的特许状"。但基本的原则还是维护原有的等级制度。因此，立法的内容主要是外部秩序的整顿、内部秩序的规范。特点是维护了传统等级、维护了社会的稳定，在当时来说是符合社会的实际情况的。但在 18 ～ 19 世纪政府开始考虑到医疗市场的实际供求状况，开始放松对各等级之间专业的划分，通过法令赋予药剂师以处方权。特别是 1815 年《药剂师法》和 1858 年《医疗法》，调节了行业之间的分工、合作及各自的职责，使各部门能各司其职，对于英国以后医疗行业的健康发展功不可没。

但我在这里仅仅讨论了影响医疗行业发展的标志性的立法，仅涉及内科医生、外科医生及药剂师。牙医、助产士、护士和其他的一些影响英国医疗实践发展的重要团体，都没有在本文中讨论。此外，本文也没有机会讨论一些执照颁发团体或特殊类型的医疗服务机构，例如军医。此外这一题目的研究还应该涉及促进了社会福利和国家的健康的法律——例如《济贫法》《公共健康法》，以及从中派生的许多其他法律、学校医疗服务等。特别是两个对医生的生活和工作有深远的影响的立法：1911 年的《全民健康保险法》和 1948 年的《国家健康服务法》，这都需要专门的文章进行研究，这里暂不深入讨论。

（原文发表于《世界历史》2008 年第 6 期，第 56 ～ 65 页）

论雅各布·布克哈特的希腊文化史研究

——兼评《希腊人和希腊文明》

◎ 王大庆

雅各布·布克哈特（Jacob Burckhardt，1818–1897），瑞士历史学家。生于巴塞尔的一个名门望族，父亲是一位牧师。1839年，布克哈特进入柏林大学，师从兰克（Leopold Ranke，1795–1886）、奥古斯特·柏克（August Boeckh，1785–1867）、德罗伊森（Johann Gustav Droysen，1808–1884）等人学习历史和语言学。1843年布克哈特回到巴塞尔，获得哲学博士学位。1844年，布克哈特在《巴塞尔时报》担任编辑工作，十八个月后辞职。在此后的三年时间里，他先后两次游历罗马，沉醉于古代希腊罗马和中世纪的历史和艺术中。1853年，布克哈特出版了他的第一本学术著作《君士坦丁大帝时代》（*Die Zeit konstantin des Grosen*）。1855年出版《向导：意大利艺术品鉴赏导论》（*Die Cicerone，Eine Anleitung zum Genus der Kunstwerke Italiens*），该书不仅大受欢迎，而且他由此得到苏黎世工艺学院考古和艺术史的教职。

1858年，布克哈特受聘于巴塞尔大学担任历史学教授。1860年，布克哈特出版了他有生之年最重要的著作《意大利文艺复兴时期的文化》（*Die Kultur der Renaissance in Italien*）（以下简称《文艺复兴》），奠定了他在历史学界的地位。但出于种种原因，自从这部书出版以后，布克哈特直至去世再没有出版过一本专著，而是全身心地投入他所热爱的教书工作中。

经过几年的准备工作，布克哈特从1872年到1885年发表了关于希腊文化史的一个系列演说。他最初打算集结成一本书，并亲自审订了该讲义的头两卷，但最终放弃，并嘱咐家人在他去世之后不要出版这本"不成熟的和准备性质的手稿"。① 布克哈特去世以后，其侄子奥芮还是于 1898 ～ 1902 年整理出版了这部三卷本的手稿，题为《希腊文化史》（*Griechische Kulturgeschichte*）。正如布氏生前所料，该书一出版，便遭到了包括维兰莫维茨、蒙森在内的专业古典学家们的强烈批评。此后该书几乎被古典学界所遗忘。1963 年，英语世界才出版了该书的第一个选译本，但不论是篇目的选择还是文字的翻译皆评价不高。② 1965 年，当代古典学大家芬利（M. I. Finley，1912－1986）与沙拉·斯特恩（Sheila Stern）开始着手准备新的选译本，但直至 1986 年芬利去世，译文才完成一半。1989 年，在奥斯温·穆瑞（Oswyn Murray）的主持下，这项工作才又重新开始。1998 年，正值布克哈特的这部演说集首次发表 100 周年之际，这部准备了三十几年的新的英文选译本最终得以出版，书名为《希腊人和希腊文明》（*The Greeks and Greek Civilization*）。在穆瑞为该译本所作的长篇序言中，全面而系统地回顾和评析了布克哈特的生平和著述，尤其对布克哈特的这部希腊文化史的演说集在 20 世纪古典学研究中的地位和影响作出了公允的评价。

由于种种原因，中国学术界对这位 "19 世纪最为伟大的历史学家之一"③ 的布克哈特的介绍和研究起步较晚，在相当长的时间内，人们对布克哈特的了解仅仅限于他对意大利文艺复兴的研究，对布克哈特其他著述的引介和对他本人的研究也几乎是空白。直到 2006 年，布氏《文艺复兴》以外的著作才陆续翻译出版。④ 本文准备以《希腊人和希腊文明》作为主要的参

---

① 参看奥斯温·穆瑞为《希腊人和希腊文明》撰写的序言，Jacob Burckhardt, *The Greeks and Greek Civilization*, translated by Sheila Stern, edited, with Introduction by Oswyn Murray, Harper Collins Pbulishers, 1998, Oswyn Murray, Preface, xxxiv.

② Jacob Burckhardt, *The Greeks and Greek Civilization*, Oswyn Murray, Preface, ix.

③ 语出彼得·伯克（Peter Burke），见伯克为 1990 年版《文艺复兴》英文版撰写的序言，Jacob Burckhardt, *The Civilization of the Renaissance in Italy*, London, Penguin Books, p. 1.

④ 1979 年，布克哈特的代表作《意大利文艺复兴时期的文化》由商务印书馆（何新译，马香雪校）翻译出版，它使中国学者第一次认识了这位瑞士历史学家。但是，在布氏的这本代表性著作出版以后的二十多年时间里，几乎没有一篇关于布克哈特本人及其学术思想的研究性论文发表，布氏的其他论著也没有一部翻译出版。2006 年 4 月，由宋立宏、熊莹和卢彦名合译的布克哈特的第一本专著《君士坦丁大帝时代》由上海三联书店出版，在中译本序言中，黄洋先生用了较长的篇幅全面介绍和评析了布克哈特的文化史理论，尤其是在国内学术界第一次充分肯定了布氏对 20 世纪古典学研究的贡献和影响。2007 年 6 月，布克哈特的另一本重要著作《世界历史沉思录》由北京大学出版社翻译出版（金寿福译）。2008 年，由笔者翻译的布克哈特最重要的古典学著作《希腊人和希腊文明》由上海世纪出版集团出版。

照，从以下三个方面对布氏的希腊研究及其特色和贡献做一些简要的回顾和尝试性的总结与评析。

一　从师友看布克哈特希腊文化史研究的思想来源

布克哈特晚年之所以沉迷于旧欧洲的古老文化，全身心地投入他所喜爱的希腊文化史的教学中，这当中既有整个欧洲以及德国大环境的影响，同时他早年的老师和身边的朋友都在思想上对他产生了不同程度的影响。

说到欧洲的大环境，与当时的很多人一样，布克哈特也强烈感到了现代的欧洲文化正在走向危机，尤其是在工业革命和法国大革命以后，旧欧洲的传统文化受到了根本性的威胁，于是他把目光投向了欧洲文明的发源地古代希腊，试图从中找到走出危机的钥匙。与此同时，布克哈特后来致力于古代文化的研究也明显地受到了德国的影响。19 世纪上半叶德国的古史研究在欧洲处于领先地位，这一方面得益于 18 世纪以来德国一直保持的对古典研究的兴趣和悠久的传统，另一方面，法国革命、拿破仑战争刺激了德国的民族自尊心，普鲁士统治者非常重视科学研究，耶拿战役失败后创办的柏林大学成为德国古史科学的诞生地和研究中心。这是一个古代史名家辈出的时代，文克尔曼、莱辛、沃尔夫、尼布尔、蒙森，他们都或多或少地对布克哈特的古史研究起到了启蒙的作用。

说到师友的影响，我们首先要提到的就是兰克。毫无疑问，促使青年时代的布克哈特放弃成为教士的前途而前往柏林学习历史学的人就是兰克，正是兰克把布克哈特引入了历史学的殿堂，使这个颇具艺术家气质的青年以研究历史作为自己终生的追求，从这个意义上讲，兰克对布氏的影响是至关重要的。人们往往更多地看到的是布克哈特走了一条不同于他的这位启蒙老师的"非正统"的文化史研究的道路，同时，在史学研究方法等问题上，两人也存在众多分歧，不过，这些分歧也不能过分夸大，布克哈特还是在很多问题上受到了兰克的很大影响，其中最重要的一点恐怕就是对"民族精神"（Volksgeist）的关注。

就布克哈特和兰克的个人关系来讲，两个人也经过了一个由"蜜月期"到逐渐疏远的过程。在进入柏林大学之前以及在校学习期间，布克哈特始终对兰克怀着一种十分崇敬的心情，他选修了兰克的所有课程，后来，布克哈特在兰克的建议和指导下撰写了他最早的两篇史学论文，得到了兰克的高度赞赏，并推荐布克哈特到慕尼黑大学任教。不过，布克哈特很快就对德国学术界弥漫的"大德国"的气息产生了反感，尤其是对兰克所提倡的"历史客观性"产生了怀疑，再加上两个人在研究领域上的差异，这些都成为布氏与他的这位老师分道扬镳的原因。后来布克哈特回到家乡巴塞尔任教直至去世，并拒绝了来自包括柏林大学在内的多所德国大学的邀请，其中最主要的原因就是他始终"固执而强烈地把自己看作是德意志瑞士人（Deutschschweizer），从而能够置身于德国民族主义运动之外"。① 从中可以清楚地看到布克哈特与兰克代表的德国正统史学的疏离过程。

除了兰克之外，布克哈特在柏林大学还选修了其他很多名师的课程，这当中有些人在他离开德国后继续保持着密切的书信往来和终生的友谊，其中包括奥古斯特·柏克、金克尔和库格勒。柏克是一位著名的古希腊史专家，是德罗伊森的老师，在古希腊经济、政治以及训诂等领域颇有建树。布克哈特入学后第一个学期就选修了柏克的"希腊古代史"，30年之后，在希腊文化的讲座中，布氏还提到了柏克的这门"了不起的课程"。② 柏克提出应该对希腊历史进行整体的把握，描述历史事件发生的条件和环境，因而他提出了"文化史"的概念。他还把历史学分为两类，一类是注重行动、描述事件的历史学，另一类是注重背景、描述事件发生的环境和条件的历史学。这一区分给了布克哈特深刻的印象，后来他所说的"背景是文化史的主题"可能就直接受到了柏克的启发。③ 金克尔和库格勒是对布克哈特产生了更直接影响的两位艺术史教授，他们教授的课程确实更合乎布克哈特的气质和胃口。1842 年，正是在他写给他的老师金克尔的信中，他第一次表达了对"文化史"的重要性的认识，他写到："对我来说背景是主要的事情，而背景则是我主要致力于研究的文

---

① 见维尔纳·卡埃基为《世界历史沉思录》撰写的"编后记"，中译本，第 276 页。
② Jacob Burckhardt, *The Greeks and Greek Civilization*, p. 3.
③ 黄洋：《布克哈特和他的文化史研究——以〈君士坦丁大帝时代〉为中心》，《华中师范大学学报》2006 年第 6 期。

化史的主题。"① 后来，当金克尔成为革命者以后，二人的关系就疏远了。库格勒是一位波西米亚教授，可以说是布克哈特的精神导师。1846 年，库格勒请求布克哈特协助他进行他的十分畅销的《艺术史手册》第二版的编辑工作，布克哈特为此辞去了《巴塞尔时报》的工作，从此走上了艺术史研究的道路。② 库格勒认为，艺术是历史的有机组成部分，而要理解一件艺术品，就必须了解它产生的时代。③ 这些思想都成为布氏后来提出他的文化史理论体系的种子。

在布氏的教师生涯开始之后，交友的圈子实际上大大缩小了，布氏的生活也相对简单，除了教书、读书和偶尔旅行之外，只与为数不多的朋友保持着书信的往来。如果说对青年布克哈特影响最大的是这些在柏林大学学习阶段的老师的话，那么他在巴塞尔大学最重要的一段人生际遇就是与他的年轻同事、哲学家尼采的邂逅了。虽然这一段并不对等的友谊对布氏的影响十分有限，但这对于理解布氏思想的深层内涵还是大有帮助的。

1869 年，24 岁的尼采受聘巴塞尔大学古典学讲座教授，由此结识了也在该校任教的布克哈特，开始了两个人终生的友谊。作为为数不多的听众之一，尼采对布克哈特充满激情和睿智的演讲充满了敬佩，并自认为是少数能够领会布氏思想精髓的人之一，他说："我相信我是他的六十位听众中唯一能够跟上他的这一辆深奥的'思想列车'的人。"④ 同样，在布克哈特倾听了尼采的讲课后，也深有同感。两人虽然在年龄上相差 26 岁，但在思想上却一拍即合，有种相见恨晚的感觉。

首先，他们都十分喜爱叔本华的人生哲学，叔本华的通过表象来揭示出无意识的动机的世界观，不约而同地成为两个人的思想来源和理论基础。比如，布克哈特对文化史材料的重视就是基于这样一种看法，那就是与政治和宗教史料不同，文化史的材料往往是用一种无意的、超然的甚至偶然的方式

---

① 菲利克斯·吉尔伯特：《雅各布·布克哈特的学生时代：通往文化史之路》，白华山译，载陈恒、耿相新主编《新史学》第四辑"新文化史"，大象出版社，2005，第 180 页。

② Jacob Burckhardt, *The Civilization of the Renaissance in Italy*, Peter Burke, Introduction, p. 2.

③ 黄洋：《布克哈特和他的文化史研究——以〈君士坦丁大帝时代〉为中心》，《华中师范大学学报》2006 年第 6 期。

④ Jacob Burckhardt, *The Greeks and Greek Civilization*, Oswyn Murray, Preface, xxv.

传达思想的，这种表达方式的不确定性反而使这种材料成为了最为可靠的、典型的和可以信任的东西。所以，"作为表象世界的观念，解决了实证主义者在史实的真假上进行纠缠的难题"。① 同时，叔本华的悲观主义的世界观也在两个人的思想上引起了极大的共鸣，在布氏希腊演说中关于"希腊悲观主义"的精彩阐发可以明显地看到叔本华哲学的影子。第二，虽然他们在早年都受到德国正统学术思想的熏陶，但他们都不约而同地成为最坚决的反叛者，他们都反对历史的客观性，蔑视把历史研究当做文献的搜集、整理和考证的风气，提倡史学家的主体意识，布克哈特认为历史学是"所有学科中最不科学者"，② 尼采更是直言不讳地宣称"客观性就像一群太监一样监管着历史学的后宫"。③

这些共识一方面使他们自然而然地被排除在了主流学术圈之外，备受诋毁和谩骂，另一方面也使他们获得了一个自由和独立的学术空间，可以发人所未发，想人所未想，在很多问题上不谋而合。比如，他们几乎同时重新发现了"赛会"（agon）在古希腊社会生活中的中心位置，看到了作为一种破坏力量的希腊城邦对个人自由的戕害。这些看法虽然在当时受到诋毁，但在他们去世后的 20 世纪的希腊研究中起到了振聋发聩的作用，成为当代希腊研究最重要的研究取向。穆瑞认为他们两个人"可以共同被看作是相对主义和后现代历史编纂学的奠基人"，④ 这并非言过其实。

二　从本书的内容看布克哈特对希腊研究的主要贡献

《希腊人和希腊文明》全书分为两大部分，即"希腊人"和"希腊文明"，分别从横向和纵向对希腊文化中的一些重要论题进行了系统的述评，希腊人的"民族精神"是贯穿始终的一条主线。第一部分"希腊人"包括

---

① Jacob Burckhardt, *The Greeks and Greek Civilization*, Oswyn Murray, Preface, xxxi.
② 语出布克哈特的遗著《对历史的反思》（*Reflection on History*），转引自黄洋《布克哈特和他的文化史研究——以〈君士坦丁大帝时代〉为中心》，《华中师范大学学报》2006 年第 6 期。
③ Jacob Burckhardt, *The Greeks and Greek Civilization*, Oswyn Murray, Preface, xxxviii.
④ Jacob Burckhardt, *The Greeks and Greek Civilization*, Oswyn Murray, Preface, xxxii.

四个小标题：1．简介；2．希腊人和他们的神话；3．城邦；4．希腊生活的主要特征。第二部分"希腊文明"包括六个小标题：1．介绍性的评论；2．英雄时代；3．赛会时代；4．公元前5世纪；5．从公元前4世纪到亚历山大时代；6．希腊化时代。由于篇幅所限，我们不能面面俱到地介绍该书的内容，只选取了以下三个最有代表性和影响力的论题，来看一看布克哈特对希腊研究的主要贡献。

（1）"城邦"（*polis*）

与其他古代文明不同的是，希腊文明自始至终都保持着小国林立的"城邦"体制，"城邦"因而成为认识希腊文明最为重要的一把钥匙。那么，希腊"城邦"的本质特征是什么？在"城邦"体制下，公民个人有没有选择自己生活方式的自由？对于这些20世纪学术界长期关注和争论的问题，布克哈特也做出了深入和细致的思考。

穆瑞在序言中指出，布克哈特在关于希腊政治的论述中"充满了创见"，可以说，他是提出"城邦"的现代概念的第一人，他不但认识到希腊人的所谓"城邦"与晚出的"城市国家"（city-state）的概念存在着本质的不同，而且是"第一位揭示出政治在希腊生活中所占据的中心位置的学者"。①

对于"城邦"的起源问题，布克哈特没有给予太多的关注，他指出，由于资料的有限，"城邦"的起源过程是十分不清楚的。但"城邦"一出现，便成为了"希腊最终的国家模式"，②希腊人在城邦形成后与前城邦阶段的生活方式产生了一个本质上的变化，"即使他们继续耕种土地，但他们的生活方式却完全被城市所主宰了；从前是'农村人'，现在则集中在一起成为'政治的'即城邦的动物"③。作为城市生活最重要的标志的可以"交谈"的公共场所也就成为希腊城邦不同于"其他氏族的城市"的独特的内部特征，"阿戈拉"（*agora*）和"宴会"（*symposium*）是两个最重要的交谈场所，④那么，到底是这些公共设施，还是在公共设施里活动的全权公民组

---

① Jacob Burckhardt, *The Greeks and Greek Civilization*, Oswyn Murray, Preface, xxxvi – xxxvii.
② Jacob Burckhardt, *The Greeks and Greek Civilization*, p. 43.
③ Jacob Burckhardt, *The Greeks and Greek Civilization*, p. 49.
④ Jacob Burckhardt, *The Greeks and Greek Civilization*, p. 53.

成的团体,更能体现出希腊城邦的本质特征呢?布克哈特对此做出了直截了当的回答:"希腊人比他们居住的地方更伟大,活着的城邦,即公民团体,远比它的城墙、港口和宏伟的建筑更重要。"①

布克哈特对希腊城邦的独特性的认识,不仅来源于亚里士多德的"人在本质上是城邦的动物"的著名命题,同时也建立在他把希腊城邦与世界历史上其他类型的城市国家的对比的基础上,例如,他把希腊城邦与中古西欧的城市共和国做了比较,指出虽然二者表面上有很多相似之处,但差异也极为明显,与希腊城邦的完全独立的政治形态不同,中古西欧的城市共和国实际上只是"此前存在的王国的分立的部分,此外还有教会的共同纽带,高踞于城市共和国之上"。正是在这个意义上,"希腊城邦在历史上是绝无仅有的……表现出一种世界上从未有过的独立意志"②。

古希腊"城邦"在人类历史上第一次在公民范围内实现了最大限度的民主,但希腊人有没有现代意义上的个体的自由和权利呢?近代以来,学者们围绕这个问题展开了激烈的争论,可以说,布克哈特是对这个问题最早做出系统思考和明确判断的历史学家之一。他说:"人权观念在古代世界的任何地方都是不存在的,即使在亚里士多德那里,城邦仅仅是自由人组成的团体。"③ 他指出,"城邦"一方面为公民个人提供了一种安身立命的保护伞,另一方面也代表了一种强大的代表整体的强制力量,与"城邦"的利益相比,公民个人的权利和自由实际上是微不足道的,这是古代民主和现代民主的最大的区别。他说,"在当代,只有个人能够提出他需要的国家模式",人民普遍希望国家"管得越少越好",但"希腊城邦是从全体公民的利益出发的,整体优于部分(包括家庭和个人),普遍性优于特殊性,永恒优于一时",因此,公民"不仅在战场上要奉献其所有,而且任何时刻都要如此,因为他的一切属于全体"④。

为了说明城邦的这种"暴力倾向",布克哈特进一步从内外两个方面阐发了希腊城邦与现代国家在本质上的不同。他说,"从外部看,城邦通常是

① Jacob Burckhardt, *The Greeks and Greek Civilization*, p. 53.
② Jacob Burckhardt, *The Greeks and Greek Civilization*, p. 55.
③ Jacob Burckhardt, *The Greeks and Greek Civilization*, p. 53.
④ Jacob Burckhardt, *The Greeks and Greek Civilization*, p. 55.

孤立的，不受任何条约和同盟的约束，经常与邻邦刀兵相见"，"在内部，则是个人自由的缺失与国家的无所不能相并行，宗教的国家化，面对这双重的力量，个人完全是无助的……一句话，个人没有任何办法违背城邦的利益"①。

（2）希腊生活的"阴暗面"

近代以来，随着希腊的民主思想和科学精神日益成为启蒙思想家们反封建的武器，学界对古希腊人的社会生活的认识也出现了一股强烈的"理想化"的趋向，尤其是面对希腊人创造的前无古人、优美绝伦的艺术作品的时候，人们更加对这个时代充满了向往之情，好像古典时代是人类历史上绝无仅有的一个无比和谐、优雅和平静的"黄金时代"。布克哈特结合希腊的历史文献，对这一"历史幻想"进行了全面的反思和批驳，他指出，古希腊人并不完美，他们和我们现代人一样充满了痛苦和绝望，同样暴露出人性的种种弱点。

他指出，希腊人的道德感之所以并不如人们想象的那么强烈，主要是因为希腊宗教的特点，"希腊的神缺乏神圣性，即缺乏使他们成为人类道德楷模的那些品质"，在这种情况下，"城邦成为了希腊人唯一的道德教师"。②接下来，布克哈特就从"复仇心理""说谎的习惯""悲观主义"等几个方面具体地揭示了希腊道德的实际状况。

"复仇"是在每个文明中都存在的一种现象，但希腊人的复仇心理尤其强烈，更重要的是，希腊人给"复仇"戴上一个冠冕堂皇的和合理的道德光环，布氏指出，在希腊神话中，众神的复仇心就很重，这种复仇心理又原封不动地带到了古典时代的悲剧中，人们对悲剧中的复仇行为给予最大限度的同情和认可。③

布氏在书中不止一次地提到希腊人的为人所不齿的"说谎的习惯"，从很早的时代开始，希腊人就有着很多与"誓言"有关的古老风俗，但"誓言"对于希腊人来说，与其说是一种神圣的和不可破坏的约定，不如说只

---

① Jacob Burckhardt, *The Greeks and Greek Civilization*, pp. 57 – 58.

② Jacob Burckhardt, *The Greeks and Greek Civilization*, p. 64.

③ Jacob Burckhardt, *The Greeks and Greek Civilization*, pp. 65 – 68.

是一种为达到实际目的而随意为之的权宜之计。修昔底德多次提到战争中的和约和誓言的毫无意义，在希腊的悲剧中，欺骗则是一种可以容忍的行为，古典时代雅典的作伪证、发假誓成风更是一个众所周知的历史事实，罗马人对希腊人的这种习俗深恶痛绝，以至于发明了一个谚语，叫做"希腊式的忠诚"。①

对于希腊人精神生活的"阴暗面"，布克哈特花了较大的篇幅全面和系统地揭示了希腊人的"悲观主义"，用不可辩驳的历史事实回应了18世纪盛行的德国人文主义所描绘的"希腊人的幸福生活"的虚幻图景。他说，很多人认为，"那些生活在伯利克里时代的人被认为年复一年地享受着欢天喜地的幸福生活，这一定是曾经出现过的最大的历史假象之一"。②

在《荷马史诗》中就出现了一个戏剧的主题，那就是对有死的凡人来说，最完美的人生就是在实现了某种伟大的事业之后就立即死去，这一主题在古典时代的悲剧中不但没有改变，反而得到了发展。这个主题一方面使最优秀的人英年早逝，另一方面使活下来的英雄多灾多难，前者以阿喀琉斯为代表，后者则以奥德修斯为代表。"阿喀琉斯的生命是如此精彩，原因在于他将在年轻的时候死去；他之所以将在年轻的时候死去，是因为他的生命很精彩。"③ 与阿喀琉斯的完美人生形成对比的是，奥德修斯的充满艰难困苦的返乡路途给人的印象却是，那些客死异乡的英雄们倒是幸福和幸运的。④ 尽管两种死法如此不同，但有一点是共同的，那就是命运是不可抗拒的，等待人类的只有死亡的厄运。

布克哈特指出，使人非常惊讶的是，正是在这样一个充满生命力和创造力的民族中，充满着很多关于生命不值得一活的长篇大论，荷马对于什么是人类最好的结局的回答是，第一不出生，第二出生后马上死掉，"一个人诅咒他的出生，这种情形在其他民族中是极为罕见的"。⑤ 布克哈特发现，在希腊人的文献中，几乎从未出现过对生命的赞美，诗歌中也很少有对死者的

①　Jacob Burckhardt, *The Greeks and Greek Civilization*, pp. 68 – 71.

②　Jacob Burckhardt, *The Greeks and Greek Civilization*, p. 86.

③　Jacob Burckhardt, *The Greeks and Greek Civilization*, p. 90.

④　Jacob Burckhardt, *The Greeks and Greek Civilization*, p. 92.

⑤　Jacob Burckhardt, *The Greeks and Greek Civilization*, p. 105.

哀悼，只有对死者的悲叹，而这种悲叹所表达的与其说是对死者离世的悲痛，不如说是对生者继续忍受痛苦的遗憾。① 布氏指出，在希腊人的语汇中，用来表示"青年"的词非常多，因为希腊人认为青年是人的一生中唯一值得一活的年龄阶段，文献中对青年评价极高，对老年则充满了抱怨和哀叹，人们逃过战争的灾难，活到老年，在疾病的折磨中离开人世是一件非常可怕和可悲的事情，在一些地方，老年的自杀问题非常普遍，甚至得到法律的认可。②

那么，希腊人的这种极端的悲观主义的根源是什么呢？布克哈特指出，原因就在于希腊人过早地意识到了人生的痛苦，"希腊人的主要特征是他们能够强烈地感觉到，完全意识到他们的痛苦"，希腊人"个体化的过程比其他民族要早，并通过个体体验到这种生存条件的辉煌和痛苦"。③

总之，不论是"非道德"，还是"悲观主义"，布克哈特对这些希腊人的"阴暗面"的描述都是想说明希腊人与我们的不同，不应该把希腊人理想化，在这一点上，布氏和尼采的想法不谋而合，尤其是关于希腊"悲观主义"的认识显然受到了两人都推崇备至的叔本华哲学的影响。

（3）赛会（agon）④

毫无疑问，在古往今来的几乎所有文明中，都存在着各种形式的竞赛或竞争，但只有希腊人把竞赛贯穿到社会生活的几乎所有层面上，发展出一套完备的"赛会体制"和"赛会精神"，在古代世界堪称独步。以奥林匹克运动会为代表的体育赛会就是希腊各种各样的赛会中最重要和对后世影响最大的一种赛会形式。

不过，在古典学界，对"赛会"在希腊人生活中的中心地位的认识却是很晚近的事情。学界一致公认，对"赛会"现象的关注和研究开始于尼

---

① Jacob Burckhardt, *The Greeks and Greek Civilization*, p. 98.
② Jacob Burckhardt, *The Greeks and Greek Civilization*, pp. 107 – 109.
③ Jacob Burckhardt, *The Greeks and Greek Civilization*, p. 95.
④ 在古希腊文中，凡是一切带有比赛性质的活动都可以用 agon 这个词来表示，体育比赛是一场 agon，法庭辩论是一场 agon，戏剧演出采用 agon 的形式，就连哲学研究也带有 agon 的色彩。一般来说，agon 可以翻译成现代英文中的 contest（竞赛）或者 compete（竞争），但都不能完全表达出 agon 的十分丰富的内涵。由于这个词至少有两个方面的含义，一是很多人聚集在一个公共的场所，二是他们聚集在一起的目的是进行某种带有比赛性质的活动，所以以中文我们可以把它翻译成"赛会"。

采和布克哈特，两个人几乎同时认识到了"赛会"的重要性，不过，是布克哈特第一次对希腊赛会的起源、表现、作用和影响做出了全面和系统的阐述。对于这一点，芬利给予了极高的评价，他说："布克哈特最伟大的'发现'就是认识到了赛会在希腊人生活中的中心位置。"①

对于"赛会"的起源，布克哈特认为，虽然体育比赛很早就出现了，但那时的比赛还是局限在王族和贵族的小范围内，赛会真正成为一项全体公民能够参加的、带有普遍性的活动并渗透到社会生活的所有层面要到古风时代。正如布氏所言，"当英雄时代的君主政体衰落之后，希腊人中所有的高级生活，不论是身体上的还是精神上的，都拥有了赛会的特征。在这里，品质和自然的优越（arete）都被展示出来……生活中很多不同的方面开始带上这种竞赛的特点。我们在宴饮上宾客们的交谈和轮流唱歌中，在哲学探讨和法律程序，直到公鸡和鹌鹑打斗……都可以看见它的身影"。②

布克哈特指出，对于这些没有中央政府、各自为政的希腊城邦，"赛会"几乎成为了唯一的一条维系希腊人的民族认同感和亲和力的纽带，也成为区分希腊人和非希腊人的一条分界线。③"赛会"不仅成为公民社会生活最重要的一种形式，而且还承载了包括宗教活动和教育在内的更多的社会功能。他指出，"在整个古代世界，希腊人由于这样的事实而成为独一无二的，那就是赛会在宗教崇拜活动中占据了主要地位……所有这些导致了整个希腊生活被竞赛的习惯所占据"。④由于赛会的公开性和公共性，各种各样的赛会也成为全体公民进行教育的主要渠道，"由所有这些赛会塑造的生活方式是一种在这个世界上的任何地方此前都没有出现的方式，在这以后也再也没有出现过——这种生活完全浸润在赛会中，被赛会所占据，所有的这一切都建立在这一原则的基础上，那就是任何东西都可以通过教育获得，而这种原则把家庭和家长的影响降低到最小的程度"。⑤

---

① M. I. Finley, *Ancient History*, *Evidence and Models*, Viking Penuin Inc., New York, 1986, p. 3.

② Jacob Burckhardt, *The Greeks and Greek Civilization*, pp. 165 – 166.

③ Jacob Burckhardt, *The Greeks and Greek Civilization*, p. 168.

④ Jacob Burckhardt, *The Greeks and Greek Civilization*, p. 182.

⑤ Jacob Burckhardt, *The Greeks and Greek Civilization*, p. 183.

布克哈特指出，与现代的体育竞赛不同的是，希腊的"赛会"所追求的只是一种"空名"，荣誉是唯一的目的，因此，虽然在希腊有着各种各样的比赛，但是没有一种比赛与谋生的手段和经济生活相关，不但如此，由于赛会的发展，还出现了一种日益增长的对体力劳动和手工劳作的蔑视，后来，随着工商业的发展，各种以赚取钱财和出名为目的的"坏的赛会"纷纷出现，"赛会精神"反而衰落了，真正意义上的"赛会"也就随之衰亡了。①

三 从学界的褒贬看布克哈特的史学研究思想和特色

与布克哈特的成名作《文艺复兴》为其赢得了极高的声誉不同的是，《希腊文化史》这部在他去世以后出版的著作却命运多舛，不但遭到了主流学术界的攻击和诋毁，而且在相当长的时间里被打入冷宫，几乎完全消失在人们的视野之中。这种状况一直持续到 20 世纪 50 年代才逐渐改变。1955年，意大利著名史学家莫米里亚诺（A. D. Momigliano，1908－1987）在其撰写的《〈希腊文化史〉简介》一文中对布克哈特在希腊研究中的特色和贡献第一次做出了较为客观和公正的评析，指出他对"希腊悲观主义"和"赛会精神"的阐发"已经成为了我们共同的财富"。② 也正是在莫米里亚诺和芬利等人的共同努力下，1998 年，在布克哈特去世一百周年之际，新的英文选译本《希腊人和希腊文明》得以出版。穆瑞在序言中充分肯定了这本书在当代古典学研究中的学术价值、影响和地位，他指出，这本命运多舛的著作"现在看来是 19 世纪最伟大的文化史著作，成为现代社会对希腊人最令人信服的画像"，③ 他的这部著作"仍然是现代关于希腊文化的第一次也是最好的阐述"。④

那么，布氏的这部著作的命运为什么在问世后的一个世纪中经历了如此

---

① Jacob Burckhardt, *The Greeks and Greek Civilization*, pp. 184 – 185.

② A. D. Momigliano, *Studies on Modern Scholarship*, Edited by G. W. Bowersock and T. J. Cornell, with New Translation by T. J. Cornell, University of California Press, 1994, p. 51.

③ Jacob Burckhardt, *The Greeks and Greek Civilization*, Oswyn Murray, Preface, xxxv.

④ Jacob Burckhardt, *The Greeks and Greek Civilization*, Oswyn Murray, Preface, xiii.

大的起伏和转变呢？要回答这个问题，我们既需要对持有不同看法的双方的褒贬之词进行全面而客观的分析，也需要对历史研究理论、方法和思想在这一百年中的发展和变化做出述评，也就是说，只有把这部著作放到19～20世纪的整个古典学乃至于历史学研究发展史的大背景中，我们才能充分理解其命运沉浮背后的原因。

首当其冲的是，对布克哈特的希腊文化史演说最大的诟病就是它的"非专业性"，因为布氏对自己所生活的时代古典学研究的成就，尤其是在文献和考古领域所取得的成果几乎完全没有借鉴，他向人们宣讲的希腊基本上是建立在他对常见的古希腊传统文献的阅读基础上的。这一做法从根本上触怒了正在孜孜以求地对古希腊史料进行全面梳理和实证性研究的德国古典学家们。其中，维兰莫维茨（Ulrich von Wilamowitz-Moellendorff，1848—1931）的批评最具有代表性，书刚一出版，他就勃然大怒地指出这本书的"非学术性"，他说："这本书没有说出有关希腊宗教和希腊城邦的任何值得一读的东西，原因只在于它忽视了学术界最近五十年在资料、史实和方法上所取得的成就"，它"仍然属于古典审美主义者的观点"。朱利乌斯·博罗克（Julius Beloch，1854—1929）的话更为直接和尖刻，他说这是"一个聪明的半瓶子醋的业余爱好者为半瓶子醋的业余爱好者们写的一本书"。古史权威蒙森也说，布克哈特所描述的希腊人"从来就没有存在过"。①

那么，这些批评是否有道理呢？穆瑞指出，"在一定的意义上，批评者是对的"，因为"他把他的关于希腊人的知识建立在他们所写的东西的基础上，而不是德国教授们在最近的四十年内对他们的论述的基础上"，②的确，只此一条，就足以使这部著作被打入冷宫，消失在主流学术圈之外。

那么，我们该如何看待这一"致命"的缺陷呢？实际上，这个问题与其说是由于布氏治学态度的不够严谨，不如说是他有意为之，在演说的准备和发表的过程中，布克哈特总是以一个"业余爱好者"自居，而在这种"不断后退"的姿态背后，既有他对德国主流学界的不断加深的反感，也有

---

① 以上批评均参见 Jacob Burckhardt, *The Greeks and Greek Civilization*, Oswyn Murray, Preface, xxxiv - xxxv.

② Jacob Burckhardt, *The Greeks and Greek Civilization*, Oswyn Murray, Preface, xxxv.

他对历史研究理论和方法的深刻反思和独特理解，正是这种"自由人"的姿态，使他始终没有丧失一个真正的学者应该具有的独立思考的能力。

在演说的开始，布克哈特就开宗明义地向听众们宣布了这个讲座的"非专业"性质。他指出，普通的希腊课程所使用的是一种"古物学"的方法，是"注重细节的专业研究"，而他对"这个课程在多大程度上可以算作是一个学术性的讲座没有多大把握"。① 接着，他就提出并说明了将要在这个课程贯穿始终的"文化史"的原则和方法，与传统上占据正统地位的以叙述重大事件和伟大人物为中心的"讲故事"的政治史不同，"我们的任务是站在高处对事件进行观察"，"品质比行动更伟大，更有意义，因为行动只是相关的内在能力的特殊表达，这种内在的能力总能够复制出这样的行动"。② 可见，"从一开始他的历史观关注的就不是行动、事件和伟人，而是他们的文化背景"。③

作为文化史学的奠基人，布克哈特之所以没有继承他的老师兰克的路子，原因就在于他看到了实证主义史学本身的矛盾和局限性，那就是一方面它高举追求历史客观性的大旗，以如实记述历史上所发生的事情为宗旨，另一方面却又不能否认和完全排除历史研究者在材料的选择、事件的筛选以及对事件的解释和理解等方面的"主观"影响，更重要的是，以实证主义原则引领下的史学研究正日益陷入"史料即史学"的盲目崇拜。面对这种态势，布克哈特做出了自己的思考和选择。正如穆瑞所指出的，布克哈特之所以对当时的"收集资料、搞历史"的风气冷嘲热讽，原因就在于他们没有"沉思"。④ 在布克哈特看来，"事件的真假并不重要，重要的是对事件的理解"。⑤

在演说的导言中，他就指出了历史研究"主观性的不可避免"，恰恰相反，为了能够触及历史的核心，史学家不论在论题的选择还是材料的理解等问题上都应该充分发挥自己的主体意识。以这个演说为例，他强调从一开始

---

① Jacob Burckhardt, *The Greeks and Greek Civilization*, p. 4.
② Jacob Burckhardt, *The Greeks and Greek Civilization*, pp. 4 – 5.
③ Jacob Burckhardt, *The Greeks and Greek Civilization*, pp. 5 – 6.
④ Jacob Burckhardt, *The Greeks and Greek Civilization*, Oswyn Murray, Preface, xiv.
⑤ Jacob Burckhardt, *The Greeks and Greek Civilization*, Oswyn Murray, Preface, xvi.

就要"勇于舍弃",比如"起源的问题""普通的外部生活"都可以弃而不论,而"把注意力集中在那些能够有助于理解独特的希腊精神的特征上面"。① 他指出,对于文献,要采取"整体阅读"的方式,不仅一流的作家要读,二流、三流作家的作品也要读,也就是说,材料本身"无定型,无贵贱",只有这样,才能不断地从中发现自己认为重要的东西,"做自己的主人"。② 只有这样,历史才能成为一种"活的东西",而不仅仅是"僵死的材料"和"正确的知识"。布氏指出,学习希腊是"为了丰富自己",为了"发现一种不同于我们自身的思想偏向",因此,为了这个目标,在他看来,这个讲座本身的"非专业性"非但不是缺陷,反而成为一种优势,因为"我们的目标不是博学和专门的研究,而是一种持续终生的教育和享受"。③

其实,说到"非专业性"的指责,这种"缺憾"并不仅仅表现在这一希腊的演说中,而毋宁说是布氏研究的一贯风格。有学者指出,在他的第一部著作《君士坦丁大帝时代》中就存在着"资料老化"的问题,④ 因为在这部作品中,布氏与其说要对这个时代的史事进行考证,不如说是就已有的传统史料对"君士坦丁是如何使罗马帝国皈依基督教的"这一问题做出自己的回答。在接下来的《文艺复兴》这部成名作中,虽然布氏的研究是建立在充分的史料基础上,但他一反常态地抛弃了传统的"讲故事"的历史叙述法,更是忽略了"伟人的事迹",而把论述主要集中在"时代背景和氛围"的营造上,虽然这部著作获得了巨大的成功,但由于其独特的写作手法,还是引发了一些专业人士的怀疑和批评。比如,有人指山,布克哈特"极其熟悉文艺复兴的文献资料,但对中世纪时代却从未做过深刻的研究"。⑤

除了资料和借鉴成果上的不足之外,当时学界在布克哈特对希腊精神的

---

① Jacob Burckhardt, *The Greeks and Greek Civilization*, p. 7.

② Jacob Burckhardt, *The Greeks and Greek Civilization*, p. 9.

③ Jacob Burckhardt, *The Greeks and Greek Civilization*, pp. 8 – 9.

④ 晏绍祥:《古典历史研究发展史》,华中师范大学出版社,1999,第56页。

⑤ 乔治·皮博迪·古奇:《十九世纪历史学与历史学家》,耿淡如译,商务印书馆,1997,第871页。

看法上也颇有微词，主要是因为他只关注"精英文化"，对"大众文化"关注不足,[①] 他们认为布克哈特的"希腊精神"是值得怀疑的，"人们很难设想，雅典将军地米斯托克利与阿卡地亚的一个农民之间会有多少共同之处"。[②] 的确，布氏主要把他对"希腊精神"的提炼建立在希腊哲学家、剧作家和历史学家的著作的基础上，而这些文献主要表达了古希腊的贵族和知识阶层的观念和思想，但这种缺陷与其说是布克哈特的疏漏，不如说是 19 世纪以前古代文明研究中普遍的一种研究取向，这是古代的社会结构以及由这种结构所决定的文献资料的偏向性所决定的。比如，在城邦体制下，占人口绝大多数的奴隶、妇女和儿童完全被排除在政治、文化和社会生活之外，也就完全失去了"话语权"，而在全权公民中，也只有少数受过教育的贵族阶层能够充分表达他们的观点，并传之后世。

处在一个工业化之后人类的物质文明飞速发展的时代，与当时大多数人的"乐观向上"的看法背道而驰的是，布克哈特对法国大革命之后的"民主社会"和工业化之后的"理性社会"充满了恐惧、怀疑和拒斥，他感到古老的欧洲文明正在陷入无可挽救的衰落的危机之中。但是，布克哈特没有像他的同事尼采那样采取积极地向现实进行大刀阔斧地抗争的姿态，而是选择了消极的回避，把自己带回到欧洲文明的发源地，使自己沉溺在欧洲的古代文化中不能自拔。由此又可以引出对布氏的第三种批评，那就是作为一位历史学家的布克哈特"缺乏责任感"。海登·怀特指出，布克哈特认为生命的欢乐只是在过去少数时代的人们那里才有可能，保留这些欢乐时代的记忆是史家唯一的责任，但对文化将来的复兴则不抱任何希望。正是这种"责任感"的缺失，使克罗齐认为布克哈特的缺陷在于道德方面，而非心智方面。[③]

实际上，对于这种所谓"责任感的缺乏"，我们同样要从布氏的历史观当中寻找原因，正如上面我们所看到的，布克哈特一方面背弃了实证主义史家对作为终极真理的客观史实的追求，也就是放弃了把历史变为一门纯粹的

---

① Jacob Burckhardt, *The Greeks and Greek Civilization*, Oswyn Murray, Preface, xxv.

② 晏绍祥：《古典历史研究发展史》，第 56 页。

③ 海登·怀特《元史学：十九世纪欧洲的历史想象》，陈新译，彭刚校，译林出版社，2004，第 361～362 页。

科学的努力，从而把研究者的主体价值解救了出来；另一方面，布氏也不相信历史学具有通过构造历史模式来规划未来、推进人类进步的神奇力量，布氏的这种鲜明的"悲观主义"与其说是出于一种"责任感的缺乏"，不如说是基于对当时占据学界主流的历史实证主义的"乐观主义"的深刻反思。海登·怀特指出："同叔本华一样，布克哈特在自己所处的时代并不被人欣赏，多数史学家觉得布克哈特太缺乏责任感、太主观而不值得他们看重。只是到了19世纪末，当人们明显地意识到兰克式研究留下太多难以回答的问题，并且致力于历史方面的思想家开始意识到，他们将不能不在马克思和叔本华的态度之间做出选择，这个时候，布克哈特这颗新星才冉冉升起。"[1]

我们还要看到，布氏虽然对他所反对的东西采取了一种消极的"逃避"策略，但他却并没有逃避现实，对他所处的时代的新生事物视而不见，而是给予了充分的关注、思考和分析，应该说，他对古代历史和文化的很多看法都是针对现实、有感而发的，他试图在欧洲文明的源头、在欧洲古代辉煌的文化中找到挽救当代文化危机的资源和出路。因此，有学者指出，在这种看似"消极"的态度背后实际上蕴涵着一种"积极"的力量，从而使他"避免了尼采那样的绝望情绪，在对历史和西方的文化遗产的沉思中找到了安慰和内在的力量"。[2]

（原文发表于《史学理论研究》2009年第2期，第56~67页）

---

[1] 海登·怀特：《元史学：十九世纪欧洲的历史想象》，第333页。

[2] John R. Hinde, *Jacob Burckhardt and the Crisis of Modernity*, McGill-Queen's University Press, 2000, p. 25.

论撒切尔主义

◎ 王皖强

　　"世界仍是滑稽可笑的老样子!"在 1990 年 11 月 2 日下午 3 点半与几位内阁成员的告别会上,撒切尔夫人不无感慨地说出的这句话,标志着战后英国政治史上一个时代的结束。从 1979 年到 1990 年,撒切尔夫人担任首相时间长达 11 年,是 20 世纪在位时间最长的首相,在历史上也仅次于曾连续 15 年担任首相的利物浦勋爵。从撒切尔夫人夺得保守党领导权的 1975 年算起,她担任保守党领袖的时间长达 15 年零 9 个月,其间领导保守党连续三次赢得大选胜利,这一纪录在 20 世纪无出其右者,在整个保守党历史上也仅有德比勋爵和索尔兹伯里侯爵担任领袖的时间长于撒切尔夫人。

　　关于撒切尔政府各项政策的得失成败,学术界一直多有分歧和争议。总起来看,论者不外乎是持赞美和批评两种意见。以对撒切尔政府经济政策的评价为例,支持政府的经济学家认为,英国经济已经扭转了以往相对衰落的趋势,英国从 20 世纪 80 年代开始进入一个经济复兴的时代。[1] 尤其是,撒切尔政府在供应领域实行的一系改革措施,极大地改善了英国经济的运行环境,其范围之广泛,收效之卓著,堪称一场"供应领域的革命"。[2] 撒切尔政府的要员则志得意满地宣布,英国在 20 世纪 80 年代创造了生产力奇迹,

---

[1]　A. Walters, *Britain's Economic Renaissance: Margaret Thatcher's Reforms, 1979 – 1984*, Oxford, 1986.

[2]　P. Minford, *The Supply-side Revolution in Britain*, Aldershot, 1994.

从落后者一跃跨入世界经济的最前列，人们已不再谈论什么"英国病"，而是惊奇于"撒切尔奇迹"。[1] 另一方面，批评政府政策的经济学家则指责称，所谓的"撒切尔奇迹"是一个弥天大谎，是通过娴熟但下作地摆弄统计数字后炮制出来的。撒切尔政府的各项经济指标要么比过去低，要么比同期的其他国家低，在很多方面则是既比英国过去低也比其他国家低。[2] 当时的工党领袖尼尔·金诺克和影子内阁工业政策发言人戈登·布朗更是指责撒切尔政府出于政党政治目的，把北海石油和私有化的巨额收入用在减税上面，却没有实现英国经济的结构调整，严重损害了英国经济持久发展的基础。[3] 此外，还有一些学者把撒切尔政府的经济政策视为一场大规模的实验，分门别类地对各项经济政策作出评价。[4] 实际上，撒切尔政府经济政策既有成功之处，也有失败的地方，用不同的经济指标、比较对象和比较时期来衡量，将会对这一时期经济运行状况作出不同的评价。尤其是，有些政策的真正后果要经过相当长的一段时间方能显现出来，而且，撒切尔政府的经济及其他各项政策，例如私有化政策和工会立法，往往带有很浓厚的政治色彩，有时很难把政府的纯政策考虑与其中蕴涵的意识形态成分区分开来。因而，我们应当把撒切尔主义当做一个特殊的历史现象，从整体上把握撒切尔主义的实质，而不是去一一评价撒切尔政府的各项政策。

一

我们剖析撒切尔主义的理论出发点是"国家"与"市场"这一组互相对立的概念。从这两个概念出发，不仅能够使我们摆脱就事论事的窠臼，从整体上宏观地认识和把握撒切尔主义的实质，还可以把撒切尔主义放到现代资本主义国家历史发展进程的大背景之中，从而将撒切尔主义研究上升到一

[1] N. Lawson, *The View from No. 11*, London, 1992; N. Ridley, *My Style of Government*, London, 1991; N. Tebbit, *Unfinished Business*, London, 1992.

[2] K. Coutts and W. Godley, The British Economy under Mrs. Thatcher, in *Political Quarterly*, 1989, vol. 60, No. 2, pp. 138 –161.

[3] N. Kinnock, *Making Our Way*, Oxford, 1986; G. Brown, *Where there is Greed*, Edingburgh, 1989.

[4] C. Johnson, *The Grand Experiment: Mrs. Thatcher's Economy and how it Spread*, Boulder, 1993.

个更高的理论层次。

在国家与市场这两个概念的背后，是集体与个人、集体主义与个人主义、公共领域与私人领域的对立，这种对立最终归结为国家与市民社会之间的对立。恩格斯曾经指出，资产阶级国家"只是资产阶级社会为了维护资本主义生产方式的共同外部条件使之不受工人和个别资本家的侵犯而建立的组织"。[①] 很显然，恩格斯所说的这种国家的经济职能是有限的，其对社会生产以及其他经济活动的影响属于上层建筑对经济基础的反作用的范畴。然而，随着现代国家垄断资本主义的发展，作为上层建筑的国家的经济职能得到了大大加强，国家发挥作用的范围、方式、渠道以及这种作用的性质都与过去时代有了很大的不同。按照哈贝马斯的观点，在所谓"晚期资本主义"阶段，自由资本主义时代国家的政治经济二重性负起多重职能，既填补市场的职能空隙，也干预积累过程并补偿它在政治上可能带来的后果。也就是说，国家必须既对资本主义的私人积累过程作出反应（即作为履行全部职能的"资本主义国家"），又有选择地对社会生活进行干预（即作为市场补偿和替代的"资本主义社会的国家"）。[②]

我们关于撒切尔主义的基本论点是：撒切尔主义是一种以改变国家与市场两者之间力量对比为主要内容的领导权战略，撒切尔主义根本性的一点在于，它试图在不改变英国现有宪政体制的前提下，建立起一种新型的国家与市民社会的关系。撒切尔主义的要义是使国家在一个最合适的程度上对市场领域进行干预，或者说寻找政治国家与市民社会之间的最佳交汇点。从这一意义上说，国家与市场之间的对立有了新的含义，收缩国家干预的边界并不意味着完全放弃国家对社会生活的干预，而仅仅是把政府的干预限制在一个适当的范围之内，中央政府应当只控制那些必须也能够由中央控制的事务，也只有在这些领域中政府的干预才有成功的可能。可以这么认为，撒切尔主义的十年统治改变了英国政府政策的首要目标。

我们认为，在评价撒切尔主义时，应该以战后英国政治的发展脉络为基本线索，既对撒切尔主义的主要政治实践进行实证考察，也分析作为撒切尔

---

① 《马克思恩格斯选集》，人民出版社，1972，第三卷，第436页。
② 基恩：《公共生活与晚期资本主义》，马音等译，社会科学文献出版社，1992，第106页。

主义思想源头和理论指导的政治、经济和社会思潮。① 战后英国政治的一个突出特点是形成了所谓的"共识政治"（Consensus Politics），而这种共识政治的主线就是运用国家力量对社会生活进行干预。从意识形态层面上说，工党与保守党精英统治阶层迫于战后新形势的压力而不得不修正各自的意识形态，工党放弃了社会主义公有制原则，推行温和干预的社会民主主义，保守党也在一定程度上放弃了自由放任的资本主义，宣扬所谓人道的资本主义，实际上，双方都在走一条"中间道路"，都不再认为社会主义与资本主义之间完全对立，转而坚持"第三条道路"——凯恩斯主义社会民主主义。

从政策层面上看，战后历届政府社会经济政策的核心就是在发挥市场机制这一"看不见的手"的作用的同时，极大地强化国家干预这只"看得见的手"。实现充分就业、推行大规模国有化以及建立较为完备的社会保障体系，成为保守党与工党之间基本的政策共识。这些政策推行的结果，使国家与市场、国家与市民社会之间的关系发生了重大变化，积极干预的政府取代了自由资本主义时期"守夜人"式的国家，标志着英国政治进入集体主义政治的新阶段。学界普遍认为，这种集体主义政治的核心是对国家干预的认同，虽然这种集体主义政治离社会主义相去甚远，它却无疑是对自由放任资本主义的一个重大修正。

我们之所以选择国家与市场这一组概念，一个重要的原因在于，由此可以将撒切尔主义与当代西方的一股右翼政治、经济思潮紧密联系起来。20世纪60年代末以来主要在英、美两国出现的"新右派"思潮对撒切尔夫人个人的影响以及对撒切尔主义政治的重要性是不言而喻的。新右派理论家不仅为撒切尔政府的有关政策提供了理论基础，从更深的层次上说，新右派在理论上完成了对国家与市场关系的重新界定。

为什么我们要给予新右派政治思潮以如此的重视呢？首先，撒切尔夫人之所以能够上台执政，之所以会出现人们所谓的"撒切尔主义"，离不开与之相应的政治、经济理论的支持乃至普通民众思想观念的转变；其次，以撒切尔主义（也包括里根主义）为代表的20世纪80年代英、美两国政治具有一个不同于以往的基本特点：意识形态色彩浓厚，这一特点不仅表现在政

---

① 王皖强：《撒切尔主义研究的几个问题》，《世界历史》1997年第3期。

治家的口头表述上，也体现在政府实际政策所反映出的政治教义中。

政党政治与意识形态从来都是一个问题的两个方面，两者相互影响，不可分割，政党政治源于并且反映意识形态，意识形态则对实际政治领域具有重大的指导作用。所以，我们要特别强调的一点是，我们应该从两个不同的层面来剖析撒切尔主义，其一是政策层面，即撒切尔主义的政治实践，其二是意识形态层面，即作为撒切尔主义思想渊源和理论指导的政治思潮。换言之，我们是在一个更宽泛的意义上使用"撒切尔主义"这一术语，力图从更广阔的历史视野来对战后以来的英国政治作出诠释。

在 20 世纪五六十年代，英国乃至整个西方资本主义世界的政党政治都出现了政策取向趋同、意识形态淡化的现象，其在政策上的反映就是共识政治，在思想上则是丹尼尔·贝尔所说的"意识形态的终结"。然而，西方民主政治的钟摆是反复无常的，在经过 20 年的向左摆动后，凯恩斯主义经济政策和福利国家遭到越来越多的抨击，人们在国家干预问题上的态度也发生了显著变化，英国政治的天平开始向右倾斜。实际上，战后国家干预由弱到强的发展，正是新一轮国家干预由强转弱的先声，新右派首先在理论上确立了减少国家干预的原则，在战后共识政治的废墟上"崛起"的撒切尔夫人及保守党右翼则在政治上把这种自由市场保守主义付诸实施。

当然，如同绝大多数名称上冠以"新"字的政治派别或思想流派一样，新右派的理论和学说到头来不是新瓶装旧酒，就是把新的内容硬塞到老的框架之中。不过，新右派并非一个统一的政治运动或理论流派，而是一个松散而庞杂的混合体，人们往往将各种观点不尽相同、有时甚至是南辕北辙的理论和学说归于其名下。因此，我们有必要作出一个基本的区分，把新右派思潮看成是经济自由主义和社会权威主义的结合。经济上的自由主义和政治上的保守主义构成了新右派的两大主流，为区别起见，我们分别称之为"新自由派"与"新保守派"。

一言以蔽之，新右派的宗旨是重新界定国家、市场与政治体制之间的关系。在新右派理论家看来，问题不在于是否应当选用国家力量来实现某种社会目标，而是社会和经济生活应当在多大程度上由国家来控制和调节。尽管新右派成员在有关问题上各执一词甚至针锋相对，但我们将要论证，新自由派和新保守派之间在减少国家干预这一点上达成了一致，他们共同的主题是反对凯恩斯主义、抨击福利国家政策、主张以市场力量调节经济生活、呼吁加强法治、维护社会秩序、增强国家的权威。值得注意的是,新右派思潮结合了现代因素和传统因素,而撒切尔主义政治则涵盖了这两个方面。新自由主义和新保守主义的并存不仅体现在撒切尔主义的意识形态中,而且也体现在撒切尔夫人推行的新保守主义政治之中。

在对撒切尔政府政策进行实证分析时,我们面临一个如何着手的问题。首先必须明确的是,我们所要做的,不是论述 20 世纪 80 年代英国保守党政府的各项政策,而是在分析撒切尔政府有关政策的基础上得出一个清晰的关于撒切尔主义的观念。因此,我们认为,撒切尔主义研究的对象应该是那些撒切尔主义所特有的、能够突显出撒切尔主义本质的政策,而不是一般意义上所说的撒切尔夫人所领导的保守党政府推行的内外政策。总之,我们不应当把撒切尔政府的政策与撒切尔主义的政策完全等同起来,这两者之间虽然并非截然不同,但的确可以作出区分。

那么,我们选择撒切尔政府的哪些政策作为我们剖析撒切尔主义的切入点呢?英国学者的研究为我们提供了基本的线索。萨维奇和罗宾斯等人考察了撒切尔政府的 15 项主要政策,并把这些政策划分为三类:第一类是有激进变化的,第二类是有所变动的,最后是基本延续以往政府做法的政策。[1]显然,我们的分析应当、也只能集中在第一类政策上。1988 年,牛津大学纳菲尔德学院在一份关于英国大选的研究报告中提出,在以下五个政策领域中,撒切尔政府推行了与战后历届政府完全不同的政策,它们是:政府的宏观经济政策、公共部门的规模、工会政策、经济决策中的法团主义以及地方政府政策。[2]

撒切尔政府在上述五个领域的政策大致可以从两个层面来分析,其一是以减少国家干预为基本点的新自由主义政策,其二是以增强政府权威、加强中央集权化为根本目的的新权威主义政策。研究撒切尔政府以货币主义为主的宏观经济政策,考察撒切尔政府大力推行的私有化,我们不难发现,撒切尔主义的宗旨是反对国家干预、强化市场力量的。从实际的政策结果看,20

---

[1]   S. P. Savage and L. Robins (eds.), *Public Policy under Thatcher*, London, 1990.

[2]   D. Butler and D. Kavanagh, *The General Election of 1987*, London, 1988.

世纪 80 年代英国公共部门的规模大大减小，国家对社会经济的干预确实在范围上有所缩小，力度也有所降低。然而，我们不应把这一过程视为国家撤出了对社会经济生活的干预，它只是以一种间接的、远距离的宏观调控取代战后以来直接的、近距离的政府干预：对货币供应量的控制代替了对社会总需求水平的微调；对失业者的培训计划代替了充分就业目标；对垄断性公共企业的调控代替了国有化企业的指令性计划；对工业有选择地进行补贴代替了无区别的普遍扶持；一言以蔽之，在撒切尔时代，国家干预依然存在，所不同的只是干预的形式发生了显著的变化，从直接干预转变为间接调控。①

经济上的自由主义并不意味着政治上的民主化，撒切尔主义的一个最大的矛盾之处就在于，一方面是实现经济自由化，而与此同时国家干预不仅没有削弱，反而大大地增强了。我们分析一下撒切尔政府的工会战略（包括摒弃经济决策的法团主义）以及地方政府改革，就可以揭示出撒切尔主义的另一副面孔。通过对撒切尔政府在社会、政治领域几项主要的政策的分析，我们只能得出这样的结论：在整个 20 世纪 80 年代，中央的权威加强而不是削弱了，国家干预的边界不仅没有收缩，反而向前迈进了一大步，20世纪 80 年代英国政治异常鲜明地显示出权威主义、反民主以及中央集权化的趋势。② 撒切尔主义的上述两个层面看似互不相容，实际上却有着一种互补的关系，作为一种以改变国家与市场、政治国家与市民社会关系为主要内容的领导权战略，撒切尔主义的一个最基本的特征就在于：经济自由主义与社会权威主义并存、减少国家干预与加强国家权威并行不悖。从这一意义上说，撒切尔主义在增强市场力量的同时，深化了国家干预，但国家干预是为了使市场机制更好地发挥作用。

二

在上台执政前夕，撒切尔夫人信誓旦旦地表示："我们必须一再强调，

---

① 杨豫、王皖强：《论撒切尔政府的反通货膨胀政策》，《南京大学学报》1996 年第 4 期；杨豫、王皖强：《论英国国有工业的改造》，《史学月刊》1997 年第 3 期；王皖强：《论 80 年代英国政府的微观经济改革》，《湖南师范大学学报》1998 年第 5 期。
② 王皖强：《论撒切尔政府的工会战略及其后果》，《湖南师范大学学报》1996 年第 5 期；王皖强：《论 80 年代英国地方政府改革》，《湖南师范大学学报》1997 年第 6 期。

不管到达目标的道路多么漫长艰辛，我们要实现根本性的方向改变。我们要有一个全新的开始，而不是重蹈覆辙，我再度要求保守党信奉自由、自由市场、有限的国家以及强大的国防。"① 到1985年大选前夕，杰弗里·豪踌躇满志地宣布："我们已经重新划定了政治争论的共同立场的界限。是称之为保守主义的共识，还是新的激进主义，抑或是经济现实主义，这都是无关紧要的。关键在于，我们已经开创了一个后国有化、后工会专权的时代，在这个时代，不再有尽人皆知的国家衰落，个人与国家之间的依赖关系也不复存在了。"②

在1979年以后的连续执政时间里，通过缩减国家干预的范围和改革中央政府机构，撒切尔政府对英国国家体制作出了重大调整。我们可以从三个方面来考察撒切尔主义在国家干预的范围和方式上所带来的变化：一是政府的规模；二是私有化政策的实际结果；三是公共开支的基本状况。

撒切尔政府试图通过改革政府行政部门和削减文官人数来实现压缩政府规模的目的。1979年，英国政府各部门约有73.2万名文职人员，到1983年这一数字下降到60.6万人，到1989年英国文官部门更精简至58.76万人，1990年政府官员的人数增加了2万人。③ 1994年4月，英国仅有53.35万名文官。但这种削减主要是因为私有化和服务业承包所造成的，而且非工业部门文职人员下降的幅度很小，仅从1979年的56.5815万人减少至1994年的48.7435万人，而同期临时性雇员的人数却增加了。另外值得一提的是，撒切尔政府将大批文职人员分离到独立的公共机构之中，仅1990年就有将近6万人从政府机关分离出去。这样一来，虽然中央政府的职能减少了，但这些职能仍由独立的公共机构继续执行，应该说是职能执行发生了转移。

私有化是撒切尔政府推行的最重要的政策之一，概括起来说，经过20世纪80年代的大规模私有化，到1991年时，英国已有超过一半以上的公共部门转制为私营部门，有65万名工人从国有企业转到私营企业工作，其中

---

① M. Thatcher, *The Downing Street Years*, London, 1993, p.15.

② P. Riddell, *Thatcher Government*, Oxford, 1985, p.247.

③ J. Norman, *Reconstructing the Welfare State：A Decade of Change 1980 - 1990*, New York, p.221.

有90%的人成为了股份持有者；与1979年相比，英国的股份持有者占总人口的比例已从7%上升到20%，国有经济部门产值占全国总产值的比重则从9%下降到不足5%；英国已出售了125万套住宅，其中绝大多数是由常住房客购买。另外，在国民医疗保健和地方当局也建立起服务业承包的体制。① 如此大规模的国有资产转移当然在很大程度上缩小了国家干预的边界，但这并没有彻底消除国家的作用。例如，国有企业的私有化并不意味着国家完全撤出了经济领域，政府部门仍然对私有化企业施行宏观调控与管理。

在控制政府公共开支方面，撒切尔政府没有取得多大的进展。1978～1979年度，英国政府公共开支占国内生产总值的比例为43.5%，到1982～1983年度已上升到47%，1983～1984年度有所下降，但由于煤矿工人大罢工的影响，1984～1985年度上升到46.5%，此后才逐年缓慢下降，1990～1991年度公共开支约占当年国内生产总值的39%左右。1970～1990年的20年间，英国政府开支年平均占国内生产总值的32%左右，最高的年份恰恰是在撒切尔夫人统治时期，只是从1988年开始，撒切尔政府才在控制政府开支方面取得了一些进展。②

在社会福利领域，撒切尔政府总是持谨小慎微的态度，这与新右派的理论及撒切尔夫人本人的信念形成了鲜明的对照。正如一位评论家所指出："事实上，市场的运作并不产生大多数人的幸福，任何一个希望重新当选的政府，不论它的官方教义是什么，都必须对无限制的市场力量进行干预。"由于没有从根本上改变国家政治体制的性质和结构，撒切尔政府并没有摆脱20世纪六七十年代两党政府在社会福利问题上只能进不能退的困境，因而在削减公共开支、压缩政府规模方面的企图往往归于失败。一位前撒切尔政府的要员戴维·豪威尔就批评撒切尔政府总是用公共开支这一工具来实现政党的政治目的，而不是真正地缩减国家干预的范围，从而为个人提供更多的机会。豪威尔写道：尽管经济增长了，撒切尔阵营却发现自己不得不花费更多。"旧有的集体主义福利国家水准低下，而且其影响足以毁灭财富的创

---

① S. Ludlam and M. Smith（eds.），*Contemporary British Conservatism*，Hampshire，1996，p. 150.

② J. E. Mullard，*The Politics of Public Expenditure*，London，1993，p. 24.

造，却仍然令人沮丧地完好无损。撒切尔仍然要解决人们对待大规模公共开支的态度问题。尽管保守党人连续获得选举的胜利，他们却赢不了这场战争。"①

在 20 世纪 80 年代，虽然一些经济部门，如贸工部和运输部的开支有明显的下降，但整个英国政府部门的总开支却上升了 11%，这清楚地表明了撒切尔主义的另一个平行的要素，为了实现削减公共开支的目标，把市场机制引入经济生活的各个层面，撒切尔主义者反而不得不以各种方式扩展中央政府的职能。首先，地方政府改革使许多原本属于地方当局的职能划归了中央政府；其次，国家必须以各种方式进行干预，以确保市场价值观深入社会生活的方方面面，从城市运输服务业的调控到自来水供应的监管，从普通开业医生的管理到中小学统一课程的设置，都有赖于撒切尔主义的国家发挥至关重要的作用；最后，国防、法律与秩序部门必须得到加强，这部分是以牺牲福利国家为代价，部分则是为了应付随着社会福利经费的削减而产生的问题。②

在撒切尔政府实施国家干预的诸种手段中，法律手段是最重要的。法律部门和内政部是政府各部门中开支增幅最大的，前者在 10 年间的开支竟增加了两倍多。③ 事实上，不管是推行经济自由化的私有化政策，还是推行权威主义、中央集权的工会战略和地方政府改革，撒切尔政府都是通过大规模的立法活动来付诸实施的。在 1979 到 1990 年，撒切尔政府先后向下院提交了 552 项议案，其中有 542 项获得通过成为法律，数量超过战后任何一届政府。④ 按照撒切尔夫人自己的话说："撒切尔主义的实质就是法律管制下的自由。"⑤ 对此，有论者指出，撒切尔夫人主要有五个主要目标：第一，缩减国家干预的边界；第二，鼓励私人所有制；第三，削弱工会权限；第四，

---

① E. B. Geelhoed, *Margaret Thatcher*: *In Victory and Downfall*, New York, 1991, p. 191.

② S. Edgell and V. Duke, *A Measure of Thatcherism*: *Sociology of Britain*, London, 1991, pp. 224 – 225.

③ *Guardian*, 31 January 1989.

④ R. Rose, *Politics in Britain*: *Change and Persistence*, Hampshire, 1989, p. 113; P. Norton, *Does Parliament Matter*? New York, 1993, p. 55.

⑤ *Independent*, 26 August 1987.

削减公共开支；第五，予民自由。除最后一条外，其余的都成功了。① 社会民主党领导人罗伊·詹金斯更是尖锐地抨击说，撒切尔夫人所称的自由几乎完全是一种商业词汇，撒切尔政府"孜孜以求的收缩国家干预边界只是为了使人们自由地追逐利润，同时它又是我所知道的在个人行为和言论自由方面最颐指气使的政府"。② 在研究了英国 20 世纪 80 年代上百起政府与私人之间的诉讼案例后，牛津大学的两位法学教授指出，撒切尔夫人所说的自由概念中多含有经济色彩，如选择的自由、购买股票的自由、购买住房的自由等等，而在一些基本的公民权，如言论、结社及出版自由等方面，撒切尔主义是反自由的。③ 由此看来，撒切尔政府以重铸国家与市场的关系为宗旨，一方面减少国家干预，增强个人的选择自由，从而创造一个由市场力量起主导作用的社会，另一方面，撒切尔政府又对社会领域进行了大规模的国家干预，日益显示出权威化和中央集权化的趋势。撒切尔主义的一个最基本的特征就在于，经济自由主义与社会权威主义并存、减少国家干预与加强国家权威并行不悖。从这一意义上说，撒切尔主义在增强市场力量的同时深化了国家干预，但国家干预是为了使市场机制更好地发挥作用。可见，撒切尔主义者并不反对国家干预，他们所反对的只是以国家取代市场，以国家垄断和控制来代替市场机制。

三

就英国政党政治而言，撒切尔主义的长期统治重新界定了两党政治斗争的主题和界限。在撒切尔主义者看来，撒切尔夫人已经迫使工党一步一步地放弃了基本的社会主义政策，英国政治争论的天平已经朝能够最好地促进市场经济的一方倾斜。

工党在 20 世纪 80 年代一直处于在野党地位，这主要是由多方面的原因造成的，但很重要的一个原因在于，工党领导层未能准确把握国际政治和世

---

① S. Williams, The New Authoritarianism, in *Political Quarterly*, vol. 60, No. 1, 1989, p. 7.

② R. Shepherd, *The Power Broker: The Tory Party and Its Leaders*, London, 1991, p. 191.

③ K. D. Ewing and C. A. Gearty, *Freedom under Thatcher: Civil Liberties in Modern Britain*, Oxford, 1990.

界经济的发展潮流，不仅未能发展起足以与撒切尔主义相抗衡的领导权战略，反而提出了一些普通英国人难以接受的政策主张。痛定思痛之后，从20世纪80年代后期开始，工党上下掀起了政策和意识形态反思的浪潮，整个工党逐步从左倾向中间靠拢。1987年，工党副领袖罗伊·哈特斯莱出版了《选择自由》一书，试图从理论上为工党意识形态的转变奠定思想基础，哈特斯莱宣称社会主义的真正目标是建设一个名副其实的自由社会。① 一些工党理论家和左翼学者也主张实行德国和斯堪的纳维亚半岛国家的社会市场经济，推行"市场社会主义"。②

工党领导层在一系列重大问题上的态度也开始发生转变，工党内部主张市场导向的右翼逐步压倒了主张多一点国家干预的左翼。到1992年大选前夕，工党完成了对以往政策的重新评价，确立了新政策的基本框架。在国家与市场关系、公有制和私有化、福利国家、宏观经济政策、工会政策以及国防等方面，工党都相应作出了重大调整，1992年的《竞选宣言》标志着工党政策转型的完成。③ 1994年，托尼·布莱尔当选为工党领袖，他宣布要赋予传统的工党信念以现代内涵，建设一个"新工党"。布莱尔认为，老左派和新右派的方案都不能奏效，他所领导的工党将是一个中间派的政党，也是中左派的政党。④

从某种意义上说，撒切尔主义对保守党的影响远不如对工党的影响大。在《国家的角色与作用》的演说中，梅杰表示："在20世纪80年代，玛格丽特·撒切尔开始收缩国家干预的边界，以求实行私有化、非调控化以及恢复个人的动力，但还有更多的事要做。我的雄心是在各个层面上建设更小的政府、有效力的政府、效率更高的政府以及负责任的政府。"⑤ 但如同美国的布什政府与里根政府的关系一样，梅杰政府主要扮演着继承者和完善者的角色。

总的来看，梅杰政府的政策与撒切尔政府的政策大同小异，梅杰主义基本上没有脱离撒切尔主义的范畴。在撒切尔主义大获全胜的领域，如工会改

① R. Hattersley, *Choose Freedom*: *The Future of Democratic Socialism*, Middlesex, 1987, p. 15.
② B. Hindes (ed.), *Reaction to Right*, London, 1990.
③ E. Shaw, *The Labour Party since 1945*, Oxford, 1996, pp. 181–189.
④ T. Blair, *New Britain*: *My View of a Young Country*, London, 1996, p. 37.
⑤ S. Ludlam and M. Smith, op. cit., p. 16.

革，梅杰政府继续推行相应的政策，而在撒切尔主义无法深入的领域，梅杰政府则根据 20 世纪 90 年代初的政治环境对撒切尔政府的政策作出修正，在欧洲政策和地方税政策上就是如此。

应当指出的是，虽然撒切尔夫人长时间担任保守党领袖，保守党却仍然只是撒切尔夫人领导的保守党，并没有成为撒切尔主义的党，她在 1990 年的被迫突然下野就很清楚地表明了这一点。根据英国议会研究专家的看法，1990 年年底时，保守党议会党团至少可以分为 7 个派别：新自由主义者有 16 名议员，右翼托利分子有 26 名议员，撒切尔主义者有 26 位议员，以上三类人属于保守党右翼。撒切尔主义的批评者由"湿派"（wets）、"准湿派"（damps）和平民主义者组成，分别有 27 位、40 位和 17 位议员。最庞大的是党内忠诚派，有 216 名议员，他们的政治主张介乎上述两大派别之间，更多的是把党的利益放在首位。① 由此可见，撒切尔主义在保守党内并没有什么优势可言，即使是在撒切尔夫人议会里的同事中间，对她的经济和社会政策持敌视态度的也大有人在。保守党温和派仍十分活跃，希思、麦克米伦、伊恩·吉尔摩等中间道路保守主义者都是撒切尔主义的尖锐批评者。

不仅保守党没有完全接受撒切尔主义，随着时间的推移，英国民众对待撒切尔主义的态度也开始发生变化。1988～1989 年的《英国社会态度》白皮书表明，"英国公众舆论实际上越来越疏远企业文化的许多目标，人们的态度已经转变，变得不那么赞同撒切尔革命的这些核心教义"。1990 年，莫里民意测验显示，54% 的被调查者认为自己是社会主义者，只有 34% 的人认为自己是撒切尔主义者。② 在撒切尔主义的一些核心政策，如失业率与通货膨胀、社会福利开支与税收的关系等关键问题上，英国民众越来越倾向于社会民主主义。

具有讽刺意味的是，在 1990 年被迫下台前夕，撒切尔夫人意气风发地宣布：撒切尔主义已经在全球范围内广为传播，撒切尔主义不是针对一个 10 年，而是适用于数个世纪。③ 然而，此后的世界政治现实已经证明，撒切

---

① E. B. Geelhoed, op. cit., pp. 187 – 188.

② R. M. Worcester, *British Public Opinion*, Oxford, 1991, p. 121.

③ *Newsweek*, 15 October 1990.

尔主义仅仅是西方资本主义漫长发展史中出现的又一次对国家与市场关系进行的局部调整而已。进入 20 世纪 90 年代后，资本主义世界的政治气候再度发生转变，只不过这次的方向是向左转。1992 年，美国民主党人克林顿出任总统，并在 1997 年获得连任；1995 年，在沉寂 16 年后，英国工党终于赢得了大选胜利，组成了布莱尔政府；法国左翼力量在经历了 20 世纪 90 年代初的消沉后重新崛起，若斯潘政府的上台使法国政坛出现了右翼总统与左翼总理并存的局面；1998 年 9 月，欧洲最大的左翼政党德国社会民主党在大选中获胜，与绿党组成联合政府上台执政，而此前欧盟 15 个成员国中已有 12 个国家为左翼政党执政或参政。一时间，欧洲大陆为"玫瑰色"所笼罩，欧洲政治的"中左化"趋势蔚为潮流。

虽然在表述和具体政策内容上不尽相同，但各国中左政府所推行的政治路线的基本点可以概括为"新中间道路"（New Center）：在专注于国家控制、高税收和维护生产者利益的老左派与主张狭隘的个人主义和自由放任的新右派之间的"第三条道路"。实际上，这是回到了资本主义国家的老问题上，即如何既有效地利用自我调节的市场实现资源和分配的最优化，又运用国家工具尽力避免为此所付出的社会代价。

可以认为，战后的共识政治是对资本主义 20 世纪二三十年代大危机作出的直接反应，但共识政治在国家与市场二者的力量对比上所形成的暂时性平衡，只是把社会代价维持在人们可以接受的限度之内，并没有彻底消除资本主义内在危机的根源。这种暂时妥协本身就从根本上预示着作为自身的一个"反动"的撒切尔主义。在彻底摧毁了凯恩斯主义社会民主共识并着手确立起新的"撒切尔主义共识"后，撒切尔夫人的历史使命实际上也就宣告完结了，她本人及她的"主义"就成为了新一轮调整与超越的出发点。当历史的尘埃落定之后，人们将会意识到，撒切尔主义是、也仅仅是资本主义国家与市场关系发展历史上不可或缺的一环。

（原文发表于人大复印资料《世界史》专稿 2001 年第 1 期，第 1~7 页）

北约扩张的历史与现实分析

◎ 许海云

众所周知，北约是在战后美苏冷战中孕育和发展起来的。作为西方国家贯彻其冷战意志的军事－政治工具，北约在统一西方国家政治思想、贯彻防务安全战略、整合社会资源等方面发挥了重要作用，并且对冷战格局产生了重大影响，赋予其某些制度化和集团化的特征。在北约作用下，西方阵营内部形成了多边或双边化的安全结构，在大西洋联盟体制下，北美与西欧在防务安全领域的合作日趋密切。其中，美国与加拿大构成了大西洋联盟的北美支柱；在欧洲内部，西欧联盟则成为欧洲防务联合的一个重要部分，与北约既重合，又独立。同样受北约影响，欧洲政治与安全实践呈现出新内容：北约与华约两大集团对峙，东西双方在欧安会赫尔辛基会议精神下实施安全合作、欧洲核竞赛与核禁试实践、欧洲削减和控制武器谈判等，欧洲冷战从形式到内容都发生了一系列重大变化。

20 世纪 90 年代初冷战宣告结束，作为美苏冷战斗争的产物，北约理应退出历史舞台。甚至连西方学者也普遍认为，北约在国际事务中的作用将逐步淡化、北约将退出国际政治与军事舞台。芝加哥大学政治学教授约翰·米尔舍莫尔提出："苏联的威胁为北约团结提供了一种粘力，撇开这种攻击性的威胁，美国有可能放弃欧洲大陆，同时，它领导了四十年之久的该防务联盟可能会就此解散。"① 较之为甚，美国对外政策委员会委员、加州大学伯

---

① John Mearsheimer, Back to the Future：Instability in Europe after the Cold War. *International Security*, vol 15, 1990, (1).

克利分校政治学教授肯尼斯·华尔兹在回答美国参议院外委会的咨询时，更是直言不讳，"北约是一个正在消失的东西"，"问题的关键不是北约作为一个重要机构还能维持多久，而是它的名字还能徘徊多久"。① 然而，事实是，北约非但未在冷战结束后衰退或者消亡，相反却得到更大发展，其深度甚至远远超出冷战时期。

那么，支撑北约在后冷战时期继续存在且不断深入发展的原因是什么呢？冷战结束后，遍观20世纪90年代国际格局，西方国家的联盟关系已经不再局限于政治、经济与军事等领域，开始向社会保障、宗教信仰、大众文化、科技进步、环境治理、防范与打击犯罪等领域拓展。北约在意识形态上的号召力大大减弱，冷战思维不再是整合西方国家政治、经济、军事力量的唯一动因，在意识形态因素之外，还存在着其他影响北约发展的因素。

本文研讨的重点，就是围绕北约在不同历史时期的扩张政策及其实践，通过比较分析冷战时期与后冷战时期导致北约扩张的多个历史因素，全面、系统地研究和总结北约对外扩张的动因与规律，对北约在新国际格局中政治体制的发展、安全战略以及联盟形式进行准确预测，使我们更好地认识北约。

一 北约历史上的扩张及其分析

二战结束后，在美苏联合操纵下，世界进入冷战时期。在东西方冷战中，美苏双方都为能赢得冷战优势而竭力扩大自己的影响，扩展其冷战联盟阵线，北约就是这种冷战实践的产物。1949年4月4日，美国、加拿大和欧洲十国在华盛顿联合签署《北大西洋公约》。事实上，美、英等国在酝酿大西洋联盟之初，就曾计划将整个北大西洋地区尽数纳入集体防御范围。英国外交大臣贝文在1948年2月向议会发表的《英国外交政策的首要目标》的演讲中，就曾清晰地描述了未来西方联盟的范围。即"我们应该组织一个由美国和自治领支持的西方民主体系，其中包括斯堪的纳维亚半岛国家、低地国家、法国、意大利、希腊，可能还有葡萄牙。一旦条件许可，我们还

---

① Martin Smith, *NATO in the First Decade after the Cold War.* (Boston & London: Kluwer Academic Publishers, 2000), p. 174.

希望包括西班牙、德国，因为没有它们，西方体系是不完整的"。①

在最初的大西洋联盟政策中，其冷战思想可见一斑。首先，在北约初始成员国中，意大利与冰岛侧身其中，可谓集中体现了联盟的冷战色彩。因为前者是反法西斯战争的战败国，其政治地位尚未得到战后国际社会的普遍认可；后者自1944年独立后一直是非武装国家。两国入盟北约，既有悖于国际安全与欧洲防务传统，又与北约自我标榜的"维护和平与安全"的精神背道而驰。其次，对葡萄牙的成员国资格，北约内部一直存在着分歧。西欧国家一致认为，葡萄牙处于萨拉查专制统治下，严重背离西方的"民主、自由"标准。葡萄牙能跻身北约之列，纯属美国反共与冷战的需要。"对美国防务设计者来说，出于获得大西洋其他部分战略落脚点的同一考虑，促使其邀请葡萄牙加入北约，因为葡萄牙控制了亚速尔和曼德拉群岛。事实上，在北约成立之时，葡萄牙及其海岸岛屿不仅仅被视为美国及其盟国海岸力量进入或退出欧洲大陆的关键着陆点，而且也被视为美国制定其南美、西部和南部非洲、波斯湾以及近东防务战略所要考虑的中心要素。"② 由上可见，在北约创立之初的联盟思想中，强烈渗透了谋求全球军事对抗、遏制和包围苏联东欧社会主义国家的战略考虑。

就北约的安全战略而言，在西欧－北美作为北大西洋区域战略中心的基本考虑之外，北约一直谋求最大限度地扩展其战略安全范围。由北约建立之初的战略格局可见，向北直抵斯堪的纳维亚半岛，向南延伸至亚平宁半岛，向西南扩充至伊比利亚半岛，其防务战略区域极其辽阔。这一格局不仅立意于最大限度遏制苏联与东欧，而且也为北约的未来扩张奠定了基础。"使用北大西洋这个词，而且从《北大西洋公约》文本完全省略了欧洲的名字，条约的设计者筹划了一个美国的而非欧洲的条约，加拿大、冰岛甚至葡萄牙加入北约组织，其重要性不在于地理位置，而是由于其与欧洲以外地区的联系。"③

① Alan Bullock, Ernest Bevin, *Foreign Secretary 1945 - 1951* (Oxford & New York: Oxford University Press, 1985), pp. 516 - 517.

② Douglas Stuart & William Tow, *The Limits of Alliance, NATO Out-of-Area Problems Since 1949.* (Baltimore: The John Hopkins University Press, 1990), p. 49.

③ Lawrence Kaplan, After Forty Years: Reflections on NATO as a Research Field. Quoted in Francis Heller & John Gillingham, eds. . *NATO: The Founding of the Atlantic Alliance and the Integration of Europe* (New York: St. Martin's Press, 1992), p. 20.

大量处于北大西洋防务安全边缘地带的国家或者地区被延揽进北约，这反映了北约安全战略在确保其基本安全利益的同时，也强调其政治利益。意识形态的张扬、防务安全职能的不断加强，推动着北约在冷战中持续扩张。

然而，冷战时期北约对外扩张，主要以不断扩大冷战联盟的方式进行，其基本路线是，首先吸收希腊、土耳其入盟，然后吸纳联邦德国加盟，其后是将西班牙延揽入盟，最终体现北约防务安全的"完整性"。事实上，早在酝酿北约之初，希腊与土耳其就曾积极谋求成为北约的创始国。然而，由于两国地处北大西洋区域防务安全的边缘，远离西欧－大西洋防务安全轴心；再加之两国在政治、经济、社会、文化等方面与北约各国存在差异，很难与之比肩同行。此外，东南欧地区在历史上一直被视为欧洲的动乱之源，西欧国家普遍惮于与希、土结盟而卷入东南欧的民族纷争与国家冲突，这些因素都决定了希、土两国无缘成为北约的初始成员国。

然而，1950年朝鲜战争爆发，对欧洲冷战格局产生了强烈冲击。北约作为西方冷战工具的特性突显，其冷战化军事－政治职能进一步扩大，寻求欧洲防务安全、建立东西方"新战略平衡"，成为北约吸纳希腊与土耳其入盟最迫切的现实需要。北约领导人普遍深信，"斯大林对欧洲也像对朝鲜一样，有自己的计划"。[1] 1952年2月，北大西洋理事会在里斯本召开会议。会议除讨论理事会的机构设置与权力运转、新安全方针等议题外，还特别讨论了希腊、土耳其入盟问题。最后，北大西洋理事会正式决定吸收希腊、土耳其入盟北约。对北约来说，尽管希腊与土耳其并非大西洋国家，但其战略地位却具有特殊意义。两国和意大利一起，构成了北约的地中海战线，即"北大西洋的北部地中海联盟"，这使地中海能够成为北约的内湖，其西出口由英国和西班牙控制，东部地区则由土耳其控制。[2] 土耳其扼黑海出海口、挟欧亚大陆桥之地利，事实上成为北约阻遏苏联穿越黑海海峡、南下地中海的关键。毫无疑问，吸纳希腊、土耳其，北约可以加强大西洋防务安全

[1] Douglas Stuart & William Tow, *The Limits of Alliance*, *NATO Out-of-Area Problems Since 1949*, p. 55.

[2] Lawrence Kaplan & Robert Clawson, NATO and the Mediterranean Powers in Historical Perspective. Quoted in Lawrence Kaplan, Robert Clawson, and Raimondo Luraghi, eds. . *NATO and the Mediterranean*. (Wilmington Delaware: Scholarly Resources Inc, 1985), p. 3.

体系的南翼战线。希腊、土耳其入盟北约，同样反映了北约唯意识形态思维以及冷战化扩张。

继希、土两国入盟北约后，北约又将其扩张目标对准联邦德国。在美、英等国看来，联邦德国处于欧洲的中心地带，加入大西洋联盟势在必行。早在北约成立一个月之后，英国陆军元帅蒙哥马利就提出联邦德国参加大西洋联盟的计划，英帝国总参谋部的一些高官甚至建议联邦德国建立 12 个师，用于防卫欧洲。① 此后，北约内部关于延揽联邦德国入盟的呼声不断。在里斯本会议期间，北约理事会详尽探讨了联邦德国加入北约的可能。尽管法国反对，联邦德国进入北约的时间也一拖再拖，但是推动其早日进入北约防务安全体系，已经成为 20 世纪 50 年代北约谋求战略扩张的一个重大政治与军事目标。因为在美国看来，"他们不理解，为什么美国人、欧洲人要保卫包括联邦德国在内的西方，却排斥其于共同防御之外呢？"②

为了将联邦德国纳入大西洋联盟，美、英做了大量工作。1952 年，西方国家与联邦德国订立《波恩专约》，恢复其主权国家的地位，结束其作为美、英、法三国占领地的政治状况。英国甚至出面对布鲁塞尔条约组织进行改造，将联邦德国与意大利囊括其中，使之成为西欧联盟。20 世纪 50 年代中期，国际战略形势出现巨大变化。朝鲜战争结束，"日内瓦会谈"召开，东西双方之间出现了冷战对峙中的首次缓和，因为"很明显，到 1955 年，东西方之间全面战争的危险似乎已经降低，和平共存正变得更加可信"。③ 然而，正是在这种相对缓和的国际形势下，北约最终还是吸收联邦德国入盟，这反映了主导北约政治与军事实践的冷战思维所发挥的作用。因为在北约看来，北约与苏联东欧集团一直在常规军事领域存在着较大差距，这成为北约在防务安全上挥之不去的梦魇。缺乏联邦德国参与的北大西洋防务安全体系，等于是在其防务中心地带向敌方敞开了大门。联邦德国加入北约，不

---

① David Gates, *Non-Offensive Defence, An Alternative Strategy for NATO?* (London: Palgrave Macmillan, 1991), p. 2.

② Lawrence Kaplan, *NATO and the United States, The Enduring Alliance* (Boston: Twayne Publishers, 1988), p. 49.

③ P. Kesaris, ed. *Documents of the National Security Council, 1947－1977*. NSC 162, 30 September 1953; NSC5501, 7 January 1955, Washington, 1980, p. 281.

仅可以弥补北约与苏联东欧集团在常规军事力量上的差距，而且还可以有效地填补中欧战略中心的真空，强化北约的防务安全实践。

事实上，和北约吸收希腊、土耳其的考虑一样，联邦德国入盟北约，仍然是北约将其战略防御基础，建立在对苏联东欧集团可能发动武装攻击的假设之上，即"苏联试图击败北大西洋条约国家，它的力量将到达大西洋海岸、地中海以及中东"。[①] 这一假设没有任何现实依据，苏联东欧集团从来没有谋求在欧洲大陆进行扩张的计划，这充分说明北约防务安全战略中存在的逻辑矛盾。而导致这种危机意识以及炮制对抗性战略的根本原因，还是北约所坚持的冷战化惯性思维，这成为主导北约政治实践与防务安全战略的一贯原则。

和希腊、土耳其以及联邦德国相比，西班牙是冷战时期最晚进入大西洋联盟的国家。然而，从北约建立伊始，西班牙就一直是美英当局关注的对象。北约对伊比利亚半岛战略地位的认定，并不仅限于葡萄牙。美、英在吸收葡萄牙入盟北约时就承诺，尽快将西班牙纳入联盟，不使葡萄牙违反1939 年它与西班牙订立条约所涉及之义务。鉴于西欧国家普遍排斥佛朗哥独裁统治下的西班牙，北约在其建立之初并没有吸纳西班牙，但却始终没有放弃拉拢西班牙。因为"西班牙在地理位置上远离东西双方可能在中欧地区首先发生战争的战场，而且在其北部横亘比利牛斯山脉这一天然屏障，能够为北约的常规武装力量提供一种在欧洲大陆最后的防御堡垒"。[②] 可见，北约吸纳西班牙入盟的主要考虑，无非是西班牙在地中海、大西洋以及欧洲大陆所具有特殊的战略地位。

20 世纪 80 年代，东西双方冷战缓和与对峙并行，冷战的危险性与对抗性大大减弱。此时，西班牙加入北约之举，还是北约的冷战思维在作怪。尽管存在着北约谋求扩张与国际现实的矛盾，尽管期间西班牙领导人菲利普·冈萨雷斯还以"历史的矛盾症结"为由，[③] 反对入盟北约，但最终西班牙还

① NATO Medium Term Defense Plan, July 1, 1954, NATO Strategy Documents, 1949 – 1969. Bruseels, 1975, p. 188.

② Paul Preston & Denis Smyth, *Spain, the EEC, and NATO* (London: Routledge & Kegan Paul, 1984), p. 17.

③ Paul Preston & Denis Smyth, *Spain, the EEC, and NATO*, p. 21.

是加入了北约。此举导致了西班牙与北约关系进一步复杂化，西班牙在入盟问题上不断反复，以致北约不得不在其防务安全实践中对西班牙做特殊安排，比如北约不派驻军队、不放置核武器、使西班牙武装力量配属特殊化等，以此显示北约防务安全体系的"完整性"。

北约在冷战时期的扩张，以西班牙进入北约告一段落。但是从北约扩张的历程看，唯意识形态化的冷战思维，已经深深植根于北约灵魂的深处，成为主导北约对外扩张的重要动力。尽管其基础变化了，环境变化了，但是北约的战略主导思想却少有变化，这在冷战结束后的北约发展进程中也得到充分体现。

二　冷战结束后的北约东扩

进入 20 世纪 90 年代以来，北约秉承其在两极体制下贯之始终的冷战化思维，不是利用冷战的结束偃旗息鼓，放弃其孜孜以求的战略优势，调整发展思路，而是凭借苏联东欧剧变所引发的欧洲安全结构变化，无限扩大其在国际社会中的政治与军事作用。北约将苏联东欧社会主义的失败，视为其长期推行冷战对抗政策、实施政治－军事实践的一次重大胜利，视之为建立"北约新时代"千载难逢的大好时机，不遗余力地谋求对外扩张。

1990 年 7 月，北约在伦敦召开首脑会议，讨论北约在新安全环境下的发展战略问题。会议提出，北约将依照国际形势的需要，改造其现行的联盟体制、军事战略。1991 年 11 月，北约召开罗马首脑会议，正式确定向苏联东欧敞开大门的"扩展战略"。罗马会议决定建立一个欧洲新安全与合作组织——北大西洋合作委员会，简称"北合会"，该组织包括了所有北约成员国、中欧与东欧国家以及独联体国家。北合会作为北约对外扩张实践的先导，开启了北约东扩进程。

从 20 世纪 90 年代初北约确定其东扩指导方针，到 2004 年北约实施第二轮东扩，北约东扩进程大致分为两个阶段：从罗马会议到马德里会议，这是北约东扩的政策酝酿与准备阶段；从马德里会议正式确定波兰、捷克与匈牙利三国入盟，到 2004 年 4 月波罗的海三国、斯洛伐克、斯洛文尼亚、保加利亚、罗马尼亚共七国加入北约，这是北约东扩的具体实践阶段。而且北约东扩进程并未就此结束，它还将在未来一个阶段中继续发展。

在其东扩的酝酿与准备阶段，北约在东扩战略中强烈坚持唯意识形态化的思维模式。冷战结束后，北约将其政治目标简化为两点：其一是最大限度地遏制并抵消俄罗斯在欧洲的地缘政治影响，使之在北约所设定的欧洲政治与安全结构中就范；其二是最大限度地消化并扩充其"冷战胜利成果"，尽可能多地吸纳前东欧与中欧国家、波罗的海国家、巴尔干国家进入西方阵营，从根本上确立北约在欧洲政治与安全事务中的核心地位。北合会尽管囊括了俄罗斯等独联体国家，但其针对性非常明显。用北约前秘书长维尔纳的话来说，该组织是一个讨论某些关键性安全问题、极为有用的论坛，比如说苏联的核武器问题。① 尽管苏联不复存在，北约却仍然抱定苏联加盟共和国会给欧洲安全带来某些不安定因素这一宗旨，以某种既定的偏见看待与苏联有关的欧洲安全问题，并将之作为北约制定其未来战略、对外政策的重要依据，北约这一战略从根本上决定了其东扩的对抗性和冒险性。

1995 年 9 月，北约发布《北约东扩报告》。该报告明确提出，东扩目标将不仅仅满足于把中欧、东欧以及波罗的海国家纳入大西洋联盟范畴，而是要形成一个新的欧洲－大西洋安全框架。为此，北约将积极鼓励和支持北约准成员国在更深层次实施政治与经济改革，切实增强这些国家的民主、自由透明度，促成其与北约更密切合作。为此，北约为其未来东扩确定了三项政治原则：第一，北约将首先考虑要求加入北约的中欧、东欧国家的政治意愿，考虑其能否对大西洋地区的安全稳定发挥作用；第二，充分考察入盟北约各国的军事、安全与维和能力，考虑其能否承担起北约的干预要求；第三，任何北约以外的国家和组织均无权决定北约的东扩进程或者政策。

《北约东扩报告》明确宣布了北约通过东扩、重整欧洲安全秩序的单边主义政治原则。在其东扩设计中，北约将东扩进程纳入构建新欧洲－大西洋安全框架中，它对前东欧、中欧等国的扩张，不仅牵强附会以"民主、自由"的要求，还提出维护大西洋地区安全的任务。北约的东扩设计，是将其政治利益与防务安全融合为一。北约明确表示，将不会吸收俄罗斯入盟，

---

① Geoffrey Williams & Barkly Jones, *NATO and the Transatlantic Alliance in the 21ˢᵗ Century*, *The Twenty-Year Crisis* (New York：Palgrave, 2001), p. 75.

但也不使俄罗斯成为北约东扩的绊脚石。因为在北约看来，"俄罗斯并非大西洋联盟的合适候选国，俄罗斯不只是太大了，而且它与北约各国大相径庭。没有一个北约国家今天或者在不远的将来愿意按照《北大西洋公约》第五条款的规定，防御俄罗斯与中国接壤的边境。因为不同于东欧人，俄罗斯人对遵守联盟的规定与责任毫无兴趣"。[①]北约东扩实践不仅从一开始就将俄罗斯排除于联盟之外，而且还将俄罗斯定位为地缘政治与意识形态的敌手。

1997 年 5 月，北约理事会召开辛特拉会议，成立了欧洲 – 大西洋伙伴理事会，正式取代北合会。该理事会明确提出，要将北约东扩全面纳入欧洲安全合作的框架中，最大限度地减少由于北约东扩而带来的政治摩擦与社会动荡。与北合会不同，欧洲 – 大西洋伙伴理事会的社会职能更加丰富，组织机构也更加完善，当然，其对俄罗斯的政治抑制作用也更为明显。在北约逐步确立欧洲政治与安全结构的过程中，无论形式上还是内容上，俄罗斯都很难改变北约所设定的欧洲安全架构，而大量的中欧、东欧以及波罗的海国家则更是俯首听命，完全听从于北约的摆布。至此，北约在理论和实践两个方面都完成了东扩的准备，北约东扩进程由此步入实践阶段。

1997 年 7 月，北约在马德里召开首脑会议，正式决定吸收波兰、捷克、匈牙利三国入盟。北约将上述三国列为首批吸纳对象，其直接原因是在苏联东欧剧变后的政治、经济体制转轨中，三国较其他国家取得了更迅速、更直接的变革成效，不仅经济发展迅速、政治过渡平稳，而且社会安定，因而成为东欧国家入盟北约的"典范"。然而，更深刻的原因在于，北约认为在冷战结束后短短几年中，自己完成了在半个世纪冷战对抗中所没能达到的战略目标，北约从未如此之近地靠近前苏联，如此之深地楔入欧洲内陆，如此放心地享有"安全"，这实际上还是其冷战思维和地缘安全战略在作怪。美国国会一些议员甚至认为，北约的扩张是必要的，这不仅仅是为了应付未来的俄国威胁，确保东欧、中欧满足其防务安全职责……不使欧洲大陆中心留下危险的安全真空，避免在未来欧洲东部划定一条新的分界线……东扩则可以

---

① Clay Clemens, *NATO and the Quest for Post-Cold War Security* (New York: St. Martin's Press, 1997), p. 75.

弥补这种分裂状况或者使之变得毫无意义。[①]

继北约首轮东扩后，在尚未完全消化其东扩成果的情况下，北约理事会又开始酝酿新一轮的扩张。2002 年 11 月，北约在布拉格召开首脑会议，商讨 21 世纪北约所面对的重大威胁以及安全挑战，提出北约的新世纪安全战略。布拉格会议的议题主要有两个，其一是讨论并确定北约的新世纪战略方针，其二是实施北约第二轮东扩进程。布拉格会议明确提出，"承认保加利亚、爱沙尼亚、拉脱维亚、立陶宛、罗马尼亚、斯洛伐克、斯洛文尼亚七国成为北约新成员国的资格，加强北约在今天以及明天应对挑战的能力。（北大西洋理事会）将立刻实施 2003 年 3 月底订立的（七国）准入备忘录，并且在 2004 年 5 月首脑会议上完成上述国家入盟北约的进程"。[②] 在北大西洋理事会的直接主持下，上述七国按照北约既定的政治与军事标准，对其政治制度、经济制度、军事体制进行了改革，力求达到北约"透明""自由"的标准。与此同时，理事会也在原则上放松入盟标准，竭力突出七国在东欧、中欧以及东南欧的战略地位，同时强调北约对这些国家的支持与帮助，鼓吹北约与联合国、欧盟、欧安会以及其他国际组织的合作，突出欧洲－大西洋安全建构的必要性，强调与俄罗斯的合作。

作为北约第二轮东扩的直接结果，2004 年 5 月，保加利亚、爱沙尼亚、拉脱维亚、立陶宛、罗马尼亚、斯洛伐克、斯洛文尼亚七国正式入盟北约，成为北约成员国。至此，北约由最初的 12 个成员国，发展到 26 个。新的北约联盟所覆盖的地理疆域北至斯堪的纳维亚半岛，南抵亚平宁半岛，西接北美大陆，东入欧洲内陆，直接与俄罗斯接壤，北约名副其实地成为地跨欧洲、北美两大洲的政治－军事组织。在北约优势力量的主导下，欧洲安全与政治格局发生了前所未有的变化，其最大的变化在于：西方国家在新欧洲安全板块中的作用越来越重要，而俄罗斯及其所代表的欧洲力量则在新安全格局中的作用受到极大抑制。北约扩张所引发的政治波动绝不仅仅是地理上的，它在社会思想与民众心理的深处引发了俄罗斯空前的危机意识，这一情形反过来又将对欧洲安全格局的演变产生影响。

---

① Clay Clemens, *NATO and the Quest for Post-Cold War Security*, p. 197.

② Prague Summit Declaration, *NATO's Nations and Partners for Peace*, 2003, (1).

三　北约扩张的历史与现实总结

如何看待北约在冷战结束后的扩张？它究竟和冷战时期的北约扩张有何区别？这是我们研究北约扩张问题首先需要明确的。很显然，北约在冷战两个时期的扩张，具有直接的承继关系，两者在政治指导方针、行为方式上同出一辙，具有极大的相似性。但是两者在许多方面又不尽相同，双方在战略角色定位、防务安全范围上有区别，在北约未来社会功能、发展方向等方面也不相同。

全面认识北约扩张，关键在于对北约性质的解析。有的美国学者认为，从其本源看，北大西洋公约组织根本就不是一个联盟，事实上，它是美国对欧洲安全的一项单边保证。北约的外在形式保证了每个成员国都承诺对其他成员国实施助防行动，但是在内里却是另外一些内容，即只有美国能够保护其自身及其他国家。[①] 如果按照这一说法，那么我们只能将北约在不同时期的扩张解释为美国不断扩大其安全范围，这实际上是将北约的防务安全等同于美国的欧洲防务安全。如此认识，会使冷战时期与冷战结束后北约扩张在本质上难有差别。显然，这种对北约扩张的理解既不适当，也不符合事实。

事实是，尽管美国在北约内部始终占有举足轻重的地位，控制和影响着北约的政治方针与对外战略，但是这不能抹杀西欧国家，特别是北约自身的政治与安全作用。作为西方最大的军事－政治组织，北约在冷战时期逐渐形成了一整套政治体制、行为规范以及军事战略，它不仅在冷战中发挥作用，而且在冷战后也越来越具影响。无论如何，北约在国际社会中发挥作用是一个客观现实。冷战时期以及后冷战时期的北约，在许多方面很相似，但是差别也很大，这反映在北约的扩张实践中。

冷战结束后北约的扩张更具功利主义与机会主义色彩，这是冷战后北约扩张的第一个特点。无可讳言，比较冷战结束前后的北约扩张，两者具有共同的思想基础。尽管20世纪90年代初冷战已经结束，但北约仍沿袭了旧的

---

① Robert Tucker & Linda Wrigley, *The Atlantic Alliance and its Critics* (New York： Praeger, 1983), p. 1.

冷战化思维，并使之成为北约继续存在的一种政治助力，进而将其演绎为一种普世化的政治认识论与价值观。以此作指导，北约着力于改造国际政治与安全结构，这已经成为后冷战时期国际关系领域霸权主义政治的一个新内容。美国学者沃伊泰克·马斯特尼在评论东欧、中欧国家入盟北约问题时，曾深深触及北约扩张的本质，他认为尽管"创立北约时所要应对的威胁已经明显不存在了，但是北约的扩展仍然被人们视为是一种较高的姿态，北约的候选国家牢牢抓住了北约联盟建立的价值"。[①] 在此，所谓北约建立的价值，事实上就是贯穿北约历史的唯意识形态化方法与冷战思维，这已然成为主导一切北约政治实践与对外战略的出发点。只不过和冷战时期的北约相比，冷战后的北约对外扩张，在冷战化思维以外，其新霸权主义主导下的地缘战略也发挥了巨大作用。

在冷战时期，北约扩张的直接目标是对苏联东欧集团实施政治对抗、军事包围，通过不断强化其防务安全体系，应付苏联的"侵略危险"。北约在冷战时期的扩张实践，就是在冷战思想的主导下、在对苏联东欧集团主观臆测的情况下完成的。"许多计划的假想已经消失，但西方防御政策却以此为基础存在了四十年。"[②] 事实证明，北约对苏联以及华约集团的战略构想完全站不住脚，北约领导层对此也有清醒认识。美国前驻苏大使馆海军武官斯蒂文斯将军就认为，苏联的军事力量被高估了，他坚信苏联并没有明确的扩张计划，苏联主要是对稳固并确保其自身地位感兴趣。[③] 如果并不存在"侵略危险"，那么北约在冷战时期的扩张实际上就是非理性的，其结果只能是更进一步地加剧冷战对峙下的国际紧张局势，战后国际关系格局的变化完全证明了这一点。

同样，冷战结束后北约的扩张也是这种非理性逻辑延续的结果。所不同的是，北约在灌输其政治和军事意志、"民主与自由"价值观的同时，不断明确并锁定其泛化的"新战略对手"，并以对付"未来战略威胁"为前提，

---

① Vojtech Mastny, "Did NATO Win the Cold War? Looking over the Wall", *Foreign Affairs*, Vol. 78 May/June, 1999, (3).

② Jamie Shea, *NATO's Next Decade*, *A Political Agenda for a Political Alliance* (London: Potomac Books Inc, 1990), p. 12.

③ David Gates, *Non-Offensive Defence*, *An Alternative Strategy for NATO*? pp. 16 – 17.

在构筑新国际安全结构中付诸实践，意在建立一种以北约为主体的新联盟结构，填充雅尔塔格局消亡后出现的国际战略真空。和冷战时期的扩张相比，冷战后的北约扩张尽管减少了直接对抗的政治意味，但却增加了新霸权主义的政治内容。北约扩张实践的这一特点，直接影响到其东扩的途径、目标与扩张对象。

整体性与阶段性扩张是冷战后北约扩张的第二个特点。冷战时期，北约的扩张缺乏明确的计划性，北约吸纳不同欧洲国家加入联盟，缺乏系统、全面的战略考虑，成员国几乎都是零散、个别入盟。而且各成员国在进入北约时情况完全不同，所面对的国际背景迥异，因此各国融入北约军事－政治结构的步调相差较大，这导致了北约整合其联盟机制的进程相对缓慢。

与此不同，冷战结束后北约的扩张具有某种整体性、阶段性考虑。从北约首轮东扩开始，其战略意图暴露无遗，一方面意在吸收、消化其"冷战的胜利成果"，全面推进东欧、中欧国家的"民主与自由"进程，将其完全纳入西方国家的势力范围；另一方面则着眼于构建新欧洲安全秩序，提升北约在欧洲的战略安全地位。北约东扩采取了层层递进的扩张方式：首先是维谢格拉德集团。上述国家不单单在意识形态上与西方国家趋近，而且在地理位置上处于欧洲战略中心地带，北约接纳三国入盟，客观上将北约防务安全前沿扩展至波西米亚高原，直接楔入欧洲防务安全的核心地区，扩展北约的战略防御空间，提升了北约防务安全战略的实效性，全面打破了俄罗斯在苏联解体后所精心设计的战略防御缓冲。

进言之，北约第二轮东扩的影响更加深远。波罗的海国家、中欧、东欧国家几乎悉数被纳入北约，其结果不单是北约势力范围空前扩大，更重要的是，这一过程加速了北约社会职能的转化。北约已经不再是一个纯粹的防御性军事－政治组织，因为其防务安全的目标已经发生了根本性变化，欧洲安全框架中已经没有了与北约平起平坐或者对其形成威胁的国家与组织。尽管这一历史性变化很早就开始了，但是北约东扩还是为之画上了浓重的一笔。很显然，仅仅将北约东扩简单地解释为防范俄罗斯，在逻辑上行不通。北约的再度扩张意义深远，其着眼点在于建立更大的欧洲－大西洋安全框架，建立北约一枝独大的政治与安全格局。

矛盾性发展是冷战后北约扩张的第三个特点。冷战时期的北约三次扩张，尽管缺乏整体性，但对于北约成员国而言，并不存在相互间激烈的利益冲突，意见分歧相对较小，这一状况应当说和相对稳定的国际冷战格局以及北约内部相对恒定的政治秩序是分不开的。然而，冷战后的北约东扩却完全不同，东扩实践表现出诸多矛盾性。首先，北约内部对东扩分歧甚大。尽管各成员国都积极支持对北约扩张的整体战略，但在北约候选国的选择上则存在着巨大争议，各国都有自身的安全利益需要。在酝酿北约东扩之初，美国出于抢夺冷战胜利成果的考虑，积极支持北约无限制扩张，从一开始就主张将北约扩及中欧、东欧所有国家；英国则强调北约东扩应当走"精英道路"或"贵族道路"，反对不加选择地将所有国家纳入联盟体系，使北约成为一个"大杂烩"；联邦德国与低地国家则主张，首轮北约东扩应当包括维谢格拉德集团，以此占领欧洲安全战略核心地带，扩展北约的防务安全前沿。法国与意大利则主张重点考虑南欧国家与东南欧国家，认为这是北约在未来进一步发展的根本所在。北约两轮东扩正是这种不同利益协调、综合的结果。

其次，北约东扩候选国之间以及与相关国家存在着矛盾，进而影响北约的发展。大量中欧、东欧国家在经历了政治、经济体制的转变后，都渴望尽快加入北约防务安全体系，但是各国安全利益大相径庭，因而其融入北约的政策与实践差异较大。多数候选国都希望获得北约的安全保护，但却不愿或无力承担多余的防务安全责任。另外，北约的两轮东扩始终都为俄罗斯所强烈反对，尽管这并没有改变北约扩张的事实，但却对北约扩张产生了影响。比如，北约允诺，将不在北约东扩的国家部署军事武装，不部署核武器，以此满足俄罗斯防务安全的基本需要。

最后，北约东扩只注重了数量、规模及其影响，而对北约自身的特点多有忽略。大量东欧、中欧国家事实上只是被邀请进入一个被完全修剪过的联盟，或者只能在联盟中充当二流成员国的角色。① 而与其短暂荣耀相伴的是，它们要为此承担远远超出其国力的责任与义务，这是这些国家所不愿意看到的。对北约来说，一味追求扩张也无法说得更明白，即北约扩张的特别问题……主要集中于这样一种可能性，即中欧、东欧的新成员国进入北约，

---

① Geoffrey Williams & Barkly Jones, *NATO and the Transatlantic Alliance in the 21st Century*, *The Twenty-Year Crisis*, pp. 80 – 82.

可能会使已经建立的北约组织的标准以及程序变得复杂化，很可能使之变得衰弱。① 扩大了的北约充其量只能算是"注水的北约"。因此，北约扩张存在着不可避免的危机与矛盾，这和冷战时期北约扩张后防务安全的加强，形成了鲜明对比。

冷战后北约扩张的第四个特点是其未来发展的不可预测性。北约在冷战时期的扩张目标非常明确，就是要不断完善并强化其防务安全体系，稳固北约在欧洲冷战对峙中的战略优势。冷战结束后，世界政治与安全格局的变化远远超出了旧的国际行为模式，再加之美国一味推行单边主义，更加剧了世界政治格局的混乱与无序。

在新旧国际格局的转换中，北约所扮演的角色非常矛盾。一方面，北约需要不断调整、改变自身的政治指导方针与防务安全战略，适应动荡不定的国际环境变化需要，迎接来自国际安全领域的重大挑战。由于未来世界格局的发展瞬息多变，因此北约的扩张与机制完善将是长期的，其中还包含了大量不可预测的因素。这绝非西方学者所乐观估计的"北约已经完成了西欧内部确保其安全的结构建设以及在其机构内部的政治经济联合"。② 事实上，北约在进一步调整其联盟机制、确定理性的政治方针与安全战略等问题上，还需要做大量工作。

此外，由于北约在国际战略格局转换中时时将自身安全利益凌驾于国际安全的总体需要之上，在制定其新安全战略中，竭力将其安全利益观强加于他国，力图塑造一种以北约为核心的新国际安全框架，影响并控制国际政治与安全的发展。但是，北约自身的战略构想与现实环境存在着巨大矛盾，这使它无力解决这些问题。北约对自身的政治与安全定位不准确，其局部安全利益无法代替国际安全的全部；北约在其外交实践中所显现出的霸权主义、强权政治，只能增加国际安全格局的复杂性。上述因素不是有助于北约的扩张，而是极大地增加了北约扩张的不可预测性。

在第二轮东扩后，北约已经放言，要将其防务安全的重点放在中亚地

---

① Martin Smith, *NATO in the First Decade after the Cold War*, pp. 166 – 170.

② David Yost, *NATO Transformed*, *The Alliance's New Roles in International Security* (Washington, D. C: United States Institute of Peace Press, 1998), pp. 47 – 60.

区。为此，北约在新世纪之初就与中亚各国展开了各种联合军事演习，中亚五国究竟会不会成为北约下一轮东扩的候选国家？另外，一直祈求加入北约的阿尔巴尼亚、马其顿、克罗地亚会不会成为北约下一轮扩张的对象？如果这些国家入盟北约，会不会进一步改变北约的性质与职能？这些问题都为北约的未来增加了不可预测性。就此而言，北约东扩的前途充满了可变性，这是北约所必须要重视的。

综上所述，北约在冷战时期与冷战后的扩张，均为冷战化的思维模式所主导，是冷战的历史惯性作用的结果，特别是后者，还增加了新霸权战略的权重。无论如何，不去除唯意识形态化思想方法与旧冷战思维模式，确立理性、合理的地缘安全原则，北约未来的发展就不能免除大量不稳定因素，就难免会给世界带来不安和动荡。归根到底，对新世界安全格局的重组与锻造，仅凭北约一己之力根本无法完成，而且单纯依靠一味的对外扩张、扩大势力范围，或者以北约的政治逻辑推行泛化的西方联合，这在理论上不仅行不通，而且在实践上则更有害。

（原文发表于《中国人民大学学报》2007 年第 3 期，第 104～111 页）

十月革命对印度民族运动影响评析

◎ 金永丽

1917 年 11 月 7 日，在俄国发生了人类历史上一次最伟大的社会革命，史称"十月社会主义革命"。这次革命推翻了资产阶级临时政府，无产阶级在俄国掌握了国家政权。俄国十月革命的胜利，冲破了资本主义世界一统天下的局面，建立了世界上第一个无产阶级专政的国家。1922 年苏联的建立是十月社会主义革命的伟大成果，它不仅对世界社会主义运动，而且对东方被压迫民族的解放斗争起到了巨大的推动作用。苏联的建立也改变了世界战略格局的面貌。毛泽东曾高度评价这场革命："十月社会主义革命不只是开创了俄国历史的新纪元，而且开创了世界历史的新纪元。"

十月革命对印度民族运动的发展同样起了推波助澜的作用。十月革命发生时正值印度民族运动酝酿新的革命高潮时期。从 1885 年印度国民大会党建立到第一次世界大战期间，在民族资产阶级的领导下，印度的民族运动已逐步走向成熟，并形成了一定的斗争模式，其基本特点是通过合法的参政议政的方式要求英印殖民当局让渡更多的权力。苏联人民选择的革命和发展道路给印度民族主义者提供了新的思路，并推动印度民族运动呈现新气象。其主要表现就是印度共产主义运动和民族运动左翼的兴起。不过由于多种因素的影响，十月革命对印度民族运动的影响局限在一定范围内。国内对印度共产主义运动的兴起和发展有一定研究，但并未就十月革命对印度民族运动的影响做专门和全面阐述。本文拟弥补这一缺憾。

一 十月革命对印度民族运动的推动

十月革命对印度民族运动的影响是巨大的。帕尼卡尔（K. M. Panikkar）就十月革命对印度民族运动产生的影响做了如下陈述："在影响印度政治和精神发展的单个事件中，影响最大的恐怕就是俄国革命。无产阶级不仅在莫斯科，而且在远在帕米尔高原边缘地区夺取政权，对印度年轻人产生了深刻的影响。"[1] 十月革命对印度民族运动的影响体现在多个方面：推动印度工人运动的发展、催生了印度共产主义运动和对印度民族主义者的思想产生深刻影响等。

1. 十月革命首先推动了印度工人运动的发展，工人组织随之产生

伴随着印度资本主义的产生与发展，印度工人阶级队伍在 19 世纪末 20 世纪初逐步成长壮大。在十月革命前，从 1905～1908 年反对分割孟加拉运动发生到 1918 年，在国大党激进派领袖提拉克的推动下，农民运动和工人运动有了初步发展。其中具有代表性的是 1908 年孟加拉工人为抗议提拉克被判刑举行了大罢工，成千上万工人参与了这次罢工。这是印度工人第一次重要的行动，它表明印度工人已经积极参与到印度的民族运动中。不过由于激进派成员多数来自小资产阶级或资产阶级知识分子，他们并无意激发无产者的阶级意识，随着反对分割孟加拉运动的结束，工人运动也偃旗息鼓。

俄国十月革命的领导者呼吁被压迫民族起来推翻帝国主义统治和资本家及地主的压迫与剥削，相关信息也渗入印度民众中。甚至普通印度工人都在谈论苏联已经对资本家和地主进行清算。俄国革命成为印度劳动阶级的灯塔，它使后者看到可以用武力推翻殖民统治、实现解放。1918～1921 年是印度工人运动非常活跃的时期。[2]

在十月革命的鼓舞下，已经逐步发展壮大的印度工人阶级举行了多次罢工。印度阿姆达巴达（Ahmedabad）纺织工人组织了 1918 年 3 月大罢工。

---

[1] 克·马·帕尼卡尔：《亚洲和西方优势》（K. M. Panikkar, *Asia and Western Dominance*），伦敦，1953，第 7 页。

[2] 斯·尼·塔尔瓦尔：《菩提树下——印度的共产主义运动》（S. N. Talwar, *Under the Banyan Tree, the Communist Movement in India*），联合印刷私人有限公司，1985，第 5 页。

紧随其后，在印度其他工业地区，如孟买、坎普尔、加尔各答和马德拉斯等地都发生了多次罢工。1919 年 3 月反动的《罗拉特法》（Rowlatt Act）通过后，工人阶级参加了全国性的罢业活动。仅在 1921 年，就发生了 396 次有组织的罢工，有 60 多万工人参加了罢工。标志着印度工人阶级政治意识提高的典型事例是通过罢工支持抵制威尔士王子 1921 年 11 月 17 日访问印度的全国性罢工。这是在主要工业城市里首次发生具有全印度性质的政治总罢工。在威尔士王子登陆的孟买，人们筑起路障抵御警察和军队。对抗持续了 5 天。据官方估计，仅在孟买就有 30 人在冲突中死亡。

上述印度工人罢工的目标多数是提高经济待遇，但也有些罢工确定了政治目标，如抵制威尔士王子到印度访问的罢工。为反对《罗拉特法》而举行的罢业活动的政治目标同样不言而喻。虽然这时以政治目标为主的罢工仍然相对较少，但是无产阶级在参加这些活动时表现出来的政治积极性和强大力量，使印度民族主义者中的知识分子意识到工人在民族自由运动中的重要性。他们从此致力于建立永久性的工会组织，以便改善工人阶级的社会待遇和经济待遇。第一次世界大战前虽然也有罢工活动，但未曾引起印度民族运动领导者的足够重视，当时认为罢工活动只是业界的争端，与他们追求的民族自由目标相比，其重要性退居其次。一战以后，受到苏俄建立工农政府的鼓舞，印度左翼知识分子、杰出的国大党领导人和英国工党的一些成员积极促成全印工会大会（All India Trade Union Congress）的召开。大会第一次会议于 1920 年 10 月 30 日在孟买召开。全印有 801 名代表参加了这次大会，他们分别代表 106 个所属或持同情态度的工会。全印工会大会虽然是在印度国大党主导下建立的，但它仍然不失为印度工人运动发展史上的大事，并深刻影响了日后印度工人运动的发展，印度工人阶级从此结束了无组织运动的历史。

2. 十月革命对印度政治生活产生的另一个重要而深远的影响就是推动了印度共产主义运动的发展

在第一次世界大战发生之前，共产主义运动在印度尚未成形，没有形成政党或组织。共产主义思潮最早在国外的印度革命者中传播。其中最著名的是 M. N. 罗易（M. N. Roy）。他曾是孟加拉秘密革命组织成员，后参加了墨西哥共产党的组建。1920 年参加共产国际第二次代表大会，被任命为共产国际中亚局主要负责人之一，此后就住在塔什干，负责组建印度的共产主义组织。1920 年 10 月 17 日，由罗易主导在塔什干建立了侨民共产党。罗易创办了报刊《印度独立先锋》，写了一些小册子和传单，介绍马克思主义，论述印度民族斗争的形势和任务。

在印度侨民共产党成立的同时，少数印度知识分子在国内组织了若干个共产主义小组。其中穆扎法·艾哈迈德、丹吉和古拉姆·侯赛因分别在加尔各答、孟买和拉合尔创建了共产主义小组。丹吉在 1921 年写了《甘地与列宁》一书，对比列宁和甘地领导斗争的方法，批评甘地的纲领和策略。在经过一段时间的酝酿之后，印度于 1925 年 12 月 26 日召开了印度共产主义第一次全国会议，会上成立了印度共产党。印度共产党成立后把主要精力放在发展工人运动和组合工农党上。1928 年孟买工人大罢工，要求改善工人地位，有 15 万人参加，震动全国。同年又成立了印度共产党的外围组织全印工农党。

3. 十月革命对印度民族主义者的思想产生了很大的震动，其影响程度不亚于一场思想上的大地震

印度民族运动领导者安妮·贝桑特夫人（Mrs. Annie Besant）提醒英国统治者："国家的全部年轻人"不可能"永远被压制"，因为俄国已试图"用无情和彻底"的方式实现了革命，并且"赢得了文明世界的赞誉"[1]。印度媒体也强调了俄国革命对印度的影响。孟加拉一份民族主义日报指出：沙皇统治被推翻"也在印度开启了一个推翻外国统治的时代"。甚至《蒙太古—蔡姆斯福德报告》也提到："俄国的布尔什维克革命推动了印度人民的政治觉醒。"[2] 1921 年，印度孟加拉地区的第一份周报《杜姆克图》（*Dhumketu*）把布尔什维克比作毗湿奴的化身迦尔基（Kalki），代表受压迫者挥舞着利剑。1919 年 12 月，刊物《散萨尔》（*Sansar*）宣称布尔什维主义是社会不平等的敌人。十月革命增强了印度人民将英国殖民者驱逐出印度的信心。很多印度爱国者秘密访问了苏俄。莫尔维·巴拉卡土拉（Maulvi Barakatullah）即是其中之一，他在 1919 年会晤列宁以后说："在俄国地平

---

① 斯·尼·塔尔瓦尔：《菩提树下——印度的共产主义运动》，第 6~7 页。
② 斯·尼·塔尔瓦尔：《菩提树下——印度的共产主义运动》，第 7 页。

线上出现了人类解放的曙光，照耀幸福日子的太阳就是列宁。"①

俄国革命动摇了西方知识权威（intellectual authority）对亚洲思想的垄断性影响，马克思主义作为一种对立的意识形态吸引了很多印度知识分子，其中包括泰戈尔和提拉克。1917 年，拉宾德拉纳特·泰戈尔在《民族主义》（*Nationalism*）上曾宣称美国注定要向东方证明西方文明的合理性，但到 1930 年他访问过苏联以后，说他刚完成了一次朝圣。泰戈尔把布尔什维主义看作一场风暴。② 像许多其他民族主义者一样，国大党激进派领袖提拉克也欢迎布尔什维克革命。他把列宁描绘成一位正直的哲学家，一位爱护人类的人，认为他的名字将永远铭记在共产主义历史上。

在俄国革命的影响下，印度许多民族主义者开始接受或同情社会主义。他们当中有在国外开展活动的海外印度人。如曾组织柏林委员会（Berlin Committee）和参加"独立印度临时政府（Provisional Government of Independent India）"的马·纳·罗易和穆克吉（Abani Mukherjee）等；曾到国外参加"泛伊斯兰基拉法运动"（Pan-Islamic Khilafat Movement）的阿布杜尔·马吉德（Abdul Majid）和穆罕默德·阿里·塞帕西（Mohammad Ali Sepassi）等；由锡克教徒和旁遮普移民在美国组成的戈达尔党（Ghadar）等，他们在俄国十月革命发生后，多数接受了共产主义思想，有些还与共产国际建立了联系。

除了海外印度人以外，印度国内的民族主义者也越来越多地受到社会主义思想的影响。他们当中有国大党的左翼人士、从事恐怖活动的组织和政党、基拉法运动参加者、参加阿卡利运动且与戈达尔党有联系的人等。特别是在参加甘地领导的第一次非暴力不合作运动受挫以后，他们中的很多人开始关注社会主义。正如欧洲和美国一样，苏联社会主义建设的成就吸引越来越多的印度人接受马克思主义理论。到 1927 年，许多工人、农民、知识分子和政治活动者明显受到了社会主义思想的影响（尽管其中多数人的社会主义思想有乌托邦思想的痕迹）。尼赫鲁是其中最具代表性的一位。1929 年

---

① 斯·尼·塔尔瓦尔：《菩提树下——印度的共产主义运动》，第 7 页。
② 拉宾德拉纳特·泰戈尔：《来自亚洲的信》（Rabindranath Tagore, *Letter From Russia*），加尔各答，1960，第 121 页。

在就任国大党主席的演讲中，尼赫鲁宣称他是社会主义者，他认为社会主义不仅是"一个经济学说"，而且是一种"重要的信念"。他说，要"根除印度的贫穷和不平等，必须采取社会主义纲领"。尼赫鲁日后作为印度的开国总理，把他的一部分社会主义理念运用到印度的发展战略上，深刻地影响了印度的现代化道路。

1935 年 5 月 17 日，国大党左翼人士在帕特纳召开全印社会主义会议，决定在国大党内建立全印社会党。同年 10 月 21 日，正式成立了印度国民大会社会党。大会通过的党章规定，党的目标是争取独立和建立社会主义国家。关于未来的设想，规定全部权力交给劳动群众，国家对经济生活的发展实行计划与控制，关键工业国有化，逐步实行生产、分配、交换的社会化，消除一切阶级剥削等。尼赫鲁虽然没有加入国大社会党，但被看做是该党的精神领袖。国大社会党的建立标志着印度民族运动中左翼力量的加强。

由此可见，俄国十月革命对印度民族运动产生了多方面的影响。它催生了印度共产党，向印度工人阶级提供了新社会的图景，促进印度工人运动的发展和工会建设，拓宽了印度知识分子的视野，向印度民族主义者提供了新发展道路的选择，使印度民族运动更加丰富多彩，更富活力。

二　十月革命对印度民族运动影响局限性评析

我们对俄国十月革命对印度民族运动的影响也不能夸大。虽然左翼力量增强，社会主义思想也影响了包括尼赫鲁在内的一批民族主义者，甚至共产主义运动也得到了一定程度的发展。鉴于多种因素，这种影响局限在一定范围内，主要表现在：印度民族运动的领导权始终掌握在民族资产阶级及其代言人国大党手里，而印度共产主义运动的发展是局部的，对印度民族运动整体的影响是有限的。

俄国十月革命对印度民族运动影响相对有限的原因主要在于以下几个方面。（1）在十月革命发生以前，印度的民族运动发展已经比较成熟。在俄国十月革命发生之前，印度的民族运动主要处在印度国民大会党（Indian National Congress）的领导下。在印度民族资产阶级力量日益壮大的情况下，1885 年 12 月印度国民大会党成立，这是印度民族运动里程碑式的事件，它标志着印度有组织民族运动的开始。不过从国大党成立直到 20 世纪初 20 年左右的时间里，主要局限于争取更多参政议政的权利。如要求增加各级立法会议印度成员名额并扩大立法会议权限；放宽文官考试年龄限制；实行陪审员制度，反对司法上的歧视等，不过并未提出自治目标。1899 年，印度国大党第一个党章的制定集中体现了印度民族运动初期斗争目标的有限性。该党章规定党的目标是"用宪政手段促进印度帝国人民的利益和幸福"。

时局的发展促使印度民族运动在 1905~1908 年间产生了飞跃性的变化。印度总督寇松上任后对印度民族运动的压制及 1905 年分割孟加拉省的举动引发了印度空前高涨的反英民族运动。在国大党激进派领袖提拉克的领导下，提出了包括司瓦拉吉（独立或自治）、司瓦德西（自产）、抵制和民族教育四项内容的运动纲领。在激进派的推动下，印度国大党在该党 1906 年年会上首次通过了要求印度自治的决议。自此以后，印度民族运动目标更加明确。1905~1908 年印度民族运动构成了 20 世纪初亚洲觉醒的重要组成部分。

第一次世界大战的爆发给印度的民族独立斗争注入了新的动力。主要来自农村的印度籍战士目睹了欧洲工人和农民的优越生活，面对自己悲惨的生活状态，他们萌发了新的政治意识。"印度各地都抱着这样的希望，即战争的结束将标志着印度黎明的到来，印度将获得新地位，而不仅仅是政治进步。"[1]

印度民族运动在沉寂了一段时间以后，出狱后的提拉克在一战中组织开展了新一轮自治运动，国大党也在这一目标下再次实现了统一。为了保证印度对英国作战的继续支持及缓和印度人的不满情绪，1917 年 8 月，英国抛出了在印度"进一步实现责任政府"的许诺。第一次世界大战结束以后的 1918 年 11 月，印度事务大臣蒙太古来到印度，与印度总督蔡姆斯福德一起会见印度各界人士，拟定战后改革方案。1919 年年底，以这个方案为蓝本的《印度政府法》在英国议会通过，1921 年开始实施。《印度政府法》大大扩展了印度人的立法权和参政权，但与印度民族主义者要求的实现自治还

---

① 卢·普·辛哈：《印度的左翼，1919~1947》（L. P. Sinha, *The Left-Wing in India, 1919 - 1947*），穆扎法普尔新印刷公司，1965，第 34 页。

有很大距离，如总督参事会仍然只对英国议会负责，不对印度中央立法会议负责，总督和省督对立法会议通过的任何决议仍握有否决权等。

综上所述，自 1885 年印度国民大会党成立至第一次世界大战结束初期，印度民族运动在民族主义者的推动下，已经取得了初步成果。英国殖民当局虽然不情愿，但是还是让渡了不少权利。国大党领导的民族运动已然成为印度民族斗争的主流。十月革命传入印度，正是在国大党领导印度民族运动渐入佳境的时候。国大党思想和斗争手段都较为成熟，组织良好，影响已深入人心。十月革命在俄国的胜利不可能短时间内在印度催生一个各方面都较为成熟的共产主义政党。所以国大党在印度民族运动中的领导地位很难被取代。

（2）甘地成长为印度民族运动的领袖是影响印度共产主义运动发展的另一个重要原因。甘地以其颇具印度社会文化特色的斗争理念及对民众的亲和力，在 20 世纪 20 年代和 30 年代逐渐成为印度民族运动的精神领袖，广大印度民众把甘地看作他们心目中的圣雄，愿意追随他。

莫汉达斯·卡拉姆昌德·甘地（1869～1948）出生于西印度卡提阿瓦半岛一个土邦官吏家庭。曾赴英留学，并获得律师资格。1893 年去南非以后因不满于南非殖民当局的种族歧视政策，领导在南非的印度侨民从事坚持真理的运动，并且采取了非暴力不合作的斗争方式。甘地在南非领导印度侨民反对种族歧视的斗争为他带来很大的声誉。1915 年初甘地回到印度。回国后甘地到印度各地旅行，充分了解印度国情。结合他既有的思想和斗争经验，形成了一套有印度特色且能够被普通印度民众所接受的思想主张。在印度开展非暴力不合作运动、反对 1918 年出台的《罗拉特法案》后，甘地成为印度民族运动公认的领袖。

甘地思想的核心是非暴力主义。甘地反对那种认为只要目的是公正的，就可以使用任何手段的说法，主张目的和手段的不可分离性。只有用正义的手段才能达到正义的结果。甘地认为，印度人反对英国人的统治，争取自治独立，不是因为统治者是英国人而不是印度人，而是英国人的统治是建立在暴力基础上，所以赶走英国人不是目的，目的是消除暴力统治。在促使印度摆脱英国殖民统治的方式上，甘地选择了"不合作"。他认为英国人统治印度的目的是为了将商品卖给印度人，是为了赚自己的钱，英国人的统治靠印度人纳的税而得以维持。如果印度人不用英国货，不上西式学校等，英国统治印度将无利可图。

甘地思想从印度宗教哲学中来，很容易为广大普通印度民众所接受。在甘地看来，现代西方文明充满暴力，是一种"撒旦的文明"，是一种罪恶，只有传统印度教的文明才是真正最高的文明，他对印度精英说要拥抱印度文明，对印度民众说暴力是万恶之源，放弃暴力吧。①

除了甘地的思想和主张吸引着从精英到普通大众以外，甘地也以他近乎完美的行为和人格魅力成为印度人民心目中的"圣雄"。由于甘地的思想和主张来源于印度传统宗教思想和价值观，所以人们乐于接受是在情理之中的。共产主义思想对于印度文化而言是外来的，如果它仅摆出说教的姿态，不与印度本土思想文化紧密结合，其传播力和影响力必然会有限。

（3）经过长时期的发展，印度民族资产阶级力量壮大，并且有了自己的代言人，形成了成熟的理论体系，他们基本上掌控了印度民族运动发展的脉搏。

随着近代企业的创立和发展壮大，印度民族资产阶级于 19 世纪六七十年代形成并发展，出现了很多印度人开办的工厂（以棉纺织企业为多）。到 1894 年印度工厂有 815 家（大中小厂都在内），平均每日使用工人数 349810 人。

资产阶级在发展民族经济、争取印度民族权利方面，比以前的商人、自由派地主有更强烈的要求。他们的要求也逐渐被理论化。在这方面做出了杰出贡献的是达达拜·瑙罗吉（1825～1917）和马哈底瓦·伦纳德（1842～1901）。前者在深入研究英国对印度的剥削政策以及对印度影响的基础上，提出了"财富外流论"，认为英印关系的实质就是英国通过各种途径掠夺印度财富。印度财富单方面流向英国，结果破坏了印度资本的正常积累，阻碍了印度民族的进步发展，使印度陷入无底深渊而无出头之日。伦纳德则提出了"农业附庸论"。他认为印度贫穷和落后的原因，是由于英国把印度变成它的农业附庸，压制印度工业的发展。印度的根本出路在于大力发展民族工商业，实现工业化。瑙罗吉和伦纳德的理论给印度的"民族主义提供了政

---

① 马克垚主编《世界文明史》（下），北京大学出版社，2004，第 1198 页。

治经济基础"①。他们主张通过宪政改革途径，把殖民政策的负面影响缩小到最低程度。两位理论家都提出了一些具体要求，如政府扶植发展印资工业，降低税收，减少军事和行政开支，公职人员尽量用印度人等。他们的学说和主张成为国大党的主要理论依据。

第一次世界大战迎来了印度民族资产阶级发展的第一个黄金时期。战争的爆发和持续给印度工厂企业带来了好处：来自英国产品的竞争削弱了，而军事订货和军需供应扩大了企业的国内外销路。大战期间，在印度（包括土邦）登记的股份公司（包括英资和印资）由 2545 家增至 2789 家。其中受利多的如塔塔钢铁公司，因为有军事订货保证销路，便在现有设备能力下开足马力生产。大战期间，塔塔家族拥有的纺织厂、水泥厂等也都谋得很高利润。大战期间得到一定发展的印度民族资产阶级，进一步意识到了自己的力量和作用。他们要求得到制定经济政策的权利，并提出了印度自治的要求。他们希望一战结束后能有更大的发展空间。民族资产阶级力量的逐步壮大和要求更多经济和政治权利使他们在一战结束后仍能够站在民族运动的前列，发挥领导性作用，并向英印殖民当局提出更进步的要求。国大党作为民族资产阶级的代言人发挥了应有的作用。

相比之下，印度共产主义的发展基础相对比较薄弱。虽然印度工人阶级队伍伴随着民族资本主义的发展逐步壮大，但是到第一次世界大战结束时，并没有形成自己的组织和领导机构，也没有形成反映其切身利益的理论。在此之前的工人和农民运动或是自发的、零散的，或是响应国大党激进派的号召参加反对分割孟加拉等运动。与民族资产阶级相比，工农的力量始终没有得到充分挖掘。

（4）印度共产主义运动自身的局限性和英印殖民当局的强力镇压限制了印度共产主义运动的发展。

如前所述，早在 1920 年 10 月 17 日，M. N. 罗易就在苏联的塔什干建立了共产党组织，1925 年在印度国内也建立了相关组织。总体而言，印度共产党组织的建立并不算晚，但印度共产主义运动并没有像中国那样发展起来，其原因是多方面的。一是印度共产党建立后，缺乏严密的组织纪律，没

①　林承节主编《殖民主义史》（南亚卷），北京大学出版社，1999，第 193 页。

有召开过全国性的代表大会，也没有制定党纲，迟至 1951 年才有第一部党纲。党员人数也有限，在 20 世纪 30 年代只有 200 多名共产党员。二是印共党内宗派林立，印度社会固有的宗教、种姓对立也被带到党内，使印共难以成为印度共产主义运动的坚强堡垒。三是印共一直未能找到一条正确的革命道路。印共受共产国际路线的影响大，制定的政策与战略往往脱离印度实际，未能赢得广大印度民众的支持。如在 20 世纪 20 年代，印共认同罗易的主张，与印度资产阶级划清界限，脱离了甘地领导的非暴力不合作运动。二战爆发后，国大党人始终高举民族主义旗帜，要求英国人先给予印度独立，再考虑在战争中支持英国。而印共则服从共产国际的指示，表示愿意调整政策，停止反英斗争，参加世界反法西斯斗争。1943 年，印共召开第一次代表大会，提出与英国人百分之百的合作，一切为了前线，一切为了反法西斯斗争的需要，而国大党领导人则坚持愿意坐牢，也不愿同英国人妥协。1945 年二战结束，当甘地、尼赫鲁等人走出牢门时，他们成了印度的民族英雄。相比之下，印度共产党由于放弃同英国人的斗争，在印度民族解放斗争中扮演了不光彩的角色，失去了群众基础。①

殖民当局的镇压使印度共产主义运动很难发展起来。十月革命胜利后，英国殖民当局加紧了对印度共产主义运动的镇压。英国人在镇压印度共产党人方面从不手软，在 1920～1929 年，英国人就先后三次对共产党人进行大逮捕和审判。第一次是抓捕回国开展活动的共产党员，并于 1923 年在白沙瓦进行审判。1924 年，在"粉碎布尔什维克阴谋"的叫嚣声中抓捕了几乎所有印度国内共产主义小组的领导人。在印度共产党的活动刚刚有起色时，为了镇压如火如荼的工农运动，1929 年 3 月，英印政府逮捕了 31 位重要的劳工领袖，并启动了密鲁特阴谋审判（Merrut Conspiracy Case），殖民当局对共产党领导人和工会领导人进行了第三次抓捕，使印度共产党的发展受到严重摧残。

简言之，受共产国际的影响太大，缺乏系统的、贴近印度社会文化现实的斗争策略以及殖民当局的镇压等因素都使印度共产主义运动受到极大限制。

---

① 马克垚主编《世界文明史》（下），第 1195 页。

综上所述，俄国十月革命从多方面触动了印度民族运动，使其呈现出崭新的面貌，如俄国十月革命促进了印度工农运动发展，促进了全印性工会组织的建立，同时马克思主义思想和社会主义思想也传入印度，促成了新型政党——印度共产党和工农党等的建立，社会主义一些原则也传入印度，并将新鲜之风带给国大党。但是由于在十月革命影响之下建立的印度共产党没有与本国历史文化及国情紧密结合，其发展很不顺利，由他们倡导的民族运动始终处在历史的边缘。而民族资产阶级及其政党国大党因斗争策略切合印度实际情况，所以由他们主导印度民族运动的主要趋势并没有发生彻底改变。印度民族运动的历史表明，十月革命影响与马克思主义的传播只有和各国社会历史文化与革命实践紧密结合才能结出丰硕的成果。

尽管十月革命对印度民族运动的影响有限，但是社会主义和马克思主义思想还是在印度社会扎下了根。印度共产党及其派生的印度共产党（马）和印度共产党（马列）的生存与发展以及在个别邦的执政是具体的、看得见的。社会主义思想的影响集中体现在《印度宪法》第四篇"国家政策之指导原则"。虽然国家指导原则并非强制执行，但它对印度历届政府是无言的约束。国家指导原则规定，国家应保障社会秩序以增进人民福利；国家应致力于缩小收入上的不平等，努力消除个人之间，居住于不同地区，或从事不同职业的个人或公民集团之间在地位、设施和机会上的不平等；一切男女公民平等地享有适当谋生手段的权利等。印度独立后，尼赫鲁政府提出在印度建立"社会主义类型社会"，主张在确保经济增长的同时，在生产资料的占有和分配上缩小贫富差距。这些目标的确定为独立后印度发展政策的制定提供了基本的原则框架。从这一点来看，十月革命对印度民族运动的影响又是无限扩展的。

（原文发表于《世界历史》2007 年第 5 期，第 24～36 页）

美国西部土地立法与农业的资本主义化

◎ 何黎萍

　　美国是一个未经历过封建社会的移民国家，它的历史就是一部资本主义发展史。其资本主义的发展在很大程度上有赖于它对西部的开发。美国政府的西部土地立法政策对推动西部土地开发发挥了重要作用。它迎来了大批移民西进垦荒，造就了无数自耕农。与此同时，也形成了土地投机者、大商人以及资本家的大土地所有制对小农的剥夺和小农之间的竞争机制，导致了农业中资本主义生产方式的确立，出现了资本主义大农场，形成了农业资本家和雇佣劳动者的资本主义生产关系。这一过程从独立战争时起直到19世纪末20世纪初，长达一个多世纪。这期间，充满了复杂的阶级斗争和政治斗争。每一次斗争、每一次变革都对西部土地的开发产生推动力，并使资本主义生产方式一步步产生，体现出"美国式道路"的特征。美国西部土地立法与西部土地开发互为一体，可以分为有偿分配国有土地与农业资本主义产生、无偿分配国有土地与小农土地所有制、小农转变为农场主和雇佣劳动者三个阶段。这三个阶段互相衔接、交织，构成了农业资本主义化的全过程。本文立足于对这三个阶段的历史考察，论述美国农业资本主义化与美国西部土地立法之间的内在联系，力求说明这一过程在奠定美国强大的农业、乃至在奠定后来美国的全面强盛地位中的重要意义。

一　有偿分配国有土地与农业资本主义的产生

　　铲除殖民时代封建土地制残余，是美国对农业封建所有制实行资本主义改造的第一步，也是确立西部土地立法的先声。封建残余是指东部十三州的大地产制、割让租和长子继承制。1777 年 11 月，美国大陆会议通过了没收英国王室、英国国教教会、前殖民地业主以及贵族大批财产和土地的法令。这不仅铲除了十三州的封建大地产制，更重要的是政府通常将没收来的土地分成不超过 500 英亩的土地出售给私人。这就在封建大地产制的废墟上首次出现初具资本主义特征的中等土地所有制。1786 年和 1791 年又先后废除各地的割让租和长子继承制，农民们每年大概可以免交 10 万美元的地租,[①]从而为农民的自由迁徙创造了机会，为农业资本主义化创造了条件。

西部土地指阿巴拉契亚山脉以西的所有土地。独立战争后，随着美国领土扩张而逐渐形成。独立战争前后的西部土地，仅指阿巴拉契亚山脉至密西西比河之间的土地，又称老西部。当时这里是一片无人耕种而资源丰富的荒地，只有少数印第安人居住。早在独立战争前，少数农民因不堪忍受各殖民州政府的压迫，不顾英王收归王室所有和禁止北美殖民地人民向阿巴拉契亚山脉以西移居的种种法令，向西迁移，拓荒定居，成为最早的"非法"占地者。独立战争爆发后，翻越阿巴拉契亚山脉向绿山地带移居的人逐渐趋多。这就引发了各州对西部土地的争夺。鉴于此，马里兰州代表在大陆会议上提出议案说："西部土地既然是用十三州人民的鲜血和十三州的宝藏，从共同的敌人手中夺取过来的，这些土地就应该当作公共财产，议会有权将这些土地划为自由和独立的政府。"[②] 马里兰州的提议为大陆会议解决西部土地争端提供了启示。1780 年 10 月，大陆会议正式通过一项关于邦联土地的决议，其中有些政策在美国历史上留下永久印迹，影响到土地立法的历史走向："凡可能割让或转让与合众国的尚未分配使用的土地——其日后的处理应符合于合众国的公共利益，在那里安置移民而组成的各个共和制州，应成为邦联的成员，并应享有与其他州相同的主权权利、自由和独立。"[③] 后来形成的各州接受了当时尚无实权的邦联国会的决议。1783 年英美签订《巴黎和约》，美国邦联政府从事实上拥有了这片西部土地，它成为美国历史上

---

① Ernest・L・Bogart, *Economic History of The American People.* New York, 1959, p. 205.

② 黄绍湘:《美国早期发展史（1492~1823）》，人民出版社，1957，第 301 页。

③ 莫里森、康马杰等:《美利坚共和国的成长》（上卷），天津人民出版社，1980，第 294~295 页。

第一批公共土地。但是，按照何种原则来制定具体处理这片土地的方案，在当时又出现矛盾，产生两种不同的意见，它们涉及美国日后农业发展的性质和方向问题。以杰斐逊为代表，希望建立小农土地所有制，构造一个小农社会。他认为："所有的人都有获得一块住宅的平等机会。"① 因而他反对公共土地的有价出售，认为这将导致土地投机，激化贫富矛盾，逼迫穷人强占土地。他代表了传统的农业势力。以汉密尔顿为代表，则主张邦联政府出售土地，以增加国库收入，偿还国债。因此他反对西部移民自行占地，他代表了工商业集团的利益。这两派观点实质上反映了美国农业是走小农社会道路还是走资本主义道路的争论。它影响到以后美国西部土地立法，表现出一种兼顾农业集团利益与工商业集团利益的土地分配原则。在这一原则下，美国农业沿着两条道路发展，而资本主义道路越走越宽，并最终克服了小农社会倾向，确定了美国农业发展的资本主义道路。

1784 年、1785 年和 1787 年土地法虽是由杰斐逊草拟和提出或受其影响制定的，但却体现出兼顾农业集团和工商业集团利益的原则。1784 年土地法是 1780 年邦联土地决议的延伸，它再次申明了西部土地必须是美国全体人民的公地，并具体规定西部建州的原则。1785 年土地法则规定西部公共土地的测量方针和出售土地的方法。出售土地以 640 英亩为一个单位面积，概不零售；每英亩 1 美元，一个月内付清；出售公有土地的收入作为国家的财政来源。这种一月内支付 640 美元的土地购买政策，是拓荒农民所无法承受的，便利了土地投机商的土地投机买卖和大土地所有制的建立。1787 年《西北法令》是前两个法令的补充，最后明确了西部建州的具体方式。该法令把西北部划为一个特区，由国会指派一名州长及三名法官管理，当特区内达到选举年龄的白种居民人数足 5000 时，就可选举代表组成议会，享有一定的自主权。然后再划分成三至五个州，当任何一个州达到 6 万自由居民时，就可正式建州，加入联邦，享有与原各州平等的权利。

以上三个法令确定了公共土地国有化及有价出售的原则。它虽然导致了对土地的投机，但它所建立的早期大土地所有制和土地国有化构成了美国西部农业资本主义生产方式的萌芽。因为国有化可以彻底消灭土地上一切人为

---

① Gerald · D · Nash, *Issues in American Economic History*, D. C. Health and company, 1964, p. 154.

的壁障，使土地变成真正自由的土地。这样农民才感到有获得土地的希望，土地投机商及工商业集团才愿意向西部发展，使西部得以开发。同时，国家掌握土地，创造了向土地自由投资的条件，为资本主义生产关系的全面发展提供了适合的土壤。

然而，土地国有化与资本主义农业之间还有一段很长距离。农业资本主义生产方式的完全建立还有待于对西部土地的进一步开发，这取决于联邦政府土地立法政策的正确导向。要使西部得到全面迅速的开发，在当时还要依靠在西部建立小农自由土地所有制。虽然它不是直接意义上的农业资本主义，但可以在这里形成自由竞争的场所，使资本主义生产方式获得应有的生长环境。相反，如果只推行有利于大土地所有制的立法，却不能使西部得以迅速开发，从而严重阻碍资本主义经济的发展。但一开始，联邦政府并未认识到小农自由土地所有制对农业资本主义所具有的重要性。政府中代表工商业集团利益的汉密尔顿、杰伊、麦迪逊等人的观点在较长时间左右着联邦政府的土地立法。1796 年的《公共土地法》较为明显。它不仅规定出售公共土地的最低单位面积仍是 640 英亩，而且每英亩售价提高到 2 美元。地价一半付现款，另一半作为一年信用贷款。这项法案更加不利于小农，招致包括西北部、东北部、大西洋沿岸农民和工人的强烈反对。国会不得不在 1800 年修改土地法案，实行信贷制。将出售土地的一个单位面积减少到 230 英亩，每英亩售价仍为 2 美元。地价在四年内分四次付清。过期未交清地价者，所购土地没收。此地价也只有较富裕的农民才能支付。但它的确对人民作了一些让步，是美国土地立法迈向民主的开端。

1803 年，美国从法国购得路易斯安那，其面积达 200 万平方公里，因而急待开发利用。可是，由于美国土地立法政策的影响，能够移居西部的人并不多，且限于富裕阶层。按 1803 年杰斐逊的计算，以当时的移民速度，密西西比河以西住满正常数量的人口需要一千年。这无疑严重影响对西部的开发，束缚整个美国经济的发展。为此，美国政府在 1804 年再次放宽条件，把出售土地的最小单位降到 160 英亩，每英亩售价 2 美元，分五年偿清。结果公共土地的出售面积有了较大增长，却导致了 1819 年的大恐慌，出现严重的土地投机热。亚拉巴马州尤为严重，售地价格高出官价 2 倍，有的甚至高出 10~15 倍。那些大投机商、大种植园主利用优惠的信贷条件，大量赊买土地，欠下国家巨款。1818 年，信贷购地欠下的债务总数约 2200 万美元，① 严重影响政府财政。1820 年，美国政府紧急通过新地法，取消了信贷制，将购买土地的最小单位减至 80 英亩，每英亩价格降至 1.25 美元。这一法案的实施又导致 19 世纪二三十年代贫民在西部自行"占地"运动的盛行。为此，1832 年，政府再次把出售土地的单位面积降到 40 英亩，每英亩售价仍为 1.25 美元，用现金支付。政府希望通过这一办法来满足西部土地占有者的要求，缓和人民情绪，达到开发西部的目的。但由于售价仍偏高，又要支付现金，一般劳动者仍然负担不起。围绕这一问题，议会内部展开了辩论。西部议员因为认识到开发西部的重要，提出了优惠贫苦农民的主张。但东部工商业集团的议员，以"尽快充实国库"为由，持反对态度。1841 年，政府颁布了表面看来有利于西部拓荒者的《优先购买权法案》，规定：当政府出售土地时，允许原占地者有以每英亩 1.25 美元的最低价格优先购买其占据的土地的权利，条件是占地尚未超过 320 英亩。这一立法的确首次承认了拓荒者的优先权，鼓励移民西进拓荒。可以说，它是截至当时美国所有土地立法中最民主的土地立法，不过，它实际仍体现的是东部工商业集团的意志。即政府收取的地价仍超过一般小农的购买能力，大部分贫苦农民和东部因失业而西进的工人还是买不起土地。同时，政府还把大量土地赠给运河、铁路公司，土地投机也很活跃。西部一般移民仍不得不从投机商手中高价购买或租种土地，进而沦为他们的佃农。显然，尽管政府土地立法一次次降低土地售价，缩小售地单位面积，但仍无法解决农民获得土地的问题，其根本症结就是土地的有价出售。毫无疑问，只有土地的无偿分配，才能解决这一问题。事实上，自 19 世纪二三十年代起，西部移民就提出无偿分配国有土地的要求。进入 40 年代，这一呼声日趋强烈。后来，这种要求引起了国会内一些有远见的政治家和西部议员的注意。他们意识到无偿分配国有土地的深远意义，从 1842 年起，他们就开始提出接近无偿分配国有土地的法案。1846 年，安德鲁·约翰逊首次提出无偿分配土地的法案，却遭到东北部和东南部议员反对而未获通过。东北部资产阶级此时更为担心西部发达以及由此而来的竞争。东南部议员基于奴隶主阶级的利益，不愿让独立的小农

---

① 谢沃斯车扬诺夫：《美国近代史纲》（上册），三联书店，1977，第 277 页。

构成对奴隶制的威胁。围绕无偿分配国有土地问题，国会内的斗争日趋激烈。

当时，北部由于工业革命日趋完成，成为全国的工业基地。南部奴隶制经济严重阻碍着资本主义的发展。因此西部农业的发展就具有重要地位，而实行无偿分配土地制便是其动力所在。

二　无偿分配西部国有土地与小农土地所有制

从 1803 年至 1853 年的 50 年间，美国采用武力和欺骗性购买等手段，从印第安人、墨西哥、西班牙、英国手中夺取了大片土地，先后吞并佛罗里达、得克萨斯、俄勒冈、新墨西哥、加利福尼亚和加兹登，使美国领土从 440 万平方公里增加到 777 万平方公里。大片西部国有土地的扩张，引起了人们西进的洪流。人们不但住满了中西部，而且开始移住远西部。于是，新州的体制问题成为当时各方利益冲突的焦点。南部奴隶主要求在西部建立奴隶制，西部和东北部则要求建立自由州。这实际上是保留与取消奴隶制的问题。早在 1820 年《密苏里妥协案》中关于新州体制的冲突就表现出来。随后，1850 年"妥协案"和堪萨斯内战等使这一问题日益激化。反映在土地问题上，就是两大集团关于是否彻底改变西部土地立法原则、实行无偿分配土地法的争论。从 19 世纪 50 年代后半期起，两大集团在此问题上的态度和力量对比发生了变化。东北部已开始意识到，开发西部实际上有利于东北部的发展，它可以向东北部提供粮食和发展工业所需的原料，并成为东部工业品的销售市场，只有实行无偿分配土地的立法才能达到这一目的，奴隶制的扩张是当时最危险的敌人。于是东北部转而支持无偿分配土地的立法。南部奴隶主集团看到，奴隶制严重消耗土地肥力，急需向西部获取新的土地，才能挽救日益没落的奴隶制度，因而坚决反对无偿分配土地。态度变化的结果，使反对派在参议院中占优势，赞成派在众议院中占优势。所以从 1852 年至 1859 年五次提出无偿分配土地法，均被参议院和总统否决。

1861 年南方奴隶主集团主动退出联邦政府，挑起内战，终于打破这种僵局。1862 年 5 月 6 日，林肯政府通过并颁布了无偿分配西部土地的法案《宅地法》。它不仅实现了小农长期以来盼望和争取的无偿获得土地的愿望，而且奠定了美国农业资本主义发展的"美国式道路"的基础，成为美国农业资本主义化的最重要一步。该法案规定：每个家庭的户主或年满 21 岁的美国公民以及申请取得美国国籍而又未曾使用武力反对过美国政府的人，只需交纳 10 美元的登记费，都可以无偿从西部国有土地中获得 160 英亩的土地。连续耕种五年以上，就成为该地的主人。故而又称为《五年宅地法》，该法迎来了西进运动的高潮。如 1860～1900 年，进入美国的移民有 1400 多万人。其中大多流入西部，仅 1870～1880 年流入明尼苏达州就有 116500 人，[①] 他们以贫穷破产的工人为主。据统计，实施《宅地法》期间，有近 200 万农户无偿获得宅地，其土地面积达 28300 万亩。[②] 一大批自耕农应运而生。以密西西比州为例，1867 年拥有 10 英亩的小农户仅 40013 家，而到 1870 年就猛增到 100003 家。[③] 大量自耕农的出现使耕地面积迅速扩大，从而最终也使新农场像蘑菇一样迅速增长起来。从 1860 年至 1900 年，全国农场数从 200 万个增加到 600 万个，其中近 70% 是西部农场。[④] 在此基础上，《宅地法》造就的宗法式小农经营的自由经济，随着西部农业的发展和东部工业革命的完成，逐渐向商品经济演变。

商品经济的形成是资本主义农场经济的前奏，因而也是农业资本主义化很重要的一环。西部农业商品经济的发展经历了一个过程。这个过程早在《宅地法》之前就已开始，不过，当时商品化速度很慢。《宅地法》实施后，西部得到迅速开发，宗法式小农经济商品化步伐加快。南北战争前，东部大西洋沿岸各州是农作物的主要产地，但战后就迅速改变。以玉米为例：到 1869 年，全国 10 个主产玉米的州，其中 8 个产量最多的州居西部。棉产中心、小麦主产区、主要牧区等移居西部，西部已成为全美农业基地，生产着全国绝大多数农牧产品。他们除满足自己消费外，还有大量剩余产品，为商品经济发展创造了条件。而这时，大西洋沿岸工业革命的完成，加大了对农牧产品的需要，东部工业品也急需扩大销售。同时，南部由于为单一种植园经济，也需要西部的粮食。加之交通运输又得到改善，于是西部农牧产品被大批运输出来，东部大批价廉物美的工业品源源不断地运销西部，货币需求

---

① 黄绍湘：《美国通史简编》，人民出版社，1979，第 283 页。
② 希巴德：《公共土地政策史》，纽约，1924，第 100～106 页。
③ Ernest · L · Bogart, *Economic History of The American People*, p. 511.
④ Bartlett, *The New Country: a social history of the American frontier*, New York, 1974, p. 212.

日益突出。这样，19 世纪中期以前那种拓荒农场主生产绝大部分自给产品的现象消失了，代之而起的是商品生产和市场交换。到 19 世纪后期，这种农业商品化水平已达到较高程度，从而使宗法式小农经济开始走向两极分化，西部农业资本主义发展模式成为全美农业发展的榜样。

但是，《宅地法》所造成的商品经济规模仍然是非常有限的。因为《宅地法》主要是在大湖周围地区、密西西比河交界地区以及 98 度子午线以东的南北达科他、堪萨斯、内布拉斯加等州实行。该法所确定的农业资本主义道路还没有普及到西部所有地区。如果不改变这种状况，就不可能使美国农业全面迅速地走上资本主义道路。鉴于此，从 19 世纪 60 年代起，历届美国政府便不断强化和扩大无偿分配土地的原则。1873 年颁布《育林法》，规定：凡愿植树 40 英亩（1878 年改为 10 英亩）者，除宅地外，可再获 160 英亩的土地。为了把无人垦种的荒地也利用起来，1877 年国会通过《荒地法》，规定大平原地区，每个移民每英亩先付 0.25 美元，就可占地 640 英亩，但必须保证三年内对其中一部分荒地进行灌溉，经有关部门检查合格后，再补交每亩一美元的地价，就可正式取得土地所有权。此外，政府针对那些不适合耕种，但能采伐木材和开采石料的土地，于 1870 年颁布了《木材和石料法令》，申请人可按每英亩 2.50 美元的地价购买 160 英亩的土地。1906 年又颁布《森林宅地法》，规定：对森林地带可以在不伤害森林的情况下占用。这大大推动了对西部森林地带的开发。同时，政府考虑到 160 英亩的宅地面积已不再适合农田耕作，1909 年又颁布《扩大宅地法》，允许移民在大多数西部州可以占据 320 英亩的宅地面积。总之，到 20 世纪初，美国西部所有良好的可耕地差不多已占完，剩下的多是一些偏僻、贫瘠、干旱的土地。为了加快对这种地区的开发，就必须放宽移居五年再获得土地的限制。1912 年，政府颁布《三年宅地法》，规定：移民在三年中，每年只需住六个月，就可无偿获得土地所有权。为加快西部畜牧业生产，1916 年国会又通过《牲畜饲养宅地法》，规定：凡每份用于饲养牲畜的宅地面积为 640 英亩，不许折偿。这些法案的推行，使美国再次出现宅地热，到 1923 年，宅地面积达 3565 万英亩。[①]

① 希巴德：《公共土地政策史》，纽约，1924，第 100～106 页，第 398 页。

如果说《五年宅地法》最终奠定了农业资本主义发展的"美国式道路"的基础，那么以上法案，特别是 1909 年的《扩大宅地法》和 1912 年的《三年宅地法》则迅速将这条道路推广到最偏远的地区，为美国农业资本主义发展铺平道路。

三 宗法式小农转变为农场主和雇佣劳动者与资本主义生产方式的最终确立

美国土地立法政策在《宅地法》前，基本上一直摇摆于资本主义大土地所有制和自由小农土地所有制之间，其结果，一方面在西部建立了土地所有权和经营权合一的小农土地所有制，另一方面又确立起大土地所有制，不断兼并小农土地，使他们沦为租佃农。这就是说，在实施《宅地法》之前，美国农业中已形成了资本主义生产关系的因素。《宅地法》造就的小农当然不可能逃避资本主义影响。所以，自由小农土地所有制必定会很快瓦解。另外，美国的小农经济从开始就不是完全的自然经济，而是带有商品经济的性质。这种性质的小农经济极其不稳定，随时处在分化解体之中。小农经济的分化解体就是资本主义经济的形成。小农的两极分化是在小农之间的竞争，大土地所有制对小农的兼并下形成的。在竞争和兼并中，小农不是飞黄腾达成为农业资本家，就是遭到破产，丧失土地，沦为雇佣劳动者。其结果，一座座资本主义农场屹立在破产小农户的废墟上，一批批雇佣劳动者从一个地方流向另一个地方。这种大生产排挤小生产的竞争，是资本主义的固有规律。事实上，小农的分化早在 19 世纪初就已出现，只是并不明显。而《宅地法》实施后，造就的小农更多，其竞争的程度就更激烈，小农分化更复杂、更突出。

首先，获得宅地的小农多是贫苦劳动者，由于缺乏资金，往往无法自主经营自己的土地。据估计，一个西部宅地农要运作 160 英亩的宅地，第一年至少投资 1000 美元。为此，他们不得不借款。向小农贷款的高利贷商人、东部资本家、银行家等都要小农以其部分土地为抵押。这种抵押农户在西部很多。因为借贷利息高，小农经营的小块土地收获量又小，加之生产技术和工具落后等因素，小农往往无法按期偿还借款本息，于是债主就没收他们的抵押地。1889～1893年，仅堪萨斯一州就有约11000起农民抵押地被没收事件。[①] 债主将兼并的土地集中起来，租给一些有钱的大农场主或富裕农民，他们便雇佣劳动力来生产，于是在抵押农户土地上出现了资本主义大农场。而大部分抵押农户一次次丧失土地，直到最后丧失所有土地。据统计，像这样丧失土地和不完全拥有土地的农户在1900年超过农户总数的一半。[②] 丧失土地的农民有的沦为佃农，大部分则去农场出卖劳动力，沦为农业雇佣劳动者。此外，也有少数较富裕的宅地农，因占有信息、技术、交通等优势，农业生产取得成功，收回了抵押地，进而扩充农场，雇佣劳动力生产，成为资本主义性质的农场主。

其次，免费分配的宅地有相当部分是次等、贫瘠、偏远的土地。获得这样土地的宅地农破产得就更快、更多。由于土地位于偏远地区，交通梗阻，大多数移民要付出一大笔交通费用，在信息、运输、技术等方面都处于不利地位，再加上贫瘠的土地又需要投入更多的资金，所以他们一方面借款很多，另一方面又无法扩大经营，根本无力与其他小农竞争，最终难免破产的命运。

最后，《宅地法》本身还带有不少弊端。一是政府分配适合农耕的土地较少。例如，蒙大拿州1919～1922年登记的土地有9300万英亩，但大部分位于干旱少雨地区。[③] 这使宅地农很难靠农业维持生计。二是《宅地法》实施时还附有一个折偿条款，为土地投机打开了方便之门。该条款规定：允许移民在宅地上住满六个月后，只要每英亩付现金1.25～2.25美元折偿费，就可提前获得土地所有权。折偿条款在19世纪80年代被土地投机者广泛利用，他们雇佣大批人冒名顶替，以"实际移住者"名义，通过折偿条款把宅地大量买下来。连国会土地委员会也承认"折偿条款成了国有土地以惊人的速度转到大公司掌握中的手段"。在1882～1904年，有2000万英亩的土地是按照折偿条款处理掉的。[④] 这就造成土地集中和宅地农破产。许多银

① 菲特、里斯：《美国经济史》，辽宁人民出版社，1981，第540页。
② C·A·Berad, *A Basic History of The United States*, NewYork, 1944, p.398.
③ Robert·E·Riogel, Robert·G·Athearn, *American Moves West*, Rine hart and Winston, 1930, p.573.
④ 转引自杨生茂、林静芬《美国史论文选》，天津人民出版社，1984，第159页。

行家、土地投机商成为土地拥有者。他们把土地高价出售或出租给富裕农民，从而又诞生出一批大农场主。同时，《育林法》《荒地法》等也为土地投机提供了机会，从而造成宅地农失去土地。

以上表明，《宅地法》本身就带有促进土地兼并、加速农民两极分化的因素。因此，它的实施必然导致资本主义农场的建立和雇佣劳动者的形成。事实上，众多的资本主义农场正是靠兼并宅地农的土地而建立的，大多数雇佣劳动者也是由《宅地法》制造的小农分化解体而来的。当然，非宅地农的分化也是形成农业资本家和雇佣工人的一个原因，但不是主要原因。

总之，在 19 世纪末 20 世纪初，资本主义农场大量涌现，形成了一个人数颇多的农业资本家阶层和庞大的农业雇佣劳动大军。据统计：1860～1900年，美国的耕地面积增加了两倍，农场数目也增加了两倍，其中 500 英亩以上的农场已有十几个。到 1909 年，落基山区各州雇佣工人的农户占总农户的 46.8%。太平洋沿岸各州雇佣工人的农户占 58%。[1] 列宁在《关于农业中资本主义发展规律的新材料》的著述中，对各种类型的农户数目和生产数量在整个国民生产中所占份额进行分析指出，19 世纪末，美国约有 580万农户，其中 340 万农户是收入很少、非资本主义性质的经济，有 140 万农户是属于普通中型的农户，而只有不足 100 万农户是属于资本主义性质的。但在美国农产品总值中，非资本主义性质的农户所占份额在 1900 年为总数的 22%，普通中型的农户为 26%，而资本主义性质的农户则占 52%。由此可见，1900 年美国农产品总数的一半以上，是出自占全国农户总数 1/6 的100 万农户。1900 年，全国雇佣农业工人总开支的 69% 就是由这类农户支付的。[2] 可以确定，经过美国历届政府长期制定和实施《宅地法》等一系列土地法案，20 世纪初，资本主义经济终于在美国农业生产中占据了统治地位。

（原文发表于《社会科学战线》1998 年第 2 期，第 173～179 页）

---

[1] 转引自赵小平《农业资本主义发展的两条道路刍议》，载《世界史研究动态》1987 年第 8期，第 25 页。

[2] 《列宁全集》第 22 卷，人民出版社，1958，第 67～91 页。

美国对菲律宾的殖民统治及其影响

◎ 宋云伟

美菲关系是一个相对复杂的问题，不仅存在着外交、传教、贸易、文化等主权国家之间的关系，而且还有宗主国和殖民地之间的关系。国内外学者对这个问题都有一定程度的研究，但这些研究极不客观。美国学者关于菲美关系的著作很多，但是很大一部分人是政府官员、外交人员或政府政策制定者，他们与美国政府有着千丝万缕的联系，其著作主要阐述美国和菲律宾关系的对等性，忽视或否认了菲律宾在美国统治下殖民地经历的事实。[①] 国外学者对菲美关系的研究大致可分为四个方面：1. 美国占领菲律宾的目的。20 世纪 60 年代约翰·格兰威尔和乔治·扬在其著作[②]《政治、战略和美国外交：外交政策研究 1873 ~ 1917》一书中认为美国登陆菲律宾是战略决策，目的在于消灭西班牙战舰；但同年代的菲律宾学者托马斯·麦克科米以及稍晚的兹维明达·弗朗西斯科和乔纳森·法斯特[③]等都指出美国的行为是一种

---

① 例如 H. W. 布郎兹在《走向帝国》（H. W. Brands, *Bound to Empire: the United States and the Philippines*）一书中，把美菲的历史关系概念化为美国决策者同菲律宾政治家交往的一系列对等的关系。

② 约翰·格兰威尔，乔治·扬：《政治、战略和美国外交：外交政策研究 1873 ~ 1917》，（John Grenville and George Young, *Politics, Strategy, and American Diplomacy: Studies in Foreign Policy 1873 – 1917*），纽黑文耶鲁大学出版社，1966。

③ 乔纳森·法斯特，兹维明达·弗朗西斯科：《美国的帝国阴谋、大企业、腐败和帝国主义政治 1876 ~ 1907》（Jonathan Fast and Luzviminda Francisco, *Conspiracy For Empire, Big Business, Corruption and the Politics of Imperialism in America 1876 – 1907*），奎松城民族主义研究基金，1985。

经济行为，意在建立殖民基地，染指中国市场。2. 对美国占领菲律宾的军事行动的评析。约翰·摩根·盖茨的著作基本上是为美国在菲律宾的军事活动辩解①，斯图尔特·米勒则相反，他严厉批评美菲战争期间美国的军事活动，但也只是单方面聚焦美国，对菲律宾人关注很少。② 3. 对美国殖民政策的评析。大多数美国学者都维护美国的殖民政策，例如路易斯·格利克是退休的美国外交官，其大部分著作都在褒扬仁慈、有效的殖民政权及其政策所带来的好处。③ 菲律宾学者 G. F. 赛义德在他的著作《菲律宾共和国——历史、政府和人民》一书中也肯定美国的殖民统治。20 世纪 80 年代以后，上述观点遭到民族主义学者的诟病，菲律宾学者雷纳托·康斯坦丁诺是"民族主义"流派的主要代表人物，他指出美国为了自身利益而在经济上牺牲菲律宾人民，在教育上误导菲律宾人民。④ 4. 关于菲美关系的整体性研究 。最有影响的著作是彼得·斯坦利的《形成中的国家：菲律宾和美国，1899 ~ 1921》，斯坦利的著作阐述了菲律宾政治领袖们的思想和行为，但对马尼拉以外的大多数菲律宾人还是一无所知。另外，格兰·梅的著作《菲律宾的社会工程》也指出美国在经济、教育各个方面为菲律宾社会发展制定了目标，但成绩寥寥无几。需要指出的是，有些美国学者即使没有政府背景，但由于对菲律宾的政治文化和社会了解非常有限，缺乏系统的、有深度的菲律宾方面的资料文献，以致美菲关系的整体性学术研究始终不尽如人意。

国内也有一些学者致力于美菲关系研究，观点不尽相同。吴小安和贴伟芝⑤主要从殖民地对宗主国的依附性和殖民统治的负面影响方面来阐述美国

---

① 约翰·摩根·盖茨：《教科书与克拉格斯：美国军队在菲律宾，1898 ~ 1902》（John Morgan Gates, *Schoolbooks and Krags: The United States Army in the Philippines 1898 – 1902*），格林伍德出版社，1973。

② 斯图尔特·米勒：《"仁慈的同化"：美国征服菲律宾 1899 ~ 1903》（Stuart Miller, *"Benevolent Assimilation": the American Conquest of the Philippines 1899 – 1903*），耶鲁大学出版社，1982。

③ 路易斯·格利克：《美国在菲律宾的统治机构 1898 ~ 1941》（Lewis Gleeck, *American Institution in the Philippines 1898 – 1941*），马尼拉历史协会，1976。

④ 雷纳托·康斯坦丁诺：《菲律宾：重新考察》（Renato Constantino, *The Philippines: A Past Revisited*），马尼拉，1975。

⑤ 吴小安：《论美国殖民统治对菲律宾现代政治发展的影响》，《厦门大学学报》1995 年第 4 期；贴伟芝：《论菲律宾对美国的依附性》，《商丘师范学院学报》2005 年第 3 期。

的殖民统治，杨宏云和王勇①则肯定了美国对菲律宾统治的双重作用，贺业华和王文良②从新殖民主义的角度，揭示了美国殖民政策的隐蔽性。但这些文章同样只关注美国的政策，对菲律宾人的反应和菲律宾人在殖民地历史进程中的作用缺乏研究。

一　美国对菲律宾的占领

菲律宾和美国的关系是从 19 世纪末开始的。19 世纪末，美国和菲律宾都处于比较特殊的历史时期。从 18 世纪末期到 19 世纪末期，美国用了一个多世纪的时间从大西洋沿岸扩展到太平洋沿岸，完成了它的大陆扩张。就在美国野心勃勃地实施海外扩张计划之际，却发现欧洲列强抢先一步，已经将整个世界瓜分殆尽。美国人"开始考虑他们是否已经落后于时代，也开始考虑如果不参与帝国主义冒险并且不去'承担'随着报酬和掠夺物而来的'白种人的负担'的话，他们是否还能保住自己的利益和市场"③。美国要攫取海外市场，必须从其他列强手中抢夺殖民地。此时美国的经济和军事实力迅速膨胀，已经有足够的力量与其他列强抗衡，它首先把矛头指向了最老的殖民帝国——西班牙。1898 年 4 月，美国借口"缅因号"在古巴哈瓦那港爆炸而向西班牙宣战，拉开了美西战争的序幕。美西战争很快将西班牙的殖民地菲律宾卷了进去。

菲律宾于 1565 年沦为西班牙的殖民地，到 19 世纪，随着菲律宾资产阶级的形成和新兴知识分子阶层的崛起，菲律宾人民反抗西班牙殖民统治的斗争日趋激烈，终于在 19 世纪末期发展成为席卷菲律宾全境的武装斗争。但是不幸的是，革命组织发生分裂，1897 年革命领导人之一波尼法秀被杀害，削弱了革命力量。阿奎纳多夺取了革命领导权，并向西班牙殖民当局妥协，

---

① 杨宏云：《从巴黎条约到泰丁斯—麦克杜菲法——美统时期美国对菲律宾关税和贸易政策的演变及其影响》，《南洋问题》2000 年第 4 期；王勇：《菲律宾独特的社会政治文化》，《东南亚纵横》2004 年第 3 期。

② 王文良：《新殖民主义的发端——二十世纪初美国对菲律宾的统治》，《美国研究》1993 年第 3 期；贺业华：《美国在菲律宾的殖民统治政策初探》，《厦门大学学报》1989 年第 2 期。

③ J. 布鲁姆等：《美国的历程》（下册），商务印书馆，1988，第 155 页。

流亡香港，电令在菲律宾的革命者投降。美西战争爆发以后，美国远东舰队司令杜威多次派人劝说阿奎纳多返回菲律宾，重新发动反对西班牙的战争，美国将给予援助。流亡在香港的菲律宾人都对美国的热情心存疑虑，而美国代表一再声称美国对菲律宾没有兴趣。1898 年 5 月，阿奎纳多搭乘美国军舰返回菲律宾，杜威和阿奎纳多会谈时，再次重申美国帮助菲律宾的目的是在于"保护菲律宾人民"，使之"脱离西班牙的奴役"，并明确表示美国地大物博，"无需殖民地"，美国将会承认菲律宾独立，要阿奎纳多对此不必怀疑。① 而事实上，美国积极鼓动阿奎纳多对西班牙开战的原因是，在美西战争中美国需要菲律宾人的合作。当时尽管在马尼拉湾海战中美国军队取得了巨大胜利，但是它仅能以舰队封锁马尼拉海面，陆地作战力量不足，杜威需要借助于菲律宾的力量消灭西班牙的军队。

阿奎纳多返回马尼拉以后，很快掌握了反对西班牙革命的领导权，革命队伍迅速壮大，武装斗争遍及菲律宾全境。1898 年 6 月 12 日，阿奎纳多在甲米地发表独立宣言，建立了以阿奎纳多为首的革命政府。但此时战斗并没有结束，西班牙军队守在马尼拉城坚固的工事中，革命军很难攻克。7 月，美国援兵分批到达，美方要求菲律宾革命军让出前方阵地，美军抢占有利位置。当美方控制马尼拉以后，即在城内布防，禁止菲律宾革命军进入。美国的行为打破了阿奎纳多等人对美国的幻想，菲律宾和美国矛盾开始暴露。1898 年 8 月 14 日，美国远征军总司令梅里特以菲律宾军事总督的身份发布文告，成立军政府。至此，美国对菲律宾的野心已昭然若揭，3 个月前杜威的承诺化为乌有。

菲律宾革命政府迁到马尼拉以北的马洛洛斯镇，1898 年 9 月 15 日，革命政府在马洛洛斯镇召开国会，宣布"菲律宾是属于菲律宾人的"。② 会议任命了宪法委员会，起草宪法，1899 年 1 月 21 日，宪法正式颁布，菲律宾第一共和国成立。菲律宾革命政府在进行政权建设的同时，在各地继续打击西班牙殖民者，1899 年 6 月 2 日，西班牙最后一个据点被攻克，至此菲律

---

① 艾米利奥·阿奎纳多：《第二眼看美国》（Emilio Aguinaldo, *A Second Look at America*），纽约，1957，第 38 页。

② 莱昂德罗·费尔南德斯：《菲律宾共和国》（Leandro Fernandez, *The Philippine Republic*），纽约，1968，第 99 页。

宾全境获得解放。

但是，此时美国也在积极酝酿将其统治扩展到菲律宾群岛。1898 年 9 月，美方要求菲律宾军队撤出马尼拉郊区，并以武力相威胁，"除非你的军队在本月 15 日（星期四）以前撤出城防工事，否则我不得不诉诸武力行为，我国政府要你对可能发生的任何不幸后果负责"[1]。阿奎纳多被迫接受了通牒，美军即把自己的军队部署在马尼拉周围。1898 年 12 月美西《巴黎条约》签订，西班牙将菲律宾全境割让给美国，美国成为这片土地新的主宰。1899 年 1 月，美菲双方开始谈判，美国拒不承认菲律宾共和国，而菲方也拒绝接受美国在菲律宾的主权。1899 年 2 月，双方兵戎相见。之前美方进行了充分的战斗准备，战争爆发时，美国各个军团接到"按预定计划行事"的命令，于是美军立刻在马尼拉全线展开有效进攻。开战后美国军队源源不断地从本土赶来增援，而菲方武器装备落后，战争打得异常艰难。美国一边进行军事进攻，一边展开政治攻势，菲律宾人中的部分保守主义者发生动摇，革命阵营分裂，削弱了革命力量，菲律宾革命武装逐步失去了控制的区域。1899 年年末，菲律宾共和国政府基本已经不存在了，菲律宾的抗战转入游击战。1901 年 4 月，阿奎纳多被俘，宣誓效忠美国，其他游击区的将领也陆续被俘，到 7 月菲律宾抗美斗争基本结束。菲律宾第一共和国就这样灭亡了，就像列宁所说的，美国在"解放"菲律宾的借口之下扼杀了菲律宾[2]。

二 美国对菲律宾的殖民统治政策

美军占领马尼拉的第二天，宣布成立军政府，设立军事法庭，并任命财政、海关和警察官员，对占领区行使基本的管理职能。1900 年 3 月，美国任命了以塔夫脱为首的调查委员会到菲律宾，协助军事当局在菲律宾建立起美国的统治秩序。不管是军政府还是以后的文治政府，美国当局都颁布了一

---

[1] 格雷戈里奥·F. 赛义德：《菲律宾共和国——历史、政府和人民》，商务印书馆，1979，第 420 页。

[2] 《列宁全集》第 28 卷，人民出版社，1956，第 44 页。

系列法律文告，它们成为美国在菲律宾建立统治秩序的基础。

1. 军政府时期通过的相关法案

从 1900 年 9 月到 1902 年 8 月，塔夫脱委员会颁发了 440 条法令，包括创立文官制度、规范民事诉讼和组织警察队伍等。军政府时期的重要举措之一是地方建制，美方认为在战争期间建立起基层组织有助于稳固他们的占领区。1899 年 8 月，美国军事当局颁发第 43 号令，开始在菲律宾建立镇一级的政府机关，并陆续颁发补充条款，加强美军队对各镇事务的控制。1901 年 1 月，塔夫脱委员会通过第 82 号令，又称《镇政府法典》。根据规定，镇政府设有镇务会议，由选民选举产生正、副主席各一人，任期两年，其他职务由主席任命、镇务会议批准。镇政府的职权是征税、管理镇的财产、建筑房屋等。同年 2 月通过《省政府法典》，规定省行政机构主要是由省长、财务长和公务长官组成的省委员会领导，省级官员由塔夫脱委员会任命。1902 年 2 月，省长改由本省全部镇委员会成员选举产生，每两年选举一次。1906 年，省委员会中的公务长官也改由选民选举。根据上述法案，美国共在菲律宾设立了 765 个镇和 35 个省。①

军政府还在菲律宾建立了司法体系。菲律宾最高法庭在 1899 年成立，由 6 名菲律宾法官和 3 名美国军官组成，并在美军的占领区建立地方法庭。塔夫脱委员会进一步加强司法控制，建立最高法院，由首席大法官和 6 名陪审法官组成，并把菲律宾划成 14 个司法区，在每个司法区建立初级法院，最重要的法官全都由美国人担任。菲律宾的司法权完全操纵在美国人手中。

1901 年 3 月，美国国会通过了《斯普诺修正陆军拨款法案》，规定美国在菲律宾的统治将由军政府过渡到文治政府，授权美国总统着手在菲律宾建立一个文治政府。1901 年 7 月 4 日，文治政府在马尼拉举行就职典礼。

2. 1902 年美国国会通过《菲律宾法案》，这是美国为菲律宾制定的一个重要的政府组织法

根据该法案，菲律宾委员会成为立法机构，相当于参议院。同时成

---

① 金应熙等主编《菲律宾史》，河南大学出版社，1990，第 442～443 页。

立一个民选的菲律宾会议，相当于众议院，法案规定在菲律宾人口调查完成两年之后进行菲律宾会议的选举。立法权授予参、众两院，但穆斯林和其他非基督徒居住地区的立法权，则仅由菲律宾委员会行使。行政方面设民政长官，菲律宾委员会的成员分别担任各部部长。法案规定，菲律宾民政正副长官、菲律宾委员会成员、各部部长皆由美国总统任命，参议院批准。1902 年法案还规定，菲律宾最高法院的法官也由美国总统任命，经美国参议院批准。法院成员中美国人占多数，美国最高法院拥有复审权，它有权审查、修正、补充和取消菲律宾各级法院的任何判决。

根据《菲律宾法案》，菲律宾于 1903 年 3 月开始人口调查，1905 年 8 月公布调查结果。两年之后，选出第一个菲律宾会议。菲律宾会议只拥有形式上的立法权，总督和菲律宾委员会对其决议有审批和否决的权力，美国国会也可以变更、补充或取消其通过的法律。作为参议院的菲律宾委员会也在不断变化。1901 年 9 月，3 名菲律宾人被任命到这个委员会中，1908 年又增加了一名菲律宾人，1913 年菲律宾委员会 9 名委员中，菲律宾人占了 5 人，第一次超过了美国人。[1] 但是菲律宾委员会仍然代表美国人的利益，和菲律宾会议之间的矛盾日趋尖锐，从 1909 年起，菲律宾会议的法案越来越多的遭到菲律宾委员会的否决，这些法案主要涉及扩大菲律宾人的参政权，减少或撤销殖民当局的监督。[2] 一个典型的例子是 1911 年 1 月菲律宾会议和菲律宾委员会之间在经费预算问题上发生冲突，菲律宾会议对 1911～1912 年度总预算提出异议，要减少一些行政部门的经费，而这些部门恰恰是美国人占比例比较高的，遭到菲律宾委员会的反对。双方争执不下，只好维持前一年的预算。[3] 由此看来，尽管美国在菲律宾按照美国模式建立了三权分立的制度，但是各部门权力都掌握在美国人手里。1916 的《琼斯法案》虽然让更多的菲律宾人参与到国家管理中来，但也没有改变美国殖民统治的实质。

---

① 金应熙等主编《菲律宾史》，第 443 页。

② 约翰·拉金：《邦板牙人：菲律宾省的殖民地社会》（John A. Larkin, *the Pampangans: Colonial Society in a Philippine Province*），洛杉矶加利福尼亚大学出版社，1972，第 196 页。

③ 格雷戈里奥·F. 赛义德：《菲律宾共和国——历史、政府和人民》，第 452 页。

3. 1902 年法案还包括一个权利法案，规定保障菲律宾人的人身和财产权不受侵犯，菲律宾人享受民主、自由和选举权，但实际上，这些自由受到严格的限制

以选举权为例，选民资格受到限制，选民需要具备以下条件：在西班牙殖民统治期间曾任公职；拥有价值不少于 500 比索的财产，或者纳税 30 比索以上；能熟练运用西班牙语或者英语。① 在这样严格的限制之下，1903 年拥有选举资格的人仅占全部居民的 2.44%，② 只是很小的一部分精英分子，大多数菲律宾人仍被排除在资产阶级民主自由权之外。

另外，虽然从法律上说菲律宾人有言论、出版、宗教和集会、结社的自由，但事实上并非如此。军人政府时期麦克阿瑟将军逮捕不妥协的爱国者们并予以流放。文治政府时期，菲律宾出现了一些宣传反美思想的报纸杂志，民族主义的戏剧也出现在舞台上，美国加强对出版和戏剧的检查。菲律宾报纸《新时代》宣扬反美独立思想，美国检察官两次勒令其停刊，主编奥斯梅纳和他的同事们被美国当局威胁流放。1901 年菲律宾委员会制定了《危害治安书刊取缔法》，宣布任何怀有敌意批评美国统治的行为都算是扰乱社会治安。六年之后，这个委员会通过了《旗法》，禁止公开展示菲律宾国旗。

美国占领菲律宾的时候，菲律宾还是一个经济很落后的农业国。美国殖民当局在战后采取了一些稳定社会秩序的措施，并逐步控制菲律宾的经济。1898 年美西《巴黎条约》规定，从该条约批准之日起十年之内，西班牙输入菲律宾的商品和美国输入菲律宾的商品享有同等的待遇，因此美国没有急于修改关税法。1909 年，《巴黎条约》中的该条款期满，美国即制定了调整美菲贸易关税的法案，称为《佩恩—奥尔德奇法》。这个法案规定，美国商品输入菲律宾完全免税，数量亦不受限制；而菲律宾输往美国的商品则区别对待，菲律宾输入美国的大米和其他国家一样征税，没有任何优惠，蔗糖和

---

① 埃里胡·鲁特：《美国军事和殖民政策》（Elihu Root, *The Military and Colonial Policy of the United States*），哈佛大学出版社，1924，第 257~258 页。

② G. A. 梅：《菲律宾的社会机制：1900 - 1913 年美国殖民政策的目标、实施和影响》（G. A. May, *Social Engineering in the Philippines: the Aims Execution and Impact of American Colonial Policy 1900 - 1913*），格林伍德出版社，1980，第 46 页。

烟有一定免税配额，包括蔗糖 30 万吨、雪茄烟 1.5 亿支、雪茄烟心 100 万磅、外卷烟叶 30 万磅。菲律宾输入美国的制成品，所用的外国原料如果没有超过该产品价值的 20%，则可以免税。① 这个税法遭到菲律宾人民的强烈反对，1909 年菲律宾会议通过决议，指出免税贸易将严重损害菲律宾经济，但是美国并未予理睬。只是在 1913 年颁布《安德伍德·西蒙斯法》，取消了对菲律宾出口美国商品的配额限制，而免税贸易一直持续到 1934 年。

1934 年美国国会通过《泰丁斯—麦克杜菲法案》，允许菲律宾建立一个自治领政府作为过渡，十年后宣布菲律宾独立。根据该法案，1935 年菲律宾正式成立自治领政府。《泰丁斯—麦克杜菲法案》同时制定了自治时期美菲之间特殊的关税法案，美国输往菲律宾的商品仍然免税，而菲律宾输往美国的商品自自治第五年起缴纳 5% 的税，以后逐年递增 5%，自治期满，就能达到美国规定外国商品的全部进口税额度；不仅如此，从自治第一年起免税输入美国的主要商品在数量上也受到限制。②

免税贸易的结果使美国在菲律宾进出口贸易中占据主导地位。1899 年菲律宾从美国进口的商品占全部进口总额的 7%，1908 年进一步上升到 17%。出口商品中，1899 年菲律宾商品 26% 出口到美国。《佩恩—奥尔德奇法》出台后，美国在菲律宾对外贸易中的比重急剧增加。1913 年它在菲律宾进出口贸易中的比重为 42%，其中进口占 50%，出口占 34%，到 1917 年美国占菲律宾进出口贸易的总额上升为 62%，进口占 57%，出口占 66%。《泰丁斯—麦克杜菲法案》实施后，美国在菲律宾对外贸易中的比重进一步增大，1937 年它在菲律宾对外贸易总额中占 71%，到 1940 年达到 75%。③

同时，美国大量向菲律宾输出资本。1914 年美国在菲的私人投资为 6400 万美元，1918 年达到 1 亿美元，1923 年增至 1.45 亿美元，不到十年时间美国私人投资在菲律宾增长了一倍。④ 到 1939 年美国在菲律宾的投资达 5.37 亿比索（相当于 2.69 亿美元）。美国资本在工业方面投资较少，即使

---

① 金应熙等主编《菲律宾史》，第 454～455 页。
② 金应熙等主编《菲律宾史》，第 509 页。
③ 佩德罗·阿贝拉达：《美国对菲律宾的关税政策 1898～1946》，（Pedro Abelarde, *American Tariff Policy towards the Philippines 1898–1946*），王冠出版社，1947，第 215 页。
④ 梁志明主编《殖民主义史》（东南亚卷），北京大学出版社，1999，第 467 页。

投资也主要以原料生产和出口作物加工为主，比如出口农产品的加工工业、进出口贸易公司和贸易批发公司等，这是由美菲之间的免税贸易决定的。美资还热衷于购买政府公债和证券以及土地投机。即使美国资本很少投资工业，美资在菲律宾的主要经济部门中仍然占很大的比例。20世纪三十年代，菲律宾民族资本家，包括那些菲籍西班牙人在内，他们的资金在工业中仅占40%多一点。在菲律宾营业的15家银行，由菲律宾资本控制的仅2家，且资金极少，尚不到国内银行资产的1%。菲律宾人在贸易企业的投资，只占这些企业投资额的35%，菲律宾资产投资的船舶运输业仅占国内出口运输的1%。① 美国资本还热衷于投资菲律宾的公共事业，美资掌握了菲律宾主要城市的水电供应，控制了全部电报和电话业务。

美国占领菲律宾之后，土地问题是一个亟待解决的问题。在西班牙统治时期菲律宾是大地产制，美国占领菲律宾之后，继承了原来属于西班牙国王的全部土地。为了避免大土地所有制的过度膨胀，1902年法案对购买和租赁国家公地做了限制，规定个人可以获得土地的数量为16公顷，公司可以获得土地的数量为1024公顷，② 但这个规定并没有触及原来的大土地所有制，在1908年拍卖教会土地的过程中，这一限制被取消。另外，殖民当局实施土地登记法，宣称要把土地分成小块出售给佃农，扶植小农经济，但实施效果也不理想。一般农户因贫困而无力购买土地，大部分土地最终还是落到了菲律宾大地主和美国公司手中，例如1909年民都洛的圣何塞田庄22000多公顷土地以优惠条件售给美糖业资本家。③

长期以来，菲律宾的土地所有权都很混乱，农民普遍没有产权的概念。1902年美国殖民当局实施土地"登记法"，重新测量和登记土地，广大农民手中没有地契，菲律宾地主阶级趁机扩展地界，侵占小农的土地。1910年土地法庭颁发的土地证书，大多数落到了地主阶级手中。1903年殖民当局还颁发了一项法令，要将自耕农场分配到个人，允许每人免费获得24公顷

---

① 金应熙等主编《菲律宾史》，第532页。

② 奥斯卡·阿尔方索：《西奥多·罗斯福和菲律宾1897～1909》（Oscar Alfonso, *Theodore Roosevelt and the Philippines 1897–1909*），纽约，1970，第115页。

③ 雷纳托·康斯坦丁诺：《菲律宾史》（Renato Constantino, *A History of the Philippines*），纽约，1979，第298～299页。

土地，这本是对农民很有利的政策，但是要获得土地，需要复杂的手续和高昂的费用，很多人提出的请求还被以各种理由拒绝。1904~1914 年，提出申请的人达到 27500 名，但是最终获得土地的只有 295 人。① 这些法令反而使地主和美国公司剥夺农民土地合法化。

美国人很重视对菲律宾人的教育同化。当战争没有结束的时候，美军就在占领区积极开办学校，每个学校配备一名英语教师，一些士兵成为在菲律宾最早的老师。军事当局在菲律宾开办的学校大约有 1000 所，到 1900 年 9 月 1 日注册学生约 10 万人。② 1901 年第二届菲律宾委员会拟订了公立学校制度，通过建立公立教育制度的第 74 号法令，设立公共教育局，由总学督和 4 名委员组成委员会领导。该法令规定从美国聘请 1000 名教师来菲律宾，同时规定所有的公立学校必须用英语教学。③ 1902 年美国当局颁发了第 525 号令，把起初菲律宾群岛的 10 个学区重新划分为 36 个学区，后来又增加了一个，共 37 个学区。各个学区监督有权聘任在本区学校任教的菲籍教师。

美国的统治基本确立以后，就开始往菲律宾输送教师。1901 年 8 月，523 名教师乘同一艘船到达菲律宾，到 1902 年 5 月在菲律宾的美国教师已经达到 926 人。④ 随着美国教师队伍的壮大，英语已经逐渐成为学校唯一的教学语言。美国在创办学校方面取得了一定的成绩，到 1903 年美国在菲律宾创办学校 2962 所，平均每省 72 所，每镇 3 所。1903 年入学的总人数达到 266362 人，其中公立学校的学生占 74.8%，⑤ 还有一些学生在私立学校和教会学校上学。1908 年，殖民当局在马尼拉开办了菲律宾大学。但是殖民地时期整体教育水平不高，在这些学生中，小学生占 96%，中学生占 3.9%，大学生仅占 0.1%。⑥ 另外，1903 年殖民政府建立公费留学制，从

---

① 文森特·威德纳斯：《菲律宾经济危机》（Vicente Valdepenas, *The Emergence of the Philippine Economy*），马尼拉，1977，第 231 页。

② 美国调查委员会：《菲律宾群岛调查》（U. S. Bureau of Census, *Census of the Philippine Islands*），华盛顿，1905，第三卷，第 640 页。

③ 埃里胡·鲁特：《美国军事和殖民政策》，第 226 页。

④ 美国调查委员会：《菲律宾群岛调查》，第三卷，第 646 页。

⑤ 金应熙等主编《菲律宾史》，第 459 页。

⑥ 美国调查委员会：《菲律宾群岛调查》，第三卷，第 688 页。

1903 年到 1908 年共有 200 名公费生被派往美国留学。

美国在菲律宾大力推广和使用英语，英语不仅成为官方用语，而且成为社会和商业用语。1915 年菲律宾举行政府工作人员录用考试，选择使用西班牙语的有 1107 人，而选择使用英语的有 8354 人。① 在殖民当局的努力下，使用英语的人迅速增多。美国人利用新闻媒介在菲律宾宣扬美国文化，他们在菲律宾发行一系列报纸杂志，如《菲律宾每日公报》《海外新闻》《菲律宾自由报》等，随时将美国国内的流行时尚介绍到菲律宾。同时还在菲律宾建立起美国式的旅馆、剧院和商店等，向菲律宾人展示美国人的生活方式。随着美国在菲律宾殖民统治的建立，美国基督教各个派别的传教士也进入到菲律宾，他们以极大的热情在菲律宾民众中传教，在全国范围内与天主教徒争夺教众，到 1918 年，菲律宾已经有 30 万人改信了基督教。

三　美国对菲律宾殖民统治的后果和影响

美国在菲律宾长期的殖民统治对菲律宾社会产生了深远的影响，使菲律宾社会、政治、经济和文化等各方面都发生了巨大变化。这些影响并非是暂时的，可以随着美国殖民统治的结束而结束，它的影响是长期的，即使独立以后，菲律宾仍然保留了依附、被剥削等后殖民国家的很多特征。

美国对菲律宾殖民统治的影响首先表现在政治制度方面。（1）美国在菲律宾建立地方政府，不仅可以巩固殖民统治的基础，而且可以拉拢菲律宾地主、资产阶级上层分子为美国的殖民统治服务。省、镇两级政府是美国对菲律宾进行"民主政治教育"的主要阵地之一。这两级官员大多由菲律宾人担任，1910 年，省级官员中菲律宾人占 90%，镇级官员中占 99%。② 美国这样做的目的无非是为了拉拢菲律宾地主、资产阶级上层分子，扩大美

① 路易斯·格利克：《美国在菲律宾的统治机构 1898~1941》，第 138 页。
② W. C. 福布斯：《菲律宾群岛》（W. C. Forbes, *The Philippine Islands*, Vol II），波士顿和纽约，1928，第二卷，第 167 页。

国在菲律宾的统治基础。根据《镇政府法典》和《省政府法典》建立起来的两级政府，受到美国殖民当局的严格控制。镇政府的活动要受省政府监督，而省政府对总督负责，设在马尼拉的行政局在总督的直接主持下负责监督各省政府的工作，该局的主要官员长期由美国人充任，实际上直接或间接地控制着各级政府。美国在菲律宾的地方建制带来双重影响，一方面它把美国的政治制度复制到菲律宾；另一方面加深了菲律宾地主、资产阶级对美国的依赖。

（2）通过《菲律宾法案》建立起来的统治秩序，是美国实现其殖民统治的基础。美国按照自己的模式改造菲律宾，在各级政府建立了行政、立法和司法三个机构，实施三权分立制。但是这一切只是表面现象，美国搬来的只是民主制度的外壳，国家统治和管理的实际权力牢牢地控制在美国人手中。首先，美国通过任命官员来控制菲律宾各个部门，最高行政长官、菲律宾委员会的成员和最高法院的法官都由美国总统任命、参议院批准，由此美国就控制了行政、立法和司法各个部门。其次，机构设置具有分权的外形，但是本质上是集权的，菲律宾委员会的成员既是立法机构成员，又是各个行政部门的首长，并没有实现权力的制衡；另外就中央和地方关系来说，中央政府对省和城镇等地方政府层层控制，地方自主权实际上很小。最后，虽然菲律宾会议是由经过选举产生的菲律宾人组成的，但是受到菲律宾委员会的制约。而且由于选举资格的限制，菲律宾会议的代表并没有广泛的代表性。美国在菲律宾建立了一套很完善的殖民体制，从中央到地方牢牢地控制着菲律宾。

（3）美国标榜给予菲律宾人民主自由和基本人权，这是美国殖民统治的一种必要的手段，也是灌输美国式价值观念的途径之一，实际上这些民主和自由都是有限的，是以不威胁美国利益为前提的。在占领菲律宾初期，美国连续颁布《危害治安书刊取缔法》和《旗法》，禁止菲律宾进行民族主义宣传，打击民族主义活动。20世纪三十年代，殖民当局严厉镇压菲律宾共产党和进步人士的活动，1931年5月逮捕了一批菲共领导人，1932年10月宣布菲律宾共产党为非法组织。殖民当局非常害怕人民武装，在二战初期，"强行解除人民抗日军队的武装，大规模逮捕和杀害菲共和抗日的军干部、战士和广大革命群众"①。美国当局标榜菲律宾人可以享有民主自由权利，实际上是要掩盖殖民统治的本质，消除菲律宾人的敌对情绪。但是，大多数菲律宾人并没有被美国制造的假象所蒙蔽，菲律宾人民反抗美国殖民统治的斗争层出不穷。

（4）美国的统治政策直接影响菲律宾民族主义者争取民族独立的道路。美国通过《琼斯法案》和《泰丁斯—麦克杜菲法案》等一系列法案给予菲律宾自由，使菲律宾的独立有很大的局限性，独立后的菲律宾长时期依附于美国。菲律宾独立后，美国仍然在菲律宾保留军事基地，而且美军在菲律宾享有治外法权；美国干涉菲律宾内政，影响选举，扶植自己的代理人上台；在很长一段时间内，菲律宾的外交政策唯美国马首是瞻。这些都严重侵犯了菲律宾主权，是后殖民主义在政治影响方面的表现。

在经济方面，美国对菲律宾造成的影响有以下几个方面。（1）菲律宾沦为美国的原料产地和产品销售市场。美国在菲律宾的关税政策对菲律宾影响很大。不管是《佩恩—奥尔德奇法》还是《泰丁斯—麦克杜菲法案》的税法都是典型的殖民主义税法，美国将不平等的关税条约强加于菲律宾，其结果使美国在菲律宾进出口贸易中占据垄断地位。菲律宾输出到美国的产品，大部分是初级产品，以原料的形式进入美国市场，主要出口产品有糖、麻、烟叶和椰油等。以糖为例，菲律宾粗糖出口美国的数量是精糖的16倍。菲律宾不仅沦为美国的原料供应地，同时，美国也进一步占领了菲律宾市场，美国输入菲律宾的商品主要是工业制成品，例如，菲律宾将椰油出口到美国，美国用它制成肥皂，再卖到菲律宾。美国输入的工业制成品在1929年占其全部输入菲律宾产品的71.9%，到1939年则增加到77.1%。在菲律宾的进口总值中，美国所占比重从1899年的7%增长到1940年的74%。二战前，菲律宾70%的消费品都是从美国进口的。② 菲律宾也成了美国剩余产品的倾销场所，美国人经常把劣质的棉纱和国内市场滞销的产品倾销到菲律宾市场。

（2）美国商品畅通无阻地进入菲律宾市场，实力雄厚的美国资本垄断

---

① 中山大学历史系东南亚历史研究室：《菲律宾史稿》，商务印书馆，1977，第131页。
② 佩德罗·阿贝拉达：《美国对菲律宾的关税政策1898～1946》，第215页。

菲律宾主要经济部门，打击了本来就很薄弱的菲律宾经济，阻碍了菲律宾民族经济的发展。从菲律宾几个行业的发展我们可以看到这一点。例如，卷烟产业是菲律宾的传统产业，20 世纪 20 年代菲律宾的国产卷烟还能满足市场的需要，但随着美国卷烟越来越多地进入菲律宾市场，导致菲律宾制烟业萎缩，到 1940 年菲律宾消费的卷烟 57% 从美国进口。菲律宾国内生产的棉纱和棉布所占市场份额还不到 10%，菲律宾自产的水泥仅能满足国内 3% 的需要。菲律宾的民族工业无法和财大气粗的美国企业竞争，大规模现代化的企业都是美国首先建立的。1910 年第一家美资现代化糖厂在民都洛岛建立，先进的离心糖技术也首先在美资糖厂中采用。随后，大规模的椰油厂、烟厂、麻厂等都为美国公司所垄断，这些部门大都采用了现代化的机械设备和技术，在这种情况下，菲律宾很难发展自己的民族工业。1939 年，菲资的制造工业部门雇佣工人人数仅占菲人口的 4%，[1] 民族工业只限于一些生产消费品的小型工厂和手工工场。

（3）在生产领域，美国政策造成菲律宾工业的片面和畸形发展。美国资本兴办了糖厂、榨油厂等出口加工企业，几种供出口的经济作物例如糖、烟、麻和椰制品得到迅速发展，1910～1913 年这些物产占全部出口产值的93.15%，[2] 形成了单一的经济作物种植制度。1910～1920 年十年间，烟草种植的面积增加了 89%，甘蔗种植面积增加了 137%，椰子种植面积增加了142%，然而水稻的种植面积仅增加 25%，还不到 1896 年的水平。[3] 菲律宾片面发展经济作物，导致粮食不能自给。1931～1935 年，菲律宾每年平均进口大米 11922 万吨，1936～1941 年平均每年达到 51733 万吨。随着殖民统治的深入，菲律宾粮食生产不足的问题越发严重。[4]

（4）导致菲律宾对美国经济的严重依赖。免税贸易政策使菲律宾的出口完全依赖美国，1899 年菲律宾商品 26% 出口到美国，1940 年达到 75%，其中有些产品例如糖、金和椰产品几乎百分之百输出到美国。美国国内的经济危机直接在菲律宾体现出来。在 1920～1922 年经济危机期间，菲律宾

---

① 厦门大学南洋研究所编《东南亚五国经济概况》，人民出版社，1976，第 101 页。
② 文森特·威德纳斯：《菲律宾经济危机》，第 117 页。
③ 金应熙等主编《菲律宾史》，第 484 页。
④ 文森特·威德纳斯：《菲律宾经济危机》，第 135 页。

糖的价格下跌 3/4，椰油价格在 1920 年一年内下跌 2/3，对外贸易额下降一半。1929～1933 年经济危机中，马尼拉麻价格下跌 70%，椰干价格下跌 58%，椰油价格下跌 67%，工厂停产，大批工人失业，失业人数高达 120 万人，工人平均工资在 1930～1933 年间减少 50% 以上。① 经济上的依赖必然造成民族资产阶级的软弱，美国政策的间接后果造成了菲律宾资产阶级的依附性。

（5）美国的殖民统治政策造成了菲律宾的贫困。在美国的殖民统治之下，菲律宾广大人民遭受沉重的剥削，殖民当局不断提高税收，1914 年税收总额不到 1000 万比索，1920 年就达到 3500 万比索。高额的税收和微薄的收入造成广大人民的贫困，农村贫困人口占到 1/4，而城市中比例更大。② 在免税贸易和不平等的税制之下，菲律宾的对外贸易受到很大影响，从 1938 年起，贸易顺差大幅度下降，到 1941 年顺差仅 5110 万比索，还不及 1937 年的一半。与此相关，政府财政收支出现不平衡，1938 年、1940 年和 1941 年连续几年菲律宾政府都入不敷出，特别是 1940 年资金缺口达到 25586403.70 比索，政府被迫削减文教卫生、公共工程以至政府行政经费。③ 尽管菲律宾自治政府与美国进行协商，也通过了一个法案试图改变这种状况，但是作用不大，自治政府的总督奎松说，"此法……并未充分、完全地解决较大、较重要的经济调整问题"，在菲律宾独立以后 "我国基本工业仍然没有幸存的希望"④。独立前夕，菲律宾仍然是一个落后的农业国，出口全部产品中农产品占到 80%，国民收入中农业收入占 56.80%，而工业仅占 14.50%。⑤ 菲律宾经济发展的最大障碍是它的经济结构的殖民地性质。菲律宾独立之后，美国殖民统治形式有所改变，但没有触及美国资本在菲律宾的经济基础，很长一段时间内菲律宾一直是美国的农业附庸。

① 中山大学历史系东南亚历史研究室编《菲律宾史稿》，第 94 页。
② 戴维·巴勒斯：《菲律宾史》（David Barrrows, *History of the Philippines*），世界图书出版公司，1925，第 370 页。
③ 安德鲁斯·卡斯特罗：《菲律宾经济》（Andres Castillo, *Philippine Economics*）马尼拉，1957，第 666 页。
④ 金应熙等主编《菲律宾史》，第 531 页。
⑤ 肯尼斯·库利哈利：《菲律宾劳动力研究》（Kenneth Kurihara, *Labor in the Phillipine Economy*），伦敦，1945，第 6 页。

美国对菲律宾殖民统治的影响还表现在文化和价值观的渗透上。殖民当局在教育文化方面采取的措施从一定程度上提高了菲律宾的整体教育水平，但主要目的是使菲律宾人从小接受美国式文化教育。在战争时期，美国人把教育看作军事镇压的辅助手段，战争结束后教育成为观念灌输和意识形态影响的主要途径。美国非常重视这一点，菲律宾自治之前，美国人亲自出任教育部长，完全将教育控制在美国人手里。

但是菲律宾人对美国的同化政策始终有着清醒的认识，20世纪30年代初，一些菲律宾人对宣扬美国文化和奴化思想的教科书进行了强烈地抨击。[①] 自治政府在发展教育和振兴民族文化方面取得了一些成绩。1936年2月，菲律宾通过法令创建了国家教育委员会，对现行教育状况进行调查研究，提出改革建议，对教学内容和课程设置进行改革。在自治政府时期，菲律宾人撰写了新的教材和参考读物，代替美国殖民当局统治时通行的旧教材。在课程设置上也有所改变，加强了民族主义和爱国主义的教育，新课程增加了菲律宾本国历史和民族文化的相关内容，用菲律宾历史上的英雄人物教育群众。菲律宾年轻一代受美国文化影响比较深，针对这种情况，自治政府突出道德教育，1939年8月奎松政府颁布了一个新的伦理法典，作为学校的德育教材，以消除美国文化带来的颓废思潮的影响。

自治政府发展民族文化的另一项重要措施是促进菲律宾本国语言的形成和民族艺术的发展。英语广泛推广和使用，虽然一定程度上使菲律宾可以更容易地融入国际社会，但是阻碍了菲律宾民族语言的发展，影响了传统文化的传承。1935年，菲律宾颁布的自治宪法中规定，"必须采取步骤，发展并采用以现有土语之一为基础的一种共用语"。根据这一规定，菲律宾成立国语学会，对菲律宾的各种方言加以研究，最后提出以泰加洛语作为菲律宾国语的基础。1940年6月，菲律宾总统正式宣布以泰加洛语为基础的国语成为菲律宾的正式语言。[②] 另外，政府积极提倡土风舞和民歌，举办各种具有民族色彩的文艺比赛，支持一些具有民族特色的艺术门类。由此可见，在美

---

① 路易斯·格利克：《美国在菲律宾的统治机构1898～1941》，第112页。
② 金应熙等主编《菲律宾史》，第537页。

国殖民统治期间，美国一直试图用自己的价值观念和文化影响菲律宾，以实现其在菲律宾精神统治的目标。大多数菲律宾人民对于美国的殖民统治都有清醒的认识，他们一直致力于争取民族独立、发展民族经济、弘扬民族文化的斗争，最终摆脱了美国的统治而取得了独立。

（原文发表于《世界历史》2008 年第 3 期，第 48 ~ 58 页）

自然与都市的融合

——波士顿大都市公园体系的建设与启示

◎ 侯　深

1892 年 5 月，马萨诸塞州州长任命"大都市公园委员会理事会"，责成该机构"考虑在波士顿及其周边城镇设立大量为公众使用的空地（open-space）的合理性"①。10 个月后，该理事会向州议会呈交了两份分别由其秘书西尔维斯特·巴克斯特（Sylvester Baxter）和景观设计师查尔斯·艾略特（Charles Eliot）撰写的报告。他们在报告中指出，设立这些城市空地的建议非但有毋庸置疑的合理性，而且有其紧迫性。这两份图文并茂、精辟透彻的报告无疑说服了马萨诸塞州议会的成员。1893 年 5 月，正式的"大都市公园委员会"（the Metropolitan Parks Commission）通过立法，在波士顿成立，美国历史上的第一个大都市公园体系——波士顿大都市公园体系（the Boston metropolitan park system）将在环绕波士顿的 12 个城市和 24 个镇中间诞生。经过百余年的经营，这一体系以不同的形式保留、发展、建造了20000 英亩左右（大约 80 平方公里）的城市公共空地，成为其他美国城市，如华盛顿特区的郊区、克利夫兰、芝加哥、明尼阿波利斯等竞相效仿的范例。

如此一个成功的、极具开创性的都市公园体系同样也吸引了美国学者的

---

① 《法案：建立波士顿大都市公园委员会以及定义它的权利和责任》（"An Act：To Establish a Board of Metropolitan Park Commissioners and to Define Its Powers and Duties"），《波士顿大都市公园报告》（*Boston Metropolitan Park Report*），波士顿，1893。

关注。但是，现有研究多集中在这一体系在景观设计与城市规划两个领域中的地位与贡献，鲜有学者将其置于美国历史发展的大背景下进行考量，也未能把它看做是发端于 19 世纪后期的环境保护运动①的一个有机组成部分②。因此，分析这一体系与环保运动之间的关系，进而考察在城市化、工业化急剧发展的时期，一部分美国进步主义改革者和规划者如何定位协调自然与文化之间的关系，正是本文所要探讨的中心问题。

笔者将从以下几个方面对波士顿大都市公园体系加以分析。第一，该体系产生的思想及社会根源为何？即浪漫主义的思潮，如何影响时人的审美观念？工业化与城市化所延伸出的种种变革与问题如何影响社会与自然的相处之道？第二，作为一场进步主义时期的城市改革运动，该体系的主要特点，

---

① 环境保护运动（environmental movement）作为一个专有名词出现于 20 世纪六七十年代，然而在 19 世纪后半叶的美国社会所酝酿的保护自然与人类生存环境的运动已经具有现代环保运动的基本内容。在这场运动中，美国人开始反思人口增长以及工业化与城市化对自然环境的破坏，抵抗工业污染与城市生活给人类生存环境带来的压力，并且强调对自然之美的欣赏与保留。在当时并无一个专有的名词对之加以界定，因此笔者在此处使用"环境保护运动"一词，因为只有该词，可以最好地涵盖这场运动所涉及的各个方面。在美国学者中，也有使用"环境保护运动"一词定义 19 世纪的这场运动，如罗伯特·戈特利布：《推动一个春天：美国环境保护运动的变迁》（Robert Gottlieb, *Forcing the Spring：The Transformation of the American Environmental Movement*），华盛顿特区，1993。部分美国学者认为这场运动只是一场将自然视为经济发展的资源，强调以科学的手段、专业的知识对自然资源进行明智地利用与聪明地管理的资源保护运动（conservation movement），这一认识忽视了彼时的环保运动对城市环境与自然的美学价值的关怀，因此失于片面。本文意图通过对波士顿大都市公园体系的分析，使读者对 19 世纪后半叶的环境保护运动有一更为全面深入的理解。在本文第三部分，笔者将对此问题有更多的论述。

② 除去普及性的旅游指南、摄影集与公园委员会的报告等外，尚无研究波士顿大都市公园体系的专著。但是现有研究美国景观设计与城市规划的历史的著作，多对这一公园体系在这两个领域中的地位有所讨论，如乔恩·彼得森的《美国城市规划的诞生，1840～1917》（Jon A. Perterson, *The Birth of City Planning in the United States, 1840 – 1917*），巴尔的摩，2003；卡尔·哈格伦德的《创造查尔斯河》（Karl Haglund, *Inventing the Charles River*），坎布里奇，2003；辛西娅·蔡特泽夫斯基的《弗里德里克·劳·奥姆斯特德与波士顿公园体系》（Cynthia Zaitzevsky, *Frederick Law Olmsted and the Boston Park System*），坎布里奇，1982，等等。

现有研究关于波士顿大都市公园体系的文章，如卡尔·哈格伦德的《翡翠都市》（Karl Haglund, "Emerald Metropolis"），《阿诺狄亚》（*Arnordia*），1993 年第 53 卷第 6 期，主要就波士顿大都市公园体系在城市规划领域的贡献加以探讨；基思·摩根的《查尔斯·艾略特，景观设计师：对他的生平与作品的介绍》（Keith N. Morgan, "Charles Eliot, Landscape Architect：An Introduction to His Life and Work"），《阿诺狄亚》，1999 年第 59 卷第 2 期，对艾略特其人和波士顿大都市公园体系在景观设计学方面的贡献进行分析。

即都市性（metropolitan）、自然性（natural）、专业性（professional）以及民主性（democratic）是如何形成并凸显的？第三，既然波士顿大都市公园体系旨在重塑城市人群的生存环境，那么我们应当如何认识它在 19 世纪末环境保护运动中的地位与价值，又当如何理解都市公园体系所诠释的城市与自然之间的关系？笔者认为，就此三方面进行研究，不仅能在历史的层面上剖析该体系形成的原因及意义，同时能更为全面地理解这场对美国社会文化影响深远的环保运动，思考自然与城市之间的对抗与交融。

一　从一条河流说起

河流往往忠实地见证着一片土地上人与自然关系的变迁，位于波士顿与坎布里奇之间的查尔斯河（Charles River）也不例外。它发源于马萨诸塞州东部的埃库湖（Echo Lake），曲折向东 129 公里，自波士顿港入海。在白人到来之前的数千年间，查尔斯河沿着其自然的河道流淌，印第安渔猎者的身影穿梭在河畔的林间，偶有某个部落的独木舟逆流而上，往他处迁徙。或有人云，彼时当地的土著叫这条河"quinobequin"，意为"蜿蜒"。当河水流入 17 世纪，探险家约翰·斯密斯（John Smith）向英国国王查尔斯一世奉上了新英格兰的地图。当时，斯密斯以当地土语"马萨诸塞"（Massachusetts）称呼这条河流，意为"蓝山之侧"。他恭请国王陛下更改这一"野蛮的地名"，于是乎，英王御笔钦赐"查尔斯"，为该河正名。这一新赐之名无疑极具殖民意味，它标志着新英格兰土地上人事的沿革：白人霸权的建立，以及印第安人的败亡。同时，从另一层面考察这一更名之举，它传递的信息也包含着这片土地上人与自然关系的演变。从"蜿蜒"或者"蓝山之侧"到"查尔斯"，这条河流开始了其由自然之河向人工之河转化的历程。

驾驭这条水流平缓、落差微小的河流并未令蜂拥而至的欧洲移民花费太大气力。便利的海港位置刺激城市的迅速崛起，是以查尔斯河流域，特别是其下游波士顿地区，自 17 世纪中叶以来，便已开始疾步迈入工业化时代。1640 年，新移民自查尔斯河开辟出美洲大陆的第一条运河，将部分查尔斯河水引入其南部的尼波恩赛特（Neponset）河，保证当地数个工场的水力供应。1815 年，北美首家综合纺织工厂波士顿制造公司在查尔斯河畔的沃尔瑟姆（Waltham）建成，工业在新英格兰经济中的主导地位随之确立。1875年，从沃特敦（Watertown）水坝至波士顿港仅仅15公里的查尔斯河沿岸，就有43家工厂，机器轰鸣，废水肆溢。除此之外，2所监狱，3个燃煤站，2家大型屠宰场也挤入了这一地带的"风景"，河畔垃圾成山，恶臭熏天。查尔斯河此时呈现出的是一幅自然与人性在工业时代中同时荒芜堕落的景象①。

今天的人们是难以想象出这样一幅画面的。当年，在波士顿大都市公园体系建设之初，其设计者查尔斯·艾略特的目光穿透查尔斯河墨色的水流，嘈杂的机器，预见到："这片宽广的盆地，将要为美丽的公共散步场所环绕，势必成为这个都市的中央'荣誉殿堂'。"②百年之后，查尔斯河的岸边青草如茵，绿树成堤，上百种野生动物在此休养生息。游人或坐或卧，或行或跑，或垂钓或闲谈，或嬉戏或沉思；蓝色的河面上赛艇成行，白帆偶点。对波士顿人而言，它的如画景色是自然的慷慨赐予；在这里漫步，是城市人群与自然难能可贵的邂逅与交流。唯有在检索查尔斯河历史之际，人们方始发现，如此景致并非纯粹天然，其中还有人力的功效。

查尔斯河在其流淌的历史中经历的三个阶段，标志着它所流经的土地上人与自然关系的演化历程。原住民与土地之间的自然状态为工业时代喧嚣爆裂的功利主义所取代，而就在功利主义甚嚣尘上之际，一种美学意义上的人与自然的关系崭露头角，终成气候，力图整顿在功利主义征伐劫掠下残存的山川林泽。

在西方，诠释这一关系的现代思想萌蘖于18世纪中叶的欧洲浪漫主义思潮。它视自然为一生机勃勃的整体，试图以感情经验欣赏自然，从而在自然中寻求艺术、文学以及思想的灵感。从生态层面来考察这一思潮，它无疑颠覆了西方宗教传统对自然的漠视，甚而敌视，将自然视为上帝的杰作，以自然而非《圣经》为范本，认知上帝的大能与启示。正是在浪漫主义的触

---

① 以上关于查尔斯河的信息来源于卡尔·哈格伦德《创造查尔斯河》（Karl Haglund, *Inventing the Charles River*），坎布里奇，2003。

② 查尔斯·艾略特：《波士顿大都市自然保留地》（Charles Eliot, "The Boston Metropolitan Reservations"），《新英格兰杂志》（*The New England Magazine*），1896年第21卷第1期，第117页。

动下，欧洲重新发现了山水之美以及人的心灵、生活对自然的需求①。

浪漫主义思潮与欧洲移民一道传入北美大陆。通过波士顿附近小镇康科德的先验主义思想家拉尔夫·爱默生（Ralph Waldo Emerson）的解读，浪漫主义得到了在美国本土的表述。同他的欧洲先哲一般，爱默生同样认为自然是独立的整体，同时也是人类想象力的根源；但是在另一方面，他强调人类思想的积极主观力量，而正是这一力量赋予这个远非完美的世界一种持久的魅力。历史学家唐纳德·沃斯特指出，爱默生"更倾向于使人类在世界上扮演一个必不可少的、不断进取的、具有创造性的角色"，而非被动地接受创世之初世界已然完美的这一基督教或犹太教的既有教条②。因此，在他阐发自然与人之间亲密关系的同时，人在这一关系中的位置也得到高度昂扬。人类不但天赋体验、享受自然之美的能力，同时也有以他们的想象力改造自然景观的才具与义务。也正是如此，爱默生为科学的理性与浪漫主义的美学价值提供了一个可供协调的平台。

作为美国思想史上最为重要的人物之一，爱默生对美国的影响至为深远，他对天人关系的解读为整整一个时代的美国人所认同。至少在新英格兰地区，这一意识成为思想界的主流。然而对于这一思想的接受并非局限于书斋之内，它通过不同的渠道，以不同的形式切实地反映在土地之上，被用于修正在工业化与城市化进程中扭曲的人与自然关系。

19世纪的最后20年是美国进入城市化、工业化时代的关键时期。移民从欧洲与美国乡村纷纷涌入城市，特别是纽约、波士顿等东北部的大城市。在美国内战爆发之前，城市人口只占总人口的19.8%，在1880年，城市人口上升到28.2%，1890年上升为35.1%，10年后城市人口达到了39.7%。1890年时，总人口的上升比例为25.5%，而城市人口的增长比例则是56.4%。城市人口的飙升与铁路网络的迅速蔓延密不可分。在1850年，美国铁路总长度为1.4万多公里；1860年时为4.8万公里；1870年，近8.5万公里；1880年，近15万公里；1890年时为26万多公里；到19世纪末，

---

① 参见唐纳德·沃斯特《自然的经济体系》一书第二部分对浪漫主义与自然之间关系的分析。唐纳德·沃斯特：《自然的经济体系——生态思想史》，商务印书馆，1999。

② 唐纳德·沃斯特：《自然的经济体系——生态思想史》，第135页。

超过 30 万公里。铁路系统的延伸使得原材料与产品的运输快捷便利。第二次工业革命的根本动力——电力的广泛运用——则直接成就如钢铁、建筑、矿产、食品、纺织等轻重工业的垄断财团。当日杰弗逊在弗吉尼亚的农场上所梦想的农业帝国在此时已彻底坍塌，工业的烟尘弥漫在这块百年前仍遍布荒野的土地上，城市的崛起则瓦解了田园牧歌的乡村传统，割裂了农业时代，或者在美国的很多地区而言，拓荒时代的人与自然之间的亲近关系①。

与此同时，城市化过程中产生的种种社会问题也在一一显现。在富裕生活的表象之下，是贫民窟的扩大，犯罪率的上升，贫富差距的加深；工业的繁荣不能掩盖声势浩大的工人罢工，小产业主的破产，以及笼罩 19 世纪 90 年代的经济危机；而就在构成"城市森林"的摩天大厦之下，污水、垃圾处理等基础设施破败不堪，直接威胁城市的卫生与健康。

正是在如此环境之中，蛰伏在城市主流——中产阶级之中的浪漫主义怀旧情结开始以各种形式表达宣泄，出现了历史学家彼得·施密特（Peter Schmit）所称的"回归自然运动"（the "back to nature" movement）。城市人群对压抑灰暗的城市环境、紧张单调的现代生活和严厉窒息的工业规范心生厌倦，渴望逃避，而自然，或者假想的自然则成为他们的身体与心灵偶尔与现实隔绝的栖息之处。因此，自然文学（nature literature）、郊游野营、园艺观鸟、自然学习（nature study）等与贴近自然相关的活动在美国，特别是新英格兰、纽约等地的大城市风靡盛行。

但是，正如施密特所指出，"回归自然"并非等同于"回归土地"（back to land），前者在城市中上阶层中间风行，而后者却是在城市化过程中迷惘无措的农民力图重挽美国农业主义理想（agrarianism）的运动。前者从自然中寻求灵感与休憩，而后者则理想美化土地上耕耘劳作的生活与经济运作方式。对城市中产阶级而言，这种对阿卡狄亚②神话（the Arcadian myth）的追求，需要他们在城市日常工作中所赚得的薪水做其经济后盾。因此，在这场"回归自然"的运动中，自然的意义复杂深刻，它既是新鲜的

---

① 参见赞恩·米勒和帕特里夏·梅尔文《现代美国的城市化：简史》（Zane Miller and Patricia M. Melvin, *The Urbanization of Modern America: A Brief History*），圣地亚哥，1987。

② 阿卡狄亚（Arcadia）是古希腊的一个高原区，后来引申为保存田园牧歌的美学理想的地方。

空气，清冽的净水，山林花鸟，城市园林，荒野文学，自然教育，远足郊游，户外俱乐部，也是自由的象征、刚健的精神、冒险的气质；但是，它绝不是支撑个人生活的经济来源。他们期望实现的是城市时代的阿卡狄亚神话，而非自给自足的农业社会①。

事实上，城市中产阶级固然对现有体制、政府、环境甚而他们的生活有所不满，但是他们希求的是改革，而非颠覆。他们并未否定这个新兴工业、城市社会的根本价值观。19 世纪后期的美国彰显着进步主义的精神，体现在对改革的乐观，对科学的崇拜，对效率的信心以及对公共利益的追求之上。虽然美国进步党于 1912 年方始成立，但是进步主义（the progressivism）的改革却在 19 世纪 80 年代兴起，并壮大成为一场全国性的改革运动。进步主义的改革者力图涤清政府，改善贫民窟状况，限制垄断财团的扩张，扩大妇女权益，提高工人福利，使新移民美国化，使社会专业化，同时使自然理性化。就其本质而言，进步主义者强调政府的责任，希望政府加强对政治、经济、社会以及对人造和自然环境的管理，从而调节在工业化、城市化过程中出现的种种社会矛盾，以及人与自然之间的矛盾。

城市环境的改良正是进步主义改革中的重要内容。但是，对于一部分进步主义改革者而言，真正适宜居住的城市环境并不仅仅是便捷的城市交通，发达的污水、垃圾处理系统，卫生的水源，洁净的街道与建筑，完善的图书馆、博物馆，频繁的艺术展、音乐会等皆属文化范畴内的设施与行为，它同样应当包含以各种不同形式存在的、能够为社会大众所亲近的自然。

这一批改革者的中坚人物是以弗里德里克·劳·奥姆斯特德（Frederick Law Olmsted）和查尔斯·艾略特为代表的景观设计师以及他们的积极拥护者，如《波士顿先锋报》（*Boston Herald*）的著名记者西尔维斯特·巴克斯特和《园与森林》（*Garden and Forest*）杂志的两位主编，记者威廉姆·斯泰尔斯（William A. Stiles）与植物学家查尔斯·萨金特（Charles Sargent）。他们敏锐地觉察到在城市中产阶级中间普遍存在的回归自然的情怀，并且为城市时代人与自然之间的疏离关系感到焦虑。他们认为人与自然的联系不仅

---

① 彼得·施密特：《回归自然：城市美国的阿卡狄亚神话》（Peter Schmit, *Back to Nature: The Arcadian Myth in Urban America*），巴尔的摩，1990。

仅在于生理上的健康，同时也出于心灵上对自由的渴望与精神上对美的需求。从整个社会的角度考虑，他们对自然的呼唤则充满了道德的诉求，认为自然是治愈城市中种种道德恶疾的良方。

在呈交给波士顿"大都市公园委员会"的报告中，巴克斯特精确地概括了他们对人与自然关系的考量。他指出：建立一个都市公园体系"在很大程度上是一个关乎卫生的问题，但是从更广阔的方面看，它可以提升社区的生理及道德健康。一个再清楚不过的事实就是，对于那些处身城市生活必然产生的营营碌碌、盈耳噪音、混乱骚动之中的人群来说，如想维持健康与美好人性的恒在，他们必须经常拥有从这种生活状态所强压下的桎梏中解脱出来的机会；而获取这样机会的最佳方式则是逃入那些更为自然惬意的环境之中"。①

二　都市中的自然

怀抱着如此理念，波士顿的这批进步主义改革者启动了美国第一个都市公园体系的建设。他们所处的特殊时代，使得这个公园体系有别于此前的城市公园，拥有自己的独特之处。首先，波士顿在此时已然扩张成为一个以波士顿市为中心，包括数个城镇、郊区以及乡村的大都市，因此，该公园体系在建立之初便以都市为其空间尺度，不以简单的人为行政区划为标尺设定其边界，体现出鲜明的都市特色。

其次，大波士顿的多样化地形地貌为设计者的浪漫主义想象力提供了广阔的伸展空间，而浪漫主义的美学理念又使得这一体系以保护、恢复自然山水为旨归；因此，波士顿都市公园是以自然形成的景观为其体系的主体，与美国其他城市公园的自然主义风格（naturalistic）相比，它强调本地地理、植被、动物的自然性（natural）。

再次，美国进步主义的主题之一便是使城市社会专业化，强调专业知识（expertise）在管理社会事物中的权威。因此，波士顿都市公园体系从框定

---

① 西尔维斯特·巴克斯特：《秘书报告》（Sylvester Baxter，"Secretary Report"），《波士顿大都市公园报告》，第 9 页。

边界到设计修建，再到管理完善，皆完全由专业景观设计师决策；同时，也正因为专业人士主导权的树立，使得这一都市公园体系得以逾越行政区划的束缚，而无管理懈怠之失。因此，该体系的另一特点为专业化。

最后，这批进步主义改革者的社会理念，即对美国民主坚定不移的信仰，在该公园体系的修建中贯彻始终，他们竭力抗拒自然之美为某一社会阶层所垄断的传统，而力图使它成为全社会所有族群所共有的空间。因此，该公园体系渗透着进步主义的民主精神。

以上四个特点彼此影响，彼此制约，本部分所要分析的正是它们的形成与互相之间的联系。

1910 年，波士顿"大都市公园委员会"主席威廉姆·德拉斯卡萨斯（William B. de las Casas）在文章中写道："波士顿的天然地形并不适合为大量人口所使用。它是那样的一个半岛，几乎是一个孤岛，突兀地矗立在由三个椭圆形冰丘构成的小山中间的海湾上。它的周遭是相似构造的岛屿与半岛，彼此之间相互隔绝，中间是河流与港湾以及大片绵延的沼泽，曲折延展至周围那些几乎完全是岩石的山岭上的冰河期斜坡。"[①] 然而日渐膨胀的人口压力与工商业的繁荣迫使波士顿寻求一切方法突破自然的限制。通过填平湿地（reclamation）[②] 与合并土地（annexation），19 世纪末的波士顿市区人口升至近 45 万，面积近 90 平方英里，是美国最大的工业、商业、港务城市之一，同时也是北美文化的中心。

但是波士顿城市扩张的步伐并未就此停滞，它将周边的城镇、乡村纳入其发展网络，在 19 世纪 80 年代形成了波士顿都市体系。艾略特在1896 年写道："在波士顿周围与波士顿一起形成了一个所谓的都市地区，其中有 37 个分离独立的行政区划，包括 12 个'城市'和 25 个'镇'，它们基本上全部或者部分处于以州政府（the State House）为中心，半径

---

① 威廉姆·德拉斯卡萨斯：《波士顿大都市公园体系》（William B. de las Casas，"The Boston Metropolitan Park System"），《美国政治与社会科学院年报》（Annals of the American Academy of Political and Social Science）1910 年第 35 卷第 2 期，第 64 页。

② 查尔斯河沿岸在波士顿一侧的后湾区（Back Bay）即是其中显例。原本宽达 2 英里的河床，1890 年时仅余当日的 1/3，沿岸的沼泽、湿地多被填平，是以前文指出查尔斯河沿岸是人工与自然共同塑造的风景。

11 英里的范围内。这组城镇的人口大约为 100 万，可征税财产总额为 10 亿美元。"① 这些城镇依靠便捷的道路、交通被连为一体，彼此之间的经济关系密不可分，人员往来极为频繁。同样可堪注意的是，它们在城市生活的很多其他方面也有着共同的利益。波士顿都市公园体系委员会的报告指出："在一个由大城市及其远近郊区组成的大都市地区——一个如伦敦、巴黎、纽约、芝加哥以及类似而规模较小的波士顿这类地区——除了有对政策、排水、供水、交通方式的共同需要和利益外，还应加上空地保留区（open-space reservations）。"② 因此，正如巴克斯特所言，波士顿作为一个都市"虽然被政治的线条分割成许多城镇，但是就其社会层面的意向及目的而言，这一地区在本质上是一个共同体"③。

与都市社会这个共同体相比较，一个更加无法以简单的行政区划所分裂的共同体则是处于都市中的土地本身。在大波士顿行政区划地图僵硬笔直的线条之下，是横亘的山峦、嵯峨的岩群、蜿蜒的河流、曲折的海岸线。它们的存在并不受人为边界的约束，往往跨越数个城镇。如最先纳入波士顿都市体系的蓝山自然保护区（the Blue Hills Reservation），占地 7000 英亩，穿越昆西（Quincy）、戴德海姆（Dedham）、米尔顿（Milton）、伦道夫（Randolph）4 个行政区域，但是由其间的植物、动物、土壤、水流等所构成的系统却是一个完整的自然经济体系，与近在咫尺的人类生活息息相关，却又独立于人类社会的政治、经济秩序。再如米德尔赛克斯岩山（Middlesex Fells），总面积约 3000 英亩，其岩山、草地、湿地、橡树与胡桃木森林、湖泊、池塘等散入梅德福（Medford）、温切斯特（Winchester）、斯托纳姆（Stoneham）、梅尔罗斯（Melrose）以及莫尔顿（Malden）5 个城镇，与蓝山保护区一般，它的自然边界与人为边界全不相干。

因此，如何保护、管理这些处于数个行政区域之间或者边缘的自然地带，是艾略特、巴克斯特等人所要解决的问题。巴克斯特在他的报告中指出，大波士顿的公共空地（public open-space）分布极不均衡，南边遍布公

---

① 查尔斯·艾略特：《波士顿大都市自然保留地》，第 117 页。
② 《波士顿大都市公园委员会报告》（"The Report of the Board of Boston Metropolitan Park Commissioners"），《波士顿大都市公园报告》，第 xxi 页。
③ 西尔维斯特·巴克斯特：《秘书报告》，第 3 页。

园、植物园，然而在北边，却全不见这类空地的踪影。造成这一状况的原因
简单然而耐人寻味。南边集中了他们的财富与权力，形成一个单一行政区
域，因此可以自行支付建造城市公园的费用；然而北边的人口虽占到总数的
一半，并且成更迅猛的上升趋势，但是被政治而非自然的边界分割成多个小
型社区，因此不能实现这类公共空地的设立。巴克斯特同时看到存在于城镇
与城镇之间的经济利益冲突与各个城镇的地方保护主义，令他们无意或者无
力承担跨越本市边界的公共事务；而马萨诸塞州县（county）一级行政单位
的权力衰微，也无资金与人力在本县的数个城镇之间建立各类公共空地。

在此情况下，艾略特于 1891 年组织成立了公共保留地托管委员会（The
Trustees of Public Reservations）——全美第一个州一级自然保护机构。它的
性质是半私人的，它通过捐赠、购买等方式保护马萨诸塞州，特别是波士顿
沿海地区的自然景区，使它们为公众使用。但是，艾略特很快意识到该类机
构虽然在小型公共空地的设立上甚具效率，但是对于上千英亩或者数千英亩
自然景区的保护、管理仍然力有不逮。因此，在他于 1892 年写给临时都市
公园委员会主席查尔斯·亚当斯（Charles F. Adams）的信中，艾略特指出
这类大型公共空地的设立"强烈呼吁整个都市共同体的努力"[1]。

社会的、自然的、政治的、经济的数重原因使得以都市为尺度的公园体
系的设立成为必然，而城市化、工业化生成的新技术则使如此体系的出现成
为可能。在此中间，最为显著的是交通技术在 19 世纪后期的大发展。位于
美国经济最发达的东北地区，火车在 19 世纪后期已成为连接大波士顿各个
城镇并被广泛使用的交通工具。电车的出现是快捷、廉价交通的另一标志，
其线路在进步主义时期已经伸入城市的各个角落。对大波士顿的城镇居民而
言，蓝山、米德尔赛克斯岩山、林恩森林（Lynn Forests）等位于波士顿周
边的仍然充满野性的地带，不再遥不可及。

虽然各类便利的交通设施大大缩短了城市居民与位于城市边缘地带的自
然风景区之间的距离，但是同时也加快了都市这个庞然大物侵蚀自然空间的
速度，其中房地产开发业对自然的鲸吞蚕食最为显著。这个城市化过程的标

---

① 查尔斯·W. 艾略特：《查尔斯·艾略特：景观设计师》（Charles W. Eliot, *Charles Eliot:
Landscape Architect），波士顿，1912，第 381 页。

志性产业不仅使许多原本处于公共土地上的自然风景变为私有产业，而且在所谓的发展过程中彻底毁灭了无数佳山好水。巴克斯特在他的报告中警告道：波士顿"很有可能变为一片由房屋、工厂、商店构成的广阔沙漠，覆盖淹没这块土地上的自然风貌，如同自海岸前行的沙丘线，倾覆毁抹着树林与田地。这个很难为一块绿洲所拯救的人类沙漠，正在更大范围上威胁这片自然的美丽地方"①。

　　巴克斯特的声音代表了一批进步主义改革者的忧患。在他们的文章与行动中，他们对风行的城市改良（improvement）观念提出了质疑。"改良"是进步主义时代美国的大主题，同绝大多数进步主义改革者一样，艾略特、巴克斯特、斯泰尔斯等人也认为推进经济发展，修建下水及其他卫生系统，兴建学校、医院、博物馆、图书馆等公共服务设施，是城市环境改良的重要内容。但是除此之外，他们对由钢筋水泥构成的城市沙漠有着严厉的批判。作为波士顿都市公园体系最为积极的支持者，斯泰尔斯批判道："现在存在一种'改良'空旷土地的热情，但是人们唯一知道的改良方式就是以一些建筑物将之覆盖。城市人群尚未意识到，空地对于健康和舒适的重要性与坚固楼群一般无二，而且他们绝不愿意看到他们的财富（即空地）就这样被摧毁。"②

　　波士顿都市公园体系终极目的仍然是改良城市环境，但是它的改良却是对大波士顿之中各具风格的空地的保留与恢复。1897 年，巴克斯特撰文《波士顿如何使它的公园形成体系，给美国所有城市的经验》，发表于《世纪》（The Century）杂志，与斯泰尔斯的声音遥相呼应。他在文中写道："明智的发展，而非从前的肆意扩张，应当是当今时代市政活动的目标。现代科学已将实现如此发展的必要手段，与环境所需要的本地知识一道放入我们的手中。市政发展的所有计划都应适应地形的要求，在决定这片景观环境的永久风格时，应当聪明地考虑运用这一地点的自然特点，这是至关重要的。"③

---

① 西尔维斯特·巴克斯特：《秘书报告》，第 3 页。
② 社论：《公园的没收》（Editorial，"The Confiscation of Parks"），《园与森林》（Garden and Forest），1889 年 3 月 15 日，第 229 页。
③ 西尔维斯特·巴克斯特：《波士顿如何使它的公园形成体系，给美国所有城市的经验》（Sylvester Baxter，"How Boston Has Systematized Its Parks, A Lesson for All American Cities"），《世纪》（The Century）1897 年第 54 卷第 5 期，第 952 页。

巴克斯特接着指出，与其他东海岸大城市不同，波士顿被水绕山环，城市不易扩张，因此虽经 300 年的开发，仍然在距离城市触手可及的位置保存大片尚属自然的风景："（它）是一个位于岛屿棋布的海湾之上的城市，数条河流的入海口伸入异常多样化的地形；与纽约不同，这个区域并非以面积广大著称，然而在它那点缀着山丘峡谷、树林沼泽的迷人风景中有着宏阔而自由的魅力，它还拥有许多湖泊与各样清澈的溪流，在它的边缘便是大海，曲折的海岸线上有闪亮的沙滩，间杂着峭壁岩岬——一片被人类近 300 年的栖息协调柔和的区域。"①

如此地理环境使得波士顿大都市公园体系具有区别于以往城市公园的特点。它虽然也有更为人工化的景观，如波士顿城心绿地（Boston Common）和联邦大道（Commonwealth Avenue），但是它所涵盖的内容远不止于此。当时美国的城市公园大多是在城市钢筋水泥的夹缝中间重建的仿自然的空间，如纽约中央公园，原本是一块城市废地，无论是它的土壤结构还是植被状况，均是在无可奈何下退而求其次的结果，并不适宜城市公园的建立。然而，波士顿大都市公园体系主体的基础却是由当地的空气、土壤、地形、动植物等自然元素构成的生态体系。虽然艾略特、巴克斯特等人清楚地知道如斯景致同人类活动之间已然不可分割，是被"协调柔和"的风光，但是自然仍然是塑造这些风景的根本动力，而波士顿大都市公园体系正是要以人力来协助自然保留这些美景。

因此，在艾略特呈交给临时委员会的报告中，他指出基于波士顿的地理环境，这个大都市公园体系中应当包含五个基本部分。第一，沿海地带的空地；第二，海湾上的岛屿与沙滩；第三，数条河流入海口的潮滩沿线；第四，在人居的边缘地带的两到三个宽广的野生森林；第五，在人口密集处的无数小型广场。

1893 年，艾略特与巴克斯特的报告促使马萨诸塞州通过设立波士顿大都市公园体系的立法，州政府为之提供资金支持，由都市公园委员会负责该工程的实施。一方面，如前文所分析，一个大都市公园体系超越了市、镇一

---

① 西尔维斯特·巴克斯特：《波士顿如何使它的公园形成体系，给美国所有城市的经验》，第952 页。

级的单一行政区划的范畴，而作为一个都市区域，大波士顿并非是一个真正的行政概念，因此无法由一个城市政府或者数个地方政府管理这一公园体系。另一方面，在倡导这一体系的进步主义改革者看来，一个公园体系的成熟是个漫长的过程，需要数十年，甚至上百年的时间使之趋于完善，然而政治却充满着变数与暂时性，无法给予该体系所需要的长期稳定。因此，一个游离于地方政治之外，不受政治不确定性因素左右，然而又得到立法支持的都市委员会浮出水面。正如巴克斯特在文章中指出："我们所需要做的是将这些散乱各处的各类公共土地连接起来，使它们方便使用，……将它们置于统一的管理下。而最佳方式便是所提议的都市公园管理机构。"①

这个委员会与传统的委员会有极大的不同。首先，它逾越地方政治的边界；其次，也是根本的差异，这个新的都市公园委员会强调专家，即景观设计师的权威。传统委员会的构成往往是地方的政治、商业与知识精英，他们对其所管理的事物经常一无所知，专家反而为他们所制约。以 1897 年任命的纽约市公园管理委员会为例，四个委员中间，两个是地方政客，同时投资房地产，一个是建筑商，还有一个是银行家。他们非但对公园管理毫无专业知识，而且在很多情况下，会因为商业或者政治利益而罔顾公园的完整性。

然而波士顿都市公园委员会从设立之初便力图避免这一误区，年轻的景观设计师艾略特与对城市设计深有造诣的巴克斯特被分别任命为总设计师与委员会秘书，在资金预算、地理勘察、边界设定、道路修建，以至植物的选择、种植、修整等各个方面被赋予最大的自由。正如当时环境保护运动的权威刊物《园与森林》杂志所言："一个单个的公园应当是一件有序的艺术作品。而一个拥有各类户外活动设施的公园体系，如果它合理地满足所有阶层所有年龄的不同需要，则需要更多的研究。在这里波士顿为所有的城市树立了一个典范。在购买哪怕一英亩土地之前，专业人士已被任命。他们不仅仅在公园选址等宽泛问题上被征询意见，而且，在对整个问题做出完整研究后，他们选择了这些地点并且框定了它们的边界。"② 在此后发表的数篇文

---

① 西尔维斯特·巴克斯特：《波士顿都市公园运动》（Sylvester Baxter，"The Boston Metropolitan Park Movement"），《园与森林》，1892 年 2 月 10 号，第 62 页。

② 社论：《公园土地以及它们的边界》（Editorial，"Park Lands and Their Boundaries"），《园与森林》，1896 年 10 月 21 日，第 421 页。

章中,《园与森林》一再指出,波士顿都市公园体系在很多方面都可成为后世城市公园之蓝本,然而它最值得称道的地方在于对专业园林景观设计知识毫无保留地信任与运用。

这一特点所体现的正是 19 世纪后期这个专业化时代的气质。伴随学科分类的日趋细化,大量新兴专业开始树立风纪,寻求社会认可,而进步主义改革的一大主题便是承认这些专业,如工程师、医生、律师等在政府及社会中的权威,进而建立城市化时代的社会秩序,一个强调效率与理性的严密体系。景观设计(landscape architecture)便是众多新兴的专业之一。在 19 世纪后期,美国景观设计师开始廓清他们专业的范畴与原则。在艾略特于 1897 年写给朋友的信中,他定义道:"景观设计涵盖了景观工程(engineering)、景观园艺(gardening)与景观林业(forestry),"它意味着"对地表上所有为人类的实用与方便所需要或者渴望的事物的设计与安排"①。

当时的美国景观设计师屈指可数,几乎全部生活在新英格兰这片为爱默生思想所浸淫的土地上。他们中最著名的人物自然是弗里德里克·劳·奥姆斯特德,纽约中央公园、波士顿城市公园体系(Boston urban park system)——"翡翠项链"(Emerald Necklace)等一系列遍布美国东西海岸的大型城市公园的设计者。奥姆斯特德对美国景观设计的影响无他人可堪比拟,他的学生与合作者几乎囊括了当时北美所有在此方面的青年才俊,艾略特正是其中的佼佼者,而且奥姆斯特德的"翡翠项链"也正是波士顿都市公园体系的先驱,后来成为该体系在波士顿市区的主要组成部分。

更为重要的是,奥姆斯特德的浪漫主义美学理想,与民主平等的社会信仰,亦为 19 世纪末 20 世纪初包括艾略特在内的景观设计师广为接受。在这一浪漫主义审美理念中,爱默生思想的痕迹清晰可察。例如,尽管这些景观设计师热爱自然之美,尊重自然规律,但是他们从不否定人的行为思想在自然中可起到的积极作用。《园与森林》在 1893 年发表的一篇社论对这一理念有过精当的概括。文章写道:"自然在呈现景色上十分大方,在提供塑造这些景色的材料上也非常大方。然而,至高无上的她却要以人类的标尺

---

① 查尔斯·艾略特写给玛丽·罗宾斯的信(Eliot to Mary C. Robbins),1896 年 12 月 2 日,Charles Eliot Collection,Frances Loeb Library,Harvard Graduate School of Design。

来衡量；没有他，她的极盛之处也将会很乏味，因为这是他的眼睛在注视，所以，他有权使她服从于他的想象；而当人类在自然的慷慨给予与他自身的艺术需求之间营造和谐时，他所享受到的惬意，也是很少能在他处寻见的。"①

但是，如此权利并不意味着恣意妄为。对于奥姆斯特德、艾略特等景观设计师而言，本地知识、科学手段与艺术品位，三者不可或缺，而对自然本身的尊重则是其根本原则。正因为如此美学理念，艾略特力图使波士顿都市公园体系达成三个基本目标：第一，保留这些自然美景；第二，在一定程度上改良它们，使散乱的自然之美突出集中，井然有序；第三，也是他的终极目标，便是使这些自然美景为全社会的各个阶层所享受，而这也正是奥姆斯特德等人的社会信仰。

作为忠诚的进步主义改革者，艾略特等人在设计波士顿都市公园体系的过程中，对实现公共利益的热忱一以贯之。自美国公园建造伊始，奥姆斯特德等人已将城市公园视为美国民主的象征。奥姆斯特德写道：在城市公园中，"你将会看到很多的基督徒走到一起，来自各个阶层，在这齐聚一处的景象中有着鲜明的喜悦，他们的聚集只为了一个普通的目的，半分无干乎智力，也全无彼此间的竞争，摒弃嫉恨与精神或智力上的优越感，每个人只是为了增加这种集体的欢乐而出现，所有的人都对其他人的更大幸福有所帮助。你将会经常看到极多的人亲密地聚集一起，穷人和富人，青年与老人，犹太人与异教徒"②。在那里，他们将呼吸同样的气息，享受同样的美景，阶层、宗教与教育程度之间的界限将暂时消失。

如此的民主平等理念也成为日后艾略特等人设计波士顿都市公园体系的动力，他们认为如此体系的出现正是为了防止那些应为社会共享的自然山水被少数人占有，它的服务对象应当是社会的各个阶层，特别是工人阶级与城

---

① 社论：《自然之美与景观园艺师》（Editorial，"Natural Beauty and the Landscape Gardener"），《园与森林》，1888年12月5日，第481页。

② 弗里德里克·劳·奥姆斯特德：《公共公园和城镇的扩张》（Frederick Law Olmsted，"Public Parks and the Enlargement of Towns"）；S. B. 萨顿编《使美国城市文明化：关于城市景观的著作》（S. B. Sutton，ed. *Civilizing American Cities*：*Writing on City Landscape*），纽约，1997，第75页。

市贫民。艾略特在一篇发表于《园与森林》的文章中指出，当富人在需要自然山水所带来的宁静、单纯与美丽时，他们可以在一定的季节暂时逃离城市；而穷人，那些必须在压抑的城市环境中日日奔波的人，正是最需要城市公园的人群①。在此后发表的另一篇文章中，艾略特进一步指出波士顿都市公园委员会的建立，"证明了一个伟大而复杂的美国民主对于实现美的有效性与公共空地的价值而言，是生机勃勃的；同样，这一民主也有合作的能力与远见卓识，为了它所信仰追寻的目的而尽心竭力……"②

正是在都市公园的土地上，这些进步主义改革者力图用自己的方式实现他们所梦想的社会与环境公正：不仅仅是压缩劳动时间，提高工人福利，供给干净的水源与环境，扩大公共教育，而且也承认并且鼓励所有人享受自然与美丽的权利与能力。正如巴克斯特所言："在一个民主的共同体中，没有什么太好以致普通人无法拥有的事物。"③ 波士顿都市公园体系将自然之美与民主理念结合起来，将前者引入一个公共的领域，在物质上，它完全免费向公众开放；在理念上，它打破欣赏自然之美是社会精英的专利的偏见。在塑造大波士顿都市环境的同时，它也在重新塑造社会各个阶层对自然、对美的认识与感悟。

它的设计者与倡导者并不希望他们的公园是一块或者数块孤独的空间，与它所身处的都市文明格格不入，甚而尖锐对立。与之相反，他们虽然认为都市公园的存在将给予都市人群在他们习以为常的环境之中无处寻见的自然以及蕴含其中的静谧、单纯与自由，但是他们仍然将公园视为都市文明不可或缺的组成部分，认为它体现了一个开放的、包容的文明的真谛。正如《园与森林》中的一篇文章所言："公共公园对城市健康、舒适与道德的意义同纯净的水源与良好的排污系统一样重要……没有它们，就如同没有医院、图书馆、博物馆、大学以及教堂一样，一个文明的社区将不再繁盛。"④

---

① 查尔斯·艾略特：《美国城市的公园与广场》（Charles Eliot，"Parks and Squares of United States Cities"），《园与森林》，1888 年 10 月 24 日，第 412 页。
② 查尔斯·艾略特：《波士顿大都市自然保留地》，第 122 页。
③ 西尔维斯特·巴克斯特：《城市的小型娱乐场》（Sylvester Baxter，"A City's Small Pleasure Grounds"），《世纪》1897 年第 55 卷第 2 期，第 315 页。
④ 社论：《纽约的小型公园》（Editorial，"Small Parks for New York"），《园与森林》，1895 年 6 月 5 日，第 222 页。

艾略特等人力图将自然从公园的边界中解放出来，将它的范围与对它的想象延伸入整个都市文明。

三 一片完整的景观

然而，如此一个对美国城市环境改造有重大意义的公园体系，在环境史学界对同时期兴起的环保运动的研究中，却未能占有一席之地。造成这种缺失的原因有二：首先的同时也是根本的，是现有研究人为地将自然同城市相分离，片面地强调远离城市的地带的自然保护，如黄石、约赛米蒂等国家公园的设立，因而泯灭了城市之内与城市边缘地带自然存在的合理性与可能性；第二，部分重要著作将原本为环保运动组成部分的资源保护运动（the conservation movement）等同于该时期环保运动（the environmental movement）本身，使得它们对19世纪末环保运动的解读局限在功利性的自然资源的保护与利用之上，忽视了当时环保运动发掘、保存甚而重造自然之美的一面①。因此，即使有部分史家关注到该时期环保运动的城市环境问题，但是他们主要着眼于城市的卫生与健康，如污水与垃圾的处理，对城市环境所蕴含的美学因素或不着一字，或匆匆带过，未尝细论②。

而事实上，波士顿大都市公园体系从其领导人到其建立主旨以及特点，都与美国环保运动密不可分。就其本质而言，无论是城市公园的建造，抑或国家公园的设立，还是森林、土壤、河流资源的保护，都是在工业化与城市

---

① 将环保运动等同于资源保护运动的代表作为塞缪尔·海斯《美丽、健康与永恒：美国环境政治，1955～1985》（Samuel Hays, *Beauty, Health, and Permanence: Environmental Politics in the United States, 1955–1985*），坎布里奇，1987。海斯认为，从19世纪末到20世纪中叶，美国环境保护运动仅是一场对自然资源的保护运动。与之相比，兴起于20世纪六七十年代的环保运动开始关注与人类生活质量相关的种种问题，注重对惬意事物（amenity）的追求。该书的出版在环境史学界产生极大反响，其论点为主流学者所认同。

② 其中的代表作为马丁·梅洛希《卫生城市：从殖民时代至今的美国城市环境服务》（Martin Melosi, *Sanitary City: Environmental Services in Urban America from Colonial Times to the Present*），匹兹堡，2000。该书是美国城市环境史的代表著作，对城市卫生、健康、基础设施与城市环境之间的关系有精当论述，然而不曾涉及城市公园的问题。在《推动一个春天》一书中，戈特利布认为环境保护运动的核心内容是在19世纪90年代美国社会对工业化、城市化与边疆的关闭所带来的种种变化的反应，因此该书对城市公园问题有所论述，但是篇幅极短，缺乏细致、透彻分析。

化催逼而成的压力之下，由部分精英知识分子对自然在文明之中的价值的重新思考与发现所引导出的实践活动。

他们在空间以及价值取向上各有侧重：部分人重视远离城市的荒野的保护，部分人强调城市中的自然的保留与恢复；部分人高扬自然的美学价值，部分人倡导自然的经济价值。但是这并不意味着他们的思考空间局限于单一的或孤立的问题之上。奥姆斯特德、艾略特、巴克斯特、斯泰尔斯、萨金特等城市公园的设计者与呼吁者，也同时领导、参与国家公园的设立，以及森林资源保护运动的开展[①]。他们对自然之美的热爱并不妨碍他们对自然实用性的认识。正如艾略特所指出，园林景观设计师不应当以美为唯一的追求，"所有为人类的实用、方便与舒适服务的艺术……即使追求的是美，然而首先应当考虑的是对既定目的的用处与适宜"[②]。

事实上，19 世纪末的环境保护运动倡导者分享着很多对社会、文化与自然的共同的认识：他们都是美国民主的坚定信仰者，为公共利益的实现而奔走呼告；他们都在不同程度上推崇现代科学，以及它在改良与自然社会中的能力；而最为重要的是，他们都清楚地意识到无论文明如何发展，人类都无法摆脱自然而生存，无论在经济上、生态上还是精神上，自然在现代城市工业文明的位置至关重要。

唯有将以波士顿大都市公园体系为代表的美国城市公园建造运动纳入19 世纪末环保运动的研究中，才能对后者有一更为全面的理解。它绝非如部分史家所论述的那样，仅仅流连于荒野森林，或者营营于经济利益。事实上，它是一场多元化的运动，既有对遥远的较为野性的自然的保留，也有对身边的更为人工的自然的维护；既关怀荒野，也注重城市；既强调利益的得失，也担忧美丽的去留。或者说，正是由于这些都市公园的加入，美国早期环保运动方呈现出一片完整的景观。

这片完整的景观的核心旨趣是将自然置于文明的管理之下，却不抹杀自

---

① 奥姆斯特德是约赛米蒂国家公园、尼亚加拉大瀑布州立公园的创始人与主要设计者。斯泰尔斯、萨金特、艾略特、巴克斯特等人都曾积极撰文捍卫这些国家公园与州立公园。这些人，特别是萨金特与斯泰尔斯也是森林资源保护运动的主要领导者与推动者。

② 查尔斯·艾略特：《规划的必要》（Charles Eliot，"The Necessity of Planning"），《园与森林》，1896 年 8 月 26 日，第 342 页。

然自身的特点。对自然的管理，不仅仅包含着城市公园这类被文明化的自然，也意味着一种自然得以维持自身经济体系的状态，例如荒野，在那里，文明的使命不是使自然人工化，而是维护它的完整与原始，同各种试图侵犯破坏它的力量抗争。第一种类型的自然蓬勃于百姓日用当中，而第二种类型则与某种更具美学与精神意义的体验相始终。

构成这片完整景观的两个方面并非在平行线上发展；换言之，这两类自然并非存在于全然分离的空间中。它们的地理与生物空间往往出现交集。即使在最驯化的花园中，仍然有野生动物与野草的生存；而即使在最野性的区域里，也可以观察到人类的痕迹。它们之间的根本区别在于，在前者，人类掌控全局；而在后者，自然方是统治的力量。

波士顿大都市公园体系便是解释如此交错关系的极佳范例。它从波士顿城心绿地和联邦大道延伸入自然风格的园林，如阿诺德植物园和河道公园（Riverway Park），再进入更为原始野性的森林、河流、山丘、湿地和悬崖峭壁，如蓝山和米德尔赛克斯岩山。这样的公园体系打破了公园本身的界限，也模糊了城市与自然之间的分野。城市公园不再是城市之中的突兀矗立，而与城市文明融为一体。对波士顿都市公园的设计者与支持者而言，这一体系代表着如此一片完整的景观：在那里，花园与森林，城市与荒野已然获得和谐的共存与合作。

在全球都市化速度加快的今天，波士顿大都市公园体系启发我们的不仅仅是历史学者探颐索隐的雅兴，而且是在一个更为现实的层面对自然与都市文明之间关系的思考。都市的发展是否一定以牺牲自然为代价？文明的前行是否一定是对自然的践踏？在波士顿公园体系的设计者与倡导者看来，如果都市没有包容自然的空间，文明没有守护自然的能力，都将是文明本身的失败。

（原文发表于《世界历史》2009 年第 4 期，第 73～85 页）

内蒙古旧石器时代考古简史

◎ 王晓琨

内蒙古自治区幅员辽阔，黄土发育，宜耕宜牧，适宜人类生存繁衍，史前的先民们在这里创造了丰富多彩的物质文化，远在旧石器时代就遗留下丰富的考古遗存。截至目前，内蒙古拥有著名的"河套人"化石、"扎赉诺尔人"化石以及近50处旧石器出土地点，年代上纵贯旧石器时代早期、晚期，已成为探索我国早期人类活动的核心地区之一。

内蒙古地区的旧石器时代考古自20世纪20年代开始，迄今已近90年。在这90年的时间里，内蒙古的旧石器时代考古工作，从无到有、从默默无闻到引起世人的瞩目，大致经历了开创期、发展期和新世纪这样三个大的阶段。现就这三个阶段的历史进行简要回顾，追忆那筚路蓝缕的过去，启迪探索更美好的未来。

一 开创期（1920～1949 年）

经过岁月的炼洗和积淀，草原民族漫长而神秘的历史和深厚的物质文化遗存，吸引着众多中外人士来到中国北部的这块广袤的土地上进行探险考察，内蒙古旧石器时代考古也因此揭开了它的历史序幕，进入开创期。早期的旧石器时代考古工作大都与前来探险考察的外国传教士和学者有关。

20世纪初，法国天主教堂在天津马厂道设立北疆博物馆（即所谓的黄河-白河博物馆），这里也是最早在内蒙古境内进行旧石器时代考察的学者桑志华神甫工作的大本营①。桑志华是最早在中国从事地质和古生物学以及史前考古活动的外国学者之一。1920 年，他在甘肃庆阳县的黄土层中采集到旧石器时代的石英制品。不久，另外两位天主教神甫莫斯塔特和德唯尔特告诉他，在鄂尔多斯沙漠南沿的萨拉乌苏河流域发现了大量哺乳类动物化石②。1922 年，桑志华前往萨拉乌苏考察，证实了这是一处极富考古价值的遗址。他立即邀请国际知名的古生物学家、巴黎天主教学院德日进教授前来与他合作调查和研究③。结果，他们在萨拉乌苏一带发现了大量的动物化石和石制品。令人惊喜的是，他们发现一枚 8~9 岁幼童的左上侧门齿化石，说明在这一带相当于黄土时期的河湖堆积中有古人类存在。他们将次年后续发现的约二百件石制品，经过研究后，于 1928 年在法国发表正式报告。这批标本目前保存在巴黎自然博物馆内④。

萨拉乌苏遗址出土的化石和石器，得到了当时多位著名学者的关注，研究得以全面深入。人类牙齿化石由加拿大解剖学家步达生研究，将这颗幼童的牙齿命名为"鄂尔多斯牙齿"，20 世纪 40 年代裴文中教授将其译做"河套人"，此即"河套人"的由来；动物化石材料由法国古生物学名家布勒和德日进及桑志华研究；文化遗物由法国旧石器时代考古学泰斗步日耶研究。德日进和步日耶得出大致相近的结论：萨拉乌苏文化相当于欧洲莫斯特期和奥瑞纳期之间的文化。因为萨拉乌苏遗址是中国最早发现的既有大量旧石器，又有大量的哺乳动物化石伴生，同时又出土人类化石的遗址，所以这个发现在中国近代考古学史上地位相当突出⑤。

1923 年，德日进和桑志华在今宁夏灵武水洞沟发现了另一处旧石器时代遗址，出土了许多动物化石；同年，在鄂尔多斯高原的北部万巴拉寺三圣宫，也发现了一些旧石器时代遗址。20 世纪 20 年代末，他们调查了扎赉诺尔，也发现了旧石器时代遗址。

---

① 陈星灿：《中国史前考古学史研究》，生活·读书·新知三联书店，1997，第 96 页。
② 贾兰坡：《河套人》，龙门联合书局，1951。
③ 杨新质：《记地质学家德日进》，《地球》1984 年第 6 期。
④ 陈星灿：《中国史前考古学史研究》，第 96 页。
⑤ 陈星灿：《中国史前考古学史研究》，第 95 页。

1922 年，苏联人在哈尔滨设立了东省文物研究会，研究区域从贝加尔湖到海参崴的远东地区，其中设立博物馆学部、地质学和地文部、史学部和民俗学部。1928 年，东省文物研究会博物馆学部的托采夫（E. Titoff）和托尔马采夫（V. J. Tolmatchff）在海拉尔发现了旧石器时代晚期遗物；托采夫还在扎赉诺尔发现了一件旧石器时代晚期的骨锥（用鹿角做成）①。

20 世纪 20 年代初，日本东京帝国大学与京都帝国大学合作成立了东亚考古学会，该学会与北京大学考古学会共同组建了东方考古学会。1930 年，学会派原田淑人、江上波夫、驹井和爱与水野清一及小牧实繁到中国的内蒙古地区考察，他们在多伦淖尔（今锡林郭勒盟多伦县）南北的沙丘中发现为数不少的细石器。② 据笔者观察，这批细石器中年代最早的可推溯到旧石器时代晚期。

1927 ~ 1935 年，经中国政府批准的中（国）瑞（典）西北科学考察团，在团长斯文赫定、徐炳昶的率领下，进入包头、达茂、阿拉善、额济纳等地考察。他们在巴彦淖尔盟境内发现了大量的细石器和石片石器。陈星灿等人经研究认为，"这批文化遗物与北方沙漠草原地区迄今发现的新石器时代遗物相似，可能是距今 8000 ~ 3000 年之间的人们遗留下来的"③。但据笔者观察，其中部分遗物的年代已进入旧石器时代晚期。

1920 ~ 1949 年是内蒙古旧石器时代考古开创期，收获颇丰，成就辉煌。遗存的年代主要集中在旧石器时代晚期。而成就的取得，主要得益于一批优秀的外国学者的关注和探索。对此，中国考古学的几位开创者如李济、裴文中、贾兰坡等人对这些学者给予了高度评价。以"中国考古学之父"李济先生对萨拉乌苏文化的重要研究者德日进的赞誉为例，他说："德日进氏在华北的科学工作，有 20 年以上的历史，具有卓越的成绩，他所发表的报告，差不多全是示范性的，中国的化石学家、地质学家及史前考古学家，大半都受到了他有益的影响。"④

---

① 梯托夫、托尔马切夫：《海拉尔的新石器时代遗存》（俄文），东省文物研究会史学与民俗学部刊物甲种 30 号，1928。

② 小牧实繁等：《内蒙古多伦淖尔的新石器时代遗迹》，《人类学杂志》46 卷 8 号（日文）。

③ 陈星灿：《内蒙古巴彦淖尔盟的史前时代遗存——中瑞西北考察团考古资料的整理与研究之一》，《考古学集刊》第 11 集，中国大百科全书出版社，1997，第 26 页；曹勇：《内蒙古、甘肃和新疆的史前遗存》，中国社会科学院硕士学位论文，1988。

④ 李济：《红色土时代的周口店文化》，《李济考古学论文选集》，文物出版社，1990，第 125 页。

二 发展期（1949～1999年）

1949年新中国成立后，内蒙古地区的旧石器时代考古工作迎来了美好的春天，专门的研究机构设立，专业的研究人员的配置，使新的发现在整个内蒙古地区亦不断涌现。在呼和浩特市东郊保和少乡、榆林乡、三道营乡、托克托县、武川县、清水河县、乌兰察布市卓资县、四子王旗、包头市；鄂尔多斯市准格尔旗、阿拉善盟阿拉善左旗、扎赉诺尔蘑菇山[1]等地共计发现50余处的旧石器时代遗址和大量的石制品，使得内蒙古旧石器时代考古研究的内容不断更新，认识亦不断深入拓展。

1. 旧石器时代早期遗存

截至目前，在内蒙古自治区境内发现的旧石器时代早期的地点不多，学界公认的仅为大窑村南山四道沟地点。1983年，内蒙古博物馆的汪宇平先生主持了南山四道沟西区的发掘[2]，发现了典型的地层剖面，自上而下分为七层：第一层为表土层，形成于全新世；第二层为马兰黄土层，形成于晚更新世晚期；第三层为橘红色土层，形成于晚更新世早期；第四层至第七层为红色土层（离石黄土层），形成于更新世中期。

在该年度发掘的10个探方中，第1、3、5～8共计6个探方的下部均有中更新世的离石黄土层，其中出土石制品385件，包括刮削器307件，石核11件，石片23件，砍砸器36件，石锤5件、尖状器1件、石刀2件。该层的年代经热释光测定为距今31万年[3]，为中更新世晚期，即为旧石器时代早期，时代与周口店第一地点的某一阶段相近，这将内蒙古自治区远古人类的活动时间推溯到距今约30万年前。

2. 旧石器时代晚期遗存

内蒙古境内的旧石器时代遗存的时代属性，多集中于旧石器时代晚期阶

---

[1] 汪宇平：《扎赉诺尔蘑菇山旧石器时代晚期遗址》，《内蒙古文物考古文集》（第一辑），中国大百科全书出版社，1994。

[2] 汪宇平：《呼和浩特大窑村南山四道沟东区旧石器制造场1983年发掘报告》，《史前研究》1987年第2期。

[3] 张森水：《中国北方旧石器时代早期文化》，载吴汝康、吴心智、张森水著《中国远古人类》，科学出版社，1989，第55页。

段。新中国成立后，著名的萨拉乌苏遗址得到了学术界的充分重视，发现和研究均有重要的进展。20世纪50年代，新中国旧石器时代考古开创者裴文中先生、贾兰坡先生等先后到该遗址考察。1957年，内蒙古博物馆的汪宇平先生在萨拉乌苏河阶地上发现人类的顶骨和大腿骨化石；1962年，汪宇平在乌审旗发现面部连着额骨的人类头骨化石①。1963年，中国科学院古脊椎动物与古人类研究所李有恒等，在陕西省横山县雷惠农场境内无定河南岸，靠近河岸处的二级阶地中下部的全新世堆积中，发现了人类左眼眶外侧大部连着左侧脑颅前部的一块化石②。在这种堆积中还有属于萨拉乌苏系的如巨蛇、大角羊等动物化石③。1978年和1979年，中国科学院沙漠研究所的董光荣等，在杨四沟湾萨拉乌苏河岸先后发现六块人类化石，包括两块完整的额骨、一块额骨残片、半个小孩下额骨、股骨和胫骨各一根。经研究，这批人类化石的体质特征已接近现代人，但仍保留一些原始性，如头骨、股骨骨壁较厚，头骨骨缝简单，颌骨较粗壮，髓腔较小等。这些特征表明化石属晚期智人，门齿和头部特征与现代蒙古人种（黄种人）相近。

在发现人类化石的萨拉乌苏地点，还出土500余件石器，被命名为"萨拉乌苏文化"，学界一般认为其时代为距今5万~3.5万年。北京大学著名学者王幼平认为其时代为距今4万年左右④，黄慰文认为其年代数据处于传统划分的旧石器时代的中晚期之交⑤。石器的类型有边刮器、钻具、端刮器、锯齿刃器、凹缺器、雕刻器和尖状器等。加工技术和风格上明显地继承了北京人石器、周口店第十五地点和许家窑石器等华北小石器工业的传统，但也不失自己的特点。例如，没有砸击技术制品，用压制法加工石器，缺少重型工具等。萨拉乌苏遗址出土了大量羚羊、原始牛、王氏水牛、纳玛象、披毛犀、赤鹿、河套大角鹿、野驴、野马、鬣狗及啮齿类短耳兔、蒙古黄

① 汪宇平：《大窑村南山四道沟西区1989年发掘报告》，《内蒙古文物考古》1986年第4期。内蒙古自治区博物馆：《追忆汪宇平先生》，《内蒙古文物考古》2005年第1期。
② 中国社会科学院考古研究所：《新中国的考古发现和研究》，文物出版社，1984，第18~20页。
③ 祈国琴：《内蒙古萨拉乌苏河流域第四纪哺乳动物化石》，《古脊椎与古人类》1975年第13卷4期。
④ 王幼平：《中国远古人类文化的源流》，科学出版社，2005，第154页。
⑤ 黄慰文：《中国旧石器文化序列的地层学基础》，《人类学学报》2000年第19卷第4期。

鼠、五趾跳鼠等多种动物化石。

20 世纪 80 年代后期，田广金先生、史培军先生等对萨拉乌苏遗址的古环境进行了重建①。他们在萨拉乌苏河两岸取得大量的晚更新世沉积剖面土样，进行有关粒度、化学要素、孢粉等多方面分析，并结合动物群变化情况，重建了当地古降水和温度高程，得到了当时水热环境状况的资料，其基本特征是：河湖广布，年平均气温在 4～7 度，年降水量在 300～500 毫米，呈现出森林草原、灌丛及沼泽草原相交织的景观。综合以上的遗物和古环境分析结果，田广金先生、郭素新先生等认为，"河套人"时代的社会已发展到原始氏族阶段，经济以狩猎为主②。

河套人及萨拉乌苏地点是我国最早发掘和研究的旧石器时代遗址之一，它的发现说明内蒙古鄂尔多斯高原南部是人类祖先的重要发祥地之一，不仅在中华民族繁衍史上占重要地位，而且在世界人类学史上也有较大影响。萨拉乌苏地层中埋藏着大量动物化石，出土哺乳动物化石 30 多种，在地质学上称为"萨拉乌苏组"动物群，长期被看做我国华北地区更新世晚期的标准地层剖面，为研究华北地区更新世晚期文化提供了确切的地层和动物群标本，也为研究中国原始人类的生活环境提供了可靠依据。

在满洲里发现了猛犸象、披毛犀、东北野牛、转角羚羊等晚更新世晚期动物化石，年代距今约 3 万年。③ 1949～1982 年，在著名的"扎赉诺尔人"遗址，又发现 10 余个个体的人骨化石，伴随出土的有石镞、刮削器、石叶、石核等细石器，以及刀梗、锥、镖等骨器，并有火候不高的夹砂粗陶器残片，年代距今 1 万年左右，处于旧石器时代晚期的最晚阶段④。

20 世纪 70 年代后期，内蒙古博物馆的汪宇平先生在呼和浩特市郊大窑村南山、前乃莫板村脑包梁等地发现了大型旧石器制造场，均是专门开采燧石

① 田广金、史培军：《内蒙古中南部原始文化的环境考古研究》，《内蒙古中南部原始文化研究文集》，海洋出版社，1991。

② 田广金、郭素新：《北方文化与匈奴文明》，转引自李学勤、范毓周主编《早期中国文明》丛书，江苏教育出版社，2005，第 38～39 页。

③ 扎赉诺尔考察小组：《扎赉诺尔第四纪地质新知》，《东北地质科技情报》1976 年第 1 期；石彦蒂：《扎赉诺尔附近木质标本的 C^{14} 年代测定及其地质意义》，《古脊椎动物与古人类》1978 年 13 卷 2 期。

④ 陈星灿：《中国史前考古学史研究》，第 127 页。

石料同时又制作石器的地方①。两地位于大青山南麓的丘陵地带，遗址所在的山梁，都由花岗片麻岩和燧石构成，从半山腰至山顶，燧石露头上发现有打击石片的痕迹，其周围埋藏或散布着大量燧石石块和石制品，表明是从原生岩层人工开采了燧石，并就地制作石器。其中大窑村南山遗址面积达 200 万平方米。

经 1976 年的第一次发掘，发现两地都是在晚更新世的黑垆土和黄土底部的角砾层中，包含大量人工打制的石屑、石片和一些石核、石器，伴随出土的动物化石有披毛犀、普氏野马、原始牛、恰克图扭角羊、赤鹿等。出土石器近 400 件，石片 1200 多件。有小型盘状和棱柱状石核等各式石核，石片以中小型者居多，打击点集中，使用直接法打片的技术熟练。由于这里是专门的石器制作场所，发掘到的石器标本大半只是初步加工的半成品，也很少使用痕迹，完好的成品不多。而圆形或半圆形的石锤，则是开采石料、制造石器的工具。石器中以各种类型的刮削器居多，砍砸器次之，还有极少数的尖状器、手斧和石球。尤其是龟背形刮削器，型式复杂，数量有一百件之多，具有独自的特征，因而被命名为"大窑文化"，时代相当于晚更新世晚期。与此时代和文化内容相近的遗存，在呼市郊区乃莫板、卓资县境内等地亦有发现。② 值得注意的是，呼市东郊石器制造场所产的石器，下层的器形偏大，往上逐渐变小，它本身的发展过程具有一定的连续性，似乎又有石器细化的趋向③。

两地孢粉经鉴定，均以草本植物孢粉占优势，木本植物较少。黑垆土所代表的是草原和草甸灌木的环境，气候比较寒冷和干燥。

大窑旧石器时代石器制造场遗址的发现，引起了学术界的高度重视。著名学者周明镇、裴文中、贾兰坡、吕遵谔等都亲临现场，并给予了高度评价。

新中国成立以来，在广大考古工作者的辛勤努力下，内蒙古的旧石器时代考古事业在原来的基础上，更有了长足的进步。在五十年的发展中，内蒙古博物馆、内蒙古文物考古研究所、中国科学院等多个部门和科研机构都参与到遗存的发现、鉴定和保护等工作中来，也锻炼了研究队伍，内蒙古博物

① 内蒙古博物馆等：《呼和浩特东郊旧石器时代石器制造场发掘报告》，《文物》1977 年第 5 期。
② 汪宇平：《内蒙古阴山地带的石器制造场》，《内蒙古文物考古》1981 年创刊号。
③ 中国社会科学院考古研究所：《新中国的考古发现和研究》，文物出版社，1984，第 26 页。

馆的汪宇平先生就是杰出的代表。1953 年，汪宇平先生历经周折和磨难，在萨拉乌苏河畔首次找到了后来被鉴定为"河套人"的顶骨、股骨化石，极大地补充了"河套人"的资料，并为系统研究"河套人"创造的萨拉乌苏文化打下了坚实的基础，这也是新中国诞生后内蒙古自治区首次重要的考古发现。经过多年的考古实践探索，汪宇平先生摸索出一套寻找古人类踪迹的科学规律和方法，在这种方法的指导下，他发现了大窑村南山四道沟西区遗址，将内蒙古地区远古人类的活动时间一举推溯到距今约 30 万年前。

三 新世纪（2000 年~ ）

2000 年，人类迈入了新的千年。新世纪伊始，内蒙古自治区的旧石器时代考古事业即取得了重要的突破性进展，突出表现在从这一年开始的对金斯太洞穴遗址的发掘和相继的持续综合研究上。

2000 年夏，内蒙古文物考古研究所魏坚教授领导的考古队，对 1999 年文物普查时发现的金斯太洞穴遗址进行了试探性发掘，获得了重要的成果[1]。2001 年，内蒙古文物考古研究所联合锡林郭勒盟文物站、吉林大学边疆考古研究中心等单位，对金斯太洞穴进行了系统考古发掘，发掘面积近80 平方米[2]。发掘者运用全站仪测量、航空摄影及孢粉提取鉴定等多种技术手段，对遗址及其周围的环境等进行了综合研究。金斯太遗址是迄今内蒙古境内经过最为科学、最为系统发掘的旧石器时代洞穴考古地点。2005 年以来，吉林大学边疆考古研究中心汤卓炜教授和陈全家教授分别指导王晓琨、罗鹏、王春雪等，先后就金斯太遗址的环境及古人类生存对策、动物考古、石器文化进行了系统的研究[3]，直接推进了该遗址文化内涵的综合研究。

---

[1] 魏坚、王晓琨：《内蒙古东乌旗金斯太洞穴旧石器时代遗址获重要发现》，《中国文物报》2000 年 9 月 17 日，第 1 版。

[2] 魏坚、汤卓炜、王晓琨：《内蒙古东乌旗金斯太洞穴遗址出土大量石器动物骨》，《中国文物报》2001 年 12 月 31 日，第 3 版。

[3] 王晓琨：《金斯太洞穴遗址旧石器时代古人类生存对策初步研究》，硕士学位论文，吉林大学边疆考古研究中心，2005 年。王春雪：《金斯太洞穴遗址旧石器时代石制品研究》，硕士学位论文，吉林大学边疆考古研究中心，2006 年。罗鹏：《金斯太洞穴遗址晚更新世动物群及其古生态环境研究》，硕士学位论文，吉林大学边疆考古研究中心，2007 年。

　　金斯太洞穴是个有着多层堆积的旧石器时代遗址，地层堆积平均厚约 3
米，最厚处达 5 余米，洞穴的旧石器时代堆积分为下部、中部和上部三个大
的阶段。2000～2001 年，洞穴遗址的下部地层中出土石器 300 余件，动物
骨骼若干，经北京大学第四纪年代测定实验室测定，年代距今 3 万年左右。
中部地层出土石器 2000 余件，同时伴出大量的第四纪动物骨骼化石。上文
化层中新出土了以各类细石叶石核、刮削器、石钻、舌形器、石镞、石矛
头、锛形器等为代表的细石叶工业。

　　研究发现，金斯太洞穴下部地层出土的石器，个体偏大，制作粗糙，使
用痕迹多不甚明显，具有很大的原始性，种类有尖状器、石砧、石锤和砍砸
器、石片、石核等，石料多是当地的硅质灰岩，打制方法多是直接打击法，
既用砸击法，也有锤击法，基本上是单面修理。与石器伴出的动物骨骼化石
很少，主要是野马的化石残片。动物的骨骼多残碎，并且有的骨头上有人工
砍砸的痕迹。金斯太洞穴遗址最底部的物质遗存包含物单纯，仅有石器和动
物骨骼化石，石器个体较大、粗壮。经过比较分析，它的文化内涵与黄土高
原的以窑头沟、鸭儿沟、山西后圪塔峰、河南孟村、山西涝池河沟、十里河
后沟和洮家沟等地点为代表的"泾渭文化"[①] 同为小石器工业，文化性质较
为相似，剥片技术以锤击法为主，石片多小型。石器组合以刮削器为主，偶
见砾石直接加工的砍砸器。二者不同的是，后者不见石球及碰砧技术的使
用。推测二者可能存在着一定的文化交流。

　　中部的堆积出土大量石制品，石器大小适中，大型石器相对较少。从类
型上看，以石片类的刮削器最为常见，数量最多，种类也最丰富，占绝对优
势，还有尖状器、石核、雕刻器、砍砸器等。制作方法多样化，既有直接打
击法，也有间接打击法；既用碰砧法，又用砸击法和锤击法；既有单向加工
法，又有错向和双向加工法。最为引人注目的是，出现了使用典型勒瓦娄哇
技术制造的石器，包括用勒瓦娄哇技术打制的薄刃斧、舌形器和带有 Y 字
形脊的典型勒瓦娄哇石片等共 10 余件石器。与石器制品共生的动物群有野
马、披毛犀、鹿、野牛、转角羚羊、最后鬣狗、旱獭、骆驼等，其中已绝灭
的动物种属占相当大的比例，野马数量最多，披毛犀亦不在少数。

---

　　① 盖培等：《陕西长武发现的旧石器时代中期文化遗物》，《人类学学报》1982 年第 1 期。

出土物表明这个阶段的石器工业面貌发生了明显的变化。石器可以分为砾石石器和石片石器两类，新出现了勒瓦娄哇技术制品。这种技术先进，制作复杂，说明了在此文化层阶段土著文化与外来文化存在交流，但二者并未相互融合，从遗址内发现的大量锤击石核来看，它未被大量应用于当地古人类的石器制作中，制作方法仍以锤击剥片为主，工具类型还是以刮削器为主体。因此，中文化层文化面貌还是以小石器工业为主，存在一定比例的砾石石器。石球、砍砸器等重型工具的增多可能与这个时期的狩猎采集活动的激增有关，另外此时可能与周边地区诸遗址如丁村、许家窑等存在一定的文化交流。

金斯太洞穴上文化层阶段的石器工业面貌发生了更显著的变化。石器工业类型可以分为两种：一种为继承了下、中文化层的小石器工业，以锤击石核，各类刮削器、手镐、砍砸器等为代表；另一种是细石叶工业，以各类细石叶石核、刮削器、石钻、舌形器、石镞、石矛头、锛形器等为代表。细石叶工业工具成器率明显高于小石器工业，虽然后者在数量上要多于前者，但是其石制品中石片、断块及天然石块所占比例过大。另外，发现的细石叶石核数量明显多于锤击石核。由此可以看出，该阶段石器工业类型是以细石叶工业为主，小石器工业为辅，两种石器工业并行发展，小石器工业有被细石叶工业取代的趋势。

上文化层阶段与我国华北平原泥河湾盆地旧石器时代晚期诸遗址特征较为相似。上文化层早段与峙峪遗址[①]的剥片技术相似，以锤击法为主，器类有各类刮削器、尖状器等。而上文化层晚段则与虎头梁[②]、籍箕滩[③]、油坊[④]等遗址石制品特征类似，剥片均以间接法为主，细石叶石核类型丰富，包括楔形、锥形、柱状、半锥状等，工具有圆头刮削器、雕刻器、舌形器、锛形器、石矛头等，工具毛坯以细石叶为主，修理以压制法为主，出现了通体加

① 贾兰坡等：《山西峙峪旧石器时代遗址发掘报告》，《考古学报》1972年第1期。
② 盖培等：《虎头梁旧石器时代晚期遗址的发现》，《古脊椎动物与古人类》1977年第15卷第4期。
③ 河北省文物考古研究所：《籍箕滩旧石器时代晚期细石器遗址》，《文物春秋》1993年第2期。
④ 谢飞等：《河北阳原油坊细石器发掘报告》，《人类学学报》1989年第8卷第2期。

工的器物。因此可以推测遗址上文化层年代与这些遗址相差不远，但上文化层晚期地层中出土大量的锥形细石叶石核，与新石器时代泥河湾盆地的头马坊黑土坡①、于家沟②、周家山③遗址出土的同类器物较为类似，故推测金斯太洞穴上文化层上限已经进入新石器时代。

通过分析和研究遗址的地理环境和资源背景、植物孢粉和动物骨骼，研究者认为在金斯太下层文化阶段，气候冷湿，刮削器和尖状器的石器组合反映了人类以狩猎为主要生存方式；中层文化阶段，气候趋于干燥，石器组合发生了变化，砍砸器和石球等增加，新的外来文化因素出现，采集经济的比重增加；上层文化阶段，气候愈加干旱，出现了细石器，人类的技术愈加进步，石器亦越来越精致。

金斯太洞穴遗址的发现和发掘，意义重大。首先，它是内蒙古地区第一个正式发掘的旧石器时代洞穴遗址，对于研究内蒙古地区的旧石器时代文化内涵具有极其重要的意义。其次，该洞穴三个阶段遗存保持着连续性发展，给研究当地环境变迁等重大课题提供了极佳的第一手材料。同时，金斯太洞穴地理位置存在特殊性，处于温带草原性气候带与温带森林性气候带及干旱、半干旱与湿润区的交界带上，为丰富我国史前文化的内容，填补了新的资料。而典型勒瓦娄哇技术制造的石器的发现，更为探讨该技术在东亚地区的传播提供了绝好的物质标本。遗址位于中蒙边境地带，对研究中国东北部与蒙古国东部及俄罗斯远东地区旧石器时代考古学文化之间的关系有重大意义。

近二十年来，生物化学、分子生物学的飞速发展，使科学家们可以从分子水平来比较生物体的进化程度，也给现代人类的起源问题研究提供了新的途径和方法。1987年"夏娃理论"④ 的提出，更使得距今10万年以内的旧石器时代考古材料，受到了学术界空前的重视。而内蒙古的旧石器时代考古

---

① 谢飞：《泥河湾盆地旧石器文化研究新进展》，《人类学学报》1991年第10卷第4期。
② 谢飞：《泥河湾盆地旧石器文化研究新进展》，《人类学学报》1991年第10卷第4期。
③ 陈淳：《河北阳原周家山细石器遗存》，《史前研究》辑刊，1989。
④ 1987年由Cann等提出的现代人起源理论，认为现代人起源于20万年前的非洲妇女，大约在距今13万年，其后裔扩散到世界各地，代替了当地的土著民。此注解转引自朱泓主编《体质人类学》，高等教育出版社，2004，第289页。

遗存，绝大部分都集中在晚更新世晚期，年代在距今 5 万年前后，正处在现代人起源的关键阶段，因此我们有理由对内蒙古旧石器时代的考古充满更高的期待。

目前，旧石器时代考古学的研究重心已经从对类型和形态学的分析转到了对石器技术的组织以及石制品组合内部、不同组合之间的变异成因等课题的探究上。如从石制品组合中，探讨石器的类型、技术和形态等的变化，以及这种变化背后隐藏着的制约因素，如原料条件和开发技术、制造和使用石器的特定行为和方式、遗址在人类迁徙和居住系统中所扮演的角色等。但就内蒙古境内的旧石器时代考古研究而言，石器的类型和形态学分析还不完善，未成体系，特别是四道沟西区的早期遗存与大晚期的"大窑文化"之间尚有较大的年代缺环，所有这些都有待我们踏踏实实工作，共同努力和弥补。

（原文发表于《内蒙古文物考古》2008 年第 2 期，第 60－67 页）

新疆鄯善洋海青铜时代
居民颅骨创伤研究

◎ 张林虎　朱　泓

新疆鄯善县洋海墓地位于火焰山南麓的荒漠戈壁滩上，北距鄯善县吐峪沟乡政府 5 公里，东南距洋海夏村四组 2 公里。地理坐标北纬 42°48′～42°49′，东经 89°39′～89°40′。墓地主要分布在相对独立的三块略高出周围地面的台地上，台地呈长条形，南北向，南高北低。新疆文物考古研究所于 1988 年和 2003 年两次对其进行发掘。洋海三处墓地相对独立，但在考古文化上是一致的。因为墓地相邻，墓葬分布密集有序，都有相同的布局，三处墓地的墓葬形制主要都为竖穴二层台墓和竖穴墓，各型墓葬在三处墓地的分布位置也一致；同型同时期的墓葬有相同的葬式、葬俗和随葬品。随葬器物以陶器和木器为主，其次是铜器，发现一件铜铁复合带扣[①]。发掘者认为洋海古墓为氏族墓地，年代为青铜时代至早期铁器时代。墓地从公元前 1000 年开始使用，到公元前后废弃，延续近千年。墓地中出土有山羊、绵羊、马和牛的骨骼，同时还出土有毛织品、马具、弓箭、纺轮以及麦和粟，发掘者认为当时社会经济以狩猎和畜牧为主，兼有少量原始农业。由于未见农业生产工具，所以农业所占比重较小。在二号墓地中发现有泥质吹管，因此发掘者推测洋海墓地的主人除了从事制陶、木器加工、纺织以外，还从事铜冶炼

---

① 新疆文物考古研究所、吐鲁番地区文物局：《吐鲁番考古新收获——鄯善县洋海墓地发掘简报》，《吐鲁番学研究》2004 年第 1 期。

与制作青铜工具。

Knight[1] 的研究表明，头部通常是暴力行为发生时主要的攻击目标，因为大脑和颅骨是身体最易攻击的部位，如果颅骨受损会进而引起颅内出血，颅内压升高，由此会伤及大脑。考虑到古代居民如果对头部缺乏保护措施，那么颅骨会受到较严重的损伤，甚至造成死亡，所以在所有创伤中，颅骨创伤最引人瞩目，也较为易于识别。

本文通过对洋海墓地出土颅骨创伤的观察与统计，寻找创伤的规律性变化，探索创伤模式，为进一步了解古代居民的经济类型、物质文化、日常生活等方面提供参考数据。

一　材料与方法

1. 材料

本文选取吉林大学边疆考古研究中心人类学实验室保存的该墓地中的 61 例个体的颅骨，其中成年个体 45 例，未成年个体 16 例，在成年个体中，男性 25 例，女性 20 例。个体的性别和年龄鉴定主要依吴汝康等的《人体测量方法》[2]、邵象清的《人体测量手册》[3] 中记录的鉴定标准。

2. 方法

创伤指身体上的任何损伤或伤口。它分为 4 种类型：骨的部分或全部破碎；骨的位置异常或者脱臼；神经或血液供应中断；人为的形态轮廓异常。创伤与齿病、关节疾病等一样，是人类骨骼遗存中最常见的病理现象之一[4]。意外事故和特定的文化行为都可以导致骨骼外伤和软组织损伤。对这类损伤的辨识与认知，可以为研究者提供古代居民任何参与战争、群体间暴力行为等方面的信息，以进一步了解古代人群生活地域环境和日常生活。[5]

---

[1]　Knight，B. *Forensic Pathology*（New York：Oxford University Press，1991），p. 156.

[2]　吴汝康、吴新智、张振标：《人体测量方法》，科学出版社，1984，第 14~15 页。

[3]　邵象清：《人体测量手册》，上海辞书出版社，1985，第 34~56 页。

[4]　Roberts，C. and Manchester，K. *The Archaeology of Disease*（Ithaca：Cornell University Press，2005），pp. 84 – 132.

[5]　Aufderheide AC，Rodriguez-Martin C. *Human Paleopathology*（Cambridge：Cambridge University Press，1998），pp. 19 – 50.

目前国内关于古代居民的创伤研究比较少，国外学者就外伤损害已经进行很多研究，不同的学者也进行相应的尝试。例如 Meiklejohn 等[1]指出中石器时代男女两性外伤损害的显著性差异可能是由于劳动分工不同造成的，因此意外事故是造成这种差异的原因。Campillo[2] 指出南方古猿之间的暴力伤害与现代人之间的暴力行为相比要少，人类之间的暴力行为是从中石器时代开始显著增加，从新石器时代开始暴力损伤的主要特点是由箭镞和尖锐器具造成的，这是战争和宗教的产物。

三种类型的颅骨创伤在考古遗址出土的人群中较常见：锐器伤、钝器伤和穿刺伤。[3] 锐器伤一般由有刃的武器导致；钝器伤则由不锋利的器具或者摔伤所致，通常为压迫性骨折；穿刺伤通常有明显的入口、出口损伤及广泛的碎裂现象。鉴别钝器伤，首先要注意颅骨外板是否产生了由打击点向外放射的骨骼线，轻微打击产生线性骨折，而较大作用力则会导致局部粉碎性的骨折，同时在创伤临近区域或者相反面可见放射性骨折线。穿刺伤发生时，进入时会造成颅内板弯曲变形，创口往往伴有放射性骨折线，出来时会造成创口处颅外板不规则变形。对颅骨外伤的观察有助于我们了解伤者行为或者反应，同时也暗示了武器使用方面的信息。

本文以 Aufderheide 和 Roberts 等[4]有关于创伤的鉴别与描述及分类为主要依据，并与图版相比进行观察。

对每处创伤的位置（创口中心点任意边缘两点）进行记录，发生在额骨上的创伤以鼻根点（n）和前囟点（b）为基准，顶骨和枕骨上的创伤以前囟点（n）和人字点（l）为基准。此外还记录创伤的最大径。

---

① Meiklejohn, C., Schentag, C. and Venema, A. "Socioeconomic Change and Patterns of Pathology and Variation in the Mesolithic and Neolithic of Western Europe: Some Suggestions," in M. N. Cohen and G. J. Armelagos eds., *Paleopathology at the Origins of Agriculture* (London: Academic Press, 1984) pp. 75 – 100.

② Campillo, D. Aggression and Violence in Prehistoric and Primitive Societies Liines 4 (5): 4 –17/ 1995/.

③ Roberts, C. and Manchester, K. *The Archaeology of Disease* (Ithaca: Cornell University Press, 2005), pp. 84 – 132.

④ Aufderheide AC, Rodriguez-Martin C. *Human Paleopathology*, pp. 19 – 50.

二　结果与讨论

在被观察的标本中有颅骨创伤的男性为 7 例，占所有个体的 11.48%。有创伤的女性为 6 例，占所有个体的 9.84%。受伤个体的年龄集中在壮年期（24~35 岁）到中年期（36~55 岁），未成年个体中未见创伤（见表 1）。

表 1　洋海墓地颅骨创伤个体统计

	编号	年龄	创伤数量	创伤类型	是否致命	位置
男　性	M101：己	50±	1	钝器伤	否	左侧面部
	M46：B	30~35	3	钝器伤	是	左侧顶骨
	M30：B	40~45	3	钝器伤+锐器伤	是	左侧顶骨
	M64	50+	1	穿刺伤	是	右侧面部
	M27	35~40	5	钝器伤+锐器伤	是	左侧顶骨、右侧顶骨
	M101：丁	40+	1	钝器伤	否	左侧颧弓
	M42：甲	35~40	2	钝器伤+锐器伤	是	左侧顶骨、右侧顶骨
女　性	M18	30~35	1	钝器伤	否	左侧面部
	M48	40±	1	骨折	否	左侧面部的鼻骨
	M51	40~45	1	钝器伤	是	左侧颞骨
	M28	35~40	1	钝器伤	是	右侧颞骨、额骨右侧
	M43	25~35	1	钝器伤	否	额骨左侧
	M42：乙	成年	8	钝器伤+穿刺伤	是	左侧顶骨、右侧顶骨、左侧枕骨、鼻骨
未知性别	M31：甲	成年	2	钝器伤	是	左侧顶骨、额骨左侧

从表 1 中可以了解到颅骨上常见的创伤，如钝器伤、锐器伤、穿刺伤和鼻骨骨折在本文研究样本中均有（见图 1）。颅骨上的创伤类型往往不是单一的，所观察样本中有 4 例个体颅骨上有两种或两种以上类型的创伤。例如 M42：乙，该个体的颅骨上有穿刺伤、钝器伤及鼻骨骨折共计 8 处创伤，头部左侧有 4 处，右侧 4 处，其中两处创伤是在一处已经愈合的创伤基础上又击打过两次（见图 2）。

有颅骨损伤的男性个体中，5 例颅骨创伤是致命的，其中 4 例受到两次或两次以上的击打，创口周围几乎未见有愈合迹象。而女性个体中，3 例个

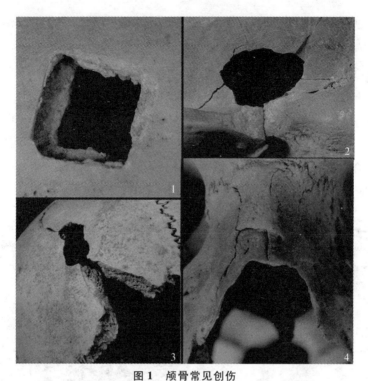

图 1 颅骨常见创伤

1. 穿刺伤 2. 钝器伤 3. 锐器伤 4. 鼻骨骨折

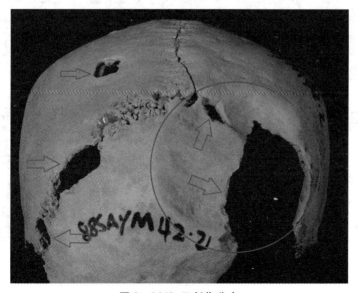

图 2 M42 : 乙创伤分布

体头部骨折是致命的，未见愈合迹象；3 例为较轻微的创伤，更像是意外事故造成的颅骨损伤；仅 1 例个体头部受多次击打。

14 例个体中有 9 例个体颅骨创伤在头部左侧，2 例在右侧，3 例双侧均有。

通过观察，发现有 6 例个体的头部创伤已经愈合或者部分愈合，骨折线清晰可见（见图 3）。就已经愈合的创伤来说，创口周围的骨骼未见骨折并发症，例如骨膜炎或者骨髓炎。创伤部位愈合的骨折线清晰可见，并且没有完全复位愈合，这就当时的物质生活条件来说可以理解，因为复位愈合的基础是需要有精确的外科手术，即便现代社会对颅骨骨折的治疗也不是轻而易举的。

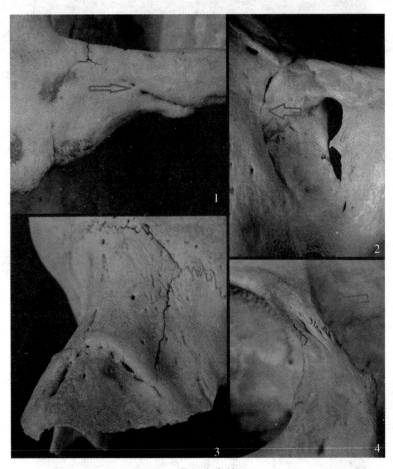

图 3　骨折愈合情况

1. 左侧颧骨骨折　2. 左侧眶下上颌骨骨折　3. 左侧鼻骨骨折　4. 左侧眶外额骨骨折

三　结论与讨论

对于新疆鄯善洋海墓地青铜至早期铁器时代居民的颅骨创伤研究发现：

1. 创伤均见于成年个体，未成年个体没有发现创伤；发现有创伤的成年个体中，年龄分布集中在壮年期与中年期，男女两性创伤出现率无明显差异（7∶6）。

2. 头部有创伤的个体，占总数的 23%，这一比例远高于新疆伊犁吉林台墓群的 10.66%（n = 263）和尉犁营盘 18%（n = 50）。[1]

3. 头部创伤出现率高于农耕、游牧混合经济类型居民（2%）和农耕经济类型居民（10%）[2]。

通常来说，人口数量的增加伴随着资源的争夺，这也导致了人群间的打斗与战争。环境因素会影响到个人或者人群，那么可以说环境因素制造创伤，同时治疗措施的产生也在一定程度上缓解环境因素所带来的"创伤"。不同人群或者文化的交界地，对于创伤的观察十分有意义。例如 Walker[3] 对于南加利福尼亚史前人群的研究，结果表明居住在北部海峡岛屿上的居民已经完全愈合的压迫性骨折出现率为 18.56%，而居住在陆地上靠近海岸线的居民颅骨创伤出现率却为 7.5%。两地居民创伤的显著性差异可能暗示了岛屿居民对于资源的争夺比大陆居民更为激烈。此外在岛屿上的史前居民的颅骨创伤从早期到晚期有明显增加的趋势，这种时间上的差异性可能与人口的增长和环境的不稳定性有关。

洋海墓地青铜时代居民较高的颅骨创伤率或许与这一组古代居民所处的地理位置有关。吐鲁番盆地位于新疆东部，东与哈密盆地相接，西、北及西南被天山山脉围绕。无论是青铜时代基于考古学的研究成果还是汉代张骞通西域后的文献记载，都证明了吐鲁番盆地是不同文化交流的必经之所。吐鲁

---

[1]　数据为笔者自己统计结果。

[2]　Jacqueline Trey Eng. Nomadic Pastoralists and the Chinese Empire: A Bioarchaeological Study of China's Northern Frontier, PhD Dissertation 2007, 152 – 160.

[3]　Walker, P. L. Cranial injuries as evidence of violence in prehistoric Southern California. Am. J. Phys. Anthrop. 1989, 80: 313 – 323.

番盆地为一处封闭的凹地，中心区有艾丁湖。盆地内多为荒漠戈壁，在湖滨及靠近河流的山口地带形成绿洲。从考古发掘的情况看，青铜文化遗址多位于绿洲环境之中。[①] 理想的栖息之所与周边恶劣的环境形成鲜明对比，加之周围繁荣的青铜文化，这样的文化生态环境系统或许可以解释人群之间的交流与冲突，即造成洋海墓地居民较高的颅骨创伤率的原因。

颅骨骨折的类型取决于创伤的方向、作用力、产生的时间长短、累及位置、面积、形状及武器的杀伤力。每个骨折都可能是由直接（如头后部的打击）或间接（从高处跌落而导致的颅骨骨折）打击而造成[②]。直接打击为蓄意攻击的暴力行为，间接打击为意外事故，所以观察颅骨骨折时，确定骨折为直接打击还是间接打击最为关键。因为创伤模式与居民的生产和生活方式是息息相关的。

古代人群中常可见颅骨创伤，通常是由于与对手面对面近距离打斗造成，伤口或者创面一般在额骨和顶骨上。研究表明，世界上90%的人习惯使用右手[③]。习惯使用右手的攻击者与受害者面对面近距离格斗时，攻击者发力可以导致受害者头骨左侧受创，这或许暗示了为什么洋海墓地中受伤部位多在头部的左侧。颅后枕骨创伤说明保留下来的骨骼遗存属于战斗中的溃败方，这一类创伤较少见，本文所研究的样本中发现有4例。面部创伤说明对受害者施加的打击是蓄意要对颅骨造成最大程度的伤害，这一类创伤也较少见。

如果骨折是由直接打击造成的，那么击打的器具或者武器必然会在骨骼上留有痕迹。对创伤的观察会为研究者提供一些武器的使用信息。例如，图4中出现的穿刺伤，根据创伤的位置、面积（11mm×11mm）、作用力方向及创口处骨骼的形态，推测这种创伤应该为近距离、低速、尖锐的兵器所致。图5中，该个体颅骨左侧的两处创伤创口周围放射性的骨折线清晰可

① 水涛：《新疆青铜时代诸文化的比较研究——附论早期中西文化交流的历史进程》，载水涛著《中国西北地区青铜时代考古论集》，科学出版社，2001，第1~49页。

② Merbs, C. F. "Trauma," in M. Y. Iscan and K. A. R. Kennedy, eds., *Reconstruction of Life from the Skeleton* (New York, Alan Liss, 1989), pp. 161-189.

③ Coren, S. and Porac, C. "Fifty Centuries of Right Handedness: the Historical Record," *Science*, 1977, 198: 632-633.

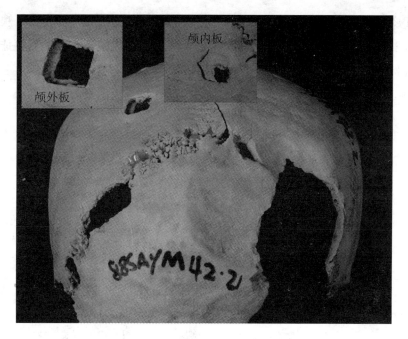

图 4 M42：乙创伤处颅外板与颅内板形态

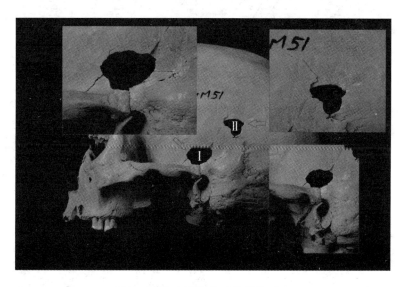

图 5 M51 由钝器造成的创伤形态

见，其中创伤Ⅰ处一条骨骼线自创口处向下延伸至颅底的颈静脉孔和颈动脉孔处，因此可能由近距离、低速、钝器所致，且击打力量较大。鉴于目前缺少实验考古的支持，我们无法确认武器留在创伤处的痕迹差异。但是根据出土武器的比对，笔者推测铜斧一类的武器可能会造成锐器伤，砺石可能是造成钝器伤的武器，造成穿刺伤的武器可能与墓地采集的啄戈有一定关系（见图6）。考虑到墓葬中出土的随葬品仅为日常生活用具的一少部分，那么

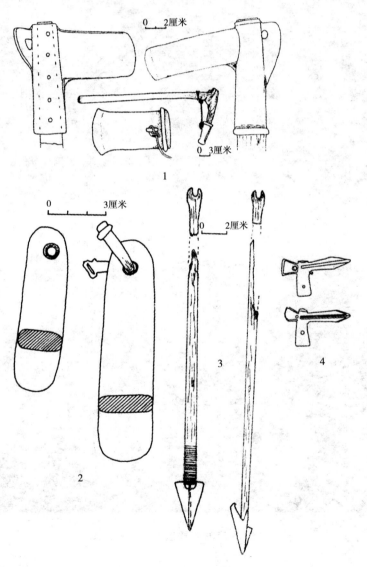

图 6　洋海墓地出土武器

1. 铜斧　2. 砺石　3. 箭　4. 啄戈

日后材料的不断丰富或许能为我们提供更多关于武器使用方面的信息。另外，考虑到洋海古代居民的创伤为群体暴力行为所致，那么对于造成此类创伤的攻击型武器的寻找不应仅局限在洋海墓地内，应该在更大的范围内寻找，例如同属苏贝希文化的其他遗址中①，或者与苏贝希文化有互动关系的其他文化的遗址中。

本文所研究的样本中颅骨创伤在男女两性中均有出现，且集中在30～50岁之间，考虑到古代文献记载和现代民族学资料，女性与中老年个体极少主动参与群体暴力行为。结合样本中所体现的创伤模式，笔者推测这一组古代居民为被动参与群体暴力行为。被动参与暴力行为可能意味着，这一组古代居民是在保卫自己的领地或者所占有的某种资源。

致谢：用于本文研究的人骨标本承蒙新疆考古文物考古研究所提供，写作过程中得到了吉林大学边疆考古研究中心 Christine. Lee 博士的指导，并提供相关的英文文献，本文图版制作得到吉林大学文学院文物应用技术实验室林雪川老师的热心帮助，作者在此谨致谢忱。

（原文发表在《边疆考古研究》第 8 辑，科学出版社，2009，第 325～335 页）

---

① 邵会秋的博士学位论文《新疆史前时期文化格局的演进及其周临地区文化的关系》中将苏贝希文化划分为四个类型：阿拉沟类型、柴窝堡类型、四道沟上层类型和洋海类型。见吉林大学博士学位论文，2007，第 71～90 页。

匈奴墓葬出土铜镜及毁镜习俗源流考

◎ 马利清

蒙古和外贝加尔地区的匈奴墓已发掘近千座，其时代主要为公元前 2 世纪~公元 1 世纪，约当西汉中晚期到东汉前期，而断代的主要依据是随葬的来自中原的文物，如铜镜、钱币、丝织品和漆器、铁器等。其中铜镜的出土比较多见，并不仅限于贵族墓，普通的平民墓也多有出土，而无论贫富贵贱，随葬铜镜几乎全部都是残片，这就不是一种偶然现象了。如有的铜镜出土时与其他梳妆用具一起放在精美完好的锦匣中，但铜镜却是残破的；有的一座墓中出土 2 片不同的铜镜残片，很明显是下葬前有意打碎的。据记载，在巴颜 – 乌德勒城址还曾发现 1 件铜镜当中刺有一把金属利器[1]，显然是用来毁坏铜镜的用具。匈奴墓葬中的毁镜习俗引起了人们的极大兴趣，学者们普遍认为其蕴含着某种特殊的宗教意义，是在宗教仪式上使用的法器[2]。已出土的这类铜镜资料主要有：俄罗斯伊利莫瓦谷地匈奴墓 M3、M38 出土汉代日光连弧纹镜、四乳四虺纹镜以及四乳四神纹镜等，该墓地时代大约为公元前 1 ~ 公元 1 世纪（西汉晚期到东汉前期）[3]；其北 6 公里处的切列姆霍夫

---

[1] I. V. 菲利波娃：《铜镜在匈奴宗教仪式中的作用》，郑文译，《文博》2007 年第 2 期。

[2] I. V. 菲利波娃：《铜镜在匈奴宗教仪式中的作用》，郑文译，《文博》2007 年第 2 期。

[3] 塔里克 – 格林采维奇：《伊利莫瓦谷地苏吉史前墓地》，《俄罗斯地理协会阿穆尔分部特罗依茨克 – 萨夫斯克分会著作集》，1898 年第 1 卷第 2 期；索斯诺夫斯基：《伊利莫瓦谷地的发掘》，《苏联考古学》1946 年第 8 期；米尼亚耶夫：《德列斯图依墓地》，俄罗斯科学院出版社，1998，第 74 页。

墓地已发掘 20 座墓葬，出土多片不同的规矩镜残片，亦未发现完整器①；德列斯图依墓地出土规矩镜残片，年代约为公元前 2 ~ 公元 1 世纪②；位于外贝加尔地区德日进河边的巴颜 - 乌德勒城内房址中发现有西汉晚期的日有熹镜残片③；恰克图地区的布尔冬墓地出土汉代铜镜残片④；沙拉戈尔墓地出土铜镜残片⑤；苏吉墓地出土的残镜⑥；都列尼聚落遗址也出土一小段铜镜残缘⑦；艾赫尔墓地出土规矩镜、连弧纹镜和四乳禽兽纹镜残片⑧；图瓦地区许多墓葬中都发现铜镜的碎片（常放在一丝绸套中），大部分属于公元前 1 世纪或更晚时期。其中有 1 件残镜与小剪刀、小镊子等梳妆用具一起装在制作精美的锦匣中。⑨ 此外，在俄罗斯外贝加尔地区布里亚特共和国的乌兰乌德市西南 16 公里的伊沃尔加城址，是分布最北的匈奴遗存，城内发现 8 片战国晚期至西汉中期铜镜残片，包括典型的秦式弦纹镜以及西汉时期流行的连弧纹镜、草叶纹镜等。主要遗存在西汉中晚期，但发掘者达维多娃则认为伊沃尔加城的年代最早可推溯至公元前 3 世纪末。⑩ 蒙古人民共和国境

---

① 马莫洛娃、图古多夫：《切列姆霍夫山谷的匈奴墓地的发掘》，《布里亚特综合科学研究所考古学文集》，1959，第一卷；克诺瓦洛夫：《外贝加尔的匈奴》，布里亚特出版社，1976，第 81 ~ 134 页；达维多娃：《伊沃尔加遗址群（城址和墓地）——外贝加尔匈奴遗存》，《匈牙利科学院考古学报》1968 年第 20 卷，第 209 ~ 245 页。

② 米尼亚耶夫：《德列斯图依墓地》，俄罗斯科学院出版社，1998，第 78 ~ 84 页；科诺瓦洛夫：《外贝加尔的匈奴》，第 81 ~ 134 页；鲁金科：《匈奴文化与诺音乌拉巨冢》，苏联科学院出版社，1962，第 92 页。

③ 达尼罗夫、热沃罗恩科娃：《巴颜 - 乌德勒城——外贝加尔的新的匈奴遗存》，《外贝加尔的青铜时代和早期铁器时代的文化和遗存》，布里亚特出版社，1995，第 26 ~ 36 页；达尼罗夫：《在布里亚特共和国德日进地区的匈奴城址巴颜 - 乌德勒的发掘》，《远东和中央亚洲的考古学和民族学》，苏联科学出版社新西伯利亚分社，1989，第 111 ~ 114 页；达尼罗夫、费鲁波娃、阿莫格洛诺夫：《匈奴的防御性建筑（新材料）》，《西伯利亚及邻近地区的考古学和人类学问题》第六卷，苏联科学出版社新西伯利亚分社，2000，第 277 ~ 281 页。

④ 科诺瓦洛夫：《外贝加尔的匈奴》，第 81 ~ 134 页。

⑤ 科诺瓦洛夫：《匈奴研究的若干总结及任务》，《蒙古古代文化》，苏联科学出版社新西伯利亚分社，1985，第 88 页。

⑥ 鲁金科：《匈奴文化与诺音乌拉巨冢》，第 92 页。

⑦ 达维多娃、米尼亚耶夫：《都列尼村附近的考古遗存》，俄罗斯科学院出版社，2003，附图 14，第 21 图。

⑧ 科诺瓦洛夫：《外贝加尔的匈奴》，第 81 ~ 134 页。

⑨ 斯塔姆布里尼克：《图瓦匈奴——萨尔马泰时期的新遗迹》，《欧亚草原的古代文化》，列宁格勒科学出版社，1983，第 34 ~ 41 页。

⑩ 达维多娃：《伊沃尔加城》，圣彼得堡东方学中心出版社，1995，第 59 ~ 62 页。

内的诺音乌拉匈奴贵族墓 M6 甬道内、M25 椁室东北角分别出土 1 件青铜镜
残片，乌兰巴托西南约 120 公里的莫林·托勒盖墓葬棺底北部偏西出土 1 片
四神规矩镜残片[①]；呼尼河畔的高勒毛都墓地出土规矩镜残片[②]；地处前杭
爱省巴格特地区都特谷地的台布希乌拉墓地也出土铜镜[③]；位于乌布苏省北
部乌兰固木山脉昌德曼山的昌德曼乌拉墓地出土铜镜残片[④]；和硕柴达木墓
地一座双人合葬墓随葬有汉代铜镜残片[⑤]，额金河流域 I 号墓地也出土有铜
镜残片[⑥]。以上出土的铜镜除个别较早外，基本都属于汉代铜镜，数量大约
有 20 余片。

　　中国境内发现的匈奴墓葬也同样存在这种毁镜习俗，如新疆哈密市东庙
尔沟墓地出土的铜镜残片为铜锡铅合金制成，锡含量和中国内地战国后期铜
镜合金成分相似。石砌墓在哈密的出现似在西汉时期（公元前 2 ~ 公元 1 世
纪），与匈奴向西域的扩张密切相关[⑦]；伊克昭盟东胜市补洞沟墓地出土半
面四神规矩镜[⑧]；准格尔旗大饭铺墓地附近采集 3 片铜镜残片[⑨]；新疆和静

---

① 韩国国立中央博物馆、蒙古国立历史博物馆和蒙古科学院历史研究所：《蒙古莫林·托勒盖
　　古墓》，2001。转引自李学勤《蒙古新发掘匈奴墓所出汉镜》，《中国文物报》2003 年 9 月
　　26 日第 7 版。

② 道尔吉苏荣：《呼尼河畔诺音乌拉匈奴墓的发掘》，《蒙古考古学论文集》，苏联科学院出版
　　社，1962，第 36 ~ 44 页；道尔吉苏荣：《1961 年哈达尔地区诺音乌拉的发掘》，1962；策
　　温道尔吉：《匈奴考古的新资料》，《蒙古古代文化》，苏联科学出版社新西伯利亚分社，
　　1985，第 51 ~ 87 页；迈达尔：《蒙古历史文化遗存》，莫斯科，思想出版社，1981；陈弘法
　　译文载《文物考古参考资料》第六期，内蒙古自治区文物工作队编印，1984，第 65 ~ 113
　　页。

③ 科诺瓦洛夫：《外贝加尔的匈奴》，第 81 ~ 134 页；策温道尔吉：《匈奴考古的新资料》，
　　《蒙古古代文化》，苏联科学出版社新西伯利亚分社，1985，第 51 ~ 87 页。

④ 策温道尔吉：《匈奴考古的新资料》，《蒙古古代文化》，苏联科学出版社新西伯利亚分社，
　　1985，第 51 ~ 87 页。

⑤ 诺古多娃：《古代历史问题与考古发现》，《世界社会科学》，苏联科学院出版社，1977，第
　　28 ~ 30 页。

⑥ 谬瑞等：《考古出土的匈奴人下颌骨》，《古代》第 74 册 285 号，2001 年 9 月，第 531 ~ 536
　　页。

⑦ 刘国瑞等：《哈密文物志》，新疆人民出版社，1993，第 153 ~ 154 页；梅建军、刘国瑞、常
　　喜恩：《新疆东部地区出土早期铜器的初步分析和研究》，《西域研究》2002 年第 2 期。

⑧ 伊克昭盟文物工作站：《伊克昭盟补洞沟匈奴墓地清理简报》，《内蒙古文物考古》创刊号，
　　1981。

⑨ 内蒙古文物考古研究所、伊克昭盟文物工作站：《内蒙古准格尔煤田黑岱沟矿区文物普查述
　　要》，《考古》1990 年第 1 期。

县察吾乎沟口三号墓地出土规矩纹铜镜残片，属于东汉前期①；青海大通上孙家寨墓地乙区 M1 出土有 1 件完好的连弧纹铜镜和 1 片残镜，年代为公元 2 世纪，即东汉末期。②

综上，匈奴遗存出土的铜镜种类有：弦纹镜、联弧纹、四叶纹、星云纹、凤鸟纹、草叶纹、规矩镜、四乳四螭纹、四乳禽兽纹、日光镜、日有熹镜等，以两汉时期流行的铜镜为主。而伊沃尔加城出土的 1 片战国晚期至秦代中原流行的凸弦纹镜是迄今所知匈奴境内出土的最早的铜镜，铜镜在匈奴境内从一开始出现即与毁镜现象相伴随，直到匈奴分裂，西迁的北匈奴到达新疆仍然沿袭这一习俗，而东汉以后中国境内南匈奴墓中仅见补洞沟和上孙家寨两处墓葬出土铜镜，西安北郊岗寨村 M13 东汉中晚期墓葬③出土铁镜，更多的墓葬不出土铜镜。而其中东汉晚期的上孙家寨南匈奴墓出土的 2 件铜镜中，一件为残片，另一件则完好无损，毁镜的习俗似乎逐渐被摒弃。如此看来，毁镜习俗似乎主要流行于秦汉时期的匈奴帝国，公元 2 世纪以后在南匈奴中开始衰落，之后这种习俗随着鲜卑人占据匈奴故地，在公元 2 世纪下半叶到 3 世纪的鲜卑墓葬中继续流行，在公元 4 世纪以后也随着鲜卑的南迁中原而消失。可见鲜卑的毁镜习俗是从匈奴中来的，那么匈奴的毁镜习俗又从何处而来？

从匈奴墓葬出土的铜镜种类看，基本以两汉时期的铜镜为主，故有的学者简单地得出结论：匈奴的毁镜习俗源于汉朝④。的确，匈奴遗存出土铜镜资料均来自中原，匈奴自己似乎并不产镜，镜与毁镜现象显然并非出自本土。但问题是汉朝是否盛行毁镜习俗？根据笔者对秦汉铜镜出土情况的粗略统计，汉代铜镜数量巨大，已成为普通百姓的日常生活用具，然其铜镜的残损比例却较之前的秦人要小得多，且大多只是破裂，残而不缺，可以破镜重

---

① 中国社会科学院考古研究所新疆队、新疆巴音郭楞蒙古族自治州文管所：《新疆和静县察吾乎沟三号墓地发掘简报》，《考古》1990 年第 10 期；新疆文物考古研究所王明哲主编《新疆察吾乎》，东方出版社，1999，第 253～271 页、第 408 页三号墓地墓葬登记表。

② 青海省文物管理处考古队：《青海大通上孙家寨的匈奴墓》，《文物》1979 年第 4 期；青海省文物考古研究所：《上孙家寨汉晋墓》，文物出版社，1993，第 131～154 页。

③ 陕西省考古研究所：《西安北郊一号工程Ⅲ区 13 号墓发掘简报》，《考古与文物》2002 年第 1 期。

④ 鲁金科：《匈奴文化与诺音乌拉巨冢》，第 92 页。

圆、复原完好。以《西安龙首原汉墓》为例①，发掘的 42 座墓 90% 以上被盗扰，出土的 14 面铜镜中凡有残缺者均受过盗扰，而未被盗的墓葬所出的铜镜或者完好或仅有裂纹，残而不缺，可以完好复原。这说明一些汉镜残损的原因可能是受到盗墓者的砸毁扰动或压塌所致，另外也不排除其中部分可能为埋葬过程中环境原因、自然锈蚀所致，真正可以认为是有意毁坏的情况凤毛麟角。尤其到东汉时期，几乎很少见到残损的铜镜，即便有人为地毁镜，也是近于尾声了。故认为毁镜来源于汉的观点显然是值得考虑的。《长安汉墓》统计 82 面铜镜中仅有 5 面残损严重，② 所占比例为 6%。由于作者没有统计其他残损较轻或可复原者，所以这一数据或不足信。在这一点上，《长安汉镜》的统计则十分详细，或可提供一定的参照。《长安汉镜》统计西安出土的 336 面铜镜中（其中 35 面确定为秦镜，仅见 1 面完整）③，301 面为汉镜，有不同程度的残损的（包括可复原者）共 107 面，占总数的 32%，其中西汉时期残镜 81 面，占残镜总数的 76%，东汉以后仅发现 22 面残镜，占总数的 20%，另有 4 面残镜缺损严重无法断代。另据《西安北郊秦汉墓出土铜镜》统计，500 余座战国秦汉墓（其中主要是汉代）出土的 114 面铜镜，完整的有 81 面④，残损率约占 29%，这一比例大致与《长安汉镜》统计数据相当。

而值得注意的是，使用铜镜尚不普及的秦人毁坏铜镜的现象却普遍存在。相对而言，秦墓随葬铜镜者数量不足墓葬总数的 10%，而铜镜的残损比例普遍达到 90% 以上，一些墓地甚至高达 100%。如 1996～2000 年西安出土 35 面铜镜中仅见 1 面完整者，西安半坡出土 5 面皆为残镜，咸阳黄家沟出土 6 面均残损，西安北郊秦墓出土的 12 面均残破，西安南郊茅坡出土的 14 件中仅 2 件完整，其余均有不同程度的残损，南郊潘家庄出土的 16 面铜镜中 3 件完整，北郊尤家庄出土的 16 面铜镜中也仅 1 面完整，其他铜镜的出土情况也基本相似。秦镜的破碎和残缺现象与汉代不同，不仅比例高，大多数秦镜出土时不仅是残，而且缺，甚至仅有碎片，完全无法复原。包括

---

① 韩保全、程林泉、韩国河：《西安龙首原汉墓》，西北大学出版社，1999。

② 程林泉、韩国河、张祥宇：《长安汉墓》，陕西人民出版社，2004，第 796 页。

③ 程林泉、韩国河：《长安汉镜》，陕西人民出版社，2002，第 180～289 页。

④ 岳连建：《西安北郊秦汉墓出土铜镜》，《南都学坛》2004 年第 3 期。

一些质地精良的铜镜也同样残损,西安茅坡邮电学院 M104 随葬的 1 面铜镜分为三片残片,分别放置在墓主人的头侧和腰部①,此墓未经盗扰,显然铜镜是在下葬前有意打碎且分别放置的。这说明秦镜的残损至少不完全是由于物理原因导致,其中很可能有人为地破坏。以尤家庄秦墓出土的 16 面铜镜为例,其中 10 面以上均无法完整复原,而值得注意的是这些既残又缺的铜镜所出的墓葬都未经盗扰,所以可以排除被盗扰的原因。笔者统计和比较了同时期各地出土的同类质地的秦镜发现,在秦人核心分布区,不仅典型的秦式弦纹镜出土时是残损的,即使是质地较好的外来镜式,在关中一带秦人墓中也遭到了同样的命运;而在秦人核心区以外,同时期的湖北、湖南等地发现的铜镜则大多完整,不仅是自身传统的楚式镜完整,包括流入的与秦人腹地同样形制和质地的弦纹镜等出土时亦多完整。河南地区原属魏地,受秦文化影响较深的北部地区毁镜现象较多,而受楚文化控制的南部地区毁镜现象几乎不见,屈肢葬的秦人墓葬毁镜现象就常见,其他墓葬则少见,被毁的铜镜以秦式弦纹镜多见而其他镜式少见。只有陕西境内以关中为中心的秦人腹地的墓葬中出土铜镜基本都是残损的,这说明铜镜残损的原因与其质地好坏并没有必然的联系,却似乎与分布地域和民族习俗有密切关系。通过与同时期墓葬出土铜镜的分析比较,可以明显看到这一规律:毁镜现象普遍见于秦人及秦人占据的受秦文化影响强烈的墓葬,是秦人特有的一种丧葬习俗。

战国晚期至秦代,秦人作为六国中比较后进的制造和使用铜镜者,其墓葬随葬铜镜的数量开始不断增加,虽比起楚国等依然是远远落后的,更无法与汉代的普及程度相比,但铜镜已逐渐从无到有,至战国晚期晚段以后逐渐参与到约 10% 的平民墓葬的随葬品当中来,其中陕西境内出土铜镜数量较为集中的墓葬有:西安市北郊尤家庄及其附近的 197 座中小型秦墓,共出土铜镜16 面,② 咸阳塔尔坡 381 座秦墓出土铜镜 25 面,③ 任家嘴秦墓 242 座秦墓出土 2 面,但报告中所附墓葬打破关系表中另见 M257 还登记有一面铜镜残片,④

---

① 西安市文物保护考古研究所:《西安南郊秦墓》,陕西人民出版社,2004,第 281 ~ 282 页。
② 陕西省考古研究院:《西安尤家庄秦墓》,陕西科学技术出版社,2008,第 263 页。
③ 咸阳市文物考古研究所:《塔尔坡秦墓》,三秦出版社,1998,第 136 ~ 137 页。
④ 咸阳市文物考古研究所:《任家咀秦墓》,科学出版社,2005,第 244 页。

西安北郊 119 座秦墓共出土 12 面，① 西安南郊茅坡光华胶鞋厂 93 座秦墓出土 2 面，茅坡邮电学院 162 座秦墓出土 12 面，潘家庄世纪星城 62 座墓出土 16 面。② 《长安汉镜》公布西安 1988～2001 年发掘战国晚期至秦汉时期 1100 余座墓出土铜镜 336 面，其中秦镜 35 面，③ 1978 年陕西凤翔南指挥村秦公 1 号大墓出土 2 面镜④，凤翔高庄 46 座秦墓出土铜镜 4 面⑤，陕西凤翔西村 42 座战国秦墓出土铜镜 1 面，⑥ 西安半坡 112 座战国墓出土铜镜 5 面，⑦ 临潼上焦村秦墓出土 1 面，⑧ 西安西北林学院古墓出土 1 面，⑨ 1975 年咸阳黄家沟战国墓出土 6 面，⑩ 咸阳市杨陵区秦汉墓地出土 1 面，⑪ 陇县店子 224 座秦墓出土 3 面等。⑫ 至少到战国晚期晚段已发现相当数量的铜镜，足以使铜镜能够参与到社会生活和丧葬习俗中，而不是稀有的偶发现象。但秦镜数量比起同时期的楚国和以后的两汉显然还算得上是较为珍贵的物品，没有多到成为普通日常生活用品的程度，如同汉镜那样不再被珍视，失去了特殊的意义。正因为秦镜相对稀缺，在颇为珍贵的条件下才可能被人们赋予特定的宗教文化内涵，而在丧葬仪式中发挥重要的作用。且秦人与匈奴往来密切，对匈奴文化具有强大的影响力，这种影响不仅在表层的物质经济层面，还深入深层的技术层面和精神层面，包括丧葬习俗。反映这方面文化交流的实物很多，而最意味深长的是匈奴境内出土的毁镜实物证据也可追溯到战国晚期秦时，即伊沃尔加城出土的 1 片战国晚期至秦代中原流行的双细凸弦纹镜，正是典型的秦式镜。

汉朝固然对匈奴造成了巨大的影响，但"秦人"对匈奴的深刻影响也

---

① 陕西省考古研究所：《西安北郊秦墓》，三秦出版社，2006，第 280 页。
② 西安市文物保护考古研究所：《西安南郊秦墓》，第 132、325 页、691 页。
③ 程林泉、韩国河：《长安汉镜》，第 27 页。
④ 杨谨：《秦镜与秦人的宗教信仰》，《秦文化论丛》第十二辑，三秦出版社，2005，第 159～173 页。
⑤ 吴镇烽、尚志儒：《陕西凤翔高庄秦墓地发掘简报》，《考古与文物》1981 年第 1 期。
⑥ 李自智、尚志儒：《陕西凤翔西村战国秦墓发掘简报》，《考古与文物》1986 年第 1 期。
⑦ 金学山：《西安半坡的战国墓葬》，《考古学报》1957 年第 3 期。
⑧ 秦俑考古队：《临潼上焦村秦墓清理简报》，《考古与文物》1980 年第 2 期。
⑨ 咸阳市文管会：《西北林学院古墓清理简报》，《考古与文物》1992 年第 3 期。
⑩ 秦都咸阳考古队：《咸阳黄家沟战国墓发掘简报》，《考古与文物》1982 年第 6 期。
⑪ 孙德润、贺雅宜：《咸阳市杨陵区秦汉墓清理简报》，《考古与文物》1996 年第 2 期。
⑫ 陕西省考古研究所：《陇西店子秦墓》，三秦出版社，1998，第 107 页。

不容忽视。《汉书·匈奴传》记载，匈奴壶衍鞮单于时期，"卫律为单于谋：'穿井筑城，治楼以藏谷，与秦人守之'"，此语所蕴含的深刻涵义值得解读。颜师古注"秦时有人亡入匈奴者，今其子孙尚号秦人"，卫律曾打算让这些秦人修城筑楼，守卫之。可知这些人的数量不在少数，卫律这段话所述之事发生的时间是壶衍鞮单于立后二年（公元前84年），当时已是西汉昭帝始元三年，距离秦代已经一个多世纪，在此期间被掳掠、俘获、逃亡以及其他各种原因到匈奴生活的汉人应该已为数不少，汉前期屡有和亲、遣使、劫掠边民的记载，更有多处记载许多汉族边人奴婢"闻匈奴中乐"而自愿逃奔匈奴去的，还有因在匈奴有亲戚而投奔匈奴的，也有在中原无法生活下去的"盗贼""群辈"亡走匈奴的。汉元帝时习边事的郎中侯应列举十条不可拆毁边塞的理由，其中五六条都是关于防止汉人、属国人民和奴隶逃出塞外的，这从侧面告诉我们，逃亡匈奴的汉人数量不少。由此推测，西汉中期以后，生活在匈奴的中原人应以汉朝人为主，他们和"秦人"后裔在面貌、语言、定居的生活习惯、擅长穿井治楼以及修城守城上应该没有差别，甚或比那些在匈奴生活了几代的秦人更精通打井筑城守城。匈奴单于既没必要也不太可能分得清楚秦人与汉人的差异，却固称其为秦人，可见这里所谓的"秦人"不可能是狭义的秦国和秦朝人，而更可能是一种泛称。匈奴已发现的20余座城址均与汉代文物伴出，在诺音乌拉匈奴贵族墓和伊沃尔加等其他建筑遗址中发现大量的出自汉工匠之手、仿汉式的铜铁器和建筑材料，都说明这些汉人与秦人一样，在匈奴同样被用来筑城、守城。"与秦人守之"不可能不包括汉人，其次还可能包括战国以来与匈奴为邻的燕赵之人，因为从战国末期有史记载以来，常遭匈奴劫掠的绝不仅仅是秦，所谓冠带战国七，其三边于匈奴。燕、赵都与匈奴有密切的接触，赵武灵王胡服骑射，深入胡地，燕国也不乏进入匈奴者，燕将秦开就曾为质于匈奴，然匈奴人对入境的中原人既不称"赵"也不称"燕"，更不称"汉"，而是称"秦"。可见秦人在匈奴人心目中打下的烙印之深。而匈奴与秦的关系令人印象最为深刻的就是秦曾两次将匈奴打败，两度将其赶出河南地。战国末期第一个单于头曼因为不胜秦，被迫撤回漠北；秦时蒙恬的30万大军再次迫使匈奴退出长城以南。

整个汉代，匈奴人频繁地与汉人发生争斗、和亲、纳贡、互派使者，往来书信不断，他们并不是桃花源中人，所以并非"不知有汉"，却仍然顽固地以"秦人"泛指汉人，可见匈奴受秦人和秦文化影响的根深蒂固。从早期匈奴墓葬中存在的大量秦文化因素亦可佐证秦对匈奴的巨大影响，如内蒙古西沟畔 M2 出土的 9 件金银器上有汉字刻款，2 件金饰牌背面分别刻"一斤五两四朱少半""一斤二两廿朱少半"和"故寺豕虎三"等，7 件银虎头上有"少府二两十四朱"等秦小篆铭文，① 从计量单位到文字风格都显示出受秦的强烈影响，甚至就是秦人制造，而西安郊区战国晚期秦墓出土的 5 件鄂尔多斯式饰牌的陶范更为这一结论增添了证据②。一些学者认为匈奴唯一的大型青铜容器——镂也是最早出自于西周晚期到春秋早期的秦人之手。③在这一背景之下，匈奴人在引进珍贵之物秦镜的同时，也随之引进了毁镜陪葬的习俗，这也不难解释。

迄今发现的漠北地区匈奴帝国时期墓葬出土的铜镜均为残片，无一完整，但在青海大通上孙家寨乙区东汉晚期南匈奴墓 M1 出土的 2 件铜镜中，其中有 1 件完整器、1 件残片，这说明匈奴中十分流行的毁镜习俗到南匈奴归汉以后随着与汉文化的融合而逐渐松动了。虽然匈奴墓所出铜镜都是来自中原地区，但毁镜的习俗很可能来自秦，而非汉，伊沃尔加城址中出土的典型的秦镜残片就直接说明了这一点。在与匈奴接触密切的中原王朝中，只有秦人具有毁镜的习俗，汉代的少量毁镜现象很可能只是秦人毁镜习俗的遗留，仅在关中秦人后裔中一定时期内尚有延续。东汉时期已经基本消失，所以降汉的南匈奴人也受其影响，沿袭了数百年的毁镜习俗逐渐废弃了。

然秦人并不是唯一具有毁镜习俗的民族，也绝非匈奴毁镜习俗的唯一渊源。从考古资料看，毁镜习俗在中原的流行主要是在战国晚期到秦统一的一段时间，秦人的毁镜习俗在战国晚期以前似乎并不盛行，迄今所见秦镜中最早的属 1978 年凤翔南指挥村秦公 1 号大墓出土的 1 面素面镜和 1 面蟠虺纹

---

① 伊克昭盟文物工作站、内蒙古文物工作队：《西沟畔匈奴墓》，《考古》1980 年第 7 期。
② 岳连建、张明惠：《西安北郊发掘一座战国晚期铸铜工匠墓》，《中国文物报》2001 年 12 月 7 日第 2 版。
③ 梁云：《试论秦文化与戎狄青铜文化的关系》，《西北大学史学丛刊》4，三秦出版社，2001，第 259 页；史党社：《甘宁地区秦相关文物考察报告》，《秦文化论丛》第八辑，陕西人民出版社，2001，第 440 页。

镜，以及陇县和任家嘴出土的 2 件粟粒纹怪兽铜镜，均为完整器，似乎反映出秦镜最初出现时很少用于随葬或随葬时并不故意毁坏。咸阳黄家沟出土的 6 面铜镜都有不同程度的残损，有的严重残缺，其中 1 面略早，或可早到战国中期，其余大多为战国晚期到秦代，毁镜现象大体流行于此时。汉朝以后，铜镜的制作和使用进入了高峰期，汉墓中随葬铜镜的比例大大增加，铜镜的使用已普及到普通百姓家庭，铜镜不再属于奢侈品，毁镜现象亦渐次减少，仅在一定范围内及特定人群中仍保持这一习俗。如西北医疗设备厂 M2 为西汉早中期墓葬，未经盗扰，但铜镜出土时仅见残片；山东一些汉墓中发现打碎的两半铜镜上下叠压放置，与此可以印证的是烧沟汉墓 M38 属于夫妇合葬墓，随葬铜镜在两个棺中各半，合起来恰为一面完整的镜子。但随着汉代铜镜的普及以及人们对铜镜寄托的情感的世俗化，为"破镜重圆"而毁镜与早期原始的宗教动机或许已经完全不同，这种现象在汉墓和以后历代墓葬中都有零星的发现①，但数量屈指可数，与秦人中的毁器"碎镜"无法比拟，远远不能作为一种葬俗来看待。从秦汉时期中原毁镜习俗的由盛到衰，恰可映射出匈奴毁镜习俗的发展轨迹，从匈奴帝国时期的繁荣到南匈奴的衰落，发展线索基本一致而较中原地区相对滞后，亦可以佐证匈奴的毁镜来自中原，与秦人的毁镜有着密切的关系，至少是匈奴毁镜习俗的渊源之一。而追溯秦人毁镜习俗的渊源很可能来自中亚，秦人在战国晚期以后才开始出现毁镜现象，而在此前，铜镜以及毁镜现象在中国以及世界其他地区已经存在了。

据载，铜镜最早出土于西亚地区伊拉克的基什遗址（约公元前 2900 前 2700 年）、伊朗的苏撒遗址（公元前 2300～前 2200 年），为具柄镜。埃及十一王朝（公元前 2000 年）的古棺浮雕上，也出现妇人持具柄镜妆饰的形象②。中亚和西伯利亚地区在卡拉苏克文化时期（公元前 2000 年末～前 1000 年初）已经大量出土铜镜，阿尔泰地区和图瓦早期游牧文化区域也大量出土一种不同于中国的镜形饰物，一般上端带有环状或动物形状挂钩，而不是中原的钮。有的学者并不认为这是镜，而称之为镜形饰或圆形饰牌，认

---

① 索德浩：《破镜考》，《四川文物》2005 年第 4 期。
② 李泽奉、刘如仲：《铜镜鉴赏与收藏》，吉林科学技术出版社，1994，第 6 页。

为其很可能属于装饰品而非照容的工具。阿尔泰地区斯基泰和萨尔马泰时期就已出现铜镜残片，巴泽雷克文化（公元前 8～前 3 世纪）墓葬还出土过战国中期楚式山字纹镜残片，而出土的具柄镜（或称镜形饰）却多有完整的。塔加尔文化（公元前 7 世纪～前 1 世纪）女性墓大量出土具钮镜，公元前 8 世纪的乌尤克文化以及晚段的乌兰固木文化（公元前 5 世纪～前 3 世纪）同时存在大量的具柄镜和具钮镜。俄罗斯学者 I. V. 菲利波娃在《铜镜在匈奴宗教仪式中的作用》一文中对铜镜打碎的原因进行了探讨，同时提到，在阿尔泰聿斯泰德墓葬中发现有修补的或人为损坏的铜镜。"在聿斯泰德、乌兰德瑞和萨尔马泰以及中亚的一些墓葬中都发现放置在束口的毡袋中的被人为打破的铜镜。"[①] 在约公元前 2 世纪～公元 5 世纪的图瓦扩科尔墓葬，"也发现了许多铜镜碎片，有明显的磨损和穿孔的痕迹，大多放置在靠近尸体头部的位置，也有被放置在木盒中的"。[②] 这些文化遗存有的早于匈奴，有的晚至与匈奴文化同时期，铜镜作为随葬品已比较普及，毁镜现象也早已出现。可见毁镜习俗广泛存在于中亚地区游牧民族中，它们曾对匈奴文化产生过深远的影响，可能亦曾对匈奴的毁镜习俗产生过影响。问题是匈奴人所毁的铜镜似乎都是来自中原的铜镜，未见来自阿尔泰等地的实物，在蒙古匈奴墓葬和内蒙古地区早期匈奴文化遗存中所见的类似阿尔泰地区的具柄铜镜形饰，它们或被当做圆形饰牌或被当做马面饰具，大多完整。匈奴的毁镜对象似乎与之并无直接的关系。但以阿尔泰地区古代文化对匈奴整体文化的巨大影响而论，其毁镜习俗不可能不对匈奴产生影响。匈奴、鲜卑以及更早的巴泽雷克文化墓葬的毁镜对象都是来自中原的铜镜，都是外来的物品，故有的学者提出毁镜的意图是否与瓜分战利品有关？这在民族学上不无先例，对于自身不铸造铜镜的匈奴和鲜卑的毁镜现象似乎也颇能解释得通，但这种观点显然无法解释秦人自毁铜镜的现象，秦墓中的毁镜主要是自己的秦式镜，当然也包括少量外来的楚式镜。所以毁镜的根本原因到底何在，是否存在不同民族和人群之间的差异或者还有其他原因，尚不能解释。

铜镜在中国最早出现于新石器时代晚期的齐家文化尕马台遗址，新疆哈

---

① I. V. 菲利波娃：《铜镜在匈奴宗教仪式中的作用》，郑文译，《文博》2007 年第 2 期。
② I. V. 菲利波娃：《铜镜在匈奴宗教仪式中的作用》，郑文译，《文博》2007 年第 2 期。

密林雅墓地和小河墓地几乎在同一时期也发现大量的铜镜,为圆形板状具钮镜。目前的考古材料逐渐显示出中国境内铜镜的出现很可能是从西亚经西北地区游牧民族传播而来的,上述早期铜镜的出土说明距今约4000年前,西北地区是中国最早的青铜文明中心。[①] 这些早期铜镜出土时往往作为墓主人的服饰品,缀饰于胸前。有的一墓中随葬大小铜镜5件、7件或9件,远远超过照容的需要,一些学者认为这些铜镜的用途与萨满教巫具密切相关,其中也不乏毁镜的现象。现代民族学资料尚存有大量萨满教使用铜镜作为法器和萨满服饰的活的化石,照容的功能并不占主要地位,铜镜作为宗教用具的被选择,最原始和最外在直观的原因恐怕还是在于镜的形状及其反光性能及其与人的密切关系和被珍视的程度。铜镜本身的特点——圆形和发光的性能都可以使人联想到太阳,因此对太阳的原始崇拜决定了铜镜被赋予特殊的象征意义,视死如生的观念使其被带到阴间世界,因而推测"毁镜"可能是下葬过程中某种特殊的宗教仪式的结果。中原地区直到商周时期铜镜的数量一直十分有限,远不及史前的甘青、新疆地区,到战国中晚期崇尚巫祝文化的楚国铜镜发展起来,而地处西方的秦人也逐渐发展出独具特色的弦纹镜系统,其毁镜习俗是否因与西北游牧民族有过密切的接触而产生?如此,则包括早期匈奴人在内的一些民族很可能曾经担任过传播铜镜及毁镜习俗的重要媒介,而随着中原地区秦人制镜技术的进步,铜镜和毁镜习俗又回传到匈奴和阿尔泰地区,巴泽雷克文化和匈奴文化遗址都出土战国中晚期楚镜和秦镜的残片即反映了这一事实。

毁器的古老习俗在北方民族中源远流长,其起源可以追溯到史前时代,匈奴以后的北方民族都继承了毁器这一习俗,契丹人与女真人将毁器称为"抛盏",十分盛行,前苏科尔萨科沃女真墓地"墓中出土的武器大部分都已残毁。如19号墓出土的铁制长刀已经断成三截,三截叠在一起。这清楚地表明,乃是有意弄断的。破刃断尖的刀和矛,打掉底的陶器,以及墓葬常见的碎成两块或更多块的玉石垂饰,也可以说是出于有意弄坏"。[②] 毁器的对象十分多样,而铜镜只是众多被毁对象之一,主要流行于匈奴和鲜卑。在

---

① 刘学堂:《论中国早期铜镜源于西域说》,《新疆师范大学学报》1999年第3期。
② B.B. 叶夫休科夫等:《从考古资料看女真族文化》,转引自王承礼主编《辽金契丹女真史译文集》,吉林文史出版社,1990,第203页。

以扎赉诺尔①为代表的鲜卑墓中出土的铜镜大多残缺不全，如察右后旗三道湾鲜卑墓出土的 11 件铜镜无一完整②，辽宁西沟岔墓地出土的铜镜 77 面，残片占大多数（这座墓地的族属一直存在争议，有认为属于匈奴、鲜卑、乌桓不同观点）③。拓跋鲜卑的毁镜习俗显然是从匈奴人那里学来的。早期鲜卑并没有随葬铜镜的情况，占据匈奴故地以后的公元 2 世纪下半期到 3 世纪上半期，随葬铜镜并毁镜的现象十分常见，可见匈奴十余万落的加入对鲜卑习俗的影响巨大。此后随着鲜卑的南迁，越靠近中原，毁镜的现象越少，到公元 4 世纪北魏建都盛乐以后这种毁镜习俗就鲜见了，到平城、洛阳时期几乎没有发现毁镜的情况，墓葬中几乎不再随葬铜镜，可见这一习俗不是来自汉人。鲜卑毁镜现象几乎重演了匈奴毁镜的发展轨迹。1964 年河北定县佛塔基址出土的一方北魏太和五年的石函中发现 5 片铜镜残片，分属于不同的铜镜，其中 3 片为连弧纹镜、1 片为残存"长"字的铭文镜、1 片四叶纹钮座残片。从石函中所出的 5657 件珍贵文物推断，铜镜应是在放入之前就已经被人为打破了。④ 这应是毁镜习俗的残余，但其文化内涵显然也发生了变化，更多地可能被赋予了佛教方面的意义。所以铜镜的宗教意义以及毁镜所具体包含的观念意识并不一定相同。如察右后旗三道湾 M104 是一座无头墓，发现 1 面铜镜放置在死者缺失的头颅部位，⑤ 很明显具有某种代表亡者的涵义。在信仰万物有灵的先民中，铜镜作为一种具有特殊象征意义的有灵性的东西，"由于它们一般都被认为是有生命的，所以它们也将和死人一样转到死亡"⑥，即打碎继续在另一个世界陪伴主人。此外，据统计拓跋鲜卑墓葬中毁镜现象主要出现在女性墓葬，所见出土铜镜的 27 座鲜卑墓葬中只

---

① 内蒙古文物工作队：《内蒙古扎赉诺尔古墓群发掘简报》，《考古》1961 年第 12 期；王成：《扎赉诺尔圈河古墓清理简报》，《北方文物》1987 年第 3 期；陈凤山、白劲松：《内蒙古扎赉诺尔鲜卑墓》，《内蒙古文物考古》1994 年第 2 期；内蒙古文物考古研究所：《扎赉诺尔古墓群 1986 年清理发掘报告》，《内蒙古文物考古文集》第一辑，中国大百科全书出版社，1994。

② 乌兰察布博物馆：《察右后旗三道湾墓地》，《内蒙古文物考古文集》第一辑，中国大百科全书出版社，1994，第 407～433 页。

③ 孙守道：《"匈奴西岔沟文化"古墓群的发掘》，《文物》1960 年 8、9 合刊。

④ 河北省文物工作队：《河北定县出土北魏石函》，《考古》1966 年第 5 期。

⑤ 乌兰察布博物馆：《察右后旗三道湾墓地》，第 409 页。

⑥ 〔法〕列维·布留尔：《原始思维》，丁由译，商务印书馆，1986，第 314～321 页。

有 2 座可确定为男性独葬墓，① 从其作为梳妆用具的实用角度与女性的联系不难理解，那么是否毁镜现象包括秦人和匈奴的毁镜也普遍与女性有关？这又提示我们去思考毁镜或毁坏其他对象的选择，除了民族、地域、信仰的原因抑或与性别也有某种关联。

本文所使用的俄文资料，除已注明译者外，其余均为孙危、吕恩国先生翻译，特此致谢！

（原文发表于《中央民族大学学报》2009 年第 6 期）

---

① 这一统计结果得自我的研究生李仕同学的习作。包括拉布达林鲜卑墓葬 2、扎赉诺尔古墓群 2、三道湾墓地 11、商都县东大井墓地 4、皮条沟墓葬 1、赵家房村墓葬 5、大同南郊北魏墓群 2。

金陵与畿上塞围

——左云北魏遗存初识

◎ 魏　坚

一　序言

　　北魏是由鲜卑拓跋氏建立的王朝，也是中国历史上第一个入主中原，并把广大的北方草原游牧区和黄河流域传统的农耕区置于同一政权统治之下的北方民族政权。

　　两汉之际，匈奴衰微，拓跋鲜卑便由大兴安岭南下西迁，其间，"山谷高深，九难八阻，于是欲止。有神兽，其形似马，其声类牛，先行导引，历年乃出。始居匈奴之故地"①。拓跋鲜卑自从由大鲜卑山南下进入河套及阴山一带之后，便在檀石槐牙庭的基础上发展壮大起来。神元三十九年（258年），首领拓跋力微曾以盛乐为中心，组织过一个以拓跋部为首的部落联盟，其中有拓跋部的"宗室八姓"和七十五个异姓部落。力微之后，子、弟相传。至拓跋猗卢之时，拓跋部畜牧业繁盛，财富充盈，控弦之士四十余万。又因出兵协助晋朝并州刺史刘琨作战有功，被晋封为大单于、代公，并获得了句注山径岭（今山西代县北）以北之地，猗卢从此疆域扩大，实力雄厚，乃于西晋建兴三年（315年）以盛乐为北都，平城为南都，建立了代

政权，并从各方面完善了国家机构，如明刑峻法、学习中原的典章制度等。东晋太元元年（376 年），代政权被氐族人建立的前秦政权攻灭。东晋太元十一年（386 年），前秦覆亡，代政权末主拓跋什翼犍之孙拓跋珪收集旧部，乘机东山再起，在牛川大会诸部，即代王位，建元"登国"，不久迁都盛乐，改称魏王。道武帝拓跋珪皇始三年（398 年）迁都平城，揭开了拓跋鲜卑历史新的一页。孝文帝亲政后，大力推行汉化改革，太和十八年（494 年）又迁都洛阳，最终入主中原，史称北魏。

拓跋鲜卑原本是个以游牧射猎为主的部族，但在入塞之后，随着逐渐接近和深入中原地区，愈来愈多地受到汉族经济文化的影响，因而农业在拓跋部统治的地区也发展起来。其实远在公元 4 世纪初，拓跋猗卢就在晋北一带移民耕种。拓跋珪即代王位后，也在都城盛乐附近"息众课农"。此后，随着农业地区的不断扩大，农业经济在社会经济中的比重迅速增加。迁都平城之后，北魏继续移徙山东（太行山以东）六州吏民及"杂夷"三十六万、百工十余万口，至平城京畿周围地区"计口授田"。当时平城京畿之内原先就居住有鲜卑、乌桓和汉人数十万户，再加上山东六州移入的三十六万口各族农民，农业人口就增至百万以上。农业人口如此众多，农业地区如此辽阔，就使得农业经济在北魏社会经济中占有重要的比重，逐渐成为北魏统治的重要社会经济基础。

"五胡乱华"时的中国北方诸民族中，对中华文明产生的影响尤以匈奴和鲜卑为著，前者通过对中原的侵扰而极大地刺激了中国的"武功"，后者则以统治者对汉文化的钦敬和向往而以自己的旺盛的活力丰富了中国的"文治"。特别是当北魏统一了北部中国后，为了维护这种统一，作为统治者的拓跋鲜卑竟自称族源上可追溯到华夏族的共同始祖——黄帝，认为是黄帝二十五个儿子之一的昌意繁衍了他们的种族①。这在中华民族多元一体格局形成过程中应是一个特殊的个例。因此，美国人魏特夫（Karl A. Wittfogel）把拓跋魏归入"渗透王朝"，以与契丹和蒙古建立的辽、元这样的"征服王朝"相区别。②

---

① 《魏书》卷一《序纪》，中华书局，1974，第 1 页。
② 魏特夫、冯家昇：《中国社会史：辽（907 ~ 1125 年）》，兰开斯特出版社，1961。

　　北魏自道武帝拓跋珪皇始三年（398 年）迁都平城始，即在天兴（398～404 年）年间划定了"东至代都，西及善无，南极阴馆，北尽参合，皆为畿内"① 的京畿范围。左云县境作为北魏平城时代近百年的京畿之地，保留了众多的北魏时期遗存。特别是在大同周围从 1965～1966 年发掘北魏琅琊王司马金龙与其妻姬辰的合葬墓②、1976 年发掘冯太后永固陵③、1982 年发现平城镇将元淑墓志④、1987～1988 年发现并清理大同南郊北魏墓群⑤、2000 年发掘清理大同雁北师院北魏墓群⑥、2005 年发掘大同沙岭北魏壁画墓⑦等以来，北朝史和平城的考古学研究不断取得进展。这期间，困扰考古学界和北朝史研究多年的关于北魏金陵的研究，却一直没有取得较大的突破。

二　北魏金陵

　　北魏平城时代，先后有道武帝拓跋珪、明元帝拓跋嗣、太武帝拓跋焘、文成帝拓跋濬、献文帝拓跋弘和未曾即位的景穆帝拓跋晃六位皇帝薨于平城，并葬于北魏金陵。20 世纪 80 年代，由于在右玉县大南山等一些山顶发现了 20 多座高大的土冢，在有的土冢周围还发现有北魏的陶片和残砖碎瓦，因而引发了一阵寻找北魏金陵的热潮。为此，北京大学的宿白教授曾专程到右玉考察。其后，中国历史博物馆馆长俞伟超教授还曾组织专业人员，开展了从山西右玉到内蒙古和林格尔的考古调查，但最终因为缺乏足够的证据和未能对相关遗迹进行考古发掘而未获进展。进入 20 世纪 90 年代，内蒙古考古人员对和林格尔县境内的几处疑似金陵的夯筑土冢集中进行了调查，并发掘了和林格尔县东营子高大的"七星堆"墓群中的两座墓葬。虽然后来的发掘证明这是一处东汉时期的墓群，但当时组成的"内蒙古金陵考古队"还是在配合大（同）—准（格尔）铁路的建设中，于和林格尔县三道营乡

　　①　《资治通鉴》卷一一〇《晋纪三二》，中华书局，1956，第 3484～3485 页。
　　②　山西省大同市博物馆：《山西大同石家寨北魏司马金龙墓》，《文物》1972 年第 3 期。
　　③　大同市博物馆、山西省文物工作委员会：《大同方山北魏永固陵》，《文物》1978 年第 7 期。
　　④　大同市博物馆：《大同东郊北魏元淑墓》，《文物》1989 年第 10 期。
　　⑤　山西省考古研究所等：《大同南郊北魏墓群发掘简报》，《文物》1992 年第 8 期。
　　⑥　大同市考古研究所编《大同雁北师院北魏墓群》，文物出版社，2008。
　　⑦　大同市考古研究所：《山西大同沙岭北魏壁画墓发掘简报》，《文物》2006 年第 10 期。

的鸡鸣驿，发掘了一座早年被盗的北魏时期的砖石壁画墓，墓中有保存较好的以世俗内容为题材的 20 余平方米的彩绘壁画。① 此后，在和林格尔土城子周围地区进行的几次调查、钻探和发掘中，也曾发掘过一些北魏时期的墓葬，但因这些墓葬的规模实在太小而难以和金陵产生联系。

近年来，为寻找北魏金陵，左云县的文史工作者对左云县境内五路山及相连的内蒙古凉城县境的几座山峰做了初步的调查，先后发现了 16 座位于山峰顶部的高大土冢。其中属左云县地界五路山的有 9 座，在凉城县地界的有 7 座。② 据调查，这些高大土冢的分布，在左云县境内大致由西南向东北依次为：官山 1 座、十二窑山 1 座、陈家窑南山 2 座、魏家山 1 座、太子梁 1 座、红砂岩口 1 座、摩天岭长城内侧 1 座、摩天岭 1 座。进入凉城县境，大致由西向东依次为：青石墩 1 座、狮耳山 1 座、平顶山 2 座、威鲁北山 1 座、保安北山 1 座、马头山 1 座。这些土冢以五路山上的魏家山、太子梁、红砂岩口、摩天岭和进入凉城地界的青石墩、狮耳山等 6 座封土较为高大，大致成一线排列，且都面向东南平川的大同方向，其余土冢相对规模略小。

2008 年 8 月，笔者同中国人民大学清史研究所的张永江教授一行，受左云县政协主席阎荣先生之邀，曾随左云县文联主席刘志尧先生等对五路山的几座高大土冢进行了调查。太子梁土冢封土略呈圆角方形，底边周长约 160 米，存高约 15 米，在封土东侧近底部发现了一个盗洞，人弯腰可进入，深约 10 米。从盗洞观察，墓上覆土为人工夯筑，夯层明显，土色黄黑相间，厚约 12 厘米。在太子梁北约 2 公里处的红砂岩口土冢，底边周长约 150 米，高约 10 米，四周砌筑有略呈方形的石护墙。在此向北的摩天岭土冢，底边周长约 130 米，高约 10 米，在土冢南端发现有人工加工过的石构件 2 件。在附近一座底边周长近 100 米，高约 8 米的小型土冢考察时，亦发现有加工过的石构件两块。此外，还发现有几座较小的土冢分布在明长城一线。据观察，这些规模大小略有差异的土冢均应为墓葬上部人工夯筑的封土。

近 30 年来，有关北魏金陵的讨论一直引人注目。由于《魏书》和《北

---

① 内蒙古金陵考古队：《和林格尔县三道营北魏砖石壁画墓》，《中国考古学年鉴》，文物出版社，1994。
② 参见刘志尧《对北魏皇陵的调查》，《左云文艺》2008 年第 6 期。

史》中有"盛乐金陵""云中金陵"和"金陵"三种不同提法，因而产生了北魏金陵究竟是一处还是三处的争论。笔者赞同一处说，原因有三。

1. 《魏书》中关于北魏金陵，于同一事在不同处亦有不同之称谓；又，称谓有异也多是因《魏书》在不同时期对旧都之地有不同叫法而已。有关于此，已多有人论及，[①] 在此不再赘述。

2. 内蒙古托克托县古城村的汉"云中"古城和和林格尔县土城子的北魏"盛乐"古城（此两座古城究竟何者为"盛乐"将另文探讨，此不赘述），东西相距不过 40 公里，名称均为前朝旧称，故不论称呼"盛乐金陵"，还是"云中金陵"，均当系指同一地方。

3. 北魏在盛乐与平城总共立都百余年，且疑似金陵的区域，正好位于盛乐和平城之间的中间地带，故不大可能选择三处地点作为皇陵。

那么，北魏金陵究在何处呢？笔者在内蒙古中南部从事考古工作多年，据了解，包括托克托县古城村古城和和林格尔县土城子古城所在地及以北区域，地势平坦，鲜有丘陵，且土质疏松，沙化严重，发现的部分汉墓也基本都颓为漫坡平丘，只有在浑河南岸深厚的黄土地带，才可见到高大的覆斗状汉墓封土。根据秦汉以后历代王朝依照风水选择陵墓的观念，只有内蒙古和林格尔、凉城两县南端与山西左云、右玉接壤的高山丘陵地带，才是建造皇家陵寝的最佳区域。根据目前这一区域的调查情况分析，从左云县五路山和凉城、和林格尔县南端，到右玉县大南山的东西长约 50 余公里，南北宽近 40 公里区域内，不论北魏政权定都盛乐，还是迁都平城，都有可能选择这一区域作为北魏的金陵，故不论金陵如何称呼均应指同一地方。

在上述区域内，目前发现见诸报道的大型墓葬封土堆已有 30 余座。其中，以在左云太子梁南北一线面向大同方向的 6 座墓葬的封土较为高大，这个数目似乎正与北魏 6 个皇帝葬于金陵的数目相合，但这只是臆断而已，并无实据和必然联系。此外，在这一区域内的其他墓葬或就应当是北魏时期陪葬皇陵的皇亲国戚和勋臣旧将。当然，这只是根据文献和现有考古调查材料

---

① 张焯：《北魏金陵臆说》，《大同古今》1994 年第 3 期；徐德甫：《北魏金陵之我见》，《煤城之光》1997 年第 4、5、6 期；刘溢海：《巍巍群峰谁家陵》，《左云文史》2008 年创刊号。

的简单推断，这些墓葬当中，究竟有多少是属于北魏时期的墓葬？在北魏时期的墓葬当中，哪些可能是皇陵，哪些属于附葬和陪葬？都还要经过科学的考古调查和发掘来最终解开这个谜。

另在调查五路山山麓地带遗存时，考察了一段凸显于地表的土墙。该墙体基宽约 5 米，有的地方存高约 2 米。墙体为黄土夯筑，夯层不甚明显。该土墙从宁鲁口沿五路山坡前地带向西北右玉延伸而去，全长约 11 公里。这道夯筑的土墙，明显地构筑于五路山的山前地带，就分布现状分析，如果五路山一线是北魏皇家陵墓区的话，很可能是北魏金陵的围墙。

三　北魏长城与畿上塞围

金陵的基本方位大致明晰后，与此有关联的，还有北魏长城和"畿上塞围"等问题需要澄清。

北魏永兴元年（409 年），明元帝即位，这时北方的柔然已渐成强敌之势。《魏书》载：明元帝"泰常八年（423 年）正月丙辰……蠕蠕犯塞。二月戊辰，筑长城于长川之南。起自赤城，西至五原，延袤二千余里，备置戍卫"。[1] 明元帝时期开始修筑的这条长城，东起河北赤城，沿山西北部之阴山至内蒙古黄河北岸的五原县。在今呼和浩特北部的大青山里，还保留有该段长城的遗迹。到太武帝时，武力强盛的北魏政权一举打败了强敌柔然，结束了统一北方的战争。北魏自皇始至延和年间（396—434 年）先后于平城以北的阴山一线，自西而东设置沃野（内蒙古五原县北）、怀朔（内蒙古固阳县东北）、抚冥（内蒙古四子王旗东南土城子）、武川（内蒙古武川县二份子古城）、柔玄（内蒙古兴和县台基庙东北）、怀荒（河北张北县东北）六个军镇，后又在东端设置御夷等镇，加强了长城一线的军事防御。[2] 这些军镇，除最西端的沃野镇位于河套平原外，其余均位于阴山和燕山以北的坝上农牧交错地带。因此，北魏长城作为防御北方柔然的军事设施，基本与北

①　《魏书》卷三《太宗纪》，中华书局，1974，第 63 页。
②　《魏书》卷十八《太武五王传·广阳王建附孙深传》，中华书局，1974。

魏六镇处于同一地带。

《魏书》又载：太平真君七年（446 年）六月"丙戌，发司、幽、定、冀四州十万人，筑畿上塞围，起上谷，西至于河，广袤皆千里"①。所谓"畿上塞围"，顾名思义，即是位于近畿以北，为了保卫京都平城而修筑的一道塞墙。据文献记载，这道塞围应是东起今山西广灵县西边之上谷，沿今山西与河北界到今山西天镇县附近，再折向西，围绕大同北，直达山西偏关、河曲县的黄河东岸，其长度足有千余里。

以上自明元帝泰常八年（423 年）开始修筑北方长城，到太武帝延和年间（432～434 年）在长城沿线完成边镇设置，其目的都是为了构筑一道防备来自北方柔然侵扰的边界塞防。而在太平真君七年修筑的"畿上塞围"，则完全是为了加强京都的保卫而另外构筑的塞墙。

2008 年 8 月在左云县的调查中，考察了一条与东汉长城和明代长城构筑方式迥异的塞墙。这段塞墙由大同新荣区进入左云县砖楼沟境内，位于东汉和明长城内侧，与其大致并行至威鲁口月华池，长约 22 公里。在月华池的一段基址宽约 5 米，存高仅 1 米左右。墙体夯筑，夯土中含有大量黑灰色砂粒，墙体地表可见布满沙粒。据上文所引文献，此段比东汉和明长城的构筑略显疏松低薄的塞墙，很可能就是北魏太平真君七年为拱卫京都而修筑的"畿上塞围"。

此外，我们还考察了榆林城遗址。该城址位于左云县城东北 18 公里的旧高山村东北方向。因城址位于山麓的缓坡处，又早已辟为农田，现场仅有西城垣尚可辨识，其余不甚清晰。城内冲沟断崖上可见文化层，地表散布有北魏沟纹砖、布纹瓦和各类陶片。1986 年，该城址曾出土北魏石雕彩绘护法两尊。史载，该城始建于北魏太和十八年（494 年），太和二十三年（499 年）筑成。建成后北魏武周县治从平城徙于该城，后沿为东魏武州县城②。但从该城地处五路山山前的"金陵围墙"附近位置来分析，该城或者就是北魏时期的一座行宫，或如辽代皇陵的奉陵邑一类城址也未可知，还需要作进一步的调查和发掘工作才可能解决。

---

① 《魏书》卷四下《世祖纪下》，中华书局，1974，第 101 页。
② 山西省左云县志编纂委员会编《左云县志·文物》，中华书局，1999，第 773 页。

四　结语

在中国历史上，鲜卑建立的北魏王朝上承汉晋，下启隋唐，是中华文化多元、民族融合的一个重要阶段，对研究中华民族多元一体格局形成的历史进程有着重大意义。北魏在迁都洛阳前的平城时代有六位皇帝葬于金陵，寻找金陵一直是考古界、史学界的热点话题。地处左云五路山及其与内蒙古凉城、和林格尔交界处一带区域，位于北魏盛乐和平城之间，更兼山势雄伟，丘陵起伏，南侧有广袤的平川相连，从地形条件到相对位置，都应当是理想的陵区所在地。因此，在左云五路山和凉城境内山巅发现的高大封土堆，以及目前在五路山山麓地带发现的夯筑土墙等遗存，当是我们寻找北魏金陵的重要线索。据文献记载和考古调查，在左云明长城内侧发现的夯筑土墙，即应当是北魏太平真君七年修筑的拱卫京都的长约千里的"畿上塞围"，而非北魏长城。

在左云县发现的还有汉代长城、烽燧、墓葬，以及保存基本完好的明代长城、烽火台和大型墓葬等。但是毋庸讳言，这一地域的北魏阶段遗存，特别是金陵的调查与研究，将是今后我们应当关注的重点。

附记：本文的研究得到了中国人民大学 985 工程新时期经费的资助。

（原文发表于《边疆考古研究》第 9 辑，科学出版社，2010，第 212～221 页）

人大史学研究论集
（下）

孙家洲　陈桦　主编

社会科学文献出版社
SOCIAL SCIENCES ACADEMIC PRESS (CHINA)

CONTENTS 目录

下　册

人大史学研究论集

（下　册）

清史综述　清朝的兴、盛、衰、亡

◎　戴　逸

　　清朝是中国最后一个封建王朝，跟其他王朝相比有其不同之处。清朝创造了一个其他王朝无与比拟的辉煌功绩。版图辽阔，疆域巩固，多民族的融合，形成了一个有凝聚力的民族大家庭，再加上经济文化的繁荣，可以说是中国历史发展到了最高的水平。但同时它在全球一体化的浪潮中以及殖民主义入侵形势之下，由全盛转向中衰，在应对外来入侵时，屡战屡败，从辉煌的顶峰一下跌入万丈深渊，变成了半殖民地。强烈的历史落差使得世代的中国人刻骨铭心，他们毕生投入到拯救中华、复兴中华的斗争中，努力打造和再造一个强大的国家。因此清朝历史的内容非常重要、非常丰富、非常复杂，而且非常激动人心。

　　三百年的清朝历史，我用四个字来概括——兴、盛、衰、亡。"兴"是指努尔哈赤起兵，中经皇太极经营、顺治入关，直至康熙平定三藩和收复台湾，共一百多年的历史。这段历史奠定了清朝的基业。在我们的提纲里分成两篇，即"创业"和"入关"两部分。"盛"是指康熙收复台湾后，战略重心转移到北方和西北，抗击俄国，平定准噶尔，造成了一个新的更大的统一，同时又恢复发展国内的经济，到乾隆时代达到鼎盛。这部分内容也分成两篇，即第三篇的"统一"和第四篇的"鼎盛"。"衰"指的是从嘉庆、道光、咸丰，一直到同治初年，从盛转衰。在此期间，国内外的斗争非常尖锐：一方面是，从嘉庆时期的白莲教起义，一直到咸同时期的太平天国，还有此后的捻军等，像这样时间之长、规模之大的农民起义，在中国历史上前所未有。另一方面是外国的入侵，即两次鸦片战争。它改变了中国正常的历史进程。这也分成两部分，包括第五篇"中衰"和第六篇"危局"。最后是"亡"，指从同治三年一直到清亡。清朝经历戊戌变法失败，八国联军入侵，最后众叛亲离，孙中山振臂一呼，推翻了清朝，跨入了一个新的时代。这部分内容分成三篇，即第七篇"洋务"、第八篇"变法"以及第九篇"覆亡"。这样三个世纪的历史，分成"兴、盛、衰、亡"这四段。我想对这四段历史简要地叙其要点，当然挂一漏万以及认识不妥之处，希望大家指正。

第一段是从努尔哈赤、皇太极到康熙初年。一个新民族——满族的兴起，需要有一个较长的历史时段，而且在此期间会将许多领袖人物推向历史的前台，会发动一些战争，会产生若干个重大的历史事件。在中国历史上，游牧民族一个又一个地兴起，像匈奴、鲜卑、突厥、契丹、西夏、女真、蒙古等。当一个民族新兴的时候，它都带有朝气蓬勃的气息，带有一种民族的精神，这就是一个新民族在兴起过程中，形成的思想观念和价值尺度。这些东西成为一个民族行动的原则，这些原则一旦形成，就能把全民族凝聚起来、团结起来，奔向一个目标。没有这样的民族精神，这个民族是散漫的，因为它没有了奋斗目标，也没有远大前途，也就不能兴起，不能形成一个民族。在17世纪刚刚形成的满族，从胜利走向胜利。在这个过程中，它弥漫着一种奋发、上进的民族精神，这是它取得胜利的一个主要原因。这种民族精神表现在它英勇善战，表现在它有严密的组织纪律，突出地体现在八旗制度上。它内部有较严密的法规，善于学习周围各个民族的一些长处，如汉族、朝鲜族、蒙古族等。另外，它有包容的能力。在打败海西女真、野人女真之后，将它们全部纳入满族之中，所以后来有新满洲和旧满洲之别。它具有很强的包容能力的另一个体现是，能将许多汉人也融入进来，像招降吴三桂、孔有德、尚可喜、耿仲明、洪承畴等汉人。在中国历史上，没有其他游牧民族能像满族这样去做。魏晋南北朝时期的前秦苻坚，他重用一个汉人王猛，但王猛不带兵，也无实权，仅是一位谋士。女真占领中原后，利用张邦昌、刘豫这两个傀儡，没有实用。但满族利用汉人、汉将，其包容力很大，降清而为清朝做事的人也很多。满人与汉人的关系逐渐由紧张走向缓和。它采取了一些诸如开科举、设博学鸿词科等举措。后来一些抗清的斗士都纷纷投降清朝，像毛奇龄原来是抗清的，后来应试博学鸿词科。朱彝尊亦然。黄宗羲虽未应清朝之招，但派他的儿子和学生参加《明史》的纂修。清朝重用汉人，几与汉人融为一体，这是它在促进民族融合方面的一个很了不起的成就。正因为这样，它才能一举跨过长江，一统中国。而此前的游牧民族入侵中原，往往勒马于长江之边，与汉人划江而治，如历史上的南北朝，宋与金的对立。清朝为何能一举跨过长江？长江以南的气候、地理、风俗习惯、语言、饮食，来自东北的满族人很不适应，给他们的作战带来了很大的不利。因此他们在江南进行战争，很多时候是利用汉将，这样他才能一举平定南中国，没有形成南北朝对立。这一点对以后的历史影响甚巨，此前没有出现这种局面。清王朝在入关前即已占领东北，并与内蒙古关系甚为密切，然后又在入关以后，占领中原地区，接着挥师渡江，占领全国首富的东南地区以及西南地区，囊括了庞大的财富，这就奠定了它统一全中国的基础，拥有了庞大的人力和充足的财力。没有这样的基础，它不可能统一全中国。这是它"兴"的内容。

第二段是它的"盛"，从康熙中期到乾隆末，大概一百年的时间。

康熙中期以后，清朝已将注意力转向东北、西北以及北部等地区。它站在一个更高的平台上。清朝不似汉唐。汉唐的人口只有 5000 万 ~ 8000 万，其根据地是中原地区。中原地区的力量有限，人口不多，它要统一中国是不可能的。它只能将匈奴、突厥向外驱逐，并没有力量完成和巩固统一大业。清朝也不似契丹、女真。在历史上，虽然契丹和女真曾据有中原地区，但并没有占领过南方，其力量有限，也不可能完成对长城内外的统一。清朝据有蒙古这块向西北进军的基地。为何清朝要建承德避暑山庄？为什么乾隆在位60 年，来避暑山庄达 57 次之多，且每次住的时间很长？他在这里处理对蒙古、新疆、西藏、青海等地区以及对外国的事务。清朝既有控制西北地区的前沿和平台，又有长江以南、西南甚至珠江等各个地区雄厚的人力、物力的资源支持，所以它有能力在 18 世纪统一中国。这个过程充满着艰辛和困难。这是我们 18 世纪主要的历史，为今天中国这样的局面作出了铺垫。为什么能出现这段盛世的历史？没有前一段的兴起，就不会有后面如此强大的实力。当然，它在政治上，一方面利用汉族的儒学，如开科举、设博学鸿词科、招徕文士等，希望泯灭满汉界限，淡化满汉矛盾。另一方面，它利用喇嘛教，联络和同结少数民族。蒙古、藏族等皆崇奉喇嘛教，推崇喇嘛教，便可以起到笼络许多少数民族的功效。加上康雍乾三朝一百多年的长期努力、艰苦作战，使用了军事的、政治的、文化的种种手段，经历了无数次战争和磨合，最终完成了统一。当然统一是充满困难的，是伴随着征服和反抗的血腥斗争的，征服战争是暴力，必定会有残酷的屠杀、掠夺，是付出了沉重代价的。康雍乾缔造了我们今天这样一个多民族统一的大家庭，结束了中国历史上农耕民族和游牧民族的长期战争。仔细想想，我们所学的历史包括什么呢？除了一个农民战争，就是一个民族战争。汉朝与匈奴，魏晋南朝与鲜卑、五胡十六国，唐朝与突厥、回鹘、吐谷浑，宋朝与契丹、西夏以及蒙古。中国历史几乎是一部农耕民族和游牧民族你进我退、拉锯战争的历史。清朝为什么能结束这样的局面，这是我们研究清朝历史的一个很重要的课题：它到底采取了什么样的措施消除了两大民族之间的对立？当然矛盾还是有的，但总的来说，乾隆之后没有发生大规模的农耕文明和游牧文明之间的战争。所以到了近代，帝国主义侵华时，本来中华民族很容易分崩离析，但没有发生这一幕。日本侵华战争期间，各民族并肩作战，反抗侵略。在近代历次反抗外来侵略的战争中，中华民族都没有分崩离析。康雍乾时期实现的统一的多民族国家的事业十分伟大。至今我们是世界上一个统一的大国，也是继承了这个盛世的丰功伟绩，所以我们要倍加珍爱这个成果。

盛世在经济文化上也是有所体现的。我举三点来说明：一、人口。乾隆时期的人口达到 3 亿，道光时期达到 4 亿，这样的人口规模超过了历史上的任何朝代。汉朝才 5000 多万，唐朝 8000 多万，明朝据记载有七八千万，但目前有人研究约有一亿几千万，也远远没有赶上清朝。清朝的生产水平应该是封建时代中最高的，可以养活几亿人。从全世界来讲，18 世纪末全球人口 9 亿，中国为 3 亿，占 1/3。印度居第二，人口 1 亿多。欧洲很少，西欧 12 个国家总共才 1 亿多，也只有中国的 1/3。二、GDP（国民生产总值）。GDP 是衡量一国经济力量强弱的主要标志。在 1820 年，中国的 GDP 总值为 2286 亿国际元。全世界是 7000 亿国际元，中国的 GDP 占当时世界的 1/3，而中国的人口也占当时世界的 1/3，这是相当的。三、GDP 的增长速度。康雍乾时期的中国 GDP 增长速度是世界第一。从 1700～1820 年的 120 年时间里，中国的 GDP 比西欧 12 国的 GDP 多增加了 400%。这些统计数据，我是从英国权威的经济统计专家麦迪森所著的《世界千年经济史》一书中获致，该书 2003 年出版。当然，麦迪森自己也说他书中的许多数据不是很精确，许多是估算的。有的是从比较中得来的，但我看这些统计都有一定的依据。我们自己没有做过类似的计算。我在犹豫这些数据能不能使用。这也是我向大家请教的一个问题。当时的统计很难做到精确，我们连当时全国多少土地、多少粮食产量都不太清楚。但我相信麦迪森的数据从总的来看，比较接近于历史实际。

毫无疑问，至 18 世纪末，中国是世界上最大的经济体。美国当时很小，几百万人口，18 世纪才立国。俄国版图很大，但西伯利亚很荒芜，人烟稀少，是不毛之地。中国是当时最大的经济体，这一点毋庸置疑。但是，我们不能仅仅看到经济规模大这一点。它的经济和社会结构同英国是大不相同的。英国当然是个小国，从 GDP 来看，远远不如中国。但它已经建立起资本主义制度，已经历了工业革命的洗礼，已经拥有宪法和立宪政治，已经有了选举和法制，已经发展起科学技术，已经产生了像牛顿这样伟大的科学家。它经济发展的潜力非常大，持续发展的可能性非常大，所以英国是一个如日东升的国家、兴盛的国家，散发着灿烂的光辉，而中国是一个封闭的国家。虽然中国版图大，人口多，GDP 总量大，但其开放的程度、对世界的认知水平、科技文化的水平、政治路线以及经济政策，存在着一系列重大的问题，僵化、落后，在前进的道路上有着不可逾越的障碍。18 世纪末的中国没有跨过近代化的门槛，已经是落日余晖，逐渐暗淡下去。

下面讲中衰。经过白莲教起义、太平天国运动，又经过两次鸦片战争，清政府接受了城下之盟，签订了不平等条约，咸丰逃到了热河，北京陷落，圆明园被烧毁，清朝面临着前所未有的巨大挑战。它虽是一个经济大国，却又是时代的落伍者，不能够持续发展，不能够持续前进。它的前途将会碰着困难、屈辱、悲惨。清朝的中衰包括嘉庆朝、道光朝、咸丰朝以及同治朝初年在内的长达 70 多年的历史。在此期间，农民起义，烽火连天，从白莲教起义到太平天国起义。太平天国以后还有很多教案，一直到义和团运动。19世纪这个世纪，是农民暴动的世纪，农民暴动遍及全国。世纪之初是白莲教起义，世纪之中是太平天国，世纪之末是义和团运动。从这里可以看农民左右历史的巨大能量，农民人数最多，处在社会的最底层，分散落后，没有文化，但是它蕴藏了无穷无尽的力量。前一个世纪，即康雍乾盛世的辉煌，是建立在农民劳动的基础之上。后一个世纪，即 19 世纪，农民像火山一样爆发了。当他们能勉强生活下去的时候，是沉默的，历史前台没有农民的声音。但一旦它爆发起来，就像火山喷发，大地震撼，破坏力极强，毁灭一切，有无比的威力。但由于农民本身分散落后的一些弱点，因此不可能引导中国走向一个光明的前途。另外，在中衰时期，地主发生了很大的变化。地主阶级里边分化出一批利用程朱理学武装起来的地主，如曾国藩、胡林翼、左宗棠等，组成湘淮军，从正心、诚意、修身、齐家到治国平天下。他们利用儒家的这套理论来整治这个国家，随后出现了李鸿章、张之洞这样的一批地主阶级，一定程度上适应了世界的潮流，用西方的文化进行调适，以此维护封建统治。通过搞洋务运动，分化出的湘淮军和洋务派，成为晚清政局的主要力量，成为晚清统治者的依靠。另外，外国侵略者很多，有英国、法国、俄国、德国、美国、意大利、日本等，这些帝国主义国家纷纷侵入中国。帝国主义的本质是一样的，但他们的策略手段是不一样的。各个时期，各个帝国主义都有不同的策略。它们实行合作政策，这个合作政策指的是什么呢？其中一方面是指帝国主义国家与清朝合作，它不推翻清朝，不取而代之。当然，它也代替不了清朝对中国的统治。它是利用清政府来统治中国，所以支持清朝。当第二次鸦片战争结束后，它立即转向帮助清朝镇压太平天国，使得清朝脱离了危险的局面，能够继续地统治下去。这是合作的一方面，即中外的合作。另一方面是指帝国主义之间的合作。许多帝国主义联合起来，侵略中国。在中国取得力量的平衡，取得力量的均势，以此来保护自身的利益。当然这种力量的平衡、力量的均势，只能是暂时的，不可能长久下去。帝国主义本身的力量对比有变化，哪个国家力量增长快一点，哪个国家力量增长慢一点，力量的平衡逐渐就被破坏了。第一次力量均势的破坏是中日甲午战争。这一战，日本战胜，在中国的力量开始膨胀。此后八国联军进行了整合，八个国家一起来对付中国。但不久，力量均衡又被破坏了，爆发了日俄战争。战胜的日本在中国的势力进一步拓展。所以这是一个很复杂多变的年代，社会力量都在迅速地组合分化，形成了历史上种种复杂的现象。

外国的侵略，将中国推向了半殖民地，但也带来了西方文明，使得中国产生了几千年以来最根本的变化，催生了中国社会上新的近代化的因素。所以中国的近代化不是原生意义上的近代化，不是我们自己本身发展到近代化，而是外国的侵略带来了外国的文化。外国文明的输入，中国的近代化，不是一步到位的，而是经历了漫长而曲折的过程，是一个阶梯一个阶梯地前进。近代化的第一阶梯，是器物层面的近代化。开始认识西方就是从船坚炮利开始，造军舰、造枪炮。此后学习西方的机器生产，开工厂，开矿山。而做到这些，需要人才。要翻译外国书籍，要有科技人员，要引进教育和科技，要有资本。器物层面的前进，也是花了很长的时间。从轮船招商局、上海织布局，到电报局、铁路，都是逐步地前进。但是洋务运动搞了30年磨磨蹭蹭，阻力非常大，举步维艰，进展缓慢，发生了几次大的争论。第一个是同文馆之争。同文馆要不要开？要不要学习西方的文化？大家都知道，我就不详细讲了。第二个是招商局之争。招商局要不要开？出现贪污该怎么办？关于贪污这件事，顽固派多次借此阻扰，招商局险些被关闭，李鸿章坚持不答应。第三个是塞防、海防之争。当然这不属于顽固派和洋务派的争论。这是洋务派内部之争，是湘淮军为了争夺资金分配的斗争。第四个是撤回留美学生之争。1872年由清朝派出一批幼童赴美留学，原定是学习期限为15年，后来学了9年便被迫撤回。当时李鸿章、容闳等力主不要将留学生撤回中国。美国作家马克·吐温也写信给中国政府，建议不要撤回留美学生，中国政府坚决不听。在这些争论中，洋务派大多居于下风。顽固派气势汹汹，声势浩大，因为中国的传统根深蒂固。同文馆在招生时，科举出身之人，无一报名。顽固派用纲常伦理和华夷之辨来指责和驳斥洋务派，洋务派无言以对。洋务派为什么无言以对？因为它本身的思想立场和顽固派如出一辙，都是从传统的儒家教育中走出来的，他们认为自己的所作所为也是对付外国的权宜之计，他们也认识不到中国最根本的国策、根本的传统价值观都要改变。这一点李鸿章他们也认识不到。当然我们今天也不能苛求他们能达到这个程度。一个历史上的人物只能达到他自己的历史高度，不能够要求他什么事情都能做。所以，洋务派拿不出什么正当的理由来驳斥顽固派，整个社会基本上也是跟着顽固派走。更多的人理解洋务运动，需要时间。

由于传统势力的深厚，洋务运动30年成效很低。但是有个关键问题，即中国有一个近邻日本。日本明治维新几乎与洋务运动同时开始。但是它的国情与中国不同，日本有学习外来文化的传统，它对外来文化不像中国那样排拒。它有一种功利主义的思想，并不固守义利之辨。所以它一开始学习西方，一下子就全盘西化。大规模地学习西方成为它的根本国策。脱亚入欧是当时日本国人的共识。这一点和中国情况就不一样了。国情不同，思想观点不同，治理国策不同，步骤不同，措施不同，效果就不一样。因此日本不断地造轮船，不断地造军火，而且很快地开议会，搞选举，成立内阁，搞普及教育，等等。就在日本变化很大的时候，中国还在争论。铁路之争，达十年之久，一条铁路都没能修起来。后来，刘铭传在台湾修了一条较长一点的铁路，这已是中法战争之后而临近中日甲午战争之际的事情了。可见，中国的洋务运动步履维艰。相对于日本来说，中国是速度慢而成效低，这一点是非常重要的。因为中国和日本同在亚洲，一山不容二虎。两个亚洲国家要同时实现现代化，在当时绝无可能。在当时弱肉强食，充满竞争的世界里，两个国家想一道崛起，达到双赢，几乎是不可能的。日本要起来，必然要踩在中国的肩上，剥削中国，掠夺中国。同样中国要起来，日本也就起不来了。当时的历史条件跟今天 21 世纪的历史条件不一样。只能一个上升，一个趴下，由于中国洋务运动贻误了时机，酿成了后来的苦果。甲午一战决定了中日两国的命运：一个上去，一个下来。当然经过日俄战争后，日本更强大了。甲午战败是个坏事，对中国当时刺激极大。中国损失极大，除了巨额赔款外，还被割去了台湾。

坏事中往往也蕴藏着好的契机。中国本来受到三千多年封建体制的束缚，麻木不仁，现在居然被一个小小的日本打败了，而且受到这么大的损伤，对中国人来说是个很大的刺激。鸦片战争以来 40 多年间，中国并没有真正觉醒。这个时候却真正地觉醒了。

近代爱国热情的高涨，甲午之战应该是一个重要的标志。改革要求的高涨、革命运动的高涨全在此时开始。所以这个时候，中国人民才认识到，中国不仅要在器物层面上改革，而且需要在制度层面上改革。改革越深入，反对的势力就越猖狂。结果后来的戊戌变法也失败了，康、梁逃亡，六君子被杀。当然，也有人说改革是否应该缓慢一点，是否应该等耐心地说服慈禧太后以后再行改革。我认为改革快慢从某种意义上说，也是由环境决定的。改革快慢的方案不是由康、梁所能设计和驾驭得了的，而是由当时的客观环境产生的。不是谁想好了，谁设计好了的。中日战争失败以后，社会上群情激愤。群众觉醒，要求大变、速变、快变。这是康有为的话，它代表当时社会的一种趋势，它反映了一种客观的状态。在这种形势下，必然要求迅速变法和全部改革。

戊戌政变以后，维新运动被扼杀，社会发生反弹，发生了义和团运动。本来义和团运动是民众日益高涨的爱国主义情怀的表现，它是反对帝国主义侵略的，但它具有反理性的一面，反对向西方学习，拆铁路、拆电线杆，滥杀无辜，杀所有的教士和教徒。而且和顽固派结合起来，八国联军进京，义和团运动失败，慈禧太后逃亡。义和团运动，再次证明了农民的重要性。在中国，农民是头等重要的力量。没有农民，中国什么事都做不成。但历史也证明，只有农民，没有其他阶级、其他力量的参与，什么事情也做不好，什么事情都要弄糟。历史进入 20 世纪，西太后被八国联军赶到西安。清政府腐败透顶，倒行逆施，而洋人在重重地打击它之后，又将它扶植起来了，恢复它的统治。清政府的力量何在？威信何在？体面何在？这样的政府还能维持下去吗？当时清朝的统治失去了合理性、合法性。中国近代化进入到一个新的阶段，中国必然要进行政体改革，要改造政权。民众要求一个有效率的、有权威性的政府。中国近代化又进入到一个政治体制的层面。政治体制的改革需要一个客观的社会基础，即社会结构的变化。没有社会结构的变化，政治体制的改革是空谈。社会上要出现一种推动政治改革的力量。

慈禧太后从西安回来后实行新政，中国又发生了许多变化。实际上，她是实行了戊戌变法时提出的一些改革要求和一些施政纲领。这在中国历史上产生了强烈的反响，产生了很大的影响。我简要地讲讲它所产生的几点影响。第一点，科举制度废除了，成千上万的知识分子失去了目标、方向，没有了上进之路和生活来源，他们该怎么办？这部分人中很多跑到日本去留学。1905 年和 1906 年都有上万人留学日本。成千上万名学生蜂拥到外国，这意味着什么呢？日本当时成了中国革命的摇篮。革命党人已经在那里成立了同盟会。去日本留学的人，都是有文化的，有热情的，血气方刚的青年。他们很多人参加了革命党，这便培养了革命党。这是中国社会客观力量的变化。第二，清朝政府为了巩固它的军事力量，改组军队，练新式军队，要招募有文化的年轻的士兵。这样就把一些知识分子都招进来了，把一些革命分子都招进新军来了。中国军人都革命化了。这成为培养中国革命者的又一个摇篮。第三个是会党。由于农民、手工业者都穷困破产，游民大量地增加。为了互助谋生，他们便组织成秘密会党。本来就有天地会、哥老会，于是会党力量大大增加，成为革命党的第三摇篮。第四是地方绅商。他们都是地方有钱的、有头有脸的人物。他们组成商会。其中很多人不赞成革命，反对革命。他们要走君主立宪的道路。但是他们对清政府也不满，不满它的保守、落后、僵化，要对它进行改革。绅商不是直接的革命党人。他们既是革命党人的竞争者，但在反对清政府方面又是革命党的同路人。清末新政加速了社会的变动，加速了社会结构和力量的变化，也加速了革命的到来。清政府无意之中培养了它自己的掘墓人。孙中山正是顺应了这样的历史趋势，站在历史的前头，才成为共和国的缔造者，作出了推翻专制主义制度的伟大功勋。当初革命党和立宪派竞争，但革命胜利了而立宪没有成功，原因何在？因为中国激烈的社会变动将强烈要求改变中国现状的革命力量推上了前台，而把要求缓进的力量边缘化。要求缓进者不能够主导历史的潮流，革命的胜利是必然的。这是由中国当时的国情决定的。革命的成功，并不仅仅是革命党人预先谋划的，而主要是客观的形势造就的。水到渠成，革命成功。

我简单地复述了一遍从清朝开国到清朝灭亡的这段历史，很简略，不免挂一漏万。在其他场合，我也多次地讲述这个想法。我想把这条线贯穿到我们的通纪里边，行不行，请教大家。我主要是想谈谈清朝的"兴、盛、衰、亡"。它兴到什么程度？它的兴对当时中国有何意义？没有少数民族——满族，没有与蒙古族的联合，没有清朝的入关，没有大量的人力资源和物力资源，中国是统一不了的。当时只靠汉族统一可能不行，汉族没有这种民族意志。尼布楚条约谈判时，康熙皇帝派汉官去参加谈判，汉官都告病不去。第一次出发还有两个汉官，第二次没有汉官去。这些汉官认为：父母在，不远游。这是儒家的基本教义。因而汉人不可能完成这一伟大的任务。唯有少数民族能实现，而少数民族只有满族能够完成这个任务。

第一阶段是它的兴。它兴在什么地方？它兴的意义何在？为什么能兴？第二阶段是它的盛。它为什么能够盛？盛到什么状况？其鼎盛时期的经济能养活4亿人口，这是前所未有的，为什么能做到这点？第三阶段是衰，它为什么会衰？是怎么衰落下去的？总体上是由于国内外的矛盾交织而起的作用。衰的时候，它挣扎，它自救，力图拯救危机，但屡次丧失时机，终未成功。丧失时机，是最大的失败！时机，一去不复返！等到日本起来了，你再想起来，已经不可能了。

（2007年9月21日，在清史编纂工程通纪学术研讨会上的讲话）

太平天国统治区社会风习素描

◎ 李文海

太平天国定都天京以后，在一些地区先后建立了相对稳定的统治区域。太平天国政权对这些地区的统治，短则数月，长则几年甚至十余年。那么，在这样一段时间里，当地人们（当然是各色各样包括不同阶级、不同社会地位和不同政治态度的人们）的社会生活是怎样的呢？太平天国为他们提供了一个什么样的生活环境呢？这一场被某些封建统治者形容为"天崩地坼"的大风暴对人们日常、普通的生活习俗和生活方式发生了些什么样的影响呢？

对于这个饶有趣味的问题，却似乎没有得到研究太平天国史的学者们足够的注意。有一些论著接触到了太平天国统治区的经济生活和政治生活的某些方面，但社会生活的更广阔的领域，却一直在很大程度上被摒斥于研究视野之外。对这个问题的冷遇，不能不使人产生一种不满足之感。列宁说："唯物主义者即马克思主义者是最先提出不仅要分析社会生活的经济方面而且必须分析社会生活的各个方面这一问题的社会主义者。"[1] 马克思甚至认为，"现代历史著述方面的一切真正进步，都是当历史学家从政治形式的外表深入到社会生活的深处时才取得的"[2]。我们引用这两段话，并不是企图表示只有这个问题才是头等重要和高于一切的，不过是想说明，对于那些看

---

[1] 《什么是"人民之友"以及他们如何攻击社会民主主义者？》，《列宁全集》第 1 卷，人民出版社，1955，第 141 页。

[2] 《马志尼和拿破仑》，《马克思恩格斯全集》第 12 卷，人民出版社，1962，第 450 页。

起来似乎细小甚至有点琐碎的普通老百姓的生活世态和习俗的研讨，不但不背悖于唯物史观，其实倒反而是唯物史观本身的要求。

一定历史时期的社会风习，像一面多棱镜一样，虽然片断、零散，然而却能够从不同侧面和不同层次反映出那个社会的某些真实面貌。研究太平天国统治区的社会风习，自然也会有助于对太平天国运动本质的了解。当时人对这一点是看得很清楚的。吟唎就曾经说过，他同他的"所有友人和熟人"最初正是根据"亲眼见到"的"太平天国的生活和风俗"来认识和判断这场运动的。① 一些外国侵略者在派人到天京去时，也反复强调要注意搜集"关于你们所通过地区的居民或占领者的职业、服饰、食物、家庭和社会习惯、教育和性格等情报"②。而那些顽固坚持清朝封建统治立场的人，则把太平军占领后带来的风俗的变化看做是心腹大患，常熟的封建文人龚又村在《自怡日记》中就记他和朋友们在一起谈论，"谓吾邑若复，粮额也要变，文体也要变，风俗也要变"③。从这些出发于不同目的的议论中，都可以看出当时人们对社会风习的重视。

社会风习所包含的内容是很丰富的，在一篇文章里自然不可能全都涉及。这里只是选择几个问题加以粗略的讨论，这些问题包括：一、宗教活动；二、服饰装束；三、婚丧礼仪；四、过节度岁；五、天国诸禁。对这些问题，也只是白描式地勾画一个大体的轮廓，因之不敢妄称研究，只能名之曰"素描"。

一　宗教活动

太平天国运动的创始人和领导者洪秀全，是通过宗教的门槛走上封建统治秩序的叛逆之路的。在发动武装起义之前，洪秀全和他的战友们建立了一

---

① 〔英〕吟唎：《太平天国革命亲历记》上册，王维周译，上海古籍出版社，1985，第288页。

② 《麦华陀等一八五四年六月访问天京文件辑录》，王崇武、黎世清编译《太平天国史译丛》第1辑，神州国光出版社，1954，第4页。

③ 太平天国历史博物馆编《太平天国史料丛编简辑》（以下简称《丛编简辑》）第4册，中华书局，1963，第459页。

个拜上帝会作为这个运动的组织核心。拜上帝会的宗教仪式和宗教信条，在太平军中始终是奉若神明的。那么，太平天国的宗教，在多大程度上影响着这个政权统治下群众的宗教心理和宗教生活呢？

有一些记载，过高地估计了拜上帝教对太平天国统治区群众的影响和作用。例如，呤唎说过："在他们政权统治下的所有家庭全都用圣经代替了佛教。""两千多年来的传统积习，古代圣贤的名教格言，世代相仍的放荡淫佚和偶像崇拜，全都涤除于一旦。"① 呤唎是带着赞赏的态度说这些话的，而另一位中国人则带着懊丧的心情慨叹太平天国的统治弄得儒、释、道"三教俱废"。② 其实，这些话并不完全符合当时的历史实际。

确实，太平天国的领导者是曾经想用政权的力量把拜上帝教推行到民间的。《天朝田亩制度》就详细规定了"内外诸官及民"包括所有"男妇"及"童子"，都要从事读圣书、做礼拜、"颂赞天父上主皇上帝"等活动。③《醒世文》中也有"为民务宜守本分，逆天者亡顺天存。尔们亦是爷生养，务各认识圣父亲。天父上帝当虔敬，切勿私自拜邪神"的训诫。④ 洪仁玕在1861年发布的《谊谕众民》文告中，强调凡"投诚天朝，仍为中国华民者"，都应"诚心敬拜天父上帝造化万物大主宰，切不可拜一切人手所做之木石死妖该杀"⑤。但是，像太平天国的其他许多政策规定一样，在宗教方面的这些规定也在很大程度上是落空了的。

太平军占领南京前后，曾在一些城市如武昌、天京、镇江、扬州等地，对全体居民实行"男女分馆"的政策，把所有的男子集中到"男馆"，全体妇女集中到"女馆"，在一个短时间里暂时取消了家庭这种社会组织形式。许多材料表明，当太平天国用这样一种方式组织城市居民的社会生活时，他们确曾把拜上帝教的一整套宗教活动贯彻到人们的日常生活中去。"馆"中的每一个成员，每天清晨都要祈祷；三餐饭前都要在"馆主"的带领下背诵赞美词；每七日要做礼拜，敬拜天父；有时还要对人们能否背诵经句进行

① 《太平天国革命亲历记》上册，第 204、235 页。
② 《近代史资料》1963 年第 1 期，第 111 页。
③ 《太平天国印书》上册，江苏人民出版社，1979，第 413 页。
④ 《太平天国印书》下册，江苏人民出版社，1979，第 666 页。
⑤ 《太平天国印书》下册，第 784 页。

不定期的考核。但是，由于那种对全体居民"以兵法相部勒"使之实行类似军事共产主义的做法，没有任何一点借以存在的客观社会条件，因此，到1855年春，太平天国政权终于被迫宣布取消，使自己的社会政策后退到现实生活所许可的范围之内，重新承认家庭作为社会细胞的合法性。从这个时候起，用行政命令的办法使所有城市居民都"敬拜天父上帝"的事也就随之而告终了。

也许作为太平天国首都的天京是一个例外。因为按照吟唎的描写，一直到1861年，天京城内和城外的居民，每天傍晚还仍要在天王府的锣声的召唤下一齐进行祈祷："天王府头一道庭院中置大锣数面，每日祈祷，鸣锣为号。锣声挨户传送，直传到城中遥远的角落，再由城上的哨兵传到四郊。城内和城外乡村，人人屈膝祈祷。我经常站在古老的南京城上，夕阳的余晖在周围投下了奇异的阴影，下面发出了人民的喃喃祈祷声。"① 不过，我们对这一段牧歌式的描写，暂时还只能抱存疑的态度，这不仅因为它只是一个孤证，而且还因为这位好心的英国朋友，出于对太平天国运动的强烈热爱和同情，在自己的记载中，不时发出一些不甚客观的夸张之词。至于在天京以外的其他城市和乡村，则任何类似的材料都根本看不到了。

那么，是不是在1855年以后，太平天国政权在群众面前已经完全收起了拜上帝教的宗教旗帜了呢？那也不是。改变只是在于，他们把用行政措施组织群众的宗教生活改为非强制性的宗教宣传。太平天国统治区的人们，在下面几种场合，仍然可以强烈地感受到拜上帝教的宗教气氛：（一）太平天国的文告中，一般总是有许多宗教性的语句，从事拜上帝教的宣传；许多政治性的措施也往往要加上某些宗教的论证。沈梓的《避寇日记》说："余从白雀寺走过，见长毛有告示，系南京伪天王规条，有十诫、十嘱、十除、十斩四十条。其说总以天主、耶稣为教主，盖教匪也。所谓嘱、诫、除、斩者，不可胜记，约略举以而言，则诫者，诫人犯教中之禁也。嘱者，劝人从其教也。除者，除去恶习，如乌烟、花酒、释道之类。斩者，斩违教者也。""又有歌咒几句，叫人朔望礼拜，亦忘之矣。"② 这里记的是1861年浙

---

① 《太平天国革命亲历记》上册，第282页。
② 《丛编简辑》第4册，第74页。

江秀水的情形，却反映了太平天国统治区的一般情况。（二）当太平天国军政官员向群众"讲道理"时，也常常要进行"拜上帝"的说教和宣传。上引《避寇日记》描述太平军的一次"讲道理"的情景时说："所讲说者，百姓皆要敬天，所以遭难者皆不敬天所致。"① 《贼情汇纂》也说：太平军每"讲道理"时，"贼目先敷衍邪教套话一番"，"贼目讲邪教禁令，谓之天情。"② （三）太平天国印刷了许多宗教宣传品，向群众广为散发。据毛隆保《见闻杂记》记载，江西丰城群众到南昌向太平军"进贡"，"送礼者归，各得书数本"，其中有《天条书》《天父下凡诏书》、天历、《幼学诗》等，内容很多是关于拜上帝教的。③ 1861 年春，一个叫做缪维廉的牧师在天京与太平军的一位年青战士谈话，双方进行了这样的问答：

问："所有的官署内全都注意教导属下的文武人员么？"

答："是的。天京里面的每个男人、女人，和到了一定年龄的儿童，全都能背诵天父的赞美颂。"

问："乡间的人民怎么样呢？"

答："那些短发的人还没有受到充分的教导，可是圣书是发给他们了，他们可以学习。"④

以上材料表明，在后期，太平天国对"拜上帝"的宣传工作做得还是很认真的。但一般说来，只以劝诫、动员、教导和让人学习为限，并不见强制人们直接从事具体的拜上帝活动的记载。

在拜上帝会的宗教信念中，最基本和最主要的是相互关联的两个内容：一是敬拜"天下凡间大共之父""独一真神"皇上帝；另一是不拜皇上帝以外的一切"妖魔邪神"。从当时的某些人们一直到当代的少数太平天国史研究者，据此而把太平天国称作是"反对偶像崇拜""废除偶像崇拜"的运动，把太平天国农民英雄们称作是"打破偶像主义者"，这自然是很不确切的，因为上述两方面内容本来是一个问题的两个侧面，太平天国不过是要用

① 《丛编简辑》第 4 册，第 72 页。

② 中国史学会编《中国近代史资料丛刊·太平天国》（以下简称《太平天国》）第 3 册，上海人民出版社，1957，第 267 页。

③ 《丛编简辑》第 2 册，中华书局，1962，第 59 页。

④ 《太平天国革命亲历记》下册，第 370 页。

新的偶像崇拜去替代旧的偶像崇拜而已。但我们也确实看到,在实际活动中,太平天国用于破坏旧的偶像崇拜的措施,要远远超过于建立新的偶像崇拜的努力的。其具体表现,就是对于新的偶像崇拜,除了一个短时期之外,一般只停留在文字的或口头的宣传上;而对旧的偶像崇拜的破除,却一直以军事的和政治的力量强制推行,而且其时间几乎是与太平天国运动相始终的。

太平天国的领导人把反对和破坏神佛(所谓"死妖")的斗争放在与反对清朝统治阶级(所谓"活妖")的斗争差不多同样重要的地位。如果回顾一下太平天国的早期斗争史,可以清楚看到在农民战争爆发之前,拜上帝会众反对"死妖"的斗争,正是随之而来的反对"活妖"斗争的先导。而当农民战争进行了三年之后,杨秀清在《太平救世歌》的序文中曾这样总结这一段历史:"故自金田首倡大义,万众欢腾,诛灭群妖,焚毁妖庙,扫净邪秽,尽返真醇。此数千年以来未有若此巍巍之功德也。"[1] 这里所说的"诛灭群妖",是指摧毁清政府的军事力量和政治统治;而"焚毁妖庙",则是指对佛道寺观的破坏扫荡。在杨秀清看来,这两方面是可以相提并论的,都是亘古未有的巍巍大功业。到了太平天国后期,洪仁玕仍然把反对"拜邪魔,信邪说",视作是天朝新于清朝之根本所在:"干王谕曰:倘我天朝之人,仍依妖之俗例拜邪魔,信邪说,叛皇天,恃己力,一切妖样而行,又何敢自称为新乎!"[2]

在这样的思想指导之下,太平天国在所占领的城市和乡村,都雷厉风行地进行了破寺庙、毁神像的活动。这方面的材料甚多,下面我们按地区举一些例了,从中可以看出实行这一措施的普遍性和持久性。

湖南:"自孔圣不加毁灭外,其余诸神概目为邪。遇神则斩,遇庙则烧。"(佚名:《粤匪犯湖南纪略》)

湖北武昌:"然不信诸神及浮屠氏,遇寺观辄火之,目为妖庙。"(佚名:《武昌兵燹纪略》)

安徽:"贼勒焚神像,藏匿者有罪。"(储枝芙:《皖樵纪实》)

南京:"贼遇庙宇悉谓之妖,无不焚毁。姑就金陵言,城外则白云寺、

---

① 《太平天国印书》上册,第 141 页。
② 《太平天国印书》下册,第 774 页。

灵谷寺、蒋候庙、高座寺、天界寺、雨花台亭、长干塔、吕祖阁、天后宫、静海寺，城内则鹫峰寺、朝天宫、十庙等处，此犹其最著者，至无名寺观则指不胜屈，间遇神像无不斫弃。"（佚名：《粤逆纪略》）

江苏镇江："贼于神像无不毁坏。""金山、北固山梵字甘露寺俱付一炬，万岁楼为列朝胜迹，亦成焦土。"（海虞学钓翁：《粤氛纪事诗》）

江苏苏州："及贼入城，庙宇寺院神像，莫不铲毁。"（潘锺瑞：《苏台麋鹿记》）"一切神佛庙宇，或毁或焚，无有存者。"（王步青：《见闻录》）

江苏常熟："庵观寺院，若城中之致道观、致和观、慧日寺、方塔寺、白衣庵，及城外之破山寺、三峰寺、维摩寺、拂水寺、龙殿、小云栖寺、普福寺、普仁寺、资福寺、接待寺、新塔寺，毁坏甚多，间有存者，惟破屋数间而已。在各乡镇者亦有毁坏，然较之在城附郭，则大相悬殊矣。"（佚名：《避难纪略》）

江苏青浦："遇有神像则必毁坏之。"（姚济：《小沧桑记》）

浙江绍兴："贼最恶神佛，遇祠庙，必毁，否则以刀砍塑像，或以粪污涂之，目为土妖。"（王彝寿：《越难志》）

浙江慈溪："见庙像辄焚毁。"（柯超：《辛壬琐记》）

浙江海宁："毁拆观庙无算。"（冯氏：《花溪日记》）

浙江秀水："又闻万寿山本觉寺被陡门长毛拆毁，将砖瓦营造土城炮台，而濮院翔云观、东岳庙等亦被长毛拆毁。"（沈梓：《避寇日记》）

浙江乐清："贼毁城内神祠殆甚，扑其像投之水火，乡村诸社庙虽未毁，然像设罕有完者。"（林大椿：《粤寇纪事诗》）

浙江温岭："好纷纷改作，尽毁神庙，惟圣庙及朱子庙无损。"（叶蒸云：《辛壬寇记》）

江西南昌："进外（按：进贤门外）如绳金塔寺、法华堂、圆觉堂、宿觉堂、百福寺、天寿寺、法云律堂、祗圆庵、珠林庵。惠外（按：惠民门外）如圆觉寺、观音庵、西方庵。德外（按：德胜门外）如天空寺、泰宝寺、龙光寺、龙河寺、悦仙堂、北兰寺、药师院。章外（按：章江门外）如石哥寺等，类不可胜数，皆焚毁殆尽。"（邹树荣：《蔼青诗草》）

江西湖口："乡下庙宇尽行拆毁，即著百姓搬运。"（张宿煌：《备志纪年》）

山东临清："各庙神像皆毁，文庙大成殿焚，圣像及两庑木主无存者。松柏多数百年物，亦被焚枯死。各庙神像或剜目斫手足及首，无一全者。"（马振文：《粤匪陷临清纪略》）

这里我们只是列举了材料的一小部分，但已经可以看出，地域上由南到北，时间上自始至终，太平天国一直坚持破毁寺观神像的方针。张德坚所说太平军"见庙宇即烧，神像即毁"；[1] 杜文澜所说太平军"所过名城繁镇，梵宫宝刹，必毁拆殆尽，朱碧绀黄悉薪之，金身法相悉火之"[2]，是完全真实的。太平天国的许多政策方针，前后常有变化，唯独于此事一以贯之，这自然是十分值得注意的。

有材料说，太平天国不仅破坏寺观神像，而且还"见僧道即杀"[3]，"伪示有逢僧尽杀之说"[4]，这却是一种过甚其词的失实传闻。我们不仅没有看到太平天国曾经发出过这样的告示，也根本没有看到过滥杀僧道的具体史实。[5] 不过，太平天国政权确实明令禁止僧道诵经念佛，也禁止群众"奉佛敬神"。如《鳅闻日记》即载："不许僧道诵经拜忏，稍与争执，刀背乱砍。"[6]《劫余灰录》则说"贼禁人间僧道追荐，不许奉佛敬神，见则以香烛置之厕中。"[7] 禁令的范围，甚至包括不准"民间供奉家堂、灶神"[8]，"不准以纸钱、饭菜追敬祖先。"[9] 看起来，这真是相当彻底的了。

可是，事情并没有这样简单。一把火可以很容易地把寺观庙宇烧个精光，一纸命令却很难将人们千百年来形成的宗教心理随意改变；毁坏泥塑木雕的神像是轻而易举的，要摧毁人们心目中具有超自然力量的神佛的地位却无法一蹴而就。太平天国禁止人们"奉佛敬神"的命令，遭到了群众默默的，然而是顽强的抗拒。

---

① 《太平天国》第3册，第315页。
② 太平天国历史博物馆编《太平天国资料汇编》第1册，中华书局，1980，第316页。
③ 《丛编简辑》第6册，中华书局，1963，第380页。
④ 中华文史论丛增刊：《太平天国史料专辑》，上海古籍出版社，1979，第495页。
⑤ 简又文在《太平天国全史》中也认为："毁寺观诚有之，杀僧道则不尽然。"（见该书上册，香港猛进书屋，1958，第532页）这个看法是实事求是的。
⑥ 《近代史资料》1963年第1期，第111页。
⑦ 《丛编简辑》第2册，第162页。
⑧ 《太平天国史料专辑》，第37页。
⑨ 《丛编简辑》第6册，第394页。

太平天国的领导者们显然是低估了传统宗教观念的影响和力量。事实上，传统宗教特别是佛教，在中国已经有了千百年的历史，在群众中有着深厚的基础和广泛的影响。"南人信鬼神，固沿习俗"，"神佛塑像，吴人敬奉如生"①。不但一般没有文化的人们，就是在封建士大夫中，绝大部分人也满脑子是神仙鬼怪、因果报应的那一套。在太平军占领常熟的前夕，有人就描写了当地知识分子如何热衷于请神求仙的情景："有读书子弟，始由扶乩请仙，联诗作对，继而妄请上界大圣大神，虔心邀福。乩判略示，疑逗天机，必倾心信感。后渐入魔道，诵经礼忏，制备庄严，练习礼仪，纠集五、六十人，礼忏设醮，居然锣鼓钟磬，步罡踏表，儒冠道服，不知成何体统！"② 我们可以毫不夸张地说，在统治阶级的提倡下，佛教思想已经是当时社会占统治地位的一种宗教思想。用简单的办法宣布这种思想是荒谬的和非法的，显然不能达到取缔这种思想的目的。

我们看到的一个明显事实是：生活在太平天国统治区的人们，依然用极其虔敬的心情礼神拜佛。——当然，在通常的情况下，是稍为隐蔽地进行的；但也不乏公开地、明目张胆地活动，只要条件允许这样做的话。

据《柳兆薰日记》的记载，当1860年6月太平军占领了他的家乡吴江芦墟以后，他仍多次带领子侄至庙中敬神。如：

1860年10月22日："饭后，衣冠至本庙观音大士前、刘王神前焚香虔叩。"

1861年3月12日："饭后诵经毕，率应墀、应奎衣冠至广阳庵拈香烛，至文帝、武帝前叩头拜祝，默求保佑免劫。复至观音菩萨前叩头拈香，求三十签，下下。"

同年6月20日："饭后，不具衣冠，穿夏长衫，具蔬果、香、酒、烛至庙（按：疑为"广"字之误）阳庵叩拜文帝、武帝。今日武帝圣诞。"

1862年3月3日："朝上，拈香烛在大厅上陈设，恭拜文帝圣诞，武帝前亦谨奉一瓣香，同供拜叩。广阳庙有土毛窟，不洁净，故于家中悬拜。"③

---

① 《太平天国》第5册，第273页。
② 柯悟迟：《漏网喁鱼集》，中华书局，1959，第32页。
③ 《太平天国史料专辑》，第143、170、191、238页。

这几则日记中，最后一次提到，因为广阳庵中驻扎了太平军，所以只得悄悄地在"家中悬拜"了。

如果上述材料只是反映了日记作者的个人活动，那么，龚又村《自怡日记》中的记载则表明了群众祈神拜佛的普遍性："（1862年9月15日），今夏祀火神，家家用纸钱，予家仅香烛，今特补礼，命子代叩神前。"①

在相当一些地区，僧道依然十分活跃。他们到处代人念佛诵经，设坛打醮，有时甚至忙得不可开交。前引《自怡日记》中就提到日记作者之兄亡故后，曾"遣羽士嗹经镇宅"②。《柳兆薰日记》中也提到自己的儿子病后，"请紫云庵僧代诵金刚经一千卷，祈求病体能愈"③。虽然后来这一千卷金刚经并没有能挽救他儿子的生命。沈梓的《避寇日记》甚至讲到这样一个情况：1860年夏，太平军占领的秀水县濮院镇发生瘟疫，旧历十月"初九日，为先姊六七之期，拟邀僧礼佛，僧以镇人死者多，而佛事忙，弗能齐集而止。"④ 和尚们的生意如此兴隆，这大概是坚决反对"拜一切邪神"的太平天国领导者们所万万没有想到的。

但问题还不止于此。在一些地方，人们还公开举行大规模的、有众多群众参加的敬神拜佛的宗教活动，如平时举办"佛会"，收获时敬神演剧，天旱时请佛祈雨等。佚名的《庚申避难日记》中，多次出现"城隍庙焰口，兴教寺亦焰口"、"余至陶家宅佛会家吃面"、"到元田里钱姓家为三官佛会，代伟儿烧香，缴社钱，吃面而回"等记载，这是常熟的情形。⑤《柳兆薰日记》中有"村人敬神演剧，尚有升平景象""村人敬神，雅奏一日"的记载，这是吴江的情形。⑥《癸丑纪闻录》中则有"因旱请佛祈雨"的记载，这是嘉善的情形。⑦ 这些材料显然表明，至少在这些地区，这样一些活动是为太平天国政权所容许或者默认的。

这类现象的频繁出现，看起来未免有点奇怪，但却并不是难以索解

① 《丛编简辑》第4册，第459页。
② 《丛编简辑》第4册，第383页。
③ 《太平天国史料专辑》，第239页。
④ 《丛编简辑》第4册，第48页。
⑤ 《丛编简辑》第4册，第511、538、549页。
⑥ 《太平天国史料专辑》，第135、143页。
⑦ 《太平天国史料专辑》，第525页。

的。太平军将士们并不是生活在真空之中。他们也不可避免地要受到自己生活的那个社会条件的制约。不但是大部分新战士，就是对于一些两广的"老兄弟"来说，接受具有千百年传统的释道观念也远比接受陌生的拜上帝教教义容易和自然得多。这一点，只要看看李秀成的《自述》就可以理解了。他在《自述》中多次以否定的口吻批评洪秀全"一味靠天""认实天情""言天说地""具（俱）信天灵"；而在解释太平天国"除神像"一事时，他说这"是天王之意，亦是神圣久受烟香之劫数""此是先机之定数"①，也就是说，还是不自觉地以释道观念去解释太平天国打击释道的行动。像李秀成这样的高级领导人尚且如是，下面的将士就更可想而知了。

正因为这样，在一些地方，太平天国关于禁止人们"奉佛敬神"的政策得不到全面的贯彻，就是很自然的事了。相反，我们还发现，不少地方太平军本身就在那里"奉佛敬神"，其虔诚的程度，丝毫不比当地老百姓逊色。

《避寇日记》中曾颇为生动地讲到一些太平军主张拆庙，而另一部分太平军又明令反对拆庙的情形。1861年8月6日，符天燕锺良相到濮院，在翔云观戏台上"讲道理"，讲毕，问翔云观何以有几处被拆毁？当地的师帅答以系陡门太平军所拆，"锺因言日后倘再来拆，可来禀我等说"。后来，锺果然"出令不许拆庙"。过了一年，又有"桐乡长毛至濮院拆毁关帝庙，兼捉船。既而嘉兴伪廖天安以文书至，禁止勿毁，遂止"②。太平天国在这个问题上政令的不统一，正是根源于他们思想的不统一。

凡是求神拜佛活动比较盛行的地方，不是得到太平军的默许，就是有太平军的直接参加。据《自怡日记》，1861年9月12日，有顾秋谷兄弟"建雷醮"，"表书大清咸丰"年号，被驻守当地的太平军发现，"夺去铙钹等件，勒罚钱文"③。但太平军惩罚的是不该不用太平天国年号而仍奉清朝的正朔，却并不是"建雷醮"本身。因此，到了次年春天，日记中就多次出

---

① 罗尔纲：《李秀成自述原稿注》，中华书局，1982，第154页。
② 《丛编简辑》第4册，第72、156、190页。
③ 《丛编简辑》第4册，第406页。

现了"殓伽庵香会，热闹似往时"；"香火复盛"；"诸善女喃喃拜佛"；"旋过殓伽庵，适诸善女拜经，栴檀沁鼻"的记载。稍为使人感到滑稽的是，为了适应形势，避免太平天国政权的干涉禁阻，人们在观音大士的脑袋上缠上了一道红绢。所以日记的作者一面看到"鼓吹齐鸣，香火甚盛"，发出了"尘世久不觏矣"的欢呼；一面又因为"恐佛遭匪毁，首缠红绢，大士亦致屈辱"，发出了"可为寒心"的叹息。① 但缠上了红绢的观音大士，从严格的拜上帝教教义来说，毕竟还是"邪神"，并不因为略加装扮就"立地"不成为"佛"了。事实表明，只要在某一点上有了缺口，群众中的习惯势力就会很快把禁令全线冲垮。

上面的材料反映了某些太平军的这样一种意向：宗教问题可以让步，但在如像使用什么年号这类政治问题上则不能随便。实际上，有些太平军就连这样的原则也并不坚持。《避寇日记》中讲到了这样一件事：1863 年春，濮院镇上发生了几次火警。东岳庙皂班金聋子乘机放出"吾镇有大火灾"的谣言，"于是镇人皆惧，敛钱延羽士禳灾，定于二十二、三、四日设醮坛于周家场曹氏祠堂，张长毛（按：指顶天豫张镇邦）亦往烧香。二十二日，罗菴为贼火药局亦有火灾。二十四日上天表，仍书咸丰年号焉。"② 顶天豫张镇邦不但亲自到醮坛烧香，而且目睹道士的"天表"上仍书咸丰年号也不过问，完全采取了听之任之的态度。

太平军为了避祸求福而礼神拜佛的事，绝不止上面一例。《花溪日记》就记有 1862 年浙江海宁太平军因各处"瘟疫大发，死无算"，而向神佛"祈禳"的事实。③《寅生日录》谈到吴县横泾镇的城隍庙里，有"无数穹窿山道士大设醮坛，因为长发住在庙中共有八十余人，不过两旬内死去五、六十人（按：此时瘟疫蔓延），所以众发俱有恐惧之心，以为祷此，即可免罪"。④ 这类事，不仅发生在中小城镇，甚至发生在像苏州这样的大城市中。据《自怡日记》，有一个名叫慧觉的僧人亲口告诉日记作者："前寓山塘度凡庵，伪将熊病，曾来求药方。迨疾愈，酬佛檀香一担、鞭爆二千，施红绫

---

① 《丛编简辑》第 4 册，第 395、437、440、443 页。
② 《丛编简辑》第 4 册，第 242 页。
③ 《太平天国》第 6 册，第 707 页。
④ 《太平天国史料专辑》，第 428 页。

等件，致各匪信从，香筵极盛。"作者由此联系到常熟的现实，说："常城匪疾亦祀神斋佛，原拟摈废纸马，各店仍卖者坐罚，至此禁弛。"① 既然自己也进行着信神拜佛的活动，则一切关于不准"拜邪神"的禁令为之失效，当然是势所必至的了。愈到太平天国后期，这种情况就愈益普遍。有的材料反映，太平军甚至把过去亲手焚毁的庙宇重新修建，以供自己祈祷之用。丁葆和《归里杂诗》中谈到钱塘的情况时说："贼见神像呼为妖，壬癸之间（按：1862～1863 年），贼气已衰，贼妇仍乞佛慈，以保性命。上天竺大殿已毁，复起小殿，争相祈祷。"② 简单地把这类记载一概目之为地主阶级的污蔑之词，是未必妥当的。因为这种现象的出现，并不违背农民阶级思想发展的脉络和逻辑。相反，假如太平天国当真消灭了一切"偶像崇拜"，倒叫人不可理解了。

二 服饰装束

有关于太平天国在自己的"属管之地"实行"禁头变服"的说法。③所谓"禁头"，是指对于剃发的禁令；"变服"，则是变易清代冠服的举措。这些今天看来似乎纯属服饰装束方面的生活末节，在当时却普遍被视作具有严重政治意义的事情。

探究这个问题，自然先得从太平军本身的服装谈起。

大体说来，太平军在占领武昌以前，在服装方面并没有具体的统一规定。《贼情汇纂》说："贼由粤西至长沙，尚皆布衣蓝缕，缝数寸黄布于衣襟，以为记号，囚首垢面，鹑衣百结者，比比皆是。即首逆洪秀全、杨秀清等，亦止红袍红风帽而已。"④ 直至占领武昌以后，才开始对太平军中不同地位的人在服饰方面有一些不同的规定。到定都天京后，这方面的规定愈来愈严密，愈来愈繁琐，从一个侧面反映了太平天国队伍中等级分野愈来愈森严的趋势。从袍服靴帽的质料、颜色、式样、花式乃至包巾的长短尺寸，无

---

① 《丛编简辑》第 4 册，第 450 页。
② 《丛编简辑》第 6 册，第 461 页。
③ 《太平天国》第 3 册，第 10 页。
④ 《太平天国》第 2 册，第 173 页。

不根据官职的大小定出不同的标准，用以分别尊卑贵贱。《金陵杂记》中所说"贼陷武昌之后，與马服饰即有分别，迨踞金陵以后，日益猖獗"①，并非是毫无根据的。这一点，只要翻一翻《贼情汇纂》《避难纪略》等书的有关记载，就可以得到一个清晰的印象。②

应该说明的是，尽管太平军在服饰方面为"分别职级"而制订了一系列条规，但自始至终，一直并没有形成固定的类似统一军服的服装式样。《归里杂诗》说："贼之服色随掳随著，未尝一定，惟额扎绸巾，腰不系带，足履花鞋，相见一跪，对食辄相箕踞而已。"③《避难纪略》说："贼之衣服亦无定式。"④《苏台麋鹿记》说："贼之服色，毫无定制，大略惟盘辫、裹头、短衣、散裤腿为一律，以五色绸绔条挂裤腰以矜华美。"⑤ 从这些材料可以看出，即使在太平天国后期，太平军在服饰方面，也依然没有"定式"或"定制"，只是在长期的实际生活中形成了某些共同的风格，如像前面提到的裹头、扎巾、短衣、花鞋之类。促使这些服饰风格形成的，不外乎以下三个因素：一是作为与旧王朝相对立的农民武装队伍的政治标志的象征；二是劳动群众传统生活方式的影响；三是适应行军打仗的战斗需要。罗尔纲先生在谈到太平军每每把地主士绅的长袍截为短袄穿着的历史现象时指出："长衫与短衫只是衣服的两种样式，本身并没有阶级性，但是，在当时中国封建社会里，长衫是地主阶级的服装，而短衫却是农民及其他劳动者的服装。"太平军改长衫为短衣，"这是一种有意识的行动，其中含有浓厚的阶级意识"⑥。这确是颇有见地的看法。

对于太平军的服饰，当时的人们完全随着自己的不同政治态度而给予了迥然不同的美学评价。对太平天国抱着深切同情并亲身参加了这个运动的吟唎，竭力称赞太平军的服装"使他们有一种特别华美的神采""真是威武非

---

① 《太平天国》第 4 册，第 638 页。
② 这方面的材料既多又长，为节省篇幅计，此处不引。可参阅《太平天国》第 2 册，第 173~177 页；《太平天国史料专辑》，第 63 页等。
③ 《丛编简辑》第 6 册，第 462 页。
④ 《太平天国史料专辑》，第 63 页。
⑤ 《太平天国》第 5 册，第 279 页。
⑥ 罗尔纲：《太平天国史迹调查集》，三联书店，1958，第 145 页。

凡""简直使人不能想象还有比这更华丽更耀目的服装了"①。而被英国公使包令派到天京去的麦华陀则认为，"反叛者的衣著有些特别"，帽子"极像小丑帽"；穿着"绚丽夺目的颜色"衣服的太平军，"具有眼花缭乱的外观"，使人觉得"模样邋遢、粗野，乍一看很可怕"②。一个与太平天国有着杀父之仇的地主文人，一见到"头上系黄绉纱，订帽花一朵，身上穿棉襦、棉马褂，脚上著花鞋子"的太平军，就觉得"甚为可恨"。③ 也有的人嘲笑"赭衣花履，窄袖宽裆"的太平军服装"有如囚样"。④ 那么，被一些人誉为华美绝伦而被另一些人诋为丑陋无比的太平军服饰，对太平天国统治区的普通群众发生了些什么影响呢？在新政权下生活的人们在服饰装束方面与生活在旧政权统治下的时候有些什么变化呢？

大家知道，太平天国运动曾得到了相当一部分贫苦农民和其他下层群众的欢迎和支持。对于一些积极拥护太平革命的人来说，太平军的一举一动、一言一行，都具有一种新奇的、诱人的魅力。在这种情况下，仿效太平军的服饰装束，不免会在某些人中成为时尚。《自怡日记》记载，太平军在常熟"开市颇盛，牌署天朝，掌柜者俱土人，亦绊红履朱，诩诩自得"。又说，"无耻土奸，往往更换贼衣，藉凌乡懦，见之可憎"⑤。如果透过因出于阶级偏见而使用的诬蔑性语言，我们就可以看到当时确实存在着某些人以效法太平军装束为荣的心理。这种情况在其他材料中也有反映。如《避难纪略》中就谈到有的乡官"穿著衣服与贼无异"，由乡官组织的群众武装"穿亦与贼同，不知者每认为城中之贼"⑥。《花溪日记》甚至说，海宁通元镇"镇人尽小帽无结，发系红绳"⑦，太平军的服饰简直有风靡全镇之势了。

不过绝不应该夸大这种现象的普遍程度。实际上，大部分群众多半是用好奇的，有时甚至带点冷漠的神情看着太平军的服饰，而自己则依然穿着祖

---

① 《太平天国革命亲历记》上册，第 50、51 页。
② 《太平天国史译丛》第 1 辑，第 35 页。
③ 《太平天国史料专辑》，第 429 页。
④ 《丛编简辑》第 4 册，第 391 页。
⑤ 《丛编简辑》第 4 册，第 391、397 页。
⑥ 《太平天国史料专辑》，第 62 页。
⑦ 《太平天国》第 6 册，第 677 页。

上留下来的传统式样的衣衫。这种情况在多大程度上反映太平天国与群众的关系，自然可以讨论，但显然与这个政权由于在某些政策和措施上的错失而造成同群众的隔阂与疏远不无关系。

从正式的官方文书上看，太平天国对群众服装，只有极简单的规定。这主要见之于1861年新镌的《钦定士阶条例》。这个文件除详细设计了秀士、俊士、杰士、约士、达士、国士、武士、榜眼、探花、状元等的衣帽袍靴式样外，还规定："拟民间居常所戴之帽皆用乌布纂帽，其富厚殷实之人，则绅缎绉纱，任由自便，但不得用别样颜色，致与有官爵者相混。""拟民间喜事所戴之帽形如圆月，内用硬胎，或加红额壹个；所穿之袍青、蓝、乌色为准。"① 但在有些地区，某些地方政权较之这个规定走得要更远一些，曾有以行政命令"使民间效其服饰"的做法。② 这种做法的社会效果究竟如何呢？

从盛泽发生的一次易服风波的典型事例来看，证明这种强行"整顿服饰"的措置很难行得通。沈梓的《避寇日记》在1861年3月7日记："（同治元年）正月十二日，余在盛泽闻长毛欲改服饰，男子皆红扎巾，不许戴毡帽，女子不许著裙子。黎里已出告示，凡道里间戴毡帽则除之，拖辫发者则割之，女子曳裙子则扯之，故盛泽亦将复然。余初不信，后晤岳蓉邨知望边果有伪文移至盛泽整顿服饰。"后来，盛泽的太平军果然"纷纷除人毡帽"。此事受到了枪船头子孙少湘的反对。孙扬言："人谁无妻孥，人谁无头足？而官绅当为百姓先，今官绅未尝尽易其服，而欲令百姓从之，不亦难乎？男子无帽，何以御寒？女子无裙，何以蔽身？此固无须易者。今盛泽绅士及军师帅若必欲易之，则请各绅士及军师帅之妻女去裙曳裤，敲锣迎于镇，令百姓见之，俾知所向，夫然而有不遵此制者，我孙少湘受其咎；若其不能，则我当先打各绅士及军师帅之家，而后及长毛。"结果，不仅盛泽地区，连邻近的"新塍、濮院等处"也"遂无易服饰之议"③。当然，这里的情况较为复杂，因为带头阻止太平军"整顿服饰"的，是枪船势力，而枪

---

① 《太平天国印书》下册，第754页。
② 《太平天国》第4册，第593页。
③ 《丛编简辑》第4册，第134、135页。

船是一支在太平天国与清朝两个政权之间鼠首两端、在实际活动中则专门残害人民的反动武装。但问题不在枪船头子孙少湘个人，而在于孙的这一段话，尽管其语气带着与人物身份相适应的流氓腔调，内容却在很大程度上是符合群众心理的。因此，当这一带地区停止"改服饰"后，群众显然是大大地松了一口气。

像盛泽地区这样大张旗鼓地"整顿服饰"，似乎并不多见；但禁止男子戴帽和妇女穿裙，则相当普遍。蓼村遁客的《虎窟纪略》，是记苏州情形的，就提到太平军禁"民间戴帽"。① 《柳兆薰日记》记吴江情形，说"去帽之令甚严"②。李光霁《劫余杂识》记浙江乌程情况，说太平军"不准戴小帽，只准戴半西瓜式毡帽御寒，违者究罚"③。张宿煌《备志纪年》记江西湖口情形，也提到"不许戴毡帽"的事。④ 而《山曲寄人题壁》则有"贼人不准穿裙，途间相遇者，尽行扯去"之说。⑤ 所谓"女子去裙男去帽"，⑥ 确实是太平天国政权变易群众服饰的重要内容。但从实施情况来看，这些命令在很大程度上是"下而不行"，⑦ 或者执行了一段即因难以贯彻而"寝而不究"。⑧

如果说在一般群众服饰方面，太平天国基本上采取比较灵活的态度，那么，在下面两件事上，则态度十分鲜明而坚决。一件是严格禁止穿着清朝的正式官服；另一件是要求群众蓄发，严禁剃头。因为这两件事，是直接关系到在政治上站在哪个政权一边的原则问题。

太平天国曾经在自己的正式文告中多次谈到这两件事的政治意义。以杨秀清和萧朝贵的名义发布的《奉天讨胡檄》中写道："夫中国有中国之形象，今满洲悉令削发，拖一长尾于后，是使中国之人变为禽兽也。中国有中国之衣冠，今满洲另置顶戴，胡衣猴冠，坏先代之服冕，是使中国之人忘其

---

① 《太平天国史料专辑》，第40页。
② 《太平天国史料专辑》，第233页。
③ 《太平天国》第5册，第321页。
④ 《近代史资料》总34号，第190页。
⑤ 《丛编简辑》第6册，第386页。
⑥ 《太平天国》第4册，第737页。
⑦ 《太平天国史料专辑》，第238页。
⑧ 中国科学院历史研究所第三所近代史资料编辑组：《太平天国资料》，科学出版社，1959，第191页。

根本也。"① 类似的意思，曾在其他文件中反复申述。在向群众"讲道理"时，也常常要大谈"不许剃头，留须蓄发，复中原古制等说"。② 在这些充满着反满气息的言词里，包含着明确的反抗现存统治秩序的内容。因为正如吟唎所说，剃头蓄辫和翎顶衣冠，确实是占据了封建王朝最高统治地位的满族贵族强加于汉族及其他各族人民的一种"奴隶标记"。③ 也正如《太平天国初期纪事》的两位法国作者所说，"剪去辫子"和"脱去满洲服装"这两件事，看起来虽然简单，"其实十分严重，因为这样便犯了大逆不道的罪，这样做非有极大的勇气不可。事实上，剪去辫子等于拔刀出鞘"④。

因此，太平军兵锋所到之处，凡见有清王朝的朝衣朝冠，必竭力加以破坏；而对藏有这类物件的主人，则通常要严加惩责。"贼以官为妖，见朝衣、朝冠、补褂、翎顶之类，以为妖器，人家有此服物，则蹂躏益甚。"⑤ "其詈本土绅士为妖，凡诰命旗匾尽行拆毁，靴冠袍套斥为妖装，搜得科罚。"⑥ 即使并非官服，只是秀才、举人等由清政府给予功名者的法定衣冠，也一概在禁止服用之列。《柳兆薰日记》就谈到，当作者去到太平军占领的梨川镇时，发现"街上衣冠不能著矣"⑦。《自怡日记》也说，同治元年过年时，"贺岁不多衣冠，恐招贼怪也"⑧。这一点大概颇引起了那些衣冠士绅们的伤心，柳兆薰有一天在晾晒被太平军禁止服用的冠裳时，就无限感慨地说："未识衣冠可重振否也？思之闷极。"⑨ 如果我们联想到在封建时代通常将"簪缨"、"衣冠"之类冠于"望族"之前作为具有显赫身份的表征，那我们对生活在太平天国统治区的地主士绅那种饱含着愤懑和无可奈何心情的叹息也就可以理解了。

至于蓄发之令和剃头之禁，更是实行得雷厉风行。由于这方面的材料俯

① 《太平天国印书》上册，第 109 页。
② 《丛编简辑》第 4 册，第 72 页。
③ 《太平天国革命亲历记》上册，第 49 页；下册，第 551 页。
④ 〔法〕加勒利、伊凡原著，〔英〕约·鄂克森佛译补，徐建竹译《太平天国初期纪事》，上海古籍出版社，1982，第 34 页。
⑤ 《太平天国》第 5 册，第 279 页。
⑥ 《丛编简辑》第 4 册，第 354 页。
⑦ 《太平天国史料专辑》，第 165 页。
⑧ 《丛编简辑》第 4 册，第 425 页。
⑨ 《太平天国史料专辑》，第 237 页。

拾皆是，我们这里可以略而不引。只稍指出，命令群众蓄发，大抵是太平军占领一个地方以后所发布的头一道公告和头一个政治行动。对于拒绝蓄发者，往往处以极严厉的惩罚，或杀①、或杖②、或科钱③、或割辫示众④、或锁禁⑤、或关押⑥、或吊打⑦，总之是毫不宽贷。频繁出现的严刑峻法，一方面反映出太平天国对实行这一方针的重视和坚决，另一方面也透露出一个讯息，表明抗拒这一措施的也颇不乏人。其中一部分当然是出于地主阶级的政治对立，但也有相当一些人只是由于封建正统观念的作祟。

这里应该提一下关于"剃头凭"的事。蓄发既然是归顺太平天国的标志，自然也就是反叛清朝的记号。这么一来，来往于太平天国统治区和清王朝统治区的商人，就大感不便。太平天国政权为了保护和鼓励商业发展，普遍实行发放"剃头凭"的办法。《避难日记》云："土人不得剃发，而商贾中有往上海、通州、海门去者，不能不剃。至从上海、通州、海门归者，短发又不便，因有向贼中说明缘故，而取伪凭为据者，曰剃头凭。"⑧ 在一封私人信件中也提到，"尤奇者，人有剃头凭。以过江贸易为词，钱之多寡在日期之远近"⑨。这种发放"剃头凭"的办法，并不是一种权宜之计或偶然发生的个别现象，而是在太平天国地方政权的正式文告中公开宣布的一贯方针。如海宁的太平军驻军长官就"谕百姓剃头过江贸易，每给剃头凭，须费仅二十六文，剃者甚众"⑩。秀水的太平军首领也出示，"其出外经营者，准其剃头"⑪。这种政策，对于太平天国的商业发展显然起了积极的作用。

既然蓄发与否意味着是对太平天国政权是否拥护的一种表示，群众对这

---

① 《太平天国》第6册，第783页。
② 《太平天国史料专辑》，第32页。
③ 《丛编简辑》第4册，第496页。
④ 《丛编简辑》第4册，第498页。
⑤ 《太平天国》第5册，第318页。
⑥ 《丛编简辑》第4册，第501页。
⑦ 《近代史资料》1963年第1期，第111页。
⑧ 《太平天国史料专辑》，第65页。
⑨ 《近代史资料》1955年第3期，第84页。
⑩ 《丛编简辑》第4册，第245页。
⑪ 《丛编简辑》第4册，第73页。

个问题的态度，自然是与对这个政权的态度基本相一致。前面我们提到，有一部分人对蓄发持保留的甚至抗拒的态度，这一点我们不用讳言。但这一部分人毕竟不是群众中的多数。群众的大多数似乎是比较容易地接受了蓄发的命令，至少并不如那些地主分子一样把这看做是什么奇耻大辱。洪仁玕在《英杰归真》中专门有一段话是反驳那些反蓄发舆论的，其中举出反对蓄发的一个最主要理由不过是长发不易栉洗，会引起"头皮起痒"。① 这种出奇温和的反对理由，反而表明对大多数人来说，蓄发的政治必要性已是不言而喻，理所当然的了。据呤唎说，他在苏州附近的平望逗留时，为了"尽可能地去观察太平天国和太平军，我常去访问附近的村庄，以调查村民对太平天国的统治有什么感想。我很高兴见到他们在各方面都十分满意；尤其使我感动的是他们都乐于留发，这是太平和自由的标记。"呤唎还谈道，当他船上留了长发的水手要离开太平天国统治区而回到上海去时，他们"坚决不肯剃头"，一个年轻小伙子甚至"在理发师动手剃头的时候，像孩子似地哭了起来"②。我们认为呤唎的这段叙述并不过分，基本上是符合实际的。因为我们可以从一些反面材料中得到印证。1854 年 10 月，曾国藩在一个奏折中曾经说："小民劫于凶威，蓄发纳贡，习为固然，曾经谕令剃发，狐疑观望，设官军稍有败衄，则四面皆贼。"在反革命武装的胁迫下"谕令剃发"，群众尚且"狐疑观望"，可见对于大多数群众来说，蓄发确乎是自愿的，至少是"习为固然"的行动。

三　婚丧礼仪

封建统治阶级历来把礼仪看做是维系封建政治关系和伦理关系的重要手段。一切反抗传统封建秩序的斗争也不可避免地要涉及对封建礼仪的冲击。太平天国运动亦莫能外。《贼情汇纂》说："逆贼无参拜揖让之礼，凡打躬叩首皆呼为妖礼。虽贼礼拜天父，群下朝洪逆，亦止长跪，其余伪官互见平行，并无礼节。""贼知粗鄙人绳以礼法，则手足无措，故简略之，使其易

---

① 《太平天国印书》下册，第 768 页。
② 《太平天国革命亲历记》上册，第 49、287 页。

知易从耳。"① 《鳅闻日记》说：太平军"亦有庆吊之礼，与常人全异。上下主从，不分贵贱；共牢而食，亦无坐位；男女淆乱，不忌内外；自相称呼，俱是兄弟。"② 这些被封建地主阶级讥为"不成体统"、"不成规模气概"的东西，多少反映了劳动群众中自发的民主倾向，反映了革命农民对维护等级关系的封建礼仪的部分否定。可惜的是，随着太平天国领导集团日益受封建主义的侵蚀，在礼仪方面的民主倾向也愈来愈减弱和淡薄了。

由于本文是从社会风习的角度来观察问题，因此这里主要想选择社会性、群众性比较突出的婚礼和葬礼来做一点讨论，也就是具体考察一下被称为"与常人全异"的"庆吊之礼"，在太平天国统治区究竟是一个什么样子。

太平天国曾经比较明确地表示过要在婚丧礼仪方面革除清朝"妖礼"的意图。《天朝田亩制度》在讲到"民人"的"婚娶吉喜等事"时，强调要将"一切旧时歪例尽除"。③《天条书》在讲到丧葬问题时，也说应该把"一切旧时坏规矩尽除"④。如果按照吟唎的叙述，上述意图似乎已经在很大程度上被付诸实施了。因为他曾有过这样的描写："各种异教俗礼全被废弃。男女从未谋面即行结婚的旧俗，选择吉日的迷信，以及致送聘金等等全被革除净尽。唯有新娘将下垂的长发挽起成髻，以及新郎于夜间率乐队、灯笼、轿子和骑着马的友人（首领结婚则尚有旗帜、仪仗等）至女家迎娶这两件事仍旧保持着昔日的风俗。""一切佛教的丧礼和一般中国人的祭祀的旧俗全都被严加禁止。"⑤

历史的真相却既没有这样简单，也没有这样纯净。

先说婚礼。

我们确实在一些材料中看到，在太平天国统治下，民间嫁娶时有不少"草草成礼"的现象。不具聘礼，不宴宾客，不用鼓乐，只是举行一个极其简单的"合卺"之礼，结婚仪式就算完成了。例如，《柳兆薰日记》在谈到

① 《太平天国资料汇编》第2册上，中华书局，1979，第271页。
② 《近代史资料》1963年第1期，第103页。
③ 《太平天国印书》上册，第410页。
④ 《太平天国印书》上册，第152页。
⑤ 《太平天国革命亲历记》上册，第244、245页。

自己的侄儿结婚情形时说："应祉侄草草合卺成礼，无一贺客。""诸事草草，不开门，不宴客，时势使然，不能不尔也，言之可叹。"① 沈梓的《避寇日记》说到他的五妹出嫁的情况时，写道："先是六月中菊裳有信来，云五妹许字陈莼溪久，此刻乱世，宜草草出阁。……因致信菊裳，嘱陈姓以小船来娶以去，不必举动也。……屋主人闻之，谓妹将就彼家出嫁，又欲索钱，乡人并不许停船在河埠云。余泣谓主人曰：余妹虽闺女，然此刻逃难，非出嫁也。汝见婿家并未具一聘礼，余亦并不制一嫁衣，视寻常丫环出嫁且相悬绝，况余尚将载妹至家取另物，然后下船至双，何尝就你家出嫁也，何索钱为？乡人乃解。"② 王永年的《紫苹馆诗钞》谈到作者在南京于太平军占领后第四天"迎娶涂氏"一事时说："凡彩舆、鼓吹、执事之类皆无之，惟短烛一对交拜而已。"③ 李光霁《劫余杂识》记南浔一带情形说："民间婚嫁皆于夜深人定后闭门行礼，恐偶服礼服为贼见而劫持也。"④ 类似的记载还可以举出一些。

是不是据此可以认为，太平天国有效地在群众中进行了婚礼改革，摒弃了传统的那一套烦琐、迷信、铺张的迎亲礼仪，使《天朝田亩制度》中规定婚礼要"用之有节"的精神真正得到贯彻了呢？不能这么说。一般来说，上面那些事实，大抵是在局势动乱的情况下出现的。有的是太平军刚刚占领，军事行动尚未停止；有的是清军和太平军拉锯地区，战事时有发生；有的是事主只身逃难在乡间，举目无亲。所以，举办婚事之家时常有"此刻乱世"、"时势使然，不能不尔"一类的感叹。只要太平天国的统治相对稳定以后，群众暂时摆脱了兵革之忧、离乱之苦，他们在举办婚事的时候，就又立即恢复了旧观。

也是《柳兆薰日记》，在前述他侄子结婚一年之后，于1861年11月25日记载了他参加一个朋友的儿子的婚礼，情形就完全不同了："至则宾客满堂，主人引至新宅内坐席。下午……宴饮共十席，桂岩同座，鼓吹盈耳，惜

① 《太平天国史料专辑》，第144、145页。
② 《丛编简辑》第4册，第43页。
③ 《丛编简辑》第6册，第395页。
④ 《太平天国》第5册，第321页。

旧时衣冠不见，可叹。"① 请看，"宾客满堂""鼓吹盈耳"，其热闹场面同一年前作者侄儿结婚时"无一贺客""不开门，不宴客"的冷清况味是何等鲜明的对比。一年时间，前后迥异，并不是太平天国关于婚礼的政策有了什么变化，只不过是政治局势已经日趋稳定而已。柳兆薰略感不足的是"惜旧时衣冠不见"，这一点，我们在上一节中已经交代，是由于太平天国严格禁止穿着清朝冠服的结果。

类似这样排场十足、热闹非凡的婚礼，在太平天国统治区绝不是仅见的。龚又村在《自怡日记》中谈到 1861 年底他参加一个本家子侄辈的婚礼，说："时同堂各房喜宴三日，坐客亦盛于往时，斗彩弄牌，借消永夕。"1862 年 12 月 4 日，作者在日记中记载了参加另一个婚礼的情景："胡芳梅（建业）长子（厚坤）完姻，予往贺。……宴于木屋，嘉肴旨酒，异味满筵，主人欲博下箸，不惜万钱也。"② 这两个材料，一方面说明在太平天国统治区，地主豪绅在经济上并没有遭到致命的打击，他们依然可以过着锦衣肉食、一抛万金的豪华生活；另一方面也说明，太平天国政权对婚礼方面并没有什么认真限制，婚礼的规模甚至"盛于往时"。所谓"一切旧时歪例尽除"，在很大程度上不免成为一句空话。

或者说，上面的材料并没有直接提到太平军对婚礼的态度。那么好，我们举一个太平军亲自观看民间婚礼的例子。《避寇日记》中说，1862 年 1 月 25 日，有一支太平军途经秀水濮院镇普家村，"是夜有村人合卺者，贼闻鼓乐声，问之，或以告。贼谓朱（按：指师帅朱老应）曰：可与我观乎？朱曰：可。新郎红包头、红马衣、黄马褂行合卺礼，令婚家具酒食二筵，一以饷贼首，一以饷贼首之妻属，贼喜甚"③。这个婚礼显然与传统的婚礼并没有什么两样，而新郎的吉服则明显地违背了上节所引《钦定士阶条例》的规定，然而太平军不仅丝毫未加干涉，反而颇为高兴地接受了喜宴的邀请。意味深长的是，日记作者并不以为太平军的这种做法有什么值得诧怪或违反常规之处，可见这正是太平天国政权的一贯态度。

---

① 《太平天国史料专辑》，第 218 页。
② 《丛编简辑》第 4 册，第 419、471 页。
③ 《丛编简辑》第 4 册，第 115 页。

其实，民间婚礼一仍旧贯，是一点也不奇怪的，因为太平军本身的婚礼，就是如此。《虎窟纪略》记苏州附近的木渎镇太平军头目娶妻，"鼓乐彩旗，略似民间"，唯一的区别是"不行合卺礼"。①所谓"略似民间"，自然是指略似民间的传统婚礼之意。《避寇日记》记1863年3月27日"陡门卡上长毛娶亲，娶濮院蔡家浜熊姓女及庙桥许姓女，办酒席卅余桌，用鼓乐请大士地赞神歌"②。《鳅闻日记》谈常熟情形说："自岁底到今（按：指自咸丰十年至次年春），长毛婚娶民间甚多。每有乡官熟识人等做媒，聘赍柯金丰厚，酬赠不吝。"③这些材料证明，吟唎关于太平天国已经把请媒人、送聘金等"结婚旧俗"全都"革除净尽"的说法，是并不符合事实的，至少并不符合天京以外广大地区的历史真实。

由于太平军处于掌权的地位，从某种意义上说，已经成了当地的"新贵"，所以一般说来，婚礼的规模排场，大抵要比民间阔绰铺张得多。王彝寿《越难志》曾记述绍兴太平军三次婚礼情形。一次是勋天福胡兴霖娶画士李某长女，"择日迎娶，鼓吹旗帜夹道路，贼兵皆披红簪花，歌呼踊跃"。一次是见天安姚克刚娶李某次女，"迎娶之盛，更胜于胡"。再一次是厥天安陆顺福娶某女，"迎娶之日，锦衣白马，旗帜夹道，鼓吹多至数十部，愚民或艳羡之"。据说办这次婚事一举即"费银三万余"。④《柳兆薰日记》谈到盛川太平军婚礼情形说："知局中喜事极阔，约二千号，在平时虽大绅矜不能如是也。"⑤《鳅闻日记》记常熟监军汪胜明娶妻时，"局中人合他处乡官潘竹斋等，各酿分。于姜振之宅，铺设新房，整备酒筵。鼓乐、花轿、喜嫔、灯彩、花爆，一应俱全，迎娶成亲。贺客赴筵并杂差帮喜。徐兆康为首，率领一班红布于扎头之人，跪贺新贵，领取赏封。……各乡官俱派富户酌具银洋二三十元，或十余两往送贺分"⑥。这位常熟的太平军地方官长竟借婚礼大酿"贺分"，而绍兴的太平军首领办一次婚礼花去三万两银子，盛川的

---

① 《太平天国史料专辑》，第31页。
② 《丛编简辑》第4册，第238页。
③ 《近代史资料》1963年第1期，第115页。
④ 邹身城：《太平天国史事拾零》，杭州师范学院学报编辑室1981年编印，第148、168页。
⑤ 《太平天国史料专辑》，第234页。
⑥ 《近代史资料》1963年第1期，第96、97页。

太平军首领婚宴邀请两千位客人，以致引起当地人们的"艳羡"，甚至像柳兆薰这样拥有三四千亩土地的大地主，也认为是在清朝封建政权统治下的"大绅矜"所望尘莫及的。如此说来，在有些地方，太平天国的婚礼较之传统封建婚礼，"歪例"不仅未除，反而颇有点"古已有之，于今为烈"的味道了。

比起婚礼来，太平天国对葬礼的改革要切实一些，也严格一些。

太平天国比较明确地提出在葬礼方面应该除去的"坏规矩"包括哪些内容，在有些场合，还对这样做的理由做了一定的说明。概括起来，主要有：（1）"升天是头顶好事，宜欢不宜哭。"（《天条书》重刻本）（2）"丧事不可做南无、大殓、成服、还山俱用牲醴茶饮祭告皇上帝。"（《天条书》初刻本）（3）"所有升天之人，俱不准照凡情歪例，私用棺木，以锦被绸绉包埋便是。"（《贼情汇纂》，卷八）（4）"父母死，禁不得招魂设醮。"（《备志纪年》）事实上，洪秀全早在金田起义前就宣传反对"修斋建醮"："死生灾病皆天定，何故诬民妄造符？作福许妖兼送鬼，修斋建醮尚虚无。"（《原道救世歌》）（5）反对葬墓讲风水。洪仁玕在《葬墓说》中，力辟选墓地讲风水的习俗，指出"盖孝子仁人之掩其亲，不忍暴露污秽，有辱己辱亲之念，别无求富求贵之意也"。"更可怪者，为人之子，以在生父母视为可有可无之亲，而死后骨骸视为求富求贵之具。"认为这些都是极不可取的"妄念"。（《钦定军次实录》）以上这些内容，大致构成了太平天国的葬礼观。这种观念的形成，有的是从拜上帝教的宗教信条演化而来，有的是适应战争环境的需要，也有的则确实具有反对旧的世俗心理或封建迷信的含义。

在这些内容中间，太平天国最为注重，也是群众反对最为强烈的，要算是禁止棺葬一事了。太平天国曾反复出示，人死不准用棺。"贼以人死用棺为犯天条，禁之严。"①"贼出伪示，死不用棺，用则为妖；香火不设，设则为邪。"②对于这条规定，太平天国的有些领导人是身体力行的。洪秀全死后，就没有用棺椁，只是"以黄龙缎敩裹尸"③。赖汉英死，"亦不过用大红洋绉被裹葬而已"④。还有其他一些高级将领也是如此。对于一般"民人"，

---

① 《太平天国资料汇编》第2册上，第89页。
② 《太平天国资料汇编》第2册上，第316页。
③ 《太平天国资料汇编》第2册上，第327页。
④ 《丛编简辑》第5册，中华书局，1962，第79页。

则常常用强制的办法禁止棺葬，"贼匪之令，凡死者无分贵贱，以被裹尸而葬，不用棺木。故当破城后，见民家预备寿材棺板，概行打碎，或作柴薪，或作筑台、筑土城之用，无少留者"①。佚名的《粤逆纪略》也说太平军曾"将南京各处空棺劈烧殆尽。"② 更加厉害一点的，是甚至对已入殓的尸体，还要"撬棺戮尸"、"劈棺戮尸"。如《自怡日记》就谈到太平军在常熟，将张荫槐家"新停三柩被劈戮尸"，将"死未终七"的丁凤池"撬棺戮尸"的事。③ 所以当时颇有一些文人写了以此为吟咏题材的诗作，如林大椿的《粤寇纪事诗》中，有《发停棺》一首："贼来劈棺如儿戏，众棺齐开见残骸"；"可怜白骨刀下劈，阴云惨淡阴风悲；有罪无罪谁得知，生保首领死戮尸。"④ 马寿龄《金陵癸甲新乐府》有《庆升平》一首："煌煌浩谕满城郭，无用衣衾与棺椁。灵魂既登极乐界，皮囊无碍填沟壑。"⑤

太平天国为什么要如此雷厉风行地禁用棺葬呢？在太平天国的文书中，我们没有看到直接的解释。由于这一措施与民间传统积习大相径庭，所以当时的人们便极自然地以"邪教"教规目之。但如果仔细加以考察，就可以发现，用拜上帝教的宗教观念去解释是说不通的。因为在专门叙述太平天国宗教仪式和戒条的《天条书》中，初刻本在谈到丧事时曾有这样的文字："临盖棺成服还山下柩时，大声唱曰：奉上主皇上帝命，奉救世主耶稣命，奉天王大道君王全命，百无禁忌，怪魔遁藏，万事胜意，大吉大昌。"⑥ 这里提到"盖棺"、"下柩"，证明在太平天国初期，按照拜上帝教的仪式，是允许棺葬的。这一段话，在定都天京后重刻的《天条书》里，被删掉了。因此，我们可以推测，禁止棺葬并非拜上帝教宗教观念所固有的内容，而是在金田起义到定都天京这一段千里转战的过程中逐渐形成的。其主要原因恐怕是因为战争中人员的大量死亡，不允许按照民间一般习俗实行棺葬，由此而提出了棺葬是"妖礼"的说法。而一经形成之后，太平天国的将士们便

---

① 《丛编简辑》第 5 册，第 79 页。
② 《丛编简辑》第 2 册，第 50 页。
③ 《丛编简辑》第 4 册，第 351、380 页。
④ 《丛编简辑》第 6 册，第 455 页。
⑤ 《太平天国》第 4 册，第 740 页。
⑥ 《太平天国印书》上册，第 30 页。

带着宗教的虔诚态度去实力奉行，这倒是一个合乎逻辑的事实。

但是，要一个多世纪以前的人们接受人死不用棺木这样一种思想和做法，实在是太困难了。我们读某些太平天国时期的日记笔札，当作者在悼念自己在战乱中亡故的亲友时，往往感到最悲痛的并不是死亡本身，而是没有能给死者一口像样的棺木。龚又村谈到自缢而死的长女时说："死无棺殓，葬无塚埋，予媿慈父矣，尚忍言哉！"[①] 沧浪钓徒在说到自己母亲弥留情形时说："被难日，寿木为贼掠去，遂决计出城，至常熟界，问：有棺木乎？或曰：有。乃喜，而谓子妇曰：吾可以终于此矣。"[②] 把棺木看得似乎比生命还重要，今天看来未免有点令人难以索解，但在当时却确确实实是颇为典型的一种社会观念。

这样，我们自然可以想象得出，太平天国统治区的群众必定会千方百计地抗拒关于不准棺葬的禁令，而任何一种只凭一时的强制力量，既没有充分的宣传教育，又缺乏具体措施使之持之以恒的禁令，总不免要在习惯势力的面前退却和瓦解。

我们看到，在太平天国后期，群众依旧相当普遍的实行着棺葬，葬礼大抵还是传统式样的葬礼。下面我们举出几个有关的例子。

1860 年 10 月 2 日，沈梓之姊死，"自朝至日中，寻亲故购棺木衣物不可得，盖是时死人多，棺木居奇者价昂数倍。""午后，始定买邻媪寿椁。"（《避寇日记》）

过了半个月，沈梓的妻子也相继死去，"是时吾镇（按：指秀水县濮院镇，这时这一带正流行瘟疫）死者日必四、五十人，棺木贵不可言，尚以得购棺木为幸。"（《避寇日记》）

1861 年 1 月 6 日，柳兆薰参加一个朋友的丧礼，"虽因时事艰难，一应减省，然杂乱无章，未免俭不中礼，惟棺木生江处办，二十一洋一千，尚属楚楚。"（《柳兆薰日记》）

1861 年 11 月 28 日，柳兆薰参加姻伯杨斗翁葬仪，"至则吊客纷来，衣冠济济，乱后甚难见之象。午前送殓，升炮排场，如此丧礼，均斗翁忠厚之

---

① 《丛编简辑》第 4 册，第 375 页。
② 《丛编简辑》第 2 册，第 154 页。

报也。"（《柳兆薰日记》）

1862年10月29日，龚又村参加从妹的殡礼，"时僧道同坛，偕诗友高勿斋、刘怡然等听笙歌，品肴馔，继以斗牌。"（《自怡日记》）

1863年3月27日，一位不知姓名的作者叙述他为自己儿子举行葬礼的情形说："余买棺成殓，晚夜回丧，棺停小石桥新阡。"（《庚申避难日记》）

从这些材料可以看出，尽管不同人家的葬礼，由于各种条件的制约，有的俭省，有的排场，但对于棺葬，则决不马虎，必千方百计"买棺成殓"而后已。在另外一些材料中，还提到葬礼时"用羽士"、"选阴阳"、"放焰口"等细节，仪式也有殓尸、成服、还山、举殡、停枢、出殡等颇为复杂的过程。在这里，我们重又遇到这样一种现象：太平天国政权发布的某些改革社会习俗的禁令，常常受到群众中千百年习惯势力的无声抗拒，而在实际生活面前显得无能为力。

太平天国政权面临着这样一个困难的抉择：如果坚持禁令，就将同广大群众（绝不只是封建地主阶级）处于尖锐对立的地位；如果要避免这样的对立，就只能收起或者放松这类禁令。看来，太平天国政权基本上采取了后一种态度。

我们不仅在材料中发现，太平天国后期对棺葬并不如像初占天京时那样严厉禁止，甚至对公开出售棺木的人也不加干涉。更有甚者，有一些材料表明，有的地方政权对因饥疫而死的难民，还代买棺木加以葬殓。如《避寇日记》1862年1月24日载："在仲宅遇保村人云，自十月、十一月中，临平、长安等处人逃在屠甸寺，寄居乡镇庙宇及卑田院者饥寒交迫，死者数千人，屠镇局中为买松板作棺木殓之。"[1]《庚申避难日记》提到，一个叫做黄德芳的乡官（旅帅）因故自杀身死，"禀福山余大人赏结（给）买棺钱贰十千文"[2]。可见，到了太平天国后期，一些地方政权负责人，在观念上不但不把棺葬看做是有违太平天国政策之事，反而认为是理所应当的了。了解了这个背景，我们对于李秀成在《自述》中讲到他曾为清朝的江南提督张国梁、浙江巡抚王有龄、杭州将军瑞昌、乍浦副都统杰纯等"寻

① 《丛编简辑》第4册，第114页。
② 《丛编简辑》第4册，第523页。

其尸首，用棺收埋"的事，① 就不至于简单地看做是向曾国藩表功讨好的举动了。事实上，李秀成不但用棺木埋葬了这些清朝文武大员，还曾在攻克杭州时对"在城饿死者发薄板棺木万有余个，费去棺木钱财贰万余千"②。李秀成这样大规模地发放棺木，背离了太平天国的政策原则，却在很大程度上赢得了人心。

四　过节度岁

在社会生活中，几个传统的节日一向为人们所重视。最重要的自然要推新旧岁交替的年节，即俗称的"过年"了，稍次是清明节和中秋节；至于端午、立夏、冬至等小节，民间稍有一些活动，但大抵已不是那么隆重。用什么方式度过那些重要的节日，构成了社会风习的一个不可忽视的方面。

在太平天国统治区，人们是怎样度过这些节日的呢？

由于太平天国统治区总的说来是处于战乱的环境中，因此人们过节度岁的气氛，较之所谓"承平"时期，要冷清得多。拿过年来说，在不少地区都缺乏通常具有的那种欢乐热闹的情景。以咸丰十一年（1861 年）的新年为例。这个新年，在江浙的大部分地区，是太平天国占领后所过的头一个年节，我们看到了这样一些记载。

浙江秀水："余镇俗例于（岁末腊月）二十三、二十四作醉司命之举，爆竹声比户相同；是时里井无炊烟，风景凄然，惟予家独举炊耳"。"（元月）初一日，天晴明，老母命往圆觉庵、白雀寺、观音菩萨祠及众安桥施公祠烧香，年年游人纷沓士女咸集之香海寺，至此则寥落无人。"（沈梓：《避寇日记》）

江苏苏州："是年不拜贺，不宴客，民间不换衣冠，不贴春联，无一新年景象。"（蓼村遁客：《虎窟纪略》）

江苏无锡："年节窘迫殊甚。除夕，买肉半斤鱼两条以泣祭先祖。凄凉之况，殆不能堪也。"（张乃修：《如梦录》）

---

① 罗尔纲：《李秀成自述原稿注》，第 207、249、250 页。
② 罗尔纲：《李秀成自述原稿注》，第 263 页。

江苏常熟："正月朔，各庙香烟减，因神佛像非毁坏，即搬去。衣冠肃肃拜贺新春者概免。"（柯悟迟：《漏网喁鱼集》）

这种情况，不仅头一个年节如此，后来不少地区也还是这样。例如，《花溪日记》记浙江海宁同治元年（1862）过年时，"罢贺新年，无闻一爆竹声"。次年，"又罢贺新春"。①《辛壬寇记》记浙江温岭同治元年过年时，"除夕大雪，各铺户俱闭，人家门亦不启，四街人迹萧条甚矣。乃令两男炽炭于炉。扫雪烹茶，以消严寒"。"壬戌正月元旦，雪霁，立门外移时，不见一人，人家俱未换桃符，庆吊亦不相往来矣。"②

在旧社会，对于不同阶级的人们，过年具有完全不同的意义。对于富人、剥削者是欢乐的节日，而对那些被剥削被奴役的贫苦农民，则是难过的年关。上面所引的材料，多半出自地主阶级分子之手，由此我们不免会产生这样的问题：是不是由于太平天国实行了政治上和经济上打击地主阶级的政策，使得这些地主分子不再能像往昔那样过着欢乐富裕的生活，因此在他们的笔下，把年景描写得如此冷冷清清，凄凄戚戚，不过是发泄对旧日的留恋和对今日的不满呢？

我们不能排除有这样的因素在内。但有一点可以肯定，那就是在太平天国统治区，绝不曾造成一种与清朝统治时完全颠倒的局面：过年，对于穷人已经成为欢乐的节日，只有富人才感到"风景凄然"。

为什么这样说呢？

首先，上面所引的材料，其中提到的不拜贺，不宴客，不换衣冠，不贴春联，不换桃符，不闻爆竹声等，并不仅仅是讲作者们本人情况，而是一种一般性的概括描写。其中的许多活动，并不是地主阶级所独有，在广大群众中也是通行的。因此，所谓没有"新年景象"，也就在一定程度上具有普遍的社会意义。

其次，我们的观察如果深入一步，就会发现，地主富绅们在过年的时候，虽然要略逊于往昔，但仍然要比一般老百姓阔气和热闹得多。

我们可以解剖两个典型。

---

① 《太平天国》第 6 册，第 699、709 页。

② 《近代史资料》1963 年第 1 期，第 203 页。

一个是常熟的小地主龚又村。他在《自怡日记》中，讲到同治元年度岁的情形。有两段总的描写，表明从整个社会上来看，过年是大不如往日的："念自贼据吾吴，十家九破，往年家家画米囤，贴门神，拜年贺寿，一例删除。但见野田鸦噪，雪屋雀巢。""唯新正神祠佛宇荒废者多。纸锭价昂，人不滥用，烧香者寥寥，虽有奉三元斋者而卷不悬灯，拜年者亦不恒遇。声稀爆竹，帖少宜春，迥非昔年光景。"但是，在叙述到他本人过年的活动时，则依旧是一派欢庆景象。从元月初一到十五，他几乎无日不往各至亲好友家贺岁宴饮。在这半个月里，他或者"斗牌掷采"、"拇战尽欢"；或者"呼卢喝雉，终日畅怀"；或者"围炉暖酒"、"衔杯畅叙"；或者"飞字八巡，劝酬无算"。在他所参与的宴筵上，旨酒佳肴，水陆杂陈，备极丰洁。日记中充斥了这样的句子："品金波酒剧佳"，"鸡豚鸭卵俱出糟床，他如熏鱼等味并是仙品"，"家鸡海错，鲁脍豚蹄均可口"，"肴馔鼎烹"，"醴甘肴洁，余味在齿颊间"，"肴精酒冽"，等等。由于应酬忙不过来，日记中竟发出了"殊觉食多口寡"的叹息。① 如果联系到同一日记在稍后一段时间谈到普通农民生活的一则记载，说是"见天久不雨，例破黄梅，农民望天益甚，致米珠粟玉，度日大难"②，我们就可以想象到，当时地主的生活，同农民相比，仍然存在着天壤之别。

另一个是前面提到有地三四千亩的吴江大地主柳兆薰。他在日记中连续记了太平军占领前后所过的四个年节的情况。太平军占领后的头一个年（咸丰十一年）和第二个年（同治元年）是在家乡过的；第三个年（同治二年）是逃到上海过的；第四个年（同治三年）太平军已经失败，吴江重又沦入清朝政府之手。柳兆薰过这四个年节，情况并没有太大的变化。头两个年，作者在元旦日首先照例要率子侄拜如来佛，到"东厨司命、家祠内叩谒"，然后拜先世神像，接着"行家人拜贺礼"。以后的几天，就是亲友间来往"贺岁"、"吃年酒"，还要接灶神、财神，忙乱而热闹，充满了过节的气氛。虽然出门时由于太平天国的禁令而不敢穿着衣冠，但在家中拜祖、拜神时，仍然是"衣冠肃肃"的。这一切，实在同重归清政权统治下的第四

---

① 《丛编简辑》第 4 册，第 425～429 页。
② 《丛编简辑》第 4 册，第 446 页。

个年节，看不出什么太大的区别。倒是在上海过的第三个年，由于流离在外，虽然"比邻爆竹之声，锣鼓之喧，颇为热闹"，但作者本人时刻记挂着"家中今夜不堪闻问矣"，显得有一丝凄凉的意味。①

在太平天国统治区，过年的气氛所以略显冷清，除了处于战乱环境这一个原因之外，还有一个政策性的原因，那就是太平天国政权严格推行天历，禁止群众按原来的旧历（太平天国称之为"妖朝历"或"妖历"）过年度岁。据《避寇日记》记载，咸丰十一年岁末，盛泽的太平军就早早出示，要求镇人按天历过年，如违背这个命令而仍按旧历过年的，就要"治罪"。腊月二十四是民间例行的"送灶日"，这一天"镇有送灶者被长毛拉去，谓仍用妖朝历"。大年三十晚上，"长毛巡行街道，欲觅民间请土地及祭祖者拉以去，镇人知之，乃闭门而祭"，有的被太平军发现，就于元旦日"被锁敲锣迎四栅，令其自喊曰：'有人过年者，与我一体带械。'"②

这种情况，在其他地区也屡有发现。如《漏网喁鱼集》记常熟情形说："除夕晴。明日是同治元年，毛贼预有示禁，以正月十二为元旦，各店铺不能闭户。及十二日，贼又不许开店，新年气象固无，贴簿祗开壬戌年，十二年又不能写矣。""除夕，家家兴味萧索，祀神祭先，常恐被贼知觉，幸未骚扰，只得且过今宵，又虚度一年岁月而已。"③《辛壬琐记》记慈谿情形说："以今年（按：同治元年）正月十二日为元旦。先出伪示，晓谕民间：不准仍照旧历。不准缨帽拜祖。"④ 据《越难志》所说，同治元年过年时，杭州的太平军曾"下令民间"，一律按天历过年，甚至采取了"有不遵者族"的严厉措施。⑤ 其实，这种禁止按旧历度岁的政策早在刚刚定都天京时就已实行了。谢介鹤的《金陵癸甲纪事略》中说，咸丰四年元旦，金陵城中女馆有人"著裙共相庆贺"，被发觉后"或杖或枷锁，目为妖"。牌尾馆中"间有庆贺，为贼所觉，亦多受杖"。因为按照天历，要到正月初七日才

---

① 《太平天国史料专辑》，第 164、165、231、232、297、298、356 页。
② 《丛编简辑》第 4 册，第 100、114、116、122 页。
③ 柯悟迟：《漏网喁鱼集》，第 56、78 页。
④ 《太平天国资料》，第 182 页。
⑤ 邹身城：《太平天国史事拾零》，第 148 页。

是元旦。① 可见，从定都天京开始，直至太平天国末期，要求群众按天历过年的规定大体未变。当新的习俗尚未养成，旧的习俗又处于不合法的情况下，群众自然只能冷冷清清地度过年节了。

除了过年之外，在群众中比较重视的要数清明节了。这个节日之所以重要，主要是因为这是一个祭祖扫墓的日子。在宗族观念极重的封建时代，这一点自然具有相当的神圣性。从材料来看，除了少数战事正在进行的地区受到一些影响外，一般情况下太平天国统治区的人们都可以正常地从事祭祖扫墓的活动。前面提到的柳兆薰在自己的日记中记载了自 1860 至 1865 年所过的五个清明节的情形。第一个和第五个清明是在清政权统治下度过的，第二、三个是在太平天国统治下度过的，第四个清明是家乡在太平军占领下、本人则逃难到上海度过的。其中，除第四个清明因远离家乡无法扫墓外，其余几个都一样进行了隆重的祭祖扫墓活动。拿 1861 年（咸丰十一年）的情况来说，清明前三天，柳兆薰就率领子侄，到各处父祖辈"墓上祭扫"。4 月 4 日是清明正日，"祀先祠，堂内设享"。次日，又乘船至邻乡先祖公墓前"祭奠扫墓"。事毕，阖族人等"饮散福酒，共八席，五十人，菜极丰盛"，"宴饮欢甚"。这样一些活动，同清政权统治下所过的清明节并无什么差异。所以柳兆薰自己也说："乱后吾族此典未废。"这并不是柳兆薰一家如此，因为他在日记中指出："清明冷节，乡间补吊甚行"②，可见是具有相当的普遍性的，自然在一般老百姓那里，扫墓的仪式决不会像柳家那样排场。

中秋是民间普遍重视的又一个重要节日。这个节日的主要内容是阖家团圆，而兵荒马乱的战争环境，不可避免要造成离乱之苦，也就不能不给这个节日蒙上一层阴翳。因此，总的说来，中秋的节日气氛，同年节一样，要略逊于平时。尽管如此，只要太平天国统治区局势稳定下来，人们在这一天就照例喝酒赏月，共庆佳节。《漏网喁鱼集》记 1860 年常熟情形说："中秋节吾方依然赏月。"③《劫余小记》记 1858 年扬州情形说："（咸丰）八年中秋节，辕门桥观灯者拥簇如盛时。"④ 这是太平天国统治区群众生活相对安定

① 《太平天国》第 4 册，第 659 页。
② 《太平天国史料专辑》，第 173、174、367 页。
③ 柯悟迟：《漏网喁鱼集》，第 47 页。
④ 《太平天国资料》，第 87 页。

的反映。当然，也有人大兴今不如昔之叹的，《避寇日记》作者沈梓就是一个。他对家乡濮院镇过中秋的情况有一段对比性的描写，那是在看到东岳庙被拆毁后有感而发的。他说，道光以来，"中秋踏月之风特盛"，"是日，各豪富家悉出古玩、宝玉、名人书画，于各殿宇各台阁陈设殆遍，灯烛辉煌。里中纨绔子弟，登吹台，倚笛度曲，声达九霄，彻夜不绝。士女游观，踏歌步月，络绎往来十锦塘岸上，舟中灯光与水光相映。后虽渐衰，余风未息。今一旦荆榛瓦砾矣。"① 沈梓只是描写了社会生活的一个方面，即"豪富"之家、"纨绔子弟"在太平天国运动前过中秋节的情况。至于一般老百姓，特别是那些贫苦农民在啼饥号寒声中，如何度过中秋节，则被轻轻地掩盖了，或者说根本就没有被纳入到他的视野之内。就这个意义说，如果因太平天国运动这场暴风骤雨的冲刷，使"豪富"们在过中秋节等方面确实稍为敛迹，那倒未始不是一件值得称道的好事情。

五　天国诸禁

前面几节我们分别提到了太平天国的一些禁令，如禁拜邪神、禁著清朝衣冠、禁剃发、禁棺葬、禁用"妖历"等，并且粗略地考察了这些禁令的实施情况和社会效果。这一节我们将集中谈一谈除此之外的其他几个重要禁令，主要有：禁烟，禁赌，禁娼，禁奴。这些禁令的一个鲜明特征，是带有改革社会陋习、提高道德风尚的斗争性质和进步意义。

反对赌博、吸食鸦片和酗酒，这是在金田起义之前拜上帝会的领导人就反复宣传过的。洪秀全在《原道救世歌》中写道："第六不正为赌博，暗刀杀人心不良。戒，戒，戒！理不当。求之有道得有命，勿以诈骗坏心肠，命果有分何待赌，命无即赌愿难偿。……无所不为因赌起，英雄何苦陷迷乡；不义之财鸩止渴，士农工商耐久长。千个赌钱千个贱，请尔易虑细思量！他若自驱陷阱者，炼食洋烟最颠狂；如今多少英雄汉，多被烟枪自打伤。即如好酒亦非正，成家宜戒败家汤；请观桀纣君天下，铁统江山为酒亡。"② 金

---

① 《丛编简辑》第 4 册，第 69 页。
② 《太平天国印书》上册，第 13 页。

田起义后，这些带有宗教劝善色彩的思想就以军事纪律的形式在太平军中认真加以施行。《定营规条十要》的第三条就有"不得吹烟、饮酒"的规定。① 杨秀清在1854年还专门发布了《禁酒诰谕》，指出："闻得朝内军中嗜酒滋事者甚属不少，此等行为，殊堪痛恨！"强调"自谕之后，仍还有私自饮酒者"，即"将吃酒人犯遵旨斩首示众"。② 洪仁玕在《资政新篇》中也有如下的主张："禁酒及一切生熟黄烟鸦片，先要禁为官者，渐次严禁在下，绝其栽植之源，遏其航来之路，或于外洋入口之烟，不准过关。走私者杀无赦"。③ 这个主张得到了洪秀全的肯定。

及至太平天国建立了自己的统治区之后，原先在军中实行的这些规定又进一步推广到社会上去，成为要求全社会遵奉的一种政策性措施。赵烈文在《能静居士日记》中引用一个从天京逃出的人的话说："街内巡查极多，烟酒之禁最严。间有私卖旱烟者，亦不能明吃。吃水烟、鸦片者，一人俱无。"④ 陈庆甲《金陵纪事诗》云："骨牌、骰子、烧酒、水旱烟皆为贼中禁物。"⑤《孙亦恬金陵被难记》亦说："贼令无分上下，不准吸烟，食鸦片者必杀。有吸建烟、水潮烟者察出枷号，鸣锣游街示众。"⑥ 张汝南《金陵省难纪略》具体记述了太平天国禁烟的步骤和措施："禁烟及鸦片。烟谓之黄烟，鸦片谓之洋烟，犯吸黄烟者枷责，以烟具置枷上，荷之游街。犯吸洋烟者杀，后宽限令戒，限后一月内犯者枷三个礼拜；两月内犯者枷七个礼拜；三月内犯者杀。"⑦ 这类禁令，并不只局限于天京一地，而是普遍施行于整个太平天国统治区。所以大量地方性材料也反映，太平天国于"烟、酒、赌博概不准，鸦片烟之禁尤严"⑧。太平军"出告示劝人戒赌、戒鸦片，先以妻子衣食为喻，继以精神血气父母遗体为喻，长篇累牍，居然苦口婆心。"⑨ 甚至在清政府上谕转发的祁寯藻《探闻贼情折》中，也有这样的话：

① 《太平天国印书》上册，第66页。
② 金毓黻等编《太平天国史料》，中华书局，1955，第140页。
③ 《太平天国印书》下册，第689页。
④ 《丛编简辑》第3册，第256页。
⑤ 《丛编简辑》第6册，第403页。
⑥ 《丛编简辑》第5册，第81页。
⑦ 《太平天国》第4册，第715页。
⑧ 《丛编简辑》第6册，第394页。
⑨ 《丛编简辑》第4册，第74页。

"贼禁食旱烟、水烟、潮烟，有吸鸦片烟者立杀。"① 太平天国的这些政策措施，也从当时访问天京并会晤过太平军高级领导人的一些外国人的报道中得到了证实。塞克斯于 1861 年 8 月 21 日在致《每日新闻》编辑的信中写道："太平军把禁烟禁酒当成了教规。据曾在南京住过一个时期的杨笃信牧师说，南京城里看不到大烟馆和酒店。"② 麦华陀、鲍林等在访问东王时，提出过这样一个问题："吸烟、抽鸦片、酗酒、奸淫等是否严禁，以及你们依何法惩治犯者？"杨秀清斩钉截铁地回答说："凡食洋烟、水旱等烟及吃酒并奸淫，皆我主天王遵天父圣旨斩邪不赦也。"③

要能恰当地估价太平天国禁烟、禁赌的社会意义，首先需要了解一下烟赌造成的社会污染是何等的严重。鸦片的毒害，在较太平天国运动早十年的鸦片战争时期，人们就已经谈论得很多了，为节省篇幅计，此处可以不再作详细的论述。这里只引一首以清军同太平军作对比的《新乐府》，略示鸦片烟怎样深刻地腐蚀了清王朝统治支柱之一的军队的情形："小兵草草灯一盏，对眠吐纳语声软；大帅岩岩灯两盏，左左右右免展转。吸烟未了又熬烟，烟鬼满营烟满天。翻羡贼人法令严，手乍持枪头已悬。"④ 太平军的严厉禁烟与清朝军队的"烟鬼满营"，形成了极其鲜明的对照。据曾国藩说，清朝军队不仅普遍吸鸦片，而且公开开赌场："兵伍之情状，吸食鸦片，聚开赌场，各省皆然。"⑤ 军队往往是社会的缩影。军队如此，社会状况可以想见。王步青《见闻录》谈到太平军占领之前苏州府属赌风炽盛的情况说："时俗尚樗蒲，风行各镇，平望尤甚，官禁之不止。"⑥ 沈梓《避寇日记》记苏浙 带情形说."咸丰午赌风大盛，而各赌魁皆以豪横称。"⑦ 朱用孚《摩盾余谈》记广东佛山镇情形说："佛山镇为天下四镇之首，各省商贾云集。俗喜博，对岸曰鹰嘴沙，十里之遥，博场数百家，中间青楼妓以万计。"⑧ 烟

---

① 《太平天国》第 7 册，第 103 页。
② 《太平天国史译丛》第 1 辑，第 69 页。
③ 《太平天国史译丛》第 1 辑，第 14 页。
④ 《太平天国》第 4 册，第 742 页。
⑤ 邹身城：《太平天国史事拾零》，第 30 页。
⑥ 《太平天国史料专辑》，第 557 页。
⑦ 《丛编简辑》第 4 册，第 326 页。
⑧ 《丛编简辑》第 2 册，第 152 页。

赌并不只是盛行于繁华城镇，也蔓延到穷乡僻壤。李召棠在《乱后记所记》中谈到安徽贵池县的烟赌二害时写道："池城之害，莫如赌场，尤莫甚于烟馆。赌，向见父老借乐余年，继则儿童戏耍矣。向惟男子有此恶习，继乃妇女消闲矣。鸦片，道光初年池城始闻其名。由是而富民开始矣，由是而贫民效尤矣，由是而奸民设厂，先犹闭户开灯，继乃启门卖土矣。以上流弊，皆乱之阶。吾池如此，他郡可知。况所见闻，有更甚于池者哉！此记未乱之先致乱之由之所纪者也。"① 这里，我们且不论作者把烟赌视作两个重要的"致乱之由"是否抓住了根本，却至少说明了太平天国政权大力禁烟禁赌，是怎样的切中时弊。

除了禁烟、禁赌之外，太平天国还禁娼妓，禁卖人为奴。呤唎在《太平天国革命亲历记》中说：

太平天国妇女或结婚成为家庭一员，或入姊妹馆，（许多大城市都设有姊妹馆，由专人管理。）而不准单身妇女有其他生活方式。这条法律是为了禁娼，违者处以死刑。自然这是非常有效的办法，因为在太平天国所有城市中，娼妓是完全绝迹的。

太平天国彻底废除了令人憎恶的奴隶制，这个禁令是严厉执行的，违者不论男女一概斩首论处。禁止男奴的法律尚无关紧要，因为男奴在中国并不普遍，但是对于或多或少都是奴隶的妇女来说，这样一种重大的革新措施，就是完全必要的了。

中国的穷苦人民出卖女儿是习以为常的。只要考虑一下中国的广大人口以及这么多的女孩子全都买去操此贱业，那么其后果也就可想而知了。在中国广大的偏僻地区，我曾看见一些自十二岁到二十岁的年轻漂亮姑娘被他们的母亲和投机商人标价出卖，每名卖价自六元至三十元不等。我常常听见中国人说：有时可以以若干元钱一斤的价钱买到一个漂亮姑娘，比猪肉还贱。太平天国是严厉取缔这类事件的，如果没有外国人的干涉，他们就可以教导全国人民唾弃这类事件了。②

---

① 《近代史资料》总34号，第177页。
② 《太平天国革命亲历记》上册，第232、234页。

　　我只能老实承认，我没有看到任何材料来支持或者否定吟唎关于太平天国业已"彻底废除了令人憎恶的奴隶制"的论断。可能是本来就缺乏这样的材料，但更大的可能是囿于我见闻的寡陋。至于娼妓，肯定地说它已在"太平天国所有城市中""完全绝迹"，却无论如何不符合当时的历史实际。这一点，我们将在下面同禁烟、禁赌的实际效果一并来讨论。

　　太平天国禁烟、禁赌的政策，遭到了来自内部和外部两个方面的双重挑战。

　　就内部来说，首先是由于等级观念的作祟，破坏了政策的普遍适用性。对于太平天国的高级领导人，许多禁令或者生活准则是可以不予服从、不加理睬的。当太平天国宣布婚姻应当是一夫一妻制的时候，并不妨碍天王、东王等可以拥有几十甚至几百个"娘娘"。关于烟酒之禁也是一样。富礼赐在《天京游记》中详细叙述了他在忠王府参加的一次豪华宴会的经过之后指出："由此显见他们高级的领袖并不遵行天王之荒谬的禁令，因席上人人尽量畅饮，洋酒固人所共赏，无酒亦一再满斟，壶干了又倒新的。抽烟亦是常事，为座中人人所好者。"[1] 可是，上有所好，下必甚焉。高级领袖既然可以置烟酒之禁于不顾，自然也就难以杜绝中下级将领的效法仿行。顾深的《虎穴生还记》，胡恩燮的《患难一家言》，李光霁的《劫余杂识》等，都曾谈及作者被掳入太平军后，亲眼看到太平军的下级首领带头吸鸦片、招饮聚赌的事。[2] 再加上随着革命的发展，队伍的扩大，成分愈来愈复杂，纪律愈来愈松弛，禁赌、禁烟的规定就"渐成具文"。《贼情汇纂》说："至于烟酒为贼最禁之物，吸洋烟谓之犯天条，杀无赦。水旱烟名曰黄烟，名酒曰潮水，有犯禁吸饮者，重则立决，轻亦枷杖。贼令虽严，然未能周察，故杀者自杀，而食者自食也。"[3]《鳅闻日记》说："贼中素禁吸烟，至鸦片则愈犯戒。前黄逆之众，吸者甚少。兹缘苏、徽二府人多，故染洋烟者十分之八也。"[4]

---

① 《太平天国》第 6 册，第 952 页。
② 《太平天国》第 6 册，第 733 页。《丛编简辑》第 2 册，第 344 页。《太平天国》第 5 册，第 315 页。
③ 《太平天国》第 3 册，第 187 页。
④ 《近代史资料》1963 年第 1 期，第 103 页。

《平贼纪略》说：太平军"嗜赌"，"平时或示禁，度岁则弛。"① 这些记载，不能一概目之为对农民革命运动的诬蔑，倒是一定程度真实地反映了关于烟赌的禁令如何被逐渐破坏的具体过程。

就外部来说，太平天国的禁烟、禁赌也包括禁娼的政策，遭到了枪船势力的武装抗拒。

前面已经说过，枪船势力是一支专门残害人民的反动武装。

枪船并不是太平天国时期才开始出现的。在此以前，江、浙一带某些靠聚赌致富而"以豪横称"的"赌魁"，为了保护自己罪恶的生财之源，乘着时势动乱之机，纷纷组织起一支支小股武装，"集无赖数百人，私制炮火枪刀，造小船容四五人者名曰枪船，就各镇市设博场名曰老作"。赌魁们在武装保护下，"各盖厂聚博徒，招女优时装演剧，昼夜不辍，曰花鼓戏；佐以妓船各一二十艘，常川停泊，曰跳板船。画舫笙歌，靡靡达旦。匪类则借此以招博徒，得彩以供挥霍。数千亡命，恃众横行，睚眦杀人，戕官拒捕"，"日则横刀过市，骚扰闾阎，夜则十百成群，四出劫掠。"② 清政府对这一批亡命徒束手无策，"官不能捕"，及至太平天国运动起来，清政府便以重金收雇，使作防堵之用。太平军占领了江、浙地区后，枪船武装表面上"归顺"太平军，但依然开赌设娼，胡作非为，公然抗拒太平天国的法令。太平天国虽然在局部地区和某些短暂时间内对枪船势力作过一定的斗争，但在基本方针上却采取了十分错误的政策，既没有坚决消灭这支反动武装，也没有对之进行分散收编，而是采取"羁縻"甚至放任的态度，只要不公开反叛太平天国政权，就各不相扰，实际上承认了枪船武装的合法存在。其结果，便形成了在太平天国统治区中有一部分却处于枪船势力的控制之下。

在这样一些地区，烟、赌、娼不但说不上被禁绝，反而变本加厉地盛行起来。为了使我们对此有一点形象的了解，我们在大量有关资料中选摘几条。

江苏吴江县："梨川卜小二、孙四喜、阿玉等，横行无忌，聚党数千人，啸集船上，枪炮皆备，名曰枪船。各镇搭棚演戏，以聚赌为事，剃发、剃须不受贼禁令，贼亦莫之敢问。"（蓼村遁客：《虎窟纪略》）

---

① 《丛编简辑》第 1 册，第 332 页。
② 《太平天国》第 5 册，第 311 页。

江苏吴县："朝在房间押字宝账，其宝共有三十四门，俱是活物等类，且活物又有别名，所以押者需多打几门，如能押着者，一文可赢三十文。此间（按：指横泾乡）共有两处，一在城隍庙，一在混堂内。押者甚不少。……看押宝者喧闹异常，皆枪船上人所起，略看而回。""闻茶馆内明日又欲开一字宝局，亦枪船上所起，俱是刮地皮之人，虽未能谓强盗，可以谓之软盗。"（蒋寅生：《寅生日录》）

江苏常熟县："季莆卿、卢器轩、朱竹书邀余归圩观剧，买鲥鱼侑酒……画舫数十，博局亦多，几忘世乱。""予同词仙及家福庭、廉斋，莘庄茶话，以火酒拨闷，水榭忘寒，阑外画舫往来，多是到赌场者。""步至莘庄，答陈霭亭，承留酒食，同过小桥卡及粮局。……两岸茗馆、酒坊、博场、烟铺兼有唱书，颇觉热闹。""家横园、雅园焘鳖烧猪备酒饭茶点船只，载予赴归圩。……舞台女乐至日晚始上，演双望郎，两假女一真女，形神毕肖，惜声俱不扬。惟酒馆肴香，芦棚茗净，点心亦可口，不似接场。新炮船彩旗高下，俨观龙舟，而试枪之声不绝。……器轩、横园、春桥于博场得采，爱作东道，引予上歌妓，始逢倡女秀宝，因有客嘱分坐别船。……扶过小舟，见东路火光烛天，想为恶匪冲突。"（龚又村：《自怡日记》）

浙江秀水县："先是湖州逃难船在新塍者几五六百，日久粮罄，妇女皆上岸行乞，视之皆良家子也。新塍西栅，每日赐粥一餐，而白龙洋停妓船二百余艘，琉璃窗，锦绣帐，箫管声细细，厌饫粱肉，长毛富商出入其中，千金一掷。其上则二里桥花鼓戏场，锣鼓喧天，声闻数里，喝雉呼卢，昼夜不辍，几忘其为长毛世界者。""余申新（塍）至濮（院），……吾镇赌风大作，大街上为盛，雷潭、塌坊浜皆停枪船。"（枕梓：《避寇日记》）

浙江海宁县："七星党起，枪船数百，旗号星字，于各处开赌，招勇俱剃发。""赌风之盛，莫过于此。自黄店、沈塘南来镇乡凡数百处，谓老作。屋皆强僭，专事勒诈，凭空起衅，势甚猖獗。花溪共十八作，枪船百余只，俱强伐墓木所造。"（冯氏：《花溪日记》）

虽然我们只是引了有关材料的一小部分，但却已经可以清晰地看到这样一幅图景：街上博场烟铺林立，河中歌舫妓船相望。富豪们（有时还加上混入太平军中的某些"新贵"）呼雉喝卢，狂啖豪饮，纵情声色，寻欢作乐。如果不是他们不时发出一两声"几忘世乱"之类的慨叹，有时也还不免要听到和看到一点枪声火光，我们也差不多要忘记这竟是太平天国统治区的社会生活情景了。

当时有一些人认为，太平天国所以对枪船势力采取放任态度，主要是因为太平军无力加以镇压。其实这是不对的。如果思想明确，态度坚决，要对付乌合之众的枪船武装，太平军还是绰有余力的。1862年太平军大剿枪船就是一个例证。据记载，这年7月9日，太平军在江、浙各地曾对枪船发动了一次大规模打击。从秀水地区的情形看，"自陡门而吾镇（按：指濮院镇）、桐乡、屠甸市、庙牌卡等处，无不会齐拿获，庙牌杀十四人，吾镇杀三人，陡门杀二十余人"，此后，"赌匪逃匿净尽，各镇各乡无枪船踪迹"，"自是赌局豪横之风始息"。《避寇日记》的作者颇有感慨地说："余生三十余年，目不见赌，独有此时，窃叹长毛号令，清时地方官所不逮也。"① 可惜这种镇压措施没有贯彻始终，等到风声稍缓，枪船势力便重又活跃起来，甚至以行贿的手段买通了某些太平天国的地方官长，公开打出"奉令"的旗号，再度大开赌局。这就清楚地说明，烟、赌、娼之类社会黑暗现象之不能禁绝，根本的原因还应该从太平天国本身去寻找。

我们这样说，丝毫也不意味着低估太平天国农民英雄们的高尚道德心和改革社会陋习的善良意愿。只是想说，当问题涉及复杂而有根深蒂固传统的社会生活时，仅仅有美好的愿望是不够的，没有细致而恰当的政策，不经过持久不懈的努力，要在社会习俗方面取得改革的成效，是难乎其难的。

上面，我们对太平天国统治区社会风习的若干方面，做了一些探索性的考察。我们只是力求如实地把当时的社会风貌反映出来，并不太多地去考虑这样的反映将会增添还是有损于伟大的太平天国运动的历史地位和光彩。事实上，历史本身是个客观存在，任何人为的装饰或有意的贬抑都不会改变它的本来面目。

（原文发表于《太平天国学刊》第三辑，中华书局
1987年版，第1～49页）

---

① 《丛编简辑》第3册，第180页。

清代蒙古捐纳初探

◎ 宝音朝克图

　　捐纳为秦、汉代起中国封建王朝实行的捐官制度，即士民向朝廷捐银纳粮换取爵位、官衔，后被历代王朝沿袭，明景泰时出台捐官章程，史称事例或捐例。有清一代，捐纳便成为一种特定的选官制度，同八旗士家子弟及科举正途一并成为清代选官的重要途径。

　　顺治朝，清廷以"士子纳粟入监"始办捐纳，康熙朝则正式制定有关文官捐纳章程，到雍正朝将武职亦纳入捐纳之例，清代捐纳趋于完善和制度化。清中叶以后，捐纳泛滥，京官自郎中以下，外官自道台以下均可捐官。清廷为了掩饰卖官之名，将捐纳与情愿捐献，甚至同政府强行摊派、抑买等行为相互混淆，统称为"捐输"。故清代的"捐输"具有广义和狭义双层内涵，广义捐输涵盖捐献、捐纳（即捐官）、摊派、抑买等，狭义则仅指捐纳。关于清代蒙古捐纳学术界迄今尚未进行系统、深入的研究，本文利用蒙、汉文档案文献，初步梳理清代蒙古捐纳之由来及其特点，并就蒙古王公贵族的捐纳动机和影响等相关问题进行初步探讨。

一

　　清代蒙古捐纳由来已久。清廷于咸丰六年（1856）颁行《蒙古王公台吉等捐输银两议叙并捐输驼马议叙章程》①（以下简称"章程"），制定有关内外札萨克各旗、察哈尔八旗、土默特两翼、热河等处蒙古王公贵族的捐例，作为广义的捐输史料曾引起学术界广泛重视。其实，"章程"所定条款纯属清代狭义的捐输——蒙古捐纳事例，而蒙古捐纳在此之前也已经历百余年的发展轨迹，故而就狭义的蒙古捐输而言，"章程"只是清代蒙古捐纳趋于成熟或完善的体现。

清代蒙古分为八旗蒙古、外藩蒙古和内属蒙古等，其中，八旗蒙古（包括驻防畿辅及直省蒙古八旗）最早开办捐纳。顺治年间，清廷以"军旅繁兴，岁入不给"为由始开捐纳，并规定：非生员出身欲入仕者，必先纳粟入监（国子监），即所谓"捐贡生、监生"，亦称"士子纳粟入监"。"贡生"即指经过选拔获入国子监资格者，"监生"则指国子监学员，入监者享有捐官特殊资格。驻防八旗蒙古至少在康熙朝初期就以"士子纳粟入监"参与捐纳，以地区为单位捐银纳粮，获取"广乡试中额和生员学额"等特招名额，为子弟提供贡生、监生资格。据史料记载，康熙七年（1668），清廷规定：满洲、蒙古、汉军八旗"生员捐银二百两、或米四百石准入监读书，俊秀捐银三百两或米六百石亦准送监读书"②。八旗蒙古子弟的捐贡监生一直延续到清末，咸丰五年（1855）因奉天八旗捐纳，加奉天府所属满洲、蒙古永远学额 2 名，九年因续行捐纳，又加永远学额 3 名③。

八旗蒙古子弟通过捐贡生获取监生资格，并肄业期满后由吏部等相关部门考授官职，或以其特有的捐官资格优先晋升。据道光五年（1825）的相关规定，满洲、蒙古、汉军优贡生、捐纳贡监生等，考取一等者以主簿用，二等者经再次组编班次选拔一人，令其在旗籍候选④。由此可知，八旗蒙古子弟捐贡生、监生，实属捐官的一种变相形式，在捐官、晋升方面占有较多的机会和优势。是年清廷又以满洲、蒙古外官甚少为由，在满

---

① 《清会典事例》卷 989，理藩院，捐输，中华书局 1991 年影印本，第十册（下），第 1215 ~ 1219 页。
② 《清会典事例》卷 288，户部，劝输，中华书局 1991 年影印本，第四册（上），第 356 页。
③ 《清会典事例》卷 370，礼部，学校，中华书局 1991 年影印本，第五册（上），第 56 页。
④ 《清会典事例》卷 74，吏部，中华书局 1991 年影印本，第一册（下），第 952 页。

洲、蒙古举贡监生中品学兼优者，照汉军之例准其考职、捐职，以充任各级外官①。

八旗蒙古文武官职的捐纳亦在康熙朝初已开办。康熙七年（1668）清廷规定，满洲、蒙古、汉军，并现任汉文武官弁，捐银 1000 两或米 2000 石者加一级，捐银 500 两或米 1000 石者记录二次，捐银 250 两或米 500 石者记录一次②。

清代外藩内外札萨克蒙古地区的捐纳应在雍正十三年（1735）以后开办。雍正朝，西北用兵，耗饷甚多，财政拮据，故广开捐纳，以弥补财源。在此期间，漠南、漠北蒙古出兵驰援清军，同时，捐输大量驼、马、羊等援助平准。雍正十二年（1734），清廷派侍郎傅鼐等前往同准噶尔首领葛尔丹策零谈判，双方协议停战，休兵议和。次年九月，议政大臣、理藩院尚书和硕果亲王允礼等，专为悬赏捐输驼马，支持西征之蒙古王公事上奏，建议开办蒙古捐纳。奏折称：

> 从前蒙古捐纳之军用马匹牲畜，奉旨俱照官价，各赏八两银。平王抵军营后，众蒙古诚恳感激主恩，所贡之马匹牲畜倘赏给价银，伊等则觉得未能尽心，似同卖牲畜。嗣后，倘系情愿捐纳之人，停赏价银，暂记档，事定之时，分别议后，或升级，或赏缎，蒙古感戴欢忻，捐纳定更多等因具奏之处，奉旨准行。此间陆续贡马驼之人，俱已记档，事定后，请旨分别议之。今准噶尔业已遣使奏请和好，各路大军既已撤回大半，伏祈毛子降特旨，将为军需捐驼马之人查核，分别议后施恩。③

可见，根据"从前蒙古捐纳之军用马匹牲畜，奉旨俱照官价，各赏八两银。……伊等则觉得未能尽心，似同卖牲畜"一段内容可以肯定，此处所用"捐纳"一词实属政府"抑买"（康熙年间朝廷规定，每匹马官价

① 邵之棠：《皇朝经世文统编》卷 39，内政部，文海出版社，1901，第 1535 页。
② 《清会典事例》卷 288，户部，劝输，中华书局 1991 年影印本，第四册（上），第 356 页。
③ 《果亲王允礼等奏请捐纳蒙古马驼等折》（雍正十三年九月二十九日），载中国第一历史档案馆编《雍正朝满文朱批奏折全译》（上册），黄山书社，1998，第 2409 页。

75 两银），或变相的"摊派"行为，属清代广义的捐输范畴，而并非狭义的捐输——捐纳。这段史料见证雍正十三年（1735）之前清廷未曾制定有关内外札萨克蒙古捐例。另外，根据奏折后半段内容可以看出，允礼等初次建议开办蒙古"捐纳"，以记档、升级等捐例改以往按官价施恩捐输者之例。于是，清廷开办内外札萨克蒙古捐纳，并制定具体捐例，予以悬赏。

乾隆年间，达瓦齐继承准噶尔汗位之后，准清关系再次进入僵持阶段。乾隆十九年（1754），朝廷筹划出征准噶尔，拟派兵 5 万，分北、西两路进军，预计两路共需要马 150000 匹，驼约 16000 峰，口食羊 300000 只。① 次年，清政府按预定计划正式出征准噶尔，所需驼、马、羊多数由漠南六盟及漠北喀尔喀四部各旗捐输。为此，乾隆二十一年（1756），理藩院奏准《内外札萨克蒙古捐输驼马奖叙议案》，令蒙古各旗札萨克等速报该旗捐驼马之王、贝勒、贝子、公、台吉、喇嘛等名单和所捐驼马数额，以便议叙。结果很多王公因捐输驼马而予以记录或晋升品级，例如，阿拉善札萨克贝勒罗卜桑多尔济捐输军用骆驼 100 峰，清廷依照既定捐例予以"记录四次"②，鄂尔多斯贝勒齐旺班珠尔等捐输牛 1000 余头，羊 5000 余只，并亲自解送牲畜，赏戴三眼翎③。

可见，自雍正十三年（1735）允礼等提出开办蒙古捐纳，到乾隆朝前期具体实施，外藩蒙古地区的捐纳从无到有，并趋于发展。

清代内属蒙古散居在清朝北部、东北及西北等广阔地域，而其归附清朝的时间也各不相同，因而开捐时间也先后不一。以漠南察哈尔八旗及各牧厂为例，该地区的蒙古捐纳基本与漠南六盟内札萨克各旗一并实施。

天聪年间，察哈尔部林丹汗之子额哲率部归附爱新国，被封为和硕亲王，察哈尔部被组编为察哈尔八旗，布尔尼之乱后清廷将八旗察哈尔迁至宣

---

① 《高宗实录》（第六册），卷 465，《清实录》（第一四册），中华书局 1986 年影印本，第 1027、1028 页。

② 卜桑多尔济等：《为罗卜桑多尔济王捐输驼只谢恩事致理藩院呈文》（蒙文），乾隆二十一年九月初九日，内蒙古阿拉善左旗档案馆藏蒙文档案。

③ 《清代方略全书》第 25 册，《平定准噶尔方略》正编，卷 67，北京图书馆出版社，2006，第 809、810 页。

府、大同边外，改设总官旗，又称察哈尔游牧八旗。自顺治朝清廷在口外陆续设立隶属于内务府、太仆寺、礼部等机构的众多牧厂，到清中叶将上都达布逊牧厂、太仆寺左、右翼牧厂和牛羊群牧厂统称为四牧群，并与察哈尔八旗合称察哈尔八旗四牧群或察哈尔十二旗群。乾隆二十六年（1761）后，此处归察哈尔都统节制。

在察哈尔八旗及牧厂除了牧养朝廷家畜之外，还有数量可观的蒙古王公私家牲畜。据史料记载，康熙朝初，察哈尔亲王、郡王、贝勒等"闻三藩叛，各献马匹佐军"①。为了搜罗更多钱财，清廷在该地同样开办捐纳，当地各级军政长官和王公贵族亦积极响应。比如，道光二十二年（1842），经察哈尔都统铁麟等奏报奖叙该处捐马蒙古官兵议案，朝廷授予商都牧群翼长帕克巴吹苏伦、翼长蕴端四品空衔顶戴花翎，并令遇有应升之缺，尽先补用；授予察哈尔正黄旗乾清门三等侍卫兼公中佐领齐旺扎布三品空衔顶戴。此次因捐马同时受赏的还有商都及察哈尔正白旗、镶白旗、正黄旗、镶黄旗、正红旗、镶红旗等处披甲、牛群牧长、牧长、蓝翎侍卫、牛群委署、护军、前锋、笔帖式、牧群委署翼长等41人，分别授予三品到六品空衔顶戴、花翎，或赏戴蓝衔、金顶蓝翎等封爵②。

咸丰六年（1856），清廷制定《蒙古王公台吉等捐输银两议叙并捐输驼马议叙章程》，"章程"捐例包括外藩内外札萨克各旗、察哈尔八旗、土默特两翼以及热河等处蒙古王公贵族捐银和捐马两大类。至此，蒙古捐例从运行形态、捐例结构和内容及其性质均趋于成熟和完善，彻底暴露清代蒙古捐纳应有的特质。

清代蒙古地区设有锡勒图库伦札萨克喇嘛旗等七个喇嘛旗，各旗掌有寺庙土地、徒众与沙毕纳尔，札萨克大喇嘛具有一定的政教双权。早在咸丰六年（1856）制定"章程"之前，清廷已开设蒙古喇嘛旗捐纳。据察哈尔都统铁麟报呈，道光二十二年（1842）察哈尔正黄旗祐宁寺叶古则尔呼图克图等，愿捐马250匹，以备调用，为此，内阁奉上谕称，该呼图克图等

① 赵尔巽等撰《清史稿》（十四）卷141，志第116，兵12，马政，中华中局，1977，第4171页。
② 《著奖叙蒙古捐输马匹之官兵事上谕》（道光二十二年七月初日），载中国第一历史档案馆：《鸦片战争档案史料》（六），天津古籍出版社，1992，第7页。

"具见好义急公，允堪嘉尚"①。此后，蒙古喇嘛捐输也有所盛行，咸丰七年（1857），科尔沁巴克什喇嘛敏珠尔多尔济、喀尔喀诺们罕多尔济，捐输军用马匹，清廷照蒙古王公捐纳马匹之例悬赏敏珠尔多尔济为呼图克图，多尔济为色臣诺们罕名号。

<h2 style="text-align:center">二</h2>

清代蒙古捐纳内容繁多，运行形态独特，呈现出浓厚的地区特点和时代特征。蒙古捐纳有捐实官和虚官之分，具体包括捐贡监、封典、加级、记录、翎衔；捐升职、试俸、试用、选补各项班次、原衔捐复等繁多捐例。捐例也分为暂行事例和现行事例（亦称常行事例），正如史料载：拯荒、河工、军需三者，曰暂行事例，期满或事竣即停，而现行事例则长年开设，无具体期限②。蒙古捐纳中八旗蒙古子弟的捐贡生、监生为长年开设，属现行事例，而且以地区名义捐输，其余则多属"暂行事例"，且一般由个人捐纳。

清代蒙古捐纳中暂行事例为数最多，自清初开始时复时停，一直延续至清末。清代各朝均多次开办蒙古暂行事例，尤其到晚清，随着朝廷财政支出激增，开捐频率甚高。咸丰三年（1853）七月二十九日，僧格林沁奏请"令内外札萨克蒙古王公台吉人等捐输驼马"③，各旗蒙古王公踊跃捐输，而到咸丰六年（1856），清廷制定《蒙古王公台吉等捐输银两议叙并捐输驼马议叙章程》，再开捐纳，即自咸丰三年僧格林沁奏请暂开蒙古捐例到咸丰六年"章程"的出台，在仅仅三年期间清廷却至少开办过两次蒙古捐纳。

清末，随着清政府的腐败和财政开支急增，捐纳更加泛滥，而且在开

---

① 《著察哈尔都统麟传知叶古则尔呼图克图等毋庸捐输马匹事上谕》（道光二十二年七月初一日），载中国第一历史档案馆：《鸦片战争档案史料》（六），天津古籍出版社，1992，第8页。

② 《清史稿》卷112，志第87，选举。

③ 《奉旨僧格林沁奏请令蒙古王公等捐输驼马著兵部等议奏》（咸丰三年七月二十九日），载吕坚主编《清政府镇压太平天国档案史料》第九册，社会科学文献出版社，1993，第54页。

捐期限内不能筹集清廷所需浩繁的钱财时，朝廷常以"展限蒙古捐输新章"的手段，打开更多财路。例如，同治八年（1869）清廷下令将蒙古捐输停办时间延期一年，同治十二年（1873）和光绪二年（1876）、光绪四年（1878）则曾下令分别延期两年①，暂行事例几乎达到一开无法停捐的地步。

清代蒙古地区捐纳的实施始终与清朝政府政治、军事、外交等方面的重大政策紧密相连，其内在因素也体现出自身独有的地区特点和时代特征。

蒙古地区为清代畜牧业重地，家畜便成为蒙古王公捐输的主要物种之一。清前期，康、雍、乾三朝，每逢派兵出征、组建牧场、皇帝出巡等情况时，屡开蒙古捐例，搜刮大量家畜、银两等钱财。尤其征战新疆、青海、西藏等边疆地区时，因路途遥远，军粮缺乏，加之面对准噶尔等游牧民族强大的骑兵，清廷自然需要大量军用家畜。因此，这一阶段蒙古向清廷所捐财物中除了银两外，官兵乘骑和口食所需骆驼、马、牛、羊等家畜为数最多。另外，鉴于蒙古地区阶级结构的特点，为笼络蒙古封建统治阶层，清廷给外藩蒙古各旗最高长官札萨克授予世袭特权，还向各级蒙古王公贵族授予汗、亲王、郡王、贝勒、贝子、镇国公、辅国公等崇高的爵位。基于这种管理模式或统治系统，清代蒙古地区的捐纳对象多为处于统治阶层的各级军政长官和僧俗王公贵族，悬赏形势也以捐虚衔为主。这在客观上给清代的蒙古地区捐纳增添了浓厚的民族特点和地区特点。

清中叶以后，随着清政府日趋腐败和内忧外患的加重，财政支出激增，库存亏缺，陷入军饷不足、外债沉重等困境。为寻觅筹银之道，捐例加开更多花样，劝诱捐纳。比如，同治三年（1864），开设银捐新班，另订新章，采取减成捐银法，到同治八年（1867），又设十成实银班，称"银捐"，晋升时选用最优，他途莫及②。受清廷所面临的困境及其推行的筹银政策影

① 中国第一历史档案馆藏军机处录副奏折：乌里雅苏台将军福济等《奏为蒙古捐输新章拟请展限事》（同治八年十二月二十三日）；乌里雅苏台将军长顺《奏请蒙古捐输新章展限二年事》（同治十二年闰六月初九日）；乌里雅苏台将军额勒和布等《奏为所属添修城工未完请将蒙古捐输再展限两年事》（光绪二年四月十三日）、《奏为蒙古捐输新章请旨再行展限二年事》（光绪四年三月二十九日）。
② 赵尔巽等撰《清史稿》（十二）卷112，志第87，选举，中华中局，1977，第3233页。

响，该时期蒙古王公贵族除捐输大量家畜外，所捐银两数额亦属惊人。咸丰六年的蒙古捐例中就捐输银两做了具体而详细的规定，在外藩蒙古各札萨克旗札萨克、头等台吉、塔布囊，闲散头二三四等台吉、塔布囊等捐银方面，从 50 两至 5000 两，竟然分出 15 个等级，根据所捐银两多寡和捐纳者现有爵位品级，分别酌情授予记录、加级，或依等晋升爵位，捐银若超出 5000 两则"随时请旨"，由皇帝亲自奖叙。此外，还对外藩蒙古各旗管旗章京、副章京、参领、佐领、骁骑校、土默特两翼，察哈尔八旗，热河额鲁特等处参领、佐领、骁骑校、前锋校、护军校等捐银数额等级及相应奖叙办法也做了具体规定。光绪四年（1878）清廷以银捐"序补过速，有见缺指捐之弊"为由，曾下令停止银捐。但从上述史实可以看出，直到清末蒙古王公相互攀比爵位品级，争先晋升，加捐竞争之风非但未能终止，反而愈演愈烈。

更值得关注的是，晚清，蒙古王公所捐银两中除家畜折银、蒙民摊派、王公俸银等原有银源之外，还包括报垦草场所得"开荒银"，这一现象在漠南地区尤为突出。清中叶以后，随着朝廷逐步松动和废弛蒙禁政策，在漠南东部的卓索图盟、哲里木盟、昭乌达盟及中西部的察哈尔、乌兰察布、伊克昭盟等处王公贵族中掀起租典、招垦、报垦草场现象，其捐输银两中即出现"报效地价"（开荒银）等概念，且数额巨大。光绪朝后期，镇国公旗积极报垦，仅该一旗以"报效国家之款"之名一次捐输地价银高达 158630 余两，为此，盛京将军奏请奖叙该旗镇国公喇什敏珠尔等四人。光绪二十二年（1896）理藩院奏定的《蒙古捐输章程》中规定：台吉、塔布囊等应行戴用花翎者，即各以 1200 两为断，准以四成实银上兑①，遵照这一规定，清廷从该旗所捐开荒银中扣出协理台吉土门吉尔噶勒、吉克济特札布及管旗章京卜彦托克他虎等三人捐纳花翎应付银 1440 两，分别赏戴花翎。另外，理藩院认为剩余 157198 两，数额仍属巨大，至于如何奖叙该旗镇国公喇什敏珠尔，该院奏请皇帝亲自裁决。

随着蒙古地区农业的发展，蒙古王公贵族也开始捐输粮食等农作物。正如咸丰皇帝称"内外各札萨克蒙古王、贝勒、贝子、公、台吉、额驸等，

---

① 《札为准理藩院咨复议准蒙员等赏戴花翎饬知由》，载李澍田主编，张文喜等整理《东北农业史料》（蒙荒案卷·办理札萨克镇国公旗蒙荒案卷），第 99、100 页。

或捐输驼马、银、米或捐输应得俸银"①，说明此时蒙古捐物中已包括粮食制品。咸丰四年（1854），卓索图盟喀喇沁旗蒙古王公到平泉州向朝廷捐输粮石②，光绪年间，黑龙江将军文绪等奏请，奖叙捐输兵粮的哲里木盟达尔汉王郭木博旺吉勒等人③。

综上所述，无论是捐纳家畜，还是捐纳开荒银（包括其他银两）和粮米，均见证蒙古捐纳不断扩大和泛滥的真实情形，同时体现了清代蒙古捐纳的地区特点和时代特征。

三

清朝是中国封建中央集权制度的高度发展阶段，皇帝是这一政治制度的统治核心，从中央到地方国家统治管理系统健全，等级森严。因此，在蒙古捐输问题上清朝政府通过军政管理机构和相关法令左右蒙古王公贵族，推行蒙古捐输，搜刮该地区丰富的资源。清政府对蒙古采取的强制摊派或官价抑买等措施属清代广义捐输之范畴，带有政府勒索苛派性质，是确保成功推行蒙古捐输的重要保障。学术界也多从广义捐输的角度分析清代蒙古捐输，指责清王朝剥削和压迫蒙古民族的历史罪行。

有清一代，清政府之所以能够成功推行蒙古捐输，除了中央政权的强制措施之外，同蒙古王公贵族的积极配合，踊跃捐输有着不可分割的内在联系。因此，从蒙古王公的情愿捐输，尤其从狭义的捐输剖析清代蒙古捐输，则会得出更加客观的结论。

首先，蒙古王公贵族为国效劳或报答皇恩积极捐输是确保清廷能够顺利推行蒙古捐输的重要因素之一。其一，正如史料记载："内外蒙部多贵戚，每征伐，争先输马、驼，汉唐以来所未有也"④，即清廷为笼络蒙古王公贵族，

---

① 《文宗实录》（第四册）卷233，《清实录》（第四三册），中华书局1987年影印本，第629页。
② 《奏为平泉州盘收蒙古捐输米石请给发运脚银两事》（咸丰四年十二月十四日），中国第一历史档案馆藏军机处录副奏折。
③ 黑龙江将军文绪等：《奏为蒙古王公达尔汉王郭木博旺吉勒等接济兵粮请旨分别议叙事》（光绪十一年三月），中国第一历史档案馆藏军机处录副奏折。
④ 赵尔巽等撰《清史稿》（十四）卷141，志第116，兵12，马政，中华中局，1977，第4175页。

授予崇高的爵位或通过联姻提升其社会地位，使其享有优厚的待遇。正因如此，每逢年班或朝廷筹饷时蒙古王公情愿捐献，为国效劳，或"报效皇恩"，得到皇上的"恩宠"。乾隆九年（1744），皇帝前往盛京，内札萨克五盟王、贝勒、贝子、公、台吉等情愿贡备马10000匹、驼400峰、车600辆，听候指拨应用，乾隆帝予以"赏收"，并谕称："沿途换剩马匹仍照例赏给蒙古王公"①。其二，清朝平定准噶尔前，由于漠西蒙古与漠南、漠北蒙古之间的矛盾和冲突，导致大漠南北蒙古王公力图借助清朝政府的势力击败对方，或者事后表示感恩，向清廷积极捐物纳银。如，康熙三十五年（1696），漠北喀尔喀蒙古"为感圣祖破噶尔丹，得归原牧地，献驼马多不可计"②。

在清代蒙古捐输中以上情形具有蒙古王公贵族情愿捐献的性质，应亦属广义捐输范畴，也是清廷推行蒙古捐输的重要保障之一。

其次，蒙古捐纳是确保清廷顺利推行蒙古捐输的另一项重要因素。蒙古捐纳在康、雍、乾各朝已有较快的发展，尤其在清中叶以后，因朝廷财政亏空，广开捐纳，蒙古王公贵族的捐纳之风即出现上升态势。而且，清廷为获取更多的钱财，定有"捐纳官或非捐纳官，于本班上输资若干，俾班次较优，铨补加速"等很多附加条件，诱使捐纳者间攀比爵位高低，依靠捐物多寡，争先捐纳，提升自身或子孙爵位品级。这也是清代蒙古王公贵族踊跃捐输的重要动机之一。比如，咸丰六年（1856）七月初十日，锡林郭勒盟阿巴噶旗札萨克台吉杜噶尔布木将捐输马1200匹送交察哈尔都统处验收。当时"章程"规定："札萨克头等台吉捐输驼马至七百匹者加镇国公衔，加四级，捐至八百匹以上随时奏明"③，经理藩院等有关部门奏请，于咸丰六年（1856）皇帝谕称，该台吉情殷报效，遵照相关规定赏给镇国公衔，并赏加四级，以示鼓励。值得注意的是，按照"章程"规定，杜噶尔布木只需捐马700匹即可授予镇国公衔及加四级悬赏，可为何多捐500匹？分析相

---

① 《高宗实录》（第六册）卷455，《清实录》（第一四册），中华书局1986年影印本，第925、926页。

② 赵尔巽等撰《清史稿》（十四）卷141，志第116，兵12，马政，中华中局，1977，第4171页。

③ 裕诚等奏《奏请奖叙西林果尔盟阿巴噶札萨克头等台吉杜噶尔布木捐输马匹事》（咸丰六年九月二十三日），中国第一历史档案馆藏军机处录副奏折。

关捐例及悬赏结果就能清楚地看到其内在因素。"章程"规定：蒙古札萨克、汗、亲王、郡王、贝勒、贝子、公、闲散王、贝勒、贝子、公等捐马"八百匹以上，随时请旨"，根据这条规定，咸丰皇帝不仅赐给杜噶尔布木本身应得的爵位品级，同时谕理藩院查明该台吉子孙，照例给予奖励。又如，光绪五年（1879），因捐输银两被清廷同时悬赏的漠北喀尔喀四部僧俗王公贵族就有图什业图汗那逊绰克图、车臣汗车林多尔济、三音诺彦部札萨克和硕亲王车林敦多布、札萨克图汗部贝子衔札萨克辅国公车德恩敦多布多尔济等近二十人，受赏者中也有不少捐纳者子孙①。

　　清代蒙古王公通过捐纳为其子弟授予爵位的做法早已存在，为此，同治元年（1862）清廷又制定专项条款，规定：蒙古王公、台吉等捐输驼马等项恳请移奖子弟，"如未及岁，俟及岁时由院查照捐输例具奏请旨"②。此外，王公贵族不仅通过捐纳为其子弟封爵，而经皇帝"加恩"，捐纳者所受爵位亦可由其子孙世袭享有。图什业图汗部花翎辅国公衔四等台吉三音巴雅尔，因捐输银两，"加恩以辅国公衔，世袭罔替"；三音诺彦部贝子衔札萨克辅国公额尔奇木济尔噶朗和镇国公衔札萨克台吉车德恩丕勒也因捐输，分别授予贝子衔和公衔，并均准"世袭罔替"③。

　　清廷有时按照暂行捐例所定期限下令停捐，拒收捐物。在这种情形之下，为达到晋升等目的，蒙古地区一些官员及王公贵族，以不择手段，设法捐出钱财，甚至有些人由此受到朝廷的惩罚。捐输中出现的这种异常现象进一步证实蒙古王公贵族力争捐官的真正动机。例如，道光二十二年（1842），军机大臣奉旨，令察哈尔都统称："现在马匹足敷调用，嗣后恳请捐办之处，著即停止"④。又如，同治年间，清廷开办蒙古捐例，并限定于同治十一年六月期满停捐。次年三月，乌里雅苏台将军常顺以先前已"奏请展限"为由，奏请悬赏台吉布音德勒格尔等人，理藩院查核后认为常顺

① 《德宗实录》（第二册）卷 99，《清实录》（第五三册），中华书局 1987 年影印本，第 476、477 页。
② 《清会典事例》卷 989，理藩院，捐输，中华书局 1991 年影印本，第十册（下），第 1217 页。
③ 《德宗实录》卷 30、卷 34，《清实录》（第五二册），中华书局 1987 年影印本，第 438、489 页。
④ 《著察哈尔都统铁麟等停止官兵等捐办马匹备用事上谕》（道光二十二年七月初一日），载中国第一历史档案馆：《鸦片战争档案史料》（六），天津古籍出版社，1992，第 8 页。

未曾奏请展限，以应奏未奏为由，处以常顺"降二级留任"。①

清廷为捐物所定的严格标准也可证实清代捐纳应有的特质。清廷对蒙古王公所捐驼马等定有严格的标准，要求内外札萨克王公、台吉等捐输马匹，要挑选膘壮，口轻者解交，必要时则拒绝呈请折交银两，亦不准以疲瘦口老者充数，"违者斥驳更换"②。

总之，就捐纳而言，政府与捐者之间立足于各自的利益，建立一种纯粹的卖官和买官的交易关系。在清代蒙古捐输中，蒙古地区各级军政长官及王公贵族作为捐献者处于被动地步，而清廷以"赏收"者却占有主动权，对所捐财物严加挑剔或时而拒收，甚至予以惩处，充分暴露清代蒙古捐纳的特质，这也是清朝政府之所以能够成功推行蒙古捐输的一项重要保障。

综上所述，清代蒙古捐纳推行时间长，覆盖范围广，花样繁多，纯属朝廷与蒙古王公之间的钱财与官衔交易，这对清代蒙古社会带来了较大的影响。从广义的捐输考查，蒙古捐输为弥补清朝政府的财政亏空，筹集军饷，统一边疆，稳定社会秩序，抵御列强的入侵，维护国家的统一等方面作出了应有的贡献。但就清代狭义的捐输，即蒙古捐纳而言，却利少弊多。蒙古地区各级军政长官及僧俗王公贵族均参与捐纳，换取官衔，只凭所捐财物，不识个人才能，导致官吏无能，吏治败坏。以捐贡生、监生为例，康熙朝初期规定："有蒙古荫生、监生内不识满字者，亦有全不识字者，不便以部院衙门用"③，这见证捐班者多无学术，何能称职。道光皇帝也曾说："我最不放心者捐班，他们素不读书，将本求利，廉之一字，诚有难言。"④另外，捐纳加重了清王朝与蒙古王公贵族对蒙古民众的双重剥削，导致蒙古人民陷入水深火热的困苦之中。加之，蒙古王公相互攀比官衔爵位，捐纳晋升，甚至由其子孙世代世袭，倚仗权势，欺压百姓，进一步激化阶级矛盾，从而影响蒙古社会的稳定和经济文化的发展。

（原文发表于《西部蒙古论坛》2010年第2期）

---

① 《穆宗实录》（第七册）卷356，《清实录》（第五一册），中华书局1987年影印本，第711页。
② 《清会典事例》卷989，理藩院，捐输，中华书局1991年影印本，第十册（下），第1216页。
③ 《圣祖实录》（第一册）卷9，《清实录》（第四册），中华书局1985年影印本，第152页。
④ 张集馨：《道咸宦海见闻录》，中华书局，1999，第119、120页。

明代佛教方志与明代诏敕研究[*]

◎ 曹刚华

明代佛教方志是指由明代佛教僧人或文人居士撰写的关于佛教地理环境、人文环境、名胜古迹的文献。较著名的有《武林梵志》《泉州开元寺志》《破山兴福寺志》《径山志》《邓尉圣恩寺志》等。

明代佛教方志长期不受学术界研究者的重视，自清代、民国以来的学术界对明代佛教方志的编撰、刊刻、史料价值都是批评甚多。如《四库全书总目提要》编撰者批评《径山志》是："殊多猥琐"、"冗沓宜矣"，评价《径山集》为："鲁鱼亥豕叠出，为白璧蝇玷云"，评价《禹门寺志》是"多未雅驯"，批评葛寅亮《金陵梵刹志》是："编次颇伤芜杂"，批评《上天竺山志》是多为附会，没有实录精神，实不足取。①

清人翁方纲对明代佛教方志也是大加批评，他品评《灵山寺志》曰："《灵山寺志》旧有景泰志、嘉靖志，至是云始重辑，前有云自序。及寺僧寂曙志其修辑缘起，内称'庚辰''戊子'是重辑在万历八年，雕版在万历十六年也。吴云自序乃无月日，明人修志之陋如此。"②

实际上，明代佛教方志的资料来源或是直接取自碑刻铭文，或是经过仔

---

* 本文是"中国人民大学科学研究基金（中央高校基本科研业务费专项资金资助）项目成果（20100301742）《清代佛教史籍研究》阶段性成果之一。

① （清）永瑢等编《四库全书总目提要》卷77，中华书局，1989。

② （清）翁方纲：《四库提要分纂稿》，上海书店出版社，2006，第150页。

细考证，尽管有些牵涉到佛教神秘的内容，但大致来说，史料可信度还是较高。作者或"探考疏略"，或"考之旧碑，且旁采他集，而益以耳目所睹闻者"，① 或"取碑志、灯录综遮之，而参以老宿闻见所逮，汇纂成编"。② 可以说，它不仅是研究中国佛教史的巨大资料宝库，也是补遗、订补、辑录中国古代文献的重要来源之一。

关于明代诏敕文献的搜集，前人早有关注，如明人有《皇明诏制》《皇明诏令》《皇明制书》等，《明实录》中散见记载了明代各朝的相关诏敕。今人则有《全明文》③《洪武御制全书》④《明太祖朱元璋扶持利用宗教史料一束》⑤ 等记载明初期的诏敕。尽管如此，还有很多明代诏敕没有收全，散见于各书之中。今以明代佛教方志收录的明代诏敕为例，阐明其在历史编纂学、明代佛教史研究上的重要意义。

一　宋明传统方志中的诏敕编排

诏敕是指以皇帝名义颁行的命令。在中国古代的君主专制王朝，皇帝发布的命令属于国家最高决策，具有神圣色彩。⑥ 宸翰是指帝王的墨迹。宋赵彦卫《云麓漫钞》卷一曰："我渊圣皇帝居东宫日，亲洒宸翰，画唐十八学士，并书姓名序赞，以赐宫僚。"无论是诏敕、圣制还是宸翰都代表了皇家的无上尊贵和威严，后人或是将这些诏敕、宸翰汇编成集，或是将其放到篇首，以示敬奉，这在中国历史编撰学上也形成了一个独特的风景线。

据笔者所见，现存方志中较早明确出现尊奉诏敕的是南宋时期的《严州图经》，该书共有八卷，现存一至三卷，撰者特别著录"建隆元年太宗皇

① （明）释元贤：《泉州开元寺志》序，杜洁祥主编《中国佛寺史志汇刊》，台北丹青图书公司印，1985，以下佛教方志如未特别标出者，皆为此本。
② （明）陶汝鼐：《大沩山古密印寺志》凡例，清同治年间刊本。
③ 章培恒编《全明文》第1册、第2册，上海古籍出版社，1992。
④ 张德信、毛佩琦：《洪武御制全书》，黄山书社，1995。
⑤ 陈怀仁编《洪武六百年祭》，南方出版社，2001。
⑥ 诏敕可以分为诏、敕、令、谕、制、册、书、祭文、祝文等类。关于其分类研究，请参见黄才庚《我国历代诏令文书发展述略》（《四川大学学报》1990年第3期）、万明《明代外交诏令的分类考察——以洪武朝奠基期为例》（《华侨大学学报》2009年第2期）等。本文不赘言，皆统称为诏敕。

帝初领防御使诏、宣和三年太上皇帝（高宗）初授节度使制，敕书榜文二道"，并将其放在卷首。其原因虽然与"建隆元年太宗为睦州刺史，封天水县开国子。宣和三年，高宗授遂安庆源等军节度使，进封康王"① 有一定关系，但撰述者敬奉之心显而易见。

方志中，特别设置宸翰类目的是南宋时期的《仙溪志》。该书共十五卷，采用繁复平目分列体，现存四卷。卷一记载地理、物产，有叙县、道里、乡里、官廨、县郭、坊表、宸翰、学校等 31 类；卷二有令佐题名、进士题名；卷三有衣冠盛事、仙释、祠庙、祠堂、冢墓；卷四有唐及五代人物、宋人物。

该书宸翰类收录有七则宋代皇帝的诏敕、诗赋，如《戒石铭批诏》《赐字君谟》《春风赋》等。撰者编撰宸翰篇目的是昭然若见，所谓"云汉之章示异宠也，见者当耸然而作，如望旄头之尘，而听属车之音，僻远臣子亲被宸奎，其际遇亦荣矣"②，一是对皇家敬奉之心，一是借助宸翰篇来提高方志的地位。

从一定程度说，南宋《严州图经》《仙溪志》当为中国方志与皇家诏敕、宸翰紧密结合的较早之作。前者是将诏敕放在全书的篇首，后者是单独设立宸翰篇目，专门著录皇帝的诏敕、诗歌。这些做法在宋元方志并没有引起很大的影响，但是对明清时期，尤其是对清代方志的编撰影响甚深。③

明代方志也收录有很多的诏敕，在编排上，由于体裁的不同，有以下三种方法。

一是将诏敕放在方志的卷首，如嘉靖年间编撰的《大明一统图叙》，撰者将御批圣旨放在卷首，以示尊奉。④ 再如万历年间刘洪谟编纂的《芜关榷志》卷上在记载内容之前，则开列明代敕书三则。⑤

二是有些平目体方志多将诏敕单独列一类，或称为诏令类（志）、诰敕

① （宋）刘文富：《淳熙严州图经》卷首引《开有益斋读书志》《宋元方志丛刊》，中华书局，1990。

② （宋）黄岩孙编《仙溪志》卷 1《宸翰类》《宋元方志丛刊》，中华书局，1990。

③ 清代方志中圣制类、宸翰类甚为普遍，撰者多将其放在全书的卷首。（张松斌：《实用中国方志学》第三节，海潮出版社，1997。）如康熙时《江都县志》、乾隆时《江南通志》、嘉庆时《宝丰县志》等，不一一列举。

④ 林平、张纪亮编《明代方志考》第 1 页，四川大学出版社，2001。

⑤ （明）刘洪谟：《芜关榷志》，黄山书社，2006。

类，或称为宸翰、纶音类。如万历时期《应天府志》共三十二卷，明人程嗣功修，王一化纂，该书记事地域范围，相当于今江苏江南大茅山、溧阳县以西和江北的江浦、六合县地。设纪、表、志、传诸体。卷前有序、凡例及应天府境图。卷一至三郡纪，卷四沿革表，卷五至七历官表，卷八至十封爵表，卷十一至十二科贡表，卷十三荐举表，卷十四至三十二有诏令志、土地志、山川志、建置志等。又如万历时期的《盐城县志》也是专门设置《纶音志》一卷，收录皇帝的诏敕诰谕。再如嘉靖时期的《龙江船厂志》，单列《训典志》，并将其放在全书的开卷。

三是有些三级分目的方志，或是纲目体的方志则将诏敕或是放在艺文、文章，或是放在恩典、宸翰、制命等志类中，这是明代方志编排诏敕的一种十分常见的方式。如崇祯时期的《江阴县志》共八卷，明人冯士仁修，徐遵汤、周高起纂。该书卷首有旧序、凡例、参修名录、目录。卷一职方志、建置志，卷二经野志，卷三职官志，卷四人物志，卷五至七艺文志，卷八杂俎志。其中艺文志又分为宸翰、奏疏、条议、记、序、书、叙、说、赋、诗词类。再如嘉靖时的《安溪县志》共八卷，其中有文章类，其下又分宸翰、士翰二目，宸翰即皇言，专收诏谕之类。类似上述将诏敕、制令编排在艺文、宸翰、文章类例子非常多，不一一列举。

明代方志中设置诏敕、制令、宸翰等类的目的是什么呢？正如嘉靖时《六合县志》卷六《艺文志》解释设置制命类时所言："乃当世之荣，而人情之所同也。然恩不滥及，人不可幸致，故志诰敕以彰吾人重君命云。"[1]一言蔽之，一是尊奉皇家，一是荣耀地方。

为什么，明代会大规模出现将诏敕编排在宸翰、艺文中呢？这一方面与宋元时期出现这种编排方法有关系，更主要的原因是官方上的规定。明统治者十分重视方志编修对国家资政、教化的重要性，开国之初，即数次下令各地编修地方志。"凡隶于职方者，咸令以其志上之，盖将纪远近，考古今，审沿革，校异同，以周知夫四方之政。"[2]永乐十年、永乐十六年制定统一

---

[1]（明）董邦政修，黄绍文、徐楠等纂《六合县志》卷六，《天一阁藏明代方志选刊续编》影印本。

[2]（明）姚涞：《明山先生存集》卷3《任丘志序》，《北京图书馆古籍珍本丛刊》，书目文献出版社，1988。

的《撰修志书凡例》，供天下编修方志使用。

在较早的永乐十年的《撰修志书凡例》中，并没有明确诏敕、制令类的编排，在诗文类中只是规定"自前代至国朝词人题咏山川、景物、有关风俗人事者，并收录之"①。但在永乐十六年颁降的《撰修志书凡例》诗文类中，则明确规定"先以圣人明制诰别汇为一卷，所以尊崇也"，其次再记载与地方有关的诗歌文赋。② 这种规定直接影响了明代方志中诏敕的编排方式。

可以说，明代方志在编排诏敕上，起到了承上启下的作用，一方面，继承了宋元时期的做法，另一方面，通过官方的规定，将方志中编排分类诏敕进一步明确化、具体化，为清代方志中诏敕的格式化、制度化奠定了一定的基础。

二 明代诏敕在佛教方志中的编排

明代佛教方志中收录有大量的明代诏敕，从笔者粗略统计来看，大致有二百余条，颁布的年代从太祖洪武朝至神宗万历时期，按照数量多少，排序如下：太祖洪武朝（99），成祖永乐朝（41），神宗万历朝（16），宪宗成化朝（11），宣宗宣德朝（9），英宗正统朝（8），代宗景泰朝（8），孝宗弘治朝（7），世宗嘉靖朝（7），英宗天顺朝（3），武宗正德朝（3）。

从时间段来看，明代前期的洪武、永乐、明后期的万历是颁布佛教诏敕较多的朝代，一定程度上反映了明太祖、成祖、神宗对佛教的大力支持，这与史料记载也较吻合。"太祖高皇帝受天明命，君临四海，遵前王之大法，主一代之成规。苟可以善世导民者，莫不引而进之，深谓释迦之教，化民为善，有阴翊直功，不可废也。"③ 他经常将僧人"召入禁中，赐坐与讲论"④，并认为"释迦之为道也，惟心善世，其三皇五帝，教治于民，不亦

---

① （嘉靖）《寿昌县志》卷首，永乐十年颁降《修志凡例》，国家图书馆藏明嘉靖四十年刻本，万历十四年增刻本。又见博振伦《中国史志论丛》，浙江人民出版社，1986、赵庚奇《修志文献选辑》，北京燕山出版社，1990、张英聘《明代南直隶方志研究》等书。

② （正德）《莘县志》卷首，《天一阁藏明代方志选刊》，上海古籍书店影印本，1965。又见于傅振伦《中国史志论丛》，浙江人民出版社，1986、赵庚奇《修志文献选辑》，北京燕山出版社，1990、张英聘《明代南直隶方志研究》等书。

③ 明永乐十五年，王达撰《故僧录司右善世一原宗法师塔铭》，柴志光、潘明权主编《上海佛教碑刻文献集》，上海古籍出版社，2004，第113页。

④ （清）张廷玉：《明史》卷139《李仕鲁传》，中华书局，1974。

善乎？何又释迦而为之？盖世乖俗薄，人从者实少，尚华者众，故瞿昙氏之子异其修，异其教。"① 明成祖为表示对佛教的支持，亲自撰写《神僧传》并为之做序。②

在结构编排上，明代佛教方志与传统方志略同，有三种方式。

一是将诏敕放在卷首的编排。如明人葛寅亮编撰的《金陵梵刹志》，共五十三卷。卷一御制集，卷二钦录集，卷三至四十七寺院，卷四十八废寺名，卷四十九南藏目录，卷五十至五十三各寺条例。前有葛氏自序、凡例、目录。该书卷一《御制集》收录的明太祖佛学论文、诗文近八十篇，最为齐全，卷二《钦录集》，收录明代诸帝有关佛教的诏敕法令等。再如周应宾编撰的《普陀山志》，共六卷，十二门，宸翰为首，收录诏敕四通，御制序文二首，都是万历年间明神宗撰写。再如《四明延庆讲寺志》也是将明成祖敕谕放在卷首位置。

一是单独设置类目。如明人吴之鲸编撰的《武林梵志》，共十二卷，"先博考乘牒，分城内城外南山、北山及诸属县，凡得寺四百二十六所，俱详创置始末、及其山川形胜"③，后分天朝宠锡、宰官护持、古德机缘等类。在天朝宠锡类中，专门记载历代皇帝对杭州寺院的赏赐，其中收录了明代皇帝的诏敕。再如明人吴道新编撰的《浮山志》，单独设置御制类，著录《明神宗皇帝御赐龙藏诏敕书》。再如《邓尉山圣恩寺志》设置有圣制类，专门著录了明代皇帝的诏敕诗文，《西天目山志》也设有《敕谕》类，专门收录明代皇帝的诏敕。

一是在艺文、僧制等类目下收录诏敕。如释大壑编撰的《南屏净慈寺志》（共十卷，七门）中有僧制类，"以备典刑"，其下就著录明代与僧制有关的皇家诏敕。④

从上可见，明代佛教方志编排诏敕的方法与传统方志相似，但略有不同的是，佛教方志更加敬奉皇权，凸显皇权在佛教中的地位。如将诏敕放在全

---

① 张德信、毛佩琦主编《洪武御制全书》《御制文集补·佛教利济说》，黄山书社，1995，第308页。
② （明）朱棣：《御制神僧传序》《大正大藏经》本。
③ （清）永瑢等编《四库全书总目提要》卷77。
④ （明）释大壑：《南屏净慈寺志》卷九。

书开篇的佛教方志多了，如单独设置诏敕类的佛教方志多了，将诏敕放在艺文类的佛教方志少了。这些都显现佛教方志编撰者的皇权意识的增强，这与佛教方志编排诏敕的目的也有很大的关系。

与传统方志一样，重视王权，敬奉皇家是佛教方志重视诏敕编排的一个主要目的。如葛寅亮在《金陵梵刹志》中就反复强调："奉《御制》、《钦录》二集畀之简前，遵王章也。"① "序次先宸墨，尊昭代也。"② 《普陀山志》的撰述者也说，重修的《普陀山志》主要在于宣扬君德。"今志重在寺要，以尊君贶，是编之大指也。"③

与传统方志略有不同的是，由于佛教与王权之间有千丝万缕的紧密关系，所谓"不依国主则法事难立"④，皇家的恩宠与否代表了佛教寺院政治地位的高低与其前途命运。因此在编修一山一寺时，大力宣扬这种荣耀是彰显寺院自身地位的最好手段。正如吴之鲸在《武林梵志》阐释记载宋元皇帝以及明太祖、成祖的赏赐、诏敕时曰："皆列本寺以彰隆遇"⑤，彰显之心一目了然。

有的寺志则借诏敕来保护寺院不受侵犯。元明以来，佛教衰微，僧众散佚，寺院荒废，许多地方豪强地主、佃农趁机抢夺佛教寺院的土地。雪峰山是佛教有名的传法之地，唐咸通中就有属于寺院的田产，明万历七年，奉旨丈量土地，"仅存侯官名都田园七千一百余亩，较之先代檀那所施十不得五。"大部分土地落入地方豪强地主、耕夫佃农之手，僧众"莫敢谁何"。再加上"年来当事者又括寺田，充兵饷，而岁如租税尚不足轮官，僧徒苦无宁日，履斯地者莫不篙目而伤心，"以至时人感叹"若夫掊豪强，使万亩污那尽归常准无几"⑥。

泉州开元寺也是福建一所著名寺院。"洪武三十一年，高祖皇帝命僧正映来住持，映至修举废坠，不数载，寺为之中兴。"但到了"成弘间，遂复

① （明）葛寅亮：《金陵梵刹志》序。
② （明）葛寅亮：《金陵梵刹志》凡例。
③ （明）周应宾：《重修普陀山志》序。
④ （梁）释慧皎：《高僧传》卷5，《大正大藏经》本。
⑤ （明）吴之鲸：《武林梵志》卷7。
⑥ （明）徐勃：《雪峰志》卷6。

云散四方，丛林规制，日就陵夷。至隆万之际，老成凋谢而佛宇僧舍，强半民居，甚至戒坛为火药匠所据侵。"① 嘉靖三十七年，附近的"水陆寺为豪右所夺，僧无所获"②。

怎样才能保护寺院利益不受地方士绅豪强地主的侵害呢？在佛教方志中彰显代表皇权的诏敕是一个较有效的方法。所谓"豪右不敢鱼，徒属不敢鬻，祖塔僧庐免于草莽，名迹护法垂若日星，侵者还仆者起皆志书一线之力也"③。

从历史文献编纂学角度来说，明代无论是传统方志，还是佛教方志，它们或是专门辟出独立类目，或是将诏敕放置卷首，或是在艺文、文章类中记载王朝的诏谕和圣制，是专制主义中央集权统治深入发展的一个重要表现。这些类目的定型对清代方志编撰有较深的影响，以至清初的康熙、雍正时期的方志将"诏令""谕""表""章""露布"等名目附入艺文部分，清代道光以后的方志，"卷首"成为固定的体例类目，其卷数也逐渐增加，且许多州府县志受此影响甚深。④

三　明代诏敕的史料价值

从内容上来看，佛教方志中收录的明代诏敕多与佛教有关，这些诏敕记载了明代官方与佛教之间的关系，是研究明史、明代佛教史珍贵的文献资料，具有十分重要的史料价值，具体来说，有以下几个方面。

1. 记载了明代官方修撰、颁赐《大藏经》的细节

藏经是一切佛教经典的总汇，一定程度上是佛教的象征。明代洪武五年、永乐十年、永乐十九年，国家先后编撰、刊刻《洪武南藏》《永乐南藏》《永乐北藏》，工程巨大，尤以明成祖时期为重，其间过程诸多史书有所记载，但明代佛教方志中收录关于大藏经编修的诏敕多不见于它书，价值更为珍贵。

---

① （明）释元贤：《泉州开元寺志》《建置志》。
② （明）释元贤：《泉州开元寺志》《建置志》。
③ （明）陈继儒：《鹤林寺志》序。
④ 参见周琼《明清滇志体例类目与云南社会环境变迁初探》，《楚雄师范学院学报》2006 年第 7 期。

如明太祖洪武五年，"春，即蒋山寺建广荐法会。命四方名德沙门先点校藏经"①。

明成祖宗编修的藏经底本较好，尽可能选取了全国所有的藏经进行底本比对，凡是需要任何旧藏经版本，都可以随时调取。如听说苏州承天寺有旧藏，即可传旨："'外面何处有旧藏经？再要取一藏来。钦此。'五月初五日早，一如、慧进于奉天门内题奏：'奉旨要取旧藏经，近日取来的僧法涌说，苏州承天寺有旧经一藏，合无去取。'奉圣旨：'差人去取，就着说的僧同去。钦此。'"同年"三月初五日，道成等于西红门口题奏：'庆寿寺旧藏经不全，闻彰德府有，合无差人去取来，与新经校正。'奉圣旨：'着礼部差人去取。钦此。'"②

为了保证藏经的质量，明成祖明确表示不将伪经收入新编的《大藏经》。如成祖以"靖难"夺得帝位后，曾伪造《大明仁孝皇后梦感佛说第一希有大功德经》二卷，借以大张旗鼓地宣扬自己夺位的"合法性"。但当释一如等人将该伪经编入《大藏经》时，他明确表示："荒唐之言，不要入"③。此外，在《大藏经》的校刊、装帧、版式等诸多问题上，明成祖也是亲下诏敕，规定格式。"钦奉圣旨：'将藏经好生校勘明白，重要刊板，经面用湖水褐素绫。'当口题奏：'合无用花绫？'奉圣旨：'用八吉祥绫。'当又钦奉圣旨：'每一面行数、字数合是多少？'当口题奏：'五行、六行的，皆用十七字。今合无只用十七字。'钦奉圣旨：'写来看。钦此。'"④再如永乐十八年正月十六日，敕问："藏经校得好了？"当奏云："已七番校讨好了。"奉旨云："上紧用心。"⑤ 可以说，类似这样关于《大藏经》编修的诏敕在《金陵梵刹志》《上天寺志》中还有不少，这些显示了明成祖编校大藏经的细节，展现出他对佛教的重视态度。

赏赐《大藏经》给各地，也是明代官方推广《大藏经》的又一重要措施，如万历十四年秋，"慈圣皇太后为保圣躬，延国祚，印施大藏十五部，

---

① （明）葛寅亮：《金陵梵刹志》卷2。
② （明）葛寅亮：《金陵梵刹志》卷2。
③ （明）葛寅亮：《金陵梵刹志》卷2。
④ （明）葛寅亮：《金陵梵刹志》卷2。
⑤ （明）释广宾：《上天竺山志》卷11。

皇上颁降海内名山，首及东海"①。可以说，天下海内寺院多有明王朝颁赐的《大藏经》。因此这类赏赐藏经的诏敕在明代佛教方志也较为多见。如明正统十年二月十五日《钦赐杭州上天竺寺大藏经敕命》、② 万历二十七年《赐大藏经敕》、③ 万历二十八年《赐天台国清寺藏经敕》④、万历年间《御赐龙藏敕书》等。⑤

2. 记载了明代佛教寺院经济问题

中国古代农业无疑是决定性的生产部门，佛教寺院也不例外，经过宋代高僧百丈怀海的"一日不作，一日不食"的制度化后，佛教寺院经济的自立更是离不开农业田产。也正因为如此，明代的佛教寺院总是千方百计的多占领、开垦土地，为其生存和发展奠定经济基础。⑥ 明代佛教方志收录的明代诏敕正好反映了明代皇权在经济上对佛教寺院采取的政策。

从诏敕内容来看，赏赐土地是明代皇家对佛教寺院的经常行为。明代以皇帝为首的皇室成员施舍田产给寺院的事例很常见，由于皇室身份高贵，非一般的士绅官宦、民间百姓可比，所以这种施舍的田产又称为"赐田"。这种皇家赏赐的田产享有特权，即是不用交纳粮税，所谓"钦赐田地，税粮全免"⑦。因此，明代佛教寺院特别喜欢这种赏赐的田产，一方面赏赐田产代表了皇家的眷顾，政治上得到了保证；另一方面在经济上，赏赐的田产又不需要交纳粮税，省下一笔开支，两全其美。如洪武十四年下诏，赏赐灵谷寺"僧田二百五十顷有奇。"

洪武十六年正月二十一日，又赏赐天界寺"上元县丹阳乡靖安湖塾镇田地二十九顷有零，溧水县永宁乡相国圩田三十七顷有零，溧阳县永城等乡

---

① （明）释德清：《憨山老人梦游集》卷27《径山达观可禅师塔铭》，北京图书馆出版社，2005。

② （明）释广宾：《上天竺山志》卷11。

③ （明）释镇澄：《清凉山志》卷5。

④ （明）释传灯：《天台山方外志》卷14。

⑤ （明）吴道新：《浮山志》卷4。

⑥ 学术界对佛教寺院经济研究多在魏晋唐宋，如何兹全《中古大族寺院领户的研究》（《食货》第3、4卷，1936）、〔日〕道端良秀《唐代的寺田和僧尼的私有财产》（《支那佛教史学》1938年第2卷）、何兹全编《五十年来汉唐佛教寺院经济研究》（1934～1984）（北京师范大学出版社，1896）、游彪《宋代寺院经济史稿》（河北大学出版社，2003）、〔法〕谢和耐《中国5—10世纪的寺院经济》（上海古籍出版社，2004）等。

⑦ （明）释大壑：《南屏净慈寺志》卷9。

黄芦、雁挖、西赵三圩田三十九顷有零"。

洪武二十五年，太祖诏赐栖霞寺田产一千三百余亩。① 明宣德五年五月，宣宗赏赐给静海寺、天妃宫南京金川门外路东、西的空闲菜地，命"与常住僧道栽种"②。免除寺院的粮税、差役也是诏敕中常见的一个经济内容。如上文中提及的天界寺，太祖亲下圣旨，免收寺院税租，并免去寺院的相关差役。③ 这些诏敕为我们提供了极为珍贵的明代佛寺经济的史料，其价值不言而喻。

3. 记载了明代皇家修建、护持佛教寺院的史事

佛教寺院是供奉佛和菩萨的地方，也是僧众居住、修行的场所，是佛教宣传教义，传播佛法的重要活动中心。修建、护持寺院被认为一功德，因此诸多明代皇帝也多参与寺院的修建、护持活动中。这种诏敕在明代佛教方志中较多，如永乐十一年的《重修报恩寺敕》、④ 宣德三年六月十六日的《修理南京大慈恩寺房屋圣旨》⑤、天顺二年夏的《敕谕护持山西五台显通等寺》等。⑥ 这些为研究明代佛教寺院建筑史提供珍贵的资料。

4. 记载了明代帝王诏令僧众赴会、觐见的史事

明代建国之初，太祖为了迅速安定天下纷乱局面，大力阐扬在社会中具有很大影响力的佛教。他"数建法会于蒋山，应对称旨者，辄赐金襕袈裟衣，召入禁中，赐坐与讲论。"⑦ 其后皇帝也多诏请佛教的大德高僧或是觐见奏对，或是参加皇家举办的佛教活动。这类诏敕在明代佛教方志中也为不少。如洪武年间的《诏两浙高僧校雠内典》《两浙有道行僧人见内廷诏》，⑧ 永乐年间的《敕谕径山赴会僧》⑨，万历年间的《敕谕普陀山宝陀禅寺住持及僧众人等》。⑩

---

① （明）葛寅亮：《金陵梵刹志》卷2。
② （明）葛寅亮：《金陵梵刹志》卷2。
③ （明）葛寅亮：《金陵梵刹志》卷2。
④ （明）葛寅亮：《金陵梵刹志》卷31。
⑤ （明）葛寅亮：《金陵梵刹志》卷2。
⑥ 《清凉山志》卷5。
⑦ （清）张廷玉：《明史》卷139《李仕鲁传》。
⑧ （明）释通布：《天童寺志》卷4。
⑨ （明）宋奎光：《径山志》卷4。
⑩ （明）周应宾：《重修普陀山志》卷1。

当然，明代佛教方志中诏敕的史料价值远不止上述所言，如它记载了明代佛教寺院的各项管理制度，尤其是明代佛教僧官的设置，如僧官的迁补、住持的选任等。《南屏净慈寺志》《金陵梵刹志》中收录的诏敕就大量记载了这些佛教史事。

又如，明人编撰的《嵩书》《嵩岳志》中收录有大量《祭嵩山诏》。①嵩山既是佛教圣地。但同时也是天权君威象征的符号，因此历代帝王多以拜祭，来表示自己的政权是受到上天的恩赐，具有神圣性，明代帝王也不例外，频繁去嵩山诏告上苍与天下。

此外，明代佛教方志还收录有与佛教有关的其他类的诏敕，如《柳亭庵志》上卷记载了洪武四年颁布的外交诏令——《选高僧出使日本国诏》，《清凉山志》卷五记载了成化十七年的建造佛像诏令——《上制为圣母祈庵造镀金文殊像圣谕》等。

当然，我们使用明代佛教方志中收录的诏敕解决相关历史问题时，也要注意其存在的问题：一是诏敕的重复出现，这种现象在佛教方志中较为常见，尤其是通用于全国范围性质的诏令。如明太祖洪武年间曾颁布一系列关于佛教僧尼管理的诏令，通行于天下，这些诏令也都分别被《南屏净慈寺志》《金陵梵刹志》所收录。二是有些佛教寺院为了抬高自己的政治地位，有的会虚假编撰所谓的诏令放在寺院的志书中，这些也有待佛教方志的使用者要仔细考辨，谨慎求证。

总的说来，明代佛教方志编撰者在编排诏敕时，借鉴了传统方志的经验，或是将诏敕编排在卷首，或是将单独设置一类，或是编排在艺文、文章类，较为合理地安插了明代诏敕在佛教方志中的编排，这些对清代佛教方志，以至清代传统方志的体例定型都有较深的影响。另一方面，明代佛教方志中收录的明代诏敕多从皇权角度阐释了明代帝王与佛教之间的关系，无论是修建寺院、赏赐藏经，还是召见僧众、赐紫加身，都是明代帝王对佛教崇信的结果，这些也都为进一步深入研究历史编纂学、明代佛教史提供了珍贵的史料。拙文抛砖引玉，以期引起更多专家学者关注于明代佛教方志与明代诏敕的研究与整理！

---

① （明）陆東：《嵩岳志》卷下，《嵩岳文献丛刊》，中州古籍出版社，2003。

笔者所见明代佛教方志收录的明代诏敕

时间	题名	出处
1. 洪武三年七月五日	祭嵩山诏	《嵩岳志》卷下
2. 洪武四年	选高僧出使日本国诏	《柳亭庵志》卷上
3. 洪武五年壬子	诏两浙高僧校雠内典	《天童寺志》卷4
4. 洪武五年七月十六日	赐蒋山寺僧诏	《金陵梵刹志》卷2
5. 洪武五年七月十六日	赐天禧寺、能仁寺僧诏	《金陵梵刹志》卷2
6. 洪武十年	两浙有道行僧人见内廷诏	《天童寺志》卷4
7. 洪武十年三月十三日	礼部尚书张等奉天门奏准奉圣旨	《金陵梵刹志》卷2
8. 洪武十年八月二日	祭嵩山诏	《嵩岳志》卷下
9. 洪武十二年八月	祭嵩山诏	《嵩岳志》卷下
10. 洪武十四年六月二十四日	开设僧道衙门诏	《金陵梵刹志》卷2
11. 洪武十五年二月十三日	天界寺免粮圣旨	《金陵梵刹志》卷2
12. 洪武十五年三月初六	曹国公奉圣旨	《金陵梵刹志》卷2
13. 洪武十五年五月二十一日	礼部钦奉圣旨、谕钟山寺僧敕	《金陵梵刹志》卷2
14. 洪武十五年六月十七日	本部官于奉天门钦奉圣旨	《金陵梵刹志》卷2
15. 洪武十五年八月初三日	明洪武普智僧会敕	《海盐寺志》卷下
16. 洪武十五年九月二十五日	户部尚书孙英同本部官于武英殿钦奉圣旨	《金陵梵刹志》卷2
17. 洪武十六年正月二十一日	天界善世禅寺住持行椿钦奉圣旨	《金陵梵刹志》卷2
18. 洪武十六年五月二十一日	僧录司官于奉天门钦奉圣旨	《金陵梵刹志》卷2
19. 洪武十六年七月十六日	敕浙江杭州府僧纲司都纲弘道	《上天竺山志》卷11
20. 洪武十六年九月二十日	敕左善世弘道	《上天竺山志》卷11
21. 洪武十八年乙丑	无界寺住持行椿钦奉圣旨	《金陵梵刹志》卷2
22. 洪武十八年七月五日	祭嵩山诏	《嵩岳志》卷下
23. 洪武十八年三月初五	本部官于奉天门钦奉圣旨	《金陵梵刹志》卷2
24. 洪武十八年三月十八日	本部官于武英殿钦奉圣旨	《金陵梵刹志》卷2
25. 洪武十八年十月二十八日	本部官于奉天门钦奉圣旨	《金陵梵刹志》卷2
26. 洪武十八年十一月十八日	本部官于大庖西钦奉圣旨	《金陵梵刹志》卷2
27. 洪武十八年十一月二十一日	本部官于奉天门钦奉圣旨	《金陵梵刹志》卷2
28. 洪武十八年十二月初四	崇山侯传圣旨	《金陵梵刹志》卷2
29. 洪武十八年十二月十八日	秦都督传圣旨	《金陵梵刹志》卷2
30. 洪武十九年丙寅	敕在下寺院	《金陵梵刹志》卷2
31. 洪武十九年六月	行养老之政谕	《金陵梵刹志》卷2
32. 洪武十九年八月十六日	本部官于奉天门钦奉圣旨	《金陵梵刹志》卷2
33. 洪武二十年四月十一日	礼部尚书崔复奉圣旨	《金陵梵刹志》卷2
34. 洪武二十年五月二十六日	黄立恭于大庖西奉圣旨	《金陵梵刹志》卷2

时间	题名	出处
35. 洪武二十一年三月十四日	僧录司左善世弘道等于中右门钦奉圣旨	《上天竺山志》卷11
36. 洪武二十一年四月二十六日	僧录司左善世弘道等于奉天门钦奉圣旨	《上天竺山志》卷11
37. 洪武二十一年六月十四日	僧录司左善世弘道等于奉天门钦奉圣旨	《金陵梵刹志》卷2
38. 洪武二十一年六月十五日	僧录司左善世弘道引发僧于奉天门钦奉圣旨	《金陵梵刹志》卷2
39. 洪武二十一年六月十五日	早朝奉圣旨	《金陵梵刹志》卷2
40. 洪武二十一年七月二十三日	本司左善世弘道同本部官于奉天门钦奉圣旨	《金陵梵刹志》卷2
41. 洪武二十一年八月初一	天界善世禅寺住持行椿于奉天门钦奉圣旨	《金陵梵刹志》卷2
42. 洪武二十一年八月初一	僧录司左善世弘道于奉天门钦奉圣旨	《金陵梵刹志》卷2
43. 洪武二十二年七月初三	本部官于华盖殿钦奉圣旨	《金陵梵刹志》卷2
44. 洪武二十二年八月初九	僧录司左善世弘道于奉天门钦奉圣旨	《金陵梵刹志》卷2
45. 洪武二十二年八月八日	僧录司左善世弘道于奉天门钦奉圣旨	《金陵梵刹志》卷2
46. 洪武二十二年八月十七	僧录司左善世弘道于奉天门钦奉圣旨	《金陵梵刹志》卷2
47. 洪武二十四年五月初九	僧录司右善世宗泐于奉天门钦奉圣旨	《金陵梵刹志》卷2
48. 洪武二十四年五月初九	左讲经守仁于奉天门钦奉圣旨	《金陵梵刹志》卷2
49. 洪武二十四年六月初一	钦奉圣旨	《金陵梵刹志》卷2
50. 洪武二十四年七月初一	本部官于奉天门钦奉圣旨	《金陵梵刹志》卷2
51. 洪武二十四年八月十八	锦衣卫差力士何旺赍到手敕	《金陵梵刹志》卷2
52. 洪武二十五年二月二十五日	礼部为传圣旨	《金陵梵刹志》卷2
53. 洪武二十五年三月二十六日	本部官于华盖殿钦奉圣旨	《金陵梵刹志》卷2
54. 洪武二十五年三月二十六日	本部官于奉天门钦奉圣旨天禧寺给油一百斤	《金陵梵刹志》卷2
55. 洪武二十五年四月十七日	礼部祠部试员外郎何呈于奉天门钦奉圣旨	《金陵梵刹志》卷2
56. 洪武二十五年五月初四	僧录司左善世了达等于右顺门钦奉圣旨	《金陵梵刹志》卷2
57. 洪武二十五年十二月初六	僧录司左善世夷简等于奉天门钦奉圣旨	《金陵梵刹志》卷2
58. 洪武二十五年闰十二月十八日	礼部钦奉圣旨	《金陵梵刹志》卷2
59. 洪武二十五年闰十二月二十七日	本司官于右顺门钦奉圣旨	《金陵梵刹志》卷2
60. 洪武二十五年闰十二月二十七日	道录司官于奉天门钦奉圣旨	《金陵梵刹志》卷2

时间	题名	出处
61. 洪武二十六年正月初三	大龙兴寺住持赴京贺正,司礼监官鲁悌传圣旨	《金陵梵刹志》卷2
62. 洪武二十六年六月初五	僧录司官一同礼部官于奉天门钦奉圣旨	《金陵梵刹志》卷2
63. 洪武二十六年七月二十二日	僧录司官左善世夷简等于奉天门钦奉圣旨	《金陵梵刹志》卷2
64. 洪武二十六年九月初九	僧录司左善世弘道等于奉天门钦奉圣旨	《金陵梵刹志》卷2
65. 洪武二十六年九月十三	牧马所千户周晚朝于午门楼上奉圣旨	《金陵梵刹志》卷2
66. 洪武二十六年九月二十六日	僧录司官左善世夷简等晚朝于奉天门钦奉圣旨	《金陵梵刹志》卷2
67. 洪武二十六年十月初三	前军都督府都督同知陈逊钦奉圣旨	《金陵梵刹志》卷2
68. 洪武二十七年正月初八	钦奉圣旨	《金陵梵刹志》2
69. 洪武二十七年三月二十六日	天界寺、蒋善寺住持行椿、行容等钦奉圣旨	《金陵梵刹志》卷2
70. 洪武二十七年七月十二日	本部官同僧录司官于华盖殿钦奉圣旨	《金陵梵刹志》卷2
71. 洪武二十八年三月初一	本部官钦奉圣旨	《金陵梵刹志》卷2
72. 洪武二十八年四月二十五日	灵谷寺管栽种竹木僧福胜晚于左顺门钦奉圣旨	《金陵梵刹志》卷2
73. 洪武二十八年十一月初七日	本部官于奉天门钦奉圣旨	《金陵梵刹志》卷2
74. 洪武三十年二月十八日	祭嵩山诏	《嵩岳志》卷下
75. 洪武三十年十月十五日	本部官于奉天门钦奉圣旨	《金陵梵刹志》卷2
76. 洪武三十年十月十六日	本部官于右顺门钦奉圣旨	《金陵梵刹志》卷2
77. 洪武三十年十一月二十九日	住持溥洽于右顺门钦奉圣旨	《金陵梵刹志》卷2
78. 洪武三十年十一月二十九日	住持溥洽于右顺门钦奉圣旨脚夫康祖到寺供众	《金陵梵刹志》2
79. 洪武三十一年二月二十九日	僧录司左善世大佑等于右顺门钦奉圣旨	《金陵梵刹志》卷2
80. 洪武三十一年二月二十九日	本部官同五府各部官于奉天门钦奉圣旨	《金陵梵刹志》卷2
81. 洪武三十五年七月十五日	祭嵩山诏	《嵩岳志》卷下
82. 明洪武年间	授了达德瑄溥洽僧录司	《金陵梵刹志》卷1敕谕
83. 明洪武年间	授仲羲阐教	《金陵梵刹志》卷1敕谕
84. 明洪武年间	授清濬左觉义	《金陵梵刹志》卷1敕谕
85. 明洪武年间	云南僧游方	《金陵梵刹志》卷1敕谕

时间	题名	出处
86. 明洪武年间	谕僧	《金陵梵刹志》卷 1 敕谕
87. 明洪武年间	敕工役囚人	《金陵梵刹志》卷 1 敕谕
88. 明洪武年间	谕翰林待诏沈士荣	《金陵梵刹志》卷 1 敕谕
89. 明洪武年间	授善世禅师诏	《金陵梵刹志》卷 1 敕谕
90. 明洪武年间	护持朵甘思乌藏诏	《金陵梵刹志》卷 1 敕谕
91. 明洪武年间	赐西番国师诏	《金陵梵刹志》卷 1 敕谕
92. 明洪武年间	谕善世禅师板的达	《金陵梵刹志》卷 1 敕谕
93. 明洪武年间	谕天界寺僧	《金陵梵刹志》卷 1 敕谕
94. 明洪武年间	谕僧纯一	《金陵梵刹志》卷 1 敕谕
95. 明洪武年间	建昌僧官	《金陵梵刹志》卷 1
96. 明洪武年间	谕钟山僧敕	《金陵梵刹志》卷 1
97. 明洪武年间	谕僧无念	《邓慰山圣恩寺志》卷 6
98. 明洪武年间	正神号诏	《嵩岳志》卷下
99. 明洪武年间	赐径山宗泐免官说	《径山志》卷 4
100. 明洪武年间	参用内典圣谕	《四明延庆讲寺志》卷 7
101. 永乐元年九月二十九日	左善世道衍同工部侍郎于武英殿钦奉圣旨	《金陵梵刹志》卷 2
102. 永乐四年七月	祭嵩山诏	《嵩岳志》卷下
103. 永乐五年二月初六	文武等官于奉天门钦奉圣旨	《金陵梵刹志》卷 2
104. 永乐五年五月十五日	仁庙制	《嵩岳志》卷下
105. 永乐五年五月十五日	宣庙制	《嵩岳志》卷下
106. 永乐五年五月十五日	英庙天顺制	《嵩岳志》卷下
107. 永乐五年十月十五日	震琇论	《海盐寺志》卷下
108. 永乐五年十月十五日	敕谕延庆讲寺僧大冏、大振、弘论及天下赴会僧众人等	《四明延庆讲寺志》
109. 永乐五年十月十五日	报恩寺修官斋敕	《金陵梵刹志》卷 31
110. 永乐十一年	重修报恩寺敕	《金陵梵刹志》卷 31
111. 永乐十一年六月	上制书于五台妙觉圆通慧慈普应辅国显教灌顶弘善西天佛子大国师释伽也失	《清凉山志》卷五
112. 永乐十一年七月十七日	工部尚书吴中于奉天门钦奉圣旨	《金陵梵刹志》卷 2
113. 永乐十五年秋	上制书妙觉圆通师	《清凉山志》卷 5
114. 永乐十五年十月十五日	敕谕径山赴会僧	《径山志》卷 4
115. 永乐十七年春	上制书妙觉圆通师	《清凉山志》卷 5
116. 永乐十七年二月二十八日	宣僧录司右善世一如等于西红门钦奉圣旨	《上天竺山志》卷 11

时间	题名	出处
117. 永乐十七年二月十三日	奉天门钦奉圣旨	《金陵梵刹志》卷2
118. 永乐十七年二月二十八日	僧录司右善世道诚与一如等于西红门钦奉圣旨	《金陵梵刹志》卷2
119. 永乐十七年三月初三	宣一如等八人于西红门钦奉圣旨	《上天竺山志》卷11
120. 永乐十七年三月初五	道诚于西红门钦奉圣旨	《金陵梵刹志》卷2
121. 永乐十七年三月十七日	写经看样圣旨	《金陵梵刹志》卷2
122. 永乐十七年四月二十九日	取旧藏经圣旨	《金陵梵刹志》卷2
123. 永乐十七年五月初五	一如、慧进于奉天门钦奉圣旨	《金陵梵刹志》卷2
124. 永乐十七年五月初七	礼部尚书吕震于奉天门钦奉圣旨	《金陵梵刹志》卷2
125. 永乐十七年五月二十二日	一如、进庵等于丙用作门里钦奉圣旨	《上天竺山志》卷11
126. 永乐十七年五月二十三日	写经看样圣旨	《金陵梵刹志》卷2
127. 永乐十七年六月十五日	西华门进呈禅语圣旨	《西天目山志》卷4
128. 永乐十七年七月初九	一如等于御作门里钦奉圣旨	《上天竺山志》卷11
129. 永乐十七年九月二十	修改藏经目录圣旨	《金陵梵刹志》卷2
130. 永乐十七年十一月初七	令僧众安心修藏经圣旨	《金陵梵刹志》卷2
131. 永乐十八年正月	诏泉州开元寺住持释本源入京敕	《泉州开元寺志·开士志》
132. 永乐十八年正月十六日	问藏经校对圣旨	《上天竺山志》卷11
133. 永乐十八年三月初六日	诏问尼姑圣旨	《金陵梵刹志》卷2
134. 永乐十八年七月十八日	一如等于奉天门口钦奉圣旨	《上天竺山志》卷11
135. 永乐十八年七月二十日	勉励闻禄天裔修行圣旨	《金陵梵刹志》卷2
136. 永乐十八年八月十九日	修订藏经圣旨	《金陵梵刹志》卷2
137. 永乐十九年正月三十日	司礼监太监孟钦奉圣旨	《金陵梵刹志》卷2
138. 永乐十九年夏	上制书妙觉圆通师	《清凉山志》卷5
139. 永乐十九年八月初十日	校与藏经全旨	《金陵梵刹志》卷2
140. 永乐二十二年二月日	御制大报恩寺左碑	《金陵梵刹志》卷31
141. 成祖时	祭嵩山制	《嵩岳志》卷下
142. 宣德二年夏	上制书妙觉圆通师	《清凉山志》卷5
143. 宣德三年二月二十四日	御用太监孟继尚书义等于武英殿钦奉圣旨	《金陵梵刹志》卷2
144. 宣德三年三月十一日	敕太监郑和等	《金陵梵刹志》卷2
145. 宣德三年三月十五日	御制大报恩寺右碑	《金陵梵刹志》卷31
146. 宣德三年四月初十日	镇守襄城伯李钦奉圣旨	《金陵梵刹志》卷2
147. 宣德三年六月十六日	拨赐南京大慈恩寺房屋圣旨	《金陵梵刹志》卷2
148. 宣德三年六月十六日	修理南京大慈恩寺房屋圣旨	《金陵梵刹志》卷2
149. 宣德三年六月二十日	给度牒给南京大慈恩寺圣旨	《金陵梵刹志》卷2

时间	题名	出处
150. 宣德五年五月二十九日	拨赐菜地给静海寺天妃宫圣旨	《金陵梵刹志》卷 2
151. 正统十年二月十五日	钦赐杭州上天竺寺大藏经敕命	《上天竺山志》卷 11
152. 正统十年二月十五日	宝光寺藏经护敕	《金陵梵刹志》卷 34
153. 正统十年二月十五日	德恩寺藏经护敕	《金陵梵刹志》卷 37
154. 正统十年二月十五日	灵谷寺藏经护敕	《金陵梵刹志》卷 3
155. 正统十年二月十五日	藏经护敕	《金陵梵刹志》卷 31
156. 正统十年二月十五日	牛首山弘觉寺藏经护敕	《金陵梵刹志》卷 33
157. 正统十年十月十五日	鸡鸣寺藏经护敕	《金陵梵刹志》卷 17
158. 正统十四年九月	瓦官寺藏经护敕	《金陵梵刹志》卷 21
159. 景泰元年闰正月	祭嵩山诏	《嵩岳志》卷下
160. 景泰三年六月	承恩藏经护敕	《金陵梵刹志》卷 23
161. 景泰四年三月	祭嵩山诏	《嵩岳志》卷下
162. 景泰四年四月	祭嵩山诏	《嵩岳志》卷下
163. 景泰五年四月	祭嵩山诏	《嵩岳志》卷下
164. 景泰六年闰六月	祭嵩山诏	《嵩岳志》卷下
165. 景泰六年闰六月	英庙天顺制	《嵩岳志》卷下
166. 景泰六年十月初一	景皇帝谕道宗禅师敕	《邓慰山圣恩寺志》卷 6
167. 天顺二年	敕造五大藏经,各有敕旨护持	《清凉山志》卷 5
168. 天顺二年夏	上又敕谕护持山西五台显通等寺	《清凉山志》卷 5
169. 天顺二年夏	上敕谕护持山西五台显通等寺	《清凉山志》卷 5
170. 成化元年三月二十二日	祭嵩山诏	《嵩岳志》卷下
171. 成化四年五月十二日	祭嵩山诏	《嵩岳志》卷下
172. 成化七年	上敕谕五台都纲司	《清凉山志》卷 5
173. 成化八年十二月初一	本寺护敕	《金陵梵刹志》卷 31
174. 成化九年正月二十四日	钟山灵谷寺护敕	《金陵梵刹志》卷 3
175. 成化十三年五月十五日	祭嵩山诏	《嵩岳志》卷下
176. 成化十七年六月	敕谕五台山觉义定旺	《清凉山志》卷 5
177. 成化十七年六月	敕谕五台大文殊寺	《清凉山志》卷 5
178. 成化十七年	上制为圣母祈庵造镀金文殊像圣谕	《清凉山志》卷 5
179. 成化二十年三月十五日	祭嵩山诏	《嵩岳志》卷下
180. 成化二十二年六月十八日	祭嵩山诏	《嵩岳志》卷下
181. 弘治元年四月二十三日	祭嵩山制	《嵩岳志》卷下
182. 弘治四年四月九日	祭嵩山制	《嵩岳志》卷下
183. 弘治六年四月二十五日	祭嵩山制	《嵩岳志》卷下
184. 弘治十年四月三十日	祭嵩山制	《嵩岳志》卷下
185. 弘治十年四月三十日	孝庙制	《嵩岳志》卷下

时间	题名	出处
186. 弘治十年四月三十日	景帝制	《嵩岳志》卷下
187. 弘治十二年秋	上制疏祭告五台文殊大圣	《清凉山志》卷5
188. 正德元年	祭嵩山制	《嵩岳志》卷下
189. 正德元年	武庙制	《嵩岳志》卷下
190. 武宗正德七年春	上敕梵僧朵而只坚于中台顶	《清凉山志》卷5
191. 嘉靖八年十五日	祭嵩山制	《嵩岳志》卷下
192. 嘉靖九年六月七日	祭嵩山制	《嵩岳志》卷下
193. 嘉靖十一年六月五日	祭嵩山制	《嵩岳志》卷下
194. 嘉靖十七年七月十日	祭嵩山制	《嵩岳志》卷下
195. 嘉靖三十三年五月三日	祭嵩山制	《嵩岳志》卷下
196. 嘉靖四十年八月一日	祭嵩山制	《嵩岳志》卷下
197. 嘉靖四十四年八月十日	祭嵩山制	《嵩岳志》卷下
198. 万历七年	敕建大宝塔记	《清凉山志》卷5
199. 万历十四年三月	敕谕普陀山宝陀禅寺住持及僧众人等	《重修普陀山志》卷1
200. 万历十四年三月	颁赐九华山藏经敕	《九华山志》卷5
201. 万历十四年九月	续入藏经护敕	《金陵梵刹志》卷31
202. 万历十七年二月	敕谕南海普陀山普陀寺住持及僧众人等	《重修普陀山志》卷1
203. 万历二十七年	赐大藏经敕	《清凉山志》卷5
204. 万历二十七年二月初十日	敕谕南海普陀山普陀寺住持及僧众等	《重修普陀山志》卷1
205. 万历二十七年闰四月二十四日	谕九华山地藏寺僧众	《九华山志》卷5
206. 万历二十八年	赐天台国清寺藏经敕	《天台山方外志》卷14
207. 万历二十八年八月	皇帝敕谕直隶苏州府长洲县狮子林敕赐圣恩寺住持及僧众人等	《狮子林纪念集补遗》
208. 万历二十八年	敕谕杭州府净慈寺住持及僧众人等	《武林梵志》卷7
209. 万历三十年	敕谕直隶松江府上海县大兴国龙华寺住持及僧众人等	《龙华志》卷3
210. 万历三十五年三月十五日	御制重建普陀寺文	《重修普陀山志》卷1
211. 万历年间	敕谕天目山万寿宫奉安道藏	《西天目山志》卷4
212. 万历年间	敕谕杭州府双径寺住持通会及僧众等	《径山志》卷4
213. 万历年间	御赐龙藏敕书	《浮山志》卷4

（原文发表于中国社会科学院历史研究所编《明史研究论丛》第八辑，紫禁城出版社，2010，第152~168页）

晚清政府对外政策的调整与朝鲜

◎ 曹　雯

　　驻京外国公使于同治十二年即 1873 年实现列位觐见后，清王朝对西方诸国不再有能力或不再寄希望于推行以藩封体制为基础，即以维护中华世界秩序为目的的对外政策。此后，传统对外政策的指导原则——中华世界秩序观虽然没有立即销声匿迹，但它只能屈就于政府官员们的意识领域内，而现实运行中的对外政策则必须顺应时代要求，即不得不依据西方社会所主张的近代条约秩序观来设定，并以之展开与诸条约国间的外交关系。① 然而伴随着上述转变，清王朝对于那些依然遵从中华世界秩序的藩封国，又将采取怎样的政策呢？即在西方近代国际关系法已然渗透进东亚世界的新局势下，清王朝又将如何维护抑或主张对周边藩封国的固有宗主权呢？

　　有一个变化体现于对待朝鲜的称呼上。即进入光绪年间以后，在政府的公文书上，笔者发现对朝鲜的称呼渐渐不再使用"藩封"，而代之以"属国"抑或"属邦"。"属国"是一个西方近代概念，它的使用接近于或几乎等同于"保护国"。但是清王朝给予"属国"的定义却不同于西方人所给出的概念。清王朝赋予的解释为"可自主但尚未独立"，进一步说"内政可自主但并不是独立国家"。而在西方人的眼里，"属国"抑或"保护国"既然

---

① 参见拙文《清代广东体制再研究》（《清史研究》2006 年第 2 期）及《关于清末外国公使觐见问题的一个考察——以咸丰、同治期为中心》（《社会文化史学》第 44 号）。

· 696 ·

不是独立国家，那么它的最高行政权当然应该由宗主国来掌握。笔者就这一称呼上的变化，观察到清政府的两重用心。一是，首先不愿打破固有的中华世界秩序状态；一是，运用西方近代概念，即利用西方的条约体制下的国际秩序观来维护藩封体制下的中华世界秩序状态。由此笔者进一步可以指出，清王朝在觉悟到中华世界秩序所面临的剧烈撞击后，为在有限范围内保证中华世界秩序的存在，抛开传统观念下的宗藩关系＝"藩封体制"式结构，以西方近代观念来重新塑造宗属关系＝"属国体制"式结构。

这一变化其实在笔者所论及的觐见问题中已经发生。以总理衙门为核心的政府外交官员们，在新形势的逼迫下，不得不根据西方人所推行的国际关系法来最大限度维护清王朝的权益。这其中包括如何加强与周边藩封国，尤其如与清王朝长久以来保持紧密宗藩关系的朝鲜间的关系，如何巩固对蒙古、新疆、西藏等藩部地域以及悬于海上的台湾地域的统治等。关于具体操作方式，对清政府而言，已不能仅停留于廷议的层面上，受着诸条约国不断施放的压迫，必须构筑出一套既能与时俱进又能为传统所接纳的新理念下的对外关系模式。这一新模式不仅在同治年间已见雏形，而且于外国公使觐见问题的解决上得到实践。那就是笔者在拙文中已有所阐明的新中外认识。新中外认识和传统中外认识的根本不同之处即在于引入"敌国"概念取代了"互市国"。在新中外认识中，"外"的部分让位于"敌国"，即与清王朝结有条约关系的西方诸国以及近邻日本；而原本处于"外"部的固有藩封国则被移入"中"内。但此"中"所涉及范围非等同于传统中华世界秩序里的"中"，而是一个被扩展的概念，即将传统中华世界秩序中的稳定部分——中国与环绕在中国周边的紧密藩封国，合而为一成"中"。这更确切地说是一个"中外外"模式。依据这样新型的分割，中国连同与中国保持宗藩关系的藩封国可以作为一个整体与中国的条约国进行外交往来，并保持行动上的一致。因为，政府官员们非常清楚，如果不将这些处于缓冲地带上的藩封国与中国绑缚起来保持一致行动，那么这些被视作中国势力范围的藩封国会迅速在西方人所主持的国际关系体系下脱离出中国的控制。此乃晚清官员最为惧怕出现的局面。其实，在很长的一段时期里，当西方人以自己的价值体系来放眼那些环绕在中国周边、与中国保持宗藩关系的国家时，他们有过疑惑：不知究竟应将这些国家视为中国的一部分抑或应将这些国家彻底与中国分割开来对待。至于清王朝，"中外外"模式的建构乃前无古人，如何将新的对外体制很圆滑地运用于实践，无疑是巨大挑战。这个实践过程尚可以从晚清的朝鲜政策中得到还原。本论文的目的即在于通过对光绪年间清王朝的朝鲜政策的分析以及研究，来解明上述新型外交体制——"中外外"模式的实践过程以及运行效果。

一　"中外外"模式在属邦地区推行的初行阶段
——由江华岛事件看清政府的朝鲜政策

光绪朝以后的朝鲜问题已不再是清王朝与某一条约国之间的简单问题。从某种意义上说，朝鲜成为世界对东亚关注的焦点。现代化后起之秀日本，在丰臣秀吉时期曾推动过北进的大陆扩张政策。但是丰臣秀吉时代的日本并不具备这样外冲的国势，所以失败是其必然结果。而其后的江户幕府采锁国之策以蓄养国势亦是明白个中道理之后的决策。幕末日本同样在西方现代化国家的强大军事威慑下被迫打开国门。惊恐之中的日本虽然掀起过短时期的攘夷运动，但是由底层武士推动的维新运动最后成为社会主流。以现代化发展为国策的日本，源于国土狭窄以及资源匮乏，其首要为构建对外交涉，以期获得援助本国现代化发展所需之"殖民地"以及丰厚资源。因此，明治维新后的日本必然要迈上对外扩张的道路。而朝鲜则成为它北进途中的第一站。日本对朝鲜的企图虽然最早可追溯到大和政权时期，但是早期的扩张与进入近代以后的扩张不仅在目的上不同，而且方式也决然相异。即鸦片战争以来发生在东亚地区的东西颠覆的变化带给日本进入东亚、甚至世界政治秩序圈的希望，并且这个秩序圈是以国家间政治平等为前提，而一扫中华世界政治秩序圈所规范的国家间政治不平等关系。一个显然的例证就是，当西乡隆盛等提出的征韩论于1873年被明治政府否决后，却仅仅在两年后就有江华岛事件的发生。前者之所以遭到否决，是因为它不过继续沿着丰臣秀吉式的对外扩张的老路子在运作；而后者得以实施，则完全在于它正以一种新的方式，即依据西方世界国际关系法来有步骤地进行对外扩张。江华岛事件的结果便是日本仿照欧美现代化国家的方式打开了朝鲜的国门。

清王朝并不是对日本没有警觉。签订于1871年的《中日修好条规》即由拥有长年洋务经验的官僚们促成。自汉以来，一向视中华秩序为天经地义的中国在处理日本的秩序地位时显出放任自流的姿态。由于自身特殊的地理位置，日本在是否加入中华世界秩序圈问题上可谓游刃有余，几乎完全以自己的意识形态进进出出于上述秩序圈。古代日本虽然不断从中国文化圈内汲取大量文化乃至经济等方方面面的养分，却没有对以中国为中心的政治秩序圈付出相应的政治回报义务。日本的这种特殊状态直接导致明治日本成为中国周边邻国中，首个冲破固有的地区政治秩序而谋略以西方近代国际关系法与中国进行平等缔约的东亚国家。日本的提议在中国的官僚之间曾引发争论。固守传统的清议官僚固然觉得日本的行动有些荒唐，而常年与洋人打交道的地方督抚却表现出更为务实的理智，即在中国强势之时，尚不能将日本纳入自己的秩序圈内，又岂能在备受他国不断威压之今日，与日本谈论宗藩之意义。而日本倘若强行以中国之敌国自居，即成肘腋之患。与其如此，不如建立互信关系以平等相待之。《中日修好条规》首条即为："两国所属邦土，亦各以礼相待，不可稍有侵越。"[1] 由此可看出洋务官僚的着眼点实在于提醒日本不可对中国的藩篱，即东边门户朝鲜有所窥伺。进一步说，《中日修好条规》的缔结亦是洋务官僚运用"中外外"模式处理对外交涉的一个产物。即在重新判定与中国进行往来的国家的身份时，或进一步确立与中国间的宗藩关系，或待之以敌国之礼而与其建立条约关系。

而日本与中国缔约的首要目的在于解决琉球的两属问题，却为中国所未能料及。琉球王国的两属身份确立于明末。当时，屈服于日本南部萨摩藩的武力侵入，琉球尚氏以向萨摩藩交纳岁币来保全自我。这是东方民族惯用的一种方式。然而日琉间的主从关系乃私下协议，并不被琉球的正统宗主国——中国所知晓。事实上，一方面慑于中国政治秩序圈所放射出的强大政治压力，一方面惑于中国给地域间所带来的巨大经济利益，日本不但不反对琉球与中国继续保持宗藩关系，还极力避免让中国察觉到日琉关系的真实状况。倘若没有西方势力的东方侵入，这种景象可能会长久延续下去。

近代西方凭借武力将一些西方的近代概念挤压进了东方社会。其中之一就是主权的明确化。而明治维新以后的日本政府所要明确主权的首个对象直

---

[1] 《同治条约》第 20 卷，第 21 页。

指琉球。与清王朝理清对于琉球的主权所有，可以说是明治政府急于同清王朝确立近代西方式政治关系的主要动机之一。1873 年，当日本公使副岛种臣携带已获政府批准的《中日修好条规》约本前来天津进行换约时，其所接受的另外一个重要政府使命即在于探听清政府对台湾地区少数民族杀害琉球漂流民事件的处理意见以及清王朝对朝鲜的态度。1874 年的台湾出兵行动，即是日本政府以清政府视台湾乃“土蕃之地，为政教禁令所不及，为化外之民”① 为由，公然因琉球所属问题所挑起的争端。不愿将事态扩大化的清政府，最终接受英国驻华公使的调停，与日方来华进行谈判的全权公使大久保利通达成了协议，即为《台事专条》。在该协议中，清政府对日本的侵台行为“不指以为不是”②，并承认被台湾地区少数民族杀害的琉球漂流民乃“日本国属民”③；而日本从台湾撤兵，撤兵日起，可从中方获得抚恤银五十万两。清政府在该专条中，虽然没有放弃对琉球的宗主权，却又承认了日本对琉球的宗主权。结果，明末以来的琉球两属问题公开化，此亦是近代国际关系规则与东亚地区内存在的传统关系秩序互相碰撞下的产物。日本虽不以《台事专条》为获得对琉球所有权的依据，但却撕开了一道裂口，并迅即在翌年（1875 年）对琉球作出实质性行动，即撤琉球藩以及阻止琉球继续向清王朝朝贡。日本没有立即在“撤藩”之后实施“置县”，缘于不能忽略中国对琉球长久以来所拥有的宗主权，意在挑起问题，与中国合理瓜分琉球。

琉球问题只是中日交涉的背景之一。日本于 1875 年的涉外事务同时又伸向了西部邻国——朝鲜。日本政府虽然在两年前否定了莽撞的征韩论，但政府目标却与征韩论者所持野心并未有多大差异，仅手段不同。日本在 1875 年对朝鲜所使用的手段即模仿了欧美列强之前施之于日本的手段，即制造一个令朝鲜与之缔结条约的事端。这便是江华岛事件的发生。

挑起事端虽是处心积虑，但明治初期的日本并不敢贸然越过清王朝，即

---

① 《对支回顾录》上卷，第 49、50 页。
② 《同治条约》第 20 卷，第 7 页。
③ 《同治条约》第 20 卷，第 7 页。

借江华岛事件强行与朝鲜签订条约关系。要之，即便强盛如欧美列国，亦视朝鲜为清王朝的势力范围。按照欧洲奉行的国际法，中国概念下的朝贡国可相应理解为属国，身为宗主国的清王朝理当对朝鲜拥有主权。那么，处处以西方国际关系法为涉外行为准则的明治日本政府依据何种公开理由窥伺清王朝势力下的朝鲜呢？其口实缘于1873年副岛种臣与总理衙门大臣间的谈话，即清政府针对朝鲜"只要循守册封贡献例行礼节。此外，更于国政无关"①。从此类谈话中，日本以为，清王朝虽视朝鲜为朝贡国，但此朝贡国并非西方国际关系法中所认定的那个"属国"概念，因为清王朝不主朝鲜内政，即对朝鲜并不实施真正意义上的主权。由此，日本完全有名目向清王朝对朝鲜拥有的徒有虚名的宗主权进行挑战。后来的事实证明，日本就江华岛事件给清政府在处理对外事务上如何融合新旧体制方面提出了严峻考验，而从清政府对江华岛事件的反应以及相应推出的处理办法也反映出清政府在兼容新旧体制过程中因尚未适应而表露的种种不成熟之处。

江华岛事件发生在光绪元年八月七日（1875年9月20日）。九月十五日，署理驻京日本公使郑永宁向总理衙门通报事件的发生。继郑永宁接任驻华公使的森有礼于同年十二月抵达北京，迅即向总理衙门递交节略，除详细通报江华岛事件的前后经过外，尚透露出期待清政府出面劝导朝鲜与日本签约的愿望。书中写道：

> 朝鲜乃系数百年通交之国，而我政府特以尽心修交。殆斯十载，数次派使臣往谋其事，彼只顽固不纳使意，而接遇之际颇形轻陋，将至辱我使命者数次矣。（中略）而二年前，朝鲜政府稍该其方，遂约应由东莱府使朴接受我外务卿书信，并订我国出使赍书至府之期。我政府照期发书，特派森山茂作理事使臣赍往从事。讵料彼违前约，托他词，不接使，不受书，使臣诘论不听，致令空归。而又江华岛炮击事起，我政府实未识朝鲜政府心意所在。（中略）故今特派全权办理大臣往问朝鲜政府心意所在，为两国得保亲好于永远之地也。总之，妥平结局是为主意，并非敢要多事耳。（中略）惟以事关邻，并宜将此案缘由与我旨趣

---

① 《同治条约》第20卷，第7页。

所向告之大清政府，以昭我政府与大清政府推诚无隐之意也。本大臣窃祈朝鲜国以礼接我使臣，不拒我所求，以能永保平和也。若不然，事遂至败，则韩人自取不测之祸必矣。①

在这里，日本清晰表述出自己的用意，即日本要与朝鲜建立正式外交关系。毋庸置疑，这种关系应建立在西方近代国际关系法的基础之上。而该关系能否成功确立的关键在于如何突破中朝间的宗藩关系。节略中以"惟以事关邻"一句轻轻揭示了上述存在的宗藩关系。② 结果，在中日间关于江华岛事件的早期交涉中，以清王朝是否对朝鲜拥有西方近代概念上的主权，成为双方争执的焦点。在总理衙门回复上述节略的十二月十八日文书中，这样写道：

> 朝鲜自有国以来，斤斤自守。我中国任其自理，不令华人到彼交涉，亦信其志在守分，故无勉强即以理揆之。（中略）中国之于朝鲜，固不强预其政事，不能不切望其安全。（中略）贵大臣既云办事按照条约，唯希贵大臣转致贵国政府，不独兵不必用，即遣使往问一节，亦须自行筹划万全，务期两厢情愿，各安疆土，终守此修好条规，两国所属邦土不相侵越之言是则本王大臣所切盼者也。③

在此回复中，清政府强调朝鲜实为中国属邦，之所以不干预其政事，乃信其恪守君臣之礼，望日本能切守双方之间的修好条规，不得对朝鲜有任何侵越行动。在这样的外交回复中，它所参照的外交原则是双重的，既包含有中国传统宗藩体制的成分，又掺杂进西方带入东方的近代国际法的元素。即

---

① 《清光绪朝中日交涉史料》第1卷，台湾文海出版社，1963，第2页。

② 在森有礼出使中国之前，日本政府内部就如何处理日朝江华岛事件有很激烈的争论。其中，木户孝允这样说道："朝鲜之于中国，现奉其正朔，虽与其互相交谊之亲密，患难之互相关切情况，未可明知；然而其有羁属关系则可必。是我不可不举朝鲜事件之始末，质诸中国政府，以请其居中代办。中国政府若能本其属邦之义，代我责罪，向我帝国道歉，讲求至当之措施，则我亦可适度而止。"《对支回顾录》上卷，第184、185页（转引王芸生编著《六十年来中国与日本》第1卷，三联书店，2005，第121页）。据此，日本实不能跨越中国，向朝鲜追求江华岛事件的责任问题。

③ 《清季外交史料》第4卷，台湾文海出版社，1964，第33页。

希望与中国按照国际关系法原则建立起政治关系的日本，能够尊重中国与自己属邦间按照传统宗藩体制所建立起的君臣关系。清政府所持的外交双重原则立即遭到日方使臣的质疑。在十九日致总理衙门的照会中，日本使臣如此辩道：

> 据贵王大臣云，朝鲜虽曰属国，地固不隶中国，以故中国曾无干预内政，其与外国交涉亦听彼国自主，不可相强等语。由是观之，朝鲜是一独立之国，而贵国谓之属国者徒空名耳。（中略）因此凡事起于朝鲜日本间者，于清国与日本国条约上无所关系。[①]

很显然，日本所参照的外交原则非常清晰而单一，即完全忽略中国式的国际关系原则，仅以西方国际法来判定朝鲜是否为中国属国。既然中国对朝鲜的内政以及外交无干涉之事实，那么按照国际法的标准，中国对于朝鲜并不拥有真正意义上的主权。若此，日本附加于朝鲜的一切行动与中日间缔结的修好条规毫无关碍。于此，总理衙门在二十二日的回复中驳斥道：

> 本王大臣查朝鲜为中国属国，隶即属也，既云属国，自不得言不隶中国，且日前回复贵大臣，并无不隶中国之说，修好条规内载所属邦土，朝鲜实中国所属之邦之一，无人不知。（中略）合照修好条规所属邦土不相侵越之意，彼此同守，不敢断以己意，谓于条约上无所关系。[②]

日方就中方所重申的对于朝鲜的主权意识，在二十四日的再次照会中进一步逼迫道：

> 贵大臣所以引条规所属邦土不相侵越之意者，盖就将来我国与朝鲜

---

① 《清季外交史料》第 4 卷，第 29 页。
② 《清季外交史料》第 4 卷，第 35 页。

交涉，凡有该国政府及其人民向我所为之事，即由贵国自任其责之谓也。若谓不能自任其责，虽云属国，徒空名耳，则我国自不得不伸其理，于条规有何关系。①

由是，日本在正式行文中，公开以"凡有该国政府及其人民向我所为之事，即由贵国自任其责之谓也"一条，要求中方作出承诺，即如果愿以朝鲜之宗主国自居，中国必须就江华岛事件，对朝鲜作出干涉。否则，日本不以为朝鲜乃中国之属国。至此，《中日修好条规》中所约定之"所属邦土"中是否包含朝鲜成为双方往返辩驳之焦点。其间，森有礼在与总理衙门的交涉限于困顿后，要求中方许可其前往保定与李鸿章进行磋商。森有礼与李鸿章之间的谈话直截了当。其中有：

森（有礼）：高丽与印度同在亚细亚，不算中国属国。

李（鸿章）：高丽奉正朔，如何不是属国？

森：各国都说高丽不过朝贡受册封，中国不收其钱粮，不管他政事，所以不算属国。

李：高丽属国几千年，何人不知。和约上所说所属邦土，土字指中国各指直省，此是内地，为内属，征钱粮，管政事；邦字指高丽诸国，此是外藩，是外属，钱粮、政事向归本国经理，历来如此，不始自本朝，如何说不算属国。

森：日本极要与高丽和好，高丽不肯与日本和好。

李：高丽非不欲与日本和好，但恐各国相因而至，中国若代日本说项，将来各国都要中国去说。

森：以后恐不免要打仗。

李：高丽与日本同在亚细亚，若开起仗来，高丽系中国属国，你既显违条约，中国怎样处置？我们一洲自生疑衅，岂不被欧罗巴笑话。

郑（永宁）：森大人因总署说中国不管高丽内政，所以疑不是属国。

李：条约明言所属邦土，若不指高丽，尚指那国？总署说得不错。

森：条约虽有所属邦土字样，但涉语含混，未曾载明高丽是属邦，日本

① 《清季外交史料》第4卷，第35页。

臣民皆谓指中国十八省而言，不谓高丽亦在所属之内。

李：将来修约时，邦土句下，可添写十八省及高丽、琉球字样。

森：试思日本就得了高丽，有何益处，原是呕气不过。

李：若真要打仗，非但伤高丽和气，连中国也怕要伤和气。

森：日本打仗亦可暂时压住，务求中堂转商总署，设一妥法，劝说高丽。

李：总署回复你的节略明是无可设法，但你既托我转说，我必将这话达到，看从缓商量可有法否。①

通过这段对话，李鸿章的中外外模式下的外交思路一目了然。"邦土"即为"内外属"，包括中国直属领地的"内地"以及附着于中国的"外藩"。在清代，"外藩"是一个特殊的概念，它既指称清王朝的各藩部，又囊括周边的藩封国。所以，在清代的文书里，对于蒙古地域抑或朝鲜的称谓，可以使用同一个词汇——"外藩"。然而，虽同为"外藩"，对它们所实施的统治方式却并不一样。如果说对于如蒙古地域一般的藩部所进行的是一种间接式统治，那么对于如朝鲜一般的藩封国所进行的则是一种更为间接的统治。因为在清代，对于藩部，政府并不对其征税，但是派有驻扎大臣，对其进行监督；而对于藩封国，政府不仅不对其征税，甚至不派驻大臣对其进行监督。然而，不征税、不监督并不代表中国对于藩封国没有进行征税抑或监督的权利，不过未加以实施而已。这基于中国自身的强势，又源于中国所竭力要维持的一种政治道德。我们若将清入关前的清韩关系状态与入关后的状态稍作比较，即能领悟上述施政。毋庸置疑，这样的施政方式需要强大的武力作后盾。当随着鸦片战争后中国武力的衰退，中国如何对"不征税、不监督"的属邦，声张西方近代概念下的主权意识成为一大难题。中外外模式是个新的尝试。但这个模式的运行需要交涉中的另一方的配合，即承认中国仍拥有以自己的方式处理与属国关系的权利。早期中外外模式的运行之所以遭遇阻碍，即在于条约国并不能完全认可中国拥有以自己的传统方式处理与属国关系的权利。

李鸿章在与森有礼的谈话中作出让步，答应从中协调。之后廷议的结果

---

① 《清季中日韩关系史料》第2卷，第282、288页，第229条。

表明，清政府对日本作出妥协，以宗主国的名义对朝鲜进行文书形式的劝告，不过朝鲜最终是否愿与日本结交，仍听其自便。总理衙门在翌年正月十八日对日方作出以下正式答复：

> 本王大臣查朝鲜为中国所属之邦，与中国所属之土有异，而其合于修好条规两国所属邦土不可稍有侵越之言者则一。概修其贡献，奉我正朔，朝鲜于中国应尽之分也；收其钱粮，齐其政令，朝鲜之所自为也。此属邦之实也。纾其难，解其纷，期其安全，中国之于朝鲜自任之事也，此待邦属之实也。（中略）惟中国之于贵国，友邦也，邻国也，朝鲜则中国属国也，中国之望其相安无事则一也。（中略）至于中国苟有可为之处，自由本王大臣早筹酌办，以期彼此相安，正不待贵大臣再三言之也。①

由此可见，拘泥于固有宗藩体制的原则，清政府仍不欲对朝鲜作出实际上的行政干预。中方认为自己所作出的局部干预已足够向日方表明中国对朝鲜所拥有的宗主权。然而后来的事实证明日本并没有遵从中国所推出的中外外模式。即日本在随后与朝鲜签订的《朝日江华条约》中，在无中方人员出席的状态下，居然胁迫朝鲜在约本的第一条款上写明："朝鲜自主之邦，保有与日本国平等之权。嗣后两国欲表和亲之实，须以彼此同等之礼相待，不可毫有侵越猜嫌。"② 此外，在约本的朝鲜方落款日期上仅标注"大朝鲜国开国四百八十五年丙子二月初二日"③ 字样，而根本不见中国的年号④。如此，日本在无中方的认可下，单方面否决了中国对朝鲜的宗主权。虽然中国并不理会日本的这种行为，但它所带来的震动就是，因中国在中外外模式的运行中过多保留了传统宗藩体制的元素，以致这种模式在向外推广之时不为奉西方近代国际关系法为行动基准的国家所认同。

---

① 《清季外交史料》第 5 卷，第 3、4 页。
② 朝鲜《高宗实录》第 13 卷，第 15、17 页。
③ 朝鲜《高宗实录》第 13 卷，第 15、17 页。
④ 属国在对外文书中奉中国年号是遵守属邦地位的最基本原则。

二　"中外外"模式的改进阶段

——清政府于壬午事变后的选择

清王朝以上述传统方式维系与朝鲜间的宗藩关系，既招致日本的挑战，自不能阻挡其他条约国的窥伺。经《朝日江华条约》，朝鲜的门户被日本打开。在新局势下，清政府如何推行中外外模式，即将"中外"（中国与自己的属邦）紧紧连为一体成为亟待解决的难题。在总理衙门呈递于光绪五年七月初四日奏请照前例行文朝鲜释放法国传教士折的添加附件里，有拟劝朝鲜交聘各国片，写道：

> 近日，威妥玛等来臣衙门，亦以为朝鲜若不与各国交通，必为琉球之续。是其意仍求与朝鲜通商，可知朝鲜为中国属。政教禁令虽听自为，未便强以所不欲。惟大局所系，亦未可知而不言。①

此道文书透露出包括英国在内的西方诸国仍视朝鲜为中国的势力范围，即凡涉及朝鲜的事务仍需与中国商榷。而上述建议亦表明中国于此际已无法坐视朝鲜的自行发展，意欲对其外交实施干预。不过这个干预仍停留于非公文式的私下说服，担负其责的便有李鸿章，尚有驻日大使何如璋。李鸿章在同年七月初九日即向朝相李裕元发出一封书函，上有：

> 贵国既不得已与日本立约通商，各国必从而生心，日本转若视为奇货。为今之际，似宜用以敌制敌之策。况与泰西各国立约，借以牵制日本。彼日本恃其诈力，以鲸吞蚕食为谋，废灭琉球一事，显露端倪，贵国固不可无以备之。（中略）西洋英德法美诸邦，距贵国数万里，本无他求，其志不过欲通商耳，保护过境船只耳。至俄国所居之库页岛、绥芬河、图们江等处，皆与贵国接壤，形势相逼。若贵国先与英德法美交通，不但牵制日本，并可杜俄人之窥伺，而俄亦必遣使通好矣。（中

---

① 《清光绪朝中日交涉史料》，第1卷，台湾文海出版社，1963，第32页。

略）因思贵国政教禁令悉由自主，此等大事岂我辈所可干预。惟是中国与贵国谊同一家，又为我东三省屏蔽，奚唇齿相依，贵国之忧，即中国之忧也。①

等字样，切望朝鲜能打破旧制，与中国互动。然而由于朝鲜的迟疑，其动议非常缓慢。据档案显示，直到一年半后的光绪七年正月，总理衙门才又就朝鲜宜联络外交变通旧制一事上奏。上书：

> 近日，英国使臣威妥玛来臣衙门面称，俄国交界朝鲜最近，难保不乘衅动兵，为朝鲜计，惟急与各国通商庶可补救，拟请由中国礼部行知该国，准西洋有约各国遣员到朝鲜境，察看通商情形再与定约云云。（中略）业经何如璋将利害关头剀切告知，特以该国议论分歧，未能决计，欲藉中国劝谕之力，以释其疑而坚其信。臣等再四筹思，朝鲜果否愿与西国通商，本非中国所能强，惟事机所在，自应开诚晓谕，冀可破其成见。查属藩定制，公牍往来职之礼部，不特有需时日，且机事亦易漏泄。嗣后遇有关系洋务紧要之件，可否由北洋大臣及出使日本大臣与该国通递文函，相机开导，仍将随时商办情形知照臣衙门，以省周折。②

上述建议被裁定为"依议"。从此，清政府对待朝鲜问题方面出现两个变化。一是由私下劝说转为公开文书晓谕；一是部分朝鲜事务转由具有近代外交机构意义的总理衙门处理。而朝鲜自此须同时对应中国两个外交部门，此亦说明中国针对属邦正在运行新的对外体制。

由于公开劝谕，朝鲜与西方各国建立条约关系的步伐加快。最急于与朝鲜建立关系的是美国。在李鸿章的直接调配下，中、朝、美三方人员在天津密切筹商定约事务，而朝方提出的议案由李鸿章指定的马建忠和郑藻如负责撰写。在协商过程中，中国的关注点莫过于朝鲜以何种身份与西方各国定

---

① 《清季外交史料》第16卷，台湾文海出版社，1964，第14、17页。
② 《清光绪朝中日交涉史料》第2卷，台湾文海出版社，1963，第31、32页。

约，以李鸿章之言约之："该国王久受我朝册封，其有报答日本及他国之书，应令仍用封号国，政虽由其自主，庶不失中国属邦之名。"① 而如何在条约文本中反映上述状态成为中美间争论之焦点。鉴于《朝日江华条约》，美国使臣拒不接受关于在条约文本内清楚写明朝鲜乃中国属邦之中方建议，虽然美国并不否认朝鲜为中国之势力。然而倘若不以条约的形式将中朝间的宗藩关系确立下来，中国要求朝鲜对条约国进行开放的意义将荡然无存。及至马建忠陪同美国使臣薛裴尔前往朝鲜，与朝鲜正式签订条约之际，双方仍就是否在约中载明朝鲜为中国属邦一事反复辩驳，最后在薛裴尔请示美国政府，得到否决之状况下，中方作出让步，与美方达成约定，即在条约第一款中，若不写明朝鲜乃中国属邦，亦不注明朝鲜乃独立自主之国；在朝美正式签订条约之前，由朝鲜向美国递交照会，上书朝鲜乃中国属邦之声明。光绪八年三月二十八日，朝鲜按照协定向美使递交照会，上书："窃照朝鲜素为中国属邦，而内治外交均由大朝鲜国君主自主。今大朝鲜、大美国彼此立约，俱属平行相待。大朝鲜国君主明允将约内各款，必按自主公例认真照办。至大朝鲜国为中国属邦，其分内一切应行各节，均与大美国毫无干涉。除派员议立条约外，相应备文照会"② 等字样。其后落款为"大朝鲜国开国四百九十一年即光绪八年三月二十八日"。③ 八天后，《朝美通商条约》签订。约本中，朝鲜处之落款日期为"大朝鲜国开国四百九十一年即光绪八年四月初九日"。④ 中国如此精心筹划，无非要在形式上以及约本中体现出中国对朝鲜拥有主权。然而，因无法令美国最终同意在条约文本中写明朝鲜乃中国属邦，到底给志在弄事者留下话柄。《朝美商约》签订后，其他条约国如意料中接踵而来。先是英国以《朝美商约》为范本，于同年四月二十一日与朝鲜签署《朝英商约》，后是德国于同年五月十五日与朝鲜签署《朝德商约》，而其签约形式完全依照朝美间定约的"公式"进行。

毋庸置疑，朝鲜门户的开放无疑是中国干预的结果。然而这样的干预给朝鲜国内所带来的影响却触发保守党掀起一场宫廷政变。同年六月初九日

① 《清光绪朝中日交涉史料》第2卷，第33页。
② 《清季中日韩关系史料》第2卷，第617、618页，第420条。
③ 《清季中日韩关系史料》第2卷，第617、618页，第420条。
④ 《清季中日韩关系史料》第2卷，第617、618页，第420条。

（1882 年 7 月 23 日），朝鲜旧军发起暴动，力图推翻积极推动朝鲜改制的闵氏政权。朝鲜国王生父大院君李昰应乘机夺取闵氏政权，并捕杀了闵氏政权里的几位要人。在暴动过程中，旧军因仇视日本人，不仅杀害了参与朝鲜新军建设的几位日本人军事教官，还袭击了日本公使馆。至此，壬午事变已不仅仅是场内变，转而引发涉外问题。最早消息来自驻日大使黎庶昌，黎庶昌于十八日两次来电告知朝鲜有变，又于二十日电称日本已派出水兵、步兵各七百余名于十七、十八两日分别开赴朝鲜。① 总理衙门于二十四日奏请派员前往朝鲜。于直隶总督张树声七月初八日的奏报中得知，提督丁汝昌与马建忠于六月二十七日带快兵船三艘行抵朝鲜仁川口，日本兵船一艘亦于同日到达，船上将官与丁汝昌、马建忠以礼相待。日本后续兵船相继于二十八、二十九日抵达，共载水陆兵计一千数百名，但尚未离船登岸。② 据上述报告，可判定中国海军当时实胜于日本，中国的快兵船仅用二日便抵达朝鲜，而日本兵船则用了十日。不过，中国步兵六营共计三千名在提督吴长庆的率领下于七月初七日才行抵仁川，因仁川处泊有日船，遂改由距仁川六十里地之南阳登陆。初八日，吴长庆与马建忠商定，由马建忠于翌日先带兵勇两哨（200 人）驰赴朝鲜都城，因日本驻朝公使花房义质为与国王进行交涉，已于初三日带同少量兵员前往都城。马建忠等初十日入都城，恰好遇到在都城遭到冷遇准备返回仁川的花房义质。由此，可看出朝鲜当局正在等待中国出面解决问题。马建忠为稳定日方情绪，又于十一日赶赴仁川，反复劝说日方，请日方等中国协助朝鲜平复内乱后再与日方协商解决问题之办法。十二日马建忠折回都城，而吴长庆所部大军亦于十三日进入都城。当时经总理衙门和李鸿章商议，须先捕获李昰应才有解决事端之可能。据此，在马建忠和丁汝昌之精心设计下，先诱劝李昰应出城，后将其强行带往南阳，并由该处登中国军舰往天津而去。其时，旧党多聚集在城郊枉寻、利泰两村，李昰应一去，群龙无首，又遭到吴长庆所部军队的镇压，一场内乱至此平息。日方对于上述中国在朝鲜的平乱行为始终未便提出异议。③ 由此，日本虽然在

---

① 《清光绪朝中日交涉史料》第 3 卷，台湾文海出版社，第 31 页。
② 《清光绪朝中日交涉史料》第 3 卷，台湾文海出版社，第 36 页。
③ 《清光绪朝中日交涉史料》第 3 卷，台湾文海出版社，第 44、45 页。

《朝日江华条约》中写明朝鲜乃独立国家，但在实际行动中，仍不能置中朝间的宗藩关系于不顾。

中国在之后的朝日交涉中更加体现出自己作为宗主国的地位，中方代表马建忠虽然不便直接进入朝日双方的谈判会场，但由始至终参与了交涉过程。即所有条款都要经马建忠一一过目进行删改，哪些条款可以应允，哪些条款不能应允。由于中国的干涉，当然包括坐镇朝鲜都城的三千中国军队，在朝日最后达成的协议里，未涉及领土割让以及增加对日自由贸易港口等极具危害性的条款，甚至在对日赔偿一条款中，亦以"填补"替代"赔偿"，以避免日本以战胜者自居。观察整个壬午事件的处理过程，中国之目的非常明确，旨在向日本充分伸张对朝鲜所拥有的宗主权。日本虽心怀不甘，然苦于自己国势尚不够富强，至终未能即时发作。然而，马建中在交涉过程所作出的一些让步，先是遭到朝鲜中国驻军的非议，后是受到朝廷清议者的批判。所议对象包括赔偿一节以及日本少量军队可进驻日本驻朝使馆等。曾留学欧洲而精通西方国际关系法的马建忠因这一变故，前程受到影响，不但未能够成为首位中国总办朝鲜商务委员，其后仕途也一直不顺。

八月十九日，总理衙门向各国驻京公使就朝鲜壬午事件的处理发出照会，上书：

> 光绪八年八月十二日奉上谕，朝鲜为我大清属国，世守藩封，素称恭谨，朝廷视同内服，休戚相关。前据张树声奏，朝鲜国乱军生变，突于六月间围逼王宫，王妃与难，大臣被戕，日本使馆亦受其害。（中略）旋经提督吴长庆、丁汝昌、马建忠等率师东渡，进抵该国都城。（中略）旬日之间，祸乱悉平，人心大定。（中略）吴长庆所部官军仍着暂留朝鲜，籍资弹压该国善后事宜，并着李鸿章等悉心商办，用示朝廷酌法准情、绥靖藩服至意。钦此。相应恭录谕旨，照会贵署大臣查照可也。①

在这道照会中，中国将事件发生的原因、状况以及中国政府处理的过程

---

① 《清季中日韩关系史料》第 3 卷，第 951 页，第 571 条。

以及结果正式向英、美、德、法、俄、日以及荷兰等七个国家通告，其意趣在于向上述条约国表明中国对朝鲜所拥有的宗主权。另外，以维护朝鲜国内社会秩序为名义，向各国宣布中国赴朝军队将仍驻留朝鲜。针对上述照会，法国公使、英国公使相继于二十一日、二十二日作出反应，前者回复："本大臣敬悉。"① 后者回复："本署大臣准此，均已敬悉"。② 这表明英法两国对于中国所主张的朝鲜宗主权予以默认。而最早作出回复的其实是日本公使，在二十日致总理衙门的照会中写道："本署大臣准此，敬悉，觉有关于敌国。"③ 日本对中国所主张的朝鲜宗主权提出了质疑。然而日本的立场并不能影响并进而扭转英法的态度。

既然朝鲜与各国签约，各国势必将陆续派遣驻朝使节。中国于此际若无大员在朝鲜驻扎，恐难以控制局面。因此，在商议朝鲜与他国签约条款之时，中朝间关于通商章程的协议也在同时进行。在朝日交涉平复后的光绪八年九月，《中朝水路章程》获得朝廷批准。在章程之首有声明道："此次所订系中国优待属邦之意，不在与各国一体均沾之列。"④ 借此将该章程定性为中国内部事务。笔者观之，更是中国推行中外外模式的明证。而参与章程制定的马建忠未能如预期般出任首位驻扎朝鲜大臣实属遗憾，取而代之的是资质平平、缺乏应变智能的陈树棠。陈树棠虽然以商务委员的身份驻扎朝鲜都城，但实际是中国在朝鲜的一个政治代表。他在朝鲜的地位得到了清政府强有力的支持，即一方面有中国驻军作他的后盾，另一方面清政府将朝鲜国王生父李昰应软禁于保定以期掌控朝鲜国王的行为。⑤ 然而他却在复杂环境中未能很好发挥监督朝鲜政治动态的作用，以致不过两年有余，朝鲜再次发生宫廷政变，而此次政变的主谋者却改换为开化党。

从干预朝鲜对外开放，至平息壬午内乱，至参与朝日交涉，至留驻军队，至派遣驻扎朝鲜大臣等一系列举措，可以判定清王朝对朝政策所要调

---

① 《清季中日韩关系史料》第 3 卷，第 957 页，第 575 条。

② 《清季中日韩关系史料》第 3 卷，第 958 页，第 577 条。

③ 《清季中日韩关系史料》第 3 卷，第 957 页，第 574 条。

④ 《清光绪朝中日交涉史料》第 4 卷，第 21 页。

⑤ 壬午事变后，朝鲜国王不时上书中国礼部请求放还李昰应，但中国政府皆以朝鲜局势尚未稳定为理由，拒绝送还。

整的方向，即借鉴国际关系法的某些条例来加快中外外模式中的"中外"（中国与自己的属邦）的融合过程。换言之，清政府意欲将对朝鲜的统治，由更为间接的统治（内外政完全自主）逐渐转换成间接的统治（对其内外政实施监督）。然而清王朝的上述举动不可避免地招致朝鲜国内的惊慌，包括国王在内的很多人都在担心中国是否最终会吞食朝鲜。一些受日本影响的年轻贵族组成开化党，努力劝说国王应推行新制以便脱离中国，而国王身边的重臣则明白轻言脱离中国只能招来更快的杀身之祸，朝鲜国内虽然呈现出事大党与开化党公开对立的局面，但朝鲜的动摇却几乎是一种全民心态。光绪十年十月十七日，这种心态遂演变为一场政变，即甲申事变。

甲申事变的爆发得力于驻守日本使馆的日兵配合。在这次宫变中，开化党不仅胁迫国王杀戮了七位保守派大臣，并自行组织新内阁以及发布《革新策》。陈树棠逢乱不知所措，只知等待国内指示，而驻扎朝鲜的中国军队首领却担负起应急之责，一等有朝鲜大臣前来乞援，迅速攻占王宫，迫使日军与新党退出王宫。中国驻军后在宫外的玉流泉北关庙内找到被新党挟持的国王，先是将其迎到军营之中，在反复确认国王不会再有叛离中国之心后，才将其送回宫中。经事后查明，在此次中日军队的冲突中，日兵死33人，开化党死9人，党首之一的金玉均于败事后流亡日本。如此，甲申事变的发生表明，中国在加强与朝鲜的融合过程中，不仅遭受来自朝鲜的抵抗，更招致日本人的公开挑战。驻军首领之一的袁世凯于十月二十八日向李鸿章禀告事变全程经过之际，提议：

此时为朝鲜计，或战或和，在中国不难即了，然泰西方盛，不数年必又有异谋，则中国尤难防御。莫如乘此民心尚知感服，中朝即特派大员，设立监国，统率重兵，内治外交，均代为理，则此机不可失也。[①]

由此可看出，朝鲜与日本的担心并不是空穴来风。此前，驻日公使黎庶

① 《清光绪朝中日交涉史料》第6卷，第16、20页。

昌也有过同样的建议。然而中国若以西方国际法的准则将朝鲜殖民，又将陷自己于何种境地呢？身居内患外压的清政府没有出此险招的决心。

甲申事变后的中国退缩了。为竭力维持现有状态，李鸿章与伊藤博文达成协议。在双方签署的专条中，不仅写明双方要同时从朝鲜撤出所有驻军，尚约定"将来朝鲜国若有变乱重大事件，中日两国或一国要派兵，应先互行文知照，及其事定，仍即撤回，不再留防"①。在此次交涉的最后一次笔谈录里，

　　　　李鸿章：我知贵国现无侵占朝鲜之意，嗣后若日本有此事，中国必派兵争战；若中国有侵占朝鲜之事，日本亦可派兵争战；若他国有侵占朝鲜之事，中日两国皆当派兵救护。缘朝鲜关系我两国紧要藩篱，不得不加顾虑。目前无事，故议撤兵可耳。
　　　　伊藤博文：中堂之言，光明正大，极有远见，与我意见相同，当谨识勿忘。②

李鸿章的一番话既表明中国于此时无意殖民朝鲜，又预测将来中日间围绕朝鲜必有一战。光绪十一年六月，中日两国军队几乎同时从朝鲜撤出。九月，驻扎朝鲜的"总办朝鲜商务委员"陈树棠被调离朝鲜。根据李鸿章的举荐，袁世凯成为继任者。伴随着这次交替，驻扎朝鲜的官员名称由"总办朝鲜商务委员"改换成"总办朝鲜交涉商务委员"，即从名分上赋予中国驻朝鲜大臣以监督朝鲜政治的权力。

观察这一段时期的对朝鲜政策，直到甲申事变发生，中国在调整中外外模式，即推进与朝鲜的融合方面已颇有成效。然而这一融合却受阻于朝鲜以及日本的抵抗。在甲申事变后，中国虽然从名分上追加了驻朝官员的权力，但伴随着中国驻军的撤回，上述权力于实践中是否能够得到保障遂成为疑问，即中外外模式不仅面临着不进则退的境地，更引发出需要求生存之问题。

---

① 《光绪条约》第 19 卷，第 6 页。
② 《清光绪朝中日交涉史料》第 7 卷，第 40 页。

三　中外外模式的破灭

——袁世凯驻朝时期的对朝政策

光绪十一年八月二十五日，朝鲜国王生父李昰应在袁世凯的陪同下回到朝鲜。这位壬午事变的操纵者在登陆仁川之时，受到数十万朝鲜民众的热烈欢迎。① 中国政府在袁世凯上任之前，行此举措，一边意在安抚朝鲜而为袁世凯监政铺平道路，一边意在加固朝鲜保守势力。

不料袁世凯刚刚进入汉城即获悉，在韩廷德国顾问穆麟德的说和下，朝鲜欲借俄国势力阻他国之侵吞。朝鲜与中国、日本、俄国分别接壤，临三国藩篱之地，遂为三国所必争。而朝鲜历来为中国属邦，中国自不能坐视其他两国之窥伺而不顾，故收紧对朝政策以期固藩。然而中国对朝鲜之干预引来朝鲜内部恐慌，即担心中国将其内属。朝鲜之动摇经甲申事变已成事实，且这种动摇并不因中国迅速平息事变而得到改善，反而越发触及到朝鲜之痛处，遂在穆麟德煽惑下，有秘密联俄以抗中日之举。此次袁世凯来朝，已不似前任陈树棠仅有"商务委员"之称，之前尚加有"交涉"两字，其意在告知韩廷，新任驻扎大臣可名正言顺干预朝鲜政治。袁世凯上任所干预的第一件事便是阻止朝鲜与俄国秘密签署保护条约。袁世凯先是于九月初三日书《摘奸论》上韩王。翌日，袁谒见国王，与其笔谈，去其与俄国另结密约之心。至初七日，袁闻得穆麟德已被韩廷开去差事。联俄主张出自朝鲜闵氏。闵氏与李昰应结怨，对中国此时送还李昰应深表疑惑，即担心中国借李昰应控制朝鲜。在袁世凯的干预下，朝鲜虽然于表面承诺不再与俄国秘密往来，但私下却仍未停止。据北洋大臣于光绪十二年七月二十七日所发之电报，可略闻其经过。即：

> 袁世凯密禀，据闵泳翊称，朝王实有派人送文俄使，求其保护之事。迨该守诘问朝臣，金云系小人伪作。朝政府沈舜泽、外署徐相雨等各递印文辩诬。鸿电嘱刘瑞芬面询俄外部。既云无其事，有允倘有朝鲜

---

① 《清光绪朝中日交涉史料》第 9 卷，第 3 页。

伪文函来，可作废纸。是俄暂不至有变。闵泳翊不肯显作证据，似此事无从查办。陈允颐到汉城后，见该处中外人心慌惑，韩甚惧有兵至。李昱应势力已孤，不敢多事。遂即乘原船回津。①

由此可看出，朝鲜外结中国而内籍俄国以图自存之苦心。事发之后，朝鲜万分恐惧，国王咨文礼部辩解并无寄书俄国之实。李鸿章在其致朝鲜国王书中，言辞颇为严峻，其中有：

> 中国之待藩属也，以礼维系，务从宽大，绝未尝少侵其权利，一旦有事，则救患恤灾，同于内服。贵国之事天朝恪守旧章已二百余载，壬午甲申之变，全力以赴，未始言劳，名分所在，义不得不而也。至于西国则不然。凡所保护之邦，终不能一律平行，其威胁势偪有求为附庸而不可得者，不独国事显为所制，必且算其丁户，收其兵籍，操其黜陟，持其权征，甚至仅予租税侪于家人，虚拥名号，同于寓公。西国保护事例如此，姑不必远证印度、埃及诸邦，越南即殷鉴矣。诚不解之为邪说者，乃欲殿下数千里尊荣自得之雄封而为泰西之囚国也。②

朝鲜联俄一事如此沸沸扬扬，加上之前英国为防范俄国南侵，占朝鲜离岛巨文岛以遏制俄国海军，事关中、朝、英、俄四家，最后由中国居间，与俄国达成不侵占朝鲜协议而促使英国退出巨文岛。李鸿章原本就朝鲜问题拟与俄方签署一份照会，但在俄方提出的照会拟稿中有"两国政府约明不改变朝鲜现在情形，并永远不占据朝鲜境内土地"之句。③ 因"不改变朝鲜现在情形"一节有碍于中朝间的宗藩关系，中国政府坚持要将其删除。而俄方因惧中国日后对朝鲜有"改郡县、派监国"④ 之举动，又坚决不允删除。再三磨合，双方互不相让，最后李鸿章只能令俄使以口头方式作出"不占

① 《清光绪朝中日交涉史料》第10卷，第7页。
② 《清光绪朝中日交涉史料》第10卷，第16页。
③ 《清光绪朝中日交涉史料》第10卷，第15页。
④ 《清光绪朝中日交涉史料》第10卷，第15页。

据朝鲜土地"之承诺。由此可看出，不但日本，即便俄国，也决不给中国照西方条例殖民朝鲜的机会。而俄国之所以愿意作出上述承诺不过旨在促使英军尽早撤出巨文岛。果然，总理衙门又据此口头承诺顺利促成英军退出巨文岛。至此，在朝鲜之各方形成一种互为牵制的势力。在此势力下，中国仍继续努力伸张着对朝鲜的宗主权。

然而朝鲜并不甘心受制于中国。一年后，遂又有朝鲜遣使各国问题的发生。光绪十三年七月二十六日，总理衙门接到经由李鸿章转送的朝鲜国王咨文，内称朝鲜决定往日本派遣驻日使臣，而使臣已于六月十三日离开汉城前往东京。其实，在收到这道正式公文之前，经北洋大臣电告，中国政府并得知朝鲜不但已派遣常驻使节前往日本，而且在美籍顾问德尼的教唆下，朝鲜已内定朴定阳、沈相学为全权大臣拟分别前往美国和欧洲常驻。这是朝鲜意欲对世界主张自主立场的一个尝试。但这个举动显然逾越了中朝间的宗藩关系。首先，朝鲜未向中国请示；其次，派驻全权大臣驻扎意在表示与前往国间的平等关系。而截至目前，驻扎朝鲜的各条约国（除日本之外）使节的最高身份不过为总领事。① 这样的处理方式其实顺应了朝鲜为中国属邦的中国方面的要求。因此，朝鲜上述的贸然举动受到袁世凯的强烈干涉，力谏朝鲜在接到清政府的指示之前不得再有任何派驻美国及欧洲常驻使节的行动。总理衙门在七月二十六日收到朝鲜国王的咨文后，针对朝鲜的谕旨随即下发，并于八月初八日到达汉城。国王预料初八日会有谕旨传到，为逃避违抗圣旨之罪，命令拟前往美国的朴定阳在谕旨到来之前先行出城。但朝鲜终不敢自行派使，遂派大臣前往袁世凯处陈述赴美使节已于昨日出城，请求袁代禀转请电奏中国"奉准即行"。袁世凯当即以三罪②叱问来人，要求朝鲜立即追回使节，否则后果自负。于是，朝鲜不得已撤回赴美使节。在发给朝鲜的谕旨中，如此写道：

---

① 据袁世凯电告内容中有："连日晤日使、英德总领事，俱不以韩派全权为然。英德言大妨中国体面，何不禁止。英并密云，此举西人均不谓然，中国宜禁其派往，如往，西人即谓非华属，在泰西以等次论相处甚难，何中国名为属邦，毫不相关，如中立其间，将为安南之续。"《清光绪朝中日交涉史料》第10卷，第32页。

② "凯云：不商而派一罪；宪（李鸿章）电问仍不商二罪；奉旨仍派使出城三罪。"《清光绪朝中日交涉史料》第10卷，第33页。

中国已允朝鲜与各国通商，必须先行请示，俟允准派使后，再赴各国，方合体制，亦于朝鲜与各国立约时照会声明，系中国属邦，分内一切应行各节与他国毫无干涉等语意相符。兹朝鲜遣使日本，既称于本年六月十三日装束离发，迟至六月二十一日始行具咨请奏。先派后咨，殊于向来应行各节体制未合。来咨未便存案，除行礼部外，希即咨驳等因。①

这道上谕驳斥了朝鲜擅自派使的行为，要求朝鲜首先必须向中国提出申请，并等待中国方面的裁定。在遣使问题上虽然受到来自中国方面的阻碍，但朝鲜却并不愿意轻易放弃这一可以令其声张自主立场的机会，遂一边向中国正式提出请求②的同时，一边牵动各方以期促成此事。在各种动力交汇下，清政府于同年九月最后采纳李鸿章提出的属国派遣体例之建议，同意朝鲜遣使。这便是有名的"三端"。即："韩使初至各国，应先赴中国使馆具报，请由中国钦差挈同赴外部，以后即不拘定；遇有朝会、公燕、酬酢、交际，韩使应随中国钦差之后；交涉大事关系紧要者，韩使应先密商中国钦差核示。"③ 而在此"三端"正式成文晓谕朝鲜之前，李鸿章既以咨文形式照会朝鲜国王，即：

照得朝鲜系中国属邦，向来两国官员往来文牍皆有体制。（中略）今贵国派员赴日本驻扎，并拟派员赴泰西各国通好。惟查泰西及日本各国，中国大皇帝均已派有钦差大臣驻扎，彼此往来文牍自应循照旧章，与朝鲜立约时照会本旨勿相违背。所有朝鲜派驻各国之员，无论何项职责，遇有公事与中国驻各国之大臣交涉，应用呈文，往来用衔贴；中国驻各国之大臣与朝鲜驻各国之员，遇有公事行文，均用朱笔照会，以符

---

① 《清季中日韩关系史料》第4卷，第2354页，第1270条。
② "各国使臣屡以遣使互驻为请，小邦念切时局，思践盟约。现派陪臣朴定阳为全权，拟令前往美国驻扎。继派陪臣赵臣熙为全权大臣，拟令前往英、德、意、俄、法等五国，先修报聘，仍行驻扎，妥办敦睦事宜。理合据实奏明，祈蒙格外天恩，仍准该陪臣等前往，以完使事而符原约。"《清季中日韩关系史料》第4卷，第2375页，第1285条。
③ 《清季中日韩关系史料》第4卷，第2381页，第1291条。

体制，一切应行各节实与他国毫无干涉。①

在此框架之下，中国拟牢牢控制住朝鲜，不令其有挣脱宗藩关系之期望。然而，朝鲜阳奉阴违，赴美使节朴定阳在同年十二月到达美国之后，并不遵从"三端"之第一端，即前往中国驻美大使处报到，由此引发朴定阳事件。朴定阳事件体现出中国拟以西方条例控制中朝宗藩关系过程中的朝鲜方面的动摇，以及由此动摇而产生的抵抗。

清政府不能不严肃处理朴定阳事件，由袁世凯监督，责令朝鲜追回朴定阳。在袁世凯的不断敦促下，朴定阳迟至光绪十五年四月回到朝鲜。然而就朴定阳是否应照"违华定章"议处，又成为袁世凯与朝鲜政府间的新一轮较量。其中要害以德尼所言可窥见一斑。即：

> 王如听华罪朴，韩即非自主国，各国必不接交国使，必须即授朴显职以示各国，华必无可如何，此皆袁某一人假崇，尤无足虑。②

虽然有上述建言，朝鲜国王终不敢擅自处理朴定阳，唯有不断派大臣前往袁世凯处，与袁商议，请求清政府允准免除对朴定阳的惩处。但却遭到袁世凯的断然拒绝。为朴定阳一事，国王抑或国王身后的闵妃怀恨于袁世凯的强力干涉日胜一日，遂派人前往李鸿章处，请求撤换袁世凯。李鸿章对国王所遣使节如此驳斥道：

> 朝鲜虽与各国订约，仍是中朝属邦。其与各国交际，冒称自主，是中朝宽容之大度。乃在中朝交涉，亦俨然以自主大放厥词，是置中东数百年名分纲纪于度外矣，可乎哉？国王误听德尼等谀词，派使各国，本属无谓，各国岂以朝鲜驻使有无为轻重荣辱哉？前议与华使礼节三端，国王咨请奏定，尚不失为恭顺，各国皆能谅之，即英、法、俄诸大邦，亦断不因此责朝鲜怪中国。汝国君臣独怀私意，面从心违，朴定阳竟敢

---

① 《清季中日韩关系史料》第4卷，第2343页，第1262条。
② 《清光绪朝中日交涉史料》第11卷，第15页。

首先蒇抗。汝此来舞文尝试，自有奸人指使，吁自误也。①

于朴定阳事件，朝鲜如此心存侥幸，系有美国人在其后撑腰。光绪十五年五月二十八日，美国驻京公使曾向总理衙门递交如下照会，内称：

> 兹准本国外部来文，嘱询贵署以贵国派驻朝鲜袁姓官员系何等职任，闻袁姓官员向在该国无论各国驻高大臣有何公事会议，彼弗肯与议，惟派所用之通使前往，屡有事件，自以为与高廷相近，与别国大臣不同，其所用之官衔，按英文译系办事大臣等因，本国于中国现派驻高之员授以如何职任，与嗣后所派之员授以何等职任，及高廷情愿如何接待，均非欲有所辩论。惟因有至要者，不仅驻扎朝鲜之各国大臣，即驻于无论何国之各国大臣，均须确知某国所派之员系何职衔，有何委任，以便按其职任，与之往来接待。本国于此事将有行知本国驻高大臣之件，故嘱本大臣转询贵署，中国所派驻高之员，是否即系办事大臣，抑系二等三等钦差大臣，以便转行办理。②

总理衙门于六月二十一日的回复中，如此说道：

> 查朝鲜久为中国属国，每遇传立国王，例由中国册封，即进贡一切事宜，并有定期。此人所共知共认者，历久无异。自各国通商以来，除已准该国立约通商，并将所拟议约章均由该国呈明备案外。至其国政凡与大局有关系者，则中国不得不派员往驻，就近咨商，以期妥协而防流弊，是以钦奉谕旨派员驻扎朝鲜办理事务，原与出使各与国名目均有不同。现派驻朝鲜之道员袁世凯即系奉旨饬派者，其职任自不必如出使各国大臣显分头等二等三等之名，而其应有之权利断无较驻朝各国公使大臣反为减少之理。遇事与驻朝各国公使大臣往还，自仍用平行之礼，庶可共敦睦谊。至各国驻朝鲜之公使总领事等若有公事会议，自应由中国

---

① 《清季中日韩关系史料》第 5 卷，第 2701 页，第 1483 条。
② 《清季中日韩关系史料》第 5 卷，第 2600 页，第 1436 条。

驻朝鲜之员随时察度办理，其应否前往预议，应听其自行酌办。此本无
一定体例，本衙门未便遥度，贵国似亦不必过问。①

一方面是清政府的强硬态度，一方面是朝鲜政府的迂回抵抗，以致朴定
阳事件迟迟不能结案。朝鲜曾于光绪十六年七月下旬作出罢黜朴定阳的决
定，但不过在短短十日后的八月初四日又重新起用朴定阳。针对于此，袁世
凯明确告知朝鲜大臣，如此处理必不能使朴定阳事件结案。受此逼迫，朝鲜
于同月十七日不得不开除朴定阳所有的公职。② 对于朴定阳事件，中国方面
其实并不愿意尽早结案。李鸿章在指令袁世凯的电文中有如此说白，即：
"朴案允结，西使必将启行。"③ 朴定阳事件爆发之际，出使欧洲的朝鲜使节
赵臣熙尚在香港，在朴定阳事件未有结果之前，只能待发于香港。而赵臣熙
后来于光绪十五年底擅自回到朝鲜，并受到处分。朴定阳事件最后以罢黜朴
定阳结案后，朝鲜不再急于遣使。因为遣使的目的在于声张朝鲜自主的立场，
而倘若完全依照中国制定的"三端"行事，则将失去上述意义。因此，在中
国坚决回绝修改"三端"之反复请求后，朝鲜不复有派遣驻外使节之行动。
遣使一节，实是中朝间关于"属邦下的自主"抑或"自主下的属邦"的抗衡。

在推行中外外模式之际，中国既不能令朝鲜完全屈从，更不能使各条约
国安于中朝间之现状。美国驻扎朝鲜使节曾问及袁世凯驻扎朝鲜的性质，袁
如此回复道：

英派使于属邦，有主持其国政之权。余来此有参拨之权，而无主持
之权。何也？我国待属邦之道不同于英国，故我国派使于属邦之权，亦
不同于英国。要之，由上国派使于属邦之名分则一也。④

---

① 《清季中日韩关系史料》第5卷，第2604页，第1439条。
② 《清光绪朝中日交涉史料》第11卷，第39、42页。
③ 《清光绪朝中日交涉史料》第11卷，第42页。
④ 见袁世凯与美驻朝使节之谈话中。其中有："前有朝鲜人问余，中国派使来此，欲正属邦名
分，而朝鲜内治外交，向由自主，袁大人来，如英派使于属国名目，我国体面有碍，各国
以为何如等语。（中略）只云袁大人来，果能主持朝鲜内政外交否，阁下查明告我，而朝
鲜人谓干预此事属非闷愤"等语。《清季中日韩关系史料》第4卷，第2003页，第1106
条。

然而，奉国际法为准则的各条约国，尤其虎视眈眈于朝鲜的日本对于中国的办法其实并不以为然。光绪十一年底，即日本刚刚启用内阁制度不久，中国在日本的内线曾经传给中国以下情报：

> 伊藤（博文）①云，我国现当无事之时，每年出入，国库尚短一千万元左右，若遽与中国朝鲜交战，款更不敷，此时万难冒昧。至云三年后中国必强，此事直不可虑。中国以时文取人，以弓矢取武，所取非所用，稍微更变，则言官肆口参之。虽此时外面于水路各军俱似整顿，于我看来皆是空言。缘现当法事甫定之后，似乎发奋有为。殊不知一、二年后，则又因循苟安，诚如西洋人形容中国所说又睡觉矣。倘此时我与之战，是催其速强也。诸君不看中国自俄之役，始设电线；自法之役，始设海军。若平静一两年，言官必多参更变之事，某国者又不敢举行矣。即中国执权大官腹中经济只有前数千里之书据为治国要典。此时只宜与之和好。我国速节冗费，多建铁路，赶添海军。今年我国钞票与银钱一样通行，三、五年后，我国官商皆可充裕。彼时看中国情形再行办理。②

日本后来确实按照伊藤所策划的路线在行进。为迅速筹建海军，日本不惜发行海军公债，集民间之财力扩建海军。例如在1891年日本年度预算中，海军项下，计划在1891～1896年的六年间筹建3500吨位二等巡洋舰一艘、2500吨位三等巡洋舰一艘及150吨位一等水雷舰一艘；而在1892年日本年度预算中，海军项下，计划在1892～1897年的六年间再筹建2700吨位巡洋舰一艘、1800吨位报知舰一艘。③驻日大使黎庶昌于光绪十六年（1890）十一月二十一日发回的密陈中曾指出："我国海军除镇远、定远二铁舰外，其余兵轮不过与之相敌，未必能驾而上之。"④如此相较之下，中国海军若说在光绪十六年即1890年时尚能与日本保持均势，而之后随着日本海军的迅

---

① 1885年12月，日本终于确立内阁制度。伊藤为日本首任内阁首相。1892～1896年间，他再次组阁充任首相，并于第二次任职期间发动与中国的战争。
② 《清光绪朝中日交涉史料》第10卷，第2、3页。
③ 高桥秀直著《日清戦争への道》，東京創元社，1995，第105、112页。
④ 《清光绪朝中日交涉史料》第12卷，第1页。

速扩张，至甲午战争前夕，中国海军的劣势已然凸显。虽然中国极力欲以和平手段，即国际法控制中朝间的宗藩关系，但倘若缺乏强大军事实力的支撑，上述关系终将难以维系。

中国于甲午一战丧失了对朝鲜的宗主权。① 这意味着中国所推行的中外外模式的崩溃。即中国极力融"中外"为一体的计划遭遇日本武力的切割。中日双方的谈判地点首次选在日本。广岛谈判期间，中国全权大臣李鸿章与日本全权大臣伊藤博文有以下对话：

李：（前略）试观欧洲各国，练兵虽强，不轻起衅。我中东即在同洲，亦当效法欧洲。如我两国使臣彼此深知此意，应力维亚洲大局，永结为好，庶我亚洲黄种之民不为欧洲白种之民所侵蚀也。

伊云：中堂之论，甚惬我心。十年前我在津时，已与中堂谈及，何至今一无变更？本大臣深为抱歉。

李云：维时闻贵大臣谈论及此，不胜佩服，且深佩贵大臣力为变革俗尚，以至于此。我国之事，于习俗，未能如愿以偿。当时贵大臣相劝云，中国地广人众，变革诸政，应由渐而来。今转瞬十年，依然如故，本大臣更为抱歉，自惭心有余力不足而已。贵国兵将，悉照西法，训练甚精；各项政治，日新月盛。此次本大臣进京，与士大夫相论，亦有深知我国必宜改变方能自立者。②

结 论

当西方近代的国际关系秩序观进入东方，尤其是中国以后，这种观念以武力为背景逐渐挤压着支撑中国传统对外体制的中华世界观。其直接后果是造成诸条约国对清王朝直属领地以及附属地域即属邦（抑或属国）之主权的侵蚀。清政府的反应旨在通过一切旧有的制度并包括西方的国际法条例来竭力维护上述权益。本论文所指出的中外外模式即清政府在此宗旨下所推出

---

① 《马关条约》第一款为："中国认明朝鲜国确为完全无缺之独立自主，故凡有亏损独立自主体制，即如该国向中国所修贡献典礼等，嗣后全行废绝。"

② 《中日议和纪略》原刻本，第1、6页。（引自王芸生编著《六十年来中国与日本》，三联书店，2005，第2卷，第229、231页。）

的一个既包括中国传统对外体制元素，又涵盖国际法条例的新对外体制。清政府希望通过这一新体制的运行，能够加快"中外外"结构中的"中外"的融合，以牢牢确保对藩篱属邦的宗主权。在这个融合过程中，清政府开始刻意强化宗主权，即出台了包括驻兵、派遣驻扎大臣、严厉干涉属邦的所有对外政策等一系列政策。然而上述干预举动不仅遭遇窥伺中国属邦主权的某些条约国的极力阻止，尚招致主张"自主下的属邦"的属邦朝鲜的顽固抵抗。清政府于 19 世纪 80 年代以后在朝鲜所推行的一系列政策表明，中国在如何维护对朝鲜所拥有的宗主权这一问题上所推出的中外外模式的运行基础必须建立在强有力的武力保障之上。事实证明中外外模式于早期阶段之所以能够顺利运行即在于有武力支持，而于后期阶段之所以愈行愈衰以至崩溃亦在于丧失了优势武力的支撑。晚清中国虽然在维护周边属邦宗主权问题上显现出犹豫，以致留下"错失良机"之话柄，但于内部领地的大融合上却能引领直上。清政府在光绪六年即 1881 年从俄国手上收回伊犁地区之后，冲破国内政见不一之阻碍，于光绪九年即 1884 年将新疆行省化，避免了这一地域有从清王朝分离出去的危险。因此，中外外模式的思维方式不仅仅针对属邦，并可以从同时期的对内政策的指导方针上看到它的身影，这再次证明笔者所提出的一个观点，即清王朝所推行的对内以及对外政策往往是互动的。

（《清史研究》2008 年第 2 期）

异端的谱系：从传教士汉学到社会科学[*]

◎ 曹新宇

一　引言：历史主义式的韦伯批评

"韦伯（Max Weber）对中国历史的把握和贡献使他有资格取得汉学家的头衔"，这是人类学家张光直生前喜欢引用的一句话。[①] 半个多世纪中国经济史、社会史、思想史的研究，见证了韦伯学说的持久影响。继 20 世纪 80 年代"儒家伦理与经济发展动力"的论战之后，[②] 中国史学界逐渐出现批评韦伯的声音。历史学家的批评大体有两类：一是韦伯中国研究的经验证据；二是韦伯学说预设的"欧洲中心论"。而目前涉及现代化埋论方法的中文史学论著中，对于韦伯学说现代性的批判，呈现出某种凝固化

---

*　本文曾发表于《新史学》第 3 卷，中华书局，2009。

①　张光直：《青铜挥麈》，上海文艺出版社，2000，第 302 页；及《美术、神话与祭祀》，辽宁教育出版社，2002，第 100 页。原引文作：That Max Weber made a fundamental contribution to Sinology, and in particular to the study of Chinese society and social institutions, is indisputable. 见 Otto B. Van der Sprenkel, "Max Weber on China," *History and Theroy* (1964) 3：348.

②　20 世纪 70 年代以来，东亚经济的发展动力在世界范围内引起重视，借助韦伯学说讨论文化传统与经济发展之间的关系一时成为一种重要的研究取向。关于这段学术史回顾，参见顾忠华《韦伯学说》，广西师范大学出版社，2004，第 88 页。

的态势。①

　　然而，历史学家总是容易被韦伯的历史方法所迷惑。韦伯社会学对"经验性证据"的尊重，往往被史学家视为韦伯学说对"历史传统"的尊重，②而随着韦伯著作中某些"经验性证据"的崩塌，史学家开始欢呼韦伯中国学说"可以休矣"，似乎以近代资本主义动力分析为核心的"欧洲中心观"，又被攻破了一道壁垒。③这种类似19世纪历史主义式的批评立场，令人不由想起历史主义倡导者兰克（Leopold von Ranke）与黑格尔（Georg Wilhelm Friedrich Hegel）之间的论战。兰克坚持，历史学应当是一门建立在历史事实基础之上的，摆脱哲学预设的经验科学。兰克史学的矛头指向黑格尔式的历史哲学，而历史主义的目的就是把历史从思辨哲学里解放出来，建立独立的历史科学。但这种暗含19世纪实证主义和科学主义式的乐观，受到解释学（hermeneutic）传统的批评。存在主义哲学家伽达默尔（Hans-George Gadamer）指出，兰克历史主义在批评黑格尔时，忽略了黑格尔历史哲学的一个重要认识，即"历史学家参与历史重建"的理念。撇开欧洲中心论和种族思想不谈，对历史编纂过程有着更加深刻理解的，显然是黑格尔，而不是兰克。因为即便对于历史主义者兰克来说，观念（世界观、历史观）也在参与、塑造其历史研究的目标。路德宗的兰克把天主教对"神人之际联络的垄断"与"人性的堕落"作为"历史"研究对象，正是因为他相信"恢复人与上帝的直接联系"是基督福音的真实历史内容。当然，至于人性与上帝的直接联系是否彻底中断过，在基督教内部也属于神学解释

①　但韦伯学说对中国史研究的影响似乎并没有受到削弱。马孟若和王业键在《剑桥清史》的《经济发展》卷中，再次把19世纪之前中国的资本主义动力的这一经典韦伯式命题当作全卷的一条主线；参见 Ramon H. Myers and Yeh-chien Wang, "Economic Development 1644 - 1800" in Willard J. Peterson, ed, *The Cambridge History of China*: *Volume 9*, *Part 1*, *The Ch'ing Empire to 1800*, (Cambridge: Cambridge University Press, 2002), 577。史学界对韦伯学说述评的近作，参见吴承明《经济史：历史观与方法论》，第三章、第七章，上海财经大学出版社，2006；马克垚：《困境与反思："欧洲中心论"的破除与世界史的创立》，《历史研究》2006年第3期。

②　余英时：《关于韦伯、马克思与中国历史研究的几点反省——〈中国近世宗教伦理与商人〉自序》，载《余英时文集》第三卷，广西师范大学出版社，2004，第224～225页。

③　马克垚：《困境与反思："欧洲中心论"的破除与世界史的创立》，《历史研究》2006年第3期。

的范畴，并不能成为证实或证伪的对象。①

借助"客观的历史研究"发现时代趋势和民族特征的德国历史主义传统，并没有让韦伯彻底成为经验主义的俘虏。德国思想界从来没有在经验主义方面单向前进。海德堡大学的狄尔泰（Wilhem Dilthey）等人提倡人文科学在方法上应有别于自然科学。因为人文科学的研究对象，涉及对人的生命、价值和意义的理解，是一门性质上不同于自然科学的"精神科学"（Geisteswissenschaft）。统治自然科学领域的因果律，对于理解意义和价值的人文科学并不完全适用。韦伯曾经支持过自然科学、人文科学二分的观点，他也同意历史对于社会科学特殊的重要性。然而，"无论是自然主义，还是历史主义，都使韦伯烦恼。"韦伯认为两者都属于学术领域里狭隘的"爱国主义"。② 他并不满意当时人文科学领域强调的"理解的同情"（Empathy）和"直觉"（Intuition）这一类方法。③ 韦伯重视"意义的理解"（Verstehen）在解释人类活动方面的重要性，但他不赞成因此"限制因果律在社会科学领域的应用。"④ 韦伯更强调在严格的"历史逻辑"条件下应用因果律，而不是在"目的论"预设下，混淆不同性质的历史单元。⑤ 这种历史观，在《儒教与道教》中也有所表述：

> 今天，我们可以断言，即使是严格的专家也无法肯定，生物的"遗传特征"到底有多少影响。不管怎么说，我们很容易观察到一个重要的、被著名汉学家们所证实的现象：在与我们主体有关的几个重要的问题上，我们愈往上追溯历史，就愈能发现中国人及其文化与西方人及其文化有种种相似之处。古代的民间信仰、古代的隐士、诗经中最古老的诗歌、古代的战斗君主、哲学派别的对立、封建制度，还有战国时期

---

① Hans-George Gadamer, *Truth and Method*, (New York: Continuum, 1994), 186. 而将黑格尔与韦伯在同一系谱中进行现代性批判的例证，参见杜赞奇《从民族国家拯救历史》，王宪明等译，社会科学文献出版社，2003，第 3~13 页。

② 迪尔克·克斯勒：《马克斯韦伯的生平、著述及影响》，郭锋译，法律出版社，2000，第 11 页。

③ 韦伯也应用过 Empathy 的概念，但将其在社会学意义上置于次要位置。参见马克斯·韦伯《经济、诸社会领域及权力》，李强译，生活·读书·新知三联书店，1998，第 17~18 页。

④ Anthony Giddens, "Introduction", in Max Weber, *The Protestant Ethic and the Spirit of Capitalism*, (London: Routledge, 2001), ix.

⑤ 马克斯·韦伯：《社会科学方法论》，韩水法等译，中央编译出版社，2002，第 84~85 页。

的资本主义发展的萌芽，所有这些儒教中国特有的素质，都与我们西方的现象非常相近。因此，我们可以认为，许多通常被认为是中国固有的特质，其实是纯粹历史决定的文化影响的产物。①

反对"固有特质"或"民族性"这类文化本质主义概念，是韦伯反思19世纪历史主义的重要结论。

他认为，文化是分析、解释历史的重要基础，而不应成为理解历史的障碍。以中国为例，韦伯从19世纪的汉学研究中得到一个印象，中国文化属于宗教欠发展的类型：没有高度职业化、系统化的神职人员和神学体系，神职人员也没有达到控制社会权力的地位。中国的宗教理性化道路，是一条以儒教的伦理导师和社会改革家为主导的，关注现世的，世俗的理性化道路。作为儒教异端的道教，也无法占据社会权力的地位，因而缺乏推动宗教体系理性化的资源。表面上看，中国历史呈现出世俗的理性发展面向：中国拥有宏伟的城市建筑、庞大的水利设施、成熟的家族制度、发达的官僚体制，以及各种与之相适应的经济组织和法律体系。但这种世俗理性化的发达，沿着自身的历史轨迹，产生了两方面的结果：一方面，它抑制了宗教系统理性化，反而导致巫术阶段的长期盛行；另一方面，它也遏制了作为世俗权威对立面的宗教权威的产生。长期缺乏对立性质的权威机制，进而造成儒教社会自身"超越性资源"的匮乏。而长期缺乏"超越性资源"又将导致这个社会陷入缺乏动力的停滞状态，反而呈现出非理性的特点。因此，韦伯尖锐地指出，"早熟的"世俗理性化的文化类型，却有可能导致世俗社会本身陷入非理性的停滞。

出于对韦伯"停滞论"的不满，不少当代新儒家知识分子，力图在儒家伦理中寻找"内在性超克"的因素，以打破韦伯的这个停滞论"魔咒"。当然，也有东亚学者（例如某些日本学学者），赞同韦伯的这个论点，而且特别认同，原处于文明边缘地方的宗教伦理（例如武士阶层的伦理精神），反而可以有助于开出新兴的理性化社会。

我们暂不评价，韦伯这一见解在多大程度上适用于中国历史的经验。

---

① 马克斯·韦伯：《儒教与道教》，洪天富译，江苏人民出版社，1997，第260页。

他的分析方法，确实是一种符合形式逻辑的，环环相扣的动力学演绎，不乏洞察力和美感。因此，曾有学者把这种历史分析法，解读为"制度主义"的分析方法，[①] 这一点与 20 世纪解释学理论强调"影响的历史"有相通之处。韦伯对儒教伦理与新教伦理的历史比较分析，也体现出这一特点：

> 在中世纪的西方，商人遭到了"蔑视"，现代的商人则遭受文人的蔑视，这和中国所发生的情形一样。然而，中国的经济政策却没有创造出资本主义的经济思想。……在儒教及其像基督教一样根深蒂固的伦理与市民的生活方式之间，缺乏一个中间环节。而市民的生活方式是最最重要的。制造这种生活方式的恰恰是清教主义，尽管这完全违反他自己的意愿。于是出现了效果与愿望的背反：人的命运变成了人违反自己意图的行为的结果。[②]

韦伯曾用一个精彩的譬喻，表达了自己对历史的见解：

> 直接支配人类行为的是物质上与精神上的利益，而不是理念。但是由"理念"创造的"世界图像"，常如铁道上的转辙器，决定了铁道的方向，在这轨道上，利益的动力推动着人类的行为。[③]

"转辙器"的譬喻，形象地表明了韦伯历史观的几个层次。首先是位于较深层的人类行为的动力，即物质、精神上的利益；其次，顺应文化选择和物质精神利益动力的理念的轨迹，其主要表征，是不同模式的"理性化"形成的世界观和伦理价值观；第三，历史转折的动力和方向；限定这一层面

---

① 李强：《传统中国社会政治与现代资本主义：韦伯的制度主义解释》，《社会学研究》1998年第3期。

② 马克斯·韦伯：《儒教与道教》，洪天富译，第267页。

③ Ann Swidler, Foreword, in Max Weber, *The Sociolgoy of Religion*,（Boston：Beacon），xii；中译文参考马克斯·韦伯《宗教与世界（韦伯选集二）》，简惠美、康乐译，远流出版事业有限公司，1989，第71页。

的主要是上述两个层面的多种因素。韦伯把物质精神的利益看做人类行为的动力，但他并不认为，历史的转折，一定与经济理性直接关联。不同文化制度的权威、法律、惯俗、组织、宗教等类型，可能会在某些特定的历史时期，创造出某种"应然"的"世界图像"，从而对历史方向具有更强的限定作用。

这一点可能令人费解：庸俗唯物论忽视人的理解和解释的维度，视历史的转折为"铁律"，黑格尔将其诉诸"绝对精神"或"理性"的辩证推演，而兰克只能将其归之为"上帝之手"的时代表象，韦伯则借助不同历史文化模式的"理想类型"，穿梭往返于各类社会学动力分析和历史叙述当中，在社会、伦理和历史之间寻找动力的法则。

也许是这种不同于 19 世纪历史主义的历史观，让后世很多历史学家的批评多少有些无力感。历史主义式的批评多集中在韦伯历史社会学研究的"历史结论"方面，例如，中国是否也有"救赎宗教"？近世商人伦理是不是"入世苦行"？但历史学家很少历史地解读韦伯的"理念创造的世界图像"，也很少从谱系上质询韦伯的动力分析模式。

批评者甚至承认，他们的问题意识，反而是韦伯式的。[①] 耐人寻味的是，韦伯批评者在评价解释学传统，以及解释学在史学领域的影响方面，表现出某种默契。[②] 他们从"主流"历史学的立场出发，批评了解释学传统的一些"怪论"和"口号"。进行危险的历史解释的历史学家不应忘记，今天我们头脑中的"世界图像"，恰恰是由无数个"韦伯式"的理念造就的。而韦伯头脑里的"世界图像"的来源是什么，是一个值得认真考虑的问题。具体来说，例如，韦伯的汉学知识来源有哪些？是谁帮助韦伯塑造了"通常被认为中国固有的特质"的见解？而这些知识与韦伯式的中国结论有无关联？

---

① 余英时在承认自己提出韦伯式的命题同时，并不认为韦伯有一套完整的历史观。见余英时《关于韦伯、马克思与中国历史研究的几点反省——〈中国近世宗教伦理与商人〉自序》，载《余英时文集》第三卷，第 216、218 页。

② 例如，余英时对解释学传统是否适用于中国史研究颇为怀疑，参见余英时《关于韦伯、马克思与中国历史研究的几点反省——〈中国近世宗教伦理与商人〉自序》，第 225 页；而马克垚亦强调指出"大多数"西方历史学家并不认同解释学的传统，见马克垚前揭文，第 22 页。

二 韦伯的汉学知识来源

韦伯一生当中从未以汉学家自居。相反，他多次声明自己是"非汉学家"，并坦言"非汉学家所能利用的资料有限"。[①] 20 世纪 60 年代之前，韦伯并不被汉学界所特别重视。[②] 他关于中国的著作，最早以《中国的儒教》为篇名，同《宗教社会学概要·导言》《宗教拒世倾向及其阶段》，作为《世界宗教的经济伦理》的第一部分，分两次发表在 1915～1916 年的《社会科学及社会政策文献》（*Archiv für Sozialwissenschaft und Sozialpolitik*）杂志上面（他也是《文献》的编者之一）。1919～1920 年，该篇收入他的《宗教社会学论集》修订再版，补充了前面几章的内容，更名为《儒教与道教》。[③]

众所周知，韦伯对于中国宗教的社会学探索，是他宏大的世界宗教经济伦理研究计划的一个部分。[④] 但由于知识上的限制，韦伯无法进行独立深入的中国研究。他只能通过西方的汉学家来了解中国。对于自己的汉学知识来源，韦伯曾说过，"社会学家基本上是依据传教士的文献来认识这些（中国固有的）特质的"。[⑤] 这个说法很容易让人产生一种错觉，以为传教士汉学，只为社会科学提供了研究分析的基本素材。但《儒教与道教》自身的知识

[①] 马克斯·韦伯：《儒教与道教》，洪天富译，第 267 页。

[②] 欧美汉学界开始对韦伯中国学研究的关注，参见 Otto B. Van der Sprenkel, "Max Weber on China. *History and Theroy*, (1964) 3; Mark Elvin, "Why China Failed to Create an Endogenous Capitalism: A Critique of Max Weber's Explanation," *Theory and Society* (1984) 13.3; 而 20 世纪 70 年代开始，东亚学界兴起"韦伯热"。《新教伦理与资本主义精神》和《儒教与道教》受到东亚学研究者的重视，"韦伯文集"的其他部分也陆续被译成中文、日文等东亚文字。日本学的学者的讨论重点在于武士阶层伦理与日本资本主义之间的关系，而中国学学者则集中讨论新儒家伦理与明清商业发展之间的关联。

[③] 参见迪尔克·克斯勒《马克斯韦伯的生平、著述及影响》的《参考文献》部分，郭峰译，法律出版社，2000，第 311～322 页。

[④] 韦伯对社会科学及汉学领域的开拓性研究，使得半个世纪之后这个话题仍旧是汉学人类学界的一个重要主题，参见 G. William Skinner, "What the Study of China Can Do for Social Science," *Journal of Asian Studies*, 23（August 1964）: 517; 以及 Freedman, Maurice "What Social Science Can Do for Chinese Studies" in G. William Skinner ed., *The Study of Chinese Society*, (Stanford, California: Stanford University Press, 1979)。

[⑤] 马克斯·韦伯：《儒教与道教》，洪天富译，第 267 页。

脉络，会告诉我们一段不大相同的知识社会史。

　　首先来看看韦伯利用的文献。平心而论，直到 1920 年他去世之前，韦伯所获得欧洲汉学的文献远远算不上齐备。他似乎很遗憾无法找到当时汉学界最重要的期刊《英国皇家亚洲文会北华分会会刊》（*Journal of the North China Branch of the Royal Asiatic Society*）。① 而《儒教与道教》比较集中利用的汉学期刊主要为《亚洲学誌》（*Journal Asiatique*）、《中国评论》（*China Review*）、《北京东方学会会刊》（*Journal of the Peking Oriental Society*）、《汉学丛刊》（*Variétés Sinologique*）以及《法国远东学院通讯》（Bulletin de l'école fran? aise d'Extrême-Orient）。

　　上述期刊中，法文的东方学期刊占据了重要的地位。《亚洲学誌》是法国亚洲学会 1822 年创办的老牌东方学研究杂志，今天仍作为法国国家科学研究院的亚洲学会会刊继续发行。《汉学丛刊》为耶稣会士在华出版汉学研究出版物之一，1892 年耶稣会在上海徐家汇（Zi-ka-wei）创办，共出 66 期，直到 1938 年才停办。而《法国远东学院通讯》则是东方学研究鼎盛时代法国远东学院的会刊，创办于 1901 年，早期主要的撰稿人包括沙畹（M. E. Chavannes，1865 – 1918）、伯希和（P. Pelliot，1878 – 1945）等后来成为汉学巨擘的学界新进。

　　英文文献为主的期刊，只有在 1872 ～ 1901 年在香港出版的《中国评论》和 1885 ～ 1898 年艾约瑟（Joseph Edkins，1823 – 1905）、德贞（John Dudgeon，1837 – 1901）等人在北京发起的《北京东方学会会刊》。《中国评论》的东家是总部在香港的德臣报馆（China Mail Office），② 上面除了刊登传教士汉学研究，还编译各种文字的汉学旧作。但从作者的分布来看，《中国评论》的撰稿人渐渐出现集中化趋向，并未能一如发刊的初衷，发展成囊括欧美汉学及远东研究精华的"总库"。③

---

① 韦伯在分析中国的农业制度时说，"目前，我也没有弄到 A. M. Fielde 所写的 'Land Tenure in China' *JCBRAS*（1888），23：110，以及此一刊物所载的其他任何作品"。见马克斯·韦伯《儒教与道教》，洪天富译，第 79 页。
② 《中国评论》的创办与伟烈亚力（Alexander Wylie）主办《远东释疑》（*Notes and Queries on the Far East* 1867 – 1871）有一定的渊源关系，《中国评论》发刊后《释疑》还作为副标题保留其中。参见 "Introduction"，*China Review*（1872）1：1。
③ 笔者将另文论述。

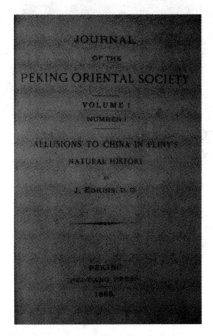
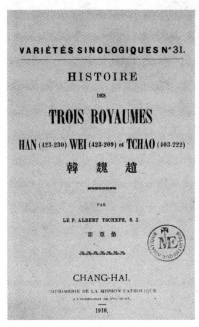

《北京东方学会会刊》创刊号，1885 年　　P. A. Tschepe（彭亚伯）：《韩魏赵》，
　　　　　　　　　　　　　　　　　　　　　　　　《汉学丛刊》31 卷 1910 年

　　至于《儒教与道教》征引德文汉学期刊，明显少于法文、英文期刊，这与 19 世纪德语世界的汉学园地的实际情况有关。

　　另外，社会学家韦伯很注意用英文编译的清朝上谕《京报》（*Peking Gazette*），并转引过为数不多的《北华捷报》（*North China Herold*）。但无论如何，这份定期出版物的文献清单上，并没有真正囊括当时最重要的传教士汉学文献。19 世纪前期传教士汉学家最重要的刊物《中国丛报》（*Chinese Repository*）以及 19 世纪下半叶卷帙浩繁的《教务杂志》（*Chinese Recorder*），都没有进入韦伯的考察视野。

　　而《儒教与道教》一书所征引的汉学作者的情况，则更能反映出韦伯汉学知识来源的限制和取向。

　　除了理雅各（James Legge，1815 – 1897）、缪勒（Max Müller，1823 – 1900）等人编译的中国传统典籍之外，韦伯似乎首先要向德语世界的汉学家致敬：这份长长的名单从德国最早的汉学家帕拉特（Johann Heinrich

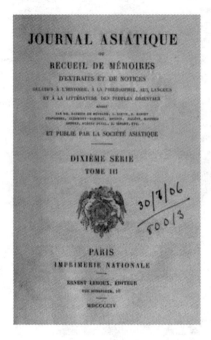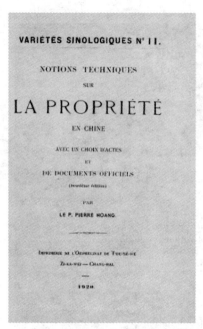

《亚洲研究》（1904）封面　　《汉学论丛》11 卷，1867 年（1920 年重刊）

Plath，1802 – 1874）开始，包括地理学家李希霍芬（Richthofen，1833 – 1905）、巴赛尔差会传教士艾德（Ernest John Eitel，1838 – 1905）、旅美汉学家夏德（Fredrich Hirth，1845 – 1927）、宗教民俗学家格鲁伯（Wilhelm Grube 1855 – 1908）、历史学家福兰阁（Otto Franke，1863 – 1946）、曾在京师大学堂任教的语言学家孔好古（August Conrady，1864 – 1925）、深深被中国道教文化吸引的传教士卫礼贤（Richard Wilhelm 1873 – 1930），甚至还包括奥匈帝国驻华公使讷色恩（Freiherr von Rosthorn，1862 – 1945）、能用德文写作的捷克东方语言学家德沃夏克（Rudolf Dvorak 1860 – 1920）、在华耶稣会神父彭亚伯（Albert Tschepe 1844 – 1912）以及曾在柏林大学任教的荷兰汉学家高延（J. J. M. de Groot 1854 – 1921）。

　　法国是韦伯时代欧洲汉学的中心，《儒教与道教》引用法语世界的汉学文献的作者包括：法国汉学家毕瓯（édouard Biot，1803 – 1862）、巴黎外方传教会的在华传教士艾嘉略（Louis Charles Delamarre，1810 – 1877）、比利时神父德哈勒（Charles-Joseph de Harlez de Deulin 1832 – 1899）、法国汉学家拉克佩理（T. de Lacouperie 1844 – 1894），以及前文所述的彭亚伯、高延、沙畹、伯希和等人。

而韦伯大量引述的英文汉学著者，包括伦敦差会的传教士麦都思（Walter Henry Medhurst，1796 – 1857）艾约瑟，医学传教先驱伯驾（Peter Parker 1804 – 1888）、德贞；英驻华外交官、汉学教授翟礼思（Herbert A. Giles 1845 – 1935）、庄延龄（Edward H. Parker 1849 – 1926）；美国传教士汉学家卫三畏（Samuel W. Williams，1812 – 1884）、卢公明（Justus Doolittle 1824 – 1880）、丁韪良（William A. P. Martin，1827 – 1916）明恩溥（Arthur H. Smith，1845 – 1932）等人。他征引的最新出版英文汉学文献，甚至包括哈佛大学毕业后供职中国海关的汉学家

艾约瑟：Place of Hwang ti in Tauism，《中国评论》China Review（1887）15：233 – 239

马士（Hosea B. Morse 1855 – 1934）乃至 1911 年在美国哥伦比亚大学获得博士学位的陈焕章（1800 – 1933）的著作。

这份不完整的著者名单，反映出韦伯重视学术权威和学术动向的特点。除了新的学术趋势之外，艾约瑟、格鲁伯、高延等中国宗教领域的新旧权威，更成为韦伯重点参考的对象。

韦伯如此"旁征博引"汉学文献，可能会让我们对他的"历史方法"产生误解。他虽然强调"价值中立"，但并不反对带着理论预设去分析历史。① 事实上，中国研究就是韦伯社会学假说的一个历史类型的试验场。

---

① 事实上，韦伯将这种方法看做大部分社会科学说具备的基本性质。见马克斯·韦伯《社会科学方法论》，韩水法等译，中央编译出版社，2002，第 74 ~ 75 页。

《儒教与道教》修订成书的顺序，便是其历史方法应用的一例：韦伯最初完成的有关宗教与文化社会学等部分，在修订中增加较少，而主要增加的部分，是所谓的"社会学基础"部分，即对中国传统国家结构所作的"支配社会学、行政社会学、法律社会学等分析"。[①] 也可以说，对儒教的理想类型研究中，韦伯实际上推论在先，而其他政治、经济、法律、惯俗等方面的分析，反而是韦伯对历史经验的测试。从这一角度观察韦伯儒教观念形成的脉络，上述汉学文献的性质便容易彰显。

— 102 —

du livre comprennent une grammaire et une syntaxe très complètes du cantonais, avec des exercices sur les tons. Ces derniers sont indiqués dans la transcription au moyen de chiffres. La transcription est très raisonnable, les fautes d'impression sont rares. Il est à souhaiter que le P. Aubazac fasse bientôt paraître un complément indispensable à son excellent ouvrage, c'est-à-dire un dictionnaire cantonais-français.

E. H.

J. J. M. DE GROOT. — *Is there Religious Liberty in China* (Mittheil. des Seminars für orient. Sprachen zu Berlin, Vᵉ année, 1ʳᵉ section: Ostasiatische Studien, pp. 103-151).

Pour beaucoup de gens qui habitent la Chine ou se flattent de la connaître, c'est devenu une sorte de dogme qu'on doit faire remonter aux missionnaires l'origine des troubles boxers. Le Chinois est bon enfant, son gouvernement est tolérant, mais le missionnaire recueille tous les gens sans aveu pour les couvrir de la protection étrangère, le missionnaire intervient dans les procès, le missionnaire se pose en égal des mandarins ; l'évêque n'obtenait-il pas naguère d'aller en chaise verte comme les vice-rois ? En voilà plus qu'il n'en faut pour surexciter le sentiment populaire, et telle est la raison du siège de Pékin. Il n'est d'ailleurs pas toujours besoin d'une argumentation aussi poussée ; le missionnaire est la cause ; pourquoi ? parce qu'il l'est ; c'est une de ces vérités sûrement établies qu'il est inutile de soumettre à un nouvel examen. La théorie trouve enfin quelque appui auprès des missionnaires protestants, à condition naturellement qu'on distingue entre eux et les catholiques romains. Il est impossible, dit le Rév. A. Smith, de ne pas croire que « les procédés des catholiques romains en justice sont partiaux et tyranniques » (¹) ; il cite aussi « cas typique » d'un « l'aventure étrange d'un prêtre catholique attaquant les chrétiens du Rév. Franz Zahn « sous le fallacieux prétexte qu'ils étaient à la tête d'une bande de brigands, alors que c'est ce prêtre lui-même qui dirigeait une telle bande », et il conclut : le mouvement de 1900 « eut ses causes premières dans la haine de race et dans les agressions politiques des nations occidentales. Mais l'animosité universelle et profondément enracinée dans tout l'Empire pour les prétentions et les pratiques de l'Église catholique romaine a beaucoup apporté à la furie et à la violence des attaques, et contribuera matériellement à rendre difficile une solution définitive ».

C'est contre les assertions de ce genre que M. De G. a cru devoir protester. Sans distinguer entre protestants et catholiques, il estime qu'une épée de Damoclès est constamment suspendue sur la tête des missionnaires (p. 150), et que « nous nous refusons d'admettre », ce que le christianisme lui-même, la propagande comme sa conséquence nécessaire, ces hommes et ces femmes méritent autre chose que l'insulte calomnieuse récemment versée sur eux par des écrivains ignorants et partiaux » (p. 151). Si le christianisme a été une cause de troubles, s'il a été persécuté, ce n'est pas par suite d'abus des missionnaires, c'est par la force même des choses, au nom de l'orthodoxie confucéenne, qui ordonne de châtier l'hérésie, et dont l'intransigeance triomphe dans les articles du code. Le Chinois tient avant tout à son culte d'État qui ne vise que le bonheur présent ; ce culte que l'homme a des besoins religieux et spirituels, et que leur satisfaction est pour son bonheur matériel un fondement, plus solide probablement qu'aucun autre, ce fait ne paraît jamais avoir été aperçu de l'État chinois » (p. 142). Il faut rejeter l'idée courante qui représente le Chinois comme sceptique et tolérant, « et nous serons beaucoup plus près de la vérité en admettant que l'État chinois est le plus intolérant et le plus persécuteur de tous les gouvernements du globe » (p. 104).

(¹) A. H. Smith, *China in convulsion*. Edimbourg et Londres, 1901, 2 vol. in-8°. T. I, p. 51.
(²) *Ibid.*, pp. 54-55.

**伯希和对高延文章的述评，
载《法国远东学院学刊》BEFEO
（1903）3：105**

值得注意的是，在韦伯的汉学家名单当中，同时用荷兰文、法文、德文、英文写作的荷兰汉学家高延的著作被反复征引。《儒教与道教》中充满了对这位汉学家的崇敬。该书从引言部分即公开宣言："目前，de Groot 有关官方宗教的著作，是最出色的。他的著作 *The Religious System of China* 主要涉及中国的礼仪，尤其是丧葬礼仪。他的充满激情的论战文章 Sectarianism and religious Persecution in China，批评了儒教的宽容。"高延的著作如此重要，以至于连伯希和对高延文章的述评也因此被附带列出。[②] 而在《儒教与道教》要付印时，还特别参阅了高延的德文新作 *Universismus*。[③]

不论分析中国的"天人合一"宇宙观，还是论述国家祭典、上天崇拜、祖先崇拜、阴报观念、阴 –

---

① 林端：《儒家伦理与法律文化》，中国政法大学出版社，第 152 页。
② 马克斯·韦伯：《儒教与道教》，洪天富译，第 4 页，笔者对译文略作调整。
③ 马克斯·韦伯：《儒教与道教》，洪天富译，第 5 页。

阳对立体现出来的正统 - 异端意识等重要的中国宗教范畴，韦伯都援引高延的观点为权威。①

更重要的是，韦伯关于中国宗教最重要的社会学类型分析，仍然处于高延著作的阴影下面。在论述道教与儒教的对立时，韦伯将高延所谓的"左道"缘起论，不加评论地全盘照收，甚至干脆标明："以下请特别参照 de Groot 的论述。"② 在论述"巫术理性系统化"在中国的历史"理想类型"时，中国的巫术经验几乎全部引自高延的著作，并且强调说明："每位读者都会看到，我们随时都会用到此书（de Groot，*Universismus*）。"③ 在澄清儒家祭典与个人信仰的距离时，他如实地转述了高延的论断：

> 儒教认为，由皇帝和官吏主持的官方祭典和由家长主持的祖先祭祀，是这个既定的俗世秩序的组成部分及前提……私人生活关于心灵指导与宗教指引的需求，便停留在巫术的泛灵论与崇拜功能性神祇的水平上。除非有先知预言的介入，否则这些现象总是难以避免的，然而中国并未有先知语言的兴起。这种神秘的泛灵论已被中国的思维纳入一个被 de Groot 称之为普遍主义的体系里。然而，创建此一体系的并非儒教一家。我们必须考虑参与创建它的种种势力——在儒教的眼里，它们全是异端。④

而韦伯对民间秘密教派的论述，全是征引高延的《宗教迫害》而来。⑤ 有意思的是，即便韦伯在论述太平天国时希望引用传教士汉学的文献，他还是要指出：

> 可惜的是，最精通中国教派史的专家 de Groot，不愿更深入地讨论

---

① 马克斯·韦伯：《儒教与道教》，洪天富译，第 35 ~ 37、106、155 页。
② 马克斯·韦伯：《儒教与道教》，洪天富译，第 208、214 ~ 215、216、218 页。
③ 译者该书两译其名，5 页作《普遍主义》，此处又作《天人合一论》。马克斯·韦伯：《儒教与道教》，洪天富译，第 223 页。
④ 马克斯·韦伯：《儒教与道教》，洪天富译，第 191 页。
⑤ 马克斯·韦伯：《儒教与道教》，洪天富译，第 240 ~ 245 页。

太平之乱的性质，并且避而不谈其中的基督教的影响，因为他小心引用的满洲政府的官方文件中肯定没有提到这方面的影响。①

与这种推崇备至和小心翼翼的态度相比，韦伯对于传教士汉学家艾约瑟等人的中国宗教论著的态度，只能说是将其当作一般性的资料补充，或者礼貌性的提及罢了。

韦伯如此重视同时精通官方宗教和"异端教派"的高延，可能与其宗教社会学的整体计划相关。"异端"在社会学上意味着宗教权威流动的动力，也是宗教理性化的一个面向，而韦伯社会学所说的"宗教"理性化，便包括"宗教"与"异端"互动历史。在其生前对世界宗教体系社会学探索的宏大计划当中，儒教、印度教、佛教，新教教派以及后来增加的古代犹太教，其中犹太教 –（古代基督教） – 新教教派、印度教 – 佛教、儒教 – 道教的历史脉络，都体现出一种"异端"社会学的安排。

三　汉学家的异端发生学

欧洲汉学关于"异端"的学术史，绝不可少了 19 世纪末的荷兰汉学家。研究中国的"异端"，是当时荷兰汉学的传统。直到 20 世纪 20 年代，荷兰汉学对"中国民间宗教和秘密会社研究，才让位于主流的中国经典哲学和国家制度的研究"。② 不过，当时荷兰称得上汉学家的只有两位：一位是长期担任莱顿大学汉学教授的施列格（Gustave Schlegel, 1840 – 1903），另一位则是日后韦伯推崇备至的高延——施列格莱顿大学的汉语学生、他去世后莱顿汉学教授的继任者。

19 世纪的荷兰汉学史，又是一部殖民时代的"翻译史"。莱顿大学最初设立汉学专业，目的就是为荷属殖民地培养中文译员。第一任汉学教授施列

---

① 马克斯·韦伯：《儒教与道教》，洪天富译，第 246 页。
② Leonard Blussé, "Of Hewers of Wood and Drawers of Water: Leiden University's Early Sinologists (1853 – 1911)", Willem Otterspeer ed., *Leiden oriental Connections 1850 – 1940*, (E. J. Brill, Universitaire Pers Leiden, 1989), 320。

格，即莱顿最早培养的中文译员。① 成为职业汉学家之前，施列格和高延都曾作过荷署东印度公司的专职中文翻译。他们的汉学事业，也深深地烙上了翻译活动的印记。

中国学者熟悉的施列格青年时代的著作《天地会研究》，② 就是荷属殖民当局的一项翻译工作。③ 就任莱顿大学汉学教授后，施列格从事的汉学研究仍旧以翻译为主。他曾从词源学的角度，对南洋华人汉语词汇中对葡萄牙语与马来语的借用，做过最精彩的分析，④ 而这些成就，仍旧不出翻译的领域。受殖民当局需求的限制，19 世纪莱顿大学的汉学，基本集中在对闽南方言的研究。⑤ 施列格编纂的最早的一部荷汉辞典《荷华文语类参》（四卷本），即以闽南语注音。⑥ 据说，1896 年他在海牙会见李鸿章，双方竟因方言问题无法直接对话。高延的汉语口语学习地也是厦门，同样无法熟练地听说清朝的官话。⑦

翻译天地会文献之后，南洋华人洪门组织内部的隐语、暗号、飘布、茶碗阵，给施列格留下很深的印象，这些儒家体系之外、充满"异端"色彩

① 施列格 9 岁时，在莱顿大学试验培养中文翻译的 Hoffman 教授指导下开始学习中文，8 年之后，被派往厦门和广州学习闽粤方言。4 年半后，被派往巴达维亚担任荷属东印度公司的中文翻译。1873 年回国休假时，接受莱顿大学的邀请筹建汉学专业。1876 年正式回到荷兰，成为莱顿第一位汉学教授。参见 Leonard Blussé, "Of Hewers of Wood and Drawers of Water: Leiden University's Early Sinologists (1853 – 1911)", Willem Otterspeer ed., Leiden oriental Connections 1850 – 1940, (E. J. Brill, Universitaire Pers Leiden, 1989), 317。

② Gustave Schlegel, *Thian Ti Hwui: The Hung-League, or Heaven-Earth-League, a Secret Society with the Chinese in China and India.* [*Batavia*] *Lange 1866*），中译本见《天地会研究》，薛澄清译，商务印书馆，1940。

③ 施列格为"苏门答腊巴东埠的警察"翻译的文件是殖民警方搜缴的一批华人洪门会党的内部文书，主要有洪门的"会簿"及"合同"和"誓词"。参见《天地会研究》，薛澄清译，商务印书馆，1940。施列格在该书中敏锐地注意到，洪门《会簿》上的"福建云霄高溪"，是洪门内部一个重要的地名，而不是传教士米怜（Milne）误译作的"古旧的溪水"。而近一个半世纪之后，中国史学家竟考证出，福建云霄高溪极可能就是历史上天地会的创始之地。参见秦宝琦《清前期天地会研究》，中国人民大学出版社，1999。

④ Gustave Schlegel, "Chinese Loanwords in the Malay Language", *T' oung Pao* (1890) 1: 391 – 405.

⑤ 当时被欧洲汉学界不准确地称为"客家"方言。

⑥ Gustave Schlegel, *Nederlandsch-Chineesch Woordenboek met de Transcriptie der Chineesche karakters in het Tsiang-tsiu Diaiekt*, Leiden, 1882.

⑦ 据福兰阁（Otto Franke）所言，参见 R. J. Zwi Werblowsky, *The Beaten Track of Science: The life and Work of J. J. M. de Groot*, 19。

的文化符号，是否与中国古代的河图、洛书、龟甲、周易等这些近代汉学家公认的"巫术"文化有形似之处，让施列格很疑心。另外，他还揣测，天地会是不是类似欧洲"共济会"（Freemason）一样的秘密社团，隐藏了不少学问高深的人物？现在看来，这本书里不少比附不着边际，但这种把中国视为一成不变的社会，用古代传世文献直接解释 19 世纪中国社会的方式，在其身后的欧洲汉学中仍看得很明显。

〔荷〕施列格 G. Schlegel
(1840 ~ 1903)

1877 年 10 月 27 日，施列格正式发表就职演说，出任莱顿大学的首位汉学教授。据说，这个特殊的日子，对施列格还有另外一层象征的意义：整整一年之前，理雅各被牛津大学聘为汉学教授。① 欧洲的大学正开始让传统的传教士汉学走向职业化。教会组织之外的跨国界的东方学会在欧洲和远东陆续成立，他们创办各类东方学期刊，形成常规学术阵地。1890 年，施列格与法国汉学家高第（Henri Cordier, 1849 – 1925）合作，在莱顿创办了《通报》，发表英、法等欧洲文字的东方学研究。而被韦伯日后推崇的汉学家高延，也是最早的《通报》撰稿人之一。

1854 年 9 月 18 日，高延出生于荷兰鹿特丹市西郊的史契丹镇（Schiedam）的一个工商业主家庭，全名为 Johannes Jacobus Maria de Groot。② 清代官方文献中写作"葛罗脱"。与 19 世纪荷兰帝国的许多同龄人一样，少年时代的高延对海外的世界充满憧憬。但

---

① Leonard Blussé, "Of Hewers of Wood and Drawers of Water: Leiden University's Early Sinologists (1853 – 1911)", Willem Otterspeered. , *Leiden oriental Connections 1850 – 1940*, (E. J. Brill, Universitaire Pers Leiden, 1989), 318.

② 参见 Inez de Beauclair and Harvey Mole, "Introduction to the CMC Reprint Edition", *Les Fêtes Annuellement Célébréés à Emoui: Etude concernant la Religion populaire des Chinois*, Chinese Material Center, San Francisco, 1977; 以及 R. J. Zwi Werblowsky, *The Beaten Track of Science: The life and Work of J. J. M. de Groot*。

15 岁那年起，他连续三年投考海军学校失利，后转入代尔夫特（Delft）的一个培养殖民当局职员的学院。1873 年 9 月，转考入莱顿大学正在筹建的汉语专业，开始学习汉语。1877 年，按照汉语译员的培养方案，来到厦门，实地学习荷属殖民地南洋华人使用最广泛的方言。高延很快便意识到莱顿那种文献式汉语教育的缺陷：只有一位教授，教学内容除了古典汉语文献，就是翻译虚构市井生活的明清小说。一切都远离生活中的中国的社会、宗教、仪式、语言。实地学习对于高延影响至深，此后的一生当中，他几乎都在批评这种受传教士汉学传统影响的文献式汉学研究。到厦门之后，高延的口语进步很快，一年之后，作为汉语译员，正式进入巴达维亚的殖民当局。

可能是施列格从译员到汉学家的道路，对高延具有示范作用。无论在厦门还是南洋，高延抓住各种机会记下实地考察的笔记。1883 年，高延在巴达维亚出版了他对厦门节令、祭祀的调查：《厦门岁时记》（*Jaarlijksche Feesten en Gebruiken van de Emoy-Chineezen*）。次年，该项研究为高延获得莱比锡大学的博士学位。1886 年，他修订后的论文被译作法文在巴黎出版，题为《厦门岁时记：中国民间宗教研究》（*Les Fêtes Annuellement Célébrées à Emoui：Etude concernant la Religion populaire des Chinois*）。高延并没有受过民族志撰写的训练，与人类学家的田野札记相比，他的"调查"更像是古典文献与他所观察到的仪式实践之间的对话。莱顿大学汉语翻译训练对他的影响，再次体现出来：连篇累牍的翻译，大部分是整段整段的中国古典文献，间或有他在实地搜集到的民间科仪。

他利用在巴达维亚工作的机会，密切接触过一些南洋华侨的"公司"（往往是海外洪门组织在南洋的代称）。1883～1885 年，婆罗洲华人洪门会党发动暴动。正在祖国休假的高延抓住这个时机，出版了他对婆罗洲华人秘密会社的调查。[①] 这份调查，决定性地帮助高延走上了汉学研究的道路：施列格的经历几乎被重演。高延马上以此为契机，向殖民当局申请资助，请求

---

① *Het Kongsiwezen van Borneo：eene verhandeling over den grondslag en den aard der Chinnsche politieke vereenigingen in den kolonien*, met eene Uitgegeven door het Koninklijk Instituut voor de Taal -, Land-en Volkenkunde van Nederlandsch-Indie. 中译本参见高延《婆罗洲华人公司制度》，袁冰凌译，"中研院"近代史研究所史料丛刊，1996。

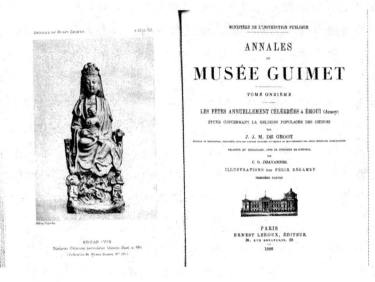

《厦门岁时记》（*Les Fêtes Annuellement Célébréés à Emoui*：
Etude concernant la Religion populaire des Chinois）巴黎，1886 年

再次来华调查研究。1886 年，获得了资助的高延，再次赴中国开始了为期四年的调查。在华期间，高延甚至一度谋求在对华外交舞台上发展，但终于没有什么结果。[①] 此刻，高延已经完全站在欧洲帝国主义殖民者的立场上规划他的"事业"，而对国门洞开，国力日衰，反教排外的中国充满厌恶。[②]

1890 年，高延被阿姆斯特丹商业学院聘为汉语和马来语的教授，1891 年，又被荷属东印度殖民当局聘为莱顿的"地理学－民族学"教授。1899 ~ 1900 年，高延以此身份，为当时的荷兰女王薇尔米娜（Queen Wilhelmina）讲授远东的地理和宗教。这时高延已经用荷兰文、法文、英文发表了不少关于中国、马来亚的研究，在欧洲汉学界崭露头角。[③] 当时

①　1888 ~ 1889 年间，高延积极插手华工赴南洋航线的直航规划，并替荷兰公使与清政府交涉此事，但因越权干涉荷兰驻华公使费果苏（Jan Helenus Ferguson）事务受到当局批评。详见 R. J. Zwi Werblowsky, *The Beaten Track of Science：The life and Work of J. J. M. de Groot*, 2002, pp. 44 – 49.

②　R. J. Zwi Werblowsky, *The Beaten Track of Science：The life and Work of J. J. M. de Groot*, 2002, p. 24.

③　R. J. Zwi Werblowsky, *The Beaten Track of Science：The life and Work of J. J. M. de Groot*, pp. 24 – 25.

汉学领域内传教士汉学的传统影响还很大，而拥有教职的专业汉学家，往往需要一种区别传统传教士汉学的方式，来确立自己的学术地位。高延成功标榜自己在汉学界独特地位的标尺，则是"民族志"式的田野考察。

高延强调科学的宗教学研究，[①] 但他的著作，却体现出一种 19 世纪传教士观念与人类学理论的奇怪组合。高延认为，远东包括中国宗教的内核，是一种低级的"泛灵论"（Animism）。他所撰书名中的"普遍主义"以及"普遍泛灵论"，都表明这个观点。因此，在他看来，中国宗教本质上是一种低级宗教，在当前的国际形势下，中国人向基督教靠拢不可避免。甚至听过高延的课的薇尔米娜女王，对教授将远东的宗教精神概括为对于各种神灵的畏惧，印象深刻，以至激发了她支持传教士"拯救"东方的热忱。难怪，连美国基督教神学院的差会，都把他的讲义，编成有关中国宗教的课本。[②]

1900 年，义和团运动爆发，震惊世界。这一事件直接促使这位荷兰汉学家完成了他的中国"异端"发生学研究。义和团运动之后，一些西方学者分析这场悲剧的原因时，批评了帝国主义列强支持下的在华传教士的种种跋扈行径。而高延则以一个了解中国宗教内情的"汉学家"身份，为在华传教士展开辩护。1901 年 7 月，他完成了被韦伯称为"充满了战斗激情"的《中国教派与宗教迫害》（下略作《宗教迫害》），[③] 对这一事件表示抗议。"导言"部分开宗明义，公开批评了"中国宗教自由论"的观点：

> 多年以来，我像大多数人一样，认为中国在宗教方面是自由的。我甚至还在旧作中宣扬过这种观点；但现在，对我在这种观点影响下写过的为数不多的几段话，我要公开收回。（只是）在那（义和团事件）以后，我才知道怎样才能更清楚地认识这个问题，也希望通过这本书，能让我的那些仍旧认为中国宗教自由的汉学同行们，正确认清这个错误。[④]

① J. J. M. de Groot, *The Religion of the Chinese*, p. 161.
② 高延为美国 Hartford 神学院准备的"中国宗教"讲义，作为培训差会教士的课本，列入神学院的世界宗教教程。见 J. J. M. de Groot, *The Religion of the Chinese*, (New York: Macmillan, 1910)。
③ 即 de Groot, *Sectarianism and Religious Persecution in China*, (Amsterdam: Johannes Muller, 1903), 3。
④ de Groot, *Sectarianism and Religious Persecution in China*, p. 3.

高延所说"旧作"，即《厦门岁时记》，其中明确表示："宗教自由的原则深植整个中华帝国"，"中国人从来就不知道什么是教派对抗和宗教战争"。①

但他的《宗教迫害》却提出，"中国宗教迫害的历史，几乎和整个中国宗教史一样持久"，② 中国历代王朝一贯迫害"异端"，儒教妒忌成性，势必要清除异己，这才是中国迫害基督教的深层原因；而所谓教士的跋扈与罪行，不是谣传，就是夸大其辞。他甚至提出，列强保护下的基督教布道团应当大发慈悲，把遭受清政府迫害的各类"异端"尽量吸收到教会的保护之下。他甚至希望他的著作可以"有助于基督教传教事业。（因为）同地球上其它任何地方一样，传教士正在世界人口比重最大的东亚地区，努力地超拔（那里）软弱的灵魂。"③

对于学术态度的彻底转变，作者又做如何解释呢？高延断言，义和团运动中"迫害"在华传教士的元凶是"儒教"，或其代表清政府。他断言要正确理解中华帝国对待宗教的政治原则，必须从反映中国价值观念体系的、几乎不间断的历史文献入手。因而，从《论语》中的"攻乎异端，斯害也已"，到历朝历代禁毁淫祀，再到清朝上谕中的镇压白莲教，都被高延看做同样性质的事件：儒教发动的宗教迫害。

《宗教迫害》的核心概念是 sectarianism，对照所征文献，为翻译清朝官书上的"邪教"一词而来。sectarianism 为欧洲历史语境下的"教派"之意，指教会下不同派别。通过与福建先天道、龙华教的接触，高延发现这两个秘密教派似乎出自同一个传统，虽然先天道教徒一般比龙华教教徒富裕。④ 在源流问题上，他同意艾约瑟的看法，把民间秘密教派都看做是"佛教教派"（Buddhist sect）。但引入 sectarianism 的概念，则不可避免地要引申出"正统－异端"之辩。这个概念启发了高延把中国历代文献上的"左道""邪说"都看成一类现象。而"邪教""邪说""异辞"中的"邪、异"，他都

---

① 转引自 R. J. Zwi Werblowsky, *The Beaten Track of Science: The life and Work of J. J. M. de Groot*, p. 79。

② de Groot, *Sectarianism and Religious Persecution in China*, pp. 3 – 4.

③ de Groot, *Sectarianism and Religious Persecution in China*, p. 565.

④ de Groot, *Sectarianism and Religious Persecution in China*, pp. 230 – 231.

译作 heretical，即 "异端的"。他也注意到，"并没有中国官方文件或者书籍，可供人们从中找出每个特定 '邪教' 宗教特征或组织方式上资料"，[①] 但这些问题最终没有影响他总的看法。

从这个角度上溯所谓 "异端迫害" 的文化根源，高延把儒家文献中的 "道" 视作 "正统"（othodoxy），相对 "道" "正" "端" 的 "左道" "邪" "淫" "不端" 等，都被译作 "异端的"（unorthodoxy，heretic）。[②] 汉籍经典中的 "去邪勿疑"（《尚书·大禹谟》），"攻乎异端"（《论语》），"微邪不可不禁"（《管子》），"正人心、息邪说"，"距杨墨"（《孟子》）等记载，都根据同样的理由，被当作儒教迫害 "异端" 的论据。此外，传世文献上史不绝书的 "淫祀" 和 "毁淫祀" 记录，被高延视作宗教迫害的有力 "见证"。他把 "淫祀" 这个最具中国宗教类型意义的概念，译作 heretic sacrifices，即 "异端、异教的祭祀"。[③]

为了完善他的儒教迫害理论，高延还参照基督教的教义，推断出一个 "非圣"（Anti-Confucius）的宗教迫害概念。

基督教在不断完善其一神教教义过程中，曾把历史概括为一个 "创造——背弃——救赎" 的过程，基督的意义就在拯救和新生。然而，邪恶的魔鬼往往以 "敌基督"（Anti-Christ）的面貌出现，其目的是让人类在背弃神的道路上走向毁灭。然而，这种概括又演绎出了一个神学上的困境：上帝既然是至善至爱的造物主，为什么又造出魔鬼？若魔鬼非上帝所造，岂不又与 "上帝创造一切" 矛盾。这个悖论是基督教神学世界的一个 "母题"，不断引起关于 "信仰" 本质的讨论。

高延认为儒家思想中的 "道" 与 "左道" 也有类似问题。既然中国人以 "道生万物"，那么 "左道" 岂不也是由 "道" 所生，又因何成了 "邪说" "异辞"？看来中国人没有在哲学上深入思考这个矛盾，而武断的儒家政治家只是一味强调 "微邪必除"，而且要 "绝净根株"[④]

高延强调，"'教条'主义是全世界'异端'、'不宽容'以及'迫害'

① de Groot, *Sectarianism and Religious Persecution in China*, p. 161.

② de Groot, *Sectarianism and Religious Persecution in China*, p. 8.

③ de Groot, *Sectarianism and Religious Persecution in China*, p. 17.

④ de Groot, *Sectarianism and Religious Persecution in China*, p. 9.

的产生根源，中国亦不例外"。① 而儒家的捍经卫道就是"教条主义"。他认为儒家所谓"经"与"不经"的界限，就是教条主义的反映。因此，"左道"定属"不经"，也必非圣道（Anti-Confucian）。② 此处的"非圣"，显然是"敌基督"的翻版。然而，这样一来，中国历代封建王朝对儒家学说的推崇，就自然被赋予了"护教卫道"的宗教意味。

汉学家以"迫害异端"的色彩渲染过中国的宗教历史之后，产生了一个意想不到的结果：这种视野下中国历史上有关"仪式"和"思想"的一切控制，都可能被解读成"宗教迫害"。这个误读，实际上构成了高延观点转变的整个基础，中国宗教史也正是因此从"享有自由"变为"全面迫害"。

〔荷〕高延 J. J. M. de Groot（1854～1921）

高延一贯批评传教士翻译失实，但此时他对"异端"的翻译，大可与传教士汉学时代的翻译做一比较。

1832 年，《中国丛报》最初释义"异端"（Heterodoxy），即称："与（异端）这个概念类似的，中国的对应词为'邪教'，即偏离正道（或堕落腐化）的信条；但我们不仅找不出有什么可以称得上是标准的宗教信仰，而且，也找不出那些信奉'邪教'的人，坚信哪些偏离正统的不正当的信条。"另外，编者还注意到，中国最近处理邪教案件（红阳教），皇帝对一切的结社，都持怀疑的态度。③ 数年后，《中国丛报》又将"邪教"一词，释为"佯修善事"（虚伪的信仰）……泛指那些"为数众多的小教派"；而编者还幸灾乐祸地

---

① de Groot, *Sectarianism and Religious Persecution in China*, p. 10.

② de Groot, *Sectarianism and Religious Persecution in China*, p. 15.

③ *Chinese Repository*（1832）1：103.

补充说，"天主教"也曾忝列"邪教"当中。①

上述释义，显然是总结清朝上谕、律例而来，并无过多的阐释。当时的传教士汉学家已敏锐地意识到，清政府并不以某种"正统"信仰为依据，来判定"邪教"。邪教的律例，主要在防范民众结社举事，而确定谁是"邪教"，则以政权力量据其"危害"程度灵活掌控。这一点，显然与高延的儒教"异端"迫害论不同。

1901 年已经不是鸦片战争前新教传教士初来中国的时代，欧洲列强正欲插手传教事业，借义和团事件进一步瓜分中国。高延"创造性"地诠释中国史上的"异端"，正与这种历史步伐合拍。汉学家的"科学"知识，成为了解中国的重要知识背景，而高延作为欧洲一流汉学家的地位，似乎也在此刻得到了某种时代的肯定。

然而，坚持儒教一贯迫害"异端"的立场，必须面对一个现实的困境：儒教始终进行宗教迫害，为何又为中国留下如此众多的释、道等教的宫观庙宇和民间信仰的土偶淫祠？对此，高延很有意思地想出一个"风水"的解释：中国人都迷信"风水"的魔力，而中国的祠庙，都是依照风水的原则所建，所以，害怕破坏风水带来厄运的民族，大概是没人乐意拆庙，所以，就留下众多的"淫祠"。确立了中国宗教正统与异端的范畴之后，高延带着几分嘲弄口吻，提出了一个经典的汉学问题："象中国这样通常被认为文明程度很高的国度，流行（万灵论）这样的'低级宗教'，是否有些令人捉摸不透？"②

四 韦伯式的异端动力

1902 年，柏林大学提出聘请高延为汉学教授的计划。高延反复考虑之后，予以婉辞。1908 年 4 月，他应邀赴美国哈特福德神学院的拉姆森讲座（Hartford-Lamson Lectures）讲学。1910 年底，他再度应邀赴美，先后在哈

① 《中国丛报》为美国新教传教士创办，1830 年代对天主教颇有微词；见 *Chinese Repository*（1836）5：94。
② J. J. M. de Groot, *The Religion of the Chinese*, pp. 60 – 61.

佛大学、耶鲁大学、费城大学、巴尔地摩大学、哥伦比亚大学、芝加哥大学发表演讲；1911 年，普林斯顿大学授予高延荣誉博士学位。而他的《中国宗教体系》的 6 册巨著，也在这一年全部出版。同年，柏林大学第二次向这位欧洲第一流的汉学家发出邀请，条件更加优渥：丰厚的年薪之外，基本上没有教学任务，每年 5 个月的假期，另外再加上普鲁士科学院与柏林大学没有退休限制的终身教席。[①] 1911 年，高延终于离开莱顿大学，进入德国正在蓬勃发展的学术世界。

学术界授予高延的荣誉，是否影响到韦伯对汉学领域的判断，今天已无从揣测。高延显然不擅长构建社会科学的理论和概念工具，也缺乏对研究方法保持一贯的敏感。韦伯显然不相信，中国形成宗教文化的多样性，是因为中国人惧怕"风水"的报应。

韦伯社会学的"传统"之出现，只具有统计学上的意义，即多次重复行为所塑造的惯俗。而社会学意义上的"异端"，不仅意味着组织上或思想上对"正统"的背离，它还为韦伯宗教社会学提供了不可或缺的动力内容。

质而言之，异端的产生，源于宗教需求者与宗教服务者之间的互动。而宗教需求与宗教理性化之间的动力背反，是世界所有宗教系统的通则。宗教需求的动力，会造成两方面的影响：一方面，宗教需求动力（往往是世俗诉求）会推动宗教服务人员集团的系统化、理性化；但另一方面，宗教需求动力，也可能刺激宗教体系内部产生新的权威机制，或者"异端"。

因此，中国宗教的多样性，同样是由宗教需求动力推动的宗教理性化进程的产物。只不过这个动力结构的外观是中国历史文化决定的。应该说明，韦伯的宗教社会学学说，主要是围绕犹太教－基督教体系的特殊文化意义和类型意义展开的。韦伯所定义的宗教人员的三个理想类型"巫师"、"神职人员"、"先知"，尽管其历史形态中的界限始终模糊不清，但他们在满足宗教需求的动力上依次产生。巫师以巫术最直接地满足诉求者的需求，神职人员则以宗教职业化、固定化、伦理化的方式调适宗教诉求，而先知则属于宗

---

① R. J. Zwi Werblowsky, *The Beaten Track of Science: The life and Work of J. J. M. de Groot*, p. 35.

教领域里"卡里斯马"式的、自由的、直接得到神示的新的宗教权威类型。这三个类型中，先知最具有革新的性质。^① 显然，最贴近韦伯上述分类的历史代表是犹太教 - 基督教传统的术士、文士与先知。韦伯认为，中国宗教并不具备真正意义上的"神职人员"和"先知"。儒教当中没有严格意义上的"神职人员"，"先知"更是孔子不知道的类型。中国至多存在某些类似的类型。比如道教——韦伯想象的中国宗教多样性的理想载体——中的某些派系以及秘密教派的教首以世袭的方式传递教权。这与典型的先知的运动往往会沿着世袭制或者秘密传授的方式延续其权威地位，有类似之处。不过，韦伯断言，先知型在中国下层宗教中没有得到很好的发展。

因此，在韦伯的动力学类型分析中，宗教理性化受到抑制的中国如何面对"先知型"的宗教类型，是他非常关心的一个问题。不难理解，韦伯特别重视太平天国在中国宗教史上具有何种类型意义？尽管他所崇敬的汉学家高延基本上无视太平天国的"基督教"意味。

汉学家带有传教士色彩的殖民主义者立场，并不是韦伯误会中国宗教结构的全部原因。汉学家自身对于中国宗教制度的某些盲点，可能更限制了社会学家的视域。高延著作中的另一类错误，值得我们留意。

高延《宗教迫害》一书曾征引《明史》韩山童之事。《明史》作：

> 韩林儿，栾城人，或曰李氏子也。其先世以白莲会烧香聚众谪徙永年。元末，林儿父山童鼓妖言，谓天下当大乱，弥勒佛下生。河南江淮间愚民多信之。……复言，山童宋徽宗八世孙，当主中国。

高延将这段记载译成："韩林儿……也有说是李夫人的儿子……其先世以白莲会烧香聚众，被永远流放……"。^②

韩山童父子称"李氏子"，或"宋徽宗八世孙"，取义赵宋王朝将讨元复仇，是元末白莲教煽动民众反元的政治口号，世袭制王朝政治的特殊产物，有其深厚的制度性根源。而高延彻底误会了中国古代"氏"的

---

① 马克斯·韦伯：《经济与社会》，林荣远译，商务印书馆，1997，第 500～508 页。

② J. J. M. de Groot, *The Religion of the Chinese*, pp. 164–165.

〔德〕马克斯·韦伯 Max Weber
（1864～1920）

政治象征意义，竟把李氏子，当成了"李夫人之子"；而出于构筑"宗教"战争的想象，竟然把"谪徙永年"的地名"永年"，误解为"永远"流放。一经此解，反而令其成为元代残酷的宗教迫害政策的证据。

再如，对于林清天理教起事攻入皇宫一案。高延查阅了《圣训》《钦定平定教匪纪略》《靖逆记》等官私文献之后，声称找出清代官吏"宗教迫害"的口实。他指出，清朝官书明言："胥吏对异端教派欺辱，是（林清）造反的直接原因。"对检原文作："（天理教者亦名八卦教，聚众敛财，）愚民苦胥吏者争兴焉。"① 高延对原文的翻译显然有误。

原文"愚民苦胥吏者争兴焉"，很清楚地说：被胥吏弄得贫苦不堪的"愚民"，争着搞天理教。原因就在天理教能敛财。苦于胥吏的结果是"贫"，林清的天理教善敛财，所以不少人争着搞。这与高延所说的反宗教迫害起义，完全风马牛不相及。但高延进而把天理教打入紫禁城，说成一场"宗教战争"，而此举的目的是要向宗教迫害者的总代表清王朝报仇。此外，他还大胆设想：如果林清攻打皇宫成功的话，由天理教组成的政府可能在宗教问题上实现宽容。②

至于文献中提到的"后天祖师""卯金刀""刘林"，③ 以及林清起义的后援李文成所称的"大明天顺李真主"等真正反映林清教派文化类型的概念，④ 高延始终不明其原委。

显然，这位伟大的汉学家只是一味地沉浸在他的"宗教异端"的想象

① J. J. M. de Groot, *The Religion of the Chinese*, p. 419.

② J. J. M. de Groot, *The Religion of the Chinese*, p. 419.

③ J. J. M. de Groot, *The Religion of the Chinese*, p. 420.

④ J. J. M. de Groot, *The Religion of the Chinese*, p. 437.

当中，而并没有基本理解他的文献。这类错误是否对韦伯中国学说的理论盲点有所提示？

五　汉学家的同龄挑战者

宣统元年七月十八日（1909 年 9 月 2 日），清朝出使意大利大臣钱恂，在等候继任者到达罗马正式接任之前，上疏奏请厘清政教界限，以便减少立宪阻力。折上之后，被批转外务部及宪政编查馆。[①] 但这封奏折的内容却不大寻常，钱恂不仅建议研究西欧的宪政制度，还特地附片，倡议翻译一部欧洲汉学著作：

> 和兰儒者葛罗脱，通中国文字，解泉漳方言，为今和女王师傅。西人谈东方学者，推崇备至。臣亦曾与彼面谈。彼著英文书两册，以中国贬排异教为书名，书内所叙，乃摘引中国经史加以论说，而于近百年来臣工章奏列朝谕旨，引载尤详。其意无非欲坐实中国为排教之国，排教即排外耳。……臣取观其书，见所引汉文，于句读文字之间，尚多错误，则其于本文本意之未尽通晓，自不待言。流传日广，以伪传伪，若不亟为辩证，人将疑我国排教为事，非无因于预备立宪之前途，各国视听所专注，所关实钜。可否请旨，饬下驻和使臣，购取此书送部，将英文译成汉文，逐条评正，奖其是而驳其非，以明我国于外教初无歧视。[②]

钱恂的这篇奏章，被摘要收入具有《实录》性质的《宣统政纪》。折内提到的"和兰儒者葛罗脱"，即 Groot 转音写成。而所谓"彼著英文书两册"就是前文所述之《宗教迫害》。这部汉学著作，竟然惊动了中国的朝廷，以

[①]　宣统元年六月二十七日（1909 年 8 月 12 日）钱恂被召还出使意大利大臣之任，同年十月十八日（11 月 30 日）正式卸署交接回国。参见中国第一历史档案馆、福建师范大学历史系合编《清季中外使领年表》，中华书局，1985；以及钱恂：《二二五五疏》卷下，第 1 页，载沈云龙主编《近代中国史料丛刊》第五十四辑。

[②]　钱恂：《二二五五疏》卷下，第 9～11 页。

至写入清朝的中央档案，恐怕是该书作者自己也不会想到的事情。但钱恂的奏折转到外务部后，似乎没有任何实质进展，他的译书倡议也未能实施。①与清末宪政中的许多"条陈"一样，钱恂主张与这位大汉学家展开的论战，似乎已经被历史遗忘。

钱恂呈请译书的奏折摘要，载《宣统政纪》卷二十

钱恂（1854～1927），字念劬，浙江湖州人，晚清出名的洋务人才，外交家。他生于清咸丰三年十二月十二日，公历纪年是1854年1月10日，恰好与高延同庚。② 其父钱振常、伯父钱振伦均是进士出身。伯父振伦是晚清名臣翁心存之婿，翁同龢的姐夫。钱恂自幼受到严格的儒家教育，十五岁考取生员，但此后屡试不获，只得随侍父亲身边游幕。光绪十一、十二年间（1886），钱恂入宁绍台道薛福成幕，开始接触洋务。

---

① 钱恂在出使意大利大臣去职到卸署三个月期间，连续上奏一系列关于教务的奏疏，似乎对于回国后的仕途仍有期望。但回国后，他并未被另行简任，其建议也没有受到重视。钱恂关于教务的奏疏，参见《二二五五疏》卷下。钱恂建议翻译的汉学著作，至今没有中译本。*Sectarianism and Religious Persecution in China：a page in the history of religions* 的日文译本，参见牧尾良海译《中国における宗教受难史》，国书刊行会，东京，1980。

② 关于钱恂年龄的有关考证，参见邱巍《吴兴钱氏家族研究》，浙江大学未刊博士学位论文，2005。

与高延因少年考试失利，偶然走上汉学道路相仿，钱恂成为"洋务"专家，也和科举考试不顺利有些关联。不过与他的同龄汉学家高延相比，钱恂的西学之路，更为坎坷。钱恂举业失利后，无缘学习欧洲语言。进入外交界之后，钱自己多次表示"不谙西文"。在薛福成幕府四年间，钱恂据海关出版物，编成《光绪通商综覈表》，一时流传很广。后张之洞荐举调用时，即称其"业精才敏，洋务博通，尤能研究中外商务"[1]。《光绪通商综覈表》辑自海关图册。而直至光绪元年（1875）海关始有汉译《贸易总册》，钱恂纂表即本与此，此前海关出版的很多英文贸易表册则无缘利用。

光绪十五年（1889），薛福成奉命出使英、法、意、比等国。钱恂被"奏带出洋"，次年抵达欧洲，从此走上外交生涯，历充"驻德随员""驻英参赞"等职。此间与新学有关的著述，包括驻德期间，应许景澄所嘱，著《帕米尔图说》《中俄界约校注》等篇；以及回国之后，于《光绪通商综覈表》前增刊《中外交涉类要表》四种。光绪二十一年（1895），钱恂由署理两江总督张之洞调用回国，帮办"洋务"。钱后来成为张之洞的亲信，先后任湖北武备学堂提调、湖北、江南留日学生监督等重要职务，光绪二十四年（1898），经张之洞奏准，作为外交和新学人才，被光绪皇帝召见。[2] 任留日学生监督期间，钱恂又著《财政四纲》，编译《日本军事教育编》《日本法规大全解字》《日本国民教育》等书，在国内颇有影响。

戊戌维新失败之后，钱恂固辞鄂差，一度比较消沉。清光绪三十一年（1905），得好友出使大臣孙宝琦力荐，再次被启用，次年，以驻荷兰参赞名义，前往荷属南洋殖民地调查华侨受殖民当局"苛待华侨"实在情形，以助力争在南洋设立领事，保护侨民。[3] 光绪三十三年（1907），钱出任署理出使荷兰大臣，旋即获正式任命。次年，又调任出使义国大臣。

从上述"履历"来看，钱恂奏折所说曾与高延面谈，应在其出使荷兰

---

① 《军机处录副奏折》：光绪二十一年五月二十七日署理两江总督张之洞奏折，第一历史档案馆藏，档案号：03－5905－122。

② 《军机处录副奏折》：光绪二十四年七月二十四日总理各国事务衙门致军机处片，第一历史档案馆藏，档案号：03－5363－103。

③ 《电寄谕旨档》：光绪三十二年八月二十五日商约大臣吕海寰电，第一历史档案馆藏，档案号：2－04－12－032－1210。

大臣任上，即 1907 年 6 月至 1908 年 7 月之间。① 高延当时任荷兰莱顿大学的汉学教授。因曾担任过荷兰女王的私人教授，让他在外交场合增色不少。二人面谈是否使用中文，或者通过翻译，今天已无法得知。不过，高延不能谙熟"官话"，钱恂印象很深。在荷使任后，钱恂对当时政治前途灰心，一度转向，关注宗教、教育问题，并曾攻读《圣经》，自云"非信彼教也，以此事为人所不谈，我一人读之，无嫉我者也"②。钱恂对宗教的关注，主要还是侧重当时中国的教务、教案交涉，以及中国将来有可能实行宪政时的宗教立法。戊戌期间光绪皇帝召见他询及教务之事，钱恂还记忆犹新。因此，高延出版了《宗教迫害》抨击中国政府，对正在研究教务的钱恂来说，无疑是一起政治事件。

钱恂并不精通英文，他所谓"取观其书"，其实主要看了该书注释下的中文文献。大部分材料是清代历朝查禁邪教的文献，即"近百年来臣工章奏、列朝谕旨"。钱恂直觉其中一定误解很大：中文句读尚且不明，怎么可能于文意无损？钱恂建议应借此机反驳，并将中国的宗教立场向世界宣布，并为将来立宪确定宗教原则。因此他不仅奏请外务部将该书英文译成汉文，逐条评正，而且还建议把中方的辩难译成英文。其疏云：

> 观彼所引录，昔年诚不免有禁教之谈，但所禁在邪教，而非西教。即偶亦指明西教，乃指当时借教行邪之奸民，而非指崇拜耶稣之宗教，反复辩论……并译成通畅雅驯之英文刊印布行，俾西人知我国初非排教，更非排外，则于将来颁行宪法，厘定民教章程时，可免生一层阻力。③

但指出汉学家粗疏之余，钱恂仍感觉"儒教排教论"颇为棘手。高延

---

① 钱恂光绪三十三年三月二十五日（1907 年 5 月 7 日）任出使荷兰大臣，五月初一（6 月 11 日）到任，光绪三十四年二月二十六日（1908 年 3 月 28 日）受命调任出使意大利大臣，六月二十一日（7 月 19 日）正式卸署。参见《清季中外使领年表》，中华书局，1985，第 14 页。

② 上海图书馆编《汪康年师友书札》，上海古籍出版社，1986，第 3022 页。

③ 钱恂：《二二五五疏》卷下，第 9～11 页。

为了论证儒教迫害论，大量征引官私著述，其中清代查禁"邪教"的官书所占比重最大，约合全书征引资料的三分之二。钱恂发现此间存在一个棘手的分类问题。高延汇集的这些奏疏、谕旨只是查禁"邪教"的文件，自然不能与宗教迫害一概而论。但如果禁"邪教"可纳入宗教迫害之列，中国一概排教，则可征诸史籍，言之凿凿。因此，查禁"邪教"究竟何指，就显得非常关键。而明清以来的"禁邪教"，完全是国家政权的便宜之计，只能在明清国家规范"祭礼"方面，探寻到其此举的象征意义。但当亦礼亦法的"邪教"指控，与西方宪政的宗教话语及帝国主义外交发生碰撞时，昔日被写入律法、天经地义的儒家观念，此刻却变得难以申辩。

钱恂已注意到，所谓儒教宗教迫害，虽不合实情，但又难以断然否认。天主教雍正朝被禁之后，确有成例以禁"邪教"指控"天主邪教"。但自1858年清政府与列强签订《天津条约》，特别是1860年签订《北京条约》之后，清代国家机器对国内宗教空间的掌控，不再是收放自如，"教案"已经成为清政府"最担心"的隐患。钱恂申论：清朝禁教"所禁在邪教，而非西教。即便间或指明西教，乃指当时借教行邪之奸民，而非指崇拜耶稣之宗教"。但言下之意，已经涉及"宗教标准"的判定，虽然没有褒扬宗教之意，但基督教为标准宗教，已属应有之意。清代祭礼空间的差序格局，在律法的现代性阐释当中被迫悄然改组。

也许，语境困难并非话语的哲学性质使然，而历史的悖论更容易凸显出艰难语境背后真实的权力图景。这番申论之后，钱恂也为儒教画了一副自画像：

> 西方立宪之国，于宪法条文，莫不明著，许人民自由信教。良以国宪既立，人智日开，贵施教育以定民志，不贵假宗教以维人心。视教育重，视宗教轻。……中国数千年来宗尚儒术，列圣尤尊孔孟正学，以为教育。而释、道等派，既不强其信，亦不禁其信。是轻宗教而重教育，为吾国固有之良规，而自由信教之制度，实较各国为先进者也。①

---

① 钱恂：《二二五五疏》卷下，第7页。

这幅自画像当中，儒教一扫排外、排教的形象，它分明就是自由信教和政教分离的古代典范。

六　小结

中国学研究近 30 年的"概念史"上，淫祀、正祀、庙会、香头、教门、拳会……以及含混不清的中国的民间宗教（folk religion）、大众宗教（popular religion）、大众宗教文化（popular religious culture）等概念，显然算得上是持久热议的一组关键词，其中似乎大半与"异端"沾边。

随着关注者的增加，这个领域争论似乎也在增加，好像最终也并没有形成什么特别的"中国的尺度"。杜赞奇（Prasenjit Duara）干脆把近代中国的宗教领域看做是一块反理论的暗礁。[①] 显然，中国宗教话语中困难语境仍在继续。

然而，世界汉学界统治中国宗教研究领域的社会学理论，据说还是一个多世纪前的框架。韦伯在社会科学上的地位不必赘言。高延也成为今天中国宗教学和汉学人类学知识谱系上一个象征性的起点。当代人类学界公认他是应用社会科学方法研究汉学的鼻祖、汉学民族志（Ethnographic Sinology）的先驱。[②] 时隔近百年，高延仍旧是目前影响中国宗教研究的最重要的两个理论奠基者之一。[③] 他们的著作，已经成为当然的"经典"——形塑着我们的视域，为我们提出观点，帮助我们再造"经典"。

伽达默尔说过，经典不应是我们理解的障碍，它构成我们理解的基础。

一个世纪前的殖民主义立场，不是什么意料之外的事。但这种立场如何被社会科学化，又如何通过社会科学的范式影响了后人的视域，却是一个真

---

① Prasenjit Duara, *Rescuing History from the Nation*：*Questioning Narratives of Modern China*，（Chicago：Chicago University Press，1995）。

② 关注 de Groot 学术脉络，并研究其文集、日记的早期学者，包括弗里德曼（Maurice Freedman）等人类学家。de Groot 的最新学术传记，参见 R. J. Zwi Werblowsky，*The Beaten Track of Science*：*The life and Work of J. J. M. de Groot*，（Wiesbaden：Harrassowitz Verlag），2002。

③ 另一位学者即杨庆堃。参见 Stephen F. Teiser，"Popular Religion" in Daniel L. Overmyeretc.，"Chinese Religions：The State of the Field Part II"，*The Journal of Asian Studies*，Vol. 55，No. 2，1995（May），p. 378。

正意义上的现代化的问题。在高延－韦伯的轴心系谱当中，袪除了"历史"的中国宗教仪式，获得一种"巫术"的外观，而得到历史诠释的清教徒的仪式，却赢得了"理性"的奖赏。汉学家的同龄人，洋务使才钱恂也曾试图赋予儒家以现代的性质，并将之诠释为政教分离的现代政治传统。可惜，历史几乎忘记了他的抗辩。

让我们用些强烈的字眼和刺耳的声音来结束本文。这段历史的声音，来自我们无比尊重的 *Science* 杂志近一个世纪前的一篇通讯：

无疑，高延教授可以读懂中文的句子，但不过仅此而已。他自然并不了解中国人，对中国和中国的事物也缺乏起码的尊重，因此远不具备一个科学家的态度。

高延教授在今年7月于柏林科学院发表了他在德国的首次演说，并且在《皇家普鲁士科学院报告》刊登出来。作为对高延演讲的答谢，柏林科学院的秘书长声称，对一个想要理解当今中国现实政治人来说，教授的著作包含大量的信息和宝贵的建议。高延教授的《中国宗教制度》——不过是点缀在糟糕的英文当中的一大堆生吞活剥的中文引文，——就有这样的一个与现实政治有关的，非常突出的例子。在该书第三卷1052页，我们发现了这段珠玉之言：

如果欧洲的军队有机会再次开赴北京，值得试试这个办法是否可以缩短战役的进程、并减少因军事占领而带来的伤亡：对（清朝）皇室陵寝实施军事占领。说真的，如果清廷收到最后通牒，告之这些陵寝会被一个接着一个地炸毁，他们关于风水灵验的信仰必将瓦解，清政府定将心领神会地屈服于外国的要求。

作为迫使中国屈服的献策，恐怕再也找不出比之更恶毒的法子。甚至德国政府1900年在义和团事件中的行动，也没有达到这种恶毒的程度。然而，我们刚刚征引的这段，恰恰是作为职业汉学家的某位先生的思维特征，这位汉学家既没有表现出对中国人的丝毫同情，也没有表现出对中国人的一点理解。

高延教授的政治热情引导他成就了汉学领域内的一场更为伟大的胜利。1904年，他向世人刊发了他的两卷本《中国教派与宗教迫害》，在该书中，他试图证明中国人是世界上最不宽容的民族。为了这个目的，他故意，并且恶意地忽略迄今耶稣会士还引以为骄傲的，完整的清朝"容教令"的上谕。这一曲意逢迎某种政治形势的著作，受到一切有头脑的人士的公正谴责；而且，我们希望，它将永远被看作是科学史上一次独特的失败：一位大学教授为了政治目的，出卖和玷污了他的学术研究。无疑，我们关于中国人的很多误解，是传教士的不实记述造成的，偏见来源于传教士要证明他们的观点，需要推广传教事业所需的经费，但是，我们不能接受，一位自封的汉学家对事实进行如此的歪曲。①

末了，我们可以补充一句：高延教授未必读懂了中文的句子。

（《新史学》第3卷，中华书局，2009）

---

① George A. Dorsey, "Professor De Groot on American Sinology", *Science*, New Series, 36（Dec. 6, 1912）：787–789.

论清代"人丁"概念的异变

◎ 陈　桦

在长达两千余年的中国封建社会中，"人丁"曾经是人们经常使用的词语之一，不论在政府的文件或公告中，还是在民间社会，其出现频率是很高的。然而在今天，"人丁"一词已基本从人们的语境中消失，像"人丁兴旺"这种由于长期流行而形成固定语义，并因此仍留存于现代话语中的词汇，当今社会已是凤毛麟角。在人类历史发展的长河中，曾出现过不同的典章制度、思想观念以及社会形态，它们均具时代特点，有着各自产生、发展及消亡的演变历程。同样，语言语汇也是一种历史现象，作为信息传递的工具，语言的服务性决定了其自身必然带有深刻的时代烙印，以及特定的历史内涵。正如同不同的时代大都拥有与其社会特点及需求相适应的语言一样，随着社会的变迁，每个语词语汇也均具有各自发展和变化的历史。因此研究语言的历史性，成为我们了解和考察人类历史所不可忽视的重要视角。在清代，人们赋予"人丁"含义的多重理解与变化，昭示了晚期中国封建社会的诸多嬗变与特征。

一　"人丁"概念的产生及其内涵

历史上关于人丁的记载不绝于书。人丁一词至迟秦代即已出现。在1975年12月于湖北云梦县睡虎地发掘出的秦简上，撰写着这样的文字：

"隶臣欲以人丁粼二人赎，许之。其老当免老、小高五尺以下及隶妾欲以丁粼者一人赎，许之。"① 这是载于"秦律十八种"之"仓律"中的律文，文中之"人丁"是指当时具有公民身份的成年人。汉代以后，人丁一词的使用渐广，仅举数例。

《晋书》卷七九 列传四九："时苻坚遣军围襄阳，车骑将军桓冲之御之。诏玄发三州人丁，遣彭城内史何谦游军淮泗，以为形援。"

《梁书》卷二〇 列传一四："东昏即位，永元元年，征季连为右卫将军，道断不至。季连闻东昏失德，京师多故，稍自骄矜。本以文吏知名，性忌而褊狭，至是遂严愎酷狠，士人始怀怨望。其年九月，季连因聚会，发人丁五千人，声以讲武，遂遣中兵参军宋买率之以袭中水。"

《隋书》卷四八 列传一三："寻令素监营仁寿宫。素遂夷山堙谷，督役严急，作者多死，宫侧时闻鬼哭之声。及宫成，上令高颎前视，奏称颇伤绮丽，大损人丁，高祖不悦。"

《旧唐书》卷一一八 列传六八："旧制，人丁戍边者，蠲其租庸，六岁免归。"

上述材料全部来源于正史的记载。仔细分析可从中发现，人丁乃是当时封建国家征调人夫力役的重要对象。他们或以兵役的形式，被征召至战场，行军打仗；或作为夫役，被政府调派到大型工程从事劳作。人丁是政府力役的主要承担者。作为对社会部分成员的特殊称谓，"人丁"源于中国古代力役制度的实施，而同时又成为该制度的核心。

由于生产力的不发达，农业社会国家赋税多采用实物的形式，其中力役的征派主要以人们无偿地直接承担兵役与徭役的方式实现，而不是采用货币的手段支付，并形成相应的征调制度。这种力役制度在《周礼》中已现雏形："以岁时登其夫家之众寡，辨其可任者。国中自七尺以及六十，野自六尺以及六十有五，皆征之。其舍者，国中贵者、贤者、能者、服公事者；老者、疾者，皆舍。"② 其力役征比的对象，即"国中自七尺以及六十，野自六尺以及六十有五"者，实际就是后来人们所说的"人丁"。在汉代，人们

---

① 睡虎地秦墓竹简整理小组：《睡虎地秦墓竹简》，文物出版社，1978，第53~54页。
② 《周礼·地官·乡大夫》。

服应的劳役有"更卒"与"正卒"等名目。所谓"更卒"是指每年有一个月在郡县政府服徭役。而"正卒"是兵役,"一岁以为卫士,一岁以为材官骑士,习射御骑驰战阵。"① 应役者除充"更卒"与"正卒"外,还有艰苦的戍边之役。汉代还有以人口为对象的"算赋""口赋"之征,税收所得作为国家军事费用的支出。田租、算(口)赋、力役,构成该时期赋役制度的最基本内容。

在很长的一段历史时期内,人丁不仅是力役的直接承担者,同时还成为政府确定其他赋税征课的依据。譬如始于西晋的"户调"之征:"丁男之户,岁输绢三匹、绵三斤,女及次丁男为户者,半输。"② 户调虽然按户征收,但收缴绢绵数量的多寡,却是由每个家庭中人丁的状况而定。西晋课征田赋,也是以人丁为据。"丁男课田五十亩,丁女二十亩,次丁男半之,女则不课。"③ 这种做法到唐朝时仍未改变。唐朝的租庸调之制,即是"以人丁为本"④。田赋的征收,采取计丁输租的方式进行,规定"每一丁租二石"⑤;"调"也以丁为课征对象,每丁"绢二丈,绵三两";⑥ "庸"则是交纳货币或实物,以替代丁役。

两税法的实施,开始改变人丁在封建赋役法中的地位。唐中期后,租庸调法弊坏,政府赋役法渐变。唐代宗时,"始以亩定税,而敛以夏秋"⑦。至德宗朝,杨炎推行两税法,人丁在赋役制度中的作用被削弱。两税法的税收基本原则是:"人无丁中,以贫富为差。"⑧ 租庸调制中"以人丁为本"的状况发生根本改变,人户的资产成为确定赋税的重要依据。不过两税法强调"丁额不废",人丁承担着政府的力役与杂徭之征,依然是赋役征派的对象。

明朝万历年间,张居正推行"一条鞭法"。"一条鞭法者,总括一州县之赋役,量地计丁,丁粮毕输于官。一岁之役,官为金募。力差,则计其工

---

① 《后汉书》志第二八,百官志五,刘昭补注引《汉官仪》。
② 《晋书》卷二六,志第十六,食货,中华书局,1974,第790页。
③ 《晋书》卷二六,志第十六,食货,中华书局,1974,第790页。
④ 《新唐书》卷五二,志四二,食货二,中华书局,1975,第1351页。
⑤ 《通典》卷六,赋税。
⑥ 《唐会要》卷八三,租税。
⑦ 《新唐书》卷五二,志四二,食货二,中华书局,1975,第1351页。
⑧ 《旧唐书》卷四八,志二八,食货上,中华书局,1975,第2093页。

食之费，量为增减；银差，则计其交纳之费，加以增耗。凡额办、派办、京库岁需与存留供亿诸费，以及土贡方物，悉并为一条，皆计亩征银，折办于官，故谓之一条鞭。"① "一条鞭法"的实施是中国赋役制度史上的又一次重大变革，它旨在简化赋役课征的项目和程序，逐渐实现赋役的合并。在以土地和人丁为依据的双重征税标准中，更加强调人户资产的重要性，以田为纲，在田赋以外的诸多派征，亦"皆计亩征银"，而人丁仅承担"力差""银差"，作用进一步减小。对此清人曾指出：一条鞭法"积重在粮，积轻在丁。律注赋出于田，役出于丁。其实役亦出于田。是故赋役一准诸田，而人丁之消长，无甚关于会计之大数"②。

由于人丁是赋役的主要承担者，所以历朝历代政府对这一社会特殊群体都有明确的界定，大体是按照人们的生理年龄，以青壮年为主体。如隋朝，"三岁以下为黄，十岁以下为小，十七以下为中，十八以上为丁。丁从课役，六十为老，乃免。"③ 不同的历史时期，因为社会需求及赋役制度的变化，人丁年龄的界定也有所不同。如在唐朝，"始生为黄，四岁为小，十六为中，二十一为丁，六十为老。"④ 成丁年龄晚于隋朝。而在明朝，"民始生，籍其名曰不成丁，年十六曰成丁。成丁而役，六十而免。"⑤ 成丁年龄被提早。不仅如此，在性别方面，人丁的界定也存在着差异。在隋代以前，人丁大都包括妇女，故史有"丁男""丁女"之称谓。《晋书》载，西晋"男、女年十六以上至六十为正丁，十五以下至十三，六十一以上至六十五为次丁，十二以下六十六以上为老小，不事。"⑥ 自隋炀帝变革征丁制度，"除妇人及奴婢部曲之课"，⑦ 人丁渐以男性青壮年为主。

除了生理因素而外，人们的社会地位及职业，也被作为界定人丁的重要标准。在《周礼》中已有类似的规定："国中贵者、贤者、能者、服公事

---

① 《明史》卷七八，食货二，中华书局，1974，第 1902 页。
② 贺长龄：《皇朝经世文编》卷二九，户政四，任源祥："赋役议上"。
③ 《隋书》卷二四，食货志，中华书局，1973，第 680 页。
④ 《旧唐书》卷四八，志二八，食货上，中华书局，1975，第 2089 页；贺长龄：《皇朝经世文编》卷三〇，户政五，张玉书："纪顺治间户口数目"。
⑤ 《明史》卷七八，食货二，中华书局，1974，第 1893 页。
⑥ 《晋书》卷二六，志第十六，食货，中华书局，1974，第 790 页。
⑦ 《隋书》卷二四，食货志，中华书局，1973，第 686 页。

者、老者、疾者，皆舍。"① 同样是成丁的年龄，因为具有较高的社会地位或身份，而被赋予免丁的特权。明代也有"职役优免"的律条。这样的做法，存在于整个中国封建社会。

至此，我们可以对"人丁"概念做一个概述。从其产生和内涵看，"人丁"一词属制度性词汇，应中国封建社会赋役制度的需要而出现并流行，具有很强的时代性，是历史性概念。作为社会成员中的特殊群体，人丁具有社会的与自然的双重属性。作为封建社会赋役的承担者，体现了人丁的社会属性，而从人口及生理的角度讲，人丁又具有自然人的属性。

二 清代的"人丁"

清代的人丁有八旗人丁与民户人丁之分。八旗人丁隶属旗籍，承担兵役，是八旗组织的基础，它的存在与八旗制度相始终。所谓民户人丁，即民籍中承担封建赋役者。本文所探讨的清代人丁，主要指后者。

清承明制。清朝入关后，关于人丁的政策，中央政府基本沿袭了明代的做法："民年十六始傅，六十以上除之。"② 以十六岁至六十岁的成年男子作为人丁，承担徭役，交纳丁银。同时为此建立和实施了定期的人丁审查统计制度。"以百有十户为里，推丁多者十人为长，余百户为十甲。城中曰坊，近城曰厢，在乡曰里，各设以长。每遇造册时，令人户自将本户人丁，依式开写，付该管甲长。该管甲长将本户并十户造册，送坊厢里各长。坊厢里各长，将甲长所造文册攒造，送本州县。该州县官将朋比照先次原朋，攒造类册，用印解送本府。该府依定式别造总册一本，书名画字，用印申解本省布政使司。造册时，民年六十岁以上者开除，十六岁以上者增注。"③ 人丁编审五年一次。

人丁编审以及人丁的标准乃是赋役制度的重要组成部分，清朝政府历来高度重视。但是从地方政府的执行情况看，在相当广阔的区域内，中央政府

---

① 《周礼·地官·乡大夫》。
② 乾隆《大清会典》卷九，户部，户口。
③ 光绪《大清会典事例》卷一五七，户部。

的政策并没有得到真正的贯彻和落实。人丁编审走了样，"人丁"概念五花八门。归纳起来，当时各地存在着这样几种类型的"人丁"。

1. 等则丁

等则丁，清代又称三等九则人丁，或三门九则人丁。人丁编审时，根据人丁实有土田数量的多寡，将人丁分成上、中、下三等，每一等内又分上、中、下三则，形成九个等级。这种根据人丁的经济状况，将其划分成不同等级的做法，多行于清代的北方。人丁的等级，与其所实有的土地资产及负担丁银的数量密切相关，成正比例关系。人丁的等级越高，其土地资产即越丰厚，交纳的丁银数量也就越多。

在实际操作中，按等则统计人丁比较麻烦，人丁分列九项，头绪纷繁，不便于查阅和综理，因此很多地区在审丁时，将九个等则的人丁通折为下下丁，税户即按下下丁数量交纳丁银，人丁总数也以下下丁为据。以陕西省为例。该省在向朝廷呈报的《民丁册》中，对康熙五十年（1711）人丁数做了如下描述：

> 西、延、凤、汉、兴五府州原额人丁三门九则不等，共折下下则丁二百六十七万五千零四十七丁，内除优免丁五万零四百九十九丁，实行差丁二百六十二万四千五百四十八丁。内奉旨豁免过逃亡并贼杀死绝丁五十五万六千零三丁……实活丁二百一十一万四千一百七十九丁。额外顺治十四年并康熙元年、六年、十一年、十六年、二十年、二十五年、三十三年补编、三十五年、四十年、四十五年、五十年，及城固县清查丈出，共额外丁二万六千六百三十一丁。以上额内、额外实在活丁二百一十四万零八百一十丁。①

陕西省的奏报反映出三个情况。其一，该省"人丁"是经过"三等九则"制折算而成的下下则人丁；第二，虽然清朝已进入"康乾盛世"时期，但该省的人丁数量却仅及明朝万历年间数额的80%；第三，根据奏报中出

---

① 中国第一历史档案馆藏：《黄册》，陕西巡抚噶世图："康熙六十年盛世滋生户口民丁册"，康熙六十一年六月十七日。

现的"城固县清查丈出"字样分析,该省部分地区的"人丁"是从土地而来,而非由编审实在成丁年龄之人产生。从数量统计的角度看,按下下则丁计算"人丁",即便其折算的依据来源于实际存在的适龄人丁,其所产生的数字也必然多于现实中的人丁。如直隶灵寿县,"原额人丁,上中下三等九则人丁一万四千五百一十一丁,通折下下人丁一万八千五百三十四丁",比原额增溢28%。①"下下则人丁"已非本来意义上之人丁,因于征收赋税的需要,它进一步突出了人丁的社会属性,同时削弱其自然属性。

2. 户丁

所谓户丁即是以"户"为"丁",人丁编审时,每一个税户,即作为一"丁"。此种"人丁"多见于南方。清人讲:"南土粮重,照产派役,不重丁银。故田地虽多,立一户即是一丁,丁银多寡不远。"② 这方面广东阳江县的情况最典型。该县志载:

> 崇祯元年,户,六千五百五十五丁五分,口,六千五百五十五口五分。顺治元年,户,六千五百五十五丁五分,口,六千五百五十五口五分。顺治八年、十年、十四年……题豁逃亡户二千三百六十一,口二千三百六十一。……康熙四年,额存户一千一百七十四丁五分,口一千一百七十四口五分。康熙二十年,连前额并招徕内外共户,三千零九十六,口,三千零九十六。康熙二十四年,起科招徕界内外共户一百三十三丁,口,一百三十二口,又续招界内户一丁五分,口,一口五分。康熙二十五年,起科招徕界内外户三丁五分,口,三口五分,又续招界内户二丁五分,口,二口五分。康熙二十五年,起科招徕界内外户三丁五分,口,三口五分,又续招界内户二丁五分,口,二口五分。康熙二十六年,连前原额并招徕界内外共户三千六百五十七丁,口,三千六百五十七口。康熙二十七年招徕例至康熙六十一年止,共户四百二十四丁三分八厘一毫,口,四百二十四口三分八厘一毫。③

---

① 康熙《灵寿县志》卷四,田赋上。
② 潘杓灿:《未信编》卷一,钱谷,编审。
③ 道光《阳江县志》卷三,户口。

该县从明末开始就是以户为丁，编审时，按户计丁，"户"与"丁"的概念等同，一户即是一丁，清代沿用其做法。因要向妇女征收盐钞银，故编审时也对妇女进行统计，以"口"为单位。这里实际也是以"户"为"口"，一户一口，与计"丁"的方法相同。从康熙朝中期以后，户丁统计中出现了"分""厘""毫"等计量单位，说明此时的人丁编审已不仅仅是以户为对象了，部分的"人丁"很可能已从地亩中产生。

3. 田丁

清代有"东南则有田然后有丁"的说法，[①] 讲的即是在人丁编审时，以田地为编查对象，按田计丁、量田折丁的做法。在这些地区，人丁的产生，一般是根据税田的数量，按比例折算而成。广东钦州，"原额田一千零四十八顷八十二亩零，原额丁四千二百三十七丁五分，历系每田四十亩征丁四分有奇，约二十五亩零而派一丁。"[②] 纳税户土田的数量，决定其"人丁"的数量。土田数量增多，其所属"人丁"也随之增加，田减则"丁"数也减。

由于此类"人丁"是从地亩数额中折算而来，所以在通常的情况下，折算的结果很少是整数，大都出现"分""厘""毫"等尾数。光绪《崇庆州志》载："国朝康熙六年，清丈人丁一百三十三丁九分九厘五毫二丝六忽二微一圭五纤，税粮一百五十石五斗二升。……清丈兵田人丁五丁八厘八毫六丝六忽三微八尘九纤，兵粮五石七斗一升。"[③] 作为赋税征派的依据，其计算固然需要非常细致，可精确到"分""厘""毫""丝""忽"等计量单位。但若作为户口统计，则显得很不协调。所以一些地方官在上报"人丁"数时，对尾数进行删除。他们"采用升六除四之法，自一分至四分者，竟除此零数，五分至九分者，即算作一丁"[④]，经过四舍五入的升除处理，在人丁编审的记录中就看不到"分""厘"等尾数了。

农业生产始终受到自然气候及社会人为因素的制约，因此耕地时常有"荒""熟"之变。受此影响，在一些地区田丁也被区分为"荒丁"与"熟

---

① 贺长龄：《皇朝经世文编》卷三〇，户政五，张玉书："纪顺治间户口数目"。
② 王植：《崇雅堂稿》卷五，"编审丁口事议"。
③ 光绪《崇庆州志》卷四，田赋。
④ 王植：《崇雅堂稿》卷五，"编审丁口事议"。

丁"。抛荒农田所载之丁为"荒丁"，可耕熟地所载之丁为"熟丁"。"荒丁"不负担丁银。抛荒之地垦复，荒地变为熟地。人丁编审时，"荒丁"亦随之转为"熟丁"。广西《全州志》载：该州"原额人丁五千九百六十一丁八分五厘一毫……内除荒丁二千八百八十六丁七分四厘五毫，实征熟丁三千零七十五丁一分零六毫。康熙二十年编审，增熟丁一百零一丁。康熙二十五年册报，审荒增熟人丁七十五丁"①。耕地由荒到熟，由免赋到征赋，这类土地清代赋役制度称之为"升科地"。与此相应，田丁中也出现所谓"升科人丁"。乾隆《马平县志》载："原额人丁五百八十六丁六分，内除荒丁四十丁三分四厘零，实征五百四十六丁二分六厘。……雍正九年分编征新垦捐纳升科人丁六分三厘零。"②"人丁"称谓与税田的一致，从一个侧面反映了田丁的性质。

4. 粮丁

粮丁的产生方式与田丁类似。人丁编审时，以税粮为编查对象，按粮计丁，一定数量的田赋折算为一"丁"。田赋与"丁"的折算比例，各地区不一样。如四川綦江县，"每粮二石二斗二升三合三勺三杪七撮四圭五粒二粟七末载丁一丁"，③而广东的三水县，"每米一石，折丁五丁"，④平均2斗税粮折算1丁，两县丁粮比率悬殊，竟相差10倍之多。即使同省同府之内，折丁比率也可能很不相同。以四川省重庆府为例，该府之巴县、长寿县、合州、垫江县、定远县、璧山县、铜梁县，每"丁"的折粮数分别为4石4升、3石8斗、1石1斗、2石2斗、1石5升、6石3升、3石4斗。⑤折算比率均不相同，高者与低者相差5倍。同一地区而时期不同，丁粮折算比率也可能变化。福建省宁化县在康熙五年（1666）至二十年（1681）的4次编审中，"或以粮八斗坐一丁，或以粮七斗坐一丁"⑥。由是可见，此类"人

---

① 嘉庆《全州志》卷四，田赋。
② 乾隆《马平县志》卷三，户口。
③ 道光《綦江县志》卷三，赋役。
④ 嘉庆《三水县志》卷三，赋役。
⑤ 乾隆《巴县志》卷三，赋役志；光绪《长寿县志》卷三，田赋；乾隆《合州志》卷五，食货；道光《垫江县志》卷三，食货；嘉庆《定远县志》卷七，户口；同治《璧山县志》卷二，食货；光绪《铜梁县志》卷三，食货志。
⑥ 康熙《宁化县志》卷三，户口。

丁"数量的多寡，不仅取决于田赋税粮的数目，同时还决定于丁粮折算比率。

5. 朋丁

所谓朋丁，即在人丁编审时，将数丁朋比，作为一丁。这类"人丁"见诸于四川的几个县中。中国第一历史档案馆藏黄册档《康熙五十二年四川各府人丁四柱册》载：该省"平武县例系十人朋四丁，江油县二人朋一丁，石泉县六人朋一丁"，阆中县 2 人朋 1 丁，苍溪县 3 人朋 1 丁。各县的朋丁比例也多不相同。

由上述可知，在清代，人丁概念的内涵已发生重大变异。尽管清朝中央政府仍然从传统的意义上理解并界定人丁的概念，坚持和反复重申确定人丁的正统原则，但是各地不仅没有与中央保持一致，而且相互之间在人丁的界定方面，也存在着很大的歧异。不同的地区，对人丁概念有着不同的认识和解读。

事实上，清朝中央政府对上述情况有一定了解，并采取默许的态度。康熙《大清会典》载："直省丁徭，有分三等九则者，有一条鞭征者，有丁随田派者，有丁从地派者。即一省之内，则例各殊，遵行既久，闾阎称便。"①由此，各地虽仍然实行着定期的人丁编审，但这种编审，实际上在许多地区已经不是对成丁年龄者的审查，而是对负有交纳丁银义务的"人丁"的审查。在这里，"人丁"已非原来意义上之人丁，"人丁"的自然属性逐渐丧失，而其社会属性日渐突出。因此，在许多地区，"人丁"的载体已非实际存在的已到成丁年龄的自然人，它们很大程度上已被物化。其结果，必然是人丁与纳税义务的分离，以及人丁数量统计的失实。

关于这一点，康熙皇帝已有所觉察。他曾对大学士及九卿们讲："朕凡巡幸地方，所至询问，一户或有五、六丁，止一丁交纳钱粮，或有九、十丁，亦止二、三人交纳钱粮。诘以余丁何事，咸云蒙皇上弘恩，并无差徭，共享安乐，优游闲居而已。此朕之访闻甚晰者。"②康熙皇帝从中明了，社会中许多成丁年龄的男子并没有依法承担丁税；五年一届的人丁编

---

① 康熙《大清会典》卷二三，户部七，户口。
② 《清圣祖实录》卷二四九，中华书局，1985，第 3 册，第 5413 页。

审，也未能统计出实际存在之人丁，而且这是长期存在，并且难以改变的普遍现象。

康熙五十一年（1712），清政府颁行"滋生人丁永不加赋"政策，对税收制度进行改革。"令直省督抚，将见今钱粮册内有名丁数，勿增勿减，永为定额。其后所生人丁，不必征收钱粮。编审时，止将增出实数察明，另造清册题报。"① 清政府此举承认了各地五花八门的编丁事实，其目的是想通过纳税人丁数额的固定化，提高人丁编审的真实性，发挥其在户口统计方面的作用，所谓"朕故欲知人丁之实数"。康熙皇帝以为，人丁编审不实，乃因各地避税所致："直隶各省督抚及有司官，编审人丁时，不将所生实数开明具报者，特恐加征钱粮，是以隐匿不据实奏闻。"② 显然，康熙皇帝这种估计是错误的，他只看到了事情的表面。"滋生人丁永不加赋"措施并不可能使清政府达到政策预期的目的，但这一措施的实施，却昭示出清代人丁概念已在制度层面发生本质性变化。

雍正初年开始推广于全国的"摊丁入地"措施是康熙朝税制改革的延续。将"丁银"摊入地亩中派征，意味着中国封建社会传统的以土地和人口为依据的双重征税标准的改变，"人丁"不再作为征税的依据，税收原则和理念发生重大转变。"摊丁入地"措施的实施，导致了清代"人丁"概念内涵的进一步变化。如果说"滋生人丁永不加赋"措施只是将"人丁"的税负定额化，减轻了其赋税负担的话，那么"摊丁入地"措施则是将"人丁"与其纳税义务彻底分离，丁税的确定与征收不再以"人丁"为据。由此，传统意义上的"人丁"概念彻底改变，"人丁"自身原有的社会属性，随着丁税载体的转变而丧失。

三　词汇存佚与历史变迁

清代税制的变革，导致"人丁"社会属性的缺失，而促使清政府对丁税征收制度进行改革的直接原因，则是赋税征派过程中丁银编征矛盾的尖锐

① 《清圣祖实录》卷二四九，中华书局，1985，第3册，第5413页。
② 《清圣祖实录》卷二四九，中华书局，1985，第3册，第5413页。

化。各地的人丁编审，长期存在着严重的问题。人丁编审及其结果是征收丁银的依据，有丁则有银，丁多则多征银，丁少则少征银。但实际情况往往不是这样。人丁编审中，富户勾结官吏，通同作弊，放富差贫的事情常常发生。如陕西朝邑县，户丁之"三等九则，操纵于长吏笔端之上下"，他们"下其所欲，上一丁而供数丁之役；上其所欲，下数丁而无一丁之费"，以至贫富不均，户等失矩，"大户减则，弱户益增"①。在山东省，据雍正初年巡抚黄炳奏报："惟查各州县中，往往有田连阡陌而全无一丁者，有家无寸土而承办数丁者。穷民在丰稔之年已难措办，设遇歉收之岁，更无力输将。"② 由此不仅导致政府丁银收入的减少，而且还激化了阶级矛盾，造成社会的不稳定。

经济制度的变革往往又是由于社会经济的变化与发展所致。中国封建税制是建立在小农经济基础之上，反映了农业社会的特点。双重征税标准适应了商品经济不发达，税收以实物和力役形式支付，以及在井田制影响下，耕者有其田，土地与劳动者较紧密结合的社会状况。但是到封建社会晚期，由于封建经济的高度发展，土地私有化程度提高，商品生产规模及货币流通量大幅增长，土地交易频繁，"一邑之中，有田者什一，无田者什九"③ 的现象日见普遍，土地集中的速度与程度，远高于历史上的任何一个时期。在这种情况下，税收制度发生变革，注重纳税者的经济能力，讲究税收的效率与稳定则是势在必行。"摊丁入地"等措施的实施，顺应了社会的发展变化，标志着封建的传统税制开始走向终结。

"摊丁入地"后，清政府仍然保留了人丁编审，其目的是借此了解全国的人口状况。但实际上是不可能做到的，因为"人丁"的自然属性已经不存在。乾隆六年（1741），清政府改用保甲统计人口。乾隆三十七年（1772），将人丁"编审之例，著永行停止"④。

从语言功能的角度讲，自人丁编审停止之始，"人丁"一词即失去了存在的意义。因为就本质而言，"人丁"属制度性词语，主要应用于国家

---

① 乾隆《同州府志》卷一六，艺文，"编审碑"。
② 《雍正朱批谕旨》，黄炳奏折，雍正元年六月初八日。
③ 贺长龄：《皇朝经世文编》卷三〇，邱家穗："丁役议"。
④ 《清高宗实录》卷九一一，中华书局，1986，第 12 册，第 195 页。

及社会的管理，而非人们日常活动中所必需的生活性词汇，如"吃饭""穿衣""土地""房子"等。它的产生，完全是为适应特定历史时期政府税收管理的需要。在清代，"人丁"的语言功能和意义，主要是为征收丁银及统计户口服务。当清政府开始推行"摊丁入地"措施，以及停止人丁编审后，作为词语，"人丁"即失去其在社会上应用和流行的必要性及语言环境，它的存在也就成为了多余，势必随着时间的推移而被逐渐淘汰。

事实上，随着丁税制度改革的深入，以及人丁在税银编征中作用的下降，"人丁"一词在社会上的使用率也迅速降低，这在官方语境中尤为明显。我们可以记载清朝政务管理的重要官方文献《清实录》为例，进行实际考察。现将各朝实录中"人丁"一词出现的情况统计如下：

《清实录》"人丁"词汇统计

朝　代	年　　限	人丁总计		民籍人丁	
		出现次数	次/年	出现次数	次/年
顺治朝	18 年	38	2.11	33	1.83
康熙朝	61 年	120	1.97	108	1.77
雍正朝	13 年	46	3.54	31	2.38
乾隆朝	60 年	64	1.07	34	0.57
嘉庆朝	25 年	10	0.4	5	0.2
道光朝	30 年	13	0.43	2	1.15
咸丰朝	11 年	2	0.18	1	1.11
同治朝	13 年	9	0.69	1	1.13
光绪朝	34 年	9	0.26	4	0.12
宣统朝	3 年	2	0.67	0	0

注：1. 各朝实录纂修凡例中之"人丁"词汇未记入内；2. 宣统朝资料来源于《宣统政纪》。

表中"人丁总计"指"人丁"一词在《清实录》中出现的总次数；"民籍人丁"系泛指旗籍人丁以外的"人丁"统计，是表内"人丁总计"的组成部分。

从上表"人丁总计"一栏中可以看出，《清实录》中"人丁"一词的出现频率呈现了由多到少的趋势。顺康雍三朝，平均每年出现 2～3 次，乾隆朝为年均 1 次，其后各朝平均每两年，甚至更长的时间才出现 1 次。光绪朝历时 34 年，"人丁"一词在《清德宗实录》中仅使用过 9 次。而这里所说的"人丁"，还包括了不在本文讨论范围内的八旗及少数民族人丁。

如果仅考察民籍人丁的话，从上表"民籍人丁"一栏的统计中可知，此类"人丁"词语在《清实录》中的使用，不仅也呈现出由多到少的特征，而且从嘉庆朝以后，该词在《清实录》中几乎绝迹。不仅如此，嘉庆朝以后，该词的语意也发生了重大变化。试举光绪朝两例。

光绪十年（1884），光绪帝以安徽垦荒事宜谕："皖南自遭兵燹后，荒田极多，土民人丁稀少，自不能不借资客民。所有垦荒章程，应如何分别缴价，各乡祭义公产，应如何确切清查，必须地方官与承办委员秉公详酌，毫无偏倚，方足以垂久远。"①

光绪二十五年（1899），光绪帝在他的一道御敌抗辱的谕旨中指出："以中国地大物博，幅员数万里，人丁数万万，苟能矢忠君爱国之诚，又何强敌之可惧。"②

上举两段材料说明，此时的"人丁"一词，已经等同于"人口"之意。《清实录》中"人丁"概念的变化及使用状况，反映了当时因政府赋税制度的改革，"人丁"一词正在逐步淡出官方语境的事实。

综上所述，"人丁"词汇及其概念因封建国家农业财政税收的需要而产生并流行，它属制度性词语，具有社会与自然的双重属性。到中国封建社会晚期，由于土地所有关系以及商品经济的发展，封建国家传统的实行人口、土地双重征税标准的赋税制度发生变革，这种变革导致了"人丁"概念的异变，并最终在人们的语境中消失。

（原文发表于《清史研究》，2006 年第 4 期）

---

① 《清德宗实录》卷一九九，中华书局，1987，第 3 册，第 831 页。
② 《清德宗实录》卷四五三，中华书局，1987，第 6 册，第 975 页。

清代卫拉特蒙古及其《蒙古－卫拉特法典》研究

◎ 成崇德　那仁朝克图

　　蒙古民族有着悠久的法制传统，蒙古法在长期的历史交往中融汇、吸收其他民族优秀法制传统，从而形成了一个独具特色的法律体系。她是中国统一多民族国家法律文明史中的一个重要组成部分。在历史上，蒙古族的政治、法律制度从产生到完备，从古老的习惯到蒙古民族第一部成文法成吉思汗《大札撒》的颁布为止，经历了漫长的历史岁月。一般来说，蒙古族古代法制史的发展大概经过了蒙古兴起前的习惯法时期、蒙古帝国—元朝时期、明代蒙古时期（北元时期）[①]、清代等四个阶段。[②]

　　17 世纪中叶，漠南蒙古归附清朝以后，蒙古的政治中心转移到了四卫拉特联盟和喀尔喀蒙古地区。为了反对沙皇俄国的入侵和抵制满洲势力的扩

[①] 1368 年元朝统治集团退居漠北到清朝建立为止这段时期的有关蒙古的称呼，目前学术界意见分歧很大，尚未达成共识。有的认为 1368～1388 年特古思特木儿败亡为止称北元时期，其后称明代蒙古。有的认为 1368 以后就称北元时期。有学者认为这一时期的蒙古应该称蒙古汗国或四十万蒙古国时期。大部分学者认为应该称明代蒙古时期，认为这种称呼并不意味着当时的蒙古隶属于明朝，而只不过是一个时间概念。笔者在文中采用明代蒙古这一称呼。

[②] 有关古代蒙古法制分期问题，学界称呼不一，不管怎么分，大体上都依照蒙古历史发展演变过程来分期。日本学者羽滕修利先生分成吉思汗时代、元代、明代草原法时代、清代对蒙古统治时代等四个阶段。内蒙古社会科学院齐格先生分为未成文的蒙古族习惯法时期、成文的成吉思汗《大札撒》时期、蒙古族法制政教并行时期、清代蒙古族地方法制时期等四个阶段。

展，加强蒙古内部的团结，卫拉特、喀尔喀蒙古统治者们，于 1640 年在伊犁的塔尔巴哈台制定了著名的《蒙古－卫拉特法典》。这是一部比较完备的民族法典，在蒙古民族法制史上具有较高的学术地位和学术价值。这部法典，继承和发展了蒙古法制传统，在蒙古立法史上是继成吉思汗《大札撒》后的第二次高潮。这部法典，也曾一度影响了整个阿尔泰－通古斯语系的诸民族。葛尔丹洪台吉建立准噶尔汗国后，1676 年和 1678 年对《蒙古－卫拉特法典》进行了两次补充，学术界称之为《葛尔丹洪台吉旨令（敕令）》。《蒙古－卫拉特法典》颁布 100 年后，西迁伏尔加河流域的土尔扈特汗廷第七任汗顿罗布喇什认为，《蒙古－卫拉特法典》的一些内容已不适应实际需要，故而于 1741～1758 年间对《蒙古－卫拉特法典》进行修订和补充，约有 50 余条，学界称作《顿罗布喇什补则》。

一 法典颁布前的卫拉特社会状况

卫拉特蒙古是蒙古族的重要组成部分。卫拉特是 oyirad 的汉语音译。元代时将其译作"斡亦剌惕""斡亦剌""外剌""外剌歹"等。明朝译作"瓦剌"。清朝至今，汉文史籍中常译作"卫拉特"。亦有译写为"额鲁特""厄鲁特"，或称之为"西蒙古"者也有之。厄鲁特或额鲁特只不过是卫拉特蒙古诸部落中古老的部落之一 ögeled 的汉语音译，清代有些文献中常把厄鲁特、额鲁特来指称整个卫拉特，这是不确切的称呼。西蒙古是相对东蒙古而言。而外国一些著作还往往将卫拉特称为"卡尔梅克" （kalmuk/kalmyk）。

卫拉特先民斡亦剌是《蒙古秘史》所记载的"槐因亦儿坚"（oi-yin-irgen），即"林木中百姓"中的一个森林部落。居住在谦河（今叶尼赛河上游）一带，操蒙古语，以狩猎为主，也进行畜牧业、采集和捕鱼。他们"人数众多，分为许多分支，各支各有某个名称"。[①] 13 世纪初归附成吉思汗并建立联姻关系。当时"林木中百姓"在行政上分成四千户，成为成吉思汗长子术赤的领地。后来拖雷夫人梭鲁禾忒尼将自己在阿尔泰山和兀良

---

① 拉施特主编，余大钧、周建奇译《史集》第 1 卷第一分册，商务印书馆，1983，第 193 页。

罕、吉利吉思地区的领地让给其子阿里不哥后，成为阿里不哥属民。元朝 1307 年建立岭北行省后，归岭北行省管辖。

13 世纪中期至 14 世纪初阿里不哥、海笃等叛乱时，斡亦剌部一部分随叛乱者西迁，一部分从叶尼赛河上游迁到阿尔泰山一带游牧。元廷北迁后，因明蒙战争和蒙古内讧，很多蒙古部众为躲避战乱，来到斡亦剌等森林部落中杂居。直到公元 1500 年，外剌统治集团处处维护蒙古大汗的利益。随着蒙古大汗为首的黄金家族权威的旁落，异姓贵族阶层的势力逐渐强盛。明朝永乐皇帝初年，外剌和蒙古本部分裂。经过外剌妥欢太师和也先太师父子经营，外剌势力达到鼎盛时期，时常威胁明朝和蒙古各部。1453 年（明景泰四年）也先统一蒙古诸部，称大元田盛（天圣）可汗，建号添元（天元）。1454 年，因统治阶级内部矛盾，也先汗被杀，从此外剌势力日趋衰微。其后经过东蒙古达延汗和土默特万户阿勒坛汗屡次兴兵征讨，外剌部被迫逐渐西迁。

16 世纪初，外剌的主要活动地区东至坤奎、札布罕河以东的哈喇和林一带，西连额尔齐斯河，北至唐努山，南抵察合台后裔诸王的领地。16 世纪中叶，兀良罕万户在漠南蒙古阿勒坛汗等封建主的六次征讨下瓦解后，喀尔喀万户格埒森扎后裔向西发展，占据兀良罕万户地，进而不断向西推进，占据卫拉特所属的坤奎、札布罕河流域以及唐努山、萨彦岭一带的牧场。卫拉特被迫迁居到额尔齐斯河和鄂毕河中上游以及叶尼赛河上游地区游牧。从此以后，卫拉特和喀尔喀右翼之间的矛盾不断升华，互动干戈，时战时和，直到 17 世纪中叶共同制定《蒙古－卫拉特法典》为止。

关于卫拉特联盟的形成时间以及各个阶段组成部分的变化，目前学术界众说纷纭，此不赘述。据巴图尔乌巴什图们著的《四卫拉特史》、噶旺沙拉布著的《四卫拉特史》、无名氏著《四卫拉特史》《蒙古溯源史》《土尔扈特诸汗史》等托忒文文献和蒙汉文史籍对比研究，卫拉特似曾有过三次程度不同的联盟。大约 15 世纪中期开始，出现了看似松散，实际上相当稳固的联盟。到了 16 世纪末、17 世纪初这一联盟的形式更加明显。此时的成员包括和硕特、准噶尔、杜尔伯特、土尔扈特、辉特、额鲁特、巴噶图特等部。其中准噶尔、和硕特、土尔扈特、杜尔伯特四部最强，习惯上以"四卫拉特"（durben-oyirad）来概称卫拉特各部。

卫拉特蒙古的社会组织主要由兀鲁思、鄂托克、昂吉、集赛、爱玛克、阿寅勒及和屯组成。

15 世纪后半期以后卫拉特社会逐渐出现了鄂托克这一社会组织，由若干鄂托克组成兀鲁思，从而代替了蒙元时期的万户、千户组织。

15～17 世纪，封建大领地被称为兀鲁思，即含有国家的意思。兀鲁思的首领称为汗或洪台吉。鄂托克是当时卫拉特基本的社会和经济单位，它是在古代千户的基础上演变过来的，由在一定地域内游牧，并使用其牧地的数量不等的阿寅勒集团组成。这些阿寅勒集团不是以血缘纽带，而是由以地域单位为基础的亲族结合在一起的。因此，鄂托克必须以占有一定的游牧地区为前提，地缘关系是组成鄂托克的最重要的条件，没有游牧于鄂托克之外的蒙古人，每一个卫拉特人必须属于某一鄂托克。在军事方面，每一鄂托克按规定应提供千人的部队，所以又称为和硕，和硕与鄂托克往往相互混用。所以鄂托克是社会、经济、军事合一的单位。[①] 卫拉特有新旧 24 鄂托克，并且有些鄂托克是按一定的专业组成的，如乌鲁特（由铁匠组成）、库图齐纳尔（负责汗的设营事务）、阿尔塔沁（专司绘塑佛像）等。

除鄂托克外，还有昂吉（anggi 分支、部分、队伍等意）这一同鄂托克性质基本相同的社会组织（这是一个行政单位，跟 17 世纪初卫拉特内讧时期形成的临时军事组合左右两个昂吉有本质的区别）。据《准噶尔全部纪略》载："鄂托克为其汗之部属，昂吉为各台吉之户下"。鄂托克和昂吉的游牧地以及对兀鲁思的服务方面，据清人文献记载："鄂托克游牧之地环于伊犁，昂吉游牧之地又环鄂托克之外。准部一切贡赋及重大差务则鄂托克承输。若零星供给，合二十四鄂托克、二十一昂吉均输焉"。[②]

17 世纪初，黄教传入卫拉特地区后，出现了专门管理宗教事宜的机构——集赛（jisa）。"初为五集赛，后增其四，成九集赛，亦领以宰桑，略如鄂托克之制"。[③]

爱玛克是彼此有亲族关系的家族集团。游牧于同一地区（努图克）的

---

① 《卫拉特蒙古简史》上册，新疆人民出版社，1992，第 266～267 页。
② 傅恒撰《西域图志》杭州便宜书局光绪十九年石印本。卷二九，官制一。
③ 《西域图志》卷二九，官制一。

同族阿寅勒集团称为爱玛克，它是近亲家属的结合，是由渊源于一个共同祖先的人们结合而成。在东蒙古，爱玛克的组织比较明确。几个爱玛克可以组成一个鄂托克，或者大爱玛克可以单独组成一个鄂托克。鄂托克与爱玛克的区别仅仅是在有无血缘关系上。而阿寅勒是组成爱玛克的最基本的单位，阿寅勒是同姓或近亲组成的在同一个努图克上游牧的，以禹儿惕（帐幕、蒙古包）为核心的蒙古社会最小生产单位。他们以和屯的方式游牧。"卫拉特人的这种和屯是以长老（阿哈 aha，即哥哥，一般指某一群体中的年龄最大的人或有威信的人）为首领的共同宿营的和共同游牧的氏族的一部分或近亲集团"①，也就是由相近血统关系联系在一起共同进行游牧和管理事务的家庭集团。

所以，卫拉特联盟的社会组织是由兀鲁思－鄂托克（昂吉）－爱玛克－阿寅勒（和屯）组成。②兀鲁思、鄂托克的诺颜们进行楚勒干决定卫拉特联盟内外事宜。

卫拉特联盟从社会阶级结构上来看，由诺颜阶层和阿拉特阶层组成。从《蒙古－卫拉特法典》的条文中，我们可以清楚地看到当时社会各个阶层的情况。世俗封建领主由汗、珲台吉、台吉、宰桑、图什墨尔、扎尔固齐、德墨齐、阿尔巴齐宰桑、收楞额、阿尔班尼阿哈等大小封建主组成。宗教封建主由呼图克图、大喇嘛、陀音等组成。庶民阶层按其生产资料占有情况的不同而分若干阶层，大致分为阿拉特、哈喇出、哈喇里克。若详细分，其由赛音昆（上等人）、敦达昆（中等人）、阿达克昆（贱人）、哈喇昆（一般人）、恩衮昆（平民）以及被称为默德勒（属卜人）的家仆、奇塔特（汉人）或默德勒孛斡勒（属下奴隶）的奴隶和专门服务于寺庙的沙比纳尔（寺院属民）等不同称呼、不同性质、不同义务的阶层组成。

其中赛音昆阶层属于富人，塔布囊（驸马）、赛特（臣僚）、达尔罕（自由人）等经常从这一阶层出。敦达昆是封建领主征用实物的主要对象。

---

① 符拉基米尔佐夫著，刘荣焌译《蒙古社会制度史》，中国社会科学出版社，1980年，第266页。

② 有关鄂托克、昂吉、集赛的详细情况除参见《西域图志》外，还可以参考田山茂《清代蒙古社会制度》第63页，《卫拉特蒙古简史》上册第267～273页，巴岱、金峰、额尔德尼整理注释《卫拉特历史文献》第131～133页。

阿达克昆是征用劳役的主要对象。这两个阶层是军队的主要来源。每一个阶层都有对上一个阶层提供阿勒巴（贡赋和服役）的义务。由生产资料的占有状况决定阿勒巴的轻重。提供阿勒巴的人称为阿勒巴图。从称呼上可以看出对领主的人身依附关系。众多史料表明，封建领主可以任意处置自己的属民。在兀鲁思内的土地、牧场、牲畜等都公开和隐蔽地为领主所掌握，个体牧民有使用权而没有支配权。

卫拉特被迫西迁后，失去了相当广阔的牧场，因人口和牲畜的不断增长，带来了游牧领域相对紧张的局面。各部之间因争夺牧场而经常发生内讧，也时常受到来自于喀尔喀右翼阿勒坛汗一系的威胁。为开发新的领地，求得生存与发展，解决彼此之间的矛盾，联盟首领们对内部采取了一系列措施。

卫拉特联盟建立了"楚勒干"（或丘尔干，qigulgan）制度。楚勒干是蒙古语会议、会盟的意思，类似于古代蒙古社会忽里勒台制度。楚勒干是贵族会议，由卫拉特各部贵族参加，共同商讨内外大政，协调内部关系，组织对外战争等事宜。

卫拉特联盟楚勒干并非常规机构，各部共同推荐一到两名强大部落首领当盟主（qigulgan-daruga）。前期一直由从东蒙古科尔沁部迁徙过来的哈撒儿后裔的和硕特部封建主担任。17世纪20~30年代，卫拉特联盟内部力量对比发生了变化，尤其是准噶尔部巴图尔珲台吉的势力迅速增长，打破了原来和硕特封建主为盟主的状态。托忒文史料记载，卫拉特联盟封建主们通过楚勒干决定，为寻求新的牧场和发展，1628年，土尔扈特部首领和额尔勒克率土尔扈特大部和一部分和硕特部、杜尔伯特部民，越过哈萨克草原，远徙至额济勒河（今伏尔加河）下游。紧接着卫拉特联盟首领和硕特部顾实汗1637年率领部众和部分其他部落卫拉特人占据青藏高原，建立了和硕特汗廷。这时候卫拉特联盟是由和硕特部额齐尔图台吉和准噶尔部巴图尔珲台吉共同治理时期。卫拉特联盟的领地空前扩大，为建立准噶尔汗国奠定了基础。

前面说过，16世纪后半叶，黄教传入东蒙古地区。蒙古社会掀起了一股"政教并行"的政治改革。其主要措施之一是制定法典。因地缘的缘故，西蒙古的这项改革措施比东蒙古地区较晚。但值得一提的是，1640年大法典制定前，卫拉特联盟好像有过地方法规。目前学术界所掌握的后来被称为旧《察津毕其格》的法典的残片 8 条，有些学者对其真实性提出过质疑。

当时在东蒙古站住脚的西藏黄教势力也需要卫拉特的支持。于是 17 世纪初，卫拉特联盟封建主们，适应时代的需求，积极引进和倡导藏传佛教，消除萨满教的影响，皈依黄教，成为虔诚的佛教徒。黄教的传入起到了统一思想和行动，增强内部团结，消除因争夺牧场、属民而酿成的隔阂、矛盾的积极作用。在这一过程中，著名的咱雅班第达呼图克图起到了重要的作用。他从土虎年（1638）到水虎年（1662）的 24 年中，东起青海，西迄斋河（今乌拉尔河），南至裕勒都斯草原，北达额尔齐斯河流域，足迹遍及卫拉特地区，而且一度去过喀尔喀传教。①

17 世纪初，中国国内外政治形势发生了很大的变化。1616 年，努尔哈赤建立了后金政权（爱新固伦），势力逐渐强大，蒙古东部科尔沁兀鲁思等几个部落归降后金。后金三征察哈尔国的结果，号称四十万蒙古大汗的林丹汗败亡，导致 1636 年内蒙古十六部四十九个封建主归附满洲，蒙古的势力大为削弱。新建立的清朝逐渐跟和硕特汗廷、喀尔喀三汗和部分准噶尔贵族取得了联系。清朝的扩张对卫拉特联盟和喀尔喀蒙古形成了直接的威胁，清朝的领土扩张和兵戎相见只不过是时间问题。

此时对卫拉特和喀尔喀领土觊觎多时的沙皇俄国，开始侵略我国北部边境。他们对蒙古各部首领采取各种卑鄙措施的同时，还武力相加，侵占了不少的领土。他们在已占领地区建立军事据点，掳掠和驱逐当地居民，煽动内战，欲使蒙古部落臣服于俄国，奴役蒙古人。面对沙皇俄国的侵略行径，卫拉特和喀尔喀首领和人民坚决进行了不同方式的斗争。他们在武装反抗的同时毅然拒绝侵略者提出的政治、经济方面的无礼要求，揭穿侵略者的种种阴谋，维护了领土和主权完整。但因各部尚没有统一的领导和共同御敌的行动计划，并且卫拉特、喀尔喀双方多年来因牧场、人口等诸多问题而造成的矛盾也一时无法缓和，使各部纷争从未间断。

在外部势力的步步紧逼，内部纷争不断的情况下，不满时局的人民，以

---

① 参见拉德纳巴德拉著《咱雅班第达传》，乌兰巴托，1963 年蒙文版和新疆人民出版社，1992 年《卫拉特蒙古简史》（上册）所列的《咱雅班第达行程表》，第 62～64 页。

逃亡等形式反抗封建领主。因此，双方统治阶层必须采取有效的措施才能抵制这种情况的进一步蔓延。在这严峻时刻，他们深刻感到加强各部之间的团结，巩固内部封建秩序，共同抵御外侮的重要性。《蒙古－卫拉特法典》是在这种内忧外患的情况下由喀尔喀、卫拉特僧俗统治阶级共同制定颁布的。

二　铁龙年（1640）楚勒干以及《蒙古－卫拉特法典》的颁布

喀尔喀卫拉特封建主们在准噶尔部额尔德尼巴图尔珲台吉（名和图克沁）和喀尔喀札萨克图汗素巴第（或者其子诺尔布）的积极倡导和共同努力下，1640年九月初（英雄铁龙年仲秋第五吉日），在塔尔巴哈台玛尼图渡口地方举行了楚勒干会议。会议由札萨克图汗为首的七鄂托克喀尔喀诺颜们和巴图尔珲台吉、额齐尔图台吉为首的卫拉特诺颜们和蒙藏黄教僧侣参加。占领青海的顾实汗和远在伏尔加河流域驻牧的和鄂尔勒克也率其二子参加了会议。

但我们所掌握的资料当中，没有一个资料证明，这次王公会议是如何筹备和进行的。除了共同通过《亦克察济》（大法典）以外，无从得知其他的事项。从法典的内容来看，此次会议上讨论了一些很紧迫的问题。譬如怎样巩固政权、双方如何联合共同御敌、怎样处理逃亡问题、扩展领地等诸问题。《卫拉特简史》一书认为，"这次会议正处在顾实汗等人进军西藏的前夕，因此不能排除在这次会议上曾就进军西藏的问题进行过讨论并达成过某些协议的可能性"。[①]

这次楚勒干总共有多少人参加会议，尚不清楚。以前很多学者依据《蒙古－卫拉特法典》前言中提到过的署名，认为参加会议的有3位（一说4位）呼图克图，26位（一说27位）诺颜，共29位。迪雷科夫认为有32位诺颜和呼图克图参加。[②] 法典前言中署名者是：参加会议的3位呼图克

---

① 《卫拉特蒙古简史》（上册），新疆人民出版社，1992，第69页。

② 迪雷科夫：《大法典－十七世纪蒙古封建法的古文献》，转引自马大正摘译《民族译丛》1984年第5期。

图，即恩振仁布齐（又称音赞仁布齐）、昂吉·合比·满珠室利、阿穆巴·希第·满珠室利。参加会议的喀尔喀卫拉特诺颜依次是额尔德尼札萨克图汗（素巴第或诺尔布，不详）、土谢图汗（衮布）、乌巴什达赖诺颜、达赖洪诺颜、车臣诺颜、岱青洪台吉、叶勒丁诺颜、墨尔根诺言、额尔德尼洪台吉、戴本洪台吉、腾格里陀音、墨特池台吉、博额耶尔登、阿尤希哈顿巴图尔、额尔德尼巴图尔珲台吉、昆都仑乌巴什、顾实汗、鄂尔勒克台吉、舒库尔戴青、额尔登台吉、岱青和硕齐、额齐尔图台吉、莫尔根岱青祖克尔、彻辰台吉、莫尔根诺颜、达马琳等。

目前学术界认为，在法典前言中署名的，只是当时有威望和有影响的人，事实上参加会议的绝不止他们，相当多的代表人物参加了这次会议。因为法典前言中至少没有提到喀尔喀七鄂托克宗教领袖哲布尊丹巴呼图克图和卫拉特咱雅班第达呼图克图。有关咱雅班第达没有被署名，"因为当时他离开西藏到卫拉特不过一年多时间，他在卫拉特的宗教活动刚刚开始，影响尚不大，所以未在法典前言中署名，这是可以理解的。但是种种迹象表明，咱雅班第达应是参加了这次会议"①有学者认为，被提名的这些 29 名宗教和世俗封建主都有全权代表的资格，而当时哲布尊丹巴和咱雅班第达还没有这种资格。②

法典的名称，自从帕拉斯搜集整理以来，很久一直没有固定的称呼。我们根据法典蒙文抄本前言中"都沁杜尔本二部诺颜制定了大法典"的记载，应称为《大法典》。另外巴图尔乌巴什图们所著《四卫拉特史》上也说"亦克察济"。想必当时把 1640 年的法典都叫做《大法典》。随着法典被学术界重视，目前学术界有对法典有几种命名。

（1）《都沁杜尔本大法典》，"都沁"（四十）指大漠南北的东蒙古，即蒙文史书所记载的"都沁图们蒙古"（四十万蒙古），"杜尔本"指卫拉特蒙古，即"杜尔本卫拉特"（四卫拉特）。蒙古文献习惯上"都沁杜尔本"来泛称全蒙古。以前曾有学者把法典前言中提到的"都沁杜尔本和叶尔（二部）的诺颜"（四十四二部的首领）一句错误地理解为，参

---

① 《卫拉特蒙古简史》上册，新疆人民出版社，1992，第 68～69 页。
② 参见金峰《四卫拉特联盟》一文，载《卫拉特历史文献》，内蒙文化出版社，1985。

加本次会议的有 44 名封建主或 44 部，① 现在这种观点已经被纠正。

（2）《喀尔喀 – 卫拉特法典》，因为这次会议是由喀尔喀蒙古和卫拉特蒙古双方封建主联合召开的，所以有此称呼。

（3）《蒙古 – 卫拉特法典》，因为当时大漠南北的蒙古部落通称蒙古，为区别于卫拉特，喀尔喀单独也被称为蒙古。另外法典第一条"无论何人破坏此政权，如杀掠、抢劫大爱玛克、大兀鲁思，蒙古卫拉特联合起来，擒斩其身，没收其全部财产。擒杀者得其财产之一半，另一半两方共分之"条款来看，如此称呼也是合情合理。

（4）《卫拉特法典》，目前学术界普遍所接受的一种称呼。这是因为，一方面，此法典是在卫拉特的领地上制定的，从法典的内容看，比起喀尔喀地区，它较适用于卫拉特地区。另一方面，从法典制定之日起，卫拉特社会严格遵照法典来调整内外关系，自觉维护法典的精神。准噶尔汗国（政权）建立以后，成为国家大法，并有所更新。远在伏尔加河下游的土尔扈特汗廷也一直使用此法典，并使其进一步发展。

（5）新《察津毕其格》，这是为区别于 1640 年法典以前的旧《察津毕其格》而命名的称呼。

（6）《1640 年法典或铁龙年大法》，因为此法典是铁龙年（1640）制定的，所以有此称呼。

（7）《卡尔梅克法典》，因为手抄本是从卡尔梅克获得，故有此称，国外学术界多有这样称呼。

三　法典的抄本、译本以及研究状况

蒙古民族的习惯法和成文法是研究蒙古社会经济制度和生活习俗的重要史料。法典最初应是当时通行的回鹘式蒙文书写的。② 1648 年咱雅班第达创制托忒文后，才有了托忒文文本。回鹘式蒙文原文早已失传。法典的文本较

---

① 持这种观点的多为俄国早期研究法典的学者们，如列昂托维奇教授、戈尔通斯基等，他们的误解一直影响到梁赞诺夫斯基。
② 见戈利曼《1640 年蒙古卫拉特法典的俄文译文和抄本》，载《蒙古文集》，1959。李佩娟汉译文载《新疆大学学报》1983 年第 2 期。

多，差异也较大。率先搜集整理和研究《蒙古 - 卫拉特法典》的是俄国学者。

土尔扈特部首领和鄂尔勒克参加 1640 年会议后，把法典带到伏尔加河下游，作为土尔扈特部众的法典，因而引起许多俄国学者对他进行研究和探讨。18 世纪中期至 19 世纪前半期，可以说是俄国研究土尔扈特历史的开端。当时一些学者征服官吏到伏尔加河流域土尔扈特人地区进行实地考察，并据此写成一批著作，就土尔扈特游牧民族社会的历史、经济、社会制度、文化等方面都做了探讨和研究。巴库宁、米勒、菲舍尔和帕拉斯等学者作出了重要的贡献。我们现在能见到的文本如下文所示。

帕拉斯（pter simon pallas）《蒙古民族历史资料集》（sammlungen historischer nachrichten uber die mongoliseoon volkerschften） 一书德文版第一卷，第 194 ~ 218 页所载，1776 年由德国约翰格奥尔格弗莱舍出版社出版。该书作者 1768 ~ 1774 年受俄国女皇叶卡捷琳娜委托，赴俄国的亚洲地区考察研究。他在书中大量利用亲身调查材料，对当时留居于伏尔加河的土尔扈特人的历史、法律、社会习俗做了详尽叙述。他在卡尔梅克期间首次发现托忒文抄本，为法典的研究者们提供了史料来源。邵建东、刘迎胜二先生以《内陆亚洲厄鲁特历史资料》之名，将其翻译成中文。① 法典最早俄译本1776 年刊登在《莫斯科大学俄罗斯自由协会试作丛刊》第三卷上，以《蒙古和卡尔梅克族法规译文》的标题发表，第二版于 1828 年刊登在《北方档案》第 2 期和第 3 期上，以及刊登在同年出版的《祖国之子》第一册和第二册上。

列昂托维奇教授根据宾特科夫斯基的抄本，出版了俄文新译本《古代蒙古卫拉特或卡尔梅克民族制定的法规》（《论俄国异族人的法律史：古代蒙古卡尔梅克人或卫拉特刑法条例》）此版本于 1879 年在敖德萨出版。

戈尔通斯基教授俄译本：《1640 年蒙古卫拉特法典，附噶尔丹珲台吉的补充敕令和在卡尔梅克汗敦杜克达什时代为伏尔加河的卡尔梅克民族制定的法规》，1880 年，圣彼得堡版。戈尔通斯基对《敦杜克达什补充法规》的研究，为我们研究土尔扈特游牧于伏尔加河下游时期的社会结构、阶级关系、管理体系和宗教情况等方面提供了重要的资料。

---

① 帕拉斯著《内陆亚洲厄鲁特历史资料》，邵建东、刘迎胜译，云南人民出版社，2002。

古尔梁德：《自上古至十七世纪的草原法》（1904，喀山版）中介绍了法典。

梁赞诺夫斯基：《蒙古部落之习惯法》所载 1929 年英译本；梁氏《蒙古习惯法之研究》所载青木富太郎 1931 年日译本。

1956 年内蒙古师范学院整理了《卫拉特史资料（托忒文）》，并以油印本的形式发行，其中就有《蒙古－卫拉特法典》和敦杜克达什法规的残本。

田山茂是专攻蒙古社会制度史的学者，其在 1954 年出版的《清代蒙古社会制度》一书附录中，根据帕拉斯的德文译文，将《蒙古－卫拉特法典》和《敦杜克达什补充法规》译成日语，并加以注释，这是日本对上述《法典》和《补充法规》的第一次完整介绍。潘世宪先生在翁独健教授的推荐下，从 1964 年开始翻译此书，后因故辍译，最终 1984 年译成中文。因有些地方日译者理解错误而导致了汉译文本的质量问题，但这些文本对国内介绍法典和研究法典，起到了抛砖引玉的作用。

С. Д. 迪雷科夫：《大法典－十七世纪蒙古封建法的古文献》，1981 年莫斯科版。作者在这本著作中把托忒文文本撰写成蒙文，又翻译成俄文，对几种抄本和他人的研究成果进行了较详细的论述，给学术界提供了很多信息。

科特维奇和戈利曼在他们的著作中都肯定俄国有五种抄本。而迪雷科夫说，他就看到了四种抄本。俄国现有四种托忒文文本，一种保存在莫斯科中央国家古代文书档案库卡尔梅克全宗中；有三种保存在列宁格勒（圣彼得堡）。其中两种保存在前苏联科学院东方学研究所列宁格勒分所手稿部，一种保存在列宁格勒大学东方系图书馆手稿库。科特维奇认为所有的抄本都是残本。他写道：

> 据俄国档案材料记载，在卡尔梅克诺汗牙帐附近札尔固帐幕内，保存了一份写在带花纹的白缎上的各种法规的全文，但是在卡尔梅克人内讧时期，这份法规已丢失，根据敦杜克达什说，他不得不在草原上到处搜寻法规的抄件。①

---

① 科特维奇：《有关十七—十八世纪与卫拉特人交往的俄国档案文献》第一册，1919，《蒙古文集》，1959，第 141 页。

对此迪雷科夫认为：

> 绝不能从科特维奇的看法中得出：流传到现在的法典的卫拉特文抄本都是残本。相反，对这些抄本进行比较研究后，我们有根据推断，我们现在所掌握的《大法典》的几种抄本是《1640 年法典》的全文。……事实上，除去呼和浩特有缺漏的文本外，所有四种卫拉特文抄本，都以同一项条款为结尾，该条款宣称，偷盗锅或三脚铁架应根据所盗物的质量罚盗贼一定数量的牲畜。要知道这些抄本并不是完全相同的副本，何况是在不同的地方发现的。其次，在所有这四种抄本中，紧接着这项条款后都是噶尔丹珲台吉的第一项敕令，只有两种抄本中没有他的第二项敕令。如果第 197 条款（迪雷科夫分成 197 条）的法典结尾已丢失，那么怎么会在所有四种抄本中保留的都是噶尔丹第一项敕令？在第 197 条款后，不曾有过其他任何条款。①

新疆学者额尔德尼先生把托忒文本法典以《卫拉特大札撒》的名义刊登在新疆《汗腾格里》杂志 1981 年第 4 期上，引起国内蒙古史学界的极大的反响，后在 1982 年第 4 期《蒙古语文》杂志上转写成回鹘体蒙文。

内蒙古社会科学院墨日根巴特儿先生把该院馆藏托忒文文本转写成回鹘体蒙文。

道润梯步先生校对《汗腾格里》刊登的文本、墨日根巴特儿撰写本和迪雷科夫撰写本等三种文本，以《卫拉特法典》的名义校注出版。（1985 年由内蒙古人民出版社出版）道氏本虽然对有些词句、历史事件等方面有误解和错误的判断，但到目前为止，尚被认为是个较好的蒙文校注本。

宝音乌力吉、包格以道氏校注本作为蓝本，校注了《蒙古 - 卫拉特法典》，2000 年由内蒙古人民出版社出版。这个校注本除对几处词句有新的解释外，并没有创新之处。

齐格先生编写《古代蒙古法制史》时，除主要参考了道氏本外，还参

---

① 厄鲁特蒙古封建法的整理和研究，马大正摘译自〔苏〕迪雷科夫《大法典 - 十七世纪蒙古封建法的古文献》（莫斯科 1981 年版）一书之绪论，《民族译丛》1984 年第 5 期。

酌了内蒙古社会科学院藏托忒文《卫拉特法典》。

笔者在主要利用道润梯步蒙文校注本和《汗腾格里》刊登的托忒文本的同时，参考了宝音乌力吉校注本。汉文译文主要参考齐格先生书外，还参酌潘世宪译文和邵建东、刘迎胜译文。

从18世纪末开始，研究者们对法典进行搜集、整理、注释并翻译各种文字。对法典的研究，俄国的学术界作出了重要的贡献。国内对法典的研究较晚。清代学者虽然对西域历史、社会作过详细的论述并有多部著作诞生，但卫拉特社会内部关系等方面的记载却不多。

从20世纪80年代开始，随着学术界引进国外学术成果的增多，国内也开始研究《蒙古－卫拉特法典》。其中道润梯步、潘世宪、齐格、马汝珩、马大正、成崇德、白翠琴、马曼丽、冯锡时、罗致平、加·奥其尔巴图等学者从法典的史料来源、历史背景、性质、指导思想、基本内容、分类、结构、制定者等不同的角度介绍和研究了此法典。

除此之外，语言学学者们从语言学和研究卫拉特方言的目的出发，解释了法典的有些字、词，并纠正了前人研究中的有些错误注释。这方面道·巴图扎布、布仁巴图、N·巴德玛、Q·巴图等学者做了很多有意义的工作。

纵观国内外对《卫拉特法典》的研究，在历史学、文献学和语言学方面取得了一定的成就，但是从法学研究的角度去归纳、分类、剖析的作品几乎没有。这是卫拉特法典研究领域中的一个空白。

蒙古民族在各个历史时期制定和颁布的法典，对研究蒙古古代社会关系和人民的生活习俗提供了十分可信的资料。充分利用法典所提供的资料，使史学研究更加完备。因为我们通常利用的编年史材料对社会内部情况等很少涉猎，它主要阐述蒙古地方与外界发生的历史事件，而法制史资料正好补充这一缺憾。随着民族法学和蒙古法制史研究领域的拓展和深入，《卫拉特法典》的研究会不断完善，进而取得更大的成就。

四 《蒙古－卫拉特法典》的主要内容

我们探讨1640年法典以前，肯定会涉及帕拉斯《蒙古民族历史资料集》中记载的8条有关通奸（第1~4条）、财产分配（第5条）、侮辱行为

（第 6 条）和妇女地位（第 7、8 条）方面的片断记载。

旧《察津毕其格》约于 15 世纪至 16 世纪上半叶编纂，全文已失传，现在保存下来的，仅仅是帕拉斯片断记载。前面加旧字是为了同 1640 年制定的《蒙古－卫拉特法典》相区别。其编纂年代，学术界持不同的看法。分歧的焦点是法典条款中的有关喇嘛教的规定，就是"与僧侣之妾通奸，完全不受处罚"一条。

卫拉特地区何时传入黄教，目前尚未明确。卫拉特毗邻的东蒙古地区 16 世纪后半叶开始有佛教的传入，这在一定程度上会影响卫拉特地区。据托忒文文献，大概是卫拉特联盟盟主拜巴噶斯 1616 年召开的一次楚勒干上，决定引进藏传佛教。但是在此之前，已经有西藏僧人在卫拉特地区活动。因为，1604 年被请到喀尔喀的察干诺们汗（又说迈达里呼图克图）不久就到了卫拉特。史料证明，1616 年楚勒干上卫拉特诺颜们决定引进黄教时，他已经在卫拉特了。[1]

佛教第二次传入蒙古时，除了黄教以外，还有其他的派别也到蒙古地区传教。所以传播过程中曾经出现过"红黄之争"。萨迦、噶玛等红教僧侣可以娶妻生子，而黄教的教规是绝不允许的。从佛教传入蒙古以后的几个世纪的发展情况来看，黄教寺庙集团严禁喇嘛娶妻生子。但有意思的是，1640 年法典中也有一条"骂成家的班弟，罚一马，动手打，罚双马"的规定，所以旧《察津毕其格》的有关喇嘛教的规定比较可信。佛教传入蒙古地区前期，蒙古喇嘛可不可以娶妻，值得研究。

列昂托维奇教授认为，旧《察津毕其格》是卫拉特联盟形成初期的产物，是在 15 世纪制定和颁布的。田山茂认为是"15 世纪到 16 世纪前半叶"。[2] 齐格先生认为，田氏判断有误，应该是 1616 年以后，因为这个时期黄教尚未进入卫拉特地区，有关对僧侣的规定不符合时代。[3] 冯锡时教授和成崇德教授等学者认为，约于 15 世纪至 16 世纪上半叶编纂。[4]

---

① 巴图尔乌巴什图们：《四卫拉特史》（托忒文），载于罗卜藏巴勒丹《托忒文历史文献集》，乌兰巴托 1976 年版。

② 田山茂：潘世宪译《清代蒙古社会制度》，商务印书馆，1987 年中译本，第 231 页。

③ 齐格：《古代蒙古法制史》，第 111 页。

④ 《卫拉特蒙古简史》上册，新疆人民出版社，1992 年，第 284 页，成崇德：《十八世纪中国与世界——边疆民族卷》，辽海出版社，1999 年，第 45 页。

笔者赞同后一种观点，因为这样分期比较合理。因为所谓的旧《察津毕其格》并非如 1640 年法典那样就通过一次楚勒干来制定的，而是元亡后，卫拉特的统治者们在几次的卫拉特联盟形成过程中陆陆续续地制定和颁布的。

法典大部分内容是蒙古社会古来约定俗成的习惯法内容。跟《阿勒坛汗法典》《喀尔喀七旗法典》的相关条款相比较，有些内容基本相似。《阿勒坛汗法典》也禁止揪别人的头发，规定"男人揪妇女头发者，罚牲畜五九"。旧《察津毕其格》规定："卡尔梅克人格斗时，乱揪别人的辫子便构成犯罪。因为辫子属于王公所有，是表示恭顺的象征。但是，如果是没有梳成辫子的头发，谁揪也不受处罚。因为没有梳成辫子的散发是属于个人的并不视为王公所有"。蒙古以前的法典中虽有不准揪别人的辫子的规定，但对于为什么这样会犯罪，并没有作出解释。而旧《察津毕其格》对此给出了明确的答案。就是已经"梳成辫子的头发"，实际上是代表人身依附关系，"没有梳成辫子的头发"是不受法律保护。

法典规定的有关通奸方面的内容，比起成吉思汗《大札撒》和《图们汗法典》宽容许多。对此不少学者为法源问题而伤脑筋，其实这并不奇怪。因为随着人类社会不断向前发展，有些落后的、野蛮的、稀奇古怪的陋俗会被时代所淘汰和摈弃。除僧侣之妾通奸不受处罚外，法典规定"与王公的夫人通奸被抓住时可拿出牝山羊及山羊羔各一只作为赔偿；一般通奸，奸夫拿出四岁马一匹给奸妇之夫，奸妇应拿出三岁马一匹给审判官；捉到私自跑到自己女奴隶那里来的人，可扣留他所带的钱、马及其他一切持有物之后，予以驱逐。女奴隶不受处罚"。

对子女的财产分配方面，法典规定"青年人可以长到自己可以独立生活的成年人时，立即脱离他父亲的权力控制，按照他的要求分给一部分畜群，去过完全独立的生活，可以直接为王公服务"。蒙古社会自古就有幼子继承父亲的大部分财产，留居其身旁共同生活，其余子女都另立门户的规定。

蒙古法的一个重要特点之一是，依法保护妇女的地位。这与游牧民族社会中妇女在生产劳动中所起到的作用有关。蒙古妇女经济上是相对独立的，所以她们法律上受到保护。这在男尊女卑的封建农耕社会中是绝对不可能的事情。这可以说是游牧法与中华法系法典的区别之一。法典规定"妇女如果坐帐篷里自己的座位上（即入门的右侧、灶炉的后面、家长卧床跟前的座位）的话，她骂客人，甚至向客人投掷柴块或家具，谁也不能用手触及她；但是，这个妇女如果是在争执中一旦离开她的座位，走出帐篷，这种特权便消失了，她对客人的打骂便应受处罚；妇女到王公跟前请求免除自己或其家族的处罚时，从尊重妇女的原则出发，轻罚一般全免，重罚减半"。

旧《察津毕其格》的有些内容还反映在 1640 年卫拉特法典当中，有的在实际生活中已被修正或废止。

1640 年法典原文没有分条款。因此，研究者们按照内容的区别和自己的理解，把法典的原文归纳为若干项和分若干条款。帕拉斯德文版把它分为 130 条，列昂图依契俄文本分为 150 条，戈尔通斯基俄文本分为 121 条，道润梯步先生蒙文校注本把它分为 120 条。宝音乌力吉和齐格遵循道润梯步条款。道氏把法典的内容分成 27 项，齐格分成 26 项，宝音乌力吉等分成 34 项。

《蒙古－卫拉特法典》（以下简称《法典》）的内容特别丰富，其涉及面之广，蒙古族任何一个时期的法典无法比拟。他是 17 世纪中期蒙古、卫拉特社会的一个缩影，尤其是了解卫拉特社会生活的一部辞书。

《法典》的法源大体上相沿古代蒙古社会一直遵循的约定俗成的风俗习惯以及《图们汗法典》《阿勒坦汗法典》、1639 年前的《喀尔喀七旗法典》等成文法和法典中经常出现的"以前的法典"，即旧《察津毕其格》。法典是在这些法律文献的基础上适应当时的实际情况而编纂、制定。

《法典》一开头就有一首赞美佛教，虔敬叩拜黄教创始人宗喀巴以及黄教两位领袖达赖喇嘛和班禅额尔德尼的赞美诗。然后祈求参加本次会议的恩振仁布齐呼图克图"为众生做成善业"。这无疑是 17 世纪蒙文文献的一种编纂模式。这足以说明黄教在蒙古地区传播的深入和广泛。第二段记述了参与本法典的四十四部 29 名僧俗官员。第三段开始进入正题，即法典的有关行政、民事、刑事、宗教、诉讼、审判以及相应的处罚条款。

（一）有关蒙古、卫拉特内政以及调解各部关系的规定

1636 年，漠南蒙古归附清朝以后，蒙古的政治中心自然而然转移到了

漠北和漠西。这种情况并不偶然，因为在此之前，蒙古各部在内政外事上相对独立，并且各部间也有历史上酿成的不同程度的旧隔阂、仇恨和新矛盾。林丹汗败亡，漠南蒙古归附清朝，对喀尔喀、卫拉特封建主们来说是不得不思考的新问题。于是双方感觉到了政权巩固的重要性。

1640 年蒙古、卫拉特会议的主题之一就是巩固政权，调解矛盾，一致对外。这是双方解决的首要问题。所以法典特别强调对破坏政权方面的内容，规定"无论何人破坏此政权，如杀掠、抢劫大爱玛克、大兀鲁思，蒙古、卫拉特联合起来，擒斩其身，没收其全部财产。擒杀者得其财产之一半，另一半两方共分之"。

双方以法律的形式不能无端地互相"争夺边界，进入小爱马克或和屯"。若违犯"罚铠甲百领、骆驼百峰、马千匹作为赔偿，并应归还所掠之物"。有公务的人的处罚比平民严。

共同御敌，防御可能发生的战争也是本次会议的一个重要内容。双方规定，当大敌当前时，有互相通报敌情的责任。对收到通报而没有出兵的相邻部落的大诺颜，处罚铠甲百领、骆驼百峰、马千匹作为赔偿；如果小诺颜不来，处罚铠甲十领、骆驼十峰、马百匹。若入侵者是大规模的敌人时，不通报的话，受到"永远流放其子子孙孙，斩杀其人，夺其一切"的严厉惩罚，而不通报一般强盗来犯，仅没收其一半的牲畜。

发生骚乱（包括外敌侵略所造成的骚乱和内部骚乱）时，集合到诺颜处，听到消息而不来，受到前面提到条款的惩罚。如果发生路远而造成迟到的情况，酌情处理。对放走强盗而造成的损失，不同阶层的人负有不同的责任。法典规定"谁放走强盗，没有追回被抢的马群，罚没其牲畜、财产的一半。如死了人，按照习惯顶替。追回的人死，由丢失者之兄弟以一别尔克顶立。看见、听到而不追赶，如是赛因库蒙，罚分其牲畜、财产之半；如是顿达库蒙，罚一九；如是毛库蒙，罚一五。

1640 年会议上解决的还有一项重要议题是有关逃民问题的。17 世纪卫拉特联盟内讧时期和喀尔喀卫拉特双方战争时期，很多部落为逃避战乱，移居到他处。这一问题一直是双方的敏感问题，若不合理解决会影响双方的联合和导致新的矛盾的出现。

为解决这个棘手问题，双方协商后得出了一个解决方案，即"从火蛇年（1617）到土龙年（1628），在蒙古的巴儿虎、巴图特、辉特已被蒙古融合，在卫拉特的已被卫拉特融合。此外之人，该归喀尔喀的归喀尔喀，该归卫拉特的归卫拉特。如有人不予归还，按占有之人数计，向占有者每人罚马二十匹、驼二峰，连同占有者本人一起归还所属方。与却图①一同进卫拉特的人如逃回喀尔喀，要归还给卫拉特"。

进而双方不再发生类似的情况和避免接受对方的逃亡者，规定："不论谁那里来了逃亡者，罚其财产、牲畜之一半。然后送交其主人。如逃亡者杀了人，以大法罚畜八九，给证人一九。如收容之诺颜作梗阻拦，不听处罚、不给牲畜，罚此诺颜铠甲百领、驼百峰，卫拉特、喀尔喀平分。"

也就是说，由一方诺颜下逃出投奔另一方，应当送还；从喀尔喀逃出的投奔者应还给喀尔喀；从卫拉特逃出的投奔者，应还给卫拉特。双方亲属也应彼此送还逃亡者。《法典》还规定："从别人那里来的人，从哪儿来的回到哪儿去。其投靠的诺颜如给其生活资助，要给他靠本人劳动所得牲畜的一半"。如杀外地寻名而来的逃亡者，罚五九。如送还给其主人，有几个箭袋要几匹马。如抓捕外逃的逃亡者，除其人外，其财产、牲畜对半分。如根本不交出逃亡者，以法惩处。其真假要通过证人证实。如无证人，逼审其爱玛克首领。

（二）有关保护黄教方面的规定

蒙古、卫拉特联盟皈依黄教后，先后都依法取缔了萨满教，积极推广黄教。萨满教受到限制，黄教利益受到法律保护。

《法典》规定，谁如请乌都干（女萨满）、孛额（男萨满）做法事，没收邀请者之马和来做法事的乌都干的马，看见之人如不依法没收，则没收他的马；谁如看见翁供，要取走，其主人如拦阻不给，罚要他的马。萨满行巫诅咒上等人，罚一五；诅咒下等人，罚马二匹；以黄鸟、阿兰雀、狗等行

---

① 却图，史称楚库尔却图台吉或库苦诺尔却图汗，是喀尔喀格埒森扎的第三子诺诺和威征的第五子巴阿赉子，生于1581年。在喀尔喀地区积极推广黄教，后因政见不同而导致喀尔喀内讧，率领部众迁居青海，占领青海，1637年被顾实汗的卫拉特联军打败身亡。他曾支持红教，联络林丹汗、臧巴汗、白利土司，建立四方联盟，共同对付黄教势力。林丹汗败亡，这一计划受到挫折。

咒，罚马一匹；以阿拉克山之蛇、其他种类之蛇行咒，罚箭二支。如无箭，罚刀一把。

相反，黄教僧侣的生命财产受到保护，若违犯法律规定，不管是汗、珲台吉都受到惩罚。规定"如杀掠、抢劫寺庙喇嘛所属爱玛克，罚铠甲百领、驼百峰、马千匹，更有特殊者处罚伊克黑卜。"目前学术界对"伊克黑卜"是何等程度的处罚，尚未弄清。

喇嘛阶层有特权，他们不缴纳赋税，汗、诺颜等不能向他们征用乌拉。法典规定"向喇嘛、班第们征用乌拉骑乘，罚牛一头。骑用栓有敬佛鬃尾的马匹，罚一马。如系乌拉赤抓给的，所罚之马向乌拉赤要，如系使者自己骑的，向使者要"。

《法典》还规定，骂绰尔济等，罚九九；骂诺颜的巴克什喇嘛，罚五九；骂格隆，罚三九，动手打，罚五九；骂乌巴什、乌巴三察，罚马一匹，动手打，根据打之程度处罚。僧侣受到保护的同时，他们的属民（沙比纳尔）也受到比其他人特殊的保护。规定，危害或杀戮喇嘛属下的上等人，赔五个人；下等人赔两个人。然后法典的制定者们，很有把握地说"没有人违犯此条"。

这充分说明，黄教教义已经深入人心，有效地控制住了当时的意识形态领域。如果谁人违犯此规定，大诺颜罚驼十峰、马百匹；墨日根、岱青、楚库尔一级别的诺颜，罚驼五峰、马五十匹；小诺颜罚以驼为首的三九牲畜；塔布囊、执政的四图什墨尔，罚以驼为首二九牲畜；各鄂托克的赛特、图什墨尔罚以驼为首一九牲畜。

另外，对僧侣也制定了相应的限制措施，规定"托因人随意犯戒，罚其财产、牲畜之一半"。

（三）有关乌拉和使者的规定

古代蒙古社会里，使者起着举足轻重的作用。大敌当前时，通过使者来传递敌情。各部之间举行会盟时，派遣使者来通知各部。除公事外，大小僧俗封建主的私人事情，都有使者来传递信息。所以，蒙古社会使者是一个特权阶层。使者大体上履行三种"伟勒"（事情），即政教二大事和大诺颜和哈屯治病事。

乌拉是指为公事而准备的车马，有专门的乌拉赤来管理。乌拉是属民对国家必须履行的义务。有关使者、乌拉方面的规定，后来制定的《喀尔喀律令》更具体。而清代时，已经发展成台站的形式，有了专职人员从事这项工作，《理藩院则例》的规定更加详尽了。

《法典》对使者使用乌拉方面有详细的规定："供给无权的衙穆图人乌拉使用，要区分为政教而行之使者事。如为大诺颜、阿嘎（诺颜夫人）得重病，如为抗击大敌而行的使者，要给乌拉。要有人不给乌拉，罚九九"。没有公事的使者不能从随便骑乘乌拉，规定："无公事的使者要从自己的爱马克使用骑乘。如从别处寻找骑乘，罚三岁母牛一头。如在本日乌拉赤不请示畜主而提供乌拉，罚绵羊一只。如隔宿过了一夜，罚三岁母牛一头"。

不能冒充使者来欺骗，《法典》规定"如谎称使者骑用乌拉、吃舒思，罚一九，或杖责五下，罚一五；违犯两者的一项，罚一五"。从游牧社会人烟稀少的特点出发，《法典》对使者的吃住有特殊的规定："远行的使者中午吃饭或过夜时，吃一只羊。如多吃，罚其马。使者远行马瘦，如有人不给换马，罚三岁母牛一头。不准过夜，罚三岁母牛一头。无子女的妇女不准使者住宿，罚其棉坎肩。如其找理由强行辩解，逼罚之"。有关"无子女的妇女不准使者住宿"方面，道润梯步和齐格都做了解释。[1]

另外《法典》还给使者规定"使者答应出使而不走，罚一九。指令给使者及其从者骑乘而不给者，犯连带罪罚双马。使者往来各地间不要喝酒。喝酒者，受到'塔布喇胡'惩罚。如系诺颜给酒，可以喝"。对"塔布喇胡"一词，道润梯步解释为"罚一五"，而 Q. 巴图解释为"拘禁儿日，减断饮食来惩戒喝酒的使者"。[2]

（四）保护统治阶级利益的法律规定

《蒙古－卫拉特法典》是一部维护封建统治秩序和保护封建领主利益的法典。其法律条文中有很多有关保护大小封建主阶层特权的规定。平民不准

---

① 道润梯步校注《卫拉特法典》，内蒙古人民出版社，1985 年，第 56~57 页；齐格：《古代蒙古法制史》，辽宁民族出版社，1999 年，第 119 页。

② Q·巴图：《〈卫拉特法典〉中有些词语的错误解释》载《语言与翻译》1997 年第 4 期。

打骂领主，不能断大诺颜的舒思和破坏诺颜的猎场，规定："如骂大诺颜，没收其全部财产和牲畜。骂雅穆图职官、塔布囊，罚一九，动手打，罚五九。骂小诺颜、小塔布囊，罚一五。动手打，如打的厉害，罚三九，如打的轻微，罚二九。骂乞雅、收楞格，罚一匹马、一只绵羊，如动手大打，罚一九，轻微打，罚一五"。

《法典》还规定，职官诺颜们、塔布囊们、赛特、小诺颜、小塔布囊们、得木齐、收楞格这些人，不能随意打人，随意大打，罚一九；中打，罚一五；小打，罚一马。但是这些赛特在法律实施过程中，根据主人的旨令为护法打人，无罪，打人后致死亦无罪。从这里我们看出法典有鲜明的阶级性。

狩猎是蒙古社会自古以来的一种军事训练性质的集体活动。从法典"猎手破坏诺颜们的猎场，以驼为首罚一九；未破坏者无事"的内容可看出封建领主的土地所有关系。

早在蒙古汗国时期，斡阔台汗规定了有关提供舒思方面的制度以后，这项赋税制度一直存在于古代蒙古社会各个阶段，封建阶级的这一特权一直受到法律保护。《法典》规定"如断大诺颜的舒思，罚九九；断职官诺颜、塔布囊的舒思，罚一九；断小诺颜、小塔布囊舒思，罚马一匹，但如多吃［舒思］，罚［小诺颜、小塔布囊］马一匹；以午饭、晚饭之名吃舒思，罚马一匹"。

（五）有关人们道德行为规范的规定

《法典》旨在建立一个良好的社会秩序和安定的社会环境。法典以法律的形式明确师生、父母与儿女、夫妻间的关系，如果违背伦理道德，大打自己的老师、父母、岳父母、妻子等，其行为将会受到法律的惩罚。《法典》规定，"任何人如大打教育自己的老师、自己的父母，罚三九；中打，罚二九；小打，罚一九。大打自己的妻子、岳母、岳父，罚三九；中打，罚二九；小打，罚一九；大打者责打三十下；中打者，责打二十下；小打者，责打十下"。

另外，《法典》规定，父母错打儿女或父亲打儿媳等都是犯法，"如父亲教育儿子、母亲教育儿子而责打，无事。但如错打，大打者罚一九；中打，罚一五；小打，罚马一匹。父亲如打儿媳，大打罚二九，中打罚一

九，小打罚一五"。依法保护妇女权益，这在封建社会是难能可贵的进步
现象。

《法典》规定："断女人的发穗，罚一九。堕女人之胎儿，有几个月罚
几九。抓摸女人的乳房，吻嘴，触摸秘密地方，罚一个媵者（Yinji 分物品
媵者和女媵者）。触犯十岁以上的女孩要受处罚。触犯十岁以下的姑娘不受
处罚。以邪淫眼看女人和姑娘，以牙齿在脸上或其他地方留下印记，罚一
五。以好眼、好齿虽无事，但要五头畜之半。"

《法典》规定"如与歪心人勾结，给其提供骑乘、肉食，罚七九。其逃
亡前，在别人家存放物品、牲畜，存放者藏匿不交公，罚三九"，以防止这
类事情的发生。禁止戏耍致别人的牲畜死掉，规定："因戏耍而致死牲畜，
以其质量定立，罚要其乘马。如不是因戏耍致死，对两人通过审断决定其
处罚"。

《法典》还采纳了蒙古社会古代有些习俗，作为成文法的内容。成吉思
汗《大札撒》也明确规定，路人不经过主人的允许，直接可以食用饮料或
食品。我们在《阿勒坦汗法典》当中也看到同样的内容。这是由于蒙古地
区人烟稀少而造成的，若不给路人和使者饮料或食品，会导致渴死和饿死，
今天的蒙古人仍然遵守这一古老习俗。《法典》规定："不给远行口渴的客
人马奶酒喝，罚绵羊一只；但如客人抢酒喝，罚其带鞍马。"

《法典》还规定"破坏包帐，罚一匹马。火灶上插木棍，如是诺颜的
火灶，罚六九。如是阿勒巴图的火灶，罚一九"。对"破坏包帐"方面，
前面提到的《阿勒坦汗法典》的规定更详细。蒙古人崇拜火神，"火灶"
是火神的载体。所以在"火灶上插木棍"是对火神的不恭敬，从另一角度
上来说是对主人的不尊重。蒙古人认为，对火神的亵渎，会导致各种各样
的灾难。

（六）关于人命案

《法典》除对危害国家安全和侵略"兀鲁思""鄂托克"等重大情况规
定"杀其身，罚没其全部财产"外，不轻易杀人。《法典》主要以罚没财产
来顶替杀人偿命。对于为什么出现这种情况，学者们各抒己见。有的认为，
这和蒙古社会皈依佛教有关。因为佛教戒律禁止杀生。有的认为，这是因为

一方面蒙古历史发展和社会性质发生了变化；另一方面，蒙古地区人口稀少，劳动力不足的缘故，等等。①

《法典》对于儿子杀害自己的父母或父亲杀害自己的儿子方面，规定："儿子杀自己的父母亲，谁看见都要抓捕送交诺颜，并以一别尔克为首吃一九，除杀人者其身外，其它财产分与众人。如父亲杀了儿子，除其本人外，没收其全部财产"。

北元时期，社会上存在大量使用奴隶现象。奴隶大部分是家奴。《法典》中列举的奴隶来源，可能有以下几种情况：犯法的人，被罚没全部财产后变成了奴隶；杀人者或严重致人残废者到被害者家里当奴隶；生活上穷困潦倒者变成奴隶；战争中的俘虏或逃亡者。对男女奴隶，《法典》称呼不一样，男奴隶叫"昆孛斡勒"（kun-bogol），女奴隶叫"额么孛斡勒"（em-bogol），奴隶是社会最底层的人，法律上受到不平等的待遇，尤其是女性奴隶地位更低。但是《法典》规定，主人不能随意杀戮奴隶，若杀害奴隶，受到罚畜的惩罚，规定："人如杀了自己的男奴隶，罚五九；如杀了女奴，罚三九"。

《阿勒坛汗法典》和《喀尔喀七旗法典》对疯子（精神病患者）疯狗致人死亡都有明确的规定。《法典》也规定："疯子杀人，罚其家财之半或者罚畜五九，要据其家境而定。但死者因一路上做坏事害人而被杀，无事。""疯狗咬畜致死，从其主人五头牲畜中罚要一头。如咬人致死，赛因库蒙（上等人）罚一九，顿达库蒙（中等人）罚七头，毛库蒙（即阿达克库蒙，贱人）罚一五。"②

游牧社会，牲畜致人死亡的事情时有发生。针对这一特殊情况，《法典》规定："有主的牲畜在山沟致死人，如是赛因［库蒙］的，以一别尔克为首罚一九。顿达［库蒙］的，罚一五。毛［库蒙］的，罚一别尔克。如是无主、无人牧放的牲畜致死人要其中一头牲畜。"但是《法典》明确规定，走失的公驼、公牛、公马致人死亡时，不赔偿。这是因为公驼、公牛、

---

① 道润梯步校注《卫拉特法典》，内蒙古人民出版社，1985年，第15页。

② 古代蒙古社会把人分成三个等级。"赛因库蒙"直接翻译是"好人"的意思，实际上是"上等人"的意思，主要由诺颜等贵族阶层组成。"顿达库蒙"即"中等人"，"毛（阿达克）库蒙"即"平民"或"贱人"。

公马对畜牧业生产繁殖，起着非常重要作用的缘故。但是"散畜致死人，与山沟里无主畜致死人一样处理。乘马致死人，与有主牲畜致死人一样处理"。

对于狩猎时和战争中过失杀人，《法典》规定："战斗中误杀自己人，证人如证明确属误杀，罚一九，如不是误杀，罚三九；猎人失手杀人，按杀人罪之半以前法罚之。"这里所说的"前法"就是战斗中过失杀人时的处罚条款。另外，《法曲》对狩猎时过失伤害方面也制定了详细的处罚规定："损伤人的六器官，罚一别尔克加五九；折损拇指、食指，罚二九加一五；折损无名指，罚一五；小指，罚三只牲畜。失误伤人而治愈，罚一别尔克加一九；少量出血，赔一五；损坏衣服，罚一匹马。"狩猎用的明弩或暗弩等致人死亡时，法典规定"以明弩伤人致死，以一别尔克顶立，如未死，无事。以暗弩伤人致死，罚三九；伤人未致命而康复，选罚好马一匹。偷下地弩人们不知而致死人命，罚五九。没致死而康复，罚一五"。

戏耍而致对方死亡也应属于过失杀人。《法典》规定："如因以戏耍而死人，有多少人罚多少马。罚家里大人一别尔克。两人途中嬉戏而死人，罚一九。致死人而隐匿，罚三九。"从"罚家里大人一别尔克"的规定来看，小孩子戏耍而致对方死亡也应该受到惩罚。

《法典》没有关于诺颜杀死属民和属民杀死诺颜时怎样处理的条款，而有"杀了自己遗弃之妻，罚五九；男人之妻如杀了别人之妻以杀人的习惯法处理；或者割其耳朵，把她给别人，但只能选要女人、牲畜二者之一"的规定。

《蒙古－卫拉特法典》显示，人们在处理有些案件时，经常有按"黑布"（heb，约孙或习惯）来处罚的现象，但《法典》没有明确这习惯指的是哪一部法典，笔者推测很可能是蒙古古代约定俗成的习惯法以及《蒙古－卫拉特法典》制定前的喀尔喀、卫拉特地区适用的《喀尔喀七旗法典》和旧《卫拉特法典》的有些相关条款。"黑布"分"大黑布"和"小黑布"，一个"黑布"具体处罚多少头牲畜，《蒙古－卫拉特法典》没有明确的规定，好像具体案例有具体的处罚方法。譬如对故意纵火恶意报复致人死亡时有"如杀赛因库蒙，要进攻而杀之。如杀顿达库蒙，罚三十别尔克、三百头牲畜。如杀阿达克库蒙，罚十五别尔克"的规定。

（七）有关财产分配、婚姻家庭的规定

财产的分配上，《法典》规定："父亲按习惯法（黑布）给自己的儿子财产。如父亲穷困，五只牲畜中要一只。"这里所说的习惯法的规定，很可能是萧大亨说的"财产的继承上，长子或幼子继承家产，女子嫁出去后，没有分家产的权力，但虽聘人而未嫁，可以分到一部分。如果无子女，其家产和妻子归所辖的台吉。养子如果养父母在世时，到所管的台吉处登记，并且'应差者'，可以继承家产。"父亲把财产分配以后，如果生活困难，已经独立的儿子们帮助父亲解决生活困难，即《法典》所规定的"五只牲畜中要一只"。

《法典》对婚姻家庭方面有很多的规定。不同阶级的人婚嫁时的彩礼因经济状况不同而不同。《法典》规定："职官诺颜们、塔布囊们的做亲家的牲畜数三十别尔克一百五十匹马，四百只绵羊。小诺颜、小塔布囊们的牲畜数十五别尔克，五十匹马，一百只绵羊。陪嫁的物品和腾者要根据所给的牲畜数而定。如要减少，亲家两方自愿办理；四十户得木齐姑娘的牲畜数，要五峰驼，二十五头大畜，四十只绵羊。陪嫁物要给长袍什件，短袍二十件、马鞍、马嚼、大皮袄、棉坎肩，马二匹。如有腾者，要以骆驼回谢。陪嫁的物品，要据其质量给回谢礼；二十户收楞格要的牲畜要四峰驼、二十头大畜、三十只绵羊。陪嫁物给五件长袍、十五件短袍、一匹马、一峰驼。娶家要根据陪嫁物品的质、量给回谢礼。乞雅们的牲畜彩礼与收楞格同；敦达库蒙（中等人）的牲畜彩礼，三峰驼、十五头大畜、二十只绵羊，陪嫁物驼马二、四件长袍、十件短袍。娶家要根据物品质、量给回谢礼。阿达克库蒙（贱民）的牲畜，二峰驼、十头大畜、十五只绵羊。陪嫁物给马一匹、一峰驼、大皮袄、棉坎肩、马鞍、马嚼。"

《法典》规定，姑娘法定婚龄为十四岁，姑娘直到二十岁还不嫁人受到处罚。各阶层的人婚礼上食用的牲畜也有明确规定，不得跨越自己的阶层食用牲畜。得沁（四十户）得木齐每年有帮助四户人家娶妻的任务，这对拿不出彩礼的人解决成婚有很大的帮助。已经定婚的姑娘不能毁婚约。

《法典》规定："要迎娶十四岁以上的姑娘，十四岁以下的要报告德墨齐、收楞额。谁要违犯此规定，要将其姑娘不要牲畜给别人；四十户得

木齐的［婚礼］食畜，三头大畜、四只绵羊，顿达库蒙的，二头大畜、三只绵羊。阿达克库蒙的，一头大畜、二只绵羊；每年每一得沁要四户人家之子娶妻。有儿子的十户人家，要帮助一户娶妻。［帮助之家］如给了大畜，回要一件长跑。如给了绵羊，回要一件短袍。［但］不许要姑娘的衣裳。如不帮助成家，依法罚［四十户］二峰驼、五匹马、十只绵羊；每一得沁每年要制作二副盔甲，如不制作，罚马、驼各一；年以二十岁的姑娘［还未过门］，要向婆家催说三次，如仍不娶，向诺颜报告［另嫁别人］。如不报告［另嫁别人］，以习惯法［原定婚主］向姑娘的父亲要回牲畜［彩礼］；结婚后姑娘死亡，要给陪嫁物。如未结婚［死亡］，［彩礼］牲畜［两家］对半分。如［陪嫁物］给了头盔，以一五畜返换。铠甲、腕甲、以驼为首还一九。如给了火枪，还一五畜；定婚的亲家有法律约束，无定婚的亲家无法律约束，如女家的父母把姑娘另嫁别人，赛因库蒙的，罚五九驼，顿达［库蒙］的，罚三九驼，阿达克［库蒙］的，以驼为首罚一九。［原婚约主］要回［彩礼］牲畜和他的女人。如其父母不服此罚，查其父母是否清白无罪，以法罚三倍。这项罚畜向［另嫁之］女婿取要，姑娘的父亲吃［女婿］给的［彩礼牲畜］；收容没有婚约的姑娘，罚赛因［库蒙］七头［牲畜］，顿达［库蒙］五头，毛［库蒙］一峰驼。"

北元时期离婚的妇女可以再嫁，这是蒙古法律在民事法规上的进步现象。以往是如果妇女丈夫去世后再嫁或离婚后再嫁，没有财产继承权，因为有这样的严格规定，妇女一般不再婚。《法典》规定，"对于迎娶别人遗弃之妻者，如果是赛因库蒙的女人，要给一别尔克加一九迎娶，顿达库蒙的女人，给一五，阿达克库蒙的女人，给一马一陀迎娶"。从国家的法律中有关再婚方面的规定来看，再婚的妇女很可能得到一部分财产。

对于破坏已婚人家家庭的行为，法典规定"如收容赛因库蒙之妻，以驼为首罚九九。收容顿达库蒙之妻，以驼为首罚五九。收容阿达克库蒙之妻，以驼为首罚三九。携别人之妻远逃，要其丢弃之妻和牲畜。其兄弟要用迎娶时所给牲畜数赎回。如无兄弟，其爱玛克族属兄弟以一九赎回。在爱玛克无兄弟之人，交诺颜处理"。

赡养制度是人类社会组成家庭的又一种方式。法典明确规定："养子愿意去生父那里，可以只身带儿子去。养女可以在养母家。养女之亲生父母要想叫女儿回去，九岁以上需给九头牲畜。如其养父母不善，只给九头牲畜之一半。十五岁以上的，要在养父母家，结婚时两个父母各收彩礼之一半。给相同数量的陪嫁物。"

（八）有关战斗中的法律规定

封建统治阶级为争夺牧场和财富经常发动战争。另外，面对沙皇俄国的经常挑衅和侵略，卫拉特、喀尔喀双方在军事上必须采取有力的措施以抵抗外侮。前面已经提到过战斗中过失杀自己人的规定。为鼓励英勇作战，《法典》规定："谁拼命杀敌，杀一男人，可要其女人。杀穿铠甲之人，要其铠甲，后到之人可要其腕甲或头盔中之一件，再后之人以到之先后分取。被杀之人如一无所有，以先法处理。"这里所说的"先法"即战斗中杀死一无所有的人以后，因为被杀的人没有财产，所以只能"要其女人"，法典中没有有关既没有财产又没有妻子时怎样处罚的规定。

成吉思汗《大札撒》颁布以来，对战斗中救死扶伤、互相协助方面制定了严格的规定。为了鼓励英勇战斗，《法典》规定了"拼命救出被敌击溃逃跑之人，连同铠甲要二匹马。救出受敌围困之人，从总缴货物中要一别尔克加一九。抗敌中忽突赤（马夫）死亡，经请示诺颜，如有缴获物，以一别尔克加一九顶立"。蒙古法对战利品据为己有者自古有严厉的惩罚，《蒙古秘史》中有成吉思汗按《大札撒》惩罚违法者的记载。《法典》规定："行军作战清缴战利品，先到之人要拦截马匹，最后要将所获牲畜交公，收缴者要一九。如有三日而不缴，罚一五，跟随者也有罪。"

在17世纪错综复杂的内外局势下，战争是不可避免的历史产物。因此，双方规定有关战场上的奖惩制度。《法典》规定，大诺颜从战场上逃跑，罚铠甲百领、驼十峰、五十户人、马千匹；岱青、楚库尔级别的诺颜逃跑，罚铠甲五十领、驼五十、二十五户人、马五百匹；小诺颜罚铠甲十领、驼十峰、十户人、马百匹；塔布囊阶层、执政的四图什墨尔若逃跑，处罚铠甲五领、驼五峰、五户人、马五十匹；鄂托克图什墨尔罚三别尔克、三户人、马三十匹；旗手、号手的惩罚跟塔布囊、图什墨尔同，先锋诺颜的惩罚跟鄂托克图什墨尔同,并且没收其甲胄,使其穿"其葛德格"(妇女的内衣);额尔克腾、恰处罚一户人、头盔为首一九牲畜;普通骠骑兵(鲁卜齐图)罚以甲胄为首的四匹马;装兜兵(都拉噶图)罚铠甲、三匹马;甲胄兵(德格垲胡亚克图)罚铠甲、两匹马;普通人罚弓箭、一匹马;如果奴隶从战斗中逃跑使其穿"其葛德格"。《法典》还规定,如果在战场上救出诺颜(也包括塔布囊、图什墨尔),奖励救出诺颜的人在和硕里做"达尔罕";若把自己的诺颜弃之不管,杀其身,夺其一切。从战场上悄悄溜走的人和战斗中逃跑者的区别,要有证人证明。

(九) 有关失火、荒火、防火方面的法律规定

成吉思汗《大札撒》规定了"禁遗火而燎荒"。人为或自然的火灾对人们的生命财产带来严重的灾难,尤其是对主要依靠大自然的游牧生产方式的影响更大。"逐水草而游牧"的蒙古民族,因为没有固定住所,经常迁移。迁移时不灭掉遗火,会导致火灾。《法典》规定:"如有人灭掉已迁出的努秃黑之火,向遗火人要一只绵羊。"

《法典》还规定了从荒火中救出人、畜群、物品等东西的报酬。从草原荒火或水中救出将死之人,要一五畜。在草原荒火或水中想要救助别人而死去,以驼为首要一九。骑乘死亡,以一别尔克顶立。救出孛兀勒(奴隶)、头盔、铠甲这三种,各要一匹马。如救出甲士及其铠甲,要一匹马、一只绵羊。如救出帐篷及物品,要一匹马、一头牛分而吃之。从草原荒火中救出几群牲畜,群数多要二群,群数少要一群,要不同季节决定而分取。《法典》没有《阿勒坛汗法典》那样的对于见死不救时受到怎样处罚的规定。对于恶意的放火致人死亡,"以大法处理",至于"大法"(大黑布)指的是哪一部法典,尚不清楚。其规定:"因报复而放草原荒火,以大法处理。如杀赛因库蒙,要进攻而杀之。如杀顿达库蒙,罚三十别尔克、三百头牲畜。如杀阿达克库蒙,罚十五别尔克。"

(十) 有关偷盗的处罚规定

蒙古法对于偷盗行为,自古以来有严峻的惩罚条款。有时其惩罚胜过杀人放火的处罚。《蒙古－卫拉特法典》中关于禁止偷盗行为的条款很多,齐

格先生统计有 13 条。① 其中包括对偷盗驼、马、牛、羊等牲畜，军械如头盔、铠甲、腕甲、火枪、札枪、剑、箭、箭袋，各种质地的衣服、首饰、马鞍、马绊等骑乘用具以及很多游牧生活不可缺少的锅瓢斧钎等必需品，因篇幅较大，此不一一赘述。

《法典》对偷盗骆驼的处罚最严，偷骆驼罚十五九，然后依次是偷骟马十九，骒马八九，偷牛、两岁马、绵羊三种牲畜罚六九，一九里包括骆驼。在此前的蒙古法以九为基数处罚时，九畜中不包括骆驼。被盗人不能谎报被盗数目，如果谎报，也受到"罚谎报数目的一半"的处罚。对于外甥偷盗舅家的东西，《法典》也遵循蒙古古代法，不构成犯罪，但《法典》跟以往的法律条款不同的是，舅家依法索要赔偿。

（十一）有关治奸、打架斗殴、致伤方面的规定

17 世纪前，蒙古法对不合法的两性关系有严厉的惩罚。我们从《法典》的内容来看，这种严厉有明显的变化，对非婚姻关系，虽然罚以不同程度的处罚，但客观上已经有所默认，所以惩罚也比以往较轻，规定："男、女相好（通奸），如两人情愿，女人罚四头牲畜，男人罚一五。如女人不是自愿，而系被迫；男人罚一九。如是女奴，罚男人一匹马。如女奴愿意，无事。如姑娘不愿意而与之睡觉，罚二九。如愿意罚一九。"可以看出，法典对已婚女人、女奴和未婚姑娘遭到这种情况时的规定有所不同。另外，法典还规定了"奸畜者，谁看见，谁要其人和牲畜，罚畜主及其他参与者一五畜"，不知出于何种缘故罚畜主。

对于打架斗殴方面规定：打架时拉架人不能偏袒一方。如果"两人斗殴中有人偏袒一方而致死人命，罚一别尔克加一九，有几人偏袒罚几匹马"。根据打架时使用的凶器的不同、致对方伤害的轻重，作出不同的惩罚条款，规定："以利剑大劈、大搅、大砍，罚五九。中劈、中搅、中砍，罚三九。小劈、小搅、小砍，罚一九。如指向人，罚一马。如有人夺下其利剑，可要其剑。如制服其人，要一匹马。以木、石大打，罚一别尔克加一九。中打，罚一匹马、一只绵羊。小打，罚一头三岁母牛和他的随身物品。以拳、鞭大打，

---

① 齐格：《古代蒙古法制史》，辽宁民族出版社，1999，第 126 页。

罚一五。中打，罚一匹马、一只绵羊。小打，罚一头三岁公牛。"

针对打架所造成的衣服等物品的毁坏现象，法典规定："如毁坏大皮袄，罚二岁马一匹，毁坏帽缨、发辫，罚二五畜。毁地弩，罚绵羊一只、马一匹。向人脸上唾吐沫、扔土、打马头、扯衣大襟、侵犯赛特的乘马等加起来，罚一匹马、二只绵羊。如犯其中两项，罚一匹马、一只绵羊。如犯其中一项，罚带羔绵羊一只。"因嬉戏伤人眼、齿、手、腿，经治疗痊愈，无事。但不与理会，罚一五。

（十二）有关债务方面的法律规定

债务问题是一项很重要的民事责任问题。《蒙古－卫拉特法典》制定前的蒙古几部法典，几乎没有涉及有关债务的处理条款。法典规定，有关债务，要与证人去三次讨要。讨要前要向收楞格（税收官）报告。如收楞格偏袒欠债人不给，罚其乘马。如不报告而讨债，废除此债务。如不报告夜里去讨要，罚一九。有关布喇台什时期的债务废止：女人拿着酒、绵羊前去借的，废止。如借的多，要一半。布喇台什是卫拉特联盟盟主哈喇忽拉的父亲，《法典》的主要制定者之一额尔德尼巴图尔珲台吉祖父，生卒年代不详。蒙古社会舅甥关系一直是非常特殊，法典规定"外甥对舅舅家的人无债务"。

（十三）有关救出人、牲畜和走失牲畜的法律规定

《阿勒坦汗法典》对这一问题有明确规定。1640年法典也制定了相应的规定，如"治活上吊之人、新生儿、生病之人，原来答应给什么就要给什么。如不曾答应，给一匹马"；"旅行者在途中打猎丢失马匹步行时，谁给予帮助送回其家，要一匹马"；"儿童骑马马惊脱蹬时，救助者要一匹马"。

草原上的牲畜经常被狼群赶跑或因其他人为和自然的灾害而走失。为发展畜牧业，保护畜群，法典规定，被狼赶跑的羊群，不救助，罚活羊和死羊，十个以下要五只箭。被狼咬死的羊，不能吃，如果吃了，罚三岁母牛。对走失的牲畜，收留着失主认领前，报告收楞额或通告众人，予以保护，不能据为己有。失主也不能诬陷他人。对跑失之牲畜，收留者三宿后通知大家可以骑用。不到日子（三宿）而骑用，罚三岁母牛一头。若是已打印的，

罚一九。若是剪鬃尾的，罚一五。若是通告大家后骑用，无事。抓到离群之牲畜要交给收楞格。收楞额交给贺日格。抓捕者要与收楞格一同交给贺日格（审判官）。如不交给，罚双马。如藏匿，罚一九。如把离群之畜给远方之人，以偷盗之习惯法惩处。如给近处之人，罚三九。在野外得到离群之死畜不通知大家而吃食，罚七头牲畜。跑到远方之畜，失主有证据证明而索要，失主要回好畜，买主留下次畜。抓取离群之畜者，如牧养一年，留取其繁殖的僚畜之半。一年以后，由自己的公马、公牛、公驼配种所生之仔畜全部归其所有。抓取牧养离群畜二头，不能吃留一头，十头以上吃留二头，九到十头以上吃留一头。把别人丢失的牲畜说是我的而要走，罚一五。诬陷别人偷盗而抢夺丢失之畜，后来知道他以诬陷而抢夺，要判其罪。畜主要把其诬陷所吃之畜全部收回。对母畜，收留者除海达格母驼、栓马绳上跑掉的母马、新生仔的牲畜以外不可以随意挤奶，如挤奶，罚三岁母牛一头。

谁救出被狼驱赶的羊群，要一只活羊和死羊。救出十只，要五只箭。但如吃了狼咬死的羊，罚一头三岁母牛。救出马，要一只绵羊。从泥淖中救出骆驼，要一头三岁母牛。救出马，要一只绵羊救出牛，要五只箭。救出绵羊，要二只箭。

（十四）有关狩猎方面的规定

前面已经谈到过有关狩猎时过失杀人或伤人的情况。《法典》对围猎时的规范方面规定："谁如破坏打猎，并行站立、并行骑走，罚马五匹。三次错跑路线，罚其乘马。二次错跑，罚绵羊一只。一次错跑，罚箭五只。"对杀死已训成之猎鹰，"罚一匹马"，法典没有杀死猎狗方面的规定。

对于狩猎所准备的地弩经常伤人畜以及致死的事情，《法典》规定，"散弩致死什么牲畜，以同等牲畜顶替。如是明弩，无事"。地弩猎获物，归其主人。明弩之猎获物如别人吃了，要以此物赔偿，只赔一只。如是散弩之猎物，罚一五。

（十五）有关司法审判程序方面的规定

卫拉特社会，似有"札尔忽"的审判机构，由札儿忽赤、收楞格等官员组成。审理案件时，必须有证人。诉讼时，原告被告双方必须同时到达札尔忽，如不同时到达法庭，不予审理。诉讼人要带好证人去法庭说三次要求审断。如被告人不来，要与使者前去罚其乘马。两位罪人在诉讼中，如被告反诉原告，废止此案。如反诉有证人，可以审断。《法典》规定，证人如果正确地证明被偷盗的牲畜和财产，从罚畜中吃一九，并根据物品情况给予奖赏。"女奴不能作证人。"但不知什么原因，女奴"如拿来骨和肉，可以作证人"。

对偷盗者觅踪三审断。觅踪时与赛因格日赤（好证人）一起追查到底，以罚处理。如没有赛因格日赤，继续审查。最后找到盗窃者住户之踪，要逼其牧户长处理。如牧户长不管，为找回丢失的东西，找到盗窃者之家以法惩处。牧户长到鄂托克赛特处报告。鄂托克赛特到诸颜面前汇报。牧户长虽然清白，但因"管理不善，罚一别尔克加一九"。

五　法典的补充与延续—《噶尔丹洪台吉旨令》与《顿罗布喇什补则》

1670 年卫拉特联盟盟主绰罗斯贵族家庭内部发生内讧，巴图尔珲台吉继承者僧格被异母兄所弑，导致远在西藏当喇嘛的僧格之弟葛尔丹还俗回卫拉特。葛尔丹 1671 年初继承洪台吉之大位，五世达赖喇嘛赐"博硕克图汗"号。葛尔丹经过几年的发展，基本上控制了卫拉特各部。几年的内部战争，卫拉特联盟出现了混乱局面。葛尔丹博硕克图汗为加强统治，贯彻 1640 年制定的《蒙古－卫拉特法典》，为适用丁新情况，他还在《法典》的基础上，补充法典的不足而颁布了两项法令，史称《噶尔丹洪台吉第一项补充敕令》和《噶尔丹洪台吉第二项补充敕令》。

第一项补充约于 1676 年前后公布，共 10 条。《敕令》的主要内容有收集已散失的部众、扶助贫困者，关于鄂托克爱玛克的组织方式，禁止逃亡、偷盗以及有关诉讼审判的规定。在诉讼审判方面，除正规的审判官外，其他人所作的判决无效。不论何种诉讼，如带证人告三次而不予审理，不论对错，对札儿忽赤都要进行处罚。平常，札儿忽赤断案不能在札尔忽外进行。札儿忽赤不上交乌日古格（诸颜的庭帐，此处指类似法庭的审判地点）的德吉（审判费用），罚其双分德吉。札儿忽赤三次断错案，要撤其职务。敕令还废除了巴图尔洪台吉时期马年（1654）前的债务，并且规定，马年以后的债务有证人的话，可以讨要。如没有证人，予以废除。

第二项补充敕令是准噶尔部统一天山南路以后，为处理维吾尔地区所面临的问题而发布的，大概颁布于 1678 年，共 5 条。其内容包括：对札儿忽赤的规定，关于蒙回之间的离婚，安抚被统治的和同人（维吾尔人），允许被统治的维吾尔人有一定的司法自主权。

诉讼审判方面，针对过去没有统一的法律规范，经常出现错判现象的问题，《敕令》于土马年（1678）正月初一对札儿忽赤们做了规定，如"谁承担了诉讼案件，就要自己做主审断。如不能明断、吃贿赂、出大错，没收其所吃财物，抓其人，撤其职。对于厄鲁特蒙古人和维吾尔人之间的案件，谁对谁错要通过审断弄明白。札儿忽赤们诉讼时不要以钱行贿，如有人行贿，看见的人要其人以及财物。如有人暗地行贿，罚双分"。维吾尔人之间的案件由维吾尔札儿忽赤审断。尼仑札尔忽（大诉讼）由这里的大札儿忽赤审断。

《敕令》规定"与厄鲁特人结婚的维吾尔人，如愿意离婚，给予审断离婚，与其他维吾尔人一样对待。如为了离婚找各种理由把错误加在厄鲁特人身上的话，不能随其愿而批准离婚，要维持原来的婚姻。这种两族关系事，由亦克札尔忽审断。"

葛尔丹洪台吉两项《敕令》对我们研究准噶尔汗国时期的诉讼审判制度和卫拉特人与被征服的维吾尔等民族的关系提供了珍贵的资料。

《顿罗布喇什补则》是 17 世纪前叶迁徙到伏尔加河下游地区游牧的土尔扈特汗廷法典。它是对 1640 年法典的补充和修改。其制定年代大约在 1741 年 7 月 31 日之后致 1758 年 2 月 20 日之前的十余年间，[①] 由绕迥巴罗布桑、绕迥巴桑结嘉措、巴勒登噶布楚、阿布格隆、隆力克乔日吉、昂旺桑结等六位上层喇嘛和土尔扈特汗顿罗布喇什为首的僧俗众人制定颁布的。

土尔扈特西迁以后一直跟卫拉特联盟保持着政治、经济、军事方面的联系。到后来他们同清朝和西藏来往不断。1640 年蒙古卫拉特会议时，土

---

① 马汝珩、马大正：《飘落异域的民族》，中国社会科学出版社，1991，第 144 页。

尔扈特首领和鄂尔勒克率其子参加了会议并参与了《察津毕其格》的制定。回去时把《法典》带回了伏尔加河下游，然后一直奉行。① 西迁后，土尔扈特的政治状况、生活习俗、社会风气、宗教信仰等各方面都发生了许多变化。

土尔扈特首领顿罗布喇什执政期间（1741～1761），为巩固汗国统治秩序与维护民族独立，他在原来奉行的 1640 年蒙古卫拉特共同法典内容的基础上，做了多方面的补充与修订，制定颁布了适应新历史条件所需要的法规，即学术界所说的《顿罗布喇什补则》。原文由托忒文书写，托忒文抄本藏于原苏联科学院东方研究所。②

俄国对《顿罗布喇什补则》的研究较早。俄国学者们对手抄本进行整理、注释、翻译、研究、出版。其中戈尔通斯基的研究最为突出。他在 1880 年译注出版的《1640 年蒙古卫拉特法典》一书中，以《在卡尔梅克汗敦杜克达什时代为伏尔加河的卡尔梅克族编订的法规》为名，连同葛尔丹的两项敕令的托忒文本，作为该书的附录，全部译注。

顿罗布喇什为何修订新法，《卡尔梅克诸汗简史》给了答案：

> 原来由 40 部和 4 部团结制定的大法典，对卫拉特蒙古的生存很实用，但卡尔梅克离别卫拉特年长日久，风俗习惯变了，染上原来没有的种种恶习，需要新的法规补充。③

西迁的土尔扈特汗廷与俄国当局经常发生冲突。上面提到的史料中我们不难看出，新法规的制定，还与俄国法律对卫拉特法典的影响、渗透以及土尔扈特汗廷从故土带回来的传统法律对异民族法律的抵制有很大的关系。西迁后土尔扈特人在俄国境内，起初是相对独立的。后来随着沙皇俄国势力的不断扩张，俄国对汗廷的各种事务经常插手。把土尔扈特汗廷推

---

① 《土尔扈特诸汗史》（托忒文），载《汗腾格里》1982 年第 2 期。
② 普契柯夫斯基著，余大钧译《苏联科学院东方研究所所藏托忒文〈卫拉特法典〉抄本三种》，《蒙古史研究参考资料》新编第 24 辑，1982，第 42～44 页。
③ 诺尔布汉译稿《卡尔梅克诸汗简史》，转引自马汝珩、马大正著《飘落异域的民族》，中国社会科学出版社，1991 年，第 144 页。

向前所未有的鼎盛时期的阿玉奇汗（1642～1724）从 1670 年开始执政以后，规定"本民族案件审理事项只归他一人掌管"，凡汗国内部各兀鲁思之间的重大案件，"都由汗亲自审讯"。① 所以托忒文《土尔扈特诸汗史》记载，阿玉奇执政的 50 年间从来没有向俄国称臣，行政司法上一直保持独立地位。

阿玉奇去世以后，俄国对土尔扈特汗廷加强政治控制的同时，"对卡尔梅克人犯罪的审讯也开始插手干涉"。② 双方法律方面的冲突主要集中在有关人命案和偷盗两类犯罪行为的处理上。众所周知，1640 年法典一般情况下，不轻易作出杀人偿命的决定，而用牲畜或其他财产来顶立。土尔扈特汗廷也一直执行这一精神。阿玉奇子沙克杜尔扎布曾提议："对于杀死俄罗斯人和卡尔梅克人的案件，最好按照共同商议规定罚款，而不要处以死刑。"③

但是俄国方面，在处理土尔扈特人的案件时，强行按照俄国《法典大全》的规定来处罚。俄国政府通知顿罗布喇什汗"凶杀案不再用罚款的办法，而应处之以刑法，并流放出去服官役"④。对偷盗方面规定，"处之以刑讯"，施以鞭笞、烙、钳等残酷的刑法。顿罗布喇什前任汗顿罗卜旺布执政时曾经提出过"俄国作的使人屈辱的裁判，我们是不会听从的"⑤ 决定。看来当时土尔扈特人很难接受俄国的法律。这种情况下，有必要颁布一种能适合当时双方情况的规定。因此，1736 年 10 月 8 日，顿罗卜旺布把一份"卡尔梅克法典大全送往彼得堡"⑥。

顿罗布喇什执政后，又向俄国提出制定新法规的要求。俄国政府于 1742 年 8 月 31 日在致阿斯特拉罕省长塔吉舍夫的指示中命令：

> 按顿罗卜旺布和敦罗布喇什的要求，制定审理卡尔梅克人和俄罗斯人之间案件的法律；同意两类主要案件规例为：凶杀案按俄国法律论

---

① 诺夫列托夫：《卡尔梅克人》，圣彼得堡，1884 年版，第 63 页，转引自马汝珩、马大正《飘落异域的民族》，中国社会科学出版社，1991，第 145 页。

② 诺夫列托夫：《卡尔梅克人》，第 63 页，转引自《飘落异域的民族》，第 145 页。

③ 诺夫列托夫：《卡尔梅克人》，第 63 页，转引自《飘落异域的民族》，第 145 页。

④ 诺夫列托夫：《卡尔梅克人》，第 63～64 页，转引自《飘落异域的民族》，第 145 页。

⑤ 诺夫列托夫：《卡尔梅克人》，第 65 页，转引自《飘落异域的民族》，第 145 页。

⑥ 诺夫列托夫：《卡尔梅克人》，第 65 页，转引自《飘落异域的民族》，第 145 页。

处，偷盗案则处之以罚款和刑罚。①

对此戈尔通斯基谈道：

> 这样一来，伏尔加河卡尔梅克人的生活状况和条件，以及俄国政府对他们的关系的改变所引起的。当时俄国政府已扩张其势力于卡尔梅克人的内政，并使其服从于俄国政权。②

以后的事实证明，俄国政府却也像上述情况那样去做了，就因为这样，发生了18世纪后半叶人类历史上最后一次大规模的民族大迁徙——1771年土尔扈特回归祖国的壮举。

《顿罗布喇什补则》（以下简称《补则》）大体上由两个部分组成。一部分是对1640年法典的修改，一部分是对该法典的补充。

《补则》的内容比较广泛，他对宗教教规、司法审判制度、文化教育、抵御外敌等诸多方面做了详细的规定。

道润梯步先生校注《卫拉特法典》时在附录中把《补则》分成53条。齐格先生基本依照道氏版本进行翻译，并分为18种内容。马汝珩、马大正两位先生在《飘落异域的民族》一书中分三大类进行了较详细的研究。

《补则》在保护宗教利益的内容增加的同时，制定了《僧侣法》来约束僧侣阶层。禁止僧侣违反宗教法规，禁止出家人喝酒和淫乱贪色，违反者受到不同程度的处罚，严重的除名或服役。不能殴打喇嘛，僧侣依法遵守宗教戒律，表扬勤奋好学的僧人。托因必须穿袈裟而行。世俗人员应尊重宗教戒律。要执行八个季节的法规，每月三号要禁守戒律。如违反，按人的不同阶层，罚30戈比（钱）或10戈比，并打面颊3下或5下。包括赛特为首的大小官员在活佛面前也不能失礼，不能触犯苏力德山（祭祖之山）。

---

① 诺夫列托夫：《卡尔梅克人》，圣彼得堡1884年版，第65页，转引自马汝珩、马大正《飘落异域的民族》，中国社会科学出版社，1991年，第145页。

② 戈尔通斯基：《1640年蒙古卫拉特法典》，转引自帕里莫夫著、许淑明译、徐滨校《卡尔梅克族在俄国境内时期的历史概况》，新疆人民出版社，1986，第55页。

《补则》对抗击外敌方面的规定，比《蒙古－卫拉特法典》更加详细，内容包括受到外敌侵略时紧急报告，迎敌，按时到达军事约定地点，有关战利品以及分配等。

《补则》对教育方面，为了保持土尔扈特蒙古人自己的传统与文化，无论是贵族，或是一般牧民，其子弟都必须受教育，学习本民族的文化，规定："赛特（臣员）们的儿子如不懂蒙古文，罚其父四岁公马一匹，并把孩子送给老师，教他学习。大家认识的人之子，如不懂蒙古文，罚其父四岁公绵羊一只。大多一般人之子，不懂蒙古文，罚其父十五戈比。要把其子向以前一样送交老师，让他学习。孩子到了十五岁还不懂蒙古文，要依法处理。"

《补则》对诉讼审判方面的规定非常广泛。为整顿社会秩序，维护封建统治秩序，在司法审判制度方面通过新的立法来执行法规的正常运行。对夜宿、宣誓、抢劫、足迹、逼审等做了详细的规定。执法人员一定要大公无私，不能偏袒诉讼一方。若违犯："人们可当众耻笑和羞辱之；再犯，同样处之；三犯，则停止其审判职务。"审理过程中，证人起到重要的作用，证人不能说谎言。

对盗贼案件的惩处更为突出。有权势者也不能偏袒盗贼。《补则》一个明显的变化就是，司法审判实践中有了体罚。如对盗窃者"重笞50，带脚枷一个月，并于双颊烙以印记；再犯，同样处之；三犯，将其卖至库班和克里木"。这很可能是受到俄国法律的影响的缘故。对外国人的东西也不能偷盗。奖励告发者，惩处隐瞒者。

除此之外，《补则》还涉及了有关债务、内政外交、乌拉、使者、证人、抢劫、丢失马匹、逃亡、救助牲畜、习俗、走失的牲畜的处理、禁打牲畜等诸多内容。

《补则》是我们了解、研究18世纪伏尔加河土尔扈特汗廷的一个重要文献。从法规的条文中可以看到土尔扈特社会的大概面貌。《补则》对具体案件的处理比1640年法典更为详细，除体罚的规定外，有很大的进步。

"札尔忽"是土尔扈特汗廷的最高司法审判机构，也是管理国家的机关，即土尔扈特汗的议事会。随着来自俄国政治压力的加强，俄国开始改组札尔忽而削弱汗权。札尔忽有专门的雅尔忽赤（札儿忽赤）官、宰桑来审理案件。因史料的缺乏，我们没法知道法规的执行情况。对于法规的影响，帕里莫夫谈道：

> 顿多卜达什的法律在卡尔梅克人的审判事件中一直沿用着。1803年，汗国消灭后，保留了札尔固法庭，正是根据这些法令开审和审判的，因为这些法令符合卡尔梅克人的风俗和习惯。正因为如此，顿多卜达什法律（同 1640 年法律一起）成为"津齐林决定"的基础，津齐林决定是在 1822 年卡尔梅克领主上制定的。①

葛尔丹洪台吉两项敕令和《顿罗布喇什补则》是《蒙古—卫拉特法典》的有机组成部分，是《蒙古－卫拉特法典》的延续，它们形成了富有民族特色的法典体系，成为 18 世纪《喀尔喀律令》以及清代蒙古立法的主要法源之一。

《蒙古－卫拉特法典》是喀尔喀卫拉特封建主们在 17 世纪内忧外患的历史条件下通过王公会议来解决面临的各种社会问题而制定和颁布的法律法规。此法典在卫拉特蒙古社会一直使用到 18 世纪，并且经过几次修订和完善，形成卫拉特法典体系。此法典在喀尔喀地区也曾实施过一段时间，所以它是适用范围广泛、影响深远，在中国法制史上地位较高的一部民族法典。

《法典》在相当一段时期内缓和了喀尔喀卫拉特之间长期以来的矛盾冲突。从 1640 年到葛尔丹进攻喀尔喀为止，近半个世纪未发生过冲突，法典起到了约束作用。通过法典，以法律的形式确立了达赖喇嘛、班禅的宗教领袖地位，黄教的利益受到保护，为自身的发展创造了一个有利的外部环境。卫拉特联盟各部充分利用这一有利条件，调整内外关系，有效地抵制俄国侵略，发展壮大了自己的力量。《法典》维护了封建统治秩序，对调节封建社会各种关系，稳定社会秩序，保护和促进社会生产，起到了积极作用。

《法典》是迄今为止我们研究卫拉特社会组织、宗教信仰、政治制度、

---

① 帕里莫夫著、许淑明译、徐滨校《卡尔梅克族在俄国境内时期的历史概况》，新疆人民出版社，1986，第 58 页。

经济制度、社会生产生活方式、婚姻家庭、道德规范、风尚习俗等方面最珍贵的一部成文法典。《法典》继承了蒙古古代法制传统，并结合当时的具体情况和卫拉特社会的特点，有了新内容和不断的完善。它既不是古代习惯法的简单继承，也不是简单重复，其创新之处远远超过传统法律的范畴。

《法典》是研究蒙古史、蒙古法制史、游牧民族法以及卫拉特方言的不可忽视的一手史料，有很高的史料价值和学术价值。《蒙古－卫拉特法典》在蒙古法制史乃至亚洲游牧民族法制史上占重要的一席之地。

城市历史地理学研究范式构建刍议[*]

◎ 丁　超

导言——"不思量，自难忘"的历史地理学理论探讨

学术研究，大致可梳理为理论研究和实证研究两大层面，历史地理学也不外乎此。我们经常听到这样的教诲：该领域的初步涉足者不宜进行纯粹的历史地理学理论探讨，而应进行实证研究。然而，凭借个人粗浅的学习经历可知，学界先辈又往往教导我们要掌握正确的理论与研究方法，不能只顾低头拉车却不抬头看路，否则会误入歧途。这样，历史地理学的理论探讨，就成了只可远观，不可深入，或只能顶礼膜拜，不能"疑义相与析"的学术禁区。

或曰，理论探讨应由在该领域有丰富实证研究经验的学界前辈来进行。倘若如此，自然不容我辈置喙。遗憾的是，在历史地理学的各个分支、门类分化日趋频繁的今天，并非每一个研究领域都有现成的理论框架可以套用。众多研究，或多或少都是没有清晰理论指导的摸索，如著名地理学家大卫·哈维（David Harvey，1935～）所言，"没有理论，我们就不能指望对事件作出有控制的、始终如一的和合理的解释。没有理论，我们就很难声称了解自

* 中国人民大学科学研究基金项目资助（项目名称：《邑·郊·牧·野：元代京畿地区城市-区域地理研究》项目编号：22385008）。

己学科的本体。"① 如果我们不反对这一点的话，那么，对任一学科或研究方向的理论探讨就具备了合法性。

实际上，在学术研究业已体制化的今天，涉足历史地理学研究的大都是该领域的学位获得者或候选者。在学位论文撰写的过程中，我们无时无刻不感觉到，理论和研究方法创新的必要性。评价一篇学位论文成败与否的标准之一，就是是否有理论和方法创新。在此情形下，即便是历史地理学的"入门汉"，也不得不去考虑理论问题。

可以说，对于一项严肃的历史地理学研究，理论问题是一个纵使"不思量"，却注定"自难忘"的题中应有之义。与其难以割舍的挂念，或者对存在的理论问题视而不见，不如仔细加以思量，或许能破解心中纠结。

言归正传，本论文之主旨，在于对城市历史地理学研究范式的构建进行初步探讨。

一　城市历史地理学的发展及其中国实践

一般说来，城市历史地理学②被视为历史地理学的分支学科之一，而历史地理学作为"现代地理学的一个组成部分，这是无可置疑的"。③ 那么，城市历史地理学作为现代地理学的子学科的地位也应是顺理成章的。按照经典定义，历史地理学"以地理的观点、凭借历史的资料以研究历史上已经消失了的地理，或称之为过去时代的地理"，④ 历史时期的城市当然也属于"已经消失了的地理"的范畴，因而可进行地理学的研究，城市历史地理学由此产生。

20 世纪 80 年代，侯仁之在论述历史地理学学科体系时对城市历史地理研究的位置进行了界定，认为城市历史地理学从属于历史人文地理学⑤，中

---

① 〔英〕大卫·哈维著，高泳源等译《地理学中的解释》，商务印书馆，1996，第 582 页。

② 城市历史地理学（urban historical geography），学术界间或称之为"历史城市地理学"，但似以"城市历史地理学"之称更为普遍，今以此统称。

③ 侯仁之：《历史地理学刍议》，《北京大学学报（自然科学版）》1962 年第 1 期。

④ 侯仁之：《历史地理学概述》，《百科知识》1988 年第 3 期。

⑤ 这种定位与中国地理学界惯常采用的"自然地理学"和"人文地理学"的二分法不无关系。在这种分类方式下，历史地理学被分为历史人文地理学和历史自然地理学两大块。城市地理学属于人文地理学之一分支，相应地，城市历史地理学属于历史人文地理学之一部分。

外学者在这方面进行了大量的研究，其中以美国和中国学者的成果较为瞩目。就美国而言，早在 1977 年，地理学家万斯（James E. Vance Jr., 1925 ~ 1999）就出版了被誉为"城市历史地理研究的最佳著作"、"城市历史地理的代表作"① 的专著《人的这一场所》。我们知道，万斯是美国以城市地理（尤其是城市形态发生）和交通地理研究著称的地理学家，在其城市地理学研究中，他采用独具特色的历史方法，强调对城市体系的演化和结构、交通和贸易在聚落形成中的作用、使城市地区构成差别的社会过程等主题的研究。② 万斯《人的这一场所》③ 一书主要探讨了欧美城市形态的形成、变化的机制及其与城市社会之间的动态关系，此后出版的《延续的城市》④ 一书则是在前者基础上的补充修订。万斯上述研究成果城市地理研究均可被纳入"城市历史地理学"的范畴。从万斯的学术背景可以看出，他是一个不折不扣的地理学家，很难将其研究成果进行城市地理学和城市历史地理学之间的明确区分，这或许恰恰证明了历史地理学的确是现代地理学的一个组成部分。万斯的学术兴趣虽然与鼎盛时期的索尔（Carl O. Sauer, 1889 ~ 1975）文化 - 历史地理学"伯克利学派"有着明显的差异，但其城市历史地理研究却与索尔的"伯克利学派"一样，在重视区域演化、人文主义倾向、怀疑实证主义社会科学、多遁词的个人主义等方面保持一致。⑤ 除万斯之外，美国学者惠特利（Paul Wheatley, 1921 ~ 1999）的《四方之极》⑥ 和施坚雅（G. William Skinner, 1925 ~ ）主编的《中华帝国晚期的城市》⑦ 同样被视为以古代中国城市为研究对象的代表性城市历史地理研究成果。

---

① 侯仁之：《历史地理学》，该书编辑委员会编《中国大百科全书·地理学》，中国大百科全书出版社，1990；侯仁之：《历史地理学概述》，《百科知识》1988 年第 3 期。

② Brian J. Godfrey, "The Geography of James E. Vance Jr. (1925 – 1999)", *Geographical Review*, Vol. 89, No. 4, 1999, pp. 580 – 589.

③ 农村基础设施建设机制创新

④ James E. Vance Jr., *The Continuing City: Urban Morphology in Western Society*, (Baltimore, MD: Johns Hopkins University Press, 1990).

⑤ Godfrey, Brian J., "The Geography of James E. Vance Jr. (1925 – 1999)", *Geographical Review*, Vol. 89, No. 4, 1999, p. 582.

⑥ Paul Wheatley, *The Pivot of the Four Quarters: A preliminary enquiry into the origins and character of the ancient Chinese city*, (Chicago, IL: Aldine, 1971).

⑦ G. William Skinner, (ed.) *The City in Late Imperial China*, (Stanford: Stanford University Press, 1977). 该书又有叶光庭中译本，中华书局，2000。

我们当然也不能忽视城市历史地理学发展的英国渊源。英国著名地理学家沃恩·科尼什（Vaughan Cornish，1862～1948）在 20 世纪 20 年代初就出版了《大首都：一项历史地理学》[①]一书。该书以历史地理学的视角，对古代亚洲（包括中国、印度等）和欧洲（包括意大利、法国、德国等）若干古代都城进行了考察。毫无疑问，该书可以算作一部城市历史地理学著作，正如评论者所指出的那样，该书所有的优点或可追溯到"它从根本上是地理学的"这一基本事实上，[②] 而在此之前，则几乎没有与该书一样名副其实的著作问世。虽然沃恩·科尼什对英国乃至全世界城市历史地理学的发展有开拓之功，但第一部综合性的城市历史地理学论著却在 60 年后才出现。1983 年，英国城市地理学家哈罗德·卡特（Harold Carter）出版了《城市历史地理学导论》一书，从此以后，城市历史地理学"不再是地理学家的图书馆里空书架上的虚幻标签"[③]，该书的出版虽然不能说标志着城市历史地理学完善，但至少说明了学界对城市历史地理学这一学科门类的认同。

英国和德国的城市历史地理研究概况见于德国学者德内克（Dietrich Denecke）和英国学者肖（Gareth Shaw）主编的《城市历史地理学：英国和德国的近期进展》一书，该书回顾了两国在 20 世纪 80 年代以前的城市历史地理学研究状况。[④] 此时，英国的城市历史地理学研究正值繁荣，"城市历史地理学是英国地理学的增长区，并正将其兴趣扩展至对其他国家的探索，扩展至由相邻学科的学者培植起来的系统化研究的领域。"[⑤] 而在德国（西德），对历史方面和历史维度的研究早就成为传统城市地理学研究的组成部分，没有哪项城市研究不回溯历史根源的，甚至城市地理研究就是城市历史地理学研究。但到了 20 世纪 80 年代，相对于人数稀少的历史地理学者而

---

① Vaughan Cornish, *The Great Capitals*：*An Historical Geography*，（London：Methuen & Co.，Ltd，1923）.

② L. W. L.，"Review：The Great Capitals：An Historical Geography"，*The Geographical Journal*，Vol. 62，No. 3，1923，p. 225.

③ Peter G. Goheen，"Geographical Reviews：An Introduction to Urban Historical Geography"，*Geographical Review*，Vol. 74，No. 3，1984，p. 376.

④ Denecke，Dietrich & Shaw，Gareth（ed.）. *Urban Historical Geography*：*Recent Progress in Britain and Germany*，（Cambridge：Cambridge University Press，1988）.

⑤ Dennis，Richard & Prince，Hugh. "Research in British urban historical geography"，in Denecke & Shaw（ed.），*Urban Historical Geography*：*Recent Progress in Britain and Germany*，pp. 9 – 23.

言，城市史学家对德国的城市历史地理学的发展影响更大。① 此外，城市也是日本历史地理学中一个很重要的研究主题，有许多学者研究城市的历史地理。②

笔者愚见所及，尚未发现着眼于世界范围对城市历史地理学研究进行的总体回顾。限于学识，笔者无法对近年来世界范围内的城市历史地理学研究的发展历程做一鸟瞰，但如无意外，近年来，城市历史地理学在理论、方法和研究对象上的更新和拓宽当为情理之中的事情。

中国的历史地理学虽然有着悠久的"沿革地理"传统，但严格意义上现代历史地理学的理论和方法则是来自西方学术传统的"舶来品"。在此背景之下，城市历史地理学在中国的产生和早期发展也深受西方历史地理学界的影响。虽然在沿革地理研究中对城址考辨"情有独钟"，这毕竟不是城市历史地理学研究的本质特征所在。严格地说，"我国城市历史地理的研究，在解放后才顺利地发展起来。"③ 相比较而言，大陆地区的历史地理学研究中，"城市地理学是新拓展的研究领域，在这方面侯仁之的提倡最具开拓性。"④ 起初，侯仁之率先结合北京、邯郸、淄博、承德、芜湖等城市的规划工作进行了城市历史地理研究，其他学者多围绕中国几大古都开展历史地理研究。在上述研究中，侯仁之的研究具有鲜明的地理学色彩，这与其研究的出发点首先是为城市规划服务不无关系。既然要为现实服务，就不能陷入史料考据之中不能自拔，必须要有其现实针对性。而城市规划是实用性极强的研究，离开了城市地理学方法的应用，则未免陷入纸上谈兵的困顿。以对承德的城市历史地理研究为例，该研究是承德市城市总体规划的一部分，"以侯仁之院士为首的规划组，运用历史地理学的理论方法以及劳动地域分

① Denecke, Dietrich. "Research in German urban historical geography", in Denecke & Shaw (ed.), *Urban Historical Geography: Recent Progress in Britain and Germany*, p. 24. Denecke, Dietrich & Shaw, Gareth. "Future developments in Anglo-German studies of urban historical geography", in Denecke & Shaw (ed.), *Urban Historical Geography: Recent Progress in Britain and Germany*, p. 320.

② 姜道章：《日本历史地理学研究述评》，《中国历史地理论丛》第 16 卷第 3 辑，2001 年 9 月，第 109 页。

③ 侯仁之：《城市历史地理的研究与城市规划》，《地理学报》第 34 卷第 4 期，1979 年 12 月，第 315 页。

④ 彭明辉：《历史地理学与现代中国史学》，东大图书股份有限公司，1995，第 373 页。

工的理论，多方面论证了承德风景旅游城市的性质，并在规划中提出了保护历史文化名城的措施。"① 侯仁之在 1979 年发表的《城市历史地理的研究与城市规划》一文虽然没有专门探讨城市历史地理的理论和研究方法，但文章指出"历史地理学作为现代地理学的一个分支，在城市地理的研究上，对一个城市的起源、城址的演变、城市职能以及城市面貌的形成和发展，都应该看作是研究范围以内的事"②。在此，他结合自己的工作实践提出了城市历史地理学的研究范围。侯仁之对中国城市历史地理学有开拓之功，有评论认为"纵观迄今为止的研究成果，都没有轶出于这一范围之外"③。

国内其他学者对城市历史地理学的发展也都作出了重要贡献，这是显而易见的事实。《历史地理》集刊被视为审视中国历史地理学发展的窗口，考察过去 20 年中该集刊刊发的与城市相关的论文数量可见，中国城市历史地理学并未呈现出迅猛发展的态势，而且发展多有起伏，只是近年来才出现稳中有升的发展势头 [参见图 1]。从内容上看，相当多的研究成果仍停留在沿革地理的城址考辨层次，其中理论和研究方法的应用主要仰仗于历史学。

中国第一部综合性的城市历史地理著作是马正林的《中国城市历史地理》④，该书概括了当时中国城市历史地理研究中的主要问题。或曰，该书"标志着城市历史地理这门学科的成熟"，⑤ 且该书是"中国城市历史地理发展的一个里程碑"。⑥ 当然，时至今日仍有学者在为构建城市历史地理学的理论体系与研究内容而努力。⑦ 从总体上看，城市研究似乎很难称得上是中

---

① 董黎明、陶志红：《中国的地理学与城市规划——回顾与展望》，《城市规划》第 24 卷第 3 期，2000，第 31 页。

② 侯仁之：《城市历史地理的研究与城市规划》，《地理学报》第 34 卷第 4 期，1979 年 12 月，第 327 页。

③ 辛德勇：《中国历史城市地理的理论肇建与研究实践》，《历史的空间和空间的历史——中国历史地理与地理学史研究》，北京师范大学出版社，2005，第 393 页。

④ 马正林编著《中国城市历史地理》，山东教育出版社，1998。

⑤ 陈桥驿：《〈中国城市历史地理〉序》，马正林编著《中国城市历史地理》，山东教育出版社，1998，第 4 页。

⑥ 王守春：《中国城市历史地理研究的第一部系统著作——〈中国城市历史地理〉评介》，《历史地理》第十六辑，上海人民出版社，2000，第 347 页。

⑦ 严艳、吴宏岐：《历史城市地理学的理论体系与研究内容》，《陕西师范大学学报（哲学社会科学版）》第 32 卷第 2 期，2003 年 3 月，第 56～63 页。

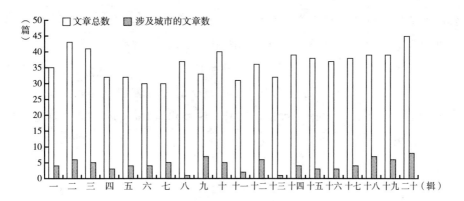

图 1　《历史地理》（第 1 ~ 20 辑）中与城市有关的论文统计图

国历史地理学研究中的显学，其发展趋势和前景并不明朗，有学者认为"从学术界已经取得的成果来看，以城市史研究居多，真正的历史城市地理研究只占少数"，① 这表明城市历史地理学在学科认同方面还存在问题。"真正的历史城市地理研究"的欠缺，对于后来研究者来说或许并不是一件坏事，至少说明中国城市历史地理学的发展还有极大的潜力和良好的愿景。"工欲善其事，必先利其器"，正因为此，对城市历史地理学进行理论上的探讨至今仍不失其学术价值。

二　尚未建立的中国城市历史地理学的研究范式

按照人文地理学者格雷戈里（Derek Gregory，1951 ~ ）的定义，范式（paradigm）是"一批学者所墨守的研究假设、程序和结果，这些假设、程序和结果共同确定了科学活动的固定模式，这一模式反过来也确定了参与团体"②。范式概念是美国科学哲学家库恩（Thomas Samual Kuhn，1922 ~ 1996）在其名著《科学革命的结构》（1962）中首次提出，后来又修正为"专业基体"（但显然没有"范式"更为通行）。虽然范式概念自问世之初

---

① 林頔：《中国历史地理学研究》，福建人民出版社，2006，第 250 页。
② Derek Gregory, "paradigm", in R. J. Johnston et al.（ed.）*The Dictionary of Human Geography* (4th ed.), (Oxford：Blackwell Reference, 2000), p. 571. 又有柴彦威等中译本《人文地理学词典》，商务印书馆，2004。

就遭到了众多批评，据有学者统计，库恩"在《科学革命的结构》（1962）一书中至少以二十一种不同的意思在使用'范式'，可能只多不少"①。但更为重要得多的是，"范式"概念是一种与传统观念大异其趣的崭新的科学观，② 因而获得了科学哲学、科学史学界（无论是自然科学还是人文社会科学）的广泛认可，正如德国哲学家汉斯·波塞尔（Hans Poser）在库恩的影响下所指出的：

> 每一种科学均在某一时间内具有一个固定的、自身不再被问题化，亦即不再受到质疑的基本看法，即范式。每一解释，甚至每一研究总是在这一范式理论指导之下的解释与研究。……③

所以，无论是天文学、地质学等自然科学，还是哲学、历史学、文学研究、语言学等人文社会科学，都可以采取范式的概念加以理解。

国际学界已有将范式概念应用到人文地理学学科史研究中的实践，但英国著名地理学家约翰斯顿（R. J. Johnston）认为：

> 不存在能够适用于人文地理学内部种种变化的简单模型，以解释这里所描述的变化。库恩的著作提供了一套有价值的词汇和用以分析变化的组织框架，但所发生的事情反映的却是各个人文地理学家的感知和行为。像社会的所有其他方面一样，地理学是由地理学家们在不同地方，以不同规模为他们自己所创造的一门学科，并由他们不断进行再创造。④

显然，约翰斯顿的观点过于强调学术研究的个体性，而忽视了不同个

① 〔英〕玛斯特曼："范式的本质"，〔英〕伊雷姆·拉卡托斯、艾兰·马斯格雷夫编，周寄中译《批判与知识的增长——1965 年伦敦国际科学哲学会议论文汇编第四卷》，华夏出版社，1987，第 77 页。

② 纪树立：《论库恩的"范式"概念》，《自然辩证法通讯》1982 年第 3 期。

③ 〔德〕汉斯·波塞尔：《科学：什么是科学》，李文潮译，上海三联书店，2002，第 117～118 页。

④ 〔英〕R. J. 约翰斯顿著，唐晓峰、李平译《地理学与地理学家——1945 年以来的英美人文地理学》，商务印书馆，1999，第 406 页。

体学者之间的通性。倘若将库恩提供的"有价值的词汇"和"分析变化的组织框架"摒弃于人文地理学学科史研究之外，则库恩理论的应用至少将在同样强调个体研究者"感知和行为"的整个人文社会科学的学科史研究中失去合法性。但事实显然不是这样的，越来越多的人文社会科学的科学史研究采用了"范式"的概念。其实，即便是约翰斯顿本人也接受了"范式"的概念，只不过是反对只以库恩理论这一"简单模式"来分析人文地理学的复杂发展。否则，约翰斯顿就不会在预测人文地理学的未来时说"在未来 10 年内人文地理学将不会以单一范式占支配地位为其特征"① 的话。可见，与其强调"个体人文地理学家的感知和行为"的个体性和多样性，倒不如打破将"范式"定于一尊的传统观念，承认同一学科内不同范式的存在。实际上，"社会科学方法中的确存在着各种'不可完全通约'的范式，它们各自按自身的方向发展着，并对同一问题作出不同的回答。现代社会科学的一个显著特征，就是方法的不同范式并存、对立与交叉。"②

城市历史地理学是现代社会科学的一部分，那么，城市历史地理学的研究范式是否已经建立？如果建立了，其结构又是如何呢？显然，现有研究并未给出明确的答案。那么，本文研究所要遵循的研究范式又是怎样的呢？这是本文在展开具体论述之前不得不思考的问题。

按照英国科学知识社会学家迈克尔·马尔凯（Michael Joseph Mulkay，1936～）提出的科学发展分支模式③，我们可以对城市历史地理学的发生、发展过程做科学社会学的分析。科学发展的分支模式认为：

一个新领域的兴起，典型地是由于那些已在某一存在的领域从事研

---

① 〔英〕R. J. 约翰斯顿著，唐晓峰、李平译《地理学与地理学家——1945 年以来的英美人文地理学》，商务印书馆，1999，第 407 页。
② 杨耕：《社会科学方法的发生、范式及其历史性转换》，《中国社会科学》1994 年第 1 期。
③ 关于科学发展过程有开放模式、封闭模式和分支模式三种，三种模式都试图说明"在纯研究共同体中存在的各种社会因素，如何影响到了科学知识的发展"，而迈克尔·马尔凯则认为分支模式"相对于前两种模式来说，在解决这一问题方面，给我们提供了更令人满意的答案"。参见迈克尔·马尔凯《科学社会学理论与方法》（商务印书馆，2006，第 92～109 页）的具体论述。

究的科学家，又有了未解决的问题、意外的观察结果，或者因不同寻常的技术进步、探求自己的领域之外的某些问题。因此，对一个新领域的探索往往是通过科学研究兴趣的转移而付诸于行动的。①

在新领域诞生以后，会就众多问题逐渐达成共识，这当中自然包括学科性质、定位、研究对象、方法等诸多问题。就城市历史地理学而言，它一方面可视为历史地理学的有机组成部分，参与到历史地理学这一学科由诞生到发展、完善的过程中；一方面又可作为与历史农业地理、历史动物地理等学科分支相对应的独立存在，有其自身的发展历程。

库恩认为"取得一种范式，取得范式所容许的那种更深奥的研究，是任何一门科学领域的发展达到成熟的标志"②。所以，如果城市历史地理学已经发展到了成熟的阶段，那么，该学科的研究范式也就建立了。那么，城市历史地理学是否已经成熟了呢？限于学力，笔者无法着眼于国际范围探讨这一问题，而只能就主要以中国历史城市为研究对象的中国城市历史地理学展开初步的论述。

马正林《中国城市历史地理》一书首次对城市历史地理学的研究对象和任务进行了理论探讨，而且，该书自称"概括了中国城市历史地理研究中的主要问题"③。所以，我们可以将之视为一次构建中国城市历史地理学研究范式的努力。诚然，该书的开创之功是不容抹杀的，但我们很难说此书标志着中国城市地理学的成熟。该书最明显的不足是城市体系研究的缺失，而城市体系研究几乎占了现代城市地理学的"半壁江山"。缺少对城市体系的探讨，即便是对城市内部空间的分析再透彻，也不能说中国城市历史地理学研究已经完善。在此情形下，很难说中国城市历史地理学的研究范式业已建立。

当然，我们也没有必要陷入盲目的"范式崇拜"，仿佛城市历史地理学

---

① 〔英〕迈克尔·马尔凯著，林聚任等译《科学社会学理论与方法》，商务印书馆，2006，第105页。案：引文中着重号系笔者所加，下同。
② 〔美〕托马斯·库恩著，金吾伦、胡新和译《科学革命的结构》，北京大学出版社，2003，第10页。
③ 马正林编著《中国城市历史地理》，山东教育出版社，1998，第475页。

没有明确的研究范式就丧失了其存在的合法性一样。普遍性研究范式的缺失，恰恰为各种研究范式个性化理解的出现提供了可能。不同理论方法和价值取向的个性化研究范式之间互相竞争，正是城市历史地理学研究勃兴的体现。不同个性化研究范式之间的竞争，实际上也是彼此之间相互借鉴、共同磋商的过程。当然，城市历史地理学研究范式共识的达成，也与一般科学共识的达成有着共同的机制，也就是说：

> 共识是通过一系列磋商而确立的，在磋商中，研究者针对新领域的问题，参照来自不同科学研究背景的其他参与者所提出的替代性观点，去修改他们原来所接受的观点。①

显然，本文的撰写，也正是为了积极参与到关于构建城市历史地理学研究范式的磋商之中。

三 城市历史地理学的研究范式的个人理解

（一）从"范式"到"专业基体"

中国城市历史地理学的研究范式既然没有建立，则每一个城市历史地理学研究者均有权力对该研究范式持有个性化的理解，并据此付诸城市历史地理研究的具体实践。那么，个体研究者应该从何种角度去对研究范式进行提纲挈领式的理解呢？这恐怕首先要准确把握"范式"的具体含义。

鉴于《科学革命的结构》一书对"范式"缺乏明确的界定，库恩后来将书中涉及的"范式"概念区分为两种意义，第一种意义是综合的，包括一个科学群体所共有的全部承诺，第二种意义是把其中特别重要的承诺抽取出来，成为前者的一个子集。在库恩看来，在《科学革命的结构》一书中，"范式"一词无论从实际上还是从逻辑上，都更接近于"科学共同体"这个

---

① 〔英〕迈克尔·马尔凯著，林聚任等译《科学社会学理论与方法》，商务印书馆，2006，第106页。

词，明确地说，"一种范式是，也仅仅是一个科学共同体所共有的东西。反过来说，也正由于他们掌握了共有的范式才组成了这个科学共同体，尽管这些成员在其他方面也是各不相同的"①。正是由于这些共同因素的存在，科学共同体内部的专业交流才不会成问题，对专业的见解才会达成一致。这些共同因素，库恩称之为"专业基体"（disciplinary matrix）。在这一概念中：

> "专业"，因为是一门专门学科的实际工作者所共同掌握的；"基体"，因为是由各种各样条理化的因素所组成，而每一因素又需进一步说明的。这种专业基体的组成，包括大部或全部的群体承诺的宗旨，《结构》一书中称之为范式、范式成分或合乎范式的东西。②

可见，研究范式的建立，也就是分散的个体研究者聚合为科学共同体，这一共同体对该学科拥有共同承诺（专业基体）。对于自然科学的共同承诺，库恩提到了"符号概况、模型、范例"这三种"对群体认知运作都很根本的成分"。对于人文社会科学的专业基体，库恩根本就没涉及。不过有一点是明确的，由于自然科学与人文社会科学之间存在明显的差异，"符号概况、模型、范例"这三者显然不能照搬于人文社会科学的科学史研究中。

在笔者看来，成熟的学术研究离不开明确的研究对象和适用的研究方法，而学科成熟的标志就是范式的建立。那么，我们就可以从研究对象和研究方法两个方面去探讨城市历史地理学可能建立的研究方式。倘若同在城市历史地理学这面旗帜下的研究者对该学科的研究对象和方法尚达不成共识，那去谈论该学科的研究范式还是为时过早。

（二）城市历史地理学研究范式的构建

毋庸置疑，英国历史地理学家达比对现代历史地理学的发展有着奠

---

① 〔美〕托马斯·库恩著，范岱年、纪树立等译《必要的张力——科学的传统和变革论文选》，北京大学出版社，2004，第288页。
② 〔美〕托马斯·库恩著，范岱年、纪树立等译《必要的张力——科学的传统和变革论文选》，北京大学出版社，2004，第290页。

基之功。这种努力的表现之一，就是对历史地理学的性质、地位的探讨。正如贝克（Alan R. H. Baker）所言，"他以传教团式的热情，去为了把历史地理学建设成为有自我意识的，有与众不同的主题，区别于当代人文地理学，并且与其他历史类学科有差异的学科，而努力工作"，但是历史地理学作为一个"学科（discipline）"或"子学科（sub-discipline）"的地位却不仅因为对其方法论地位的严肃思考而黯然失色，不仅如此，对历史地理学为知识（knowledge）和理解（understanding）作出显著的跨学科贡献的潜力的严肃考虑，也使得它作为一个学科而失去光泽。有鉴于此，贝克"将坚持主张历史地理学作为一个跨学科课题（interdisciplinary project）的价值，为考察过去的人、地点和时期提供一系列与众不同的视角"①。在此，贝克把历史地理学的学科地位定格为"一个跨学科课题"，而在此之前，加拿大历史地理学者寇·哈瑞斯（R. Cole Harris）也曾指出：

> 历史地理学不是那种有模式可供仿效的学科。……历史地理学既不坚持某种非常明确的方法论，也不坚持其本身的理论，而是提供对于世界的一种透视。这种透视，不可避免地是由观察者的环境和观察对象所形成的。我们从不同的地点、不同的时间来观察这个世界，看到不同的东西，复原不同的历史地理。所以，并不存在唯一的历史地理学的信条。②

哈瑞斯所说的"提供对于世界的一种透视"和后来贝克提到的"为考察过去的人、地点和时期提供一系列与众不同的视角"实际上是"异曲同工"。通过这两位国际历史地理学界领军人物的论述不难发现，历史地理学的学科地位以多元化和开放性为特点，这一特点同样体现在城市历史地理学之上。

---

① Alan H. R. Baker, *Geography and History*：*Bridging the Divide*，（Cambridge：Cambridge University Press，2003），pp. 14 – 16.

② 〔加〕寇·哈瑞斯著，唐晓峰译，王守春校《对西方历史地理学的几点看法》，《历史地理》第四辑，上海人民出版社，1986，第 164 页。

1. "多元一体"——城市历史地理学在学科体系中的位置

城市历史地理学在学科体系中的位置可以用"多元一体"来概括，所谓"多元"，是指城市历史地理学并不是与其他学科绝缘的"全新学科"，而是与多种"母体学科"保持着亲密渊源关系的"子学科"；所谓"一体"，是指多种学科渊源汇聚在一起，共同构筑起"城市历史地理学"这一多学科共享的知识领域。

（1）城市历史地理学与地理学、历史学和城市学之间的渊源

城市历史地理学的出现，是城市地理学（乃至更高层面的人文地理学）发展完善的必然结果。法国著名地理学家阿·德芒戎（Albert Demangeon，1872～1940）《人文地理学问题》一书在论述人文地理学方法原则时谈道：

> 为了全面地说明问题，人文地理学不能局限于只考虑事物的现状。它必须设想现象的发展，追溯过去，也就是求助于历史。许多现象，从现在的条件来考虑似乎是意外的，如果从过去的条件来考虑就可以解释明白了。历史展开了辽阔的视野，使我们看到过去这么多相继出现的人类经历。这种时代的发展观念是必不可少的。没有它，我们对现存的事物常常不能理解。例如，城市地理学怎么能不要历史？不了解过去，怎么能解释罗马、巴黎、伦敦？……关于这种征服土地的一切研究，都要以历史为基础，这就是人文地理学的著作中总是含有很多历史的研究，和地理学家时常在档案库中遇见历史学家的原因。为了解释他所观察到的现象，地理学家不应满足于把它们放在空间的合理位置上，还应把它们投射到历史的屏幕上。所以他应当懂得使用历史资料，并且知道到哪里去找这些资料。……研究过去，对于人文地理学现象的解释是必要的。人类在时间中发展，为了理解这种发展，历史的证明和自然规律的认识对我们是同样必需的。[①]

按照德芒戎的论证逻辑，城市地理学显然被视为人文地理学的分支学科，而

[①] 〔法〕阿·德芒戎著，葛以德译《人文地理学问题》，商务印书馆，1993，第11～13页。

城市地理学需要研究城市的发展历程，这一研究就是城市历史地理学。

顾名思义，城市历史地理学是以城市这一客观存在为研究客体的学科。如果说，城市学（或称"城市科学"）是研究城市这个整体的许多理论问题和现实问题的综合性科学，[①] 那么，城市历史地理学也可以纳入城市学的范畴。但城市学是一个松散的学科联盟，没有必须信守的"共同承诺"。相比较而言，城市历史地理学与历史学、地理学的关系更为密切。城市历史地理学在学科体系中的位置，正好可以通过其与城市学、历史学和地理学的关系图示出来。从逻辑关系上讲，城市历史地理学正是城市学、地理学和历史学三者的交集，具体而言，则是城市地理学、历史地理学和城市史学三者之间的交集［参见图2］。当然，城市历史地理学与城市学、地理学和历史学之间也没有"壁垒森严"的界限，所以在图示中只能以虚线来表示其间的界限。

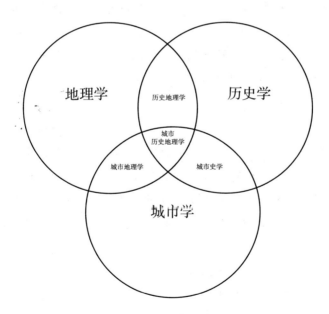

**图 2　城市历史地理学与地理学、历史学和
城市学的关系示意图**

---

① 　江美球等编著《城市学》，科学普及出版社，1988，第 2 页。

城市历史地理学对于历史地理学的隶属关系是最为明显的。作为城市地理学研究在时间维度上的回溯，城市历史地理学被视为城市地理学的一部分也无可厚非，事实上，出于完善学科体系的考虑，城市地理学界也乐于将"城市历史地理特征及其对现代城市规划布局影响的研究"视为城市地理学的研究内容。[1] 城市史学和城市历史地理学之间也不存在不可逾越的障碍，所不同者，前者在学科属性（或地位）上认同于历史学，后者则认同于地理学。

（2）城市历史地理学与城市史、"历史城市学"

这里还必须就城市史（urban history）与城市历史地理学（urban historical geography）之间的关系做一说明。在笔者看来，在学科发展初期，城市史和城市历史地理学之间在研究旨趣上还是有所差异的。但在学科整合和联系日益密切的今天，城市史和城市历史地理学之间的区分与其说是在于学科本身，倒不如说是在于研究者所属的学科阵营——前者主要来自历史学界，后者则主要来自地理学界。

其实，城市史也并非严格意义上的学科。英国著名城市史学家（H. J. Dyos，1921～1978）指出：

> 到如今必须清楚，城市史是一个知识的领域，并非一门公认意义上的单一学科，而是众多学科聚合于此的领域，或者是至少可以被利用的领域。它是多种知识形式的焦点，而非完全是一种知识形式。因而，它将没有绝对的入场资格的测试，除非（和直到）我们能够清楚自己所意谓的"城市"是什么，并且我们确信自己能用排他的标准界定"城市"。[2]

直至今天，城市地理学界中对城市标准的界定仍旧歧见频出。在此情形下，明确界定历史时期"城市"标准更是一个难题。既然无法明确界定"城市"

---

[1] 宋家泰：《宋家泰论文选集——城市-区域理论与实践》，商务印书馆，2001，第174～175页。

[2] H. J. Dyos, *Exploring the urban past: essays in urban history*, (Cambridge: Cambridge University Press, 1982), pp. 31–32.

的标准，那么，城市史作为一个"众多学科聚合于此"的知识领域而存在是更为合适的，它在研究方法上无疑也将是宽容和开放的。正如美国城市历史学家埃布纳（Michael H. Ebner）在1981年所指出的：

> 城市历史学家——在研究方法、本质、思想和兴趣上——应该是多元论者，而不应局限于用过于简单的、不必要的狭隘研究方法去解决明显是很复杂的研究问题。①

在西方学者的影响下，近年来国内学者也认识到"城市史不是一门学科，而只是一种用特殊的方法、理论和视角来重新审视人类社会的全部历史的研究方法，或者说研究角度"②。这样，城市地理学当然可以作为研究角度（或方法）之一被城市史研究所采纳。而采用城市地理学方法研究历史城市的学科领域则又被称为城市历史地理学。如此看来，城市史和城市历史地理学并无本质上的冲突。

如果实在要对城市史与城市历史地理学之别进行区分，那么，我们可以从美国地理学家哈特向（Richard Hartshorne，1899~1992）对历史地理学与历史学关系的论述中得到启示。他在《地理学性质的透视》一书中讲道：

> ［案：历史地理学的］性质取决于研究目的和主要兴趣。假如所关心的是决定变化的方式和过程，研究性质基本上属于历史学；焦点如果在作为地区整个地理情况一部分的一个要素的变化特性和关联性，它的地理学特性是明晰的。③

换言之，上文提到的两个焦点，前者聚焦于"时间（过程）"，后者聚焦于

---

① Michael H. Ebner, "Urban History: Retrospect and Prospect", *The Journal of American History*, 68, 1981, p. 84.
② 这一观点或许是受文中所引的 H. J. 戴奥斯所认为的"城市史不是一个学科，它甚至不是一个界限分明的研究领域。实际上，它应该被看成一种研究的策略。这是在具有一定问题、一定史料和一定基本理论的前提下所进行的当代史研究，是非常宽泛的研究"的影响。详见姜芃《城市史是否是一门学科》（《世界历史》2002 年第 4 期）。
③ 〔美〕R. 哈特向著，黎樵译《地理学性质的透视》，商务印书馆，1963，第 103 页。

"空间（布局）"。但是，"地理学家越来越持有这样的观点，即空间与时间的差异，不能作为学科的分界。"① 就目前学术发展趋势而言，上述两种研究焦点在历史城市研究中显然也是不可缺少的。那么，城市历史地理学的研究则将兼具历史学和地理学两种性质。在此情形下，城市历史地理学研究就可以全面吸收借鉴历史学研究方法。

　　除城市史学外，国内学者还提出了"历史城市学"的概念。这一概念认为"历史城市学是新时期得以发展的又一新的独立学科，它脱胎于历史地理学，却比历史地理学有更独特的研究内容，历史城市文化、城市风俗、城乡关系、中外城市比较研究等，均属其研究范围"②。至于什么是"历史城市学"更独特的研究内容，该文作者并未明确交代。但就其所列的几个研究范围来看，历史地理学研究显然并不能被排斥在外。该文作者试图为所谓的"历史城市学"划定明确的学科界限，因而认为：

　　　　史学研究的深度和广度，在某种意义上说，取决于史学理论的发展。为推进历史城市学研究，我们要在这方面下很大功夫。很显然，区分城市地方史、城市史学、历史城市学等不同的研究对象和内容，是首先要厘清的问题。……城市史学，这个概念来自西方。它把城市视为一个有机实体，是对以城市文明发展为主轴的专史的研究。在纵向上，主要研究城市形成、发展、脉络的阶段性，横向上注意研究城市环境、城市生活、城市人口、城市阶级和阶层。严格意义上的中国城市史学，其发展颇有西方城市史学影响的痕迹。历史城市学，在其研究对象和研究范围方面，几与城市史学无异，然而历史城市学是地道的土生土长的中国城市史学，它脱胎于历史地理学，而在此基础上发展，并不断吸取新鲜研究成果而自我更新完善。我们所以把通常人们所说的"城市史学"称为"历史城市学"，主要在于强调它的中国传统和中国特色。同时也为了提醒研究者：中国历史城市学要发展，

---

① 〔加〕寇·哈瑞斯著，唐晓峰译，王守春校《对西方历史地理学的几点看法》，《历史地理》第四辑，上海人民出版社，1986，第170页。

② 朱政惠：《历史城市学的崛起——当代中国史学趋势之二》，《华东师范大学学报（哲学社会科学版）》1995年第5期。

必须充分尊重传统的研究成果、方法和来自异域的研究成果、方法的结合。①

实际上，文中对"历史城市学""城市史学"和"历史地理学"的区分是略显生硬而又不合逻辑的。既然所谓的"历史城市学"在研究对象和范围上与"城市史学"几乎没有差异，那又何必生造出"历史城市学"的概念呢？从实际效果来看，"城市史学"这一概念在学术界更为深入人心。既然"严格意义上的中国城市史学"的发展颇受西方城市史学的影响，又怎么会出现一门"土生土长的中国城市史学"呢？单从字面上讲，也无法看出"历史城市学"这一名称蕴含的中国传统和特色。如果实在要讲"传统和特色"的话，那就是中国本土学术思维惯有的"严格学科划界"意识。

2. 城市历史地理学的研究对象

今日的城市地理学，就是明日的城市历史地理学。如此看来，今日城市地理学的研究对象，无疑就是明日城市历史地理学的研究对象。这样，弄清楚城市地理学的研究对象，就成了确立城市历史地理学研究对象的前提。

现代城市地理学的基本研究内容，按照空间尺度可划分为宏观研究和微观研究两个层次。宏观研究以区域的一群城市为研究对象，研究其中的结构和功能，是为城市体系研究，或称为"城际地理学"（interurban geography）；微观研究以个体城市为研究对象，研究其中的结构和功能，是为城市内部结构研究，或称为"城内地理学"（intraurban geography）。按照研究角度的不同，前者着眼于人的个体（individuals）行为，称为微观城市（micro-urban）分析；后者不涉及个体行为，着眼于统计平均规律的研究，称为宏观城市（macro-urban）分析 [参见表 1]。②

① 朱政惠：《历史城市学的崛起——当代中国史学趋势之二》，《华东师范大学学报（哲学社会科学版）》1995 年第 5 期。
② 周一星、陈彦光：《城市地理研究的几个基本问题》，《经济地理》第 24 卷第 3 期，2004 年5 月，第 289～293 页。

表 1　城市地理研究的层次划分

层　次	基于地理尺度的划分	基于研究角度的划分
微观城内地理学	研究城市内部结构和功能探讨内部机制	个体行为分析
宏观城际地理学	研究城市体系的结构和功能寻找统计规律	总量平均分析

现代城市地理学的层次划分同样适合于城市历史地理学研究。国际上第一部综合性城市历史地理学论著是哈罗德·卡特在1983年出版的《城市历史地理学导论》，该书搭建了当时的城市历史地理学基本框架，亦即：

（1）城市的起源和扩散；

（2）城市化的过程和建构；

（3）城市的内部结构：形态或布局；

（4）城市的内部结构：土地利用和人口的隔离。[①]〔参见图3〕

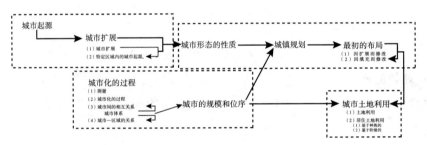

图3　城市历史地理学的组织

显然，该书的这种构建是与当时城市地理学理论和实践的发展水平相对应的。时至今日，城市地理学的研究对象并无根本性变革。因此，哈罗德·卡特《城市历史地理学导论》中的城市历史地理学研究框架在今天仍不失其理论价值和现实意义。

此后迄今，国际城市地理学又有了二十余年的迅猛发展。此间，地理学思潮和研究方法技术不断翻新，研究对象范围日益扩展[②]〔参见表2〕。伴随着城市地理学研究方法和范围的扩展，城市历史地理学也应在研究方法和范围上作出适当的调整和完善。

①　Harold. Carter, *An Introduction to Urban Historical Geography*, Edward Arnold, 1983, pp. xv – xvii.

②　Michael. Pacione, *Urban geography: a global perspective*, （2nd ed.）, （London; New York: Routledge, 2005）, p. 27.

表2　城市地理学研究范围的扩展（1900～2000）

	城市体系（Systems of cities）	城市内部结构（Cities as systems）
1900	城市起源和发展	居民点的地方和形势
	居民点的区域模式	城市形态 城市景观分析 城市生态学 中央商务区的界定
	中心地理论 居民点类别	居住流动性 零售和消费者行为 城市意象
	人口移动 迁移决定 郊区化	权力和政治 地方公正 获得服务的不同途径
	城市和区域规划	结构语境中的城市问题
	城市在国家政治经济中的地位	经济重建 贫困和剥夺 内城问题
	边缘城市 逆城市化	住房市场和中产阶级化 城市房地产市场 交通和运输问题
	第三世界的乡村—城市迁移	城市自然环境 第三世界城市的住房、健康和经济
	文化和社会的全球化 全球经济 全球城市体系 世界城市和全球城市 特大城市	全球化的城市影响 城市空间的社会建设 城市文化多样性 社会公正 城市宜居性 可持续城市
2000	技术极	未来城市形态

　　从历史的观点看，当下的城市地理的事实和过程必定会成为历史，进而成为未来的历史地理学研究对象。现代历史地理学的开创者之一达比（H. C. Darby，1909～1992）在1953年就旗帜鲜明地指出：

今天的地理仅仅是薄薄的一层，它在此时也正变成历史。人们可以在历史和地理之间划清界限吗？答案是"否"，因为变成历史的过程是一个过程。所有的地理学都是历史地理学，无论是现实的还是潜在的。①

同样，今天的城市地理也仅仅是薄薄的一层，它在此时也正在变成历史，一旦变成历史，就成为城市历史地理学的研究对象。那么，今天以当下城市地理的事实和过程为对象进行的研究，则可视为未来城市历史地理学研究的预演。

当然，任一城市地理的事实和过程均有其自身的地域特色和时代特征，而且，中西方的城市发展历程和现状存在着较多的差异之处。照搬现代城市地理学研究（显然以西方地理学界为主导）框架，简单地冠以"历史"这一前缀，以此生成"城市历史地理学"的做法，在对特定时期和特定地域的城市地理的研究中显然会出现圆凿方枘的弊病，这在城市历史地理学研究中是理所应当要避免的。

3. 城市历史地理学的研究方法

城市历史地理学隶属于历史地理学之范畴，因此，关于历史地理学研究方法的探讨，无疑将对确定城市历史地理学的研究方法具有极其重要的指导意义和参考价值。

正如达比所言，"'历史地理学'这一术语被日益视为一种方法：资料是历史的而方法是地理的。根据这种观点，历史地理学家的目标就是重建过去时代的地理。"② 目前，国际学界越来越倾向于认为"重建过去时代的地理"的过程中没有壁垒森严的学科界限和专门的研究方法，正如美国著名历史地理学者迈尼希（Donald William Meinig，1924～）所言，"历史地理学不是摆在这里可以应用的事实或理论的总体；它是一种视角，一种观察、思考问题的方式。"③ 同样，城市历史地理学也是一种审视和观察历史城市的

---

① H. C. Darby, "On the Relation of Geography and history", *Transactions and Papers of the Institute of British Geographers*, 19, 1953, p. 6.

② H. C. Darby, "On the Relation of Geography and history", *Transactions and Papers of the Institute of British Geographers*, 19, 1953, pp. 3 - 4.

③ D. W. Meinig, "The Historical Geography Imperative", *Annals of the Association of American Geographers*, 79 (1), 1989, p. 86.

视角和方式，没有教条的研究方法可以照搬。

国内学者对历史地理学理论的探讨以侯仁之的建树较多，他认为：

> 历史地理学研究的对象，乃是人类历史时期地理的本身，也就是无异把当前地理学的研究，推回到已经过去了的历史时期，因此必须具备一定的历史学的训练，熟悉相关的历史资料和文献，并能运用一定的历史方法，其主要目的则在于探讨同一地区或同一地理景观在不同历史时期的实际情况以及其发展演变的规律，因为只有这样，才能更深刻地去理解当前这一研究对象的形成和特点。如此说来"沿革地理"的工作则可以包括在历史地理学的研究领域之内，它是历史地理研究的初步，而不是它的主要对象和最后的目的。[①]

在此，侯仁之认为沿革地理工作是历史地理研究的初步。那么，沿革地理工作所倚重的历史学方法相应地也就成了进行地理学分析的前提。显然，历史学方法和地理学方法会因研究对象的差异及研究程度的深浅而有所侧重。从总体上讲，二者都是历史地理学研究所不可或缺的，在具体研究过程中只有先后之别，没有泾渭分明的主次之分。

对于地理学方法和历史学方法在历史地理学研究中的运用，德国著名地理学家赫特纳（Alfred Hettner，1859～1941）是这样认为的：

> 就其考察方式说，历史地理学是一门地理学科，因为它主要涉及人类，它应该说是一门人类地理学的学科。但是，在这方面它的兴趣是历史的，只是在用过去来解释现在这方面才间接地是地理学的。材料的取得，就是说事实的确定，如果和现代的不同，就要从历史资料中来，并采用历史的方法。因此我认为，历史地理学的工作大部分落在历史学家和考古学家的手上，这是有道理的……。[②]

---

① 侯仁之：《历史地理学刍议》，《北京大学学报（自然科学版）》1962年第1期。
② 〔德〕阿尔夫雷德·赫特纳：《地理学——它的历史、性质和方法》，王兰生译，商务印书馆，1983，第170～171页。

在赫特纳看来，历史地理学之所以区别于当代地理学，在于"从历史资料中来，并采用历史的方法"；而历史地理学之所以能"合法"地栖身于地理学之林，则在于"就其考察方式说，历史地理学是一门地理学科"。因此，试图确定历史学和地理学方法在历史地理学研究中所占的明确份额是不可能，更何况历史学方法和地理学方法本身就是可以互相融合，互相借鉴的。

历史地理学的工作大部分落在历史学家手上，这在中国表现得尤为明显。但这并不表明历史地理学研究因而就成为历史学，即便是在赫特纳自己看来，"［历史地理学］只能是一门关于历史的地理学。……人们只能把历史地理学理解为对过去时代进行的地理考察。现在颇为普遍地接受了这个名称的意义。"其实，上引赫特纳书中的文字在表述上可略作变更，以明确表达其含义，亦即"［历史地理学］材料的取得，就是说事实的确定，如果和现代［地理学］的不同，就要从历史资料中来，并采用历史的方法"。具体到考察方式来说，只能是地理学，只不过其首要的（直接的）兴趣是着眼于解释过去的地理状况，至于这一解释对当今地理学研究的作用，则是次要的（间接的）兴趣。这样，在历史地理学研究中，作为"考察方式"的地理学和作为"材料的取得"的方法的历史学二者就融合起来。

当然，在今天学科互相交叉、彼此融汇的氛围下，作为"考察方式"的地理学方法已不是地理学的专利，历史学同样可以借鉴。这一点并不稀奇，在法国的年鉴学派中早就得到了实践；作为"材料的取得"的历史学方法，也早已走出了历史学的壁垒。任一学科欲将其研究回溯到历史时期，均要借助于历史学方法。正如迈尼希所指出：

地理学和历史学不仅是类似的，而且是互相补充和互相依赖的，事物的真实性质将二者捆绑在一起。一些公共的词语（例如空间和时间，地域和时代，场所和事件——从根本上不可分离的一对对）均体现出这种关系。在实践中，这两个领域因为在上述词语上各有与之相称的倚重而区别开来。①

---

① D. W. Meinig, *The Shaping of America*, vol. 1, Atlantic American, 1492 - 1800, (New Haven and London: Yale University Press, 1986), p. xv.

正是基于这种理解，迈尼希才将自己主编的《美国的形成》称为"历史学家著作的地理学补充"，采用的研究视角则是"历史的地理学解释"（geographical interpretation of history）。显然，在他看来历史学和地理学之间是可以互相融合的。

在本文看来，历史学方法是从事历史地理研究工作最基本的方法，如果没有历史学方法，焉能将"当前地理学的研究，推回到已经过去了的历史时期"？而地理学方法则是起主导作用的，地理学方法运用与否，决定了该研究是否称得上是一项历史地理学的研究。"对历史资料的地理学阐释是一种能够为往昔的某些方面提供与众不同的洞察力的技巧"①，对历史资料的地理学阐释，无疑也就是地理学方法的应用。而地理学方法的成功应用的前提，则在于"历史资料"的占有状况。

（1）基本的历史学研究方法

历史城市是一种无法再现的客观历史事实和过程，对这一事实和过程的复原和阐释，不可避免地被纳入到历史学研究的范畴。因此，历史学方法也就成了这一研究的基本方法。按照较为普遍的观点，历史学的研究方法或被分解为分析和综合研究法、比较法、归纳法、科学抽象法、逻辑方法等，②或被概括为历史事实的还原、历史过程的分析与解释、历史的比较研究三个层次。③

然而，在今日学科高度分化与整合的情况下，历史学在吸收借鉴其他学科的理论与方法，形成社会史学、城市史学、计量史学、口述史学、心理史学等新的学科门类的同时，也面临着本学科固有领地被其他学科口益瓜分的危险，这在历史学研究方法上也有所体现。正如余英时所指出的，近代中国史学家所说的历史学方法有两个不同层次的含义：

> 第一层是把史学方法看作一般的科学方法在史学研究方面的引申。……但无论是'规律'还是'假设'，总之都不能算是史学本身所

---

① Alan H. R. Baker, *Geography and History*: *Bridging the Divide*, (Cambridge: Cambridge University Press, 2003), p. 38.
② 吴泽主编《史学概论》，安徽教育出版社，2000，第117~156页。
③ 姜义华等：《史学导论》，复旦大学出版社，2003，第115~154页。

独有的方法。……'方法'的第二层涵义是指各种专门学科中的分析技术，如天文、地质、考古、生物各种科学中的具体方法都可以帮助历史问题的解决。但这些更显然不是史学的独特方法了。其实即使是与传统史学关系最深的一些方法，如文献学的、训诂学的之类，严格地说，也不能迳视为史学的方法。①

在此情形之下，传统认为的"历史学研究方法"的存在合法性就成了问题。

本文认为，历史学丧失了其独一无二的研究方法，这并不是一件坏事，反到证明了这些研究方法的普遍适用性。在诸多历史学研究方法中，最基本方法仍是搜集史料与考订史料的方法（亦即考据方法）②，这也是历史地理学研究素来借鉴于历史学的。显然，无论研究方法如何被更新置换，研究门类如何分化，历史学研究均离不开最基本的史料搜集、排比、校勘和考证。只有在充分占有史料的基础上，才能对历史事实和过程进行价值观上的判断和阐释。而欲详尽可靠地占有史料，必然离不开版本目录学、年代学、校勘学等传统方法的使用。本文把上述传统历史学方法视为最基本的研究方法，则必然在史料的搜集和考订上有所用心。正如谭其骧在1982年曾指出的：

> 历史地理学就其学科性质而言虽然属于地理科学，但就其研究方法而言，却不能说只需要运用地理学的方法，也不能说要以地理学的方法为主，至少应该说运用历史学方法的重要性不下于运用地理学的方法。③

考据方法是我国的学术传统之一，在沿革地理研究中的采用尤为普遍。在历史学实现现代转型的过程中，史学界对考据方法的现代意义进行了思考。例如，史学家蒙思明早在在20世纪40年代初期就明确指出，"考据是

---

① 余英时：《中国史学的现阶段：反省与展望——〈史学评论〉代发刊辞》，康乐、彭明辉主编《史学方法与历史解释》，中国大百科全书出版社，2005，第11页。
② 漆侠：《历史研究法》，河北大学出版社，2003，第78页。
③ 谭其骧：《在历史地理研究中如何正确对待历史文献资料》，《学术月刊》1982年第11期。

史学的初基工作，而考据之后，还有更多的工作。我也不轻视考据，我是感觉考据方法的任务有限。考据只是一种技术，这技术的上面还当要一个运用技术的灵魂。"[1] 这一观点对于今天的史学界而言仍不失其振聋发聩的作用。对于历史地理研究而言，考据同样是一种重要的方法。而考据在历史地理研究中的应用，起初在很大意义上就等同于沿革地理。但是，沿革地理的研究工作"可以包括在历史地理学的研究领域之内，它是历史地理研究的初步，而不是它的主要对象和最后的目的"。当然，"若干历史地理的专题，可以完全不必借助于这方面的特殊知识，而依然能够顺利进行"[2]。那么，在历史地理学研究中进行的必要考据如何获得"运用技术的灵魂"呢？这一灵魂恐怕只能借助于地理学方法的运用。

本文在此所要强调的，是历史学方法在城市历史地理学研究中的基础性作用，它不是城市历史地理学的全部，却是在历史地理研究中具有基础性作用的初步。初步尚未迈出，走扎实，第二步必定撺跤，栽跟头。美国历史学家鲁滨孙（James Harvey Robinson，1863~1936）指出，在历史学的专业化迅速发展的情况下，各专门科学的科学家可以从其专业视角研究各种专门史，但是科学家在其专门史研究中往往有如下两个缺点：

第一：因为他们只是熟悉他们本门业务的原理，所以他们对于那些超出他所熟知概念外的远古的和不熟悉的情况，就很难进行思考。第二，发现、利用和解释历史材料，似乎有一个长期而且特别的训练，而这种训练，只有专门的历史学者才能具有。历史学家恰常常惊奇的发现许多没有研究历史经验的人发表某种荒谬见解，尽管他们对于自己本行业务很有研究，但是他在进行历史研究，则往往要犯历史学家所不会犯的错误。[3]

同样的情况也发生在城市地理学界。今天，城市地理学当然是专门化的

---

[1]　蒙思明：《考据在史学上的地位》，《责善半月刊》第 2 卷第 18 期，1941 年 12 月，第 15 页。

[2]　侯仁之：《历史地理学刍议》，《北京大学学报（自然科学版）》1962 年第 1 期。

[3]　〔美〕詹姆斯·哈威·鲁滨逊：《新史学》，齐思和译，商务印书馆，1964，第 49 页。

（社会）科学，而且城市地理学界对历史城市的研究也并不少见，但这种研究往往因为缺乏充分的历史资料而流于肤浅。城市地理学者即便是熟练地掌握了城市地理学的研究方法，也未必能成功地融入"历史语境"，进行城市历史地理学研究。如果连必要的历史材料尚不能搜集齐备，资料的可靠性尚不能判断，则残缺资料基础上的城市地理学解读必定是"差之毫厘，谬以千里"。20 世纪 60 年代初期，侯仁之称当时历史地理学界中"从地理学的基础出发，补充了应有的历史学的训练从而献身于历史地理学的，实在很少"①，具体到城市历史地理学研究来说，情况也无外乎此。但今天国内从事城市历史地理学的研究者，从地理学基础出发的仍旧不多，这与地理学界缺乏"历史的兴趣"，以及对历史学方法的隔膜不无关系。

（2）主导的城市地理学方法

考据方法即使对历史学而言也不是研究方法的全部，更不是城市历史地理学研究方法的全部。在详尽占有史料之后，如何对之进行解读，阐释史料中蕴涵的城市地理学意义，则必须采用城市地理学的分析方法，正如侯仁之指出的："从历史地理学的要求来看：研究历代都邑的兴衰……不应该停留在单纯陈述今昔情况的差异上，还必须进行地理学的分析，这是很明显的。"② 这样，城市地理学方法在城市历史地理学研究中的主导作用就凸显出来。离开了对城市地理学方法的运用，则城市历史地理学将蜕变为纯粹的城市史学。故而城市历史地理学研究的基调在于城市地理学，所以对城市地理学研究方法的依赖是明显的。20 世纪 50 年代，美国著名城市地理学家迈耶（Harold M. Mayer，1916～1994）认为：

> 城市地理学有一个独特的焦点。它主要关注城市地域里的各种活动之间的联系——表现为土地利用和居住特征之间的特有联系。因而，城市地理学研究兴趣的核心——像所有的地理学一样——是人，以及人、行为和地之间的相互关系。它一方面关系到解释城市区域之内的模式和

---

① 侯仁之：《历史地理学刍议》，《北京大学学报（自然科学版）》1962 年第 1 期。
② 侯仁之：《历史地理学刍议》，《北京大学学报（自然科学版）》1962 年第 1 期。

关系，另一方面关系到解释城市区域与它所服务的非城市区域之间的模式和关系。①

作为城市地理学的回溯研究，城市历史地理学研究兴趣的核心毫无疑问也在于"人，以及人、行为和地之间的相互关系"，城市地理学的研究方法也应围绕这一核心而组织、展开和应用。

从较为宏观的角度来说，科学研究的普遍方法，已从最初的归纳主义、证伪主义，发展到后来的逻辑实证主义、研究纲领论，直至现在的后现代主义。这些哲学层面上的科学研究方法，虽然不是针对历史地理学研究方法而发生，但它们对后者的影响和制约却是不可避免的。科学研究的普遍方法，也就是指导地理学研究实践的认识论哲学基础。从整个地理学界来看，"地理学家以其他自然科学家、社会科学家和人文主义者之间相同的方式辩论他们研究的哲学基础，虽然他们的辩论偏重于地理学的世界观和偏重于地理学表述。这些辩论并不局限于哲学领域，而且对实质性研究有着十分实际的后果，常常导致对同一现象相反的理论解释。"② 这种关于研究哲学基础的讨论，在城市地理学研究中也得以实践，其积极作用是显而易见的。

城市地理学是以城市（作为系统的城市；位于系统内的城市）为对象进行的地理学研究，但这一研究对象并非城市地理学所专有，地理学的其他分支也可用自己的独特视角加以分析解读。这样，城市地理学就与其他地理学分支产生了千丝万缕的密切联系〔参见图 4〕。基于完善和发展城市地理学的立场出发，完全可以将各种不同的地理学研究视角整合到城市地理学研究之中，加之"城市地理学的整合能力是该分支学科的一项核心特征"，③ 所以，城市地理学的研究方法就存在将"多元"融入"一体"的可能性。

---

① Harold M. Mayer, "Geography and Urbanism", *The Scientific Monthly*, 1951, pp. 40 – 41.

② 〔美〕美国国家研究院地学、环境与资源委员会地球科学与资源局重新发现地理学委员会编，黄润华译《重新发现地理学——与科学和社会的新关联》，学苑出版社，2002，第 49 页。

③ Michael Pacione, *Urban geography: a global perspective*, （2nd ed.）, （*London*; *New York*: *Routledge*, 2005）, pp. 20 – 21.

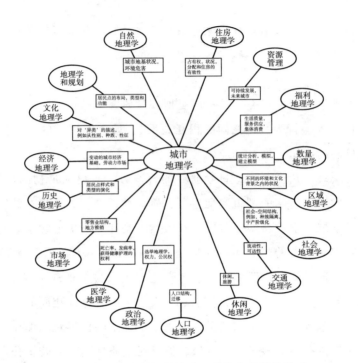

图 4　城市地理学与其他地理学分支学科的关系
（据 Pacione，2005）

　　就城市地理学的具体研究方法而言，最早只是一种区域地理描述，此后产生了自然位置论、区域分布论。"二战"以后，随着数量方法、行为科学方法、系统分析方法、信息系统方法等新方法被引入城市地理研究，城市地理学阵营内部也分化出区位学派、行为学派、人本主义学派、后现代主义学派等多种流派。

　　这些城市地理学研究流派采用的方法和观念，不仅是城市地理学自身发展的结果，更是解决当时城市化过程中新生地理现象和各种城市问题的迫切要求，所以这些研究方法有其特定的适用范围，未必全部适合城市历史地理研究。最新的城市地理学研究方法往往是应解决最新的城市问题而产生的，这些城市问题在历史城市内并不存在，所以最新的研究方法未必行之有效，反而倒是地理描述、自然位置论和区域分布论等传统城市地理学研究方法更能解决问题。再者说来，法无定法，能解决问题的方法就是最好的方法。盲目将各种模型、理念引入城市历史地理研究之中未必能收到好的效果。而在占据新资料的前提下，利用传统的方法，解决前人未能解决的问题，这未尝不是一种创新。

与国际学术界相比，国内学界在历史地理学和城市史的理论探讨与方法创新方面略显保守。日本学者早已指出：

> 城市本来就是一个地域社会……从这种地域的观点来研究城市的，就是地理学的立场。如果说人口学研究的是城市人口，政治学研究的是城市行政，都是按照研究对象来划分学科领域的，则地理学并不局限于某一现象。也就是说，它是从包容了这些科学的观点的立场出发去进行城市分析的。在这一点上有地理学的特色。城市地理学作为地理学的一个分支，当然也是站在相同的立场上的。①

具体到城市历史地理学来说，自然可以吸纳和借鉴（历史）地理学阵营内的各个研究视角，也可以从包容了人口学、政治学、社会学等诸多学科的观点的立场出发去研究历史城市，没有必要将城市历史地理学的研究方法定于一尊。

概言之，城市历史地理学是城市地理学研究在时间维度上的回溯。限于古今城市发展的差异，城市地理学的某些研究内容（例如 CBD、内城、郊区化等），在当下的城市历史地理研究中就找不到相应的对象。研究对象的某些差异以及资料数据占有情况不同，也将使得某些城市地理学的研究方法在城市历史地理学研究中无用武之地。但是，今天的城市地理，也就是明天的城市历史地理。从长远看，城市地理学与城市历史地理学的研究内容在本质上并无二致，城市地理学研究的基本研究方法并不因为研究内容在时间维度上的回溯而丧失其基本合理性。

四　学科发展整体态势下城市历史地理学的范式塑造

具体到中国学界而言，城市历史地理学发展的主要推动力量来自历史地

① 〔日〕山鹿诚次：《城市地理学》，朱德泽译，湖北教育出版社，1986，第5页。

理学界，而不是地理学界。尤其是在地理学发展整体迷失的情况下①，城市历史地理学寄望于在地理学界获取发展的原动力，这恐怕是一件难事。但国内历史地理学界成员的学科背景主要是历史学的，具有浓厚的历史学色彩，这与国际历史地理学界成员以地理学为主的学科背景有着显著差别。在此情形下，城市历史地理学在中国发展的迫切任务恐怕就成了"补习地理学"。当然，我们也不必匍匐于西方历史地理学的影响下，能将富于历史学特色的中国历史地理学建设好，未尝不是对国际学术界的贡献。只是，中国历史地理学的发展不能对国际历史地理学的主流发展方向闭目塞听，具体到城市历史地理学的范式塑造而言，更是如此。

（一）作为主流的开放性、综合性的整体诉求

目前国际历史地理学发展的主流趋势，可以从《历史地理学杂志》（*Journal of Historical Geography*）刊发的《社论》中窥其一二②。1997～2005 年在任的主编赫弗南（Michael Heffernan）上任之初在《社论》中宣称：

历史地理学首先是一个综合学科，因而，它才可能从广泛的趋向性中受益，在北美和欧洲同样是可辨别的，通过已被解释和概念化的现代世界去质疑传统的知识门类。传统的学科忠贞，像传统的政治意识形态和经济结构一样，正被瓦解为（并潜在地解放为）一个更具流动性的再公式化、重构和解构的万花筒。在这种环境下，作为空间、场所、环境和景观可以在此被历史地思考和分析（不是古物研究的演练，而是作为与当前场景直接相关的解说）的多学科的活动场所的必要性，变得更加迫切。③

① 国内高校的地理学系纷纷由传统的"地理学系"更换为"环境""资源"之类的名称，就是一个明显的例证。这似乎成了解决地理科学类专业在招生和就业上遭遇到的困难的"不二法门"。
② 《历史地理学杂志》的社论"在极大程度上代表着当代西方历史地理学界的学术宣言"，参见阙维民《历史地理学的观念：叙述、复原、构想》，浙江大学出版社，2000，第17页。
③ Michael Heffernan, "Editorial: the future of historical geography", *Journal of Historical Geography*, 23 (1), 1997, p.1.

很明显，赫弗南主张历史地理学是具有综合性、开放性的知识领域。那么，城市历史地理学因而也就成了城市史学、城市地理学等诸多学科都可以涉足的领域。2000 年，鲁滨孙（David J. Robinson）上任《历史地理学杂志》共同主编（co-editor）后撰写的《社论》中仍旧旗帜鲜明地表达了自己对历史地理学发展的看法：

> 对历史地理学有一个非常折衷和宽容的观点——包括所有过去的时期，从一个多学科的视角出发。当今任何一个在社会科学和人文科学领域内广泛阅读的人都不得不承认先前鲜明且高耸的学科壁垒正在被缓慢但确切地被推垮这一事实，我主张大家应该促进和激发这一过程。昔日的景观、文化和过程普遍是非常复杂的，不能局限于单一视角。并且，我们一度认为是属于我们自己的"空间"概念现在已被非地理学者所共享和利用。①

正是基于这种认识，鲁滨逊表示在历史地理学发展过程中"我们应当欢迎方法论上的扩展"。同样，我们也没有理由拒绝在城市历史地理学研究中进行方法论上的扩展。

在既往发展历程中，地理学的"数量革命"以及行为主义、存在主义、解释学、人本主义、新马克思主义、结构主义等各种各样的人文社会科学思潮都对历史地理学产生了影响。对此，达比认为"在面对种种理论方法之时，人们被如此众多变革风潮中的旋涡搞得晕头转向，有时将被弄糊涂，被迷惑甚至惊惶失措，这是不出人意外的"。但是真理置身何处呢？有鉴于此，达比"斗胆建议［真理］并非存在单一的方法中。不同的方法将提供有益的视角和新的见解，但绝非全部事实。任何人采用的方法都受到其民族和所处时代的文化环境的影响，并且染上其自身经历和气质的特性的色彩"②。如此看来，中国的城市历史地理学完全可以发挥其植根于历史学的

---

① David J. Robinson, "Editorial", *Journal of Historical Geography*, 26（1）, 2000, pp. 1 - 2.
② H. C. Darby, "Historical Geography in Britain, 1920 - 1980: Continuity and Change", *Transactions of the Institute of British Geographers*, New Series, Vol. 8, No. 4, 1983, p. 426.

特色，塑造出有中国特色的城市历史地理学研究范式。

就本文而言，与其去树立供人学习的"典范"，倒不如踏踏实实地"做好我自己"——虽然"他"既不深刻，也不全面。就整个学术界来说，"我们必须承认前方存在不同思维方式的可能性，正如生活方式一样。变革不会因为我们和我们这代人而停止。"① 任何时代的地理学者都将成为"他们自己的时代，自己的文化和理智世界的囚徒"。具体到本文的撰写而言，动笔之初就戴上了自己所处的时代、文化所赋予的"枷锁"，笔者在知识结构和学术素养上的局限，无疑又加重了"枷锁"的重量。笔者所能做到的就是，在枷锁的重压下，力求更清晰地表达出自己对城市历史地理学理论和研究方法的个性化认识和理解，并在其指导下就元朝时期城市地理的具体问题展开尽可能深入细致的研究实践。

（二）惮于迷失自我的特性追求

如前所述，城市历史地理学在学科体系中以"多元一体"为结构特征。通过上文论述不难发现，历史地理学界表现出学科发展中对开放性、综合性的整体诉求。这种诉求，从城市地理学的结构特征来看，侧重点无疑落在"多元"上。但这种诉求得以实现应以"一体"的确立为前提。城市历史地理学作为多学科共享的知识领域，之所以能为多学科在历史城市研究中的介入提供可能，首先在于这一学科平台的构建。倘若这一学科平台在性质上是混沌的，在学术组织上是涣散的，在个性追求上是含糊的，那么，在学术研究业已体制化的今天，城市历史地理学（乃至整个历史地理学）的存在和发展无疑将失去体制保障。

20世纪90年代初，侯仁之认为我国教育行政部门将历史地理学列入历史学学科门类的举措"造成了学科性质的极大混乱，极其不利于这门学科的发展"②。显然，这种观点并不反对历史地理学在理论和方法上的"多元化"，只是这种"多元化"理应是基于学科性质和地位的"一体化"之上

---

① H. C. Darby, "Historical Geography in Britain, 1920 – 1980: Continuity and Change", *Transactions of the Institute of British Geographers*, New Series, Vol. 8, No. 4, 1983, p. 427.

② 侯仁之：《再论历史地理学的理论与实践》，《北京大学学报（历史地理学专刊）》1992年7月。

的。近来，英国历史地理学者威廉斯（Michael Williams）也表达出对历史地理学这一分支学科不久或将被文化地理学和环境史学吞并的担忧，[1] 这一观点显然是就历史地理学丧失"一体化"的潜在危机而发。这一危机的实质，就是历史地理学与地理学及其分支学科（在此具体为文化地理学）和历史学及其分支学科（在此具体为环境史学）之间在学科属性和地位上的关系问题。对这个问题的探讨，显然发端于以达比为代表的现代历史地理学奠基者那里。如此看来，我们目前尚无法遽然告别历史地理学的"达比时代"。在学术研究体制化的今天（尤其是在中国），丧失"一体化"的"多元化"诉求，最终会使（城市）历史地理学陷入"皮之不存，毛将焉附"的尴尬境地。因此，在立足于（城市）历史地理学个性化的基础上，进而将其与源自母体学科或邻近学科的"多元化"相融合，最终实现（城市）历史地理学的"一体化"，或许才是这一学科健康发展的出路所在。

目前，我们无法预见"多元一体"的城市历史地理学的学科结构和研究范式，但有一点是可以肯定的，城市历史地理学这一学科门类的存在和发展，必须植根于地理学，而又获益于历史学等相关学科。

（本文完稿于 2007 年 11 月，未刊）

---

[1] Michael Williams, "Epilogue: critique and evaluation", in H. C. Darby, The relations of history and geography: studies in England, France and the United States, (Exeter: University of Exeter Press, 2002), p. 206.

耗羡归公政策究竟是如何出台的

◎ 董建中

笔者曾著文对清代耗羡归公的起始和耗羡归公制度化的进程作过探讨[1]，这里想对作为政策的耗羡归公的形成和出台作一考察，以期对雍正时的耗羡归公改革有一更深入的认识。

一 雍正帝继位后对旧有陋规分配体制的破坏

顺治元年七月，天津总督骆养性疏请豁免明季的加派钱粮，只征正额并火耗。对于公开征收火耗，当时的摄政王多尔衮坚决反对。[2] 此后清廷一直对火耗采取严禁的政策。但从康熙中期开始，最高统治者在反对重耗的同时，对征收一定数额的耗羡予以默认："州县官只取一分耗羡，此外不取，便称好官。"[3] 应该承认，征收耗羡有着合理性与必然性，因为地方财政严重不足和官员的薪俸捐扣情况严重。在这种背景之下，地方官征收耗羡，然后再以节礼等形式向上级官员进奉。而地方官以饭食银、部费的形式向中央官员进奉，以满足实际需求。可以说，这种以耗羡——节礼为主要形式的陋

---

① 见《清代耗羡归公起始考》，载《清史研究》1999 年第 1 期；《耗羡归公的制度化进程》，载《清史研究》2000 年第 4 期。

② 蒋良骐：《东华录》，中华书局，1980，第 65 页。

③ 《清圣祖实录》卷 239，康熙四十八年九月乙未。

规分配体制是与国家条文规定的、表面的财政分配体制并存。但问题在于，每一位官员、每一级官员不可能只取得能满足自己生活与办公需求的耗羡、节礼。因此这种体制自身必然带来一系列的问题。重耗私派累民、亏空库帑、官员馈赠败坏吏治等层出不穷，学界对清初耗羡的严重性及危害已多有探讨。

雍正元年正月初一日，雍正帝颁布了训饬各级文武官员的十一道上谕。其中有关耗羡的言论，谕布政使："赋役会计，皆尔专司，调剂均平，乃为称职。今钱粮火耗日渐加增，重者每两加至四、五钱，民脂民膏，朘剥何堪？"谕知州、知县，其中云："今州县火耗任意加增，视为成例，民何以堪乎！嗣后断宜禁止。"①

从中不难看出，在耗羡问题上也只是特别反对重耗累民，这不比乃父高明多少。但雍正帝即位后采取了一系列的措施，却在不自觉中破坏了现存的陋规体制。

（一）节礼之禁

康熙帝不仅对于耗羡的征收加以默认，而且对于节礼、规礼也是采取姑息甚至是许可的态度。康熙五十六年，康熙帝曾对官员袒露心扉："外边汉官有一定规礼，朕管不得。"② 而雍正帝即位后对节礼与馈送及州县供应持严禁态度。需要说明的是，我们并未见到雍正帝公开严禁节礼的上谕，这一点是通过臣工的奏折看出的。

雍正元年三月，年希尧到广东巡抚任上一个月，就具折上报陋规收入，有关节礼云："查明巡抚衙门规例，司道府州县每节送巡抚节礼一万二千余两，一年四节约计银五万两，奴才钦遵圣训，概行拒绝。"③ 从"奴才钦遵圣训"来看，雍正帝对此是有所训示的。

广西布政使刘廷琛于雍正元年六月十七日到任，上奏"节礼除土府州县从无馈送外，所有九府每节各四十两，及六十三州县大小不同或二十四两

---

① 《清世宗实录》卷 3，雍正元年正月辛未。
② 《康熙朝汉文朱批奏折汇编》第 7 册，档案出版社，1984，第 739 页。
③ 《雍正朝汉文朱批奏折汇编》第 1 册，江苏古籍出版社，1989～1991，第 194 页。

或十二两不等，约计每节得银一千三百余两”。“奴才既遵奉圣训，一概革除，分毫不敢收受。”①

其他新任官员的奏报也证实此点：元年二月广西巡抚孔毓珣报“广西州县官最为穷苦，臣一到任，将臣衙门节礼尽行不收，以期鼓励边员”②；“节礼，雍正元年一概禁绝”③；“至馈送供应等费，臣到任即将臣衙门一切交际，尽行革除”④。

当时，雍正君臣认识到了督抚等收受节礼是造成亏空的一大原因。“国家之重务在钱粮，州县之通病在亏空。亏空之事州县为之，亏空之根起自督抚。”“惟督抚有欲则不然，彼之有欲，司道早窥之，而传于郡守，郡守转传于州县，不肖州县官欲咨取饱囊，辄先迎合意旨，出私积以进之，私积既涸，旋挪正项或拜门生，或为干男，常例馈送之外，复有加增，始为之尚不自觉也，久而空矣，又久而益空矣。犹且百计竭蹶以工其献媚，藩泉道府从而效之，接踵相需索其后。以一州之赢余，快各上司之追求，库帑安得不空？督抚尚安得辞其责哉？”⑤

从雍正朝官员奏折看，官员对节礼的禁收几无例外。这无异于截断了官员一个重要的收入来源。

（二）扣捐薪俸之禁

除了在节礼上反其父之道而行外，在扣捐薪俸一事上，雍正帝自上台也极力反对。康熙中晚期，因地方公费、军需、灾赈等而捐扣官吏俸工极为严重。例如，因军需，云南的俸银已预扣至雍正十三年⑥。而湖广官吏俸工报捐已十多年，无分厘给发⑦。

广西巡抚孔毓珣于雍正元年二月上奏，因广西省贡院向颇狭陋而率属捐俸改修并添造号房一千五百间，自称“不敢支销库项，不敢丝毫派扰小

---

① 《雍正朝汉文朱批奏折汇编》第 1 册，第 595 页。
② 《雍正朝汉文朱批奏折汇编》第 1 册，第 114 页。
③ 《雍正朝汉文朱批奏折汇编》第 1 册，第 144 页。
④ 《雍正朝汉文朱批奏折汇编》第 1 册，第 379 页。
⑤ 《雍正朝汉文朱批奏折汇编》第 2 册，第 22 ~ 23 页。
⑥ 《雍正朝汉文朱批奏折汇编》第 3 册，第 563 页。
⑦ 《雍正朝汉文朱批奏折汇编》第 1 册，第 401 页。

民。"雍正帝见其已实施,批道"此一次罢了,捐之一字朕甚不悦,如果当用者即当用正项,如不用者何必奏闻?此等有害民生之举,向后不可"①。六月,孔毓珣又奏他率司道各官捐银五万两,已解至西安藩库帮助军需。他得到内阁知会,凡地方官捐助银两应预先奏闻,因此具折请罪。雍正帝批云:"不是怪你,历来之捐助,天下之共知。朕初即位,此风如何长得,你若先行奏请,朕断不肯准行也。"②

对于捐助俸工的消极影响,官员有切肤之感,朝野上下呼吁变革。元年八月通政司右通政钱以垲奏请"敕谕督抚嗣后各省遇有公事,大者奏请定夺,小者酌量分捐,或将钱粮耗羡内凑用,不得私派百姓,其俸工捐解永行禁止。至佐杂等官俸银及衙役工食,严饬各州县照例给发,不得扣剥侵渔"③。

九月初五日江西道监察御史蔡仕丹山奏,官有俸薪、役有工食,此乃养廉之具,但"近者各省抚藩俱行提解藩库以充公用,大省银至十余万,小省亦不下数万两。……虽名为公用,而实则偶遇公用不免摊派,其作何开销有无余剩,莫从而测识也"④。

雍正帝顺应改革要求,恰此时江西巡抚裴徺度疏请捐俸工银两赈恤被水居民。借此机会,九月十一日雍正帝谕户部:"夫官吏俸工特为赡养伊等家口而设,原不可少。纵将通省官员俸银捐助,为数亦属无几,有何裨益?至若胥役工食亦尽行捐出,何以令其应差行走?如果民遇灾祲,该督抚即应奏闻动支正项钱粮。若偶遇水旱微灾,不无赈恤,或修理堤岸城垣之小费,该地方大小官员有愿出己赀捐助效力者,何必具题?即欲报闻,亦止可另行折奏。著该部行文直省督抚,凡遇有公事奏请捐助俸工之处,永行停止。"⑤

但捐俸不仅仅是官员、吏役的俸工问题。捐俸不得已之情状,诚如年羹尧所言:"陕省正印官以上向来将俸工银两捐解司库以充公用,遇有公事则

---

① 《雍正朝汉文朱批奏折汇编》第1册,第114页。
② 《雍正朝汉文朱批奏折汇编》第1册,第546页。
③ 《雍正朝汉文朱批奏折汇编》第1册,第810页。
④ 《雍正朝汉文朱批奏折汇编》第1册,第913页。
⑤ 《清世宗实录》卷11,雍正元年九月丁亥。

督抚与布政司会商支给。……私派既禁，一遇地方公事，是以不得不动用俸工。"① 年羹尧道出了问题的核心：即地方公费的来源问题。弥补地方公费不足之手段有多种，如加耗、私派、挪用正项钱粮等，但以上皆法之所禁，实际至康熙末只有扣捐薪俸"名正言顺"。例如广东每年实有"应办之公务"，如办解紫榆、花梨、锡斤、白蜡、广胶，办解陈香、广锅、京铜，贴补走递京报、部文、塘兵及提塘工食银，修理战船军器火药，正九两月炮台演放火药，文武两闱乡试费用，等等。这些费用不得已"自知县以上俸银及别役工食仍行捐解司库，每年约有俸工银二万五六千两，以为办理通省公务之用，以公完公，庶于公事不误，又不累及百姓，似属两全"。广东官员还特别说明捐俸为"万不得已"之举，是为"两全之法"②。

可以说如找不到切实解决地方公费的财源，又不行私派，捐助不可避免。事实证明了此点。在雍正帝下达捐助禁令后，官员依然我行我素，甚至与雍正帝讨价还价。

例如，甘肃因各项费用皆以甘属文武各官俸工捐补，需要二十年方得补完。虽有永禁捐俸之谕，雍正三年巡抚石文焯仍认为"甘属从前悬项累累，议以俸工捐补在先，势难停止"。视此，雍正帝只得说"俸工万万不可捐，至武弁更令人可骇，地方上若可有设法，赔补另寻计策，若无法可设，只得将此亏空那移之人参奏，治之以罚，方使得"③。石文焯却固执己见，强调说"若地方有可设法之处，亦必不将武官之俸一例捐七留三，此亦万不得已之计"。雍正帝气极却又无奈，骂道"无耻之极！难为你下笔书此一折"④。

应该说禁令的颁布可以消除捐俸中的种种不法行径，但同时也是对官员应得薪俸的承认与尊重，免得官吏枵腹从事，必大有利于吏治。但更重要的问题在于对地方财政来说，捐俸的停止使得地方上俸工这一合法的公费来源亦宣告中止。康熙以来捐助俸工之势，是不合理的地方财政内在驱动所致。上述例子说明了只有禁令无济于事，若不根治地方财政存在的厄漏，即地方

① 《雍正朝汉文朱批奏折汇编》第5册，第539页。
② 《雍正朝汉文朱批奏折汇编》第3册，第137~138页。
③ 《雍正朝汉文朱批奏折汇编》第5册，第611页。这时甘省还未实施耗羡归公。
④ 《雍正朝汉文朱批奏折汇编》第6册，第479页。

经费严重不足的局面，禁捐如同捐助俸工一样只能是饮鸩止渴、剜肉补疮，无补于事。

所幸的是在禁捐的同时，雍正帝也在积极探求解决地方公费的具体方案。

雍正帝在湖广总督杨宗仁元年三月奏折中有如下批语："再捐助一事，朕甚不悦，如当用者即动用正项钱粮，如地方私有料理之小事，何必奏闻？如有不肖督抚虚应捐助一万之名，而加倍取之于百姓两三万不止，拖欠钱粮、亏空仓库，合盘算来，所捐仍出于朝廷，如此等有害无益之举，尔可极力为朕改革。"[①] 杨宗仁积极谋求治新之道，五月十五日他上奏：一是雍正元年起全面恢复俸工的给发；二是筹措地方公费，"今通长核算，但令州县于所得加一耗羡内节省二分解交藩库，以充豫塘报资、甲兵养赡并钦差过往必不可省之公费，此外丝毫不许派捐。"杨宗仁的建议，雍正帝极为欣赏："地方捐助一事朕所痛恨，自即位以来，屡屡有上谕为此谆谆告诫，尔此奏甚合朕怀，是当之极。"雍正帝掩不住心中之兴奋，朱笔一挥"好，好，好，好，好，好"[②]。

这可以说是雍正帝第一次看到两全其美之举，既禁捐俸工又使地方公费得以解决的方案，杨宗仁所采用的是公提耗羡法，说明了耗羡归公是一条可行之路。

(三) 部费之禁

所谓部费，是指外省各官遇有题升、调补、议叙、议处、报销各项并刑名案件等向部中书吏贿嘱所需的银两。因朝廷有奏销等严厉的规定，故各书吏吹毛求疵、借口拖延、随意驳回，官员不得已只得交部费加以弥缝。

部费绝不可能出自督抚等人，"督抚提镇布按两司，看属员之大小俱有一定之科派，每年凑解部费，积习已久"；"此项银两虽出于属下，而究其实，则文官未免不设法取于里下百姓，武官则科派队伍兵丁"。而各官又从中渔利："文武大员藉部费之名，其中有益于己者亦为不少，又兼各衙经承

---

① 《雍正朝汉文朱批奏折汇编》第 1 册，第 153 页。
② 《雍正朝汉文朱批奏折汇编》第 1 册，第 401 页。

以及跑京送部费之家人，不无以少报多之羡余，有此层层剥削……凡事不讲部费，事不能完结。"① 部费的来源，多直接摊征于火耗之中："部费陋规由来已久，人共知闻，大约部员取之于缺主，缺主取之于督抚藩司，督抚藩司取之于州县，州县取之于火耗。"②

对部费陋规，雍正帝有着清醒的认识，决心一改乃父宽纵之势。雍正元年正月谕内阁："各省奏销钱粮，除地方正项及军需外，其余奏销项内，积弊甚大，若无部费，虽册档分明，亦以本内数字互异，或因银数几两不符，往来驳诘。一有部费，即糜费钱粮百万，亦准奏销，或将无关紧要之处驳回，以存驳诘之名，掩饰耳目。咨覆到日，旋即议准，内外通同欺盗虚冒。此等情弊，尽在皇考睿照之中。圣恩宽大，未行深究。朕今不得不加整理"③，为此特别成立会考府衙门，核销一应钱粮奏销事务。

无疑，部费具有非法的一面，但也应看到它渐为成例，在一定意义上与饭食银同义，成为地方向中央官员的补贴，且数目日益固定。例如，浙省"岁解部费约有二万余两，皆当取之火耗悉力完办"④，而浙江按察使的刑名部费，四季共银四千五百三十七两二钱零，"原以供刑部书办纸笔饭食之需"⑤。

部费不仅成为京官的收入，同时地方官借缴纳之机也从中获利，构成了地方官的收入来源之一。作为云南驿盐道的李卫，就上报其驿递陋规的收入一部分来自部费："每年四季有驿盐道扣存部费银二千两，闻造册与上京盘徼并提塘杂费止用四百两，尚存一千六百两，系臣衙门陋规。"⑥ 而安徽按察使的刑名部费羡余有三千三百两⑦。

由此可以看到，部费实际是陋规体制的一个部分。雍正帝所改革的是其弊病，但禁令之下，也就截断了京中官吏及地方官的部分收入来源。

节礼的禁止从逻辑上讲意味着陋规体制中最重要的中间环节的中止，而

---

① 《雍正朝汉文朱批奏折汇编》第 4 册，第 877 页。
② 《雍正朝汉文朱批奏折汇编》第 1 册，第 45 页。
③ 《清世宗实录》卷 3，雍正元年正月甲午。
④ 《雍正朝汉文朱批奏折汇编》第 3 册，第 519 页。
⑤ 《雍正朝汉文朱批奏折汇编》第 4 册，第 73 页。
⑥ 《雍正朝汉文朱批奏折汇编》第 1 册，第 534 页。
⑦ 《雍正朝汉文朱批奏折汇编》第 7 册，第 580 页。

禁捐使得官吏再一次回到了俸工这一法定收入之上，这两者可以说是矛盾的，禁捐是对官吏俸工的尊重，而节礼之禁却又是对官吏实际收入的损害；但两者又是统一的，就是除却陋规收入回到法定收入上来，表面上看是解决了官员的收入问题，但诚如上面所说，禁捐势必要求地方公费有新的解决方案。同时，雍正帝继位之初，对部费的禁革，在一定意义上也是对陋规体制中京官等收入的一个否定。总之，雍正帝最初的改革，虽然只是一个起点，但它已经否定了旧有的陋规体制。

二 地方上弥补亏空的实践推动耗羡归公的形成

对于现行的财政制度，比如因军需使得地方存留过少，特别是由此造成的亏空，康熙帝是十分明白的："朕听政日久，历事甚多，于各州县亏空之根源知之最悉。从前各省钱粮除地丁正项外，杂项不解京者甚多。自三逆变乱以后，军需浩繁，遂将一切存留款项尽数解部，其留地方者惟俸工等项必不可少之经费，又经数次裁减，为数甚少，此外则一丝一粒无不陆续解京，虽有尾欠，部中亦必令起解。州县有司无纤毫余剩可以动支，因而有挪移正项之事，此乃亏空之大根源也。"①

康熙帝的确抓住了问题的本质，并希图通过增加地方存留来改善地方财政。康熙五十六年五月，康熙帝对大学士马齐等曰："现今库银积聚甚多。从前各省俱有存留银钱粮，有此项钱粮，公事费用，于地方百姓大有裨益。不知何年入于应解钱粮项下解交矣。今各省地方存留钱粮数目若干，着查明具奏。"② 六月，马齐等将户部查各省存留钱粮折子呈览，康熙帝问曰："此所查何如？"马齐曰："户部所查不明，前次已驳回。今看来尚未明白，官俸及衙役工食等项，每年存留地方，理宜另行开造。此外，将存留钱粮混入起解钱粮，是何项款，并未明白分析。"康熙帝令再查具奏③。但此事再未见到下文。

---

① 《清圣祖实录》卷240，康熙四十八年十一月丙子。
② 《康熙起居注》第3册，中华书局，1984，第2391页。
③ 《康熙起居注》第3册，第2400页。

地方官员也在寻找解决之道，不断有人提出将火耗合法化。康熙四十年二月，彭鹏为解决广西私派问题，上疏请求"于征粮之内，明加收一火耗，一切陋规概行停止"。此疏交部议，结果"加派严行禁止，明收火耗不准行"①。第二年，山西平阳府知府马思赞疏请以天下钱粮加一火耗作为正供，康熙帝就此事征询曾经做过知县、现为科道的官员。工科给事中、江苏青浦县人王原曾经作过贵州铜仁县及广东茂名县知县，奏其不可。康熙帝同意王原的意见，此事遂告寝②。

随着重耗害民日益严重，康熙五十七年二月，江西巡抚白潢"请定火耗数目，揭示州县，明白晓谕州县，于定数之外多取者，即行参奏"。但只到此时，康熙帝依然固守其思想："若将火耗明定额数，人无忌惮，愈至滥取。伊等所奏着发还"③。

从上述材料可知至五十七年时康熙帝依然不许将火耗公开征收。但时势却在不数年内将火耗推向了现实的前台。直接导致火耗归公的原因在于弥补康熙中后期日益严重的亏空。有资料显示：自康熙十八年至五十三年各直省止亏空银八百余万两，米谷一百五十万石；自五十四年至六十一年二月，各直省乃亏空银九百一十二万两，米谷二百四十二万余石④。

亏空弥补之方，在当时的情况之下，合法之道不外乎捐俸一途。例如康熙帝南巡造成江南五十余万两的亏空，除官员应赔十六万两外，其余就令各官将俸工抵补⑤。但亏空的日益扩大，薪俸之捐扣亦有他用，因此，官员不得不寻求其他的途径，许多人已瞩目于耗羡。

噶礼是康熙朝贪官的代表人物，但为赢得康熙帝的欢心，亦大力弥补亏空。其所用之法，就是以火耗弥补亏空，通省钱粮，每两索火耗银二钱，分补大同、临汾等处亏空。当然噶礼亦不忘贪婪入己，共得银四十余万两⑥。

康熙五十八年正月，康熙帝命各省督抚将现在亏空数目查明系何项亏

① 《清史列传》卷10，《彭鹏》。
② 王昶：《春融堂集》卷64，《王原传》。
③ 《康熙起居注》第3册，第2492页。
④ 《雍正朝汉文朱批奏折汇编》第31册，第808页。
⑤ 《清圣祖实录》卷243，康熙四十九年十月戊子。
⑥ 《清史列传》卷12，《噶礼》。

空，作何补完具题，然后再行定议。四月二十四日，山东巡抚李树德回奏了山东的亏空情况，提出了以征耗羡弥补亏空的方案："令州县各官于所得加一钱三分耗羡内捐出一分三厘解司存贮，每年约有银四万三千余两，即以此弥补各案之亏空与历年之流抵，不过三年半悉皆完结而全无亏空矣。"对此，康熙帝朱批云"具题"①。实际已经认为这是一可行的方案，欲其公开。但此议遭到朝中大臣的反对，没有结果②。

康熙六十年八月初一日川陕总督年羹尧奏报陕西亏空情由，议及赔补之法："愚以为当择其亏空数少或居官谨饬或才能可用不得已而亏空者，姑且从宽，限于一二年内将其本任应得耗羡委道府监收补项仍不许加耗累民。若居官败检、不惜民瘼、亏空最多、任意侵蚀者，立行题参，严加追比。"康熙帝在带点的字句用朱笔划圈（着重号为笔者所加），并于折末批一"妥"字③。朱圈及这一个"妥"字意味着康熙帝经过深思熟虑后授权年羹尧以所奏行事，同意了用火耗来弥补亏空，此举得到了最高统治者的同意，已经具有合法性。

耗羡归公的政策似乎已呼之欲出，但康熙帝终究未能向前迈进。康熙六十一年八月初五日，陕西巡抚噶什图在与年羹尧及布政使商议之后，上折奏请用通省火耗弥补亏空，可以看做是年羹尧前奏的扩大。对此康熙帝表现出强烈的不满："自古以来，惟禁止火耗而已，不可开，奈何地方官稍征一二分，朕如何办？尔为人之亏欠而密奏，故朕拟批索取，照依之。此断非可行之事……尔等二巡抚昏愦受骗，布政使胆大，理应斩之。"④

康熙帝就此事多次公开晓谕众臣："此事大有关系，断不可行。定例私派之罪甚重，火耗一项，特以州县官用度不敷，故于正项之外，量加些微，原是私事。……彼虽密奏，朕若批发，竟视为奏准之事。加派之名，朕岂受乎？"⑤"民间火耗只可议减，岂可加增？朕在位六十一年，从未加征民间火

① 《康熙朝汉文朱批奏折汇编》第 8 册，第 453～456 页。
② 可参见《清圣祖实录》卷 288，康熙五十九年七月庚午。
③ 《康熙朝汉文朱批奏折汇编》第 8 册，第 837 页。
④ 《康熙朝满文朱批奏折全译》，中国社会科学出版社，1996，第 1510 页。
⑤ 《清圣祖实录》卷 299，康熙六十一年九月戊子。

耗，今安可照伊等所题加征乎？"①

康熙帝故去，将亏空的烂摊子也留给了雍正帝。亏空问题成为朝野议论的中心问题。有请严大吏之勒索以绝亏空之源者，有钱粮之亏空宜覆实者，有认为杜绝亏空之源在于慎选督抚、裁抑家口、崇尚节俭者，亦有亏空源于捐纳之说者，等等。京中科道御史的上奏不无道理，但多属务虚之议。与科道言官相比，地方官从弥补的事实出发，更实际可行。

康熙末年弥补亏空的可行办法，除俸工外也就只有耗羡了。诚如河南巡抚石文焯所议"舍此二者之外，别无良法"②。至雍正元年九月特颁谕旨严禁捐俸，以俸工弥补亏空已无可能，"从前弥补亏空皆指称俸工银两，及朕有旨不许捐输俸工，则皆称以耗羡抵补③。

雍正元年三月初四日，署理河南巡抚嵇曾筠上折议及河南亏空州县弥补之法："其无亏空者，节礼仍贮藩库以充公用；如有亏空者，臣即屏绝规礼。仍查钱粮耗羡酌留十分之三给令养廉，所有余耗俱随正项，每月委员拆解藩库以补欠项，少二千两以上者约一年可补，四千两以上者二年可补，总为数不等，三年之内可冀补足。"④ 这是所见雍正朝最早提出耗羡归公用于养廉以及弥补亏空的奏折。

六月二十五日直隶巡抚李维钧在奏折中提到"直省耗羡较他省原轻，今令照旧征收，道府州县量留养廉，而以其余弥补已往之亏空"⑤。七月初十日山东巡抚黄炳奏请火耗归公，"除每年留给通省各官养廉外，余剩若干尽数补项，即以其本来应得之规，以补原额虚悬之项，不损官、不累民，如此三年内庶几渐次弥补矣"⑥。

嵇曾筠的奏折留中，而李维钧、黄炳有关耗羡的内容，雍正帝未有批谕。一切都说明雍正帝在思考这一办法。雍正元年八月二十七日，河南巡抚石文焯上奏说："凡有亏空之州县应限二年内将所有羡余积累补苴，不许额

---

① 《清圣祖实录》卷 299，康熙六十一年九月甲午。
② 《雍正朝汉文朱批奏折汇编》第 1 册，第 893 页。
③ 《清世宗实录》卷 47，雍正四年八月辛酉。
④ 《雍正朝汉文朱批奏折汇编》第 1 册，第 136 页。
⑤ 《雍正朝汉文朱批奏折汇编》第 1 册，第 569 页。
⑥ 《雍正朝汉文朱批奏折汇编》第 1 册，第 646 页。

外苛派。"石文焯此议雍正帝认为"甚好"。同时雍正帝亦指明："不可难为新任无辜之属员，必将所进之羡余要你深知洞悉，留多少为养廉，用多少以补苴，好言劝导，情理皆通，方与地方百姓有益。"这表现出雍正帝对养廉与弥补亏空数目划分上的关注。雍正帝只是担心"若图稳之好听，将无缘无故新任属员又不指以取路，又不管其养资，但泛言不许扰害地方百姓，恐众属员未必诚服"。在雍正帝看来："如果此奏可行，一点不至为难，则妙不可言矣。"

这是雍正帝承认了用耗羡等弥补亏空的可行性。但就石文焯的奏折而言，其范围在有亏空之州县，若以全省各州县的耗羡来弥补通省亏空，石文焯指出其不合理之处："若以通省耗羡抵补，则谨饬自守并无亏空者，是以所得反为他人抵补，而奢侈妄费、恣意亏空者皆赖他人代赔，益致肆于顾忌，似非情理之平。"石文焯在权衡得失，最后建议以各州县节礼来弥补亏空，其数目府州县旧规有上中下之分别，每年约有四万余两。之所以如此，在石文焯看来，节礼"原系出于耗羡之内，既非苛派于民，又非始自今日"，其效果"不过二年，则已参未完之案，便可如数补完"。

雍正帝似乎有些迟疑："此事朕谕不得，朕为天子岂可令督抚收受节礼"；但他又认为："如果将节礼以补亏空，即属员百姓亦未必不心服，此则在你相机权衡为之，非朕谕尔之事也。"① 可以说直到此时，雍正帝与石文焯等对耗羡归公都摇摆不定。

是山西巡抚诺岷所上的奏折最终打动了雍正帝，使雍正帝摆脱了动摇，坚定了信念。山西是钱粮大省，其亏空极为严重，各府州县亏空积欠达四百五十万两有奇②。

康熙六十年，德音出任山西巡抚，面对亏欠等困境，别无他法，亦只能加征火耗以弥补，"晋省于康熙六十一年间原任抚臣德音任内，即有提举耗羡以为公用之举。"③ 但他与噶礼并无二致，"借弥补亏空之名，提火耗以肥私橐"④。

---

① 《雍正朝汉文朱批奏折汇编》第 1 册，第 890~893 页。

② 《雍正朝满文朱批奏折全译》（上），黄山书社，1998，第 166 页。

③ 《雍正朝汉文朱批奏折汇编》第 12 册，第 3 页。

④ 《清世宗实录》卷 68，雍正六年四月壬寅。

雍正元年四月，德音以匿灾不报又不停征，部议革职，内阁学士诺岷遂被任命为山西巡抚。诺岷于五月十二日到任后积极揭参亏空，更换不法官员，荐补得力清廉之人，题参追赔。但他并未否定德音等的公提火耗的做法，而是将它向前大大推进了一步，经过半年考察，于雍正元年十一月初二日上折详论晋省耗羡归公①。要点如下：

1. 减火耗、定火耗率、将火耗公提司库。诺岷将山西加三、加四以至更多的火耗根据各州县情况降至不足加一到加二之间。征收钱粮之际，每州县将藩司封条加之于钱粮柜，令百姓自投，布政使遣员会向该州县官员共同监视开柜，而后将钱粮即送布政司库，如此则钱粮不致落入州县手中②。诺岷估计，全省应征正项钱粮二百八十余万两，约计火耗银五十万两。

2. 用火耗银弥补无着亏空。诺岷议每年将所得火耗提二十万两入库，"以为亏空之员确尽家产实无可追之时，赔垫之用"。

3. 筹措公费。每年修理城垣街署并修筑汾河堤岸、义学束修、杀虎口马匹料草并倒毙马匹、各衙门心红纸张、当办工食、布政司搬银工价、提塘报资等项共需银六万四千余两。

4. 增设官员养廉。州县官等若能足量用度，可以赡养家口、恪守官箴。对此诺岷制定了详尽的养廉标准。

雍正帝对此极为赞许："山西通省亏空、诸务废弛，今诺敏到任方半年料理清楚，钱粮分厘皆有著落，实可谓称天下抚臣中之第一者也。"③"钱粮分厘皆有着落"，此是诺岷与此前奏请耗羡归公者最显著的不同之处，以后苏州布政使张坦麟阐述耗羡归公之道："窃谓一省之公务，当合一省之财赋，计之一岁之营办，当合一岁之经费。计之此，其道当自经理耗羡始，耗羡一清，不惟应办之公务不劳余力，而从前之无着之亏空亦有不必别为议抵者。"雍正帝在朱批中就说："此法甚善，出自诺岷创始。"④

可以看出其耗羡归公的出发点是为了弥补亏空，特别是无着亏空。为弥补亏空，雍正帝制定出革职赔补，甚至籍没家资等种种严厉措施。但亏空情

---

① 详见《雍正朝满文朱批奏折全译》（上），第 468～470 页。
② 《雍正朝满文朱批奏折全译》（上），第 351 页。
③ 《雍正朝汉文朱批奏折汇编》第 2 册，第 306 页。
④ 《雍正朝汉文朱批奏折汇编》第 10 册，第 902 页。

形复杂，有的辗转相沿十数年或数十年，官员更迭，且多有亡故，以致无法
究查，遂成无着亏空。火耗归公后一部分用以抵补此种亏空，诺岷以此将有
着、无着亏空区别开来，分别对待，而晋省无着亏空有九十万两①。这就一
改上述石文焯所担心的不平之情，实为善法。

　　用火耗弥补亏空，就连后世广为流传、敢于在火耗归公之上与雍正帝廷
争的沈近思也是积极赞成的。雍正二年初沈近思充任山东乡试正考官，在他
向雍正帝的奏折中就山东亏空阐述一己之见说，对于奉旨公捐所造成的亏
空，应予以豁免，对于侵挪之亏空令本人追还，对于前任所遗代任之项与通
省事件公用之项，"官员断未有以己财补项，不过取之于耗羡，仍是地方之
物，况肯受亏空之人必不能有操守而善节省，欠留于任，不特前亏无补，必
致后亏复生，徒使百姓受重耗之害"。沈近思建议："不若令其解任，另选
贤能之员，开明亏空数目，将加一耗羡酌算，每年应补若干，限年补清报
部，酌量议叙，如于加一之外，再加火耗者，即以贪污论处。"②

　　当然，诺岷的耗羡归公之法感动雍正帝的绝不仅仅限于弥补亏空这一
点，还有就是养廉银。诺岷到任在即，雍正元年五月初八日年羹尧曾写信给
他，说："欲清钱粮先查亏空，欲补亏空先绝交际。……上下不要钱而亏空
完补有日，吏治民生焕然一新。"如何做到"实实不要钱"③？诺岷的前任德
音，实际上也已设养廉银，当时的标准是州县每年三百两，巡抚四万两，藩
臬各二万两④。不论数目所定是否合适，与官员无俸相比，无疑是巨大的进
步。吏部右侍郎史贻直更是直接提出了"奖廉莫先于养廉"⑤的主张。而上
述嵇曾筠、黄炳等上奏以归公耗羡弥补亏空的同时也都有设养廉银想法，只
是他们还未将养廉落到实处。以上一切表明，设养廉银是大势所趋。

　　当诺岷指明赏给各员养廉，"均得养家之银，又可杜绝礼物之耗费而安
分守己。若非极不肖者，必不会冒死而动私派于费挪移钱粮之心"。对此雍

① 《雍正朝满文朱批奏折全译》（上），第1059页。
② 《雍正朝汉文朱批奏折汇编》第32册，第68页。
③ 《雍正朝汉文朱批奏折汇编》第1册，第359页。
④ 《雍正朝满文朱批奏折全译》（上），第469页。
⑤ 《雍正朝汉文朱批奏折汇编》第1册，第796页。

正帝朱批云："除对尔赞许嘉贶外，别无降旨。"① 这表明雍正帝对养廉极为认同。

第三点，如同杨宗仁的办法一样，由归公耗羡设立地方公费银解决了捐俸被明令禁止后地方公费的筹措问题。

最后整个耗羡归公是以降低实际对百姓征耗为前提的，也是对百姓负担的减轻。

总之，诺岷耗羡归公之举与噶礼借耗羡归公肥己实有天壤之别，他是将众人耗羡归公诸说落到实处，他倡导的火耗归公是一个整体：降低火耗的征收分数，这极大减轻了农民的负担；征收的耗银是一笔不小的数目，用之弥补亏空，解决了最迫切的财政问题；养廉银之设，使各级官员得到了高于正俸数十倍甚至上百倍的薪金，经济收入的大幅度提高，为官员自律提供了物质保证；而地方公费的设置，使得地方财政宽裕，保证了地方经济的正常运作与发展。可以说，耗羡归公是一项综合的地方财经改革措施。

诺岷耗羡归公的奏折对雍正帝产生了深远的影响，我们可以从雍正帝对诺岷个人的态度窥得一二。当诺岷上奏将五十万两耗羡派用诸项后所剩银三万一千余两赏赐自己作养廉时，雍正帝朱批云："不但全给尔，做为巡抚，这些何以够用？应当领银用以劝奖。"② 从中不难体会雍正帝的喜悦之情。

继诺岷之后，雍正二年初，河南巡抚石文焯也提出耗羡归公实施办法：所有耗羡各州县通盘合算约有一钱三分有零，统计全省额征地丁银三百零六万余两，约耗羡银四十万有零，总计一年各官养廉公用等项共约需银二十四五万，每年约可余耗羡银十五六万两解司库以为弥补亏空、抵还借帑等项。对石文焯的做法，雍正帝一方面认为："妙不可言"③，另一方面又指出："你此数奏皆法诺岷之料理……还要如他一样，实在行，方能一样。"④ 这也说明了雍正帝对诺岷耗羡归公方案的完全认可。

---

① 《雍正朝满文朱批奏折全译》（上），第 469 页。
② 《雍正朝满文朱批奏折全译》（上），第 469 页。具体银数为三万一千七百九十三两，见《雍正朝汉文朱批奏折汇编》第 24 册，第 806 页。这是清代法定养廉银的最高数额。
③ 《雍正朝汉文朱批奏折汇编》第 2 册，第 527 页。
④ 《雍正朝汉文朱批奏折汇编》第 2 册，第 658 页。

三　耗羡归公的正式出台

地方督抚的实践推动了全面的耗羡归公制度的形成。诺岷上折是在元年十一月初，河南上奏全面耗羡归公是在雍正二年三月。至此地方督抚的全面、合理的方案已经全盘托出，耗羡归公改革似乎只等雍正帝一声令下即可正式出台。但事情却不是如此简单。

早在雍正元年就有人对以火耗弥补亏空议给养廉的做法持不同的看法。四月十九日给事中崔致远就奏报说："今闻山东、山西、陕西填补之法，不论有无亏空之州县，所有钱粮火耗或加一、加二、加三以上不等，尽收尽解，不知何县火耗填何县亏空，不知若干火耗填若干亏空，亦不知起于何时止于何日，州县等官量给盘费既不足以养廉，于是另行搜括，剥肤洗髓，无所不至。"① 对此雍正帝并未有所批谕。

雍正二年御史刘灿上折反对山西等省的耗羡归公。刘灿说，皇上新即位，严禁耗羡。百姓闻之，莫不欣然愿望，谓火耗自此轻矣。不想外省督抚却自定加二。"初行时，州县犹知畏惧，不过加二四五而止。近日臣细行察访，除河南、陕西察访未确外，其北直、山东、山西竟皆加三以上，并无加三以下者矣"。认为这是"贪吏阴取民财，而乃以取之名归于皇上"。刘灿最后"请饬行巡抚，今年春夏两季火耗不可于别项动用，即将各省无着亏空，无论多寡，总以此尽行抵销讫，其有着落者，于各官名下追补。如不能完补者，即按其多寡，正其罪而销其案，不能使累及百姓，而于火耗仍严行禁止。宁捐己才，不忍困民之力，如此则葛藤既斩，贪吏不得藉端巧取。官方肃而民生安。我皇上爱养斯民之意庶几可慰矣"②。

山西布政使高成龄在邸报上见到内阁发出的这一条奏，遂于雍正二年六

① 《雍正朝汉文朱批奏折汇编》第1册，第254~255页。
② （光绪）《盂县志》卷十九"艺文录·奏疏"，《奏减直隶山东［山］西火耗疏》。笔者曾查阅中国第一历史档案馆有关材料，但未查到刘灿具体的上疏时间。需要说明的是，冯尔康依据《雍正朝起居注册》最早注意到山西籍御史刘灿上疏反对改革一事。见《雍正传》，人民出版社，1985，第149页。笔者据此及雍正帝在二年六月初八日高成龄奏折上的朱批"刘灿仍着入议"耗羡归公一事，确定参奏者就是刘灿，并找到了原奏疏。

月初八日上折逐条批驳，为诺岷辩解，并进一步阐述耗羡归公的必要性及种种益处①。

在接到高成龄的奏折后，雍正帝于六月十四日特别发布上谕："此事着总理事务王大臣九卿詹事科道平心静气秉公持正会议，少有一毫挟私尚气、阻挠不公者，国法具在，断不宽宥！各出己见，明白速议具奏，如不能画一，不妨两议三议皆可。"②

七月初六日，总理事务王大臣九卿等将议覆上呈。众臣意见可归结为四点：一是各属火耗请将分数酌定。二是提解火耗，将州县应得之项，听其如数扣存。三是提出巡抚诺岷清勤敏干，布政使高成龄操守亦优，应令二人尽心商确，先于山西一省照所奏试行。四是认为提解火耗非经常可久之道。这四条实际上是对提解火耗的消极抵制。雍正帝以为众臣所议"所见浅小"，逐条批驳。对于在山西试行的看法，雍正帝斥言之："此言尤非也。天下事惟有可行与不可行两端耳。如以为可行，则可通行于天下，如以为不可行则亦不当试之于山西。譬如治病漫以医药试之，鲜有能愈者。今以山西为试行之省朕不忍也，且天下抚藩岂尽不如诺岷、高成龄，而谓二人独能行乎？"雍正帝欲在全国推行耗羡归公之意跃然纸上。

雍正帝在上谕中阐述了他对提解火耗总的看法："州县火耗原非应有之项，因通省公费及各官养廉有不得不取给于此者，然可以公言也，朕非不愿天下州县丝毫不取于民，乃其势有所不能，且历来火耗，皆在州县，而加派横征，侵蚀国帑，亏空之数不下数百余万。原其所由，州县征收火耗，分送上司，各上司日用之资，皆取给于州县，以致耗羡之外，种种馈送，名色繁多，故州县有所借口而肆其贪婪，上司有所瞻徇而不肯参奏，此从来之积弊，所当剔除者也。与其州县存火耗以养上司，何如上司拨火耗以养州县？"

---

① 《雍正朝汉文朱批奏折汇编》第 3 册，第 143～145 页。高成龄此折已收录在《雍正朱批谕旨》及《清经世文编》，《清世宗实录》也节录此折，学者多有引用，在此不细说。诺岷于雍正二年七月初七日才上折，说是看到了刘灿的参本底稿，"甚为气愤。火耗者乃素行之事，并未增至三分，伊蓄意指称扰员，鼓惑民心，殊属无理。臣身为一省之臣，岂能与刘赞（笔者按：应为刘灿）之辈论争？"见《雍正朝满文朱批奏折全译》（上），第 858 页。
② 《清世宗实录》卷 21，雍正二年六月乙酉。

尽管雍正帝态度强硬，但仍有沈近思等人的反对。雍正帝也感觉到耗羡归公实施的复杂性。雍正帝最后对众臣言："尔等所奏与朕意不合，若令再议，尔等必遵朕谕议覆准行，朕亦不能保其将来无弊也。各省能行者听其举行，不行者亦不必勉强。"①

耗羡归公就这样终于出台了。

在耗羡归公形成上雍正帝究竟起到了何等的作用？清人在叙述山西耗羡归公时说过："晋省耗羡向无定额，多寡不能画一，至雍正元年钦奉上谕令将耗羡作何裁减，经前抚诺〔岷〕遵旨裁减，每两仅准加耗羡银一钱二三分不等。"②

还有一点，最初上奏耗羡归公者几乎都是雍正帝所提拔委以重用之人。除诺岷外，杨宗仁康熙六十一年十一月由广东巡抚升任湖广总督，黄炳于康熙六十一年十二月由山东按察使擢升至巡抚，雍正元年二月稽曾筠由左金都御史署理河南巡抚事务，等等。是否有可能在耗羡归公问题上雍正帝对他们有所指示呢？如年羹尧对诺岷所说："陛辞之日自必圣训周详。"③

《雍正朝起居注册》只载雍正元年五月初一日"赐山西巡抚诺岷鞍马一匹"而已④，至于有无叮咛、作何嘱托已无从得知。对这一问题可以细挖材料，但前面描述的事实经过已经明白地说明了雍正帝只是一个因素而已，当然是很重要的因素。不用对这一问题再费太多的笔墨。

清初以来旧的财政体制客观上造成的种种危害与矛盾需要解决，雍正帝上台后的种种严厉的举措使得必须有新的办法出台，而地方的实践终于推出了耗羡归公。耗羡归公的出台既合乎历史的发展顺序，也合乎逻辑的发展顺序。但这并非是历史的唯一可能答案，也就是说这不是历史的必然，是否可以如同康熙帝所想，扩大地方的留存来解决问题，抑或增加田赋等办法？就是实施了耗羡归公，是否可以对全国官员包括京官都给予养廉银呢？还须注意的是康熙帝，乃至雍正帝所遇到的强有力的反对意见，甚至包括康熙帝个人，这又意味着什么？上文雍正帝态度的改变已经说明了此不是一个简单的

---

① 《清世宗实录》卷22，雍正二年七月丁未。

② （乾隆）《晋政辑要》卷5，《耗羡章程》。

③ 《雍正朝汉文朱批奏折汇编》第1册，第375页。

④ 《雍正朝起居注册》第1册，中华书局，1993，第13页。

问题。事实也证明了作为政策的耗羡归公，即使成为制度亦不能使得历史问题一劳永逸地得以解决。"法无至善"，到达了一定时期又必然需要新的补救的措施、政策乃至制度，但这不是说新的政策、制度就一定能够形成与出台，换言之就是有制度创新。而其中最高决策者与地方官员是两个极重要的因素。本文所考察的耗羡归公的形成与出台，是这方面较为成功的例证。

（原文发表于《清史研究》2002 期第 2 期）

清末《外务部大臣年表》初探

◎ 何瑜　赵涛

庚子国变后，光绪二十七年六月初九日，清廷明谕将总理各国事务衙门改为外务部，"班列六部之前"。这是清代对外关系体制的又一次重大变革，即将原清帝特简、无定额，均为王大臣兼差的临时涉外机构，变为"特设员缺、以专责成"① 的清末正式外交衙门。

现存的外务部大臣年表，可分为已刊和未刊两类；因外务部属于清廷中枢部门，其大臣年表又有单独成表和纳入新设各部大臣年表两类。本文所参考的几种外务部大臣年表主要是：（1）钱实甫编《清代职官年表》② （以下简称钱表），外务部大臣年表分布在《部院大臣年表》和《新设各部侍郎年表》中；（2）《清史稿》《清史稿校注》③，外务部大臣年表在两书"部院大臣年表一"中（以下简称清史稿表），（3）台湾《清史》④，外务部大臣年表以宣统元年为界，分布在"部院大臣年表九""部院大臣年表十"中（以下简称清史表）；（4）《清季中外使领年表》⑤，该表附录外务部大臣年表；（5）佚名辑《清末职官表》⑥，外务部大臣年表在其京官职官表部分，只有

---

① 刘锦藻：《清朝续文献通考》，卷一百十八。
② 钱实甫：《清代职官表》，中华书局，1980。
③ "国史馆"校注《清史稿校注》，台湾商务印书馆，1999。
④ "国防研究院清史编纂委员会"：《清史》，台湾成文出版社，1971。
⑤ 中国第一历史档案馆等编《清季中外使领年表》，中华书局，1985。
⑥ 佚名：《清末职官表》，台湾文海出版有限公司。

光绪三十四年至宣统三年的表文；（6）《清史馆未刊纪志表传稿本专辑——表》①（以下简称清史馆未刊表），外务部大臣年表在其部院大臣年表中。除以上各职官年表外，魏秀梅的《清季职官表》②（以下简称魏表）也有单独的外务部大臣表。以上几种史表，除魏表是"以人系年，以年系事"编纂方式，其余均是"以年系人，以人系事"的年表编纂方式。本文通过对现存几种外务部大臣表的考察，在订正个别信息点的同时，探讨有关史表编纂及清末职官制度中某些易为忽略的细节问题。

一　那桐任外务部会办大臣兼尚书、会办大臣问题

外务部官制以总理大臣为首，之下有会办大臣、尚书及左右侍郎，通常尚书也兼会办大臣。总理大臣、会办大臣、左侍郎、右侍郎皆有明确称谓，会办大臣兼尚书这一职务如何称谓，各表表述皆不相同。钱表、清史表称为"会办大臣兼尚书"，魏表称为"尚书兼会办大臣"，清史稿表和清史馆未刊表只称"尚书"，《清末职官表》称为"尚书会办大臣"。尽管表述不同，但各表均将其排序在会办大臣之后，即外务部大臣班列次序为：总理大臣、会办大臣、尚书（会办大臣兼尚书、尚书兼会办大臣、尚书会办大臣）、左侍郎、右侍郎。光绪二十七年清廷发布设立外务部及相关人事任命上谕，《光绪宣统两朝上谕档》记载：

> 光绪二十七年六月初九日内阁奉上谕……总理各国事务衙门著改为外务部，班列在六部之前，简派和硕庆亲王奕劻总理外务部事务，体仁阁大学士王文韶著授为会办外务部大臣，工部尚书瞿鸿禨著调补外务部尚书授为会办大臣。太仆寺卿徐寿朋、候补三四品京堂联芳，著补授外务部左右侍郎。③

《清德宗实录》记载：

---

① 台北故宫博物院典藏复印本。
② 魏秀梅：《清季职官表》，中研院近代史研究所，2002。
③ 《光绪宣统两朝上谕档》第27册，光绪二十七年六月初九日，第124页。

总理各国事务衙门著改为外务部，班列在六部之前，简派和硕庆亲王奕劻总理外务部事务，体仁阁大学士王文韶著授为会办外务部大臣，工部尚书瞿鸿禨著调补外务部尚书授为会办大臣。太仆寺卿徐寿朋、候补三四品京堂联芳，著补授外务部左右侍郎。①

在这两条史料中，王文韶"授为会办外务部大臣"，瞿鸿禨"调补外务部尚书授为会办大臣"，其中有所区别，王文韶可视为专职会办大臣，瞿鸿禨为会办大臣兼任尚书。无疑会办大臣的地位要高于尚书，若遵循"以大兼小"的原则，具体表述应采用钱表的"会办大臣兼尚书"。

光绪二十九年九月十六日，王文韶开缺外务部会办大臣，那桐任外务部尚书、会办大臣，《光绪宣统两朝上谕档》记载：

光绪二十九年九月十六日内阁奉上谕，那桐著调补外务部尚书授为会办大臣。②

《清德宗实录》记载："命大学士王文韶管理户部事务，开去会办外务部大臣。调户部尚书那桐为外务部尚书会办大臣。"③

那桐在九月十六日这天的日记中记载："内阁奉上谕：那桐著调补外务部尚书，授为会办大臣。"④

此次人事调动，钱表、魏表、清史稿表、清史表各表皆表述为王文韶离职，那桐接仕，均为不妥，因史料中明确记载，那桐担任的并非之前王文韶所任"会办大臣"一职，而是"尚书兼会办大臣"，和瞿鸿禨职务一样。这时，外务部并没有专职的会办大臣，只有两个会办大臣兼尚书。

那桐任职外务部会办大臣兼尚书后，他和瞿鸿禨的班列次序如何？魏表、钱表、清史稿表、清史表等均将那桐排在瞿鸿禨之前，显然不妥。查

---

① 《清德宗实录》卷四八四，光绪二十七年六月癸卯。
② 《光绪宣统两朝上谕档》第29册，光绪二十九年九月十六日，第284页。
③ 《清德宗实录》卷五二一，光绪二十九年九月丙申。
④ 那桐：《那桐日记》，新华出版社，2006，第483页。

《光绪宣统两朝上谕档》，光绪三十年正月王大臣年岁生日单①、光绪三十一年正月王大臣年岁生日单②，王大臣年岁名单是按亲王、郡王、贝勒、贝子、镇国公、辅国公、大学士、协办大学、各部尚书、都察院左都御史、都统等顺序严格排列的，从中我们看到那桐均列于瞿鸿禨之后。因同为会办大臣兼尚书，品级地位相等，但瞿鸿禨任职在前，那桐任职在后，故以资历相较，光绪二十九年、三十年、三十一年在外务部大臣年表中那桐应排列于瞿鸿禨之后。

光绪三十一年，那桐官运亨通。六月十七日协办大学士，十二月十三日升大学士、十六日授体仁阁名号，在短时间内位极人臣。因那桐品级地位超过没有大学士头衔的瞿鸿禨，故十二月十四日，即清廷授那桐为大学士的次日，一道上谕作出了区别。《光绪宣统两朝上谕档》记载："光绪三十一年十二月十四日内阁奉上谕，大学士那桐著仍充外务部会办大臣。"③

同日《清德宗实录》记载："命大学士那桐仍充外务部会办大臣"④。

那桐在十二月十四日的日记中也记载了这次任命："本日奉旨：大学士那桐著仍充外务部会办大臣。"⑤

我们注意到，这道上谕中那桐"仍充外务部会办大臣"，而不是"仍充外务部尚书、会办大臣"。清廷发布这道上谕，不仅是表明那桐继续在外务部任职，更重要的是将其从兼职会办大臣转为了专职会办大臣，地位区别并高于瞿鸿禨的尚书、会办大臣。也就是说，在这次任命上谕之后，那桐在外务部职务才是会办大臣。故在外务部大臣年表中，从光绪三十二年起，那桐任会办大臣，其班列次序在瞿鸿禨之前。但在《清季中外使领年表》中，光绪三十二年及之后，那桐排序依旧在瞿鸿禨之后，则误。

二　徐寿朋卒日问题

光绪二十七年六月初九日，徐寿朋被任命为外务部左侍郎，不久因病去

---

① 《光绪宣统两朝上谕档》第30册，光绪三十年正月初三日，第1页。
② 《光绪宣统两朝上谕档》第31册，光绪三十一年正月初三日，第1页。
③ 《光绪宣统两朝上谕档》第31册，光绪三十一年十二月十四日，第225页。
④ 《清德宗实录》卷五五二，光绪三十一年十二月壬子。
⑤ 那桐：《那桐日记》，新华出版社，2006，第559页。

世。关于徐寿朋卒日，各表歧异较大，清史稿表、清史表、清史馆未刊表记徐卒于光绪二十九年五月；而钱表、魏表和《清季中外使领年表》则记徐卒于光绪二十七年九月廿三日，其史料根据为清实录和上谕档。

《光绪宣统两朝上谕档》记载："光绪二十七年九月二十三日内阁奉上谕，外务部左侍郎徐寿朋，由道员洊升今职，办理交涉事务诸臻妥协。兹闻溘逝，轸惜殊深。徐寿朋著加恩照侍郎例赐恤，应得恤典该衙门察例具奏。钦此。"①

《清德宗实录》同日记载："以都察院左都御史吕海寰兼署外务部左侍郎。未到任前，户部右侍郎那桐署理。予故外务部左侍郎徐寿朋恤典如例。"②

其实，此系清廷发布对徐寿朋赐恤的上谕时间，并非其卒日。按制，清高级官员死亡后均要上报朝廷，而朝廷接报后下诏予祭葬的日期，则与该官实际死亡的日期，间隔或短或长，短则数日，长则逾年。但据《那桐日记》同年九月记载："二十日今日徐近斋病故，可悯。"③

中国第一历史档案馆所藏《电报档》所收档案也记载了徐寿朋病卒之事："照录联芳来电，九月二十一日上，徐寿朋昨夜病故。"④

徐近斋即徐寿朋，《那桐日记》为晚清重臣那桐逐日而记所成，其内容多为当天所见所经之事，电报档更是逐日登载所收发的电报，可信度极高。故笔者认为，徐寿朋卒日应为光绪二十七年九月二十日。九月二十三日是清廷发布对徐寿朋赐恤上谕之时，而非其卒日。因此，清史稿表、清史表和清史馆未刊表等所载徐寿朋卒日，也均不准确。

三 联芳改署外务部右侍郎问题

光绪二十七年六月初九日，联芳被任命为外务部右侍郎。关于此次任

---

① 《光绪宣统两朝上谕档》第 27 册，光绪二十七年九月二十三日，第 201 页。
② 《清德宗实录》卷四八七，光绪二十七年九月乙酉。
③ 那桐：《那桐日记》，新华出版社，2006，第 403 页。
④ 《为报本部左侍郎徐寿朋病故事》，中国第一历史档案馆藏档案，《电报档》，档号：2 - 02 - 12 - 027 - 0640；缩微号 007 - 0916。

命，清史稿表、清史表、《清季中外使领年表》、清史馆未刊表均载联芳
"任"外务部右侍郎，而钱表、魏表则记此时联芳"署"外务部右侍郎，光
绪二十九年二月十二日正式"任"外务部右侍郎。有关光绪二十七年六月
初九日这次任命，《光绪宣统两朝上谕档》记载："太仆寺卿徐寿朋、候补
三四品京堂联芳，著补授外务部左右侍郎。"①

《清德宗实录》同日记载："太仆寺卿徐寿朋、候补三四品京堂联芳，
著补授外务部左右侍郎。"②

据此，联芳在光绪二十七年六月初九日是"任"外务部右侍郎。但清
廷于光绪二十九年二月十二日又有一道任命联芳为外务部右侍郎的上谕，
《光绪宣统两朝上谕档》记载："光绪二十九年二月十二日内阁奉上谕：联
芳著补授外务部右侍郎。"③

《清德宗实录》同日记载："实授联芳外务部右侍郎。"④

可见，光绪二十九年二月十二日清廷确实发布了对联芳外务部右侍郎的
任命。那么为什么会有光绪二十七年、光绪二十九年对联芳的两次任命？研
读《清德宗实录》，光绪二十九年二月丁酉，清廷对联芳的任命上谕中有
"实授"二字，说明联芳在此之前曾署任外务部右侍郎，而且很有可能是因
某种原因由原来的实任右侍郎改为署任。

查阅《清德宗实录》，我们发现光绪二十八年四月己亥记载：

> 谕军机大臣等，平定粤匪捻匪方略，前由外务部刊印，现在所存尚
> 多。著赏给御前大臣、军机大臣、总管内务府大臣、南书房、上书房、
> 大学士、各部院尚书、左都御史及各省将军督抚，每人各一部。署外务
> 部侍郎那桐、联芳，加恩各赏给一部。⑤

《光绪宣统两朝上谕档》记载：

① 《光绪宣统两朝上谕档》第27册，光绪二十七年六月初九日，第124页。
② 《清德宗实录》卷四八四，光绪二十七年六月癸卯。
③ 《光绪宣统两朝上谕档》第29册，光绪二十九年二月十二日，第33页。
④ 《清德宗实录》卷五一二，光绪二十九年二月丁酉。
⑤ 《清德宗实录》卷四九八，光绪二十八年四月己亥。

交外务部：本日军机大臣面奉谕旨，平定粤匪捻匪回匪方略，前由外务部刊印，现在所存尚多，著赏给御前大臣、军机大臣、总管内务府大臣、南书房、上书房、大学士、各部院尚书、左都御史及各省将军督抚，每人各一部。署外务部侍郎那桐、联芳加恩各赏给一部。……四月初九日。①

从这条史料中可知，因外务部刊印《平定粤匪捻匪回匪方略》较多，那桐和联芳被破例各赏给一部，当时那桐与联芳所司的左、右侍郎均为署任。那桐于光绪二十七年九月廿三日因吕海寰出差暂署外务部左侍郎，其署任期一直到光绪二十九年三月初六日，也就是说在光绪二十八年那桐一直是署外务部左侍郎，故"署外务部侍郎那桐"说法成立。"署外务部侍郎联芳"从何而来？根据《清代官员履历档案全编》的记载：

联芳，年六十三岁……光绪二十七年五月十九日奉旨以三四品京堂候补；六月初九日奉旨补授外务部右侍郎；因在服内，呈恳终制，经全权王大臣代奏，七月初五日奉旨改为署任。十月因随办议约出力，奉懿旨著上戴花翎。二十九年二月服满，是月十二日奉旨补授右侍郎；三月初六日奉旨调署左侍郎；五月初二日奉旨转补左侍郎。②

再查《电报档》，光绪二十七年七月二十九日发直隶总督李鸿章电《为代联芳奏请终制折奉朱批联芳改为署任事》记载：

拟致全权电信俭电悉，贵大臣代奏联芳请终制折，初五奉硃批联芳著改为署任，钦此。③

据上可知，李鸿章代联芳奏请终制，清廷于七月初五日作出答复：联芳

① 《光绪宣统两朝上谕档》第 28 册，光绪二十八年四月初九日，第 99 页。
② 秦国经编《清代官员履历档案全编》第 7 册，华东师范大学出版社，1997，第 478 页联芳条。
③ 《为代联芳奏请终制折奉朱批联芳改为署任事》，中国第一历史档案馆馆藏档案，《电报档》，档号：1 - 01 - 12 - 027 - 0447；缩微号 002 - 1003。

改为署任。改为署任后，联芳上折谢恩，光绪二十七年八月十三日军机处随手登记档收录被朱批的联芳奏折："硃批联芳折谢改署外务部侍郎恩由"①。

根据以上资料，联芳于光绪二十七年六月初九日被任命为外务部右侍郎，七月初五日改为署任，光绪二十九年二月十二日复补授右侍郎。故上述外务部大臣表均应补入，联芳光绪二十七年七月初五日改为署任这一信息。

又"七月初五日奉旨改为署任"一条信息不见于实录和上谕档等史料，前述《清代官员履历档案全编》所记载的"十月因随办议约出力，奉懿旨著赏戴花翎"一事，《光绪宣统两朝上谕档》记载："光绪二十七年十月二十八日内阁奉上谕……奕劻奏酌保随办议约人员开单恩请奖励各折片，现在和局已定，在事出力各员或随同议约或办理交涉，均属著有劳勤，自应量予奖励，外务部右侍郎联芳著赏戴花翎。"②

《清德宗实录》记载与此相同，其中联芳职务亦为"外务部右侍郎"，此称谓同光绪二十八年四月初九日清廷赐书之"署外务部侍郎联芳"不一，也同《清代官员履历档案全编》记载联芳"七月初五日奉旨改为署任"相矛盾。故实录与上谕档于此处记载均有误。

四 宣统元年世续任外务部会办大臣问题

宣统元年二月十八日，那桐穿孝；五月十一日，署理直隶总督。那桐因故两次暂离本职，外务部会办大臣均由大学士世续署理。关于二月十八日的人事调动，钱表《部院大臣年表》记："二、戊辰、十八，3.9；忧，改署。"《光绪宣统两朝上谕档》记载："宣统元年二月十八日内阁奉上谕，那桐现在穿孝，外务部会办大臣著世续署理"③。

《宣统政纪》记载："以外务部会办大臣那桐穿孝，命大学士世续署理外务部会办大臣。"④

---

① 中国第一历史档案馆馆藏档案，军机处随手登记档，档号：03-0309-1-1227-218；缩微号：125-0140。
② 《光绪宣统两朝上谕档》第27册，光绪二十七年十月二十八日，第224页。
③ 《光绪宣统两朝上谕档》第35册，宣统元年二月十八日，第67~68页。
④ 《宣统政纪》卷八，宣统元年二月戊辰。

根据以上史料，二月十八日那桐并没有改署，只是任命世续署理其职。钱表改署信息从何而来？《光绪宣统两朝上谕档》记载：

> 宣统元年闰二月初六日内阁奉上谕，大学士那桐所司一切职任均属重要，关系大局，现在丁忧穿孝，均著改为署任。俟百日孝满后，即行照常入直，并进署办事。该大学士务当移孝作忠，勉图报称。钦此。①

《宣统政纪》宣统元年闰二月丙戌（初六日）记载：

> 谕内阁，大学士那桐所司一切职任均属重要，关系大局，现在丁忧穿孝，均著改为署任。俟百日孝满后，即行照常入直，并进署办事。该大学士务当移孝作忠，勉图报称。②

故闰二月初六日丙戌才是那桐改署外务部会办大臣日期，此信息钱表有误，其他各表均无记载。

百日孝满后，清廷又谕令那桐照常供职，《光绪宣统两朝上谕档》记载：

> 宣统元年四月二十八日内阁奉上谕，那桐奏沥陈下悃恳请终制一摺，览奏具见孝思肫切。惟该大学士职司重要，朝廷以其办事认真，深资倚畀。前降旨改为署任，系因时事艰难，需才襄赞，不得已从权办理。那桐受恩深重，自应仰体朕怀，力图报称。现经百日孝满，著仍遵前旨照常入直，毋许固辞。钦此。③

《宣统政纪》宣统元年四月丙午（二十八日）记载：

> 谕内阁，那桐奏沥陈下悃恳请终制一摺，览奏具见孝思肫切。惟该

---

① 《光绪宣统两朝上谕档》第 35 册，宣统元年闰二月初六日，第 91 页。
② 《宣统政纪》卷九，宣统元年闰二月丙戌。
③ 《光绪宣统两朝上谕档》第 35 册，宣统元年四月二十八日，第 216 页。

　　大学士职司重要，朝廷以其办事认真，深资倚畀。前降旨改为署任，系因时事艰难，需才襄赞，不得已从权办理。那桐受恩深重，自应仰体朕怀，力图报称。现经百日孝满，著仍遵前旨照常入直，毋许固辞。①

　　以上两条史料，文中特别提到"著仍遵前旨照常入直"，而闰二月初六日上谕及实录则提到"俟百日孝满后，即行照常入直，并进署办事"。入直即供职军机处，"进署"即入职外务部。前后对照，四月丙午上谕只提到"入直"而无"进署"，那桐是否只恢复军机处职务而未复职外务部？笔者认为，虽然四月丙午上谕只提到"入直"，但并非只是恢复那桐军机处职务，在清廷官制中，军机处显然权重于外务部，此次上谕的主要目的是令那桐复职，而非强调"照常入直"。

　　接着，五月十一日，那桐又暂时署理直隶总督。《光绪宣统两朝上谕档》记载：

　　　　宣统元年五月十一日内阁奉上谕，直隶总督兼北洋大臣著端方调补，迅速来京陛见，未到任以前著那桐署理，钦此。"同日，"宣统元年五月十一日内阁奉上谕，那桐现派署直隶总督，外务部会办大臣著世续署理。钦此。②

　　又《宣统政纪》同日也记载：

　　　　命军机大臣世续署外务部会办大臣，调两江总督端方为直隶总督兼北洋大臣迅速来京。未到任前，以外务部会办大臣那桐署理。③

　　此次任命上谕，明确指出了那桐"外务部会办大臣"身份，说明在此之前那桐已官复原职，故四月二十八日应是那桐由署任恢复外务部会办大臣

---

① 《宣统政纪》卷一二，宣统元年四月丙午。
② 《光绪宣统两朝上谕档》第 35 册，宣统元年五月十一日，第 235 页。
③ 《宣统政纪》卷一三，宣统元年五月己未。

之日。此信息上述各表均缺载。

因端方未及时到任，五月十一日那桐被派署直隶总督，外务部会办大臣职务才由世续署理。端方到任直督后，那桐也自然卸署该职。《那桐日记》宣统元年六月记载：

> 二十三日早到……各衙门辞行，午初归，公事交代清楚，静候午樵明晨到来。二十四日辰初归，端午樵制军由京来津，余迎跪请圣安，……携宝儿、二、三侄回京。①

由上可知，六月二十四日，那桐卸署直隶总督。卸署后，那桐回任外务部会办大臣本职，并一直任至宣统三年四月清廷内阁改制。《那桐日记》宣统三年四月记："初十日，余之外务部会办大臣一缺裁撤矣。"②《清末职官表》宣统元年二月、三月、四月、五月外务部大臣栏均记载："会办大臣正任那桐署理世续"，六月无此记载，自七月起，外务部大臣栏记载："会办大臣那桐"说明那桐一直担任外务部会办大臣，而世续只是两次暂行署理。

根据以上史料，二月十八日，因那桐穿孝，外务部会办大臣暂由世续署理。关于此次人事变动，魏表、《清季中外使领年表》记载正确；钱表、清史表记为那桐因穿孝而改署外务部会办大臣、世续署任，有误；清史稿表、清史馆未刊表并无此信息。而那桐闰二月初六日改署、四月二十八日回任外务部会办大臣之信息，各表均无记载。关于五月十一日人事调动，钱表、魏表、清史表记载那桐署理直隶总督，世续署外务部会办大臣，但无那桐卸署直督信息；而清史稿表、《清季中外使领年表》、清史馆未刊表则于此均缺载。《清季中外使领年表》记载宣统元年、宣统二年，世续担任外务部会办大臣，实误。

五 光绪三十三年邹嘉来卸署外务部右侍郎问题

钱表、魏表、清史稿表、《清季中外使领年表》均记"光绪三十三年三

---

① 那桐：《那桐日记》，新华出版社，2006，第636页。
② 那桐：《那桐日记》，新华出版社，2006，第688页。

月十一日，邹嘉来署外务部右侍郎"。关于其卸署日期，《清季中外使领年表》记"五月、十八，6.28，卸"。查上谕档和实录，五月十八日均无此记录。而《历史档案》1986 年第 4 期《清外务部部分主要官员履历》中邹嘉来条则有："三十三年三月十一日奉上谕：外务部右侍郎著邹嘉来暂行署理。钦此。五月十八日，卸署右侍郎任。"①

《清外务部部分主要官员履历》为中国第一历史档案馆所藏外务部档案整理而成，具有较高的可信度。在没有其他资料佐证的情况下，此信息应值得我们参考。

六　小结

自《史记》仿谱牒而创十表，其后遂为中国历代正史的传统体裁之一。史表的功能一方面在于以简驭繁，将复杂的史实条理化。正如前人所云："史之有表，盖所以提一书之纲要，为纪传之总汇，节繁文而清眉目，亦綦重矣。"但另一方面，它还要给读者提供既准确、完备，又便于检索的史学工具书。故它在反映各种职官制度和官员升迁罢免的信息上，一定要准确无误，不能有半点含糊和抵牾。

当前，在清史史表的编纂过程中，我们首先需要对前人的研究成果进行甄别和吸收，但简单的信息核对并不能保证史表内容的高度准确，它还需要更为翔实的史料支撑和更为细微深入的研究，这也是史表编纂工作特别需要注意的问题。

---

① 《清外务部部分主要官员履历》，《历史档案》1986 年第 4 期。

中国历代更改重复县名及其现实意义[*]

◎ 华林甫

一　引言

重复地名，或称异地同名、地名重名，是历史上一种常见现象。它具有两方面的含义，一是指地名用字完全相同，例如五代周始置之通州（今江苏南通市）与金代始置之通州（今北京市通州区）；二是指地名读音相同，例如民国年间陕西省境内的同官、潼关二县，读音均为 tóng guān。历代更改重复地名的对象，主要是针对政区地名中的县级地名而言，其中以更改县名用字完全重复为重点，与更改地名相同读音、相近字形相辅相成。

历史上的地名重名，曾给社会日常生活带来了诸多不便。例如北宋景祐三年（1036），发往潍州（今山东潍坊市）的断狱文书，因潍、维二字音同形近，被误投到维州（今四川理县东北薛城镇）①。又如上述两个通州，在元、明、清六百多年的历史上长期并存，明弘治元年（1488）一位漂泊来

---

* 原文草成于 1999 年春，2010 年 12 月修订。修改时，今地改以 2010 年 4 月中国社会出版社出版的《2010 年中华人民共和国行政区划简册》和中国统计出版社 2010 年 9 月出版的《中华人民共和国乡镇行政区划简册 2010》为准，越南的今地以中国地图出版社 2007 年 5 月编制出版的单幅地图《世界分国地图（越南老挝柬埔寨）》为准。

① （宋）欧阳忞：《舆地广记》卷三十"成都府·威州"（四川大学出版社，2003，李勇先等校注本下册，第 868 页）、（宋）王象之：《舆地纪胜》卷一百四十八"成都府路·威州"（中华书局，1992 年影印本册五，第 3998 页）。

华的朝鲜人问道："我所经处，浙江有通州，北京亦有通州，徐州府有清河县，广平府亦有清河县，一海内州县有同名者，何耶？"① 当时的中国官员答道："名虽偶同，所管布政司有异，实无害也"。若说省与省之间名重名无妨，那么省内地名重名就不会再是"无害也"了，如明江西布政司境内便有两个永丰县，每年科举考试，只得"分吉（安）永丰、广（信）永丰以别之"②。据统计，西汉时有 54 组同名县，东汉有 11 对同名县，唐代有 66 组同名县，宋代有 30 组同名县，元代有 25 组同名县，明代有 38 组同名县，清道光二十四年（1844）时有 60 组同名县，民国初年则有同名县一百组以上③。这么多的重复地名，不知给当时人民生活造成了多少麻烦！

地名的重名，早已使古人觉得"古今混淆，尤为难辨"④。所以，处理重复地名的最佳办法是将其改名。至于怎么改、改得怎么样，各个朝代情况不尽相同，下面将作具体分析。

二 先秦、秦汉时期

清朝"开国儒宗"⑤ 顾炎武尝云："汉时，县有同名者，大抵加'东'、'西'、'南'、'北'、'上'、'下'字以为别"⑥。王鸣盛则说："郡国县邑

---

① 〔李氏朝鲜〕崔溥：《漂海录》，社会科学文献出版社，1992，第 148 页。今按：文中"浙江"，"徐州府"分别为"南直隶"，"淮安府"之误。

② （明）郭子章：《郡县释名·江西》，明万历四十二年序刻本（华东师大图书馆庋藏）。今按：欧洲国家对于异地同名的地名也采取类似做法，如德国有两处 Frankfurt〔法兰克福〕，欧洲最大空港之一所在地就叫 Frankfurt am Main〔莱茵河畔法兰克福〕，以别于柏林以东的 Frankfurt an der Oder〔奥德河畔法兰克福〕；英国有多处 Straford〔斯特拉福德〕，莎士比亚故乡就叫 Straford-upon-Avon〔艾文河畔斯特拉福德〕。

③ 参见（清）钱大昕《十驾斋养新录》卷十一（上海书店，1983 年影印本，第 260～264 页）、（清）程鸿诏《道光府厅州县同名记》（《有恒心斋文》卷三，收入谭其骧主编、浙江人民出版社 1986 年出版的《清人文集地理类汇编》册一，第 110～112 页）、拙作《论唐代的地名学成就》（《自然科学史研究》1997 年第 1 期）等。今按：关于重复县名，以前只停留在猎奇、描述的层面，没有系统探讨的论著问世。

④ （宋）章如愚编《群书考索续集》卷五十二"舆地门·地名"。广陵书社，2008 年影印本下册，第 1164 页下半页。

⑤ （清）章学诚：《文史通义·内篇二》"浙东学术篇"。仓修良编注《文史通义新编新注》，浙江古籍出版社，2005，第 121 页。

⑥ （清）顾炎武：《日知录》卷二十"史书郡县同名"条，岳麓书社，1994，《日知录集释》第 722 页。

名同者，则加'东'、'西'、'南'、'北'、'上'、'下'或'新'字以别之"①，比顾氏多总结出一"新"字②。这是两位朴学大家考证汉代地名总结出来的规律之一，得到了钱大昭、吴卓信、杨守敬等人的一致赞同③。这条规律本身并没错，但他们都误以为这种做法始于汉代。其实，加方位字、对称字以区别重复地名的做法，汉代之前就已经产生了，例如：

东垣 战国赵之东垣邑，秦置东垣县，故地在今河北石家庄市东北。《史记》卷四十三《赵世家》武灵王二十一年（前305）"攻中山、取东垣"，卷六十九《苏秦传》"军于东垣"，卷九十三《陈豨传》："上自击东垣，降之，更命东垣为真定"，均此。《元和郡县志》卷十七真定县："以河东有垣县，故此加'东'"。河东垣县治所在今山西垣曲县东南。

东武城 原为战国赵邑，《史记》卷七十六《平原君传》："相赵惠文王及孝成王，三去相，三复位，封于东武城"，"割东武城而封君者，非以君为有功也，而以国人无勋，乃以君为亲戚故也"。故地在今河北清河县东北。《元和郡县志》卷十六东武城县："盖以定襄有武城，同属赵，故此加'东'字以辨之"。定襄武城故地在今内蒙古清水河县北（一说在今内蒙古和林格尔县东南）。

南武城 《史记》卷六十七《仲尼弟子列传》："曾参，南武城人"。《索隐》："按武城属鲁，当时鲁更有北武城，故言南也"。《正义》："定襄有武城，清河有武城，故此云'南武城'也"。此地入秦为琅邪郡之南城，西汉时为东海郡之南成县，故地在今山东平邑县南七十里南武城。

北屈 本春秋晋屈邑，见《左传》庄公二十八年。秦置北屈县。《汉书·地理志》河东郡有北屈，应劭注："有南，故称北"。臣瓒注："汲郡古

---

① （清）王鸣盛：《十七史商榷》卷十七"《汉书》十一·县名相同"，黄曙辉点校本，上海书店出版社，2005，第121页。

② 类似做法，也见于西方。美国、加拿大是移民国家，东部地区一些地名是从欧洲移植来的，为了有别于西欧的源地名，就在地名前面加上"new"，以示区别，例如：New England、New France、New Britain、New Netherland、New Hampshire、New Brunswick、New Bedford、New London、New York、New Orleans等，与此"新"字前缀有异曲同工之妙。

③ 参见（清）钱大昕《十驾斋养新录》卷十一"汉地理志县名相同"条（上海书店，1983年影印本，第260页）、（清）吴卓信《汉书地理志补注》卷二十四常山郡南行唐县下（《二十五史补编》册一，第698页）、（清）杨守敬《隋书地理志考证》卷五"文城郡"下（湖北人民出版社、湖北教育出版社1997年联合出版《杨守敬集》册二、第321页），等等。

文'翟章救郑，次于南屈'"。颜师古注："即晋公子夷吾所居"。北屈故地在今山西吉县东北。

上蔡　战国韩置县。据成书于战国末年的《世本》载："上蔡也，九江有下蔡，故称'上'"（《水经·汝水注》引述）。故地在今河南上蔡县西南。①

新蔡　秦置县。《汉书·地理志》汝南郡新蔡县："蔡平侯自蔡徙此"。即今河南新蔡县。

外黄　《史记》卷六十九《苏秦列传》："决白马之口，魏无外黄、济阳"。同书卷四十四《魏世家》：惠王三十年（前341年）"外黄徐子谓太子曰……"，裴骃《集解》："刘向《别录》曰：'徐子，外黄人也，外黄时属宋'"。宋国，公元前286年灭于齐。张晏注《项羽本纪》则云："魏郡有内黄县，故加'外'也"。外黄故地在今河南民权县西北内黄集。

内黄　《汉书·地理志》魏郡有内黄，应劭注："陈留有外黄，故加'内'云"。《元和郡县志》卷十六内黄县："河以北为内、南为外，故此有内黄，陈留有外黄"。内黄故地在今河南内黄县西旧县。

可见在秦朝及秦朝以前，人们已学会用方位字来区分和避免重复地名了。并且，顾炎武、王鸣盛均没提及用"外"，"内"二字来区分同名地名，这是应该补充的。

不过，大规模地使用方位字或对称字来区分重复地名，应是西汉时期完成的，因为春秋、战国以来各诸侯国内的同名地名，到秦汉时大部分因袭了下来，一旦共存于统一的国家之中，便会带来一定程度的紊乱，所以秦朝曾经在这方面做过统筹工作；然则秦祚短促，二世而亡，此任务便下延至社会较为稳定的西汉时期来完成了。由于《史记》《汉书》没有为秦朝专设地理志，所以许多地名是秦还是西汉所改今人已无从区分，但从《汉书·地理志》记载来看，有一点是可以肯定的，即：至迟到西汉前期，政府已经进行了大量的地名整理工作②。

---

① 最新观点认为，上蔡为战国楚县，治所在今上蔡县城关一带。说见李晓杰著《中国行政区划通史·先秦卷》，复旦大学出版社，2009，第355页。
② 说见周振鹤教授《汉唐两代的地名标准化措施》（未刊手稿）。

例如，战国时见于文献共有四个安阳，赵有两个，秦、宋各一个，在《汉书·地理志》中赵国的两个安阳已被一冠以"东"（东安阳故地在今河北阳原县东南）、一冠以"西"（西安阳故地今内蒙古乌拉特前旗东南），秦国的安阳仍称安阳①（故地在今河南安阳市西南），宋国的安阳此后就声名不显了（故地在今山东曹县东）。又如，战国齐、赵各有一个安平，《汉书·地理志》中齐国的安平已称东安平②（故地在今山东淄博市临淄区东），而于辽西郡新置的安平县则取名为新安平（治今河北滦县西北），原赵国安平则不变（即今河北安平县）。再如，战国时韩、鲁两国各有一个平阳，《汉书·地理志》中原鲁国之平阳已为南平阳（故地在今山东邹城市），原韩国平阳则成了河东郡所辖一县（平阳县治所在今山西临汾市西南）。像这样在《汉书·地理志》里被冠以修饰字而达到消除重复目的的地名还有：

东平陆　此地原为战国齐之平陆邑，故地在今山东汶上县北。《史记》卷四十六《田敬仲完世家》：康公十五年（前390），"鲁败齐平陆"，即此③。《汉书·地理志》中始见加"东"字，属东平国。《汉书·地理志》另有平陆县，属西河郡，故地在今陕北、晋西一带，确址无考。

东平舒　《汉书·地理志》勃海郡有东平舒，颜师古注："代郡有平舒，故此加'东'"④。平舒县治今山西广灵县西，东平舒治今河北大城县。

东武阳　《汉书·地理志》东郡有东武阳，应劭注："武水之阳也"。既以武水之阳得名，则原无"东"字、系日后所加甚明。东武阳治今山东莘县朩南。《汉书·地理志》另有犍为郡武阳县，治所在今四川彭山县东北。

南武阳　《汉书·地理志》泰山郡有南武阳，故治在今山东平邑县。

---

① 即原魏国之宁新中邑，秦昭襄王拔之，改名安阳，见《〈史记·楚世家〉正义》（中华书局，1959年点校本册五，第1736页）、《元和郡县图志》卷十六（中华书局，1986年点校本上册，第452页）。

② 又可参见《宋书·州郡志二》："安平令，六国时其地曰安平，二汉、魏、晋曰东安平"。中华书局，1974年点校本册四，第1093页。

③ 《史记》，中华书局1959年点校本册六，第1886页。另可参见《史记》卷十五《六国年表三》、卷八十三《鲁仲连列传》等。

④ 《水经·浊漳水注》："又径东平舒县故城南。代郡有平舒城，故加'东'"。可参见。

西鄂　此地原为春秋时楚国之鄂邑，故地在今河南南阳市北。《史记》卷四十《楚世家》：熊渠"乃兴兵伐庸、杨粤，至于鄂"，即此。《汉书·地理志》中始见加"西"字，属南阳郡，应劭注："江夏有鄂，故加'西'云"。江夏郡之鄂县治今湖北鄂州市。

北皮、南皮　《汉书·地理志》勃海郡有南皮，颜师古注引阚骃云："章武有北皮亭，故此云'南'"。南皮故城在今河北南皮县东北。《水经·淇水注》："《地理风俗记》曰：南皮城北五十里有北皮城"。

上邽、下邽　《汉书·地理志》京兆郡有下邽、陇西郡有上邽，应劭注："秦武公伐邽戎，置有上邽，故加'下'"。上邽治今甘肃天水市，下邽故地在今陕西渭南市东北。

上曲阳、下曲阳　上曲阳原系战国赵之曲阳邑，故地在今河北曲阳县西，《史记》卷四十三《赵世家》：武灵王二十一年（前305年）与胡、代"合军曲阳"，即此。《汉书·地理志》中始见加"上"字，属常山郡。《汉书·地理志》另有下曲阳，属巨鹿郡，治所在今河北晋州市西，颜师古注："常山有上曲阳，故此云'下'"。

下邳　《汉书·地理志》东海郡有下邳，臣瓒注："有上邳，故曰下邳也"。上邳故地无考，下邳治所在今江苏睢宁县西北古邳镇。

下博　《汉书·地理志》信都国有下博，《水经·浊漳水注》："应劭曰：太山有博，故此加'下'"。博县治今山东泰安市东南，下博县治所在今河北深州市东南三十里榆科镇下博村。

下雉　《汉书·地理志》江夏郡有下雉，故治在今湖北阳新县东南。《汉书·地理志》另有雉县，属南阳郡，故治在今河南南召县东南。

新郪　此地原为战国魏之郪丘，故地在今安徽太和县北。《史记》卷四十四《魏世家》：安厘王十一年（前266）"秦拔我郪丘"，即此。《汉书·地理志》中始见加"新"字，属汝南郡，应劭注："秦伐魏，取郪丘，汉兴为新郪"。《汉书·地理志》另有郪县，属广汉郡，治所在今四川三台县西南郪江镇。

另外，还有一些县名系西汉新置而冠以修饰字的，如高祖七年（前200年）所置京兆尹之新丰（《汉书·地理志》另有一丰县，属沛郡）、武帝时所置牂柯郡之西随（《汉书·地理志》另有一随县，属南阳郡）、宣帝神爵三年（前99）所置颍川郡之新汲（《汉书·地理志》另有一汲县，属河南郡）、西汉末年所置涿郡之南深泽（《汉书·地理志》另有一深泽县，属中山国）、西汉置但具体时间不明的涿郡之北新成（《汉书·地理志》另有一新成县，属河南郡）等。不过，也有后来居上的，如昭帝时于右扶风新置平陵县后，原济南郡之平陵县反而只得改名"东平陵"了。

上述三十余例地名因加修饰字而避免了重复，收到了很好的效果。这种做法注意到了同级地名用字不能相重的现象，有的学者称之为"同级同名排斥"原则①。这条原则为后代所沿用，成为地名标准化的手段之一。

西汉中期以后，由于实行"推恩令"、大量分封功臣与外戚等原因，与县平级的侯国骤然增多，县级地名重复者又增加了不少。《汉书·地理志》系据西汉末年簿册编集而成，钱大昕历数《汉书·地理志》中的重复县名，结果是：曲阳、建城、定安三县均有三处重名，另有剧县、定陶等51组同名县②。也就是说，西汉末年存在着一百个以上的县级重复地名。

王莽改制后，把全国地名改得面目全非，所以许多场合使用地名极不方便，甚至连他本人下的诏书也不得不连篇累牍地解释地名③。

东汉王朝建立后，光武帝快刀斩乱麻，全数废除了混乱不堪的王莽地名④，并且也以加方位字的方式来区别重复地名，典型的例子如：

东朝阳　原为西汉济南郡之朝阳县，东汉始加"东"字，属济南国，治所在今山东邹平县西北。《宋书·州郡志二》："前汉曰朝阳，后汉、晋曰东朝阳"。《水经·河水注五》引《地理风俗记》云："南阳有朝阳县，故加'东'"。《续汉书·郡国志》南阳郡之朝阳县故治在今河南新野县西南。

南新市　原为西汉江夏郡之新市，东汉始加"南"字，为江夏郡一侯国，故地在今湖北京山县东北。《水经·涢水注》："富水出竟陵郡新市县东北，《郡国志》以为南新市也。中山有新市，故此加'南'"。《续汉书·郡国志》中山国之新市县故治在今河北新乐市南。

① 说见陈公善《我国古代地名概论》，载《地名知识》1979年第1期。
② 《十驾斋养新录》卷十一，"汉地理志县名相同"条，上海书店，1983年影印本，第260页。
③ 详见《汉书》卷九十九《王莽传·中》，中华书局，1962年点校本册十二，第4137页。
④ 王莽地名至今还有三个：鲁山、东明、顺平，分别恢复于北周、北宋、1993年。

西平昌　原为西汉平原郡之平昌县，东汉始加"西"字，仍属平原郡，治所在今山东临邑县东北德平镇。《太平寰宇记》卷六十四德州德平县："本汉平昌县，后汉改为西平昌"。《续汉书·郡国志》另有一平昌，属北海国，治所在今山东诸城市西北。

北宜春　原为西汉汝南郡之宜春县，东汉始加"北"字，仍属汝南郡，治所在今河南汝南县西南。《水经·汝水注》："豫章有宜春，故加'北'矣"。《后汉书》卷十下《安思阎皇后传》："以后父侍中畅为长水校尉，封北宜春侯"，章怀太子李贤注："北宜春县属汝南郡，以豫章有宜春，故此加'北'"。《续汉书·郡国志》豫章郡之宜春县治所在今江西宜春市。

同时，光武帝建武六年（30）六月又省并了四百余县①。所以，东汉一代重复地名较少，见于《续汉书·郡国志》的仅有 11 对而已②。

三　三国两晋南北朝时期

三国、两晋、南北朝，从曹丕称帝到隋文帝灭陈为止，历时 370 年，大小政权走马灯似地先后换了三十多个，其中只有公元 280～316 年短暂的西晋统一局面，其余均为分裂时期。

西晋统一全国后，曾对一些重复的县名进行过整顿。这是以前讲沿革地理未曾发现的现象。例如，当时司州广平郡有武安县（治所在今河北武安市西南），太康元年（280）改广州郁林郡之武安县为武熙县（治所在今广西象州县西北）、改交州交趾郡之武安县为南定县（治所在今越南南定省省会南定市东南）。然而，史书并无更改重复县名的完整记录：专记有晋一代政区沿革的《晋书·地理志》，只是一份再也简单不过的地名表；《宋书·州郡志》对西晋更改县名的记录稍显完整，但也没有甲县与乙县重名哪怕仅一处的记载；整部《元和郡县志》也只有两处因同名而改名的记录，卷二十六信安县："汉献帝初平三年，分太末置新安县，属会稽郡，晋太康元

---

①　《后汉书》卷一下《光武纪下》，中华书局，1965 年点校本册一，第 49 页。
②　（清）钱大昕：《十驾斋养新录》卷十一，"后汉县名相同"条，上海书店，1983 年影印本，第 261～262 页。

年以弘农有新安，故改名信安"；同书同卷唐兴县："三国吴分章安置（南）始平县，晋武帝以雍州有始平，改为始丰"。《太平寰宇记》也仅有一处记载，卷九十四武康县："吴分余不为永安，晋以平阳已有永安，改为武康"。《元和郡县志》、《太平寰宇记》这三处宝贵的记载提示后人晋武帝太康元年更改的县名有相当一部分应是因重名而更改。笔者遂据上述四部地理志书，对太康元年更改的重复地名进行了系统的整理，治所今地参考了《中国历史地图集》（第三册），结果列表如下。

表 1   西晋太康元年更改重复之县名

原　名	改　名	隶　属	治所今地	改名原由
上　蔡	望　蔡	扬州豫章郡	江西上高县	豫州汝南国有上蔡县
广　武	平　武	秦州阴平郡	四川平武县东北	并州雁郡有广武县
广　昌	广　晋	扬州鄱阳郡	江西鄱阳县东北	幽州代郡有广昌县
长　平	晋　平	广州郁林郡	广西境内,确址无考	豫州颍川郡有长平县
汉　寿	晋　寿	梁州梓潼郡	四川剑阁县东北	荆州武陵郡有汉寿县
永　平	永　世	扬州丹阳郡	江苏溧阳市南	凉州张掖郡有永平县
永安(1)	武　康	扬州吴兴郡	浙江德清县	司州平阳郡有永安县
永安(2)	鱼　复	梁州巴东郡	重庆直辖市奉节县东	
平　夷	新　夷	广州南海郡	广东江门市新会区西	益州牂柯郡有平夷县
平阳(1)	平　固	扬州庐陵郡	江西兴国县南	司州平阳郡有平阳县
平阳(2)	兴　晋	荆州魏兴郡	湖北郧西县西北	
平　昌	遂　昌	扬州东阳郡	浙江遂昌县	青州城阳郡有平昌县
石　阳	曲　陵	荆州江夏郡	湖北汉川市西北	扬州庐陵郡有石阳县
白　马	兴　乐	益州汶山郡	四川松潘县北	兖州濮阳国有白马县
安　成	安　复	荆州安成郡	江西安福县西	豫州汝南国有安成县
安阳(1)	安　固	扬州临海郡	浙江瑞安市	司州魏郡有安阳县
安阳(2)	南安阳	豫州汝南国	河南正阳县南	
安阳(3)	安　康	荆州魏兴郡	陕西石泉县东南	
西　平	西　丰	扬州临川郡	江西抚州市临川区南	豫州汝南国有西平县
西　安	豫　宁	扬州豫章郡	江西武宁县西	青州齐国有西安县
西　陵	夷　陵	荆州宜都郡	湖北宜昌市东	豫州弋阳郡有西陵县
阳　乐	康　乐	扬州豫章郡	江西万载县东北	幽州辽西郡有阳乐县
阳　安	晋　宁	荆州桂阳郡	湖南资兴市南	豫州汝南国有阳安县
阳　城	阳　平	扬州庐陵郡	江西吉水县东北	司州河南郡有阳城县

续表

原　名	改　名	隶　属	治所今地	改名原由
阴　平	郁　平	广州郁林郡	广西贵港市	秦州阴平郡有阴平县
武安（1）	武　熙	广州郁林郡	广西象州县西北	司州广平郡有武安县
武安（2）	南　定	交州交趾郡	越南南定省南定市东南	
昌　平	宁　浦	广州宁浦郡	广西横县南	幽州燕国有昌平县
始　平	始　丰	扬州临海郡	浙江天台县	雍州始平国有始平县
建　兴	兴　安	广州临贺郡	广西贺州市东北	荆州邵陵郡有建兴县
建　始	南　始	广州郁林郡	广西境内，确址无考	荆州建平郡有建始县
南安（注1）	南　康	扬州庐陵郡	江西南康市	益州犍为郡有南安县
南　昌	南　秦	益州朱提郡	云南镇雄县一带	扬州豫章郡有南昌县
南　城	南新城	扬州临川郡	江西南城县东南	兖州泰山郡有南城县
临　水	临　安	扬州吴兴郡	浙江临安市北	司州广平郡有临水县
高　平	南高平	荆州邵陵郡	湖南隆回县北	兖州高平国有高平县
富　城	丰　城	扬州豫章郡	江西丰城市西南	兖州东平国有富城县
新　安	信　安	扬州东阳郡	浙江衢州市	司州河南郡有新安县
新　兴	遂　兴	扬州庐陵郡	江西万安县西	秦州南安郡有新兴县
新　阳	新　康	荆州衡阳郡	湖南宁乡县西南	秦州天水郡有新阳县
新　定	遂　安	扬州新安郡	浙江淳安县西南	宁州建宁郡有新定县
新　昌	寿　昌	扬州吴郡	浙江建德市西南	平州辽东国有新昌县
新都（注2）	宁　都	扬州庐陵郡	江西宁都县北	益州新都国有新都县

注1：该县原名，《宋书·州郡志》作"安南"，《元和郡县志》卷二十八、《太平寰宇记》卷一〇八作"南安"。今按：太康元年时荆州南平郡有安南县（治今湖南华容县），益州犍为郡有南安县（治今四川乐山市）。故无论原名安南或南安，均须因重名而更改。

注2：该县原名，《元和郡县志》作"新都"，《宋书·州郡志》、《太平寰宇记》卷一〇八作"阳都"。今按：太康元年时益州新都国有新都县（今四川成都市新都区）、徐州琅邪国有阳都县（今山东沂南县南）。故无论原名新都或阳都，均须因重名而更改。

　　由表1可知，仅太康元年更改的重复县名即达43处。奇怪的是，作为正史的《晋书·武帝纪》无一语及之，《资治通鉴·晋纪》也没提到此事。更令人惊奇的是，这43处更改的县名，除豫州汝南国之南安阳一县位处淮河北滨之外，其余42处全部位于秦岭－淮河一线以南，其中以在今江西省境内者最多，达13处，其余依次是：浙江8处，广西6处，四川、湖北、湖南各3处，广东、江苏、陕西、重庆、云南及境外（今越南）各有1处。因此，笔者完全有理由推测，太康元年更改重复县名的原则是以北方县名为标准参照物，对原东吴、蜀汉境内与北方重名的县名进行了大规模的更改。

除表中所列之外，尚有五处太康元年以后更改的重复县名。如扬州丹阳郡之临江县和梁州汉中郡之南乡县，太康二年（281）时因与梁州巴郡之临江县、荆州南乡郡之南乡县重名而分别改名为江宁县（今江苏南京市江宁区西南江宁街道）和西乡县（今陕西西乡县南）。太康四年时（283），因扬州永嘉郡之始阳县与广州始安郡之始阳县重名，前者被改为横阳县（今浙江平阳县）。另外，荆州上庸郡之建始县因与本州建平郡之建始县重名而改为微阳（今湖北竹山县西）、扬州晋安郡之东安县因与徐州琅邪国之东安县重名而改为晋安（今福建泉州市西北），史书俱载为晋武帝时，但无具体年代。此五例更改的重复县名，亦俱在秦岭－淮河一线以南，所以非但不影响上述推论，而且更能证明这种推论的合理性，说明晋武帝统一天下后一直贯穿了这样更改重复县名的原则。这分明表示出中原统治者对南方的地理歧视。

由表1还可以看出，太康元年更改重复县名已不以加方位字或对称字为重点了（43处改名中仅有3处这样做了），重名即改为它名，这样做的后遗症更少。这种做法在后代比同级同名地名排斥原则应用得更为广泛、普及和成熟。

如果透过现象看本质，还可以从中观察到一些不见于历史记载的现象。例如，梁州巴东郡之永安县于太康元年改名鱼复（治所在今重庆直辖市奉节县东）的原因，关涉此县沿革的地理志书，如《华阳国志》卷一、《宋书·州郡志三》、《水经·江水注一》、《晋书·地理志上》、《太平寰宇记》卷一百四十八、《大明一统志》卷七十、正德《夔州府志》卷一、《嘉庆重修一统志》卷二百九十七、光绪《奉节县志》卷二、龚煦春著《四川郡县志》卷一及新编《奉节具志》（1995年方志出版社出版）等，均无任何说明。由表1可知，此永安县县名因与司州平阳郡之永安县（今山西霍州市）重名，故太康元年必须改名。此可补史传之阙。又如，太康元年扬州吴兴郡之临水县改名临安（治所在今浙江临安市北），从正史地理志、总志到方志如《宋书·州郡志一》、《水经·浙江水注》、《晋书·地理志下》、《元和郡县志》卷二十五、《太平寰宇记》卷九十三、《咸淳临安志》卷十六、《大明一统志》卷三十八、万历《杭州府志》卷一、雍正《浙江通志》卷五、《嘉庆重修一统志》卷二百八十一、宣统《临安县志》卷一、姚祖义著《临安县志志纠志补志余》、1983年新编《临安县地名志》等，均不载改名原由。从表1可知，该临水县名因与司州广平郡之临水县（治所在今河北磁县）重名，故太康元年须改名。此亦可补史志之阙①。再如，太康元年扬州豫章郡之富城县改名丰城（治所在今江西丰城市西南）的原因，有关丰城县建置沿革的史籍如《宋书·州郡志二》、《元和郡县志》卷二十八、《太平寰宇记》卷一百〇六、《舆地纪胜》卷二十六、《大明一统志》卷四十九、万历《南昌府志》卷二、《嘉庆重修一统志》卷三百〇八、同治《南昌府志》卷一、光绪《江西通志》卷二、道光与同治两种《丰城县志》及新编《丰城县志》（1989 年上海人民出版社）等均未做任何说明。从表 1 可知，此县太康元年时因与兖州东平国之富城县（今山东东平县东北）重名而改名。这个现象也不见于历史记载。同样的问题，还存在于荆州宜都郡之夷陵县（今湖北宜昌市东）、扬州东阳郡之遂昌县（今浙江遂昌县）、扬州庐陵郡之南康县（今江西南康市）、广州郁林郡之郁平县（今广西贵港市）等县中，恕不一一考辨。

西晋以外的动荡年代，也进行过一些有限的避免地名重复的工作。八王之乱以后，中原战乱频繁，黄河流域的世家大族和平民百姓为了逃避战争灾难，纷纷以宗族为单位成千上万地移徙南方（主要是长江下游、中游两岸地区），东晋、南朝政府就按他们原籍的政区名称建立州、郡、县来管理他们。这种因甲地沦陷，从甲地流徙到乙地居住并在乙地复置甲地的州、郡、县，就叫侨州、侨郡、侨县。由于侨州郡县"皆取旧壤之名"②，原州郡县在侨置时并不限于一处，所以侨名与原名一开始即存在重名问题，区别的办法是加方位字，如加"东"、"西"者有东、西河阳郡，东、西京兆郡，东、西苞信县，东、西古复县，东宕渠郡，西汝阴郡等；而加"南"字是宋永初元年（420）八月以后才有的③，却是政区地名中加方位字最多的，州有南徐、南兖、南豫、南荆等，郡有南鲁、南沛、南东海、南琅邪、南兰陵、南彭城、南东莞、南清河、南高平、南济阴、南濮阳、南泰山、南河东、南汝南、南天水、南汉中、南晋寿、南义阳、南宕渠、南新蔡、南平昌、南阴

① 新编《临安市地名志》已采纳本文结论，见方志出版社 2012 年 10 月出版之该书第 3 页。
② 《隋书》卷二十四《食货志》（中华书局，1973 年点校本册三，第 673 页）、《册府元龟》卷四百八十六《邦计部·户籍》（台北中华书局，1996 年影印本册十，第 5805 页；凤凰出版社，2006 年，周勋初等校订本册六，第 5508 页）。
③ 《宋书》卷三《武帝纪下》（中华书局，1974 年点校本册一，第 55 页）、《十驾斋养新录》卷六"晋侨置州郡无'南'字"条（上海书店，1983 年影印本，第 131~132 页）。

平等①。

南朝如此，北朝也一样。仅对称的地名，北魏有南、北渑池县，西魏有南、北秦州，灭北齐后的北周有东、西楚州和南、北陈郡等。公元580年时，北方三名以上重名的州、郡、县即有37组，两名重名者多如牛毛②。

尽管地名加上了方位字，南北朝政区地名"千回百改，巧立不算"③、"三户之民，空张郡目"④ 的状况，仍未得到彻底的改观，"侨置夸诞，亦可笑矣"⑤。直到隋开皇初年平陈后，大规模的侨州郡县结束，这种混乱状况才烟消云散。

四　隋唐五代时期

隋文帝杨坚一统宇内，继开皇三年废天下诸郡的大手笔之后，于开皇十八年（598 年）更改了一百四十多处县名⑥，主要是改掉带有前代名字的县名（如晋兴、宋广、齐昌、梁乐、魏安、东燕之类）和更改重复县名。关于更改重名，整部《隋书·地理志》仅有一处提到，梁郡考城县下云："后齐为城安县，开皇十八年以重名，改曰考城"⑦。《元和郡县志》卷十章丘县、《太平寰宇记》卷一百二十七废殷城县也都提到隋代更改重名一事。这三条记载提示后人开皇十八年更改的县名有相当一部分应是改掉重名。于是，笔者根据《隋书·地理志》，参考杨守敬《隋书地理志考证附补遗》，进行了仔细的爬梳、钩沉，整理出卅皇十八年更改重复县名的详细情况，列表如下：

---

① 参见《宋书·州郡志》、《南齐书·州郡志》、胡阿祥《东晋南朝侨州郡县的设置及其地理分布》（连载《历史地理》第八辑、第九辑）。
② 笔者据王仲荦《北周地理志》统计。
③ 《宋书·州郡志序》，中华书局，1974 年点校本册四，第 1028 页。
④ 《北齐书》卷四《文宣帝纪》，中华书局，1972 年点校本册一，第 63 页。
⑤ （清）阎若璩：《尚书古文疏证》卷六下，第九十二条。台北商务印书馆，1986 年 3 月景印《文渊阁四库全书》册 66，第 379 页。
⑥ 据施和金著《中国行政区划通史·隋代卷》第 80 页的观点为一百六十九处（复旦大学出版社 2009 年 4 月出版）。该著作出版于拙文发表九年之后，说法应该比较可靠，可看。
⑦ 遍查《隋书·地理志》，另无城安县。杨守敬：《隋书地理志考证》卷三："按：冀州魏郡有成安"。今按：城、成音同、形近。

表2　隋开皇十八年更改重复县名一览表

县名	始置或复置年代	改名	隶属	治所今地
万安	北　周	郓城	郓州	山东郓城县东
	西　魏	○	潼州	四川罗江县
上蔡	南朝齐	汉东	郢州	湖北钟祥市北
	汉　置	○	豫州	河南汝南县
广武	西　汉	雁门	代州	山西代县
	北　魏	丰林	延州	陕西延安市东北
	开皇四年	○	郑州	河南郑州市西北
义乡	南朝梁	桐柏	淮州	河南桐柏县东
	西　魏	○	延州	陕西延长县西南
	开皇十一年	望江	熙州	安徽望江县
义宁	南朝宋	○	冈州	广东开平市西北
	北　魏	和川	潞州	山西安泽县北
义兴	南朝梁	纯义	永州	河南信阳市北
	开皇九年	○	常州	江苏宜兴市
义阳	南朝梁	恩阳	巴州	四川巴中市西南
	开皇三年	○	申州	河南信阳市西北
义城	东　晋	谷城	襄州	湖北谷城县
	西　魏	○	利州	四川广元市东南
文安	西　魏	延川	延州	陕西延川县西南
	西　汉	○	瀛洲	河北文安县东北
太平	西　魏	咸宁	丹州	陕西宜川县东南
	北　周	○	绛州	山西襄汾县西北
长宁	东　晋	长林	荆州	湖北荆门市西北
	东　魏	○	朔州	山西神池县
长乐	北　齐	会城	齐州	山东高青县东南
	开皇六年	○	冀州	河北冀州市
	开皇十年	尧城	相州	河南安阳市东
长寿	西　魏	○	郢州	湖北钟祥市
	北　周	隰川	隰州	山西隰县
永阳	南朝梁	应山	应州	湖北广水市
	隋平陈时	○	永州	湖南道县西北
	开皇十年	涞水	易州	河北涞水县
永安	北　魏	霍邑	晋州	山西霍州市
	北　魏	○	汾州	山西灵石县东

续表

县名	始置或复置年代	改名	隶属	治所今地
永宁①	北 齐	沁水	泽州	山西沁水县
	北 魏	清苑	瀛洲	河北保定市
	北 周	盛山	信州	重庆直辖市开县南
	开皇中	○	瀛洲	河北任丘市北莫州镇
永康	三国吴	○	婺州	浙江永康市
	南朝梁	永穆	巴州	四川达县西北
	北 周	隆康	普州	四川安岳县东南
东阳	开皇六年	漳南	贝州	河北故城县东故城镇
	开皇十二年	金华	婺州	浙江金华市
	?	○	?	?
石城	西 魏	通川	通州	四川达州市
	北 魏	○	银州	陕西神木县南
龙山	南朝梁、陈时	○	尹州	广西贵港市北
	开皇初	柳城	营州	辽宁朝阳市
龙城	南朝梁	○	象州	广西柳城县南
	隋 初	彭泽	江州	江西彭泽县西
	开皇六年	临沛	徐州	安徽萧县西北
平兴	西 晋	○	端州	广东高要市东南
	开皇初	景谷	利州	四川青川县东北
平昌	西 汉	○	德州	山东商河县西北
	北 魏	介休	介州	山西介休市
平原	北 魏	○	德州	山东平原县
	南朝宋	邹平	齐州	山东邹平县东北
	开皇十年	泷水	泷州	广东罗定市南
归化	北 周	楼山	隰州	山西永和县西南
	隋平陈时	○	静州	广西昭平县北
宁都	南朝宋	虔化	虔州	江西宁都县
	西 魏	○	直州	陕西石泉县南

① 施和金著《中国行政区划通史·隋代卷》第82页论及开皇十八年更改重复县名之事,以永宁县为例,谓当时泽、瀛、高三州均有同名之永宁县,遂改泽州之永宁为沁水,瀛州之永宁为清苑,只保留了高州的永宁县。今按:此说存在三个问题。第一,在施著第79页的图22《开皇十六年岭南诸州县》上,并无作者所说的"只保留了高州的永宁县"之永宁县,地图与文字不能自圆其说。第二,瀛州有两个永宁县,见《隋书·地理志》河间郡鄚县、清苑县下,治所分别在今河北保定市和任丘市北莫州镇,为其遗漏。第三,《隋书·地理志》巴东郡盛山县,原名永宁,开皇十八年更改,又为其所遗漏。

续表

县名	始置或复置年代	改名	隶属	治所今地
乐乡	北 周	巴东	信州	湖北巴东县长江北岸官渡口镇
	南朝宋	○	郢州	湖北钟祥市西北
乐城	三国魏	广城	瀛洲	河北献县西南
	南朝宋	○	端州	广东德庆县东
安人	开皇十五年	宁人	藤州	广西容县东北
	开皇十八年	○	交州	越南安沛省安沛市
安乡	北 周	南浦	信州	重庆直辖市万州区
	南朝梁或陈	○	澧州	湖南安乡县西南
安乐	南朝梁	○	静州	广西昭平县东北
	开皇中	沅江	巴州	湖南沅江市
安成	南朝梁	○	桂州	广西宾阳县东
	隋 初	安复	吉州	江西安福县
安阳	北 魏	砀山	宋州	安徽砀山县
	北 魏	长川	渭州	甘肃秦安县东北
	开皇十年	○	相州	河南安阳市
安居	南朝梁	昭丘	荆州	湖北当阳市东
	开皇十三年	○	普州	四川遂宁市西南
安定	西 魏	○	泾州	甘肃泾川县北泾水北岸
	开皇六年	鹿城	冀州	河北辛集市东北旧城
许昌	三国魏	○	洧州	河南许昌市东北
	南朝梁	清丘	颍州	安徽阜阳市东南
江阳	南朝梁	○	泸州	四川泸州市
	西 魏	江津	渝州	重庆直辖市江津区东
江夏	北 魏	慈丘	淮州	河南泌阳县东北
	开皇九年	○	鄂州	湖北武汉市武昌
兴安	西 晋	桂岭	连州	广西贺州市东北
	东 晋	绵谷	利州	四川广元市
	?	○	?	?
西安	西 晋	光安	德州	越南河静省香山附近
	开皇四年	○	协州	云南彝良县西北
阳邑	北 魏	太谷	并州	山西太谷县
	开皇十年	○	慈州	河北武安市境内
阳寿	开皇三年	金河	云州	内蒙古托克托县东北
	开皇十一年	○	象州	广西象州县
阳城	北 魏	甲水	潞州	山西武乡县西南
	北 魏	○	嵩州	河南登封市东南

续表

县名	始置或复置年代	改名	隶属	治所今地
陈留	南朝梁	颍阳	颍州	安徽太和县西北
	开皇六年	○	汴州	河南开封市东南
武阳	南朝宋	颛臾	沂州	山东平邑县
	北　魏	吴房	豫州	河南遂平县
	北　周	○	莘州	山东莘县西南
武林	南朝宋	○	石州	广西平南县东南
	开皇六年	轮氏	洛州	河南登封市
武强	晋	○	冀州	河北武强县西南
	南朝宋	长山	齐州	山东邹平县东
宜阳	西　晋	宜春	袁州	江西宜春市
	北　周	○	熊州	河南宜阳县西
始兴	南朝梁	○	广州	广东始兴县
	西　魏	青石	遂州	重庆直辖市潼南县北
始安	西　汉	○	桂州	广西桂林市
	南朝梁	宾城	渠州	四川广安市东北
建安	北　魏	广润	灵州	宁夏陶乐县西南
	三国吴	○	泉州	福建建瓯市
建昌	东　汉	○	洪州	江西永修县北
	西　魏	长松	武州	甘肃文县西
南安	三国吴	华容	巴州	湖南华容县
	南朝齐	黄冈	黄州	湖北武汉市新洲区
	开皇九年	○	泉州	福建南安市东
南阳	东　魏	期城	广州	河南郏县西北
	开皇初	○	邓州	河南南阳市
临汾	北　魏	正平	绛州	山西新绛县
	开皇三年	○	晋州	山西临汾市
	北　魏	汾西	汾州	山西汾西县
临河	北　齐	永和	隰州	山西永和县西南
	开皇六年	○	黎州	河南浚县东北
思安	西　魏	南漳	襄州	湖北南漳县
	北　魏	○	凤州	甘肃徽县西北

续表

县名	始置或复置年代	改名	隶属	治所今地
钟离	北　魏	洞川	昌州	河南唐河县境
	汉置	○	濠州	安徽凤阳县东
信安	西　晋	○	婺州	浙江衢州市
	南朝梁	麻城	黄州	湖北麻城市东北
宣汉	西　魏	○	蓬州	四川宣汉县东北
	南朝梁	伏虞	巴州	四川营山县东北
浚仪	汉	○	汴州	河南开封市
	南朝宋	城父	亳州	安徽亳州市东南城父集
绥安	南朝梁	咸安	渠州	四川营山县东
	开皇九年	○	杭州	安徽广德县
海宁	西　晋	休宁	歙州	安徽休宁县东北
	东　晋	○	潮州	广东惠来县西
高平	北　魏	徐城	泗州	江苏盱眙县西北
	北魏	○	泽州	山西高平市
高城	东　汉	盐山	沧州	河北盐山县东南
	北　齐	藁城	廉州	河北藁城市西南
	南　齐	○		广东化州、廉江、遂溪一带①
高凉	南朝梁	○	高州	广东阳江市西
	北　魏	稷山	绛州	山西稷山县
高唐	南朝宋	章丘	齐州	山东章丘市西北
	北　魏	○	博州	山东高唐县
	[高塘]开皇初	宿松	熙州	安徽宿松县
晋兴	东　晋	宣化	缘州	广西南宁市南
	开皇十一年	○	郴州	湖南资兴市南
清江	开皇初	翼水	翼州	四川茂县西北
	开皇五年	○	施州	湖北恩施市
淮阳	南朝梁	阳宁	桂州	广西象州县西南
	北　周	○	泗州	江苏淮安市淮阴区西

① 关于高城县，《隋书·地理志》仅载有二，其实开皇十八年时有三。除了盐山、藁城之外，另一个高城县见于《太平寰宇记》卷一百六十九太平军下记载："……贞观六年置珠池县，其年割东罗、蔡龙二县来属，十二年废安昌、珠池二县入合浦，废高城入蔡龙"（王文楚点校本，中华书局 2007 年版册七，第 3227 ~ 3228 页）。史为乐主编《中国历史地名大辞典》下册第 2170 页作开皇时废，未知何据。

续表

县名	始置或复置年代	改名	隶属	治所今地
黄县	秦	○	牟州	山东龙口市
	开皇六年	蒙泽	曹州	山东定陶县西南
富川	西汉	○	贺州	广西钟山县
	开皇九年	永兴	鄂州	湖北阳新县
新丰	西汉	○	雍州	陕西西安市临潼区东北
	南朝齐	休吉	循州	广东新丰县东北
新昌	北魏	卢龙	平州	河北卢龙县
	北魏	遂城	易州	河北徐水县西北
	隋初	清流	滁州	安徽滁州市
	隋初	○	峰州	越南富寿省立石县
新城	东汉	伊阙	洛州	河南伊川县西南
	北魏		邓州	河南邓州市西北
零陵	隋平陈时	○	永州	湖南永州市
	开皇中	慈利	崇州	湖南慈利县

说明:

1) 开皇十八年为州县制。县的上级隶属,原稿从《隋书·地理志》著录大业之郡,不妥,但当时无所可依;隋文帝开皇、仁寿年间以州领县之状况,复原难度十分艰巨,乾嘉以来无人敢问津,所幸今已由施和金著《中国行政区划通史·隋代卷》于2009年复原。故表中"隶属"关系,现改为以州领县,从施氏之说。

2) 表中"○"表示标准县名,开皇十八年不改,其他与此重名者须更改。

3) 始置或复置年代:凡该县设置后至隋开皇十八年间未尝省废者,径书始置年代(如河南郡之新城县,西汉惠帝四年〔前191年〕置,经东汉、三国魏、西晋、十六国、北朝至隋开皇十八年时,均有该县建置,未尝省废过,表中径书"西汉")。凡该县设置后至隋开皇十八年间中途有省废者,则书离开皇十八年最近一次的复置年代(如太原郡之阳邑县,西汉置,北魏太平真君九年〔448年〕省,景明三年〔501年〕复置,开皇十八年改名太谷,则表中填"北魏")。

4) 延安郡太平之改咸宁、巴东郡永宁之改盛山、淮安郡义乡之改桐柏、清化郡义阳之改恩阳、齐郡高塘之改章丘、宕渠郡绥安之改咸安,《隋书·地理志》原文本作"开皇中"、"开皇末"或开皇十六年改,然《元和郡志》、《太平寰宇记》俱作开皇十八年改,今从后者。又,淮安郡江夏之改慈丘、安陆郡永阳之改应山、遂宁郡始兴之改青石、汶山郡广阳之改汶山、延安郡安乐之改延川的年份,《隋书·地理志》俱无,今据《元和郡县志》卷二十一、二十七、三十二、三十三、三十六补入。另,巴陵郡之华容县,原名南安,据杨守敬、施和金考证:《隋书·地理志》作"安南"系倒误。

5) 表中东阳、兴安两处"?"系尚未发现之内容。

资料来源:《隋书·地理志》、杨守敬《隋书地理志考证附补遗》。

由表2可知,开皇十八年更改了76组、95个地名用字完全相同的重复县名。这样更改重复县名,规模是空前的,覆盖地区是广大的,在整个中国地名发展史上仅次于民国三年一月的更改127个重复县名之举。从中还可知，该年更改重复县名也不以加方位字、对称字为重点，而是一有重名即将其改名，很少保留与原县名有关的成分。

从这份表格中，依然可以看出一些不见记载的历史现象。例如，今山西沁水县和河北清苑县，北周、隋初时均名"永宁县"，开皇十八年才改成今名，为什么要改？记载此二县建置沿革的志书，如《通典》卷一百七十八与一百七十九、《元和郡县志》卷十五、《太平寰宇记》卷四十四与卷六十八、《大明一统志》卷三十二与卷四十四、《嘉庆重修一统志》卷十二与卷一百四十五、光绪《山西通志》卷四、光绪《畿辅通志》卷十六，直到新编《沁水县志》（山西人民出版社 1987 年出版）和新编《清苑县志》（新华出版社 1991 年出版），都没有回答这个问题。由表 2 可知，此二永宁县与开皇中位于今河北任丘市北莫州镇之永宁县重名，故须改名。此可补史志之阙。又如，今湖北南漳县原名思安，为什么开皇十八年要改名？记载此县沿革的志书如卷《通典》卷一百七十七、《元和郡县志》卷二十一、《太平寰宇记》一百四十五、《大明一统志》卷六十、《嘉庆重修一统志》卷三百四十六、光绪《襄阳府志》卷一、民国《南漳县志》直到新编《南漳县志》（中国城市经济社会出版社 1990 年出版），对此均不置一词。由表 2 可知，此思安县因与治所在今甘肃徽县东南之思安县重名，故予改名。这也不见于历代史志记载。再如，今越南河静省香山一带，西晋以来置有"西安县"，开皇十八年为什么要改成光安县？《安南志略》卷一、《大南一统志》卷十三、越南陶维英著《越南历代疆域》等均无解释。从表 2 可知，此西安县因与置于开皇四年、治所在今云南彝良县西北之西安县①重名，故应改名。此可补越南历代政区沿革之阙。类似的情况，还存在于易州涞水县（原名永阳，今河北涞水县）、平州卢龙县（原名新昌，今河北卢龙县）、并州太谷县（原名阳邑，今山西太谷县）、绛州稷山县（原名高凉，今山西稷山县）、宋州砀山县（原名安阳，今安徽砀山县）、襄州谷城县（原名义城，今湖北谷城县）、巴州沅江县（原名安乐，今湖南沅江市）、崇州慈利县（原名零陵，今湖南慈利县）、渝州江津县（原名江阳，今重庆直辖市江津

---

① 参见《元和郡县志》卷三十二（中华书局，1986 年点校本下册，第 826 页）及《中国历史地图集》第五册。

区东）等县中，恕不一一具体辨析。

从表 2 中还可以看到，历史上中国统一王朝的疆域是一个不可分割的整体，改重复县名时既会因与北方重名而更改南方县名，也会因与东部重名而更改西部县名，反之亦然。前者如泷州之平原县（今广东罗定市南），因与齐州平原县（今山东邹平县东北）、德州平原县（今山东平原县）重名而改名为泷水县；后者如巴州之永康县（今四川达县西北）、普州之永康县（今四川安岳县东南），因与婺州之永康县（今浙江永康市）同名，前两个永康县分别改为永穆县和隆康县。交州之安人、峰州之新昌二县俱在今越南境内，但在距今一千四百多年前属隋朝版图，当时因与这二县重名而改平州之新昌为卢龙（今河北卢龙县）、改易州之新昌为遂城（今河北徐水县西北）、改滁州之新昌为清流（今安徽滁州市）、改藤州之安人为宁人（今广西容县东北）。今越南境内德州西安县之改名光安县，也与协州之有西安县有关，已见上文。同样道理，前述西晋太康元年之改重复县名和下文将要述及的唐天宝元年更改天下重复县名，也均能说明统一王朝版图是一个有机的整体。

开皇十八年更改重复县名的同时，也更改了少量用字相近、读音相同的县名。例如，宋州有睢阳县、广州有雉阳县，睢、雉形近，遂改前者为宋城（今河南商丘市睢阳区）、后者为湛水（今河南宝丰县东南）。又如，博州之高唐县与晋州之高塘县字形相近、读音相同，遂改高唐为章丘（今山东章丘市西北）、高塘为宿松（今安徽宿松县）。再如，宋州之城安县与相州之成安县（今河北成安县）也是字形相近、读音相同，于是改城安为考城（今河南兰考县东北旧考城）。总的看来，这类改名不是很多。

唐代更改重复地名，主要集中在玄宗在位的开元、天宝年间。当时出现了"开天盛世"局面，国力极盛，政府有能力组织并完成更改地名用字相重、相近、相似和读音相同的工作。概而言之，唐代进行的地名"标准化"工作主要包括开元十三年的更改州名和天宝元年的更改重复县名两方面内容。

据《元和郡县志》卷三邠州载："开元十三年，以幽、幽字相涉，诏曰：鱼、鲁变文，荆、并误听，欲求辨惑，必也正名，改为'邠'字"。最后一句"改为'邠'字"，《唐会要》卷七十作"改'幽'字为‘邠’”，具体日期作该年二月二十二日。邠州治所在今陕西彬县，诏书指出更名的原因是"豳""幽"字相涉，即字形相近，目的是"欲求辨惑，必也正名"。这是我国历史上最早正式提出地名整理原则的诏书①。

《旧唐书·玄宗纪》："开元十三年二月丙子，改豳州为邠州、郑州为莫州、梁州为褒州、沅州为巫州、舞州为鹤州、泉州为福州，以避文相类及声相近者"②。查陈垣《二十史朔闰表》，开元十三年二月乙卯朔，丙子为二十二日，与《唐会要》卷七十所载颁诏日期正合，则知该诏书内容还包括邠、梁、沅、舞、闽诸州的改名；改名的原因，据《新唐书·地理志》载："豳"字类"幽"（幽州治今北京市），"郑"、"鄭"文相类（鄭州治今河南郑州市），"梁"、"凉"声相近（凉州治今甘肃武威市），"沅"、"原"声相近（原州治今宁夏固原市），"舞"、"武"声相近（武州治今甘肃陇南市武都区）。可见，这次更改州名的原则是去掉文相类及声相近即地名用字相似、读音相近者，取得了一定的成就。

另据《太平寰宇记》卷五十六磁州："天祐三年（906）勅：以与西慈州同名，改为惠州"。惠州在今河北磁县。可见同音也属重名之列。

唐代更改县级地名重名，初期已有之，如武德三年（620）改石州太和县为临泉县，乃是当时吉州也领有太和县之故；因涪州与汾州均有永安县，贞观元年（627）改汾州之永安县为孝义县。像这样零星地更改县名，唐史上是很常见的；而更改县名规模比较大的，则要数天宝元年（742）了。《旧唐书·玄宗纪》载：天宝元年九月"丙寅，改天下县名不稳及重名一百一十处"。有关唐代政区沿革的地理志书，根本没有甲县与乙县重名的完整记载：此事不见《新唐书》、《资治通鉴》等记载，整部《太平寰宇记》也只有两处记录（分别见卷一百〇八信丰县、卷一百四十九桂溪县）。经笔

---

① 说见望新（周振鹤）《唐代地名"标准化"的概念》，载《历史地理》第二辑。

② "泉"字应为"闽"字之误，根据有两条：a. 据《元和郡县志》卷二十九及新旧《唐书·地理志》，景云二年改泉州（治今福州市）为闽州，改武荣（治今泉州市）为泉州，开元十三年方改闽州为福州；b. 据此次更名原则"避文相类及声相近者"，开元年间没有与"泉"字字形相似或读音相近的州级地名，"闽"字却有，如"闽"与"阆"字形相似（阆州治今四川阆中县），又"闽"与"洺"读音相近（洺州治今河北永年县东南旧永年）。

者查核地理文献，找出了天宝元年更改的地名用字完全相同的重复县名 44 组 53 个①、地名读音相同 3 对以及重名而未改名的县名 17 组，列出细目如下：

表 3　天宝元年重复县名的更改与未改状况

原名	隶属	改名	治所今地	改名原由
广平	恭化郡	和集	四川理县北	范阳郡也有广平县
义清	益昌郡	胤山	四川广元市东南	襄阳郡也有义清县
万安(1)	巴西郡	罗江	四川罗江县	
万安(2)	卢阳郡	常丰	贵州铜仁市南	万安郡也有万安县
万安(3)	长乐郡	福唐	福建福清市	
马岭	怀泽郡	义山	广西贵港市西北	安化郡也有马岭县
长城	云南郡	泸南	云南姚安县北	吴兴郡也有长城县
太平	始宁郡	巴东	四川万源市西南	绛郡也有太平县
永兴	会稽郡	萧山	浙江杭州市萧山区	江夏郡也有永兴县
永宁(1)	临海郡	黄岩	浙江台州市黄岩区	
永宁(2)	蕲春郡	广济	湖北武穴市北	河南府也有永宁县
永宁(3)	开阳郡	建水	广东罗定市南	
永阳	江华郡	永明	湖南江永县南	永阳郡也有永阳县
永乐	上谷郡	蒲城	河北满城县西	河东郡也有永乐县
兰溪	蕲春郡	蕲水	湖北浠水县	东阳郡也有兰溪县
玉山	玉山郡	华清	广西钦州市东南	信安郡也有玉山县
石城(1)	黔中郡	黔江	重庆直辖市黔江区东南	北平郡也有石城县
石城(2)	招义郡	廉江	广东廉江市北	
东阳	蜀郡	灵池	四川成都市东南	东阳郡也有东阳县
平陆	济阳郡	中都	山东汶上县	陕郡也有平陆县
龙城	连城郡	岑溪	广西岑溪市东	龙城郡也有龙城县
乐安	弋阳郡	仙居	河南光山县西北	临海郡也有乐安县
乐城	晋康郡	悦城	广东德庆县东	永嘉郡也有乐城县
白马	安化郡	延安	甘肃庆阳市北	灵昌郡也有白马县
安乡	安昌郡	凤林	甘肃临夏县东	澧阳郡也有安乡县

---

① 内招义、临江二县重名状况得自周振鹤教授未刊手稿《汉唐两代的地名标准化措施》，谨此志谢。

续表

原名	隶属	改名	治所今地	改名原由
安固	咸安郡	良山	四川营山县东北	永嘉郡也有安固县
安陵	桂阳郡	高亭	湖南永兴县西南	平原郡也有安陵县
西平	临江郡	阳川	广西平南县西北	汝南郡也有西平县
西城	南陵郡	罗水	广东阳春市西南	汉阴郡也有西城县
阳山	洪源郡	通望	四川汉源县东南	连山郡也有阳山县
怀仁	宁仁郡	抚安	广西玉林市西北	东海郡也有怀仁县
连江	高凉郡	保安	广东电白县东	长乐郡也有连江县
夜郎	龙标郡	峨山	湖南芷江县西南	夜郎郡也有夜郎县
招义	招义郡	幹水	广东廉江市西北	钟离郡也有招义县
金城（1）	金城郡	五泉	甘肃兰州市	京兆府也有金城县
金城（2）	延安郡	敷政	陕西甘泉县西北	
始安	潾山郡	渠江	四川广安市东北	始安郡也有始安县
武德	象 郡	阳寿	广西象州县	河内郡也有武德县
南安	南康郡	信丰	江西信丰县	清源郡也有南安县
南宾	宁越郡	灵山	广西灵山县西	南宾郡也有南宾县
南平	桂阳郡	蓝山	湖南蓝山县东北	南平郡也有南平县
临溪	吴兴郡	德清	浙江德清县东	临邛郡也有临溪县
盈川	黔中郡	洋水	重庆直辖市彭水县西	信安郡也有盈川县
唐兴（1）	建安郡	浦城	福建浦城县	文安郡也有唐兴县
唐兴（2）	江华郡	延唐	湖南宁远县	
唐兴（3）	遂宁郡	蓬溪	四川蓬溪县	
唐昌	博陵郡	陉邑	河北定州市东南	濮阳郡也有唐昌县
清水	南宾郡	桂溪	重庆直辖市垫江县东	天水郡也有清水县
清源	清源郡	仙游	福建仙游县	太原府也有清源县
新宁	衡阳郡	常宁	湖南常宁市	通川郡也有新宁县
新昌（1）	鄱阳郡	浮梁	江西浮梁县	承化郡也有新昌县
新昌（2）	新兴郡	永顺	广东云浮市东	
新城	南阳郡	临湍	河南邓州市西北	余杭郡也有新城县
化成	宁塞郡	广威	青海化隆县西	与清化郡化城县同音
安养	襄阳郡	临汉	湖北襄阳市①	与邺郡安阳县同音

① 原襄樊市,2010 年 12 月改为襄阳市。

续表

原名	隶属	改名	治所今地	改名原由
象城	赵　郡	昭庆	河北隆尧县东	与淮阳郡项城县同音
太平	绛郡			交趾郡也有太平县
永丰	始安郡			九原郡也有永丰县
正平	绛郡			整平郡也有正平县
石泉	安康郡			通化郡也有石泉县
龙水	资阳郡			龙水郡也有龙水县
归仁	清化郡			宁朔郡也有归仁县
乐平	太原府	未		鄱阳郡也有乐平县
安仁	临邛郡			平琴郡也有安仁县
吉阳	安陆郡		（略）	延德郡也有吉阳县
寿昌	敦煌郡			新定郡也有寿昌县
怀德	宁朔郡			怀德郡也有怀德县
武龙	涪陵郡	改		横山郡也有武龙县
武安	广平郡			武曲郡也有武安县
临川	临川郡			延德郡也有临川县
临江(1)	武曲郡			南宾郡也有临江县
临江(2)	临潭郡			
唐兴	临海郡			文安郡也有唐兴县
唐林	雁门郡			福禄郡也有唐林县

资料来源：《元和郡县志》、《通典》卷 173～184、《唐会要》卷 70～71、两《唐书·地理志》、《太平寰宇记》、敦煌文书敦煌博物馆第 058 号（新号 No. 0761）《天宝十道录》（或作敦博地志残卷、《郡县公廨本钱簿》等）。遇有抵牾处，一律以《元和郡县志》为准（除《元和郡县志》卷三十将卢阳郡之万安县改常丰县误作天宝二年之外）。

　　由表 3 可知，经过这次更改重复县名，使同名县大大地减少了，故有人称其为唐朝的地名标准化①。这样大规模地更改县名，在中国历史上仅次于民国三年和隋开皇十八年之举，在地名学发展史上具有重要的意义。

――――――――――
①　说见望新（周振鹤）《唐代地名"标准化"的概念》，载《历史地理》第二辑。

　　若从微处观察，仍可看出一些不见历史记载的现象。例如吴兴郡之德清县（今浙江德清县东老县城），本名临溪县，因濒临余不溪（今东苕溪）而得名①，符合该县地理特征，为什么天宝元年非改名不可？从宋谈钥《嘉泰吴兴志》、明郝成性《嘉靖德清县志》到新版《德清县志》（浙江人民出版社 1992 年出版）都没有回答这个问题。从表 3 列出的现象可知，本年吴兴郡之临溪县与临邛郡之临溪县（治今四川邛崃市西南）重名，故将吴兴郡之临溪县改名。此可补史传之阙。又如会稽郡之萧山县（今浙江杭州市萧山区），本名永兴县，为什么天宝元年要改名？宋施宿《嘉泰会稽志》、张淏《宝庆会稽续志》和明万历、清康熙、乾隆、民国及新编《萧山县志》（浙江人民出版社 1987 年出版）、毛奇龄《萧山县志刊误》均无解释。从表 3 可知，天宝元年因会稽郡之永兴县与江夏郡之永兴县（治今湖北阳新县）重名，故改为萧山县，以山为名。此亦可补史之阙。类似的情况，还存在于鄱阳郡之浮梁县（本名新昌、今江西浮梁县），清源郡之仙游县（本名清源、今福建仙游县），建安郡之浦城县（本名唐兴、今福建浦城县），桂阳郡之蓝山县（本名南平、今湖南蓝山县东北），衡阳郡之常宁县（本名新宁、今湖南常宁市），蕲春郡之蕲水县（本名兰溪、今湖北浠水县），巴西郡之罗江县（本名万安、今四川罗江县），遂宁郡之蓬溪县（本名唐兴、今四川蓬溪县），黔中郡之黔江县（本名石城、今重庆直辖市黔江区东南）等县中，恕不一一考辨。

　　总之，隋、唐两代地名的"标准化"工作做得非常出色。开元十三年更改州名，原则上是取消文相类及声相近者；开皇十八年和天宝元年的大规模整顿县名行动，除了上述相同内容外，更主要地在于消弥县名的重名，取得了良好的成效。

五　从宋朝到二十世纪五十年代

　　地名因重名、形近、音同而改名，符合地名标准化原则，但宋、元、

---

　　① （唐）李吉甫：《元和郡县图志》卷二十五，湖州德清县，中华书局，1986 年点校本下册，第 606 页。

明、清四朝在这方面的工作做得很不够。

南宋学者洪迈曾经指出："国朝之制，州名或同，则增一字以别之。若河北有雄州、恩州，故广东增'南'字；蜀有剑州，故福建者亦增'南'字，以至西和、西安州亦然。其声音颇同，患于舛误，则俗闻称呼，自加上、下、东、西为别，故称岳为上岳，鄂为下鄂；清州与青类，称为北清；郓州与颍类，称为西郓；融州与容类，称为西融是也"①。这段文字有两层含义：前半段指同名州名前加"南"、"西"字以别之，南雄州、南恩州、南剑州治所分别在今广东南雄市、广东阳江市、福建南平市，西和州、西安州治所分别在今甘肃西和县、宁夏海原县；后半段指地名读音相同者可以加"上""下""东""西"字样以资区别，则以方位字区别重复地名的使用范围已扩大到了地名读音方面。但是，洪迈同时又指出："若县邑则不问"，即县名重复悉听其便；也就是说，宋代因重名而更改的县名很少，故洪迈接着又列举了像池、严二州均有建德这类重复县名 19 组，在当时均未得到改名②。清人钱大昕于此之外又补列了 11 组未见更改的宋代同名县名③。所以，宋代实际存在着 30 组重复县名。

元代的同名县，与宋代相比，完全继承的有 20 组，连州之桂阳县升格为桂阳州而仍与郴州之桂阳县同名、瑞州路新昌县之升新昌州而仍与越州之新昌县同名，其余 8 组中各有一县被废；加上元朝本身造成的 10 组同名县，故元代的同名县至少也应在 30 组以上④，但文献中不见元代有更改重复地名的举措。

宋、元县名重复而得不到更改的陋习，明、清两个统一王朝均加以承袭，所以见于文献的重复县名，明代有 38 组、清乾隆五十一年（1786）时

---

① （宋）洪迈：《容斋五笔》卷三，"州县名同"条，上海古籍出版社，1978 年点校本，第 840 页。

② （宋）洪迈：《容斋五笔》卷三，"州县名同"条，上海古籍出版社，1978 年点校本，第 840 页。

③ 《十驾斋养新录》卷十一，"宋县名相同"条，上海书店，1983 年影印本，第 262 页。

④ 《十驾斋养新录》卷十一"元州县名相同"条列出了元代州名相同者 3 对、县名相同者 25 组（上海书店，1983 年影印本，第 262~263 页）。今按：钱氏至少漏列了以下五对同名县。据中华书局 1976 年点校本《元史·地理志》，汀州路、扬州路俱有清流县（第 1507、1415 页），循州、郴州路俱有兴宁县（第 1519、1530 页），泉州路、江州路俱有德化县（第 1505、1512 页），大理路、邵武路俱有建宁县（第 1481、1506 页），高邮府、兴化路俱有兴化县（第 1417、1505 页）。

有 58 组、道光二十四年（1844）有 60 组、清末已多达 63 组！

明清时期，对于重复县名也采取过少量措施。例如明初因凤阳、大理、吉安三府均有太和县，遂改吉安府之太和为泰和①；因顺天府有永清县、重庆府有长寿县，明初改南安府之永清为上犹、嘉靖十年（1531）改承天府之长寿县为钟祥县②。因遵义府有仁怀县，光绪三十四年改仁怀厅为赤水厅。清人俞正燮云："乾隆五十一年十一月，礼部以府、州、县同名者六十五处，奏请换印时冠以省名铸给"。据俞氏所列，当时府名同者一组、州名同者六组、四县同名二组、三县同名十组、二县同名四十六对，故礼部有此请求③。但这些微弱的措施并未使县名重复的状况得到根本的改观。

因而，自宋代以后，历经元、明、清三朝，县名重复的状况越来越严重。例如新城县，唐朝后期杭州、涿州各有一个（治所分别在今浙江富阳市西南新登镇和河北高碑店市），南宋绍兴八年（1138）在建昌军析置新城县（今江西黎川县）后增加到三个，元初于般阳府路析置新城县（治所在今山东桓台县西桓台城）后增加到四个。明、清二朝全部因袭了这四个重名的新城县。民国元年（1912）在贵州西南部新置了新城县（今贵州兴仁县），民国二年（1913）又将吉林省之原新城府改置为新城县（治今吉林松原市），遂使同名的新城县在民国初年增加到六个。又如太平县，唐代前期有三个，天宝元年将始宁郡之太平县更名为巴东县后，仍有两个太平县（分别属于绛郡、交趾郡，治所分别在今山西襄汾县西南汾城镇和越南河西省山西市），天宝中期于宣城郡新置太平县（治今安徽黄山市黄山区）后恢复到三个。五代时越南独立，但宋、元时期内地仍有两个太平县。明成化五年（1469）于台州府新置太平县（今浙江温岭市）后，重名的太平县又有三个；正德十五年（1515）于夔州府析置太平县（今四川万源市）后则增加到四个。清朝全部承袭了这四个重名的太平县。民国元年（1912）将长江下游沙洲中的太平厅改置为太平县（今江苏扬中市）后，太平县有五县重名。就像这样，重复县名犹如滚雪球一般越积越多，迨至民国初年"二

① （明）郭子章：《郡县释名·江西》，明万历四十二年序刻本。

② 均见《明史·地理志》，分别见中华书局 1974 年点校本第 1067、1076 页。

③ （清）俞正燮：《癸巳存稿》卷五，"府州县同名"。上海古籍出版社，2002 年 3 月影印《续修四库全书》册 1160，第 13 页。

县同名者七十四、三县同名者十有二、四县同名者四、五县同名者三、六县同名者一"，总计"全国重复县名一百二十六处"①，因而不得不进行大规模的更改。

民国三年（1914）一月三十日，内务总长朱启钤向总统府提交了一份《拟改各省重复县名撮举理由分别说明请鉴核批示文》，列举了导致地名重名的四大弊端，并附有《改定各省重复县名及存废理由清单》。这个改革方案得到了袁世凯的批准："批据呈已悉，应如所拟办理"②。笔者根据这份《改定各省重复县名及存废理由清单》，经整理后，其内容可列表如下：

表 4　民国三年一月重复县名的更改

原名	改名	隶属	更改理由
三水	栒邑	陕西	广东也有三水县
大宁	巫溪	四川	山西也有大宁县
大通	通河	黑龙江	甘肃也有大通县
万县	万宁	广东	四川也有万县
山阳	淮安	江苏	陕西也有山阳县
广宁	北镇	奉天	广东也有广宁县
广昌	涞源	直隶	江西也有广昌县
义宁	修水	江西	广西也有义宁县
太平(1)	汾城	山西	安徽也有太平县
太平(2)	温岭	浙江	安徽也有太平县
太平(3)	万源	四川	安徽也有太平县
太平(4)	扬中	江苏	安徽也有太平县
开化	文山	云南	浙江也有开化县
开县(1)	濮阳	直隶	四川也有开县
开县(2)	紫江	贵州	四川也有开县
凤台	晋城	山西	安徽也有凤台县
凤凰	凤城	奉天	湖南也有凤凰县
长宁(1)	寻邬	江西	四川也有长宁县
长宁(2)	新丰	广东	四川也有长宁县

---

① 见《拟改各省重复县名撮举理由分别说明请鉴核批示文》，载《政府公报》民国三年二月五日第 628 号。按：实际更改县名的总数为 127 处。

② 见《政府公报》民国三年二月五日［628 号］、二月六日［629 号］、二月七日［630 号］及二月八日［631 号］。

· 907 ·

续表

原名	改名	隶属	更改理由
长乐（1）	五华	广东	福建也有长乐县
长乐（2）	五峰	湖北	
石门	崇德	浙江	湖南也有石门县
石泉	北川	四川	陕西也有石泉县
石城	廉江	广东	江西也有石城县
平远（1）	镇戎	甘肃	广东也有平远县
平远（2）	织金	贵州	
东乡	宣汉	四川	江西也有东乡县
东平	东丰	奉天	山东也有东平县
东安（1）	安次	直隶	湖南也有东安县
东安（2）	云浮	广东	
东安（3）	潼南	四川	
龙门	龙关	直隶	广东也有龙门县
龙泉（1）	遂川	江西	浙江也有龙泉县
龙泉（2）	凤泉	贵州	
归化（1）	归绥	山西	福建也有归化县
归化（2）	紫云	贵州	
乐平	昔阳	山西	江西也有乐平县
乐安	广饶	山东	江西也有乐安县
宁乡	中阳	山西	湖南也有宁乡县
宁远（1）	兴城	奉天	湖南也有宁远县
宁远（2）	伊宁	新疆	
宁远（3）	武山	甘肃	
宁远（4）	凉城	山西	
宁县	黎县	云南	甘肃也有宁县
宁海	牟平	山东	浙江也有宁海县
永宁（1）	古化	广西	河南也有永宁县
永宁（2）	宁冈	江西	
永宁（3）	关岭	贵州	
永宁（4）	离石	山西	
永安（1）	紫金	广东	福建也有永安县
永安（2）	蒙山	广西	
永昌	保山	云南	甘肃也有永昌县
永定	大庸	湖南	福建也有永定县
永福	永泰	福建	广西也有永福县

原名	改名	隶属	更改理由
永康（1）	同正	广西	浙江也有永康县
永康（2）	镇康	云南	
会同	琼东	广东	湖南也有会同县
西宁（1）	阳原	直隶	甘肃也有西宁县
西宁（2）	郁南	广东	
华亭	松江	江苏	甘肃也有华亭县
兴宁	资兴	湖南	广东也有兴宁县
兴安	横峰	江西	广西也有兴安县
兴国	阳新	湖北	江西也有兴国县
安仁	余江	江西	湖南也有安仁县
安化（1）	庆阳	甘肃	湖南也有安化县
安化（2）	宜北	广西	
安化（3）	德江	贵州	
安平（1）	马关	云南	直隶也有安平县
安平（2）	平坝	贵州	
安东	涟水	江苏	奉天也有安东县
安定	定西	甘肃	陕西也有安定县
安福	临澧	湖南	江西也有安福县
寿昌	鄂城	湖北	浙江也有寿昌县
孝义	柞水	陕西	山西也有孝义县
余庆	庆城	黑龙江	甘肃也有余庆县
祁县	安国	直隶	山西也有祁县
沙县	洮沙	甘肃	福建也有沙县
怀仁	桓仁	奉天	山西也有怀仁县
怀远（1）	横山	陕西	安徽也有怀远县
怀远（2）	三江	广西	
奉化	梨树	奉天	浙江也有奉化县
昌化	昌江	广东	浙江也有昌化县
定远（1）	武胜	四川	安徽也有定远县
定远（2）	镇巴	陕西	
定远（3）	牟定	云南	
泾县	泾川	甘肃	安徽也有泾县
建平	郎溪	安徽	直隶也有建平县
建昌	塔沟	直隶	江西也有建昌县
建德	秋浦	安徽	浙江也有建德县
赵县	凤仪	云南	直隶也有赵县

原名	改名	隶属	更改理由
威远	景谷	云南	四川也有威远县
南安	摩刍	云南	福建也有南安县
临安	建水	云南	浙江也有临安县
临江	同江	吉林	奉天也有临江县
保安	涿鹿	直隶	陕西也有保安县
泸溪	资溪	江西	湖南也有泸溪县
桃源	泗阳	江苏	湖南也有桃源县
唐县	沘源	河南	直隶也有唐县
海丰	无棣	山东	广东也有海丰县
海阳	潮安	广东	山东也有海阳县
海城	海原	甘肃	奉天也有海城县
乾县	乾城	湖南	陕西也有乾县
清平	炉山	贵州	山东也有清平县
清江	剑河	贵州	江西也有清江县
清河	淮阴	江苏	直隶也有清河县
清溪	汉源	四川	贵州也有清溪县
新平	尉犁	新疆	云南也有新平县
新宁(1)	开江	四川	
新宁(2)	台山	广东	湖南也有新宁县
新宁(3)	扶南	广西	
新兴	休纳	云南	广东也有新兴县
新安	宝安	广东	河南也有新安县
新城(1)	扶余	吉林	
新城(2)	耏水	山东	
新城(3)	黎川	江西	直隶也有新城县
新城(4)	新登	浙江	
新城(5)	兴仁	贵州	
新昌	宜丰	江西	浙江也有新昌县
靖江	绥江	云南	江苏也有靖江县
靖安	洮安	奉天	江西也有靖安县
嘉禾	嘉兴	浙江	湖南也有嘉禾县
镇平	蕉岭	广东	河南也有镇平县

续表

原名	改名	隶属	更改理由
镇安	黑山	奉天	陕西也有镇安县
镇边	澜沧	云南	广西也有镇边县
德化(1)	九江	江西	福建也有德化县
德化(2)	德格	四川	
醴泉	突泉	奉天	陕西也有醴泉县

资料来源：民国三年内务部《改定各省重复县名及存废理由清单》（连载于《政府公报》民国三年二月五日［628号］、二月六日［629号］、二月七日［630号］及二月八日［631号］）。

总计此次改掉的重复县名，广东、云南各13处，江西、贵州各10处，四川、奉天各9处，直隶8处，山西、甘肃各7处，江苏、广西各6处，浙江、湖南、山东、陕西各4处，湖北3处，黑龙江、吉林、安徽、新疆各2处，福建、河南各1处，总计127处，地域范围遍及了当时全国23个省中的22省（台湾省当时处于日本统治之下）。这是中国历史上更改重复地名规模最大的一次。

这次改名的主要原则是："凡两县同名，存其先置，新名从同，仍还故称"，即保留设置较为久远、政区较为稳定的县名，而改掉重名的其他县名，收到了很好的社会效果。经过这次改名，一千余年以来陆续积存的重复县名问题得到了根本性的清洗。

继民国三年一月份更改重复县名之后，又陆续更改了一些残留的和新产生的同名县名（主要是与省、道同名的县名），详细情况如下表5所列：

表5 民国三年二月之后陆续更改的同名县名

原　名	改　名	隶　属	改名年、月	改名原由
兰　山	临　沂	山　东	1914.2	与甘肃兰山道重名
承　德	沈　阳	奉　天	1914.5	与直隶承德县重名
长　寿	同　宾	吉　林	1914.6	与四川长寿县重名
永　宁	洛　宁	河　南	1914.6	与四川永宁道重名
安　肃	徐　水	直　隶	1914.6	与甘肃安肃道重名
庐　陵	吉　安	江　西	1914.6	与本省庐陵道重名
岳　阳	安　泽	山　西	1914.6	与湖南岳阳县重名
建　昌	永　修	江　西	1914.6	与四川建昌道重名

续表

原　名	改　名	隶　属	改名年、月	改名原由
保　定	新　镇	直　隶	1914.6	与本省保定道重名
南　宁	邕　宁	广　西	1914.6	与本省南宁道重名
普　洱	宁　洱	云　南	1914.6	与本省普洱道重名
怀　柔	瞻　化	四　川	1916.4	与京兆怀柔县重名
金　县	榆　中	甘　肃	1919.10	与奉天金县重名
唐　山	尧　山	河　北	1928.10	与本省滦县唐山镇重名
永　康	康　县	甘　肃	1929.4	与浙江永康县重名
绥　远	抚　远	合　江	1929.9	与绥远省省名重名
吉　林	永　吉	吉　林	1929.9	与吉林省省名重名
广　西	泸　西	云　南	1929.11	与广西省省名重名
云　南	祥　云	云　南	1929.11	与云南省省名重名
贵　阳	贵　筑	贵　州	1930.10	与贵阳市重名
宁　夏	贺　兰	宁　夏	1942.3	与宁夏省省名重名
昆　明	谷　昌	云　南	1945.1	与昆明市重名

资料来源：《中华民国行政区域简表》（上海商务印书馆 1947 年印行）。

民国年间大刀阔斧地整顿重复县名，使得在一个较长时期之内地名相对稳定，当时的地名学家金祖孟评价说："从那时起，中国就不再有重复的县名"，"自从吉林县改名永吉县、宁夏县改名贺兰县以后，省名县名也不再有相同的情形。在名义上，我们的省县名称总算已经做到'一地一名'的地步"[①]。由此可见，民国年间、尤其是民国初年的更改重复县名之举，规模比以往任何朝代都要大、涉及的方面比以往要多、程度也比以往更深，因而在中国地名发展史上具有重大的积极意义。历史上长期困扰着人们的县级及其以上地名的重名问题，从此得到了彻底地解决。

应当附带说明一下，因中国共产党领导的解放区和 1949、1950、1951 年期间析置新县、新改县名而造成与全国其他县名重名的（含个别市名），总共有二十余处，1958 年之前全部及时地得到了更改，详见下表：

① 金祖孟：《地名转译问题》，载《新中华》（复刊）1945 年第 3 卷第 1 期。

表 6　五十年代更改的重名县名

原　名	改　名	隶　属	批准年月日	改名理由	备注
淮安县	潍安县	山　东	1950.5.17	江苏也有淮安县	1952 年撤销
台北县	大丰县	苏北行署区	1951.6.13	台湾也有台北县	1952 年改属江苏
建阳县	建湖县	苏北行署区	1951.6.13	福建也有建阳县	1952 年改属江苏
桐庐县	湖东县	皖北行署区	1951.1.31	浙江也有桐庐县	1955 年改名枞阳县
新民县	元阳县	云　南	1951.3.24	辽西也有新民县	
新民县	屯昌县	广　东	1952.3.28		
蓝田县	涟源县	湖　南	1952.7.15	陕西也有蓝田县	
龙胜县	卓资县	绥　远	1952	广西也有龙胜县	1954 年改属内蒙古
新安县	新沂县	江　苏	1952.9.7	河南也有新安县	
泰宁县	徂阳县	山　东	1952.8.18	福建也有泰宁县	
平南县	蓼兰县	山　东	1952.8.18	广西也有平南县	1956 年撤销
临城县	薛城县	山　东	1952.8.18	河北也有临城县	1956 年撤销
西安市	辽源市	辽　东	1952.4.3	陕西也有西安市	1954 年改属吉林
西安县	东辽县	吉　林	1956.7.3	陕西也有西安市	
梁山县	梁平县	四　川	1952.12.3	山东也有梁山县	今属重庆直辖市
丽江县	龙津县	广　西	1953.4.23	云南也有丽江县	1961 年改名龙州县
长山县	长海县	旅大直辖市	1953.1.31	山东也有长山县	1954 年改属辽宁
泰安县	依安县	黑龙江	1952.5.21	山东也有泰安县	
佛山县	嘉荫县	黑龙江	1955.11.9	广东有佛山市	
广通县	广河县	甘　肃	1957.8.6	云南也有广通县	
融　县	融水县	广　西	1952.8.11	本省另有同音的容县	1953 年更名融安
定乡县	乡城县	西　康	1952.5.9	山西也有定襄县	【读音相同】

资料来源：民政部编《中华人民共和国县级以上行政区划沿革》（第一卷、第二卷、第三卷，测绘出版社分别出版于 1986 年 8 月、1987 年 10 月、1988 年 4 月）、史为乐编《中华人民共和国政区沿革》（江苏人民出版社 1981 年初版、人民出版社 2006 年 12 月出版的自 1949～2002 年政区沿革的同名著作）、张在普编著《中国近现代政区沿革表》（福建省地图出版社 1987 年出版）。

六　结语和启示

综上所述，中国历史上有六次大规模的更改重复地名行动，分别发生在秦及西汉初年、西晋太康元年（280）、东晋南北朝时期、隋开皇十八年（598）、唐天宝元年（742）和民国初年。

从总体上看，历代更改重复地名的方式有两种，一种是加方位字、对称字以资区别，常用的有"东""西""南""北""上""下""左""右""内""外""新"11 个字。这种方式起源古老，秦汉及东晋南北朝时得到了广泛运用，唐、宋时期使用顿然减少，元代以后县级及其以上地名重名的改名就不大使用这种方式了。另一种方式是以其中一个地名为参照物不动，其他重复地名改动一字或另起新名。这后一种方式起源稍晚，在加修饰字已不能完全解决问题的时候显示出它的优势，以后在历代更改重复地名中得到了广泛运用，一直沿用至今。不过，就县名用字完全重复而更改来说，保留原名中一字与另起新名的例子，太康元年分别在 33 个和 10 个，开皇十八年分别为 16 个和 79 个，天宝元年分别为 4 个和 49 个，民国三年分别为 28 个和 99 个，可见重复县名改名时，另起新名的例子越到后来越占多数，保留原名中一字的例子越来越少。这说明更改重复县名时，另起新名更具有生命力。

地名重名的种类，有北方与北方的重名，有南方与南方的重名，也有东部与西部的重名，但更多的是北方与南方的重名①。今就北方与南方重名的县名而言，太康元年有 37 组 42 处，更改的全部是南方县名；开皇十八年有 76 组 95 处，更改南方县名 46 个，更改北方县名 49 个，南、北改名数大致持平，说明隋朝已没有歧视南方的社会心理了；但天宝元年有 20 组 25 处，更改南方县名多达 20 处，而改掉北方县名仅 5 个，似乎南方地名又成了牺牲品；民国三年有 43 组 57 处，更改南方县名 29 个、更改北方县名 28 个，南、北大体持平。这种更改重复县名地域分布的差异由南北悬殊、到南北不均衡、再趋向于南北大体平衡的过程，也是一个南北政治地位由不平等趋向平等的过程，中间曾经有过反复。

历代更改重复地名的结果，应该说越到后代越有成效。太康元年 43 个重复县名的更改，有 6 个县名生存了一千七百多年之后，一直使用到今天，占 14.0%；开皇十八年更改 95 个重复县名后，有 30 个县名存在一千四百年之后一直使用至今，占 31.6%；天宝元年更改了的 53 个重复县名中，也有 16 个使用至今，占 30.2%；民国三年一月改名的 127 个重复县名当中，有 92 个沿用至今，更占了 72.4%。

---

① 此处南、北方的划分，以秦岭 - 淮河一线为界。

至于历代更改重复县名的内容，则包括了地名用字相同、相似、读音相同三个方面，不过历代均以更改地名用字相同为重点。开皇十八年更改重复县名中，更改地名用字完全相同的有 93 个，占总数的 97.9%，而更改地名用字相似、读音相同的仅有 2 个，仅占总数的 2.1%。唐开元十三年更改的 6 个州名，则全属改掉文相类及声相近者。天宝元年已更改的重复县名中，更改地名用字完全相同的有 53 个，占总数的 97.6%，更改地名读音相同、用字相近的仅有 3 个，只占总数的 2.4%。民国三年一月更改的重复县名 100% 是改掉用字完全相同者。1911～1949 年间更改读音相同的地名仅有一例：1946 年 7 月，陕西省境内因同官县与潼关县读音完全相同，将同官县改名为铜川县（今铜川市）①。

由此可知，中国历代更改重复地名以改掉地名中完全相同的用字为重点，这方面历代政府已发挥得淋漓尽致，所以自 1945 年以后全国已没有县级及其以上地名用字完全相同的情形了。今天，吉林省名与该省境内的吉林市名称相同，江西的东乡县与甘肃的东乡族自治县名称虽非完全相同，但也属重名范围②，以历史的经验而言，均宜更改。国务院 1986 年 1 月 23 日发布的《地名管理条例》第四条也规定："全国范围内的县、市以上名称，不应重名"。

在此必须指出的是，江苏南通县于 1992 年改设通州市后，造成了与北京市通县的重名，因为通县县城自金代以来一直称"通州"，而且 1997 年通县撤县建区后，"通州市"与"通州区"专名已完全重名。本来，元明清以来南、北两通州并存，本是不合理现象，故俗称江苏通州为南通州。1912 年因避免重名而正式改江苏通州为南通。这是顺应历史规律之举，是一个进步。可是近年造成的南、北通州重新重名，是恢复了历史上的不合理现象，是很不应该的，对政区地名作这样的改名可以说是失败的③。

---

① 《中华民国行政区域简表》第 140 页（上海商务印书馆 1947 年印行），张在普编著《中国近现代政区沿革表》第 211 页（福建省地图出版社 1987 年出版）。

② 自 1987～2000 年的历年《中华人民共和国行政区划简册》，江西、甘肃二省地图上均标为"东乡"二字。拙文草成于 1999 年左右，故有是说。

③ 更大的败笔在于拙文在《历史研究》2000 年第 4 期发表之后。2009 年 3 月，江苏通州市撤市设区，成为南通市通州区，于是专名、通名就完全与北京市通州区重名。这种做法，是直接违反国务院《地名管理条例》的。

相对来说，更改地名用字相近、读音相同两个方面，历代所做工作并不多，并且也很不够，所以至今仍留下一些值得探讨的问题。

第一，地名用字相近方面，实例不少。

例如今河南省境内，同时存在着沁阳、泌阳二县①，沁、泌二字仅一撇之差，极易混淆。据说 1929～1930 年中原大战时，冯玉祥下令某部进驻泌阳，结果该部按时到达了沁阳，以致贻误战机。河南省境内，既有郏县、又有陕县，"郏"、"陕"二字也易混。又如山西一省之内，古县、吉县并存，古、吉仅一笔之差，两地之间仅隔一临汾市，也容易搞错。根据中国地图出版社 1987 年 4 月出版《1987 年中华人民共和国行政区划图册》，类似的情况还有：

义县（辽宁县名）～文县（甘肃县名），

义乌（浙江县名）～义马（河南市名），

文安（河北县名）～六安（安徽市名），

天水（甘肃市名）～文水（山西县名），

方山（山西县名）～万山（贵州特区名），

龙川（广东县名）～龙州（广西县名），

永丰（江西县名）～永平（云南县名），

永清（河北县名）～永靖（甘肃县名），

平原（山东县名）～平泉（河北县名），

兴文（四川县名）～兴义（贵州县名），

兴山（湖北县名）～光山（河南县名），

成安（河北县名）～武安（河北县名），

庆云（山东县名）～庆元（浙江县名），

安远（江西县名）～安达（黑龙江市名），

安国（河北县名）～安图（吉林县名），

汶川（四川县名）～汉川（湖北县名），

阳原（河北县名）～阳泉（山西市名），

---

① 据《1990 年中华人民共和国行政区划简册》，沁阳县已于 1989 年 9 月 27 日批准改为县级市。为保留论文观点原状，今不做修改。以下没有修改的理由同此。

盂县（山西县名）～孟县（河南县名），

张家川（甘肃县名）～张家口（河北市名），

临漳（河北县名）～临潭（甘肃县名），

洛阳（河南市名）～略阳（陕西县名），

南汇（上海县名）～南江（四川县名），

宾县（黑龙江县名）～滨县（山东县名），

和顺（山西县名）～和硕（新疆县名），

泰安（山东市名）～秦安（甘肃县名），

普宁（广东县名）～晋宁（云南县名），

浦江（浙江县名）～蒲江（四川县名），

浦城（福建县名）～蒲城（陕西县名），

淳化（陕西县名）～敦化（吉林市名），

威宁（贵州县名）～咸宁（湖北市名），

彬县（陕西县名）～郴县（湖南县名），

清江（江西县名）～靖江（江苏县名），

新平（云南县名）～新干（江西县名），

镇平（河南县名）～镇坪（陕西县名），

滕县（山东县名）～藤县（广西县名），

托克逊（新疆县名）～托克托（内蒙古县名），

青河（新疆县名）～清河（河北县名）～精河（新疆县名），

清水（甘肃县名）～清河（河北县名）～清水河（内蒙古县名）。

国务院《关于地名命名、更名的暂行规定》第十条指出："地名命名要简明确切，不用生僻字和字形、字音容易混淆的字"；第十二条又指出："凡不符合本规定第七、八、九、十条精神的，原则上应予更名"。此处所列38组形近地名①，使用了字形容易混淆的字，不符合第十条之规定，故

---

① 截至2010年底，此38组形近地名内，6对消失了［盂县与孟县、宾县与滨县、郴县与彬县、清江与靖江、滕县与藤县、南汇与南江］，5对改变了性质（由原先的县名形近，变成了县名与市名的形近，仍属形近地名，它们是：义乌与义马、兴文与兴义、成安与武安、汶川与汉川、普宁与晋宁）。所以，形近易讹地名还有32组。

在适当时候均宜改名。

当然，近年来的政区变化，有六对形近地名因改名而消失，如滕县、清江、孟县分别于 1988 年、1988 年和 1996 年改为滕州市、樟树市和孟州市，郴县、滨县则分别于 1994 年和 2000 年撤销并升格为地级市，南汇县先于 2001 年改区，后于 2009 年并入了浦东新区。虽然这些县名的改名并非完全出于避免形近的考虑，但客观上减少了六对字形相近的县名，应该是可喜的结局。但是，兴义县于 1987 年、义乌与武安二县于 1988 年、安国县于 1991 年、普宁与靖江二县于 1993 年、汉川县于 1997 年改为县级市后，专名部分并未改变，字形均属形近。这些地名的改名，既有经验可资借鉴，也有教训值得吸取。如何做好这些形近易讹地名的改名，还有待于进一步研究。

第二，地名读音方面，问题更多。

20 世纪 50 年代初期，全国县级政区同音、同调、同省的地名有四对，即广西的融县与容县、湖北的英山县与应山县、河北的蓟县与冀县、云南的宜良县与彝良县。融县于 1952 年改名融水县、1953 年改名融安县后不再与容县同音，应山县于 1988 年改名广水市后也不再与英山县同音；蓟县划归天津直辖市后与冀县不再同属于同一省级政区，冀县于 1993 年改名冀州市后也不再与蓟县同音；惟宜良、彝良二县依然故我，如今仍并存于云南一省之内。

虽然，最近十多年来随着政区变动，部分读音完全相同的地名已经消失①，但河南辉县于 1988 年改为辉县市后，并未避免与甘肃徽县同音。在今天，甘肃有礼县、四川有理县、湖南有澧县、河北有蠡县，礼、理、澧、蠡四字均读作 lǐ。又，今贵州有息烽县、辽宁有西丰县、甘肃

---

① 山西忻县与河南新县同音，忻县于 1983 年改为忻州市。山东掖县与河南叶县同音，掖县也于 1988 年改为莱州市。河南巩县、辽宁新金县分别与四川珙县、新津县同音，巩县、新金县均于 1991 年分别改为巩义市和普兰店市。河北新城县与广西忻城县同音，新城县于 1993 年改为高碑店市。河南林县、河北深县分别与山西临县、山东莘县同音，林县、深县均于 1994 年分别改为林州市和深州市。湖南酃县与山东陵县读音完全相同，酃县已于 1994 年改为炎陵县。虽然这些县名近年来的改名并非完全出于避免读音相同的考虑，但客观上减少了一些读音相同的县名（此处"最近"、"近年"指拙文草成的 1998 年、1999 年左右）。

有西峰市，息烽、西丰、西峰的汉语拼音均作 xīfēng①②。截止于 1999 年 12 月 31 日全国行政区划资料的县、市政区地名中，读音完全相同的地名还有：

安西县（甘肃）与安溪县（福建），均读 ānxī xiàn；

宾县（黑龙江）与彬　县（陕西），均读 bīn xiàn；

朝阳市（辽宁）与潮阳市（广东），均读 cháoyáng shì；

阜宁县（江苏）与富宁县（云南），均读 fùníng xiàn；

阜平县（河北）与富平县（陕西），均读 fùpíng xiàn；

阜阳市（安徽）与富阳市（浙江），均读 fùyáng shì；

衡山县（湖南）与横山县（陕西），均读 héngshān xiàn；

会东县（四川）与惠东县（广东），均读 huìdōng xiàn；

吉安市（江西）与集安市（吉林），均读 Jí'ān shì；

临西县（河北）与林西县（内蒙古），均读 línxī xiàn；

灵川县（广西）与陵川县（山西），均读 língchuān xiàn；

泸西县（云南）与泸溪县（湖南），均读 lúxī xiàn；

梅　县（广东）与眉　县（陕西），均读 méi xiàn；

平山县（河北）与屏山县（四川），均读 píngshān xiàn；

平南县（广西）与屏南县（福建），均读 píngnán xiàn；

青河县（新疆）与清河县（河北），均读 qīnghé xiàn；

淇　县（河南）与祁　县（山西），均读 qí xiàn；

渠　县（四川）与衢　县（浙江），均读 qú xiàn；

容　县（广西）与荣　县（四川），均读 róng xiàn；

涉　县（河北）与歙　县（安徽），均读 shè xiàn；

---

① 国务院 1986 年发布的《地名管理条例》第八条规定："中国地名的罗马字母拼写，以国家公布的《汉语拼音方案》作为统一规范"。采用《汉语拼音方案》拼写中国地名作为中国地名罗马化的国际标准，已于 1977 年在希腊雅典举行的联合国第三届国际地名标准化会议上表决通过。

② 据《2003 年中华人民共和国行政区划简册》，西峰市已于 2002 年 6 月 22 日撤销，改为庆阳市西峰区。

太和县（安徽）与泰和县（江西），均读 tàihé xiàn；

桃源县（湖南）与桃园县（台湾），均读 táoyuán xiàn；

天祝县（甘肃）与天柱县（贵州），均读 tiānzhù xiàn；

微山县（山东）与巍山县（云南），均读 wēishān xiàn；

武义县（浙江）与武邑县（河北），均读 wǔyì xiàn；

乡城县（四川）与襄城县（河南），均读 xiāngchéng xiàn；

新河县（河北）与新和县（新疆），均读 xīnhé xiàn；

延津县（河南）与盐津县（云南），均读 yánjīn xiàn；

盐山县（河北）与铅山县（江西），均读 yánshān xiàn；

宜良县（云南）与彝良县（云南），均读 yíliáng xiàn；

易　县（河北）与义　县（辽宁），均读 yì xiàn；

元阳县（云南）与原阳县（河南），均读 yuányáng xiàn；

越西县（四川）与岳西县（安徽），均读 yuèxī xiàn；

郧　县（湖北）与云　县（云南），均读 yún xiàn；

镇平县（河南）与镇坪县（陕西），均读 zhènpíng xiàn；

镇原县（甘肃）与镇沅县（云南），均读 zhènyuán xiàn；

读音相同但政区级别不同的地名有：

常宁（湖南一市）与长宁（四川一县），均读 chángníng；

贵阳（贵州一市）与桂阳（湖南一县），均读 guìyáng；

淮安（江苏一市）与怀安（河北一县），均读 huái'ān；

鸡西（黑龙江一市）与绩溪（安徽一县），均读 jīxī；

吉林（省　名）与吉林（市　名），均读 jílín；

兰溪（浙江一市）与兰西（黑龙江一县），均读 lánxī；

陆丰（广东一市）与禄丰（云南一县），均读 lùfēng；

廉江（广东一市）与连江（福建一县），均读 liánjiāng；

萍乡（江西一市）与平乡（河北一县），均读 píngxiāng；

潜江（湖北一市）与黔江（重庆一县），均读 qiánjiāng；

泉州（福建一市）与全州（广西一县），均读 quánzhōu；

荣城（山东一市）与容城（河北一县），均读 róngchéng；

铜仁（贵州一市）与同仁（青海一县），均读 tóngrén；

益阳（湖南一市）与弋阳（江西一县），均读 yìyáng；

沅江（湖南一市）与元江（云南一县），均读 yuánjiāng；

运城（山西一市）与郓城（山东一县），均读 yùnchéng；

中山（广东一市）与钟山（广西一县），均读 zhōngshān；

保山（云南一市）与宝山（上海、双鸭山市辖区名），均读 bǎoshān；

忻州（山西一市）与新洲（武汉市辖区名），均读 xīnzhōu。

国务院《关于地名命名、更名的暂行规定》第八条指出："全国县以上名称，避免用同音汉字命名地名"；第十条指出："地名命名要简明确切，不用生僻和字形、字音容易混淆的字"；第十二条又规定："凡不符合本规定第七、八、九、十条精神的，原则上应予更名"。1986 年颁布的《地名管理条例》第四条则指出："全国范围内的县、市以上名称，不应重名，并避免同音"①。由此可见，此处所列 38 组 77 处地名②读音完全相同（其中青河与清河、镇平与镇坪还是两对形近地名）和 20 组 41 处读音相同但政区级别不同的地名③，并不完全符合《关于地名命名、更名的暂行规定》和《地名管理条例》。对于这 58 组、一百多处政区地名如何进行地名的国家标准化和国际标准化？既要考虑到历史的传统，也要顾及现状，所以今后的任务是非常艰巨的。

（原文发表于《历史研究》2000 年第 4 期。收入此书，有所增改。）

---

① 笔者参加了 2004 年和 2012 年底两次由民政部召集的《地名管理条例》修订草案专家论证会，本文引用第四条内容在新版本里将予保留，但序号会有所调整。

② 截至 2010 年底，此 38 组 77 处读音完全相同的地名中，3 对消失了［安西与安溪、潮阳与朝阳、渠县与衢县］（安西县于 2006 年改为瓜州县，衢县、潮阳市分别于 2001 年、2003 年撤销）。所以，音同地名还有 35 组、71 处。

③ 截至 2010 年底，此 20 组 41 处读音相同但政区级别不同的地名中，全部保留至今（黔江县于 2000 年改区，专名未改）。

天一阁藏万斯同《明史稿》辨析

◎ 黄爱平

万斯同是明末清初著名的学者、史学大师，他继承黄宗羲之学，以其在经学、史学等领域的卓越建树，成为清代浙东学派的重要代表，在当时以及后世都产生了极为深远的影响。在万斯同的史学活动中，最受人推崇的当属他参与的《明史》纂修。康熙十八年（1679），清廷正式开馆纂修《明史》，万斯同应监修徐元文之请，入京馆于徐氏邸舍，不署衔，不受俸，以布衣身份参与修史，担任实际上的总裁工作。徐元文去馆后，又先后馆于京师江南会馆以及总裁王鸿绪京邸，致力于史稿的修改、审订、编纂工作，直至康熙四十一年（1702）去世。其高风亮节，深受时人及后世景仰。20 世纪 30 年代以来，随着学术界有关万斯同以及《明史》纂修研究的深入开展，特别是其经手删订的数种《明史》稿本的相继认定，万斯同的史学成就日益彰显，其对《明史》纂修所作的贡献也愈益明晰。如今，珍藏于宁波天一阁的万斯同《明史稿》得以影印出版，公之于世，无疑将大大推进相关领域的深入研究。本文拟就天一阁藏《明史稿》的有关情形及其性质，该稿的作者和修改者，以及该稿与现存万斯同其他《明史》稿本的关系等问题，略作考订辨析，以期对万斯同以及《明史》纂修研究的进一步开展有所裨益。

一　天一阁藏万斯同《明史稿》系比较
初始并经多次修改的未定稿

天一阁藏《明史稿》①，共计 12 册，全书无卷数，亦无先后序号。若根据一般惯例，以各册第一篇列传人名命名，则第 1～12 册依次为：《孙一元》《邹来学》《王士性》《高燿》《毛志》《魏时亮》《孙玺》《朱燮元》《汪应蛟》《朱万年》《宋钦》《王宪》。其中，第 1～5 册即《孙一元》《邹来学》《王士性》《高燿》《毛志》和第 9 册《汪应蛟》均系稿本，其余《魏时亮》《孙玺》《朱燮元》《朱万年》《宋钦》《王宪》6 册系抄本。除《孙玺》册题名 "徐潮具稿，监生叶沆录" 之外，其他各册均未署名。各册均为列传，其上或多或少，都有朱笔、墨笔以及白粉笔删改涂抹的字迹。笔者在今人研究的基础上②，进一步从传稿编排、传目设置、文字体例以及修改情形等方面加以比勘考订，认为该稿系比较初始的明史部分列传稿，并且是经多次修改的未定稿。

1. 传稿编排

天一阁本《明史稿》的编排比较紊乱，册与册之间、同一册之内，大多互不连属，篇目以及传文，亦有重出或颠倒错乱乃至未完者。

其一，就各册而言，彼此均各自独立，互不关联。如 6 册抄本中，有 2 册同为忠义传，即《孙玺》册与《朱万年》册，但彼此不相衔接，前者题 "忠义传"，其下小字注 "三十四篇"，后者则题 "明史卷，忠义传三"。显然二者之间并无连属关系，并且前者篇题尚不规范，后者则趋于规范，已明确该传为忠义类传之中的第三卷，但在《明史》全书中的卷数

---

① 按：本文所据《明史稿》，系天一阁博物馆藏原稿。宁波出版社于 2008 年 12 月出版，题 "万斯同原著，天一阁博物馆整理" 的《明史稿》影印本，在卷帙排列、传目分合以及传文顺序等方面已有所变化，与原稿不尽相同。特此说明。
② 有关天一阁藏《明史稿》的研究，主要有柳诒徵：《〈明史稿〉校录》（原载《江苏省立国学图书馆第四年刊》，1931；收入《柳诒徵史学论文集》，柳曾符、柳定生选编，上海古籍出版社，1991），沙孟海：《万季野〈明史稿〉题记》（载《宁波大学学报》1990 年第 1 期），方祖猷：《天一阁藏万斯同〈明史稿〉考述》（载《清史研究》1993 年第 2 期；并见《万斯同评传》附录，南京大学出版社，1996。按：后者系节录，并有所修改），谷敏：《天一阁藏万斯同〈明史稿〉考论》（载《史学史研究》2008 年第 4 期）等。

尚付阙如。又如《王宪》册首页题"明史卷，列传第一百十七"，《朱燮元》册首页题"明史卷，列传第一百九十二"，《魏时亮》册首页题"明史卷，列传第"，《宋钦》册则无传目，可见彼此之间均无关联。其余6册稿本，或有传目，或无传目，各册之间也都相对独立，彼此无一定衔接次序。

其二，从同册内容来看，前后传文之间亦有不相关联者。如《王宪》册，首页题"明史卷，列传第一百十七"，传目列王宪、金献民、李钺、王时中、王以旂、王邦瑞、聂豹诸人。但该册传文于聂豹之后，尚有杜常、宿进戴冠（附李中传后）①、徐晞等传（附李友直传后）、范辂、陆坰（王德明）、曹琥（附周广后）、娄至德、赵佑（朱廷声、徐钰、陈琳、王良臣、潘镗）、秦文（弟礼、武、礼子鸣春、鸣夏、鸣雷）、陈琳、夏良胜（万潮、陈九川、徐鏊、张朝瑞、张英）②、熊浃等十余篇传文。比较而言，该册王宪至聂豹各传，抄写字迹工整，版式行款划一，修改之处很少。而杜常以下各传，既不见该册首页目录，其抄写字迹、行款格式也各有不同。并且，与王宪等传相比，其上朱笔修改圈点之处也较多。显然，该册前半部分即王宪至聂豹各传为比较完整的一卷，而后半部分即杜常以下各传则系尚未定稿，亦未分卷的散篇传文。同样的情形还出现在《朱万年》册中。该册首页题"明史卷，忠义传三"，传目列朱万年至张秉文凡29人，传文亦为29篇，字迹工整，行款划一，且基本无增删修改。但其后又有周朝瑞（徐大化）、袁化中、顾大章、周起元、王永光、曾应遴各篇传文，其抄录字迹行款各有不同，还或多或少有朱笔删改字迹。可见，该册前半部分为完整的忠义传，后半部分亦为尚未定稿的散篇传文。

其三，从篇目来看，见于稿本册内的一些传文篇目，有错杂重出于抄本册内的情形。如稿本《汪应蛟》册中的李枟（史永安、刘锡玄）和沈敬炌（闵洪学）二篇包括附传在内共计5人，复见于抄本《朱燮元》册中；宋钦（竺渊、耿定、王晟）一篇凡4人，重出于抄本《宋钦》册中。又如稿本

---

① 按：宿进、戴冠为二人合传。又，括号内文字为篇名下原小字注文，括号则为笔者所加，以示区别。以下括号内均系原文，其内容或注传分合，或为附传人名。

② 按：此括号内附传"张朝瑞"为张衍瑞之误。传文为"张衍瑞"，不误。

《高耀》册中赵佑（朱廷声、徐钰、陈琳、王良臣、潘镗、熊卓）一篇凡7人，同时见于抄本《王宪》册中，惟于附传中删除熊卓一人。细审之，凡稿本各篇多有删改涂抹的字迹，而重见于抄本各册的各篇，则基本依据修改之后的文字抄成，但其上仍多修改涂抹之处。可见，重出各篇均系修改之后的誊清稿，并且又再经修改。

此外，值得一提的是，陈琳传除以附传形式分别见于稿本《高耀》册和抄本《王宪》册之外，还另有一篇专传见于抄本《王宪》册，并且置于赵佑一篇之后。考该传上有朱笔眉批，谓："只此一疏，附见他传足矣，何烦笔墨乃尔。"盖该传原独立成篇，因记述内容单薄，故由专传改为附传，而原稿亦未撤出，所以造成天一阁本《明史稿》中仅有的一传三见，乃至同一册内前后重出的现象。

其四，从传文来看，各篇传文之间，甚至同一篇传文之内，多有前后次序错乱之处。如《邹来学》册，收邹来学、马昂、萧暄石瑁张文质①、贾铨、彭谊、邢简（附李嗣）、罗绮（附罗亨信后）、李敏（附邹来学后）、张鹏、王德完、戴士衡（樊玉衡、玉衡子维城）、耿定向（弟定理、定力）、史桂芳、罗汝芳、胡直、周孔教、王继光等篇传文。各篇之间羼乱颇多，如萧暄传羼入张鹏传，贾铨传羼入萧暄传，王德完传羼入戴士衡传，戴士衡传羼入耿定向传，罗汝芳传羼入周孔教传，胡直传羼入王继光传，等等。又如《朱燮元》册，收朱燮元、李梫（史永安、刘锡玄）、王三善、蔡复一（王珹）、沈敬炌（闵洪学）各传。各篇传文内，亦多有颠倒错乱之处，其中尤以朱燮元、李梫（史永安、刘锡玄）、沈敬炌（闵洪学）诸篇为甚，几乎不可卒读。并且，这种错乱情形还见于册与册之间。如《邹来学》册王德完传的部分内容，便羼入到《高耀》册李献可传中。此外，个别篇目的传文，还有缺略未完者。如《孙一元》册何孟春传，《毛志》册欧阳德传，《王宪》册夏良胜传等，即非完稿。

由此可见，天一阁本《明史稿》的编排尚无一定次序，《汪应蛟》册首页题记所言"此乃从稿本中誊清者，吾父又仔细看过，抄时当以稿本编次

---

① 按：萧暄、石瑁、张文质系三人合传。

为据。此不过汇钉成帙耳，无次序也"①，确实反映了史稿的实际情形。

2. 传目设置

天一阁本《明史稿》各册的传目设置，或有或无，并无一定之规。在6册稿本中，《邹来学》《王士性》《高燿》《汪应蛟》4册有传目，《孙一元》《毛志》2册无传目。另6册抄本中，《魏时亮》《孙玺》《朱燮元》《朱万年》《王宪》各册均有传目，惟《宋钦》册无传目。可见，无论稿本抑或抄本，其传目设置与否，均未整齐划一。

传目设置既或有或无，传目与传文之间，情形也各不相同，有的基本一致，有的部分相同，有的全然迥异。在有传目的9册中，传目与传文相一致的仅有《朱燮元》一册，其余传目与传文之间多有异同，有的甚至完全不相应。如《孙玺》册，题"忠义传"，其下小字注明"三十四篇"。传目所列为：孙玺、王鈇钱泮、汪一中、黄钏、王邦直、钱錞、宋以方、孙镗、王廷辅、张世忠、万木郑山、袁璋（附子裘）、戎良翰、时值、张达、陈闻诗（附董伦）、张振德、赵恺、王相、李涞、周宪、叶七、宗礼、唐孟元（弟孟远）、林京（子绥）、魏镜、姚长子、金养、王恭、向孔洙、马呈图、杨辅政、雷应通。就传目而言，若《王鈇、钱泮》和《万木、郑山》两篇合传均按一篇计为三十三篇，若各自分计为三十五篇，若将附传一并统计在内，则为三十九篇，均与所注"三十四篇"不合。而从传文来看，则缺"马呈图、杨辅政"二篇，另增"宋珏"一人与王廷辅合传，亦与传目不尽吻合。只是在不计附传，并将三篇合传各自分计的情况下，篇数才与小字所注"三十四篇"相合。

又如《邹来学》册，首页朱笔所列传目为：邹来学、马昂、萧暄（石瑁）、张鹏、罗绮、翁世资、邢简、彭谊、贾铨、夏时正、刘玓、孙曰良、

---

① 按：此段题记未署名。其下原有无名氏所题"此页系季野先生长子万棍所书，原在第十册篇首，特移此处，以见后两册有誊清者，多棍手迹与门下所书。至朱笔修改，均季野先生手笔也"一段文字，今天一阁藏《明史稿》已不存。盖经柳诒徵考证此无名氏所题不可信，故《明史稿》原收藏之主人朱鼎煦（鄦卿）在觅工装订时，将此段文字及其他一些题跋全部删除。详见柳诒徵：《〈明史稿〉校录》（原载《江苏省立国学图书馆第四年刊》，1931；收入《柳诒徵史学论文集》，柳曾符、柳定生选编，上海古籍出版社，1991），方祖猷：《天一阁藏万斯同〈明史稿〉考述》（载《清史研究》1993年第2期；并见《万斯同评传》附录，南京大学出版社，1996）。

倪敬、尚褫、单宇、聊让。但各篇传文与此颇有异同出入，翁世资、夏时正、刘孜、孙曰良、倪敬、尚褫、单宇、聊让诸人均有目无文，而李敏（附邹来学后）、王德完、戴士衡（樊玉衡、玉衡子维城）、耿定向（弟定理、定力）、史桂芳、罗汝芳、胡直、周孔教、王继光等篇传文，又不见于传目。并且，即便见于传目的各篇传文，也有与传目所列不尽吻合者。如萧旭一篇，不仅石珤由附传变为合传，而且还增张文质一人，成为三人合传。此外，个别篇目的附传如"邢简（附李嗣）"，传目亦未加标注。

再如《高燿》册，卷前无传目，依次为高燿、夏尚朴、于大节（萧显）、王崇之（附强珍后）、高瑶（黎淳）、赵佑（朱廷声、徐钰、陈琳、王良臣、潘镗、熊卓）、李熙（贡安甫、姚学礼）、李光翰、汤礼敬、葛嵩、洪垣、董兴、刘聚各传。卷中一页传目，则列曾省吾、唐伯元、章时鸾、沈宠、梅守德、王图、魏允贞、谢廷蒨、钱薇、陈登云、李献可、王时槐、钱一本诸人。以下传文大体与此相同，但钱薇、王时槐、钱一本共计三人有目无文，并且各篇附传如《曾省吾》传后附王篆、朱琏二人，《李献可》传下朱笔添附传舒弘绪、陈尚象、孟养浩、丁懋逊、吴之佳、叶初春、杨其休、董嗣成、贾名儒共计9人，均未见传目。此外，传目所列王图，传文则为《王国》传，只是在文末略载王国之弟王图事迹。

不仅同册之内传目与传文颇有异同，而且还有传目见此册，而传文见彼册者。如《邹来学》册中不见于传目的王德完以下8篇传文，其目均见于《王士性》册首页，惟排列顺序为：王继光、周孔教、胡直、罗汝芳、史桂芳、耿定向、戴士衡、王德完。其先后顺序既与《邹来学》册传文次序相反，且有关附传人名亦未列入。又如《汪应蛟》册，共有三页传目，分别置于卷前和卷中。其中卷前的一页所列周朝瑞（徐大化）、袁化中、顾大章、周起元、王永光诸人，其传文均见《朱万年》册后半部分；另一页所列赵彦、刘一焜、叶春及、李梴、沈敬炌、何乔远、周嘉谟、董应举诸人，传文大体按此排列，但董应举一人有目无书，且附传如《李梴》传附史永安、刘锡玄，《沈敬炌》传附闵洪学等人名均不见传目。至于置于卷中的一页传目，凡列刘中敷、张凤、孙原贞、朱永4人，传文亦按此排列，但各篇所列附传，如《刘中敷》传附其子刘琏、其孙刘机，以及尚褫凡3人，《张凤》传附沈固，《孙原贞》传附薛希琏等人均未见传目。并且，传文于此4

篇之后，尚有陈鉴（何观）、孟玘（章泰、杨集）、丁瑄（柳华、柴文显、汪澄）、宋钦（竺渊、耿定、王晟）、廖庄、陈嘉猷、李仪、丘弘诸篇。

由上可见，天一阁本《明史稿》各册传目设置与传文排列之间异同出入颇多。而之所以如此，盖因原稿或已散乱无序，装订者又未加细审的缘故。

3. 文字体例

天一阁本《明史稿》各篇传文的文字体例大体一致，但在篇题、行文以及文末论赞等方面，或多或少都有不尽划一之处。

其一，篇题。各篇传文大多加有篇题，也有不加者，不尽一致。大体言之，凡无传目各册，如《孙一元》《毛志》《宋钦》诸册，各篇传文均有篇题。而有传目各册，情形则有所不同。其中稿本各册，基本都加篇题。而抄本各册，则有的有篇题，有的无篇题。如《孙玺》册和《朱燮元》册，各篇均加篇题。而《魏时亮》《朱万年》《王宪》诸册，都是前半部分有传目者不加篇题，后半部分不见传目者加有篇题。此外，从篇题本身来看，也有不一致之处。大多数篇题直接题写传主姓名，但也有少数篇题于姓名下加一"传"字。甚至同册之内，两种情形错见杂出，无一定之规。以《高燿》册为例，该册载传文23篇，其中直书传主姓名者16篇，如"高燿、夏尚朴、于大节"等，于姓名后加"传"字者7篇，如"赵佑传、李熙传、汤礼敬传"等。这种情形，多见于稿本各册中，如《邹来学》《汪应蛟》《王士性》等册。而抄本各册，则相对较少，仅《魏时亮》《朱万年》《宋钦》诸册各有一篇于传主姓名后加一"传"字。至于附传，有的加以明确标识，有的则无标识，亦不一致。即便有标识者，也同样漫无统绪，有直接以小字列姓名者，有在姓名前特加"附"字者，也有用大字列出姓名，其下小字注明附某某传后者，还有不列姓名，仅注明"附某某传后"者，凡此种种，不一而足。

其二，行文。一般而言，史书中的人物列传于姓名之下，都会记载传主之字，以及里贯、履历等。而天一阁本《明史稿》各篇传文，于传主姓名之下或载其字，或不载其字，无统一规则。以《朱万年》册为例，该册前半部分列入"忠义传三"的29篇传文中，记载传主之字的有12篇，如"方国儒，字道醇，歙县人"，"陆梦龙，字君启，会稽人"，等等；不载传主之字的则有 17 篇，如"朱万年，黎平人"，"张瑶，蓬莱人"，等等。又如《王士性》册，收入王士性等 12 篇传文，其中记载传主之字的有 9 篇，不载传主之字的有 3 篇。再如《高耀》册内 23 篇传文，记载传主之字者为 17 篇，不载者 6 篇。其他各册情形也大多类此，无一定之规。

其三，论赞。天一阁本《明史稿》各篇各卷传文之后有论赞者极少，仅在个别相对独立完整的卷末载有论赞。就目前所见，只发现一篇，即《王宪》册前半部分列入"明史卷，列传第一百十七"内的各篇传文，其后有一篇明确题为"论曰"的论赞。

可见，从篇题、行文以及论赞等方面来看，天一阁本《明史稿》应是较早撰成的未定稿。

4. 修改情况

天一阁本《明史稿》各册都或多或少有修改圈点涂抹的字迹，但具体情形各有不同。大体说来，凡属稿本者，删削圈点涂抹较多，而抄本则相对较少。

就 6 册稿本而言，大多经两次乃至两次以上修改，原稿上或有朱笔，或有墨笔，或同时有两种墨色删削增损、圈点涂抹的字迹，并且修改字迹与原稿字迹相同，可断定出自一人之手。细察其修改情况，各册甚至各篇都不相同，有的大刀阔斧，整段删除；有的旁行斜上，补充润饰。有的满纸蝇头小字，密密麻麻，几乎另起炉灶，重加改写；也有的改动不大，仅于原稿文字上加以圈点，以便阅读审核。

再从 6 册抄本来看，情况则不尽一致。有的篇卷几无修改字迹，如《朱万年》册前半部分列入"忠义传三"的 29 篇；有的篇卷略有修改之处，如《王宪》册列入"列传第一百十七"的各篇；有的则修改增损涂抹颇多，如《魏时亮》《孙玺》以及《宋钦》册内各篇，多朱笔或墨笔修改字迹，而《朱燮元》册不仅有朱、墨二色修改，还有大段白粉笔涂抹的痕迹。细审之，抄本字迹出自多人，而修改字迹则主要出自一人，并且与各册稿本上的字迹相同。

需要提到的是，其中《朱燮元》与《宋钦》二册抄本内的朱、墨以及白粉笔修改字迹，似非出自一人。笔者经仔细比勘，发现其中一种字迹与稿本字迹相近。由此基本可以认定，此二册或曾经他人之手，但仍与其他各册一样，都经过同一人的审核修改。

综上所述，天一阁本《明史稿》，当为比较初始的部分列传稿，并且是经多次修改的未定稿。诚如柳诒徵先生所言："书虽不完，朱墨烂然，绳削增损，具见史材之璞。"① 而当年有幸收藏此稿并捐赠天一阁的浙江藏书家朱鼎煦先生也极为称赏，认为该稿"朱墨斑斓，赤炼蛇、火枣儿糕更番迭出，难以枚举"，虽"偶有夺佚，终不失为明史著述第一善本"②。

二　天一阁藏万斯同《明史稿》系纂修官分撰，万斯同修改的未定稿

天一阁藏《明史稿》既为比较初始的部分列传，并且是经多次修改的未定稿。那么，传稿的作者及修改者究为何人？

20 世纪 30 年代初，柳诒徵先生首先对该稿进行考校，"信为康熙中明史馆纂修诸公手笔，不敢遽断为万先生书"③。此后，有机会看到该稿的学者，大多认定为万斯同稿，并题词或作诗以示推崇。如吴泽先生说："别宥见示万季野先生《明史稿》，改窜涂乙，颇有义法，非深于史学者弗能为。泽复以先生当年与人手札再三细较，字字结撰，又不爽累黍，审为真迹无疑。"④ 李晋华先生云："获观朱别宥先生藏《明史》稿本八册，为万历后数十列传，原钞墨迹甚旧，朱笔窜改之处甚多，闻为季野哲嗣所缮，经季野删润者。是季野史稿又见一本矣。"⑤ 张宗祥先生则谓："此稿字体含章草意味，万氏早期字学石斋，当为亲笔。"⑥ 而收藏该稿的朱鼎煦先生更直接认定万斯同"竭二十三年之力，草此列传初稿，墨笔多出己手，亦有出写官

① 柳诒徵：《〈明史稿〉校录》，原载《江苏省立国学图书馆第四年刊》，1931；收入《柳诒徵史学论文集》，柳曾符、柳定生选编，上海古籍出版社，1991。
② 天一阁藏《明史稿》朱鼎煦跋语，作于 1963 年，见《王宪》册后。
③ 柳诒徵：《〈明史稿〉校录》，原载《江苏省立国学图书馆第四年刊》，1931；收入《柳诒徵史学论文集》，柳曾符、柳定生选编，上海古籍出版社，1991。
④ 天一阁藏《明史稿》吴泽题记，作于 1934 年，见《汪应蛟》册前。按：朱鼎煦藏书楼名"别宥斋"，故吴泽以"别宥"称之。
⑤ 天一阁藏《明史稿》李晋华题记，作于 1936 年，见《汪应蛟》册前。按：李晋华所观稿本为"八册"，与今存《明史稿》凡分十二册不同。
⑥ 天一阁藏《明史稿》张宗祥题记，作于 1960 年，见《汪应蛟》册前。

或纂修官手者，朱笔则均出先生手"①。惟谢国桢先生的看法前后有所变化，20 世纪 60 年代初认为该稿"每卷有'季野'朱文印，文中间有涂改，当为季野手稿，但既未整理，亦残缺不完耳"②；至 70 年代末 80 年代初前往江浙访书，有机会再观该稿时则认为："实则此书系内阁大库或明史馆递次修明史的底本，若说是真万季野之稿本，则未敢断定。"③ 90 年代以来，学者继有研究，沙孟海先生从笔迹考证"此稿半为万斯同，部分则经万氏修改"④。方祖猷先生在此基础上，进而从传稿避讳、称谓、论赞等方面考证，认为："其中六册为万斯同独力所撰的手稿本，其他六册或为他人所撰，或为万氏所撰经过誊清的本子，但这六册又都经过万氏的修改。"⑤ 至 2008 年宁波出版社影印出版该稿，则直接题为"万斯同原著"。

由上述简要的回顾可见，大多数学者都认为天一阁藏《明史稿》系万斯同所作，只有柳诒徵先生"信为康熙中明史馆纂修诸公手笔"，谢国桢先生于晚年认为"系内阁大库或明史馆递次修明史的底本"。对前贤时哲的看法，笔者既有认同之处，也有不完全同意的地方。从史馆分工情形，有关文献记载，史稿书法体例诸方面考察分析，并与现存纂修官分撰稿相互比勘，笔者认为，该稿的作者当系康熙时期明史馆纂修官，修改者则为万斯同。

1. 史馆分工情形

康熙十八年（1679）明史正式开馆后，监修总裁徐元文、叶方蔼等将当时参与纂修的 50 名博学鸿儒分为五班，再将有明一代三百年人物史事分为三期：明初洪武至正德各朝为第一期，明末泰昌、天启、崇祯三朝为第二期，明中叶嘉靖、隆庆、万历为第三期。每期本纪列传，皆由"总裁与诸君子酌定阄派"，纂修官分头撰写。并且，馆内"阄派"分工的规矩甚严，

---

① 天一阁藏《明史稿》朱鼎煦跋语，作于 1963 年，见《王宪》册后。
② 谢国桢：《增订晚明史籍考》卷一，中华书局上海编辑所，1964，第 18 页。
③ 谢国桢：《江浙访书记》七，《宁波天一阁文物保存所藏书·〈明史稿〉八册》，三联书店，1985，第 247 页。按：谢国桢先后在《增订晚明史籍考》和《江浙访书记》中有关该稿的两处记载均言"八册"，与今存《明史稿》凡分十二册不同。
④ 沙孟海：《万季野明史稿题记》，载《宁波大学学报》1990 年第 1 期。
⑤ 方祖猷：《天一阁藏万斯同〈明史稿〉考述》，载《清史研究》1993 年第 2 期，并见《万斯同评传》附录，南京大学出版社，1996。

纂修官即便对某一"名卿钜儒心所慕好者，不敢越俎而问焉"①。对此，一些纂修官以及当时的学人士子都有不少记载。如尤侗当时分列第五班，在第一期撰写任务中，被派承担后两朝即弘治、正德时期的列传。完成之后，又继而"阄派"承担二、三期即嘉靖至崇祯年间部分列传的撰写任务，但尚未完稿，即因病告归。方象瑛分撰《景帝本纪》和景泰、天顺、成化各朝列传，继又分撰隆庆、万历以及天启、崇祯朝部分列传。毛奇龄"尝阄题起草，得（天）顺、成（化）弘（治）、正（德）四朝《后妃列传》"②，以及弘治、正德两朝部分本纪列传，并撰《土司传》等。汪琬则分撰洪武至正德部分列传以及《公主》《外戚》《儒林》等传。据雍正时期继任《明史》纂修官的杨椿记载，当时"汤文正公为《太祖本纪》，徐公嘉炎为《惠帝本纪》，朱君彝尊为《成祖本纪》，徐公乾学为《地理志》，潘君耒为《食货志》，尤君侗为《艺文志》，汪君琬为《后妃》、《诸王》、开国功臣传，毛君奇龄为《流贼》、《土司》、《外国传》，其余各有所分"③，等等。由于纂修官在馆时间长短不一，分工任务各异，而《明史》纂修时间又长，故而不仅有同一篇史稿经多人之手的现象，甚至还有同一篇目彼此重见复出的情形。④ 因此说，明史本纪、列传，以及包括志、表在内的各篇史稿，是由纂修官分别撰成的。而万斯同当年应徐元文之聘请，馆于徐氏京邸，以布衣身份参与修史，不受俸禄，不领官衔，并非正式纂修官员，不可能也不会参与馆内的"阄派"分工，承担某朝或某一时期本纪列传的具体撰写任务。

2. 有关文献记载

万斯同当年为实现"以任故国之史事报故国"的愿望⑤，以布衣身份入

① 尤侗：《明史拟稿》卷首，《明史拟稿序》，康熙间刻本，见《四库未收书辑刊》第五辑第六册，第328页。
② 毛奇龄：《西河合集·胜朝彤史拾遗记》卷1，康熙间书留草堂刻本。
③ 杨椿：《孟邻堂文钞》卷2，《再上明鉴纲目馆总裁书》，嘉庆二十四年杨鲁生刻本，见《续修四库全书》1423册，第25页。按：卷前目录题为《再上纲目馆总裁书》，此据正文。
④ 按：关于纂修官各自承担的撰写任务，前贤时哲多有考证，参见陈守实《〈明史稿〉考证》（载《国学论丛》1927年第1卷1号），李晋华：《明史纂修考》（哈佛燕京学社1933年单行本），朱端强：《万斯同与〈明史〉修纂纪年》卷三，康熙十九年条（中华书局，2004）。
⑤ 全祖望：《鲒埼亭集》卷28，《万贞文先生传》，嘉庆九年史梦蛟刻本，见《续修四库全书》第1429册，第219页。

史馆，始终不食清廷俸禄，一心致力于明史的纂修，鞠躬尽瘁，死而后已。其高风亮节，深为时人所钦佩，其生平事迹，学人士子也颇多记载，其中不少述及万斯同在明史馆修史的情形。如当时聘请万斯同北上并延至邸舍主持修史事宜的徐元文，在万斯同于康熙二十七年（1688）因事离京回乡时，曾赋诗送行，其诗题有言："季野万子惠然北来，止余邸舍十年矣。同心托契，拟于兰金，编校之事，蒙实赖焉。"① 曾与万斯同同在史馆修史的黄百家则说："己未岁，今上有修《明史》之诏。监修徐立斋先生以币聘先生至京任其事。司寇健庵先生、宫詹果亭先生，以及京朝诸大老，无不敬礼雅重。凡有古典、故事未谙出处者，质询于先生，先生以条纸答之曰：在某书某卷某叶。检书查阅，不爽锱铢。盖不能使人不心服也。" 又谓康熙二十六年以后，他曾与万斯同先后在徐乾学京邸以及江南会馆"同修《明史》"。在黄百家看来，万斯同所承担的是"笔削"、"主持"，亦即总裁的工作。万斯同去世后，他在深惜其"削觚未毕，镜堕魄死"的同时，还深信"先生虽死，知当事者自能出定力以主持，必不至使后人有纠缪之举也"②。与万斯同声气相投的好友杨宾也记载说："康熙中开明史馆，大学士徐元文为总裁官，延斯同主其事"，其后王鸿绪"仍以斯同主之，而笔削与元文异。有劝之辞者，斯同曰：吾习此三十余年，今垂成而弃之，非吾志也，用不用听之而已。卒留三年。启、祯两朝列传竟。又私撰宏光、监国、隆武、永历四朝纪传，未成而病作，遂殁，年六十五"③。其后全祖望更明确记载说："先生（万斯同）请以布衣参史局，不署衔，不受俸，总裁许之。诸纂修官以稿至，皆送先生覆审，先生阅毕，谓侍者曰：取某书，某卷某叶有某事当补入，取某书，某卷某叶某事当参校。侍者如言而至，无爽者。《明史稿》五百卷，皆先生手定。"④ 钱大昕也说："会诏修《明史》，大学士徐公元文为总裁，欲荐入史局，先生力辞，

① 徐元文：《含经堂集》卷14，清刻本，见《续修四库全书》第1413册，第603页。
② 黄百家：《万季野先生斯同墓志铭》，载《清代碑传全集·碑传集》卷131，上册，上海古籍出版社，1987，第662页。
③ 杨宾：《杨大瓢杂文残稿·万季野小传》，转引自朱端强《万斯同与〈明史〉修纂纪年》附录，中华书局，2004，第371页。
④ 全祖望：《鲒埼亭集》卷28，《万贞文先生传》，嘉庆九年史梦蛟刻本，见《续修四库全书》第1429册，第218页。

乃延主其家，以刊修委之。元文罢，继之者大学士张公玉书、陈公廷敬、尚书王公鸿绪，皆延请先生有加礼。"① 可见，时人及后人述及万斯同在明史馆的修史情形，或曰"编校"，或谓"主持"，或云"笔削"，或言"覆审"，或称"刊修"，指的都是发凡起例，主持编纂，审核修订，即实实在在的总裁工作。

事实上，万斯同本人当年在史局时，曾不止一次对与之交往密切的学人士子如方苞、刘坊、黄百家等吐露心迹，反复述及其所以"隐忍史局，弃妻子兄弟不顾"②，就是因为"官修之史，仓卒而成于众人，不暇择其材之宜与事之习，是犹招市人而与谋室中之事也。吾所以辞史局而就馆总裁所者，惟恐众人分操割裂，使一代治乱贤奸之迹，暗昧而不明耳"③。也正是因为如此，万斯同才宁可以布衣身份参与史局，主持史事，以尽可能避免官修史书的弊端，力图纂成一代信史。然而，官修史书，毕竟忌讳限制多多，万斯同虽主持史事，担任事实上的总裁工作，也很难完全实现其"以任故国之史事报故国"的夙愿。所以，万斯同曾在史局工作未完时，就嘱托好友温睿临专门搜集南明史事，另撰《南疆逸史》，借以弥补官修《明史》于此"纪载寥寥，遗缺者多"的遗憾④。并与同在史局的黄百家相约，将来归乡后以黄宗羲《明三史钞》为底本，共撰《明朝大事记》，真正修成一代信史。甚至在审核删削史稿之余，万斯同还欲"私撰宏光、监国、隆武、永历四朝纪传"，惜因病逝世而未成。

3. 史稿书法体例

今人考证天一阁本《明史稿》系"万斯同独立所撰的手稿本"，笔迹而外，还涉及避讳和称谓等有关书法体例的问题。以避讳为例，其根据之一为史稿中《陈嘉猷传》的如下记载：

---

① 钱大昕：《潜研堂集·文集》卷38，《万先生斯同传》，吕友仁校点本，上海古籍出版社，1989，第682页。

② 刘坊：《刘鳌石先生诗文集》卷12，《万季野先生行状》，康熙间上杭周维庆鉴翁甫刻本，见《四库禁毁书丛刊补编》第84册，第707页。

③ 钱大昕：《潜研堂集·文集》卷38，《万先生斯同传》，吕友仁校点本，上海古籍出版社，1989，第681页。

④ 参见温睿临《南疆逸史》卷首，《凡例》，清大兴傅氏长恩阁抄本，见《续修四库全书》第332册，第179页。

天顺三年，朝鲜国王李琛与建州董山媾，私授以官，将为边患。诏遣嘉猷往责之。琛惶恐稽首谢过，寝其奸谋。

此段文字记载了朝鲜国王与当时明廷管辖下的建州三卫都督董山私下往来的史实。因董山系努尔哈赤先祖，故其后成书的王鸿绪《明史稿》以及张廷玉《明史》虽在《外国·朝鲜传》中述及此事，但都未提"董山"之名。而《陈嘉猷传》后被撤出，不见于王鸿绪《明史稿》以及张廷玉《明史》，仅于《外国·满剌加传》中保留了其出使满剌加遭遇风暴得以生还之事。对此，柳诒徵先生已注意到其中涉及的忌讳问题，他说："如《陈嘉猷传》，载天顺三年朝鲜国王李琛与建州董山媾，私授以官，将为边患，嘉猷往责之一事，两书均不明载，仅于《朝鲜传》中述天顺三年，边将奏有建州三卫都督私与朝鲜结，恐为中国患语。不知此建州三卫之都督为何人？赖此稿存在，始可知其因系董山而讳之也。"[1] 方祖猷先生则进而据此推定，"天一阁藏《明史稿》不避清廷忌讳，则知此稿为万斯同手稿有极大可能"[2]。

笔者细审见于稿本《汪应蛟》册中的《陈嘉猷传》，发现其上有不少墨笔删削修改的字迹，并且其修改字迹与原稿相同。其中有关天顺三年的此段记载，墨笔增删润饰尤多。为方便起见，此将原稿和修改稿分别移录如下。

原稿为：

天顺二年，命偕行人盛册封满剌加，封苏丹茫速达沙为王。嘉猷往责之，琛惶恐稽首谢过，寝其奸谋。还，偕行人彭盛册封满剌加，泛海至中流，猝遇飓风破其舟，飘荡六日，遇他舟救援，仅而得免，币物皆坏，易之以行。还，进通政参议。

修改稿为：

---

[1] 柳诒徵：《〈明史稿〉校录》，原载《江苏省立国学图书馆第四年刊》，1931；收入《柳诒徵史学论文集》，柳曾符、柳定生选编，上海古籍出版社，1991。

[2] 方祖猷：《天一阁藏万斯同〈明史稿〉考述》，见《万斯同评传》附录，南京大学出版社，1996。

天顺三年，朝鲜国王李琄与建州董山媾，私授以官，将为边患。诏遣嘉猷往责之。琄惶恐稽首谢过，寝其奸谋。还，偕行人彭盛册封满剌加，泛海至中流，遇飓风破其舟，飘荡六日，返至海南卫，值他舟救援，仅而得免，币物皆坏，易之以行。还，擢通政左参议。

二者相较，不难看到，原稿虽然记载了陈嘉猷奉诏往责朝鲜国王一事，但却只字未提事件起因，且将册封满剌加与往责朝鲜国王两事混而一之，不仅语句前后不连贯，史实也未能叙述清楚。而修改稿既增补史实，明确叙述事件起因，还直接点出了建州三卫都督董山之名。显然，原稿作者有所忌讳，不敢明言朝鲜国王与建州三卫都督董山私下往来交通之事，而修改者则据实直书，并未顾及忌讳问题。由此看来，尽管该传的修改字迹与原稿相同，但修改者与原稿作者并非同为一人。若说此段记载不避清廷忌讳，也仅限于修改者，而非原稿作者。

《陈嘉猷传》而外，有关避讳的另一根据是史稿中的"《李垑》传所附《刘锡玄》传，'玄'字并没有避康熙帝玄烨的讳，这在史馆的诸纂修官中都不可能，因为他们都是清廷命官。只有万斯同以布衣参史局，不食清廷之禄，而又胸怀民族意识的，才有可能"①。

笔者仔细查考《李垑传》，发现实际情况并非如此。该传凡两见于天一阁本《明史稿》中，其一为《汪应蛟》册，系稿本，其上颇多删削涂抹的笔迹；其二为《朱燮元》册，系稿本修改之后的誊抄本，其上亦有删削修改的字迹。其中，稿本凡遇"玄"字均缺末笔，抄本则或缺或不缺，以缺者居多，不缺者略少，但其上的修改字迹于"玄"字皆缺末笔。由此观之，出自他人之手的誊抄本，遇讳尚或避或不避，而被视为万斯同"独力所撰的手稿本"，却每讳皆避，并且，抄本的修改者亦加避讳。

不仅如此，史稿中的一些传文，于清军皆称"大清兵"或"王师"，并提行或空格书写。如《汪应蛟》册《赵彦传》中"有传我大清兵欲假道喜峰口入内地者"一句，原顺行书写，而修改者特别将接写的"大清兵"三字抹去，提行另写。又如《朱万年》册《孙士美》传"大清兵深入内地"

---

① 方祖猷：《天一阁藏万斯同〈明史稿〉考述》，载《清史研究》1993 年第 2 期。

一句，《张秉文》传"大清兵自畿辅南下"一句，均提行书写。同册《曾应遴传》"王师再逼京师"等处，皆空格书写。此外，史稿中遇有"夷"字之类敏感忌讳文字，亦多予以删除，如《魏时亮》册《达云传》中，"夷酋永邵卜者，顺义王俺答从子也"，"甘宁之间有松山，夷酋宾兔居之"等处，"夷"字均被删除。

可见，上述有关史稿避讳的情形各有不同，并且都反映出原稿作者与修改者之间的差异。若一概以万斯同强烈的民族意识衡之，显然无法解释。这实际上说明，史稿各篇传文原由纂修官分别撰写而成，万斯同作为史稿的审核修改者，一方面秉持求实精神，尽可能保存文献史料，反映史事原貌；另一方面，也因官修史书，禁例森严，即便其以布衣身份参与史局，在帝王名讳以及一些特殊的敏感问题上，也不能不受到一定的限制。

再就史稿中的一些称谓而言。今人认为《王鈇钱泮》一篇中将"倭寇"称为"贼"系万斯同高祖万表的观点，而其后的王鸿绪《明史稿》称为"倭"则是官方的观点，并据此认为："天一阁藏《明史稿》的称呼与万表一致，充分证明此稿为万斯同所撰。"①

然而，笔者经仔细考察后发现，将明朝嘉靖年间为患江浙沿海一带地方的倭寇称为"贼"，并非只是万斯同高祖万表以及万斯同本人的独家观点，当时的史馆纂修官也同样如此。即以《王鈇钱泮》一篇所在的《忠义传》而论，其中载有不少奋勇抗击倭寇入侵的忠义之士。在明确题为"徐潮具稿，监生叶沆录"的这些传稿中，所涉倭寇之处，或称"贼"，或称"寇"，或称"倭"，而以称"贼"者居多。以《黄钏传》为例，原稿言及倭寇者凡十五处，其中称"倭"者二处，称"寇"者一处，称"贼"者则达十二处之多。如"及钏与贼遇，贼阴遣其众分掩垒石、銍场军，而以锐卒当中军。钏发劲弩巨炮击贼，战良久"云云，于倭寇多以"贼"称之。其他如戎良翰、姚长子、孙镗、钱鏄等传，也大都类此。再就万斯同本人而言，固然于倭寇多称"贼"，但也时有称"倭"之处。即就《王鈇钱泮》一篇观之，原稿于倭寇称"倭"者八处，称"贼"者九处，万斯同对该篇内容文

---

① 方祖猷：《天一阁藏万斯同〈明史稿〉考述》，载《清史研究》1993 年第 2 期；并见《万斯同评传》附录，南京大学出版社，1996。

字做了大刀阔斧的修改，但仍保留了个别称"倭"之处，如"已而倭患起"云云。在对戎良翰等其他各传进行修改润饰时，情形也大体相同。甚至在对某篇传文所作的批注中，万斯同也有称"倭"的情形。如《魏时亮》册《周世选传》，载有传主于嘉靖四十一年抗击倭寇的事迹。万斯同批注云："四十一年后，江南倭警已息，此恐未然。"由此看来，以将倭寇称为"贼"作为判定天一阁藏《明史稿》系万斯同撰稿的依据，显然是缺乏说服力的。

4. 史稿异同比勘

康熙年间明史正式开馆时，纂修官曾按"阄派"各自分工撰写，"或一人撰一纪，或一人撰一志，或一人撰数传"①。这些由纂修官分别撰写的史稿尚有部分得以保存下来，如尤侗《明史拟稿》、方象瑛《明史分稿残编》、汤斌《潜庵先生拟明史稿》，以及汪琬、毛奇龄、朱彝尊、施闰章、姜宸英、沈珩等人分别收入其文集著述中的本纪列传稿。笔者将今存纂修官分撰稿与天一阁本《明史稿》初步加以比勘，发现各分撰稿有部分篇目见于天一阁本《明史稿》，并且二者之间明显反映出先后因袭损益的关系。

以《周世选传》为例。方象瑛《明史分稿残编》有《兵部尚书赠太子少保周世选》传一篇，天一阁藏《明史稿》抄本《魏时亮》册亦有《周世选传》，其上并多有朱笔删削批注的字迹。将该传的墨笔原抄传文与方象瑛撰稿相比勘，二者几乎相同。如方象瑛撰稿开篇载周世选抗击倭寇一段文字：

> 周世选，字文贤，故城人，嘉靖四十一年进士，授常州府推官。时倭患未息，御史行部至海上，世选从。倭报踵至，御史将去之，世选曰：督抚在远而公幸至，今去，必生民心，有如倭遂登岸，蔓难图也。御史然之，以兵属世选。督而前，俘斩数十百人，获器甲资粮无算。

天一阁本传文与此相同，仅将其中"必生民心"一句改为"民必恐而逃"。又如方象瑛撰稿载周世选治理地方政绩一段文字：

---

① 王鸿绪：《明史稿》卷首，《史例议》，王氏敬慎堂自刊本。

　　巡抚河南，中州承大祲后，又多疫，田芜弃不治。立发帑金，檄所属垦田数十万顷。开封以给饷失期，军哗于府门，杖其首乱者，众帖息。矿盗啸聚卢氏诸县，有司不能制，世选勒兵讨平之。疏论文武失事功罪，并议善后事宜，请以嵩县守备冬春移驻栾州，夏秋仍驻嵩，从之。①

　　天一阁本传文亦只将其中"立发帑金"一句改为"世选至，即发帑金"。他如方象瑛撰稿详载周世选因"浙江矿寇作乱，军政废弛"，疏陈治水、逋赋、议将、剿盗四事；又载嘉靖二十一年"以倭患未息，南京根本地，踞长江上游，条上战守八议"等内容，天一阁本传文也都基本相同。若逐字逐句勘之，该传全文1300余字，天一阁本墨笔原抄传文几乎全袭方象瑛撰稿，仅个别字句有所出入。

　　再就《徐学谟传》而言，方象瑛《明史分稿残编》中有《礼部尚书徐学谟》传一篇，天一阁本《魏时亮》册也有《徐学谟传》。二者相较，天一阁本该传墨笔原抄传文与方象瑛撰稿亦大体相同。如方象瑛撰稿开篇载其里贯、履历，特别述及其名之由来：

　　徐学谟，字叔成，嘉定人，初名学诗，字子言，嘉靖二十九年举进士，授兵部职方司主事。时刑部郎中徐学诗劾奏严嵩罪状，帝大怒，下镇抚司考讯。学谟以同姓名，虑及祸，上疏请改今名。

天一阁本传文为：

　　徐学谟，字叔明，嘉定人，初名学诗，嘉靖二十九年进士，授兵部主事。时刑部郎中徐学诗劾奏严嵩，下镇抚司考讯。学谟以同姓名，虑及祸，遂疏请改名。

较之方象瑛撰稿，除传主之字的改动外，天一阁本传文只在文字上做了

---

①　方象瑛：《明史分稿残编》卷下，《隆庆万历朝·兵部尚书赠太子太保周世选》，收入《振绮堂丛书》二集，光绪廿年泉唐汪氏振绮堂刊本。

一些润饰删改。再如方象瑛撰稿记载传主官荆州知府时反对宦官为藩王强占沙市一段：

> 其明年，珰倍约，复遣人征图册。学谟不肯，且报书曰：德安非天府，安用民数？王大怒，奏学谟等抗玫，无人臣礼。有旨行抚按逮问。学谟赴武昌置对，民遮道恸哭，车拥不得前，郡人罢市者数日。新抚徐南金欲罪之，御史继禄持不可，沙市竟从前议，学谟得罢归。①

天一阁本传文为：

> 其明年，珰倍约，复喉王遣人征户籍。学谟不从，且报书曰：德安非天府，安用民数？王大怒，奏学谟抗玫，无人臣礼。有旨下抚按逮问。学谟赴武昌对簿，民遮道恸哭，不得前，罢市者数日。御史唐继禄力持沙市不可与，仍从前议，学谟得罢归。

二者相较，显然天一阁本传文系因袭方象瑛撰稿而来。由此可以认定，现存纂修官分撰稿中的部分篇目确系天一阁《明史稿》抄本各传所依据的底本。

不仅抄本如此，纂修官分撰稿的部分篇目与天一阁《明史稿》稿本各册，亦有或多或少的因袭关系。以《毛澄传》中一段文字为例。汪琬所撰稿为：

> 毛澄，字宪清，本家昆山，弘治中割其地为太仓州，遂为州人。祖弼，有长者称寿至百岁，有司为建中瑞坊。澄举弘治六年进士第一，授翰林院修撰，充纂修《会典》官。书成，进右谕德，侍东宫讲读。武宗为皇太子，称于孝宗曰：听毛先生讲，殊明白也。孝宗喜，方秋夜置燕，即撤以赐。武宗即位，进左庶子兼侍读，充经筵日讲官。内艰罢。

---

① 方象瑛：《明史分稿残编》卷下，《隆庆万历朝·礼部尚书徐学谟》，收入《振绮堂丛书》二集，光绪廿年泉唐汪氏振绮堂刊本。

寻以太监刘瑾摘《会典》误，降侍读。累迁学士、吏部侍郎，进礼部尚书。①

《孙一元》册《毛澄传》为：

> 毛澄，字宪清，昆山人。举弘治六年进士第一，授翰林修撰。预修《会典》成，进右谕德，直讲东宫。时武宗为太子，称于孝宗曰：听毛先生讲，殊明白也。孝宗喜，方秋夜置晏，即撤以赐。武宗立，进左庶子，直经筵。以母忧归。正德四年，刘瑾摘《会典》小疵，贬诸纂修者秩，以澄为侍读。服阙还朝，进侍讲学士，再进学士，掌院士，历吏部左、右侍郎。十二年五月，拜礼部尚书。

以天一阁本传文与汪琬撰稿相较，不难看出，天一阁本《明史稿》中的《毛澄传》是在汪琬所撰原稿的基础上加以修改增损而成的。

再看《吴一鹏传》。汪琬撰稿开篇为：

> 吴一鹏，字南夫，长洲人，弘治六年进士，选庶吉士，授翰林院编修。尚书周经以谗去位，一鹏疏请留之，士论皆咨其直。正德中，进侍讲，充经筵讲官。与修《孝宗实录》，以忤太监刘瑾，出为南京刑部员外郎，迁礼部郎中。一鹏在翰林久，两尚书皆故旧，见辄瑟缩不自安，而一鹏拖成牍立左右，咨禀自若也。瑾伏诛，复官如故。出为南京国子祭酒，转太常卿。②

《孙一元》册《吴一鹏传》墨笔原稿为：

> 吴一鹏，字南夫，长洲人，弘治六年进士，选庶吉士，授编修。户

---

① 汪琬：《钝翁续稿》卷44，《拟明史列传十四》，康熙年间刻本，见《四库全书存目丛书》集部第228册，第426页。
② 汪琬：《钝翁续稿》卷44，《拟明史列传十四》，康熙年间刻本，见《四库全书存目丛书》集部第228册，第430页。

布尚书周经遭谗去位，上疏请留之。正德初，进侍讲，充经筵讲官。与修《孝宗实录》。刘瑾出诸翰林为部曹，一鹏得南京刑部员外郎，迁礼部郎中。瑾诛，复故官。进侍讲学士，出为南京国子祭酒，就迁太常寺卿。

二者相较，天一阁本传文显然系在汪琬所撰原稿基础上加以修改删削而成。他如尤侗《明史拟稿》中的沈周、孙一元、方太古、张诗等传，也都见于天一阁稿本《孙一元》册中，并且都或多或少有着因袭损益的关系。

当然，纂修官分撰的各篇史稿毕竟是初稿，万斯同在此基础上所做的删削增损，也各自不同，有的改动不大，基本保留原文，有的则改动颇大，甚至面目全非。而后一种情形，以收入天一阁《明史稿》稿本各册中的篇目居多。如汪琬《拟明史列传》中的《何孟春传》，与天一阁稿本《孙一元》册中的同一传文相较，便颇有差别。实际上，纂修官当年在史馆承担撰写任务时，虽然都殚精竭虑，尽心尽责，"事业考之群书，是非衷之公论，文章质之同馆诸贤"①，但所成史稿，仍不免有"糠（麦黄）杂揉，嵌罅分裂，记述失序，编次不伦"之处②。对此，一些纂修官自己也有比较清醒的认识。尤侗自谓其"原稿虽呈主者，计点窜涂抹必多"③；方象瑛也说："所上诸传稿，或用或否，或改易，或增芟，事在总裁，非予所敢知。"④ 甚至所撰史稿因总裁"［损］益去取，皆不可定，故不敢刊布，什袭以传于家，犹名山石室之藏焉耳"⑤。而万斯同对各篇史稿所做的审核工作，也确实花费了极大的工夫，耗费了许多的精力。其后于雍正年间担任明史馆纂修的杨椿，当时"年二十余，尝屡至其馆中"，亲眼见到万斯同在钱名世协助下考核修改列传史稿的情形。据其记载："万君作一传，集书盈尺者四五或八九不止。与钱君商榷，孰为是孰为非，孰宜从孰不宜从，孰可取一二，孰概不

---

① 方象瑛：《明史分稿残编》卷首自序，收入《振绮堂丛书》二集，光绪廿年泉唐汪氏振绮堂刊本。
② 朱彝尊：《曝书亭集》卷32，《史馆上总裁第三书》，光绪十五年刊本。
③ 尤侗：《明史拟稿》卷首，《明史拟稿序》，康熙年间刻本，见《四库未收书辑刊》第五辑第六册，第328页。
④ 方象瑛：《明史分稿残编》卷首自序，收入《振绮堂丛书》二集，光绪廿年泉唐汪氏振绮堂刊本。
⑤ 毛际可：《明史拟稿题辞》，载方象瑛《明史分稿残编》卷首。按："损"字原缺，笔者据文义补入。

足取，商既定，钱君以文笔出之"，对传目设置也多有调整增损，"合者分之，分者合之，无者增之，有者去之"①。由此看来，万斯同审核修改史稿的工作是极为繁重的，或补充史事，或裁定是非，或润饰文字，或斟酌去取，一些原稿甚至有另起炉灶，重加改写之处，但若说万斯同将纂修官原撰史稿皆弃置不顾，而独力另撰一部明史列传稿，显然是不太可能的。

或许正是因为对纂修官分撰原稿删削损益较多的缘故，万斯同很有可能一边修改，一边过录，成稿之后，又再加修改，由此而形成天一阁藏《明史稿》中的稿本各册。今观稿本各册中的各篇列传，删削增损修改之处比比皆是，有的甚至大段删除，另加改写，乃至于誊抄之后，仍删削斧正不已。以重出于史稿中的《李柽（史永安、刘锡玄）》和《沈敬炌（闵洪学）》两篇传文为例。该传既见于稿本《汪应蛟》册中，也见于抄本《朱燮元》册内。稿本中的两篇传文，都多有朱笔、墨笔删削涂乙的字迹，有的地方甚至大段删除。从修改字迹判断，该稿至少经过两次修改。而见于抄本中的两篇传文，经笔者核对，系依据稿本修改之后的文字抄成。但誊抄之后的两篇传文，仍多有朱笔、墨笔以及白粉笔删削涂乙的字迹，并且还有大段删除的情形。若从修改字迹来看，至少经过三次修改。分析两篇传文从稿本到抄本先后反复多次的修改情形，只能说明两篇传稿原为他人所撰，万斯同审订时不尽满意，故而大加删削，并且一改再改，甚至前后修改达五六次之多。如果稿本各册皆系"万斯同独力撰写的手稿本"，那么，以万斯同个人的学识以及他在史馆多年的工作经验，自己撰写的史稿尚需如此大加删削，并且再三再四的修改，显然也是不尽合乎情理的。

事实上，在长达数十年的修史过程中，当时担任总裁的一些学者，也曾做过与万斯同同样的工作，即审核修改各篇史稿。如汤斌于康熙十八年入明史馆任纂修官，分纂《太祖本纪》。二十一年（1682）六月，与徐乾学等人同被擢为总裁。因"《明史》事体重大，卷帙浩繁"，总裁官共同议定，先"分任专阅"纂修各官初步撰成的草稿，再"互加校订"。汤斌负责审阅《天文志》、《历志》、《五行志》及正统、景泰、天顺、成化、弘治五朝列

---

① 杨椿：《孟邻堂文钞》卷 2，《再上明鉴纲目馆总裁书》，嘉庆二十四年杨鲁生刻本，见《续修四库全书》第 1423 册，第 26 页。

传。二十三年六月，汤斌因"恭承简命，出抚江苏，不能复与史事"①，便将自己初步改定的《天文志》九卷、《历志》十二卷以及列传三十五卷缮写成册，交付史馆。二十六年（1687）十月，汤斌去世。其后，其子汤溥等搜集先人遗书，将汤斌在史馆的自撰稿与审阅修改稿一并汇集付梓，成《汤文正公史稿》（或称《潜庵先生拟明史稿》）二十卷。该稿除《太祖本纪》系汤斌自撰外，其余均为纂修官分别撰写，汤斌经手审阅的初步修改稿。其中的不少篇目，分别见于时任纂修官的学者如方象瑛、施闰章、尤侗、范必英等人所撰写的史稿中。前贤研究《明史》纂修的有关问题时，已经通过初步比勘，认为汤稿有关各篇系"改削"他人之稿而成，甚至因此而怀疑汤斌"冒他人稿为己有"②。实际上，这正是官修书籍的常见现象，也是当时的士林风气。由于官修史书，成于众手，故而当时的监修、总裁以及纂修官，甚至馆外之人，都把撰写、审订等不同工作一并视为编纂，不仅个人撰写的草稿可以看做自己的著述，而且经手审订的史稿也可看做自己的著述。③ 这种情形，前有汤斌，后有王鸿绪，万斯同也同样如此。如果说，汤斌史稿中与纂修官重出的各篇系汤斌删改他人之稿，那么，万斯同史稿中见于纂修官分撰稿的各篇也同样是万斯同经手审订的他人之稿。而且，笔者经初步核对，汤斌史稿中还有不少篇目复见于天一阁本《明史稿》中，如罗绮、朱永、廖庄、孟玘、刘实、李敏、马昂、曹义、施聚、刘聚、石玠、张鹏、孙镗、卫颖、董兴、邹来学、孙原贞、王邦瑞等传，均见于天一阁本《明史稿》，并且绝大多数见于稿本各册，二者之间还多有异同详略之处。如果说，这些传稿皆为万斯同所撰底稿，由汤斌加以审订，显然不太可能。合理的解释只能是这些传稿均系纂修官分撰稿，汤斌做了初步的审阅工作，因其去馆较早，其审阅并未定稿，并且在其交付史馆后，又由万斯同复加审订，并经万斯同多次修改。

综上所述，我们基本可以断定，天一阁本《明史稿》确系康熙时期明史馆纂修官诸人所撰，经万斯同多次修改的未定稿。

---

① 汤斌：《汤文正公（潜庵）全集·潜庵先生疏稿》，《题为请旨事》，同治辛未刊本，见《近代中国史料丛刊》第 92 辑第 911 册，第 845～846 页。
② 参见李晋华《明史纂修考》，哈佛燕京学社 1933 年单行本。
③ 参见黄爱平《王鸿绪与〈明史〉纂修》，载《史学史研究》1984 年第 1 期。

三 天一阁藏万斯同《明史稿》系313卷《明史纪传》
及416卷《明史》之底本

天一阁本《明史稿》既系万斯同多次删改的未定稿，那么，在现存的几种经万斯同修改的史稿中，天一阁本《明史稿》处在何种位置，与其他稿本彼此关系如何，就成为亟须考订解决的问题。

在《明史》长达近百年的纂修过程中，历次修改的稿本，有一部分得以保存下来，其中珍藏于今国家图书馆的两部，即313卷《明史纪传》（实存309卷）和416卷《明史》，基本可以确定为经万斯同修改的史稿[①]。笔者将天一阁本《明史稿》与上述两种史稿相比勘，从传目分合、文字体例，以及增删修改等方面详加辨析，认为天一阁本《明史稿》系313卷《明史纪传》以及416卷《明史》之底本[②]，并且，从天一阁本《明史稿》到313卷《明史纪传》，再到416卷《明史》，构成了一个前后因袭、彼此衔接、相互联系的比较完整的链条。

1. 传目分合

在三种经万斯同修改的史稿中，313卷《明史纪传》（以下简称《纪传》本）和416卷《明史》（以下简称416卷本）均系比较完整规范的抄本，传目清晰，编排有序。而天一阁本《明史稿》（以下简称天一阁本）因系未定稿，故编排比较紊乱，彼此互不连属，甚或有颠倒错乱之处。特别是传目设置，或有或无，尚未整齐划一。但我们细加考察，仍然可以看到天一阁本与《纪传》本以及416卷本在传目分合方面的前后因袭关系。

首先，天一阁本原稿中比较成熟完整的传目为《纪传》本以及416卷本所沿袭。如《朱燮元》册题"明史卷，列传第一百九十二"，收入朱燮元、李桢（史永安、刘锡玄）、王三善、蔡复一（王珹）、沈敬炌（闵洪学）诸篇传文，《纪传》本卷220和416卷本卷346与此相合。又如《王

---

① 参见黄爱平《〈明史〉稿本考略》，载《文献》第18辑，书目文献出版社，1983。

② 按：谷敏《天一阁藏万斯同〈明史稿〉考论》（载《史学史研究》2008年第4期）一文已初步考订天一阁藏万斯同《明史稿》为416卷本《明史》之底本。

宪》册前半部分题"明史卷，列传第一百十七"，收入王宪、金献民、李钺、王时中、王以旂、王邦瑞、聂豹诸传，《纪传》本卷141和416卷本卷272亦与此同。再如《朱万年》册题"忠义传三"，收入朱万年等传文计29篇，《纪传》本卷256与此相同，亦题"忠义传三"，收传文29篇，惟个别篇目的顺序略有差异；至416卷本卷378同样题"忠义传三"，但所收传文为28篇，删韩光祖一篇。

其次，天一阁本原稿标识的传目分合，大多为《纪传》本以及416卷本所遵从。如《王宪》册《宿进戴冠》传下小字注"附李中传后"，《纪传》本卷124以及416卷本卷259于《李中》传下皆附宿进、戴冠二人。同册《徐晞等传》下注"附李友直传后"，《纪传》本卷58以及416卷本卷193于《李友直》传下皆附徐晞等人。又如《毛志》册《胡深等》传下注"附郑己后"，《纪传》本卷93以及416卷本卷234于《郑己》传下皆附有胡深等人。再如《高燿》册《王崇之》传下注"附强珍传后"，《纪传》本卷94以及416卷本卷235亦同。甚至某一附传并未题传主之名，仅在首行标识附某某传后，《纪传》本及416卷本也多沿而袭之。如《高燿》册中一段文字"子懋学"云云，首行标识"附沈宠传后"。查阅《纪传》本及416卷本，果然在《沈宠》传后均附其子沈懋学传。

第三，天一阁本于修改时对传目分合所作的调整，也反映在《纪传》本及416卷本中。如《魏时亮》册首页传目题魏时亮等10人，其中徐学谟下有朱笔批注云"改入王国光卷"，而《纪传》本及416卷本徐学谟即与王国光同卷。再如《高燿》册《李献可》传下，朱笔添附传舒弘绪、陈尚象、孟养浩、丁懋逊、吴之佳、叶初春、杨其休、董嗣成、贾名儒，计达9人之多，《纪传》本及416卷本于《李献可》传后不仅增列无误，而且排列顺序亦完全相同。甚至传目未列其名，但传文有所增益补充者，在《纪传》本及416卷本相关列传中也有所反映。如《孙玺》册《孙镗》传，万斯同在墨笔修改的同时，于该传末另行增入范希云、姚长子二人，其中于范希云详述其生平，尤突出其抗倭事迹，而于姚长子则仅"又有姚长子者，会稽人"一句。细审该册，原系较为完整的忠义传，姚长子亦名列传目，并有专传述其抗倭事迹，而范希云则未见。由此看来，修改者欲于《孙镗》传下附范希云、姚长子二人，因范氏原无传，故于此详述其事迹，而姚长子原有专传，所以仅点到即止。但即便该篇所附二人只见于传文未标传目，且其中一人只提及其名，《纪传》本及416卷本仍沿袭了修改者所作的增补，在《孙镗》传下均附范希云、姚长子二人。

由此可见，《纪传》本和416卷本在传目设置方面，确实沿袭了天一阁本的调整分合，并且比较起来，《纪传》本与天一阁本一致之处更多，而成书稍后的416卷本在《纪传》本基础上又略有调整变化。

2. 文字体例

从文字体例来看，天一阁本在篇题、行文以及论赞等方面多有不规范、不统一之处，《纪传》本则比较整齐划一，至416卷本已经是一部纪传志表俱全，并且较为成熟完善的史稿。在三部史稿的文字体例从不统一到基本统一，从不完善到逐步完善的过程中，论赞的设置与否尤具代表性。

明史开馆初期，纂修官按"阄派"分领撰写任务时，是否于本纪、列传之末作论赞，并未有明确的要求。再加上各自分散成篇，即便欲撰论赞，也难以下笔。因此，纂修官早期交付史馆的各篇史稿，大多没有论赞。汤斌于二十一年升任总裁审阅部分列传稿时，并未提到论赞之事，其后刊刻行世的《汤文正公史稿》，除《太祖本纪》外，各卷列传均无论赞。康熙二十六年（1687），时任监修的徐元文在将修史初步成果奏呈之时，曾请求康熙帝仿前代唐太宗为《晋书》"称制论断"之例，也为有明三百年的兴亡治乱"定大义之折衷，总群言之会粹"①，尤其要为天启、崇祯两朝列传稿本裁定是非。撰写论赞之事盖由此提上日程。至康熙二十九年（1690）第一部纪传志表俱全，并包括论赞在内的史稿初步编成，此即416卷本《明史》。可以说，明史纪传部分的各篇论赞，经历了一个从无到有，逐步完善，至基本定稿的过程。而从天一阁本到《纪传》本，再到416卷本，三部史稿中论赞的具体情况，恰恰反映了这一过程。

从论赞的设置来看，天一阁本因系未定稿，许多篇目尚未编定，绝大多数传文尚在修改，故而论赞极少。《纪传》本已基本编成，并具有了一定的体例和规模，各篇各卷中的论赞也大大增加，但毕竟尚未定稿，且并非完

---

① 徐元文：《含经堂集》卷18，《恭陈明史事宜疏》，清刻本，见《续修四库全书》第1413册，第620页。

书，所以论赞体例颇不统一，有的卷有，有的卷无，有的置于卷末，有的置于卷中。而416卷本则纪传志表俱全，编排有序，体例统一，其中的纪传部分各卷均有论赞，并且一律置于卷末。

再就论赞的行文而言，也是愈修改愈简练，越打磨越完善。以天一阁本仅有的一篇论赞为例。《王宪》册于"列传第一百十七"卷末载：

> 论曰：国家值多事之秋，中枢最要。乃今考嘉靖四十五年间，任中枢者二十五人，一何迁置之速也。始用彭泽，继以金、李诸人，未尝不及一时之选。殆张瓒宠任八年，债帅如云，边事尽坏，而后乃倏进倏退，若传舍然。九年之间，而更历者十一人，驯至都城受围，中枢被戮，然后君臣动色相惊，亦已晚矣。犹不觉悟，复多以庸流参之。致军民涂炭，海内绎骚，而天子亦与兵革相终始。呜乎！安危之际，岂不以人哉！

此段论赞几乎一字不易，被收入《纪传》本第141卷末。而416卷本则在此基础上删繁就简，做了进一步的修改提炼，改为：

> 论曰：国家值多事之秋，则中枢最要。嘉靖朝自始用彭泽，继以金、李诸人，皆极一时之选。迨张瓒者宠任八年，边事尽坏，而后乃倏进倏退，若传舍然。驯至都城被围，中枢就戮，然后君臣动色相惊。吁！亦已晚矣。

可见，与天一阁本以及《纪传》本相较，416卷本的论赞文字更为简练明晰。

论赞而外，从史馆撰稿工作的一些规则，也可考见几部史稿前后的因袭变化。明史开馆初期，纂修官所撰"每一志、传成，总裁必命注某事出某朝《实录》第几年，某事见某人传记第几卷。虽繁，不以为嫌"[1]。这一做

---

[1] 杨椿：《孟邻堂文钞》卷2，《上明鉴纲目馆总裁书》，嘉庆二十四年杨鲁生刻本，见《续修四库全书》第1423册，第24页。

法，在天一阁本《明史稿》中，还保留了某些实例。如《孙一元》册内《黄宗明》传，详载黄氏参与当时朝廷"大礼议"之争，制订光禄寺规章，整顿内府进供器皿陋习，疏救正直敢言的编修杨名，疏议辽东兵变诸事宜，并附载其从子黄元恭疏劾宦官高忠弄权事。传末附注云：

> 宗明议礼疏，见《实录》嘉靖三年四月；上光禄须知疏，见十年九月；请出器皿疏，见十年十一月；救杨名疏，见十一年十月；论兵变疏，见十四年四月；末后一段，见十五年闰十二月。余见《献征录》神道碑。元恭劾高忠事，见《实录》廿九年七月；举将才，见本年八月。

又同册《吴一鹏》传后亦有说明：

> 一鹏诸疏尽见《嘉靖实录》，余见《献征录》方鹏所作传。

再如《孙玺》册内《王鈇钱泮》合传，记载嘉靖年间倭寇来犯江苏常熟一带，王鈇与钱泮率领当地兵民奋起抗击，双双殉难之事。传末墨笔修改字迹亦注明：

> （倭）犯福山港，见《实录》嘉靖三十二年十月；鈇与任环败贼，见三十四年四月；鈇与泮死难，见是年五月。《献征录》、《生气录》皆有鈇及钱泮传。

诸如此类，大多于某传之后，注明该传记载的某一史事出自《实录》何处，或他书有何记载，以备查考。而这些注语，在《纪传》本中也能寻觅到一些踪迹。如卷144《吴一鹏传》、卷170《黄宗明传》，传末均有与天一阁本完全相同的注语，只是在该注语的前后两端，有墨笔勾乙的标识。并且，《纪传》本其他一些传文之后，也有类似的注语。如卷144《何孟春传》，文末注云：

救言官，停工作，陈言八事，请驾还宫，修德勤政，修省陈言，救荒预备七疏，及议礼三疏，并见《皇明奏疏类钞》中，其余尽见《实录》。

同卷《徐文华传》，文末亦注明：

破苗贼事在正德六年八月，救胡世宁事在十年四月，论迎佛事在十年十二月，论马昂事在十一年三月，议庙制下狱在十一年十月，举卓异在嘉靖二年二月，伏阙哭谏在三年七月，末后一疏在三年八月，大狱谪戍在六年九月，并载正、嘉《实录》。

由此可以得知当时史馆撰稿的具体要求，以及纂修官分撰各篇史稿的大体情况。而这些注语，在其后编定的 416 卷本《明史》中，均予以删除，未留下任何蛛丝马迹。

3. 增删修改

如前所述，天一阁本《明史稿》系康熙时期明史馆纂修官诸人所撰，经万斯同多次修改的未定稿。那么，万斯同对原稿所作的笔削增损，是否在《纪传》本以及 416 卷本中有所体现和反映，就成为考证三部史稿彼此之间联系的重要环节。笔者经初步比勘，发现天一阁本所作的删削修改，无论文字润饰，抑或内容增删，乃至篇目取舍，绝大多数都为《纪传》本以及 416 卷本所沿袭。

其一，文字润饰。这是万斯同在考核修改史稿过程中做得最多的一项工作。天一阁本《明史稿》的各篇传文，许多都留下了万斯同圈点涂抹、斟酌去取的字迹。

以《魏时亮》册《徐学谟传》为例。如前所述，该传依据纂修官方象瑛撰稿，于开篇按惯例载其里贯、履历之后，特别述及其名之由来。其墨笔原抄传文为：

徐学谟，字叔明，嘉定人，初名学诗，嘉靖二十九年进士，授兵部主事。时刑部郎中徐学诗劾奏严嵩，下镇抚司考讯。学谟以同姓名，虑及祸，遂疏请改名。

万斯同于此段文字再加斟酌润饰，用朱笔改为：

> 徐学谟，字叔明，嘉定县人，初名学诗，举嘉靖二十九年进士，授兵部主事。时刑部郎中徐学诗坐劾严嵩获罪，学谟以同姓名，虑及祸，遂疏请改名。

较之原文，显然万斯同修改后的文字更为简洁明晰。再查《纪传》本和416卷本，于该段文字几乎都沿袭了万斯同所作的修改。其中《纪传》本仅删一字，即最后一句"遂疏请改名"作"遂请改名"；416卷本亦仅删二字，即"嘉定县人"作"嘉定人"，"遂请改名"作"遂改名"。

再如《孙一元》册《黄宗明传》，其中一段文字为：

> 初，议礼诸人咸恃帝恩眷，莫不驱驾气势牵引，恣行胸臆。宗明虽由是骤显，独无比周，故于诸人中，独无訾议之者。

万斯同改为：

> 初，议礼诸臣恃帝恩眷，莫不驱驾气势，更相牵引，恣行胸臆。宗明虽由是骤显，顾持论和平，而无所私比，故于诸人中，独无訾议之者。

一者相较，修改之后的文字更为顺畅，表述也更加确切。而《纪传》本和416卷本也都沿袭了万斯同所作的修改。

字斟句酌的推敲而外，万斯同对史稿传文所作的修改，还多有大刀阔斧的删并。以《魏时亮》册《毕锵传》为例。该传以二分之一的篇幅，详载毕锵任职户部尚书时上陈九事奏疏，原文为：

> 明年三月，以九事陈。其言节财力，曰：赃罚出于词讼，不宜并入额征，缺官存留，可别贮以备减扣，使灾馑之民少苏。其言核［边］费①，

---

① 按："边"字原阙，笔者据其疏内容及下文"锵所言召买、边费、旗校"一语补入。

曰：市马抚赏，岁有常供，墩台墙堡，边有定数，所应斟酌缓急，以杜重复支冒之端。其言停召买，曰：物料皆有旧额，当俟应用不敷时办之，乃司库者以缺乏为词，历岁请价至七十余万，徒费无益，俱应停止。其言定额征，曰：应征税粮，当分缓急，不宜一概并征，至有用三之害。其言清冗滥，曰：锦衣旗校，粮册至一万七千四百余人，诸监局匠役，亦不下一万六千四百，此冗食之尤者，宜程材选用，屏除冒滥。其言正风俗，曰：民俗奢侈，宜申明服舍之制，其诸村落假以诵经食素，召集男女十百为群者，不惟导淫，且恐召乱，尤不可不防之于早。其言戒纷更，曰：州县丈田，徒滋冒减之奸，云南鼓铸，不偿工值，官已裁而复置，田欲垦而复停，请敕抚按，凡土俗相沿，人情习便者，与民遵守，毋辄率意更改。其言崇俭德，曰：袍服岁有积余，锦绮何烦频织，工作方苦浩费，天灯奚事创为，匪颁有式，而滥予不可不裁，器用有常，而淫巧不可不革。其末则归本于勤圣学，曰：崇高易来佞倖之口，治安多萌逸豫之情，强盛而思虑或疏，明察而窥伺或入，惟能业存心，时时务学，斯古训有获，而允执可期。锵所言召买、边费、旗校皆不便于贵戚，奄官疏上，帝狃于近习之言，亦以是三者为疑，而其余固称善也。是年五月，锵以七十引年，予驰驿归。

万斯同朱笔修改稿为：

明年，帝以风霾，谕所司敷陈时政，锵乃以九事上。其清冗滥，言锦衣旗校多至万七千四百余人，内府诸监局匠役数亦称是，此冗食之尤者，宜量事存留，余悉汰去。其戒纷更，言州县丈田，徒滋奸弊，云南鼓铸，不偿工本，官已裁而复置，田欲垦而复停，请敕所司，凡土俗相沿，人情习便者，与民遵守，毋率意改更。其崇俭德，言袍服岁有积余，锦绮何烦频织，天灯之费，动至钜万，尤为不经，匪颁有式，而滥予不可不裁，器用有常，而淫巧不可不革。其他节财力、核边费、定征输、正风俗、勤圣学，俱切时弊。而停召买复力言十库侵蚀之奸。于是近习以不利己，从中挠之。比旨下，诸事皆允，惟清冗滥、停召买报寝。锵以志不尽行，未几即引年乞罢，予驰驿归。

　　细观二者，不难看到，该传原文于传主奏疏所言九事均一一详载，用笔均等。修改稿则做了较大幅度的删改，不仅明确交代了传主上陈九事之因，而且对所陈九事的记载也有所选择和侧重。主要保留了"清冗滥""戒纷更""崇俭德"三事之内容，而于其他"节财力、核边费、定征输、正风俗、勤圣学"等事均一笔带过。显然，修改稿重点突出，详略得当，较之原文确实大有提高。

　　再查《纪传》本和416卷本，则二者于此段叙述文字相同，其文为：

　　　　明年，帝以风霾，谕所司敷陈时政，锵乃以九事上。其言清冗滥，谓锦衣旗校多至万七千四百余人，内府诸监局匠役数亦称是，此冗食之尤，宜程材量留，屏除冒滥。其言戒纷更，谓州县丈田，徒滋奸弊，云南鼓铸，不酬工直，官已裁而复置，田欲垦而再停，请敕所司，凡土俗相沿，人情习便者，与民遵守，毋率意改更。其崇俭德，谓袍服锦绮岁有积余，何烦频织，天灯之费，辄至钜万，尤为不经，滥予不可不裁，淫巧不可不革。其他节财力、核边费、定征输、正风俗、勤圣学，并多切要。而所言停召买，复历指十库侵蚀之弊。于是近习以不利己，从中挠之。比得旨，他皆报可，惟清冗滥、停召买不行。锵以志不尽展，未几引年乞罢，予驰驿归。

　　可见，与天一阁本该传的朱笔修改稿相比，《纪传》本和416卷本都完全沿袭了修改稿有详有略的格局。与此同时，后者还在字句上做了进一步的润饰，如"宜量事存留，余悉汰去"改为"宜程材量留，屏除冒滥"；"匪颁有式，而滥予不可不裁，器用有常，而淫巧不可不革"改为"滥予不可不裁，淫巧不可不革"等，从而使行文更为简洁通畅。

　　其二，内容增损。这可以说是万斯同在考核修改史稿过程中耗费精力心血最多的工作。天一阁本《明史稿》的各篇传文，其上多有万斯同笔削损益、修改涂抹的字迹，有的甚至另起炉灶，重加改写。

　　以《高燿》册《陈登云传》为例。陈登云系万历初年进士，先后在朝廷及地方担任官职。该传详细记载了其立朝侃侃直言，为政关心民瘼的事迹。万斯同在修改时，除文字上的润饰之外，特别增补了传主上疏批评朝廷用人行政一段内容：

> 时方考选科道，登云谓始进宜慎，因疏言：近世言官，壬午以前怵于威而摧刚为柔，壬午以后昵于情而化直为佞。其间岂无刚直之人，而凿枘不入，多不能安于位。二十年来，以刚直擢京卿者，百止一二耳。若乃背公植党，摇尾乞怜，如所谓七豺八狗者，言路顾居其半焉。夫台谏为天下持是非，而使人贱辱至此，安望其明目张胆，为国家锄大奸歼巨蠹哉！故与其斥于误用之后，不若慎于始进之时。因条为数事以献，帝允行之。

由于该疏突出了传主正直敢言的品格，故而《纪传》本和 416 卷本都采纳了修改稿所做的增补，仅在文字上做了进一步的润饰。如《纪传》本谓：

> 时方考选科道，登云因疏言：近世言官，壬午以前怵于威则摧刚为柔，壬午以后昵于情则化直为佞。其间岂无刚直之人，而弗胜龃龉，多不得安其身。二十年来，以刚直擢京卿者，百止一二。若乃背公植党，遂嗜乞怜，如所谓七豺八狗者，言路顾居其半焉。夫台谏为天下持是非，而使人贱辱至此，安望其抗言直陈，为国家锄大奸歼巨蠹哉！与其误用而斥之，不若慎于始进。因条为数事以献，帝允行焉。

而稍后的 416 卷本则与《纪传》本基本相同，仅个别文字稍有改动，如"抗言直陈"作"抗言直绳"，"锄大奸"作"鉏大奸"等。由此可见，天一阁本于原稿所作的修改，大多为《纪传》本和 416 卷本所沿袭。

再就《孙玺》册《王鈇钱泮》一篇而言。该篇系二人合传，原稿为：

> 王鈇，字德威，号苍野，顺天左卫人。生之日，父母俱梦鈇星落苍野中，因以为名。少倜傥，善骑射，授常熟知县。县多大猾，匿亡命作奸，监司檄鈇捕之。鈇曰：网疏则鱼漏，绳急则麕惊，捕之非便。遂下令招之，悉隶为军。

嘉靖三十二年倭患起，三吴震动，铁召诸猎语之曰：尔等罪当死，吾延尔命至今日。今倭势如此来犯，吾必死之，尔等何以报我？咸叩首曰：愿效死。于是立为耆长，使募子弟数百人，合邑中防卒分部署之。邑无城，铁城之，三月而就。三十四年四月，倭屯三丈浦，分掠常熟、江阴，铁出间道击之，斩首数级。又与兵备任环、指挥孔涛分统官军三千攻其寨，破之，斩首一百五十级，烧贼舟二十七，生擒七人，余贼遁江阴。

时江西参政钱泮者，邑人也，丁忧家居，忿贼蓺其父棺，日以灭贼为念。倭攻城，泮从铁登陴，铁自持强弩射贼，泮令两苍头张弓矢为两翼，登陴耦射，两人更酌酒相劳也。五月，倭犯苏州、南京，都督周子德战败，镇抚孙宪臣被杀。倭分兵掠浒关税，取道尚湖，经尚塘入海。泮为铁画策曰：贼来送死矣。贼利野战，今舍陆而水，又重载，我以师薄之，必大胜。不能歼则继之以火，此天亡之日也。乃率众急蹑倭湖上，穷追至尚塘。倭匿其精锐，使一二首挑战，而四面伏尽起。泮陷伏中，身被数枪，手刃二贼，与苍头严肃、赵秀俱死。铁奋身陷泥淖中，贼攒刃之，瞋目大骂而死，诸耆长皆死。

泮字鸣教，嘉靖□□年进士，由侯官知县历主事员外郎中，累升江西参政。巡按御史金浙上其事，诏赠铁太仆寺少卿，泮光禄寺卿，各予荫世袭，立祠死所，赐额褒忠。

对这篇两人合传的传文，万斯同做了大刀阔斧的删削，同时又增益了不少内容文字，改为：

王铁，字德威，顺天人也。倜傥有才略，举嘉靖二十九年进士，授常熟知县。县滨海，多大猾，匿亡命作奸，监司檄铁捕之。铁曰：网疏则鱼漏，绳急则麋惊，捕之非便。遂下令招之，悉宥其罪，俾为己用。

已而倭患起，铁召诸猎语之曰：尔辈罪当死，吾延尔命，以有缓急也。贼倘一旦寇来，尔辈何以报我？咸叩首曰：愿效死。于是立为耆长，俾峕署子弟，得数百人，合邑中防卒，日夕训练。县故无城，铁议城之。甫兴役，贼突入 [福] 山港，且来犯，人情汹惧，铁誓以死御。

会主簿苍头遇贼，射杀三人，贼惊而 [宵遁]。铁乃躬自课役，三月而城成。三十三年四月，贼来薄城，矢石交下，贼引却。[铁曰：贼] 未创 [也，而] 遽去，其 [慑] 我乎？缮守 [具] 待之。诘旦，[贼] 果至。铁出 [间] 道邀击，[杀数] 人，贼乃 [溃] 走。明年四 [月]，贼自三丈 [浦] 分掠常熟，江阴参政任环督土兵千余，令铁与指挥孔涛分统官民兵三千进攻其寨，破之，斩首百五十有奇，焚其舟二十七艘，溺死无算，余贼奔江阴。

时邑人钱泮以参政里居，忿贼燕其父柩，日以灭贼为念。贼之攻城也，从铁乘城拒守，耦而射，有却贼功。及是贼掠旁县，方舟由尚湖还海。铁愤曰：贼尚敢涉吾地耶！吾不能坐令得志去，必去之。泮亦力从。更乃召诸耆长各率所部扬小艇数十追蹑贼。贼侦官军入隘中，出不意，两岸夹击。时独耆长数人从铁前，诸健儿皆在后。数人者，力斗死，铁陷淖中，不得出，怒发上指，瞋目大呼，而贼刃已刳腹中，遂死。泮亦力战，身被数枪，犹手刃三贼，与铁俱死。时三十四年五月二十四日也。

泮子鸣教，举进士，历侯官、慈谿知县，迁刑部主事员外郎、郎中，出为顺庆知府，进陕西副使，江西左参政。所至并著能声。至是殉难。诏赠泮光禄卿，铁太仆少卿，并荫锦衣世百户，遣官谕祭，且立祠死所，岁时奉祀。①

将万斯同笔削增益后的传文与原稿相比，可以看到，修改稿除删除一些无关紧要的文字之外，主要增加了有关王铁、钱泮抗倭事迹的记述，并且重点突出了王铁。无疑，修改稿大大提高了原稿的质量，使人物事迹更为显著，形象更为丰满，行文也更加顺畅。或许正是因为如此，其后的《纪传》本和416卷本都沿袭了万斯同对纂修官分撰稿所作的修改，二者的内容文字均与修改稿完全相同。唯一有所变化的是，《纪传》本仍是王铁、钱泮合传，至416卷本则考虑到传文突出了王铁事迹，因将钱泮改为王铁的附传，

---

① 按：因当年装订时裁剪过多，本篇修改稿个别文字今已不存。文中凡方括号内之字均系笔者据313卷《明史纪传》及416卷《明史》传文补入。

从而使传目设置与传文内容更为吻合。

其三，篇目取舍。在修改史稿的过程中，万斯同还尤为注重利用《实录》等相关史料，对各篇传文所载史事进行考核。而这些考核和批评，亦成为其后史稿审订成书过程中篇目取舍的重要依据。

以《魏时亮》册《周世选传》为例。原稿详载周世选抗击倭寇，疏劾朝廷大臣，奏陈时弊、时政，巡抚河南政绩，以及因倭患而奏陈八条应对措施等事迹。万斯同凭借其深厚的学识，并依据《实录》等相关史料，对传主生平事迹逐一详加考核批注，或明其出处，或断其是非。如原稿开篇载周世选抗击倭寇一段，万斯同即加眉批云："四十一年后，江南倭警已息，此恐未然。"对原稿所载周世选"论劾礼部侍郎潘晟、工部尚书雷礼、吏部侍郎秦鸣雷，皆极切直"一段，万斯同考核说："论雷礼见《实录》，余未见。"又原稿谓："世宗末，言官摧抑过甚，人皆以言为讳。穆宗即位，诸臣犹观望如昔。世选首请勤政御朝。闻帝驰马禁中，上疏切谏。留中数日不下，卒降温旨慰之。"万斯同也逐条加以考核案断，认为"隆庆初言路大开，不得言观望如昔"，并注云"谏驰马事不见《实录》"。特别是对原稿详加记载的传主"疏陈时弊四事"及"条上战守八议"二疏，万斯同均毫不隐讳地表明了自己的看法，一批"此疏平常，不必入传"，一注"此八议亦平常，不当入传"，并将后者全部删除。今详核原稿所载传主"疏陈时弊四事"一疏，略言：

> 一曰治水。国初夏原吉以重臣治水江南，功施至今，自后董是役者，止凭文移往来塞责。臣谓震泽暴涨，潮沙壅塞，浸为东南患，宜急令修治陂塘，举行原吉故事，庶根本重地，可以无虞。二曰遗赋。夫遗赋之弊，起于粮额不均，奸人包占，及巨家贵族役充优免，影射诡寄。宜令有司定为则例，比粮长收头，一切法除。三曰议将。南北将帅，多夤缘贿赂，如京营游击韩济文，遣家人投千金于权门，以求美迁；延绥总兵赵岢假公差挟金入都，以图握篆，宜严治之。四曰剿盗。各省有司，官如传舍，故多隐匿。如川湖闽广，群盗纷纷，不即扑灭，宜坐姑息养乱之罪。今徽宁矿贼尚炽，而泰州史家庄盐徒复起，此江淮咽喉，乞令守臣剿平，仍行天下举保甲之法，约束齐民，以销祸本。

奏疏内容长达数百字，却既无新意，又未提出解决问题的具体办法，确属平常，实无必要入传。而"战守八议"一疏，情形也大体相同，并且篇幅更长，故而万斯同大加删削，不留一字。然而，若将这些不尽可据的史事和了无新意的奏疏一并删除，传主生平事迹便无显著功业值得记载。或许正是因为如此，在《纪传》本和416卷本中，已无《周世选传》，盖因万斯同反复详核之后，最终将此篇舍弃的缘故。

当然，万斯同对纂修官分撰稿所作的审订笔削，还有许多值得深入挖掘之处，笔者所述，仅为其中万一。但已可以说明，天一阁《明史稿》实系313卷《明史纪传》以及416卷《明史》之底本，并且，从天一阁《明史稿》到313卷《明史纪传》，再到416卷《明史》，构成了一个前后因袭、彼此衔接、相对完整的万斯同修改稿系列，为我们提供了《明史》纂修过程中最为关键环节的珍贵资料，是尤为值得我们重视的。

（原文发表于《万斯同与〈明史〉（下）》，
宁波出版社，2008。收入本论集时略有修改。）

清朝满人的"中国认同"*

——对美国"新清史"的一种回应

◎ 黄兴涛

近十年来,美国的"新清史"研究颇有影响,也的确表现出自己的特色。它强调满人在清朝的某种主体性地位,注重从满人主体性的角度来研究清史,对于丰富清史研究的意义不言自明。但在正视清朝历史这一独特性的同时,也不应走到另一个极端:有意无意地轻忽乃至淡化其大一统国家的"中国性",更不能将两者简单化地对立起来。笔者以为,从满人的主体性视角出发,探讨一下有清一代满人的"中国认同"问题,对认识"新清史"所涉及的相关史实应该不无助益。

一 问题意识的由来与满人"中国认同"之确认

清朝满人是否认同与如何认同"中国",这在以往的国内学术界似乎不成问题,至少不是什么有意义的问题。但对于美国"新清史"来说,这却无疑是一个需要明确提出并给予认真回答的重要问题。因为在被称为"新清史"的学者当中,喜欢像罗友枝(Evelyn Sakakida Rawski)那样笼统地强

---

* 本文初稿曾提交给"清代政治与国家认同"国际学术研讨会,并吸收大会评论者的诸多宝贵意见。特此致谢。另外,拙文的基本观点和部分内容曾被赵晋华主持的《中华读书报》思想版摘录刊登。这里发表的乃是全文。曾刊载于《清史研究》2011年第1期。原题为《清代满人的"中国认同"》。

调整个清朝统治期内"大清国"与"中国"为两回事者，差不多已成为一种流行观点。如柯娇燕（Pamela Kyle Crossley）在其英文著作《半透明之镜》中，就曾笼统声言，"清朝的帝国意识形态很认真地把中国进行对象化，将其看作是大清国的一部分而已"，并强调这对于现代中国的版图恰恰从大清国继承而来这一点来说具有讽刺意味①；欧立德（Mark C. Elliot）更是明确地表示："也许'新清史'要提出来的最大问题是，我们可否不经质疑地直接将清朝等同于中国？难道我们不该将其视为一'满洲'帝国，而中国仅是其中一部分？部分'新清史'的史家因此倾向在'清朝'与'中国'间划下一条界线，避免仅仅称呼清朝为'中国'，也不仅仅称呼清朝皇帝为'中国'皇帝"。② 最近，在中国人民大学清史研究所主办的"清代政治与国家认同"国际学术研讨会上，欧立德再一次直截了当地强调，"不应直接把清朝称为中国或是把大清皇帝称为'中国'的皇帝"。③

显然，要想了解上述这类说法是否符合历史真实，我们不得不首先整体性地着眼于清朝满人上层及其皇帝的"中国认同"问题：看看他们是否认同中国，何时与如何认同中国？其所理解和认同的中国究竟是"大清国"的全部还是其中的一部分？这种认同在当时的国际际遇如何，等等。毋庸讳言，尽管"认同"的思路对于美国"新清史"学者来说可谓轻车熟路，他们也都程度不同地关注并揭示清朝满人自身的族群认同历史，并使我们从中学习到很多东西。但对于满人的"中国认同"问题而言，可以说迄今为止他们其实并未引起真正的重视。"中国认同"与所谓"汉化"问题之间无疑有直接的关联，但也存在着明显的区别——既然认同自己属于"中国"、是"中国人"，那么对此前中国漫长的主体历史及其文化，就必然存在着某种不得不加以选择性认同的趋势，甚至许多方面还可能因无法"选择"而不

---

① Pamela Kyle Crossley, *A Translucent Mirror: History and Identity in Qing Imperial Ideology*, University of California Press, 1999, p.341.

② 可见欧立德：《满文档案与"新清史"》，载台北《故宫学术季刊》2006 年冬第 24 卷第 2 期。

③ 欧立德：《关于"新清史"的几个问题》，见《"清代政治与国家认同"国际学术研讨会论文集》（上）（2010 年 8 月 9 日～11 日，北京，中国人民大学清史研究所编），第 14 页。但必须说明的是，在被归为"新清史"代表人物的美国学者当中，对此问题的认识也并不完全一致。如米华健（James A. Millward）在"清代政治与国家认同"的会议上，就公开批评欧立德等为"大满洲主义者"。

得不直接认同，但这却也并不意味着满人就要主动放弃自身的民族和文化个性，而把自己完全"汉化"。剃发令的执行就是一个反证。其个中复杂关系，美国"新清史"诸人多有未能完全理解者。他们甚至连"中国认同"的说法也有意无意地加以某种回避，这与英语里"汉人"与"中国人"总是纠结不清固然有关，也不乏意识形态差异的背景在其中发挥着作用。我们疑惑地看到，在不得不面对这个问题的时候，他们要么像罗友枝那样只是不耐烦地声言"谁都不否认满洲皇帝将他们自己描述成中国的统治者"[①]；要么像欧立德那样轻描淡写地承认："满洲人有时也称他们的帝国为'中国'，即使是称呼边疆地带"。[②] 可事实上其关系意义真的仅止于此吗？满人上层只是将自己描述成"中国的统治者"或仅仅"有时"自称自己的国家是"中国"而已，还是入关以后或至少从康熙时代开始，就完全彻底地认同自己是"中国人"、认同大清就是"中国"的一个新朝代，也即认同自己统治的整个国土范围为"中国"？这的确是一个非常严肃的问题。

冷静而观，如果上述欧立德等学者的观点指的是入关之前尤其是入关前后那特定时期的大清国，尚有某种辨析的余地（但这显然不是立论者的主要意图所在），因为它确曾一度声称与当时代表"中国"的"大明"处于敌国状态；若其所指为入关以后 260 多年间的大清朝，或至少包括入关后的整个阶段，则显然有违历史事实，难以理解——无论将它如何"复杂化"，都是如此。它很容易使人联想起清末几年动员"排满"革命的那部分极端化、非理性的汉人宣传品。

众所周知，在入关之前，大清的最初奠基者努尔哈赤等曾对当时称为"中国"的明王朝表示臣服和尊崇，他们尊大明为"天朝上国"，自认其为华夏边缘之"夷"。正如清史大家萧一山所指出，"他们帮助明朝开拓东边，明朝派他们的头目作建州卫指挥，"他们的头目到北京朝贡，明朝也很优待

① 见罗友枝 1996 年 11 月在美国亚洲研究年会上的《主席致辞：再观清代》一文，载《亚洲研究杂志》1996 年第 55 卷第 4 期。（Evelyn S. Rawski, "Presidential Address: Reenvisioning the Qing: The Significance of the Qing Period in Chinese History", Journal of Asian Studies, Vol. 54, No. 4, November 1996, pp. 829 - 850.）

② 见前引欧立德：《满文档案与"新清史"》一文。

他们。"明朝称他们为'边夷'，他们也很恭顺'天朝'"。① 在早期写给明朝和李氏朝鲜的汉文书信里，努尔哈赤曾自称"女直国建州卫管束夷人之主佟奴儿哈赤"，"保守天朝九百五十余里边疆"；"女直国龙虎将军"；"有我奴儿哈赤收管建州国人"；"建州等处地方夷王"，等等②。尽管"建州"究竟是否其所正式颁布的国名也还存有某些疑问，但这些书信，可以说仍能大体反映当年努尔哈赤相对于明朝所代表的"华夷天下"的中心——"中国"之自我定位，也可见汉文化里的夷夏天下国家观念对他们的重要影响。即便后来努尔哈赤势力逐渐强大，正式颁国号为"金国"（aisin gurun），并仿历史上的女真人以"北朝"自居，斥明朝为"南朝"，俨然与明朝为"敌体"时，也仍旧保持着对后者能代表"中国"地位的某种羡慕。皇太极时代也依然如此。在与明朝的文书中，其所屡屡表示的"尔既称为中国，宜秉公持平"，"明既为中国，则当秉公持平"等③，可以为证。不过，他们虽承认在当时，作为华夷天下秩序之中心的"中国"，天命仍暂系于明朝，却已开始认定，"中国之主"并非明朝皇帝和汉人可以永久独占，他们也有能力和机会参与竞争。④ 事实上，正因为如此，在入主中原之后，满人皇帝正式以"中国"自称其全部统治区的国家认同便加快形成了。

顺治时期，清朝的政治文书中已经出现了将整个清朝统治区域称为中国的"中国"用法。到康熙朝中期以后，这种"中国"用法已随处可见，并迅速成为其"中国"用法的绝对主流。至此，可以说满人高层认同"中国"、自称"中国人"的情形，已成为一种自觉的常态。特别是在与外来西洋人等打交道的过程中，总是"中国"与"西洋"，"中国人"与"西洋

---

① 萧一山：《中华民族与所谓"满族"》，《四川青年》1944年第1卷第2期。

② 原出处见《建州纪程图记》和《山中闻见录》等，收入潘喆等编《清入关前史料选集》第2辑、第3辑等，中国人民大学出版社，1989。这些材料出处为清史学界所熟悉，此不具引。孟森先生曾发现1630年正月木刻揭榜之"七大恨"文，考证其原本为汉文，文中便称明朝为"南朝"，且声言"我祖宗与南朝看边进贡，忠顺已久"；还自称"属夷"等。后《满洲老档》、《武皇帝实录》和《太祖实录》中，"其尊崇大明之处，乃自称为夷为酋，与建州卫及金国汗等字样，皆经改窜"，其时间大约为乾隆年间。见孟森《清太祖告天七大恨之真本研究》，《明清史论著集刊》上册，中华书局，1959，第203~212页。

③ 见《清太宗实录》卷2"天聪元年正月"；卷18"天聪八年三月"。

④ 见郭成康《清朝皇帝的中国观》，载《清史研究》2005年第5期。此文对相关问题的认识卓有成绩，笔者多有参考受益之处。

人"对称。皇帝、满人大臣、汉臣乃至在华西方传教士，均是如此。此时，表示原明代汉人统治区含义的"中国"一词虽仍有某种遗留，但其已无法使用在国家身份认同的正式场合。在第一个正式的国际条约中俄《尼布楚条约》中，作为整个大清国国家名称的"中国"和作为中国人称呼的"华民"多次使用，其发祥地的东北满洲，也被明确称为"中国"的组成部分。《清圣祖实录》对《尼布楚条约》划定中俄边界之碑文的记述，非常清晰地说明了这一点。① 1711 年，康熙为测绘东北地区，特详谕大学士哪些系"中国地方"，以什么为界线，在他那里，满洲已被明确称为中国的"东北一带"。其言曰：

自古以来，绘舆图者俱不依照天上之度数以推算地里之远近，故差误者多。朕前特差能算善画之人，将东北一带山川地里俱照天上度数推算，详加绘图视之，混同江自长白山流出，由船厂打牲乌拉向东北流，会于黑龙江入海，此皆系中国地方。鸭绿江自长白山东南流出，向西南而往，由凤凰城朝鲜国义州两间流入于海。鸭绿江之西北系中国地方，江之东南系朝鲜地方，以江为界。土门江西南系朝鲜地方，江之东北系中国地方，亦以江为界，此处俱已明白。但鸭绿江土门江二江之间地方知之不明，即遣部员二人往凤凰城会审朝鲜人李万枝事。又派打牲乌拉总管穆克登同往，伊等请训旨时，朕曾秘谕云："尔等此去并可查看地方，同朝鲜官沿江而上，如中国所属地方可行，即同朝鲜官在中国所属地行；或中国所属地方有阻隔不通处，尔等俱在朝鲜所属地方行。乘此便至极尽处详加阅视，务将边界查明来奏"。②

① 前揭郭成康《清朝皇帝的中国观》一文已经指出这一事实。见《清圣祖实录》卷143，康熙二十八年十二月丙子。其原文写道："碑曰：大清国遣大臣与鄂罗斯国议定边界之碑。一，将由北流入黑龙江之绰尔纳即乌伦穆河相近格尔必齐河为界，循此河上流不毛之地有石大兴安以至于海。凡山南一带，流入黑龙江之溪河，尽属中国。山北一带之溪河，尽属鄂罗斯。一、将流入黑龙江之额尔古纳河为界，河之南岸，属于中国；河之北岸，属于鄂罗斯……一、从前一切旧事不议外，中国所有鄂罗斯之人，鄂罗斯所有中国之人，仍留不必遣还"。可见"大清国"与"中国"已经在完全相同的意义上使用。
② 《清圣祖圣训》卷52。参见孙喆《康雍乾时期舆图绘制与疆域形成研究》，中国人民大学出版社，2003，第40~41页。

从上文可知，"中国"不仅已明确成为康熙帝国家认同的自然符号，而且这一符号与近代意义的国界观念还紧密地联系在一起。

康熙晚年，面对西方的东来，其整个国家统治范围的某种"中国"危机意识已然出现，这从其所谓"海外如西洋等国，千百年后中国恐受其累——此朕逆料之言"① 可见一斑。到乾隆朝之时，此种表明其整个国家认同含义的"中国"概念之使用已然制度化，特别是对外自称之时。1767 年，乾隆本人就明确规定："夫对远人颂述朝廷，或称天朝，或称中国，乃一定之理。"② 因为只有在不断面对外来"他者"时，国人才会有此种表明自我国家身份认同的需要和动机。值得注意的是，乾隆强调对外应称"中国"时，恰恰针对的是永昌府檄缅甸文中"有数应归汉一语"，他明谕"归汉"的说法为"不经"，这很典型地表明了乾隆皇帝对其所认同的"中国"及其范围之理解。也在 1767 年，宫廷传教士蒋友仁奉乾隆帝之命手绘了第 2 幅高水准的《坤舆全图》进呈并得到认可，其在地图上就直接将大清国统治地区标名为"中国"。这幅图的"图说"部分后经何国宗与钱大昕润色后，于 1799 年公开出版，其中也是直接以"中国"相称大清国的。实际上还在康熙十三年，钦天监监正南怀仁刊行全国并于乾隆朝收录《四库全书》的世界地理书《坤舆图说》里，就已直接称大清国为"中国"了。

晚清时期，在与欧美等国所签署的各种中外条约中，作为整个国家名称的"中国或中华"与"大清国"同时交替使用、在相同意义上使用的情形更是极为普遍，甚且很少例外。如 1842 年中英第一个不平等条约"江宁（南京）条约"的汉文文本中，就是"中国"和"大清"混用不分的；中法"黄埔条约"亦然。而中美第一个不平等条约"望厦条约"的汉文文本开头更称清朝为"中华大清国"，结尾签字处则注明"大合众国钦差全权大臣驻中华顾盛"。十余年后的中美"天津条约"里，也称清朝为"中华大清国"，称大清皇帝为"中华大皇帝"。凡此不仅表明了以满人贵族为核心的清朝统治者对"中国"或"中华"这一国家名称的自我认同，同时也意味着它实际上已得到了当时国际社会的承认。尤其值得注意的是，当时最主要的西方强国

---

① 《清圣祖实录》卷 270，康熙五十五年十月壬子。
② 《清高宗实录》卷 784，乾隆三十二年五月上。

在与中国签署条约的本国文字条约文本中，有时干脆就直接将"大清"二字译成"中国"。如前面提到的中英"南京条约"的英文本里，大清皇帝的对应词就写作"Emperor of China"；大清国也直接写作"Chinese Empire"。可见在当时的英国人看来，"大清"和"中国"根本上就是一回事罢了。

笔者曾粗略统计清朝最重要的政书《大清历朝实录》里"中国"一词的使用情况，其结果是 1912 年之前共有 1680 多次的使用，其中那种包括当时全部清朝所治区域与民族在内含义的"中国"，以及泛指此前古代中国的用法竟占到了 98% 以上。而仅指所谓明朝统治区域（即狭义中原）的使用极少，不到 30 次，也即占不到 2%，其中近一半尚为入关前的使用。[①] 入关后的使用基本在乾隆朝以前，并且多是在追述历史、分别满汉关系的特殊语境下，如雍正与曾静论辩华夷等场合才出现。清朝皇帝喜欢挂在嘴上的所谓"中外一统、满汉一家"，其"中外"并非意指现代意义的"中国"和"外国"，而主要是泛指中原和中原以外的广大地区。这也可以说是满人皇帝及其上层所主导的、以整个清朝统治区域为范围的"中国认同"之一集中体现。

在中国历史上，一旦掌控中原的王朝统治稳定下来之后，国人的王朝认同与"中国"国家认同就趋于一致，特别是当其遇到"华夷天下"之外的外国或外国人时，该王朝就代表"中国"，并自称中国和中国人，两者实际上就变成一回事。而同时"中国"也就当然成为自在的、中外双方均自然习惯使用的国名，明清时代尤其如此。而当该王朝逐渐丧失其统治合法性乃至难逃灭亡命运的时候，"中国"却并不随之而去——清末时，既保皇且坚决不排满的康有为被人攻击为"保中国不保大清"，其底蕴正在于此。如果仅就此意义而言，"中国"与"大清"当然有所不同。只不过这一点同"大宋"、"大元"和"大明"等朝代也并无根本区别，绝不是什么清王朝的特性而已。它与传统"中国"有别于西方帝国和民族国家的特殊国家性质密切相关。

美国部分"新清史"学者不愿直接称大清为中国，倒乐于简单直接地称入关后 260 多年的大清国为"满洲帝国"，这从入关后满人的国家自我认同角度来看，严格说来才真正不妥。以往，学者们曾长期认为"满洲"一

---

① 在有关内容的统计过程中，曾得到吴密同学的帮助，特此致谢。

名为皇太极所臆造，后来据中外学者特别是日本学者的有关研究，"满洲"也可能曾是努尔哈赤所统旧部（或国，满语为 gulun）的原名，或曾作为一种以族名名国的泛称而非正式国号存在过（类似于所谓"诸申国"）。但从现有的具有说服力的材料来看，其正式的国号，至少从 1616 年之后的两三年开始至 1636 年改国号之前，就一直是"金国"（aisin gurun），"金"的满语译音为"爱新"①。1635 年，皇太极为了斩断与"诸申"（jushen 或 juchen，即此前辽东女真语各部之总名）的关联，严禁用"诸申"称谓，而令恢复使用所谓"满洲"旧名。次年他又正式改国号"金"为"清"。不过此后的大清国虽"首崇满洲"，却已绝非满洲一族之国，而是其主导之下的满、蒙、汉等族人民共享的国家。"满洲"与"大清"也并非含义等同的概念，它主要作为族称使用，或被用来指称大清的发祥之地。清朝皇帝入关后所发布的重要国家公文中，都不曾正式以"满洲"名其国。因此可以毫无疑问地断言，入关之后的"满洲"不过是满人的族群认同符号而已，它与其自称"中国"的国家认同之间存在着本质差别。

二　认同与再造：内涵及特征分析

就入关之后而言，清朝满人的"中国认同"，不外包括以下两个方面的主要内容：一是如前所述的国家名称层面的自认"中国"和自称"中国"。至少从康熙时代起，这种做法在满人高层已经逐渐成为日常习惯。包括满人在内的清朝皇帝之所有臣民都属于"中国人"，包括满人发祥地的"满洲"

---

① 可参见姚大力、孙静：《"满洲"如何演变为民族——论清中叶前"满洲"认同的历史变迁》，载《社会科学》2006 年第 7 期。有关这一问题，日本学者三田村泰助在《清朝前史研究》（京都同朋舍 1965 年版）一书中的看法很有代表性。他利用《满文老档》，认定满洲国（固伦）作为努尔哈赤统一建州女真所建之国确实存在过。不过万历末年降叶赫、完成统一女真民族大业后，对外便称后金国，对内则称诸申国，满洲国的国号于是取消。1972 年，神田信夫氏又在三田村泰助基础上将《满文老档》与《满文原档》相对照，撰《满洲国号考》一文，进一步提出满洲国名并未因采用"诸申"或"后金"国名而中断的看法，认为此后它仍是其满语国名，并与后起的"爱新"之满语国名并行不悖（见神田信夫：《满洲国号考》，收入其由山川出版社 2005 年版的《清朝史论考》一书中）。但这一说法目前尚难令人信服。即便其说成立，也不影响笔者的结论。因为其国号改为"大清"后，尤其是清朝入关之后，"满洲"为族称而非国名的意义确然无疑。感谢张永江教授在这方面所提供的资料帮助。

地区在内的所有大清国土都是"中国"的一部分，这种认识起码在康乾盛世的国内已经成为包括满族官员在内的清朝之官方常识，并得到了当时及此后国际社会的承认；二是与国名认同相关，清朝皇帝及其满人上层对此前传统中国的历史和文化的主体（以汉文化为核心代表）明确加以认同，尤其是明确将儒家思想作为治国的根本理念，对传统的帝系帝统自觉接续，并以中华正统（所谓道统和治统的结合）自居，确然自认清朝是自古及今中国的一个朝代（如称明朝为中国前朝）。这从清朝帝王祭祀的内容中不仅有远古以来的汉人皇帝，也涵括入主中原的蒙古和满洲等族的帝王可以概见一斑。①

关于清朝皇帝及其满人上层对传统中国历史文化的认同现象，以往学界常常爱称之为"汉化"，其实正如何炳棣先生在反击罗友枝有关"新清史"观点时曾表明过的那样，或许称之为"中国化"或"华化"要更为准确②。这不仅因为清代以前的传统中国文化已非汉人文化所能囊括，更重要的是，清代在"中国"或"中华"的名义整合下，其文化也是各民族彼此互动的结果。就康雍乾三帝所代表的满人上层而言，他们在认同儒家文化的同时，实际上也对之进行了选择性改造，有学者强调这一时期朝廷的官方儒学是带有满人统治特点的专制性极强的"清代皇家新儒学"，认为它乃是"融华夷观、君臣观、正统观、礼乐观、灾祥观以及有关养民、察吏、明刑、封建、井田、科举、乡约、教化等各方面认识于一炉"的独特的新儒学思想体系。③ 这的确很有道理，对认识相关问题甚有启发。

就政治制度而言，虽说是"清承明制"，但满人皇帝却建立起了独特的"军机处"和"秘密立储制度"，改革了中国传统的君相体制和皇位继承制，从而表现出自己的个性。与此相一致，在统治少数民族、拓展和有效管辖辽阔疆土的策略上，至少就清前中期而言，他们也已显示出别具一格的满人特

① 可参见"清代政治与国家认同"国际学术研讨会上黄爱平提交的《清代的帝王庙祭与国家政治文化认同》，常建华提交的《国家认同：清史研究的新视角》，以及张寿安提交的《清儒凌廷堪的正统观》一文。

② Ho, ping-ti., "In defense of Sinicization: A Rebuttal of Evelyn Rawski's Reenvision the Qing", Journal of Asian Studies, Vol. 57, No. 1, February 1998, pp. 123 – 155.

③ 参见"清代政治与国家认同"国际学术研讨会上夏明方提交的《多重变奏中的灾异论与清代王朝认同——以〈大义觉迷录〉为中心》一文修改稿。

性和传统，如尚武重骑射，实行满蒙联盟、重视喇嘛教、允许一定程度的多元文化并存，乃至自觉抵制好虚文之"汉习"，等等。其超越前朝的统辖成效不仅为今人所熟知，也早已为清朝满人皇帝自身所自觉。不过清朝皇帝的此类自觉，往往又与认同"中国"和希望被汉人士大夫真心接受的心理有直接关系。如雍正皇帝在《大义觉迷录》中，就针对视满人为夷狄、不愿接受其为"中国之主"的汉人士大夫代表曾静等，理直气壮地自赞大清为中国扩展疆域的汗马功劳，其言曰："自古中国一统之世，幅员不能广远，其中有不向化者，则斥之为夷狄……是以有此疆彼界之分。自我朝入主中土，君临天下，并蒙古极边诸部落俱归版图，是中国之疆土开拓广远，乃中国臣民之大幸，何得尚有华夷中外之分论哉！"。不仅如此，他还强调清朝结束战乱、实现新的大一统是"大有造于"中国，所谓："我朝统一万方，削平群寇，出薄海内外之人于汤火之中而登之衽席之上，是我朝之有造于中国大矣、至矣！"。① 可见他不仅认同于"中国"，还以满人能够再造"中国"、实现其开疆拓土的发展为之自豪。

实际上，清朝满人的"中国认同"，就是在与汉、蒙、回等族人特别是汉人复杂的矛盾合作关系中逐渐发展并得到深化的。在入关后的清朝官方合法性意识形态话语中，就始终强调"大清"中国的存在和发展，必须以满、汉、蒙各族臣民一体合作、各展所长、共效驱驰为前提，所以从顺治帝开始，官方文书里诸如"满汉人民，皆朕赤子""满汉一体""满汉文武，皆为一体"等一类体现超越满洲一族利益之上的"国家"认同之治国理政谕旨，随处可见。如1728年，雍正帝就曾针对镶黄旗蒙古副都统宗室满珠锡礼所谓"京营武弁等员，参将以下，千总以上，应纂用满洲，不宜专用汉人"的条奏，给予明确的批评，并强调指出：

> 从来为治之道，在开诚布公，遐迩一体，若因满汉存分别之见，则是有意猜疑，互相漠视，岂可以为治乎？天之生人，满汉一理，其才质不齐，有善有不善者，乃人情之常。用人惟当辨其可否，不当论其为满

---

① 以上所引《大义觉迷录》中的文字，分别见中国社会科学院历史研究所清史研究室编《清史资料》第 4 辑，中华书局，1983，第 5~6 页。

为汉也。……朕屡谕在廷诸臣，当一德一心，和衷共济，勿各存私见，而分彼此。在满洲当礼重汉人，勿有意以相违，始为存至公无我之心，去党同伐异之习。盖天下之人，有不必强同者，五方风气不齐，习尚因之有异。如满洲长于骑射，汉人长于文章，西北之人果决有余，东南之人颖慧较胜，非惟不必强同，实可以相济为理者也。至若言语嗜好，服食起居，从俗从宜，各得其适，此则天下之大，各省不同，而一省之中，各府州县，亦有不同，岂但满汉有异乎？朕临御以来，以四海为一家，万物为一体，于用人之际，必期有裨于国计民生。……总无分别满汉之见，惟知天下为公。①

雍正此言中虽不无自我标榜、掩盖大清各民族实际不平等的意图，但仍可见其所追求的那种因俗而治、各民族取长补短，相济为用，求同存异而整体同一的中国多族群"大一统"国家之政治特色。

清朝满人的"中国认同"既以满、蒙、汉等民族政治合作为基础的"大一统"之实现为其条件，又以文化上的多元并存、不断融合和对外维护其整体尊严为鲜明表征之一。1727年，在召见西方传教士、驳斥罗马教廷关于信仰天主教就不能祭孔祭祖的规定时，雍正就曾坚定地以中国文化的"护法"自任。他郑重表示："作为一个满洲人……朕岂能帮助尔等引入那种谴责中国教义之教义？岂能像他人一样让此种教义得以推广？喇嘛教最接近尔等的教，而儒教则与尔等之教相距甚远。尔等错了。尔等人众不过二十，却要攻击其他一切教义。须知尔等所具有的好东西，中国人的身上也都具有，然尔等也有和中国各教派一样的荒唐可笑之处"。②他甚至还更为明确地声言："中国有中国之教，西洋有西洋之教；彼西洋之教，不必行于中国，亦如中国之教，岂能行于西洋？!"③最终，禁止天主教在华传教的政策

① 见《清世宗实录》卷74，雍正六年十月。亦可参见郑鹤声《近三百年来中华民族融合之趋向》，载《边政公论》1944年第三卷第2期。
② 宋君荣：《有关雍正与天主教的几封信》，载杜文凯编《清代西人见闻录》，中国人民大学出版社，1985，第145~146页。
③ 《世宗宪皇帝上谕内阁》卷56，载《影印文渊阁四库全书》第414册，台湾商务印书馆，1986，第597页。

在他那里得到进一步强化。这其中自然含有国家政治考量的因素，但"中国认同"的文化背景也是十分明显而重要的。

美国"新清史"学者总爱强调清朝皇帝的多重形象或身份，可他们入主中原之后，特别是康熙中叶以后其最主要的身份或最高身份仍当是"中华皇帝"或"中国大皇帝"，其他的身份均笼罩在"中华皇帝"的光环之下，实与之无法分离并且因之获得更大的权威。① 与此相应，在文化上，此后清朝总的来说虽是多元文化并存，但儒家正统却是其建设政治文化合法性的最大价值来源，它是清朝专制皇权得以维系的根本所在，可以说在多元文化中，实处于核心地位。

笔者赞成"新清史"诸人强调在清朝，满、蒙、汉等多种民族文化之间彼此"涵化"（acculturation）的提法。可问题在于，参与涵化的各族文化对于清代中国发展之实际影响、地位和作用，并非完全对等。总的说来，入关以后，汉文化的影响无疑是最大并不断加大的。统治广大汉人的现实需要，以及对清代以前中国传统历史文化认同的强化和深化，必然导致汉文化在清朝政治生活和社会生活中的地位日益提高，而相应的，满文满语的实际地位却在逐渐下降中。到清代中叶时，已有不少满人官员不会使用满语草拟奏折，这成为稍后乾隆多方面采取措施、强化满人自身认同的一个直接契机。但根本趋势已无法扭转。以清朝最重要的政书《清实录》的纂修为例，最初，实录是先修满文本，然后译成汉文本，再由汉文本转译成蒙文本。康熙时代起，因各种史料大都来自汉档和汉籍，所以从雍正朝修《清圣祖实录》开始，实录满汉文本之间的修纂顺序不得不颠倒了过来，是先修成汉文本，再分别据之译成满文本和蒙文本。有的学者认为，这一改变不仅体现了"清朝汉化进程的加深"，甚至还表明了汉文作为大清国"共同语言地位"之确立。②。这一看法是否切当，当然还可讨论，但它表明康熙时代起

---

① 郭成康教授在《清朝皇帝的中国观》一文中，曾广为引证材料，如准噶尔博硕克图汗葛尔丹向康熙一再表白"中华与我一道同轨"，"我并无自外于中华皇帝、达赖喇嘛礼法之意"；蒙古僧俗人众相信"中华皇帝，乃活佛也"，土尔扈特以"大圣皇帝（指乾隆）甚为仁慈，广兴黄教"，遂决策从俄罗斯依然回归中国等，笔者以为，它们均能直接或间接地说明本文的这一观点。

② 见谢贵安《〈清实录〉稿底正副本及满汉蒙文本形成考论》，载《史学集刊》2008年第2期。

汉文化对满人的影响程度已然相当深化，却是毋庸置疑。

进入晚清后，在应对西方列强和日本的侵略以及广大汉人地区大规模的反抗过程中，这种汉文化影响强化和深化的趋势又得以进一步加剧。笔者发现，在晚清，西方诸列强与中国签订不平等条约时，除俄罗斯还偶尔使用满文本之外，其他西方国家乃至东方的日本，都只使用汉文本与其本国文字本。以致1875年，光绪在谈到中国和秘鲁换约等事宜时竟明确谕称："惟换约事宜，中国总以汉文为凭"。① 可见在这一文化权势转移的过程里，外国殖民者特别是欧美列强，也曾起到某种推波助澜的作用。最能生动地体现这种文化地位转化的，或许还是汉文中"国语"一词含义最终的满、汉倒置。晚清以前，"国语骑射"是清朝皇帝所自豪的满人特性，"国语"自然是指满语，而到了清末最后十年，流行的"国语"一词却已逐渐明确地指称汉语"官话"。最后，清廷竟以通过《统一国语办法法案》的方式，将其正式确认。这种认同情形对于满人来说，自然也存在某种不得已的苦衷，它应当是在清末新的时代背景下，多族群文化现实互动和社会历史强势选择的结果。

在清朝尤其是清末以前，满人的"中国认同"基本由专制皇权和满洲上层贵族所主导，一般满人基本没有什么选择的余地。这乃是那个时代满人"中国认同"的突出特征。而实现大一统格局之后的清朝皇帝及满族上层之"中国认同"，又可谓坚定不移、毫不含糊。不难想象，要是盛清尤其是晚清时，哪个满人和其他族群的中国人敢声言"不应直接把清朝称为中国或是把大清皇帝称为'中国'"的皇帝，大清皇帝非但绝不会允许，肯定还要对其严加治罪。这是今人讨论这一问题时所应该具有的起码历史感。

值得注意的是，清朝满人的"中国认同"，曾经历前后演变的过程。不仅入关前后有区别，通常所谓的清代前期、中期和晚清也有不同。时至清末，为了抵御激进的"排满"运动，一部分主导政局、参与新政的满人官员和留日学生之"中国认同"得到升华，在他们身上，初步实现了从认同传统的"专制中国"到自觉批判八旗制度、认同各民族平等融合的"立宪中国"之近代转变。从中我们可以很清楚地看到新型的满族官员和知识人具有时代特点的民族认同和政治选择。

---

① 《清德宗实录》卷13，光绪元年七月上。

三 清末满人的现代民族自觉与"中国认同"之演进
——兼论其以"大同"论为核心的传统思想依据

戊戌、辛亥时期，由于从日本和西方输入了现代"民族"和国家观念，作为民族的"满族""汉族""回族""蒙族""藏族"和"苗族"等现代意义的概念也得以产生，并被各自所属群体的知识人渐次认同。而把传统的和当下的中国归为"专制"国家，主张建立以各族人民作为"国民"平等为基础的君主立宪国，以取代前者，则成为清末十年尤其是 1905 年以后满人中国国家认同的一个新的政治思想动力。

1906 年，奉命出国考察宪政归来的满族大臣载泽和端方等，先后给朝廷上奏密折，急切表达一种消除满汉民族畛域，迅速立宪的主张和愿望。如载泽就在"奏请宣布立宪密折"中痛切表示："方今列强逼迫，合中国全体之力，尚不足以御之，岂有四海一家，自分畛域之理？"[①] 端方也于是年向朝廷奏上一份"请平满汉畛域密摺"，强调欧美各国因国内种族、民族关系不同而强弱有别，"苟合两民族以上而成一国者，非先靖内讧，其国万不足以图强；而欲绝内讧之根株，惟有使诸族相忘，混成一体"。[②] 次年，他又向朝廷代奏"条陈化满汉畛域办法八条折"，认为"宪政之基在弭隐患，满汉之界宜归大同"，[③] 从而自觉地将民族问题与立宪政治紧密地结合了起来。

与此同时，一批留日的满族旗人，如恒钧[④]、乌泽声[⑤]、穆都哩[⑥]、裕端

---

① 见龚书铎主编《中国通史参考资料·近代部分》（修订本，下）中华书局，1980，第 303 页。

② 中国近代史资料丛刊《辛亥革命》（四），上海人民出版社，1981，第 39～47 页。

③ 故宫博物院明清档案部编《清末筹备立宪档案史料》下册，中华书局，1979，第 915～917 页。

④ 恒钧，字十丰，清宗室。早年官派留学日本，就读于早稻田大学教育及历史地理科。1907 年，他曾与熊范舆、沈钧儒、雷光宇领衔给清廷上了第一份要求速开国会的请愿书。民国建立后，曾任国会议员，办首善工厂等。他还是著名的京剧爱好者和研究者。

⑤ 乌泽声（1883～?）字谪生，直隶人（清末时曾参与国会请愿运动，为直隶省代表，见尚小明：《留日学生与清末新政》，江西教育出版社，2002，第 36 页。一说是吉林人，恐误）。早年留学日本早稻田大学，民初曾任众议院议员，以拒贿著称，后曾在伪满任职。

⑥ 穆都哩（1884～1961），原名穆六田，后改名宁裕之。满族，出生于北京。日本早稻田大学政治经济系毕业。后成为民国著名的满族小说家，笔名儒丐。其 1923 年问世的小说《北京》，是中国现代文坛上最早的长篇小说之一，该小说真切地反映了满族人在辛亥后的生活状况与心理特征。1953 年他被聘为北京文史馆员。

等，也加入到呼唤以民族平等融合为基础的"立宪中国"的队伍中来。他们特于 1907 年 6 月在日本东京创办了著名的《大同报》，不久，其同人又在北京创办性质相同的《（中央）大同日报》，① 专以"满汉人民平等，统合满汉蒙回藏为一大国民"为宗旨。他们认定："今之中国，为满汉蒙回藏人合成之中国，而非一族一方之中国也明矣！"② 为了实现其心目中的"理想中国"，他们痛切反省八旗制度，批判专制制度的不合理，认为"最不可思议，轶出累代专制范围外者，则莫若我中国之满汉不平等也。考其不平等之原因，则以本朝入关之始，种族思想未能尽灭，种族阶级因此而生，遂产生一种特别制度，为我国民蠹焉"。③

这种建立以满汉融合、"五族大同"为基础的立宪中国的主张，得到了当时满族旗人中不少有识之士的大力支持，实际成为 1905 年以后满人内部公开传播的主流舆论。《大同报》第 3 号上，曾登载 64 个"本社名誉赞成员姓名"，除了汉、回、土尔扈特蒙古等族中的少数非旗人之外，满蒙汉等族旗人约占了 80%，尤以满族为最。由此可见其影响之一斑。

值得一提的是，在清末留日的满族留学生中，还有一些人基于对西方"nation"概念的理解，甚至强调满汉已不再为两个民族，实际上已成为一个民族。他们认为，民族与种族有别，它是"历史的产物也，随时而变化，因世而进化……故民族以文明同一而团结，而种族则以统一之血系为根据，此民族与种族又不可不分也"。他们由此认定"满汉至今日则成同民族异种族之国民矣"；或言："满汉处于中国，久为精神上之混合，文化上之陶铸，风俗上之浸染，政治上之团结，已成一民族，而不可分为两民族。且随社会之演进，已由民族进为国民，只有兄弟同胞之亲爱，绝无民族离贰之恶情。所谓排满排汉，不过无意识者浮言邪说，不足以为我满汉

---

① 北京《大同日报》不多见，北京大学图书馆所藏该报，笔者仅查到 1908 年 6 月和 11 月两个月的。但该报创办于 1908 年 3 月 27 日（光绪三十四年二月二十五日），为日刊，每日出两大张。馆设北京琉璃厂土地祠内。1908 年 3 月，梁启超在给康有为的信中表明，该报创办者为康梁立宪派的旗人同道。其信写道："都中出一《大同报》，为旗人所设，办事皆吾社人。社中亦荐人（旗人以外之社员）为之主笔，然其经济亦甚乏，后此尚当思所以济之。不然，将失此势力"。其信中所言"大同报"，或当指此《大同日报》。见张品兴主编《梁启超全集》第 10 册，第 5969 页。据说此报后改名为《中央大同报》，详情待考。

② 恒钧：《中国之前途》，载 1907 年《大同报》第 1 号。

③ 乌泽声：《论开国会之利》，1907 年《大同报》第 4 号。

同胞之代表"。① 不仅如此，他们还强调所有"中国之人民，皆同民族异种族之国民也"，"准之历史之实例，则为同一之民族，准之列强之大势，则受同一之迫害，以此二端，则已足系定其国民的关系矣"。② 也就是说，在他们看来，"民族"乃是有别于"种族"、建立在统一而平等的近现代"国民"政治身份基础上的文明融合体和命运共同体。这一认识实际上成为现代"中华民族"观念的重要来源之一，亦表明有清一代的"中国认同"与现代中华民族认同之间，实具有一种直接的关联。

不过，在立宪运动期间的满族留日学生当中，有的虽认定中国境内各族人民已融合为一个大"民族"，但同时也指出其有关部分的文化融合程度仍显不足，还需要继续加以"建设"，努力发挥互相"同化"的积极作用，以顺应不以人的意志为转移的"同一"趋势。满人穆都哩在《蒙回藏与国会问题》一文中就明确写道：

> 盖民族之成国民之合，其绝大之原因，全由于外部之压迫及利害之均等，而他种之原因则一缘于居于同一之土地，一缘于相安于一政治之下。至于言语、风俗习惯虽为成立民族及国民之要素，然有时不以此而亦能判定其为某国之国民。若专以风俗、言语等而定民族之异同，则英人与美人之问题，必难解决矣。虽然，中国之人民皆同民族而异种族之国民也，言语、风俗间有不同之点，有时而同化也。故同化者，亦造就新民族之一要素。以满汉两方面而言，则已混同而不可复分，推之及于蒙回藏，则其大多数虽未收同化之效，而其近于内地之人民，则其言语风俗已一于内地之人民。虽欲使其不同，已不可得矣。再加之以经营，施之以教育，则数年以后可用者将不遑计。不然，委之于不显，或奴隶视之，则三年之后，其地必非我有。③

在这里，民族国家认同的现代政治性原则，以及文化融合才能使之深化

---

① 乌泽声：《满汉问题》和《论开国会之利》，前者载 1907 年《大同报》第 1 号。
② 穆都哩：《蒙回藏与国会问题》，1907 年《大同报》第 5 号。
③ 穆都哩：《蒙回藏与国会问题》，1907 年《大同报》第 5 号。

和巩固的认知，可以说都得到了前所未有的自觉强调。这是对西方特别是西欧和美国现代"民族（国家）"（nation）概念的理解和运用走向深化的重要环节。

此种通过立宪运动得到加强的各民族一体融合的新中国民族国家认同，由于特殊的历史原因，在满族旗人那里能够有突出的表现，其意义自然不同寻常，它体现出部分少数民族人士在这一历史进程中所具有的主动性和积极性。①

需要指出的是，立宪运动期间，部分留日满族有识之士对于中国这一新的现代民族国家共同体之认知与宣传，在民族观的根据上，也曾受到留日汉人杨度主编的《中国新报》的某种影响，或至少其彼此之间有过一定程度的互动。如1907年，《中国新报》上发表陈敬第②《满汉问题之解决》一文，文中对"民族"理论的集中介绍和满汉关系的辨析，就相当周详和深入，堪称清末国内有关认知的较高水平，而其强调"民族"与"种族"之区别，并在此基础上讨论满族与汉族具有民族"同一性"关系，便与前述乌泽声的观点有明显的相似之点和相通之处。

不过，前述留日旗人的民族观，也有不同于陈敬第等汉人知识分子的地方。他们一则不愿直接认同某些汉族知识分子基于文化优越感而导出的"同化"态度，而更愿使用传统的"大同"概念，来表达彼此文化相互涵化之义；二则更看重和强调民族的同一政治基础——即处于"同一政治之下"的平等"国民"之因素的重要性。这后一点，在乌泽声同年发表的《满汉问题》一文中对 nation 译法的主张里，得到一特殊体现。乌氏反对将英法义 nation 译为"民族"，认为这是日人不察英法此词与德文有别而又"慕德风之流弊"的缘故，"而我国民族二字本非一定名词，粗识日文之辈，亦慕民族名词，不知已失本意，且盲从号呼民族主义，岂知民族主义惟行之于宗法

---

① 有关上述问题，笔者在《民族自觉与符号认同："中华民族"观念萌生与确立的历史考察》（载《中国社会科学评论》2002 年 2 月创刊号）一文中，有更详细的讨论，可参见。

② 陈敬第：浙江仁和人，早年留学日本东京法政大学，回国后被赐为进士、翰林院编修。曾译《法学通论》（丙午社 1907 年版），《政治学》（这是对日本近代政治学开拓者之一小野冢喜平次《政治学大纲》一书的中译本，初版本不详，曾见丙午社 1912 年第 3 版）。清末为资政院民选议员。民初时，曾任清史馆协修，"国民公会"领导人。

社会，及演进国家社会，是为国民主义。"他因此讥笑此种译法为"新学浅虑不知言语学者"的"遗羞天下、见笑士林"之举，并表示"吾论政治的民族主义，即改为国民主义，以示区别而避混淆也"。① 这成为其认定中国各民族人民平等享有中国主权、共同建设立宪中国的新的思想依据。

综观整个有清一代满人的"中国认同"，其所依据的思想资源前后虽不无变化，但儒家的"大同"理念却是其始终贯穿如一的思想基盘。"大同"概念出自于儒家经典《礼记》，它所追求的是破除一切彼此界限，平等融合、追求共性的人生和国家至上境界。所谓"存大同，存小异"，也是从这里延伸出来的为人与行事原则。这在中国既是一种重要的人生观和世界观，也是一种与他族类交往的族群观和政治观。乾隆帝在《西域同文志序》中谈到"天"的各种语言说法有别但无不"敬之"之时，就曾使用过"大同"概念。其言曰："汉人以为天而敬之，回人以为阿思满而敬之，是即其大同也，实既同名亦无不同焉。"② "大同"的前提是"同文"，同文并不意味着以其中一种代替其他，而是互释共认同存，相互沟通。晚清洋务派所奏办的"同文馆"，也是此义。不过清末端方等满人所频繁使用的"大同"观念，与《礼记》泛论的普世性和康有为《大同书》中的"大同"主张之超越国界仍有区别，其所使用的范围还只限于国内。但很显然，他们对"大同"观念与中国国家整体认同之间关系的把握，已经更加自觉、清晰和深入了。

1907年，满人裕端在《大同报》上特别发表《大同义解》一文，可以说典型地表达了其同人的中国"大同"追求，也集中体现了此种思想的自觉程度和认知高度。该文强调指出："大同云者，非自视为异而欲同于人也；亦非视人为异，而使人同也……大同之本意有二：一曰欢迎其不以为异者而同之；一曰利导其自以为异者而同之，二者缺一不可为大同"。他们认为中国自古以来就以"大同"为理想，于是不断由小而大、由分而合、由异而同，"同之至于今日也，已数千年，合为一国，团为一体"，这不仅符合中国历史发展的趋势，也体现了现代世界发展的进化潮流。在他们看来，

① 乌泽声：《满汉问题》，1907年《大同报》第1号。
② 《清高宗（乾隆）御制诗文全集》第10册，中国人民大学出版社，1993，第416页。

"满汉蒙回藏同处于一政府之下，尤与今日世界之趋势相合，此可庆可贺之事"，因为"世界今日之趋势，为兼容并包，合散为总，由分而合之趋势"。[1] 顺之则符合进化论所标示的世界潮流，反之则为"退化"，可能招致亡国灭种的结局。该文由此称全国各族人为"黄帝之孝子顺孙"，号召其"共保吾种，共存吾国"。[2] 由此可见清末满人认同"立宪中国"时那鲜明的自主进化观和毫不含糊的主体意识。此种认同，自然成为稍后满人接受"共和中国"、认同"五族共和"的思想基础。1912 年 2 月，隆裕太后在清帝逊位诏书中，明确提出"合满、蒙、汉、回、藏五族完全领土为一大中华民国"，便清楚地显示出此种认同的接续性。这是我们考察清朝满人"中国认同"问题应该了解的历史线索。

结语　变与不变的"中国性"：多重认同的统一

在笔者看来，研究"中国历史"及其有关问题的时候，不能一方面极端强调"中国"含义的模糊和"断裂"，而同时又偏颇僵硬地执定一个狭隘不变的"中国"定义来评断有关历史——也即把"中国人就是汉人，中国就是汉人统治的国家或地区"这一某些特定朝代的"中国"之历史含义固定化，并始终不变地以这个固定化的"标准"来判断此后变化着的或变化了的那些"非汉人"的中国人身份，及其所属王朝国家之属性[3]。在近代英语中，"Chinese"既是"中国人"也可为"汉人"和"汉语"，容易助长这种思维弊病。殊不知康雍乾时代及其以后的中国已非昔日的明代中国，而是被清帝、满人和汉人等其他族群共同认同、又加以再造过的中国。对于这样一个变化了的和变化着的中国，满人及其最高代表皇帝何曾有过罗友枝等所

---

[1]　恒钧：《中国之前途》，1907 年《大同报》第 1 号。

[2]　裕端：《大同义解》，1907 年《大同报》第 2 号。

[3]　类似的观点和做法，其实早在 20 世纪 20～30 年代的日本就有过。以矢野仁一为代表的支持日本"大陆政策"的学者们，曾提出所谓"满蒙藏非支那本来领土"论，意谓"支那≠清"、"支那＝支那本部"、"支那＝汉民族之领域"等，可见矢野仁一当时发表在日本《外交时报》、《东亚》、《东亚经济研究》等上面的系列论文，如《满蒙藏是支那本来的领土に非る论》（《外交时报》35 卷 1 号，1922 年 1 月）等。至于当时中国国内学者的有关反驳，则可参见叶碧苓：《九一八事变后中国史学界对日本"满蒙论"之驳斥——以〈东北史纲〉第一卷为中心的讨论》，载《国史馆学术集刊》2006 年第 11 期。

谓的"超越"？又何从"超越"？它有所超越的不过是明代及其以前的中国而已。当今，许多受"后现代"影响的思路或论断因不能将自己的论述立场贯彻到底，常常难免陷于此类思维矛盾之中而不自知。其实，作为传统国家的"中国"，它的地域范围、居住人民、主导族群在不同时代固然不断有所变化，但其每个占有中原的王朝国家却都无一例外地、连续不断地认同于"中国"，以"中国"自名、自称、自表、自得、自尊乃至自大，坚定地遵从于儒家政治文化，并表明自己是中国的一个正统朝代。这种朝代可以更替兴亡，作为传统政治与文化共同体的"中国"国家却永续永在的独特的历史延续性认同，并非今人以现代民族国家意识加以主观反推的结果。它长期形成并不断强化了一种"中国天下"的共识，其内涵绝非狭隘的"汉人国家"所能概括。撇开政治文化不谈，仅就疆土而言，它可以说就集中体现为一以贯之的、中心不变而边界模糊但认同相当明确的"中国"国家特征。这一点与其独特的儒家政治文化相结合，毋宁说正是构成历史悠久的前近代传统中国有别于西方古今主要国家，特别是近现代民族国家的重要特色所在之一。

20 世纪初的清末几年，作为启蒙思想家的梁启超等人震慑于西方现代民族国家的强盛，迫切需要激发国人现代民族国家式的爱国心，因而痛责传统中国有"王朝"而无"国家"，并对中国缺乏西方式的宪法规定的、确然无疑的统一国名一事而忧心如焚。熟悉万分且历史悠久之"中国"明明自在心中，却仍在无意间把国家归结为"民族国家"之专属，这正是当年强势的西方政治文化霸权的典型表现之一。实际上，早在民国时期，已有中国学者专从政治学的国家类型的角度，敏锐地见及传统中国不同于西方"帝国"、"族国"（民族国家）的国家特性所在，在无法归类的情况下，十分自觉地将其作为一种独特的类型来概括，并称之为"中国之国"、"中国天下"或"中国天下国"，[①] 从而表现出一种可贵的自知之明。在这次"清代政治与国家认同"学术研讨会上，汪晖教授所重新解释的具有反思意义的"中国：跨体系社会"论，与此种反思路径就有不谋而合之处。现今美国的一

---

① 可见罗梦册《中国论》，商务印书馆，1943。笔者得见此书，恰巧在"清代政治与国家认同"国际学术会议召开前夕，感谢夏明方教授的及时提示和资料赠与。

些学者包括"新清史"学者，每好以"帝国"称清朝，并将其政治行为与某些西方近代殖民帝国相提并论，甚且等而观之，实未见其妥当。

另外，就"认同"本身而言，多元认同同时并存而各自居于不同层次，乃是再正常不过的人类现象。在清朝入关、政权统治逐渐稳定之后，满人的"中国认同"和"大清认同"就迅速趋于同一，并与其自身的"满洲认同"以一种交织的方式同时并存着，它们之间在特殊情况下特别是满汉矛盾激化的特定时期，也会以有些汉人不认同其为"中国或中华"的方式，表现出某种紧张，但更多的时候则是并行不悖，而且"中国认同"作为一种兼顾对内对外、历史与现实的超越族群利益之上的国家认同，总体说来显然要处于更高层次。从某种意义上说，将更为广阔地区的"非汉人"族群彻底有效地陶铸成"中国人"，使他们以主人翁的姿态公开认同并满足于"中国"的身份，且在晚清特别是清末实现一定程度的现代性转换，不仅是清王朝超越以往中国各王朝主导族群的"满人特性"独特作用的结晶，也恰恰正是体现其统治时期最为鲜明的"中国特性"所在。

以史证教与以史驳教

——清初天主教传播与史学

◎ 阚红柳

　　明后期耶稣会士东来，中西文化产生第一次较大规模的实质性接触，除天文、水利、地理、历法等应用科学领域之外，史学领域也成为二者会通与融合的媒介。清初天主教传教士及信徒与反教士大夫分别从"以史证教"和"以史驳教"的角度研究和开发中国古代史籍，从而使中西方在史学领域内迈出了文化交流的重要一步。

一

　　"一般说来，一种外来文化输入像中国这样有悠久传统的国家，需要通过特定的社会文化机制，使之由外来变为内在，才能逐步与本土的传统文化相会通。这种特定'机制'指什么？主要包括两方面：一是要有某种社会力量，作为会通文化的主体；二是要找到外来文化与本土文化相结合的生长点，加以培植、灌溉"①，史学领域，作为中国传统典籍文化的重要组成部分，自然而然地成为一个较早产生结合的生长点。

　　耶稣会士最早与中国史学的接触，应该说是出于了解中国古典文化，并

---

　　①　陈卫平：《第一页与胚胎——明清之际的中西文化比较》，冯契序，上海人民出版社，1992，第3页。

提高自身文化修养的必要。东渡而来的耶稣会士，抵达中国后，首要之务是学习中国语言，并阅读汉文典籍。"语言和文字上的障碍要求我们热爱学习。这样的学习并不轻松，也不引人入胜，除非您希望某天成功地利用它们为上帝增光。因为在这一方面总是需要不断地学习和研究，所以我们必须习惯于不断地从行动转向学习，从学习再不间断地转向它的外部运用"。① 当然，在学习中国语言文字的过程中，传教士们不免遭遇困难和挫折，因为，"就这个国家的语言而言，我向你保证，要不是为了上帝，我们是决不会自讨苦吃去学它的。我每天八小时抄写词典，整整花了五个月时间，才使我最终能够阅读汉语书籍。十五天前，我在这里找了一位中国文人，早晚各三小时跟随他辨识中国汉字，像小孩那样费力地朗读。中国常用字约四千五百个，但总数达到六万。对于我们，只要掌握布道、传教和听忏悔的一些词句就够了"②。中西方语言文字存在较大差异，给他们的学习带来很大困难，要达到阅读汉文书籍乃至古代典籍的程度，耶稣会士的确要花费一番精力和苦心。

之所以要将阅读范围扩大至古代典籍，是因为在传教过程中，耶稣会士们得到这样的启迪："若要免人妄证，须先明透中国本性之情，若要明透中国本性之情，须先博览中国之书籍。中国之书籍，即为中国之本性也，未有不读中国之书籍，而能识透中国之本性者，亦未有不能识透中国之本性，而能阐扬超性之理于中国者"。③ 为了让传教语言更具说服力，尤需旁征博引，不仅如此，在争取士人方面，引经据典往往会起到出乎意料的良好作用，"若对中国读书人讲道解经，开口便要博引中国古书为证，若是能引中国书籍出自何经，载在何典，他便低首下心，无不心悦诚服。若不详引中国书籍，辨折他心，纵有千言万语，他心不服，纵谈超性妙理，他心亦不能知，

---

① 〔法〕杜赫德编《耶稣会士中国书简集：中国回忆录》（郑德弟等译）第一卷，第198页，《耶稣会传教士沙守信（Chavagnac）神父致本会郭弼恩神父的信》（1701年12月30日于韶州），大象出版社，2001。

② 〔法〕杜赫德编《耶稣会士中国书简集：中国回忆录》（郑德弟等译）第一卷，第243页，《耶稣会传教士沙守信神父致本会郭弼恩神父的信》（1703年2月10日于江西抚州府），大象出版社，2001。

③ 夏玛弟亚：《礼记祭礼泡制》，钟鸣旦、杜鼎克编《耶稣会罗马档案馆明清天主教文献》第十册，台北利氏学社，2002。

他或纵然当面奉承，背地尚加毁谤矣，必须多读中国书籍，方能开引人心矣。"①

熟悉并应用典籍事关传教布道的成败，因此，对不辞辛苦，航海九万里而来的耶稣会士来说，阅读和研讨中国典籍，孜孜以求，正是他们阐扬并实践博大的宗教精神以及宗教美德的有效方式。利玛窦在华28年，"凡我国书籍无不读……今尽能言我此间之言，作此间之文字，行此间之仪礼，是一极标致人也"②，故而，利玛窦赢得了王侯显宦和学者们的普遍好感，他亲身践履的传教方式为后来的耶稣会士所习用。康熙年间，利圣学神父去世后，殷弘绪神父将其生前事迹汇报给国内教友，并对他研读中国典籍的美德大加赞美，"他不倦地研读中国典籍，而且已经成绩斐然，对演说的特殊爱好从未使他放弃这项如此艰辛和令人生厌的工作，他深信，为让上帝高兴，他不应忽略任何可使他更有益于百姓的事，因为正是为了他们他才被派到了这里"③。在广泛阅读中国典籍的过程中，史籍的独特价值被逐渐发现。

首先，为熟悉新环境，了解地方风土人情，阅读史籍必要而且实用。耶稣会士每到一地传教，向会内教友最初汇报④的往往是该地方的简要历史概况，即简要考察当地的历史沿革，为西方世界认知东方提供捷径。在耶稣会士的中国书简中，有关于交趾支那的历史概述，关于东京的历史概述，等等。利玛窦初入中国，首先考察的便是简要的中国历史概况。"中国是一个最古老的帝国，历史悠久，我们的祖先已认识它，不过仅知名为中国，对其历史所知不多。他们在过去曾称为唐人，而现在则称'大明'。习惯上，中国改名是根据朝代及王位的变迁而有变更。明朝已有两百多年的历史了。开国皇帝取了名称，其继承者也延用下去。接近托勒密时代，中国的朝代似乎为'秦'，那时曾有一位聪明又有威力的君王（指秦始皇），他兴建了许多

---

① 夏玛弟亚：《礼记祭礼泡制》，钟鸣旦、杜鼎克编《耶稣会罗马档案馆明清天主教文献》第十册，台北利氏学社，2002。

② 李贽：《续焚书》卷1，《与友人书》，《李贽文集》，社会科学文献出版社，2000，第33页。

③ 〔法〕杜赫德编《耶稣会士中国书简集：中国回忆录》（郑德弟等译）第二卷，第22页，《耶稣会传教士殷弘绪神父就利圣学神父之死致其兄弟德布鲁瓦西亚侯爵的信》（1704年11月15日于饶州），大象出版社，2001。

④ 按照规定，耶稣会士每年要给会方撰写报告，并与会中的上司以及其他有地位的神长通信。

军事城堡，而特别在北方与鞑靼为界之处，筑了长城，其长度真是惊人，特名'万里长城'，欧洲人常称它为'秦'国，虽然，中国已改变了朝代，但这都没有关系。"① 这些历史常识为传教士更好地认识和了解中国，提供了必要资料。

其次，史籍中有利宣讲教义的历史资料逐渐被发现。利玛窦记忆力强，具有语言天赋，他注意到，中国编年史的编纂与王朝的原始文件资料的搜集和积累有密切关系，"所有这些呈送给皇上的书面文件和对它们的答复，都要复制很多份。这样，在朝廷上所发生的事情就迅速传到全国每个角落。这种文件也编辑成书，如果其内容被认为值得留传给后代，就载入本朝的编年史"②。通过阅读中国古代的编年体史书，利玛窦发掘了一些有利宣讲基督教教义的生动历史资料，他在札记中谈及《战国策》中记载的一则历史故事，"中国古代编年史中记载过一个故事，说有一位皇帝也醉心于愚蠢地寻求长生不老，而在其力求长生不老的时候却给自己的寿命造成了严重的损害。这位古代皇帝按照某些骗子的处方为自己配制了一副秘药；只要把它一喝下去，就可以使他免于死亡。就在他要喝药的时候，他的顾问们忠言相谏已不能阻止他实现他的既定方针。突然间，他眼睛刚好一离开药杯，他有一个朋友就抓住杯子一饮而尽，只剩下了药渣。皇帝被夺走长生不老的药杯，勃然大怒，拔剑要当场把犯人杀死。这个朋友大叫：'住手！'然后勇敢地向他的君上说，'我刚刚喝完你那长生不死的药酒，你怎么可能剥夺我的生命呢？如果你能，那么我就确实没有犯罪，我并没有抢走你的长生不死，倒是把皇上你从阴险的骗局中解放出来。'听了这番话，皇上恢复了平静，赞许他朋友的勇气已把他从害人的幻想之中拯救出来。"③ 把历史典籍中的生

① 罗渔译《利玛窦书信集》，《利氏致西班牙税务司司长罗曼先生信》（1584年九月十三日撰于肇庆），台湾光启出版社，1986，第46页。
② 〔意〕利玛窦、金尼阁著《利玛窦中国札记》（何高济、王尊仲、李申译，何兆武校），中华书局，1983，第53页。
③ 〔意〕利玛窦、金尼阁著《利玛窦中国札记》（何高济、王尊仲、李申译，何兆武校），中华书局，1983，第98~99页。该故事见于《战国策》卷十七《楚策》，原文为，"有献不死之药于荆王者，谒者操以入。中射之士问曰：'可食乎？'曰：'可。'因夺而食之。王怒，使人杀中射之士。中射之士使人说王曰：'臣问谒者，谒者曰可食，臣故食之。是臣无罪，而罪在谒者也。且客献不死之药，臣食之而王杀臣，是死药也。王杀无罪之臣，而明人之欺王。'王乃不杀。"

动故事作为宗教教义的中国式注脚，对崇尚传统，信奉经典的中国人产生强大的说服力，从而有益于传教活动的顺利开展。

第三，除了正规史书之外，社会上流传的史料甚至地方史志的应用价值开始受到重视。龚当信神父在给梯埃尼·苏西埃（Etienne Souciet）神父的信中不止一次强调邸报的价值。他说："两年前，我有幸给您写了好几封谈中国的治国之道的信，我谈到一种在全国流通的'邸报'，我从中取得好多资料。既然您很有兴趣读这些信，我很愿意继续再谈谈这种邸报。我向您承认我从未想到读这种邸报竟会对一个传教士有如此大的用处。我后悔在中国过了二十年没有去读它。一次有关基督教会及其传教士的事促使我第一次读了邸报。那是 1723 年，一个两省总督向朝廷告了基督教和欧洲传教士一状。除了北京的传教士以外，皇帝把我们先赶到澳门，后来又让我们留在广州。对于我们至关重要的这件事前后经过都刊登在邸报上，我好奇地读了这些报道。我边读边感到这种邸报很有教益，不仅对中国人有用，尤其对一个欧洲人很有用。在邸报上可以获得许多有关中国的宗教、各派学说、法规、风俗习惯等各方面的知识，我们从中可以了解中国人待人接物的方式，还可以从中学到确切的遣词造句，提高各方面的口头、笔头表达能力。"①

关于景德镇瓷器的详细制造方法，传教士是从方志中得来的。中国的瓷器制造技术闻名西方，殷弘绪神父通过访问教徒中的瓷器手工业工人和瓷器制造商，了解了一些情况，对照典籍文献加以核实后，他全方位了解了这门技艺。在地方性的典籍文献中，殷弘绪神父很推崇方志，"这些典籍中我手头就有一套浮梁史或曰《浮梁志》（Feou-leam），我仔细阅读了第四卷中有关瓷器的一篇文章。景德镇属浮梁管辖，离后者仅一法里之遥，而后者则是饶州治下的一个城市。"② 方志的编纂吸引了传教士的好奇心，"每个城市都

---

① 〔法〕杜赫德编《耶稣会士中国书简集：中国回忆录》（郑德弟等译）第三卷，第 241 页，《耶稣会传教士龚当信神父致本会爱梯埃尼·苏西埃（Etienne Souciet）神父的信》（1727 年 12 月 15 日于广州），大象出版社，2001。

② 〔法〕杜赫德编《耶稣会士中国书简集：中国回忆录》（郑德弟等译）第三卷，第 87～88 页，《耶稣会传教士殷洪绪神父致耶稣会中国和印度传教会巡阅使奥里（Orry）神父的信》（1712 年 9 月 1 日于饶州）。

要编印本地历史是中国之习俗；这类方志记录该地的方位、幅员、边界、自然状况、形胜之地以及居民习俗、杰出的文臣武将或贤明之士，甚至妇女在其中也占一席之地，例如那些忠于亡夫终身守寡的节妇。常常有人不惜出资购买在方志中被提名的荣耀。正因为如此，地方官与其顾问们每隔四十年许就要复审一次，并依其所见予以增删"①。

　　对于方志记述的内容，殷弘绪神父发表了自己的见解，他调侃地提到，"这种方志还记载某一时期出现的神奇怪异之事：例如两年前抚州有个妇女生下了一条会吮吸母奶的蛇；又如景德镇有头母猪产下一头小象，象鼻已完全成形了，尽管当地根本没有象。这两件事就可能载入两市的方志中。或许我们一名女基督徒怀孕十六个月后才生下儿子一事也将被载入《浮梁志》"②。并且，殷弘绪神父遗憾地提到，"人们在这类方志中尤其可看到当地出产或销售的种种商品和食品。倘若中国全境，尤其是浮梁市不曾遭遇如此众多的动乱，我或许就能从方志中找到瓷器的根源；当然这些方志说到底是为中国人而不是为欧洲人编的，而中国人是不会为这类知识操心的"③。

　　综上可知，传教士们对中国史籍以至史学的认知主要是从实用的角度出发的。实用，一方面是了解中国历史和社会的需要，另一方面则是传教的需要，而前者服务于后者，为后者之基础。

二

　　正如梁启超所言，"于今日泰西通行诸学科中，为中国所固有者，惟史

---

① 〔法〕杜赫德编《耶稣会士中国书简集：中国回忆录》（郑德弟等译）第三卷，第 87 ~ 88 页，《耶稣会传教士殷洪绪神父致耶稣会中国和印度传教会巡阅使奥里（Orry）神父的信》（1712 年 9 月 1 日于饶州）。
② 〔法〕杜赫德编《耶稣会士中国书简集：中国回忆录》（郑德弟等译）第三卷，第 87 ~ 88 页，《耶稣会传教士殷洪绪神父致耶稣会中国和印度传教会巡阅使奥里（Orry）神父的信》（1712 年 9 月 1 日于饶州）。
③ 〔法〕杜赫德编《耶稣会士中国书简集：中国回忆录》（郑德弟等译）第三卷，第 87 ~ 88 页，《耶稣会传教士殷洪绪神父致耶稣会中国和印度传教会巡阅使奥里（Orry）神父的信》（1712 年 9 月 1 日于饶州）。

学。史学者，学问之最博大而最切要者也"①。史学是中国古老的文化分支，同时也是一个精深博大的学科化体系，自古至今，以史名家者往往学贯古今，举凡天文、历算、河渠、食货、典章、方域、艺文等，无不深悉。入华传教士自明末以来不断研读中国史籍，以为传教之用，在此最初共识的基础上，他们对中国史学由陌生到熟悉，由认知到会通。清初，产生了中西方史学文化交流的初步成果，即在天主教传播过程中，出现了"以史证教"的倾向。

"以史证教"的最初表现是宗教史与中国古史的简单嫁接。在宣讲基督教教义的过程中，传教士们发现，讲述宗教历史需要与中国古史建立联系，以强化宗教的广泛意义和真实可信性。换言之，如西方宗教史能与中国古史自然衔接，不仅有利于消除因文化差异而产生的种种疑窦，而且便于说服奉"敬天法祖"传统观念为圭臬的中国人归依天主。通过考察史籍，他们得出结论，伏羲氏之前的中国古史失于记载，可作为与基督教教史的结合点。故于宣讲教义之时，以西史之记载补充说明伏羲氏之前的中国古史，成为传教士们普遍使用的方法，并得到中国士大夫的认可。"盖上古之世，非无书史可考，然经秦火之后，古儒真传道统竟多失落，故鉴史之所载，天地人三氏等，以至伏羲，中华典籍皆无确据可稽，是以究西史，幸神师指示，古经尚存，一一详备，其内果见东海西海，此心此理，同一无二，原同一脉，谓之得其传，曰《道学家传》。"②

据目前可见的天主教文献资料，最早进行中西历史嫁接的当属《天学传概》一书。当时在京的传教士利类思、安文思等认真研究之后，令奉教钦天监夏官正李祖白执笔，根据明崇祯皇帝所赐"钦褒天学学"匾额的"天学"二字，于康熙二年（1663）冬撰写该书，康熙三年正月，又请求国子监助教许之渐为该书作序。此书是针对杨光先指责天主教为邪教的论点而作，以阐明天主教并非邪教，而是正教。书中，李祖白已将基督教历史与中

---

① 梁启超：《新史学》，《梁启超史学论著四种》，岳麓书社，1998，第241页。
② 《道学家传小引》，《道学家传》未署撰者姓名，据徐宗泽《明清间耶稣会士译著提要》，其内容叙述入中国传教之各人传略，大约抄韩霖之《圣教信证》一书，《徐家汇藏书楼明清天主教文献》第三册，台北辅仁大学神学院，1996。

国历史大胆结合起来①。"然则天学之传及中土，其时亦可得而稽乎？曰：有斯人，即有斯教，中土人与教同时并得也。何以言之，方开辟时，初人子孙，聚处如德亚，此外东西南北，并无人居。当是时，事一主，奉一教，纷歧邪说无自而生，其后生齿日繁，散走遐迩，而大东大西，有人之始，其时略同。考之史册，推以历年，在中国为伏羲氏，即非伏羲，亦必先伏羲不远，为中国有人之始矣。惟此中国之初人，实如德亚之苗裔，自西徂东，天学固其所怀来也。生长子孙，家传户习，此时此学之在中国，必倍昌明于今之世。"② 伏羲氏本为如德亚之后裔，信奉天主，而延续到秦以后，"惜乎三代而还，世风日下，民生苦于战争，士风坏于功利，吕秦代周，任法律，弃诗书，从前载藉，尽遭烈焰，而天学不复睹其详矣。"③

《天学传概》一书既出，此后关于天主教教史的书籍在内容方面多沿袭该说，并进一步附会阐释。《原祖历代宗谱合中国朝代年历略记》④ 把西历与中国古史纪年结合起来，从耶稣降生时代起，直至大清嘉庆十三年，共计五千八百零八年的历史，耶稣降生正值中历"汉哀帝元寿三年"，西史纪年与中国古史纪年合为一书。根据《中国帝王纪》的记述，伏羲氏作为始祖亚当的后裔进入中国，并衍生后代，以至于今，"洪水之后约经三百年方入中土，诺厄之孙第三代名伏羲者，初入中国，为首出之君"。⑤ 该书将宗教史上的重大事件与中国古史上的帝王事迹以编年体裁次第编排，从伏羲、神农、轩辕后，直至传说中的五帝、夏、商、周的君主等，陆续与天主教历史

---

① 李祖白（？～1665），曾任清钦天监夏官正，为汤若望的学生。康熙初年在杨光先攻击天主教案中受到株连，以阴谋不轨罪被斩决。费赖之著《在华耶稣会士列传·利类思传》著录此书，题为《天学真诠》；徐宗泽《明清间耶稣会士译著提要》亦题为《天学真诠》，利类思著；裴化行在《华裔杂志》第十卷（1945）所发表之《西书汉译考》，明著此书为李祖白撰，许之渐序，但括注利类思、安文思二人之名，似表示二者曾提供意见；方豪《影印天学传概序》，据梵蒂冈教廷图书馆影印本考证，认为书中有云"东华门旧灯市之南有一堂，钦赐于顺治乙未，改建于康熙壬寅，堂亦西式，相偕在内传教者：再可利子、景明安子也。人称'东堂'，以别于宣武门内之堂"，再可利子、景明安子分别指利类思与安文思，果为利类思所著，则不致在文中自称利子。本文取裴化行之说。
② 李祖白：《天学传概》，《天主教东传文献续编》第二册，台湾学生书局，1966。
③ 李祖白：《天学传概》，《天主教东传文献续编》第二册，台湾学生书局，1966。
④ 《原祖历代宗谱合中国朝代年历略记》，钟鸣旦编《徐家汇藏书楼明清天主教文献》第三册，台北辅仁大学神学院，1996。
⑤ 《中国帝王纪》，钟鸣旦编《徐家汇藏书楼明清天主教文献》第三册，台北辅仁大学神学院，1996。

中的大事结合，如："商祖乙七年，西圣梅若瑟主命宣传十诫"①。又如，"西史圣多俾亚生于（周）平王二十四年"②，等等。

西史与中国古史的简易嫁接以及将西史与中国古史上的大事结合并系之以编年的作法看似简单，实则蕴含深意。就天主教传播来说，一方面，将西史纪元与中国古史结合，可便于信徒按照中国古史的逻辑理解宗教史，巧妙地使二者之结合顺理成章；另外，伏羲氏时代即信奉天主，彼时天主之学远胜今世之昌明，其观点既发扬了基督教的创世说，又适应了儒学的退化史观③，在理论上具有较强的说服力。于史学而言，中西纪年的有机结合是中国史学史上纪年方法的一次革新，对后世史学废除王朝纪年，改用公元纪年具有开辟性的意义。

在与佛道论战的过程中，传教士及其信徒从史籍中搜集历史材料作为驳斥依据，甚至，历史上佛道之祸的相关历史资料，被搜集整理，撰成史书，这些都显示出史学在天主教传播过程中的重要作用。传教士进入中国后，几乎马上展开对佛教和道教的攻击，同时也自然引起佛、道教徒的反攻，在你来我往的辩论中，借助史书记载为本教辨证是一种自觉行为。佛道方急于在史书中求证，而天主教信徒则需要借助中国史书中记载的关于佛道之事据以反驳，这场大规模的论战旷日持久，自明末直至清初。明末徐光启作《辟妄》，又作《辟释氏诸妄》，向佛教发起攻击，此书刊行后，杭州云栖寺僧莲池、宁波天童寺僧圆悟及杭州名儒虞淳熙等皆起而辨之。至清初，虞山北涧普仁截乃撰《辟妄辟略说》，康熙二十八年（1689）浙江仁和天主教教徒洪济（楫民）与张星曜（紫臣）合撰《辟妄辟略说条驳斥》，以为反击。耶稣会罗马档案馆所藏《辟妄条驳合刻》详细记录了论战的情形。值得注意的是，明末佛耶之争多侧重教义教理，可说是理论的论战；而清初双方的论战则向史学领域开辟战场，重视以历史记载为据，可称是史料以及史实的

① 《中国帝王纪》，钟鸣旦编《徐家汇藏书楼明清天主教文献》第三册，台北辅仁大学神学院，1996。
② 《中国帝王纪》，钟鸣旦编《徐家汇藏书楼明清天主教文献》第三册，台北辅仁大学神学院，1996。
③ 孙尚扬：《明末天主教与儒学的交流和冲突》曾就利玛窦的崇古思想与儒学退化史观问题有专门论述，台湾文津出版社，1982。

论战。

普仁截以史书记载中佛教真言应验的事迹为依据，说明佛教咒语的灵验。"古有身婴苦难，专力持咒，或枷锁自脱，或刀寻断坏，载于传纪者，班班可考。柢如秽迹金刚神咒，藏中备明持法，若能如法久持，虽欲移山塞海，靡不从心。唐太宗时，诸宫人持之，多获灵验，太宗恐怖，寻即禁止，因取此咒，删易数字，欲使不灵也。"① 天主教信徒张星曜则引用《资治通鉴》中的记载加以反驳，"唐太宗贞观十三年，有僧来自西域，善咒术，能令人立死，复咒之使苏，太宗择飞骑中壮者，试之良验，以告太史令傅奕，奕对曰：此邪术也，臣闻邪不干正，请使咒臣，必不能行。太宗令僧咒奕，奕初无所觉，须臾僧忽僵什，若为物所击者，遂不复苏。此传记之可考者"②。为了在与佛道的论战中保持主动，天主教信徒需要大量积累相关历史资料，并赋予其以宗教精神和护教内涵，从而为清初史学的发展提供了新的契机。

张星曜（1632～?），浙江仁和人，康熙十七年（1678）受洗，名为依纳爵，曾做《天儒同异考》。在与佛道的论战中，张星曜积累了大量的历史资料，而论战的经验则给张星曜这样的启示，不仅要搜集历史资料作为证据，而且要主动撰写历史，开展对抗佛教和道教的斗争。"康熙二十九年（1690），星曜五十八岁，撰《历代通鉴纪事本末补后编》，简称《通鉴纪事补》即后文《通鉴纪事本末补后编》"③。莫友芝《宋元旧本书经眼录》对该书卷帙有详细记录，其书"五十卷，稿本，国朝张星曜撰，以袁氏本末惟有专纪崇信释老之乱国亡家为篇者，乃杂引正史所载，附以稗官杂记及诸儒明辨之语，条分类集，以为此书。其记历代佛氏之乱，曰历代君臣奉佛之祸（四卷）、曰佛教事理之谬（十卷）、曰佛徒纵恶之祸（五卷）、曰儒释异同之辨（五卷）、曰儒学杂禅之非（十卷）、曰历代圣贤君臣辟佛之正（七卷）。纪历代老氏之乱，曰历代君臣求仙奉道之祸（三卷），曰道教事理

---

① 《驳真言灵验之非第五》，徐光启、洪济楣、张星曜《辟妄条驳合刻》，钟鸣旦、杜鼎克编《耶稣会罗马档案馆明清天主教文献》第九册，台北利氏学社，2002。

② 《驳真言灵验之非第五》，徐光启、洪济楣、张星曜《辟妄条驳合刻》，钟鸣旦、杜鼎克编《耶稣会罗马档案馆明清天主教文献》第九册，台北利氏学社，2002。

③ 方豪：《中国天主教史人物传》第101页，中华书局据香港公教真理学会、台中光启出版社1970年9月初版影印。

之谬（二卷）、曰道士纵恶之祸（一卷）、曰儒老异同之辨（二卷，附释老异同）、曰历代君臣圣贤辟老之正（一卷）。学者欲知异教流失，得此总汇，亦易为明晰。星曜字紫臣，成书自序载康熙庚午，尚未刊行，此其手稿，丁卯初东丁禹生（日昌）方伯新收借观记"①。根据方豪《中国天主教史人物传》，该书北平北堂图书馆藏抄本，编号一九四六，存卷一至卷七，分订二册，一四九页，而方豪本人则藏有传抄本。"书有凡例，后为'校订及门姓氏'，凡六十八人，可见原书规模之大。末曰：'方今世俗溺佛者多，予知交者寡少，一二戚友莫不事佛，虽与之语，多逢按剑，予亦莫可如何也。惟二三及门稍与举似（？）。彼在弟子之列，自不敢拒。犹忆数十年来，夜永灯青，质疑送难，历历在目，其间或假予书籍，或代予抄录，或助予校雠，闵氏诸子之力为多。若……虽先后背世，亦得并书，盖人之灵性原自不泯，予之交情不以存亡异也。有虽系从游而志趋或异者，不得悉列，阅者鉴之。"② 可见，该书亦得其他教徒之协助。以纪事本末的体裁记录历史上的佛道之祸，当为张星曜所首创，而利用中国传统史书体裁撰写纪事本末体史书，以利于天主教传播，更为中国史学史上之首例，这是中西文化交流的产物，也是清代史学发展的新迹象。

张星曜其人及其书《通鉴纪事本末补后编》的研究在国内并未得到足够重视，却引起国外学者的关注。韩玉珊的《中国史学史纲要》（*Elements of Chinese Historiography*）于纪事本末体史书中列其书于袁枢《通鉴纪事本末》之后③。美国学者孟德卫（D. E. Mungello）在其专著《被遗忘在杭州的天主教徒》（*The forgotten Christians of Hangzhou*）则对其人其书有专门探讨，并提出，"如果不是因为这部史书的缘故，张在中国历史上的贡献会被完全忽略，张星曜得以列名《杭州府志》④ 即因为该书的关系。张的其他关

① 莫友芝：《宋元旧本书经眼录》卷3，《通鉴纪事本末补后编》，上海古籍出版社，2002，第504页，续修四库全书本。

② 转引自方豪《中国天主教史人物传》第102页，中华书局据香港公教真理学会、台中光启出版社1970年9月初版影印。

③ 韩玉珊：《中国史学史纲要》（Han Yu-shan, *Elements of Chinese Historiography*, Hawley Hollywood 46, California, 1955, p. 56）。

④ 孟德卫在《被遗忘在杭州的天主教徒》注释中提及，在邵晋涵纂《杭州府志》中，张星曜及其史书《通鉴纪事本末补后编》名列史部文献类。

于天主教与中国文化的著作未能列入,因为官方人物传记的典型特征就是忽略宗教方面的各种著述。天主教与儒学不同,后者被认为是仕宦生涯的组成部分,而佛教、道教和天主教则属于更加隐私的范畴"①,他认为,张星曜的《通鉴纪事本末补后编》可视为"促进天主教移植中国文化领域的特洛伊木马"②。

"以史证教",是天主教传行中国,受中国文化环境影响而产生的一种自觉行为,表现为有意识地发掘史书,选择史料,为天主教传播所用。

三

以史证之,必然招致反教士大夫据史以驳之。清初"以史驳教"的代表杨光先,所著《不得已》,完成于康熙四年(公元1665年),包括《辟邪论》《摘谬十论》《叩阍辞疏》等,为批判、攻击西洋传教士、天主教和西洋历法的言论集。意大利传教士利类思、葡萄牙传教士安文思和比利时传教士南怀仁则从护教的立场出发,著《不得已辨》,以批驳杨光先的《辟邪论》。虽然,双方论争的焦点不在史学,而在于借助史事、史书以及史学所传输的观念和思想,但通过这场面对面的论战,却显示出一些中西方史学观念方面的差异,为中西史学走向更深入的交流和会通奠定了基础。

其一,对西史的观念差异。中西古史嫁接的一个理论前提是西史的存在以及观念上对西史的认可。李祖白在《天学传概》中说,"其时略同,考之史册,推以历年,在中国为伏羲氏。此中国之初人,实如德亚之齿胄"③,杨光先则追问,"试问祖白,此史册是中夏之史册乎,是如德亚之史册乎?如谓是中夏之史册,则一部《二十一史》,无有'如德亚天主教'六字;如谓是如德亚之史册,祖白中夏人何以得读如得亚之史?必祖白臣事彼国,输中国之情,尊如德亚为君,中夏为臣,故有'史册'、'历年'之论。不然,

① 孟德卫(D. E. Mungello):《被遗忘在杭州的天主教徒》(*The forgotten Christians of Hangzhou*, University of Hawaii Press, Honolulu, 1994, p. 147)。

② 孟德卫(D. E. Mungello):《被遗忘在杭州的天主教徒》(*The forgotten Christians of Hangzhou*, University of Hawaii Press, Honolulu, 1994, p. 147)。

③ 李祖白:《天学传概》,《天主教东传文献续编》第二册,台湾学生书局,1966年5月。

我东彼西，相距九万里，安有同文之史册哉！谋背本国，明从他国，应得何罪，请祖白自定"①。在杨光先看来，祖白以中夏人，读如德亚之史册不可思议，且有叛国投敌的嫌疑。而此后的论述却进一步说明，杨光先不仅没有看过如德亚的史册，甚至在观念上并未承认西史的存在。

"按耶稣之钉死，实壬辰岁三月二十二日，而云天地人物俱证其为天主：天则望日食既，下界大暗；地则万国震动。夫天无二日，望日食既，下界大暗，则天下万国宜无一国不共睹者。日有食之，《春秋》必书，况望日之食乎？考之汉史，光武建武八年壬辰四月十五日无日食之异，岂非天丑妖人之恶，使之自造一谎，以自证其谎乎？连篇累牍辩驳其非，总弗若耶稣跪祷于天，则知耶稣之非天主痛快斩截，真为照妖之神镜也"②。杨光先考察汉史，耶稣殉难之日，史册中并无日食记载，以此证明该说为谎言，却忽略了西史的记载，以及西史的存在。传教士们以西史为据，加以反驳。"今耶稣受难在汉建武八年三月十五日午时，以地体论，如德亚国与中国地势隔远，而时刻自别。当彼午正，于中国差二十余刻，又视差四刻，合算在西正强；且时际春分，日已入地平。既有变现，无由仰观，史官从何而纪？按西史载一大贤，谙于天文，名低尼削，时居厄日多国。仰观日瑟昏暗，愕然曰：'此或造物主被难耶，抑天地世界将终耶？'数年之后，宗徒至其地传教，低尼削乃详知其故。遂奉教著书，发明天主奥理焉。"③ 观念上认同西史与否是双方寻找论据的根本出发点，知西史并认同西史者固然认为两者的结合乃理所当然，不知西史甚至不信西史者则势必疑虑丛生，并愤然反驳。当然，这场关于中史与西史结合问题的论战只是表象，导致论争的深层原因是来自不同地域的不同文化之间的碰撞。

方豪在《中国天主教史人物传》中对李祖白的中西史嫁接这样评价，"当时中国不信教人士对世界历史和地理，所知极少；不知地球情状如何？

---

① 杨光先：《与许青屿侍御书》，《不得已》卷上，陈占山校注《不得已（附二种）》，黄山书社，2000，第8页。
② 杨光先：《辟邪论上》，《不得已》卷上，陈占山校注《不得已（附二种）》，黄山书社，2000，第21页。
③ 利类思撰，安文思、南怀仁订《不得已辨》，陈占山校注《不得已（附二种）》，黄山书社，2000，第120页。

不知中国在地球上所占面积如何？亦不信地球上有所谓如德亚（犹太），更不详如德亚的历史，祖白的措词实不明智"[1]，又说，"可见当时信教者所获得的知识，和尚未信教者的旧知识，距离实太远，说话稍一不慎，即能发生冲突"[2]。在中西方史学交流的最基本前提——即双方均承认对方史学的存在——尚未建立的基础上，中西古史的强硬结合只能是无本之目，无源之水，既难为世人接受，更不易引起学界共鸣。

其二，关于中国古史断限的看法问题。中国古史的断限，是困惑史学界的一个历史难题，时代愈显久远，对该问题的追踪就愈为艰难。《天学传概》取伏羲作为中国有确切历史记载的开始，仅能迎合一部分中国学者的观点，必然会引起反对派的攻击。杨光先提出疑问，"问耶稣生于何代何时？曰生于汉哀帝元寿二年庚申"，"天主欲救亚当，胡不下生于造天之初，乃生于汉之元寿庚申？元寿庚申，距今上顺治己亥，才一千六百六十年尔。而开辟甲子至明天启癸亥以暨于今，合计一千九百三十七万九千四百九十六年。此黄帝《太乙》所记。从来之历元，非无根据之说。太古洪荒都不具论，而天皇氏有干支之名，伏羲纪元癸未，则伏羲以前已有甲子明矣。孔子删《书》，断自唐虞，而尧以甲辰纪元。尧甲辰距汉哀帝庚申，计二千三百五十七年。若耶稣即是天主，则汉哀以前尽是无天之世界，第不知尧之钦若者何事，舜之察齐者何物也；若天主即是耶稣，孰抱持之而内于玛利亚之腹中？齐谐之志怪，未有若此之无稽也！"[3] 杨光先认为，"伏羲以前，有盘古、三皇。天皇氏已有干支。自天皇甲子至明天启癸亥，凡一千九百三十七万九千四百六十年，为天官家中积分历元。祖白历官不知历元之数，而谓伏羲以前中夏无人，岂止于惑世诬民已哉？欺天罔人之罪，祖白安所逃乎！"[4] 伏羲之前中国已有确切纪年，杨光先的古史断限始自天皇甲子，先于伏羲数万年之久。

① 方豪：《中国天主教史人物传》，中华书局据香港公教真理学会、台中光启出版社1970年9月初版影印，第25页。
② 方豪：《中国天主教史人物传》，中华书局据香港公教真理学会、台中光启出版社1970年9月初版影印，第26页。
③ 杨光先：《辟邪论上》，《不得已》卷上，陈占山校注《不得已（附二种）》，黄山书社，2000，第18页。
④ 杨光先：《与许青屿侍御书》，《不得已》卷上，陈占山校注《不得已（附二种）》，黄山书社，2000，第8页。

《不得已辨》中，传教士们对此这样解释，"中国自伏羲以后，书史载有实据，自此之前，尚数万年多难信者。盖羲轩尧舜之时，生人至少。岂有数万年之久乎？伏羲尧舜之民，性心纯善，制文艺，兴法度，肇宫室，始耕凿，正惟此时，推知其去原初，不甚相远。南轩氏论尧舜以前之事，曰其中多有不经；又曰，作史当自伏羲造端无疑也。太史公曰：'夫神农以前，吾不知矣。'《纲鉴》亦曰：'不信传而信经，其论始定。'今吾据经载，自帝尧迨顺治元年，正四千年，此与经义不远，而于天王经相合。由此而知，'天皇氏有干支之名，伏羲纪元癸未'，皆外经荒唐不经之语也。"① 在传教士们眼中，所谓天皇干支，书史并无实据，古代史家如司马迁尚不能言，足见其说难以传信。

古史断限成为双方论战的另一个史学焦点，只不过，以史学开启的论争，其真正的矛头指向的是中西文化的源流以及二者之间的归属问题，史学，只是表象。

其三，关于史书内容记录原则的问题。在中国传统史学观念中，史的最初含义为记录君主言行的官吏，左史记言，右史记行，并逐渐发展衍生出记录史事，垂鉴将来的意义。清初，在实学思想的感召下，史学作为学术领域的重要学科，其备载往事，以资借鉴的作用受到特别重视。顾炎武称，"夫史书之作，鉴往所以训今"②，又说，"引古筹今，亦吾儒经世之用"③。王夫之也指出，"所贵乎史者，述往以为来者师也。为史者，记载徒繁，而经世之大略不著，后人欲得其得失之枢机以效法之无由也，则恶用史为？"④史本为鉴古以知今，那么，《天学传概》中何以记录天主降生事迹预先载于国史？杨光先觉得难以接受，因此而生愤慨，"其最不经者，未降生前将降生事迹预载国史。夫史以传信也，安有史而书天神下告未来之事者哉？从来

---

① 利类思撰，安文思、南怀仁订《不得已辨》，陈占山校注《不得已（附二种）》，黄山书社，2000，第 107 页。
② 顾炎武：《亭林文集》卷 6，《答徐甥公肃书》，上海古籍出版社，2002，第 134 页，续修四库全书本。
③ 顾炎武：《亭林文集》卷 4，《与人书八》，上海古籍出版社，2002，第 109 页，续修四库全书本。
④ 王夫之：《读通鉴论》卷 6，《后汉光武帝》之十，《奖重厚之吏以抚难驭之众》，《船山全书》第十册，岳麓书社，1988，第 225 页。

妖人之惑众，不有所藉托，不足以倾愚民之心，如社火狐鸣、鱼腹天书、石人一眼之类而曰史者，愚民不识真伪，咸曰信真天主也。非然，何国史先载之耶？观'盖法氏之见耶稣频行灵迹，人心翕从，其忌益甚'之语，则知耶稣之聚众谋为不轨矣"①。

传教士们的解释当然是从护教的立场出发，"天下略知文理之国土，各有其史，不得以我国所未尝有，而谓他国亦无也。中文所纪者，中国之事耳，邻国之事无由记载，况隔远九万里外之事乎？天主古经载昔天主开辟天地，即生一男名亚当，女名厄袜，是为世人始祖，而未尝有伏羲、神农二帝之名。不可谓西国无所载，而抹杀中国之有伏羲、神农二帝也。若以中国之书观之，杂载伏羲、神农等帝，而并未载有亚当、厄袜二祖之名。岂因中国无是载，而即抹杀西国之有亚当、厄袜耶？若然，禹迹不记大西诸国，可谓天下无大西诸国哉？然中史不载天主降生之灵迹，遂谓无此事，何其见之不广也。"②双方以中西史嫁接而开启的论战至此显现出致命的缺陷，杨光先追究的是中国古史的记录原则问题，即录之以发生之事，因此追问未发生之事何以载入国史；而传教士们振振有词强调的是中史不载，不足以说明实无此事。就史学而言，传教士们并不完全了解中国史学的传统理论、原则和方法，而以杨光先为代表的反教士大夫则未见西史，更谈不上了解西方史学的内容。

清初中西方文献交流多侧重儒学文献、传教文献和科技文献，学术交流也多侧重自然科学领域，史学文献的传播和交流尚未全面展开。在史学领域内部，中西双方均缺乏充分的实质性的接触，尽管以中西古史简易嫁接而引起的"以史证教"和"以史驳教"的论战取得了一些初步成果，点燃了中西史学会通的星星之火，但毕竟仅停留于史学表面，未能深入内里，中西史学的进一步交流以及因此而产生的巨大转变仍有待于来日。

（原文发表于黄爱平、黄兴涛主编论文集《西学与清代文化》，中华书局2008年1月，第388～397页，本次发表略有修改。）

---

① 杨光先：《辟邪论上》，《不得已》卷上，陈占山校注《不得已（附二种）》，黄山书社，2000，第20页。

② 利类思撰，安文思、南怀仁订《不得已辨》，陈占山校注《不得已（附二种）》，黄山书社，2000，第115页。

《石遗室诗续集》
（卷三至卷八）文献考略

◎ 廖菊栋

  《石遗室诗集》是晚清诗人陈衍（1856～1937）自选的诗歌别集。目前学界一般对该诗集卷帙都认为是有"《石遗室诗集》十卷，补遗一卷，续集二卷"，比如 2001 年陈衍的后人陈步等人编纂《陈石遗集》，其中收入《石遗室诗集》一书，即收入上述共十三卷诗作；又如近年来钱仲联主编《清诗纪事》中，"陈衍"小传也只提到"有《石遗室诗集》十卷，补遗一卷，续集二卷"①。而实际上，陈衍的诗集除上述十三卷之外，还有《石遗室诗续集》卷三至卷八，多为世人所忽略，《陈石遗集》亦漏而未收。因《陈石遗集》是目前所见整理最为完善、收书最为完备之合集，世人多以此为最善之本而利用之，如有谬误，则最易流布。本文即由此出发，略论《陈石遗集》漏收之《石遗室诗续集》（卷三至卷八）一书之文献价值，以及此续集六卷本因被忽视而带来的谬误，以此来彰显此本之价值，并期以引起诸位研究者的重视。

  陈衍自幼即好作诗，1881 年十八岁时曾"为武夷之游，往返计三十余日，得诗三十余首，先母为钞《乾鱼集》一卷"②。此为陈衍第一部诗集，

---

① 钱仲联主编《清诗纪事》，江苏古籍出版社，1989，第 12977 页。
② 陈声暨、王真、叶长青：《侯官陈石遗先生年谱》卷二，见陈步编《陈石遗集》，福建人民出版社，2001，第 1953 页。

今已不传。光绪三十一年（1905）陈衍遴选历年撰写之诗，编为《石遗室诗集》三卷、补遗一卷，并刊刻出版。此三卷以年代为序，从丁丑年（光绪二年，1877）始，至乙巳年（光绪三十一年，1905）止；补遗一卷，则收入在此三卷之外从丁丑至乙巳的诗作，仍以年代为序。此三卷补遗一卷本即《石遗室诗集》之初刻本。前有序称："余作诗三十年，所剩止此，所诣亦止此。乃分为三卷刻之，第一卷凡八年……第二卷凡十有三年……第三卷凡八年……此后或三四年，或五六年，七八年，以至长辞人世，当更得一卷之诗，为第四卷。"① 从这篇序文中，可以看出陈衍对于自己诗集，是打算日后继续出版至第四卷，而且以为直到自己长辞人世，也只能出到第四卷。实际上，陈衍的诗集很快就进行续刻的工作：1914 年，续刻卷四至卷六；1921 年又刻卷七至卷十；1927 年刻续集二卷。每卷体例皆如初刻本。1927 年刊刻续集的最后一卷，所收诗作已是丁卯年（民国十六年，1927 年）创作的诗歌。此后，各资料中再也没有续刻诗集的记载。1935 年陈衍八十大寿时，陈衍弟子们拟续刻《石遗室丛书》，无锡国学专修学校校长唐文治应邀撰写《侯官陈石遗先生全书总序》一文，文中总结了陈衍生平著述及其学术思想。该文中对于诗集的解题仍称："已刻《石遗室诗集》十卷，补遗一卷，《朱丝词》二卷，《续集》二卷。"② 则此时唐文治所见《石遗室诗集》仍保持 1927 年的状况，未有续刻。唐文治与陈衍关系密切，陈衍其时正应唐文治之邀任无锡国学专修学校的教授，该序文于是被视作权威资料，世人也大多以为《石遗室诗集》的卷帙仅此而已。

除唐文治的序文之外，陈衍的年谱也被认为是可信的资料。陈衍年谱名为《侯官陈石遗先生年谱》，在陈衍生前即已开始编纂，陆续由其长子陈声暨、其门生叶长青、王真等人编写，直到 1960 年才最后完成，共有八卷。从年谱中翻查，从 1927 年后确实没有关于续刻诗集的记载。因此，《陈石遗集》为《石遗室诗集》一书所撰写的题解即称："民国十六年（一九二七年）又刻一九二二年至一九二六年之作品，成二卷，名为《诗

---

① 陈衍：《石遗室诗集》序，清光绪三十一年刻本。
② 见陈步编《陈石遗集》，第 2163 页。

续》。最后十年之诗作未尝结集刊刻（参见《侯官石遗先生年谱》）。"① 此题解即是根据年谱而得出这样的结论，认为陈衍去世前十年的诗作都没有刊刻。

实际上，1935 年唐文治撰序之后，陈衍仍然继续刊刻其著作，其中就包括《石遗室诗续集》卷三至卷八。现所见该《石遗室诗续集》藏于国家图书馆，仅一册，没有陈衍家刻本常用的"石遗室本"牌记。此书共有六卷，其诗作从 1928～1935 年之间，共收录诗三百五十九题，四百七十四首。该书卷首有序云："余老来静久思动，游走四方。《续集》诗未暇付梓者，忽已八年。今年承海内友生寄助刻费，遂并他著作陆续刻之。惟诗多散佚，零星搜集，其年月前后，陈迹微茫，记忆不真，而颠倒者甚多，亦有已刻而始觉其误者，惮于迻改，遂复仍之，衰嬾善忘，足一哂已。乙亥冬日八十叟衍。"该序作于乙亥年，即 1935 年冬天。而此时距《石遗室诗续集》卷二的刊刻年份，即 1927 年，正好八年，也就是序中所说的"《续集》诗未暇付梓者，忽已八年"。另外，该书自卷三始，卷帙也正好与 1927 年所刊《续集》相吻合；年代则自戊辰年始，即 1928 年，亦正与卷二接续。

此六卷本应为陈衍原著，而非好事之徒仿作，为了证明这一点，我们首先将其首卷与年谱相校，以辨真伪。因《侯官陈石遗先生年谱》一书之编纂原则，主要是以诗文创作时间编年，年谱中的诗作基本以撰写之年月为序。《石遗室诗续集》卷三收录诗作自 1928 年起，而年谱中 1928 年事见于卷七。前面提到，年谱的修纂持续时间较长，但前七卷乃刊于陈衍生前，其弟子在序文里提到："仍以诗文集、日记为根据，而参以请益，凑成七卷"②，则可知陈衍的弟子编纂前七卷时曾向陈衍请教，因此年谱的前七卷可以说是较为确凿的资料，其中提到的诗文，应该没有伪作。

以下将《石遗室诗续集》卷三与年谱卷七的内容进行对照：

---

① 陈步编《陈石遗集》，第 4 页。另：《石遗室诗续集》卷二收诗至"丁卯"年，即 1927 年，而此处题解误记为 1926 年。
② 陈声暨、王真、叶长青：《侯官陈石遗先生年谱》，王真跋，见《陈石遗集》，第 1937 页。

续集卷三 （以下诗题按原书顺序列出，为使条理清晰，加数字为序）	年谱卷七 （以下内容按正文顺序摘录，据《陈石遗集》所收年谱，断句相同，标点略有改动）
1. 湖西看梅忆去冬与荫亭同游却寄	正月，湖西看梅，忆去岁与荫亭游，赋一诗寄之。（第2053页）
2. 哭绂云	哭门人江阴章绂云鼎华五古一首，绂云为陈礼庭书记官长，工诗。（第2053页）
3. 寄柱尊	公以门人陈柱尊与伯弢、斠玄号称"三陈"，柱尊、斠玄又皆伯弢门人，柱尊将游日本考察学务，后回桂筹办大学。公寄以五言，譬以胡瑗、石介、孙明复。（第2054页）
4. 逸塘、纕衡两诗人远道寄诗，次韵述近状报之	说诗社同人谋于常会外，遇良辰别为饮集，以一席为限。花朝集匹园，公以瓶盎偏供群花，而闽中苦无牡丹，乃以吴昌硕牡丹画帧中悬，使集者赋诗。适王逸塘、曹纕衡二君远道寄诗述近状，次韵二首报之。（第2054页）
5. 寒食日说诗社同人醵就匹园觞，余有作，因寄逸塘、纕衡	寒食日又集，叠前韵，并寄逸塘、纕衡。（第2054页）
6. 释戡、君庸自都寄《菊部丛谈》、《自青社图卷》，报以续刊拙集，四叠晨韵	李释戡、卓君庸自都寄《菊部丛谈》、《自青社图卷》，报以续刊拙集四叠晨韵。（第2054页）
7. 墨园寄修禊北海镜清斋见忆诗奉答	黄墨园寄修禊北海镜清斋见忆诗，奉答。（第2054页）

以上略举数端，诗作乃按诗集次序排列，而年谱部分亦是按行文顺序排列，两部分不仅顺序一致，连诗集的诗题与年谱本事的文字都几乎相同。同时，年谱中所记载的只是诗题或者诗之本事，并没有录出诗句，排除了由年谱中摘录诗句、造伪成书的可能性；另外，除年谱之外，基本也没有材料记载这几年的诗作。因此可证该书应非伪书。

另外，还有一点可以证明该书的真实性，即1999年钱仲联编辑《陈衍诗论合集》中收有此诗集的诗作，合集中有《石遗室论诗诗录》一卷，系从《石遗室诗集》中选辑出论诗之诗，收录其中，并于每首诗下注明出处。而其中注明出自续集卷三至卷八者有七题十首，即《题胡铁华尊人诗集》（二首）、《读铭吾近诗却寄》，以上见于续集卷四；《题众异诗卷》、《为众异题王文简诗稿》（二首），见于续集卷五；《题曹次岳竹垞图》、《题冷红簃填词图为戴亮吉作》（三首选二），见于续集卷七；《次韵和吴敬轩》，见于续集卷八。可知钱仲联编辑合集时曾见到此书，虽然合集中没有特意提到《石遗室诗续集》（卷三至卷八）的存在。

由上述可知，陈衍于1935年确实刊刻有《石遗室诗续集》（卷三至卷八），而研究者极少论及。此六卷本收录1928～1935年七年间近五百首诗，亦即陈衍73～80岁之间的诗作，正是其晚年时期诗作的汇集。陈衍作为同光体的代表诗人，该六卷本的重新发现，对于其晚年诗风研究无疑是重要的补充。另外，这七年间，陈衍主持福建省通志局，修纂《福建通志》、《闽侯县志》等方志；又历任暨南大学、厦门大学、无锡国学专修学校等校教授。另外，还在苏州与章炳麟、金天翮等人一同组建国学会，并主编《国学论衡》杂志。其踪迹踏及南北，所从事之事皆有重大意义。此六卷诗集记录了这一时期陈衍的游历、交往等内容，是除年谱之外，研究陈衍生平的重要辅助资料。

利用此六卷本可以订正目前所见关于陈衍研究资料中的一些细微讹误。如《陈衍诗论合集》辑录自此六卷本的诗作即存在卷帙注错的问题。《陈衍诗论合集》第1110页抄录《和天随博士赠诗次韵，并示饭沼、石井二先生》一诗，注为"《诗集》卷五"，而实见于《续集》卷四。《诗集》卷五收入1909～1911年之诗作，《续集》卷四则收录庚午年（1930）之作。据记载，天随博士即日本文学博士久保得二，工梅村体诗，"天随"乃其号；1930年11月久保得二偕饭沼龙远、石井喜之助来拜访陈衍，事见年谱"上章敦牂（公元一九三〇年）"条①。又，《合集》第1118页抄录《题江亭录别图，图为杨蓉裳、张船山、吴山尊、谢薌泉、法时帆、陈云伯诸人送陈雩生之官岭南作》（三首），注为《续集》卷二。经查检，该诗见于《石遗室诗续集》卷八，其事亦记于年谱卷八1935年中。另外，《陈衍诗论合集》在抄辑时还产生一些字句的异文，如合集所抄《题胡铁华尊人诗集》第二首末句为"松所怡堂结契知"②，而《石遗室诗续集》为"松所怡堂结契深"③；合集所抄《和天随博士赠诗次韵，并示饭沼、石井二先生》第二联为"朋来自远情何挚"④，

---

① 陈声暨、王真、叶长青：《侯官陈石遗先生年谱》卷七，见《陈石遗集》，第2062页。
② 钱仲联编《陈衍诗论合集》，第1125页。
③ 陈衍：《石遗室诗续集》卷四，1935年刻本。
④ 钱仲联编《陈衍诗论合集》，第1108页。

《石遗室诗续集》则为"朋来自奇情何挚"①。总之，《陈衍诗论合集》抄录《石遗室诗续集》之诗作经过辨析，应有九题十四首，其中卷次错误及字句差异，已注明如上。因《陈衍诗论合集》被视作陈衍诗学集大成之资料集，这些小错误固然瑕不掩瑜，然而亦应勉力纠正。

另外，将此六卷本与陈衍生平资料的两部重要著作—陈槻《诗人陈衍传略》及《陈石遗集》所整理的年谱部分相比校，还可以纠正其标点、引用等错误。例如年谱卷八记载："日寇侵沪战事未已有人日思家怀人用高达夫寄杜工部偶感诸诗皆感时作也。"② 这是王真撰写的年谱卷八里未断句的原文。《陈石遗集》将此处断为："日寇侵沪战事未已。有人日思家怀人。用高达夫寄杜工部偶感诸诗。皆感时作也。"③ 而检寻《石遗室诗续集》，则于卷六有《人日思家怀人用高达夫寄杜工部韵》《偶感》二诗，分别为该卷第一首及第三首诗。此处"高达夫寄杜工部韵"，指高适《人日寄杜二拾遗》诗，首联为"人日题诗寄草堂，遥怜故人思故乡"。陈衍即用此韵撰《人日思家怀人》一诗。由此可知，王真在编纂《年谱》时先漏抄一"韵"字，而《陈石遗集》整理年谱时又未见此六卷本，故将此句误断，实际应断在《人日思家怀人用高达夫寄杜工部》之后。另外，陈槻《诗人陈衍传略》亦据年谱引用为："另有'人日思家怀人，用高达夫（高适）寄杜工部偶感韵'等诗"④，则同样是因为没有见到续集卷六收录之原诗，而导致断句、标点错误。

综上所述，《石遗室诗续集》六卷本因未出现在唐文治所撰总序中，而未得到世人的重视，《陈石遗集》也因此而漏收此书。此书即使曾经被抄辑入《陈衍诗论合集》中，但未得到彰扬，同时也在抄辑过程中产生了一些错误。由此可见，此六卷本应该被世人重新认识，这对陈衍其人的诗歌研究、诗学研究及其生平研究等方面，都有不可或缺的重要意义。

（原文发表于《文献》2007 年第 4 期）

---

① 陈衍：《石遗室诗续集》卷四。
② 王真：《侯官陈石遗先生年谱》卷八，1960 年油印本，第 6 页。
③ 王真：《侯官陈石遗先生年谱》卷八，见《陈石遗集》，第 2069 页。
④ 陈槻：《诗人陈衍传略》，台北市林森文教基金会，1999，第 133 页。

从清代京官的资历、能力和俸禄看官场中的潜规则

◎ 刘凤云

京官是指在京城为官的官僚群体，他们以不同的官阶分隶中央政府的各个衙门，清人有曰："以天下官人之额数而计之，京省大小之职不啻二万有奇。"① 所以，京官至少当有其半。在这一庞大的官僚群体中，除去为数不多的一、二品大员外，占绝大多数的是中下级官员和七品以下的小京官。作为个人，他们大都没有突出的业绩，自然也不被载于史书，但是作为一个相当数量的官僚群体，他们的地位与作用是不可忽视的。而本文拟从他们的官场状态谈起，即由京官群体的资历、能力以及俸禄入手，探讨清代官场中与制度并行且优先于制度，起着平衡与调节作用的特例和各项潜规则，以期了解官僚政治及其制度中的矛盾状态，以及自我解决与完善的方式。

一 升迁中的循资与特例

官僚机制的运行是以其自身制度为保障的，官僚制度不仅是封建国家的行政大法，也是对作为管理者的官员进行管理的法律依据。而官员的仕途，除去个人的因素外也都被规范在制度设定的流程里。从清代颁布的各部院则例，到汇集而成的《会典》《会典事例》等，我们不难看到编织缜密的法律

---

① 贺长龄、魏源等编《清经世文编》卷17，储方庆《铨政》，中华书局，1992，版本下同。

条文对官员的约束力。但是，在这些制度运行的层面下，我们仍然可以看到一些不被制度约束到的行为方式，并且习以为常地成为官场中的潜规则。在这里，我们将首先讨论那些影响到清代京官仕途的一些特例与潜规则，及其与铨选制度的交相运用。

资历无疑是官员升迁的重要依据，他代表一个人的经验、取得功名的先后，但与能力无关。然而，在清代的京官中最看重的就是"资历"，且尤以翰林院、都察院、内阁、军机处、吏部、礼部等清要衙门为甚。据光绪年间曾作过内阁中书的朱彭寿说："京署各官，最重资格，其中若翰林、若御史，以及内阁中书、军机章京、吏部礼部司员，对于同僚之先进者，不论年齿，皆称为前辈。初谒时，必具红白柬三分，登堂拜见，执礼惟谨。至其他各署，则但以同辈相称矣。"① 与之同时任职部院的何刚德也说过："从前京官专讲资格，原以抑幸进也。自仕途拥挤，而怀才不遇者，乃倡破格求贤之说，以耸动当途，而自为脱颖计。"②

可见，这种循资而进的状况在清末发生了一些变化，但却流行于清代二百余年之间，在客观上营造了官员仕进的公平环境。何刚德谈到他做京官时的感受说："从前京曹循资按格，毫无假借，人人各守本分，安之若素，境虽清苦，而心实太平也。"③ 为官在同治光绪年间的陈康祺也有同感，他说："康祺以京官谒选时，自意依流平进，乌台豸斧，尚非妄希国家阙典，如此类者甚多。"④ 陈康祺所言，并非无据可循。据记载，乾隆年间"有京官不愿外迁观察，而老于京卿贫病而死者"，纪昀曾书挽联戏之曰："道不远人人远道，卿须怜我我怜卿"⑤。

需要指出的是，在这些重资历的衙门中，其官员的升迁也较其他衙门迅速。例如"内阁中书"，官阶七品，却是一个不可小视的官职。乾隆三十四年（1769），婺源人王友亮于是科会试列明通榜后授内阁中书，有友人称贺书启云："舍人昔在中书，与学士对称两制，泊乎前明伊始，降同七品之

---

① 朱彭寿：《安乐康平室随笔》卷1，中华书局，1982，版本下同。
② 何刚德：《春明梦录》，北京古籍出版社，1995，版本下同。
③ 何刚德：《春明梦录》。
④ 陈康祺：《郎潜纪闻二笔》卷1，简仪亲王有志圣贤之学，中华书局，1984，版本下同。
⑤ 陆以湉：《冷庐杂识》卷2，小军机，中华书局，1984。

班。第因所处之清严，争谓此途为华美。天依尺五，地接台三。头衔埒于新翰林，体统超乎散进士。何其下第，反得升阶。"① 除了道贺之外，也有人嘲讽内阁中书，其诗曰："莫笑区区职分卑，小京官里最便宜。也随翰苑称前辈，好认中堂作老师。四库书成邀议叙，六年俸满放同知。有时溜到军机处，一串朝珠项下垂。"② 这里，不仅说到内阁中书职卑位尊的现状，且说明其升迁迅速，不仅可外放同知，还可官军机处这一重要衙门。其原因在于，他们有机会直接接触到"内阁大学士"这样的权力人物，礼拜为老师，再以师生关系得到推荐拔擢，还可以通过参加乾隆朝的重大文献编纂工程，即四库全书的修撰，获得更多的升迁机遇。而"军机章京则由中书部曹考取"③ 的通例，也可证明诗中的"溜到军机处"并非夸大之词。这首诗虽然不长，却将官场中的人际关系及官员的心态表述得十分清楚。而且，"六年俸满放同知"，即由七品晋升为五品，仕进之超速一目了然。

再有，翰林官及六部司员，也同样在官场中被视为"尊位"，所谓"今士人通籍，多以翰林为荣选，次亦望为六部曹郎，以升途较外吏捷耳。"④ 陈康祺举例说：雍乾时期"尹文端公继善，官翰林院侍讲时，怡贤亲王请为记室，寻奏补刑部郎中。陈文恭宏谋，由编修升吏部郎中；张船山太守问陶，且由翰林充御史，由御史选补吏部郎中。嘉道以前，似此者不可枚举。"⑤ 郎中、御史分别为正从五品官，翰林院编修则为七品官，升迁亦不可谓不速。甚或，翰林官还有外迁四品道员、知府的特例。所谓"翰林例由京察一等外迁道府。道光甲辰、乙巳间（1844～1845），召对词臣，特旨简用知府者：邓尔恒、恽光宸、刘源浚、徐之铭、胡正仁、祁宿藻，先后凡六人。盖宣宗晚年忧吏治之日媮，知承平之难恃，破格求才之举，不止于此也。"⑥ 也就是说，这属于特例。

然仅就制度而言，不同的衙门的确会有不同的升迁际遇。例如，按照铨

---

① 陆以湉：《冷庐杂识》卷4，内阁中书。
② 陈其元：《庸闲斋笔记》卷11，滑稽诗。《清代笔记丛刊》，齐鲁书社，2001，第3125页。
③ 震钧：《天咫偶闻》卷1，北京古籍出版社，1982。
④ 陈康祺：《郎潜纪闻初笔》卷8，做官须从牧令出身。
⑤ 陈康祺：《郎潜纪闻初笔》卷14，嘉道以前部曹重于翰林。
⑥ 陈康祺：《郎潜纪闻二笔》卷3，翰林特简知府。

选规则，吏礼二部的汉司员，除进士授主事、拔贡生授小京官者外，其由举贡生监捐纳入官者，吏部掣签时，例不得分此二部，故与户兵刑工四部不同。① 而其余四部虽不及吏礼二部，但也属京官之佼佼者。"京官任事，莫要于六部。凡主事员外郎中，并由本司升转，升至郎中，果才守兼优，亦加以京堂衔俸，俾令久管本司。他若六科七道，亦由本科本道升转，则人习所事，吏不能欺，而部院之务可得而理矣。"②

而且，对于那些没有进士出身的官员，还可以凭借置身这些衙门的经历，在科举考试中崭露头角，取得进士功名，跻身于更高的地位。

清人陆以湉曾说道："京朝官惟内阁中书舍人进身之途最多"，除了以进士出身者外，还有"以举人考授而得者，有以召试取列优等而得者，有由举贡捐输而得者"③。此外，贡生等有选拔出任各部的机会。所以，小京官中有相当一些人为非进士出身。而为了在仕途上走得更高远，他们在取得京官的职位后，接下来还会参加三年一次的会试，以取得进士的光环。也恰恰是这些人中，不仅中进士的比例高，且列一等者不乏其人。朱彭寿有此议论，并谈到其中的原因。他说："本朝自乾嘉以来，得鼎甲者，其出身以内阁中书及各部小京官居多，论者谓此二官于登第为最利，此不揣其本之说也。中书除进士授职及举贡捐纳者外，余则为举人考取，或召试特用人员（召用人员，惟乾嘉时有之）。各部小京官，系由各省拔贡朝考一等，始用此职（自乾隆四十二年丁酉科始）。膺是选者，大都工于书法，或当时知名之士，既登朝籍，遇事更得风气之先。而殿试读卷诸大臣，或为旧时座师，或为本署长官，或为同乡老辈，赏识有素，故此中遇合，亦非偶然。"④ 随后，他列举出自雍正十一年至光绪三十年（1733～1904）这一百七十余年间，57 次会试中由中书和小京官考取前四名者共计 68 人。而朱彭寿亦是在光绪十六年（1890）由举人入为内阁中书，以劳绩赏加四品衔，参加了光绪二十一年（1895）的会试，只因殿试时适逢回籍省亲，补下科殿试，其甲第，则为二甲第十一名。按例，凡补应殿试者，于卷面盖一补字红戳，例

① 朱彭寿：《安乐康平室随笔》卷 1。
② 贺长龄、魏源等编：《清经世文编》卷 15，李绂：《条陈用人三法札子》。
③ 陆以湉：《冷庐杂识》卷 4，内阁中书，中华书局，1984。
④ 朱彭寿：《安乐康平室随笔》卷 2。

不入进呈之前十名卷内。故当时舆论，颇有以不获鼎甲为朱彭寿惋惜之说。言外之意，就是朱彭寿如果不是误于省亲，也定会进入前十名，甚或鼎甲列名。

当然，京官升迁壅滞的现象不无存在，但多集中在一些并非显要的官缺上。如国子监、上书房甚或詹事府等。据记载："坊局官僚升转定例：洗马名次讲、读后。长沙刘文恪公权之官洗马十六年而后迁，时称'老马'。嘉庆初，戴尚书联奎擢此官，召对垂问资俸，戴以实告，始奉与讲、读诸臣一体较俸之谕，由是洗马无久淹者。"洗马是古代的官名，职在陪同太子读书。其职司在清代归詹事府之司经局，从五品官。作者陈康祺系同治、光绪年间为官京城，称其初入京，尚闻有"一洗万古"之谑，"殆嘉庆以前旧语"，说明任此官升迁迟滞。陈康祺又作按语曰："京官谚语，'一洗万古'与'大业千秋'并称，盖谓司业升阶，与洗马同一濡滞，故词臣均视为畏途。"① 也就是说，国子监和詹事府中的某些官职同样升迁缓滞。

而且，到了清末，翰林等文学侍从的优势地位也发生了转变。所谓"今新列词垣者，几视部郎为哙等，盖由事例既开，六部司员皆可入赀行走，而柏台芸馆必由科目进身，郎部黯然，职是之故。其实郎中非屡考不能得，编检则冗杂无定员，同一进士出身，内升卿班，外放道府，何遽以词臣为美官耶？"② 可见，翰林等官不再居于官场上的宠位，一方面是由于六部司员皆可由捐纳取得，已非先时之清雅，另一方面翰林官本身也变得"冗杂"无常制了。它客观上揭示了传统的官僚体制在运行到一定的阶段后，已处于无可调解的矛盾状态之中。而清要衙门与循资升转的改变，则意味着传统政治在清末已从其官僚制度上开始了颠覆的步伐。

二　难膺外任者改补或内迁京职

官僚队伍经常处于流动中，这种流动不仅存在京官各衙门之间，也存在于京官与外官之间。"向例，部院官每年二月、八月，内升外转各一员。内

---

① 陈康祺：《郎潜纪闻初笔》卷10，坊局升迁之滞。
② 陈康祺：《郎潜纪闻初笔》卷14，嘉道以前部曹重于翰林。

升以太常寺、四譯馆、鸿胪寺、太仆寺各少卿及府丞等官；外转则掌印给事中以副使用，给事中、监察御史以参议用，礼部郎中转副使，员外郎转参议，主事转金事。"① 至乾隆年间，官员内升外转均已形成定制，例如：凡御史、郎中、员外郎以道府用，主事、评事、博士等小京官以直隶州知州、同知、通判等缺用，② 而赞礼郎、读祝官中监生出身者须历俸三年、办事明白方准保送。③ 此外，部曹、即郎官可以外出督学，内阁学士、侍郎可以用为巡抚，尚书用为总督等。

但是，对京官与外官的选用标准，在制度与操作上存在着认识上的差别。顺治帝认为："京官习知法度，外官谙练民情，内外易历方見真才，故將翰林官酌量外转"。所以，在顺治十五年（1658）四月，以京官"未习民事，遽任内职，未为得当"。下令，"今科进士除选取庶吉士外，二甲三甲俱著除授外官。遇京官有缺，择其称职者升补，着永著为例"④。康熙帝曾经说："大臣为小臣之表率，京官乃外吏之观型"⑤，均表明了重京官之态度。在制度中，京官也是优于外官。"国初，每科进士，除选庶吉士外，分派各部，以主事学习行走。三年期满，始以部属、知县分派录用。乾隆元年（1636），经侍郎励宗万奏请，嗣后学习期满人员，令该堂官出具考语，分三等引见，一等补主事，二等即用知县，三等补国子监助教、监丞及司经局正字等缺。"⑥ 且康熙旧制，知县正途出身者，三年行取一次，准考选科道。康熙四十四年（1705），改行取知县用为主事，由七品知县迁七品主事。清廷以制度化的形式将才品兼优者调任京职，而官员们欲以此途进入京职者亦大有人在。所以，京官重于外官似无可置疑。

但实际上，官员能否胜任，对京官与外官的要求则不同，"京职各衙门事务，皆所伙办，更有明于心者，未必尽利于口，呈稿回堂之时，捷给者冲口如流，朴诚者启口多滞。"⑦ 在这种"伙办"，即集体办公的环境中，京官

---

① 吴振棫：《养吉斋丛录》卷 1，浙江古籍出版社，1985，第 12 页。
② 《清高宗实录》卷 877，乾隆三十六年正月癸亥。
③ 《清高宗实录》卷 890，乾隆三十六年八月壬申。
④ 《清世祖实录》卷 116，顺治十五年四月丙戌。
⑤ 《清圣祖实录》卷 90，康熙十九年五月癸卯。
⑥ 陈康祺：《郎潜纪闻初笔》卷 2，主事学习行走期满分三等引见。
⑦ 《清高宗实录》卷 187，乾隆八年三月庚午。

虽然有口齿与头脑上的差别，但只要"习之法度"，即属于熟悉国家行政条例的办公型人才就可以了。而外官则不同。"道府州县等官，刑名钱谷责成一身，兼以沿河沿海苗疆烟瘴等缺"。他要求熟知民情，具有解决刑名钱粮能力的综合型管理人才。相比之下，似能独当一面、能独立解决问题的地方官比京官更为难得。所以，在对内外官员选用的具体操作上，无论是主管铨选的吏部，还是把握用人大权的皇帝，往往都没有拘于成例。

乾隆八年（1743）九月，吏部议覆湖南按察使明德奏请定满洲知县改补京职之事，认为嗣后满洲科目人员已委任知县者，若自揣难膺民社、情愿补用小京官者，准于临选时呈明改补。"遇有通政司汉字知事、国子监典簿、监丞、博士、光禄寺署丞、詹事府主簿、翰林院典簿等十四缺"，先尽补用。乾隆帝诏令允行。① 而且，乾隆帝还将一些在地方行政中难以胜任的官员直接调任京职。这里，不妨以乾隆中后期按察使改任京职为例。

三十三年（1768）十一月，乾隆帝以四川按察使费元龙"醇谨有余，明决未逮于刑名总汇"，于臬司难以胜任，但是一本分人，令留京以京员用。② 四十二年（1777）二月，广西按察使彭理来京陛见，乾隆帝见其年力已衰，难胜臬司之任，命留京以对品京堂补用。巡抚敦福失察，着调补仓场侍郎。③ 次年五月，又以福建按察使奇宠格年力衰迈，令来京以对品补用。④ 四十七年（1782）十二月，浙江按察使王杲年力就衰，仍因难胜臬司之任，令来京以京员用。⑤ 即便是犯有一定过错之人也可调用京职。如三十四年（1769）十一月，福建按察使孙孝愉任内，犯有"徇情疏纵之咎"，致"官犯蔡琛在监自缢"。但以其前为刑部司员时尚能办事，加恩免其革职发往军台，令来京以刑部主事用。⑥ 五十五年（1716），在南巡途经山东时，见按察使甘定进，"人本粗率，难胜臬司大员之任"，在办理案件时，又有"未能审讯得实，延缓稽迟"情事，按例当议以革职，但念其曾在河工出力，

---

① 《清高宗实录》卷200，乾隆八年九月甲申。
② 《清高宗实录》卷822，乾隆三十三年十一月丙申。
③ 《清高宗实录》卷1027，乾隆四十二年二月丁巳。
④ 《清高宗实录》卷1057，乾隆四十三年五月壬午。
⑤ 《清高宗实录》卷1171，乾隆四十七年十二月丁亥。
⑥ 《清高宗实录》卷847，乾隆三十四年十一月己亥。

"着来京以五品京堂"。① 此外，满人富松任道员期间，一味养尊处优，"不复知有满洲旧风"，及升任广东按察使，"奏对全以汉语，深染汉人气习"，乾隆帝召见后，"着留京候旨另用"。②

将不堪外用的官员调用京职，说明了对京官的能力要求远不如外官那样不容有充数之滥竽。同时，它告诉我们，科举选拔人才的形式与实际需要的应用型人才存在着很大的矛盾，从而导致了制度与应用的矛盾。这些矛盾的解决，在清朝是通过个人的权力实现的，它客观上加大了人治的作用。

三 "习之法度"者方得胜任

通常，小京官入署后，其职责多为抄抄写写，"湖州郎苏门观察，庶常留馆后，有七律三首。诗云：'自中前年丁丑科，庶常馆里两年过。半欧半赵书虽好，非宋非唐赋若何？要做骆驼留种少，但求老虎压班多。三钱卷子三钱笔，四宝青云帐乱拖。'""几人雅雅复鱼鱼，能赋能诗又善书。那怕朝珠无翡翠，只愁帽顶有砗磲。先生体统原来老，吉士头衔到底虚。试问衙门各前辈，此中风味近何如？"③ 这里所说的是翰林官，诗中既有翰林们为官生活的写照，也叙述了他们年复一年、日复一日单调生活的无奈。而真正能够成为有所作为的京官，就要像顺治帝所说的那样"习之法度"。乾隆皇帝更是明发上谕，要求词臣熟悉国家制诰等文章格式，并要就朝政发表自己的见地。

据陈康祺记载：乾隆初年，有上谕曰："古来制诰，多出词臣之手，必学问淹雅，识见明通，始称华国之选，有裨于政事。今翰詹官员甚多，于诗赋外，当留心诏敕。掌院学士以下，编检以上，可各以己意拟写上谕一道，陆续封呈朕览。倘有切于吏治民生者，朕亦即颁发，见诸实行。则词曹非徒章句之虚文，而国家亦收文章之实用矣。庶吉士散馆后，即照此例行。"陈康祺评论曰："高宗是谕，实足以培植儒臣，俾各储经邦济世之略，设永永

---

① 《清高宗实录》卷1354，乾隆五十五年五月戊子。
② 《清高宗实录》卷844，乾隆三十四年十月己酉。
③ 陈其元：《庸闲斋笔记》卷11，滑稽诗。《清代笔记丛刊》，齐鲁书社，2001，第3125页。

遵守，则西清东观，必无复有空疏不学谬玷华资者矣。"①

事实上，对于凭借熟读四书五经而科举及第的大多数京官而言，不仅词臣需要增长识见，内阁部院的官员同样需要历练政务。

京官虽伙同办公，但也须独自"当月"。"当月"就是值班，古代又称"值宿"，这是京官的主要职责之一。清代，"部院各衙门值日，八日一周，咸有定序，"初一日，为吏部、内阁、翰林院三衙门，简称"吏、内、翰"。初二则户部、通政司、詹事府。初三则礼部、宗人府、钦天监。初四则兵部、太常寺、太仆寺。初五则刑部、都察院、大理寺。初六则工部、鸿胪寺。初七则内务府、国子监。初八则理藩院、銮仪卫、光禄寺。"凡遇值日，所有奏折即于是日呈递，堂官亦递绿头牌请安。有召见则留牌，不留牌则不见，此正班也。若有要事，则不待值日，亦可加班，其递牌递折之法与正班同。寻常只此八班值日，周而复始。若遇令节、庆典及特别事故，则推班一日。先期则传旨，某日推班，次日仍接原班递输。司官遇值日，有紧要公事稿件并带领引见者，均于是日丑寅之间进内，散班时，冬天不过黎明，夏天不过日出。"② 也就是说，京官在当值期间要处理奏折的呈递，而各衙门奏折的呈递有固定的时间，不可耽误，一应奏报程序通常都要在清晨之前处理完毕。其时，凡出任京官者，大都有"当月"的经历。据光绪年间有过十九年京曹官经历的何刚德讲述："余初到吏部，例应学习三年。学习期内，所当之差，以当月为最多。"逢当月，"每日满汉各一员，满员早起赴内阁送题本，多不住宿；汉员则在署住宿，兼监用印。所住之处，即名曰当月处。屋只两间，外间排一公案，为用印之所；里间设两炕一印柜，凡堂司印箱均汇在一处。各司有用印，则另有一牌来领。此即当月公事也"③。

除了"当月"之外，政务的繁忙还会出现在诸如皇帝起銮、部院封印这样的特殊日子。有记载曰：是时，由于三日本齐下，内阁小京官们忙得不可开交，所谓"六部书吏立如麻，齐下三单卅点加，埽笔纷纷忙注本，日轮眼急下东华"④。可以想见，政务之繁杂需要京官对职司的熟练。

---

① 陈康祺：《郎潜纪闻二笔》卷 14，翰林须留心诏敕。
② 陈康祺：《郎潜纪闻初笔》卷 6，部院各衙门值日；何刚德：《春明梦录》。
③ 何刚德：《春明梦录》。
④ 陈康祺：《郎潜纪闻三笔》卷 3，汪孟鋗初到内阁口号。

其实，由于处理政务的时间多集中在上午，所以，有心而又勤奋者多能就空余的时间用来研习行政条文及各类政书。当年，不少京官都有相同的经历。何刚德如此，官居封疆大吏的林则徐也是如此。所谓"日长无事，玉苍有《十朝圣训》，借而读之。五本一换，阅时逾两年，二百余卷乃卒读焉。《圣训》即历朝之上谕，行政规矩备焉，分门别类，余寻行数墨，耐性读之，巨细洪纤，无一语遗漏。然掩卷即不复记忆，当时亦聊为消夏计耳。王子恒表叔，可庄之尊人也，告余曰：'汝颇似林文忠（林则徐）。文忠在翰林时，日读六部则例，即此意也。'余逊谢不敏。谁知两年涉猎，从容涵泳，嗣后遇有同列争议、大政咨询，余皆能判断如流，颇中紧要。不得谓非无意中之效验也"①。

而京官对政务的历练，不仅系于自身能力的提高，而且，上可佐大臣，下可抑书吏。何刚德讲到他其亲身经的一件事时说："部务虽分满汉堂司，而事权究属之汉员，且尤以汉司员为重。麟芝庵相国好动笔墨，每喜改余稿。有一日在朝房，欲动笔改奏稿二字，余不觉大声呵之曰：'不能！'渠遂搁笔而止。溥倬云出而语余曰：'虽是汉掌印，那能如此专横？'余曰：'奏稿不能将就，顷间亦急不能择耳。相国与我厚，当不我怪也。'相国人本圆通，遇事颇好通融，每低声与余斟酌，余曰不可，渠亦不敢强。余屡拂其意，然与余终相得，盖其相度之谦冲，固不可及也。"虽说上述记载表达了麟书作为大臣其待属下的谦和与宽厚，但同时说明何刚德以自身的知识在处置公务上甚得要领。不仅如此，他还讲到如何应对吏员中的狡黠作弊之徒。

吏员在内外行政事务中，其作用不可小视。通常，"一部中，每遇公事，堂官下之司员，司员委之书吏，书吏检阅成案，比照律例呈之司员，司员略加润色呈之堂上，堂上苟无驳斥，则此案定矣。"② 但是，如果司员能够"习之法度"，则情况大不一样。

何刚德曰："余少时记性尚好，部例只看过两遍，其荦荦大者，时常引用，固不必言。即琐碎条例，及近十余年成案，皆能得其大意。而书吏往往

---

① 何刚德：《春明梦录》。
② 震钧：《天咫偶闻》卷2，北京古籍出版社，1982。

摭拾琐碎例案，于稿尾挑剔数语，以'例有处分'四字，查取职名议处；一面则写信外省，吓诈取财。外官岂尽明白？动中其彀。余当掌印后，例案既熟，年力正富，颇有一目十行之能。故每日例稿，必有四五百件，应画者皆能于一时许了之。而遇有此等稿尾查笔，必取而勾之。吏每有执简争者，余曰：'汝要写信耳。我在此，岂能容汝作买卖耶！汝谓我违法，我便违法何如？行法当得法外意，此等零碎条例，无关轻重，汝谓我不知耶？'故终余之任，部吏多有叫苦求退者。然十数年来，外官免花免枉钱，不知有多少也。"①

所以，京官之胜任不在科举考试之名次，而须于任职期间"留心诏敕"、"习之法度"。

四　薄俸非薄

有关京官的清苦在时人的笔记中不乏记载，有《都门竹枝词》写《京官》云："轿破帘帏马破鞍，熬来白发亦诚难。粪车当道从旁过，便是当朝一品官。"② 一品大员如此，小京官更是可想而知。文人王讲泉曾以打油诗记载其友人在馆选庶吉士后，以粮船携家眷入京的情景。诗曰："粮船一搭到长安，告示封条亦可观。有屋三间开宅子，无车两脚走京官。功名老大腾身易，煤米全家度日难。怪底门公频报道，今朝又到几知单。"③ 何刚德也说过："京官量入为出，不能不斤斤计较也。余初到京，皆雇车而坐。数年后，始以二十四金买一骡，雇一仆月需六金。后因公事较忙，添买一跟骡，月亦只费十金而已，然在同官汉员中，已算特色。" 随后，他将京官的这种节俭和清苦归诸俸禄的廉薄。"盖当日京官之俭，实由于俸给之薄也。"④

清代实行的是低俸制，据《大清会典事例》记载："文武京官俸禄，正从一品俸禄一百八十两，米一百八十斛；正从二品俸银一百五十五两，米一百五十五斛；正从三品俸银一百三十两，米一百三十斛；正从四品俸银一百

---

①　何刚德：《春明梦录》。

②　陆以湉：《冷庐杂识》卷 7，《都门竹枝词》。

③　钱泳：《履园丛话》卷 21，《笑柄·打油诗》，中华书局，1979。

④　何刚德：《春明梦录》。

有五两，米一百有五斛；正从五品俸银八十两，米八十斛；正从六品俸银六十两，米六十斛；正从七品俸银四十五两，米四十五斛；正从八品俸银四十两，米四十斛；正九品俸银三十三两一钱一分四厘，米三十三斛一斗一升四合；从九品俸银三十一两五钱二分，米三十一斛五斗二升；未入流俸银禄米与从九品同。"①

官员靠如此薄俸是难以维持生计的。康熙八年（1669）御史赵璟有条奏曰："若以知县论之，计每月支俸三两零，一家一日，粗食安饱，兼喂马匹，亦得费银五六钱，一月俸不足五六日之费，尚有二十余日将忍饥不食乎？不取之百姓，势必饥寒，若督抚势必取之下属，所以禁贪而愈贪也。"提出"将本省应征税银与折纳赎银加增官员俸禄"②。雍正年间，以外官有养廉而京官无，遂实施双俸制，即所谓"恩俸"。京官的俸银："郎中、员外郎八十两，主事六十两。京官正俸之外加一恩俸，名曰双俸。养廉则春秋二季，每季只给三两左右，由一总数摊匀，不似外省之有专额也"③，但仍不能解决京官因薄俸带来的生活窘境。

事实上，京官除了俸禄之外，还有其他各种名目的收入。所谓"京官廉俸极薄，本无贫富之别，而所赖以挹注者，则以外省所解之照费、饭食银，堂司均分，稍资津贴耳。各部之中，以户部为较优，礼部尚书一年千二百金，侍郎一年八百金而已，此其所谓贫也"④。

在诸多名目的津贴中，其一当为"印结银"。因"部曹俸薄，赖以为津贴，各省通例也"。它来自地方各省上缴的费用，捐纳也是印结费的来源之一，各部"同乡有印之京官，均分之，各省一律"。但各省丰啬不同，直隶贫瘠，捐官者少，而在部当差者又多，每年所得只有三四十金。寻常省份，每年有二三百金，福建即属此类，年约二百金左右。若川粤江浙等富饶的省份，一年竟有逾千金者。⑤各衙门的情况也不尽相同，在"吏部有查结费，与同部之同乡轮年得之，约在印结半数。得掌印后，则有解部照费，月可数

① 光绪《钦定大清会典事例》卷249，户部·俸饷，新文丰出版公司印行。
② 蒋良骐《东华录》卷9，中华书局，1980。
③ 何刚德：《话梦集》卷上，北京古籍出版社，1995。
④ 何刚德：《春明梦录》。
⑤ 何刚德：《话梦集》卷上。

· 1013 ·

十金，然每司只一人得之；未得掌印，则不名一钱也。当日部员如此清苦，安分从公，并未尝呼枵腹也"。此外即饭食银也，"饭食银每季只两三金耳"。①

尽管印结费的金额有限，但对京官而言却是其家用不可或缺的经济来源。即便是贫瘠若直隶籍的京官，节俭者也可赖之养家糊口。何刚德记载曰："余同年李少林同部锡林，直隶人也，以直隶印结费之微，每自诉情况曰：'余家平常不举火，上下四人，晨兴以一钱市开水，盥饮俱备。早晚两餐，四人食馒首四斤，加以葱酱小菜，日不过京钱一千有零。每银一两，可易京钱十五六千。印结费一项，作一月伙食足矣。"②

而且不仅汉人京官如此，"诸满员之贫者，大率类是"。由于"汉京官例有印结费，每月可得数十金，而满京官无之"，为此，清朝专门设置了满京官的"印结费"，"故历朝以来，明知此等委员为虚设，然以此为调剂满京官之用，所以抵汉官之印结。计一岁所养，不下七八百人。其所征者，亦皆富商大贾之财，而非刻剥小民生计也。此数百人，每岁人不过分润百金上下。计一岁国课少入者，不过数万金，而旗员无忧贫之虑。"③借此解决了部分满人京官的贫困拮据之态。

其二，为京官的月费。月费属于公费，但却按月发给个人。内阁大学士、各部院尚书、左都御史月支公费银五两；各部院侍郎、内务府总管、内阁学士、左副都御史、通政使司通政、大理寺卿、太常寺卿、光禄寺卿、詹事府詹事等均月支银四两；詹事府少詹事、鸿胪寺卿、国子监祭酒、内阁侍读学士、翰林院侍读学士侍讲学士、给事中、御史、各部院郎中等均月支银三两；内阁侍读、翰林院修撰编修检讨、各部院员外郎主事、内阁中书等均月支银二两；其余小京官月支银一两五钱或一两。"凡京官公费每银一两折制钱一千文。"④此"月费"一直发放到晚清，只是数量和内容都发生了很大的变化，曾任部曹的何刚德说："部员月费，廉俸之外，月给新铸大铜钱

① 何刚德：《春明梦录》。
② 何刚德：《话梦集》卷上。
③ 震钧：《天咫偶闻》卷6，北京古籍出版社，1982。
④ 光绪《钦定大清会典事例》卷250，户部·京官月费。

二十钱，一当五，适合百钱之数。虽系锱铢，不得谓非赍予也。"①京官只能得到大铜钱一百钱，但却可以解决他们的生计问题，有诗为证曰："二十青铜聊训俭，司农月计不愁穷。"据记载，两江总督沈葆桢在得知其后辈何刚德有改外任之意时说："京曹虽苦，然进可战，退可守，何必见异思迁？"②一语道破京官所以安于清苦的原因所在。

由于京官的低俸、薄俸，与外官的养廉银不可相比。所以，不安于清苦者即有勒索之行径。乾隆十年，御史柴潮生就指出，早在康熙年间，地方私征火耗，并有陋规匿税，"上司于此分肥，京官于此勒索"③。更有甚者，是已经形成潜规则的各类"别敬"。

据记载："道咸以前，外官馈送京官，夏则有冰敬，冬则有炭敬，出京则有别敬。同年同乡于别敬之外，则有团拜项，谓每岁同年同乡有一次团拜也。同光以来，则冰敬惟督抚送军机有之，余则只送炭敬而已。其数自八两起，至三百两为止。沈文肃送军机，每岁只三百金，而军机亦有不收者。其余则以官阶大小，交情厚薄为衡。后来渐重官阶而轻交情矣，大概寻常京官，非有交情不能得炭敬。而别敬则较为普通，督抚藩臬到京，除朝贵外，如同乡同年，及服官省分之京官，多有遍送，其数不过十金上下，后来竟有降至六金者。然而京官日渐加多，外官所费已不赀矣。余到京后，来源渐涩，每年所入不过百金，然亦不无小补。"④

据在道光咸丰年间居官外任的张集馨讲到他出京外任的"别敬"时说："京官俸入甚微，专以咀嚼外官为事，每遇督抚司道进京，邀请宴会，迄无虚日。濒行时分其厚薄各家留别。予者力量已竭，受者冀望未餍，即十分周到，亦总有恶言。甚而莫不相识绝不相关者，或具帖邀请，或上书乞帮……是以外官以进京为畏途，而京官总以外官为封殖。"张集馨接下来讲了他在出任外官前在京城所付的"别敬"。他说："余道光年间初任朔平守，未曾留别，但应酬师门而已。陕西粮道出京留别，共费万七千余金。四川臬司出京留别，一万三四千金。贵州藩司出京，一万一千余金。调任河南藩司出

---

① 何刚德：《话梦集》卷上。
② 何刚德：《话梦集》卷下，第27页。
③ 贺长龄：《清经世文编》卷26，户政，柴潮生《理财三策疏》。
④ 何刚德：《春明梦录》。

京，一万二三千金。而年节应酬，以及红白事体，尚不在其内，应酬不可为不厚矣。"所以"外官见人便诉穷，京官深恶外官之诉穷，皆是习气"①。

晚清时，地方官的"炭敬"数量是逐渐升级。"光宣之际，公行贿赂，专重权贵，末秩闲曹愈难沾丐矣。炭敬即馈岁之意，函中不言数目，只以梅花诗八韵十韵或数十韵代之，若四十则曰四十贤人，三百则曰毛诗一部，何等儒雅。亲贵用事时，有人送涛贝勒千金者，信面犹书'千佛名经'四字，亦尚不直致。惜涛不知所谓，举以示人，后拆开，始知是千两银票也。"②

但对于那些自恃操守而又没有权势地位的人来说，情况则大不一样。

其时，在清前期"京官以翰林院最为清苦，编检俸银，每季不过四十五金"，③都察院科道官也是如此，曾以御史出身的侍郎林绍年常说："御史一穷官，我拼作孤注可也。"④而且，京官的俸禄常常被打折扣发放。何刚德说过，他初到部院时，京官俸银尚是六折发给。"六品一年春秋两季应六十两，六六三十六，七除八扣，仅有三十二两。后数年，改作全俸，年却有六十金，京官许食恩，正两俸补缺后，则两份六十金，升五品则有两份八十金。"⑤也就是说，他在京做了数年才改作全俸。因此，翰林官清苦，"所盼者，三年一放差耳。差有三等，最优者为学差。学差三年满，大省分可余三四万金，小亦不过万余金而已。次则主考，主考一次可得数千金，最苦如广西，只有九百金。若得乡会房差，则专恃门生贽敬，其丰啬以门生之贫富为转移，大率不过三百金上下，亦慰情胜无耳。"⑥而在乾隆以前，翰林官也多得学差的机会。据记载，"国初提学道多以郎中任之。康熙间，江浙两省始改用翰林官。"⑦"乾隆癸卯（四十八年，1783）顺天乡试，考官三人，同考官十八人，皆用翰林出身，可为词林荣幸。以《四书》题、诗题同在首场，亦是科始。"⑧

① 张集馨：《道咸宦海见闻录》，中华书局，1981，第271页。
② 何刚德：《春明梦录》。
③ 何刚德：《春明梦录》。
④ 何刚德：《话梦集》卷下，第46页。
⑤ 何刚德：《春明梦录》。
⑥ 何刚德：《春明梦录》。
⑦ 陈康祺：《郎潜纪闻初笔》卷8，穷通翁。
⑧ 陈康祺：《郎潜纪闻初笔》卷7，四书题诗题同在首场始于乾隆癸卯顺天乡试。

为此，一些京官为谋得学差不择手段。故康熙癸酉乡试前，御史有参翰林部曹不可提督学政一疏。一时，"都下谣言沸羹，一时小说流行，有小京堂密谋翻大局、死御史卖本作生涯、老郎中掣空签望梅止渴、穷翰林开白口画饼充饥四剧，亦见《白云轩集》。四剧卑琐不足道，录之以见京官清苦，国初已然，并可知翰林部曹，同为朝廷清要之选，操进退者不宜偏重，居其职者亦彼此无可相轻也。"① 但到了晚清，随着翰林、科道等京官整体地位的下降，翰林不再入补军机章京，科道官不再直上书房、南书房。"今部曹无得学政者。乾、嘉以前，部郎视学，不可指数。风气迁变，未解何繇。"②

从京官铨选、内外迁转、日常公务，到关涉其生活的俸禄，我们不难看到，清代存在制度自身的缺漏与矛盾，在选官上，以京官优于外官，官僚均以铨得翰詹科道为荣，但是，当统治者看到地方官中的不称职者却要将其调任京职。这是一选官的误区。京官职司朝廷政令的上传下达，需要把握国家的政策和行政法规，但是，他们在入仕前所学的所考的都是儒家的经典，以"议论识力，词采气昂"③ 为尚。因此制度与铨政的不合理性在京官身上再次得到验证。而京官的薄俸与其地位的尊贵，以及官员心理的预期都存在着矛盾，京官需要以精神自慰战胜清苦，以道德进行自律，而薄俸的制度又需要以其他非正常收入进行调解。这些矛盾成为潜在的政治危机，是传统政治难以克服的顽症。④

---

① 陈康祺：《郎潜纪闻三笔》卷 2，康熙癸酉科乡试之都下谣言。
② 陈康祺：《郎潜纪闻二笔》卷 9，京官升转之变迁。
③ 陆以湉：《冷庐杂识》卷 1，彭文勤公。
④ 原文发表于《中国人民大学学报》2008 年第 6 期。

清代驿传体系的近代转型

◎ 刘文鹏

近年来，有关清代驿传体系近代转化的文章多认为：清代（古代）邮政的转化方向是近代邮政。从常识来看，这一观点似乎无可挑剔，但仔细推敲，会发现其中颇有值得斟酌和商榷之处。其中的关键是中国古代邮政与近代邮政的关系如何。这里所说的"清代邮政"按清会典的解释，驿站、塘、铺等都属邮政之列，实际是指驿传体系；这里所说的近代邮政是指借鉴西方的邮政模式发展而来通信体系。同有"邮政"之名，两者的含义却有重大区别，其区别表现在体系结构和功能上。所以，要弄清两者前后相继的关系到底如何，需要从清代驿传体系的构成和功能谈起。郑观应所言："盖电报设而驿差轻其半，轮船通而驿差轻其七八，若铁路之干枝渐次告成，而驿传势难再留。"[①] 可见，驿传体系的近代转型是按照功能向几个不同方向发展的，本文将主要讨论作为信息传递工具的驿传体系在近代的发展方向。

一

清代的驿传体系，是指清代以驿站为主的信息传递方式的总和，包括驿、台、站、塘、铺等信息传递设施和方式。它们以京师为中心，遍布各省

---

① 夏东元编《郑观应集》，上海人民出版社，1982，第 677 ~ 678 页。

以及将军、都统、大臣辖地。

驿站是清代驿传体系的主干，包括驿、台、站。驿是对行省区驿传设置的称呼；台、站则指在边疆地区的驿传设置。在清代以前，驿与站二字是分开用的，汉族政权多用驿，如明代称之为水马驿；少数民族政权多用站字，如元代之站赤。清代的会典中仍然有对驿与站的区分，"各省腹地所设为驿，盛京所设亦为驿"①。台、站大多位于东北、蒙古、新疆或青藏等边疆地区。但在实际政治、军事生活中，驿、站二字一起使用的情况已经极为普遍。驿站所递文报是中央和各省省级官员②或省级官员之间有严格时间限制的文报，主要包括廷寄、紧要奏折、题本。③

铺，又称急递铺，靠人力步行接递各级官府的日常公文，密布于各省的府厅州县之间。铺是专门的文报递送系统，负责传递中央各部院与各省以及各省府州县之间的日常公文，一般不承担官员接待、物资转运的任务。④ 各省在京城都设有驻京提塘，其职责之一就是收发中央与各省之间由铺递送的寻常公文。⑤ 铺的间距一般为15里，每铺设铺司一名，铺兵四名，由国家发给工食银。文报到铺后，由铺司登记，再由铺兵步行递至下铺。铺递系统的费用与驿站一起，由各省向中央奏销。

塘在清代是一个有多种含义的词语。会典的解释是，塘设在西北安西、哈密、镇西一带，西起伊犁东北的精河（晶河），向东经库尔喀拉乌苏、乌鲁木齐、巴里坤、哈密，到达甘肃的安西，与嘉峪关以东的台站相接。这是清代用兵西北时所设立的军报线路，连接了清代在北疆主要的军事驻防点，战后得以保留。其作用主要是传递军营文报，每塘设有军塘夫以司接递，都

---

① （光绪朝）《清会典》卷51。

② 这里的省级官员应该包括，各省督抚藩臬、提、镇以及重要道员和各地的驻防将军、大臣、都统、副都统等。

③ "雍正九年议准：文武各官来往公文，有事关军机及紧要刻难迟缓者，一面由马上飞递，一面将飞递缘由知会驿传道备案。"见（光绪朝）《清会典事例》卷702。

④ （光绪朝）《清会典》卷51。又如："奉天将军及五部、府尹有紧要公文，交盛京兵部由驿递送。寻常咨行在京部院及咨行各省公文，归并直隶提塘办理，由通州知州发铺司，交提塘查明分送。至在京部院往来奉天各衙门紧要公文，由部交驿递送；寻常公文，均交直隶提塘，由通州知州发铺司，即送到奉天所属地方，交马快即送。"

⑤ "驻京提塘十六人，掌递部院官文书，送敕印以达于本官。"见于（光绪朝）《清会典》卷51。

司一人，督率稽查。夫马钱粮归文员奏销。① 而且，在许多地方，防汛、军台之间距离太远，塘与军台相间于道，可补充军台间距太大、呼应不灵的缺陷。② 到新疆改建行省后，这些军塘与军台一起改为驿站。

但除此之外，塘在清代遍布各省，兼有信息传递和防守地方、维护治安的作用。③ 其大致分为两类：一是根据军队驻扎需要设置传递军营文报的营塘。为方便调度，各提督、总兵等在自己的防地内都以塘作为专门的军事信息传递设施，安设塘兵，接递军营文报以及本章等其他公文。④ 其设置一般只有五六间房子，牌坊一座，望楼一座，烟墩一座，旗杆一座。⑤ 每遇战事，塘的作用就更加突出，它会随军营而设。例如，乾隆三十五年（1770），缅甸战事结束，清朝在从缅甸边境至腾越州的路上添置军塘十三处，用于对边境情况的监视。这些军塘由各省军营根据实际情况自行安设和管理，中央没有统一的要求。二是传递邸报的塘。这种主要是指在京城与各省督抚驻地之间的文报传递系统。自顺治时期开始，清朝各省逐渐在北京设立驻京提塘，负责抄录京报、部文，然后传送回本省，以通消息。⑥ 可抄录递送的内容包括章奏事件、敕书印信以及各部院寻常咨行外省的公文等，这在当时被称为邸报。实际上邸报是朝廷将一些政务向全国官员公布的一种方式。邸报的传送方式，各省不一。一般由督抚派拨属下的标兵带马驻守，一遇邸抄部文，星速飞传。由于各省情况不一，这些塘兵的费用开支来源也不尽相同，多由各省自行筹划，中央没有统一的款项。如山东省认为塘兵不在军营不宜再领军饷，所以塘拨经费由传阅塘报的各官署衙门分摊，按季提解藩库，称为"阅报银"。⑦

---

① （光绪朝）《清会典》卷 51。

② 如，乾隆四十七年陕甘总督李侍尧奏报："乌鲁木齐提督所属自迪化州起至哈密所属星星峡止，绵亘二千余里，多属戈壁，安墩汛二十五处，相距百余里、七八十里不等，途长站大，汛兵不能兼顾，应将原设塘拨照旧存留。"见《清高宗实录》卷 161。

③ 王槐荣修，许实纂《宜良县志·建置志》卷 3，民国十年铅印本。"重门击柝大易，所以甚其防，司险掌疆，周官所以达其节，汛塘哨铺之制，所以诘奸究而戒不虞也。"

④ 乾隆四十三年八月十九日署理两江总督萨载奏称："缘江南各标计八十二营内，或道路迂阔，与文职并不同城，或僻处山陬，或孤悬海外，一切公文不得不设立塘兵专司走递，以期无误公事。"见《宫中档乾隆朝奏折》第 44 辑。

⑤ 人大史学研究论集（二）。

⑥ "凡题奏奉差之事，下科后，令该省提塘赴科抄录，封发各将军督抚提镇。"见（光绪朝）《清会典事例》卷 703。

⑦ 《山东巡抚塞楞额奏请将原拨塘兵尽行裁撤归营伍折》，见《雍正朝汉文朱批奏折汇编》第 11 册。

而在浙江、福建，塘拨的经费完全来自于该省的恩赏备公银两。在两江总督辖地，塘拨所需饷银出自专门地亩的地租。[①]

可见，除了在交通运输、官员接待方面发挥作用外，驿传体系的信息传递功能还可以分为两个层次，一是传递机要文报，须马上飞递，克期抵达；二是传递普通文报，时限较缓。之所以作这种划分，是因为晚清驿传体系的转型就是按照这两种功能的不同而产生两个转变方向。机要文报的传递逐渐被近代电报取代，普通文报的传递功能则逐渐为近代邮政承载。

二

导致传统驿传体系近代转化的因素有两个方面，一是内部因素，驿传体系自身的腐化，使其无法满足晚清的军政需求，因此需要变革；二是外部因素，国外新的信息传递理念已经受到晚清有识之士的关注，为驿传体系的变革提供了新的思路和可能性。

在驿传体系运转日渐艰难时，逐步走向近代化的中国却对驿传——这种当时唯一的信息传递方式提出了更高的要求。自近代以来，随着外国势力侵略日亟，边防危机接连出现，通商、谈判等各种新的军政事务，纷至沓来，且都万分紧急，其繁芜复杂之程度，近代以前从未经历，这对驿传的有效性提出了更高的要求，使驿传体系在文报传递的数量、速度等方面都受到了挑战。例如在辽东半岛上，原来由于文报不多，辽南各县没有设置驿站，只有递铺。但到近代，辽东半岛南端旅顺、大连军港的建成，使该地区已经成为清朝海防的一个重心。迟缓的递铺显然无法满足需求。在直隶，这种军政布防的转变更加突出。同治九年（1870）直隶总督驻扎天津办理洋务、海防事务，天津成为一个军政重心，奉天、吉林各府，山海关、天津等道员，以及分别驻扎在山海关、奉天、吉林等处的练军各部，都要调整原来的驿传路线，将文报送到天津。"皆与北洋大臣衙门，并津海关道、海防营务处、支

---

① "查出江宁、宿松等州县共三十六处城乡隙地，令民搭棚居住，升纳租银，每年共应输银七百三十两，其余不敷，系江南、江西司道府州县公捐解给。"《史语所现存清代内阁大库原藏明清档案》，见仇润喜主编《中国邮驿史料》，北京航空航天大学出版社，1999。

应局、机器局、制造局、军械所暨各统营官，时有往来文牍，较从前多至十数倍。且悉关防务重要，往往排单飞递，限日行至四五百里，实为向来所无。"① 但是，当时该地区的驿传建制非常薄弱，如天津宝坻县，一直没有驿站，只备有八匹马传递文报。

而另一方面，进入近代以后，清朝驿传体系的腐化不断加剧。驿传体系受官员干扰严重，以致腐败丛生，漏洞百出，滥行驰驿，例外需索。"上官既藉差遣为市惠之端，差员即视台站为生财之数。"② 驿站虽疲于应付，仍是不济。所有这些弊端，最终又通过各种手段和名目，转嫁于百姓。"凡有牛驴之家，无不编派，竟有终岁未曾当差，按日勒其纳价，合计一年差费不啻正项钱粮。"③ 这与清初朝廷极力改革驿传制度，以免扰累民间的初衷已经背道而驰。其结果是驿传体系效能降低，主要表现在驿传文报迟滞、丢失以及被拆看的事情频频发生，其支撑帝国运转的有效性已大打折扣。面对这种情况，清朝统治者忧心忡忡，虽有心整顿，并再三严令申饬，为此甚至不惜将一些地方大员查办。如咸丰十一年（1860），署直隶总督文煜、按察使吴廷栋、顺天府尹张祥河等都因文报传递失误而被交部严加议处。但驿传体系仍然是积弊难返，不见起色。沈桂芬对此一针见血地指出："倘或照此办理，吾恐杖之不胜杖，而罪之不胜罪矣。掩耳盗铃之举，亦何益哉？"④

西方近代电报、邮政等新的信息传递方式的到来引起了时人的关注和思考，并成为一种强大的外力推动了传统驿传体系的变革。

三

自近代以来，西方诸多先进的科学技术和管理方式开始被介绍到中国，这不仅包括船坚炮利的军事技术，也包括电报通讯、邮政等新的信息传递方式，公路、铁路、轮船等近代化交通条件。在"师夷长技以制夷"思想指导下，铁路、电报、邮政等新的交通、通讯方式与各种军事技术一起，被李

---

① 《清朝续文献通考》卷375，刘锦藻撰，商务印书馆，1955。
② 《清朝续文献通考》卷375，刘锦藻撰，商务印书馆，1955。
③ （光绪朝）《清会典事例》卷696。
④ 《清朝续文献通考》卷375，刘锦藻撰，商务印书馆，1955。

鸿章、张之洞等洋务派代表看重并接受，并力图仿效。这些新事物的传入为中国在当时寻求信息传递方式的改进提供了新思路，而当时的国内外形势已经不允许中国在信息传递方面回到过去。

（一）驿传体系传递紧要文报的功能逐渐被电报所取代

1837 年美国人莫尔斯发明了电报机，电报通讯在西方国家迅速发展起来。1851 年英吉利海峡海底电缆铺设成功，这标志着人类的信息传递不再单纯依靠人力，可以跨洲过海，转瞬即达，所受的地理限制已经大大缩小。在当时，电报的应用使西方列强在争夺商品市场和原料产地的斗争中处于绝对有利的地位，电报成为他们了解商情、军政情报的得力工具，推动了在全球范围内建立殖民统治体系的进程。随着他们的侵略势力伸向中国，电报也尾随而至。到 19 世纪 60 年代末，英国的电报公司已经把水线（海底电缆）沿地中海、红海、印度洋铺设到印度，并计划经东南亚、香港向中国沿海延伸。由英国、挪威、丹麦等国组成的大北电报公司，则将电报陆线（陆地电缆）横贯俄国的西伯利亚，铺设到中国和日本的国界之旁。他们逐渐通过各种方式攫取中国电报线路的铺设权，大北公司获得了沪港水线的铺设权，并企图染指福州到厦门的陆线，后因清政府的坚决反对而作罢。但列强在中国发展电报业的势头并未因此中断，对中国电报主权的觊觎与侵犯也不会停止。而且，外国电报的到来以及它在当时战争、外交中的运用，使中国传统的驿传体系相形见绌，并成为影响国家之间战略优劣的主要因素，促使当时的清朝统治者不得不认真地加以考虑。

同时，李鸿章等一些负责南北洋防务的官员在与列强的交战、交往中也深刻感受到电报这种新型通讯方式的效率要大大超过以往的驿传体系，必然会在国家军政要务中发挥重要作用。光绪六年（1880）八月十二日，也就是在中法战争爆发前夕，李鸿章奏请设立南北洋电报，他在奏折中详述了电报在传递重要军情中的作用，并阐明了中国发展电报的必要性、可能性，在当时算得上有代表性的观点：

> 用兵之道，必以神速为贵，是以泰西各国于讲求枪炮之外，水路则有快轮船，陆路则有火轮车，以此用兵，飞行绝迹。而数万里海洋欲通

军信，则又有电报之法。于是，和则以玉帛相亲，战则以兵戎相见，海国如户庭焉。近来俄罗斯、日本国均效而行之，故由各国以至上海，莫不设立电报，瞬息之间，可以互相问答。独中国文书尚恃驿递，虽日行六百里加紧，亦已迟速悬殊。查俄国海线可达上海，旱线可达恰克图，其消息灵捷极矣。即如曾纪泽由俄国电报到上海只须一日；而由上海至京城，现系轮船附寄，尚须六七日到京。如遇海道不通，由驿必以十日为期。是上海至京仅二千数百里，较之俄罗斯至上海数万里，消息反迟十倍。倘遇用兵之际，彼等外国军信速于中国，利害已判若径庭。且其铁甲等项兵船，在海洋日行千余里，势必声东击西，莫可测度，全赖军报神速，相机调援，是电报实为防务必需之物。同治十三年，日本窥犯台湾，沈葆桢等屡言其利，奉旨饬办，而因循迄无成就。臣上年曾于大沽口、北塘海口炮台试设电报以达天津，号令各营，倾刻响应。从前传递电信，犹用洋字，必待翻译而知。今已改用华文，较前更便。如传秘密要事，另立暗号，即经理电线者，亦不能知，断无泄露之虑。现自北洋以至南洋，调兵馈饷，在在俱关紧要，亟宜设立电报以通气脉。①

从这段话中可以看出，李鸿章等人看到了传统驿传体系根本无法与电报相提并论，对电报在中国防御列强中的作用已经有了很深刻的认识。而且电报甚至影响着李鸿章等人世界观的改变。在传统的驿传体系下，拓地数千里的清帝国已经足以以"天朝大国"自居，而电报的到来让李鸿章等人认识到，因为有了电报，联系方便，万里之外的西方列强，犹如在中国户庭之侧，近在咫尺。

中法战争爆发之前，清朝已经将京沪、长江沿线及广州至龙州的电报线建成，在中法战争中发挥了极大的作用，改变了过去"奏折往返须五十余日"的局面。每念于此，李鸿章总是无比惬意："适值法人起衅，沿海戒严。将帅入告军谋，朝廷发纵指示，皆得相机立应，无少隔阂……中国自古

① 《请设南北洋电报片》，《李鸿章全集·奏稿》第三册，卷38，光绪六年八月十二日，海南出版社，1997，第1185页。

用兵，未有如此之神速者。"① 清廷对此非常赞赏，督促李鸿章"妥速办理"。于是18个月后，自天津沿运河至江南镇江、再转至上海的津沪电报线得以建成。② 光绪九年（1885），在李鸿章努力下，这条电报线由天津延伸到通州，与北京相接。③ 之后，电报线从天津延伸到山海关，再经营口直达旅顺，这样一条南自上海北经天津至辽东半岛口岸的南北洋防务专线得以建立。这些线路多由清政府自筹款项，不允许商业资本介入，原因就是事关军机要务。

在以后的几年中，中国的电报线路以上海、北京为基点，迅速向其他省份扩展。在南方，由上海向西进入江浙，逆长江至湖北、湖南、进入四川；又经贵州直达云南极边之地。由上海向南进入福建、广东等地，又开通由广州至龙洲的电报线，直达中越边境。在北方，光绪十三年（1887），清朝开始筹办从南到北贯穿东北地区直达黑龙江的电报线，同时从天津至保定、从济宁至开封电报线路相继建成。1889年，电报线又由保定向西经太原、西安直达甘肃的兰州、肃州和嘉峪关。光绪十八年（1892）十一日初五，李鸿章上奏筹办建设新疆的电报线路，他说："新疆自收回伊犁之后，俄人往来络绎，南路喀什噶尔与英属北印度接壤，中隔布鲁特、坎巨提各部落，交涉日繁，应节节预筹，设线通报。"④ 之后，先北疆后南疆，电报线路很快覆盖新疆全境。而且，清朝出资兴建从东北通往朝鲜，以及朝鲜国内的主要电报线。由奉天经凤凰城入朝鲜境，连接义州、平壤、汉城、仁川，设立四个电报局，归中国电局代管。因为"该国为辽沈屏藩，毗连俄日边境，内患外侮，在在堪虞。中国控制保护，必有电线以通消息，否则机务阻滞，事事尽落人后"⑤。

总之，自中法战争至甲午战争以前，经过十多年的发展，清朝已基本建立起覆盖全国的电报线网络。李鸿章对此非常自豪："中国电报，经臣奏明，自光绪六年创始，先从天津、上海设局开办，逐渐推广。十年，将通州

---

① 《创办电报请奖折》，《李鸿章全集·奏稿》第三册，卷54。
② 《创办电线报销折》，《李鸿章全集·奏稿》第三册，卷44。
③ 《展接津通电线折》，《李鸿章全集·奏稿》第三册，卷46。
④ 《拟设新疆电线折》，《李鸿章全集·奏稿》第四册，卷75。
⑤ 《筹拨朝鲜电报经费折》，《李鸿章全集·奏稿》第三册，卷62。

电局移设京城，联为一气，自是沿江沿海、边远各省次第接设电线，绵亘至一万数千里。"①

电报网络的逐步建成，对于改变传统驿传体系传递军政信息的格局有重大意义。"一切要政朝发夕至，消息灵通。而事务之繁，责成之重，则以京城、天津、上海为转递各省及东西洋各国之枢纽。凡有总理衙门传奉谕旨，以及各省督抚、出使大臣来往官报，无不由此三处传达。当光绪八、九、十等年，法越起衅，沿海戒严；朝鲜两次内乱，派兵援护，将帅军谋，朝廷密谕，在在胥关紧要，不容丝毫延误。上年南省会匪蠢动，私运军火，事机危险，幸有电报立时递达，先期查获，消患未萌。去冬朝阳教匪倡乱，事起仓促，军情急迫，奉直两省征调防营及臣指示各将士剿办机宜，均赖电报迅速，相机立应，早奏肤功。"②

李鸿章的奏报不无饰美之辞，但从中也不难看出，清朝统治者当获得了一种比传统驿传体系更有效率的信息传递方式之后，当军政事务的处理因此变得迅速时，国家的稳定与安全因此变得更加易于把握时，其喜悦之情不禁溢于言表。自太平天国和捻军起义后，清朝外侮日深，但国内一直没有太大的动乱，在一定程度上与以电报为信息传递工具，信息传递迅速，能够闻讯立动，消灭于未萌有很大关系。

然而，电报并不能完全取代驿传体系。一是因为电报费用昂贵，电文必须尽量斟酌，反复压缩，以求简约，对事务的商讨无法展开；二则电报网络的发展尚须时日，清朝用了十几年的时间使之初具规模，但不能到达所有地区，在新疆、西藏等边远地区，电报设置很晚，所以与驿传体系有一个互为补充的并行时期；第三，作为一个新生事物，清朝对电报虽很倚重，但也一直心存顾忌。如清朝中央曾质问李鸿章某些电文是否曾被人改动过。"上谕：有人奏，该大臣于前敌各军电报，往往改易增损字句，然后入告等语，著据实覆奏。"③另外，在许多中央与地方事务的处理上，电报的作用也非常有限，还须依赖驿传。一些官员对此深有体会："在未有电报之先，公家

---

① 《京沪电报请奖折》，《李鸿章全集·奏稿》第四册，卷74。
② 《京沪电报请奖折》，《李鸿章全集·奏稿》第四册，卷74。
③ 《汇覆铁路电报等事折》，《李鸿章全集·奏稿》第四册，卷79。

紧急公文，全持驿站递送，故当时视驿传为要政。迨设电报后，遇有紧急要事件，虽可先行电闻，然得电后，仍须俟奏报或咨文到来，始能为据，因电报可作伪也。"① 这段话说明，当时的驿传仍有存在的必要性，电报对驿传功能的取代是一个渐进的过程。

（二）西方邮政体制的传入及其影响

世界近代邮政发轫于 18 世纪的德国，之后迅速在英、法等欧洲国家及美国兴起。鸦片战争以后，西方势力侵入中国，为保持与国内的通信联系，他们在所居住的中国东南沿海的许多地方，设立邮局，以通信息，这些邮局被称为"客邮"。它们各用本国邮票，各按本国邮政章程从事邮政业务，其邮件也不受中国海关检查，形成对中国主权的严重侵犯。随着列强侵略势力由东向西逐步推进，"客邮"也由沿海深入中国内地，遍置于新疆、西藏、云南、黑龙江等地。列强在中国发展"客邮"的借口是中国没有邮政机构，但即使中国自 1896 年正式成立国家邮政管辖机构以后，"客邮"数量仍然有增无减。以英国为例，1870 年，它在中国设置邮局的数目为两处，1918年则为 140 处。后经北洋政府与列强各国反复交涉，才最终清除"客邮"，统一邮权。

外国邮政的进入大大刺激了中国近代邮政的发展，一些有识之士，如郑观应、冯桂芬等极力呼吁借鉴西方邮政经验，建立本国邮政体系，改进中国传统驿传体系这一劳民伤财、步履维艰的信息传递方式，并抵制外国的侵略。郑观应说："西人尝谓中国度支有出入两大款可省而不知省，当取而不知取。可省者即各省每年开支驿站经费几耗天下钱粮十分之一，当取者即设立邮政局，征收其税。令中国若行邮政，则驿站之费似可裁减。"② "其法：凡通都大邑，僻壤遐陬，设立分局，一切公文信件俱归递送。如此则每岁可省驿站三百余万之耗费，而收邮部数百万之赢余，一转移间，即见成效，亦何惮而不为哉？"③

---

① 周询：《蜀海丛谈》卷一，巴蜀书社，1986，第 42 页。
② 夏东元编《郑观应集》，上海人民出版社，1982，第 676～677 页。
③ 《清朝续文献通考》卷 377。

但作为一种新事务，其发展也受到许多人的反对甚至抵制。光绪二十三年（1897），即开办邮政的第二年，御史徐道上奏对邮政弊端予以指责：一是带信之罚太严，二是寄报之费太重。这些与习以为常的民间带信行为严重相悖。同年，两广总督谭钟麟也奏称：由于带信之罚太重，邮政程序琐碎繁苛，以致"众怨沸腾，无裨饷需，徒伤政体"，请求将邮政局一体裁撤。①这种观点在一定程度上代表了清朝统治者一部分人在观念上还无法完全理解和接受西方的近代邮政。在西方人看来，所谓国家邮政是由国家以信誉保证来办理，依托民间，获取巨大财政效益的事务，同时实行国家垄断，排斥其他组织和个人捎带信件的行为。但在中国人，尤其是统治者的意识中，国家通讯与民间通信应该截然分开，完全不同。驿传体系是一种国家通信，只承担政府文报传递；而民间通信在清代及清代以前完全由民间自发形成的民信局承担，完全是民间事务，国家不予过问。而西方的邮政则以办理民间通信为依托，在清朝统治者看来，这是一种与民争利的举措，不屑于为之；况且，邮政能否有效地承担起政府文报传递的功能也是值得怀疑的事情，所以清政府对办理邮政的态度自然非常不明朗。

作为对当时中国邮政发展有重要影响的总税务司赫德，对清朝在这一方面的心态也深有体悟："远在1861年6月间我初次到北京时，已经提出照西方办法办理邮政。但是，由于京城和各省当局意见不一致，有关大员随时更动，同一大员的意见也随时变更，推延到现在，难以进行。"②"中国官方不愿意同各地以带信为生的人民争利，不愿意对各国承担还无力承担的责任，这些都是正确的，但也因此影响了提出开办邮政的意见，并且把开办的决定推迟了"③。

在客观上，近代交通发展缓慢，无法为邮政提供足够的支持，也是制约近代邮政的重要因素。19世纪下半叶，中国的铁路、公路、航运虽然已有所发展，但要在如此广阔的国土上形成欧美国家那样近代化的交通体系，显然尚须较长的时日。这对邮政来说必将产生很大的制约作用。主办中国邮政

---

① 《清朝续文献通考》卷377。

② 《1896年4月9日总税务司赫德通令第706号》，《中国海关与邮政》，中华书局，1983，第78页。

③ 《1896年4月30日税务司赫德通令第709号》，《中国海关与邮政》，第78页。

的总税务司赫德说："邮政虽有政府的全力支持，但在缺乏像其他各国所有的优越条件如好的公路和妥速的交通的情况下，无论从便利公众或收入来源说，即使要求不高，也不一定能令人满意的。"①

这些争论以及近代邮政意识的淡薄，使清政府一直犹豫不决，拿不出确定的政策，以致在很长时间内没有专门管理邮政的官方机构，没有承担起国家邮政主办者的角色。加上客观条件的制约，从 19 世纪 60 年代开始有办理邮政之议，在以后三十多年的时间中，邮政只能以海关兼办、地方试办等各种方式比较缓慢地发展。

（三） 中国近代邮政的发展过程

1. 地方试点

从 19 世纪 60 年代开始，一些从事实际政务的封疆大吏已经开始摸索着试用一些新的交通工具，如轮船等来传递文报，与原来的驿递参酌使用。例如，李鸿章就经常把一些寻常文报发交轮船分别投递，通常比五百里驿递还要快一些。② 光绪四年（1878），李鸿章在天津、北京、烟台、牛庄、上海五处，效仿西方，试办邮政。他在这些地方开设邮局，并委托总税务司赫德管理。

2. 海关邮局

海关代管邮局是中国建立近代邮政过程中非常有特色的一个方面。《北京条约》签订后，总理各国事务衙门在北京成立，专门负责涉外事务。驻京各国使馆的文报由总理衙门收转代寄，一般都交驿传体系驰送。但由于战乱频仍，驿传疲敝，总理衙门担心中国的驿传体系无法"保安照料"各国往来文报。1865 年，总税务司成立，总理衙门立刻委托总税务司代为管理邮政事务。所以自 1866 年起，北京、上海、镇江、天津海关先后成立邮务办事处。第二年，海关又将邮政通信的收费标准和发送邮件的时间表公布，主要递送外国使馆文件和海关信件。这样，中国海关凭借其特殊地位，从弥补驿传功能缺陷入手，介入邮政，并逐渐扩大经营范围。1878 年，李鸿章

---

① 《1896 年 4 月 30 日税务司赫德通令第 709 号》，《中国海关与邮政》，第 78 页。
② 《夹板印封仍由驿递片》，见《李鸿章全集·奏稿》第二册，卷 23。

开办的五处邮政，也交由海关管理，使海关办邮获得官方更多的支持，并大大扩展了业务范围。海关办理邮政已完全脱离了中国原有驿传体系，在水上，它基本上依靠海轮或内河轮船；在陆上，则大批招募专门邮差，开拓邮路，并经常派人沿途巡视。同时，海关又于1878年发行邮票，面值有三分、五分、一分三种，分发给各地使用。海关邮政发展比较迅速，到1896年，全国24处设有海关的地方都基本上开办了海关邮局。①

海关试办邮政，仍以传递官方文报为主。它是适应外国人的要求产生的，而委托海关管理邮政，实际上就是委托给赫德、德璀琳等这些精通西方邮政体制的外员来办理。然而它毕竟是按西方邮政的指导思想来运行的，为中国国家办理邮政提供了直接的经验。从1878~1896年的八年时间中，海关邮政迅速发展，极大促进了中国人对改造传统驿传体系、建立近代邮政体制的进程。

3. 设立文报局

为解决日渐频繁的使臣出洋、奏报困难等问题，清朝在光绪二年（1876）曾设文报局，专门负责出使大臣和驻外机构文报的转递。在上海设立南洋出使文报总局，在天津设立北洋文报总局，作为京沪转口的枢纽，并在北京设立京局。文报局自成系统，最初由总理衙门管理，不负责传递国内各衙门间的公文及民间私人函件。但到后来，随着社会的发展，其领导权逐渐分散于各地的督抚，其业务遂由沿海辐射至内陆各地。文报局的功能逐渐扩大，官府各种公文基本都交付文报局传递。如江南省，在北京裁撤原有的驻京提塘，改设江南文报局，部分重要文报仍由驿站传送外，其他文报均交文报局接收，随到随发。②

4. 台湾的探索

受外国邮政的影响，某些地方开始探索在自行办理邮政事务的路子上迈出步伐。台湾向来不设驿站，岛内公文由铺传递，与大陆文报往来则由船渡海，再由福建循驿站递送入京。1886年，台湾建省，首任台湾巡抚刘铭传

---

① 邮电史编辑室编《中国近代邮电史》，人民邮电出版社，1984，第20~22页。
② 《陆军部为裁撤江南驻京提塘改设文报局事奏折》，光绪三十三年六月十八日，见《历史档案》1999年第2期。

在台湾办铁路、开矿产的同时，也开始着眼于对传统铺递系统的改造。光绪十四年（1888）正月，刘铭传以铺传为基础构架，建立邮政体系。在台北设立邮政局，负责全岛邮政事务管理。以原设的各站铺为邮站，自台北至台南定为邮路干线，邮站有正站、腰站之分。除传递官府公文外，也传递民间书信。邮票有两种，官用者盖印"台湾邮票"四字，民用者盖印"台湾商用"字样，票上皆有发送时日空格，备发送者自行填写。票价视信件轻重、地方远近而定。站兵即为邮差，徒步递邮邮件，每日二回，在各站交换。①站兵行差每个时辰必须行十九华里，不得耽搁。台湾还专门备有两艘邮轮，名叫"南通"和"飞捷"，定期往来于台湾与上海、福建之间，递送邮件。②

台湾在办理邮政上的这种探索可看做是传统驿传体系向近代邮政体制的过渡，是中国人借鉴西方邮政体制之经验，自行改造驿传体系的探索。这种尝试本身保留了诸多驿传体系痕迹，但也正是这种保留说明传统驿传体系与近代邮政体系之间存在联系。后来中国国家邮政体制的建立，恰恰就是在以往驿传构架的基本上发展而来的：站改为邮局，驿传线路改为邮政路线，旧有的站差改为邮差，这也是中国国家邮政体制建立和发展的必由之路。

5. 国家官办邮政的实行与发展

光绪二十二年（1896），清廷在总理衙门"具奏议办邮政，请由现设邮递推广，并与各国联合"的奏折上批示："依议"③。从此清政府开始把邮政作为国家事务来办理。清朝虽于1896年开始由国家出面办理邮政，但并没有一个正式的官方管理的机构，全国邮政局事务仍然是由总税务司负责。同时，驿传体系仍掌握在兵部手中，裁驿设邮的过程中事权不一。直到1906年，清朝实行立宪改革，才有了正式的官方机构。中央设邮传部，负责铁路、公路、轮船、邮政四项事务的管理；驿传事务则由兵部划归陆军部。这样，新成立的邮传部从总税务司接管邮政，从陆军部接管驿传事务。

清朝最为关注的是新的邮政系统能否承担起以往驿传体系传递政府机要

① 楼祖诒：《中国邮驿发达史》，中华书局，1941，第702页。
② 邮电史编辑室编《中国近代邮电史》，人民邮电出版社，1984，第20～22页。
③ 《1896年4月9日赫德致总理衙门申呈京字第3051号》，《中国海关与邮政》，第77页。

文报的职责。在批准推广邮政的同时，清朝中央又授意总理衙门就此问题向赫德提出质询：一是如何设法推广邮政，二是如何裁驿站以归邮政。赫德对此保持低调，他认为由于财政、交通等方面的限制，邮政的发展不可能一蹴而就，须宽以时日，"先于各口已设邮局之就近地方密为布置，步步前进以达于内地……凡铁路设站、电报设局之各处，均添设邮政官局"①。他也不主张立刻将驿站全部裁撤，"至裁撤驿站归并邮政一节，其事关系递送公文并办理国家之事，是以尤为紧要，断不能轻举妄动"②。他认为至少要有一年的实验期让邮与驿并行，在此期间，政府公文正本由邮政局发送，副本则由驿站照旧寄送，以防遗失。一年之后，如果邮局运转既妥且速，再决定如何裁减驿站。赫德还具体开列了中央与已设邮政局各省之间公文传递的具体方式以及时限。以直隶为例，京城公文交台基厂邮政局，一日传至天津；天津公文交紫竹林邮局，一日可抵京城。

赫德的分析是比较符合实际的，地方各省裁撤驿站归并邮政的进程因条件之差异而各不相同，"驿站由渐裁撤，邮政由渐加增"是对这一过程的准确描述。光绪二十五年（1899），清朝在京城设文报总局，各省省会设分局。二十六年（1900），京汉铁路开通，河南、山东等省也建立文报局以通邮政。到此时，除了西北的陕、甘、新等省外，其余各省都已有了邮政网络的覆盖。越来越多的人开始认识到近代邮政较诸以往的驿传体系有很多优势。1901年，在准备发展邮政的山西，巡抚的告示是这样说的："今立邮局，则重洋绝域，无异乡邻，往复要函，克日即达。专差可省，译费可轻，此其便于民者也。"③到1908年，邮政事务转归邮传部管理以前，全国各地已设邮局三千二百余处，每年邮件数目在二百兆左右，收入为一百三四十万两，支出为一百六七十万两。④也就是说国家每年需要贴补给邮政三四十万两白银，与用三百万两支撑驿传体系相比，负担大大减轻。

近代电报、邮政事业在逐步取代传统驿传体系的过程中，也拉近了中国

① 《1898年11月14日赫德致总理衙门申呈京字第3626号》，《中国海关与邮政》，第91页。
② 《1898年11月14日赫德致总理衙门申呈京字第3626号》，《中国海关与邮政》，第91页。
③ 《山西巡抚保护邮政的告示（1901）》，见《中国海关与邮政》，第96页。
④ 《1908年12月31日署总税务司裴式楷致税务处申呈关字第813号》，见《中国海关与邮政》，第185页。

与世界的距离。在驿传体系下，清朝曾开疆辟土，拓展边地，但也仅局限于中国内部的发展，在以人力、畜力为主要方式的信息传递体系下，与世界其他各国的联系非常困难。康熙时期，雅克萨之战胜利后，飞驰十一日告捷已属迅速；索额图赴俄谈判，信差往返，数月才有音讯。而自近代后，无论由电报还是邮政，都已与世界范围内的信息传递体系接轨。就电报而言，中国电报网络建立的同时，又北与沙俄报线相接，南与在越南的法国报线相衔。甲午战争后，李鸿章周游欧美各国，其间谈判不断，但由于电报通讯手段的支持，他与朝廷就谈判内容随时进行磋商，倒也从容。就邮政而言，中国在办理国家邮政后，光绪三十年（1904），与法国、英国分别签订邮件互寄章程；三十一年（1905），又与德国议订互寄邮件暂行章程。① 在此基础上，中国也开始在邮政领域与西方各国对话。这主要表现在清朝两次派员参加万国邮政联盟的活动。1874 年 9 月 15 日，世界 22 个国家的邮政代表在瑞士首都伯尔尼签订《伯尔尼邮政公约》，是为万国邮政联盟成立之始，其宗旨就是要便于各国邮政体系间的邮件互换。1897 年，在美国华盛顿召开第五次邮联大会；1906 年在意大利的罗马举行第六次邮联大会，中国均派代表列席了会议，并希望加入邮联。尤其在罗马会议上，中国邮政发展的成绩令与会代表大为赞叹。虽未入会，但中国能否加入世界邮联的问题已经被提上日程，为 1914 年在西班牙首都马德里举办的第七届邮联会议上加入邮联奠定了基础。②

总之，晚清信息传递方式的近代化是一个多向发展的过程，是由传统的驿传体系向近代电报、邮政转变的过程。这种转变不但改进了清朝国内的诸多事务的处理方式，而且扩展了中国与世界的联系，加深了与其他国家的沟通，有利于走出以往驿传体系支撑下的天朝大国走向世界。

（原文发表于《清史研究》2003 年第 4 期）

---

① 《清朝续文献通考》卷 377。
② 丁进军：《清末中国参加第六次万国邮联活动始末》，载《邮政文史》1997 年第 2 期。

宗教研究与文化关怀：从各宗教史研究析陈垣的中华文化观

◎ 刘　贤

陈垣（1880～1971），是享誉中外的著名历史学家，也是近代中国宗教史研究的开创者，如陈寅恪所说，"中国乙部之中，几无完善之宗教史，然其有之，实自近岁新会陈援庵先生之著述始"[①]。陈垣的宗教著述作于 20 世纪上半期，当时文化界和知识界在中国文化的前途问题上出现了各种思潮与主义的碰撞和交织。陈垣的宗教史研究就蕴涵了他对这一问题的思考以及他深切的文化关怀，表达了他的中华文化观。[②]

---

① 陈寅恪：《明季滇黔佛教考序》，陈垣著《明季滇黔佛教考》，辅仁大学，1940。

② 关于陈垣的宗教研究，以往的研究主要有郑世刚：《陈垣的宗教史研究》，《陈垣教授诞生百一十周年纪念文集》，暨南大学出版社，1994，第 132～142 页；张运华：《陈垣与中国宗教史研究》，《五邑大学学报》2002 年第 1 期；邱树森、罗惠荣：《陈垣对中国宗教史研究的贡献》，《五邑大学学报》2001 年第 3 期；汤开建、陈文源：《陈垣与中国基督教史研究》，《暨南学报》第 24 卷第 3 期，2002 年 5 月。关于陈垣的文化关怀，已有很多学者论述过他的爱国主义史学，即抗战时期通过史学著作抒发爱国情怀，此不赘引；周少川将其概括为"民族文化史观"，见《论陈垣先生的民族文化史观》，《史学史研究》2002 年第 3 期。关于陈垣的宗教研究与文化关怀的关系，以往学者曾涉及其中的某些方面，比如吴海兰曾谈及陈垣论"宗教与儒学"，见《陈垣论宗教与民族文化》，《云南民族学院学报（哲学社会科学版）》2002 年第 3 期；牛润珍曾谈及陈垣论"宗教与文化"，见《陈援庵先生的宗教史观》，《励耘学术承习录：纪念陈垣先生诞辰 120 周年》，北京师范大学出版社，2000，第 128～149 页。

一　基督教本色化观：陈垣论基督教与
中国文化的关系

中国基督教会的"本色化"，在 20 世纪初是个热门的话题①。陈垣对该问题比较完整的看法发表于 1924 年 6、7 月间华北大学夏令营上。演讲中陈垣也提到了"本色教会"，认为"尚未发现有中国人为也里可温教者，更讲不到本色教会也。"②

讲完基督教入华四个时期，陈垣对基督教未能融入中国文化发出了深深的感叹。他说"惟吾总觉得基督教文化未能与中国社会溶成一片，深入人心，至为憾事"③。以文学为例，他说寺庙、僧人可以入诗，为什么"福音堂、牧师、神甫不可入诗？"④ 转而他说："吾为此言，吾人必有极懊丧者，然试将基督教与佛教比较，则其进步之经过，亦可令吾人乐观，只须吾人觉悟及努力耳。"⑤ 令人乐观是因为佛教入中国三百年，才有佛语入诗，而天主教入华只百年，已有士大夫与之唱酬，甚至有以主祷文入诗者⑥。陈垣进一步分析唐代的景教和元代也里可温教，"求人之赞许，固然不可得，即求人之攻击，亦不可得，又何怪其随时代以俱灭耶"。

最后在结论中，他将听众从历史带入现实，引发学生们的思考和共鸣：

> 古语云"前事不忘后事之师"，乾嘉以前，中国声明文物，为西人所美，故耶稣会士，通汉学者极多。道咸以来，中国国力暴露无遗，陵夷以至今日，欲求西国诸人，从事华学难矣。此事亦唯中国人独自努力已矣。且从前传教极难，西国诸友，已冒险开其途径。今号称信仰自

---

① 可参张西平，卓新平编《本色之探——20 世纪中国基督教文化学术论集》，中国广播电视出版社，1998。

② 陈垣：《基督教入华史略》，《真理周刊》第二卷第 18 期，1924 年 7 月 27 日。

③ "深入人心，至为憾事"这八个字见于《真理周刊》，而在中华书局，1980，《陈垣学术论文集（第一集）》中被删除，见第 90 页。

④ 陈垣：《基督教入华史略》，《真理周刊》版。

⑤ 所引这句，在中华书局版中，只余"试将基督教与佛教比较"，见该书第 90 页。

⑥ 沈光裕赠汤若望诗："皆出而行地，历成吾道东，君粮不徒与，我信岂成空"。陈垣：《基督教入华史略》，《真理周刊》版。

由，吾人不努力，<u>不能使基督教在中华文化史上占有地位</u>（下划线为引者所加），又何以对此前外国诸友也？①

他与明末清初相较，认为靠西方传教士将基督教融入中国文化似乎不太可能了。那么"唯中国人独自努力已矣"。再与明清时传教困难的情形比较，"今号称信仰自由"，他说，如果"吾人不努力，不能使基督教在中华文化史上占有地位"，又何以对此前筚路蓝缕，在中国开教的"外国诸友"呢？末句特别是画线部分既表达了陈垣的信仰立场②，又展现了他对基督教的殷切期待。

陈垣之所以强调天主教之入诗，是因为他认为这"可谓基督教化的文学矣"，且"必如此方见基督教与中国文化有关系"。③ "诗文"是陈垣所主张的"华学"，也即"中国文化"之一部分。陈垣在《元基督教徒之华学》中曾对"华学"有所界定："华学云云，指中国特有之学：如儒学老学及中国文学等是。"④ 这里的"等"还包括"中国化了的佛教、中国的美术和礼俗"。⑤ 他并没有判断中国文化和基督教孰优孰劣，他所关心的问题只是基督教如何能"进入"和"融入"中国文化，认为基督教必须与中国文化的"特有之学"相结合，才能"融入"中国文化。可见，陈垣的基督教本色化观，是以中国文化为主、为中心，基督教进入中国后只会成为中国文化的一部分而已。

在实践路向上，陈垣认为，基督教徒必须学习中国文化，才能实现本色化。在《元基督教徒之华学》中，他"每举一人，必先证明其为基督教而后述其华学"，文章的目的是"所以著明元时基督徒之悦学，不肯以浅陋自安也"。在历数了元基督教徒在儒学、老学、和中国文学方面的造诣后，陈垣说：

① 陈垣：《基督教入华史略》，《真理周刊》版。从"此事"至"诸友也"三句，在1980年中华书局出版的《陈垣学术论文集（第一集）》该文的尾段，已悉数删去，见第92页。这应该是陈垣的基督教本色化观长期未被人知的原因之一。
② 可参拙文《陈垣基督教信仰考》，《史学月刊》2006年第10期。
③ 陈垣：《基督教入华史略》，《真理周刊》版。
④ 陈垣：《元基督教徒之华学》，《东方杂志》"二十周年纪念号"下册，第21卷第2号，1924年1月25日，第52页，该文是《元西域人华化考》的一部分。
⑤ 参《元西域人华化考》各章题目。陈垣：《元西域人华化考》（上），《国学季刊》第一卷第四号，1923年12月。

> 论曰：元基督教徒之华学，可谓深矣。……元基督教徒之所造又如此！以比近世基督徒，未知何如？然余以为西僧不谙华学，犹可言也，华僧而不谙华学，则俗僧耳。俗僧能起人敬信耶？①

陈垣认为作为中国基督徒假若不熟识中国文化，只能被人轻视为"俗僧"，不可能受人尊敬，更不要论使人信教了。他赞誉元基督教徒在这方面的造诣，也号召基督教徒必须学习中国文化。

1936 年，吴渔山晋铎 250 周年纪念，陈垣曾撰写多篇文章以示纪念。陈垣之所以推崇他，首先他"是第一个国产神甫"②。"华籍司铎由华籍主教祝圣者，以渔山等三人开始。"在这三人中，"渔山名最显，宣教最久，今华籍司铎每以渔为号，虽出圣经故事，犹承渔山余风。"③ 同时，他又是"深通文学的大画家"④，"渔山不独善画，其于诗尤工"⑤。吴渔山是华学根底深厚的中国基督教徒，所以陈垣一再撰文表彰。

与同时代的中国基督徒知识分子的主张相比，陈垣的本色化主张是比较独特的。前者多倡导基督教自身的改造，较少提及基督教徒如何学习中国文化。这是出于他们对基督教与中国文化关系的看法，他们或者认为基督教优于中国文化，或认为二者并重，所以主张基督教应当植入中国文化，与中国文化结合、产生新的基督教等⑥。像陈垣这样，以"基督教在中华文化史上占有地位"的文化观而倡导基督教徒学习华学是很少见的。

与同时代的西方传教士相比，陈垣主张的独特性更加明显。早期来华的传教士多带有强烈的文化优越感，他们来中国的目的就是为了传播基督教文化，甚至以此代替中国文化，对中国文化肯定者，也是趋向于"赞美中国的古代文化，但批评中国近代文化的停滞不前"⑦。20 世纪初虽然出现了较

---

① 陈垣：《元基督教徒之华学》。
② 启功：《夫子循循然善诱人》，载《励耘书屋问学记》，三联书店，第 98 页。
③ 陈垣：《吴渔山晋铎二百五十年纪念》，《辅仁学志》第 5 卷 1、2 合期，1936 年 12 月。
④ 启功：《夫子循循然善诱人》，第 98 页。
⑤ 陈垣：《吴渔山晋铎二百五十年纪念》，《辅仁学志》第 5 卷 1、2 合期，1936 年 12 月。
⑥ 参王成勉《文社的盛衰——二 0 年代基督教本色化个案研究》之第五章"文社本色化思想之研析。"宇宙光传播中心出版社，1993，第 99～117 页。
⑦ 陶飞亚、吴梓明：《基督教大学与国学研究》，福建教育出版社，1998，第 35～37 页。

为肯定中国文化的现代派思想[①]，但是并未成为普遍的看法。1922 年出版的《中国基督教事业统计》仍然以"中华归主"这样的字眼作为题目[②]，曾在教会之外引起了强烈的反基督教情绪。陈垣作为基督教徒，他没有简单趋从当时传教士的看法，而是分析明末清初天主教兴衰的经验得出结论，必须如同利玛窦那样学习汉学，才能顺利传播基督教；并号召基督教徒学习中国文化，如此才能使基督教在中国文化中立足，并成为中国文化史的一部分。[③]

在陈垣身上，基督教信仰与肯定中国文化并不矛盾。他诚恳地希望基督教进入中国文化，但同时也看到，基督教不能代替中国文化，只能成为后者的一部分。这是陈垣基督教本色化观独特的地方。

二　中华文化的包容性：陈垣的外来宗教研究与中华文化观

继考察元朝基督教的著作《元也里可温考》发表之后，陈垣又研究各种外来宗教入华的历史，使得他的宗教研究从基督教真正扩展到了各种宗教。这包括 1919 年著的《开封一赐乐业教考》[④]，考犹太人及犹太教在开封

[①]　参考 Lian Xi, *The Conversion of Missionaries Liberalism in American Protestant Missions in China*, *1907 - 1932*, University Park, Pa.: Pennsylvania State University Press, 1997.

[②]　司德敷主编《中华归主：中国基督教事业统计，1901 ~ 1920》，中国社会科学院世界宗教研究所翻译重版，1987。该书已经再版，即：中华续行委办会调查特委会编，蔡詠春、文庸、段琦、杨周怀译《1901 ~ 1920 年中国基督教调查资料》（上、下卷），中国社会科学出版社，2007 年 9 月版。

[③]　需要指出的是，陈垣的"基督教本色化观"，除了指出信徒要学习中国文化之外，并未深入论述理论层面和其他实践上的问题。该问题可参考赖品超：《雅典与香港有甚么相干？——从基督教对希腊文化的态度看基督教与中国宗教的相遇》，氏著：《开放与委身：田立克的神学与宗教对话》，基督教中国宗教文化研究社，2000，第 261 ~ 290 页。

[④]　《开封一赐乐业教考》"写成于一九一九年十一月。载于《东方杂志》第十七卷五、六、七号（一九二零年二、三、四月）。一九二零年十月，重新整理后出单行本。一九二三年十二月，作为《东方文库》之第七十二种出单行本时，作者又作了个别增删。"《陈垣学术论文集》"采用《东方文库》本，并据原稿校订"。以上据陈智超编《陈垣学术论文集》（一），中华书局，1989，第 302 页。诸版本差异不大，明显处有二：一是叶瀚之《一赐乐业教碑跋》，惟东方文库版附，二、有句解释金迁都于汴京的话，见于 1920 年 10 月版与 1923 年 12 月东方文库版，但不见于 1981 年中华书局版和 2000 年河北教育版。该句位于第一章 弘治碑考证："迁都于汴者，亦已三年，《金史海陵纪》，正隆六年六月癸卯，命枢密使仆散思恭西京留守，癸亥上备法驾入南京，即世宗都汴之始。"删除原因许是认为此句无关宏旨吧。笔者所见有 1920 年 10 月版，及 1923 年 12 月《东方文库》第七十二种，本文笔者所据版本为 1920 年 10 月改定，与增订三版《元也里可温考》合订，属"圆庵最近丛刻十二种"之一。

的历史，1922 年的《火祆教入中国考》① 和《摩尼教入中国考》②，分别考证来自波斯的这两个古教在中国传入和衰灭的历史和 1923 年的《元西域人华化考》③。前三部所论三种宗教都在古代来华，历经多个朝代今已不存，属于"古教"，因此陈垣把他们与《元也里可温考》并称为"古教四考"；《元西域人华化考》写作时间与四考几乎同时，涉及的也里可温、回回教、摩尼教的内容也属于外来古教，故放在此处讨论。

（一）三方面的研究侧重

"古教四考"是宗教史著作，但不仅仅是考察宗教源流、来华历史，陈垣特别关注到这些外来宗教中，有跨国传播者并在某些地区影响深远，④ 那么来到中国传教以及被接受的情况如何？他特别侧重三个方面的问题。

第一，侧重宗教传入的接受史。"古教四考"的几本著作都是以此方面的内容为主体，如《火祆教入中国考》，可分为三部分，第一部分，火祆教传入及被中国接受的历史，包括第一至第八章，含"火祆之起源""火祆之始通中国并其名称""北朝火祆之奉祠""唐初祆字之创见""字书祆字之增入""唐时典籍称祆之略例""春秋时睢水有祆神之谬说"；其余第二部分，与景教、摩尼教的比较（第九至十一章）和第三部分，结果及影响（第十二章）只占全书章节的三分之一。

---

① 本文所据版本是陈垣生前刊行的唯一版本，即 1923 年 1 月北京大学《国学季刊》创刊号之《火祆教入中国考》。"后作者于 1923 年 1 月、1934 年 10 月又作过两次修订。"中华书局 1981 年《陈垣学术论文集》与河北教育出版社 2000 年《明季滇黔佛教考（外宗教史论著八种）》，则采用了 1934 年 10 月校订本。以 1923 年本和 2000 年本相比较，发现校订处不多，惟第五章的段落次序有调整，并补入"辽行均"和《龙龛手鉴》两句，及尾章增补了最后两段。《火祆教入中国考》，《国学季刊》第一卷第一号（1923 年 1 月），第 27～46 页；载《陈垣学术论文集》（一），中华书局，1980，第 303～328 页；载《明季滇黔佛教考（外宗教史论著八种）》上册，河北教育出版社，2000，第 109～140 页。
② 本文所据版本为《摩尼教入中国考》，《国学季刊》第一卷第二号，1923 年 4 月。
③ 本文所据版本为陈垣：《元西域人华化考》（上），《国学季刊》第一卷第四号，1923 年 12 月。《元西域人华化考》（下），《燕京学报》1927 年第 2 期。
④ 陈垣提到摩尼教在欧洲的影响："西纪三四百年，亚细亚西境，欧罗巴东境，修士之风盛行，克治私欲之法，断绝嫁娶之说，出家修道之事，一时极盛。论者亦谓是摩尼教职流风所被。"《摩尼教入中国考》，第十六章"摩尼教与秘密教派"，第 239 页。

除了篇章安排外，"接受史"也可见于对细小问题的把握。例如从第二至六章，陈垣以"火祆"教之名称的创见、改造和被官方接受，来看其宗教在中国被民间和官方认受的过程：火祆教拜日月水火，均自天上，所以有"祆"之称谓，从"示"从"天"，表示天上的神，但为了区别于中国的天神，在中国造"祆"字，教则被称为"火祆教"。①

第二，侧重外来宗教的信徒被中华文化所同化的现象。陈垣从"儒学""佛老""中国诗文"等方面看他们的华化程度。陈垣认为"言华化者应首言儒学"，因"儒学为中国特有产物"②；再言佛教，因为"佛非出于中国，然元时佛教之入中国已千三百余年，本分'禅''教'两大宗，其禅宗早已成为华化"。③

华化的例子，陈垣举出如高唐王阔里吉思（Georgine），本为基督教徒，但是他"筑万卷堂于私第，日与诸儒讨论经史性理；阴阳术数，靡不经意"，④ 再如摩尼教世家高昌契氏，"一门两代，凡九进士，时论荣之"，而"科名之盛之如契氏，不读孔氏之书而能然耶?"⑤ 还有从外国宗教而学儒，再入佛，极精于汉学的"双料华化"者。⑥ 如小云石海涯，其祖父是畏兀人，但他本人既通中国诗文，又谈禅学道。⑦ 通过他们被中华文化同化的事实，陈垣感慨曰："特患其不通中国之文，不读中国之书耳；苟习其文，读其书，鲜有不被其陶化者"，⑧ 表达了对中华文化感召力的坚定信

---

① 陈垣：《火祆教入中国考》，第三章"北朝火祆之奉祠"，第28~35页；

② 《元西域人华化考》（上），第二"儒学篇"之"西域人之儒学"，《国号季刊》第一卷第四号，1923年12月，第581页。

③ 《元西域人华化考》（上），第三"佛老篇"之"西域词人之佛老"，《国号季刊》第一卷第四号，1923年12月，第608页。

④ 《元西域人华化考》（上），第二"儒学篇"之"基督教世家之儒学"，《国号季刊》第一卷第四号，1923年12月，第597~598页。

⑤ 《元西域人华化考》（上），第二"儒学篇"之"摩尼教世家之儒学"，《国号季刊》第一卷第四号，1923年12月，第607页。

⑥ 《元西域人华化考》（上），第三"佛老篇"之"西域词人之佛老"，《国号季刊》第一卷第四号，1923年12月，第609页。

⑦ 《元西域人华化考》（上），第三"佛老篇"之"西域词人之佛老"，《国号季刊》第一卷第四号，1923年12月，第609~610页。

⑧ 《元西域人华化考》（上），第二"儒学篇"之"佛教世家之儒学"，《国号季刊》第一卷第四号，1923年12月，第601页。在陈智超导读，上海古籍出版社2000年版本中，"不被其陶化者"为"爱慕华风者"，见该书第28页。

心。

第三，侧重外来宗教的遗留与影响。

在《开封一赐乐业教考》中，陈垣全文引用张相文的《大梁访碑记》，记录宣统二年的犹太人状况，张相文曰，犹太教的遗民"一切起居状态，祀先敬祖，与汉民无异。然谛审之，则高鼻深目，与高加索种相仿佛"①。

《火祆教入中国考》提到该教在唐末虽已被禁，但仍有宋人信奉。② 在修订本中，陈垣增加了祆教在戏曲中遗留的资料，谓祆神已与中国火神相混同：

> 明万历间臧晋叔编《元曲选》，卷首载陶九成论曲，《仙吕宫》中有《祆神急》一出，注曰，与《双调》不同；《双调》中亦有《祆神急》一出，亦注曰，与《仙吕》不同。元曲中既时演祆神，则祆神至元时，不独未曾消灭，且更形诸歌咏，播之管弦，想其意义已与中国旧俗之火神相混，非复如西来之火祆教矣。③

至于摩尼教，陈垣指出它曾"延蔓于中华"，其类似共产的习俗也影响了我国的西夏民族。如"凡有所得，虽箪食豆羹，不以为自私，必召其朋友。朋友之间，有无相共；有余即以与人，无即取诸人，亦不少以属意。百斛之粟，数千百缗种钱，可一语而致也。予初以为此异乡相亲乃尔，及以问夏人，凡国中之俗，莫不皆然。"陈垣曾读摩尼教经，知"此等有类于共产之风俗，为摩尼教风俗。即曾考究南宋时闽、浙摩尼教情形者，亦知此为摩尼教风俗。"④ 西夏民族是中华民族的组成部分，摩尼教风俗影响了西夏族风俗，也即是影响了中华文化的一部分。

以上外来宗教的接受史、被同化和遗留影响三个方面，结合在一起，即

---

① 《开封一赐乐业教考》，第十二章"道光末叶至今日之情形"，第 19 页。
② 《火祆教入中国考》，第十二章"唐季火祆之厄运并宋代之残存"，第 45～46 页。
③ 《火祆教入中国考》，第十二章"唐季火祆之厄运并宋代之残存"，《明季滇黔佛教考（外宗教史论著八种）》（上），河北教育出版社，2000，第 140 页。
④ 《元西域人华化考》（上），第二"儒学篇"之"摩尼教世家之儒学"，第 603 页。

是说明外来宗教在中国，无不被中华文化所接受、同化和融合，而中国文化除了本身特有的儒老、中国文学等，也融化含纳了包括四种外来古教在内的各种宗教文化。正如陈垣所总结的："其旧俗譬之江河，中国文明则海也，海无所不容，故无所不化。"①

（二）陈垣论外来宗教与中华文化的关系

这一总结，充分体现了陈垣对于中华文化的关注和信心：相信中华文化强大的生命力和巨大的包容性，既历久弥存，又兼收并蓄，笔者将其概括为"陈垣的中华文化观"。启功先生曾总结为"对中华民族历史文化的一片丹诚"。他认为，"中华民族的历史文化是民族的生命和灵魂，更是各个兄弟民族团结融合的重要纽带，也是陈老师学术思想中的一个重要组成部分"。②周少川先生则将这一点称为"以中华民族文化为本的民族文化史观"。③ 这几种概括的含义是基本相同的。

陈垣为什么有这样的中华文化观？也可以从他对民族问题的观点窥见一二。辛亥革命有"驱除鞑虏、恢复中华"的宣传口号，曾为同盟会员的陈垣，反清却不主张排满。他反对区分满汉畛域，认为我国没有纯粹的汉族，民族之间是逐步融合的。在接受《世界日报》采访时，陈垣曾详细谈到自己的这一看法以及所撰写的《汉朝以来新氏族略》，他说：

> 我觉得现在的人常常说"汉族"，这是绝大的错误。严格的说，只能说中华民族，因为我国没有纯粹的汉族，都是混合民族，同时这种分别的称呼，很容易使其它民族起疑，而发生无谓的争执。其实我们单从姓氏一方面考察，多半都是各族混合的。刻薄点说，都是杂种。本来在汉朝以前人名不尽戴姓氏的，汉以来人名始尽戴姓氏，有了姓氏才易分别父子兄弟的关系，同宗族的关系。后来外族加入日益增多，这种氏族有两种。一是新氏新族，就是外来的种族，以名首字为姓，或戴二字三

① 陈垣：《元西域人华化考》（下），第209页。
② 启功：《夫子循循然善诱人》，第97～98页。
③ 周少川：《论陈垣先生的民族文化史观》。

字的本姓。旧氏新族，是外族到内地之后，或皇帝赐姓，或自取他人的姓为姓，或改复姓为单姓，现在的氏族，多半是混合外来的。同时汉族也不算是一个族名，所以这种称呼是有疑问的。这部《汉朝以来新氏族略》是考察民族史的，搜集汉朝以来信史，归纳逐条解释，而供国人参考。[①]

陈垣认为中华民族是逐步融合发展而来的，没有纯粹的汉族，也即是说明了中华民族的巨大包容性。

陈垣的这一主张在清朝覆亡前后一直没有变化，在五四时期反传统流行的全盘西化主张面前，陈垣仍然作如是观，他认为元也里可温教、伊斯兰教、佛教或摩尼教无不渐染华习或被中国同化，融入了中华民族。在基督宗教研究中，陈垣所持有的"基督教本色化观"是基督教与中华文化的关系，其实是属于外来宗教研究中所体现的"中华文化观"的一部分。任何来华的外来宗教都要"本色化"，都要融入中华文化，基督教只是其中一种。陈垣撰"古教四考"和《元西域人华化考》探讨外来民族或者宗教融入中国的历史，即蕴涵此意。陈垣是把宗教看做关乎民族文化的大问题来看的，他对外来宗教的研究含有对中华民族文化的深切关怀。

我们可以看到，陈垣的中华文化观包含两方，一方为外来宗教、文化，一方为中华文化：外来宗教、文化可以融入中华文化，但是不能改变后者；中华文化海纳百川似地容纳外来宗教、文化，本身得以丰富，但是本质不变。综合陈垣的分析，他对宗教与中华文化的关系，可以总结为：宗教是文化的一部分，而不是全部；宗教可以丰富文化，但不能改变文化，中华文化是"海"，"海无所不容，故无所不化"。总而言之，中华文化是中心，是本位。陈垣的中华文化观是他对自己民族文化的关怀，一方面以中华文化为中心，另一方面又是开放的，任何外来宗教都可以含纳于中国文化之中。

在当时的时代，陈垣的中华文化观具有很强的现实意义。1920 年代中

---

① 茜频：《学人访问记——历史学家陈垣》，载《世界日报》，1936 年 1 月 5 日。《汉朝以来新氏族略》一文至今未见发表，只是在新近出版的《陈垣全集》中收入《伟大之中华民族》的提纲，有相类似的观点和内容。陈垣：《伟大之中华民族》，载《陈垣全集》（第 22 册），安徽大学出版社，2009，第 123 ~ 125 页。

国知识界刚刚经历了五四新文化运动的思想洗礼，"内感民族文化之衰颓，外受世界思潮之激荡"①，易走两个极端：或者是持文化保守主义，认为中华文化优越，而拒绝接受外来影响；或者持全盘西化观点，要将西方文化全盘带入。而陈垣的观点与之都不同，他既反对前者的封闭保守，又反对后者的极端崇洋。他对中华文化具有坚定的信心，但同时也不拒绝外来文化的影响。这些深刻的思想，都寄托于陈垣所著的外来宗教史的研究，可以说，"古教四考"和《元西域人华化考》等，既是宗教史著作，也是陈垣对现实思想潮流的自觉回应。许冠三对《元西域人华化考》有这样的评语："在内容上剪裁得体，新旧两派可以各取所需。在守旧派眼中，它可显露中华文化之伟大，用夏变夷，又有新证；在革新派看来，它可以扩大国人胸怀，有助中外文化交流。"② 此语然也。③

三　中华文化的生命力：从佛道研究
析陈垣的民族文化关怀

陈垣的宗教研究，在抗日战争爆发后有所转向。他的转向发生在1938年，在此之前，陈垣发表的宗教史作品，主要在基督宗教方面，共有二三十

① 陈寅恪：《序》，陈垣：《元西域人华化考》，上海古籍出版社，2000，第158页。
② 许冠三：《新史学九十年》，岳麓书社，2003，第127页。
③ 对于外来文化与中国文化的关系，中国近代学者鲜有未加思考者。值得注意的是，同治外来宗教史的陈寅恪和汤用彤表达了与陈垣近似的主张：陈寅恪说："窃疑中国自今日以后，即使能忠实输入北美或者东欧之思想，其结局当亦等于玄奘唯识之学，在吾国思想史上，既不能居最高之地位，且亦终归于歇绝者。其真能于思想上自成系统，有所创获者，必须一方面吸收输入外来之学说，一方面不忘本来民族之地位。此二种相反而适相成之态度，乃道教之真精神，新儒家之旧途径，而二千年吾民族与他民族思想接触史之所昭示者也。"陈寅恪：《冯友兰中国哲学史下册审查报告》，原载冯友兰《中国哲学史》，商务印书馆，1934，收入《陈寅恪集》之《金明馆丛稿二编》，三联书店，2001，第284~285页。汤用彤的观点是："中国与西洋交通以来，因为被外族的欺凌，也早已发生了文化的前途到底如何的问题。直到现在，这个问题犹未解决。"在他看来，一、应否接受外来文化是价值问题，且不论；二、外来文化移植到另一方，是否影响，是事实问题，答案是肯定的；三、本地文化和外方接触是否改变本性和方向。两种文化接触后，是否改变本性、方向，答案是双方都要改变，本地文化具有顽固性，根本特性不变。汤用彤：《评近人之文化研究》，原载《学衡》1922年第12期；《文化思想之冲突与调和》，原载《学术季刊》一卷二期文哲号，1943年1月，皆收入氏著《往日杂稿》，中华书局，1962，第116~124页。

篇，佛教方面只有可数的 5 篇，道教方面没有文章发表①，但在 1938 年后，情况则恰好相反，佛道著述有一二十篇（部），而基督宗教方面只有两篇学术论文和一些讲话或回忆。② 可以说，从 1938 年以后，陈垣的宗教史研究开始转向佛道研究。③ 1938 年前的 5 篇佛教论文，主旨都在考证，或者短小，或为目录索引一类，并无固定和一致的主题。④ 1938 年后的抗战时期著作除《释氏疑年录》和《中国佛教史籍概论》兼有索引和著述目录性质之外，"宗教三书"，包括《明季滇黔佛教考》⑤《清初僧诤记》《南宋初河北新道教考》每篇都长达数万言，篇幅最长的《佛考》有 15 万字，最短的《诤记》也有 3 万字。

（一）转向佛道研究的原因

"宗教三书"以《明季滇黔佛教考》为始，该书从 1939 年 7 月准备，1940 年 3 月写成，共"专论明季滇黔佛教之盛"。作者自称"三十年来所著书，以此为得左右逢源之乐"。⑥ 在《陈垣来往书信集》收录陈垣给长子陈乐素的家信中，多次提及本书的构思、写作和出版，相当完整地记录了本书写作的全过程。以此为分析背景，笔者认为，陈垣转向佛道研究的原因有如下两端。

---

① 陈垣 1923、1924 年间曾编《道家金石略》，但未出版，后经陈垣裔孙陈智超和孙媳曾庆瑛校补，终于在 1988 年由文物出版社出版。

② 1938 年后，陈垣在基督教方面的学术论文有《汤若望与木陈忞》，《辅仁学志》第 7 卷第 1、2 合期，1938 年 12 月；《明末殉国者于阶传》，《辅仁学志》第 10 卷第 1、2 合期，1941 年 12 月。演讲与致词有《国籍司铎之新园地》，单行本，1942 年演讲稿；《辅仁大学欢迎田枢机大会致词》，《上智编译馆刊》第一卷全一期，1946 年 12 月。回忆文章有《天主教徒英敛之的爱国思想》，《光明日报》1951 年 4 月 2 日。

③ 鉴于陈垣生前出版的道教著述只有《南宋初河北新道教考》，所以 1938 年后陈垣的佛道研究其实以佛教为主。

④ 其中《记大同武州山石窟寺》考寺庙，《书内学院新〈慈恩传〉后》考年代，《耶律楚材父子信仰之异趣》《云冈石窟寺之译经与刘孝标》和《大唐西域记撰人辩机》三篇考人物。《敦煌劫余录》和《道家金石略》则是两部资料整理著作，且后者生前未刊。

⑤ 此书最早印行于 1940 年 8 月，为辅仁大学丛书第六种，书后有英文封面和提要，本书所据为该版。新中国成立后分别在科学出版社（1959 年）和中华书局（1962 年）再版。新中国成立前后的版本，在文字上略有差异。

⑥ 陈垣致陈乐素函，1940 年 5 月 3 日，《陈垣来往书信集》，上海古籍出版社，1990，第 656 页。

　　首先和他自己的心境有关。1937 年抗日战争爆发，许多学者南下，而陈垣居留北京，继续担任辅仁大学校长。家国沦亡、亲朋离散，其心境始终是苦闷的。① 加上日本人时时骚扰，所以抗战八年中，陈垣杜门谢客②，他写道："年来老境侵寻，读书不能久视，闲阅僧家语录，以消永昼，觉其中遗闻佚事，颇足补史乘之阙，时复默而识之。"③ 陈垣又说："人当得意之时，不觉宗教之可贵也，唯当艰难困苦颠沛流离之际，则每思超现境而适乐土，乐土不易得，宗教家乃予以心灵上之安慰，此即乐土也"。④ 此语颇适用陈垣本人，身当乱世，心境苦闷，无以超脱，唯有读佛书以消遣时光。继而在阅读中发现了研究佛教的题目，这是陈垣转向偏重佛教研究的原因之一。

　　其次与当时的政治环境有关。抗战期间，辅仁大学因德国人接办的缘故勉力维持，珍珠港事变后，更成为抗战后期唯一在北京继续开办而不受日本直接控制的学校。陈垣说："民国廿六年以来，我们学校已有八年不行开学典礼，因我们处在沦陷区域，国旗拿不出来，国歌亦唱不响亮，甚至连说话都受限制，为了避免一切不必要的麻烦，以往的八年都是在不动声色的黑暗世界中渡过来的"。然而辅仁师生并未屈服，组织了"炎武社"等秘密的抗日团体。陈垣作为校长，一方面要应付日本人的干扰，另一方面也利用各种可能的机会引领同学对日的不屈精神，借讲话或者题词的机会来表达期望。比如 1939 年给"辅仁年刊"的题词是"毋事浮嚣，毋失礼于人，毋徒顾眼

---

①　至痛莫过于亲人离散之苦，此期间通信不畅，陈垣既惦念广东家中的老人、姊妹是否平安，又挂心刚刚毕业的女儿潜，和即将结婚（或者刚刚结婚）的儿子约，其心拳拳，其意切切：1938 年 12 月 21 日信有"本乡慈纪宫亦闻有死人，未知老人在乡如何，心烦不可盲状……新郎久无信，潜有信而言病，均可虑，奈何"，1939 年 3 月 26 日信曰"潜孤人远处，终是挂心，奈何！"1939 年 7 月 23 日信提到"约三日来信，已收到几封，粤事变后第一次来书，悲喜交集也"等。陈垣致函陈乐素，1938 年 12 月 21 日，1939 年 7 月 23 日，《陈垣来往书信集》，第 641、646 页。

②　抗战胜利后，陈垣致函张长弓（1946 年 1 月 20 日），"余近状尚好，八年杜门习惯，一旦打破，故比敌人降服前为忙。"《陈垣来往书信集》，第 747 页；郑天挺回忆："抗日战争胜利，一九四五年十二月我回到北平，去探望陈老。次晨陈老到我处，然后我去送他出门。陈老环顾街上，怆然说道：'我八年没有出门了！'我闻之黯然。"《回忆陈援庵先生四事——致刘乃和同志书》，载《陈垣校长诞生百年纪念文集》，北京师范大学出版社，1980，第 12 页。

③　陈垣：《清初僧诤记小引》，《辅仁学志》第九卷第二期，1940 年 12 月。

④　陈垣：《明季滇黔佛教考》卷六"乱世与宗教信仰之十五"，辅仁大学，1940，第 181~182 页。

前，毋见利忘义，永保汝令名"。①

在学术研究方面，他也不忘借宗教著述阐发国家民族大义。正是因为现实的遭遇使陈垣读佛教书籍时，与历史上很多抗节不屈的逃禅的遗民有了共鸣，他才开始转向相关的佛教历史研究，写出了《明季滇黔佛教考》。如他自己所说："此书作于抗日战争时，所言虽系明季滇黔佛教之盛，遗民逃禅之众，及僧徒拓殖本领，其实所欲表彰者乃明末遗民之爱国精神、民族气节，不徒佛教史迹而已。"②

为本书写序的陈寅恪对此著有深刻的解读：

> 抑寅恪读是书，竟别有感焉。世人或谓宗教与政治不同物，是以二者不可参互合论，然自来史实所昭示，宗教与政治，终不能无所关涉。即就先生是书所述者言之，明末永历之世，滇黔实当日之畿辅，而神州正朔之所在也，故值艰危扰攘之际，以边缴一隅之地，犹略能萃集禹域文化之精英者，盖由于此。即明社既屋，其地之学人端士，相率遁逃于禅，以全其志节，今日追述当时政治之变迁，以考其人出处本末，虽曰宗教史，未尝不可作政治史读也。

而且他此时"转徙于滇池洱海之区"，即是抗战时期的后方，根本也无异于明末奔走滇黔的遗民，因而与之产生了深切的共鸣，才抒发出这样精辟的议论和深切的感慨。③

（二）民族文化关怀之一——表彰遗民阐扬气节

陈垣抗战时期所发表的三部宗教史著，从选题、资料到意义阐发都颇具匠心。首先，陈垣是借宗教著述寄托故国之思。明朝末年"滇黔实当日之畿辅，而神州正朔之所在"，巧合的是，抗日战争时期，云南和贵州也是未被日

---

① 刘乃和：《立志耕耘求真理》，见氏著《历史文献研究论丛》，广西师范大学出版社，1998，第229页。
② 陈垣：《重印后记》，氏著：《明季滇黔佛教考》，中华书局，1962，第320页。
③ 陈寅恪：《明季滇黔佛教考序》，陈垣：《明季滇黔佛教考》，中华书局，1962。陈垣致函陈乐素，1940年4月6日，《陈垣来往书信集》，第658页。

本占领的后方，在陈垣看来那里是中国政权和文化的正统所在。《明季滇黔佛教考》书写滇黔历史，是表达自己心向故国的忧思。第二，抗日战争时期，大学纷纷迁校西南，各地学者云集西南，形成了西南民族文化的研究热潮，陈垣的《明季滇黔佛教考》，是对学者们的致意①，也是对这一学术潮流的回应。第三，也是最重要的，陈垣是借写逃禅和入道的遗民，来阐扬他们爱国不仕的民族气节②。抗战时期的北平，正属于河北地区，陈垣的《南宋初河北新道教考》实是以宋朝遗民自励，阐扬创立三道教者"修道厉行，逐隐躬耕为基，觉世牖民，救人利物"的不屈不仕精神。陈垣的《清初僧诤记》则"利用了在宗教史中的斗争历史、借古讽今，来表达自己的政治见解"。③

陈垣以各种方式表彰遗民气节，例如在《南宋初河北新道教考》中，他借评论三种新道教宗旨的前后变化，表彰新道教前期作为遗民的修持之功：就个人而言皆退守隐逸，就整体而言则济世利人。陈垣认为全真教产生于乱世，"除情去欲，忍耻含垢，苦己利人为之宗"④。

陈垣认为三教在末期却违背了这一宗旨。比较全真教前后变化，"立教之初，本为不仕新朝，抱东海西山之意，何期化民成俗，名动公卿，束帛蒲车，相将岩壑哉。"⑤ "夫全真之兴，其初不过欲涸迹器埃，深自韬晦，以俟剥复之机而已，岂期巫祝之术，为幼稚民族所欢迎，竟得其国王大臣之信仰，尊之以宗师，崇之以冠服，侈之以宫观台榭，如是其盛乎。"⑥ 而大道教"至有元中叶，亦盛极而衰，与前卷全真教相似"。前期遗民有诉讼之事寻求大道教调解，说明大道教的威望，但是后期大道教竟俨然设司法公堂；前期是遗民争相往聚

---

① "时余方困故都，系念西南诸友，尝撰《明季滇黔佛教考》以寄意。"陈序，方豪编《马相伯先生全集》，上智编译馆，1947。收入民国丛书第二编第 97 册，上海书店，1990。

② 关于陈垣借宗教三书阐扬民族气节，学者论及者很多，例如郭预衡：《史学、宗教与政治——重读援庵先生南宋初河北新道教考等三书》，载《纪念陈垣校长诞生 110 年学术论文集》，北京师范大学，1990，第 192～197 页；郭预衡：《寓"心史"于宗教史》，载《励耘学术承习录：纪念陈垣先生诞辰 120 周年》，北京师范大学出版社，2000，第 41～42 页；陈其泰：《陈垣先生学术思想的升华——明季滇黔佛教考的成就》，载《纪念陈垣校长诞生 110 年学术论文集》，第 46～65 页。

③ 陶飞亚、吴梓明著《基督教大学与国学研究》，第 243～244 页。

④ 陈垣：《南宋初河北新道教考》卷一全真篇上，"全真教之起源第一"，辅仁大学，1941，第 12 页。

⑤ 陈垣：《南宋初河北新道教考》卷一全真篇上，"全真教之起源第一"，第 13 页。

⑥ 陈垣：《南宋初河北新道教考》卷一全真篇下，"末流之贵盛第十一"，第 55 页。

的首领，后期却自视官长。陈垣对三教前后变化的态度，正是表明了他对自己生活在日据地区的要求：以遗民自视，坚持不仕当时的"新朝"——日本。

陈垣也以各种方式斥责趋炎附势的投降之辈。例如在《明季滇黔佛教考》中，陈垣批评趋炎附势没有志节的逃禅者马宝，认为他是"人中极不堪者"，在明清变乱之际只要哪派势力占上风便立即跟从，先附孙可望，再降吴三桂，后再降清，"综其一生之反复，酷似演义中之吕布，若而人者，可谓无佛性也。然狗子有佛性，马宝何得无佛性！"① 又说"盗亦有道"② 云云，对马宝极尽讽刺之能事。再如高得捷俊捷兄弟，先一家事佛，与野竹和尚论道，后又耐不住佛门寂寞，再随三桂反清③。再如塞而泰，陈垣直称其为"此败类之逃禅者也"④。

在三书之首部《明季滇黔佛教考》中，陈垣引《南雷文案》点题："近年以来，士之志节者，多逃之释氏"，并总结曰："明季遗民之多逃禅，示不仕之决心也……若推而求之滇黔以外，所得更不止此"。陈垣实以遗民自视，表达自己坚持不仕日本的决心。最后说："然则明之亡而终不亡，岂非诸君子心力之为乎！"⑤ 也即是号召沦陷区人民应彼此砥砺，只要保持民族气节，总有复兴之日。

（三）民族文化关怀之二——宗教与文化的关系

如果认为陈垣在抗战时期的佛道研究之主旨只在于"表彰遗民的爱国精神、民族气节"，则并不全面。《明季滇黔佛教考》刚刚写完时，陈垣曾在家书中明示"本文之着眼处不在佛教本身，而在佛教与士大夫遗民之关系，及佛教与地方开辟、文化发展之关系"⑥。可见，陈垣所关心的还有"宗教与地方开辟、文化发展的关系"。

陈垣在古教四考和《元西域人华化考》中曾述及外来宗教入华，被中

---

① 陈垣：《明季滇黔佛教考》卷六"释氏之有教无类"，辅仁大学，1940，第170～171页。
② 陈垣：《明季滇黔佛教考》卷六"释氏之有教无类"，第172页。
③ 陈垣：《明季滇黔佛教考》卷六"释氏之有教无类"，第172～174页。
④ 陈垣：《明季滇黔佛教考》卷六"释氏之有教无类"，第179页。
⑤ 陈垣：《明季滇黔佛教考》卷五"遗民之逃禅十四"，第152页。
⑥ 陈垣致陈乐素函，1940年5月3日，《陈垣来往书信集》，第656页。

华文化同化乃至丰富中华文化的观点。在佛道研究中，陈垣阐述了中国宗教与中华文化保存和发展的关系，其中包括两方面，一是宗教与文化保存，二是宗教与地方文化开辟。宗教保存文化又分两类，一是保存"宗教文化"，如经籍等；二是指保存"中华文化"。尽管有分类，但是在广义上，又全都属于中华文化。由此可见，在宗教与文化的关系上，陈垣所关注的重心始终在中华文化。换言之，在抗战期间，他始终关注的，是中华文化在日本入侵国家沦陷后的存留和发展问题，以下分述之。

1. 宗教保存宗教经籍

陈垣最早论及宗教保存文化，是在《云冈石窟寺之译经与刘孝标》文。陈垣讲到云冈石窟寺译经的笔受人刘孝标，不仅协助昙曜译经多部，自己也有世俗著作《世说新语注》和《类苑》，前者因佛寺保藏而至今保存，后者却已流失。陈垣感叹曰："以今吉迦叶与孝标所译诸经无一不存之例例之，则古刹保存经籍之功实大"。[①] 文章末句谈及欧洲，不过在陈垣的几种论文集中已被删去。如下表所示：

表1

陈垣：《云冈石窟寺之译经与刘孝标》，《燕京学报》第六期"校舍落成纪念专号"（1929 年 12 月）	1980 年中华书局《陈垣学术论文集》 1981 年上海人民《陈垣史学论著选》
"欧洲中世纪被北族蹂躏后，保存经籍，亦大率僧侣及教堂也。"	无

资料来源：陈垣：《云冈石窟寺之译经与刘孝标》，《陈垣学术论文集》（一），中华书局，1980，第 447 页。

陈垣：《云冈石窟寺之译经与刘孝标》，《陈垣史学论著选》，上海人民出版社，1981，第 264 页。

陈垣：《云冈石窟寺之译经与刘孝标》，载《燕京学报》第六期 "校舍落成纪念专号"，1929 年 12 月，第 1019 页。删除该句或许是出于政治原因。

该句道出了宗教与文化保存的关系，所指有渊源的。罗马帝国崩溃后，本笃会僧侣建立的修道院，收藏文物古籍，使得古典学问得以维持而不坠。辅仁大学正是本笃会所创立的，所抱持的理想，也是在内忧外患文化革新之际，为维持中国文化、沟通中西文化而努力。在 1928 年 12 月创刊的《辅仁

[①] 陈垣：《云冈石窟寺之译经与刘孝标》，载《燕京学报》1929 年第 6 期 "校舍落成纪念专号"，第 1015～1019 页。

学志》的"弁言"首段即言本笃会与欧洲文化的关系："罗马灭后四年，希腊腊丁（引者按：原文如此）之文化，不绝如线，圣本笃尽然忧之，起而肩负文物保存之大任。清修之士，望风景从，中世纪名人之鸿著，得传于世，亦赖其徒校勘流传之功也。益以其力，为建筑美术之维护，提倡教育，大开横舍，今欧洲著名大学，夷考其朔，率修士肇其端耳。"① 不能肯定弁言是否陈垣所撰，但以他是学志编委会的领衔，兼证以《刘孝标》文所提及，对弁言的这一看法他应当没有异议。

2. "宗教为文化先锋"：宗教开辟地方文化

在《明季滇黔佛教考》的《僧徒拓殖本领》中，作者进一步阐述了宗教与地方文化开辟的关系，即是通过开山修路引水，提高当地生活水平，同时将文化传播到未开化文化水平较低的地方。

陈垣认为，宗教之所以能开辟地方文化，是由于宗教徒的"刻苦冒险利人"。而这一美德正是来自宗教：信仰给人以宗教的信念，而宗教信念可以带来某种行为，改变人的生活，甚至影响到文化。陈垣说，"凡政治势力未到之地，宗教势力恒先达之。所以谓宗教为文化先锋也。"但是陈垣对宗教的某些赞誉之词，再版时已被删去。其时陈垣健在且为之作序，可以推断是作者自己所为，删减原因或许是担心被怀疑影射政治。版本比较如下：

表 2

《明季滇黔佛教考》1940 年 8 月辅仁版	《明季滇黔佛教考》1962 年中华书局版
明季滇黔佛教之盛,既如上述,然尚有一特别原因,则僧徒拓殖之本领是也。大僧徒亦人耳,何独有此本领?	明季滇黔佛教之盛,既如上述,然尚有一特别原因,则僧徒拓殖之本领是也。大僧徒何独有此本领!（删僧徒亦人耳）
即以刻苦冒险利人等美德,为宗教家所必备。寻常政客,既无拓殖学识,又无宗教信念,非藉兵力不能辟地。惟宗教家不然,一瓢一笠,即可遍行天下。	即以刻苦习劳(删利人,改习劳)冒险等习惯,为僧徒所恒有,往往一瓢一笠,即可遍行天下。（泛指宗教家变单指僧徒,删与政客的比较）
故凡政治势力未到之地,宗教势力恒先达之。所以谓宗教为文化先锋也。	故凡政治势力未到之地,宗教势力恒先达之。（此处删宗教为文化先锋也。）

资料来源：陈垣：《明季滇黔佛教考》卷四"僧徒拓殖本领第十一"，辅仁大学，1940，第 104 页。
陈垣：《明季滇黔佛教考》卷四"僧徒拓殖本领第十一"，中华书局，1962，第 159 页。

① 《辅仁学志》第一卷第一期，1928 年 12 月，弁言。

关于宗教徒的利人精神，陈垣在文中多次表示称许。评沙塘哨僧引水事曰："一则利人住，一则利人行，一则利人饮，皆宗教家利人精神之表现也。因并及之。"① 关于宗教为文化先锋的观点，在 1940 年辅仁本中，陈垣两次提出，第二次出现是在谈恒秀和尚建绿萝寺事后："宗教为文化先锋，于此益可证矣。"② 1962 年中华书局本只出现了一次，该句被改为："宗教每为文化先锋，理或然软"。③

3. 宗教保存中华文化

在《南宋初河北新道教考》之前，陈垣的《刘孝标》文从刻经保存宗教经籍角度，《佛考》从文化拓殖角度谈及宗教有助于地方文化开辟，在《新道教考》中，陈垣则以全真助藏经之刊行，谈宗教保存文化问题，不过这里的"文化"所指与刘孝标文不完全相同：

> 汴宋既亡，道经散佚，金明昌间道士孙明道重刊于燕京，是为《金藏》，金亡经复佚，元太宗时全真宋披云等重刊于平阳，是为《元藏》，今分别说明之。④

> 何谓留读书种子，全真家可贵，非徒贵其不仕，贵其能读书而不仕也，若不读书而不仕，则滔滔天下无文化者皆是，安用全真乎。若因不仕而不读书，则不一二世悉变为愚昧无闻知之徒⑤，此统治者所求而不得也，故全真虽不仕，书却不可不读。……《道藏》……包涵中国固有杂学，如儒墨名法史传地志医药术数之属无不备，固蔚然一大丛书也。能寝馈于斯，虽伏处山谷，十世不仕，读书种子，不至于绝，则全真家刊行《道藏》之意义大矣。⑥

第一段引文与刘孝标文含义相同，即道教刻经保存经籍；第二段引文则引至

---

① 陈垣：《明季滇黔佛教考》卷四"僧徒拓殖本领第十一"，辅仁大学，1940，第 113 页。
② 陈垣：《明季滇黔佛教考》卷四"僧徒拓殖本领第十一"，辅仁大学，1940，第 112 页。
③ 陈垣：《明季滇黔佛教考》卷四"僧徒拓殖本领第十一"，中华书局，1962，第 172 页。
④ 陈垣：《南宋初河北新道教考》卷一全真篇上，"藏经之刊行第五"，辅仁大学，1941，第 25 页。
⑤ 改为"不一二世悉变为无文化之人"，中华书局，1962，第 29 页。
⑥ 陈垣：《南宋初河北新道教考》卷一全真篇上，"藏经之刊行第五"，辅仁大学，1941，第 29 页。

读书而又不仕的问题。刊行道藏使全真诸集附于道藏而流传，同时对于保存文化，保留读书种子有着深刻的作用，因为若不读书，就没有文化，而这正是外族统治者求之不得的，反之，一日读书，中华文化就可以一日流传下去。陈垣常用"贵其能读书而不仕"鼓励辅仁学生，身处乱世，必须要好好读书。这里的"文化"概念则不限于全真或者道教文化，而是中华民族的文化。

陈垣又从道教女学引发同样的感慨，乱世之中，一切文教都不能如常进行。而乱世之中，宗教独兴。宗教所施行的刻经、教育等活动对于保存文化有着重要的作用，这就是所谓"礼失求野，文教之保存，每不在黉舍而在寺观"。①

上述三点宗教与文化的关系，分别为：宗教可以保存宗教文化，可以开拓地方文化，并且保存中华文化，是陈垣对于宗教与文化关系的再次阐述。在基督宗教研究中，陈垣所持有的"基督教本色化观"是基督教与中华文化的关系，其实是属于"古教四考"研究中所体现的"中华文化观"的一部分，也就是外来宗教入华，被中华文化同化乃至丰富中华文化的观点，简言之即是宗教可以丰富文化；在佛教道教研究中，陈垣进一步完善和发展了宗教与文化关系的阐述，即宗教有助于开拓地方文化，可以保存文化。宗教丰富文化、开拓文化和保存文化，这三点是陈垣关于宗教与文化看法的三个方面。

这三方面的重心均落在后者"文化"上，而文化所指很明显即是中华文化。陈垣在研究基督宗教和外来古教时，认为外来宗教入华无不被中华文化同化，如果说那里侧重的是中华文化的开放性的话，那么在研究佛教道教时，他侧重的则是中华文化的长久生命力。

在宗教三书中，陈垣对于中国文化的生命力充满了自信，他感叹曰：

> 呜呼，自永嘉以来，河北沦于左衽者屡矣，然卒能用夏变夷，远而必复，中国疆土乃愈拓而愈广，人民愈生而愈众，何哉，此固先民千百

---

① 陈垣：《南宋初河北新道教考》卷二全真篇下，"妇女之归附第八"，辅仁大学，1941，第38页。

年之心力艰苦培植而成，非幸致也。三教祖之所为，亦先民心力表现之一端耳，故乐得而述之。①

按祖宗之遗我也厚矣，似比广漠无垠之土地，取无尽，用无竭，进退绰有余裕，吾何修而得此！乃我父老昆弟，优游卒岁，淡然置之，徒使三五缁流，托足其间，刀耕火种，是自弃也。诗曰："子有廷内，弗洒弗埽，子有钟鼓，弗鼓弗考，宛其死矣，他人是保。"岂不痛哉！②

陈垣赞美中华文化的长久生命力，以此劝告同人同学国土虽遭日本占据，但中华文化不会亡，只要精神还在，艰苦培植，民族就还有复兴之日。

在抗战时期关于佛教道教的论述中，陈垣更加强调了宗教与文化是不矛盾的，反而可以有利于后者。他认为在乱世中，宗教——包括佛教、道教和基督教，都可以保存中国文化。天主教辅仁大学就是活生生的例子。辅仁大学因为具有德国教会的背景，故在沦陷区继续开办，并收留了大量不愿在日伪学校任教或读书的老师或学生，学校在有限的自由中艰苦维持③，不仅仅陈垣校长和许多教师以中国历史文化的教学和研究，弘扬和发展民族文化，学生也组织了语言文字会和历史学会等各种团体④。陈垣其实是以逃禅入道的遗民自称⑤，以佛教道教等宗教保存文化的历史自励并鼓励同学，并且希望以天主教辅仁大学为阵地，担负起保存民族文化的责任。

如同前两次谈及文化关怀一样，陈垣论述的重心一直都落在中华文化

---

① 陈垣：《南宋初河北新道教考》，第 3 ~ 4 页。

② 陈垣：《明季滇黔佛教考》卷五，中华书局，1962，第 199 页。1940 年辅仁大学版本，首句为："按彼苍待我也厚矣，人居大国方为贵，今予我广漠无垠之土地，取无尽，用无竭，进退绰有余裕，吾何修而得此"，第 128 页。

③ 陶飞亚与吴梓明曾分析辅仁大学当时的处境："在日军占领下的北平，辅仁始终处于一种矛盾的境地。一方面困难重重，一方面学校还在继续发展；一方面处于日军的威胁之下，一方面还享有有限的自由。"《基督教大学与国学研究》，第 242 页。

④ 语言文字会组织专题演讲及字典编纂等。

⑤ 陈垣有论曰，"呜呼褚君，此乱世所生之人物也，邦有道则见，邦无道则隐，见被发于伊川，知百年而为戎，所谓无道也。兽蹄鸟迹，交于中国，入山唯恐不深，斯其时矣。褚君以坚苦卓绝之姿，效巢由高蹈之行，侪诸古高士传，何多让焉，谁谓古今人不相若哉"，笔者认为，是描述自己的处境：日本入侵即"邦无道"，闭门不出决不出仕即"隐"。陈垣：《南宋初河北新道教考》卷一全真篇上，"教徒之制行第二"，辅仁大学，1941，第 17 页。

上。对中华文化生命力的信心，是陈垣在抗战时期所持守的文化关怀，在他的"宗教三书"等著作中得到了充分的表达，结合陈垣的处境，可以说，他是以宗教著述表彰遗民精神民族气节，并且以此激励自己和师生，在属于基督宗教的辅仁大学，在因宗教原因获得的有限自由中实践着民族文化的保存。

四　小结

"文化关怀"是陈垣投入国家民族和社会的方式，是他研究宗教的社会原因。三种文化关怀在不同时代中都有对应：基督教本色化观对应陈垣的宗教信仰以及基督教与中华文化的关系问题，中华文化观对应全盘西化和文化保守观点，民族文化观对应外族入侵的文化保存和发展问题，都包含了陈垣对自身处境和对国家民族处境的深切思考。这也是我们分析陈垣的宗教研究时所必须考虑的背景因素。

（本文的删节版发表于《史学史研究》2011 年第 3 期）

论清代"奁田"

◎ 毛立平

在所有的陪嫁物品中,土地是比较特殊的嫁妆。说它特殊,一方面是由于陪送土地在许多地方既非人们的习惯做法,又不符合礼法规定,在嫁妆中并不常见;另一方面,土地的权属问题十分复杂,极易引发家庭矛盾和土地纠纷。尽管如此,清代仍有一些家庭将土地作为嫁妆陪送给女儿,即"奁田"。但是,女家在陪送奁田的同时,往往通过土地权属的分割、母家对于奁田权利的保留等做法,将土地权利尽量留存在宗族之内。因此,相对于其他的嫁妆而言,妇女对于奁田的权利具有不确定性和不完全性的特点。

一 "鬻产嫁女"与陪送奁田

如果仔细研究清代各地方志,我们就会发现一个社会现象:有关人们"鬻产嫁女"的记载比比皆是。如湖南《兴宁县志》:"嫁女者,前此奁物不过日用布帛,富者侍婢、奁田;今则中等之家亦彼此相效为观美装。郎须寒暑衣服,女更倍之,绫缎远求京扬,珠翠争夸新样,一切器具备极精工,除婢女外,尚有奁钱数十千、数百千不等。富者即侈费,故绰有余裕,中户亦欲争夸,遂有典田鬻产以资奁仪者"①;福建《厦门志》:"妆奁,先期鼓乐

---

① 《兴宁县志》卷5《风土志》,光绪元年刻本。

迎送至男家，珠翠衣饰无论已，外如口字糖、福饼、绒花彩缯，动盈数十
箧，谓不如是则见诮于人。在富者为所欲为，中户嫁一女费过半矣，其有鬻
产嫁女者，何其愚也"①；四川《威远县志》："贫户或鬻产嫁女，不则翁
姑、夫婿或以奁薄而轻其妇"②，等等。这些记载反映出清代婚嫁中的奢靡
夸耀之风盛行，那些没有多余财产可供陪嫁、又碍于体面不愿"见诮于人"
的家庭，只得典卖产业以嫁女。而他们所典卖的产业中，土地占到很大比
例。这种行为使得许多家庭家道中落，甚有"因嫁一女竟至败产倾家，一
蹶而不可复振"者。以上资料会使我们产生这样一个疑问：与其鬻产嫁女
使得家道衰落，为何不直接以田地作为嫁妆陪送给女儿？

究其原因，大致有以下几点。

第一，嫁妆的习惯构成和礼法限制。清代嫁妆的构成以衣物首饰和日用
器具为主，按照家庭的贫富决定不同的陪嫁等次。如天津地区陪送嫁妆，最
贫困者"仅备女子常用之物若干件而已"，随轿带至男家，"不遣人送"，稍
有余力的家庭，"则十六抬或十二抬"，中等人家"大率为二十四抬或三十
二抬"，富家"递加至百余抬不等"。③"抬"中所置以衣物首饰、家具器物
为主，并不涉及土地等资产。最具代表性的是杭州的嫁妆，共分为六个等
次："最简者曰'四只头'，仅有衣箱四口，现在除清寒人家外，绝无仅有。
其进一步者为'赤脚两裙箱'，所谓'赤脚两裙箱'者，系无榻床，无圆火
炉，仅有裙箱两口而已。（'裙箱'木制，门向上开，极呆笨。）其稍进一步
者为'两裙箱'，则有圆火炉，有榻床，有显被矣。（显被于发妆时置榻床
上，大都绸绫，至少半条。）其又进一步者，则'裙箱'之外，更有玻璃衣
橱，但此种木材，均属椐木。其更进一步者，则为'红木两裙箱'，是则全
用红木所制者矣，显被之增加，从八条至十六条，有银桌面等位陪衬妆奁。
其再进一步者，则为'红木四裙箱'，显被多至二十条，银桌面增至二桌，
衣橱亦随增之为四。穷奢极欲，无有止境。至乡间之最简陋者，则仅一桌四

① 《厦门志》卷 15《风俗》，道光十九年刻本。
② 《威远县志》乾隆四十年刻本，引自《中国地方志民俗资料汇编》西南卷，北京图书馆出
版社，1991，第 133 页。
③ 《天津志略》第一编第十一章《礼俗》，民国二十年铅印本。

杌而已"。① 从一桌四杌到"红木四裙箱"，体现出严格的等级界线，每个家庭可以根据自身的贫富，置办不同等次的嫁妆，但是，金银、土地等并不在陪送范围之内。出于习惯的做法，人们很少使用金银、土地等物陪嫁，即使嫁妆中含有一定的金银、土地，也是在前两类物品（衣物首饰和日用器具）齐备的前提下另外陪送的。比如清初吴三桂嫁女时，除丰盛的奁具外，又"买田三千亩，大宅一区"作为女儿的嫁妆。② 这是豪门富户的特例，并不具有普遍性，多数家庭没有陪送土地的习惯。如《合水县志》中明确指出："力有者之妆奁，亦颇备具，特无以人畜、房田资送者"。③ 康熙朝状元彭定求的儿子彭正乾在分家时也说，彭氏家族从无陪送奁田的先例。④

礼法规定也对嫁妆有着直接的影响。《周礼》："嫁子娶妇，入币纯帛，无过五两"。这里的五两，并非金银，而是缯帛，"古者二端相向卷之，共为一两，五两共十端也"⑤，即嫁妆和聘礼皆不得超过五两缯帛，更不得使用其他物品。清代法令对于嫁妆虽无明确限制，但是规定："汉人婚娶，纳采及成婚礼四品官以上，绸缎不得过八匹，金银首饰不得过八件，食品不得过十。五品以下官各减二，八品官以下有顶戴人员以上又各减二。军民人等，绸绢不得过四，果盒不得过四。其金银财礼，官民概不许用。至庶民妇女，有僭用冠帔补服大轿者禁，违者罪坐夫男。"⑥ 此法令虽然是针对男家纳采而言，其中的"其金银财礼，官民概不许用"对于女家陪嫁同样具有约束力，直接证明婚嫁中使用金银等物属于违背法规的行为。这些规定，一方面是为抑制婚娶中的奢靡之风，另一方面表达出聘礼和嫁妆的意义在于，男女两家在缔结姻亲时互送礼物给对方，以示尊敬和友好，达到"昏礼者，将合二姓之好，上以事宗庙，而下以继后世"的目的⑦。若在婚姻缔结中使用金银，无疑亵渎了这一神圣的使命。从这一角度来看，土地与金银同样违

---

① 《苏州风俗》，《中国风土志丛刊》第36册，广陵书社，2003，第27页。

② 徐珂：《清稗类钞·婚姻类》，中华书局，1984，第2033页。

③ 《合水县志》卷下《风俗》，乾隆二十六年抄本。

④ 《彭氏宗谱》卷一一。

⑤ 《周礼注疏》卷14，北京大学出版社，1999，第365页。

⑥ 《钦定大清会典事例》卷三百二十五《礼部》，台湾新文丰出版公司，1976，第9439页。

⑦ 《礼记正义》卷六十一《昏义》，北京大学出版社，1999，第1618页。

背礼法的规定和婚姻的大义,思想家陈确即明确指出:"聘之用黄白,非礼也","质产,尤非礼也"①,反对在婚姻中使用金银和田产。在中国传统的农业社会中,土地对于家庭而言比金银更为重要,它意味着人们的生活来源和生存之本:人们通过耕种土地获得粮食、维持生计;有盈余的家庭便设法买进土地,以扩充产业,即使城居的官员也往往积蓄俸禄,在家乡置买土地,以为养老之需和留传后世子孙的财产②。拥有土地的多少成为判定家庭贫富的直接标准,只要家有土地,就被视为有产业,家庭就不至太贫乏。因此,家庭和宗族对于土地的重视程度大大超过金银,陪送土地尤其属于"非礼"行为。譬如在曲阜衍圣公孔府的田产转移记录中,"没有看到把田产作为女儿嫁奁的材料",只有"婆媳之间的田产相互授受"。就是说,外姓女子嫁入孔府可以带来奁田,而孔氏宗族的女子出嫁绝不陪送奁田,带入孔府的奁田也只传给媳妇,不许授予女儿。"这种在女性中,田产传媳不传女的做法,同封建族谱上规定祭田不能卖与别家他姓具有同样功效,目的是使田产不致分散,维护其贵族封建门第。"③

第二,奁田容易引发家庭或家族纠纷。中国传统社会土地的权属问题十分复杂,土地交易或转移程序也十分繁琐。如果一个家庭想要出卖一块土地,首先要受到亲族优先购买权的限制,即"卖地时需先遍问叔伯弟侄等有优先购买权的'亲房'。亲房不买,则由亲及疏、遍问本家族人。族人不买,则由亲及疏遍问姻戚,姻戚不买,则问承典、承租人。承典人或承租人亦不买,还要遍问地邻。又不要,才能找其他人承买"④。如果没有征得亲族的同意擅自将土地卖出,族人有权出面阻止或干涉。事实上,即使在征求过亲族意见的前提下,往往也会有族人到时干涉、挑衅。如以下案例⑤:

---

① 陈确:《陈确集》,中华书局,1979,第515页。
② 如清人彭玉麟之父"宦二十余年,节廉俸,托亲党为购田庐,以为归老资",参见《彭玉麟集》中册,岳麓书社,2003,第241页。类似的例子还有很多。
③ 参见何龄修等《封建贵族大地主的典型——孔府研究》,中国社会科学出版社,1981,第160~161页。
④ 张研:《关于中国传统社会土地权属的再思考——以土地交易过程中的"乡规"、"乡例"为中本家心》,载于《安徽史学》2005年第1期。
⑤ 第一历史档案馆、中国社会科学院历史研究所:《清代土地占有关系与佃农抗租斗争》,中华书局,1988,第304页。

雍正十三年（1735）十二月，河南登封县陈刘氏，丈夫已故，"因贫难度"，只得出卖土地。陈刘氏首先在陈姓本家本族之内征询买主，包括其夫的侄子陈雅，都说"无银置买"。按照乡规，在这种情况下陈刘氏可以卖与外姓，于是托中人陈兆凝寻到买主王仁，议定每亩价银三两三钱，共出卖约七八亩土地，双方当即写定"觅买文约"，王仁向陈刘氏交纳买地定钱一两二钱六分银子、九百钱，言定其余银两在丈明地亩之后交齐。然而买卖双方及中人在丈地之时，侄子陈雅却跑来阻挡，"混骂"王仁"擅买他陈家的地"。王仁表示："这地既有口舌，我就让你买罢"，便欲回家取文约还陈刘氏，并索回定钱。陈雅仍追上来混骂扑打，王仁失手将陈雅打死。

案例中，尽管陈刘氏在卖地之前已经按照惯例征求过亲族的意见，并得到允准，但是仍然产生纠纷，引发命案。从案例中王仁见陈雅"跑来阻挡"立即表示退让可以看出，他对于土地买卖中的宗族优先权十分明了。而这种权利极易引发家庭、家族的矛盾和纠纷。

我们之所以不厌其烦地阐述土地交易中的亲族优先权，是由于用土地做嫁妆也存在类似的问题。奁田虽然是由母家赠送给女儿，不涉及金钱交易，但是像其他嫁妆一样，其权属或收益要由女儿从娘家带到婆家。对于其他的家庭和宗族成员来讲，此举无疑使得土地旁落，会引起不满或纠纷，即使在婚嫁当时没有阻挠干涉，也难保日后不寻到女儿夫家挑事。有关此方面内容，我们将在下文详细论述。

第三，土地的不可迁移性。嫁妆中的衣物首饰、家具器皿，乃至金银，都属于容易搬运迁移的物品，无论缔姻双方家庭距离远近，都没有大的影响。清人吴炽昌在《客窗闲话》中记录了长途运送嫁妆的盛况：浙江钟俊妻，其父母"盛备奁具"，"雇群艘，由水路行"，"运奁之日，自京至通，四十余里，络绎不绝于道者，翌日始毕"。[①] 可见陪嫁多、路途远，对于富裕之家而言并不是大问题。但是土地则不同，它属于"不动产"，不能随着女子的出嫁而迁移。男女双方家庭距离较近自不待言，如果缔姻两家相距较远，则婚后对于土地的管理和利用都极为不便，一些家庭不得不因此将奁田

---

① （清）吴炽昌撰《客窗闲话》卷三，文化艺术出版社，1988，第93页。

变卖。如下例①：

　　二十七年都立批遗祖父朱廷鹏，因次男世学早丧无嗣，只有一女名
酉英，身今年老，将土名坑底租壹拾砠零拾斤，批与酉英，以为遗念，
永远收用。立此批遗存照。

　　乾隆八年八月，其田因路途遥远，收租不便，原（愿）转与本家
朱□名下为业，当得价银四两整。陈晋升批　押

崇祯五年五月　日　立批遗祖父朱廷鹏　押

同男　　室宝　押

侄　　世杰　押

世芳　押

侄孙　宗良　押

宗礼　押

代书侄　世传　押

以上是徽州一份地契上的两项"批遗"，即土地在更换新主人时，不另写立
契约，直接在老契上进行批注。两项"批遗"分别加于崇祯五年（1632）
和乾隆八年（1743），百余年间，土地由朱家划拨陈家，再由陈家转归朱
家。事情的缘由是，崇祯五年，徽州朱廷鹏因孙女酉英远嫁陈氏，将一块收
益为"租壹拾砠零拾斤"的土地批给酉英作为奁田。但是，由于朱陈两家
"路途遥远，收租不便"，乾隆八年，酉英的子孙陈晋升将这块土地以四两
银子的价格，又转卖给朱氏本家。此事例中，土地由陈家经管 112 年（酉
英出嫁后亦算陈家之人），虽然没有言明土地几亩几分，但从其租额为"壹
拾砠零拾斤"和转卖的价格为四两白银来看，土地并不多，按照清代的土
地价格推算，可能只有很少的几亩。陈家百余年来为几亩土地的管理和收租
所经历的辛苦麻烦，可想而知。最终由于距离遥远，收租困难，按照土地交
易的乡规乡例，将其转卖给朱氏本家。

　　总之，由于陪送土地属于"非习惯性"或"非礼"行为、管理不便并

①　转引自章有义《明清徽州土地关系研究》，中国社会科学出版社，1984，第 75 页。

容易引起纠等方面的原因，嫁妆中较少陪送奁田。经济能力有限的家庭，有时宁可典卖土地置办其他类型的嫁妆。

但是，尽管奁田可能带来不便和纠纷，清代还是有一些家庭在女儿出嫁时陪送土地。对于富者而言，他们陪送的嫁妆无所不包，几乎将女儿生前死后可能用到的一切物品全部予以陪送（比如台湾一些地方的嫁妆中还包含棺木），土地也不例外。而对于中下层家庭而言，"鬻产嫁女"不仅使家庭丧失生存之本、家道衰落，而且使许多土地流入外姓，与陪嫁奁田"非礼"的初衷背道而驰，一些士人疾呼应力挽此风①，如一向持"质田非礼"论的陈确即指出：陪送田产虽属"非礼"，若在无钱办妆的情况下，与其典卖田产嫁女，不如直接将土地作为嫁妆。他举出自己家的例子来证实其说法：

> 然吾王父为吾父婚，仓猝不成一币，质田八亩附聘书。他日，外王父以归，吾父藉此起家。吾父为季确聘于王，亦不成一币，质田六亩，季亦藉此以起家。则质产虽非礼，犹胜废产，故附记于此，以明产不可废之意，非欲我子孙以质产为礼也。②

陈确的祖父、父亲由于没有余资，都用土地作为子妇的聘礼，而其外祖父、岳父再将这些土地作为嫁妆返还给陈家，陈确父子凭借这些土地得以立业。陈确引用自己的经历告诫人们，不要轻易出卖田产，如果没有足够的资财置办嫁妆，陪送奁田也不失为一种对策。陈确的观点肯定了我们前文所提出的疑问，说明清代士人对于陪送土地的观念已经开始转变。

至于奁田所导致的不便和纠纷，人们也相应采取一些措施予以避免。

首先，许多家庭在陪嫁土地时，会预先考虑男方家庭的距离问题。如前

---

① 这一点可以从地方志作者的记载中反映出来，如《续修永定县志》（清同治八年刻本）："惟妆奁竞尚华靡，力足者动费千金，即力不足者亦转相效尤，至鬻田以偿所费，此则风之宜革者也"；《古田县志》（民国三十一年古田县志委员会铅印本）："奁值累千金，有鬻产治具者，若延师则纤毫必较。谚云：'有钱嫁女，无钱教子'，其风为已下矣。今后此俗或可渐革欤"；《上杭县志》（民国二十八年上杭启文书局铅印本）："女家以嫁奁不丰恐失体面，于是多索聘金、猪酒；男家亦以争体面，故事事必求其丰，致有鬻田宅以行之者卒之。婚嫁两难，此俗之所宜亟正者也"；《万载县志》（民国二十九年铅印本）："至奁具，则靡费已甚，始而富家稍炫其妆，继而迭出求胜，渐至贫窭效尤，典卖以从，此则侈靡之宜变者也"，等等。
② 《陈确集》，中华书局，1979，第515页。

文提到的吴三桂,清初他受封"平西王",驻云南,而女婿王永康是苏州人,两家相距甚远。吴三桂在为女儿置办嫁妆时,"檄江苏巡抚",在苏州"买田三千亩,大宅一区"作为女儿的陪嫁。① 吴三桂在苏州置买土地,避免了日后管理和使用的不便,可谓明智的举动,清代不少官员都效仿这种做法。雍正年间,年羹尧之女嫁入曲阜衍圣公孔府,"年羹尧在济宁州汶上县地方置买田庄四处,计十九顷有零",作为女儿的奁田;乾隆年间,大学士于敏中之女亦嫁孔府,为第七十二代衍圣公孔宪培之妻,于敏中斥资于附近置买"吴寺、泉头、石井"三处庄田送给女儿。②

其次,为避免日后的纠纷,家庭在陪送奁田时往往还会写立契约文书,明确土地的权属问题,以杜绝将来可能发生的纠纷。如以下奁田契约③:

> 立永远妆奁字父□□□,窃谓男女原为一体,父母固无二心,余有长女名□□,性质纯良,善事父母,未字之时代理家政,克勤克俭,余颇积囊资,半藉助焉! 兹当于归在即,托配与西门外家罗□□者,余夫妇妥议,愿将买过□□□他庄刘□□水田壹宗,址在打猫好收庄拔仔林洋,又买过□□庄何□□水田壹宗,坐落土名充吉庄后,此二宗界址具载上手契内明白。保此二宗之田永远归长女及女婿□□□掌管,子子孙孙世守勿替,后日兄弟不得争较生端滋事。合给永远妆奁字壹纸,连二宗田契共拾纸,付交媒人送执焰。
>
> 光绪十一年六月廿三日
>
> 代笔人□□□
> 婚配媒人□□□
> 立永远妆奁字父□□□

此契约中,父亲将两宗土地陪送给女儿,他首先将土地来源、土名界址等情

---

① 徐珂:《清稗类钞·婚姻类》,中华书局,1984,第2033页。

② 转引自何龄修等《封建贵族大地主的典型——孔府研究》,中国社会科学出版社,1981,第160~161页。

③ 孔昭明编《台湾文献史料丛刊》第九辑《台湾私法人事编》,台湾大通书局,1987,第382~384页。

况交代清楚，然后明确两宗土地的所有权永远转归女儿女婿，"子子孙孙世守勿替，后日兄弟不得争较生端滋事"，契约开头的"立永远妆奁字"也表达了这个意思，两宗土地从此与女家无干，在法律上属于女儿女婿的财产。有了这样的契约和土地的地契，应当说可以有效地防止女家族人的纠纷了。

二 奁田的权属问题

奁田作为女子娘家馈赠的土地，与男子继承家庭的土地有些不同，其土地权属问题十分复杂，并且具有不确定或不完全的特性。

1. 田面权与田底权

众所周知，中国传统社会土地权属分为田底权和田面权两部分，这主要是用以区分土地的所有权和耕种权的。在婚嫁问题中，田底和田面被赋予了新的含义：田底权指土地的最终归属权，而田面权则指土地的收益权。如广西《平乐县志》记载，当地有"崽吃田底，女吃田面"谚语，方志作者将其解释为：在陪送女儿嫁妆时，"富者每按其一岁之租额所入以为支出之标准"①，即将土地一年的收益作为女儿的嫁妆费用，而土地的最终归属权属于儿子。但是，根据我们对地方志及各种风土志的研究，这句谚语的含义应该更为广泛。清代许多地方，陪嫁奁田只意味着赠予女儿土地的收益权，如台湾，妆奁中若含有一块田地，则"表示分配一份田租"②，土地原本的所有权（田底权）不变，女家对土地的管理和佃户的耕种权也不变，只是将土地每年的收益（田面权）送给女儿。以下列契约为例③：

（一）

立对妆奁租字人叶际昌，有承父明买过林辉显、彭煌赞等水田贰所，坐落土名大店□榔庄，四至界址印契内载明。现耕佃人林天顺、彭堪。兹因小女锥者婚配林家，其衣食等用饶足可知，但自己针线花粉，时或

① 《平乐县志》卷2《风俗》，民国二十九年铅印本。
② 《台北市志》卷4《社会志·风俗篇》，1957～1980年铅印本。
③ 孔昭明编《台湾文献史料丛刊》第九辑《台湾私法人事编》，台湾大通书局，1987，第381～382页。

需用淡薄，爰将该田每年六月早季对佃人林天顺踏出小租谷六拾贰石，又对佃人彭堪踏出小租谷参拾四石，计共七十六石正，付锥者对佃收去，以便自己零星费用。此系喜悦，亦须有凭，合立对妆奁租字壹纸，付执为照。

批明：每年六月早季踏出小租谷计七拾六石正，付锥者对佃人林天顺、彭堪支收足讫，再炤。

光绪二十二年丙申十月日

在场人叶宣记

立对妆奁租字人叶际昌

（二）

立喜添妆奁租谷字人魏贤森，今因遵慈亲遗命，即将祖父遗置田业一所，址在六张犁庄，愿将此处租谷拨出五拾石正，以付胞妹妍记，借作历年花粉之需。至早季收成之日，自当依时结价，统算银项若干，一齐支付胞妹收入。合应喜立妆奁租字一纸，付执为照。

光绪拾玖年葭月二十七日

立喜添妆奁租字人魏贤森

以上两份奁田契约中，与前文光绪十一年（1885）台湾的奁田契约一样，都对土地的来源、土名、界址等进行说明。不同的是，这两份契约只将土地的收益（田面）赠给女儿，做"针线花粉"费用。当然，女儿若将收益用于他项，亦无可厚非，女家以"针线花粉"的名义陪送奁田，只是出于对男方家庭的尊重。从两份契约的字面意思来看，前家的租额出女儿自行向佃户收取（或女婿及夫家人代收），后家则由妇女的兄长收取租谷之后折算成银两支付给胞妹。两份契约恰巧反映出妇女对田面权的两种不同占有方式。但是，两则契约中均没有明确女儿拥有田面权的时限。那么，这个土地的收益权是永久的，还是暂时的？或者说，只是妇女生前供其购买"针线花粉"，还是也供其子孙后代花费使用？根据贵州《平坝县志》记载：凡是用土地做嫁妆的，"苟无特别契约"，"其效力只及于嫁女之生前。谚所谓'姑娘田，姑娘土，姑娘死了归旧主'是也。"① 如果女家没有写立契约，或

---

① 《平坝县志》第二册《民生志·风俗》，民国二十一年贵阳文通书局铅印本。

者在契约中没有明确土地的权属分配，则女儿只拥有土地的收益权（田面权），而且此权利只在出嫁女有生之年有效，一旦去世，土地的权益将归还男家，其子孙不得继承。如此看来，以上两则契约中，虽然没有明确规定奁田收益权的期限，但是也没有说明此权利可代代下传，则母家在女儿死后将把奁田的收益权收回。

也有的奁田契约中写明土地收益权期限，如以下契约[1]：

> 立随奁字父□□□，夫邻里乡党，原有相周之义，膝下小女岂无分赠之财，况小女未字在家，又能孝顺无违。余平生薄有储蓄，特向内人及小儿等妥议，许将买过□□□堡□□庄□□□田壹宗，年收小租粟□拾□石对佃，交与小女□□□作于归随奁之费。其契券仍存在吾家，俟小女□□身故后，女婿外孙等须就此小租粟□拾□石对佃，交还外家原主掌收。合立随奁字壹纸，付小女□□执照，以杜日后争端。汝辈须曲体吾意，切勿违背前言。
>
> 光绪三年　月　日
>
> 代笔人□□□
> 婚配媒人□□□
> 立随奁字父□□□

此契约中明确指出，奁田地契仍然存放母家，女儿只享有土地的收益权（田面）。如果女儿去世，女婿和外孙不得占有土地收益，须"交还外家原主掌收"。这样，土地的各项权利就没有任何疑义存在了。

奁田的另一种陪送方式是将田底与田面全部转赠给女儿，为女儿女婿家庭世代所有。台湾《南投县志稿》记载了当地陪送奁田的习俗：在陪嫁女儿土地时，如果"用一量斗内装一块土"，就表示"其陪嫁的田地永远属于此女，即使此女死亡后仍可属于男方所有"；如果"量斗里放一束稻禾"，则表示"此女陪嫁的田地仅给女有使用权，直到此女死亡后，此田地仍然

---

[1]　孔昭明编《台湾文献史料丛刊》第九辑《台湾私法人事编》，台湾大通书局，1987，第383页。

需归还女方"。① 用量斗内分别装土和稻禾的方式，使得陪送土地的权属分别一目了然，是一种非常简明的办法。但是，这种非书面形式的授权，在经历长久的时间之后往往容易界线模糊、引发纷争。大部分陪送奁田的家庭，特别是将田底权和田面权全部转赠给女儿的，一定要另采用书面契约的形式来证明奁田的权属。以下为福建地区的两份奁田文书②：

（一）

立据字父弘庆，己手置有民田数号，坐落十二都新乾田中地方，土名上确头、左福坪、墙头等处，年载租米陆石，应受苗米六斗，立在淳化乡陈君威户下的价银陆拾陆两纹广（银）正。今拨与长女为妆田，向胡处前去收租管业，俟后原主或凑或赎，胡家自行理论，其粮色口即割入户，不得负累。今恐无凭，立据字并承佃叁纸，统付为照。

外兄水牛姆并仔姆并仔统付再照。

计开

佃户池德受，年载租米陆石正

年例田牲贰只，中旦壹席

乾隆拾玖年柒月

立字据父　弘庆（花押）
代字舅公　德义（花押）

（二）

立嫁女妆奁字人郑茂炳，有名买过王湖田园壹宗，大小合共玖丘，抽出契内田壹丘，受种子壹分零壹毫三丝正，蕃薯种叁仟捌佰余种。东至宵太路，西至郑本田，南至郑本园，北至郑本田、吴田、埔仔乾，四至明白为界，交过李学官掌管收成，以为祀业之物，与房叔兄弟侄无干，亦无交加来历不明，保此田果系是郑茂炳大契内抽出作嫁女妆奁，日后子孙不得争讨。恐后来反心无凭，今欲有凭，苟立嫁女妆奁田业字壹纸，交过女婿李学官，付执存照。

① 《南投县志稿》卷 6《风俗志》，1954~1979 年铅印本。
② 转引自卢增荣《清代福建契约文书中的女性交易》，载于《东南学术》2000 年第 3 期。

咸丰拾年二月

立嫁女妆奁字人　郑茂炳

代书人　自笔

两张契约文书都是由出嫁女的父亲出名写立的，文书主要内容大致仍是说明陪嫁田地的土名、四界、来历、收益和租佃等情况。这两份文书与前文光绪十一年（1885）台湾的奁田契约，都属于《平坝县志》中所说的"特别契约"。有了这样的契约，说明女家将奁田的所有权（田底）和收益权（田面）一并转归女儿女婿，由他们负责"收租管业"。第一份契约中的奁田系他人典出的土地，今后原地主如何处置，也由女儿女婿交涉办理。这种形式的奁田将留传给女儿的子孙后代，母家不再收回。后一份文书还特地说明"日后子孙不得争讨"，以杜绝日后可能发生的纠纷。

2. 母家对于奁田的权利保留

有学者认为，奁田属于分割产权：所有权在娘家，使用权在夫家。[1] 这种说法是不全面的，从以上的论述中，我们可以看出，奁田是一种特殊的土地转让形式：既区别于土地买卖，因为双方并不涉及金钱交易；又不属于土地的完全转移，因为即使母家写立契约，将土地所有权、收益权全部授予女儿，他们往往还会保留对于奁田某种权利。

《清史稿·列女》记载：浙江桐乡濮氏女，"其父无子"，"万金悉畀女"，嫁妆中"田宅、奴婢、什物皆具"。但是，由于濮氏女违背母亲的意愿为父亲置妾生子，"母憾女，尽收田宅、奴婢、什物，驱就他舍，屏勿复相见"。濮氏女嫁妆中的奁田是否写立契约文书，今已无从考证，但无子家庭所陪送给女儿的土地一般是具有田底权的，如果只给女儿"田面"权，女儿死后母家亦无兄弟子侄可继承接管，相对于将土地留给其他亲戚，家庭更愿意把土地永久地赠送给女儿。尽管如此，濮母在一气之下仍可以将赠给女儿的所有奁产全部收回，其女"乃骤贫"。[2]

---

[1]　参见张小军《象征地权与文化经济——福建阳村的历史地权个案研究》，载于《中国社会科学》2004 年第 3 期。

[2]　《清史稿》卷五百八《列女》，中华书局，1977，第 14030 页。

《清稗类钞·婚姻类》记载了类似于濮氏女的事例："香山郑家村，其始祖郑某，积产至数十万，年将七十，无子，仅一女，已嫁，不复作求嗣想，遂倾产与婿，欲依以终老，数年矣。一日，偕婿父散步郊外，忽外孙以饭熟请，郑以为唤己也，应之，而外孙以请其祖对。食已，因思竖子且如此，其余可知，遂决计他徙。而券契累累，均在婿手"，郑某于是用计将各类券契从女儿手中骗出，"启户遁"。①

从以上两例可以看出，尽管母家将土地等产业陪送给女儿，仍然可以随时将其收回。这说明妇女对于奁产的所有权具有不确定性，如果她们的行为不符合母家要求——濮氏女为父纳妾、郑某外孙不尊敬外祖，都可能导致她们失去奁产。江苏松江一带陪送奁田的习惯则是，"须出嫁之女生有外孙，方将田单交与过户"②，如果没有生育男性后代，女家即有权将奁田收回。

母家对于奁田的限制和干涉也在契约中体现得较为明显。如道光二十年（1815），四川巴县朱氏因女儿生下外孙陈庆美，特追赠奁田一份，并写立契约文书。文书中规定：地契上虽注以陈庆美之名，但必须存放在朱家，"其田业不准甥父子私当私卖，其租谷每年以一半给甥攻读用费，以一半存蚁家为甥男聘娶之需"。③ 这里，朱氏购买土地的目的是作为奁田赠送给女儿，用来支付外孙的读书婚娶费用，地契上注明的土地所有人是外孙陈庆美。如此看来，土地的收益权、所有权都应属女儿的小家庭无疑。但是奁田契约明确规定，陈庆美父子不仅没有土地的完全所有权（不准私当私卖）、地契先要存放在朱家，而且对土地收益的使用亦有严格限制：一半给陈庆美读书，另一半为其婚娶费用（此部分亦存放朱家，婚娶前不得随意动用），不可将奁田收入用作其他花费。因此女儿家庭对土地的收益权也是不完全的。

此外，即使女家没有对奁田作出任何规定或限制，当奁田出卖时，女氏宗族仍然具有对于奁田的优先购买权，这是土地交易中的惯例。上文西

---

① 徐珂：《清稗类钞·婚姻类》，中华书局，1984，第 2038 页。
② 南京国民政府司法行政部：《民事习惯调查报告录》，中国政法大学出版社，2000，第 197 页。
③ 四川大学历史系、四川省档案馆主编《清代乾嘉道巴县档案选编》（下），四川大学出版社，1996，第 464 页。

英的子孙只能将奁田卖给其母家朱氏族人，就反映出女家对于奁田的此种权利。

三　由奁田引发的纠纷

由于奁田权属的复杂性和不确定性，导致其极易引发家庭矛盾和土地纠纷。我们通过具体的案例进行分析。

> 案例1　道光四年（1824），巴县朱太贵起诉姐夫将其姐的奁田随意变卖。朱太贵之姐嫁陈以谦为妻，由于陈赤贫无业，朱家"所赠妆奁服饰不少"，朱太贵姐生子陈庆美后，朱氏娘家又追赠奁田一份，"于嘉庆二十年三月，用银四百七十两，置买曾家岩戴姓田业一份，每年收租谷二十八石，契注甥（陈庆美）名，仍存蚁（朱太贵）家"。朱氏在赠送奁田时双方立有合约："其田业不准甥父子私当私卖，其租谷每年以一半给甥攻读用费，以一半存蚁家为甥男聘娶之需"。不料，陈以谦乘岳母去世，"将田蓦卖，获价在手"，朱太贵因此提起诉讼。①

这是前文提到的巴县朱氏陪送女儿奁田案的详细情节。在朱氏赠送奁田的契约中，主要受益者为外孙陈庆美，这与松江生育外孙方"将田单交与过户"具有同一含义。因此奁田的收益是围绕外孙服务的，供其读书、婚娶，不得挪为他用。外祖父将产业划拨给外孙，一方面体现出对于亲家男性继承人的关注，更多的则是出于对女儿及其后代的关爱，即女儿血脉的链条是绝对不可忽视的。所谓的"外孙继产"只是奁产的一种变相赠予。本案例中，朱家奁田契约的最主要限制在于陈以谦和陈庆美父子"不得私当私卖"，就充分说明了这一点。然而，奁田的限制条款如此之多，陈以谦又"赤贫无业"，很容易发生违背契约的事情。陈以谦将奁田私自变卖，违反了契约规定，自然引起女家控诉。

---

① 四川大学历史系、四川省档案馆主编《清代乾嘉道巴县档案选编》（下），四川大学出版社，1996，第464页。

案例 2　雍正六年（1728），刘连俸的祖父君辅"将业一份附与姑爷张九安以作奁业。议明世守业不问，倘有典卖，业仍还刘姓。""不幸九安夫室俱丧，去腊（嘉庆五年）遭九安之子张世文忘恩负义，不令蚁知，听棍刘永亮等主摆，蓦将业私售与土豪陈文桂，立定价银一千二百六十两。"因此，刘连俸以"蓦买蓦卖"将张九安控诉公堂。①

此案例系刘君辅之孙刘连俸控告刘君辅的外孙张世文，私自当卖其母的奁田。刘家于雍正六年（1728）陪送给女儿奁田一份，当时明确规定：如果婿家世代守业，女家对于土地不予过问。一旦将奁田变卖，女家有权收回。也就是说，婿家拥有对奁田的所有权和收益权，唯独没有出典或出售权。刘家禁止典卖奁田，一方面是为了限制婿家对于奁田的权利，维护女儿在夫家的"私产"；另一方面也是为保证田产不流入外姓。但是，72 年之后（嘉庆五年）刘君辅的外孙违背契约将奁田变卖。此时，陪送奁田的当事人刘君辅及其女儿女婿都已去世，但是奁田契约的限制性规定并没有因此而模糊，君辅之孙立即以"蓦买蓦卖"之罪将张世文控诉在案，请求将土地归还女家。

案例 3　安徽太湖县妇女黄阿查，夫故，只有一子，娶妇阿徐。不幸阿查之子亦故，留下"姑媳两寡，茕茕无子"。因黄家"拥腴产"，为族中各家垂涎，"争立继，争逐继，家庭构难，竟无宁日"。经宗族商议，决定立族人黄宗荣之子黄二为阿徐之子。后族人黄香"妒黄二享厚产"，并且看到阿查将财产分给自己的女儿女婿，"眼热生嗔"，捏成自己的弟弟黄朝应当立继，黄二不是同宗，到县衙控告不休。第一任县令李某，在未经详细调查的情况下，即断令"立黄朝，而逐黄二"，同时判令将阿查批给女儿的田产追回。第二任县令徐士林经过周密的调查和分析，将此中过节一一澄清，判定二人都立，黄朝按辈分过继给阿查，黄二仍然为阿徐继子。对于阿查批给女儿的田产，徐士林认为李县令在以前的类似案例中，曾判令阿谢分给女儿三分之一的田产做嫁妆，

---

① 四川大学历史系、四川省档案馆主编《清代乾嘉道巴县档案选编》（下），四川大学出版社，1996，第 459 页。

此次却判追还，"何独厚于阿谢之女而薄于阿查之女？"但是由于如今已经立继两子，"不便任其多分"，判给两位女儿"各准给田二石"。此案才算了结。①

本案的中心内容是围绕族人争相立继而展开的，其间牵扯到女儿的奁田继承问题。案例中，黄家拥有丰厚的财产却无人继承，主妇阿查虽然立族人黄二为儿媳阿徐的继子，同时将部分田产分给女儿女婿。根据清代的法律，女儿只有在亲生子、继子、奸生子皆无的情况下才可以继承财产，因此族人黄香在控告黄二不当继的同时，也控告阿查私自将黄家田产分给女儿。前任李县令根据法律规定，判令追还阿查之女的田产。后任县令徐士林认为，李县令在以前的一例争继案件中，曾经判给当事人阿谢的女儿三分之一田产做嫁妆，而此案件中却判令追还，前后判决不一致。况且"律载无子者，女婿有量给财产之条"，应当酌量分给阿查之女一些财产，遂决定判给阿查的两位女儿各"田二石"。这一案件显示出清代官员在法律实践中对于女子田产继承权的态度。前后两任县令在家庭无子的情况下，都判决由女儿继承部分田产，其中阿谢之女未婚，以留做嫁妆的名义继承；而阿查之女已婚，以追赠嫁妆的形式继承。对于普通百姓而言，在没有亲生儿子的情况下，往往倾向于将财产（起码是部分财产）由女儿继承，此乃人之常情。官员在判决中也会考虑到民情因素，在维护宗族整理利益的前提下（徐士林判决族人提出的两子皆立继），兼及女儿的财产继承权利。判决中没有说明阿查的两个女儿所得到奁田的权属问题，但从徐士林判给女儿土地是从财产分配的角度出发，并且要避免日后不再引发纠纷，此奁田应当是所有权（田底）和使用权（田面）皆具的。

案例4　原告浦金氏为被告易浦氏即浦银妹之继母，银妹父浦浩贤前室王氏生两女，先故，无子。前清光绪三十年，浩贤嫁长女银妹于易五保，赠奁田五十亩，有奁帖为证。三十一年银妹丧夫，仅遗一女，浩

---

① 陈全伦、毕可娟、吕小东：《徐公谳词——清代名吏徐士林判案手记》，齐鲁书社，2001，第171～175页。

贤因其食指无多，减奁田十六亩九分，以三十三亩一分写立过粮凭字，由浩贤亲自签押，过易浦氏奁银记户名，有三次粘呈粮串可证。浦浩贤后娶金氏，生有子女。上年冬间，浦浩贤病故，浦金氏、浦仁芝等屡令银妹将奁田改回浦姓户名，银妹不允，并呈民政署备案，请禁擅自过粮，以防盗卖，经民政署批示，无论何人，不得觊觎在案。浦金氏、浦仁芝亦诉其私过奁户，毁议欺母，请移送核办，旋以浩贤遗嘱令银妹过户正名等语来厅呈控。本厅初令邀同亲族理处，该民固请传究，并据西徐市公民缪编等十人、浩贤舅母陈钱氏、公亲王银保、浦企棠等七人先后代易浦氏申诉，指称原告捏写遗嘱，饰词攘夺。①

此案是发生在清末民初的一件由奁田引发的家庭纠纷。浦浩贤于光绪三十年（1904）女儿出嫁时陪送给她奁田五十亩，一年后由于女婿过世，收回其中的十六亩九分，并将剩余三十三亩一分写立字据，过户给女儿。浦浩贤病故后，其继室金氏及儿子浦仁芝（易浦氏同父异母弟）欲索回奁田，不得，遂控告易浦氏"私过奁户"，即在没有得到家长的允许的前提下，私自将奁田过至自己名下。尽管此案中易浦氏得到亲戚们的支持和帮助，法官判决她为奁田的合法所有者，只需要交还浦金氏七亩土地作为父亲的丧葬费用，但这个案例充分反映出奁田权属的复杂性：奁田于光绪三十年（1904）陪送给易浦氏，但是土地所有权仍归其父，浦浩贤随时可以将土地收回。到光绪三十一年（1905），浦浩贤收回部分田产，将其余的三十三亩一分的奁田权属正式转归易浦氏名下，浦浩贤的签押和"三次粘呈粮串"可以证明这一点。浦浩贤去世后，金氏母子"屡令银妹将奁田改回浦姓户名"，又捏造浦浩贤遗嘱令易浦氏"过户正名"，这说明他们认为浦氏家族拥有收回奁田的权利。此案易浦氏胜诉的前提是，浦浩贤遗嘱为假（各亲友的证词也着重于此）。那么，如果浦浩贤真的留有遗嘱，则易浦氏很可能败诉。也就是说，即使过户到女子名下的奁田，仍然可能被母家收回，切实反映出女性

① 常熟地方审判厅民庭判词："判决浦金氏呈诉易浦氏违背遗嘱欺母措粮一案"，载《江苏私法汇报》第八期，1912年12月1日出版，转引自张佩国《近代江南乡村妇女的"财产权"》，载于《史学月刊》2002年第1期。

对于奁田的权利是不确定或不完全的。

清代有关"鬻产嫁女"和陪送奁田的争论，体现出人们对于宗族土地的重视和土地权属问题的关注。女家在陪送奁田的同时，将土地权属分割为"田底"和"田面"，并对奁田的收益权、使用权、出售权等作出一系列限制性规定。这些规定一方面是为维护妇女在夫家的"私产"，但主要目的是力图保持对于土地的控制和所有权，在许多情况下，如女儿故去、奁田出卖、男家违反奁田契约中的规定等，女氏宗族都可以将土地收回，从而有效地遏制了宗族土地外流。女家对于奁田的限制，还体现出妇女对于奁田权利的不确定性和不完全性，这种特性又成为产生土地纠纷的根源。

（原文发表于《中国社会经济史》2007 年第 2 期）

论醇亲王奕譞

◎ 潘向明

醇亲王奕譞是晚清皇室一著名人物，曾在光绪十至十六年（1884～1890）实际主持清朝中央政府之大政方针近七年时间。作为清代最后两朝皇帝的本生父祖，其历史地位之显赫早已引人注目，但他在晚清史上的重要性却主要不在这里，而在其主持或参与的一些重大决策对当时的国内外政局及中国早期近代化事业有过的积极促进作用。对于这一人物，以往的研究还很薄弱，相关涉及之论，字里行间多有贬斥之意，特别是其协助慈禧太后修建颐和园一事，尤为人所诟病。笔者以为，这样的观点并非实事求是，至少是十分片面的，在颐和园问题与甲午战争失败原因的认识上更存在某种误区。本文拟对此进行考察，以期俾奕譞其人得到客观公正的评价，并使人们对光绪年间其主政时期的一段历史能有正确而翔实的了解。

一　醇王的政绩与品行

奕譞，号朴庵，道光帝第七子，生于道光二十年九月二十一日（1840年 10 月 16 日），道光三十年（1850）咸丰帝登基后封为醇郡王。咸丰十一年（1861）"辛酉政变"时，与恭亲王奕訢一起为两宫太后垂帘听政出力，事后奕訢封为议政王，主管枢垣、总署，奕譞则任御前大臣、领侍卫内大臣等职，主管神机营练兵事务。同治十一年（1872）晋封亲王，十三年末因次子载湉入承大统为光绪帝，疏请开去一切差使，懿旨允之，命以亲王世袭罔替。光绪六年（1880），中俄伊犁交涉事起，时局紧张，受命复出，参与议政，再管神机营。十年（1884）三月，中法越南事急，北宁、太原失守，主持全局的恭王不能有效应对危机，慈禧太后与醇王定议，免去恭王本兼各职，军机处全班易人；醇王以皇帝生父关系，不便公开主持大政，懿旨命中枢、总署遇有大事与之商议，迄光绪十六年十一月二十一日（1891年1月1日）因病去世，实际柄执朝政近七年时间。

自咸丰十一年末创立垂帘听政之制，至光绪十六年醇王去世，在此三十年间，清廷的内外大政实由恭、醇二王先后主持。尽管亲王入主中枢不合清朝祖制，但垂帘听政既已打破祖制，中枢领以亲王亦属名正言顺。其间，慈禧太后以女主当国，虽为人精明，性格果断，却因学识、经验等条件的限制，在处理具体事务时不能如前此历朝男性皇帝一样"乾纲独断"，操纵枢垣，而不得不依靠恭、醇二位"最近支"的亲王作为"首辅"——实为主政。时人有谓："两宫垂帘听政，则军机必以亲王领班，下以数大臣辅之，所谓军机王大臣是也。凡事由亲王作主，商之大臣而定。每日上班（按：即'见起'——引者），必由领班之亲王开口请旨。所请何旨？即未上班时所商定者。虽偶有更动，亦罕矣"①。因此，这三十年间清朝政治的一切成败得失均与二王密切相关，谓三十年政治先后是恭、醇二王的政治，也不为过。如果没有二王先后主政，这三十年的政局将会是怎样一种情形，虽然不好想象，但只要看一下二王故去后，光绪己亥、庚子年间慈禧依靠端王载漪等人主政期间的政治状况，便不难找到答案。所以，不能不说恭、醇二王实为同光时期三十年中国政局的中流砥柱。

而这三十年在晚清七十年的历史中，是所谓"同光新政"时期。它上承两次鸦片战争和太平天国革命的二十年社会动荡阶段，下接甲午和庚子两次对外战争失败及由此引起亡国灭种危险的二十年灾难深重时期，是整个晚清史上时局相对稳定，因而得以进行洋务运动的时期，客观上开启了中国近代化的历史进程。其中，恭王主政的二十三年间（1861~1884），洋务事业主要是由一些地方督抚如李鸿章、左宗棠等，在其各自管辖范围内和力所能

---

① 何刚德：《客座偶谈》卷1，上海古籍书店影印，第1页。

及条件下分别进行的，因此这一时期的洋务事业具有地方性和零散性，缺乏由中央政府统一主持和推进的力度。而这种情形在醇王主政期间（1884～1890）则发生了很大的变化，由中央政府主导和推进自强事业的力度较以前明显增强，这是恭、醇二王在个人性格和见识等方面的差异所造成的。历史是人创造的，主政者个人因素在历史发展过程中会起重要作用，也是人所公认的事实。

醇王主政时期，清中央政府先后完成如下重大政治举措：其一，比较稳妥地处理了中法越南交涉的和战问题，当战则战，当和则和，从而创造了晚清对外战争史上仅有的一次以签订不含割地赔款等内容的条约而结束战争之特例，并带来战后十年晚清历史上国内外局势最为平静的一段时期，为自强运动的进一步深入发展提供了必要的前提条件①。其二，新疆、台湾建省，巩固了国家的统一，也促进了当地社会经济的发展。其三，确立大治水师的战略方针，在此方针之下，创设总理海军事务衙门，建成第一支近代海上力量即北洋海军，在中国军事近代化历史上留下深刻足迹。其四，支持直督李鸿章修建中国第一条铁路，并把兴修铁路作为一项基本国策确定下来，最终排除守旧势力对铁路事业的阻挠（详见下文）。其五，支持鄂督张之洞创办当时亚洲最大的钢铁联合企业汉阳铁厂，为近代中国重工业的建立打下基础。其六，将开始于中法战前的电报事业继续推广延伸，数年之间北起黑龙江黑河，南抵广东海南岛，西至新疆喀什噶尔，无不架设电线。凡此一切，均为醇王主政时所完成的业绩，其历史意义都是不可低估的。

然而，以往人们对醇王的以上政绩多视而不见，在对比恭、醇二王先后主政的这段历史时，总是褒恭而贬醇，譬如论甲申易枢，有所谓"易中驷以驽产，代芦菔以柴胡"之讥评②，甚至有"逐恭王出军机，以瞽瞍继任"之恶谥③。此类说法不过是时人根据一己好恶，随便乱发的感慨。今人受此影响，也有所谓醇王"才具平庸"，"学识才能与聪明才智样样都及不上恭

① 关于醇王在中法战争中的战略决策活动及战争结局的评价问题，拟另作专文，这里不展开讨论。
② 李慈铭：《越缦堂日记》，光绪十年三月十七日。
③ 《清宫遗闻》卷上，"慈禧之侈纵"。

王"的说法①，甚至有说醇王是晚清时的"大贪官"，是当时京城中"生活最豪华、最糜烂"者②。这都是不符合事实的。

费行简《近代名人小传》有谓：奕譞"仪表俊伟，工骑射，负气敢任事，聪颖弗逮其兄䜣，而劲爽过之"③。不知这里所谓"聪颖弗逮"一语（大概这就是所谓"学识才能与聪明才智样样都不及恭王"之说的根据所在）所指事实为何，但说醇王性格直爽，敢于任事，则确属事实。由于这一性格，醇王在其主政期间对于认为正确之事敢于果断而坚定地加以实施，在这一点上恭王不免相形见绌，这在兴建铁路问题上表现得十分明显（详下）。至于醇王的聪明才智，且不论上述其主政期间所创政绩决非才具平庸者所能做到，仅以其密友翁同龢的下述一段话便足以说明问题，他说：醇王才思敏捷，平生著述诗文甚多，"雄文丽句，浩若江海。初未尝构思，而下笔遂与古人相抗，所著《朴庵文集》、《诗集》、《竹窗随笔》、《滦阳日记》、《航海吟草》、《退潜别墅存稿》、《窗课存稿》为世所宝"④。这恐怕不尽是翁某的吹捧之言，因为这些诗文至今尚在，人们尽可找来一阅。

关于醇王的操守问题，上述费氏之书又云：奕譞"势虽赫奕，而励廉隅，包苴不入……操行为诸王冠"⑤。对此，时任吏部主事的何刚德在民国间的回忆可作为旁证："醇王薨，以其邸改为醇贤王庙……余时派往查估工程，见其房屋两廊，自晒煤丸，铺满于地，俭德殊不可及"⑥。众所周知，煤球是寻常百姓人家为节省开支，以煤粉掺水自制的廉价燃料，作为烧饭、取暖之用，醇王以皇帝生父且为实际执掌中枢和总署的最高当权者之尊，家中不用上等煤块，而自晒煤球，仅此一事，便足以窥见其生活俭朴、居官廉洁的品行。溥杰先生近年的回忆也说过，其祖父奕譞曾以"不爱财"作为治家格言，写成条幅张挂于堂屋，用以教育子孙后代⑦。醇王既能如此要求其后代，便意味着其自身便是以此作为行事准则的。据奕譞自述，自幼其母

---

① 苏同炳：《中国近代史上的关键人物》（下），百花文艺出版社，2001。

② 唐德刚：《晚清七十年》，岳麓书社，1999，第216页。

③ 费行简（沃丘仲子）：《近代名人小传》，"亲贵·奕譞"。

④ 翁同龢：《致祭醇贤亲王读祝文》，载《瓶庐丛稿》卷一，台北文海出版社影印。

⑤ 费行简（沃丘仲子）：《近代名人小传》，"亲贵·奕譞"。

⑥ 何刚德：《春明梦录》卷上，第10页。

⑦ 见溥杰《回忆醇亲王府的生活》，载《晚清宫廷生活见闻》，文史资料出版社，1982。

便不准其索要他人些微财物，以防微杜渐："尚忆十岁时，索取太监张进喜一珊瑚豆为佩，吾母见之，严加询问，因以实对。于是怒甚，索杖欲责。余跪求数刻，母怒稍解，泣曰：'汝尚孩提，即索取他人之物，将来当差，必一贪婪败类也，吾尚何望乎？'言讫大哭。余虽幼，亦知此语甚重，当即自誓必改，方邀免责，慈颜不怡者竟日。及余任事后，母犹尝举此事为戒。"①可见，醇王的"操行为诸王冠"并非偶然，而是有其家庭和自律方面的深刻原因的。在这一点上，其六兄奕訢显然不能与之相比。恭王曾被人指为"贪墨"，如王闿运《祺祥故事》中曾谈到同治初年恭王以议政王领枢垣时，家中收受门包，以至贿赂公行，流言颇闻云云②，但在时人笔记中却找不到醇王的这类事情。

此外，醇王为人正直，在官场同僚间能够主持正义，疾恶如仇，也显示了其人格的一个方面。左宗棠收复新疆，为国家民族立有大功，醇王对其十分敬重，曾邀请他到自己家中畅谈，并合影留念。光绪十年七月，礼部尚书延煦参劾左氏以大学士而未在万寿节之日随班叩拜，要求交部议处，参折中诋毁左氏"不由进士出身"，并将左以年迈疾病缘故未随班叩拜诬为"蔑礼不臣"等。醇王为之愤慨，出面仗义执言，指斥延煦饰词倾轧，藉端訾毁，肆口妄陈，实属荒谬，请将该尚书亦交部议处，慈禧因将延煦革职③。此事也显示出醇王丝毫没有满汉族群之见，不因延煦是旗人而站在他一边，而只讲是非原则。又，李鸿章举办洋务，屡遭守旧势力攻击，而醇王主政则全力支持李氏兴建铁路，创办海军，举办漠河金矿等事业，李氏将其引为知己，以至醇王去世后，痛感在朝中失去倚靠，时常提及醇王的知遇之恩，其意盖以为这不仅是他（李）个人的不幸，也是中国近代化事业的一大损失。

甲申易枢是晚清政坛大事之一，历来为论者所乐道。一般以为，这是慈禧借机赶走恭王，使醇王取而代之，以遂其假公济私之目的。但这不过是主观推想，没有任何证据的。实际上，此次易枢的原因就在恭王主政后期办事因循敷衍，对中法越南交涉的和战大计徘徊不定，一筹莫展，引起慈禧严重

---

① 奕譞：《朴庵丛稿·竹窗笔记》，第 8 页。
② 王闿运：《录祺祥故事》，《东方杂志》第 14 卷。
③ 《光绪朝东华录》，十年七月戊申，总第 1772、1774 页。

不满的缘故。光绪十年三月，面对清军在越南北圻丧师失地的险恶形势，恭王在见起时却大谈当年十月为慈禧祝寿进献之事，"极琐屑不得体"。而慈禧并不领情，"谓本不可进献，何用请旨？且边事如此，尚顾此耶？"恭王"犹刺刺不休，竟跪至六刻，几不能起"，以致一同见起的末班军机大臣翁同龢忍不住"越次"发言，劝其"宜遵圣谕，勿再琐屑"，并在事后的日记中喟叹："天潢贵胄，亲藩重臣，识量如此！"① 正是在这种情况下，才有易枢之事。要知道，中法越南交涉，是一个事关国家安危的大问题，容不得含糊敷衍的，恭王既然无能为力，慈禧决定以醇王取代之，就是顺理成章之事，不可能有什么假公济私的用意在其中。

以往论者还有说醇王是顽固守旧派之领袖的。这种观点十分片面，因为它只看到醇王早年的思想守旧，而未注意到其后来——特别是主政时期——思想的根本转变。醇王自幼生长宫中，耳濡目染及所受教育均属传统范畴，其早年思想之趋于守旧，固属情理中事，他自己后来也承认从前对西方事物"尝持偏论"②。这集中体现在同治八年（1869）讨论修约问题时的一个奏折中，称："请皇上自今以往，将大内西洋物件尽行颁赏，明为贱货贵德，暗示永远弃绝，则天下臣民闻风向义，效法乐从，无不以佩带洋货为贱为耻，渐至无人售买，则惟利是图之夷人将不待驱逐而自遁矣。"③ 足见此时其思想的保守与简单，竟至以为只要大内不好洋货，便无人再用西洋之物，于是洋人即可"不待驱逐而自遁"。众所周知，这种思想在晚清时期是有其普遍性的，不见醇王说此番话三十年后的光绪庚子年间仍有载漪、刚毅等人要尽毁洋货吗？可知同治年间醇王有此想法也是不足为奇的。但需要注意的是，醇王并没有像同时代许多人一样思想长期守旧不变，而是不久以后即改变了原来的思想，以下所述他在铁路问题上的态度便可清楚地说明这一点。

二 醇王与中国早期铁路事业

奕譞在其主政的近七年时间内以清廷主政者的权威，在李鸿章、张之洞

---

① 陈义杰整理《翁同龢日记》第3册，光绪十年三月初四、初五日条，中华书局，1992。
② 《洋务运动》中国近代史资料丛刊第6册，第186、231、232页。
③ 《同治朝筹办夷务始末》卷64，第5、6页；卷54，第2、3页；卷55，第13页。

等地方大员的配合下，先后举办了一系列新政事业，已如上述。其中，排除守旧势力的阻挠，支持直隶地方首先开修铁路并把兴建铁路作为一项基本国策确定下来，对中国早期近代化事业的影响十分显著。

铁路是随着 18 世纪下半叶蒸汽机的发明在 19 世纪二三十年代开始出现于西方各国的，从某种意义上说，一个国家铁路里程的长短，是其近代化程度高低的标志之一。中国人之知道铁路，是在 19 世纪 60 年代的同治年间。当时几乎所有的中国人都认为此一事物只可用于西方，而不适于中国；对西方事物向持敌视态度的顽固守旧派自不待论，即使少数以思想开明著称的所谓洋务派也同样未曾认识到修建铁路的必要性。同治六年（1867），清廷就与英国修约之事命各督抚奏陈意见，涉及的问题包括铁路、电线等事，江督曾国藩复奏有谓"听其创办电线、铁路，则车驴任辇、旅店脚夫之生路穷矣"，是以"皆不可行"，建议"就小民生计与之理论，自有颠扑不破之道"①。鄂督李鸿章亦称，电线、铁路"此两事有大利于彼，有大害于我，而铁路比铜线尤甚"②。当时连曾、李都对铁路持如此看法，他人更可想而知。然而数年之后，时已调任直隶总督的李鸿章首先对铁路的认识有了很大的转变。同治十三年（1874）底，李在其著名的《应诏筹议海防折》内从国防需要的角度谈到兴建铁路之必要："军情瞬息万变，倘如西国办法，有电线通报，径达各处海边，可以一刻千里；有内地火车铁路，屯兵于旁，闻警驰援，可以一日千数里，则统帅不至于误事，而中国固急切办不到者也。"③ 这里，李鸿章虽然改变了其以往认为"铁路有大害于我"的意见，但仍说是中国"急切办不到"之事，何以如此？主要因为时人的保守观念实在顽强，朝野上下的反对力量过大的缘故。尽管这样，但他还是认为只要朝廷主政者能够与自己认识一致，利用中央政府的权威加以强制推行，仍是可以办到的。因此，翌年（1875）李便利用进京叩谒同治帝"梓宫"之机，面见恭王奕訢，请后者主持兴造铁路，得到的答复却是"无人敢主持"；复请其"乘间为两宫言之"，也遭拒绝，据称"两宫亦不能定此大计"。于是，

---

① 《同治朝筹办夷务始末》卷 64，第 5、6 页；卷 54，第 2、3 页；卷 55，第 13 页。
② 《同治朝筹办夷务始末》卷 64，第 5、6 页；卷 54，第 2、3 页；卷 55，第 13 页。
③ 《李文忠公全集·奏稿》卷 24，《应诏筹议海防折》。

李鸿章"从此绝口不谈"铁路之事有五年之久。①

光绪六年（1880），中俄伊犁交涉事紧，原直隶提督刘铭传奉旨入京，首次正式奏请修造铁路。奏折中，铭传历数铁路关系国防及民用的种种利益，建议急造数条铁路干线，最后说："事关军国安危大计，如蒙俞允，请旨饬下总理衙门迅速议复。若辗转迁延，视为缓图，将来俄局定后，筑室道谋，诚恐卧薪尝胆徒托空言，则永无自强之日矣。"②旨交李鸿章议复。鸿章遂乘机在沉默了五年之后再提铁路之事，极力赞同铭传意见。消息传出，舆论大哗，内阁学士张家骧、通政使司参议刘锡鸿等众人纷纷上折反对，极言铁路之诸多"弊端"。恭王即顺水推舟，决定对刘铭传的建议不予理睬，遂有翌年（1881）正月所谓"叠据廷臣陈奏，佥以为铁路断不宜开，不为无见，刘铭传所奏，著无庸议"的谕旨③。由此足见恭王在铁路问题上的因循保守态度。此种态度不能不极大影响中国近代化之进程。要知道，同时期日本明治维新的主要内容之一就是大力修造铁路，时至甲午战争前夕，其通车里程远在中国当时仅有的二百余公里铁路之上，而这一点正是导致甲午之役结局的原因之一，可见恭王不能不对其主政时期中国近代化速度的迟缓负有责任。而且需要注意，甲午前夕中国所造全长二百余公里的津榆铁路，还是在醇王主持下才得以建成的。更主要的是，醇王不仅使直隶境内建成了一段铁路，而且经过艰难努力，排除守旧势力的干扰，最终使慈禧太后认可兴修铁路的必要，从而把它作为一项基本国策确定下来。

光绪七年（1881）初，正当朝廷决定拒绝刘铭传请修铁路奏请之时，醇王私下致信李鸿章，对兴建铁路一事表示出兴趣，流露了赞同意向，谓不妨"试行于煤铁之矿，开垦之地，以及屯军设防之一、二口岸，俾见闻习熟，渐推渐广"④。由于有了奕譞这一暗中支持和提示，李鸿章才敢于批准在其管辖的直隶境内矿区试造铁路，这便是开平矿务局以运煤需要为名，于同年五月建成的唐山至胥各庄全长20华里的一段铁路，成为中国自造铁路之嚆矢，具有重要历史意义。此事标志着奕譞对西方事物认识的转变，而且

---

① 《李文忠公全集·朋僚函稿》卷17，《复郭筠仙星使》。

② 《刘壮肃公奏议》卷2，《请筹造铁路折》。

③ 《清德宗实录》卷126，光绪七年正月己卯。

④ 见《李文忠公全集·译署函稿》卷12，《复醇亲王论铁路函》。

一经认识即力图付诸实施。尽管他当时尚未主政，但也可利用其地位和影响力设法推进自强事业。在这一点上，与恭王的畏难因循态度形成了鲜明对照。因此，当他取代恭王而实际主持朝政后，便以手中权力正式开始兴建铁路。

十二年（1886）四月，醇王亲历风涛，巡阅北洋海防，其间就大力兴办铁路一事与李鸿章进行了深入面谈，回京后又往返函商，认为铁路之修，势在必行，不容拖延，决定先将此前所造唐山至胥各庄 18 里铁路延长 65 里至阎庄，再从两端分别接造，西至天津，东至山海关，以使京畿附近沿海防务贯通一气，然后在此基础上分别轻重缓急，逐步筹划全国铁路事业。因于十三年（1887）二月以海军衙门名义正式奏请修造津榆铁路，谓此路若成，则驻扎津南小站的盛军万余游击之师"在此数百里间驰骋援应，不啻数万人之用"云云①。奏入，经慈禧太后照准，直隶方面便开始筹集商股，并借洋债一百万两，着手兴修。足见醇王在早期铁路事业上所起关键作用。李鸿章为此致函醇王感谢说："幸得殿下亲历北洋，决疑定计，奏准兴修津沽铁路，鸿章额手称庆。以为铁路乃举世所疑，而殿下雄心毅力，一闻鄙言，如石投水，诚千载一时，为中国自强之基。"②

十四年（1888）八月，阎庄经塘沽至天津东门的 175 里铁路告成，李鸿章乘车沿途察看之后，以"铁路洵为今日自强急务"，又致函醇王，请"大力主持"，将铁路从天津接修至通州，使京津通车，以为各省兴造铁路表率③。对此，醇王自极表赞同，立即又以海署名义上奏，请续修津通铁路，慈禧太后也照例允准④。不料，此项懿旨发布后却激起了一场轩然大波。先是，津沽铁路建造之时京中士大夫们已在议论纷纷，只是碍于醇王面子，且阻拦的理由也不充分（不好再说铁路不适于中国），暂时忍隐未发。至此总算抓住一个他们自认为是充足的理由，即京津若通铁路，则险要尽失，适予来自海上之外敌提供一个入侵京师的方便工具。于是也就不顾醇王意见，群起上折大加反对，其中不乏盛昱、余联沅、屠仁守、洪良品、翁同

---

① 《光绪朝东华录》，十三年二月庚辰。
② 《李文忠公全集·海军函稿》卷3，《详陈创修铁路本末》。
③ 《李文忠公全集》卷3，《海军照章定议并筹建津通铁路》。
④ 《清德宗实录》卷261，光绪十四年十月乙巳。

龢等诸多名流。面对如此浩大的反对声势，醇王不为所动，即以海署名义上奏，作针锋相对的反驳，并坚定表示"铁路为军国要务……不敢为众咻牵制"①。旋又以个人名义奏称："方今时局为自古所未有，欲弭非常之患，必有非常之法……议者动云祖宗时所无，独不思方今天下局势，岂开辟以来所有哉！"②此语鲜明地表现出醇王此时决心排除守旧势力的阻挠，引进西方先进事物，以实现自强目标的思想。须知，当时能有这种进步思想的中国人还只是极少数。

同时，醇王还对一般顽固守旧者阻挠新事物的言行表示了愤慨，说这班人，当中外有事之时"空言盈廷，杳无实策"，"及军事甫定，局内（指当政办事之人——引者）创一事则群相阻挠，制一械则群讥糜费，但阻本国以新法备敌，而不能遏敌以新法图我"③。这是很令读史者掩卷叹息之事。从一定意义上说，晚清时中国的近代化事业之所以屡遭挫折，以至在与日本进行学习西方的竞赛中输给对方，这些思想守旧的士大夫们的阻挠是一个极重要的原因。日本的伊藤博文在中法战争结束后不久，曾在该国高层的一个秘密会议上针对某些日人以为中国会迅速富强的担忧，说是大可不必，理由是清朝当局向来因循保守，"稍为变更，则言官肆口参之"，"现在法事甫定之后，似乎发奋有为，殊不知一二年后，又因循苟安，诚如西洋人形容中国所说'又睡觉矣'"④。然而，伊藤这里所说清朝当局惯于因循苟安，一、二年后必又"睡觉"的预言却并未言中，因为他作此预言的时间是在光绪十一年十一月末（1886年1月），而此后奕譞主政期间，清廷一直在奋力排除因循守旧势力的阻挠，力图深度创新以求自强。兴建铁路政策的确立，便是一个有力的证明。

光绪十四年因修建津通铁路而引发的铁路问题大讨论，虽有奕譞立场坚定、态度鲜明的主张，但由于京中反对者过众，使慈禧不得不暂时收回已经作出的允建津通铁路的懿旨，改令各省督抚就应否广泛兴建铁路问题各抒己见。在各督抚的复奏中，福建台湾巡抚刘铭传、署江苏巡抚黄彭年、两广总

---

① 《洋务运动》中国近代史资料丛刊第6册，第186、231、232页。
② 《洋务运动》中国近代史资料丛刊第6册，第186、231、232页。
③ 《洋务运动》中国近代史资料丛刊第6册，第186、231、232页。
④ 《清光绪朝中日交涉史料》卷10，第2、3页。

督张之洞等力主大修铁路的意见颇受慈禧和醇王重视，尤以张之洞关于修建芦汉铁路的意见最受重视，盖较之津通一路，芦汉一路纵贯南北三省，里程更长，规模更大，且可避开守旧者所谓邻近海口易于资敌的反对理由。于是，光绪十五年（1889）四月，慈禧再发懿旨称，铁路一事，"为自强要策……但冀有利于国，无损于民，定一至当不易之策，即可毅然举办，毋庸筑室道谋！"① 这标志着清廷自此以后已将修建铁路作为一项基本国策，一切顽固守旧者对于铁路之事不容再予置喙。继而，清廷指令户部每年拨款二百万两作为修建铁路的常年经费，并将张之洞由两广总督调任湖广总督，与直隶总督李鸿章一起从南北两端分头筹办芦汉铁路。旋又支持张之洞创办汉阳铁厂以炼铁轨，复决定兴修关东铁路，以加强东三省防务。

津榆铁路在甲午战前已经通车，关东铁路也已修到山海关外，这主要是李鸿章秉承醇王的遗志，在坚决修建铁路的国策保障下，竭其所能完成的事业。甲午战争后直至清末，清廷更是注重铁路事业的发展，芦汉铁路、京张铁路等相继建成。只是由于赔款所造成的经费困难等原因，全国范围铁路事业的进展仍举步维艰，但至少在朝廷内部再也无人敢于公然阻挠修铁路了。奕譞的这一历史性贡献，是李鸿章等地方督抚做不到的。

三　醇王与颐和园问题考辨

所谓挪用海军经费为慈禧修建颐和园一事，历来是人们评价奕譞时的一个焦点问题，此事给他带来了严重的负面影响，论者以此蔑视其人品，贬低其作为晚清一重要历史人物的作用，甚至将甲午战争的失败归咎于他。笔者认为，这里既有对关键史料理解上的问题，也有对慈禧修园一事的来龙去脉了解不够的缘故，因而此类观点并非客观公正。由于此事不仅涉及醇王作为一重要历史人物的评价问题，也关系到甲午战争失败原因的探讨，其学术价值和现实意义非同一般，有必要进行一点考辨，以了解事情的真相，还历史以本来面目。

有关醇王与颐和园问题的最早一条史料，见于《翁同龢日记》中光绪

---

① 《清德宗实录》卷 269，光绪十五年四月癸未。

十二年十月的一个记载，即："庆邸晤朴庵，深谈时局，嘱其转告吾辈，当谅其苦衷，盖以昆明易勃海，万寿山换滦阳也。"① 这是一条人们熟知且引用频率极高的史料，用以说明奕譞明知颐和园工程将要祸及北洋海军，仍违心附和慈禧太后，以不惜毁掉北洋海军的代价重修颐和园云云，成为论者对奕譞进行否定性评价的一条主要证据。窃以为此种观点值得商榷，因为这里似存在一个史料理解上的错误。

上述史料中的关键一语是"以昆明易勃海，万寿山换滦阳"。对于其中的"勃海"一词，论者一般释作"渤海"，认为代指北洋海军，进而认为以"昆明"取代"渤海"，就是用北洋海军经费修建颐和园的意思。然而试问，有何理由断言"勃海"即为"渤海"？显然，"昆明易勃海，万寿山换滦阳"实为一对偶句，即"昆明（湖）"与"万寿山"相对，"勃海"与"滦阳"相对。既然昆明湖和万寿山都是颐和园（清漪园）的一部分，则"勃海"与"滦阳"亦应是同在某地的两处山水园林才说得通。若把"勃海"释作"渤海"，便与"滦阳"（避暑山庄）风马牛不相及，是说不通的。如所知道，汉语对偶句的上下两词，不仅词性上要相同或相似，含意上也要有相当的共性或关联性，即所谓"沿对革，异对同，白叟对黄童，江风对海雾，牧子对渔翁……梁帝讲经同泰寺，汉皇置酒未央宫"，诸如此类，不胜枚举。试思"渤海"与"滦阳"有何含义上的共性或关联性可言？这两个名词之不可相提并论，是不言而喻的，一为我国内海海域之名，一为避暑山庄之别名，二者实在毫无瓜葛。且恕孤陋寡闻，笔者也从未见过时人有把北洋海军（或与北洋海军相关的事物如北洋水师学堂等）以"渤海"一词来代指的，甚至也未见过时人有像今人一样以"渤海""黄海"等名称指称我国近海海域者，而都是以"北洋""南洋"等名称呼之。因之，不能设想"勃海"一词会与北洋海军有什么关系。所以，把这条史料与北洋海军联系在一起，实在令人难以理解。

笔者注意到以往也有对这条史料作出不同解释的学者，如吴相湘先生说："《翁同龢日记》光绪十二年十月二十四日有云：'庆邸晤朴庵，深谈时局，嘱其转告吾辈，当谅其苦衷，盖以昆明易勃海，万寿山换滦阳也'。由

---

① 《翁同龢日记》第 4 册，光绪十二年十月二十四日。

是可知：颐和园修建计划定计由来，慈禧初意且欲修其热河行宫（滦阳），经醇王、庆王斡旋，始弃远就近，作此决定"①。这里把"滦阳""勃海"仅理解为热河行宫，未与北洋海军挂钩，可避免牵强附会之嫌，是颇有见地的。但解释仅限于此，仍有所缺憾，盖未进一步说明何以如此解释，特别是未就"勃海"与"滦阳"问题作出说明，尚难彻底服人。

笔者以为，翁同龢所说的"勃海"应为"白海"之误，而"白海"则是元朝时地处塞北的一处皇家行宫所在地，与清朝时也是地处塞北且同为避暑行宫所在地的"滦阳别墅"有着很强的相似性，是醇王用的一个典故。

元朝也是一个由北方少数民族入主中原，同样定都北京的朝代，其皇室也有每年夏季赴塞北避暑的习惯，位于滦河上游的上都（即清代的开平城）是其北行的终点。上都，因为地处滦河北岸，元时有"滦阳"之别称，时人谓"滦阳，即上都"，且有诗云："李陵台畔野云低，月白风清狼夜啼……举杯一吸滦阳酒，消尽南来百感情。"② 另在距上都不远处，且位于大都（燕京）通往上都途中，当时有一片面积广大、烟波浩渺的湖泊，蒙语名"察罕淖尔"，汉译"白海"（按：蒙语"察罕"，白色之意；"淖尔"，海子），元帝室在湖畔建有行宫，名察罕淖尔行宫或白海行宫，作为往来时停留休憩之用。时人诗云"行宫临白海，金碧出微茫"或"凉亭临白海，行内壮黄图（原注：右，察罕脑尔，犹汉言白海也）"等③，就是描绘白海行宫情景。因之，元朝时地处塞北的"滦阳"和"白海"都是皇家避暑行宫所在地。换言之，"滦阳"和"白海"是元代塞上避暑行宫的代名词。醇王是借用了元朝的这一典故，代指清朝皇家同样位于塞上的热河避暑山庄（滦阳）及其附近的另一座行宫——"滦阳别墅"。

清朝前期，康熙、乾隆、嘉庆诸帝每年夏季前往热河避暑山庄居住。避暑山庄，地处滦河中游，位于北岸，因此也有"滦阳"之别名。而且，在离避暑山庄不远处，并在北京前往避暑山庄途中，当时另有一座被称为"滦阳别墅"的喀拉河屯行宫（滦平县治所在地），作为从北京到避暑山庄

---

① 吴相湘：《清季园苑修筑与海军经费》，《近代史事论丛》第 1 集，1970。
② 金志节编《口北三厅志》卷15，"艺文四"，乾隆刊本；卷14，"艺文三"。
③ 金志节编《口北三厅志》卷15，"艺文四"，乾隆刊本；卷14，"艺文三"。

来往休息的场所。该行宫由多尔衮始建于顺治七年（1650），是清朝皇室在塞北修建的第一座用于躲避京城酷暑的行宫，康熙年间热河避暑山庄建成以后，仍作为前往山庄途中停留休息之用①，其位置和作用与元朝的白海行宫十分相似。所以，醇王用"白海"与"滦阳"相对，不过是借用了元朝皇家避暑行宫的故事，代指清朝皇家位于塞上的两处行宫罢了，与远在数百里之外的我国内海渤海没有任何关系。至于《翁同龢日记》中之所以把"白海"写作"勃海"，大概是因为发音相近，一时笔误，或由于翁氏不知此典故，且非直接听醇王所说，遂不免发生这一小错。然而，差之毫厘，谬以千里，这一小错竟使人们误以为醇王有意自毁北洋海军，岂不厚诬古人！

醇王自光绪十二年巡阅北洋海防后，对海军一往情深。十四年（1888）二月，醇王患病甚重，以至生命濒危，慈禧太后携光绪帝前往王府探视。父子相见，"行拉手礼"，谈话之后，醇王解下带在身上的一块如意交与光绪帝（该如意乃十二年其巡阅北洋海防之后慈禧所赐），深情嘱咐说："无忘海军"②。仅此一事足见醇王对北洋海军的高度重视和深厚情感，怎能想象他会自毁海军？

或问，上述史料中的"当谅其苦衷"一语又当作何解释？答曰，是因为大兴土木以修园林宫殿之事，向来不得人心，而慈禧太后既已开修三海，复欲再修清漪园，同治间众臣群起阻其母子修复圆明园之事，人们记忆犹新，醇王担心此番或仍有效法者，事先请求谅解其主持工程的难处，不要像上次同治帝出面倡修时那样再加阻止，此即"当谅其苦衷"之谓。

总而言之，奕譞所谓"当谅其苦衷，盖以昆明易勃海，万寿山换滦阳也"，不过是说慈禧太后要修复清漪园，作为京城郊外的夏日避暑场所，如同康乾诸帝去塞北的先例一样，请诸位同仁予以谅解。仅此而已，与北洋海军毫无关系。试思，奕譞作为光绪帝本生父，且为实际主持清廷大政方针的最高当权者之一，即使从维护爱新觉罗家族的根本利益出发，他也断不会自毁海军，而且也不会允许其他任何人用任何方式这样做的。

---

① 文萍：《木兰围场与避暑山庄》，载《围场文史资料》第六辑，中国人民政治协商会议河北省围场满族蒙古族自治县委员会文史委员会 1994 年编印。
② 《翁同龢日记》，第 4 册，光绪十三年十月二十九日条。

那么，有关奕譞挪用海军经费以助慈禧修园之说究竟缘何而来，北洋海军建设之所以停滞不前是否因此而然？

慈禧太后对山水园林的喜好，如同康熙、乾隆诸帝一样，确是追求个人享乐的本性使然。但她知道自己所处时代非康乾盛世可比，也知道中国自古以来便以大兴土木为帝王劳民伤财之劣行，凡动用国库之款以供一人游玩享乐的行为，总要受到舆论和后世的指责，至少要受到言官谏阻的。同治十三年（1874）其母子欲修复圆明园而引起包括恭王、醇王为首的王大臣群起反对，以至激起风波之事，对她也是一深刻教训，因此自光绪元年再次垂帘以来，有十年时间未重提修园之事。但中法战争结束后，国内外局势空前平静，出现道光末年以来从未有过的安定局面，加之光绪帝渐至成人，归政在即，紫禁城又非情愿久居之地，遂重萌开修园囿离宫之念，于是首先下令修葺紫禁城旁边的三海，意犹未尽，又要修复京城西北郊外的清漪园。

既要修园，又不想受舆论指责，在这种矛盾心理主使下，慈禧在修园经费问题上想出了一个所谓"不动司农正款"，即不准动用部库存款及其他正式收入，而只许使用"闲杂各款"来修园的主意。然而，内务府等处每岁收入有限，何来闲杂款项可供使用？这一想法实属强人所难，但主持工程者又不得不遵旨照办，于是生出种种麻烦，这些麻烦最后都落在醇王一人头上，因为他作为朝廷内外的主政者，一切均须负责操持之故。

光绪年间户部大库和各省的存银数量，虽然不及雍正、乾隆时那般充裕，但由于海关洋税和厘金两项新增收入，加上传统地丁赋税及杂课之类，在甲午以前还是有相当数量的存储。据在光绪十年以后长期任职史部司员的何刚德说："户部之库，余在京时奉派随同查过四次，出入互有盈绌，盈时不过千一百万以外，缩时亦不过九百万以内。"[①] 由此可知，奕譞主政时期仅户部大库的常年存银就在一千万两左右，这在晚清是很大一笔数目。这笔存银尽管不能轻易动用，但当国家有事之时，可由廷旨指令拨付，比如光绪十四年郑州黄河决口工程及赈灾用款，十五年光绪帝大婚典礼用款，同年决定的每年二百万两兴办铁路经费（其中一百二十万直接出自库银，另八十万由各省分摊）等，都是动用的部库存银，亦即所谓"司农正款"。倘若慈

---

① 何刚德：《客座偶谈》卷 3，上海古籍书店影印，1983。

禧太后敢于以国家工程的名义修其园林，堂堂正正地指令户部拨用库银，虽一时可能有御史等上疏谏阻，却直接痛快，可为醇王省去许多烦恼。无奈慈禧不作此想，而一心要个好名声，害得醇王只好百般设法，东挪西借，又不便明说修园，陷于一种尴尬境地，正如他在为三海工程筹措经费时对李鸿章所说："既不敢琐渎天听，又无法商诸同事，惟与立山（按：总管内务府大臣）蹙额相对，是可愁亦可笑也"①。

海军衙门既为奕譞直接主管，为了应急，正式放款之外如有剩余，或难免有所挪用，但其数额不会很大，更不会因此影响北洋海军建设。因为当时海署所管经费，收支皆有定数，几无余款可言，且自光绪十一年海署成立后，北洋海军应得放款均如数供给，保证需要，从无短缺。北洋海军经费包括修筑炮台、船坞等所需海防经费和"三铁舰""四快船"的薪粮煤油等费，前者由海署指令各省关直接解送北洋，后者由北洋派员来京领取，两项合计，其数为每年一百二三十万两②。海署所管经费主要来源于光绪元年所定南北洋海防经费，海署成立前这项海防经费名义上岁额四百万两，"实收不及原额十分之二"几乎有名无实③；海署成立后以中央政府权威的催收力度增强，但"岁入不过二百九十余万两"，而岁出放款则有北洋海军一百二三十万两和东北练饷一百万两，另有南洋水师五六十万两，三项合计已超出岁入之上，颇有"入不敷出"之感④，不存在大量闲款被挪用于园工的可能。

奕譞在罗掘俱穷仍难以满足园工需要的情况下，不得不求助于李鸿章，请后者出面，要求张之洞、曾国荃等各省督抚筹集一笔款项作为颐和园工程专款⑤。由于张之洞等踊跃认筹，竟筹集到二百六十万两巨款，出于照顾慈禧太后畏忌舆论的考虑，以海军衙门名义存天津洋行生息，名曰"海军巨款"，以息银按年解京，供园工应用，修园才算是在理论上有了固定的经费

---

① 《李文忠公全集·海军函稿》卷2，《醇邸来函》。
② 光绪十四年四月二十一日海署请添拨洋药税厘折，《清末海军史料》下册，第637~638页。
③ 《李文忠公全集·奏稿》卷36，《请饬拨海防经费折》。
④ 光绪十四年四月二十一日海署请添拨洋药税厘折，《清末海军史料》下册，第637~638页。
⑤ 《李鸿章全集·电稿》第2册，上海人民出版社，1986，第11、17页。

来源①。然而，由于这笔筹款用的是海署名义，且涉及各省督抚，消息传出，所谓以海军经费修建颐和园之说便不胫而走，愈传愈广，愈传愈离奇，后来竟有挪用数千万两，甚而至于上亿两的说法，实在不可思议。

要之，海军经费作为"正款"之一，其收支数额基本固定，是不能挪用的；换言之，海署的闲款极其有限，没有多少可供挪用的余地。各督抚筹集的"海军巨款"，实际就是修园专款，只不过为迎合慈禧害怕舆论指责的心理而用了海军的名义而已。然而却事与愿违，弄巧成拙，竟造成更多的流言及身后骂名，这应是慈禧和醇王所始料未及的。

其实，北洋海军成军后之所以停止发展，其原因根本不在经费问题上，而在战前国防战略的失误。当日本军国主义以中国北洋舰队为假想敌，千方百计逐年添置新舰之际，清朝当局却视若无睹，缺乏应有的警惕和对策，及至当对方把战争强加在头上的时候，才恍然醒悟，试图亡羊补牢，却为时已迟。换言之，能否添购新舰，取决于朝廷在思想上对外来威胁有无正确认识，是否存在危机感和紧迫感，而与海军常年经费无关，因为后者主要是一种养船费，而非购舰费。不管这一经费是否被挪用过，都与购舰问题无涉。所以，那种从修园与海军经费关系上去探讨甲午战争失败原因的观点，实际上是陷入一种认识误区之中，既不符合事实，也不利于我们对历史经验教训的汲取与借鉴。②

慈禧太后挪用海军经费数千万修园之说，最初是由康有为、梁启超在海外为丑化政敌而使用的一种宣传手法，不具客观真实性，吴相湘、王道成诸先生早已考证其说不确③，今后实不该继续沿用这种说法，否则将误导我们对甲午战败真实原因的认识，也使醇亲王奕譞这位在中国早期近代化历史上有过重要贡献的历史人物得不到客观公正的评价。

（原文发表于《清史研究》2006 年第 2 期）

---

① 《李鸿章全集·电稿》第 2 册，上海人民出版社，1986，第 11、17 页。

② 参见拙作《论甲午战前十年间清朝的国防战略失误》，载杨念群主编《甲午百年祭》，知识出版社，1995。

③ 见王道成《颐和园修建经费新探》，《清史研究》1993 年第 2 期。吴相湘：《清季园苑修筑与海军经费》，《近代史事论丛》第 1 集，1970。

清代蒙旗社会喇嘛教信仰问题研究

◎ 祁美琴

　　众所周知，从明朝后期开始，由于蒙古封建主的崇信与提倡，喇嘛教在蒙古各阶层中传播，逐渐成为蒙古社会普遍信仰的宗教。明清鼎革，清朝统治者为争取蒙古上层的支持，赢得蒙古民众的信任，变阻力为动力，在蒙古地区推行"因俗而治"统治策略，大力扶植喇嘛教，以修建喇嘛寺庙为在蒙地实施统治的"第一要务"，致使蒙古地区寺庙林立。与此同时，特别礼遇哲布尊丹巴、章嘉呼图克图等宗教首领，不仅给予其封号、印玺，以示尊崇，且颁布政令，让为数众多的蒙古男子选择僧侣生活，致使清代以来的蒙古社会成为弥漫着浓厚的喇嘛教信仰的宗教社会。

　　治清史及治蒙古史学者，对于清代蒙旗的宗教生活很早就予以关注，并在清廷的宗教政策、喇嘛教在蒙古的传播过程、寺庙修建以及上层活佛转世等方面的研究成果卓著，但是对于宗教以何种方式融入蒙古百姓的社会生活，喇嘛教信仰的社会表征等，学界的研究和认识还不够深入和清晰。有鉴于此，笔者拟以新近出版的《准格尔旗札萨克衙门档案译编》（乾、嘉、道三朝）以及清以来的考察游记、调查资料为依据，就蒙旗的喇嘛教信仰及其世俗化倾向进行考察，以期丰富清代蒙古社会宗教信仰问题的研究。

蒙旗喇嘛教信仰社会的特征

　　信仰从来就不是纯粹的思想领域或意识形态的问题，而是人类生活、社会面貌、生存状态的一种存在方式。经历了蒙元帝国的蒙古社会，选择回到一个宗教社会，其政治力量的驱使无疑是最重要的原因，推行喇嘛教信仰最大的获益者显然不是蒙古民众，而是当时的统治者。当黄金家族内部争夺统治地位的战争和继之而起的部落纷争难以凝聚人心的时候，蒙古社会的上层需要寻找一个新的重新号令蒙古各部遵从的精神标志，而喇嘛教的传入正适应了蒙古民族的信仰需要，于是，蒙古各部的统治者便争相成为喇嘛教在蒙古社会的代言人。这是明末清初新兴的满族统治者推崇和利用喇嘛教征服蒙古的根本所在。毫无疑问，就纯粹的政治手段而言，满族统治者完全实现了他们的目的，只是宗教的发展有自己的规律，一旦启动并发展起来，其后果恐怕就连统治者自己也未必能够有充分的认识和把握。总之，喇嘛教信仰对蒙古社会面貌的影响是巨大的。

"蒙地喇嘛教势力至为普遍，一般生活习尚，如婚丧疾疫，以及思想行为，莫不受其支配。全体人民，上自王公台吉，下至编户平民，莫不虚心供奉。无论贫富之家，或土居，或幕徒，莫不有佛龛之设备，朝夕顶礼。每饭不忘。人人以能亲喇嘛为光荣，人人以能为喇嘛为幸运。"①

"蒙古之弱，纪纲不立，惟佛教是崇。……乃近闻蒙古，亦多无嗣，恒有以己剃度而归宗者，而一本数支，十不一二。"②

喇嘛教信仰之所以能够在蒙古地区产生如此大的影响，要归功于其信仰社会的构建。即通过信仰的传播据点——寺庙、信仰的传播者——喇嘛以及信仰的追随者——信徒这个三位一体的信仰体系的建立和社会权威的树立，从而实现了喇嘛教信仰社会的存在结构，即他们通过自己的方式主导了蒙古人的精神追求和社会的发展方向。因此，认识清代蒙古社会喇嘛教信仰社会的特征，就需要理清这三个方面存在的状态。

---

① 《伊盟左翼三旗调查报告书》，第四节"宗教与教育"，见《内蒙古历史文献丛书》之六，远方出版社，2007。下引《伊盟右翼四旗调查报告》亦同。
② "清朝理藩院档"，转引自张羽新《清政府与喇嘛教》，西藏人民出版社，1988，第178～179页。

1. 寺庙

清以来对蒙古社会发生影响的寺庙，除北京的雍和宫、承德的外八庙外，主要集中在蒙古本地。多伦诺尔因为有章嘉呼图克图的"喇嘛印务处"，成为内蒙古地区喇嘛教的中心，呼和浩特因为召庙众多被誉为内蒙古的"召城"。在清廷鼓励和倡导之下，修建寺庙成为蒙古社会各方追逐的目标。正所谓"盟有盟庙，旗有旗庙，苏木有苏木庙，嘎查有嘎查庙，王公贵族和富户有家庙"①。据统计，至清代中期，内蒙古喇嘛教寺庙约有1800多座；到晚清的光绪年间，寺庙虽有所减少，亦有1600多座；即使是清亡后的1945年（有的地区以1949年为准）时，仍有寺庙1366座。② 外蒙古所属的喀尔喀蒙古地区有747座，"男三者一人为僧；库伦之庙，至有十万僧之多。"③

寺庙在各蒙旗的分布情况，主要与各地的辖区大小、蒙众人口分布有关。各庙在隶属关系上分敕建与私建两种，敕建就是在清朝理藩院登记注册、名义上是皇帝赐予名号的庙宇，私建则是本旗喇嘛、王公和百姓的家庙或未登记在册的庙宇。无论哪种寺庙，从寺庙规制来看并无大的区别。但是寺庙一类建筑物在蒙古草原的出现，却直接改变了蒙古游牧社会的传统建筑和住居类型。蒙古人的传统建筑是用木材和毛毡搭建的便于拆卸的蒙古包，而蒙古地区的喇嘛教寺庙，均为固定的中国式土房和类似宫殿的建筑物。在蒙古草原上，最结实、最壮观的建筑就是寺庙，在碧空和绿色草原的地平线上，看到连成一片的红色或白色的庙宇、僧房，宛如一幅秀丽的风景画，与传统建筑蒙古包形成鲜明对比。

这些寺庙从建筑风格上可以区分为藏式和汉式两种，如伊克昭盟、锡林郭勒、察哈尔地区的多为汉式建筑。汉式寺院的建筑由两部分组成，一部分是寺庙建筑，一部分是僧人居住的房舍。以巴林旗的一座普通寺院的情况为例：寺院被用白砖砌的围墙包围着，围墙内的建筑物主要有四部分：一是主庙建筑，面朝南，共三间；二是位于主庙两侧的两所房子，也是各三间，各

---

① 德勒格编著《内蒙古喇嘛教史》，内蒙古人民出版社，1998，第151~152页。
② 德勒格编著《内蒙古喇嘛教史》，内蒙古人民出版社，1998，第452~453页。
③ 姚明辉：《蒙古志》，古籍铅印本，1907。

有庙，供每天举行呼拉尔之用；三是与主庙平行的位于主庙两面的两座小房子，为寺院附属房舍（寺院厨房、仓库等）；四是寺院正门，一间。所有的建筑物都是砖砌墙，瓦作顶。寺院常住喇嘛有40名，他们住的土房子位于院墙西面，形成一单独村落。① 其"村落"的意义不仅在于直观建筑存在，更重要的是，僧人的房舍均由自己出资修建，而且在修建时以各旗或鄂托克为单位。僧人们按照所属旗分进行居住，充分体现出寺院僧房的格局成为蒙旗各部各旗的缩影。

外蒙古、乌兰察布盟多为藏式建筑。藏式建筑，从远处望去，多为白墙建筑物的汇集。以车臣汗旗的寺院为例。车臣汗的营幕位于克鲁伦河左岸，营幕由两部分组成，南部是车臣汗宫殿及附属的宫殿建筑物，车臣汗的私人寺院和旗衙门；北部是车臣汗旗寺院。其中旗寺院的规模很大，常住的喇嘛达两千人，包括西藏建筑式样的四座庙宇和近两百处供住庙的喇嘛使用的房舍。寺院没有围墙，寺院占地的界限靠在四角建立的四座白塔来确定，此外在寺院的正面也有三座白塔。②

也有很多寺庙则是汉藏结合，如乌兰察布的百灵庙，其主体部分为藏式，庙的前面和背后竖立着 11 座白塔（又叫喇嘛塔），寺院的堂宇、僧房大多数也是藏式建筑，但大殿却是宏伟的汉式建筑，屋脊上的黄金九轮璀璨发光，寺庙的额匾上刻着"广福寺"三个金字。而大殿的后面又是华丽的藏式经堂。③ 又如东浩齐特的王府庙，以汉式为主，庙前的狮子、大殿、经堂、钟楼都是汉式建筑，但是僧房是藏式的泥土房。也有的寺庙由于时代的变迁或活佛、主持的喜好而不断被改造风格。如坐落在喀尔喀蒙古地区的扎雅班第达的寺院，原本是非常严格的藏式风格，寺院各座庙堂的分布很像布达拉宫，一世呼毕勒罕罗布桑普林赖为了使这里像拉萨，连附近的两条河的名字也改了。但是到第五世呼毕勒罕罗布桑纳木扎勒时，因为向往内地的繁华，在从北京朝觐归来后，就为自己建造了汉式宫殿，内部陈设也完全是汉

---

① 〔俄〕阿·马·波兹德涅耶夫：《蒙古及蒙古人》第二卷，内蒙古人民出版社，1983，第 434～436 页。

② 〔俄〕阿·马·波兹德涅耶夫：《蒙古及蒙古人》第二卷，内蒙古人民出版社，2007，第 513～514 页。

③ 江上波夫：《蒙古高原行纪》，第 156 页。

式的。①

据有关的调查揭示，寺庙的兴建，不仅丰富了蒙古社会建筑类型，对蒙古王公上层的住居形式也产生了影响：如乌兰察布盟四子王旗王府规模宏壮，"垩白色，中为喇嘛庙，左为四子王住宅，右为袋德喇嘛宅（王子充喇嘛者，为袋德喇嘛）。右宅围以矮墙，墙内有蒙古包二，一甚华丽，喇嘛所居，一甚敝陋，火夫所居"②。说明蒙旗各札萨克及台吉等不仅在自己居住的王府的显著位置设置佛堂，而且还在王府附近建造喇嘛庙，供王府人员跪拜诵经。

2. 喇嘛

统治阶级的思想在其统治的社会中必然占有统治地位，蒙古社会在统治阶级的带领下，众多喇嘛教寺院建立起来，上层喇嘛的地位得到极大提升，社会财富也自然向着寺庙流去。整个社会舆论对当喇嘛极尽崇奉，认为一人出家当喇嘛，胜过铸造一座金塔，不仅造福全家，也能"来世"享尽荣华富贵，致使蒙古社会成为人人为信徒的宗教社会，"两个蒙民，就有一个去当喇嘛，若是弟兄三个，就有两个去当喇嘛"③。据统计，到清代中期，内蒙古的喇嘛人数约为15万人左右，光绪年间也有10万人左右，到民国后期有6万人左右。④

为数众多的喇嘛，不仅导致蒙古社会从业结构的改变，也阻滞了蒙古民族的社会的发展，进而影响了百姓的生活。以伊克昭盟（鄂尔多斯部）各旗为例，这里各旗人户及喇嘛数量统计有三个参考数据，一是笔者根据《伊盟左翼三旗调查报告书》及《伊盟右翼四旗调查报告》所作的统计，蒙民总人口为92900，其中喇嘛人数为7563；二是笔者根据《伊克昭盟志》第七章"喇嘛教"提供的各旗数字所作的统计，喇嘛人数为18153；三是采自《伊克昭盟概况》的数据，喇嘛人数为11390。⑤ 根据此三组来源不同的数

---

① 〔俄〕阿·马·波兹德涅耶夫：《蒙古及蒙古人》第一卷，第443页。
② 勹舆《西盟游记》，《内蒙古历史文献丛书》之二，远方出版社，2007，第101页。
③ 周颂尧：《鄂托克富源调查记·召庙的喇嘛》，《内蒙古历史文献丛书》之六，远方出版社，2007。
④ 《内蒙古喇嘛教史》，第452~453页。
⑤ 此三组数据均为民国年间的数据。

据，可以得到喇嘛在鄂尔多斯蒙古社会的人口比例分别为 8%、20%、12.2%；取其平均数，约为 13%。

但是以上比例数据的获得都是以全体蒙古人为基数得出来的，还无法全面反映喇嘛人口的实际情况。喇嘛对蒙古从业结构的改变，主要是针对男性成员而言的，因此有必要对喇嘛在男性成员尤其是男丁中的比例进行研究。仍然以上述伊克昭盟的全体蒙古人为例，92900 口约（每户以 4.5 口计算）20644 户，每户以 2 丁计算，则共有男丁 41288。用上述关于全盟喇嘛的三个统计数据的平均值 12366 计算，其喇嘛与男丁的比例约为 30%，这个比例应该接近民国后期内蒙古地区喇嘛人口的实际情况。这是全盟的平均情况，各旗的情形又有不同。以达拉特旗为例：该旗档案登记，蒙民 3700 余户，其中男 4600 余口，女 5700 余口，合老弱及喇嘛共约 11400 余口。据此则每户人口约 3 人，男丁约 1 人，喇嘛 1000 人左右，其喇嘛占男丁比例亦接近三成。[①] 又据不完全统计，科尔沁左翼中旗 74 座寺庙中有喇嘛 3544 人，约占当时全旗蒙古族男性的 30%。[②] 在内蒙古西部，当时蒙疆政权管辖区域内共有 436 座喇嘛庙、32027 名喇嘛。[③] 其中，锡林郭勒盟总人口 52706 人之中，喇嘛数字为 10930 人，计占总人口 21%，男性人口 42%。[④] 乌兰察布盟包括乌拉特左、右、中旗、茂明安旗、四子部落旗、喀尔喀右翼旗，据民国年间的统计，该地区仍有 118 座寺庙，喇嘛人数达 10460 人。直到 1936年，四子部落旗蒙民共计 6100 人，其中喇嘛共计 2877 人，占全旗蒙古族总人口的 47.1%；喀尔喀右翼旗蒙民共计 4210 人，其中喇嘛共计 2610 人，占全旗蒙古族总人口的 59.6%；茂明安旗蒙民共计 852 人，其中喇嘛共计 150人，占全旗蒙古族总人口的 17.6%。[⑤]

以上数据统计基本上是建立在民国中后期的调查资料的基础上，但是正

① 《伊盟左翼三旗调查报告书》，第二章"政治现状"见《内蒙古历史文献丛书》之六，远方出版社，2007。

② 博尔济吉特·温都尔涅夫：《达尔罕王生平事略》，《内蒙古近现代王公录》，内蒙古文史资料第三十二辑。

③ 金海：《日本占领时期内蒙古历史研究》，内蒙古人民出版社，2005，第 77 页。

④ 札奇斯钦：《西藏佛教在内蒙古的兴衰》，《蒙古史论丛》（下），学海出版社，1978，第 1048 页。

⑤ 赵双喜：《清代内蒙古地区寺院经济兴衰研究》，内蒙古师范大学硕士学位论文，2008。

如前文所揭，此时内蒙古的喇嘛总数与最盛时期乾隆中期相比，已经减少了四成，因而其比例尚不能完全反映有清一代的情况。而下面的例证或许能够为我们提供更为接近清代的历史事实。

以民国初年的伊克昭盟鄂托克旗为例，该旗有村落 34 处，共计 2710 户，男女老幼 8640 口；召庙共有 46 处，喇嘛 2700 余人，以全旗户口计算，喇嘛占了人口的 31.2%，但是若以男丁计算，则占到了六成还多。[①] 尤其需要注意的是，由于喇嘛在蒙古社会受到尊崇和重视，蒙民均将家中最出色的男丁送进寺院为僧，所以青壮年喇嘛的人数又在喇嘛中占多数。所谓："蒙旗人民，因为信奉黄教的关系，莫不以充当喇嘛为荣，所以蒙旗青年，若以一旗为单位，则喇嘛数当占全旗青年人数十分之六七，而此十分之六七青年，皆为一旗之消费人口。"[②]

清代蒙旗的喇嘛人数也可以根据当时的人丁数和理藩院的有关规定进行推算。以伊克昭盟准格尔旗为例。准格尔旗位于鄂尔多斯东南部，从顺治六年（1649）额璘臣从子色棱受封札萨克固山贝子并世袭罔替开始，历任札萨克有衮布喇什、根都什辖布、罗卜藏、纳木扎勒多尔济、色旺喇什、额尔德呢、察克都尔色楞、札那济尔迪、珊济密都布等。据上表，民国时期该旗喇嘛人数为 930 人，根据嘉庆八年准格尔旗向理藩院呈报，准格尔旗的蒙古男丁的构成情况如下：

> 本旗现有佐领四十二人，协理三等台吉一人，登记预备录用之三等协理台吉一人，一等台吉二人，二等台吉十二人，三等台吉十人，四等台吉一百三十七人，管旗章京一人，梅林章京二人，甲喇章京八人，苏木章京四十二人，骁骑校四十二人，箭丁六千三百一十九名，怯邻口七十七名，随丁七百三十三名。[③]

---

① 周颂尧：《鄂托克富源调查记》"户口的数目""召庙的喇嘛"。从后面有关教堂和回汉人口共计 13540 名的统计看，这里的户口应是蒙民的户口统计。

② 《伊盟右翼四旗调查报告》第五章"社会生活"《内蒙古历史文献丛书》之六，远方出版社，2007。

③ 《准格尔旗札萨克衙门档案译编》第一册，第 104 页；122 页有嘉庆十九年的统计，203 页有道光七年的统计，505 页有道光二十七年的统计。

以上合计丁口7429人。这些人均为喇嘛的来源丁口。若以"两个蒙民，就有一个去当喇嘛，若是弟兄三个，就有两个去当喇嘛"① 的原则，则准格尔旗的喇嘛数额应该分别为总丁口的二分之一即3715人，或总丁口的三分之二即4952人，分别相当于民国时期的4倍或5.3倍；而《伊盟左翼三旗调查报告书》的调查者据清代丁壮比例推测准格尔旗在清代约有喇嘛9000人，② 约相当于民国三十年的9倍多。再以单个寺庙的情况看，准格尔旗共有20处寺庙，最大的准格尔召最多时有喇嘛1200余人。③ 又据道光九年的一则档案介绍，"本旗广福寺有喇布仍、沙毕纳尔等共五百余名喇嘛，皆为圣主之万寿而祈祷诵经。今民人擅自强占并耕种其香火地，实属违法。"④ 清代一个寺庙的人数即如此之多，使我们有理由怀疑民国年间的喇嘛人口的统计数据的准确性。长期从事内蒙古喇嘛教史研究的德勒格先生亦认为，清代喇嘛占男子人口的总数约在40%～50%左右，个别地区达到60%左右，应该是可信的。⑤ "僧侣在喀尔喀蒙古形成了一个人数众多的阶层，占喀尔喀总人数的八分之五以上。"⑥

有关的记载亦表明，清代蒙古地区寺庙的在籍喇嘛（有度牒者）只是喇嘛人口的一部分，不在藉的喇嘛大量存在于社会之中。

> "凡剃度一喇嘛，必一正一陪，就亲丁中同时剃度之，其一为喇嘛，其一则喇嘛之奴才，故无论何庙，问其喇嘛名额，如其额为二十五，其中实在僧徒比为五十有一，二十五喇嘛各带一奴才，又有一大喇嘛故也。喇嘛死，必由其亲丁中择一人顶补，喇嘛之奴才亦然。故一家既有喇嘛之后，其不为喇嘛者，久亦相随而去。其大喇嘛，须得喇嘛及大众信仰而推升，或由他贵人提拔而升任。若台吉为喇嘛，即可得大喇

① 周颂尧：《鄂托克富源调查记·召庙的喇嘛》，《内蒙古历史文献丛书之六》，远方出版社，2007。
② 见《伊盟左翼三旗调查报告书》（民国三十年编印）第二章第二节人口估计。
③ 《内蒙古喇嘛教史》，第629页。
④ 《准格尔旗札萨克衙门档案译编》第一册，内蒙古人民出版社，2007，第221页。
⑤ 《内蒙古喇嘛教史》，第153页。
⑥ 〔俄〕彼·库·柯兹洛夫著《蒙古、安多和死城哈喇浩特》，王希隆、丁淑琴译，兰州大学出版社，2002，第37页。

嘛之位，大喇嘛无庸专带奴才喇嘛，凡合庙皆其奴才。""尝主一台吉之家，避雨因止宿。其家系三品台吉，父子叔侄，壮者以及孩提，共五台吉。问其有无奴才，云尚有一户，此奴才家生齿繁殖，有兄弟五人，但已有两为喇嘛，两为奴才，喇嘛既去其四，余一奴才，遇彼四人者有事故，则亦将起凡入圣，至其时，吾家奴才乃断绝云。"①

根据宝泉对百灵庙喇嘛登记册的统计，清代百灵庙共有度牒喇嘛 111名，候补班弟 111 名，沙比（佣徒）220 名②，这里所谓"一正一陪"概指"沙比"而言。

清代蒙古社会成年男子大量进入寺院，自然主要是社会提倡、政策推行的结果，但是也与蒙古游牧社会本身的发展特点相合。明末清初随着蒙古各部战争的减少，游牧范围逐渐固定，社会生产力发展有限的情况下，喇嘛教信仰以及与此相关的寺院的"文化传播功能"，为一部分社会的有生力量从生产领域分离出来，走进寺院这样的"学堂"提供了可能。这也是在蒙古社会中喇嘛之所以受到尊崇和被认为是具有知识的人的原因，"喇嘛不仅仅是祭司，而且还是画家、雕塑家、建筑家和医生，甚至是世人的心脏和头脑，也是他们的权威人物。"③ 正是这种教育资源的独占，为蒙古社会喇嘛的独特地位和信仰生活的普及提供了可能。

在阶级社会里，任何群体都将按照社会分工和社会地位的高低而划分出不同的阶层，由于宗教的政治化，宗教职业者亦不例外。清朝统治者为了管理信奉喇嘛教的蒙古社会，将宗教职业者官僚化、等级化，喇嘛不仅有度牒登记造册，还根据各处寺庙的地位划定"有职"喇嘛的缺额、级别，给予特定"钱粮"，并使"达喇嘛"以上的上层喇嘛实行按缺调补式的僧侣官僚制度。然而，这只是其社会分层的一个方面，与此同时，由于喇嘛来源阶层的不同，在喇嘛群体中也会形成另外一种分层。

蒙古社会中，台吉是一个较为庞大的群体，每旗少则上百人，多则数百

---

① 《古今游记丛钞》卷四十五《蒙古·（心史氏）郭尔罗斯后旗旅行记》。
② 宝泉：《喀尔喀右翼旗社会历史问题研究——以喀尔喀右翼旗札萨克衙门蒙古文档案为中心》，内蒙古师范大学硕士学位论文，2006。
③ 〔法〕古伯察：《鞑靼西藏旅行记》上册，中国藏学出版社，2006，第 86 页。

人，受到清廷的特别优待，成为蒙古社会中的贵族阶层。清亡后，他们的境况亦十分窘迫，甚似晚清民初落魄的八旗子弟。所谓：

> 蒙之人，什七八皆顶冠带，冠上顶珠，青黄赤白，无所不用其极。腰系荷包活计，足蹬官靴，行步微偻其背，举足重滞，橐橐之声，以靴破不甚清脆，唐人诗所谓纫梯纫褟者，颇为近之。童时见老辈有老成端重名者，别成一种态度，以示林下风。入蒙所见，盖无时不然，惟袍带冠履以及挂件，则无一不垢敝斑驳，历年既久，又不知浣濯为何事，汗渍及泥污，狼藉如云霞，此其人所谓台吉者也。①

对于贵为成吉思汗黄金家族后裔的台吉是否可以出家当喇嘛，清廷政策前后有所变化。《理藩院则例》旧例"九百一十六"条规定："失察属下台吉私当喇嘛，该盟长等分别察议、议处"。② 乾隆四十年，因蒙古诸部多有奏闻台吉自愿入寺当喇嘛之事，乾隆帝准所请：蒙古均信奉佛教，台吉自愿当喇嘛，亦是好事，应如所愿，而不应制止。并令嗣后不论内札萨克、喀尔喀、卫拉特、土尔扈特等，均依其所愿。令各盟旗将人数报部备案。③ 四十三年又规定，凡台吉、塔布囊当喇嘛后，其生子、胞侄、兄弟允许其袭爵并移用随丁，无子嗣、胞侄、兄弟之台吉、塔布囊当喇嘛后，革退其爵位，不得再承袭。④

据此可以确认，台吉当喇嘛在清代是较为普遍的现象。乾隆五十九年一起蒙汉越界种地纠纷的案件中，就有"台吉巧尔济喇嘛"作为证人被传讯。⑤ 道光元年，准格尔旗札萨克额尔得尼桑为其五弟那木济拉色布登、六弟乌力吉敖其尔呈请，"出家当喇嘛，愿为圣主之万寿祈祷诵经"，恳请理藩院查核，准其出家当喇嘛，并颁发度牒。⑥

---

① 《古今游记丛钞》卷四十五《蒙古·（心史氏）郭尔罗斯后旗旅行记》。中华书局，1923。
② 《钦定理藩部则例》，第441~442页。
③ 《准格尔旗札萨克衙门档案译编》第一册，第48页。
④ 《准格尔旗札萨克衙门档案译编》第一册，第62页。
⑤ 《准格尔旗札萨克衙门档案译编》第一册，第95页。
⑥ 《准格尔旗札萨克衙门档案译编》第一册，第127页。

台吉喇嘛的数量也是十分可观的。据调查，宣统二年，哲里木盟札莱特旗大小寺庙 14 处，喇嘛 371 名，由台吉充当喇嘛者 188 名。① 杜尔伯特旗有大小寺庙 10 处，其中台吉喇嘛 44 名，壮丁喇嘛 152 名。② 郭尔罗斯后旗，共有喇嘛庙 13 处，有度牒喇嘛 325 人，台吉充喇嘛者 76 人，其余小喇嘛约有百余人。③ 由此可见，在喇嘛中台吉喇嘛占有相当的比例，且从统计中区分度牒喇嘛、台吉喇嘛、小喇嘛的情况看，有关各旗喇嘛统计数据之所以与人们观察到的实际人数和比例存在较大差异，或许原因就在于有的统计只限于度牒喇嘛一部分。

3. 以王公贵族为主导的信徒生活

清代蒙古地区喇嘛教盛行，不仅造就了人数众多的喇嘛，也使喇嘛教信仰弥漫在全体蒙古人的天空。蒙古人从王公上层到普通百姓，家家户户都供奉神像。具体而言，蒙古社会各阶层信仰的情况可以通过以下几个方面体现出来。

王公阶层的佛事活动是体现其信仰程度的一个重要的方面。据记载，王公上层为方便举行祈祷礼佛活动，往往在自己居住的王府附近建造寺庙。所谓"任何王府，均有佛堂，除王爷日常必念经外，佛堂内亦有喇嘛常住。此喇嘛或系各大召庙派来者，或为王府庙自己所招收者，悉受王爷之优待。"④ 据知情者回忆，蒙古著名的喀喇沁亲王贡桑诺尔布的父亲旺都特那穆济勒，每日清晨都要念一遍藏语经卷，"这在他生活中好象是一件必不可缺的大事"⑤。又如光绪初年出生于内蒙古科尔沁左翼中旗达尔罕亲王那木济勒色楞亦是虔诚的喇嘛教信徒，"手不离珠，嘴不离经书，笃信神佛"。他鼓励旗民出家当喇嘛，不惜重金修缮庙宇，定期举办佛事活动。⑥

不仅王府如此，在蒙古各旗的札萨克衙署，均设有佛堂，供来衙署的办

---

① 均有度牒。《哲里木盟十旗调查报告书》下册，远方出版社，2007，第 317～320 页。
② 《哲里木盟十旗调查报告书》下册，《内蒙古历史文献丛书》之一，远方出版社，2007，第 393 页。同页小注：闻该旗勒派充当喇嘛，竟有数十家因此绝嗣。
③ 《哲里木盟十旗调查报告书》下册，第 519 页。
④ 《伊盟右翼四旗调查报告》第四章"宗教"。
⑤ 吴恩和、邢复礼：《喀喇沁亲王贡桑诺尔布》，《内蒙古近现代王公录》，内蒙古文史资料第三十二辑，1988。
⑥ 博尔济吉特·温都尔涅夫：《达尔罕王生平事略》，《内蒙古近现代王公录》，内蒙古文史资料第三十二辑。

公人员祈祷之用。旗衙署内办公人员，每人也随身带有香袋，内贮香粉，每天早晨起床后，都要携袋到大香炉旁添香，念经数分钟，然后才开始办事。每晚办公结束时也要重复以上的行为。有的旗札萨克，甚至令各大召庙轮番（每轮一个月）派送专职喇嘛到衙署值班，每月举行一次念大经活动，以便为衙署的办公人员消灾降福。

王公上层积极参与蒙旗各大召庙的诵经活动。每年春秋二季，各庙俱举行盛大经会，届时不仅要求全体喇嘛必须参加，王公贵族、普通旗民也要前往参观诵祷。如伊克昭盟札萨克旗的札萨克召每年举行"跳鬼"活动时，照定例，旗札萨克亦须亲自前往参加诵经活动。这一旧例直到民国二十五年（1936）时，当时的沙王仍照例前往。①

对于信仰喇嘛教的蒙古人来说，除了在家中、在本地的寺庙参与有关的祈祷礼佛活动外，一生最大的愿望莫过于能够有机会去西藏、五台山等佛教圣地朝拜。"没有一座具有相当规模的喇嘛庙的大喇嘛或寺主不是从西藏来的人。任何一名曾赴拉萨旅行过的喇嘛在回来后都能确保受到所有鞑靼人的信任。"②

五台山是佛教圣地，除了地缘的因素，内蒙古地区无论王公还是普通百姓，多以至五台山等处进香作为宿愿，可能与这里曾经奉祀着"麻哈嘎喇"金身有关。"麻哈嘎喇"是元世祖忽必烈时期国师八思巴用千金铸成的护法神像，也是蒙古人的战神，奉祀于五台山。元亡后，一直由元裔保存。天聪八年，原供养在察哈尔林丹汗宫中的莫尔根喇嘛携"麻哈嘎喇"金像至盛京觐见皇太极，表示归附。皇太极大喜，在盛京西门外专建"实胜寺"供奉"麻哈嘎喇"金像。以旗札萨克为首的各旗王公，均要择期到五台山等圣地朝拜。如乾隆六年五月，准格尔旗札萨克纳木扎勒以袭任故，携随从30人，骑乘骡马50匹，骆驼10峰，往五台山朝拜。③乾隆五十六年八月，札萨克色旺喇什再次去五台山进香，从杀虎口入关，随从30人，骑乘骡马50匹，骆驼10峰。④《理藩院则例》规定：内札萨克王、贝勒、贝子、公、

① 《伊盟右翼四旗调查报告》第四章"宗教"。
② 《鞑靼西藏旅行记》上册，中国藏学出版社，第52页。
③ 《准格尔旗札萨克衙门档案译编》第一册，第3页。
④ 《准格尔旗札萨克衙门档案译编》第一辑，第69~70页。

札萨克等，有前往五台山进香者，将所带跟役人等数目并由何口行走、经过之处，呈明该盟长，声明报院核办，咨行兵部给予路引，统于年终汇奏。事毕回旗后，仍将原领路引送院，咨送兵部查销。至所带跟役人等，亲王、郡王不得过80名，贝勒、贝子、公等不得过60名，并皆不准携带鸟枪。①

对于生活在草原深处的蒙古百姓来说，至五台山朝圣并不是一件容易的事情。但是"巨大开销如同旅行的危险、疲劳和苦难一样，都不能阻止他们"②。"我们在鞑靼沙漠中经常遇到肩挑其父母遗骸的蒙古人结队前往五台山，几乎是以黄金的价格购买几尺地皮，以便能在那里建一块小墓地。这种情况一直到土尔扈特蒙古人中也如此，他们要从事整整一年和经过闻所未闻的困难前往山西省。"③"在蒙古佛教徒的眼里，五台山神圣的地位堪与西藏相比，蒙古族'朝台活动'盛况至少延续到20世纪初，尤其他们相信将亲人骨骸埋于五台山便能得到更好的转世。"清朝《理藩院则例》为此专门颁发条例禁止普通喇嘛僧道旗民人等将遗骸送往五台山安葬，只准"蒙古达喇嘛"等高僧等通融办理。④

喇嘛教信仰与行为的世俗化问题

当信仰由个人信仰或部分人信仰而变为全社会的信仰之时，社会就不可能存在真正个体的信仰自由。而当信仰变为社会行为的时候，就会成为决定社会走向的精神动力。因而，宗教的个人信仰和宗教的社会信仰的后果完全不同，后一种情况下的社会成员事实上已经失去了选择信仰的权利，其宗教行为亦融入了社会行为的范围，从而带来了宗教信仰的世俗化问题。清代蒙古社会喇嘛教信仰即是一种社会信仰，喇嘛的等级化、官僚化以及生活与劳动的世俗化均体现了这一特征。这里，我们暂且不论以"寺院"为主体的世俗行为、经济活动及其影响，仅仅以喇嘛的个体行为作为关注对象进行探讨。

---

① 《理藩院则例》卷三四，边禁。
② 《鞑靼西藏旅行记》上册，第55页。
③ 《鞑靼西藏旅行记》上册，第100页。
④ 林士铉：《清朝前期的满洲政治文化与蒙古》，台湾政治大学博士论文，2006。

一般而言，喇嘛在蒙古社会中属于特权阶层，各喇嘛以寺庙为据点念经供佛是其生活常态。所以论宗教者，均认为喇嘛是一个寄生阶层，不耕而食，不织而衣。"当了喇嘛，不但旗下的担负，一概免除了，而且还有人来供应他，布施他，即个人方面，亦很是自由的，所以蒙古人都愿意去当这个喇嘛。"① 当然，就整个喇嘛群体来说，这种结论大体上是正确的。但是，在喇嘛内部，由于等级化、官僚化的存在，加之蒙古游牧社会的特定生活方式以及个体家庭的特殊情况，可以说，并不是所有的喇嘛都能享有这样的待遇。

实际上，蒙古社会中普通喇嘛大多数时间是待在家中，从事生产活动的。有人将其原因归结为两点：一是蒙古人属于全民信仰喇嘛教，每家每户均有佛堂，因而在家念经与在召庙念经并无差别；二是蒙地喇嘛庙多无恒产，概赖布施，故各喇嘛饮食，多由其家庭供给。召庙念大经时，喇嘛齐集，念过大经后，则各自回家。除有地位的大喇嘛外，召庙只在念大经的时候，每日有小米和奶食供给，这样的日子多在春秋二季，总计不过数十日。②

"喇嘛的食品和衣服的供应都由自己解决，一部分靠他们居住在草原上的亲戚供给，一部分来自他们为香客服务的劳动收入。这种服务包括向朝拜者提供自己宅院内的住处，供给他们水和燃料，向他们出售蒙古人拜佛所不可缺少的哈达，等等，最后，喇嘛的某些辅助收入来自他们诵经即举行呼拉尔时参拜者的施舍。"③

距离库伦不远处的"将军贝子旗"的巧伊拉音呼勒是该旗最大的寺院，有 1500 名喇嘛，全部来自本旗。这个寺院一个月的开支总计只有 9000 文，因为全体喇嘛都不由寺院供养，他们的衣食都靠自己在草原上游牧的亲属供

---

① 《鄂托克富源调查记·召庙的喇嘛》。
② 据《蒙古及蒙古人》记载：位于恰克图通往库伦途中的甘丹达尔林寺，喇嘛们每年只有四次到庙里做法事。（第一卷，第 7 页）
③ 〔俄〕阿·马·波兹德涅耶夫：《蒙古及蒙古人》第一卷，第 41 页。

给。① 俄国考察者在考察中看到从家中返回寺庙的年轻喇嘛，"他赶着两头牛，每头牛各驮着一大袋粮食，这是他的父亲和兄弟们耕种出来并加了工的。"② 能够待在庙里不回家的喇嘛，或是特别用功学经的喇嘛，或是家庭条件不佳而不愿回也。因此，草原上的喇嘛庙，虽有号称容纳三五百人的大庙，而实际住庙的喇嘛却不多。如外蒙古的策凌敦多布的王府寺庙，在籍喇嘛总数有1000人，常住寺院的喇嘛不过300人，大多数住在草原上，只有举行"诵经会"的时候才都回来。③ 有的寺庙甚至在平时根本就看不到喇嘛。④ 如乾隆六年三月，准格尔旗札萨克纳木扎勒多尔济为召集全旗喇嘛住庙给乾隆皇帝祝寿诵经而呈文理藩院，特别呈文请示："本旗喇嘛原各居于自家，现决定让僧人住庙，敬请理藩院鉴核后，遵照办理"⑤。

以上原因，使得部分喇嘛们能够袖手闲坐，散游终日，或常居家，依靠布施和父兄生活，部分喇嘛则参与了蒙古社会的生产和事务。如：准格尔旗有关档案记载，乾隆五十七年，因喇嘛什日巴与什日迈合伙种地，并住在一起，以致被向什日迈索债的民人打死；在众多的招募民人越界开垦者中也有很多的喇嘛，均说明喇嘛们的生计主要靠自己。⑥ 乾隆五十九年，由神木理事司员审理的一起汉人租种喇嘛地亩的案件中，提到喇嘛伊希札木素不仅有地出租，且有"阿勒巴图"驱使。⑦ 道光五年，在抓捕因盗窃潜逃在外的犯人时，亦缉获同伙喇嘛一人。"该喇嘛名宋瑞，为准格尔贝子旗甲喇章京吉日嘎拉管领章京呼尔宗佐领协理台吉拉西苏荣所属阿拉巴图，居柴扎阿硅地方，其父巴德玛，父母健在。"⑧ 道光九年，准格尔旗梅林吉格木德随意征用军马、鞭打根敦喇嘛一案中，根敦喇嘛就是因在准格尔召庙附近牧马，途经此处的梅林吉格木德，将其保管的银鬃军马强行"征用"。⑨ 这些事例说明，喇嘛的生活与普通百姓无异，甚至也要承担牧养军马的任务。

---

① 《蒙古及蒙古人》第一卷，第652页。
② 《蒙古及蒙古人》第一卷，第26页。
③ 《蒙古及蒙古人》第一卷，第21页。
④ 如库伦的"班第达"庙。《蒙古及蒙古人》第一卷，第71页。
⑤ 《准格尔旗札萨克衙门档案译编》第一辑，第6页。
⑥ 《准格尔旗札萨克衙门档案译编》第一辑，第84页。
⑦ 《准格尔旗札萨克衙门档案译编》第一辑，第95页。
⑧ 《准格尔旗札萨克衙门档案译编》第一辑，第166页。
⑨ 《准格尔旗札萨克衙门档案译编》第一辑，第217页。

在库伦至乌里雅苏台途中有一座驿站名乌布尔济尔噶朗图驿,这个驿站有驿站户 21 帐,有一座经堂,从事驿站服务的人员中具有喇嘛身份的就有 38 人。这说明喇嘛被派为驿站户的事实。① 又如在布固驿,俄国考察家波兹德涅耶夫夜宿的毡包主人是罗布桑格隆喇嘛,他和他的两个亲兄弟以及两个侄子都在驿站从事赶车的力役,都是喇嘛,他们受雇于一位台吉站户。② 显然,这里的喇嘛具备双重身份,喇嘛既是宗教职业者,也是驿站的服役人员。

有身份的喇嘛参与旗内重要事务的决策。乾隆三十四年五月,准格尔旗旗政要议事时,就有达喇嘛参加:"所属诺彦之达喇嘛,章京伊拉噶达、副佐领那苏达等议定……"③ 这里的"诺彦"指盟长。类似的案例还有很多,说明喇嘛也参与俗事的管理。

喇嘛的世俗化还表现在宗教行为的商品化趋向。当波兹德涅耶夫的旅行队伍途经热河温泉所在地"汤泉沟"时,看到温泉是属于寺庙的,而寺庙的管理者是一个察哈尔蒙古喇嘛。在距离这里不远的村庄"三道营子",村里有一座财神庙,里面供奉着比干和赵公明,但是庙里住的却是一位察哈尔喇嘛。他是被当地的汉族雇来照看寺庙的,所需的粮食和每年的 50 两银子都是从汉人那里领取。但是喇嘛是按照自己的教规来举行各种仪式和念诵经文。④

综上所述,当喇嘛教信仰世俗化程度达到一个无以复加的地步时,宗教生活就是日常生活,日常生活也变成了直接或间接的宗教活动,这当然是喇嘛教发展到后期的结果,从某种意义上讲,它产生了互为矛盾的作用。从喇嘛教发展的终极目的看,它完全主导了蒙古社会生活的方方面面,形成了一个几乎完全是信徒的喇嘛教信仰社会。显然,这是蒙古民族历史发展的曲折,或说是对蒙古征服世界的历史反弹,无论如何,人们无法从崇拜喇嘛的人群中发现世界征服者的痕迹,这就是信仰的异化作用。从社会发展的终极目的看,让人们自取灭亡是违背人性的,即使许以天堂。而"喇嘛教信仰

---

① 〔俄〕阿·马·波兹德涅耶夫:《蒙古及蒙古人》第一卷,第 236~238 页。
② 《蒙古及蒙古人》第一卷,第 312 页。
③ 《准格尔旗札萨克衙门档案译编》第一辑,第 28 页。
④ 〔俄〕阿·马·波兹德涅耶夫:《蒙古及蒙古人》第二卷,第 231 页。

与行为的世俗化"的结果与喇嘛们希望的结果可能正好相反，因为，宗教一旦脱去神秘的外衣，就离它的神坛越远，神圣的宗教活动越世俗化，那些企图利用宗教获得权利的手段也就越商品化。

宗教信仰的世俗化是由于宗教与政治的结合，让神的世界拥有了和人的世界一样的制度和等级，这在宗教发展的早期是相当重要的，但随着"神界"不断被"人界"所异化，宗教的本质弱化了。能不能真正创造出一个神的世界供人们崇拜？显然，正是由于无法解决这个"天大"的问题，宗教总是要与世俗世界建立联系并"复制"世俗体系。当然，宗教的衰落并不是宗教精神的消逝，而是宗教政治和宗教制度的削弱和退化。宗教信仰与人们的思想观念、社会风尚一样，会随着社会环境、时代的变迁而发生改变，但改变的不是信仰本身，而是信仰的社会存在方式，即如蒙古喇嘛教的发展与衰落。

（原文发表于《内蒙古大学学报》2010 年第 1 期）

《中俄尼布楚条约》与
《康熙皇舆全览图》的绘制

◎ 孙　喆

制作和使用地图在中国有悠久的历史。李约瑟曾指出："在中世纪这整整一千年中，当欧洲人对科学的制图学还一无所知的时候，中国人却正稳步地发展着他们自己的制图传统，这是一种虽然并非严格按照天文图的原则，但力求尽可能做到定量和精确的制图传统。"① 中国建立大地坐标系统的实测地图萌芽于西方测量技术传入的明代，实际始于清康乾年间。康熙四十七年（1708），清廷组织大量人力物力，对全国进行了大规模的大地测量活动，即使对道远路阻的西藏地区也派专员前往，历十年之久制成了《康熙皇舆全览图》。这不仅是中国，亦是世界上第一次运用近代制图学方法进行的全国性测量，规模之大、测量之精确令西方国家叹服。这件伟大作品的完成，主要依赖于两方面的努力，一是清廷，确切地说是康熙帝，一是西方耶稣会士。而促使二者联手进行此事的契机则是《中俄尼布楚条约》的签订，这与中国传统社会地图功能的限定有极大的渊源。

何谓"地图"？根据《辞源》的解释，地图"是反映自然地理和社会经济状况、行政区划等所绘制的图"。《周礼·地官·大司徒》："大司徒之职，掌建邦之土地之图……以天下土地之图，周知九州之地域广轮之数，辨其山林、川泽、丘陵、坟衍、原隰之名物。"今天地图的功能可谓五花八门，多

---

① 〔英〕李约瑟：《中国科学技术史》第 5 卷《地学》，科学出版社，1976，第 65~66 页。

种多样，其中社会功能扮演的角色不容忽视。但从古代中国地图的制作上看，其行政功能，即地图的政治属性占据着压倒一切的优势地位。

"中国制图术的大部分历史是和中国的政治文化联系在一起的。这里所说的政治文化，指的是统治者及遴选出来各司其职以辅佐其统治者的学者型官僚阶级的机构和实践活动。"[1] 从清初制图活动的实践来看，一般都是在清廷的主持下进行的。因此，地图更多体现的是统治集团的意志和利益。中国人对版图的理解是"国家抚有疆宇，谓之版图，版言乎其有民，图言乎其有地"[2]。人口和土地是国家赖以存在的最基本要素，二者密不可分，地图反映了国家对二者控制的结果。一提起清朝的地理勘测和地图的绘制，我们首先想到的就是耶稣会士所做的工作。实际上，早在清军入关后不久，清廷即下令对全国进行广泛的土地勘测，这次调查活动是清廷在清初存在错综复杂的社会矛盾的背景下，为巩固自己在中原的统治而进行的，其结果并没有以地图的形式出现。满洲入关后，满洲贵族所面临的一个最重大问题就是如何稳定和扩大自己对中原的统治。满洲人口充其量不过占帝国总人口的2%，这是一个不容回避的事实。[3] 但统治区域却差不多是原来的20倍。清朝统治者吸取了元朝灭亡的历史经验教训，采取拉拢汉族士绅，吸收汉族传统文化，照顾百姓生计，实行与民休养生息等政策，试图以此来削弱征服者与被征服者之间的隔阂。与此同时，可靠的地理信息对维持和扩大政治统治是极其必要的，满洲贵族已经意识到了这一点。入关后，他们除了依靠明朝留下的地理文献，如地图、土地户籍册等了解全国情况外，自己也开始主持一些全国性的大地测量工作。

此次调查以整顿赋役制度为发端。清初沿袭明制，以田赋、丁役作为国家财政的主要收入。但明末以来户口土地册籍多毁于战火，重建工作便被提上日程。顺治三年四月二十六日（1646年6月9日），顺治帝对户部下令："国计民生，首重财赋，明季私征滥派，民不聊生，朕救民于水火，蠲者蠲，革者革，庶几轻徭薄赋，与民休息。"即遣大学士冯铨及户部尚书英俄

① Cordell D. K. Yee, *Chinese Maps In Political Culture*, In J. B. Harley, *Cartography In the Traditional East and Southeast Asian Societies*, Chicago University Press, 1994.

② 《清史稿》卷283，《何国宗传》，中华书局，1977，第10186页。

③ 费正清等著《东亚文明：传统与变革》，黎鸣等译，天津人民出版社，1992，第223页。

尔岱查核全国钱粮，包括在京各衙门钱粮款项原额、现今收支状况；在外各直省钱粮、明季加派三项蠲免数额，以及现在民间实种田亩数和应实征起解、存留数等，在京责成各衙门，在地方责成按抚，严格而详细地加以勘察，拟定《赋役全书》。①

在康熙二十年（1681）平定"三藩之乱"和二十二年（1683）收复台湾后，中原地区的局势基本稳定。康熙二十四年（1685），根据新的情况，编成《简明赋役全书》。同时，继承元以来"大集万方图志而一之"，以表疆理"无外之大"的传统，开始修《大清一统志》。康熙《一统志》中所包含的地图是用传统方法绘制的。

从以上可以看出，绘制地图是中国传统政治生活中的一项重要内容，即使没有耶稣会士的出现，清廷也会绘制出自己的地图。那么，康熙帝为什么又要任用耶稣会士来绘制全国的地图呢？答案当然不排除康熙帝本人对西方科学技术的欣赏，在中国历代所有君主中，康熙帝的这种爱好可以说是空前绝后的。但更为重要的一点是因为耶稣会士抓住了一个关键的时机赢得了康熙帝的信任。这个关键的时机就是康熙朝中俄之间的边界谈判。

17世纪以前，欧亚大陆各个国家的统治者们对他们所统治的地域并没有明确的边界概念。而在17世纪，由于相互联系的结果，欧亚大陆上的主要国家都通过谈判划定了明确的、线状的边界。② 中国传统的"天下"观念在清代也发生了根本性的变化，所谓"天下"，即古代把家、国、天下连称，积家成国，积国成天下。得"天下"即实现了"大一统"，这是历代统治者所追求的最高目标。自康熙朝起，笼统而模糊的"天下"逐渐有了清晰的轮廓，即清朝四边的疆域范围渐渐被明确下来。与俄国的接触是造成这种改变的首要原因。

中俄之间的接触是俄国向西伯利亚扩张的结果。15世纪末16世纪初，经过伊万三世（Ivan Ⅲ）及其子瓦西里三世（Vassilieff Ⅲ）的苦心经营，莫斯科大公国摆脱了蒙古钦察汗国的控制，建立了统一的俄罗斯国家。从16

---

① 《清世祖实录》卷25，顺治三年四月辛丑，中华书局，1985，第217页。

② Peter C. Perdue, *Boundaries, Maps, and Movement: Chinese, Russian, and Mongolian Empires in Early Modern Central Eurasia*, In the International History Review, xx. 2; June 1998, pp. 253 - 504.

世纪下半叶开始，沙皇俄国开始急剧向东扩张，先后征服了喀山汗国、阿斯特拉罕汗国和西伯利亚汗国。17 世纪中叶，俄国势力进入勒拿河，1632 年在勒拿河中游建立雅库次克城，成为以后沙俄侵略黑龙江流域的据点。当俄国向黑龙江流域扩张势力的时候，刚刚建立起来的清王朝，已经在黑龙江流域各部族之间建立起牢固的统治，于是中俄势力开始在这里交锋。①

康熙初年，由于中原地区尚未稳定，所以清廷无暇北顾。俄国在这段时期内也因与波兰战事正紧等而无力东顾。因此，至康熙二十一年（1682）以前，中俄双方的关系从总体上来说以和为主，俄国为打通同中国的贸易关系，曾三次派遣使团来到北京。康熙九年（1670）米洛瓦诺夫出使中国前后所发生的事情是促使康熙帝决心划定中俄东段边界的直接动因。

米洛瓦诺夫的出使，主要是由根特木尔叛逃事件引起的。根特木尔原是达呼尔族的一个酋长，驻牧在尼布楚附近，当俄国人进入贝加尔湖和额尔古纳河上游地区时，根特木尔不堪俄国人的侵掠，遂率族人于顺治十年（1653）越过额尔古纳河向南，进入清廷控制下的索伦部居住下来。清廷对根特木尔非常重视，据记载："根特木尔原是博格达皇帝的四品官，是一位执政王公，在中国每年领取薪俸一千二百两白银和六盒黄金。根特木尔统率着军队，博格达皇帝曾委任他为一特种团队的'红统领'，随皇上的兄长一同去攻打呼玛尔堡的俄国人。"② 但康熙六年（1667）根特木尔突然率领子女及部众共三百余人叛逃到俄境，在阿穆尔河畔居住下来。清廷为此同俄国展开了近 20 年的交涉。

至于根特木尔为什么要离开清廷的管辖范围而来到俄国的控制区域，是因"见到俄国人生活方式较好，内心颇为羡慕，遂回避同俄国人交战，有意为沙皇陛下效劳"③，还是仅仅想重归故里，并不是我们要讨论的重点。我们着重要探讨的是从根特木尔事件中所反映出来的封建国家为控制人口流动所作的努力，而这种努力最终使封建统治者意识到划定边界，并以地图的

① 参考孙维华、张西著《清前期中俄关系》，山东教育出版社，1997。
② 〔英〕约·弗·巴德利著《俄国·蒙古·中国》下卷，第二册，吴持哲等译，商务印书馆，1981，第 1602 页。
③ 〔英〕约·弗·巴德利著《俄国·蒙古·中国》下卷，第二册，吴持哲等译，商务印书馆，1981，第 1602 页。

形式标示出来，是解决两国土地、人口问题的最有效的方式。

从古至今，世界各国对人口的自由流动均保持高度的警惕。人口自由流动所包含的隐患，如赋税的流失、兵源的不稳定、对犯罪行为治理不利等，对一个政权都有着致命的危害。尤其在以农业为主体的封建社会里，稳定的人口更是国家赖以存在的基础，它不光是赋税、兵役的主要来源，更是社会秩序稳定的根本保证。中国各个朝代为了维持政权的长治久安，都采取了严格措施抑制人口流动。

根特木尔最初归附清廷时，他所属的部众被编制为三个佐领，清廷以自己的方式对该部人口进行了监控。从对史料的研究中我们可以知道，逃人问题在清初中俄外交关系中占有很重要的地位。中俄两国在签订边界条约以前，对毗邻土地的控制权往往是通过对当地部族的控制取得的，即如果一个部族归附于一个政权，这个政权也就等于拥有了这个部族所居住的土地。在黑龙江流域生活的一些部族，像索伦、赫哲、费牙喀等很早就已归附清廷，成为清廷北方疆域的一道自然屏障。在中俄两大势力对峙的时候，处于二者之间的各个部族已失去了自由迁徙的可能性，它们只能选择一方。所以，根特木尔迁离清廷所控制的区域，不管他的目的是什么，他等于选择了投奔俄国这条道路。而根特木尔逃亡俄国，并不是一个人的问题，他的出逃，意味着他下辖的三个佐领的人众会追随他而去；尤为重要的是，将为周围各部族树立一个叛逃的榜样，使得人心动摇，当不满意于清廷时，会转而投奔俄国，寻求庇佑，从而使得清朝的实际控制领域将不断面临着麻烦。故清廷对此事件极为重视，而俄国拒不遣回根特木尔，并格外优待这个小人物，用意自然也在于此。根特木尔事件也使得康熙帝意识到俄国东进步伐的迅猛，及从根本上遏制这一态势的必要性。

康熙二十五年（1686），康熙帝在致沙皇伊凡和彼得的信中说："有关根特木尔一事，据达尼尔（即阿尔申斯基，涅尔琴斯克俄国官员）称已奏报察罕汗，一旦指令下达，彼当立即交出，决不延误；至于盘踞雅克萨城之尼基福尔等人伤害我方库楚鲁达呼尔居民问题，据该统领称，已逮捕十名罪犯押送京城，其罪行亦已书面呈奏察罕汗，现正待命处理。朕自获悉上述种种后，方始了解我国边陲地区与俄国毗连……但迄今未见尔对朕之谕旨作出答复，亦未将我逃人根特木尔归还我方或不再庇护，尔方人员仍一如既往肆意侵扰我国边民……我方军民当即攻克雅克萨城……尔国使节米起佛尔魏牛高（即尼基福尔·维纽科夫）抵此间，报知尔之钦差正兼程前来，业已离此不远，并带有书信，乞朕准予双方举行和谈，以划定边界；朕获悉后，当即遣使传旨，令我官兵解雅克萨之围，并停止一切攻战，以期于尔国大臣抵达后，议定疆界，树立界标，借以确保两国彼此和好。"①

《中俄尼布楚条约》签订后，双方在处理逃人问题上有了明确的依据，各自加强了对人口的控制能力。在中俄谈判期间，耶稣会士徐日升（Thomas Pereira）和张诚（Joannes Franciscus Gerbillion）发挥了相当重要的作用。在此之前，中国从未有过同西方国家订立国际协定的经验。徐日升曾有过以下的描述："中国自开天辟地以来，在帝国里从未接待过贡使以外的外国人。鞑靼人（即在四十六年以前的1644年占领了中国的满洲人）对于世界情况一无所知，但却有着和中国人一样的自大感，把其他民族都看作像他们的四邻民族一样的牧民。他们以为一切都是属于中国的一部分，他们高傲地把中国称为'天下'，好像除了中国之外什么都不存在。"② 而张诚"有幸找到了使互不相让、随时准备中断和谈的中国人与莫斯科人和解的方法"③。徐日升在他的日记中屡次提到国际法，为中国人提供"关于世界的知识"，康熙帝接受了他的建议，并要求徐日升一切都按国际法的原则办事。因此，他们在《中俄尼布楚条约》签订过程中所起的作用，不仅仅局限在"对俄国人来说，他们是在汉学还几乎不存在的时代的最早的东方专家和汉学家；对中国来说，他们是在中国人对西方几乎一无所知的时代的最早的西方专家"，而且，"他们是调停者和政治行动的参与者"。④

在中俄谈判期间及条约签订后的一段时间内，耶稣会士在中国的事业达到了最高峰。

① 〔英〕约·弗·巴德利著《俄国·蒙古·中国》下卷，第二册，吴持哲等译，商务印书馆，1981，第1598~1601页。
② 〔美〕约瑟夫·塞比斯著《耶稣会士徐日升关于中俄尼布楚谈判的日记》，王立人译，商务印书馆，1973，第112~113页。
③ 参见《耶稣会传教士洪若翰神父致国王忏悔师拉雪兹神父的信（1703年2月15日）》，载于〔法〕杜赫德编《耶稣会士中国书简集》，郑德弟等译，大象出版社，2001，第278页。
④ 〔美〕约瑟夫·塞比斯著《耶稣会士徐日升关于中俄尼布楚谈判的日记》，王立人译，商务印书馆，1973，第112~113页。

　　两国之间边界的划定，往往要经历军事对抗、谈判、缔结条约、在地图上进行标示这样的步骤。按照历史传统，条约签订后，清廷必然会将新的疆域情况在地图上反映出来。清廷对关外地区的测绘，根据传教士的记载"在鞑靼地区，满洲人花了很大的力量精确地测量过"①，说明在绘制《康熙皇舆全览图》以前，清廷已有了该地区的地图。在中俄尼布楚谈判期间，清廷代表曾随身携带过一张地图以资考证。②但这些图无论在测量准确度或是所提供的地理信息上显然都是不够的，因为据说在谈判期间，为了解黑龙江流域的地理情况，康熙帝命进呈有关地图，张诚把一张早已绘好的亚洲地图呈上，并指图说明中国的东北部分地区，因地理知识缺乏无法绘制，请求皇帝进行一次全国大地测量。康熙帝认为很有必要。③

　　长期以来，中原王朝习惯了和周边的部族、政权处于一种朝贡关系之中，满洲入主中原后，也继承了这种体系。沙俄势力的东进，中俄两国之间的谈判及《尼布楚条约》的签订，破坏了这一体系的完整性，我们可以想象，这种新出现的条约关系必然使康熙帝以往的疆域观念受到极大的冲击，从而渴望对清朝的版图有一个新的更全面的了解，耶稣会士在中俄谈判中的突出表现，使得他像信任西方历法一样开始重视他们的制图学。

　　康熙三十年（1691），康熙帝巡幸多伦诺尔；三十五年（1696）亲征葛尔丹；三十六年（1697）北巡张家口、大同和宁夏；三十八年（1699）南巡，张诚和徐日升二人皆随行，向皇帝讲解西方科学技术，并用西法不断进行实地测量。如三十五年在亲征葛尔丹途中，康熙帝对独石口和喀伦之间的情况进行了测量，"自独石口至喀伦，以绳量之有八百里，较向日行人所量之数日见短少。自京师至独石口为路甚近，约计不过四百二十三里……喀伦地方用仪器测验北极高度，比京师高五度。以此度之，里数乃一千二百五十里……"④次年，在回军途经宁夏时，又记录了在宁夏测量的结果："朕至此以仪器测验

---

① 〔法〕杜赫德著《测绘中国地图纪事》，葛剑雄译，载于《历史地理》，第二辑。
② 该图据考是朗谈的《吉林九河图》，见吉田金一《朗谈〈吉林九河图〉和尼布楚条约》，转引自刘远图《早期中俄东段边界研究》，中国社会科学出版社，1993，第238页。
③ 李约瑟：《中国科学技术史》和方豪的《中西交通史》中都有这样的记述。
④ 《清圣祖御制文二集》卷19，载于故宫博物院编《万寿诗·清圣祖御制诗文》第三册，海南出版社，2000，第359页。

北极较京师低一度二十分，东西相去二千一百五十里。今安多（Antonius Thomas）以法推算，言日食九分四十六秒，日食之日晴明，测验之，食九分三十几秒，并未至昏暗见星。自宁夏视之，京师在正东而微北。"① 康熙四十三年〔1704〕，康熙帝对大学士说："天之一度即地之二百里。但各省地里有以大尺量者，有以八寸小尺量者，画地理图稍有不合者，职此故也。"②

就像法国传教士白晋（Joachim Bouvet）记载的，"若干年来无论在皇宫、京外御苑、鞑靼地区，或是在其它地方，都经常可以看到皇帝让侍从带着仪器随侍左右，当着朝臣的面专心致志于天体观测与几何学的研究。有时用四分象限仪观测太阳子午线的高度；有时用天文环测定时刻，而后从这些观察中推测出当地极点的高度；有时计算一座宝塔、一个山峰的高度；有时测量两个地点间的距离。"③

通过亲自实地测量，康熙帝对西方制图学的方法和准确度有了一定的认识，同时觉察到中国传统舆图绘制中的一些不妥之处，即"自古以来，绘舆图者俱不依照天上之度数以推算地里之远近，故误差者多"④。康熙三十七年（1698），法国传教士巴多明（Dominique Parrenin）来华传教，他沿途细查各省地图，发现府县城镇的位置与实地不符甚多，便将此事上奏给康熙皇帝，再次建议重新测绘全国各省地图，这就更坚定了康熙皇帝测绘全国省级新图的决心。⑤ 康熙帝命白晋返回法国，号召更多的传教士来华。不久，白晋挑选了十几个精通天文学、数学、地理学及测量工作的传教士回到北京。

当一切准备工作就绪以后，康熙帝对他们的工作做了一次检验。由于永定河（原称卢沟河或浑河）的周期性泛滥对京师地区造成了严重的威胁，所以康熙帝认为有必要对顺天府周围的地理环境进行一次细致的勘测。康熙四十一年（1702），耶稣会士安多、白晋、雷孝思（Jean Baptiste Regis）及巴多明受命去执行这项任务。经过 70 天左右的工作，耶稣会士完成了地图，康熙

---

① 《清圣祖御制文二集》卷 24，载于故宫博物院编《万寿诗·清圣祖御制诗文》第三册，海南出版社，2000，第 423 页。

② 《清圣祖圣训》卷 53，载于《大清十朝圣训》卷 2，北京燕山出版社，1998，第 702 页。

③ 〔法〕白晋著《康熙帝传》，马绪祥译，珠海出版社，1995，第 42 页。

④ 《清圣祖圣训》卷 52，载于《大清十朝圣训》卷 2，北京燕山出版社，1998，第 694 页。

⑤ 转引自秦国经《十八世纪西洋人在测绘清朝舆图中的活动与贡献》，载于《清史研究》1997 年第 1 期。

帝对此很满意。接着，康熙四十六年（1707），康熙帝又命令传教士对北京周围地区进行测量，正如杜赫德在他的《中华帝国和蒙古地理、历史、编年史、政治与自然状况的概述》中说的那样："这个伟大的君主指派传教士绘制北京周围地区的地图，就是为了判断欧洲的测绘方法有多精确。"① 经过半年多的努力，地图绘制成功，随之在新方法指导下的全国性大地测量活动开始了。

综上，《中俄尼布楚条约》的签订是刺激康熙帝采用西方制图术进行大地测量的关键。事实上，在《条约》签订后，中俄双方都对接壤地区的勘测表现出极大的热情，并绘制出自己的全国性地图。在中国第一历史档案馆里，现在还存有几张 18 世纪的俄国地图。"就整个帝国、民族国家或者皇家领地这样的庞大地域来讲，小比例尺地图能使人们产生一种形象上的概观，甚至可以营造出一幅圣像般的王国样子来。"② 康熙帝认为耶稣会士绘制的地图可能会使他更准确、更清楚地洞悉清朝版图，有助其修成统一大业，故在纂修《一统志》的同时，又开始了另一项大工程，即绘制《康熙皇舆全览图》。在他看来，这两项工程彼此之间并不存在冲突，因为它们的目的是一致的，即明确满洲贵族在中原地区的正统地位，划定清朝的疆域范围。从地图最后被定名为"皇舆全览图"，也可以看出康熙帝把整个国家置于他的视野之内的愿望。整个绘图过程也是在服从康熙帝的这种政治目的前提下进行的，如动员相当大的力量对一些边疆地区，像黑龙江流域、西藏及中朝接界区域等进行测量，并将地图的测绘范围牢牢锁定在清廷政治、军事有效管辖范围内，西北地区的测量仅到哈密为止，以西当时由准噶尔控制的区域，及北部、东北部与俄罗斯毗邻的地区，在图上都没有做详细的标示，而是以大量空白的形式出现，这些都清楚表明了《康熙皇舆全览图》绘制的政治目的。

（原文发表于《清史研究》2003 年第 1 期）

---

① 转引自 Theodore N. Foss, *A Western Interpretation of China*: *Jesuit Cartography*. In Charles Ronan and Bonnie Oh, eds. *East Meets West*: *The Jesuits in China*, 1582 – 1773, Chicago: Loyola University Press, p. 223.

② James A. Millward, *Coming onto the Map*: *Western Regions Geography and Cartographic Nomenclature in the Making of Chinese Empire in Xinjiang*, in Late Imperial China, Vol. 20, No. 2 (December 1999), pp. 61 – 98, by the Society for Qing Studies.

"斯密型动力"、过密化理论与生态变迁

——多元视野下的旧中国农村商品化问题

◎ 夏明方

自从 20 世纪 80 年代中期美国学者黄宗智先生提出其著名的过密化理论以来，海内外中国经济史学界，即曾经就明清以来中国农村经济发展及商品化过程的动力问题，围绕着斯密的自由市场逻辑和黄氏的过密化学说，展开过空前激烈的争论。经过一段时间的沉寂之后，这样的争论近年来又渐趋活跃，而且大有方兴未艾之势。不过与前期相比，呈现于当前争论的一个显著不同的特点就是差不多一边倒的"反黄"态势，其中的大多数也不再是先前的那种座谈似的泛泛之论，而是立足于比较扎实的实证研究和逻辑批判的基础之上，因而较之早先的驳论也更具分量。这些争论对于推动中国经济史研究的不断深入和完善毫无疑问是极有助力和裨益的①。

---

① 兹就笔者所见的此类论文、论著及译著罗列如下：其中论文主要有李伯重：《"最低生存水准"与"人口压力"质疑》，《中国社会经济史研究》1996 年第 1 期、《清代前中期江南人口的低速增长及其原因》，《清史研究》1996 年第 2 期、《"人耕十亩"与明清江南农民的经营规模——明清江南农业经济发展特点探讨之五》，《中国农史》1996 年第 3 期、《"男耕女织"与"妇女半边天"角色的形成——明清江南农家妇女劳动问题探讨之二》，《中国经济史研究》1997 年第 3 期；慈鸿飞：《二十世纪前期华北地区的农村商品市场与资本市场》，《中国社会科学》1998 年第 1 期；侯建新：《从新人口论、"均衡陷阱"到"过密化增长说"》，《史学理论研究》1998 年第 3 期；史建云：《浅述近代华北平原的农村劳动力市场》，《中国经济史研究》1998 年第 4 期；王建革：《近代华北的农业生态与社会变迁——兼论黄宗智"过密化"理论的不成立》，《中国农史》1999 年第 1 期；张丽：《关于中国近代农村经济的探讨》，《中国农史》1999 年第 2 期；胡成：《"资本主义萌芽"与本土化研究思考》，《史学理论研究》1999 年第 2 期。论著、译著有小田著《江 (转下页注)

· 1118 ·

当然，就目前的情形而言，要断定黄氏"过密化理论之不成立"似乎过于匆忙。即使抛开具体的观点不谈，我们也不能不注意到他所采用的独特新颖的分析模式，其最大特点即是"应战了西方农业经济史学界的主流观点，将我们的注意力集中到农业生产者的日常活动上"，"引导我们从以前被忽视的复杂性来理解农业经济行为"①。大概是因为黄氏所集中批评的"商品化必然会导致近代化"这一为海内外相互对立的各家各派所共有的"规范认识"或"规范信念"太过于强大的缘故，抑或是黄氏的批评极其尖锐，这些相互对立的各家各派就黄氏理论所展开的争论，亦大多围绕着这一规范认识的结论性层面或某些相关的具体的论述，少有人涉及其方法论层次，以致渗透于黄氏学说中的方法论意蕴也就长期埋没不彰，被黄氏质疑的规范信念所内在的方法论局限迄今为止也没有引起人们的广泛关注。这不能不说是一件令人遗憾的事情。

本文拟从生态变迁的角度入手，结合当前的有关争论，对黄氏过密型商品化理论的某些方法论特点及其局限作一番粗略的评析。只是最终的目的，并无意于从根本上推翻过密化理论，相反却试图予以完善和修正，质言之，即为黄氏理论作一番辩护②。不妥之处，敬祈赐教。

一 专业化、分工与"虚假的商品流通"

毋庸讳言，在被美国新古典学派奉为圣经的亚当·斯密学说和国内大陆

（接上页注①）南乡镇社会的近代转型》，中国商业出版社，1997；范金民：《明清江南商业的发展》，南京大学出版社，1998；〔美〕王国斌：《转变的中国——历史变迁与欧洲经验的局限》，江苏人民出版社，1998 年中译本，原著系美国康奈尔大学，1997；乔志强、行龙主编《近代华北农村社会变迁》，人民出版社，1998；许檀新著《明清时期山东商品经济的发展》（中国社会科学出版社，1998）虽无一字明言提及黄宗智的过密化理论，但她以山东为例所着力描述的"中国传统经济发展的内在动力与趋势"，显然也是对黄氏主张的明清中国农村经济"没有发展的增长""过密型增长"学说的一种否定。

① 〔美〕爱仁民（Christopher Isett）：《中国解放前的农村经济——黄宗智对西方史学界的挑战》，《史学理论研究》1994 年第 2 期。

② 参见拙文《被肢解的过密化理论——再读黄宗智〈华北的小农经济与社会变迁〉暨〈长江三角洲小农家庭与乡村发展〉》，载《书品》1998 年第 4、5 期。

学者崇奉的所谓"马克思的古典理论"之间，存在着一个共同的特点①，即都是以自由资本主义作为理论分析的前提条件，特别是斯密更从其抽象的人类自利本性（后来被概括为"经济人"理念）演绎出现代西方经济学的理论基石，即著名的被称为"看不见的手"的自由市场逻辑。20 世纪以来，以美国学者西奥多·W. 舒尔茨为代表的一批经济学家，又纷纷将欠发达国家的小农经济纳入此种古典及新古典经济学的分析框架之内，形成所谓"便士资本家"理论。他们主张小农经济虽然贫穷，但却和资本主义经济一样存在着一个完全竞争的自由市场，小农的经济行为亦绝非一般人所谓的愚昧、懒惰和无理性，而是与资本主义企业主一样具有进取精神，能根据市场的刺激和机会追求最大利润，对各种资源进行合理有效的配置和利用。因此只要给这种"贫穷而有效率"的小农提供可以合理运用的现代生产要素，就可以成功地达到改造传统农业的目的②。然而，由于这种以自由市场为前提的分析框架毕竟是建立在一系列过度抽象、过度省略乃至极端简单化的假设和推理之上，因而在很大程度上也正如西方新制度主义经济学者批评的那样，其所展现的世界绝多与活生生的现实毫不相干的"无摩擦世界"，是一种无法实现的空中楼阁。既然这种简单浪漫的新古典世界与西方资本主义社会的日常经济实践都有相当的距离，那么，以之分析像旧中国这样欠发达国家的农业经济行为，自然更加难臻圆满之境。因为正如黄宗智所指出的，他们在面对经济现实中大量存在的各种错综复杂相互矛盾的倾向时，为了适应其理论模型的需求，无不"把部分因素孤立化和简单化，以突出其间的逻辑联系"，这样做固然可以说明其间的各种关系，但"如果任何人试图把中国的实际情况等同于其中任何一种理论模

---

① 按：这里的"马克思的古典理论"与斯密的观点类似甚至相同，虽然这并非像黄氏所说的是马克思本人的观点，而实际上是被不少马克思学者误解了的"马克思观点"，但诚如庞卓恒先生所言，"小商品生产每时每刻都产生资本主义"之类的信条，在许多资本主义萌芽论者那里的确深入人心。如果用马克思作盾牌来否定黄氏的发现，只会阻滞而不会促进我们对马克思理论的全面完整的理解。参见庞卓恒《新的研究路线的开拓》，《史学理论研究》1994 年第 2 期；拙文：《被肢解的过密化理论》，《书品》1998 年第 4 期。

② 参见〔美〕西奥多·W. 舒尔茨著《改造传统农业》，商务印书馆，1987 年中译本；〔美〕黄宗智：《长江三角洲小农家庭和乡村发展》（以下简称《长江》），中华书局，1992，第 6 ~ 7 页。

式就会误入歧途",我们需要真正理解的"是商品化本身的历史过程的实况和原因"①。

事实上,不管是导源于斯密的古典、新古典理论,还是马克思、列宁等经典作家的论述,都无所例外地把市场形成、发展的原因和动力归结为社会分工和专业化的发展②。在斯密那里,专业化和分工所必然带来的较高的生产率是经济发展的最重要的动力,美国学者王国斌将其表述为"斯密型动力"③。同样,在马克思看来,"永恒理性的一系列经济进化是从分工开始的"④,分工是商品经济的基本前提。然而当我们用这一经典标准去衡量中外历史之时,便不难发现其与现实之间的矛盾,也就是说,历史上还存在着"不依靠分工的市场"。根据吴承明先生的分析,在中国历史上,无论是以余缺调剂为主的地方小市场即农村集市,还是基于剥削而形成的城市市场,乃至看起来是由地区分工引起而事实上纯由自然条件的差异形成的地区间长距离的贩运贸易,其形成都与社会分工无甚关系,因此,"在历史上,可以有不同性质的交换,乃至可以说有不同意义的商品"⑤。吴老在这里所作的开创性分析,对于我们正确地评价传统的市场理论,重新探索市场的起源、动力和性质,具有极为重要的启发意义。可惜吴老未能将这一思想贯彻始终。在他看来,正是由于上述交换不是以社会分工为基础,也没有带来经济效益的增加和生产力的发展,因此,无论有多大的市场,"只要没有专业户,即没有生产交换价值的分工,就不算(本意义的)商品经济",在此类情况下所流通的商品,"也还不是真正的、完全意义的商品"⑥。他还明确指出,只有各自独立的工农业生产者生产出来的工农业产品之间的交换,才是"现代意义(资本主义)的市场",而单纯农产品包括农副业产品之间的交换,虽然历史悠久,却不属此列⑦。一方面,吴老承认历史上存在着"不同性质的交换"和"不同意义的商品",一方面又坚持"分工交换论",

① 〔美〕黄宗智:《长江》,第8页。
② 吴承明:《市场理论与市场史》,载《平准学刊》第三辑下册,中国商业出版社,1986。
③ 王国斌:《转变的中国——历史变迁与欧洲经验的局限》,第10~32页。
④ 《马克思恩格斯选集》第4卷,人民出版社,1974,第322页。
⑤ 吴承明:《市场理论与市场史》。
⑥ 吴承明:《市场理论与市场史》。
⑦ 吴承明:《传统经济·市场经济·现代化》,《中国经济史研究》1997年第2期。

于是，那些"不同性质的交换""不同意义的商品"又被从商品经济的范畴之内驱除了出去，而被重新纳入到自然经济的范畴之中，充其量也只是被视为一种"虚假的商品经济"，并进而屏其于商品经济研究的视野之外。例如吴老在估算鸦片战争前国内市场粮食商品量和商品率时，即基本上排除了农民之间在地方市场上的品种调剂和余缺调剂，以及为完租等被迫出卖、日后仍需返销的口粮①。从理论分析的角度来看，这种剥离式的做法不仅无可厚非，而且对于人们正确认识中国历史上农村商品经济发展的趋势非常必要，但就其实际运行而言，无论其主人最初出于什么样的目的和动机，这些产品只要进入了以货币为中介的商品流通市场，就必然会对其间以价格为主导的商品供求关系产生影响，并进而对那些产生于分工扩大基础上的所谓真正意义的商品价格及供求关系产生影响，而且由于这些产品的投入量是如此巨大，此种影响的程度显然也是不可低估的。正如 A.恰亚诺夫倡导的，"一个研究由农业提供的原料和食物的市场价格的学者应比金融家对农民劳动农场予以更多的注意"，因为"从规模上看，农产品中有相当大的一部分来自劳动农场，并且更为重要的是，许多农产品的价格确定，也取决于家庭农场产品的边际单位"。基于此，A.恰亚诺夫指出：

> 一般说来，农民劳动农场的特殊性质对价格形成过程和商品市场结构、甚至对所谓的国民经济危机的性质与进程的影响，乃是需要进行专门研究的极有意义的课题。这是一片尚待开发的处女地，学者们从中可以有意外的收获，他可能会从根本上修正现行的理论。②

据此，如要真正弄清楚斯密型动力与中国经济成长的关系，或者确切地说，要真正说明中国农村市场经济变迁的动力，一旦祛除了这些"虚假的商品流通"，并截断其与"以分工为基础的市场"之间的关联，大约无论如

---

① 参见许涤新、吴承明主编《中国资本主义萌芽》第四章第一节，人民出版社，1985。
② 〔俄〕A.恰亚诺夫著《农民经济组织》，中央编译出版社，1996 年中译本，第 236～237 页。

何也免不了有所缺陷①。

黄宗智的做法恰好相反。他首先把正统理论中的市场概念搁置一边，把被中国大多数学者驱逐出境的"伪商品经济"复归原位，将其纳入一个更一般意义上的商品范畴之中，即凡是供买卖的货物都是商品。他借用了马克思主义的"小商品生产"和"小商品贸易"的概念，把这种由小农农场和家庭手工业小规模地生产出来的，主要在小农之间进行的交换，称为"小贸易市场"。接着他又否定了"市场成长与经济发展之间的必然联系"，认为在小农涉足的三种不同类型的商品化模式中，只有"谋利推动商品化"类似于斯密和马克思概念中的"与资本主义、或近代早期的经济发展相关联的商品化"，其"在合理化、资本化和劳动生产率的提高方面显然最具潜力"；而由"剥削推动的商品化""谋生推动的商品化"，是处于生存边缘的小农为糊口而进行的市场生产，它可以支持高度的商品化，却只能带来极其

---

① 其实，吴老的态度在国内学术界颇具代表性。叶茂等人发表于1993年第3期《中国经济史研究》上的长篇评述《封建地主制下的小农经济》对此类观点曾有详列，而且评论者自身似乎亦以社会分工发展程度、劳动生产率的提高作为划定商品经济的标准。最近侯建新又撰文明确主张，在分析现代商品经济之时，对那种虚假的成分"应予排除"，他认为，"衡量商品经济水平，不但要看到产品进入流通领域多寡，还要考虑社会分工规模，价值规律作用的范围，市场发育的程度等因素。即使进入市场部分，也要具体分析"（参见侯建新《从新人口论、"均衡陷阱"到"过密化增长说"》）。吴慧先生虽然将此类情况看成是"中国历史上粮食商品率变化的一种新类型"，并认为这种商品率在清以后不断上升，进入20世纪且有变本加厉的发展，但他同样也未能摆脱传统市场理论的衡量标准，而将其视为"虚假的商品率"，而且从他的论述中似可引申出这样的推论，即在清前期及以前的商品流通领域中，以分工为基础的商品市场占绝对主导地位（参见氏著《历史上粮食商品率商品量测估——以宋明清为例》，《中国经济史研究》1998年第4期）。退一步而言，即使我们完全可以将纯粹的斯密型市场从复杂的经济现实中抽离出来单独加以分析而无须顾及其他，也不一定能够正确地认识其形成发展的特点和规律。美国新制度经济学派主要代表人物之一道格拉斯·C.诺斯曾经指出，亚当·斯密以来的所有经济理论的基础都是贸易收益（Gains From Trade），都只看到专业化和劳动分工是经济中劳动生产率的基础，但这一理论基础实际上只是半个理论，因为它没有考虑贸易成本（Costs of Trade），或称交易成本，即由专业化和劳动分工导致的损失。"正是由于在历史上是"生产成本和交易成本共同决定政治和经济体系的产出，因此，交易成本理论必须和生产理论相结合才能为经济史学家们提供一个基本的分析框架"。（参见〔美〕埃瑞克·C.菲吕博顿、〔德〕鲁道夫·瑞切特编《新制度经济学》，上海财经大学出版社，1998年中译本，第244~245页）。当然，诺斯之所以引进交易成本理论，最终的目的是为其即将展开的制度分析开辟道路。但他至少还给予我们另一个启示，这就是：当我们专心致志地考察以分工为基础的市场扩展所带来的经济效益时，理应将由此带来的交易成本计算在内。特别是那些被传统市场理论驱逐出境的"虚假的商品流通""伪商品经济"，更应考虑其中的交易成本问题。

· 1123 ·

有限的积累和生产性投资，"对资本积累和经济发展不起什么作用"。明清至民国时期，长江三角洲地区虽然经历了蓬勃发展的商品化，但主要表现为小农为谋生而推动的商品化，而非促进经济质变性发展的资本主义的商品化。在西方近代早期以及近代出现的市场发展与资本主义的关联，"实际上是偶然的，甚至是例外的"，"我们不能以这种模式去了解世界各地各个时代的所有商品化过程"。①

无独有偶。几乎就在黄宗智宣告"不要把商品经济简单地等同于向资本主义的过渡"的同时，著名的中国经济史专家经君健先生亦于大洋彼岸向国内传统市场理论提出了同样的质疑②。他不同意将自然经济泛化的主张，认为只要是以货币为媒介进行交换的产品，就是商品，而市场就是"反映个人之间、经济单位之间的商品货币关系的概念"。他实际上也抛弃了以专业化和分工为基础的狭隘的市场起源论，认为中国的以农业和手工业相结合的小农经济，由于在各类生产资料和生活资料的供需问题上，存在着自身无法解决的"使用价值形态的收入单一（少样）性和需求多样性的矛盾"，所以必然要以商品交换关系作为存在的条件，"不要看到哪里有农业和家庭手工业的结合，就认定那里必然是自然经济；事情可能相反，恰恰那种结合正是商品经济的表现，它跟商品经济的发展成正比"。虽然后来他没能像黄氏那样把自己的思想扩展为对各家各派的规范意识的挑战，他在解释这种商品经济之未能导向资本主义的原因时也仅仅局限于封建生产关系和地主经济制本身，但他的"自然经济平衡率"概念，却为我们正确认识小农经济与商品经济之间的必然联系澄清了理论上的底线，而这却正是黄宗智所未加详论的。

二 从人口与资源的关系看斯密逻辑和"蔡雅诺夫逻辑"

那么，为什么在明清以来的中国农村会出现这种蓬勃发展但却不是质变

① 参见黄宗智《长江》第六章，第 94～117 页。
② 参见经君健《试论地主制经济与商品经济的本质联系》，《中国经济史研究》1987 年第 2 期。

性的商品化进程呢？在这一点上，黄宗智反复强调它不是按照舒尔茨的逻辑，而是按照"蔡雅诺夫逻辑"（按：蔡雅诺夫即恰亚诺夫）来推动的，是在人口增长过程中出现的过密型的商品化。人口增长一方面"在明清长江三角洲通过小农家庭的独特性质推动了商品化，同时它自身也因为商品化而成为可能"①。黄氏从人口与资源的紧张关系出发，将发生在明清中国人口增长和商品化这两大被以往学者"视作分隔的独立的过程"联系起来进行考察，即"通过人口增长去理解商品化，以及通过商品化去理解人口增长"，从而再一次区别于当时教条化了的马克思主义理论和西方以斯密为主导的古典、新古典经济模型。事实上，只要我们不再困扰于过去那种浓厚的"马尔萨斯情结"，我们就不能不承认美国著名的新制度派经济学家道格拉斯·C.诺斯的如下论断，即"人口与资源之间的紧张状况"，"过去是，今后也仍将是经济史的中心"②。

当然，马克思、恩格斯等经典作家，并没有像诺斯所批评的那样轻视人口增长在经济变迁过程中的作用，更没有忽视人与自然之间的关系。相反，他们对人口再生产和经济再生产辩证关系的论述、对人类经济活动与环境变迁之间的关系所作的高瞻远瞩的议论至今仍然振聋发聩，他们还特别地强调，"任何历史记载都应当从这些自然基础以及它们在历史进程中由于人们的活动而发生的变更出发"③。但不可否认的是，他们毕竟还是像诺斯所说的把技术变革看做是经济发展的"原动力"④，他们对人与环境关系的论述主要还是从单纯的经济活动本身以及技术运用的角度出发的。及至后来教条化了马克思主义　例如新中国建立后相当长的一段历史时期内占据思想界主导地位的被《苏联共产党（布）历史简明教程》简化了的斯大林式的"马克思主义"，则不仅抛弃了马克思在《资本论》里所遵循的一条环境保护路线⑤，更

---

① 黄宗智：《长江》，第9~11页。
② 〔美〕道格拉斯·C.诺斯：《经济史上的结构和变革》，商务印书馆，1992年中译本，第14页。
③ 马克思、恩格斯：《德意志意识形态》，见《马克思恩格斯选集》第1卷，第24页。
④ 诺斯：《经济史上的结构和变革》，第61~62页。
⑤ 宁可：《地理环境在社会发展中的作用》，《历史研究》1986年第6期；〔英〕安德鲁·古迪：《人类影响——在环境变化中人的作用》，中国环境出版社，1989年中译本，第5页。另请参见拙著《民国时期自然灾害与乡村社会》绪论部分，中华书局，1999。

将以技术水平为标志的生产力自我增长机制推到近乎神化的地步。如此一来，商品化的发展就是自然而然的事而毋庸多加解释。

新古典派过度简单的理论模式同样不考虑土地和自然资源问题。根据诺斯的意见，自马尔萨斯提出其人口增长超过资源基础的悲观结论以来，"对马尔萨斯命题的社会含义的反应"，曾经导致人口统计学和经济学的长期分离，这种分离对新古典模型的影响至为深远①。就连舒尔茨设计的欠发达国家小农经济模式，也根本否认人口压力的存在，因为在他看来，所有想要和能够胜任工作的劳动力都得到了充分的就业。当然，从表面上看，新古典主义经济学并不忽视自然资源的重要性，它甚至把资源稀缺性假设作为一切经济分析的基本前提，并认为经济理论的目标和任务就是研究稀缺资源的优化配置问题，即在资源有限的条件下生产什么、如何生产和为谁生产的问题。然而只要我们细译一番其有关"稀缺性"的定义，便不难发现其真正的内涵只是一种"相对稀缺"，一种因人的不断增长的欲望和需求而被"制造"出来的资源稀缺②，一种甲资源相对于乙资源的稀缺。这种性质的稀缺在现实经济生活中的确是普遍存在的，但却与生态学意义上的资源的绝对稀缺相去甚远。所以，新古典学派所关注的与其说是"全部资源有限"问题，莫如说是"怎样分配（既得的）有限的资源"的问题，也就是在"一种物品生产较多就会导致另一种物品生产较少"这种相对稀缺的世界里社会是如何优化资源配置的抉择问题。这样，我们大可以无忧无虑、年复一年地按照新古典学派所指示的那样，在各种相对稀缺的商品生产之间来回调整，以维持它们的相对均衡（即"一般均衡"），但由于对全部资源的漠视，因而就如同"在一幢着火的房子里不考虑如何灭火，而考虑如何'公正'分配那些还没有被烧着的家具"，其结果可想而知③。虽然这并不等于说新古典学派看不到人类资源基础的缩减和退化问题，可是其乐观主义的态度使其坚信，此类问题可以借市场机制的自动调节和不断的技术变革而在经济发展过程中自然而然地得到解决，因为在新古典经济学中，以专业化和分工为基础

---

① 诺斯：《经济史上的结构和变革》，第8、14页。
② 贺卫：《寻租经济学》，中国发展出版社，1999，第22~24页。
③ 刘大椿、岩佐茂主编《环境思想研究——基于中日传统与现实的回应》，中国人民大学出版社，1998，第115~116页。

的市场机制是优化资源配置、缓解商品稀缺的最廉价、最有效的手段，而这种市场扩张的原动力，或者是斯密所说的人类天然具有的交换倾向，或者就是不断发展的专业化和分工过程的自我演进本身。人口因素以及与经济过程密不可分的生态环境，则被弃之不顾，至多不过是被当做一种外生的、偶然的变量而加以考察。

可以这样认为，这种过度简单的新古典模型或类似的理论模式之所以超脱于人类生态系统之外，就在于它们完全植根于近代工业文明的核心理念之中，即人类可以无限度征服大自然而大自然只能被动地响应。显而易见，用这样一种经济学说来规范社会的经济行为，势必无助于人类从根本上解决愈来愈严重的环境问题。要是以其指导经济史、市场史的研究，同样也无法使人们对过去的事实有完整意义的理解。或许就像诺斯所说的，这种不考虑土地和自然资源状况的简单的新古典模型，虽然"不失为合理的现代假定，但却是对以往历史的解释的基本歪曲——因为只是到了上个世纪，随着第二次经济革命，自然资源报酬递减才不再是人口增长时老是存在的一种威胁或现实"①。只有把新古典经济学的乐观模型和以马尔萨斯为代表的古典经济学的悲观模型结合起来，"将经济史置于人口和资源基础之间持续的紧张状态"，才"不失为一种探讨 19 世纪中期以前一千年间人类经验的颇有裨益的出发点"②。

从黄宗智的研究过程来看，他最初在《华北》一书中虽然也曾涉及人口压力与商品化之间的关系，但似乎更倾向于将两者并列起来，以分析华北小农经济的分化过程。《长江》一书中，他已经明确地将人口压力作为商品化的内在动力来探讨。而其所谓的人口压力论显然也不仅仅是马尔萨斯的悲观模型，而是在吸收了博塞鲁普的"反马尔萨斯模型"的基础上所独创的一种综合的人口压力论。有意思的是，对黄宗智批评较力的王国斌先生，却有意无意地把黄氏看做是典型的"马尔萨斯主义者"，而且只看到黄氏"过密型商品化理论"的另一半即商品化支持了人口增长这一部分，于是断定黄氏"未对商业扩张的原理加以分析"，""对发生变化的主要动因是人口还

① 参见诺斯《经济史上的结构和变革》，第 16 ~ 17 页。
② 参见诺斯《经济史上的结构和变革》，第 60 ~ 61 页。

是经济，他没有多少兴趣去直接追寻"。他批评黄氏"忽视了太平天国时期江南人口大幅度减少"以致"人口压力肯定处于低点之时"的事实，从而认定"黄氏所求助的人口压力，充其量也只能说是不确定的"①。但如果黄氏真的是一个马尔萨斯论者，王国斌就失去了据以反驳的逻辑前提，因为这一事件恰好可以看成是人口压力自动调节、自我控制的结果。典型的马尔萨斯主义者何炳棣先生不就是将19世纪的天灾人祸看做是此一类型人口控制的表现吗？王国斌本人亦承认马尔萨斯的人口危机对明清以来中国某些地区经济成长的限制作用和消极影响，但其目的之一是将人口压力从商品化过程的动力系统中剥离出来②，为其有关斯密型动力是明清以及近代中国经济成长和商品化进展最主要原因的主张铺平道路。在他看来，这种斯密型市场交换逻辑，不仅在16至18世纪的中国各地"运作得颇为成功"，即使在近代，也"正是斯密型市场专业化的原则，导致了传统部门的进步，并使得某些传统活动能够与近代活动相结合，或能够补充发展中的近代活动"③。至于这种斯密型市场专业化的动力究竟来自何方，他没有明确交代，或许就在于市场引导本身，亦可能是他认为根本就无须交代。

王国斌先生承认明清及近代中国在一定程度上存在着马尔萨斯陷阱危险另一个目的，是将被他剥离出来的人口压力纳入斯密型动力之中，作为斯密型扩张的内在制约因素，即由斯密型动力引发的经济成长，"何以使得持续的人口增加，导致一种马尔萨斯主义的危险"④，同时又将这种危机延伸到1800年以前的欧洲，然后截断"斯密型经济增长"与后来经历了工业革命

① 以上均引自王国斌《转变的中国——历史变迁与欧洲经验的局限》，第15~24页，第41~45页。按，和王国斌持同样观点的国内学者亦不乏其人，如范金民（《明清江南商业的发展》，第21~22页）、王建革（参见氏著前引文）等。王建革显然误会了人口压力的内涵，将太平天国后江南某些地区的"人口稀少"等同于"人口压力较低"或"人口压力下降"，并据以论证"人口压力低时的劳动效率不一定比人口压力高时为高"。其实，人口稀少意味着劳动力供应的严重不足，而人口压力不管是低还是高，都表明劳动力的潜在过剩，只是程度不同而已。
② 据王国斌《转变的中国——历史变迁与欧洲经验的局限》第49页注①，王虽然赞同赵冈有关农村工业在中国远比在欧洲普遍的说法，但又表示他的估计与赵冈不同，原因是后者"求助于外部人口变化来解释此现象"。
③ 参见王国斌《转变的中国——历史变迁与欧洲经验的局限》，第12~15、21、67页。
④ 参见王国斌《转变的中国——历史变迁与欧洲经验的局限》，第24页。另见第50页。

的、以新能源为基础的"近代经济增长"之间的必然联系①，最终对"过密型商品化理论"釜底抽薪。诚然，以亚当·斯密为代表的英国古典经济学家，的确"全都生活在一个经济仍然受农业所支配的世界"，这种世界与19、20世纪的西欧、北美资本主义世界之间的确也有着非常重要的区别，即所谓"有机经济"和与之相对的以矿物能源为基础的新经济体系之间的区别，而且对于后一种世界，这些"十八世纪最敏锐的经济观察家"确实也未曾预见过②，然而这些情况并不能使我们有足够的证据来证明两者之间存在着不可逾越的鸿沟。事实可能更倾向于诺斯的解释。他指出，大多数古典派经济学家之所以未觉察到工业革命也许是不足为奇的，因为在他们生前这种增长就已经开始了；而且"我们不得不称之为工业革命的那个时期，并不是与我们有时所认为的那种过去的根本决裂"，相反，"它是一系列往事的渐进性积累"，即市场规模扩大导致专业化的扩大，"专业化的扩大引起了组织创新，组织创新导致了技术变革，技术变革反过来需要进一步的组织创新来实现新技术的潜力"③。也就是说，英国能够摆脱马尔萨斯危机的制约，即王氏所谓"斯密型增长内在限制"④，正是斯密型增长内在扩展的结果。

历史表明，王国斌所着力强调的有机经济和所谓"近代经济"之间从可再生资源到矿物资源的替代过程，也不是偶然发生的。如果从人口与资源之间的紧张关系来审视，后者之取代前者而成为"资本主义化"的能源基础，实与前者有不可分割的因果关联。大量的研究证实，正是由于因开垦和牧场扩大造成的英国森林资源的消耗使当时以木炭为燃料的冶金工业陷入危机，才使得原已发明出来的煤炭冶炼技术获得突破和推广，从而使煤取代木炭而成为工业发展的新能源，"实际上，英国几百年前就知道用煤"⑤。王氏之所以无视这一事实，就在于他只看到了马尔萨斯危机的消极后果，而这恰

① 王国斌：《转变的中国——历史变迁与欧洲经验的局限》，第51~53页。
② 王国斌：《转变的中国——历史变迁与欧洲经验的局限》，第25、53、55页。
③ 诺斯：《经济史上的结构和变革》，第157~167页。
④ 王国斌：《转变的中国——历史变迁与欧洲经验的局限》，第52页。
⑤ 〔法〕保尔·芒图：《十八世纪产业革命——英国近代大工业初期的概况》，商务印书馆，1983年中译本，第216~233页。

是黄宗智所扬弃的。

也有些学者或许是误解了黄宗智所说的"蔡雅诺夫逻辑"，而把它仅仅与自然经济和以自然经济为基础的小农经济联系起来，以为他所提出来的是一种"以自然经济为主体的小农经济模式"，故而在"蔡雅诺夫逻辑"所推动之下只能是小农经济自给性的加强。事实上，恰亚诺夫所区别的只是依靠自身劳动力的家庭农场和以雇佣劳动力为基础的资本主义农场，而不管它是处在前商品化时期还是国民经济的商品化过程中。在具体分析过程中，鉴于"家庭的农业经营和手工业、商业活动都是由诸经济要素间基本均衡的单一系统联系起来的"的情况，他特地将他最初给出的"关于农民农场的形态学图解作出一些改动，将手工业和商业中的劳动过程增加进去"，以求充分展示"决定农民家庭农业经济活动总量以及部分活动量的复杂过程"。他还指出，当有利的市场条件使从事手工业和商业能够获得更大的收益时，"人们能以较少的辛劳获取收入，故而家庭更乐于主要地从事手工业和商业来实现消费与劳动耗费之间的基本经济均衡。在此种情况下，农民家庭使用自己的劳动的行为方式，恰似一个资本家配置其资本，以此使自己获得最大化的纯收入"。因此，"蔡雅诺夫逻辑"与商品化并不排斥，只不过它是围绕着自己独特的劳动——消费均衡体系运行而已①。

三 "便士资本家"的世外桃源和不稳定 环境下的小农理性

应该指出的是，黄宗智在以人口与资源之间的紧张关系为出发点考察小农经济商品化动力的过程中，还从自然环境与人类抉择作用相互影响的角度，运用生态系统的方法，比较深入地探讨了小农经济行为因生态环境的复杂性、不稳定性而生发出来的多样化特征。从黄著行文来看，黄宗智显然是综合利用了蔡雅诺夫的"劳动消费均衡理论"、Michael Lipton 的以生存为首要条件的小农"理性"经济行为的分析以及米尔顿·弗里德曼的风险条件

---

① 以上请参见〔俄〕A. 恰亚诺夫《农民经济组织》，第 78、84～86 页。另请参见秦晖为该书中译本所作序言《当代农民研究中的"恰亚诺夫主义"》。

下消费者行为"效用极大化"学说，并运用大量史实，从各个不同的侧面生动地揭示出比单一的"便士资本家"远为复杂的小农市场行为的社会内容。

如前所述，舒尔茨等西方学者是把一个完全竞争的新古典市场模型原封不动地移植到欠发达国家小农经济的运行体系之中的，由于该模型把追求财富最大化（或利润最大化）作为裁定小农经济理性的唯一标准，并假定这样的小农具有达致此一目的所应该具备的完备的信息、无限的预见能力和有效的手段，所以，它实际上是将现实经济世界中存在的一切风险和不确定性都清除了出去。在他界定的"传统农业社会"中，农民们对所使用的生产要素了如指掌，对所有生产活动都有长期形成的定规，他们"年复一年地耕种同样类型的土地，播种同样的谷物，使用同样的生产技术，并把同样的技能用于农业生产"，只要没有引入农民们所不了解的体现知识进步的新要素，新风险和不确定性的成分就不存在①。他也意识到"并不是所有的贫穷农业社会都具有传统农业的经济特征"，这就是那些"经历了重大变化但还来不及全面进行调整的社会"，比如发生了严重的水旱饥荒、重大的政治变动以及由于影响贸易条件的外部发展而引起的产品相对价格的重大变动，等等。只是这些社会虽然不能使用"有效而贫穷"这一假说，但在舒尔茨的理论中，大约也不过是一些例外或特定的情况，因而也被排除在他的研究范围之内②。在他设定的社会之中，也存在着天气的变化、虫害及其他病害，以致"每年产量的变化也很大"，但对由此引起的"旧要素的产量变动"，农民们根据多年来的经验，也是非常了解的，是完全可以预期的③。有意思的是，为了论证他的传统农业所有生产要素都得到充分利用和有效配置的假说，舒尔茨曾以 1918～1919 年流行性感冒对印度农业生产的影

---

① 〔美〕西奥多·W. 舒尔茨：《改造传统农业》，商务印书馆，1987 年中译本，第 25、26、29 页。

② 〔美〕西奥多·W. 舒尔茨：《改造传统农业》，第 30 页。按：舒而茨一面把传统小农等同于资本主义农场主，一面又提出一系列明确的限定条件。但循此逻辑，我们却可以得出如下推论：凡在现实世界中不符合其限定条件的小农社会，则有可能处于自然经济状态之下。既然现实小农社会大多类此，那么舒尔茨的理论便只能存在于一个类似桃花源的乌托邦世界。

③ 〔美〕西奥多·W. 舒尔茨：《改造传统农业》，第 125 页。

响为典型事例来批评所谓的"零值农业劳动学说"①。然而就连这样一次导致印度人口死亡约 2000 万、使农村劳动力减少 8% 的特大灾难，也被舒尔茨过于理想化了。这不仅在于黄宗智所批评的"他假定疫症对每家每户影响一致，而实际上有的农户全家病倒，而有的则没有受到影响"②，还在于他潜在的假定这次突如其来的疫症没有在印度农家造成任何治疗费用，甚至在他们一批批地撒手人寰时，也如同浪漫诗人再别康桥般地不带走人间的"一片云彩"，以致"除了工人数量外并没有减少任何一种生产要素"③。

可以说，像舒尔茨假定的这种均衡、有序、稳定的市场模型，在有关中国农村市场史的研究中也屡见不鲜。其中最著名的大约要算是美国学者施坚雅构筑的庞大的中国农村市场结构了。20 世纪 60 年代初期他在论述市场体系变迁之前即明言，他所提出的理论"无论在任何地区，都只适用于那些有幸避免了巨大灾难的时期"。他指出，"我的理论假定在农村地区未曾受到大规模破坏的时期，空间的发展可以作为一个单纯的增加过程来分析——新家庭、新村庄和新市场的不断建立；还假定由于居民点灭绝的数量微不足道而可以忽略不计"。他虽然承认，即使在相对和平的年代，市场也会由于洪水、盗贼的侵扰以及歉收等原因一次又一次地消亡，但在他看来，这些原因造成的市场的减少"就其实质来说是特异的，与无可逆转的增长相比，数量上微不足道"，而且"在任何情况下都会有新的增加来补偿"。因此，他"并不关心那种可以通过具体地方的历史来解释的特定的减少，而只是关注那些在农村一段时期的平静之后，导致任意一个地区市场分布和市场结构形成的一般增长方式"④。鉴于施坚雅的市场理论在海外以及国内学术界的巨大影响，不难想象此种研究倾向的持久性和广泛性。

---

① 〔美〕西奥多·W. 舒尔茨：《改造传统农业》，第 49～54 页。
② 〔美〕黄宗智：《华北的小农经济与社会变迁》（本文简称《华北》），中华书局，1986，第 174～175 页。
③ 〔美〕西奥多·W. 舒尔茨：《改造传统农业》，第 49～50 页。
④ 〔美〕施坚雅：《中国农村的市场和社会结构》，中国社会科学出版社，1998 年中译本，第 72 页。

事实绝非如此。因为生活在任何社会中的个人，都有遭遇不确定性和自然灾害等灾难发生的可能性，他们在追求物质利益或货币收入的同时，往往也会寻求对风险和灾难的保障，即如林毅夫所言，"正是出于安全和经济两方面的原因，人们才需要彼此交换货品和服务并使制度成为不可或缺"①。尤其是像印度、中国等"靠天吃饭"的欠发达国家，因其绝大多数处于热带和亚热带季风区，故此与地处温带的大多数发达国家相比，这里的气候变化更加复杂，自然灾害更加频繁严重，农业生态环境也远为脆弱和不稳定，因而对农业生产的丰歉很难做到像舒尔茨假设的那样可以准确地预测，结果农业产量尤其是单个生产者的产量就会很不确定，而一旦发生歉收，便有可能威胁他们的生存。于是，对那些以农为生的贫穷的农民或农户来说，最重要的就是寻求经济上（主要是粮食生产）的安全或使风险最小化，而不是像现代农民那样使利润最大化②。

但必须说明：

第一，这种以"安全第一""风险规避"为目标的小农经济行为，并不表明传统农民的"非理性"。即便是按照古典、新古典经济学有关"经济人"的理性假定——即对"以尽可能小的代价取得尽可能大的利益"的追求，上述风险最小化和利润最大化在逻辑上也是一致的，也都是"经济理性"的体现，只不过其所追求的是效用最大化而已，按黄宗智的说法，就是"追求活命的理性行为"③。在西方小农经济理论中，形式经济学和实体经济学关于农民经济行为的"理性"之争，表面上沸沸扬扬，实则都是偏执于以"利润最大化"作为裁定"经济理性"的唯一标准④。

第二，传统小农基于生存需要而形成的反风险倾向，固然会促使他们采

---

① 〔美〕R. 科斯等：《财产权利与制度变迁——产权学派与新制度学派译文集》，上海三联书店、上海人民出版社，1994，第377页。

② 〔印度〕苏布拉塔·加塔克、肯·英格森特：《农业与经济发展》，华夏出版社，1987年中译本，第6、25、128~129页；Lipton, Michael, "The Theory of the Optimsing Peasant", Journal of Development Studies, 4（April 1968）：327–351。

③ 秦晖：《市场的昨天与今天——商品经济·市场理性·社会公正》，广东教育出版社，1998，第189~190页；〔印度〕苏布拉塔·加塔克、肯·英格森特：《农业与经济发展》，第129页；黄宗智：《长江》，第108页。

④ 秦晖：《市场的昨天与今天——商品经济·市场理性·社会公正》，第190页。另见黄宗智《华北》，第3~4页。

取一种"非市场导向性"的经济行为[①]，或者趋向于确保粮食的自给性生产，或者采取多样化的作物种植布局，并且"把用于经济作物生产的资源限制于首先保证粮食自给的范围以内"[②]，但其前提条件必须是小农的家庭农场至少拥有能够满足其最低限度生理需求的土地和生产资料，或者说其所拥有的土地资源的产出收入足以保障这种最低限度的需求。一旦由于人口的增长、资源的退化或粮食生产的歉收等长短期因素使得土地和生产资料的数量或土地资源的产出从上述最低限度急剧下滑，以致无论如何也不足以保证其生存的需要，从而威胁其生命安全时，农民家庭就会像恰亚诺夫所证明的那样"迫不及待地从手工业和商业中挣得收入，以弥补农业收入的不足"，尽管他们常常"要无可奈何地接受一种比单纯从事农业更低的生活水准"[③]；而且可以确定：

> 农民家庭在务农和从事手工业、商业这两条谋生之途间所进行的劳动的分割，是在对这两大国民经济部门的市场状况的比较中才得以实现的。由于这两类市场状况间的关系变动无常，因而劳动耗费于手工业、商业同耗费于农业这两种情况间的关系也就了无定规。在农业状况不利时，例如粮食歉收，只凭借一般的农业活动不可能实现经济均衡，大量的农民劳动力不得不投向劳动市场以从手工业和商业那里寻求生计。结果，我们就看到了这样一种情景，这种情景在俄国是毫不足奇的，但从西方的眼光来看，却颇为荒谬，即谷物价格高涨的时期，同时也就是劳动工资低落的时期。[④]

以上恰亚诺夫描述的情况，在旧中国也是司空见惯的。市场机制在这里不仅没有因为"农业经营的小型化倾向"而同大多数农户"处于一种结构

---

① 陈春声、刘志伟：《清代经济运作的两个特点——有关市场机制的论纲》，《中国经济史研究》1990 年第 3 期。
② 〔印度〕苏布拉塔·加塔克、肯·英格森特：《农业与经济发展》，第 6 页。
③ 〔俄〕A. 恰亚诺夫：《农民经济组织》，第 77～78 页。另见第 90 页。
④ 〔俄〕恰亚诺夫：《农民经济组织》，第 86 页。

性的阻隔状态"①，相反却变成了小农经济遭遇生存威胁时调节资源、分散风险的另一种重要手段。

更何况也不是所有的小农都采取反风险倾向。有时候，一些贫穷的小农，在极度生存需要的压力下，也有可能甘冒较高的风险以求取短期内较高的收益。这种类似"赌博"的行为，也是小农走向市场的一种动力。按照米尔顿·弗里德曼对风险情况下消费者抉择原理的经典分析，这同样是一种合理的"效用最大化"行为②。

正是由于黄宗智将上述种种理论的合理因素融入了明清以及近代中国农村商品化的历史过程之中，我们才第一次比较清晰地看到了在充满灾害和不确定性的生态环境背景之下小农涉足市场的真实的社会内容。而且黄著的分析并不局限于这种微观经济层面，他还从宏观角度探讨了生态环境的区域差异对华北和长江三角洲两地商品化过程和社会分化模式的影响。如果说人口压力下的过密型理论是黄氏用来解开明清以来中国小农经济商品化纵向变迁过程中一系列悖论现象的一把钥匙，那么后者就是黄氏为诊断华北和长江三角洲两地不同类型的过密化道路的历史动因而开出的一济颇为新颖的药方③。鉴于笔者对此曾有评述，这里不拟赘论。

四　生态系统：旧中国农村商品化研究的新思路

总而言之，黄宗智在对各家各派的规范意识大胆挑战之时，又将被各家各派舍弃了的因素收拢起来，形成一种综合的分析方法，并力图将各家各派所反映的中国小农商品化行为的每一个侧面聚合在一起，以恢复其真实的统一的面貌。不管他如此努力的结果是不是经得起史实和时间的考验，他所采用的方法论本身也是非常诱人的。或许的确有如王国斌所说的，黄氏隐晦地假定新古典主义经济学的理想境界可以比较清楚地在英国看到，指出这一点

①　陈春声、刘志伟：《清代经济运作的两个特点——有关市场机制的论纲》。
②　黄宗智：《华北》，第171～172页，第2页注②；〔印度〕苏布拉塔·加塔克、肯·英格森特：《农业与经济发展》，第129页
③　参见拙文《被肢解的过密化理论（续）》，《书品》1998年第5期。

对深入比较中、英农村市场发育的特点也非常必要，但若因此讥讽他"实际上是以大学一年级经济学课程所讲授的那种典型市场为标准来衡量中国"①，则未免过甚之至了，因为黄氏所反对的正是此前常常出现的将这种理想境界等同于中国历史实际的做法②。

即如黄氏上述有关商品化过程的具体论述，就提醒我们应该将视线从纯而又纯的商品化进程稍稍转移到有可能存在的多元发展的复杂的商品化世界：首先是使我们确信历史上还存在着吴老提出的"没有分工的市场"，市场的起源是多元化的。其次是在近代中国农村市场整体的线性发展趋势（不排除其间发生的周期性波动）之外，揭示了这一市场其他走向的可能性，即"没有发展的商品化"的可能性。这是市场趋向的多元化。第三则是把市场主体放在天、地之间亦即"生态系统"之内进行考察，以"究天人之际"的气魄，探索中国小农独特的市场行为，即市场社会内容的多元化。可以肯定地说，这种市场世界多元化的视野势必有助于深入探索近代中国农村商品化过程和市场运行的特质和规律。即使是在目前再度蓬勃而起的反过密化理论的学术氛围中，黄宗智曾经实践的这一市场研究新思路，尤其是其从人与生态环境相互关系角度探讨市场变迁机制的分析方法，还是得到了国内不少学者，特别是青年学者的认可、响应和发挥，虽然各自研究的最后结论与黄氏不免有所区别甚或大相径庭，但如循此思路持之不懈，纵不能奢望有重大突破，亦必于中国农村市场史研究增添新的气象。

然而，尽管黄宗智为构建其过密化理论惨淡经营了十数年，但毕竟因为涉及的学科领域太多，研究范围太广，时限太长，问题太复杂，故而难免有照顾不周之处。这在很大程度上削弱了他所倡导的研究方法对历史事实的解释力度。这里则主要从生态变迁与商品化之间的关系来发掘黄氏理论的局限。

首先从过密型商品化的演变趋势谈起。

我们知道，任一国家和地区的经济运行态势，从长时段来看，都不可

---

① 参见王国斌《转变的中国——历史变迁与欧洲经验的局限》，第70、31页。
② 根据吴承明先生的评论，王国斌自己实际上也用了新古典主义的研究方法。参见王国斌《转变的中国——历史变迁与欧洲经验的局限》，吴承明序。

能是始终如一的，都会经过许多或长或短的时而景气时而衰退、时而动荡时而平稳、时而发展时而停滞等不均匀的周期性震荡和起伏，而不管其发展趋势总的来说是处于上升、下降抑或其他。我想，对黄宗智的"过密型商品化"理论也应作如是解，也就是说它概括的是明清以来数百年间中国农村经济演变的主要特征和主要趋向。但黄氏毕竟因其研究所跨越的时段过长而只能截取明清、近代、民国等各个时期的某一横断面作点状分析，以致各个时点之间有可能出现的某一非过密化时段或某些极端事件，也就被有意无意地舍弃掉了。前述许多学者指出的黄氏对太平天国时期江南人口变动状况的忽视，就是最典型的例子。再加上"过密化"一词在语义上可能造成的歧义和误解，结果不能不使人对他概括的"解放前六个世纪的过密化"产生一种直线式运行的感觉。在这一点上，黄氏恰恰与上述古典和新古典模型支配下的市场史大多"殊途同归"，只不过后者所描绘的直线是向上运行的而已。

当然，黄氏之所以未能注意到过密型商品化有可能存在的波动问题，更主要的还是他没有将自己特别强调的"生态系统"分析方法贯彻到底。也就是说，他更多的是把华北和长江三角洲两地的生态环境看成一种数百年间稳定不变的自然地理空间单元，把两地的人口增长似乎也看成是平稳的渐进过程，从静态的角度进行共时性分析，而很少将生态系统内部的整体变化纳入研究视野，进行历时性的动态分析，故而至多也只能算是半个生态系统方法。当然黄先生自己也有言在先，他"无意在此展示华北平原（笔者按：大约也包括长江三角洲在内）生态系统的全部特征"[①]。

一般来说，生态系统内部的变化包括三个方面的内容：一是因人口增长对资源基础的压力过大而造成的人类生态系统的暂时崩毁，如饥荒、战乱等；二是在人口压力驱动下人类不合理的经济活动导致的环境破坏、资源退化，如水土流失、土地沙漠化、土壤盐碱化、森林减少、物种灭绝、水资源枯竭等；三是大自然本身周期性大范围的波动，如气候的冷暖期和干湿期、自然灾害群发期和平静期等。前两种变化，同是人口压力的结果，但相对于过密化而言，却有不同的影响。第一种变化，实即马尔萨斯所说的

---

① 黄宗智：《华北》，第 63 页。

"Positive Checks"（中文习惯译作"积极抑制"，有误，应译为"实际抑制"或"现实抑制"①），是通过一系列或大或小的极端事件减少人口，从而强制性地维持人口与资源的平衡。它可能会暂时地缓解过密化进展，但毕竟也属于人口压力的作用，而且由于人口生育过程中客观存在的灾害性补偿反应机制②，再加上明清时期特别是清中叶以后中国人口基数过大，人口数量的恢复时间显然要比此前的其他时期来得快，更何况伴随这种现实抑制而来的还有对社会生产力的巨大破坏，由此形成的新的生存危机就可以看成是此前人类活动短期经济效益的一种逆反应。正如黄宗智在评价 20 世纪二三十年代国际丝市场扩大给蚕农带来的经济效益时，要求人们必须把它和"后来的破产"联系起来看一样，我们看待过密化问题，也应该瞻前顾后，只有首先弄清先前的发展和后来的危机之间的逻辑联系，然后才能作出综合的正确的分析。然而黄宗智或许是出于前引诺斯所说的那种对马尔萨斯理论"社会含义的反应"，抑或是研究上的需要，以致将其中所包含的客观事实也一并抛弃了，结果只能形成理论上的缺环。

从同样的角度谈论上述第二种变化，马尔萨斯理论给我们带来的阴影可能要少得多。毫无疑问，黄著在阐述华北和长江三角洲某些地区经济作物种植和家庭手工业的兴起时，也总是将它们放到人口压力、自然环境与社会政治结构的相互依存的关系中去理解的③；他还将长江三角洲"生态上不稳定的地区"和"肥沃的、相对稳定的地区"区别开来，并以一定的篇幅分析了两地的小农是如何以不同的方式（前者以植棉为主，后者则以棉纺织、缫丝等家庭手工业为主）走向同一条过密型商品化道路的，亦即"过密型

---

① 参见 1998 年 1 月第 1 期《人口研究》"人口与发展论坛"穆光宗所作"主持人评论"。按：对于此种现实抑制，恩格斯的评论极其中肯，即马尔萨斯的批评家可以证明他的人口原理是错误的，但他们"却未能驳倒马尔萨斯据以得出他的原理的事实"〔恩格斯：《政治经济学批判大纲》（1844 年），《马克思恩格斯全集》第一卷，第 619 页〕。尤其是在在前工业化时期和欠发达国家，这种极端事件，与后两种变化一样都是有可能经常发生的，而且往往是纠结在一起相互作用。即如近代中国而言，抛开争议较大的太平天国运动不论，仅在华北地区就发生两次死亡近 1000 万人的大灾荒，而它又恰恰发生在该地区人口增长的峰值期附近，这无论如何也不能看成仅仅是一种巧合（参见李文海等著《中国近代十大灾荒》，上海人民出版社，1994，第 152 页）。

② 参见拙著《民国时期自然灾害和乡村社会》第二章，中华书局，1999。另见王国斌《转变的中国——历史变迁与欧洲经验的局限》，第 28 页。

③ 黄宗智：《华北》，第 191 页。

多样化"①。可问题的关键在于，他对人口压力与环境变迁之间的关系并未给予足够的注意，所以也就很难回答范金民先生提出的问题：既然明清两代江南棉产区主要是因为水道淤浅或田土高仰以致不得不改稻为棉而形成的，那么，这与人口压力又有什么关系呢？②但若我们把造成江南这些地区水道淤浅、田土高仰、积沙斥卤、水旱频繁的原因归之于人口压力，这一问题也就迎刃而解了③。当然这里还存在着一个"时间差"，即被人口压力强化的人类经济活动通常并不即时造成破坏性的环境后果，但我们无论如何也不要忘了恩格斯在这一问题上的精辟论述④。

在黄氏的生态系统中，自然灾害的位置相形之下要显著得多，因为这正是传统社会小农经济不稳定的一个极为重要的因素。不过总的来看，黄氏笔下的自然灾害似乎限定在"具有一定的内在平衡机能"的范围之内⑤，而不是那些突破了这种平衡机能的持续时间长、波及面广的特大自然灾害。实际上，此类自然灾害大都和上述两种变化和其他社会因素交织在一起，成为小农生存危机的一种极端表现形式。研究其间的小农市场行为，往往就像恰亚诺夫所提醒的"可以得到意外的收获"。况且自然灾害的发生在时间上并不是均匀分布的，气候的变化也显示出冷暖交替的周期性运动特征，由于农业生产对于气候变化极度敏感，可以想象不同时期的农业生产、粮食供应、物价运动、人口增减也会显示出较大的差异⑥。与此相应，农村的商品化过程大约也可能会发生一定程度的变动吧。

诚如许多学者的批评，黄宗智虽然是以人口与资源的关系作为探讨农村

---

① 黄宗智：《长江》，第87~88页。另见千里《"过密型增长"理论——江南社会经济史研究的一把钥匙》，《中国经济史研究》1993年第1期。

② 参见范金民《明清江南商业的发展》，第23~26页。

③ 事实上，黄宗智在论述水利系统衰败原因时，亦已提及太湖地区人口增长、森林砍伐、河湖围垦与水道淤塞、旱涝频繁的关系，只是没有与上述问题明确地联系起来。参见黄宗智《长江》，第31~32页。

④ 参见《马克思恩格斯选集》第三卷，第517页。

⑤ 参见黄宗智《华北》，第137页。

⑥ 相关成果可参见〔美〕马立博（Robert B. Marks）《南方'向来无雪'：帝制后期中国南方的气候与收成（1650~1850）》，载刘翠溶、伊懋可主编《积渐所至——中国环境史论文集》，"中研院"，1995，第579~631页；王业键、黄莹珏：《清代中国气候变迁、自然灾害与粮价的初步考察》，《中国经济史研究》1999年第1期；拙著：《民国时期自然灾害与乡村社会》，第一章、第三章。

商品化动力的出发点，但并未直接分析人口增长过程本身，他的绝大部分注意力还是集中于人口压力背景下个体小农微观层次的经济行为。他将研究的范围限定在华北和长江三角洲这两个地区，并时常加以比较（这种做法原本无可厚非），但却更多地把它们看成是各自孤立的"内部相互关联的有机整体"①，而相对忽视了这两个地区之间的相互联系，更不用说它们与其他区域例如两湖、西南及东北等地的相互关联了。其实，明清以来中国人口的增长过程，并不仅仅表现为传统经济区的向心集聚态势，还呈现出从腹地到边疆、从平原到山地、从已开发地区到未开发地区的人口扩散态势。这种扩散态势一方面程度不同地缓解了江南、华北等地的人口压力，迟滞了这些地区的过密化进程；另一方面亦类似于欧洲中世纪的"边疆运动"②，因各地自然资源各有不同而在全国范围内造成不同的人地比例和资源组合，导致区域间分工的扩大和贸易的发展。王国斌先生着力描写的16至19世纪到处可见的"斯密型的经济扩展"，其主要动力可能即在于此，只是由于他早已将人口增长排除在斯密型市场扩张的动力系统之外，所以和黄宗智一样并未能就此展开分析。如何弄清楚同一人口增长过程中出现的两种不同性质的商品化道路及其相互之间的关系，将是一件饶有意味的课题。不过，这种由人口压力导致的区域间斯密型市场扩张不大可能从根本上缓解乃至消解过密化趋势，因为这种趋势既然是由人口压力促成的，所以它大都是以损害其他未开发地区的自然资源存量为代价的，而且由于这些新开拓的地区绝大多数又是生态环境比较脆弱的丘陵、山地、草原、湖泊、滩涂，其生态平衡往往在不太长的时期内就遭到了很大的破坏，故此对斯密型市场的推动往往也是不可持续的③。

---

① 黄宗智：《长江》，第21页。

② 参见〔美〕道格拉斯·C. 诺斯、罗伯特·托马斯著《西方世界的兴起》，华夏出版社，1988，第39~42页。

③ 此一现象，吴承明先生早在20世纪80年代初期论述明清中国资本主义萌芽问题时就已经注意到了，并认为"这都是不可抗的力量"（参见吴承明著《中国资本主义与国内市场》，中国社会科学出版社，1985，第179页）。近来曹树基先生引而申之，从人与环境互动角度，比较深入地探讨了清至民国时期台湾、皖南、陕南及北方边外地区在移民开垦过程中出现的资本主义萌芽及其不可避免的衰亡命运或趋向，颇资借鉴（见曹文：《清代台湾拓垦过程中的股份制经营——兼论中国资本主义萌芽理论的不成立》，载《历史研究》1998年第2期）。

即便是被黄氏浓墨重彩描绘的小农经济行为的微观层面，也因他未能引入环境变迁因素而使其生态系统方法打了不少折扣。如果仅仅从纯经济学的角度分析，我们完全可以把一个个微观经济单位如企业或农场从现实经济生活中抽离出来，根据其内部的成本和收益，考察和核算其经济绩效。然而一旦进入生态系统，我们就需要用普遍联系的态度来考察它对外部环境的影响以及外部环境对它的影响。前一种影响更多地表现为人类经济活动对环境造成的破坏亦即"经济的负外部性"，后一种情况则表现为这种被破坏的环境是如何损害微观经济行为的，亦即"环境成本内部化"问题。不过从微观经济单位的角度看，由于其经济活动对环境的破坏主要是外在的，而且这种破坏，特别是由农业生产造成的破坏往往要经过相当长的一段时间才能显现其后果，所以，人们在考察某一特定时空微观经济单位的生产绩效时，都只是根据投入要素的市场价格来计算其"私人成本"，而不考虑因其造成的环境破坏和资源退化对企业或农场外部社会的损害，即"社会成本"或"环境成本"。同样，人们在用国民生产总值 GNP 来衡量国民经济体系的运作水平时，也不会将自然资源的消耗计算在内，甚而至于将这种消耗本身例如被砍伐的森林也计入其中①。对此，当代美国著名的政治活动家阿尔·戈尔曾予以尖锐的批评，并指出，在一个注重以生产"好产品"而不是"坏产品"的方式衡量生产的效率即生产力的经济制度中，这种情况不足为奇②。由此形成的统计上的经济增长，实际上也只是一种虚幻的经济增长，其增长速度愈快，亦即意味着其所造成的自然资源的消耗愈多，其对环境造成的破坏愈大，结果不仅会导致生产过程资源保证条件的恶化，不断地加大未来的生产成本或交易成本，以至影响或阻碍劳动生产率的提高，进而还会导致自然资源的衰竭，致使生产或贸易活动无法持续下去。当然，作为一个微观经济单位，它完全可以对其造成的环境后果忽略不计，但不应忘记，由此造成的负外部效应不仅不会消失，还会在不知不觉之中内化为未来经济活动的生产成本或交易成本。对于旨在考察长时段经济发展趋势的经济史研究来说，又有

---

① 李康：《社会发展与资源环境》，云南人民出版社，1998，第 112~114 页。
② 〔美〕阿尔·戈尔：《濒临失衡的地球——生态与人类精神》，中央编译出版社，1997，第155~160 页。

什么理由可以置若罔闻呢？例如在明代山西的汾河流域，之所以出现水利投入越来越多、水利工程越来越复杂而灌溉效益却越来越明显减少的怪现象，最根本的原因就在于因人口增加、环境破坏而导致的水资源日趋减少乃至衰竭①。如能将此种类型的环境成本引入通常采用的小农经济成本收益核算体系之中，我们对小农经济过密化的认识将更为深刻②。

以上所云，对过去的研究来说，或许是一种苛求，但这种苛求，却不妨成为愚鲁如笔者进一步努力的方向。

---

① 李心纯：《黄河流域与绿色文明——明代山西河北的农业生态环境》，人民出版社，1999，第 139～154 页。

② 按：近年来，王建革先生在研究近代华北农业生态与社会变迁的系列论文中，力主以生态经济学中的能量投入产出分析法取代传统的经济分析，后者因为"局限于在市场经济条件下所反映出来的数据指标往往不够准确"。这的确是一种"有利于实态地把握农业生产力状况"的好方法，可以弥补黄宗智计算方法的不足。有意思的是，他本来是希望用这种方法来分析黄宗智曾经依据的资料以得出与黄氏不同的结论——应该说他也的确纠正了黄氏的某些偏颇，但可能是由于他误解了黄氏的"过密化"概念，即把这一概念完全等同于吉尔茨的"农业生产内卷化"理论，以至于在笔者看来，他的结论似乎恰好证明了黄宗智理论的正确性。他通过细致的分析得出结论，30 年代人口压力轻的大农场与人口压力重的小农场产量差异并不明显，能流物流的总投入亦无显著差异，所不同的只是人口压力重的小农户是"以人力代替畜力"来获取同样产量。但按照经济学的一般原理，王先生所谓不同之恰恰好体现了单位劳动生产率随人口压力而下降的过程，因为劳动生产率的提高实际上就是直接从事工农业物质生产的劳动力同其所推动的固定资产的比例不断减少的过程。实际上，他也承认"华北平原的人口压力的增加使得人们向土地中投入了更多的劳动力，但并没有提高产量，只是在生态压力下采取了更加人力集约化的生产模式以维持产量"，"其原因是人口压力下生态结构的变化，畜牧业的萎缩，迫使生产向一种较多的利用人力的资源配置的方向发展"。但这种情况不正是黄宗智描写的过密化现象吗？只不过是一种特殊的类型罢了。另，王先生认为"长江三角洲唐宋以来就是一个稻作、棉作与手工业发达的经济区"，其中的"棉作"是否有误？参见王建革《近代华北的农业生态与社会变迁——兼论黄宗智"过密化"理论的不成立》。

胡适清代思想史研究浅议

◎ 颜 军

    中国近三百年思想的发展，是中国传统文化演变的一个重要阶段，在中国历史上占有重要的地位，如何看待这段历史，是近代以来许多人关注的问题。有关这段时期思想的研究，最为人所熟知的当数梁启超和钱穆的同名著作《中国近三百年学术史》和梁启超的《清代学术概论》了。对于胡适的清代思想史研究情况，虽然学界在考据学、理学和《水经注》等问题上有过较为深入的探讨，但这些研究大多是在各自的专题内展开的，从清代思想史角度入手的并不多。① 实际上，胡适对清代思想史的研究包含着更为丰富的内容，其间有它内在的逻辑联系，反映了他对中国文化发展的重要看法。本文试结合有关资料，对胡适清代思想史研究的规模、脉络和观点作一些尝试性的探讨，敬祈方家指正。

一

    胡适对清代思想史的研究是非常重视的，如果从 1919 年 8 月他写的

---

①   比较集中地论述胡适清学研究情况的论文主要有孔繁《胡适对清代"朴学"方法的总结和评价》（《文史哲》1989 年第 3 期），董根洪《胡适的宋明理学观述评》（《近代史研究》1996 年第 4 期），闻继宁《胡适的儒学观》、方利山《胡适论东原之"重知"》、陈桥驿《论胡适研究〈水经注〉的贡献》（此三篇均载《胡适研究丛刊》第 2 辑，中国青年出版社，1996）以及方利山《胡适重审〈水经注〉学术公案》、陈桥驿《胡适与〈水经注〉》（此两篇载《胡适评传》，上海古籍出版社，1999）等。此外，耿云志先生的《胡适研究论稿》《胡适新论》，欧阳哲生的《自由主义之累》等书也有相当篇幅论及。

《清代学者的治学方法》算起，直到他晚年专注于《水经注》的考证，对清代思想史的研究可以说是贯穿于胡适一生的一个学术主题。在此期间，他就清代思想史上吴敬梓、费经虞、费密、戴震、颜元、顾炎武、程廷祚等人的有关思想发表了一系列文章，同时也留下了大量相关的书稿、书信、日记等。

胡适对清代思想史的重视不是偶然的，在他看来，清代思想代表了中国文化史上一个新时代的开始，它和此前的时代"好像属于两个不同的世界一般"，① 只有当清代思想兴起后，中国的文艺复兴运动才出现了重大的突破。这是因为，在清代思想的发展中形成了科学的方法——考据学，并在此基础上推动了新理学的发展。正是从这个角度，胡适对清代思想在中国历史上的地位给予了特别的重视。他在《清代思想史草稿》的开头就说，"这是我的中国哲学史的最后一部分，向来不曾特别提出作为单独的讲题。现在把他提出重讲，固然是因为时间的关系，但这个题目本身却也有单独存在的理由。因为清代的思想确然和宋代或明代的思想大不相同，确然有他的特异性质"。② 他在这里所指的"特异性质"，指的就是清代思想中出现的科学和理性的倾向，这是胡适在整个清代思想史研究中强调的重点。

胡适对清代思想史的这种看法，是建立在他对中国文化发展总体认识基础上的。胡适认为，中国文化史上有一个古典时期，这也是中国固有文化的形成时期，当时道德、伦理、教育、社会、政治等思想都很发达，但宗教观念却很淡薄。这个时期形成的人文主义、理性主义和自由精神，奠定了中国文化的传统，与同时期的西方文化相比，它同样蕴含着科学的精神和方法。但是，随着印度宗教思想的侵入，中国文化发展的正常进程被打断，传统的理性受到了摧残，社会生活表现出了种种非人的倾向，中国社会从此进入了黑暗的中古时代。北宋以后，随着理学的出现，中国的文艺复兴运动也由此拉开了帷幕。这个运动的目的，就是要恢复佛教传入中国以前的中国固有文化，以此来代替中古那种非人的、反社会的宗教哲学。但是，由于理学家们缺乏科学的背景和工具，这导致他们倡导的格物致知无处落实，无形之中，理学也沾上了很多印度化的思想，这使得它逐渐陷入迂腐玄谈的境地，根本

---

① 耿云志编《胡适遗稿及秘藏书信》第 7 册，黄山书社，1994，第 37 页。
② 耿云志编《胡适遗稿及秘藏书信》第 7 册，黄山书社，1994，第 36 页。

完成不了中国本位文化的建设运动。只有当全面的反玄学运动兴起后，随着清代思想的逐渐形成，中国文化的发展才出现了一个迥然不同的面貌。①

胡适对中国文化发展的这种认识，并不完全出于他的独创，② 但引起争论的，还是他对理学的评价问题。胡适认为，虽然程朱理学提倡的"格物致知"，为中国的文艺复兴开辟了一条新路，但其理论却存在着严重的弊病。它所提倡的"居敬""主静""无欲"等，其实都是中古宗教的变相，是完全内向的工夫。理学本身的这种缺陷再加上后世的迷信，使其最终沦为"挂着儒家的招牌，其实是禅宗、道家、道教、儒教的混合产品"。③ 对此，有学者提出了不同看法，认为胡适过分否定了儒学的"玄学化"过程。④ 但是，如果我们更全面地理解胡适的有关论述，我们就可以发现，胡适的批判还是比较接近当时事实的。

明末清初，对理学末流的批判已成了南北各派学者的共识，孙奇逢、黄宗羲、陆世仪、王夫之、顾炎武等人都从各自的角度对理学进行了反思和批判。作为清代思想发展第一阶段的主要内容，胡适对反玄学的意义给予了特别的强调。他说，玄学有两个方向，即先天象数之学和心性之学，指出宋儒的易学是道家的易学，这是清儒的一个大问题；证明心学出于禅学，也是清学的一个大问题。因此，清初思想家的批判主要集中在以下三个方面：一是打倒太极图等迷信的理学；一是打倒谈心说性的玄谈；一是打倒一切武断的、不近人情的人生观。对理学的这种批判，打碎了束缚人们思想的枷锁，激发了人们思想的火花，使长期处于封闭状态的儒学获得了发展的机会，对整个清代思想的发展产生了极大的影响。在当时诸多学者中，胡适对费经虞、费密父子的思想给予了特别的关注。

费氏父子是明清之际普通的知识分子，他们面对当时凋敝的社会现实，对理学展开了猛烈的批判，并且提出了自己的一套新道统论，但长期以来，他们并未引起人们太多的注意。胡适在研究中，对费氏父子的思想产生了很

---

① 胡适对中国文化发展的这个看法，在《中国历史上的宗教和哲学》《中国历史的一个看法》《中国思想史纲要》《中国的传统与将来》等许多文章里都有不同方式的表述。

② 李兴芝：《胡适与宋明理学》，《中国哲学史研究》1982 年第 3 期。

③ 胡适：《几个反理学的思想家》，《胡适作品集》第 11 册，远流出版公司，1986，第 86 页。

④ 董根洪：《胡适的宋明理学观述评》，《近代史研究》1996 年第 4 期。

大兴趣，对他们在清学史上的地位给予很高的评价。他认为，费氏父子的贡献，主要表现在以下两个方面。第一，在对宋明理学"道"的重新认识中提出了实用主义。胡适说，费氏父子学说的特点，就在于他们注重经验事实，注重实用，他们的实用主义，"简单说来，只是'教实以致用，学实以致用'"。"他的主旨只是要使思想与人生日用发生交涉；凡与人生日用没交涉的，凡与社会国家的生活没关系的，都只是自了汉的玄谈，都只是哲学家作茧自缚的把戏，算不得'道'"。①费氏家学所谓的"道"，以"实事""中庸"为主，他们认为儒术贵在能治天下，不在高谈玄理，所以他们十分重视事功、政治、制度，认为"道"只是政治的、伦理的、实用的，事业即是道德，政治即是道统。胡适说，费氏父子的观点虽然有些趋于极端，变成一种狭义的功利主义，但这是时势使然，是他们从实践中体验出的结论。他们这种实用主义虽似浅近淡薄，但确是几千年无人敢说、无人能说的大见识，对于打破当时虚空无稽的玄谈有着积极的意义，他将费氏父子的思想与南宋的陈亮、叶适相比，认为他们对理学的批判更显大胆和透彻明白。

费氏父子的第二个贡献，胡适认为，是他们开清代汉学运动的先声。费氏父子为驳斥理学道统论的虚妄，曾写过《道脉谱论》，在书中，他们批驳了宋儒认定的孟子以后儒学绝传之说，并且用历史事实指出秦汉以后儒学的传授并不曾中断。在儒学发展的历史中，他们特别重视汉儒的历史地位，认为他们"去古未远"，更能体现儒学的真意。对于费氏父子的这些看法，胡适相当地赞同，他指出，宋儒的思想富于自由创造的成分，确有前人所不曾道过的。但他们的毛病在于缺乏历史的态度，将自己对儒学的理解附会为古经的真意，孔孟的真谛。因此，为了摧毁宋明理学在当时思想界中无上的权威，只有从历史上指出他们的这种致命缺陷，而费氏父子的伟大，也在于他们认识到了这一点。他们从历史上寻找依据，指出"去古未远"乃是自宋元明以来历代学者的主张，是历史的趋势。胡适说，虽然费氏父子对儒学传承的看法有些牵强附会，而且他们在对理学的批判中，不免多少抹杀了宋儒的贡献，但这也恰恰是费氏父子代表时代精神之处，反映了当时学术界的一

---

① 胡适：《费经虞与费密－清学的两个先驱者》，《胡适作品集》第7册，远流出版公司，1986，第92页。

种大趋势。基于费氏父子思想中的这两个见解，胡适对他们给予了极高的评价，他说，"费氏父子一面提倡实事实功，开颜李学派的先声；一面尊崇汉儒，提倡古注疏的研究，开清朝二百余年'汉学'的风气：他们真不愧为时代精神的先驱者"。①

二

胡适曾说，"我治中国思想与中国历史的各种著作，都是围绕着'方法'这一观念打转的。'方法'实在主宰了我四十多年来所有的著述"②。在对清代思想史的研究中，他同样反映了这种倾向。作为中国文艺复兴的一个新阶段，胡适认为，清代思想建设的首要成就，便是科学的方法——考据学的形成。他说，"清学所以真能迥然超绝前代，一小半在于他的成绩，一大半在于他的基本方法与精神。他们自称为考证之学，或考据之学，或考核之学。总而言之，这是一种实证主义的精神与方法。他的要点只是'拿证据来'"。③

考据学是在清初对理学的批判中发展起来的，它的出现，为反理学的舆论提供了依据，但在最初，它只是作为一种经世致用的手段出现的，随着清代统治文化高压的加强，考据学渐渐失去了早期的那种革命精神，考据已纯粹成了一种目的。对这种徒留形式的考据学，近代许多学者是持批评态度的，而将考据学提到科学方法的高度进行研究的，胡适大概是首位。胡适自己也说，"在那个时候，很少人（甚至根本没有人）曾想到现代的科学法则和我国古代的考据学、考证学，在方法上有其相通之处。我是第一个说这句话的人"。④

胡适认为，从形式上看，清代的考据学主要包括文字学、训诂学、校勘学、考订学这四个部分；但是如果从内涵上看，考据学则有着科学的理论基础。他说，考据学有两种含义：一是认明文字的声音与训诂往往有时代的不

---

① 胡适：《费经虞与费密－清学的两个先驱者》，《胡适作品集》第 7 册，第 103 页。

② 唐德刚：《胡适口述自传》，台湾传记文学出版社，1986，第 94 页。

③ 耿云志编《胡适遗稿及秘藏书信》第 7 册，第 48～49 页。

④ 《胡适的自传》，葛懋春、李兴芝编辑《胡适哲学思想资料选》（下），华东师范大学出版社，1981，第 109 页。

同；一是深信比较归纳的方法可以寻出古音古义来，前者是历史的眼光，后者是科学的方法，特别是后者，它体现了怀疑、冷静地追求真理、坚持真理的态度，正是从这点出发，胡适对考据学中的科学精神进行了系统的阐发。

胡适认为，中国旧有的学术中，只有清代的考据学确有"科学"的精神，这种科学性，首先体现在他们特别重视归纳的运用。他说，清代学者在考证中，特别强调言之有据，证据是清学的绝大贡献，抹杀了证据，便没有了清学。清学的"据"有两种，一是证据（evidence），一是依据（authority）。所谓证据，指的是客观存在的事实；而依据，则指的是某种主观的见解。在这两者中，清代学者更强调的是证据的作用，而清学家的证据，完全是例证，举例作证就需要具备归纳的方法，于是为了寻求证据，"凡比较同类的事实，推求出他们共同的涵义来"① 的归纳研究便在清代学者治经的过程中逐渐发展成熟起来，并成为他们研究的根本方法。

考据学科学性所表现的另一面，胡适认为就在于假设的运用。胡适特别重视假设的作用，他认为，假设和验证都是科学方法所必不可少的，凡是科学上能有所发明的人，一定是富于假设能力的人，因为归纳最初总是个别的、部分地归纳，不可能要求在观察了"凡天下之物"后，才可以建立某种规则，因此在归纳的时候，必然得使用假设的方法，假设就是能使归纳法实用时格外经济，格外省力。清代学者的长处，就在于他们有假设通则的能力，这也是他们和宋儒大不相同的地方。胡适认为，虽然程朱理学倡导的"即物而穷其理"体现了某种科学的归纳的精神，但宋儒在实践中很不重视假设的作用，他们的格物，完全是一种被动的活动。而在胡适看来，不能提出假设的人，其实是不会使用归纳法的。他说，清代学者之所以能举例作证，是因为他们在观察了一些个体事例之后，脑中先已有了一种假设的通则，然后用这通则所包含的例子来证明同类的例，他们实际上是用已证的例子来证明待证的例，精神上是把这些已证的例所代表的通则演绎出来，这种由几个同类的例证引起一个假设，再求一些同类的例证去证明那个假设是否真能成立，正是归纳和演绎同时并用的科学方法。在此基础上，胡适将清代学者的方法归纳为"大胆的假设，小心的求证"。他说，假设不大胆，不能

---

① 胡适：《戴东原的哲学》，《胡适作品集》第32册，第10页。

有新发明，证据不充足，不能使人信服，清代学者的贡献，就在于他们在这两方面都取得了很大的成就，因此，不能轻视汉学家斤斤争辩一字两字的毫无生趣，因为其中充斥着科学求证的精神。因为所谓的科学方法，"不单是归纳法，是演绎和归纳相互为用的，忽而归纳，忽而演绎，忽而又归纳；时而由个体事物到全称的通则，时而由全称的假设到个体的事实"。① 而这些都是考据学所强调的。

在对考据学的研究中，胡适还对它的起源提出了自己的看法。关于考据学的起源，当时许多人都认为它是在清朝文化高压下产生的，梁启超就认为考据学是当时学者"避触时忌，聊以自藏"的产物，② 对此胡适则提出了不同的认识。在一封给陈之藩的复信中，胡适说："你说，清代三百年的考据时代，'主要是因为不自由的环境下，不能由人随便说出真心的感情……'这其实是妄说，不可误信。考据的学风是两宋（北宋、南宋）就开始了的，并不是近三百年的事。""（欧阳修、司马光、赵明诚、朱熹等）他们是考据学的开山人，因为他们生在学术发达时代，感觉有辨别是非真伪的必要了，才运用他们的稍加训练纪律的常识，用考据来建立某些新发现的事实。这才是考据学的来源。"③ 他认为，考据学是中国文艺复兴的必然结果，自从程颐提倡格物致知，张载提倡善疑后，考据学便开始萌发，特别是当朱熹对儒家经典产生怀疑并开始以新方法重加考订后，一种以怀疑为基础的新方法便逐渐发展起来。胡适很重视朱熹对考据学发展的影响，在他眼里，朱熹就是清代考据学的奠基者，他说，朱熹是一位对古代典籍深具批判力的学者，尤其是他很重视"疑"在研究中的作用，并从"疑"的观念中推演出一种实用而具建设性的方法，这个方法的第一步是针对"疑"提出一个假设的解决方法，然后寻求更多的实例或证据来做比较以检验这个假设，总而言之，这是一个假设和求证的方法，因此实质上，清代三百年的学者，实是继承了朱熹治学的精神。④

① 胡适：《清代学者的治学方法》，《胡适作品集》第 4 册，第 156 页。
② 梁启超：《清代学术概论》，《梁启超论清学史二种》，复旦大学出版社，1985，第 58 页。
③ 耿云志、欧阳哲生编《胡适书信集》（下），北京大学出版社，1996，第 1309 页。
④ 李兴芝在《胡适与宋明理学》（《中国哲学史研究》1982 年第 3 期）中认为，胡适提倡的"大胆的假设，小心的求证"，其最早来源也是来自朱熹。

胡适以假设、归纳等这些他所理解的科学标准来解释考据学，不可避免地存在片面之处，对此，学界已有文章论及。[①] 但是，透过 1959 年他在第三届"东西方哲学家会议"上的发言，我们多少可以理解这种片面下所反映的他的心态。在发言中，胡适一开始就批驳了西方某些学者认定的东方学说不存在假设性概念的结论，指出推论与假设、演绎与归纳是人类所共有的，因此，没有一种文化会因此受到限制而不会产生西方式的科学。很显然，他对清代思想史的研究，使他能很自信地作出上述表述，因为他相信，考据学这种科学方法的形成，是中国文化内在发展的必然结果，它使得"当代中国的儿女，在这个近代科学的新世界里不觉得困扰迷惑，反能够心安理得"。[②]

三

考据学这种"精确而不受成见影响"方法的形成，对清代社会的影响是很大的，胡适认为，考据学最大的贡献，就在于它推动了新理学的产生，使一个主观的、理想主义的、有教训意味的哲学时代让位给了一个新时代。

胡适虽然对宋明理学的评价不高，但他对理学运动在文化上的意义却是十分肯定的。[③] 他认为理学代表了中国近世文化发展的一种新趋势，特别是它提倡理性，坚持理性面前人人平等，任何世俗权威都必须服从理性，这些都是很具有进步意义的，[④] 它是对中古宗教的反动，是传统理性主义的复兴。但他指出，宋明理学家虽有追求真理的热情，却缺少追求真理的方法，所以虽然他们推行理学，提倡格物致知，但却陷入了静坐省察的泥潭而不能自拔，理学最终堕落为与权势结合，以臆想为天理，借天理之名行私利之实的宋明理学。而考据学的形成，无疑为理学的发展提供了科学的工具，在考据学的推动下，理学发展呈现了新的面貌。在清代新理学的发展中，胡适认

① 孔繁：《胡适对清代"朴学"方法的总结和评价》，《文史哲》1989 年第 3 期。
② 胡适：《中国哲学里的科学精神与方法》，《胡适学术文集·中国哲学史》（上），中华书局，1991，第 572 页。
③ 闻继宁：《胡适的儒学观》，《胡适研究丛刊》第 2 辑，中国青年出版社，1996。
④ 胡适：《戴东原的哲学》，《胡适作品集》第 32 册，第 39～41 页。

为颜元、程廷祚、戴震这三个人的贡献尤为突出。

对于颜元，胡适认为他最大的贡献就在于坚决反对理学的空疏玄谈，提倡一种彻底的实用主义，为清代新理学的发展指明了正确的发展方向。他说，"（颜元）的最伟大之处正在于不怕人笑他粗浅鄙陋"，①他的哲学大旨就是"宁粗而实，勿妄而虚"，他反对理学的以静坐为学、以性命玄谈为学、以诵读章句为学，指出一切玄妙的、虚妄的谈天说命、谈天说性都不是中国正统的思想。中国文化的特色，只是平实粗浅的"三事"：正德，利用，厚生，救弊之道只在挽回风气，叫人注重那粗浅的实迹。所以他主张学习六府、三事、三物，②认为这些才是应该学习的"物"，而这恰恰是宋明儒者所鄙薄不为的。另外，他不但反对宋明理学的主静主敬，而且也反对他们只注重诵读章句的格物致知方法。颜元的教学思想以"习"字为主，他强调实习实行，主张以之代替诵读玄谈，特别是他强调"以动代静"，更是前人所未敢道的。颜李学派这种主张实事实习实行的理论，实质上是一种彻底的实用主义，它是对宋明理学的根本反动，它为清代新理学的建设指明了方向。虽然在研究中，胡适也察觉到颜李思想中的不足之处，他说，"习斋反对理学，而他的'小心翼翼昭事上帝'的每日功课都是理学家的陋态"。"颜李实皆不能完全脱离理学家'主敬'的老套"。③尽管如此，胡适仍认为颜元的思想有他超越时代的意义，他说，颜元所倡导的"'宁粗而实，勿妄而虚'，这八个字至今还可以做我们一切工作的箴言"，他的失败"是由于他那个时代的知识技能都太幼稚了，不够帮助他做那正德利用厚生的教学工具"④，而在这方面作出贡献的则是程廷祚。

胡适研究程廷祚的起因，最初是将他作为考证《儒林外史》的材料，胡适想证明《儒林外史》中的庄征君就是程廷祚的文学造型，但在研究中，胡适逐渐察觉到程廷祚与颜李学之间的联系，经过一番考证推敲，他不但确

---

① 胡适：《颜习斋哲学及其与程朱陆王之异同》，《胡适学术文集》（下），第 1233 页。
② 六府三事出自《尚书·大禹谟》。蔡沈注曰："六府，即水火金木土谷也，六者财用之所自出，故曰府。三事，正德、利用、厚生也，三者人事之所当为，故曰事。"三物出自《周礼·大司徒》，一曰六德：知、仁、圣、义、忠、和；二曰六行：孝、友、睦、姻、任、恤；三曰六艺：礼、乐、射、御、书、数。
③ 耿云志、欧阳哲生编《胡适书信集》（上），第 599 页。
④ 胡适：《颜习斋哲学及其与程朱陆王之异同》，《胡适学术文集》（下），第 1233 页。

认程廷祚直到晚年还是一个颜李学的信徒，而且还大胆论定他是上承颜李，下开戴学的新理学建设的一代宗师，① 这些结论无疑开辟了颜李学研究的一个新境界。

胡适说，虽然颜李学派的实用主义态度为新理学的建设指明了方向，但由于颜李学本身轻视学问，再加上它的末流又带有陋气，所以它很难完成发展新理学的历史任务，随着考据学的兴起，颜李学也日趋衰微，而程廷祚的伟大，就在于他将这两者很好地结合起来，使新理学的发展进入了一个新的阶段。他指出，程廷祚对经学的研究，"表面上看来，似乎是一个大让步，其实这是一种手段，是在那个时代不得不如此的一种策略"。② 他说，程廷祚虽然从事经学的研究，但"在那个汉学时期，他是独立的；他的立场是颜李的立场，不是汉学家的立场。他的见解是创造的，建设的，哲学的而非经学的"。③ 他的治经，并不是要复古，而是让出信仰世界来换得理智世界的一种战略。因为程廷祚深知，经学是宋儒道学最坚固的壁垒，也是其最薄弱的环节，为了推翻程朱理学的权威，只有先从经学入手，揭示它理论基础的荒谬，其政治实践自然也就不攻自破。所以他对经学，是要处处寻出一个自己认为满意的说法，是要建立一种新的人生与社会，实质上是以另一种形式在发展着颜李学。胡适将程廷祚的治经与欧洲近世学者反教会的斗争相比，认为这是一种擒贼先擒王的斗争策略。

在对经学的研究过程中，程廷祚逐渐形成了自己的看法。胡适认为，从整体看，程廷祚的思想是用颜李学的简单立场，加上他自己的思考组成的一个浅近简单的系统。这种粗浅，是颜李学派的特色，也是他的最伟大之处。但与早期的颜李学相比，程廷祚思想中的宗教成分已大大减少，特别是他提出"率天下以立人道"，这是颜李所未曾说也不敢说的，这是对颜李学很大的解放，他将颜李学极大地人化了。胡适说，程廷祚特别推崇人的地位，他坚持颜李学的气质一元论，坚持气外无理，气外无性，气外无道，认为自从

---

① 对胡适的这一看法，杨国荣先生在《评胡适对清代朴学方法的改造》（《社会科学战线》1986 年第 3 期）中认为，胡适仅从戴震与程廷祚个人交往来下此论断有些牵强附会，但实际上，胡适也是比较注重从思想逻辑层面来考察这一问题的。

② 胡适：《颜李学派的程廷祚》，《胡适学术文集》（下），第 1208 页。

③ 胡适：《颜李学派的程廷祚》，《胡适学术文集》（下），第 1212 页。

人出现后，天地之间便应以人为万物至尊，人能知天地之所不知，能为天地之所不能为。他承认"饮食、男女之欲、乐生恶死"是"发于至善之性"的物感。在此基础上，程廷祚提出"天地在人"，这是他最大胆的创说，表现了他唯物的宇宙观和以人为本位的人生观。程廷祚晚年，已是考据学极盛的乾隆时期，当时的知识分子只知道埋头考证，在这种背景之下，程廷祚对哲学的这种建设无疑具有积极的意义。

在清代学者中，胡适对戴震的评价是最高的。1925 年，胡适写定《戴东原的哲学》一书，这是他清代思想史研究中最为详尽、最为系统的一部著述。在书中，他将戴震视为继朱熹、王阳明之后，中国近世思想史上第一大思想家。他认为戴震在清代学者中最特异的地方，就在于他认清了考据、训诂不是最后目的，而是用当时学者考证的方法、历史的眼光，重新估定了五百年理学的价值，打倒了旧理学，建立了新理学。

作为新理学建设的一代大师，胡适认为，戴震的贡献首先是他在对宋明理学的批判中，对格物致知这一概念进行了科学的诠释，为新理学的发展奠定了科学的基础。

胡适说，虽然程朱理学对格物致知存在着许多错误的理解，但格物致知作为一种方法，它在近世各派中还是最倾向理智主义的，它体现了严格的唯理智主义的精神和方法，因此它理应成为新理学建设的基础。而戴震的伟大，也就在于他认识到了这一点，并能以一种纯粹理智主义的态度，对宋明理学的合理内核进行科学的揭示。他批判程朱理学的主静、主敬、主无欲、主理欲之辨以及豁然顿悟，都是中古宗教的遗传，是与致知穷理的科学精神根本不相容的。他否认理学所认定的得于天而具于心的理，认为"理"，只是事物的条理，而"心"，也只是一种思想判断的工具。心不是理，理也不具于心，理只在于事物之中，理是难知的，但无论天理人理，都可以用格物致知的方法来获得。所谓的"格物致知"，只是要求人们在认识事物时，"必就事物剖析至微"，然后将结果用演绎的方法运用到古今的事实上去验证，以此检验所得的真伪。对于戴震对格物致知的理解，胡适认为，这"真是科学家的态度与精神"。①

----

① 胡适：《戴东原在中国哲学史上的位置》，《胡适学术文集》（下），第 1105 页。

其次，戴震不仅对格物致知进行了新的诠释，他还以格物致知的精神，对当时的"天理"进行了深入的剖析和批判。胡适说，理学家以理责人，但他们所谓的理，往往只是几千年因袭下来的成见和习惯，这些都是特殊阶级利益的保障。为了维护这些所谓的"天理"，宋明理学家主张"去人欲"，几百年间，逐渐形成了一个不近人情的礼教，使人日趋诈伪，在社会上养成了刚愎自用、残忍残酷的风气。虽然吴敬梓、袁枚等人对此都曾进行过种种批判，但只有戴震明确指出了礼教杀人，全依靠一个"理"字。戴震认为，理学的根本错误有两点，第一，它把"性"分成气质之性和义理之性两部分；第二，它把"理"看做"如有物焉得于天而具于心"，这两个错误导致的恶果便是绝对地推崇理性而排斥情欲，将主观偏执的意见认作当然的天理，而这些都根源于宋明儒者荒谬的理欲二元论和主观的天理论。胡适说，虽然对"理"的这种认识并不是戴震的首创，但只有到了戴震这里，它才一方面成了破坏理学的武器，另一方面又成了新理学建设的基础。在对宋明理学的批判中，戴震继承了程廷祚对人欲的重视，并以一种更大胆、更透彻的气势加以发挥，他反对理学家的气质之性和"无欲"之说，认为理学的排斥人欲是出于老庄释派。他公开承认血气心知即是性，认为"无私而非无欲"，"有欲而后有为"，他自己的政治哲学只是"遂民之欲，达民之欲"八个字，这反映了他主张谋"最大多数的最大幸福"的愿望，这在中国思想史上是很难得的。但戴震思想中最具时代意义的，是他很明白地宣称，社会是不断变化的，不能以"千古不易之重轻"来约束社会，一切情欲和道德问题，只有智慧的扩充才可以解决，"存天理"只是要人用科学家求知求理的态度与方法来应付人生问题，而不是用固定的礼教来约束人。戴震的这种思想在当时无疑具有振聋发聩的意义，与颜元、程廷祚等人相比，他对宋明理学的批判更加透彻，论说也更为系统。虽然其中也存在着不少漏洞，但从总体看来，戴震的新理学无疑是对宋明理学的根本革命，它完成了此前理学所未完成的任务，标志着中国近世哲学的中兴。因此，胡适给予戴震非常高的评价，他说，"人都知道戴东原是清代经学的大师，音韵的大师，清代考核之学的第一大师。但很少人知道他是朱子以后第一个大思想家，大哲学家"。① 他指出，

---

① 胡适：《戴东原在中国哲学史上的位置》，《胡适学术文集》（下），第 1105～1106 页。

戴震的新理学，是清朝学术鼎盛时代的哲学，他是用格物致知的学说来反攻程朱，反抗排斥人情礼教的第一人。

<h2 style="text-align:center">四</h2>

通观胡适的清代思想史研究，我们可以清楚地看出，他的研究并不是按照平实地再现思想者本身成果的路子，即历史的方法去整理清代思想本身内在的理论支点和逻辑，而是力图以自己的视野和理论框架去勾勒清代思想发展的面貌。从总体看来，他完全是以科学和理性为线索完成对清代思想的总结的。和同时代的梁启超、钱穆相比，胡适对清代思想的研究既不系统也不全面，在宏观把握上，他不像梁启超那般高屋建瓴，层次分明；在具体分析上，他也不像钱穆那般平实细密，条分缕析；从某种程度上来看，他的研究甚至显得很粗糙单薄和牵强附会。因此，他对清代思想的研究并未引起人们太多的注意，而他的研究方法则招来了不少批评。

19 世纪二三十年代，是中国哲学逐步近代化时期，和胡适同时，冯友兰、金岳霖等人也在试图以西方哲学为参照系构建中国哲学史，但二者在方法上显然存在分歧。30 年代初，金岳霖曾针对胡适的思想史研究方法有过一番评论，他说，胡适所写的中国哲学史，是按照他自己的主张写出来的，他对自己所欣赏的思想，总喜欢把它们安插到近代学说里面才觉得舒服，但西方的哲学和逻辑学并非胡适所长，所以在他兼论中西学说的时候，就不免牵强附会。最后他评价说："（胡适所写的书）无论从别的观点看起来价值如何，总不会是一本好的哲学史。"[①] 当代也有学者认为，对胡适来说，"也许除了朱熹的'格物'观念之外，他认为宋明儒家的整个传统几乎没有什么时代意义"，"他对古代中国逻辑、白话文学、墨家和清代学术的研究是要证明他的新方法的适用性"。[②] 所有这些评论都多少指出了胡适治清代思想史的某些特点，而这也正是他为此而受人诟病的地方。

但是，将胡适对清代思想的研究纳入学术研究的范畴进行评价或许是不

① 冯友兰：《三松堂自序》，三联书店，1984，第 230 页。
② 杜维明：《一阳来复》，上海文艺出版社，1997，第 434 页。

恰当的，因为从纯学术的角度进行研究，不但不是他的兴趣所在，而恰恰是他要反对的。对于当时中国思想史的研究状况，胡适曾说："我觉得现在所有哲学概论一类的书有许多缺点：不能引起读者的兴味，不能发挥哲学的真意味，至多不过能使读者记得许多哲学的术语，如'多元论''一元论''唯心''唯物'之类，实在没有什么用处"。① 他觉得，哲学的任务就是要研究人生的切要问题，并从根本上寻求解决的方法，因此，哲学史的任务就应该剥去哲学玄妙的色彩，在对古今思想沿革变迁线索的整理中，让人明了自己的处境和应该采取的行动。出于对哲学的这种理解，胡适更喜欢称自己是研究中国思想史的。② 在《清代思想史草稿》开头胡适便强调："我们现在要讲的是清代思想史，而不是清代哲学史"，③ 而他在清代思想史研究中所要揭示的，正如有学者所指出的那样，是要"为现代的科学思想找一个中国的根"。④

作为近代自由派知识分子的代表人物，胡适对科学在人类文明发展中的主导作用是坚信不疑的。他指出，过去的哲学，只是一种幼稚的、错误的和失败的科学，哲学最终将被科学所取代，现实生活中的问题只能依靠科学试验来解决，科学不能解决的，哲学也休想解决。⑤ 很显然，他已将科学作为所有文明的最终归宿。但是，近代中国的状况却是胡适很不满意的，种种不近人情的封建礼俗依然存在，1923 年兴起的"科学与玄学"的论战在胡适看来，也仍是近世以来理学与反理学历史的一小段，近代中国从某种程度上来看，仍笼罩在中古思想的阴影之下。作为新文化运动的领导人，胡适清楚地意识到，这是"新的疑问"时期的开始，"所有的价值都已被推倒，整个民族正站在十字路口，不知何去何从"。⑥ 在此时刻，胡适觉得有必要对传统文化进行一番新的整理，他对清代思想史的研究，不仅仅是一种学术活动，更重要的是借此来抒发自己的胸臆，向社会表明他对近代中国来路和去

---

① 耿云志编《胡适遗稿及秘藏书信》第 7 册，第 24 页。
② 罗志田：《胡适传》，四川人民出版社，1995，第 214 页。
③ 耿云志编《胡适遗稿及秘藏书信》第 7 册，第 38 页。
④ 周质平：《评胡适的提倡科学与整理国故》，《近代史研究》1992 年第 1 期。
⑤ 胡颂平编著《胡适之先生年谱长编初稿》第 3 册，联经出版公司，1984，第 790～792 页。
⑥ 邹小站、尹飞舟等译《中国的文艺复兴》，湖南人民出版社，1998，第 36 页。

向的看法。

1. 科学是中国文化的传统，科学是清代思想的基础和特征

胡适曾对梁启超有过这样的一段评价，他说，"他是一个实践中磨炼出来的人，并没有受过系统的现代教育。因此，他对西方文明科技层面的内容始终三缄其口。尽管他热烈赞扬西方新文化，他却是旧经学传统的产儿"。[①]他批评梁启超对西方文明带有偏见，将旧道德当做中国文化的骨干。为了扭转这种看法，胡适在对中国思想的研究中，始终强调科学和理性是中国文化的传统和发展的内在动力，这在他的《中国思想史纲要》《中国哲学里的科学精神和方法》和《中国传统与将来》等文章里都有充分的体现。很显然，胡适是想说明，科学并不是外在于中国文化的东西。在对清代思想史的研究中，胡适更是极力强调了这一点，他对清代思想有关材料的搜集和评价，都是以科学和理性为中心的，与梁启超从世界文化交汇、经济变迁的角度来分析清代学术发展动因不同的是，胡适更强调清代思想是中国文化发展内在的必然结果，是中国人文理性传统在近世社会的复兴。在胡适眼里，清代思想发展的过程，就是中国近世知识分子首次尝试用科学方法建立理性人生观的过程。在胡适看来，理学的失败，就在于它缺乏科学的实践；而清代思想的进步，就在于它以科学的方法推动了中国文艺复兴的发展。他对清代思想阐幽发微式的研究，其目的只是向人们展示这样的一个结论：科学和理性是中国近世社会中业已存在的客观事实，是近代中国无法推却的历史遗产。因此他说，"幸运的是还有这样一种科学传统，这使得中国人在科学时代觉得并不完全茫然无知"，[②]而是"将其视为中国'即物穷理'理想的合理发展的有用扩展"，[③]胡适对科学这种看法，可以说是我们把握其清代思想史研究的关键。

2. 科学在中国的发展是非自觉的，中国文化未来的发展需要自觉地弘扬科学的精神

胡适虽然对科学和理性在清代的存在是肯定的，但对它们的发展状况

---

① 邹小站、尹飞舟等译《中国的文艺复兴》，第34页。

② 邹小站、尹飞舟等译《中国的文艺复兴》，第60页。

③ 邹小站、尹飞舟等译《中国的文艺复兴》，第61页。

并不满意。他认为，这次文艺复兴运动，由于缺乏对自己历史使命的自觉认识，因此，它只能是一种革命性转变的自然过程，而没有取得革命性转变之功；它带来了新范式，但却从未根本推翻旧范式，旧范式与它继续共存但最终又消灭了它。① 对于考据学，1928 年 9 月，胡适在《治学的方法和材料》中就指出，虽然清代学者的方法是科学的，但与西方近三百年的科学发展相比，他们研究的材料却始终是文字的，故纸的材料终究限死了科学的方法，从八股到古音的考证固然是大进步，然而终究还是纸上的功夫，不能接近实物的材料，始终不会走上实验的大路，因此也绝不会像西方那样走上自然科学的大路。对于戴震的新理学，胡适虽然肯定了它在中国近世思想史上的重要地位，但胡适最后也不无遗憾地指出，戴学后来虽然声势浩大，但真正的传人其实很少：延续其考证训诂之学的最多，继承其大胆破坏精神的并不多，传得他的建设思想的竟没有一个人。在这里，他表现了一种很无奈的遗憾，他承认"这场中国现代的文艺复兴运动，并不是桩有心推动的运动。它是半有心、半无心地发展出来的"。② 因此，自顾炎武、颜元、戴震以后的学者，由于他们缺乏一种追求科学的自觉性，遂使得清代思想中洋溢的科学精神渐渐消失，中国文化最终未能出现类似西方的转型。

胡适对清代思想的研究是他中国思想史研究的终点，但也是他一切现实活动的起点，他从清代思想中研究出的结论，更坚定了他在中国鼓吹科学的信念。胡适说，"我们关心中国思想的前途的人，今日已到了歧途之上，不能不有一个抉择了"。③ 他认为，中国文化的未来，要么自欺欺人，仍回到传统的路子去，要么则是以理智的态度，继续九百年来致知穷理的遗风，用科学的方法来修正考据学派的方法，用科学的知识来修正颜元、戴震的结论，而努力改造一种科学的致知穷理的中国哲学。他说："用程朱来打陆王，用许慎、郑玄来打程朱，甚至于用颜元、戴震来打程朱陆王，结果终不免拖泥带水，做个'调人'"。④ 为了推动中国文艺复兴的深入发展，他觉得

---

① 邹小站、尹飞舟等译《中国的文艺复兴》，第 39 页。
② 葛懋春、李兴芝编辑《胡适哲学思想资料选》（下），第 282 页。
③ 胡适：《戴东原的哲学》，《胡适作品集》第 32 册，第 140 页。
④ 胡适：《几个反理学的思想家》，《胡适作品集》第 11 册，第 121～122 页。

只有坚持清学发展的大势，并在此基础上进行更高一步的超越，抛开宋学汉学之争，抛开洋八股，以科学为基础，"努力造成一个干燥无味的物质文明，然后这三百年的文化趋势才可算有了个交待也"。[1] 他自信，有了现代科学技术的帮助，中国可以更快地从两千年的印度文化统治中解放出来。在这里，胡适再次高举近代知识分子所坚持的科学主义这一面救国的旗帜！

但是，胡适对科学在中国未来文化发展中的作用未免有些一厢情愿了。在现实生活中，科学方法的拥有与理性判断的得出并没有必然的因果关系，科学真理可以是绝对的、一元的，但价值判断却是主观的、多元的。就当时中国的状况而言，虽然科学方法在某些情况下确是消除敌意、推翻权威的最有效的手段，但胡适也许没有想到，理学的失败，固然有它缺乏科学基础的原因，但科学的存在，在中国也未必能产生一个理性的社会，因为在一个专制的国家里，科学的作用只不过是为强权的统治提供了一层美妙的外衣而已！胡适的这一看法，多少代表了中国近代相当一部分知识分子的认识，它暴露了中国在追求富强民主道路上的一段艰难探索的路程。但无论如何，胡适对清代思想史的研究，是胡适尝试用新视野、新方法重新看待传统文化的又一收获，它反映了中国近代知识分子对科学和理性的追求和憧憬，他们的思索，是留给当代最宝贵的思想财富。

（原文发表于《近代史研究》2000 年第 1 期）

---

[1]　胡适：《几个反理学的思想家》，《胡适作品集》第 11 册，第 127 页。

中国古代的"巫"与"巫"的分化

——兼论人类社会等级制度的起源

◎ 杨剑利

　　人们通常认为，巫是原始文化的承载者，代表人类文化或文明的源头。不可否认，这种出自文化人类学且带有一定普遍性的观点提供了关于巫的正面评价，对矫正有关巫的片面的、鄙夷的认识有益，但在一定的程度上，它又限制了观察巫的视界，容易导向巫的研究的"泛文化主义"。目前，国内学界对巫的研究①大多囿于这种文化人类学视野，主要停留在原始文化层面的意义上，有关巫史的研究也多表现为一种另类文化史的研究，鲜有深入到社会结构层面的。其实，巫作为原始初民中的一个特殊群体，其特殊性不在于其是原始文化的承载者，而在于其身份。身份，而且恰恰是身份，显示了巫在部落或社会中的位置，蕴含了一种社会结构层面的东西，这种东西可以表述为"社会等级"。本文拟以一种人类学、历史学和社会性别理论相结合的方法来阐释中国上古社会到西周的巫，分析巫的分化和演化，希望借此能对人类社会等级制度的形成做个隐喻式的说明。

---

① 国内涉及巫的研究的主要著作有：林惠祥著《文化人类学》（1934 年）、岑家梧著《图腾艺术史》（1937 年）、梁钊韬著《中国古代巫术——宗教的起源和发展》（1989 年）、张紫晨著《中国巫术》（1990 年）、张光直著《中国青铜时代（二集）》（1990 年）、邓启耀著《中国巫蛊考察》（1999 年）等。

一 巫·神：自然神权时代巫神一体化

中国古代的巫有多种称谓，如"巫""觋""祝""宗""卜"等，但在殷商之前，除了"巫""觋"，鲜有其他称谓。由于"觋"是男巫的特称，在没有特指的情况下，本文以"巫"作为各种巫的统称，也用"巫"代指和巫有关的巫术。

在中国古代，所谓巫，即以舞"敬神""事神""降神"者。《说文》云："巫，祝也，女能事无形，以舞降神者也，象人两褒（同袖）舞形，与工同意。""工，巧释也，象人有规矩也，与巫同意。"张光直解释道："金文的巫字可能象征两个矩，而用矩作巫的象征是因为矩是画方画圆的基本工具，可见巫的职务是通天（圆）地（方）的。"[1] 概而言之，中国古代社会的巫的主要职能就是歌舞事神，通天通神。

巫和神相联，和天相通，为什么在中国古人看来，巫具有这种本领？为什么会有巫？天是什么？神又是什么？

中国古代的天神观念起源于先民对天地万物的敬畏。懵懂初开，对远古先民来说，自然是神秘的，一切都是神秘的，推己及物的素朴思维会让他们觉得万物就像他们自己一样，也能有感觉和想法，即万物有灵。当人被自然物主宰，自然物就上升为神。在中国上古社会，神是氏族部落图腾崇拜的对象，每个部落都有自己的图腾，自己的神，这些神都以自然物（如蛇、鸟、虎、熊、龙等）的形象来表示，是"自然神"。神有多种多样，而天只有个。所谓"天命""天神""天道""天人合一"，其"天"意谓自然，也意谓神，但天是最大的神（所以有了后来的"天子"）。神是主宰，想要安生，就要得到神的庇护；而要得到庇护，必须取悦神。神令人敬畏，因敬畏而致取悦，因取悦而致安生。巫术就是应此而生的一种取悦神的技艺。有了巫术，也就有了巫。

在中国古代，取悦神的方式主要表现为一种舞蹈，即巫舞。"在巫舞

---

[1] 张光直著《中国青铜时代（二集）》，三联书店，1990，第41页。

中，神明降临，视之不见，听之无声，却功效自呈。"① 巫即是那以舞事神者。中国历史文献中关于巫的最早记载是《艺文类聚》引《古史考》曰："庖牺氏作，始有筮。"可见，巫是氏族部落的产物。作为一个团体，氏族部落有公共利益，需要有专门人士来为公共利益施术通神，以求部落全体的安生，巫就这样应运而生。

作为部落通神的代表，巫承担的责任和期盼之重是可以想见的：部落意愿要通过他呈给上天，而天意也要通过他来知悉。这样，作为天人交通的枢纽，巫就不是一般人所能胜任的。《国语·楚语》记载昭王问于观射父，曰："《周书》所谓重、黎实使天地不通者，何也？若无然，民将能登天乎？"对曰："非此之谓也。古者民神不杂。民之精爽不携贰者，而又能齐肃衷正，其智能上下比义，其圣能光远宣朗，其明能光照之，其聪能听彻之，如是则明神降之，在男曰觋，在女曰巫。是使制神之处位次主，而为之牺器时服，而后使先圣之后之有光烈，而能知山川之号、高祖之主、宗庙之事、昭穆之世、齐敬之勤、礼节之宜、威仪之则、容貌之崇、忠信之质、禋洁之服，而敬恭明神者，以为之祝。使名姓之后，能知四时之生、牺牲之物、玉帛之类、采服之仪、彝器之量、次主之度、屏摄之位、坛场之所，上下之神，氏姓之出，而心率旧典者为之宗。于是乎有天地神民类物之官，是谓五官，各司其序，不相乱也。民是以能有忠信，神是以能有明德，民神异业，敬而不渎，故神降之嘉生，民以物享，祸灾不至，求用不匮。"此篇所述的虽然是战国时楚人对巫的理解，祝和宗是西周开始出现的神职人员，但他们的职责是从原始巫的职责中分化而来，表现了原始巫"全能"的特征：承担沟通神、人的重任，精明、专一、虔诚，具备"智""圣""明""聪"的特点，并掌握着生活与生产实践中的相关知识。可以说，巫是氏族部落中的能者，而且，从一些文献记载来看，巫在某些方面一般还具有异于常人的能力。如，夔是上古社会一个有代表性的巫，具有"击石拊石，百兽率舞"② 之能；《山海经》有许多"居山"之巫，如巫咸、巫即、巫盼、巫彭

---

① 李泽厚著《新版中国古代思想史论》，天津社会科学院出版社，2008，第 303 页。
② 《史记·五帝本纪第一》，中华书局，2003，第 39 页。

等，皆能上天下地，治病"操不死之药"。①

中国上古社会的巫担任部落的"公职"，这让他们比常人更易获得一种威信，而巫术自身的神秘性也多让他们被神秘化（如上所述的夔和居山之巫）。由于他们的主要职责是代人向神传递意愿，向人传授神意，代神发号施令，他们实际上就介乎人、神之间，身份非同一般，地位也非同一般。原始部落，人与神、人世与神界常常混淆不清，巫术的效果到底是人的事功还是神的业绩也无法界定，巫自然也容易被"半人半神"化。所谓通神，神降于巫，不过是巫神的一体化：神的意见就是巫的意见，巫的意见就是神的意见；神即是巫，巫即是神。由是，中国古代的巫也就常常被神化，被赋予种种神的形象，致使巫、神难分。如女娲、共工、鲧、黄帝等，均被赋予"人面蛇身"的形状，被"半人半兽（神）"化，既可以视为神，也可以视为巫。

由是，巫也可以叫巫神。由于以神的名义行事，自然神权时代的巫的身份是神圣的，地位也是崇高的，他们往往是氏族部落的决策者、管理者、领导者。我们知道，原始环境决定个体无法离群索居，这就决定，初民对自己所属部落及其制度只能俯首帖耳。在原始部落，图腾崇拜、巫术仪式像不可抗命的天条，是部落制度的核心，它们通过象征性行为显示氏族部落的社会结构以及建立这一结构所依靠的神圣化的基础，并借此来保持和强化部落的凝聚力。在这个结构中，巫，无疑就是中心。

二 巫·觋：性别视野下巫的分化

最早的巫是男巫，还是女巫？这个问题值得探究。前面提到，《国语·楚语》有"男曰觋、女曰巫"之说，从中国文字的构词法来看，应该是先有"巫"，后才有"觋"。构词法提示最早的巫应该是女巫，这与人类学和考古学所探明的人类早先社会经历了一个从母系氏族向父系氏族的过渡相契合。

母系时代，生产力水平低，人类战胜自然获取食物主要依靠自身的力

---

① 《山海经·海内西经》，中州古籍出版社，2008，第203页。

量。这意味着部落人口的多寡决定部落的兴旺，生育的重要性也就不言自明。由于原始初民对生育知识所知甚少，人的生育在他们的眼中充满了神奇。中国古代历史文献有大量把生育事件神秘化的记载。所谓"安登感神龙而生神农"，①"帝挚少昊氏，母曰女节，见星如虹，下流华渚，既而梦接意感，生少昊"，②"女枢感虹光而生颛顼"③，"大迹出雷泽，华胥履之生伏牺"，④"帝尧之母曰庆都……赤龙感之。孕十四月而生尧于丹陵"，⑤"帝舜母纵华，感枢星而生舜"，⑥"禹母见流星贯昴，梦接意感，既而吞神珠而生禹"，⑦"契母吞玄鸟卵生契"，⑧"周本姜嫄，游闭宫，其地扶桑，履大迹生后稷"。⑨许慎在《五经异义》中曾谓："圣人皆无父，感天而生。"这说明，在人类对生育没有得到科学认知之前，人的生育被神秘化了。原始初民把神奇的生育看做是上苍赋予女性特殊的功能，对其异常崇拜，从而，女性生育的神奇和巫术内在的神秘性所要求的巫的神奇就切合起来，女性自然就成为与神沟通的首选。

最早的巫是女巫，这种解释也与神话传说中人类的始祖是女性神的观点契合。我们知道，在神巫不分的自然神权时代，巫往往被神秘化为神，女神其实就是女巫的化身。如神奇的女性始祖西王母，"豹尾虎齿而善啸"⑩，"司天之厉及五残"⑪，掌管药物，后羿曾请"不死之药"⑫于她，此外，她还是位赐寿、赐子、降福禳灾的女福神。⑬史书中有关西王母的这些描述说

---

① 《太平御览》卷 135 引《春秋元命苞》，四部丛刊三编子集，页七，上海涵芬楼影印本。
② 《宋书》卷 27《符瑞上》，中华书局，2003，第 761 页。
③ 《绎史》卷 7《高阳纪》，中华书局，2002，第 76 页。
④ 《太平御览》卷 78 引《诗含神雾》，四部丛刊三编子集，页三，上海涵芬楼影印本。
⑤ 《宋书》卷 27《符瑞上》，中华书局，2003，第 761 页。
⑥ 《初学记》卷 9 引《尚书帝命验》，中国社会科学出版社，1987，第 134 页。
⑦ 《太平御览》卷 82 引《孝经钩命决》，四部丛刊三编子集，页三，上海涵芬楼影印本。
⑧ 《春秋繁露·三代改制质文第二十三》，上海古籍出版社，1982，第 59 页。
⑨ 《太平御览》卷 135 引《春秋元命苞》，四部丛刊三编子集，页八，上海涵芬楼影印本。
⑩ 《山海经·西次三经》，中州古籍出版社，2008，第 47 页。
⑪ 郭璞注：主知灭五刑残杀之气也。《山海经·西次三经》，中州古籍出版社，2008，第 47 页。
⑫ 《搜神记》，中华书局，2009，第 261 页。
⑬ 《易林》曰："稷为尧使，西见王母。拜请百福，赐我善子。引船牵头，虽拘无忧。王母善祷，祸不成灾。"见《易林》卷 1，上海大通书局石印增订汉魏丛书本，宣统三年（1911）。

的完全像一个遍掌多种神职的"全能巫"。

当女性成为巫，掌握了神权，她们顺理成章也就成为部落的主导。当部落由女性主导，按人类学的观点，这个部落就是母系的，上升到制度层面来说，就是"母系制"。由此可以看出，母系氏族部落制的形成和女巫成为部落的主导是分不开的。

女性靠神奇的生育能力获得部落的领导权，但是，随着社会生产力的发展和生育观念的进步，人们发现，男性在神奇的生育活动中也起着重要作用，妇女生育的神秘于是慢慢消失。女性的生育能力一旦失去其神秘性，男性在面对自然力时所具有的天然优势就会导致生育崇拜的性别转移，即由母系生育崇拜转向父系生育崇拜。生育崇拜的性别转移意味着父权意识的苏醒，在这个过程中，男巫不可避免要衍生出来，成为与女巫抗衡的另一支。

男巫的出现，意味着有他祭祀的神，这种神有别于那种由女巫祭祀的神，诸神时代于是正式宣告来临。多神的出现意味着部落图腾的多元化，由此导致氏族部落内部神权的分解。而神权一旦被分解，维系部落原有制度的基础也就发生了动摇。也就是说，当一个母系氏族内部出现男巫女巫分庭抗礼时，部落原有的母系秩序就面临瓦解。我们通常把原始部落的更替、父系氏族取代母系氏族，当做一个生产力的自然进化过程，由此忽视了图腾时代神权对部落制的形成和演变所具有的影响力，其实，神权的争夺，男巫女巫间的争斗，是导致部落内部制度分化、瓦解、再定格的不可忽略的因素。当男巫替代女巫成为部落的主导时，原始部落制也就由母系氏族进化至父系氏族。

《世本》中有一则神话隐喻式地揭示了父系氏族取代母系氏族的场景：

> 巴……廪君……乘土船……从夷水至盐阳。盐阳有神女谓廪君曰："此地广大，愿留共居。"廪君不许，盐神暮辄来取。宿旦即化为虫，与诸虫群飞，掩蔽日光，天地晦冥，十余日。廪君思其便，操青缕以遗盐神曰："婴此即相宜，云与女俱生，宜将去。"盐神受缕而婴之。廪君即立阳石上，应青缕而射之，中盐神。盐神死，天乃大开。廪君于是君乎夷城。[①]

[①] 《世本·氏姓（陈其荣增订本）》，《世本八种》，商务印书馆，1957。

这则神话展示了一个婚姻体制从妻居制向夫居制过渡期部落的更替场景，也就是父系氏族取代母系氏族的场景，其间的神法争斗所隐喻的其实是男巫（廪君）与女巫（盐神）间的争斗，最终以男巫的胜利告终，部落体制由是发生改变。在廪君与盐神的战斗中，盐神的失败意味着女性在母权向父权转移的过程中被赶出了氏族部落的统治舞台。

上文提到，《国语·楚语》有巫觋之分，男巫称觋，女巫称巫。而《周礼·春官·神仕》注疏曰："男子，阳，有两称，曰巫，曰觋；女子，阴，不变，直名巫，无觋称。"这两种说法，不管哪种，都把觋当做男巫的特殊称呼，表明觋从巫独立了出来，从而巫就有了社会性别分化。随着由巫到觋的权力转移，觋（男巫）也逐步取代巫（女巫）成为巫的主导。一旦觋成为部落的主导，男女两性的等级格局也就发生了根本性的颠倒。

瑶山墓葬的发现证实了巫与觋之间的等级差别。《瑶山》①考古报告提供了如下一些发现：（1）瑶山12座墓葬尸主分别是男女两性，墓地呈南北两排，南6墓墓主为男觋，北6墓墓主为女巫。②（2）南6墓的随葬品丰富且贵重，而北6墓，除M11之外，其他5墓死者随葬品均不多。（3）玉琮、玉钺只见于南列诸墓，玉璜及玉纺轮仅见于北列墓葬。从瑶山墓葬的发现中我们可以领略父系氏族时代的社会性别格局。在发现（2）中，我们可以看出巫觋的身份等级差别：男觋身份尊贵，而女巫则相对卑微。在发现（3）中，玉琮象征血统世系，表明了男性为宗的社会制度；玉钺象征军事指挥权，表明了男觋的统帅地位和保家卫族的社会职责；玉璜是女巫的串饰的组件，玉纺轮象征纺织，说明女巫主管纺织生产及其相关的祭祀活动。在发现（3）中，玉钺和玉纺轮的分置还说明了氏族部落有一种基于性别差异的社会分工模式。

瑶山墓葬揭示了巫、觋转化之后男女两性的社会等级结构以及基于性别

① 浙江省文物考古研究所：《瑶山》，文物出版社，2003。1987年，浙江省文物考古研究所对位于良渚遗址群东北角的瑶山墓葬进行了考古发掘，发现了"瑶山祭坛"和11座良渚文化墓葬，连同此前已被盗的一座墓葬，编号为"余瑶M1～M11"。
② 牟永抗先生在《良渚文化玉器·前言》（文物出版社，1990）指明："瑶山祭坛的发现，表明了葬入祭坛内的死者其生前的身份皆为巫觋"。

差异的社会分工模式。男尊女卑的性别关系作为在父系氏族时代就定格的性别等级模式，应该就是后来社会性别不平等制度的根源。

三 巫·王：王权时代巫的分化

人类学家弗雷泽认为："当部落的福利被认为是有赖于这些巫术仪式的履行时，巫师就上升到一种更有影响和声望的地位，而且可能很容易地取得一个首领或国王的身份和权势。"[1] 弗雷泽说的与中国上古社会"王者巫"的情形非常暗合。《史记·五帝本纪第一》载"禹乃兴《九招》之乐，至异物，凤凰来翔"，《山海经·海外西经》载"大乐之野，夏后启与此舞九代"，《吕氏春秋·季秋纪·顺民》载"昔者汤克夏而定天下，天大旱，五年不收，汤乃以身祷于桑林"。这些文献记载显示，禹、夏启和商汤都兼有巫的身份。陈梦家在谈王与巫的关系时指出，王"为群巫之长"[2]。《说文解字》有云："王，天下所归往也。"董仲舒解释道："古之造文者，三画而连其中谓之王。三者，天、地、人也，而参通之者，王也。"[3] 而所谓参通天、地、人三者之人，不正是上古社会的巫吗？可见，王和巫是合一的。

但是，王巫二者身份既合一又有差异，王必定为巫，但巫却未必是王。我们知道，由氏族间的联姻产生了氏族部落，由部落间的兼并、联合带来了部落联盟，即国家的初始形态，如此，部落联盟内势必就有各氏族的巫、各部落的巫，部落联盟越是扩大，联盟内的巫无疑就会越多，以致有少昊时"人人都可以代巫行事"[4] 的景观。

在王权和神权难以区分的时期，王，作为群巫之长，代神行事，但巫也代神行事，王巫职能的模糊和巫的泛滥势必会引起部落联盟管理的混乱，由此进一步导致社会秩序陷入混乱。当巫权泛滥威胁王权时，王权就要抑制巫权。

---

[1] 〔英〕弗雷泽：《金枝》，徐育新、汪培基、张泽石译，大众文艺出版社，1998，第44页。

[2] 陈梦家：《商代的神话与巫术》，《燕京学报》1936年第20期。

[3] 《春秋繁露·王道通三第四十四》。

[4] 《国语》卷18，《楚语下》载："及少昊之衰也，九黎乱德，民神杂糅，不可方物。夫人作享，家为巫史，无有要质。民匮于祀，而不知其福"，上海古籍出版社，1978，第559页。

史家一般认为，在中国上古社会，颛顼是王巫分野的最显明的标识。少昊后，为抑制巫的泛滥，颛顼对巫进行了改革："乃命南正重司天以属神，命火正黎司地以属民，使复旧常，无相侵渎，是谓'绝地天通'。"① 可以看出，颛顼改革导致巫出现了初步的等级划分，出现了专门行施巫事的专职巫（觋）阶层，重是首位执掌巫事大权的巫师。同时，颛顼改革还导致巫术初步的宗教化，巫术从而由此上升为一种巫教。巫教的演化过程在中国上古社会主要表现为一种由纯粹"事神"的图腾崇拜到"事人"的祖先崇拜的转化过程。祖先崇拜，实际上是对人的一种"神格化"，这种被"神格化"的祖先大多是部落或部落联盟先期的王。因此，祖先崇拜在巫教演化过程中的强化表明了王的巫教"教主"身份。由是，王作为级别最高的巫垄断了神权。

巫教发展到商代成为一个体系化程度很高的东西，祖先崇拜的祭祀制度变得非常繁复，颛顼改革后出现的专职巫到了商代在职业化的道路上更进了一步，分化出了各司不同神职的"巫、祝、卜、史"②。陈梦家指出，祝、卜、史，都脱胎于巫，③ 这说明，基于神职的不同，有些巫已不再叫"巫"，而有了别的称谓，但他们仍然是巫。商代的巫分化成了种类不同的"三六九等"，但大巫的地位很崇高，如伊尹、巫咸、巫贤等，均为商代有名的大巫，能"格于皇天"④，身份堪比颛顼时的重。从史书的有关记载和史家的有关分析来看，商代巫教体系中的巫可以按身份的高低大致划分为这样一个等级序列：王（群巫之长，如汤）、大巫（如巫咸）、王家祭祀的巫（如史）、民间的巫。当然，在王家祭祀的巫中，因职能重要性的不同和权能的大小，还可以分出更细致的等级序列。由此，我们可以看到，氏族部落时期的"全能巫"已不复存在，取而代之的是巫教体系内一个等级化的巫的系列，在这个系列中，除了民间的巫，其他的巫由于与王事政事联系在一起，

① 《国语》卷18，《楚语下》，上海古籍出版社，1978，第559页。
② 商朝官制：商王—冢宰—百官。百官按其职责大致可以分为三类：一类是行政事务官，如尹、宰、小臣、小耤臣、百工；二类是负责征伐的武官，如马、射、戍、亚、卫；三类是掌管祭祀、宗教活动和记事的史官，如乍册、卜、巫、史等。
③ 陈梦家：《商代的神话与巫术》，《燕京学报》1936年第20期。
④ 《尚书·君奭》，中华书局，2009，第72页。

离人类学意义上的巫也就越来越远了。《史记》《尚书》载商代大小事情都"占卜问筮",说明商代的巫风很盛,巫教似国教。在一个巫文化昌盛的社会,巫无疑就像一面透视社会的镜子,他们的等级化映衬着整个社会制度结构的等级化。

商亡后,周公通过制礼作乐,将商代的巫教体系发展成为更具有礼仪化、理性化和体制化的礼乐祭祀体系。周礼强调等级,在周的祭祀中,祭祀的规格分有不同的等级,不同规格的祭祀均由与其等级一致的人主持,不同等级的主持享有与其等级一致的祭祀礼仪,不得逾越。在这个等级中,周王作为天下之大宗,主持太庙的祭祀。由于在礼乐祭祀体系下,不同等级的人、不同的祭祀场合采用不同的祭祀仪式,需要神职人员各司其职,为王权服务,他们也就被官员化,成为级别不一的各类官员。周从事祭祀的神职官员分工细密,主要包括以下几类①:(1)宗,其中,大宗伯是最高级别的神职人员,"掌建邦之天神、人鬼、地示之礼,以佐王建保邦国",小宗伯"掌建国之神位,右社稷,左宗庙"。(2)卜筮,其中,大卜掌"三兆""三易""三梦"之法,以占"国家之吉凶,以诏救政",筮人"掌三易","以辨吉凶"。(3)祝,专掌典礼,其中,大祝"掌六祝之辞,以事鬼神示,祈福祥,求永贞","掌国事,国有大故、天灾,弥祀社稷,祷祠",小祝"掌小祭祀","凡国之大事,先筮而后卜"。(4)史,主要掌典仪、掌册告、掌记事,其中,大史"掌建邦之六典,以逆邦国之治",小史"掌邦国之志,奠系世,辨昭穆"。(5)师,主要掌管律、乐器、舞器,如大师"掌六律、六同以合阴阳之声",典同"掌六律、六同之和,以辨天地、四方、阴阳之声,以为乐器",司干"掌舞器"。(6)巫,主掌和襄灾祛病有关之事,如作为巫之统领的司巫,"若国大旱,则帅巫而舞雩;国有大灾,则帅巫而造巫恒",男巫"春招弭,以除疾病",女巫"凡邦之大灾,歌哭而请"。

从《周礼》关于神职人员的主要分类和职能来看,宗、卜(筮)、祝、史之职都和"邦""国"有关,师与"乐"联系在一起,他们和传统观念中的巫(即人类学意义上的巫)相去甚远,而还被称为"巫"的巫,其职能和"全能巫"相比也已大为缩水,仅限于襄灾祛病求雨之类。我们于此

① 《周礼注疏》(上)卷17,《春官宗伯第三》,北京大学出版社,1999,第432页。

看到，曾经"巫神一体""巫王一体"的巫在周的礼乐体系中被彻底分解。周的礼乐体系是一种政教体系，它通过祭祀行为将礼所代表等级观念固化，以维系王权的稳定和延续，而到春秋"礼崩乐坏"时，孔子对礼制进行了改造，并将作为其核心的等级观念提升为儒家文化中人们自觉的一种道德追求，巫的元素基本被抹掉，巫的观念从此也就淡去。因此，可以说，周的礼乐制度的形成是人类学意义上的巫彻底走向衰落的标识。

结　语

等级秩序或等级观念是中国古代社会制度的核心，人们通常认为，社会等级秩序是贫富分化所致，是和私有制联系在一起的。但是，通过分析巫和巫的分化，我们看到，人类社会的等级秩序可以追溯到私有制产生之前的氏族部落时代。在上古社会的自然神权时代，巫作为氏族部落的特殊人物，掌握神权，介于人、神之间，拥有与神类似的地位。对应于一般部众，巫位于部落的最高层。因此，"巫－部众"构成原始部落的等级秩序，它代表了人类社会原初的等级。巫觋的分化显示，在父系氏族部落，男女两性分成了两个不同的等级，男尊而女卑。这些现象似乎在证实这样一种看法：人类社会的等级或不平等在阶级和私有制出现之前就已经存在了。王是由巫进化来的，代表私有制，他的进化过程就是社会等级的进化过程。人类社会的不平等或等级秩序真的起源于私有制吗？

中国封建时代的等级秩序和制度皆可归于"礼"。但是，"礼"是从何而来？"礼"为王服务，我们前面说，王原本是巫，是由巫进化来的，我们是不是也可以说"礼"是从"巫"进化来的？前面说周礼时，我们指出了其祭祀仪式所具有的等级性，这种等级性通过祭祀行为表示出来，所反映的就是"礼"。可以说，"礼"，作为制度形态，实际上就是祭祀仪式所标示的等级。而作为观念，"礼"应该起源于中国上古社会中带有等级意味的群体行为，这种行为不是别的，就是巫教的祭祀仪式。"祭"，作为仪式，是有讲究的，所谓"祭有十伦"① 说的就是这个意思。在"祭"中，人们要按

---

① 《礼记正义》卷49，《祭统》，北京大学出版社，1999，第1354页。

秩序行事，上下有别，先后有别，这实际上就是对人间等级秩序的一种规范。这样，我们就可以看出，等级秩序实际上来源于"祭"，这也就是说，因为有"祭"，有"祭"的仪式，才有了作为等级秩序的"礼"。而"祭"是源于"巫"的，特别是巫教的祭祀，从前面的说明可以看出，就是从原始巫术的祭祀发展而来的。因此，我们可以说，"礼"源于"巫"。

人类社会，不管什么种群，或多或少都经历过"巫"的时代。中国古代社会的等级制度源于"巫"，推而广之，我们大概也可以说，人类社会的等级制度源于"巫"。

（原文发表于《学术月刊》2010年第5期）

"文质"之辨与中国历史观之构造

◎ 杨念群

当我们习以为常地使用西方概念观察中国历史时，就会很不适应地发现，仿佛中国历史中到处充斥着"退化论"的思维痕迹，中国人始终充满了对远古黄金时代不容置疑的美好想象。这种"朝代循环"的思路不是螺旋上升式的，而是以不断追慕模仿前代的程度作为衡量是否优秀的标准，如此的思维不但与西方近代的"进化史观"背道而驰，而且也应为近代中国落后于西方负起文化的责任。

本文以为，把中国历史观单纯地用"循环退化论"加以解读，并把它和"进化史观"进行二元对立的比较思路是有缺陷的，是过度以西方社会科学概念观察中国历史造成的后果。要合理地理解中国历史观的内在演进脉络，就必须从古人使用的许多概念入手进行精细的解读，方能比较贴近历史文本呈现出的发展轨迹。本文即挑选出"文"和"质"这两个概念（或合而观之为"文质"）予以分析，由此观察中国历史观自身形成的真实构造及其内在纹理。

"文质"之辨与"三代"黄金期的建构

当代人似乎有一个根深蒂固的成见，即认为中国历史观有一个一成不变的特点，那就是史家总是会夸耀"三代"成绩的不可逾越，历史记录不是为记载后代的境况好于前代，而是在不断抱怨后代历史劣于前代的窘境中次第展开的。这种记叙历史的模式与现代历史叙事技术恰好相反。西方的现代历史总是记录后来时代如何超越过去达致辉煌之境的过程，往昔历史自然成为验证现时代之优越感的一种佐证。

在当代史家的眼里，中国古代史家总是预先悬设了一个更加远古的模本，这个模本具有无可争议的不变的权威性，以为裁量后代历史演进的参照物，由此可对比出后代与之保持的差距。这与欧洲的近代历史观非常不同，欧洲现代史学预设了一种历史的普遍意义，依据这种"意义"去建构特殊的符合进化原则的历史事实。但这个普遍意义并不是先天的、不可讨论的，故它重视后来已成"结果"的"历史事实"对重建过去之真相的支配作用，成为"后代优于前代"的标准。这就是我们后来常说的"后世之师"式的观察历史的方式，"后世之师"的眼光永远支配着对过去历史的塑造和评价。

在上述历史观的参照下，人们又会产生一个误解，即总以为中国古代史家早已预先把一套完满实现了宇宙道德秩序的"三代"社会孤悬在那里供后人瞻仰。"三代"的完美是无条件的，完全没有商量的余地。史学家的任务就是要指出这个秩序在历史上实现完满的程度及其表现出的各种样态，并以此为准衡量各个朝代价值的高低，或借此帮助那些背离"三代"理想秩序的王者适时进行调整，以恢复符合"三代"理想的正常状态。传统史学不是从时代变动的世界观中寻究对历史的解释，而是捍卫以往史家早已构造出的永恒不变的价值，并以此作为评价人们对当下时代认知状态的标尺。①

真实的情况是，后人总谈"三代"是因为"三代"重要到只要把握了其更替嬗变的历史脉络，就似乎得到了一把解决全部未来历史的钥匙。"三代"蕴藏了中国历史演替的全部秘密和程序，以后的历史学家只要把它们重新编码，即可拼贴出新的符合现实的历史图像。而重新从事编码的最重要工具就是"文质"损益之论。还有一种编码程序叫"三教"，它的基本表述是："夏尚忠、商尚敬、周尚文"。历史的演进程序应该是"由文返忠"，这

---

① 参见施耐德《真理与历史：傅斯年、陈寅恪的史学思想与民族认同》，社会科学文献出版社，2008，第7页。

也是一种返回古典的说法。① 但这套说法后来虽偶被提及，却远未像"文质论"那样拥有强大的影响力。

然而，令人有些意想不到的是，当我们仔细考察"文质论"中对"三代"的描写时，就会发现，"三代"在"文质论"的叙述框架里并非是完美无缺的典范时代。比如在《论语》中，孔子是比较尚"文"的，在"郁郁乎文哉，吾从周！"这句话里已经表明了他的态度。但在那个时代的观念里，"文"与"质"并非有决然的高下之分，而是"一文一质"相互损益，呈现出的是交替演化的态势，两者可以相互弥补。在《论语》中，孔子唯一把"文质"并列而论的例子是这段话："质胜文则野，文胜质则史。文质彬彬，然后君子。"② 可见"质"的内涵并非弱于"文"，谁占优势完全看它面对的历史对象如何。比如有一段时间，孔子所提倡的周代之"文"似乎并没有得到多少人支持，关键在于东周乱世之后紧接着就是秦朝，史家认为正是因为东周礼仪的繁琐，使人们的生活方式过于"文饰"而发生变异，间接导致了秦朝的灭亡，所以汉初才奉行"黄老之学"，推崇简约的生活方式，实际上是想走回到"质"的老路上去。

从历史观的构造角度而言，"质"和"文"有相当大的差异，但并非截然对立的两极概念，"文质"的交替出现往往与中国历史上"一损一益"的现实状态密切配合，其中充满了变数。"质"往往与"损"相应，"文"往往与"益"相当。比如朝代礼仪若过于繁缛，需要适当删减时，文人往往会频发"质"的议论，反之若社会发展过于质朴简陋，缺乏一种华贵气象时，又多益之以"文"。

有意思的是，新朝皇帝登台，一般都会崇"质"而抑"文"，如秦朝之亡的原因之一就被总结为"文敝"，甚至到了唐代，白居易还在用"文质损益说"警告王者。③ 可是在个别朝代也出现了一些奇怪的变化，比如魏晋时

---

① （东汉）荀悦撰，张烈点校《两汉纪》，中华书局，2002，卷十一，《前汉孝皇帝记二》，第175页。

② 杨伯峻著《论语译注》，中华书局，1980，第61页，或者张燕婴译注《论语》，中华书局，2006，第78页。

③ 《白居易集》第四册，中华书局，2005，卷六十二，策林一《忠敬质文损益》，第1301～1303页。

期文士放诞之风被认为是不够"质朴"的行为方式导致蔑弃礼法所致,但"礼法"在秦汉甚至在早期先师如孔子的言辞框架里却是和"文"相联系的,故放诞之风本应是弃"文"的表示,在魏晋却被改变了意思,可见"文质"的含义也会随着时代的需求而变。

有些奇怪的是,孔子崇周,但秦政的苛酷却至少从表面上看是延续周代的礼仪而来,以至最终走向崩溃,"周代"即因秦亡而被视为"文敝"的来源,那么我们如何解释汉初经历了短暂的黄老之治却转而又尊崇儒学这个演变过程呢?"由质救文"在儒家文献里频频出现,似乎与道家的"返朴"思想完全趋于一致。其实差别甚大,道家要求复归最为原始的生活状态,不但弃绝礼法,而且拒绝基本的文明样态所带来的变化。而儒家的"由质救文"却严格限定了范围,并非要求回到生活的原始状态,而是要从"尊尊"的单面强调,回到"亲亲""贤贤"的日常状态之中,在他们看来,秦朝动用"礼法"过了头,只强调自上而下实施官僚科层的严刑峻法实施统治,而没有考虑不同地区和上下层次情况的差别。也没有关注民众内心的道德要求,一味强压胁迫,导致民怨沸腾,统治难以维系。儒家"由质救文"的思路则考虑到了礼法之下的道德和心态因素,即"亲亲"的原则。董仲舒在《春秋繁露·三代改制质文》中就说:"王者以制,一商一夏,一质一文。……主天法商而王,其道佚阳,亲亲而多仁朴……主地法夏而王,其道进阴,尊尊而多义节。"[1] 在董氏看来,"尊尊"和"亲亲"是"文""质"交替而动的表现。董氏理解《春秋》的大义是"先质而后文"[2] 或者说"救文以质"[3]。如果按今文经学的路子讲,《春秋》乃孔子所作,孔子的话里却没有如上的意思,反而是对周代的"文盛"大加赞词。如此说来,是否孔子的形象和话语前后发生了矛盾?其实不然,孔子谈"文"是讲周代礼乐趋于繁盛,董仲舒等汉儒并没有完全否认和摒弃孔子的解释,而只是攻其过度繁缛,以求简化之意,特别是揭示了"亲亲"一层以补"尊尊"的不足,延伸一点说,是要提倡在政治统治中节省成本。这点孔子也有预感,

①　(西汉)董仲舒撰《春秋繁露》卷七,《三代改制质文第二十三》,上海古籍出版社,1989,第43页。

②　(西汉)董仲舒撰《春秋繁露》卷一,《玉杯第二》,第12页。

③　(西汉)董仲舒撰《春秋繁露》卷四,《王道第六》,第28页。

在《论语·为政》一节中说过："殷因于夏礼，所损益可知也；周因于殷礼，所损益可知也。其或继周者，虽百世可知也。"对后世周代的继承状况似有预感，故损益非弃绝之意。

从以上的描述观察，"文质论"框架里的夏商周"三代"在后来的文献表述里，并非是绝对不可动摇的黄金时期。他们在描述民众和社会运作的关系时各显出利弊的特征，只不过其表述高明的地方在于指出"三代"的特征可以相互弥补，在相互"损益"之间达到一种平衡，也许这才是孔子所向往的"文质彬彬"的效果吧。

我们且来看一段《礼记》中对夏商周三代社会状况的评价，这段话依然是借了孔子的口气在发言。文中说：

> 子曰，夏道尊命，事鬼敬神而远之，近人而忠焉，先禄而后威，先赏而后罚，亲而不尊，其民之敝，惷而愚，乔而野，朴而不文。殷人尊神，率民以事神，先鬼而后礼，先罚而后赏，尊而不亲，其民之敝荡而不静，胜而无耻，周人尊礼尚施，事鬼神而远之，近人而忠焉，其赏罚用爵列，亲而不尊，其民之敝，利而巧，文而不惭，贼而蔽。①

这段话借用的是孔了的语气，但显然已不是孔子的本意，所以后来也有人说，未敢信以为孔子之言。因为这段话把夏商周的情形并列起来分析，认为他们各有利弊，这显然与孔子坚持"吾从周"的态度大相径庭。我们再看下面一段谈"文质"的话："子曰：虞夏之质，殷周之文至矣，虞夏之文不胜其质，殷周之质，不胜其文。"②这段貌似孔子的话同时批评了虞夏与殷周，显然不符孔子在《论语》中的本意。我们再回到上引《礼记》这段话，这段话分别描述的是夏商周三代的社会状况，特别处理了人际关系网络以及"人"与"鬼""国主"之间应该采取什么样的关系等大问题。

在《礼记》的历史解释框架里，夏代的情形是远离鬼神祭祀，比较亲近人事，注意先赐予民众好处，再施予威严，人际关系较为密切，互相释放

---

① 《礼记全译》卷九，《表记第三十二》，贵州人民出版社，1998，第983~984页。
② 《礼记全译》卷九，《表记第三十二》，贵州人民出版社，1998，第985页。

着善意，人情显得质朴无文。殷人重视祭神拜神，主张先侍奉好鬼神，惩罚优先于赏赐，以树立威严，以尊崇权威为时尚，人情就相对显得淡漠，社会容易陷于无序。周人有一套崇尚礼仪的规范，虽尊奉鬼神却又要保持距离，按照等级定赏罚标准，恢复了人情的亲近关系。但由于礼仪制度过于繁琐，过度讲究精致，所以使民众学会了取巧的本领，民风于是趋于油滑。

《礼记》注释中有一段话解释说："礼文委曲而徇人，礼繁文胜，利巧而贼，其敝又有甚者焉，凡此非特见风气既开，而浇漓之日异，抑亦至德之不复见而已欤"①，完全持的是一派悲观的论调。这可能就是后来说周代为"文敝"的先声，秦朝把繁琐礼仪和从中延伸出的法制推到极致，自然是"文敝"的极端表现。在《礼记》的历史观框架里，比较好的理想社会是恢复夏代"亲而不尊"的淳朴风气，按照这个标准，殷商尊而不亲，周代礼仪繁富导致民性浮华，似乎都不是理想的状态。

我们不妨对"三代"概念作为历史观构造的一些特点略作小结。首先是"三代"这个历史符号实际蕴藏了后来的学者、君主和历史学家对"什么是完美的社会"这个问题的一些期待和想象。当然，最终结论是这些社会并非完美，却呈现出了"非质即文"的特点。因此需要对各自社会的过度"文"和"质"的内容加以损益才能达到一种平衡。因此，用现代的进化史观去看待它是无效的。

其次，就"三代"内部而言，并非越往后就越美好。后代与前代相比不是一种递进关系，比如周代就不一定比夏商社会更加美好，但也并非是完全的"退化论"，即好像从周代退回到夏代就万事大吉了。这种历史观讲究的是用不同时代的历史优势去弥补当下社会呈现出的不足。比如在"三代"框架中，夏代远鬼神，注重人际关系的紧密联系，属"尊而不亲"的态势，商代强调敬鬼神，由此树立的是国主的威权，是"尊而不亲"，周代则是用严格的礼仪确认了人际关系的准则，却导致社会运作过度复杂，落下了"文敝"之讥。

我们看到的情形是，"三代"之中的任何一代都无法完全垄断所谓完美

---

① （明）胡广撰《礼记大全》卷二十六，收于《钦定四库全书·经部四·礼类三·礼记之属》，第24页。

社会的全部要素，但却各自拥有一些引以为傲的特点，构成了时代的标志，只不过这些特点由于和其他要素的搭配不时会出现问题，故常常被后代历史学家所指摘诟病，并不断提出修正方案，批评和修正的主要工具就是"文质论"。

第三，"文质论"作为一种相当独特的中国历史观的分析框架，它提供了一种不同于后来西方历史观那样非此即彼式的极端解释，或者是一种直线般的毋庸置疑的递进演化图像，同时也不是人们所常常误解的是一种"退化论"的循环历史观，或者是对远古"黄金时代"的盲目向往。我宁可把"文质论"看成是一种平衡理论，即通过透视"三代"历史中不同时期的社会构成的长短优劣之处，施之以具体的变革方案。这种纠错方式当然不是固定不变的，尽管其最初发挥作用是面对周秦的时代变故。汉初倡导的是"以质救文"，但"质"并未被僵化地理解为可以据有绝对优势的正面范畴，而是在一损一益的过程中构成与"文"的互补关系。这种历史观具有巨大的灵活性，绝非现在的社会科学术语所能精确地加以描述。

是"反智"还是"反知"

"文质论"在中国历史中的早期运用显示出了极具灵活的特征，故很难用现代社会科学的尺度和眼光加以衡量，我们必须更加贴近历史的现场语境去仔细梳理其中的蕴意。"文质"观念尽管在相当长的一段时间内保存了其古意，如"一文一质"相互损益的论说结构，以及因为现实社会渐趋奢靡，而应折返古代淳朴世界的理想。但不同时代对"文质"的理解仍因历史境况的变化而出现微妙的差异，折射出的是时代变革中士林群体的精神状态。其中明清之际的思想转型与明清两代所显示出的不同思想差异均可以透过"文质"的讨论彰显出来，本节拟以王阳明的思想为例对此作些分析。

王阳明的思想在明代居于核心位置的原因即是其区别于两宋理学对"心"与"物"关系的认知，而依恃心灵中良知的呈现，这套心理主义的教诲涉及复杂的"知识"与"经验"的关系问题，即所谓"闻见之知"与"德性之知"的差别，以往学界对此讨论甚多，如果我们换一个说法，从"文质"之别的角度对此加以解读，则又会得到另一番感受。

就"文质"关系的古意而言，时代的发展渐渐"由文趋质"是以后士林阶层达成的共识，大致没有什么疑问，但是对"文"与"质"交替演变到底是何内容的理解却差异极大，甚至南辕北辙。明代的王阳明同样认为"质"优于"文"，基本的认知前提似与前代一致，但在阳明的语境里，"文"劣于"质"更多地是指"文"中所包括的"学"的内蕴在形式上过于繁琐，妨害了"证道"的实施，遮蔽了心灵对真实世界的认识，认为"质"所包含的认知事物的方式显得简朴直接，通过这个途径，可以使更多的人领悟到"道"的真谛，这是光凭对"知识"的积累和学习所难以做到的。

余英时先生认为这种取向是一种"反智主义"。① 我倒是觉得阳明并非"反智"，而仅是"反学"而已，阳明并没有想让人变成傻瓜，相反，他是想通过更直截了当的方式使人变得更加智慧，只不过这种智慧不完全是通过"知识"的习学和渐进式的积累获得的，把"智"与"知识"直接勾连可能是近代以来西方的看法，认为"知识"的累积程度往往决定了智慧的程度，但这却不是中国士人的思维方式。阳明曾有一段话说到圣人与"知识"的关系，他质疑说："天下事物如名物度数、草木鸟兽之类，不胜其烦。圣人虽是本体明了，亦何缘能尽知得？"他的结论是："圣人于礼乐名物不必尽知。然他知得一个天理，便自有许多节文度数出来。"② 故我认为用"反智主义"概括阳明思想值得商榷。

如果再深入一步讨论，从"文质论"的角度说整体的中国历史和社会由"质"趋"文"，变得不够质朴而奢华毕现，慢慢呈现衰颓之势，大致已成士林共识，但作为时代转折枢纽的重要人物孔子在"文质"历史观中所起的作用却大有争议。比如对孔子传述《六经》删削经典作品的评价在明清两朝就变得大相径庭。

阳明承认："天下大乱，由虚文胜实行衰也。使道明于天下，则六经不

---

① 余英时在《从宋明儒学的发展论清代思想史—宋明儒学中智识主义的传统》一文中就说："白沙、阳明所代表的反智识主义，在明代儒学史上诚占有主导的地位。"《历史与思想》，台湾联经出版公司，1976，第98页。
② 陈荣捷著《王阳明传习录详注集解》卷下，《黄直录》，学生书局，1983，第303～304页。

必述，删述六经，孔子不得已也。"① 在阳明的眼里，践"道"的实际行动更加重要，孔子删述六经的行为实属不必，表达的是对孔子保存前世典籍的有限尊重。阳明认为，孔子做的是减法，其对古代典章制度进行删削，走的是简易便行的路径，是一种废弃其说的用意。阳明认为，《礼》《乐》之名物度数，至是亦不可胜穷。孔子皆删削而述正之，淫哇逸荡之词才随之消灭。对这种"减法"的另一种表述是："孔子述六经，惧繁文之乱天下，惟简之而不得。使天下务去其文以求其实，非以文教之也。"② 所谓"由文趋质"的"质"被理解为简洁、直截了当地舍弃以往的"知识"，直接逼视自己的内心世界。

可是这里面出现了一个问题，以往孔子的典型形象恰是为周代保留礼仪文献，删削复述经典在"文质"的标准框架里都是属于"文"的行为，而周代礼仪的保存因过于繁琐导致"文敝"，后人直接批评为是秦代暴政的根源。如果按此逻辑推断，孔子岂不成了罪人？于是才出现了阳明为孔子辩护的如下说法，那意思是说，把孔子理解为"以文教之"的教师爷形象完全错了，孔子是怕天下士人过度陷溺在繁文的泥沼之中，所以才提倡简捷的实行方法以悟"道"，这恰是一种舍弃"繁文"的表现。阳明有一段对乱世原因的总结，特意提到天下不治的原因是"只因文盛实衰。人出己见，新奇相高，以眩俗取誉，徒以乱天下之聪明，涂天下之耳目，使天下靡然争务修饰文词，以求知于世，而不复知有敦本尚实、反朴还淳之行，是皆著述者有以启之"③。

阳明在这里显然是伪托孔子的声音为自己的良知之教辩护。明代论学讲道时"语录体"流行，文本对话简捷直白，其背后的意思是，人人皆可以不依赖于经典的指引直达内心深处的悟证之途，也是一种"由文返质"的途径。下面这段话可以看出阳明更注重经典文本中透露出的圣人形神，而不是纯粹的"知识"传承。他面对弟子"后世著述之多，恐亦有乱正学"的疑问，回答说："人心天理浑然，圣贤笔之书，如写真传神，不过示人以形

---

① 陈荣捷著《王阳明传习录详注集解》卷上，《徐爱录》，第44页。
② 陈荣捷撰《王阳明传习录详注集解》卷上，《徐爱录》，学生书局，1983，第45页。
③ 陈荣捷撰《王阳明传习录详注集解》卷上，《徐爱录》，学生书局，1983，第45页。

状大略，使之因此而讨求其真耳。其精神意气，言笑动止，固有所不能传也。后世著述，是又将圣人所画摹仿誊写，而妄自分析加增以逞其技，其失真愈远矣。"①

著述示人以形状大略，才是"质朴"纯真的表现，稍有冗繁，即犯了"文敝"之病。在阳明的眼中，训诂之学、记诵之学与辞章之学均是奢谈渊博，雕饰华丽的学问，很容易造成"世之学者，如入百戏之场，欢谑跳踉，骋奋斗巧，献笑争妍者，四面而竞出，前瞻后盼，应接不遑而耳目眩瞀，精神恍惑，日夜遨游淹息其间，如病狂丧心之人，莫自知其家业之所归"。阳明讥之为"无用之虚文，莫自知其所谓"。② 也就是说越是具有繁复的知识结构的学问就越离"质"的境界越远。简化"知识"使之变得直接易行是阳明的核心思想，他说："但圣人教人，只怕人不简易，他说的皆是简易之规。以今人好博之心观之，却似圣人教人差了。"③

"文质"辨析与明清易代

对"文质"关系辨析最激烈的时期往往发生在易代之际。比如周秦交替的时期，文人总结秦代迅速灭亡的一个重要原因，就往往归结为"文敝"，故才有汉初的"返质"之论。明清易代之际同样是一个非常重要的鼎革转换年代，在这期间，充满了各种激愤的声音，不少言论的目的似乎是再现了衰世源于"文敝"的古旧议题，如有以下之论："天下文敝极矣，唯敦本尚实可以救之。夫子所以有从先之志也。"又如："文敝而作伪生，诈伪生而争夺起，自古及今，无不然也。"④ 类似的议论弥漫在清初学界。

至于对"文敝"含义的认识，清初学者确有自己独特的解读方式。直接针对的是明末士人的狂狷之气横行所造成的礼崩乐坏的局面，"文敝""不学"与丧失"礼"的威仪举动有关。张履祥（杨园）曾有一段话是这样概括的："其愤时嫉俗一种偏激之论，不得不距而绝之也。……若此之人

---

① 陈荣捷撰《王阳明传习录详注集解》卷上，《陆澄录》，第 59 页。
② 陈荣捷撰《王阳明传习录详注集解》卷中，《答顾东桥书》，页 197~198。
③ 陈荣捷撰《王阳明传习录详注集解》卷下，《黄省曾录》，第 322 页。
④ 《杨园先生全集》卷三十九，《备忘一》，中华书局，2002，第 1067 页。

适以明其不学而已。"① 在杨园的这段议论中，"文敝"的表现表面是蔑视礼教，其实更核心的问题是"荡夷简率"的言行，根源却在"不学"，由于废弃礼仪导致言行的粗鄙不文，针对的都是明末文坛的颓风，也涉及对"文质"关系的相逆理解。其实，在明末士人看来，行事风格简约直接，思维直达心灵秘境而规避知识的繁琐，恰是质朴的表现。杨园的思路分明是要"以文救质"，这与周秦之际对"文敝"的理解大有不同，周秦之际由于对礼仪的强调过于繁琐，导致秦朝苛法抑人，因民变而迅速败亡。"文敝"乃是因礼仪过繁，导致社会秩序失衡。清初的情况则恰恰相反，因满人作为"蛮族"入侵而继承大统，导致山河异色的后果，使士林含有强烈的种族冲突的意识，在他们看来，明末学风中由于对"知识"积累和习学的忽视，尽管使每个人都有成为圣贤的可能性，却因为缺乏礼仪的约束而显得粗鄙质陋，正好让夷狄钻了空子，甚至成为变相的夷狄之道。张杨园就明确说："良知之教，使人直情而径行，其敝至于废灭礼教，摒弃先典，《记》所谓'戎狄之道'也。"② 姚江之学近于"戎狄之道"的原因即在于其"不学"之症。因为"不学，则即有美处，终是直情径行，言乎'文之礼乐'，即节节为病。"③ 只有通过"学"才能培植良好的"心术"。因为"学术坏而心术因之，心术坏而世道因之，古今不易之理也。"故"欲正人心，先正学术"④。

那么何谓"学术"呢？就是要使自己的内心感悟契合于经典的解释，而不可随意恣肆驰骋，且看下面这段对何为"学术"的解释：

> 读圣贤之书，而不能有得于中，深信不疑，甚或所见有同有异，是吾心之义理不能与圣贤同也。非为物蔽，必为气拘。可惧滋甚，能不汲汲焉以求其合乎？若任己之偏见而轻著为论说，以肆其欺罔，则诐淫邪遁之病，终不得免而为小人之无忌惮矣。哀哉！⑤

① 《杨园先生全集》卷四十一，《备忘三》，第 1135 页。
② 《杨园先生全集》卷四十一，《备忘三》，第 1135 页。
③ 《杨园先生全集》卷四十，《备忘二》，第 1107 页。
④ 《杨园先生全集》卷二十七，《愿学记二》，第 759 页。
⑤ 《杨园先生全集》卷二十八，《愿学记三》，第 772 页。

甚至那些染有明末风气的清初学人也遭到了批评："不信古先贤而信此心，蔽陷离穷，何所不有？"①

对经典的态度在清初士林中也起了很大的变化，如果说明末士人对"经典"做的是"减法"，那么清初士人对经典则做的是"加法"。鼎革期士人认为正是因为对经典的疏忽才导致了"夷狄"得势的后果，反过来重视经义则有驱除夷狄之功效，甚至是一条自古形成的定律，如张履祥所言："经义晦蚀，其效为夷狄之祸，自古以然。杨、墨充塞仁义，而秦以西戎荼毒天下，楚汉之际死者无算，晋室清谈，以老乱易，而五胡云扰，中原沦没，王安石立新义，黜《春秋》，而靖康之祸作"②。

杨园显然是在暗示经义研读的废弛间接引来了满人的入侵，满人属于"质而不文"的另类，故需要汉人文化中的"文"的一面加以规训，同时他又认为，正是因为明末空疏厌学的风气败坏了汉人的淳朴气质，因此，在面对江南地区的士林时，他的心理实际上处于相当矛盾不安的状态。如下面一段对南方士林学问风格的看法就透露出了这种紧张的情绪："南方之学，终是文胜其质，亦风气使然，虽有贤者，亦不能免。先之以笃行，乃无流失之患。"③语气里面带有一些惋惜，也有些许无奈。

江南士林"文胜质"的风气如果放在明清交替的学风中评价，自然被认为是过于浮薄，但如果要摆在南—北夷夏格局中衡量，特别是从种族文化保存延续之角度考虑，当然应该肯定其"文胜于质"的传承风格。"文质"区别的分寸感甚至涉及一种交友状态的调整，故云："人能忠信为质，而亲贤取友以文之，则庶几矣。此'绘事后素'之义。"④《论语》中孔子所云"绘事后素"的意思是以画工为喻，说的是在白底上施彩作画。"文"犹如绘画的文彩，是画在"礼"的白底之上的。可见遵守基本的行为礼仪应该属于"质"的规范之一面，是人类行为最基本的底色。周围亲友的作用不过是使这种"质朴"施之以一种外表的炫饰，使其变得更加精致而已。可见，"质""文"从原意上并无好坏之分，而是要看在具体历史情境中如何

---

① 《杨园先生全集》卷二十八，《愿学记三》，第772页。
② 《杨园先生全集》卷二十七，《愿学记二》，第747页。
③ 《杨园先生全集》卷二十七，《愿学记二》，第747页。
④ 《杨园先生全集》卷三十九，《备忘一》，第1076页。

表现。再看一段对阳明的评价："姚江之言，质厚者闻之，犹可以薄，薄者闻之，则不难无父无君矣。为其长敖也，饰诈也，充此无所不至。"① 所谓"质厚者"当指对礼仪举止有度的那些拥有道德克制力的人而言。批评的是姚江之学因为尚"文"过度而削弱了人性素朴的一面。

在明清鼎革之际，"文质"的区分还表现为对治学风格评价方式的转变，特别是以"文－质"区分士人身份彰显出的是清代学术风气的特征。如魏禧就以"文－质"的框架划分"文人"与"学者"，说："文人之文文胜其质，学者之文质胜其文，然得其一皆足以自名。"在这个评价系统中，"文人"（文）与"学者"（质）是相互对立的。魏禧在给吴门学者张无择文集做叙时说："张子无择，吴门之学者也，博极群书，好考据，所著书数百卷，他杂文亦百数十，而皆以质胜。玉必璞而珪璋出，木必朴而钟虡成。"下面他又描述了张无择的行事风格云："夫张子之人，亦以质胜者也。张子性忠信，好儒先之书，弃诸生三十年，无日不学问。处乎城市，若不知有人，必无所慕乎名，名亦不至。"其结论是："张子之书具在，读其书，盖亦以知吾言之质也。"② 这段话明显把治考据学者的地位和价值给提高了，那些明末以来的士人则有可能被纳入"文而不质"之列。

这种看法恐怕在清初的士林言论中相当普遍，我们可以再看一段李二曲的议论，他在《立品说别荔城张生》中讲了一段话："昔人谓大丈夫一号为文人，便无足观。若以诗文而博名谋利，仆仆于公府，尤不足观矣。……余尝概习俗文盛质寡，沈溺于章句，葛藤于口耳，芒昧一生，而究无当乎实际，以故深以为惩，生平未尝从事语言文字，亦绝不以语言文字待人。"因请"立品"之实，曰："无他，惟在不以文人竟其生平。凡文人之所营逐，时藉以为鉴戒，他人如是，而己独不如是，品斯立矣。品立而后学可得而言也。"③ 李二曲也因厌恶"文人"，故特别以尚"质"的姿态警示后人，与魏叔子的观点不谋而合，甚至提升到了"立品"的高度加以认识。对"文人"的理解似乎在清初遗民中较为一致，但对"学"的理解差异却很大。

---

① 《杨园先生全集》卷四十一，《备忘三》，第1157页。
② 《张无择文集叙》，《魏叔子文集》《外篇》卷之八，中华书局，2003，第403页。
③ 《二曲集》，中华书局，1996，第233页。

比如从"文质论"的角度说，对"质"的理解就有差异，魏叔子把"质"理解为朴学考据，因此"学"亦与之相关；而在李二曲的眼里，"质"往往和善于践履的风格有关，而"学"也是指日用伦常的践行。这个"质"恰恰是与"朴学"的质朴相对立的一种解读。

尽管"文质"的讨论起源于民间自发的言论，可是到了清代中叶，学者对"文质"关系的看法往往与清帝"大一统"的意识形态建构过程有密切的关联，很少能在独立的学术氛围里单纯进行探讨。即以章学诚的言论为例，学诚也赞成清代应是"由文返质"的年代，说："事屡变而复初，文饰穷而反质，天下自然之理也。"① 不过他在对"三代"以来"文质"变化，特别是对孔子作用的评价上却有一套自己独特的看法。他认为，"三代"的文献全部聚于"官守"之门，这是一种典型的"文质合一"状态，可是后来文献流失，官失其守，许多文人各逞私意，思想就不那么单纯统一了。这就是所谓"周衰文敝之效"②。

正因为战国时代"著述"不能不衍为文辞，而文辞不能不生其好尚。后人无前人之不得已，而惟以好尚逐于文辞焉，然犹自命为著述，是以战国为文章之盛，而衰端亦已兆于战国也。③

学诚的核心思路是，"三代"文质合一，周公是个枢纽人物，使典章礼仪文献聚合为一体。孔子被认为是三代衰落之后，治教已分局面下的救世人物，是存周公之典章、衍治化之迹的无奈之举，所谓"失官守"而"存师教"是也。"存师教"是一种"私家之言"，和官守意义上的典章政教是有区别的，"私家之言"不能作为"治世"的依据，所以孔子的地位比周公要低很多，原因就是，周公是"文质合一"状态的守护者，孔子只能以"文饰"的姿态出场。另外两人折射出的是"官守之言"与"私家之言"的对立，背后透出的逻辑是，"私家之言泛滥乃是"文敝"的表现，只有恢复

---

① 《文史通义·内篇一·书教下》，浙江古籍出版社，2005，第 38 页。
② 原文为："九流之学，承官曲于六典，虽或原于《书》《易》《春秋》，其质多本于《礼教》，为其体之有所该也。及其出而用世，必兼纵横，所以文其质也。古之文质合于一，至战国而各具之质，当其用也，必兼纵横之辞以文之，周衰文敝之效也。故曰，战国者，纵横之世也"。(《内篇一·诗教上》，第 46 页)。
③ 《文史通义·内篇一·诗教上》，第 47 ~ 48 页。

"官守"的局面，才能返归"文质合一"的境况。学诚以下这段文字把这层意思表达得十分清楚："后世竹帛之功胜于口耳，而古人声音之传胜于文字，则古今时异而理势亦殊也。自古圣王以礼乐治天下，三代文质出于一也。世之盛也，典章存于官守，礼之质也；情志和于声诗，乐之文也。迨其衰也，典章散而诸子以术鸣，故专门治术，皆为官礼之变也，情志荡而处士以横议，故百家驰说，皆为声诗之变也。"①

章学诚强调摒除"私家之言"而重归"三代"一统的"文质观"，与乾隆皇帝"大一统"意识形态思维中对文化的要求是相当契合的，反映出的是清朝"文质论"与政治意识形态之间开始达成了默契的协调关系，也使得明末以来由"私家之言"构成的活跃的言论场最终宣告消失殆尽。②

结　论

"文质"概念在中国古代常识范围内已经关涉到了许多不同层面的历史现象，被赋予了复杂的内涵。在较为一般的意义上，谈"文质"可能是在说一种"文体"的变化轨迹，或者是谈一种做人的风格与行为举止的方式，甚至可以讲是一种微妙难喻的生活细节。人们用"文质"概念作为工具来描述这些现象所呈现出的对立、差异乃至互补的状态。如以现代社会科学的角度加以观察，"文质"所表现出来的种种描摹状态可能相当模糊泛化，往往在解读时不易掌握其精髓，而这恰恰可能是中国古代许多概念在表达自身意思时所彰显的特征。关于"文质"在不同时代的表现形式，已有相当成熟的研究作为范例。③ 本文在以往研究的基础上拟从"历史观的构造"这个

---

① 《文史通义·内篇一·诗教下》，第59页。
② 详细的观察可参见杨念群《章学诚的经世观与清初"大一统"意识形态的建构》，《社会学研究》2008年第4期。
③ 关于明清之际有关"文质论"的议论，参见赵园《制度·言论·心态：明清士大夫研究续编》第七章《文质》，北京大学出版社，2006。关于汉代有关"文质"讨论的情况，请参见阎步克《士大夫政治演生史稿》中第八章《独尊儒术下的汉政变迁》第1、2节"文敝的救治：'反质'"和"文质彬彬"，北京大学出版社，1998。魏晋时期"文质"讨论的状态，参见阎步克《魏晋南北朝的质文论》，载《乐师与史官：传统政治文化与政治论集》，三联书店，2001。

角度进一步深化对"文质"概念的解读。

本文认为，要想较为深入地理解中国古代的历史演进及其观念，似乎应从历史本身形成的一些核心概念入手选择进行分析，而不宜过多依赖近代以来形成的西方支配下的概念框架和论证手段。当然，这样的选择也是有条件的，并非随意为之。而是挑选那些真正在历史构造上有巨大影响力的概念，结合当时的使用语境加以辨析才能奏效。我以为，"文质"概念就具备这样的认知资格，当然，历史上堪可与之比肩的概念仍有不少，还有待于我们去进一步地认识和发掘。

本文业已指出，不是从日常生活形态，而是从"历史观的构造"角度理解"文质"之辩，可以展现出一些新的分析视野。从历史观的构造而言，对"文质"关系的理解可谓贯穿于中国古代历史观演变的始终。不同时期都有对"文质"关系的丰富议论。

早在先秦时期，"文质"的议论就与"三代"黄金期的构造密不可分。"文质"的交替演进成为如何描述那个时代特征的重要表述手段。孔子在《论语》中表示要捍卫周代的声誉时，就用崇"文"的方式加以描述。周秦易代之际，士人亦以"文敝"概括历史现状。杨联陞先生曾指出过一个很有意思的现象，即"朝代间的比赛"，中国古代王朝新的君主登基，总是把自己的功绩与前代做比较，一些文人士子也会随声应和，提出若干本朝超越前代的要素作为论证依据。其中有一条经常使用的标准就是本朝与"三代"黄金期比较到底优越在哪里？他们使用的最重要概念之一就是"文质"，当然还有"五德""三统"等概念。在运用这些概念时，"三代"似乎是个决定性的标尺，故西人总误解说，中国人是一种单纯的好古复古，是完全意义上的"退化论者"，或者是简单的"朝代循环论者"，缺少西方的进步观念。

其实，历代对黄金期的向往只是树立一个实现的目标而已，在具体的"朝代间比赛"的论述框架里，对历史的认识程度要远为复杂。如余英时先生指出，宋代文人曾形容汉唐宋为"后三代"，可是却认为宋代文化远超汉唐，自成一系。这就很难用单纯的"退化论"加以解释。如果放在"文质论"的叙述框架里就比较容易得到说明。因为"文质观"讲究的是一损一益，汉初承秦朝"文敝"的遗绪，自然要讲"质朴"，崇尚返回自然，故黄老之学大兴。唐代士林风气中又出现了过度文饰的痕迹，故一些士人开始主张"以质救文"，但在宋人看来，唐朝人仍不过是由"文"趋"质"的过渡期，只有到了宋代才达到"文质合一"的均衡状态。

不同朝代对"文质"的表述曾经深刻影响到了当时对历史变化与知识积累之关系的认识，进而可以由此估测一代学风骤变的根源。如明代王阳明对"知识"的态度就可在"文质"的框架里予以分析。阳明把多读书理解为知识过剩的表现，即所谓"文敝"现象的再现，故提倡简明直白，直逼人类心灵深处的悟证方法，认为这才是"质"的表达。明清易代之际的学者对"文质"的解释则恰好相反，认为阳明学简捷问学的方式，恰是导致"文敝"衰相的祸根，而学者对知识积累的尊重才是质朴无华的表征，甚至指责其过度尊崇良知自觉而导致士人"不学"的草率形同"蛮夷"的习气，应该为满人入关的历史悲剧负责。"文质"关系的讨论又一次出现逆转。

清朝学人借助"文质"概念理解上古历史的方式比较特别，却与清初帝王构造"大一统"意识形态的过程难脱干系，而绝非是一种单纯的由"尊德性"转向"道问学"的内在理路的自然发生过程。这里的关键之处在于，清人把孔子废弃为一个传承周公旨意的文献裁剪者，其"私家之言"的有效性也遭到了质疑。与此同时，"三代"重新被描绘成"文质合一"的黄金时代，但"文质合一"的代价即是周公式的"官守之学"的全面复兴，"文质说"在这里变成了维护"大一统"意识形态的工具，借助一位学者的说法，这也是无法回避的一个真实的"思想史事件"。①

---

① 参见陈少明《什么是思想史事件?》，载《经典世界中的人、事、物》，上海三联书店，2008，第45～58页。

戈洛夫金使团来华考论

◎ 叶柏川

19 世纪初，俄国在远东和北美地区遭遇来自英美的激烈竞争。为改变处境，亚历山大一世政府派遣戈洛夫金使团来华斡旋。尽管由于戈洛夫金使团半途而废，此次出使对两国关系的走向未能发生实质性影响，但是它却反映了 19 世纪初俄国在对华贸易中的新诉求、对两国争议地区划界的态度以及清廷对两国关系的认识等问题。然而迄今为止，戈洛夫金使华在中外学者的研究视野中仍是一次比较模糊的外交事件。本文试图利用俄方档案，参之以中文文献，重现戈洛夫金使华的全过程，探讨文化差异和国家利益冲突对两国关系的影响。

一 俄国远东战略的调整与戈洛夫金使团的筹备

俄国人从 18 世纪末开始在北美拓殖。为开发北美殖民地，1799 年保罗一世下令成立俄美公司，专事海外贸易。但是北美资源得到进一步开发后，商品销售却面临巨大的压力。① 一方面，中国作为俄国在远东地区的重要市

---

① Русско-китайские отношения в XIX веке, том I, M., издательство 《Памятники исторической мысли》, 1995г., № 1. （《十九世纪俄中关系》文件集第一卷，莫斯科历史文献出版社，1995，第 1 号文件。）本文在撰写过程中参照引用了徐昌翰等先生的《十九世纪俄中关系》第一卷译稿，该译稿正在出版过程中，在此对译者特申谢意。

场，虽然对北美商品的需求十分可观，但是俄国对华商品销售渠道长期限于恰克图一地。另一方面，英美商人将从北美获取的大批货物由诺顿群岛及夏洛特群岛通过廉价的水路运到广州，以远远低于恰克图的价格销售，从而对恰克图俄货造成强烈冲击。① 为改变在远东地区的被动局面，应对英美竞争，俄国政府开始推行进一步开发北美资源与拓展东亚市场并行的战略。该战略在远东地区具体表现为不仅要彻底打开中国市场，还要通过实现黑龙江、黄海通航和开辟广州贸易，将俄国北美殖民地与中国（及日本市场）连成一片，并且要打通经西藏前往南亚的贸易通道。如果这个计划能够实现，俄国在北美和远东的被动局面将根本改变。戈洛夫金使团来华，正是这一战略调整的结果。

1803 年 2 月 20 日，俄商务大臣鲁缅采夫（Н. П. Румянцев）向亚历山大一世上折具奏，建议择一"深孚众望之人"考察北美领地，组织物产，并出使日本，努力说服日本人与俄国开展贸易，然后再率领船队直接前往广州贸易。但为促成这支考察队在广州顺利登陆，应在考察队到达广州之前派遣使节出使中国，说服清政府向俄国开放广州市场，对俄国商人与欧洲人一体对待。② 他认为，开放广州贸易至关重要，因为"俄国一日不开通广州商路，此种现象（英美在对华贸易上占尽先机）将延续一日"③。鲁缅采夫的建议经国会讨论被采纳。同年 11 月 16 日，俄枢密院致函清理藩院，告知俄国政府将向中国派出使团，为避免引起清廷疑虑，函中仅说明使团此行是为庆祝中国新皇喜登大宝和通报俄皇亚历山大一世登基。④ 1804 年 3 月，枢密院收到理藩院同意接待使臣的通知，随即开始筹备使团。

首先是大使的人选，亚历山大一世经过深思熟虑后，听从外交副大臣恰尔托雷斯基（А. А. Чарторыйский）⑤ 的建议，任命二等文官、商务院院长

---

① История торговоэкономических отношений народов России с Китаем（до 1917г.），М.，издательство《Наука》，1974г, c. 189.〔《俄国各民族与中国贸易经济关系史（1917 年以前）》，莫斯科科学出版社，1974，第 189 页。〕

② 《十九世纪俄中关系》第一卷，第 1 号文件。

③ 《十九世纪俄中关系》第一卷，第 1 号文件。

④ 《十九世纪俄中关系》第一卷，第 6、7 号文件。

⑤ 恰尔托雷斯基，波兰人，曾被批评不了解东方事务，使团的筹备是在他的直接参与下完成的。

兼总典礼官戈洛夫金伯爵担任此职。尤里·亚历山大罗维奇·戈洛夫金（Юрий Александрович Головкин）出身于古老的戈洛夫金家族，其曾祖加夫里尔·伊万诺维奇·戈洛夫金（Гавриил Иванович Головкин）曾为彼得一世重臣、俄国首位一等文官及外务院大臣，其祖父亚历山大·加夫里洛维奇·戈洛夫金（Александр Гавриилович Головкин），曾任俄国驻柏林、巴黎和荷兰公使。但戈洛夫金本人，却有着完完全全的西欧背景。他生于洛桑，是新教徒，1783 年回到俄国时对母语还一无所知。戈洛夫金从 1796 年起任枢密官，1800 年起任商务院院长，在出使中国前外交经历还十分有限。其主要成就，是编写过两部篇幅巨大的通用税则和两部地方税法。① 关于戈洛夫金其人，同时代人彼·弗·多尔戈鲁科夫公爵（П. В. Долгоруков）回忆道："尤里·亚历山德罗维奇伯爵很爱吹牛，是个典型的 18 世纪的沙龙人物。他个子高高，体态匀称，19 岁时的举止就像个 50 岁的人；他每天早晨沿着涅瓦大街散步，晚上去做客，向女士们献殷勤，围着那些在宫廷有影响的男士转。他 14 岁（引者注：原文如此）就回到俄国，却始终没有把俄语说好"。② 此外，使团成员、著名作家维格尔评价他"身上除了名字之外，根本就没有任何俄国的东西"，"是一个货真价实的革命前的法国人"。③

　　大使选定后，一支由 242 人组成的庞大使团迅速组建起来。使团成员形形色色，包括外交人员、科学家、画师、医生、技师、工匠、护送卫队、厨师和乐队等。④ 外交副大臣恰尔托雷斯基亲自过问礼品的备办，为使团购置了包括玻璃制品、毛皮、锦缎、丝绒、天鹅绒、纪念章、军舰模型、数学工具等在内的价值 152248 卢布的礼品，其中纺织品由皇家私库拨放，玻璃制品从皇家工厂订制。⑤ 总体算下来，政府为使团支付的各类费用共计 506498 卢布⑥，其中仅拨给戈洛夫金的启动费就有 35000 卢布，大使每年的薪俸及

---

① 《十九世纪俄中关系》第一卷，第 52 号文件。
② Mémoires du prince P. Dolgoroukov, Vol. I, Geneve, 1867, p. 116. См.：Русско - китайские отношения в XIX веке, том I, приложение 2.（《多尔戈鲁科夫大公回忆录》，第一卷，第 116 页，引自《十九世纪俄中关系》第一卷，附录 2。）
③ 《十九世纪俄中关系》第一卷，附录 1 - 1。
④ 《十九世纪俄中关系》第一卷，第 68、70、72、73、78 号文件。
⑤ 《十九世纪俄中关系》第一卷，第 62、63、74 号文件。
⑥ 《十九世纪俄中关系》第一卷，第 78 号文件。

伙食费是 50000 卢布。①

如此豪华的使团，其所担负的使命自然非同寻常。

首先，使团应要求在中国西部边境的布赫塔尔玛要塞开辟一个新的贸易口岸。布赫塔尔玛到莫斯科的距离比恰克图近 2000 公里，路途十分便捷，而此前俄国人只能混迹于柯尔克孜人和哈萨克人的商队中到塔城和库车贸易，商人的安全没有保障，并且只能同官方贸易。俄国政府希望获得在中国西部边境从事贸易的合法权利，作为回报，同意放宽恰克图税则中禁止出口的某些商品。②

第二，要求允许俄国船只在阿穆尔河（黑龙江）自由通航，至少在阿穆尔河河口处建一货仓，作为与北美之间运送货物的中转站，为俄国扩大同广州和日本贸易提供更多的物资。③ 通航阿穆尔河至少在三个方面可以为俄国带来好处：一是扩大同北美、日本和中国本土的贸易；二是趁机向无人居住的岛屿移民；三是解决向堪察加、鄂霍次克等边远地区的粮食供应问题等。正如戈洛夫金所言，"阿穆尔河本身就是一个巨大的利益"。为了实现这项权利，亚历山大一世指示可在限制俄方船只的数量、装备及司法诉讼问题上与清廷妥协。④

第三，要求允许俄国商船进入广州，享有同其他欧洲国家同样的权利。提出这项要求的理由是，既然广州对所有欧洲人开放，那么也不应该禁止俄人前往，并且俄国人也应获准在广州设立贸易代办。但是为避免招致欧洲人和在恰克图贸易的中国人反对，戈洛夫金应谎称俄国人要求这项权利是为了收购由南方诸省运往广州的商品，而非销售毛皮。

第四，要求允许俄国商船通航黄海，因为"黄海与堪察加和美洲毗连，

---

① 《十九世纪俄中关系》第一卷，第 64、65 号文件。
② 但是，这一想法遭到伊尔库茨克当局的反对，他们担心开辟新的贸易口岸将会给恰克图贸易带来损害，导致其周围地区因贸易中心转移而变得贫弱。因此政府要求戈洛夫金在充分调研后才可提出此要求。
③ 俄国政府对通航阿穆尔河觊觎已久。早在戈洛夫金使团来华 80 年前，叶卡捷琳娜一世就曾指示萨瓦了解阿穆尔河通航的可能性。1757 年信使勃拉季谢夫代表俄国政府提出这个要求。参见〔俄〕尼古拉·班蒂什 - 卡缅斯基著《俄中两国外交文献汇编（1619~1792）》，中国人民大学俄语教研室译，商务印书馆，1982，第 143、480、297 页。
④ 《十九世纪俄中关系》第一卷，第 93、130 号文件。

贸易可一年周转数次"。①

第五，要求允许以俄国政府名义向中国所有内地城市和边境城市，或仅向北京、脑温和呼图克图领地自由派遣商队，要求允许俄国向中国内地商业中心城市派驻商业代表。

第六，要求允许通过中国内地开辟通向西藏地区、印度和喀布尔的商路，目的是通过波斯将贸易拓展到印度。

第七，要求允许即将到达广州的北美公司商船进行贸易。

第八，顺利完成第八届传教团换届。② 为了协助使团完成该项使命，外务衙门还通过耶稣会俄国总会长格鲁伯，派遣三名耶稣会士前往北京，并且为了掩盖三人的身份，专程安排他们先从广州登陆。③

第九，戈洛夫金被授权在他以为有利的情况下与清政府谈判边界，即乌第河与阿穆尔河左岸有争议土地划界问题。但是亚历山大一世认为，"目前如没有明显理由就提出讨论边界"，对俄国"既无好处，也不合适"，因此要求戈洛夫金尽量回避这一问题。④

可见，使团肩负的使命相当庞大和广泛，但其中俄国政府最关注的是在中国边境及沿海开辟新的贸易口岸及阿穆尔河通航问题。亚历山大一世对此寄予厚望。他甚至提醒使臣，"万一中国人顽固坚持野蛮的礼仪"，使臣不应置此次出使所期待的利益于不顾。为获得在阿穆尔河口和广州派驻商务代办的权利，使臣"应委婉地陈述理由，并保证选派最称职的人员担当这些职务，保证若有些微令当地政府不满之处，可随时撤换"。⑤

但是对于划界问题，戈洛夫金要求拥有更广泛的权利，并提出划界方案：（1）沿离乌第河最远的一道山脉，即沿尽量靠近阿穆尔河的那道山脉来划分；（2）将争议土地平均划分，尽量争取以图呼勒河为自然边界；（3）以乌第河的右岸为界。⑥

---

① 《十九世纪俄中关系》第一卷，第130号文件。
② 《十九世纪俄中关系》第一卷，第130号文件。
③ 《十九世纪俄中关系》第一卷，第56号文件。但由于戈洛夫金库伦受阻，这三人后来并未到达北京，在1812年才被允许回到俄国。
④ 《十九世纪俄中关系》第一卷，第190号文件。
⑤ 《十九世纪俄中关系》第一卷，第130号文件。
⑥ 《十九世纪俄中关系》第一卷，第90号文件。

二 戈洛夫金使团的出使经过

（一）行进中交涉人数

使团完成筹备工作后，分作三批，分别于 1805 年 5 月、6 月和 7 月初从彼得堡出发①，经过长途跋涉于 9 月抵达伊尔库茨克。但使团尚未到达边境，双方就因削减使团人数、呈交礼单等问题发生了争执，并为此信函往来，持续将近三个月。

首先，清廷提出戈洛夫金使团人数超出已往历届使团，有违惯例，建议使团削减人员，并且以历届使团皆单独前来为由，拒绝传教团与使团一道赴京，同时要求提供礼品清单。但清方的要求遭到戈洛夫金的拒绝，理由是，使团中的随员是为了配合大使的职衔、官阶和身份，不可削减，至于礼单，要到达北京后方可出示。② 库伦办事大臣蕴端多尔济为此致函伊尔库茨克民事省长，告知因俄使不同意清朝的接待条件，他拒绝向北京转递戈洛夫金的信函③，并随即派人将戈洛夫金的拒绝函送往北京。④ 嘉庆皇帝得到奏报后，心中不悦，命军机处传旨，坚决要求俄使缩减人员，提供礼单，保证遵守礼仪，并加上一条，令使臣于库伦先行演习叩头礼，只有俄使"中矩行礼如仪，潜心静虑，面容虔敬"，方可按原定日期赴京觐见，此四项俄使有一项不能完成，立即遣回，不得姑息。⑤ 戈洛夫金见清朝方面态度强硬，表示同意削减使团成员，并提交了缩减后的人员名单，但以玻璃礼品易于损坏为由，称在抵达京城前不能提交礼品清单。⑥

10 月 13 日，蕴端多尔济复函俄使，要求俄使在 159 人的基础上继续削减人数至 60 ~ 70 人，因为根据大清律，前来中国贡献礼物的使臣，至多不

---

① 《十九世纪俄中关系》第一卷，第 91、108、126 号文件。

② 《十九世纪俄中关系》第一卷，第 159 号文件。

③ 《十九世纪俄中关系》第一卷，第 173 号文件。

④ 《十九世纪俄中关系》第一卷，第 174 号文件。

⑤ 1805 年，不早于 10 月 7 日，军机处给库伦办事大臣蕴端多尔济、福海的命令，传达嘉庆皇帝关于缩减戈洛夫金使团随从、在库伦提交呈送皇帝的贺表礼单、向使臣及随员传授叩头礼的谕旨，蒙古中央国立历史档案馆，档藏 M－1，639 号卷宗，第 311 ~ 315 页。

⑥ 《十九世纪俄中关系》第一卷，第 181 号文件，

过几十人。① 10 月 19 日，戈洛夫金派遣使团一秘巴伊科夫赴库伦就削减使团成员等问题进行谈判，提出使团削减人数的底线是萨瓦（Савва Лукич Владиславич）使团来京时的人数 120 人。② 在巴伊科夫转呈给清廷的复信中，戈洛夫金称，两国条约中并未规定俄国使团应遵守大清律法，且清政府曾经允许萨瓦使团 120 人入境，而他本人的级别远远高于萨瓦。但 10 月 28 日，军机处传嘉庆皇帝旨意，要求使团人数削减至 40 人以内，并由库伦办事大臣为其传授宫廷礼仪，如"戈洛夫金等能完成礼仪，虔敬庄重，毫无被迫之态"，可按大清国皇帝对洋人恩典，着蕴端多尔济为戈洛夫金等人赐宴，皇帝委派钦差前往库伦，与蕴端多尔济共同护送使臣前往京城，于 12 月 20 前后入京朝觐。③ 11 月初，军机处又传旨：令将俄国使团人数减至 100，再次强调使臣应在库伦演练叩头礼。④ 11 月 14 日，蕴端多尔济就俄使团一秘巴伊科夫前来谈判的结果致函戈洛夫金，要求戈洛夫金继续削减人员，并且在复函中写明使臣将保证按旧例行三跪九叩之礼。⑤ 在争执两月后，11 月 25 日，蕴端多尔济上奏嘉庆皇帝，称俄使态度已较为恭谨，将使团人数削减至 124 人，且同意遵守礼仪，但使臣实在无力将人员减至 100 人以下，蕴端多尔济认为俄人"确已是山穷水尽，诚心恳请允其入朝"。⑥

嘉庆得到奏报后，态度有所缓和，于 12 月 2 日前下旨，准俄使入京觐见，并着蕴端多尔济派医生前往诊治"因焦虑过度致病"的俄使。圣旨对俄使入京时间作出规定，令俄使"最好能于十二月二十五至二十六日（1806 年 2 月 1~2 日）入京，如此则可于二十八日命大使等觐见"，"亦可于新年过后元月初四、五日到达，倘如此则可于元月初十前觐见，以便赴宴，领取恩赏。此时政通庐园内有戏演出，施放烟花，来使可应邀与他国使臣同乐"。他命前库伦办事大臣佛尔卿额前往萨伊尔乌素驿站迎接使团，刑

---

① 1805 年 10 月 13 日，库伦办事大臣蕴端多尔济、福海为要求将使团随员缩减至 70 人致戈洛夫金大使的信，蒙古国立中央历史档案馆，档藏 M－1，639 号卷宗，第 294~301 页。
② 《十九世纪俄中关系》第一卷，第 200 号文件。
③ 1805 年不早于 10 月 28 日，军机处给库伦办事大臣蕴端多尔济、福海的指示，传达嘉庆皇帝的谕旨，要求将俄国使团随员削减到 40 人，并在库伦教俄人演练"叩头礼"，蒙古国立中央历史档案馆，档藏 M－1，639 号卷宗，第 389~394 页。
④ 《十九世纪俄中关系》第一卷，第 208 号文件。
⑤ 《十九世纪俄中关系》第一卷，第 210 号文件。
⑥ 《十九世纪俄中关系》第一卷，第 215 号文件。

部侍郎瑚素通阿前往张家口迎接①，直隶总督裴行简督办所需人员、车马，并一再强调"事涉外国"，应"全力设法解决"，"不可有丝毫纰漏"②。

（二）库伦谈判礼仪

12月20日，戈洛夫金终于在中国军人鸣放的礼炮声中进入中国境内，开始了双方交涉的第二个阶段。

1906年1月2日，适逢天气酷寒，大雪纷飞，使团在十分艰难的行进中，终于抵达库伦。双方尚未见面，就因库伦王爷与使臣谁先拜见谁的问题产生分歧，但在清朝官员向使臣说明中国从无本地官员先拜访外来客人之理后，戈洛夫金主动前往拜访蕴端多尔济，后者很快回访，双方会面融洽友好，③ 蕴端多尔济告知使臣，皇帝恩典，将于后日为使臣赐宴。1月4日，蕴端多尔济率领官员着朝服，为戈洛夫金设宴，但宴前要求戈洛夫金同清朝官员一起对着象征嘉庆皇帝的香案行三跪九叩之礼。戈洛夫金回答说：事先并未得到通知要举行此种仪式，因此拒绝行礼，并声明见到嘉庆本人时才会行跪拜大礼，现在只能以俄国礼节，鞠躬祝嘉庆皇帝身体健康。双方互不相让，结果不欢而散。接下来双方围绕这个问题展开了旷日持久的谈判。

双方先是拒绝接见对方派来谈判的代表，后来则互通信函进行辩论。嘉庆皇帝也密切关注着事态进展，北京与库伦之间500里廷寄函札交驰。戈洛夫金宣称：蕴端多尔济等人事先并未告知皇上赐宴也要行三跪九叩之礼，萨瓦来华时，一路上都是站立为中国皇帝的健康干杯，因此他戈洛夫金本人也不能向嘉庆皇帝的牌位叩头④，赐宴之礼涉及新规定，应到北京后与理藩院协商。蕴端多尔济则对此加以反驳，称萨瓦来华时，"亲王与昂邦大臣尚未总领此间边境事务，本地仅有当地之土谢图汗及其部副头领居住，故当时无此赐宴之礼。此外，此处亦无王大臣、军团总兵之类重要大臣驻守，无札萨

---

① 1805年，不早于12月2日，军机处为传达嘉庆皇帝下旨规定俄国使团124人到达北京的各种可能日期给库伦办事大臣蕴端多尔济、福海的命令，蒙古国家中央历史档案馆，藏档 M-1，639号卷宗，第483~489页。

② 台北"故宫博物院"辑《清代外交史料》（嘉庆朝），成文出版社，1968，第79页。

③ 《十九世纪俄中关系》第一卷，附录1~3。

④ 《十九世纪俄中关系》第一卷，第245号文件。

克、贝勒、贝子、理藩院官员等备宴观礼"，他指责俄使："既声言已检视旧档，岂会不知此理！"。警告："倘不能虔心行三跪九叩之礼"，绝不容其觐见圣上，并要求使臣即刻返程。① 戈洛夫金则坚持要求出示嘉庆皇帝关于使臣必须在库伦行叩头礼的"圣旨"，声称：见不到"圣旨"不会回国，重申没有俄国皇帝的允许，不能履行新的礼仪规定，并表示有意派遣信使前往北京交涉。② 1 月 21 日，军机处传嘉庆谕旨，训示如俄使再次拒绝演习叩拜之礼，则向使臣宣读皇帝圣旨，将使团遣返回国，其所携纳贡贺表及礼品一并遣返，并着蕴端多尔济火速进京，汇报库伦发生之事。③ 同日，军机处传旨召回派往张家口迎接俄使的刑部侍郎瑚素通阿。④

1 月 22 日，军机处再次传达嘉庆皇帝谕旨，发出最后通牒，命蕴端多尔济"率领当地所部蒙古诸王、古纳、台吉、章京等腰佩武器，整列队伍，然后邀戈洛夫金等人，命其行跪拜之礼后，由蕴端多尔济复行跪拜大礼，对戈洛夫金宣圣上谕旨。如戈洛夫金拒绝前来，则命纳木吉勒多尔吉等前往，为戈洛夫金宣喻此旨译文。如戈洛夫金听旨后确有所惧、面有悔容，并愿于库伦演练叩头之礼、赴京来朝，则蕴丹多尔济等应先行即发快马 500 里廷寄速报皇上，然后宴请戈洛夫金一行，演练'叩头'之礼，再由蕴端多尔济、佛尔卿额会同戈洛夫金一行自库伦出发，沿途于使团慎加护卫，计日赴京，抵达时间应不晚于来年正月十五日。如戈洛夫金行为傲慢如前，不尊圣命，着蕴端多尔济等发 500 里快马廷寄，速向皇上禀明真相，再着纳木吉勒多尔吉等携可靠护卫，将戈洛夫金等递解出境"。⑤

1 月 30 日，贝勒纳木吉勒多尔吉、贝子宁博多尔济前往使臣驻地，面宣嘉庆皇帝圣旨，警告戈洛夫金如"一味因循，拒绝于库伦叩拜如仪"，则敦促其携带"贡物"，"即刻回国，无需再度交涉"。如使臣"感念皇上恩德厚爱"，当面"演示如何在京礼拜"，蕴端多尔济等仍将"奏报圣上，护送

① 《十九世纪俄中关系》第一卷，第 245 号文件。
② 《十九世纪俄中关系》第一卷，第 249 号文件。
③ 《十九世纪俄中关系》第一卷，第 263 号文件。
④ （嘉庆朝）《清代外交史料》，第 102 页。
⑤ 《十九世纪俄中关系》第一卷，第 266 号文件。

入京觐见"。① 鉴于戈洛夫金固执己见，蕴端多尔济建议他致函理藩院，请求免于在库伦行叩头礼，但要求俄使在信函中补充几点内容：（1）俄使将于觐见前几日按照旧例当特派御前重臣之面演练跪拜礼；（2）俄使诚愿履行博格德汗陛下及其圣先祖所订之礼仪；（3）俄使本应在库伦行跪拜礼以谢中国皇帝之隆恩，然因未经俄国皇帝批准，故难以成礼；（4）俄使到库伦后未行跪拜，罪在不赦，恳请郡王及昂邦代为奏明圣上，请求宽恕，并请降恩，允俄使如前赴京，觐见圣颜时将行三跪九叩首之礼。② 但戈洛夫金临时改变主意，在信中使臣重申只有在见到嘉庆皇帝本人，才会行三叩九拜之礼，提出此前由使团一秘在朝臣面前演习叩头礼，同时指出，其他与旧档记载相去甚远的规定，不经俄国皇帝批准，他都不会执行。③ 鉴于此，蕴端多尔济立刻致函戈洛夫金，敦促其马上回国。④

2月3日，戈洛夫金使团在清朝官兵的护送下，在冻馁交加中踏上回程，于2月11日回到恰克图。⑤ 这次出使活动以失败而告终。

（三）广州商船事件

在戈洛夫金同清廷的上述交涉期间，发生了"涅瓦号"和"希望号"商船进入广州海域事件。按照俄国政府预先的计划，戈洛夫金使团到达北京之后，由使臣与清廷交涉，要求对俄开放广州贸易口岸，允许随后到达广州的北美公司商船到岸进行贸易，但由于戈洛夫金在边境受阻，俄国"涅瓦号"和"希望号"商船提前到达广州海域。戈洛夫金也曾担心，商船提前到达广州，将影响他同清朝方面的谈判。⑥

正是在戈洛夫金同清廷在边境的交涉期间，12月7日，广州海关督办延丰上报朝廷，称先后有露臣国克鲁施特森和利香斯基率领商船到达广州水域请求贸易，后经查明；露臣国即俄罗斯国谐音。⑦ 1806年1月16日，理

---

① 《十九世纪俄中关系》第一卷，第270号文件。
② 《十九世纪俄中关系》第一卷，第272号文件。
③ 《十九世纪俄中关系》第一卷，第271号文件。
④ 《十九世纪俄中关系》第一卷，第273号文件。
⑤ 《十九世纪俄中关系》第一卷，第275号文件。
⑥ 《十九世纪俄中关系》第一卷，第163号文件。
⑦ 《清代外交史料》（嘉庆朝），第85页。

藩院致函俄枢密院，质问俄国船只违反只许在恰克图贸易的规定而到达广州，要求俄方将俄商交付有司处置，以儆效尤。① 1 月 22 日，军机处传旨两广总督吴熊光，按律处置擅自允许俄人卸货贸易的延丰，前两广总督那彦成、广州巡抚孙玉庭交吏部议处，并重申俄国只许恰克图一处贸易，旧制不可更张，着令俄船尽速返航，俄人不得在广州贸易，也不得转赴其他港口贸易。②

三　清朝政府对使团的态度

从上述使团的交涉过程可以看到，清朝政府只是如同俄枢密院所通报的那样，按照一次礼节性出使活动来对待该使团，嘉庆皇帝坚决维护"天朝"、"上国"的礼仪规范，不允许有丝毫违拗，目的在于彰显天朝威仪。这也体现在嘉庆皇帝的一系列内部安排方面。

他先后设计了木兰秋狝、万寿节、农历十二月二十五至二十六日和元月初四至五日等四个觐见时间，以便"入宴赏赉，以示怀柔"③。在蕴端多尔济发出要求俄使削减冗员的信函之前，嘉庆就预先降旨：如俄方回信不甚恭顺，则令蕴端多尔济"立即回信，坚予拒绝"，"此后若俄人中途止步不来，亦无所不可，勿须再频频奏报，请求指示"。④ 当收到关于俄使拒绝削减人数、提供礼单，且"来信颇为不敬，其中多有炫耀及显赫之辞"⑤ 的奏报后，嘉庆皇帝大怒，立刻传旨，宣称："俄人本性桀骜不驯，以往邀请其使臣之事本不多见。去年俄人多次请求遣使入朝，辞色甚恭，故朕方颁谕准其所请。但此事绝非我方邀请。今彼等来信颇有不恭，且信中行文时将彼国汗谕旨置于朕谕旨文字之上（指此前收到的俄枢密院致理藩院关于第八届传教团换届的国书）。由来信得知，来朝人数并未减少，信中亦未告知献时是

---

① 《十九世纪俄中关系》第一卷，第 256 号文件。
② （嘉庆朝）《清代外交史料》，第 125～126 页。
③ 《十九世纪俄中关系》第一卷，第 20、60、218 号文件。这几个时间是皇帝接见文武百官和外国使节的日子。嘉庆作此安排，是为了让俄国使臣与其他国家使节一道，顺理成章地完成朝拜大礼。
④ 《十九世纪俄中关系》第一卷，第 102 号文件。
⑤ 《十九世纪俄中关系》第一卷，第 159 号文件。

否已备好上皇帝之贺表，且不肯呈报贡品为何物，显系别有用心。其行何其卑鄙！桀骜蛮横如此，如何还能邀请！蕴端多尔济等此次已去函告知我方拒绝之意，并命彼方信使送交使臣，何其正确。如俄使收到我方拒绝后半途止步，倒也甚好"。① 他提出接见俄使的四个条件，令蕴端多尔济等人"如俄方有一项条件不能完成，立即予以坚拒，将其遣送回程，决不可优柔寡断"！② 随后，就削减使团人数问题三次颁旨，直到得知俄人已逐渐恭顺后，才允许使团 124 人入境③。

嘉庆皇帝对接待工作的精心部署，也反映出他对这次使节活动的期待，是维护"天朝"体面，彰显"天朝"威仪。他安排要员参与此事，令库伦办事大臣蕴端多尔济和总兵佛尔卿额陪同俄使入京，派刑部侍郎瑚素通阿作为钦差大臣前往张家口迎接④，交代直隶总督裘行简亲自督办人员车马⑤。此外，要求使团的"沿途供应等事观瞻所系，不可不予以整肃"，"所用车辆，凡有人乘坐者，其棚席必当周备，车内酌添毡片，使御风寒。应用骒马皆需膘壮，其尖宿房屋俱著收拾洁净，炭火、煤烟，俱就温暖，所有食物从优供给，妥为经理。至关沟地方，路较崎岖，该国贡物中有玻璃等件，车载不便，当酌派人夫与预备护送……届期前往，护送不可迟误，并饬该镇，酌带兵四百名随同照应"，并且一路应严加防范，"勿致所过地方有宵小偷窃之事，致为外国轻视"。⑥ 办事人员一干人等，"对待洋人应务求和气，使其心存敬畏"，且不得有丝毫纰漏⑦，以致有失"天朝"之体面，⑧ 等等。

除了以上内容，在北京和库伦的往来函件中，并未提及戈洛夫金担心的划界问题。究其原因，也许是嘉庆皇帝受国内事务困扰，无暇顾及此事。

---

① 《十九世纪俄中关系》第一卷，第 180 号文件。
② 《十九世纪俄中关系》第一卷，第 180 号文件。
③ 《十九世纪俄中关系》第一卷，第 218 号文件。
④ （嘉庆朝）《清代外交史料》，第 78 页。
⑤ （嘉庆朝）《清代外交史料》，第 79 页。
⑥ 第一历史档案馆藏"嘉庆朱批奏折外文类"，第 10 号文件；（嘉庆朝）《清代外交史料》，第 81 页。
⑦ 《十九世纪俄中关系》第一卷，第 219、220 号文件。
⑧ 《十九世纪俄中关系》第一卷，第 60 号文件。

四　关于戈洛夫金使团失败的思考

关于戈洛夫金使团失败的原因，主要有三种观点——礼仪之争、广州商船事件的影响和使团出访的目的缺乏中俄两国共同的国家利益基础①，哪一种观点更加接近历史史实？戈洛夫金使团出使前后，英国马戛尔尼使团、阿美士德使团，荷兰铁俊甫和文谱兰使团也曾经来华，皆无功而返，这中间是否存着某种必然？学界通常以"礼仪之争"解释上述使团的失败，如果说"礼仪之争"是早期中西外交的死结，那么如何解释在早期中俄关系史上，中俄双方都曾不止一次在外交礼仪上作出妥协？这些疑问，需要我们进一步思考"礼仪之争"背后的诸多问题。

（一）　中西两种文化的激烈碰撞，直接导致了戈洛夫金使团的失败

外交礼仪是一个民族政治文化传统的外在表现，在代表着不同文化传统的嘉庆皇帝与戈洛夫金之间发生的这场文化冲突，是不可避免的。

在整个事件中，嘉庆皇帝高度专注于俄人的态度、朝贺时间、沿途观瞻、所用车辆、尖宿房屋等问题，这正是中国长久以来形成的政治传统的具体体现。同时，嘉庆皇帝当时的心理状态，又强化了其对政治传统的高度维护。这一时期，国库空虚，吏治腐败，民不聊生，嘉庆皇帝对"天朝"的

---

① 第一种观点是"礼仪之争"。两国官方都是从"礼仪之争"的角度解释使团失败的原因，清朝官方指责戈洛夫金态度骄傲，争论不休，不肯行三跪九叩之礼（国家清史编纂委员会与《历史研究》编辑部合编《故宫俄文史料》第 137 号文件）。俄国官方则称"戈洛夫金伯爵准确履行了对他的训令，我们对他断然拒绝与他的身份不相符的行为表示赞许"（《十九世纪俄中关系》第一卷序言）。第二种观点强调俄国"希望号"和"涅瓦号"商船突然进入广州进行贸易事件的影响，以英国学者奎斯蒂德和俄罗斯学者斯拉德科夫斯基（М. И. Сладковский）为代表。他们认为，俄国船只"希望号"和"涅瓦号"闯入广州附近海域，是造成清廷对使团改变立场及后来导致冲突的原因。斯拉德科夫斯基甚至认为，清廷因为广州事件改变了态度，"以种种微不足道的理由和要求履行各种侮辱性的仪式来阻挠尤·亚·戈洛夫金使团前往北京"（《十九世纪俄中关系》第一卷序言）。第三种观点从国家利益与外交传统的关系角度解释使团的失败。米亚斯尼科夫（В. С. Мясников）认为，导致使团失败的重要因素，是俄国外交部门犯了策略上的错误，它没有制订出引起中方兴趣的计划，他甚至认为，即使戈洛夫金在库伦执行了清政府的所有规定，并到了北京，也未必能实现为他制订的计划（《十九世纪俄中关系》第一卷序言）。

信心逐渐丧失，在对外政策上不但不可能超越自负的乾隆皇帝，相反，他推行的对外政策更加内敛，其外部表现更加严厉，这成为冲突激化的重要因素。

而俄方代表戈洛夫金的文化背景和性格特征，同样成为强化这场冲突的催化剂。

戈洛夫金的欧洲背景，赋予他对欧洲文明的过度优越感，加之对东方国家文化知识的缺失，成为他外交失败的重要原因。在这一点上，他同马戛尔尼有着惊人相似，两人都想以欧洲的辉煌征服大清国的统治者，只不过马戛尔尼展示的是科技，① 而戈洛夫金炫耀的是排场，如 60 人的卫队，整齐划一的着装，银制的餐具，使团内部严格的等级制度，等等。当使团成员以马戛尔尼和传教士为例劝说戈洛夫金时，他却回答："传教士都是些说谎的人，马戛尔尼是个书呆子，而利用好的厨师和上等的葡萄酒可以走遍世界，保证获得成功。"可见这位大使比马戛尔尼还多了一份法国式的浪漫，但可惜中国人对他的排场、厨师和美酒都不屑一顾。使团成员斯特鲁维记载道："我们看到了，满洲人和蒙古人对我们的葡萄酒是怎样撇嘴的。"②

因此，戈洛夫金坚决抵制对着嘉庆皇帝的香案行三跪九叩之礼的要求，他同马戛尔尼一样对这个国家的礼仪规定感到不解和愤怒，在长达 33 天的库伦交涉中，始终没有妥协。

（二）　国家利益诉求的不对等，是戈洛夫金使团失败的根本原因

仅以文化碰撞还不能从根本上解释戈洛夫金被拒事件，因为戈洛夫金出使中国之前，中俄之间曾多次发生礼仪之争，并且大多情况下能够妥善解决，使团的失败，从深层次讲，是随着准噶尔问题得到根本解决和边界逃人问题的困扰相对减弱，清政府对俄国的国家利益诉求相对弱化所致。

在早期中俄关系中，由于存在着边界、逃人、准噶尔和贸易问题的诸多牵绊，国家利益成为两个文明的最高代表首先考虑的因素。由于双方在一些

---

① 事实上，马戛尔尼带来的科技成果并未令乾隆皇帝震惊，相反，热河行宫收藏的"奇巧"之器，足以使马戛尔尼的礼品相形见绌，而戈洛夫金携带的大镜子、毛皮、数学仪器等礼品，就更不能与之相比了。

② 《十九世纪俄中关系》，附录 1～3。

重大政治、经济问题上互有所求，礼仪问题不再成为影响两国关系的决定因素。在国家利益面前，外交传统已经退居第二。尽管俄国使团来华时，双方仍因递交国书、行跪拜礼、俄使如何接受清帝礼物等问题争执不休，但礼仪问题基本能够妥善解决。1720 年，伊兹玛伊洛夫出使中国时，彼得一世在国书中仅留下自己的教名，以示对大清皇帝的尊重。另一方面，清廷也不再固执于外交传统，甚至待俄使以殊礼，如伊兹玛伊洛夫使团和萨瓦使团来华期间，清廷不但隆重接待，康熙和雍正两位皇帝还破例亲自从使臣手中接过国书。① 这时，在其他西方国家无法打开礼仪之争的死结时，中俄两国实际上已经进入正常的国家关系发展时期。

但是，1755 年后，中俄关系发生了微妙变化。因为在这一年，乾隆皇帝成功平定准噶尔部，消除了心腹大患，俄准联合的威胁不复存在，而中俄东段、中段边界也已划定，在对俄关系中掣肘清廷的问题基本得到解决。戈洛夫金来华前后，中俄关系相对平稳，嘉庆皇帝安于两国关系现状，对俄国使团来访并不期待，因此在谕旨中多次提到"朕见俄人行为恭谨，下令顺其所请，绝非朕有意邀请渠等"②，如果俄人就此止步，也无不可等语。

再从俄方来看，俄国外交部门没有制定出引起清廷兴趣的谈判计划。戈洛夫金带来的主要是一揽子贸易诉求，而清廷本身对贸易并无兴趣，以往清廷历次满足俄国的贸易要求，都伴随着重大政治问题的解决，如签订《尼布楚条约》，允许俄商来京贸易，是以划分东段边界为前提；签订《恰克图条约》，规定建立恰克图市圈，是以中段划界和俄国对清准事务保持中立为前提，等等。而 19 世纪初，中国对于俄国的立场，用戈洛夫金的话说，"中国人多年来的所作所为使我们有根据判断，他们目前在重大问题上对我们并无所求，而且他们既不需要我们的帮助，也不需要我们在某些事情上替他们说话"。③ 虽然戈洛夫金勉强将英国等资本主义国家在印度洋和东海集结兵力可能对俄国或中国造成共同影响，视为两国利益的交汇点，但是，对于疲于应付国内事务的嘉庆政府而言，这些潜在的危险已经退居次位。因

① 尼古拉·班蒂什-卡缅斯基著《俄中两国外交文献汇编（1619～1792）》，中国人民大学俄语教研室译，第 487 页。
② 《十九世纪俄中关系》第一卷，第 18 号文件。
③ 《十九世纪俄中关系》第一卷，第 235 号文件。

此，戈洛夫金预料到，俄国政府的各项计划，即使能够解决其中一项，就已经很不容易，"因为它们同中国的政策原则和思维直接对立"。为此，他不得不制订了"无论是在谈判之前，还是在谈判过程中，都尽量不要谈贸易"的策略，因为在中国"贸易"是个禁忌的字眼，所以"要尽量表现出让中国人以为我们对政治比对商业更感兴趣，因为政治问题会引起他们恐惧不安，但却不会像贸易问题引起他们鄙视"。① 这再次表明，戈洛夫金使团出使中国，在使团到达之前就已经注定失败。

至于"希望号"和"涅瓦号"商船突然进入广州事件与使团被拒的关系，从嘉庆皇帝在 1806 年 1 月 22 日同一天颁布了两道谕旨，分别对广州事件和库伦事件进行了处理的事实来看，两件事情应该具有一定的关联性，但是，从上述使团的出使经过看，嘉庆皇帝遣返使团的决定是在同俄使的不断交涉过程中酝酿形成的，并且在得知广州事件之前已经产生拒绝俄使入境的想法，因此，只能说广州事件对事态进展起到了推动作用，而并非决定作用。

综上所述，戈洛夫金使团失败的原因非常复杂，不能简单以"礼仪之争"来解释。外交礼仪是一个国家民族文化的外在表现，具有不同文明传统的国家在进行交往时，往往会发生文化的碰撞，但礼仪问题在重大的国家利益面前，有时是可以相互妥协的。戈洛夫金使团的失败，与嘉庆皇帝的心理状态、俄国使节的文化背景以及两国的外交传统都有着直接关系，但国家利益因素才是使团失败的根本原因，并且中国长久以来对贸易的排斥，也是导致使团失败的深层原因。

（文章发表于《中国边疆史地研究》2009 年第 4 期）

---

① 《十九世纪俄中关系》第一卷，第 235 号文件。

论清代漠南蒙古地区的二元管理体制

◎ 张永江

这里所说的漠南蒙古，主要的是一个地理概念而不是完整的政区概念。它东接盛京、吉林、黑龙江、南至长城，北临大漠、西隔河套与厄鲁特部落相邻。由于论题内的时间跨有清一代近三百年，其间这一地区居民、部落、行政建置和隶属关系屡有变动，因此既不能套用今天内蒙古地区的概念，也不能简单沿用清代的"内札萨克蒙古"概念。

旗是清廷在蒙古地区设立最早、数量最多而且又是用来专管从事畜牧业的蒙古族居民的行政建置。但我们不能因此而忽略另一类性质完全不同的行政建置——府厅州县。尽管后者出现略晚，管辖的地域不及盟旗制广阔，管理对象又主要是汉族农业居民，但它同样是漠南蒙古地区社会的重要组成部分。两类行政建置性质和运作方式不同，当然都服从统一的国家主权这一大前提。盟旗的上级机关是理藩院，通过理藩院听命于皇帝，皇帝也有条件经特定途径直接接触旗的主官札萨克。而府厅州县之间则是层层架构，其上级机关是直省，通过行省和中央六部发生关系，其中依靠一整套既定的官僚机制发生作用。皇帝无须对州县一级的事务再予过问。因此从这一角度，我们可以将清朝在漠南蒙古的施政总括为二元体制。

一 理藩院系统盟旗制的建立

清代，理藩院系统的盟旗制是漠南蒙古地区建立最早，并且始终占主导地位的行政体制。

早在努尔哈赤时代，后金统治者为了战略考虑，已经确立将蒙古作为盟友加以争取的政策。经过长期努力，努尔哈赤确实成功地争取到了一大批蒙古人的归附。但是对来归者如何管理，却是一个新问题。后金统治者最初对地位较低、人数较少的蒙古封建主采用的是编制蒙古牛录，纳入八旗体制的办法，如 1621 年来归的内喀尔喀古尔布什台吉。但是对地位较高、属民众多的大封建主，如兀鲁特部明安，属民三千户，显然八旗无法容纳，又不能立即拆散，只好采用原主统领，别立"蒙古一旗"①的办法。这样在蒙古人的管理上便出现了两种模式：一种通过委任蒙古王公间接管理；另一种就是纳入八旗由满人直接管理。经过 1635 年对蒙古的大规模编旗，两种模式正式确定下来。

大体上，后金政府对前来投归的蒙古人众的编旗是循着如下程序进行的：（1）向来归者宣示晓谕后金法度。（2）要求蒙古领主提供军事协助，遵守军令。（3）清查户口、编制牛录。（4）划定牧地。（5）任命札萨克。前两项是比较容易做到的，（3）（4）两项则需要一定的条件，而且往往是同时进行的。如划定牧地，大规模地进行必须要到击败察哈尔、控制漠南大部分地区以后才能进行。因此，史料显示编旗活动主要有以下几次：天聪八年十一月，硕翁科尔大会，阿什达尔汉、达雅齐往外藩蒙古分划牧地、分定户口，其中包括敖汉、奈曼、巴林等十部落。②崇德元年九月，希福、阿什达尔汉等"往察哈尔、喀尔喀、科尔沁，查户口、编牛录、会外藩、审罪犯、颁法律"③；同年十一月，希福往科尔沁"会外藩、料理一切事务，以五十家编一牛录"。④此后在崇德四年、七年又有增设。关于札萨克（旗长）的任命，崇德元年前各旗之长一般称管事贝勒或执政贝勒。此后开始称札萨克贝勒，后又统一简称为札萨克。

漠南蒙古的设旗，直到 1670 年（康熙九年）才基本结束，札萨克旗的数量固定为 16 部 49 旗之数。这期间经历了数十年之久。现据《清实录》将各旗设置的大致时间统计如下：

① 《清史稿》卷二二九，《明安传》。

② 《清太宗实录》卷二一，中华书局影印本。

③ 《清太宗实录》卷三一。

④ 《清太宗实录》卷三二。

年份	总旗数	部名、旗数
1634	10	敖汉 1、巴林 2、奈曼 1、扎鲁特 2、四子部落 1、翁牛特 2、阿鲁科尔沁 1
1635	14	新增喀喇沁 2、土默特 2
1636	25	新增科尔沁 6、扎赉特 1、杜尔伯特 1、吴喇忒 1、郭尔罗斯 2
1639	27	新增吴喇忒 2
1642～1662	47	新增鄂尔多斯等 20 旗
1670	49	新增喀喇沁 1、鄂尔多斯 1

在编设札萨克旗过程中，确定了以下一些重要原则：

1. 原来的领主能否成为旗札萨克，不完全取决于其原来的身份，还要考虑其现实的政治表现、对清廷的效忠程度、对清廷的贡献大小等因素。有些旗中某些王公封号爵级很高，却只是闲散王公，可食用俸禄，却不准任札萨克。

2. 编旗时户口要重新调整，削多补少，使之大体均衡。防止某些有实力的封建主势力过大。

3. 编制牛录（苏木）要按整齐划一的标准进行。每 50 家编一牛录，违者要受处罚。天聪六年明安等人即因"违犯编五十家为民之令"而受处罚。① 这样，就使旗更像是一支军队，便于作战时调遣和指挥。

4. 登记户口、保证兵源。天聪九年编制喀喇沁等三旗时就确定了这样的原则：男六十岁以下、十八岁以上皆在登记之列，身有残疾者除外。违令"隐丁"的领主要受严厉处罚。② 这一原则后来规范化，形成外藩蒙古每三年一次的"比丁"制度。

5. 牧地一经确定，不得私自更改或越界游牧，违者要受到惩罚。"既分之后，倘有越此定界者，坐以侵犯之罪。"③《实录》记载，早在天聪三年，奈曼、扎鲁特部即因私越钦定地界驻牧而被罚马匹。④

这些原则体现了清廷作为中央政府对蒙古地方和人民应有的主权权威，

---

① 《清太宗实录》卷一二。
② 辽宁大学历史系编《汉译满文老档》，天聪二年二月，内部铅印本。
③ 《清太宗实录》卷二一。
④ 《清太宗实录》卷五。

入关后被法律和政令肯定下来，得以世世遵守。并且，随着时间的推移，有了许多新的发展，更加严密化了。

作为盟旗制度的另一组成部分——盟出现较晚。盟，蒙语称 čiɣ ulgan-čulgan，汉译楚固勒干，或楚勒罕。原意为封建主之间的会盟、集会，是蒙古的一种古老的传统。在明代蒙古分裂时期尤其频繁举行。主要是为了解决各部之间出现的冲突、纠纷和其他需要协作的事宜，如著名的 1640 年卫拉特—喀尔喀会盟就制订了《卫拉特法典》。入清以后，这种古老形式被清统治者巧妙地加以利用。建旗时代所有查户口、编牛录、划牧地、申军律、审罪犯都是在会盟时进行的。入关后，清朝管理蒙古的体制已经建立起来，清廷更多的是把漠南蒙古地区看作是一个巨大的后备军事基地。因此，会盟依旧举行，并且三年一次制度化了，但其职能已不像过去那样广泛，而是集中在军事、司法两方面，即所谓"简稽军实，巡阅边防；清理刑名，编审丁册"。[①] 中央要派大臣携理藩院或刑部司官及随员参加（乾隆十六年后停派大臣），一旗或数旗在指定地点会盟。盟设盟长，从参加会盟的各旗札萨克中选任。以后盟级官员又有增加。1728 年（雍正六年）设副盟长，道光以后又增设帮办盟务和备兵札萨克等职务。盟是正式机构，这一点由盟长握有清廷颁给的印信可以看出。道光以前，盟与旗，盟长与札萨克是上下级关系，但只限于军事和司法方面。康熙十三年规定，每年十月、十二月各旗必须派一人赴盟长处听候调遣。[②] 和旗札萨克一样，盟长无额外待遇，也无固定办公地点，一般与本旗衙门合署办公。看起来，盟长更像是中央特命的代理，代理监督各旗札萨克施政。实际上，他也只有对札萨克的监督之权，而无处分之权。道光以后，盟的行政职能加强，盟长的职权和作用大为提高。

清代漠南蒙古共设六盟：哲里木盟，辖 4 部 10 旗；卓索图盟，辖 2 部 5 旗；昭乌达盟，辖 8 部 11 旗；锡林郭勒盟，辖 5 部 10 旗；乌兰察布盟，辖 4 部 6 旗；伊克昭盟，辖 1 部 7 旗。

在旗、盟之上，是代表中央行使统辖权的理藩院。它作为国家统管蒙古事务的机构，早在入关前的 1636 年（崇德元年）就已经设立，而其雏形天

---

① 《（乾隆）大清会典》卷七九。

② （乾隆内府写本）《理藩院则例》，《录勋清吏司》。

聪末年已见诸史册。因为此时察哈尔已平，整个漠南蒙古都已置于清的有效管辖之下。面对蒙古十数万人口、辽阔的地域、自成一系的文化，仅凭几个大臣和一些临时机构是无法管理的，又不可能纳入事权分散的六部分管。清廷为此创设了专管蒙古事务的蒙古衙门，设承政、参政等官，与六部平行，直属皇帝，体现了清朝对蒙古事务的重视。自古以来，还从未有过一个中央王朝专为管辖一个民族而设立国家专门机构。

1638 年（崇德三年）蒙古衙门更名为理藩院，"专管外藩事务"。① 入关以后，理藩院机构更加复杂，管辖范围也扩展到回部、西藏，还兼管一部分对外事务，但管理蒙古事务仍是大宗。六司之中，有四个专管蒙古事务。理藩院是代表国家对边疆民族地区行使主权的机构，在行政管辖、立法、司法方面拥有全权。它对漠南蒙古的管理，概括起来有四大方面："董其黜陟、赏罚、朝会、往来之事。"②

这样，清廷就确立了对漠南蒙古地区的三级管理体制：旗—盟—理藩院。

谈到漠南蒙古的理藩院系统的盟旗制，不能不提到康熙时期漠南蒙古地区新出现的一些特别旗，它们原本也是札萨克旗，后来才被改编成特别旗。这里所说的特别旗指的是察哈尔八总管旗和土默特二都统旗。察哈尔八旗出现于 1675 年（康熙十四年），但察哈尔部纳入清朝统治则应追溯到入关前。1634 年察哈尔部林丹汗死于青海大草滩，太子额哲、弟阿布鼐及所属部众奉传国玺投降清军。至此，蒙古自己的政权不复存在。1635 年额哲受封亲王，皇太极还将自己二女儿温庄长公主下嫁额哲。在第二年初举行的蒙古十六部四十九名封建主推戴皇太极为"阿巴海汗"的盛京大会上，察哈尔部的额哲名列第一，甚至排在最受信赖的科尔沁封建主之前。关于其属众的处理，《嘉庆会典》只说"乃封其子额哲于义州边外"。魏源说"其众编旗安置义州"。近年，虽有著作明言 1636 年察哈尔八部被分建为八札萨克旗、与蒙古其他部所组建的札萨克旗组合实行会盟，③ 但并未提出史实依据。从当时情况推断，察哈尔被编为札萨克旗应无问题，牧地就在义州边外，即今彰

---

① 《清圣祖实录》卷二。
② 《（雍正）大清会典》卷二二一。
③ 乌盟、锡盟政协文史委编《察哈尔蒙古族史话》，内部印刷本，1989，第 18 页。

武县、阜新市附近。至于编成几旗、如何会盟，尚有待研究。额哲死后，其爵由其弟阿布鼐袭，其子布尔尼成年后袭封亲王。1675 年（康熙十四年）布尔尼乘"三藩之乱"爆发之机起兵反清，遭到清廷的严厉镇压。布尔尼被杀，"空其故地，置牧厂，隶内务府太仆寺。而移其部众游牧于宣化、大同边外"①，编为八旗，属察哈尔都统。重新编制的察哈尔八旗完全按照入关前的八旗蒙古建制。惟旗长称总管，总管之上设都统。这两级主官都由京师八旗蒙古人担任。察哈尔八旗贵族不但被取消世袭爵号，有限的自治权也被取消了，成了清廷直接统辖的一支军队。其八旗内部不仅被掺杂了大量的其他蒙古部落人众，清廷还可以随时将察哈尔佐领调往各地驻防。对察哈尔的牧地，清廷可以随意划出给各满洲王公的牛羊群作为牧地，或者划作官府牧厂，甚至还有划归京师八旗土地者。② 雍正后察哈尔八旗兵丁主要负责牧放清廷所属的四大牧群。官兵都享有一定数量的俸银。清末（光绪二十九年）改俸银为授随缺地，最高者十五顷，最少一顷。③ 清代察哈尔八旗称为"内属蒙古"，地位较低，"其本旗事务，辖以都统等官，而总隶于理藩院典属司。此八旗在蒙古四十九旗之外，官不得世袭，事不得自专，与各札萨克君国子民者不同"。④

归化城土默特二旗的情形又与察哈尔不完全相同。土默特部是明代赫赫有名的俺答汗的属部。明末其领主为博硕克图汗，曾有十二鄂托克之众。林丹汗退出辽东后西征，收服了该部，成为蒙古汗廷晚期的根据地。"天聪六年太宗文皇帝破林丹汗，博硕克图子俄木布降，令领其众如故。九年俄木布叛，执之，分其众为左右翼。设都统二人领之，为世职，后因事革退，补以京员"。⑤ 据此看来，其经历与察哈尔简直如出一辙。实际上则不然。关于设左右翼一事，《清实录》记载"以其众编立旗分牛录，设固山额真、梅勒章京、牛录章京。仍依品级授世职"⑥，足见其事在崇德三年而非天聪九年。

---

① 魏源：《圣武记》卷三。

② 波兹德涅耶夫：《蒙古及蒙古人》第二卷，刘汉明译，内蒙古人民出版社，1983，第 232 页。

③ 乌盟、伊盟文史委编《察哈尔蒙古族史话》，内部印刷本，1989，第 23~24 页。

④ 魏源：《圣武记》卷三。

⑤ 《（嘉庆）大清会典》卷五一。

⑥ 《清太宗实录》卷四。

这且不论。这次由一部分为两翼，并未取消其自治权，仍可世袭管旗。所谓补以京员，事在康熙末年。当时康熙帝巡视至归化城，"见两旗官兵委靡，弓马不习，故将两旗都统革退，补以京员"。① 至此才算取消其自治权。在此之前，其地位与其他札萨克旗无大差别。雍正帝说，"归化城土默持两旗，原在四十九旗札萨克内。其都统、副都统等官，皆系国初归附之士默特功臣子孙世爵。"② 两旗都统与其他蒙古王公一样于年节赴京行年班朝现之礼，一样受赏赐。③ 各旗每年派一人"赴京听事"，归化城二旗也一样。各旗向清廷进贡，归化城也要进贡。④ 二旗也要会盟，会盟地点在归化城。归化城二旗真正被排除出内札萨克之外是在康熙四十年以后。雍正年间，其行政、司法方面与察哈尔一样，接受清廷派出的钦定巡察官员的监督，⑤ "乾隆中并裁都统，其旗务掌之将军、副都统"，⑥ "统其治于将军而以达于院"。⑦ 由此可见，归化城二旗政治地位是逐渐下降的。这与归化城战略地位的不断下降有关。

尽管归化城二旗与察哈尔八旗同列"内属蒙古"，但归化城土默特的地位仍较察哈尔为高。清廷极少征调归化城土默特军队出征，他们有固定的牧地，不领取清廷的俸银，个别人可以保有贵族爵位。魏源显然注意到了这些区别，故说它"与京师内八旗相等，而与插汉小殊"。⑧ 但谓其与京师内八旗相等，恐与事实相去过远。

与札萨克旗相比，归化城二旗与察哈尔八旗毕竟共同点居多，可以归为同一类型。从管理"民"的角度看，札萨克旗是接受清廷委任施治，自有一定程度的自治权，可名为委任管理型。而特别旗则可以称之为直接管理型。这两种类型的旗，在民政、司法上都统管于理藩院，因此我们又可以将其一并归入理藩院系统的盟旗制来论述。

① （乾隆内府写本）《理藩院则例》，《录勋清吏司》。
② （乾隆内府写本）《理藩院则例》，《录勋清吏司》。
③ 《（乾隆）理藩院则例》，《宾客清吏司》。
④ 《（乾隆）理藩院则例》，《宾客清吏司》。
⑤ （乾隆内府写本）《理藩院则例》，《录勋清吏司》。
⑥ 魏源：《圣武记》卷三。
⑦ 《（嘉庆）大清会典》卷五一。
⑧ 魏源：《圣武记》卷三。

还应提到的是清代漠南蒙古地区唯一的一个政教合一的喇嘛旗——锡勒图库伦旗。该旗创建者为阿兴喇嘛，早在1633年（天聪七年）便从后金那里获得了领地，入关后又获得了札萨克达喇嘛印和世袭权利。该旗位于养息牧河上游，一度归卓索图盟管辖。旗内设有喇嘛官员，管辖属民。由于该旗规模和影响很小，故不作为一个单独类型提出讨论。

二　盟旗制度下的封建主权力和国家权力

盟旗制度（主要指札萨克旗制）下，建立在游动畜牧业生产方式基础上的封建领主制度，基本上仍被保留下来，但是受到了国家权力的限制。

旗不再是过去的鄂托克或爱马克。林丹汗的败亡标志着蒙古政权（尽管是名义上的）的结束。现在的旗已经是新国家的一级地方政权。清廷按自己的需要对旧的鄂托克进行了尽可能的改造，以显示国家权力的权威并清除旧的因素的影响。旧的官名如台吉、寨桑（宰桑）、扎萨固尔、德木齐、收楞额之类都被取消了，换成了札萨克、协理台吉、管旗章京、梅伦章京、扎兰（甲喇章京）、苏木章京。旗的组织机构健全了，旗下设若干参领、佐领，还有更基层的族长、什长等。①

经过这一番改造，至少从形式上看，旗已经完全像是一级组织严密的地方政府了。贵族之间爵位有高低之分，官员之间职务有上下之别，但都不再是原来的主从关系，而同是大清皇帝的臣民。每一级官员都有明确的职责，有规定的选任手续，当然也享有相应的待遇。不过这笔俸饷开支除札萨克外，都是由旗财政自己负担。由鄂托克改编为旗的过程中，除原有的部落、鄂托克名称多数保留外，其他痕迹几乎没有留下。旗地在性质也发生了变化。土地的所有权被收归国家。王公贵族只有管理权和使用权，并且只限于本旗界内之地。调整牧地的权力在清廷。清廷可以随时改变土地的所属，交给皇室或满洲王公用作猎场、牧场或驿站用地。清代的围场、礼部牧场、内务府各大牧场就是这样出现的。

另一方面，旗作为漠南蒙古地区基本社会组织又一定程度上保留了原有

---

① 田山茂：《清代蒙古社会制度》，潘世宪译，商务印书馆，1987，第104、130、131页。

的封建主领地的性质。旗不同于内地州县，它没有向国家提供财政收入的义务。王公贵族当然要向皇帝交纳贡物，但只是象征的一点点。按乾隆元年的规定，蒙古"各旗札萨克，每年十二月各进羊一只，乳酒一瓶，著为定例"。① 这只是用来表明王公与皇帝之间封建臣属关系的象征物，更多的在于其政治意义。国家也不向各旗征调劳役和征收丁税。蒙古百姓向国家承担的只是驿站官差和预备兵役及相关的经济和超经济负担，如置备兵器马匹、参加操演、接受检阅等等。战时有义务披甲出征。相反，贵族与属民的关系不仅原封未动，而且受到了法律的保护。按《理藩院则例》规定，蒙古王、贝勒所属人不得私自离开本旗和主人，违者以逃亡论处。他旗王公也不得私自容留逃人，违者以窝主处罚。② 属民不得诽谤贵族，违者严惩。人身隶属关系并未减轻多少。蒙古平民的身份与内地的编户齐民仍有不同。

王公贵族的身份及特权被法律肯定下来。（1）享有爵级和封号。除了少数几个家族可以保留就的汗号外，清廷重新颁授了贵族等级称号，共分六等：亲王、郡王、贝勒、贝子、公、台吉——塔布囊。其中台吉和塔布囊又分一至四等。又依据他们对清皇室的亲疏、忠诚之差别，分为世袭和非世袭两大类。即使对获世袭罔替特权的家族，清廷也保留着依其表现随时予以升降、黜革的权力，以调动蒙古贵族更积极地为自己效力。（2）享有俸币。王公贵族无论理政还是闲散都享有优厚的固定待遇，包括俸银和俸缎，最高的科尔沁三亲王年俸银达 2500 两，缎 40 匹，最低的四等台吉也有 40 两俸银。③ 乾隆后期又规定增俸一倍。据统计，嘉道年间仅此一项清廷就要年支出俸银约 15 万两，俸缎约 1300 匹。① （3）享有清廷各种赏赐。清廷对王公贵族参加年班、围班、行走、朝觐、纳贡者都给予优厚的赏赐，包括银两和珍稀物品。此外王公因各种需要可以得到不固定的银两赏赐，如修理坟茔⑤、贵族亡故⑥等。数额都在几百两、数千两不等。（4）享有私属人户。

① 《（乾隆）理藩院则例》，《宾客清吏司》。
② （乾隆内府写本）《理藩院则例》，《录勋清吏司》。
③ 《（光绪）大清会典事例》卷九八七。
④ 田山茂：《清代蒙古社会制度》，商务印书馆，1987，第 104、130、131 页。
⑤ 《清宣宗实录》，卷五〇。
⑥ 《清宣宗实录》卷八五。

清代法定的有两类：随丁和陵户。最高的亲王可享有随丁 60 人、陵户 10 户，最低级的四等台吉、塔布囊也可享有 4 名随丁（无陵户），[①] 这些人户完全归蒙古王公私人世袭占有，可以转让和赠送。他们可以不服兵役，不纳贡赋，不派差役。这并非清廷的特赐，不过是对旧时代领主权利的承认而已。[②] （5）享有仪制上的特权。这些特权包括：贵族婚嫁时，有权自属民中指定一定数量的侍女或闲散属户，作为陪嫁，[③] 这些人终身都归主人所有；王公贵族在服饰、出行仪仗、仪从各方面都享有法定的特权。[④] （6）享有任官优先权和司法上的特权。盟旗的高级官员（札萨克、协理台吉以上）只能由贵族担任。协理台吉以下官员虽未必一定由贵族出任，但贵族仍有优先权。沿袭古老的传统，贵族在接受审判时享有免受拷打和免除宣誓义务的特权，盟旗两级无权就贵族犯法作出判决，只有代表清朝皇帝的理藩院才有这一权力。[⑤] （7）享有赋役征收权。贵族有权从属户那里按比例征收法定赋役，当然要按法定的征收标准。这一点不同于旧时代，因为有了国家权力的干预，"滥征者罪之"，[⑥] 除了上述基于获得耕地和牧地的贡赋（相当于内地的正赋）外，王公在遇有进贡、会盟、移营、嫁娶等情况均可按一定比例向属民征收。[⑦] 后者类似"杂项"。而且王公有摊派杂役权。旗民必须负担放牧王公所有牲畜，女子（六至十七岁）须在王府里服杂役。旗民须对寺院施舍财物和提供无偿劳动。

这些被清朝国家承认的特权表明，漠南蒙古游牧封建制度的基础还牢固存在。

与此同时，我们更要看到国家权力正在日益压迫旧的领主权力，以下试就国家对内主权的几个主要方面来进行分析。

盟旗制度下，执政的王公贵族（札萨克）兼有了国家官吏的另一重身份。它的任免和承袭有法定的程序，并由中央主管机关理藩院负责。相应

---

① （乾隆内府写本）《理藩院则例》，《录勋清吏司》。
② 田山茂：《清代蒙古社会制度》，第 104、130、131 页。
③ （乾隆内府写本）《理藩院则例》，《录勋清吏司》。
④ （乾隆内府写本）《理藩院则例》，《录勋清吏司》。
⑤ 《（光绪）大清会典事例》卷九九四—一九九六；《（道光）理藩院则例》四五、五二。
⑥ （乾隆内府写本）《理藩院则例》，《录勋清吏司》。
⑦ （乾隆内府写本）《理藩院则例》，《录勋清吏司》。

地，其职权也有了限定的范围。

行政权方面，主要表现在任用官员的人事权方面。在最初的一百年当中，札萨克享有着比较充分的人事权，清廷规定的旗内各级官员（从管旗章京到苏木章京），札萨克都有权任命。[①] 1762 年（乾隆二十七年）清朝收回了官员任免权，改由理藩院任免，但札萨克仍拥有候选人的确认权。[②] 按新规定，平民也有机会任协理台吉以下官员。这表明札萨克的官僚色彩渐浓，而领主色彩在减弱。

军事权方面。盟、旗组织既按军事单位编制，札萨克自然同时也就是军事首长。过去，为主君提供军事协助就是领主必须履行的义务，清代更以法律形式严格地规定下来。札萨克平时要负责旗兵的编制、训练、武器整备，战时则领兵出征。为防止札萨克军权过重，尾大不掉，清廷在体制上下了不少工夫。其一是将原来大的领主的属民分割成几部分，各设札萨克，"众建以分其势"。阿巴噶部就是一个典型的例子。该部在臣服清朝后被分为四个旗，其中居长的两旗称为阿巴噶，其他两旗称阿巴哈纳尔。但是，"在一般蒙古人的概念中，这个官方规定的区别是不存在的。本地老百姓只知道被称为四个旗的阿巴噶宗族，因此这四个旗也就称作四个阿巴噶。"[③] 其二，通过会盟、派遣大臣和委任盟长，检查、督导札萨克履行职责。其三，道光年间，在盟长之下，设备兵札萨克，统辖全盟兵务。至此，在盟一级，军、政管理已经分离，旗札萨克更受钳制。

财政权方面。旗在财政上有相当大的独立性，表现在：其一，如前所述，不承担国家财政所需的赋税征收。其二，国家虽限定了执政者向属民征收租税的标准，但并不过问其支用，而旗内公共经费和王府私人开销是混在一起的。这表明旗在财政上不受中央的监督，财政体制上还是过去的领主式的。其三，蒙古王公对旗内资源如盐矿、金矿等有权征税，税收标准自定，收入归旗财政和王爷私有。如对位于浩齐特和乌珠穆沁两旗之间的额吉达布苏诺尔盐湖，两旗衙门都派出自己的达玛勒（官员）征收盐的出口税。[④] 其

---

① 《（光绪）大清会典事例》，卷九七六；参考《清世祖实录》卷一三三。
② 《（道光）理藩院则例》，三四《袭职》。
③ 波兹德涅耶夫：《蒙古及蒙古人》第二卷，内蒙古人民出版社，1983，第 490 页。
④ 波兹德涅耶夫：《蒙古及蒙古人》第二卷，内蒙古人民出版社，1983，第 489 页。

四，清廷在漠南地区各种军政衙署、兵部所属五路驿站、牧场猎场等驻在机构所需办公费用和经费开支，由清廷自筹经费解决，各盟旗没有义务提供。

但是，王公及其属民不承担向国家纳税的义务，同时也不享有对外征税权利（旗内除外）。

清廷在漠南设有不少税关，如张家口、多伦、归化城、经棚都有，征收进口税和交易税。在各城市内的交易税和不动产税（如房地产税）也由军政衙门征收。这些收入大部分用于补充上述驻在衙门的经费开支。仅就行政费用而言，认为清代蒙古地区达到了自给自足目标的看法[1]是妥当的。但如果扩展到蒙古地区整体财政状况，情况就不同了。清政府的财政投入，除了日益庞大的俸禄和赏赐外，各旗遇到各种灾害时，还要注入大量银两赈济贫困蒙古牧民。如1723年（雍正元年）两次赈济科尔沁银33000两、敖汉等十一旗6000两。[2] 这种财政体制给后期日益衰减的清朝财政加大了压力。

立法权和司法权方面。领主时代，封建主们享有着通过会盟议定法律的立法权和在辖地内独立的司法权（审判权）。清代，王公们任何形式的立法权都已不复存在，立法权只有清廷才有。作为妥协，国家较多地采用蒙古旧法例，单独为蒙古制订了《蒙古律例》。札萨克的审判权也受到了很大的限制。清代，漠南蒙古地区实行三级审判制。旗札萨克审理为初级审判。原告不服，可上诉到盟，由盟长和札萨克会同会审。再不服，可呈报理藩院审理。就是说，和内地一样，终审权在北京。一般民事纠纷和寻常刑事案件可由盟旗两级札萨克审结。而人命大案和死罪犯，札萨克审明后必须呈报理藩院，再由理藩院会同三法司"定拟具奏"。[3] 在司法依据即法律适用范围上，清廷充分注意到了蒙古地区的特殊性，规定以长城为界，边外蒙古执行《蒙古律例》，边内执行刑部律，即《大清律》。只考虑犯罪地点，而不考虑犯罪人族属。但察哈尔八旗情况略有不同，1742年（乾隆七年）以前一直执行刑部律例，此后才改照《蒙古律例》办理。[4]

总括而言，清初，清廷在游动畜牧业为主的漠南地区建立了理藩院系统

---

① 费正清、刘广京：《剑桥中国晚清史》中译本上，中国社会科学出版社，1985，第49页。

② 《（乾隆）理藩院则例》，《宾客清吏司》。

③ 《（乾隆）理藩院则例》，《理刑清吏司》。

④ 《（乾隆）理藩院则例》，《理刑清吏司》。

的盟旗制度，标志着已将该地区纳入国家主权的有效管辖之下，但同时也对旧传统作出了必要的让步。讨论盟旗制与鄂托克制及八旗制的相互关系，必须区别来看，其中委任型的札萨克旗制保留了鄂托克制的内容，只是采取了八旗制的形式；而直属型的特别旗制则从形式到基本内容都是八旗制的复制。

三　农耕经济类型的出现与府厅州县制

在清前期日益安定的社会环境和清廷默许政策下，原本单一的游牧世界出现了新的农耕经济类型并日渐扩大。它所引起的不单是经济地理变化，相应的民族地理和行政管辖都出现了变化。

畜牧类型社会的产品过于单一且不耐保存的特点，决定其需要农业产品如粮食作为必要补充，这种内在需求是漠南地区农业能够出现并扎下根来的前提。但客观需求还需与汉民移入这一必要条件相结合，农业才能出现。而且，农业是与畜牧业是完全不同质的一种生计方式，它是通过向土地注入密集劳动和技术从中取得收益的一种生产方式。因此不可能在畜牧社会中自发产生，必须依赖掌握有专门技术的农耕民来植入。

漠南蒙古的许多地方，原本就存在着发展农业的潜在良好条件，有些地区还有着时断时续的农耕传统，如河套平原、土默川平原和东南部原朵颜三卫居住的河谷地带，只是由于明末的战乱才使之成了牧场。因此，清初，农业首先在这些地区复兴，同时向四外扩展。

有清一代，尽管清廷封禁蒙古、禁止汉民进入的政策时松时紧，一定程度上影响了漠南蒙古农业的发展。但蒙地的经济需求，内地的人口压力，经济利益的驱动，赋役制度的改革，其合力还是推动着口外的农业区如滚雪球一般日益扩大，以移民为主的农业人口迅速增长。1707 年（康熙四十六年）内地民人在口外蒙古"或行、或商、或力田，至数十万人之多"①。东部喀喇沁、土默特地区，1712 年"山东民人往来口外垦地者多至十万余"②。中部察哈尔地区，1724 年（雍正二年）仅右翼四旗就已垦地 29，709 顷，人

① 《清圣祖实录》卷二三〇、卷二五〇。
② 《清圣祖实录》卷二三〇、卷二五〇。

口"山谷僻隅，所居者万余"①。这些既成的事实，迫使清廷考虑用新的行政体制加以管理。这就是内地行之已久的道府州县制。

但这套与盟旗制完全异质的行政体制并不是朝夕之间就可建立起来的，它要经过较长时间的准备和演变。大体可以分为三个阶段。

第一阶段，清初到1723年（雍正元年），可称之为准备期。清初，虽有内地农民出边，但由于清廷制订了严格的蒙汉隔离政策，"凡内地民人出口于蒙古地方贸易、耕种，不得娶蒙古妇女为妻……私娶之民照地方例治罪。"② 出边之民只能是解决一时的衣食问题，所谓"春令出口种地，冬则遣回"，谓之"雁行"。是为季节性的劳动力输出，不是真正意义上的移民。渐渐地，情况发生了变化。一方面，蒙古地主"贪租之利"，容留汉人；另一方面，口外地广人稀，租赋甚轻，汉民也乐得在口外谋生，于是便寄居下来，日积月累，遂成聚落。这样一来，对汉民的管理便提上了日程，主要采取颁发许可证和登记造册制度。这种许可证当时称为印票。包括两种：一种是汉民原籍州县发给的，供出口时接受边官检查之用。"雍正十二年，令居民领票。开放之边口并归开镇河台，如有民人出入樵采、㮶㮶、耕种、佣工者，令各该州县各官查明，每年给与印票一次，并将年貌、姓名造册移交该口官。并验明票内所开年貌、姓名，相符者准其出入。如无州县印票，或票与册内所开年貌、姓名不符者，不许其出入。"③ 1712年（康熙五十一年）规定，"嗣后，山东民人有到口外种田者，该抚查明年貌、姓名、籍贯，造册移送稽察。由口外回山东去者，亦查明造册，移送该抚对阅稽察"。④ 另一种是由接纳汉民的札萨克向户部申请获准后发给种地者的印票，有限额。如喀喇沁三旗每年可获得800张印票，耕种者必须携票出口。⑤ 这一制度的实行，说明清廷已经承认了持票汉民在蒙地的临时居留的合法性。同时，清廷设专官理民。1708年（康熙四十七年），清廷在宁夏设理事官二人，管辖湖滩河溯至中卫沿边鄂尔多斯六旗蒙古民人交涉事务。理事官持有关防，属

① 黄可润：《口北三厅志》卷一《舆地》。
② 《（光绪）大清会典事例》卷九七八。
③ （民国）《延庆县志》八《边防》。
④ 《东华录》，康熙五十一年五月。
⑤ 《（光绪）大清会典事例》卷九七八。

于非正式衙门。① 大体在同时，清廷还曾在宣府边外的张家口和独石口设县丞。② 这些非正式理民官员的设立，为下一步设厅治理打下了基础。

第二阶段，雍正元年至乾隆四十三年，这一阶段可称之为过渡期。主要通过设置"厅"级行政建置管理汉民。1723 年，雍正帝上台伊始，便在各大垦区设厅。首先是热河地区。热河地区本是喀喇沁等各部落的牧地，1702 年（康熙四十二年）随着避暑山庄的建立，这里成了热河禁地。五十二年建城。雍正元年设热河直隶厅，管理昭乌达、卓索图二盟部分蒙旗的蒙汉交涉事务。③ 同年，清廷在土默川的归化城设理事同知（乾隆六年改厅），隶山西大同府。④ 察哈尔地区，1724 年设张家口厅，辖察哈尔八旗左翼镶黄一旗，右翼正黄半旗及口内七州县旗民事务。⑤ 自此以后，清廷加快了设厅的步伐。在热河地区，1729 年在热河东部喀喇沁中旗的八沟地方设八沟直隶厅，设理事同知一人，管理喀喇沁三旗商民事务和翁牛特王旗下事务。1740 年在喀喇沁左旗北部塔子沟地方，设塔子沟直隶厅，置理事通判一人，管理该旗种地民人，兼理土默特左右二旗及敖汉、奈曼、库伦和喀尔喀左翼等旗蒙汉交涉事务。八沟、塔子沟二厅初隶热河道，1748 年改隶直隶总督。⑥ 1742 年在热河厅南境置喀喇和屯厅。1774 年又在土默特右旗境内三座塔地方设三座塔直隶厅。在翁牛特旗境内设乌兰哈达直隶厅。察哈尔地区，1733 年析张家口厅北境，在多伦诺尔地方置多伦诺尔理事厅，辖察哈尔左翼正兰、镶白、正黄、镶黄四旗旗民交涉事务。1735 年，再析张家口东境，在独石口地方置独石口理事厅，分辖察哈尔左翼四旗"逃匪、命盗"事务。以上二厅隶直隶口北道管辖，合称"口北二厅"。另外，1736（乾隆元年）在察哈尔左翼四旗界内设四旗直隶厅。1740 年在察哈尔右翼地区又设立了丰镇、宁远二厅，分辖察哈尔右翼四旗旗民交涉事务。前者隶山西大同府，后者隶山西朔平府。在归化城地区，1739 年在绥远城设绥远城厅，专理粮

① （乾隆内府写本）《理藩院则例》，《录勋清吏司》。
② 《清史稿》卷五四《地理志一·直隶》。
③ 《清世宗实录》卷一二、卷一〇。
④ 《清世宗实录》卷一二、卷一〇。
⑤ 黄可润：《口北三厅志》卷四《职官志》。
⑥ （乾隆内府写本）《理藩院则例》，《录勋清吏司》。

饷。1741年又将归化城理事同知升为直隶厅。1734年清廷在萨拉齐、和林格尔和托克托城分别设立了协理笔帖式，办理当地蒙汉事务。1736年上述三笔帖式改为协理通判，同时在清水河也设立协理通判。1760年四处通判同时升格为理事厅，与归、绥二厅同隶山西归绥道管辖，合称归绥六厅。

厅，本是府的派出机构，最初并不是一级独立的行政建置。厅的长官同知或通判也并非正印官，手中只有关防而无印。清廷在上述新设治的地区，不便径设府州县，便将厅移植过来作为过渡，并在同知、通判前加理事或抚民衔，以示可以掌管厅内的一切地方行政。厅从而成了特殊的行政建置。厅距正规的府县已经不远了。

第三阶段，乾隆四十三年至清亡，可称之为完成期。1778年（乾隆四十三年）清廷终于将热河各厅和察哈尔地区一些厅改建为1府1州5县，这标志着府州县在漠南蒙古地区的正式确立。实际上，还在1733年，清廷就曾尝试过将热河直隶厅改建为承德直隶州，但很快在1742年又退回，仍改为直隶厅。1778年，清廷改热河厅为承德府，改八沟厅为平泉州，塔子沟厅改为建昌县，三座塔厅改为朝阳县，乌兰哈达厅改为赤峰县，四旗厅改为丰宁县，喀喇和屯厅改为滦平县。承德府及所属州县的统一建置，标志着从大小凌河、老哈河直到滦河流域这一片广大地区已成了统一的农耕世界。

以后，漠南地区农业区的内地州县化过程，就是沿着初级理民官员（笔帖式、照磨、经历、通判等）——厅——府州县这样的模式展开的。清末的放垦蒙地、移民实边政策更加快了这一过程，直到清朝覆亡时仍未停止。

到清末，原属蒙古而改设州县的地区有：

（1）哲里木盟，计有3府、4厅、1州、12县。

长春府（1800年设厅，1890年升为府），下辖农安县（1890年由农安分防照磨改设）、长岭县（1908年设）、德惠县（1910年设），辖境为原郭尔罗斯旗属地，总隶吉林。

昌图府（1806年设厅，1878年升为府），下辖奉化县（1878年由原梨树城分防照磨升为县）、怀德县（1878年由八家子分防经历升为县）、康平县（1881年由康家屯分防经历升为县）、辽源州（1903年由原辽源主簿升为州）。以上府州县辖境为原科尔沁左翼前中后三旗属地。

总隶奉天。

洮南府（1905 年设），下辖靖安县（1905 年）、开通县（1905 年）、安广县（1906 年）、醴泉县（1909 年）、镇东县（1910 年）。以上府县辖境为原科尔沁右翼前中后旗属地。总隶奉天。

此外还有彰武县（1904 年），辖境为原科尔沁左翼前旗地，隶奉天新民府。法库厅（1907 年），辖境部分为科尔沁左翼前旗地，隶奉天。大赉厅（1905 年），辖境为原扎赉特旗地。肇州厅（1907 年设），辖境为原郭尔罗斯后旗地。安达厅（1907 年），辖境为原杜尔伯特旗属地。以上三厅隶黑龙江。

（2）卓索图盟，计有 2 府、1 州、7 县。隶直隶热河道。

承德府，下辖平泉州、滦平县、丰宁县、隆化县（1905 年设）。

朝阳府（1905 年由朝阳县升府），下辖建昌县、建平县（1904 年设）、阜新县（1904 年设）、绥东县（1908 年设）。以上各县辖境兼有部分昭乌达盟属地。

（3）昭乌达盟，计有 1 州、2 县。隶直隶热河道。

赤峰直隶州（1908 年由赤峰县升直隶州），下辖开鲁县（1908 年设），辖地为扎鲁特左右旗、阿鲁科尔沁旗属地；林西县（1908 年设），辖地为巴林左右旗和克什克腾旗属地。

（4）乌兰察布盟，计有 2 厅。隶山西归绥道。

武川厅（1903 年设），辖地原属土默特、四子部落、茂明安、喀尔喀右翼等旗。五原厅（1903 年设），辖地包括原萨拉齐厅北境。

（5）伊克昭盟，1 厅。隶山西归绥道。

东胜厅（1907 年设），辖境为鄂尔多斯左翼中旗地，兼理鄂尔多斯各旗蒙汉交涉事务。

（6）察哈尔八旗，计有 7 厅。分隶直隶和山西省。

口北三厅，隶直隶口北道。丰镇、宁远二厅，隶山西大同府和朔平府，后改隶归绥道。兴和厅（1903 年设）、陶林厅（1903 年设），二厅辖境为察哈尔右翼中、后旗地。均隶归绥道。

（7）归化城土默待，计 6 厅。隶山西归绥道。①

由上统计可以看出，漠南蒙古原来的八个行政大区（6 盟和 2 特别区）

---

① 据《清史稿·地理志》，参考周清澍主编《内蒙古历史地理》，内蒙古大学出版社，1993，第 159~230 页。

中，已有七处设立了府厅州县。总计已达 37 厅、县（此处厅指散厅，相当于县）。这些厅、县分辖于奉天、吉林、黑龙江、直隶、山西五行省。①

这些厅、县辖有多少人口和幅员，没有详细的统计数字。但以人口而言，1827 年（道光七年）仅承德一府六州县已有人口 783,879 人。② 据此推断，州县所辖人口远远要超过盟旗所辖的蒙古族人口（据测算，清代漠南蒙古族人口约在 125 万～130 万之间③）。而府厅州县所辖的地域也肯定占原漠南蒙古总域的 1/3 以上。

直省系统的府厅州县的建立，当然是清政府既定的蒙汉分治政策的结果。应该注意到的是，它给汉族移民、蒙古王公，也给清朝国家带来了深远影响。

州县化的进程同时也就是汉族移民地位逐渐合法化的过程。

如前所述，在第一阶段，他们不过是取得了临时居留的权利。尽管他们也可以"搬移眷属"，"盖房屋居住"，甚至"一年成聚、二年成邑"，④ 但仍不具备合法身份。厅设立后，在厅的辖境之内，他们开始取得合法的定居居民身份，虽然乾隆初年，清帝曾下令先后在土默川和喀喇沁、土默特地区进行过大规模的地籍清理，颁布过回赎典地和勒令汉民回原籍的法令，但其基本意图在于消弭蒙汉之间的纠纷，而不在于驱逐汉民。相反，通过蒙汉民间互换土地，将汉民集中到一起，并建立保甲制，选择汉民中善良者充当乡长、总甲、牌头等措施，加强管理。⑤ 这些措施说明清廷对流寓汉民已有了长远打算，尽管汉民的身份仍是"寄籍"者。⑥ 改制州县以后，汉民的身份完全合法化了。土地一经升科，耕种者自然也就是国家的编户齐民了。

州县化的过程同时也是蒙古王公旧有封建权力不断缩小，国家权力不断扩大、深化的过程。首先，蒙古王公原有的土地管理权转移到国家手中，蒙民的土地使用权转移到了汉人手中，相应地，土地上的收益包括各种商业税

---

① 据《清史稿》卷五四至五七、卷六〇统计。
② 海忠纂《承德府志》卷二二，《田赋》。
③ 乌云毕力格、成崇德、张永江：《蒙古民族通史》第四卷，内蒙古大学出版社，1993，第 329 页。
④ 《凌源县志》卷头 3，《纪略》。民国油印本。
⑤ 《（光绪）大清会典事例》卷九七八。
⑥ 《（乾隆）大清会典》卷七九。

收自然也转移到国家财政中。表面看，蒙古王公通过招垦得到了一大笔租金，但最后的结果却是地非其地、民非其民。因为归根到底，土地的所有权毕竟在国家手中。其次，蒙古王公的司法权也部分地转移到国家手中。按照蒙汉分治原则，蒙人与汉人之间的民、刑纠纷，札萨克王公无权单独审理，必须与相关府厅州县官员会同审理。清廷还借设厅的机会向蒙古各旗派驻司官，划分专门的司法管辖区。1748 年（乾隆十三年），在翁牛特旗所属乌兰哈达地方，驻司官一人，令其负责翁牛特郡王一旗、贝子一旗、喀喇沁郡王一旗、札萨克一旗、巴林二旗及阿鲁科尔沁旗等七旗，"凡有蒙古内地民人交涉事务，一并管理"。三座塔驻司官一人，负责土默特二旗、敖汉一旗、喀喇沁贝子一旗，"及奈曼、喀尔喀、西勒图库伦等处"。两处司官"各铸给关防，以昭信守"。并规定了审案程序，即"凡有蒙古内地民人交涉事务，一并管理。仍各会同札萨克，随事完结，倘有不公，再赴地方官告知。"① 这样一来，理藩院司官取代了原来地方官，而地方官反而凌驾札萨克与司官之上，无形中降低了札萨克王公的地位和权限。1736 年（乾隆元年）以后，清廷规定蒙古各旗重犯（拟处斩、绞监候者）分送八沟、多伦诺尔、归化城三理事同知衙门监禁，② 提高了各厅的地位。第三，牧地的收缩，理所当然地使札萨克的施政范围缩小了。汉族雇佣关系的引入，一定程度上冲击了蒙古原有的人身依附关系，蒙古族由牧转农的不乏其人，再加上逃亡他旗者，使王公的属民也减少了。这样，看上去盟旗的数目和组织机构并没有变动，但王公的行政权事实上却受到了削弱。

清代对漠南蒙古地区实行旗县并存的二元管理制是既定的事实。但这一奇特结构的出现并不是清廷预先设计好的，而是漠南地区社会经济长期发展变化的结果，或者也可以说是经济文化类型变迁的结果。对游动畜牧型的蒙古社会而言，盟旗制是适合的，但对定居的汉族农耕社会而言，内地长期行之有效的府厅州县制无疑是现实的最好选择。在秦汉以来中央王朝管理边疆的漫长历史上，清朝建立的这两种体制，无论在国家权力的密度上，还是在实际效果上，都堪称前无古人。

---

① （乾隆内府写本）《理藩院则例》，《录勋清吏司》。
② 《（乾隆）理藩院则例》，《理刑清吏司》。

但是旗县并存、蒙汉分治的体制毕竟是两种权力运行机制完全不同的系统，在许多方面是无法兼容的。由于两种系统所维护的各自的团体利益和个体利益不同，冲突在所难免。清朝统治者所陶醉的"一地养二民"的美妙构想，在突破了一定的限度之后，就演为"一地二主""二虎争食"的现实。近代以来漠南地区出现的哲盟、伊盟的武装抗垦，1891年卓盟的金丹道暴动，乃至民国初年蒙古的"自治、独立"等，都可以在这里找到内在根据。

在政治体制的演变格局上，清末已出现州县制后来居上的势头。民国以来在热河、察哈尔、绥远设立三特别区，接着改设行省，并由行省控制盟旗的体制架构，不过是清代二元体制的发展而已。

（原文发表于《清史研究》2008年第2期）

滚动交易：辛亥革命后盛宣怀的
捐赈复产活动

◎ 朱　浒

　　在辛亥革命期间一度几乎身家难保的盛宣怀，却在民国成立后不久就安然归国，并收回了曾被革命势力查没的家产，可谓是令人惊讶的一幕。鲁迅先生在事隔约二十年后，还在《从盛宣怀说到有理的压迫》一文中特地论及此事，并且认为盛宣怀成功复产的原因主要是拜袁世凯所赐①。与这种看法不同，后来有学者指出，盛宣怀本人经过"明的'捐赈恤民'，暗的送致'私酬'等贿赂手段"而展开的活动，同样是其得以复产的重要因素②。夏东元先生则注意到，盛宣怀"肯把被没收的财产中答应拿出三十万元作赈灾之用"这一手法，甚至在南京临时政府身上就开始使用了③。不过，学界迄今为止始终未曾追问这样的问题：捐赈之举在盛宣怀的复产活动中究竟是一个怎样的手法？盛宣怀是如何使用这一手法的？其在整个复产过程中又具有什么样的作用和意味呢？显然，只有在解决这些问题的基础上，我们才能确切把握此次捐赈之举的实际意涵。而要解决这些问题，就必须从具体实践活动的发生序列出发，对盛宣怀在捐赈与复产之间建立关联的进程给予较为全面的揭示。

---

① 鲁迅：《从盛宣怀说到有理的压迫》，《鲁迅全集》第 5 卷，人民文学出版社，1991，第 132 页。该文发表于 1933 年。

② 陈旭麓、顾廷龙、汪熙主编《辛亥革命前后——盛宣怀档案资料选辑之一》（以下简称《盛档之一》），上海人民出版社，1979，第 318 页的"编者按"。

③ 夏东元：《盛宣怀传》，四川人民出版社，1988，第 438 页。

一 民初汉冶萍合办案中的复产交易

　　要阐明盛宣怀在辛亥革命后进行复产活动的基本背景，首先要回溯到盛宣怀一生中最为跌宕的 1911 年。是年上半年，盛宣怀在仕途上一路顺风地达到了前所未有的高位。他先在 1 月 6 日被实授为邮传部尚书，又在 5 月 8 日成立的、被称为"皇族内阁"的责任内阁中任邮传大臣，成为内阁中仅有的 4 名汉臣之一①。极具讽刺意味的是，清廷于 5 月 9 日宣布的、主要由盛宣怀策划的"天下干路均归国有，定为政策"的上谕②，恰恰又成为盛宣怀走向深渊的开始。特别是武昌起义爆发后，盛宣怀在清政府内部遭到空前猛烈的围攻，其高潮乃是资政院 10 月 25 日的会议上出现的"非将盛大臣明正典刑，无以服人心而平乱事""非诛盛宣怀不足以谢天下""罪尤不可胜诛"的呼声③。在此情况下，清廷顺水推舟地将之作为头号替罪羊，于 10 月 26 日下谕，将其"即行革职，永不叙用"④。这也意味着，盛宣怀的政治生命就此告终。

　　连辩护奏折都没有机会上达的盛宣怀，于 10 月 28 日逃离京师，却在南下到了青岛后不久，又转而北上大连，并于 12 月 31 日带同两个儿子逃亡日本⑤。造成盛宣怀北转并外逃的原因，主要是革命形势在南方的迅猛发展。11 月 3 日，革命党人在上海起事，次日宣告光复。两日后，江苏巡抚程德全被策反，于苏州宣布独立，并就任江苏都督⑥。随后，沪军都督陈其美联合程德全和浙江都督汤寿潜，组织江浙联军会攻南京。12 月 2 日，联军攻克南京，为革命党人控制中国南方的局势奠定了基础⑦。这样的形势，无疑将盛宣怀进一步推向了不归之路。这是因为，作为铁路干线国有政策和四国

---

① 夏东元：《盛宣怀年谱长编》下册，上海交通大学出版社，2004，总第 918、924 页。
② 《光绪宣统两朝上谕档》第 37 册，广西师范大学出版社，1996，第 92～93 页。
③ "资政院第二次会议纪略"，《盛档之一》，第 175～176 页。
④ 《光绪宣统两朝上谕档》第 37 册，第 166～167 页。
⑤ 夏东元：《盛宣怀年谱长编》下册，总第 939～940 页。
⑥ 胡绳武、金冲及：《辛亥革命史稿》第 3 卷，第 283～286、292～294 页。
⑦ 张海鹏、李细珠：《中国近代通史》第 5 卷，凤凰出版传媒集团、江苏人民出版社，2006，第 406 页。

借款合同的主要策划者和执行者，盛宣怀早在成为革命导火索的保路风潮中，就是革命力量矛头所指的一个主要对象了①。

在革命形势蓬勃发展之际，对盛宣怀实实在在的打击也终于来临。这方面的一个显著表现，就是革命派势力在苏州光复后立即查封其家产的行动。早在11月9日，据《申报》报道："苏垣阊门外盛氏留园，昨已为民军派人看守，现在已将该园为民军事务所，曾为红十字会医院之用。城内如久大等各典当及中市住宅一所，均为盛氏私产，现亦派军巡看守"②。11月13日，江苏都督府正式发布了查封盛氏在苏州家产的通告。根据通告的精神，盛氏在苏州的诸多产业，如"高师巷久大典当、西城桥济大典当、申衙前济大当栈、同福利洋货铺、同赐茂南货铺、西中市盛公馆、胥门外盛家弄租房电报局房屋、留园及新宅花步别墅"等处，于当日夜间即被查封③。不仅如此，因舆情汹涌，江苏都督府数日后又采取了更为严厉的举措，发布公告宣称，江苏省内所有盛氏财产皆须查抄：

> 据苏、松、常、镇、太五属人民代表公函内开："盛宣怀祸国殃民，罪大恶极，为全国人民所共愤。所有盛氏财产，亟应查明，没收归公，以为剥民肥己者戒。现已查得盛氏坐落本省之一切财产，开具清单，呈乞都督迅饬查封，以彰公道"等情到本都督。据此除将坐落本省财产札饬巡警道查封外，合行示谕……须知盛氏负误国殃民之罪，为神人所共愤，故将其财产查抄，以快人心。④

对于这时的盛宣怀来说，尽管还能够施展一些手段对部分产业进行转移，如把久大等典当中的股份委托一些亲信转寄他人名下⑤，以及将在上海

---

① 胡绳武、金冲及：《辛亥革命史稿》第3卷，上海人民出版社，1991，第20~21、34~36、39页。

② "苏城光复记（三）"，《申报》第115册，上海书店1982年影印本，第127页，1911年11月9日（辛亥九月十九日）。

③ "苏垣盛氏财产查封记"，《申报》第115册，第232页，1911年11月16日（辛亥九月二十六日）。

④ "盛氏财产查封拾遗记"，《申报》第115册，第262页，1911年11月18日（辛亥九月二十八日）。

⑤ "致上海顾道函稿""致张荫玉、费云卿、顾詠铨函稿""致费云卿、顾詠铨函""致仲玉、云卿、詠铨函"，《盛宣怀未刊信稿》，中华书局，1960，第222~224、227~230页。

租界内"所置房产等项，亦归外人保护，以免为军政府抄没"①，但毕竟有相当多的产业特别是不动产来不及转移。并且，这些被查抄的财产还面临着没收充公的危险。例如，有人公开提出，盛氏在苏州的家产"自应悉数还诸苏人，以为公众之用。若留园，若西园，联而合之，绝妙一大公园也，可为我苏人永永之纪念物。其余店业房产，则宜变价以充地方之用，此最公允之办法也"②。上海则有法华乡民徐联科等人向军政府禀称："查汉奸盛宣怀沪上置有不动产甚多，租界以内，大都影○洋商，一时不能彻查，惟内地二十八保三图、四图、八、九图内，共有盛贼之田一百五十余亩……岂容任其漏网……伏祈都督俯察下情，迅赐会同民政长派员来乡，饬各地保指准查收，藉充军用"③。而上海军政府对没收盛氏地产一事亦有正式动议，据12月29日《申报》报道："上海都督府连日会议，拟以盛宣怀之地产抵押借款。闻盛有地六百亩，坐落宝山境内，民军将以之抵借银八十万两，以充军需"④。

本来，在国内已无立足之地的盛宣怀，对于自身财产被革命力量查抄乃至没收充公的命运根本无能为力。然而，这种让盛宣怀一筹莫展的情形并未维持太久。就在南京临时政府成立后不久，其最高领导层却主动要求跟他进行联系，从而使其复产之事产生了可乘之机。至于出现这一转机的最直接背景，乃是当时临时政府在面临严重财政困难的情况下，试图利用自己手中掌握的最大资源之一即汉冶萍公司，来向日本进行筹借大宗外债的尝试⑤。可以肯定，临时政府正是由于这种需要才想到了盛宣怀。如若不然，我们就很难理解，临时政府派驻日本的借款代表何天炯，在接到孙中山"欲汉冶萍筹款"的电报后，居然立即通过随同盛宣怀流寓神户的汉冶萍商务经理王

① "盛宣怀之末路"，《申报》第115册，第265页，1911年11月18日（辛亥九月二十八日）。
② "清谈"，《申报》第115册，第444页，1911年12月1日（辛亥十月十一日）。
③ "没收盛宣怀田产之公布"，《申报》第115册，第761页，1911年12月23日（辛亥十一月初五日）。
④ "处置盛氏地产"，《申报》第115册，第829页，1911年12月29日（辛亥十一月初十日）。
⑤ 夏东元：《盛宣怀传》，第427页；汪敬虞主编《中国近代经济史，1895～1927》上册，人民出版社，2000，总第439页。

勋，将这个意思转达给了盛宣怀①。

不过，这里立即产生了另一个问题：既然汉冶萍公司业已处于临时政府掌握之下，并且孙中山在何天炯与盛宣怀联系之前就答应了日本方面提出的、以汉冶萍公司合办来换取借款的"一切条件"②，那么为何还要主动联系身家难保的盛宣怀来参与此事呢？原来，临时政府在这个问题上自有难言之隐。这是因为，由于清末以来经常酿成猛烈社会风潮的收回利权运动，临时政府当然担心中日合办汉冶萍公司可能会引发相当不利的社会舆论（这种担心在后来果然成为现实），可是又由于财政危机而不得不求助这项饮鸩止渴式的借款。因此，正如易惠莉分析的那样，此项合办借款案能否成功的一个关键，就在于临时政府能否让盛宣怀出面承担合办责任③。毕竟，从法理角度上讲，此时盛宣怀依然具有汉冶萍公司总经理的身份。另外不容忽视的是，日本方面当然也欢迎盛宣怀加入谈判。要知道，日本方面早从1911年春就开始引诱盛宣怀开展有关合办事宜的洽谈了④。

既然临时政府主动找上门来，正苦于保产无术的盛宣怀，当然不会错过这个就势进行复产交涉的机会。于是，在与临时政府进行联系之初，他便立即提出将复产问题作为合作的一个交易条件。这就不难理解，盛宣怀的代表、汉冶萍公司驻沪办事员陈荫明于1月15日在南京面见孙中山时，居然会提出"将公司（按：即汉冶萍公司）产业及盛私产已充公者一律发还"的要求⑤。而就临时政府方面来说，为了能够促成盛宣怀尽心尽力地按照自己的意图开展谈判，在复产问题上作出让步自无不可。因此，无怪乎孙中山会爽快地表示："民国于盛并无恶感情，若肯筹款，自是有功，外间舆论过激，可代为解释。……动产已用去者，恐难追回，不动产可承认发还。若回

① "王勋致陈荫明电"，《盛档之一》，第230～231页。
② "日正金银行神户分行致总行电"，武汉大学经济学系编《旧中国汉冶萍公司与日本关系史料选辑》，上海人民出版社，1985，第296页。该段电文称："革命党财政代表何天炯携来孙中山电，提出汉冶萍公司合办案，承诺日本提出之一切条件，另由公司向革命党提供五百万元"。
③ 易惠莉：《孙中山、盛宣怀与民初中日合办汉冶萍借款案》，见易惠莉、陈吉龙主编《二十世纪盛宣怀研究》，江苏古籍出版社，2002，总第507～509页。
④ 夏东元：《盛宣怀传》，第432～433页。
⑤ "陈荫明复王勋电"，《盛档之一》，第231～232页。

华，可任保护"①。

表面看来，盛宣怀的这次主动出击颇为成功。其实，这个做法无异于授人以柄。易惠莉对此次谈判过程的详尽论述表明，盛宣怀在其中始终处于相当被动的地位②。而其未曾明确指出的是，导致盛宣怀这种被动状况的一个最直接原因，就是他提出的复产交易成为每每在谈判中受制于人的一个命门。首先意识到这一命门的是临时政府方面。其根据在于，当盛宣怀与日本方面"专议借款"而不谈合办，从而危及整个谈判的继续时，何天炯于 1 月 21 日、黄兴于 22 日分别在致盛宣怀的函电中，就使用"所有后事，新政府能一力保护，断勿迟疑可也"和"公私两益"之类的言辞促其尽快开展合办谈判③。而这类言辞的实质，正是试图通过复产问题对其形成压力。

随着谈判进入更为紧要的时刻，盛宣怀要为复产交易而付出的代价也愈发沉重。就盛宣怀而言，由于明白自己得以参与此次谈判有着孙中山"不欲担此坏名"的意思④，故而也企图避免独自承担合办责任，而把临时政府一起拉下水。其表现是，他在 1 月 24 日致黄兴的电报称：

> 何君天炯来函，华日合办，政府已许可，而贵电无"合办"字样。合办虽系旧矿律所准，然以法律论，必应政府核准，方敢遵行。究竟民政府主意如何？日代表在此专候，请速核夺电复。⑤

与此同时，因担心对汉冶萍公司本身损害过大，在与日本的交涉中，盛宣怀甚至在主要问题上否定了日本方面与临时政府于 1 月 13 日达成的合办大纲⑥。显然，盛宣怀的上述做法无疑将导致谈判进程陷入僵局。为了打破这个僵局，复产问题立即又成为压迫盛宣怀的一记杀手锏。于是，日本方面

---

① "陈荫明复王勋电"，《盛档之一》，第 231～232 页。
② 易惠莉：《孙中山、盛宣怀与民初中日合办汉冶萍借款案》，见易惠莉、陈吉龙主编《二十世纪盛宣怀研究》，总第 498～555 页。
③ "何天炯致汉冶萍公司函""黄兴致盛宣怀电"，《盛档之一》，第 238～239 页。
④ "盛宣怀致李维格函"，《盛档之一》，第 232 页。
⑤ "盛宣怀致黄兴电"，《盛档之一》，第 234 页。
⑥ 关于日本与临时政府达成的合办大纲，见"日正金银行董事小田切致外务省政务局长仓知铁吉函"，《旧中国汉冶萍公司与日本关系史料选辑》，第 296～297 页。关于盛宣怀对该大纲的否定意见，见同书，第 298～301 页。

首先于 1 月 25 日中午致电孙中山称：

> 接东京电，阁下致盛电未切要害。敝处已电复东京云：阁下已授全权予三井与盛谈判，请遵行。如本月底各项条件未能为盛所接受，谈判即作破裂论，贵政府即可对汉冶萍及盛氏产业采取必要步骤。请阁下将此点电盛、何。①

孙中山则于当日晚上电复日本方面称："已遵来示各点电盛"②。虽然我们未见到孙中山直接给盛宣怀的指示，但是参考次日黄兴致盛宣怀的电报，无疑可以更为具体地理解孙中山这份复电的主旨。黄兴在电报中用十分严厉的口气称：

> 前电谅悉。至今未得确切回答，必执事不诚心赞助民国。兹已电授全权于三井洋行直接与执事交涉。请勿观望，即日将借款办妥，庶公私两益。否则民国政府对于执事之财产将发没收命令也。其早图之。③

被人抓住命门的盛宣怀当然无法坚持原先立场。正如日本方面的谈判者于 27 日向高层密报的那样，"由于昨晨黄兴来电，事态乃急转直下。……我方把握此机会，迅即开始商谈"，从而在 26 日下午与盛宣怀达成中日合办汉冶萍草约十款，而其基本内容正是临时政府与日本此前在南京谈妥的条件④。

基于上述情况，我们就很容易理解盛宣怀在 27 日作出的两个举动了。其一是，他委托与临时政府联系谈判事宜的三井物产株式会社驻沪职员森恪，向临时政府提出：

---

① "上海三井物产会社致孙中山函"，《盛档之一》，第 237 页。
② "上海三井物产会社致孙中山函"，《盛档之一》，第 237 页。
③ "黄兴致盛宣怀电"，《盛档之一》，第 235 页。
④ "日正金银行董事小田切致外务省政务局长仓知函"，《旧中国汉冶萍公司与日本关系史料选辑》，第 303~306 页。关于两份合约一致性的详细分析，可见易惠莉《孙中山、盛宣怀与民初中日合办汉冶萍借款案》，见易惠莉、陈吉龙主编《二十世纪盛宣怀研究》，总第 513~514 页。

陈荫明偕王宠惠君奉孙总统面谕，"民国于盛并无恶感情，外间舆论过激，可代解释。盛私产已用去者，恐难追回，不动产可承认发还。若回华，可任保护"等语。闻之，无不感激涕零。程德全以私怨将弟产业发封充公，在政府所得甚少，在盛氏祖产所失甚多。如蒙早日发还，使天下皆知政府道德，不以势力压制。盛氏子孙感且不朽，必当核估收回产业之数，除别人不计外，竭力筹款报效，以答高厚之德。①

其二是，盛宣怀同日签署了一份给森恪的委任状称：

所有别表目录记述一切财产，原来归盛氏独产及其股分之私有者，现次为森恪君代表盛氏，所有以上一切财产交付森恪君。故兹言明：森恪君有一切全权（[盛宣怀夹注：]随时电商）。特给为据。壬子年正月二十七日。②

从这里不难看出，盛宣怀的这两个举动正是对自己此前所受复产压力的回应。也就是说，在他看来，既然自己已受日本方面和临时政府所迫而在谈判中放弃了自己原先的立场，那么转借日本人出面来促成临时政府兑现复产承诺，正可谓两全之计。

然而，这次似乎有望的复产活动很快便化为泡影。原来，就在中日合办汉冶萍公司草约达成后不久，这次一直处于秘密状态的谈判活动终于泄漏了消息，并且迅速招致了包括来自临时政府参议院等多方面的激烈攻击，以致孙中山不得不决定中止谈判并废除业已拟定的草约③。与此同时，在这场反对合办的风潮中，由于一度盛传此事乃是"孙（中山）、黄（兴）被盛（宣怀）蒙蔽"的结果④，致使盛宣怀及其家产也成了攻击目标之一。例如，

---

① "盛宣怀致森恪函"，《盛档之一》，第238～239页。
② "盛宣怀致森恪委任状"，《盛档之一》，第325页。
③ 有关这些攻击，以及下文提到孙中山向参议院隐瞒谈判真相的详细情况，可参见易惠莉：《孙中山、盛宣怀与民初中日合办汉冶萍借款案》，见易惠莉、陈吉龙主编《二十世纪盛宣怀研究》，第536～542页。
④ "李维格致盛宣怀电"，《盛档之一》，第250～251页。

2月22、25日，民社等7个社会团体分别在《神州日报》和《申报》上发布《汉冶萍合资公揭》一文，内中称"汉冶萍成案，均其（指盛宣怀）一手所规定"，如其不能取消合办合约，则"惟有处以最激之办法"，而该办法的首要一条就是将"盛宣怀所有私产概行充公"①。所有这些情况表明，以汉冶萍合办案来换取复产的交易已不再可能继续下去了。

二　捐赈与复产在废约过程中的串联

令人诧异的是，虽然汉冶萍合办案这张"皮"已不复存在，盛宣怀与临时政府进行复产交涉的这根"毛"却未随之消失。原来，为了避免引发更大的风潮，孙中山即便就合办案向参议院作答时，亦始终不愿将真相和盘托出。而他隐瞒真相的重要原因之一，就是试图让盛宣怀全面承担谈判的责任，并出面废除该合办条约。其主要表现是，孙中山于2月23日致王勋的一份电文称：

> 该草约前虽批准，后以其交款濡滞，并不践期，已电告前途，汶〔文〕定取消，盛氏万不能以已由政府核准为借口。……今各省反对，舆论哗然，盛氏宜早设法废去此约。且证书有须通过于公司股东会一语，不为通过，此约即废，不患无以处此也。乞速电告盛。②

据前文所述，我们不难理解盛宣怀对此电作出"此语蛮不讲理"的反应③。而盛宣怀更加担心的是，"我若再含糊，袁（世凯）、孙（中山）并力集矢，死有余辜"④。故而他虽于2月23日答应孙中山召开股东大会⑤，却于次日电示汉冶萍公司董事杨学沂，托其趁大会召开之机将真相昭示大众："所有

---

① "民社等之'汉冶萍合资公揭'"，《旧中国汉冶萍公司与日本关系史料选辑》，第324～325页。关于该文2月22日刊发于《神州日报》的消息，见《盛档之一》，第258页。
② "盛宣怀致李维格密电"，《盛档之一》，第253页。
③ "盛宣怀致杨学沂函"，《盛档之一》，第254～255页。
④ "盛宣怀致李维格密电"，《盛档之一》，第253页。
⑤ "盛宣怀致孙中山电"，《盛档之一》，第252页。

此事合办缘起，往来电文，特此抄送全分，望即刷印多分，开会之日，分送各股东阅看，便当一目了然"①。

应当说，对于盛宣怀的上述反应，孙中山事先就有所预料，并且准备了防范的后着。这是因为，同样在 2 月 23 日，恰好曾受盛宣怀委托办理复产事宜的日本人森恪前来谒见，于是孙中山就势托其转给盛宣怀一封如下内容的信函：

> 杏荪执事鉴：森氏来，得见尊函。执事以垂暮之年，遭累重叠，可念也！保护维持，倘能为力之处，必勉为之。现在南北调和，袁公不日来宁，愚意欲乘此机会，俾消释前嫌，令执事乐居故里。区区不尽，即托森氏面陈。此颂旅安。孙文叩。壬子民元二月二十三日。②

联系前述通过王勋转给盛宣怀的电文，我们不难推知孙中山在这里的真实用意。那就是，他试图向盛宣怀重提此前未能实现的复产问题，再做一笔交易，即以承诺继续保护盛氏家产为条件，从而换取盛宣怀能够答应承担合办责任。

可以肯定，对于孙中山的上述意图，盛宣怀不仅很快予以领会，而且也表示了认同。如其不然，我们就很难理解，为什么盛宣怀接到森恪转交的孙中山来信后，竟然一改 2 月末在汉冶萍问题上意欲决裂的激烈态度，而在 3 月 8 日回复孙中山的函中表示："顷奉二月廿三日惠函，拜悉——。……钢铁不过一实业耳，汉冶萍又不过钢铁一部分耳，操之纵之，下走皆惟命是从，然其中委曲万状，已一言难罄矣"。因为随后的一段话表明，促成这种转变的一个关键，正是孙中山关于保产的承诺激活了其复产的希望：

> 吴中祖业蒙公保护维持，加人一等，森氏来函 [云]：已承通饬各处，借以保全。使敝族数百家均沾大德，感沥尤深。相见有期，再容陈

---

① "盛宣怀致杨学沂函"，《盛档之一》，第 254～255 页。

② "孙中山致盛宣怀函"，《壬子亲笔函稿》，《盛宣怀未刊档案》，上海图书馆藏。转引自易惠莉《孙中山、盛宣怀与民初中日合办汉冶萍借款案》，见易惠莉、陈吉龙主编《二十世纪盛宣怀研究》，第 543 页。

谢。复请台安。[盛宣怀] 叩。黄克强先生均此致意。

不过，盛宣怀对这次交易的回应并未到此为止。其表现是，在该信之后，他又附上了一份以下内容的函件：

> 敬再启者：近阅东西洋报载，江皖一带灾荒甚重，饥民多食树叶，饿莩载道，惨不忍言。大约去年江淮大水，各处溃破堤岸，用兵之后无力修筑。昨闻横滨东西人士闻风劝捐，外人且如此热心，凡我同胞，能无感动！窃惟我公建业江南，顾此流离赤子，皆在咫尺云天覆载之中，但军事初定，用度浩繁，尚恐缓不济急。下走与朝日商会面商，拟将敝族产业暂交日商抵押一款，竭力捐助，俟有就绪，即行分次汇解，呈请尊处转发上海义振（按：同"赈"。原文如此，下引时同）会查收，赶紧散放。……公如大禹饥溺为怀，谅必能赞其成也。①

从这份附函可以看出，盛宣怀在这里试图施展的是一条李代桃僵之计。具体而言，他虽然认可了孙中山提出的这次交易，却并不放心后者单方面的保产承诺，而是希望通过将产业抵押给日本的朝日商会，从而再度形成类似1月底出现的、将日本方面也牵涉进来的三方交易格局。

另外，盛宣怀在这里之所以主动提出要以押产借款向江皖水灾捐助30万元，其用意亦非仅仅是为这一次三方交易打掩护，而很可能是这条李代桃僵之计的另一个表现，即趁捐赈之机来洗清一笔发生在合办谈判期间的、近乎贿赂的款项。原来，盛宣怀在1月底委托森恪与临时政府交涉复产事宜时，曾经与临时政府达成提供一笔30万元报效款的意向。据担任盛宣怀秘书的日本人高木陆郎于2月5日向其告知：

> 宫保（按：即盛宣怀）私有财产保护一事，昨晚接南京来电（森恪）云：已说妥，民国政府照宫保所拟草稿办理，可知照各省都督府完全保护云云，望祈放念为荷。然所拟报效一节，宫保已许三十万圆，

---

① "盛宣怀致孙中山函"，《盛档之一》，第327~328页。

森恪已向民政府说过，若再减恐有轇轕，却有于宫保信用不美，仍出原议三十万元为妥。①

由于第一次复产交易的落空，这笔 30 万元的报效款当然未予交付。而如今既然由孙中山主动提出重新激活复产交易，盛宣怀亦企图通过重提这笔报效款，以便为复产活动增加一层保障。鉴于 3 月 8 日的信中并未表明此意，盛宣怀似乎是想抢在森恪转交信函之前，先将此意示知。因此，他于 3 月 17 日致电在国内的亲信陈作霖（字润夫，亦作润甫）、陶湘（字兰泉）、王勋等人，让他们转告孙中山：

> 商会（指上海总商会）、振会（指当时为赈济江皖水灾而成立的华洋义赈会和江皖工赈会）等函商，江皖沉灾，亟需筹捐办振。苏属久大各典公款，外股居多，内有盛股，已奉孙总统函允保护。现拟将该产筹押洋三十万元捐赈，请即核准，借伸报效，并乞速电苏、扬各都督，将久大、肇大等典及地产仍归原业主执管，以便赶办，至纫大德。②

值得注意的是，按照盛宣怀的意思，此电的收受者除孙中山外，还包括时任临时政府内务总长的程德全、江苏代理都督庄蕴宽、黄兴以及业已确定就任袁世凯政府内阁总理的唐绍仪。同时，盛宣怀对自己这番谋划的实现亦颇具信心，这由其在 3 月 15 日致函李维格称"孙、黄皆英雄，谅不肯食言，亦必愿振济"之语即可概见③。那么，盛宣怀为什么敢于大张旗鼓地宣扬这一押产借款捐赈之举呢？又因何自信这番谋划能够被接受呢？

对于上述问题，首先一个因素就是这次江皖水灾的严重性及其对临时政府造成的巨大压力。1911 年入夏以后，刚在上年遭受大水的江苏、安徽两省又发生严重水灾④。由于当时极度动荡的社会局势，赈济不力的程度是可

---

① "高木陆郎致盛宣怀函"，《盛档之一》，第 326 页。
② "盛宣怀致孙中山、黄兴、唐绍仪电"，《盛档之一》，第 329 页。
③ "盛宣怀致李维格函"，《盛档之一》，第 328 页。
④ 李文海、林敦奎、周源、宫明：《近代中国灾荒纪年》，湖南教育出版社，1990，第 793 ~ 797 页。

想而知的。因此，到 1912 年初，两省灾情依然严重。据查勘，当时"灾民约计江北一百万人，江苏中部十万人，安徽五十万人，安徽中部三十万人"，而赈款"极少需洋一千万元"①。因该两省皆在临时政府控制之下，所以对赈灾问题十分重视。至于其重视程度，可见两端：其一是，约在 2 月底 3 月初，财政总长陈锦涛曾向孙中山提出从英、法、美、德四国银行团借款 160 万两以应赈济之用，而孙中山也要求参议院对此案"克日议复，以便施行，事关民命，幸勿迟误"②。其二是，大约与此次借款提议同时，临时政府中还出现了针对江皖水灾而创建"救灾义勇军"的倡议，并请孙中山担任"义勇军正长"、黄兴任"副长"督办赈灾之役③。虽此议发起人不详，但因其赫然登载于第 40 号《临时政府公报》之上，因此肯定是临时政府高层意见的一种反映。不过，基于临时政府始终处于连军饷和行政经费都难以为继的财政窘境④，故而不难推断，这些举措不见下文的情况，显然意味着其流于纸上谈兵。而对盛宣怀来说，在这种情况下以捐赈的名义送出报效款，不啻具有雪中送炭的意味。

其次一个因素是，盛宣怀很可能鉴于自己在赈灾方面的社会影响力，从而对此次捐赈的正当性抱有期望。应该说，盛氏后人关于盛宣怀"平生最致力者，实业而外，唯赈灾一事"的说法并非言过其实⑤。确实，盛宣怀自 19 世纪 70 年代起即积极投身赈灾事业，主持或捐助了多次赈济活动，并赢得了极大的名声⑥。因此，他肯定认为以捐赈为口实能够获得较为正面的社会形象。1912 年 3 月间出现的公呈事件证明，这种期望并非不切实际。大约在 3 月中旬，盛宣怀指示陶湘、陈作霖等人在国内为其捐赈之举制造舆论。而这些人也很快便说动当时主持赈灾事宜的两大社会组织"江皖工赈

①《华洋义振会灾振文件汇录》，第 2 页 b。

②《孙中山全集》第 2 卷，第 169～170 页。

③《近代史资料》，第 25 号，中华书局，1961，第 298～299 页。

④ 有关详细情况，参见胡绳武、金冲及《辛亥革命史稿》第 4 卷，第 6 节，"严重的财政困难"。

⑤ 盛恩颐等：《盛宣怀行述》，《愚斋存稿》，沈云龙主编《近代中国史料丛刊续编》（122），文海出版社，1975 年影印本，卷首，总第 37 页。

⑥ 有关这方面的概况，可参见冯金牛、高洪兴《"盛宣怀档案"中的中国近代灾赈史料》，《清史研究》2000 年第 3 期。不过，对盛宣怀赈灾事业系统而深入的研究，还有待继续进行。

会"和"华洋义赈会"中的头面人物，由南北议和时的南方谈判代表、临时政府司法总长伍廷芳领衔，于 3 月 22 至 24 日间，向孙中山、袁世凯、黎元洪以及内阁、内部暨江苏、上海、江北、安徽、浙江、江西 6 省都督发出一份总计 31 人署名的公呈①。至于该呈的主旨，则是以江皖水灾"工巨费绌"为由，声称"武进盛宣怀君，从前遇灾，尚能筹款……论其心力，实足以担任此事，尤未便听其侨居海外，置两省无数灾黎于不顾。廷芳等公同商酌，拟以大义责备盛君，令其专任赈务。如果盛君热心祖国，廷芳等并愿在义赈、工赈两会中举为董事，惟须竭力筹垫巨款，并酌派其从前办赈得力之人，会同廷芳等分投举办，以尽国民之公谊"②。由于这些署名人士除伍廷芳外，还包括了李钟珏（字平书）、朱佩珍（字葆三）、沈懋昭（字缦云）、虞和德（字洽卿）、王震（字一亭）等多位在革命派中具有相当地位的人物③，所以其代表的舆论力量自然不能低估。这样一来也就不难理解，为何这份公呈发出后不久，"副总统（即黎元洪）及各都督均有回信，均极赞成"④ 了。

根据上述因素，加上孙中山于 3 月 19 日收到森恪转来的盛宣怀捐赈来函后，回信又称"具见饥溺为怀，纫佩奚似。惟弟将次解职（按：临时政府参议院已于 2 月 15 日选举袁世凯为第二任临时大总统，孙中山则定于 4 月 1 日解职），义款之济可直交华洋义振会，一路哀鸿，自沾仁泽也"⑤，盛宣怀感觉自己的交易方案可能已被孙中山默认。这样一来，就可理解盛宣怀在以废约为主旨的汉冶萍股东大会顺利结束后，便立即致函孙中山，首先声明自己已经遵照孙中山的意图办理了废约事宜，并答应全面承担汉冶萍合办案的责任：

中山先生阁下：两上芜缄，度邀青鉴。汉冶萍股东反对，已正

---

① "陶湘致盛宣怀函"，《盛宣怀未刊档案》，上海图书馆藏，编号 00043004。
② "筹募江皖工赈公呈稿"，《盛宣怀未刊档案》，编号 00043003。该公呈送孙中山的时间是 3 月 22 日，送袁世凯是 24 日，其他各处均为 23 日，对此可参见"陶湘致盛宣怀函"，《盛宣怀未刊档案》，编号 00043004。
③ 徐鼎新、钱小明：《上海总商会史，1902～1929》，上海社会科学院出版社，1991，第 157 页；胡绳武、金冲及：《辛亥革命史稿》第 3 卷，第 289 页。
④ "陶湘致盛宣怀函"，《盛档之一》，第 342～344 页。
⑤ "孙中山致盛宣怀函"，《盛档之一》，第 330 页。

[式] 函致日代表取消前议，并面告前途。[宣怀] 一人愿负责任，不得另生枝节，似已默许，堪慰。下走交涉数十年，向以信义为操纵，用敢上纾尊廑。

继而又在附函中催促孙中山尽快下达复产公令，以抵借捐赈款项：

> 敬再启者：敝族祖产前蒙俯诺保护，心感靡涯。适值江皖急振，已商三井，拟将各典当抵保一款，尽数捐助。惟闻苏州都督仍以未奉公令，无所率从，而动产日日销磨，将归乌有，殊负仁人爱护之初心。况久大苏典，已有陈姓禀催拍卖，肇大扬典亦有奸商觊觎，于小民大损，于公家何益！谨附公呈两扣，伏祈裁夺，即日发交江苏、江北两都督，准如所请办理。本不敢以私产小事干渎尊严，公将去矣，无可呼吁，不胜感激悚惶之至。盛宣 [怀] 又启。三月二十九日。①

换而言之，盛宣怀这里的意思是，既然自己已经履行了交易约定的条件，那么现在就该轮到孙中山兑现关于复产的承诺了。

然而，盛宣怀没有意识到的是，他自认为得意的这条以押产捐赈来实现复产之策，其实隐含着两个严重的败笔：

其一是，他过于乐观地估计了日本方面在这场交易中的作用。按照他原先的打算，由日本人为其出面进行复产活动或许更有保障。而陶湘在 3 月间以"假如东洋人来收（盛宣怀）内地各产"之事，向江苏代理都督庄蕴宽征询意见时，得到的回答却是："挺而走险，亦属难怪。卟过苏城尚有日租界，可以为词，然已将更撄众怒。常州、江阴、扬州等处，恐日人亦不妥，而于某公（即盛宣怀）更加罪戾耳"②。这段话的意思是，日本人的出面，反而更有可能引发对复产之事极为不利的社会舆论。应该说，这种说法绝非危言耸听，因为盛宣怀的亲信们在国内探听的消息也证实了这一点。例如，其子盛同颐于 3 月 16 日电称："骤由日人出面，无论有效与否，恐群起反

---

① "盛宣怀致孙中山函"，《盛档之一》，第 333~334 页。
② "陶湘致盛宣怀函"，《盛档之一》，第 331~333 页。

对，内地尤虑发生枝节。万一决裂，几无立足地，乞详酌再办"①。李维格亦于3月17日上午9时电称："察看情形，公若借外力，不但财产不保，尚恐激成他变。朝日［商会］事亦万不可行"②。

至于第二个败笔，则是这种以捐赈求复产之意表露得太过明显。就连陶湘、陈作霖等人都认为，"保产与捐赈合在一电，显系交易，若辈何知，反将谓以卅万元购一保全内地之券太便宜，转将此番美意阻碍"③。陶湘进而还担心，"倘必将当铺保护妥帖，再出三十万，是三十万专为保护当产起见，与公呈（即前述伍廷芳等人发出的请盛宣怀办赈的公呈）宗旨分道而驰矣"④。事实证明，他们的意见并非多虑。如庄蕴宽就曾向陶湘明确指出："某公（即盛宣怀）冰雪聪明，何如今若是之拙！盖公呈不与产业并提，则公呈纯乎为公，纵有反对，不过反其回董事一层，断无反其筹款。如与产业并提，则公私各半，必将群起反对"⑤。另据陈作霖打探，孙中山曾向其解释说"盛君函押九典助赈，众闻无不为怪。我复信不提九典，至捐如不捐，听他自与义赈会接洽"，程德全亦称"探闻以典押救灾，反对者多"，伍廷芳则"因押一事"而"大不为然，并有函不愿附名之说"⑥。

可以肯定，由于这样两个败笔，盛宣怀把孙中山3月19日的复函视为对捐赈复产交易方案的默认，很大程度是他本人的错觉。从实质上讲，孙中山此函更有可能是为了让盛宣怀继续完成废约事宜的含糊其辞。对于这一点，陶湘曾在4月初向盛宣怀做了这样的分析："不观孙中山复函乎，于三十万元，则请径交江苏赈务处，而于当产只字不及。在中山固然敷衍，究其实亦因舆论不孚，不敢公然出令，即出令而不从，又不如不出令之为妙，所以所问非所答也"⑦。有鉴于此，我们也就不用奇怪，为何直到孙中山解职之际，盛氏产业在革命派那里依然维持着既未被没收也未被发还的悬案状态。

---

① "盛同颐致盛宣怀电"，《盛档之一》，第328～329页。
② "李维格致盛宣怀电"，《盛档之一》，第329页。
③ "陶湘致盛宣怀函"，《盛宣怀未刊档案》，编号00043004。
④ "陶湘致盛宣怀函"，《盛档之一》，第336～338页。
⑤ "陶湘致盛宣怀函"，《盛档之一》，第336～338页。
⑥ "陈作霖致盛宣怀函"，《盛宣怀未刊档案》，编号00009090。
⑦ "陶湘致盛宣怀函"，《盛档之一》，第336～338页。

三 捐赈复产在袁世凯上台后的继续

孙中山的抽身而退，虽然肯定打乱了盛宣怀此前的复产计划，却也没有造成后者陷于茫然无措的境地。或许有人会认为，这种情形并不令人意外，因为国家政权完全落入袁世凯手中而进入了后革命状态，对于在本质上与袁世凯同属旧势力阵营的盛宣怀来说，自然迎来了翻身的良机。我们当然不否认，袁世凯的上台，确实从大的政策方面为盛宣怀的复产问题提供了某种制度上的支持。然而，这种后革命状态并不意味着盛宣怀可以无条件地、一帆风顺地实现复产。事实上，盛宣怀借以继续进行复产活动的一个主要着手点，正是在此前设计的捐赈复产之策的基础上而发起的一系列交易尝试，从而在其整个复产过程中演生出了一组具有自身主线的捐赈复产活动。如果单纯从时间的角度出发，发生在临时政府时期的捐赈复产交易还只是序幕阶段，其主体部分则位于后革命政府时期之内。在很大程度上，正是由于以往研究从未触及这场捐赈复产活动的全貌，因此根本不足以阐明捐赈之举在整个复产活动中的实际坐标及其意涵。

应该说，早在南北和谈落幕之际，盛宣怀大概就意识到复产问题不会单从临时政府那里得到解决，很可能还会牵涉袁世凯一方。因此，在临时政府尚未取消之时，盛宣怀已经准备就复产问题与袁世凯进行联络。而基于前文的论述，此中出现捐赈的说辞决不令人意外。3月17日，也就是盛宣怀向孙中山发出押产30万元捐赈电报的当天，他又向自己的亲信顾詠铨发去了这样一份电报："泗灾重，托展运动杏城，助振、保产可两全"①。此处提到的"展"指与其一直有着密切关系的轮船招商局董事王存善（字子展），"杏城"则是袁世凯的亲信、时为该局总管的安徽泗州人氏杨士琦②。此时的杨士琦并非政府要员，所以盛宣怀此电的意思，更大的可能是希望通过捐赈泗州之灾先向杨士琦示好，再由其把复产之事向袁世凯暗通款曲。而前述

---

① "盛宣怀致顾詠铨电"，《盛档之一》，第329页。顾詠铨既是盛之外甥，亦是盛家总管家，对此可见《盛档之一》编纂者的说明（第50页）。下文提到的王存善见该处说明。

② 有关杨士琦为袁世凯亲信的情况，见张后铨主编《招商局史（近代部分）》，人民交通出版社，1988，第224页。

伍廷芳等人请盛宣怀筹款办赈的公呈之所以把袁世凯作为收受者之一，显然也是这种准备活动的一部分。

基于上面的铺垫，加上袁世凯政府成立不久便为江皖赈灾制订了 200 万两的预算，盛宣怀肯定认为，前此在孙中山那里提出的押产捐赈之法，不妨移花接木于袁世凯。于是，他在 4 月间致函袁世凯称：

> 今兹建设新国，将见实业大兴。自顾衰老，无事可为。屡读报章，江皖灾情未澹，若非工振兼施，民生倒悬难救。窃见财政部熊总长借款预算，有赈款二百万两。目下外债有暂停消息，而国民捐不得不先尽军饷，则穷檐老弱，命悬呼吸，岂能久待筹维？宣怀海外养病，每念灾黎，怦怦心动，甚愿毁家抒难，独捐银元一百万圆为国民捐，泰山一篑之助，但求捐拨江南工振项下开支，得一分民捐，即可省一分国帑，谅必无分畛域也。再，此项系属汉冶萍公司股分，去年因日商大仓洋行萍矿押款到期，经协理李维格面商，以宣怀自己创始股分三万股，计值资金一百五十万圆，抵押正金银行。……（按：原件至此中断）①

虽然我们不知道袁世凯是否作过答复，但是可以断定，盛宣怀这次寻求交易的尝试仍不成功。究其原因，主要是盛宣怀押产借款的前景很不被看好。对此，袁世凯政府的两位要员即财政总长熊希龄、内阁总理唐绍仪的态度可谓明证。约在 4 月底 5 月初，陈作霖曾以盛宣怀捐赈之事与当时负责筹赈的熊希龄进行商究，前者虽费尽口舌，后者犹满腹狐疑：

> 熊云：振务需款孔殷……必须某公（即盛宣怀）捐百万，庶可请袁总统径电，卅万似嫌太少耳。润（即陈作霖）力言某公近况不能与昔日并论，即此卅万已觉费力，何言百万！熊云：然则卅万亦徒闻其语也。润谓果能上下说通，卅万当可实践。熊云：我即日进京，可由商会

---

① "盛宣怀致袁世凯函"，《盛档之一》，第 273 页。由于此件不全，所以盛宣怀所称"独捐银元一百万圆"很可能不是最终的捐赈数字。另外一份资料（"陶湘致盛宣怀函"，《盛档之一》，第 337 页）表明，这里提出用于抵押借款的 3 万股汉冶萍股票，实际上只能达到 30 万元之数。下文所述陈作霖与熊希龄的会谈也证明，盛宣怀并未捐款百万。

给我一电，我持电与袁大总统商量，或可冀其俯允。

而在唐绍仪那里，更将捐赈之说斥为"空谈"：

> 唐总理云：某公（即盛宣怀）捐振，或云汉冶萍押出之股票，或云当产抵押，要知汉冶股票必须集有现款一百五六十万，方能收其二十余万之结果，如今时世，当产不能值钱，何从抵借！某公皆属空谈，无济于事也。①

颇为讽刺的是，对盛宣怀来说，这次交易的落空反而是件好事。众所周知，袁世凯政府乃是旧势力的代表，保护旧派人物及其财产本是应有之义。因此，针对"清政府官吏私产仍应归该私人享有"一事，袁世凯于5月11日和6月2日两次发布了"足备将来起诉之根据"的命令。正是依据这一政策，不少在革命期间遭到打击的前清高官纷纷成功复产。例如，"芜湖李氏（即前云贵总督李经羲）财产均已给还"，江西瓷业公司有"瑞莘儒（即前湖广总督瑞澂）股份，经瑞以股东名义呈请发还，亦经赣都督批准照办"，前山东藩司志森"呈请总统饬还杭州胡庆余药铺私产，亦奉批交国务院咨行浙都督办理，批中亦有'自应查照原呈发还，俾得自行经理，以彰大公'等语"②。甚至连曾在革命期间率部与革命军激战而被视为"中华民国最有罪之人"的张勋，"尚且产业已经发还"③。并且，没有人为复产而捐出巨款。这就难怪盛宣怀之侄盛国华称："我们……更可援以为例"④。就此而言，盛宣怀在保产令发布前即抛出捐赈30万元的交易，未免有些过于性急了。后来的事实也表明，他约于7月初从袁世凯那里得到"财产必尽力保护"的允诺时⑤，唯一付出的代价不过是把在北京的一处房产供袁世凯的

① "陶湘致盛宣怀函"，《盛档之一》，第342~344页。
② "吕景端致盛宣怀函"，《盛档之一》，第285~286页。
③ "盛国华致盛宣怀函"（两封），《盛档之一》，第344~346页。
④ "盛国华致盛宣怀函"，《盛档之一》，第344~345页。
⑤ "盛宣怀致吕景端函"，《盛档之一》，第346~347页。

家眷无偿使用了一段时间而已①。

从 7 月到盛宣怀回国的 10 月之间，我们没有发现任何有关他为复产而请愿或寻求交易的活动记录。一个很大的可能是，在盛宣怀看来，由于保产令和袁世凯本人的承诺，这次复产之举已是一片光明，自然无须再进行什么活动了。然而，回国后的情形给他兜头浇了一盆冷水。正如他在 11 月间所抱怨的那样："项城（即袁世凯）保全民业，不啻三令五申，而外间阳奉阴违，民不聊生"。他本人即是这种情况的受害者，因为其在江苏的产业，"若遵守约法命令，似无不还之理"，却因"雪帅（即当时回任江苏都督的程德全）欲勒捐巨款，以致尚未解决"②。

县官不如现管。盛宣怀当然明白，解决这种局面的关键，正在于满足程德全的要求，并且还得给后者一个合适的台阶可下。于是，盛宣怀采取了双管齐下的手法。一方面，他通过正规程序，以前述两次保产令为据，于 11 月间向程德全递交公呈，请其"准将没收宣怀公私产业，按照法律命令办理，呈明大总统俯准，即予一律发还，一面请由贵都督先行饬属妥为保护，以免损失而安民业"③。另一方面，他又不失时机地使从前捐赈江皖水灾的款项滚动到了程德全这里（如前所述，程德全也是盛宣怀 3 月 17 日捐赈电报的接收者之一，故而知道此款）。在另于 11 月 23 日致程德全的函中，盛宣怀表示，虽然赈济江皖水灾已时过境迁，自己仍愿拿出这笔捐赈款项，留为江苏省地方公益之需。而且，鉴于押产借款被视为"空谈"的经历，盛宣怀还把这次交易的筹码改为筹措现款：

> 宣怀前……拟将本人名下典当股款……俟饬各归原业收管后，查明若干，自愿尽数捐助江皖义振。此次批示未曾提及，谅以为善在人，本不与封产之案相涉……而宣怀数十年好善微忱，益觉不能自已。惟自兵乱以来，实业荒废，运动不灵，现在发还典当，恐其损失总数约在十万［元］左右。然前呈既已自请查明实存若干，尽数捐助振需，无论目下是

---

① "盛宣怀致孙宝琦函"（三封），《盛档之一》，第 286～287、288～289 页。
② "盛宣怀致孙宝琦函"，《盛档之一》，第 354～355 页。
③ "盛宣怀呈江苏都督程德全文"，《盛档之一》，第 352～354 页。

否需振及敝处筹款如何为难，仍应查照原呈所请，除俟查明应扣去各属损失约计十万［元］外，勉筹二十万元，以备地方善举，或即为捐助水利联合会之用，为公益起见，谅蒙察纳。第现款一时仍难如数，兹筹具现洋票十五万元、汉冶萍股票一千七百股，约计批示转行，委员派定，即可先交现洋十万元……俟各处产业交割清楚，即可全数交讫，不致迟缓。①

显然，程德全对于这样的台阶是颇为满意的。因此，在 12 月 13 日发出的复产指令中，他甚至不惮于公开言明，捐款与复产之间的关系正是头等要义："公民盛宣怀捐助水利经费银二十万元由，呈悉。该公民指捐水利经费二十万元，顾念地方公益，深堪嘉许。所请将发还之产业，派员查明给领，候移交民政长核办"②。

本来，对盛宣怀而言，虽然出现在保产令之后的这笔捐款应该属于意外支出，却是可以接受的损失。毕竟，如果其复产之路到此为止，那么可以说他的支出反而比最初预算的数目还减少了 10 万元。不幸的是，这并非他为复产而付出的最终代价。原来，他在向程德全提交的收产目录中，只开列了苏州、常熟、常州、无锡、武进、江阴、嘉定、扬子等县境内的财产③。对于另一部分产业，即"江宁县境内各处地基十七宗，共计二千四百九十八方半又八亩五分又二十七丈二尺；上海县境内各处地基五十一宗，共计二百十九亩一厘六毫；宝山县境内各处地基十三宗、房屋一所，共计三百二十七亩四分二厘三毫"，因其在辛亥革命期间"未见有充公明文"，所以盛宣怀一直"未派代表清查"，也没有向程德全"呈请委员点交给领"④，而麻烦恰恰由此产生。约在 1913 年 6 月间，盛宣怀派人到江宁、上海、宝山三县领收财产时，三处地方政府却"均以封没充公为词"，从而拒绝发还⑤。并且，由于江苏省此后不久便陷入"二次革命"的战火之中，此三处地产一时间似乎很可能成为盛宣怀无计可施的遗留问题。

① "盛宣怀致程德全函"，《盛档之一》，第 355～356 页。
② "江苏都督程德全指令"，《盛档之一》，第 357 页。
③ "盛宣怀呈江苏都督程德全文"，《盛档之一》，第 358 页。
④ "盛宣怀呈江苏都督张勋、民政长韩国钧文"，《盛档之一》，第 365～366 页。
⑤ "盛宣怀呈江苏都督张勋、民政长韩国钧文"，《盛档之一》，第 365～366 页。

出人意料的是，盛宣怀恰恰趁着"二次革命"的战火解决了这个遗留问题。1913 年 7 月下旬至 9 月初，张勋、冯国璋率领的北军与讨袁军在南京一带展开激战，除双方军队伤亡惨重外，还制造了大批难民。针对这种情况，以中国红十字会为首的社会力量开展了对南京难民的善后救济活动①。而盛宣怀除向红十字会的活动提供捐助外，更在南京之战末期，与朱寿镛、冯煦、唐文治等人一起，上书张勋、冯国璋等人要求开办赈抚事宜②。正是在张勋作出"今得诸君痌瘝在抱，慨兴义赈，将见宁、沪黎庶得庆复苏。仁者之怀，令人钦佩"的答复后③，盛宣怀又一次发起捐赈复产交易的时机亦就此到来。

10 月初，南京赈抚事宜尚在进行之中，盛宣怀就迫不及待地呈请时已接任江苏都督的张勋，提出了自己在江宁等三县的复产问题："盛氏公私产业既经奉准发还，自无畛域之分，凡在苏省所辖境内者，即同在发还之列，应请贵都督、省长重申命令，通饬江宁、上海、宝山等县知事，照案一律实行发还"。至于交易的条件和手法，盛宣怀亦进行了煞费苦心的策划。作为第一步，他声明前在程德全任内"捐助水利经费二十万元"，因"现查水利工程并未举办，而金陵振抚需款甚巨，似应移缓就急，改拨应用"。借由这套说辞，这笔款项也就顺利地滚动到了张勋手里。在此基础上，盛宣怀准备的第二步是一笔可谓惠而不费的追加捐款。原来，他在无锡的典当业曾被革命党人秦毓鎏等人"勒提钱八万数千余千"，一直无从追回。到了这个时候，盛宣怀干脆做个顺水人情。他以此款皆系秦毓鎏等人"侵吞入己"为词，请张勋"一面委员追提，一面严饬无锡县知事会同委员分别查明，一并提充金陵振抚要需，俾款项得归正用，而灾民实受其惠"。④

盛宣怀的这番苦心没有白费，张勋果然欣然接受了这个礼包。10 月 12 日，张勋对盛宣怀的呈请作出如下批复：

---

① 池子华：《红十字与近代中国》，安徽人民出版社，2004，第 139～144 页。
② "沈敦和致盛宣怀函"（附盛宣怀复函）"朱寿镛、冯煦、盛宣怀等致冯国璋、张勋、雷震春函"，《盛宣怀未刊档案》，上图编号 00025152、00025174。
③ "张勋复盛宣怀函"，《盛档之一》，第 309 页。
④ 该自然段引文，皆见"盛宣怀呈江苏都督张勋、民政长韩国钧文"，《盛档之一》，第 365～366 页。有关秦毓鎏等人为革命党人的情况，见该书第 366 页编者注。

呈悉。既据声称盛氏产业已经程前督指令发还，应准饬下江宁、上海、宝山等县知事，照案一律实行。一面委员卫浚寰会同各该县清查饬还。仰该代表前往听候接收，呈报备案。至所捐水利经费二十万元，应即交由赈抚局存储应用。其无锡典当所捐钱八万数千，候饬该县知事查明，报请提充公用。此批。

至此，盛宣怀自辛亥革命以来在捐赈名义下所发起的复产交易，最终圆满结束。

最后值得一提的是，对这场捐赈复产活动的揭示，还有助于我们认识盛宣怀在1915年进行的另外一项活动。1914年底，日本政府根据企图灭亡中国的"二十一条"的精神，进一步策划了向袁世凯政府提出合办汉冶萍公司的议案，其中甚至要求"所有属于汉冶萍公司各矿之附近矿山，如未经该公司同意，一概不准该公司以外之人开采"①。应该说，盛宣怀是反对这次日本合办阴谋的②。然而，随着次年日本方面以"二十一条"步步进逼、袁世凯政府节节退让的情况日益加剧，盛宣怀深恐"汉冶萍铁产将为送礼之附属品"③，从而使日本全面控制汉冶萍附近矿山的野心成为现实。为此，他于1915年底先将自己原本为扩充汉冶萍公司而购置的九江、鄂城、萍乡三处铁矿全部"捐作（上海）广仁堂产业"④。紧接着，他又以上海广仁堂董事的名义，纠合同为该堂董事的孙宝琦、李经方、冯煦等数十位社会名流，以该项矿产利益充作备赈资本为由，呈请内务部和农商部批准立案：

查上海广仁善堂有铁矿数所，一属九江县，一属鄂城县，一属萍乡县，该三处皆与汉冶萍煤铁矿毗连，均系该堂遴选矿师，出资购置，过户注册，作为堂中永远产业。……将来广仁善堂如果自行开采，所得之利自必悉归义振，与汉冶萍无涉。……要知此项矿产，纵之则为他国他人所攘，操之则为一人一家所私，今宣□[怀]等毅然决然归诸善堂，

① 《旧中国汉冶萍公司与日本关系史料选辑》，第536页。
② 夏东元：《盛宣怀传》，第451~452页。
③ "致丁宝铨"，《盛宣怀未刊信稿》，第256~257页。
④ "致丁宝铨"，《盛宣怀未刊信稿》，第256~257页。

公诸全国，仰体朝廷仁民爱物之心，俯救各省水旱偏灾之患，实系扼要以图，毫无疑义。但须昭告内外，恪守定案，专供义振，无论如何缓急，切不可挪移他用。[①]

正是鉴于 1912、1913 年捐赈活动的事例，我们才不用奇怪，盛宣怀此次何以能够在捐赈的旗号之下，公然上演一场颇具声势的从左手换到右手的把戏。只不过，此时的盛宣怀已是病体难支，而在他于 1916 年 4 月去世后[②]，这场活动亦随之杳然。

毋庸讳言，盛宣怀捐赈之举的实质，当然是其进行复产交易的一个障眼法。倘若非要去争辩此举对于复产活动具有什么决定性作用，恐怕只能徒劳一场。其实，这场捐赈复产活动的意义，并不在于这种决定性作用的存在与否。而其演进进程表明，正是由于盛宣怀依然具有将赈灾问题转化为自身社会资源的能力，才使他居然能够借助这套捐赈复产的手法，在孙中山、袁世凯、程德全和张勋之间形成一场滚动交易的局面。这不仅反映了盛宣怀如何在革命和后革命状态的急剧转换下而始终维持其复产之事不绝如缕的策略和能动性，而且体现了辛亥革命何以对盛宣怀这样的打击对象也无法革命到底的无奈，从而有助于我们从更为具体的情境出发来理解辛亥革命的不彻底性。另外还应指出，学界长期未能对这场捐赈复产活动给予足够注意，最主要的原因肯定不在于研究资料方面。要知道，有关这场活动的主体资料，早已包含在 1979 年出版的《辛亥革命前后——盛宣怀档案资料选辑之一》之中了。然而，由于该书编纂者囿于传统事件史的视角和框架，以致这些资料被割裂在"关于汉冶萍公司问题"、"关于'二次革命'"和"盛宣怀的匿产复产活动"三个主题之下，成为没头没尾的"边角料"。毫无疑问，如果我们不能够从更具综合性的实践视角出发，那么很可能连这些资料原本自成一体的面相都无法恢复，则遑论其他。

（原文发表于《近代史研究》2009 年第 4 期）

---

① "致内务部、农商部公函"，《盛宣怀未刊信稿》，第 257～259 页。
② 盛恩颐等：《盛宣怀行述》，《愚斋存稿》，卷首，总第 38 页。

图书在版编目（CIP）数据

人大史学研究论集：全 2 册/孙家洲，陈桦主编. —北京：社会科学
文献出版社，2013.7
ISBN 978 - 7 - 5097 - 4665 - 3

Ⅰ.①人…　Ⅱ.①孙…　②陈…　Ⅲ.①史学 - 文集　Ⅳ.①K0 - 53

中国版本图书馆 CIP 数据核字（2013）第 105042 号

人大史学研究论集（上、下册）

主　　编／孙家洲　陈　桦

出 版 人／谢寿光
出 版 者／社会科学文献出版社
地　　址／北京市西城区北三环中路甲 29 号院 3 号楼华龙大厦
邮政编码／100029

责任部门／人文分社　（010）59367215　　　　责任编辑／王晓鹏　叶　娟　周志宽
电子信箱／renwen@ ssap. com　　　　　　　　责任校对／关东倩
项目统筹／宋月华　张晓莉　　　　　　　　　　责任印制／岳　阳
经　　销／社会科学文献出版社市场营销中心　（010）59367081　59367089
读者服务／读者服务中心（010）59367028

印　　装／三河市东方印刷有限公司
开　　本／787mm×1092mm　1/16　　　　　　印　　张／79
版　　次／2013 年 7 月第 1 版　　　　　　　　字　　数／1249 千字
印　　次／2013 年 7 月第 1 次印刷
书　　号／ISBN 978 - 7 - 5097 - 4665 - 3
定　　价／278.00 元（上、下册）

本书如有破损、缺页、装订错误，请与本社读者服务中心联系更换
▲ 版权所有　翻印必究